Schiffer (Hrsg.)

Die Stiftung in Beratung und Praxis

NOTARPRAXIS

Die Stiftung
in Beratung und Praxis

Herausgegeben von
Rechtsanwalt
Dr. K. Jan Schiffer, Bonn

Bearbeitet von
Rechtsanwalt **Matthias Pruns**, Bonn
Rechtsanwalt **Dr. K. Jan Schiffer**, Bonn
Rechtsanwalt **Christoph J. Schürmann**, Bonn

5. Auflage

DeutscherNotarVerlag

Zitiervorschlag:
Schiffer, Die Stiftung in Beratung und Praxis, § 1 Rn 1

Hinweis
Die Ausführungen in diesem Werk wurden mit Sorgfalt und nach bestem Wissen erstellt. Sie stellen jedoch lediglich Arbeitshilfen und Anregungen für die Lösung typischer Fallgestaltungen dar. Die Eigenverantwortung für die Formulierung von Verträgen, Verfügungen und Schriftsätzen trägt der Benutzer. Herausgeber, Autoren und Verlag übernehmen keinerlei Haftung für die Richtigkeit und Vollständigkeit der in diesem Buch enthaltenen Ausführungen und der per Download bereitgestellten Daten.

Anregungen und Kritik zu diesem Werk senden Sie bitte an
info@notarverlag.de
Autoren und Verlag freuen sich auf Ihre Rückmeldung.

Umschlaggestaltung: gentura, Holger Neumann, Bochum
Satz: Cicero Computer GmbH, Bonn
Druck: Hans Soldan Druck GmbH, Essen
ISBN 978-3-95646-243-6

Bibliografische Information der Deutschen Bibliothek
Die Deutsche Bibliothek verzeichnet diese Publikation in der Deutschen Nationalbibliografie; detaillierte bibliografische Daten sind im Internet über http://dnb.d-nb.de abrufbar.

Lizenzausgabe des zerb verlags – eine Marke der Juristische Fachmedien Bonn GmbH
978-3-95661-114-8

Vorwort

Sehr geehrte Leserinnen und Leser!

Die erste Auflage dieses Buches ist vor 23 Jahren erschienen. Seitdem hat sich in der Stiftungswelt und um sie herum sehr viel verändert. Neue und auch altbekannte Ideen, Anforderungen und Begehrlichkeiten werden mit der Stiftung verbunden und an sie herangetragen.

Noch immer ist die Stiftung aber vor allem eine in der Öffentlichkeit und der Laienwelt oft missverstandene Rechtsform. Das kann angesichts des komplexen Stiftungszivil- und Stiftungssteuerrechts kaum wundern. Leider trägt auch die Beratungszunft nicht immer zur Aufklärung bei. Und damit meinen wir gar nicht einmal ausschließlich die selbst ernannten Stiftungsfachleute, die Stiftungen mehr oder weniger „verkaufen", was wir für untragbar halten. Auch unabhängig davon gibt es noch viel zu tun! Die jüngste Reform des Stiftungszivilrechts ist da nur ein Punkt, aber ein ganz wesentlicher.

Wie auch schon in den Vorauflagen versuchen wir, sowohl die kurzen als auch die langen Linien in den Entwicklungen des Stiftungswesens nachzuzeichnen und für die Praxis zu bewerten – jenseits mancher erhitzten Reformdebatte und Diskussion und mit wissenschaftlichem Ansatz und vor allem mit entsprechenden Begründungen. Gerne hören wir dazu weiterhin Ihre konstruktiven Hinweise unter bonn@schiffer.de.

Wir danken Ihnen, unseren Leserinnen und Lesern, sehr herzlich für Ihr freundliches Interesse. Der Fachwelt danken wir für Diskussionen und Hinweise zum Thema Stiftungen. Das macht uns immer wieder Freude!

Danke sagen wir auch unseren Familien. Sie haben es wohlwollend ertragen, dass wir neben der Kanzleiarbeit auch an diesem Buch gearbeitet haben. Dem Verlag danken wir für sehr viel Geduld, Verständnis und Vertrauen.

Bonn, im Mai 2026

K. Jan Schiffer

Matthias Pruns

Christoph J. Schürmann

Inhaltsübersicht

Literaturverzeichnis

Nicht erst seit den anhaltenden Plagiatsdiskussionen wissen wir es: Jedes Buch entsteht aus anderen Büchern und Schriften, aus fremder sowie aus eigener Feder, aus eigenen und aus fremden Gedanken, aus Gedanken, die Allgemeingut sind, und aus Gedanken, die einzelnen findigen Köpfen entsprungen sind. Deshalb danken wir vor allem den nachfolgend aufgeführten Verfassern an dieser Stelle ausdrücklich und sehr herzlich. Wir haben auf ihre Schriften für die Ausführungen jetzt und früher zurückgegriffen und uns mit ihnen auseinandergesetzt. Wir danken ihnen unabhängig davon, ob wir ihren Auffassungen gefolgt sind oder gerade nicht. Ohne alle diese Autoren hätten wir die 5. Auflage des vorliegenden Buches und die ihm vorangehenden Schriften, auf denen es auch in der Neuauflage beruht, nicht schreiben können. Wir danken auch allen Autoren etwa aus der Wirtschaftspresse, deren Gedanken uns mittelbar und unbewusst genutzt haben und die wir nicht zitiert haben. Außerdem danken wir den Verlagen und den Fachredaktionen, in deren Fachpublikationen wir uns schon vor dieser Neuauflage mit zahlreichen Fragen aus dem Stiftungswesen auseinandersetzen durften. Wir haben uns sehr bemüht, alle Helfer, Vor- und Mitdenker passend zu zitieren. Sollte uns das an der einen oder anderen Stelle nicht gelungen sein, so bitten wir um einen entsprechenden freundlichen Hinweis für die nächste Auflage. Danke.

K. Jan Schiffer

Hinweis:

In diesem Buch zitierte Veröffentlichungen der Tagespresse sowie Urteilsanmerkungen, welche in direktem Zusammenhang mit der Veröffentlichung des Urteils stehen, werden in diesem Literaturverzeichnis nicht gesondert aufgeführt. Wir haben uns aufgrund der „Flut“ von Fachaufsätzen ebenfalls entschlossen, diese hier nicht gesondert zu nennen. Wir verweisen auf die Zitate in den Fußnoten.

Bücher und Schriften

Achilles, Die Aufsicht über die kirchlichen Stiftungen der evangelischen Kirchen in der Bundesrepublik Deutschland, 1986

Andrick/Muscheler/Uffmann (Hrsg.), Bochumer Kommentar zum Stiftungsrecht, 2023 (zit.: BoKo-StiftR/*Bearbeiter*)

Andrick/Suerbaum, Stiftungsgesetz Nordrhein-Westfalen, 2016

Andrick/Suerbaum, Stiftung und Aufsicht, 2001

Andrick/Suerbaum, Stiftung und Aufsicht, Nachtrag: Das modernisierte Stiftungsrecht (Stand: September 2002)

Arens/Tepper (Hrsg.), Praxisformularbuch Gesellschaftsrecht, 4. Aufl. 2013

Arnhold, Die selbstständige Stiftung und der Testamentsvollstrecker, 2010

Aust/Ammann, Die Porsche Saga, 2012

Bach, Die Insolvenz der Stiftung, Diss. Jena 2002 (unveröffentlicht)

Bamberger/Roth/Hau/Poseck, Bürgerliches Gesetzbuch, Bd. 1: §§ 1–480, 5. Aufl. 2023

Beckervordersandfort (Hrsg.), Gestaltungen zum Erhalt des Familienvermögens, 3. Aufl. 2025

Beermann/Gosch, Abgabenordnung, Finanzgerichtsordnung, Kommentar (Loseblatt, Stand: 193. Lieferung)

Bellezza/Kilian/Vogel, Der Staat als Stifter – Stiftungen als Public-Private Partnerships im Kulturbereich, 2003

Bengel/Reimann/Holtz/Röhl, Handbuch der Testamentsvollstreckung, 8. Aufl. 2023

Berndt/Götz, Stiftung und Unternehmen, 8. Aufl. 2009

Berndt/Kreutter/Stolte, Zukunftsorientiertes Stiftungsmanagement, 2018

Berndt/Nordhoff, Rechnungslegung und Prüfung von Stiftungen, 3. Aufl. 2024

Bertelsmann Stiftung (Hrsg.), Handbuch Bürgerstiftungen, 2. Aufl. 2004

Bertelsmann Stiftung (Hrsg.), Handbuch Stiftungen – Ziele, Projekte, Management, rechtliche Gestaltung, 1. Aufl. 1998 und 2. Aufl. 2004

Binz/Sorg, Die GmbH & Co. KG, 12. Aufl. 2018

Bischoff/Hagedorn/Lassalle/Rummel, Aus Fehlern lernen – Potenziale für die Stiftungsarbeit, 2013

Brandis/Heuermann, Ertragsteuerrecht, Kommentar (Loseblatt, Stand: 179. Lieferung)

Brandmüller/Lindner, Gewerbliche Stiftungen – Unternehmensträgerstiftung, Stiftung & Co. KG, Familienstiftung, 3. Aufl. 2005

Bruns, StiftG Baden-Württemberg, 6. Aufl. 2010

Buchna//Leichinger/Seeger/Brox, Gemeinnützigkeit im Steuerrecht, 12. Aufl. 2023

Bundesverband Deutscher Stiftungen (Hrsg.), Zahlen, Daten, Fakten zum deutschen Stiftungswesen, 2021

Bundesverband Deutscher Stiftungen (Hrsg.), Social Franchising, 2008

Bundesverband Deutscher Stiftungen (Hrsg.), Bürgerstiftungen stellen sich vor, 2006

Bundesverband Deutscher Stiftungen (Hrsg.), Bürgerstiftungen in Deutschland – Entstehung. Struktur. Projekte. Netzwerke, Forum Deutscher Stiftungen, Bd. 15, 2002

Burgard (Hrsg.), Stiftungsrecht: Kommentierung der §§ 80–88 BGB, 2022

Burgard, Gestaltungsfreiheit im Stiftungsrecht – Zur Einführung korporativer Strukturen bei der Stiftung, 2006

Damrau/Tanck (Hrsg.), Praxiskommentar Erbrecht, 5. Aufl. 2025

Daragan/Halaczinsky/Riedel, Praxiskommentar ErbStG und BewG, 4. Aufl. 2022

de Courcy Hero/Walkenhorst (Hrsg.), Auf dem Weg in die globale Zivilgesellschaft – Bürgerstiftungen im 21. Jahrhundert, 2009

Deininger (Hrsg.), Wegzug aus steuerlichen Gründen, 3. Aufl. 2023

Deininger/Götzenberger, Internationale Vermögensplanung mit Auslandsstiftungen und Trusts, 2006

Dreier/Schulze, Urheberrechtsgesetz, 8. Aufl. 2025

DSZ – Deutsches Stiftungszentrum GmbH (Hrsg.), Die Treuhandstiftung – Ein Traditionsmodell mit Zukunft, 2012

Ebersbach, Handbuch des deutschen Stiftungsrechts, 1972

Eglau, Erbe Macht & Liebe – Unternehmerfamilien zwischen Interessen und Emotionen, 2001

Ettinger, Wohnsitzverlegung ins Ausland: Ein umfassender Überblick, 3. Aufl. 2009

Fabisch, Fundraising – Spenden, Sponsoring und mehr, 3. Aufl. 2013

Feick (Hrsg.), Stiftung als Nachfolgeinstrument – Zivilrecht, Steuerrecht und internationales Recht, 2. Aufl. 2024

Fest (Hrsg.), Die großen Stifter – Lebensbilder, Zeitbilder, 1997

Fischer, Strafgesetzbuch, 73. Aufl. 2026

Fischer/Pahlke/Wachter, Erbschaftsteuergesetz, Kommentar, 8. Aufl. 2023 (zit.: *Bearbeiter*, in: F/P/W)

Fleisch, Stiftungsmanagement – Ein Leitfaden für erfolgreiche Stiftungsarbeit, StiftungsRatgeber Bd. 4, 2013

Flick/Piltz, Der internationale Erbfall, 2. Aufl. 2008

Frankenberger, Der funktionale Stiftungsbegriff als Denkmodell eines rechtsformübergreifenden Stiftungsrechts, 2013

Franzen, Anwaltskunst, 3. Aufl. 2001

Friedrich, Die Anlage des Stiftungsvermögens, 2012

Frieser/Sarres/Stückemann/Tschichoflos, Handbuch des Fachanwalts Erbrecht, 7. Aufl. 2019

Fritsche/Kilian, StiftG Brandenburg, StiftG Mecklenburg-Vorpommern, Kommentar zu den Landesstiftungsgesetzen, 2007

Fritz, Stifterwille und Stiftungsvermögen, 2009

Fromm/Nordemann, Urheberrecht, 13. Aufl. 2024

Gerstlberger/Schneider, Öffentlich Private Partnerschaften. Zwischenbilanz, empirische Befunde und Ausblick, 2008

Gierhake, Vermögensnachfolge und Vermögensschutz für deutsche Unternehmer mit deutschen, österreichischen und liechtensteinischen Stiftungen, 2. Aufl. 2021

Glaser, Kapitalerhaltungspflicht bei Stiftungen im Rechtsvergleich, 2025

Graf Strachwitz/Then (Hrsg.), Kultureinrichtungen in Stiftungsform, 2004

Grüneberg, Bürgerliches Gesetzbuch, 85. Aufl. 2026

Haas/Verstl (Hrsg.), Stiftungen bewegen – Ein Perspektivwechsel zur Gestaltung des Sozialen, 2013

Hävelmann, Die Stiftung & Co. KG als Unternehmensnachfolge, 2006

Haibach, Handbuch Fundraising. Spenden, Sponsoring, Stiftungen in der Praxis, 5. Aufl. 2019

Haibach/Uekermann, Großspendenfundraising – Wege zu mehr Philanthropie – Grundlagen, Strategien und praktische Umsetzung, 2. Aufl. 2021

Hannes (Hrsg.), Formularbuch Vermögens- und Unternehmensnachfolge, 2. Aufl. 2017

Heinemann, Die Relevanz von Kennzahlen im Fundraising, 2014

Hennerkes/Schiffer, Stiftungsrecht – Gutes tun und Vermögen sichern – privat und im Unternehmen, 3. Aufl. 2001

Herrman, Unternehmenskontrolle durch Stiftungen, 1996

Heuel, StiftG Nordrhein-Westfalen, 2. Aufl. 2014

Heuel, Die Entwicklung der Unternehmensträgerstiftung in Deutschland, 2000

Hierl/Huber, Rechtsformen und Rechtsformwahl: Recht, Steuern, Beratung, 2008

Hölscher/Becker/Bonefeld (Hrsg.), Familienunternehmen, 2025

Hoffmann, Zusammenlegung und Zulegung rechtsfähiger Stiftungen des bürgerlichen Rechts, 2011

Holland-Letz, Scheinheilige Stifter, 2015

Hoor u.a. (Hrsg.), Innovation & Qualität, 2. Aufl. 2022

Hopt/Reuter (Hrsg.), Stiftungsrecht in Europa, 2001

Hübschmann/Hepp/Spitaler, Abgabenordnung – Finanzgerichtsordnung, Kommentar, (Loseblatt, Stand: 288. Lieferung)

Hüttemann, Gemeinnützigkeitsrecht und Spendenrecht, 6. Aufl. 2025

Hüttemann, Wirtschaftliche Betätigung und steuerliche Gemeinnützigkeit, 1991

Hüttemann/Richter/Weitemeyer (Hrsg.), Landesstiftungsrecht, 2011

Hüttemann/Schön, Vermögensverwaltung und Vermögenserhaltung im Stiftungs- und Gemeinnützigkeitsrecht, 2007

Hunnius, Die Vorstiftung, Diss. Jena 2000 (unveröffentlicht)

Jaenicke, Fundraising von A–Z, 2025

Jakob, Schutz der Stiftung, 2006

Jakob/v. Orelli (Hrsg.), Der Stifterwille: Ein Phänomen zwischen Vergangenheit, Gegenwart und Ewigkeit, 2014

Jansen, Stiftungsformen zur Gestaltung der Vermögensnachfolge – Entwicklung eines Modells zur Entscheidungsfindung, 2013

Kaper, Bürgerstiftungen, 2005

Kapp/Ebeling, Erbschaftsteuer- und Schenkungsteuergesetz, Kommentar (Loseblatt, Stand: 106. Lieferung)

Kaufmann, Stiftung und Konflikt – Ausgestaltung, Familienbezogenheit und Konfliktpotenzial in Deutschland, Diss. 2021

Kirchhain, Die Familienstiftung im Außensteuerrecht – Zurechnungsbesteuerung bei ausländischen Familienstiftungen und Trusts nach § 15 AStG, 2010

Klein, Abgabenordnung, Kommentar, 19. Aufl. 2025

Koch, Aktiengesetz, 19. Aufl. 2025

Koenig, Abgabenordnung, Kommentar, 6. Aufl. 2026

Kössinger/Najdecki/Zintl, Handbuch der Testamentsgestaltung, 7. Aufl. 2024

Kohnke, Die Pflichten des Stiftungsvorstands aus Bundes- und Landesrecht, 2009

Kraft, Außensteuergesetz, Kommentar, 2. Aufl. 2019

Krug/Rudolf/Kroiß/Bittler, Anwaltformulare Erbrecht, 7. Aufl. 2023

Larenz, Methodenlehre der Rechtswissenschaft, 4. Aufl. 2014

Lehleiter, Die Familienstiftung als Instrument zur Sicherung der Unternehmenskontinuität bei Familienunternehmen, 1996

Leseberg/Timmer, Stiftungsstudie: Stifterinnen und Stifter in Deutschland, 2015

Liermann, Geschichte des Stiftungsrechts, 2. Aufl. 2002 (unveränderter Nachdruck der 1. Aufl. 1963)

Linnartz/Linnartz/Maibach/Becker, Bankauskunft im Erbfall, 2008

Lutter/Hommelhoff, GmbH-Gesetz, Kommentar, 21. Aufl. 2023

Maier, Gemeinnützige Stiftungen und Generationengerechtigkeit, 2012

Martin/Wiedemeier (Hrsg.), Stiftungen fördern mit Gewinn, Einsatzmöglichkeiten, Chancen, Perspektiven, 2002

Martin/Wiedemeier (Hrsg.), Stiftungsideen – Moderne Wege zur langfristigen Vermögenssicherung, 2000

Mayer/Bonefeld/Tanck, Testamentsvollstreckung, 5. Aufl. 2022

Mayer/Süß/Riedel/Bittler, Handbuch Pflichtteilsrecht, 5. Aufl. 2024

Mecking, Das Stiftungswesen in Rheinland-Pfalz, Kommentar zum Landesstiftungsgesetz, 2006

Mecking/Schulte (Hrsg.), Grenzen der Instrumentalisierung von Stiftungen, 2003

Meincke/Hannes/Holtz, Erbschaftsteuergesetz, Kommentar, 19. Aufl. 2025

Meinecke, Stiftungen als Instrument der Unternehmensnachfolge – Ein Leitfaden für Unternehmensnachfolgelösungen, 2019

Meyer/Simsa/Badelt (Hrsg.), Handbuch der Nonprofit-Organisation, 6. Aufl. 2022

Müller, Die Bundesstiftung, 2009

Müller-Lukoschek, Die neue EU-Erbrechtsverordnung, 2. Aufl. 2015

Münchener Handbuch des Gesellschaftsrechts, Bd. V: Verein, Stiftung bürgerlichen Rechts, 5. Aufl. 2021

Münchener Kommentar zum Aktiengesetz, Bd. 1, 6. Aufl. 2024

Münchener Kommentar zum Bürgerlichen Gesetzbuch, Bd. 1, 10. Aufl. 2025; Bd. 11, 10. Aufl. 2026; Bd. 12, 9. Aufl. 2024

Münchener Kommentar zum Handelsgesetzbuch, Bd. 2, 6. Aufl. 2026

Muscheler, Erbrecht (Bd. I u. II), 2010

Muscheler, Stiftungsrecht. Gesammelte Beiträge, 2005

Nährlich/Strachwitz/Hinterhuber/Müller, Bürgerstiftungen in Deutschland, 2005

Nietsch/Weller/Kiesel (Hrsg.), Kulturstiftungen, 2013

Noack/Servatius/Haas, GmbHG, Kommentar, 24. Aufl. 2025

NomosKommentar BGB, Bd. 1, 4. Aufl. 2021, Bd. 5, 6. Aufl. 2022 (zit.: NK-BGB/*Bearbeiter*)

NomosKommentar Gesamtes Gemeinnützigkeitsrecht, 3. Aufl. 2024 (zit.: NK-GemnR/*Bearbeiter*)

Oertel, Die Zulässigkeit der Stiftung & Co. KG, Diss. 2016

Orth/Uhl, Stiftungsrechtsreform 2021, 2021

Otto, Handbuch der Stiftungspraxis, 2. Aufl. 2015

Otto/Schwarze/Krause (Hrsg.), Die Haftung des Arbeitnehmers, 5. Aufl. 2025

Pahlke, Grunderwerbsteuergesetz, Kommentar, 8. Aufl. 2025

Peiker, Hessisches Stiftungsgesetz, Kommentar, 5. Aufl. 2013

Plottek, Vermögensanfall bei Verein und Stiftung – Zivil- und Gemeinnützigkeitsrecht, Diss. 2014

Plottek/Weiten, Anwaltformulare Stiftungsrecht, 2022

Pohley/Backert, Kommentar zum Bayerischen Stiftungsgesetz, 5. Aufl. 2009

Porsche/Molter, Ferry Porsche – Mein Leben, 6. Aufl. 2004

Poser/Backes, Sponsoringvertrag, 4. Aufl. 2010

Preuß, Drittmittel für die Forschung, 2017

Pues/Scheerbarth, Gemeinnützige Stiftungen im Zivil- und Steuerrecht, 3. Aufl. 2008

Rawert, Die Genehmigungsfähigkeit der unternehmensverbundenen Stiftung, 1990

Richter (Hrsg.), Stiftungsrecht, 2. Aufl. 2023

Richter, Rechtsfähige Stiftungen und Charitable Corporation, 2001

Richter/Wachter (Hrsg.), Handbuch des internationalen Stiftungsrechts, 2007

Riedel (Hrsg.), Praxishandbuch Unternehmensnachfolge, 3. Aufl. 2021

Roggencamp, Public Private Partnership – Entstehung und Funktionsweise kooperativer Arrangements zwischen öffentlichem Sektor und Privatwirtschaft, 1999

Roglmeier/Sikora/Krug, Anwaltformulare Testamente, 7. Auflage 2025

Rotberg/Broo/Frey, StiftG Baden-Württemberg, 4. Aufl. 2000

Rott/Kornau/Zimmermann, Praxishandbuch Testamentsvollstreckung, 3. Aufl. 2022

Sagasser/Bula (Hrsg.), Umwandlungen, 6. Aufl. 2024

Sandberg, Führungskräfte in Stiftungen zwischen Ehrenamt und Spitzengehalt, 2014

Sandberg (Hrsg.), Arbeitsplatz Stiftung – Karrierewege im Stiftungsmanagement, Personalmanagement in Stiftungen Bd. 3, 2014

Sandberg/Mecking, Vergütung haupt- und ehrenamtlicher Führungskräfte in Stiftungen, 2007

Sarres, Erbrechtliche Auskunftsansprüche, 3. Aufl. 2017

Sauter/Schweyer/Waldner, Der eingetragene Verein, 22. Aufl. 2025

Schäfer (Hrsg.), Das neue Personengesellschaftsrecht, 2022

Schauhoff/Kirchhain (Hrsg.), Handbuch der Gemeinnützigkeit, 4. Aufl. 2023

Schauhoff/Mehren, Stiftungsrecht nach der Reform, 2. Aufl. 2024

Schaumburg/Rödder (Hrsg.), Unternehmenssteuerreform 2001, 2000

Scheerbarth/Coenen/Krengel, Gemeinnützige Stiftungen, 2023

Schiffer, Steuerprüfung und Betriebsprüfung, 2014

Schiffer (Hrsg.), Schiedsverfahren und Mediation, 2. Aufl. 2005

Schiffer, Der Unternehmensanwalt, 1997

Schiffer/Pruns, Unternehmensnachfolge mit Stiftungen – Ein ganz besonderes Rezept, Rote Seiten zu Stiftung & Sponsoring 5/2011

Schiffer/Pruns/Schürmann, Die Reform des Stiftungsrechts, 2022

Schiffer/Rott/Pruns, Die Vergütung des Testamentsvollstreckers, 2. Aufl. 2022

Schiffer/v. Schubert, Haftung. Persönliche Risiken in Beruf und Unternehmen vermeiden, 2. Aufl. 2007

Schiffer/v. Schubert, Recht, Wirtschaft und Steuern im E-Business, 2002

Schindler, Die Familienstiftung, 1975

Schindler/Steinsdörfer, Treuhänderische Stiftungen, 7. Aufl. 2002

Schlaugat, Soziales Ehrenamt – Motive freiwilliger sozialer Tätigkeiten unter Berücksichtigung der Hypothese einer bestehenden eigenen Betroffenheit als Auswahlkriterium in Bezug auf das Tätigkeitsfeld, Diss. Bonn 2010

Schlüter, Der funktionale Stiftungsbegriff als Denkmodell eines rechtsformübergreifenden Stiftungsrechts, 2013

Schlüter, Stiftungsrecht zwischen Privatautonomie und Gemeinwohlbindung, 2004

Schlüter/Stolte, Stiftungsrecht, 3. Aufl. 2016

Schmidt, L., Einkommensteuergesetz, Kommentar, 44. Aufl. 2025

Schmidt, M., Steuerliche Aspekte der Rechtsformwahl bei privaten gemeinnützigen Organisationen, 2001

Schober/Then, Praxishandbuch Social Return on Investment, 2015

Schuller, Bertelsmann Republik Deutschland – Eine Stiftung macht Politik, 2010

Schurr, Die Stiftung mit unternehmerischer Verantwortung, 1998

Schwintek, Vorstandskontrolle in rechtsfähigen Stiftungen bürgerlichen Rechts – Eine Untersuchung zu Pflichten und Kontrolle von Leitungsorganen im Stiftungsrecht, insbesondere in Unternehmensträgerstiftungen, 2001

Seeger/Kurz/Grummann/Roller/Imberg, Die Reform des Gemeinnützigkeitsrechts, 2. Aufl. 2022

Seyfarth, Der Schutz der unselbstständigen Stiftung, 2009

Siegmund-Schultze, Kommentar zum Niedersächsischen Stiftungsgesetz, 9. Aufl. 2005

Spiegelberger (Hrsg.), Unternehmensnachfolge, 3. Aufl. 2022

Stallmann, Fehlerhafte Beschlüsse in der Stiftung bürgerlichen Rechts, 2014

Staudinger, Kommentar zum Bürgerlichen Gesetzbuch mit Einführungsgesetz und Nebengesetzen, §§ 80–89 BGB (Stiftungsrecht), Neubearbeitung 2017

Stengel, Stiftung und Personengesellschaft, 1993

Stingl, Vermögensverfall und Insolvenzverfahren im Stiftungswesen, 2006

Streck, Körperschaftsteuergesetz, 10. Aufl. 2022

Studen, Die Dachstiftung, 2011

Stumpf, Verbandsmanagement, 2022

Stumpf/Suerbaum/Schulte/Pauli, Stiftungsrecht, 4. Aufl. 2025

Süß, Erbrecht in Europa, 5. Aufl. 2024

Teufel, Steuerliche Rechtsformoptimierung, 2002

Timmer, Stiften in Deutschland, Die Ergebnisse der Stifterstudie, 2005

Tipke, Die Steuerrechtsordnung, Bd. I: Wissenschaftsorganisatorische, systematische und grundrechtlich-rechtsstaatliche Grundlagen, 2. Aufl. 2003

Tipke/Kruse, Abgabenordnung, Finanzgerichtsordnung, Kommentar (Loseblatt, Stand: 188. Lieferung)

Tolksdorf, Stiftungsgeschäftliche Vermögensausstattung und Schenkung, 2006

Troll/Gebel/Jülicher/Gottschalk, Erbschaftsteuer- und Schenkungsteuergesetz (Loseblatt, Stand: 70. Lieferung)

Urselmann, Handbuch Fundraising, 3. Aufl. 2024

Urselmann, Fundraising – Professionelle Mittelbeschaffung für gemeinwohlorientierte Organisationen, 8. Aufl. 2023

v. Holt/Koch, Gemeinnützige GmbH, 3. Aufl. 2015

v. Kirchmann, Die Wertlosigkeit der Jurisprudenz als Wissenschaft, 1848 (Nachdruck 1988)

v. Kuenheim Stiftung/ZEIT Stiftung Ebelin und Gerd Bucerius (Hrsg.), Verantwortung übernehmen, 2004

v. Löwe, Familienstiftung und Nachfolgegestaltung, 2. Aufl. 2016

v. Löwe, Familienstiftungen – Gründung und Gestaltung – ein Leitfaden für Stifter und Berater, 2010

v. Oertzen/Ponath, Asset Protection im deutschen Recht, 3. Aufl. 2019

v. Orelli, Zur Auslegung des Stifterwillens, 2019

v. Schnurbein/Timmer (Hrsg.), Die Förderstiftung: Strategie – Führung – Management, 2. Aufl. 2015

v. Werthern, Unternehmensverfassungsrecht und Stiftungen: ordnungspolitische Gesichtspunkte einer Neuregelung unter besonderer Berücksichtigung des Stiftungsunternehmens, 1986

Viskorf, Grunderwerbsteuergesetz, Kommentar, 21. Aufl. 2024

Voll/Störle, Bayerisches Stiftungsgesetz, Kommentar, 6. Aufl. 2016

Wachter, Stiftungen: Zivil- und Steuerrecht in der Praxis, 2001

Wallenhorst/Halaczinsky, Die Besteuerung gemeinnütziger und öffentlich-rechtlicher Körperschaften, 7. Aufl. 2017

Wallenhorst/Wallenhorst, Die Treuhandstiftung, 2023

Weber/Schäfer/Hausmann, Praxishandbuch Public Private Partnership, 2. Aufl. 2018

Weidmann/Kohlhepp, Die gemeinnützige GmbH, 5. Aufl. 2025

Weiland, Ursachen und Probleme der Stiftungsinsolvenz, 2020

Werner, A., Die Zustiftung, 2003

Werner, O./Saenger/Fischer (Hrsg.), Die Stiftung – Recht, Steuern, Wirtschaft, 2. Aufl. 2019

Widmann/Mayer, Umwandlungsrecht (Loseblatt, Stand: 224. Lieferung)

Wiesehahn (Hrsg.), Unternehmensnachfolge, 2. Aufl. 2020

Wigand/Haase-Theobald/Heuel/Stolte, Stiftungen in der Praxis, 4. Aufl. 2015

Winkler, Der Testamentsvollstrecker, 23. Aufl. 2020

Zimmer (Hrsg.), Das Museum als Nonprofit-Organisation, 1996

Teil I: Beratungsgrundlagen

§ 1 Stiftungen und Stiftungsberatung in der Praxis

Was bietet dieses Kapitel?
Es betrachtet durchaus kritisch die Stiftungs- und die Stiftungsberatungszene. Es wirft einen Blick auf den Gegenstand der Beratungstätigkeit, also auf die Stiftung und die mit ihr typischerweise verbundenen Lebenssachverhalte. Nur wer den Beratungsgegenstand und die Motive der Stifter kennt, kann passend und angemessen zu dem „Ewigkeitsprojekt" Stiftung beraten.

Was ist eine Stiftung?

„Eine Stiftung ist ein großer Haufen Geld, umringt von Leuten, die welches wollen."

Unbekannter Aphoristiker

Übersicht:

A. Zur Stiftungsszene

Stiftungen sind in Deutschland nach wie vor ausgesprochen beliebt! Sie sind 1
aktuell ein wesentlicher Beratungsgegenstand, und zwar nicht nur, aber häufig auch im Zusammenhang mit Erb- und Nachfolgeregelungen (vgl. auch § 10).[1] Die Themenvielfalt sowie deren steigende Ausdifferenzierung, mit der sich die Stiftungswissenschaft und die Stiftungspraxis zu beschäftigen haben, wachsen

1 Das belegen zahlreiche Fachveröffentlichungen dazu; siehe beispielhaft die Überblicksaufsätze von *Spiegelberger*, in: Spiegelberger (Hrsg.), Unternehmensnachfolge, 3. Aufl. 2022, S. 915 ff.; *Plottek*, in: Beckervordersandfort (Hrsg.), Gestaltungen zum Erhalt des Familienvermögens, 3. Auflage 2026, S. 363 ff.; *Schiffer*, in: Wiesehahn (Hrsg.), Unternehmensnachfolge, 2. Aufl. 2020, S. 167 ff.; *Meinecke*, Stiftungen als Instrument der Unternehmensnachfolge – Ein Leitfaden für Unternehmensnachfolgen, 2019; *Udwari/Hertel/Heinrich*, Handbuch der Stiftungspraxis, 2024; Feick, Stiftung als Nachfolgeinstrument, 2. Aufl. 2024; *Schönenberg-Wessel*, Letztwillige Verfügung zu Gunsten von Menschen mit Behinderung – Die stiftungsrechtliche Lösung, 2025; *Krauß*, Die gemeinnützige Stiftung in der Anwaltspraxis, 2026 und *ders.*, Die Familienstiftung in der Anwaltspraxis, 2026.

und wachsen.[2] Die generellen Veränderungen in unserer Lebenswelt bleiben nicht ohne Auswirkungen auf die grundsätzlich beständige Stiftung. Die Forderungen nach Vereinfachung der Verwaltung und des Steuerrechts[3] sind nur Beispiele dafür.

Stiftungen haben eine lange, durchaus auch fromm und religiös fundierte Tradition.[4] Erinnert sei etwa an die Fuggerei in Augsburg. Sie ist wohl eine der ältesten bestehenden Sozialsiedlungen der Welt mit 67 Häusern und 142 Wohnungen sowie einer eigenen Kirche für bedürftige Augsburger Bürger katholischen Glaubens.[5] Sie wurde von Jakob Fugger auch im Namen seiner Brüder im Jahr 1521 gestiftet. Dort leben heute etwa 150 Augsburger Bürger für eine Jahreskaltmiete von 0,88 EUR und täglich drei Gebeten für das Seelenheil der Stifterfamilie.

Der im Jahr 1127 in Lüneburg errichtete Hospitalfonds Sankt Benedicti dürfte die älteste bestehende deutsche Stiftung sein.[6]

Auch heute noch haben fast 90 % aller rechtsfähigen Stiftungen gemeinnützige, mildtätige oder kirchliche Zwecke und sind damit weitgehend steuerbefreit (siehe Rdn 36 sowie ausf. § 9). Der Bundesverband Deutscher Stiftungen erhebt zu diesem und zu weiteren Stiftungsthemen jährlich aktuelle Zahlen.[7]

2 Markant umschreibt es der Gedanke, der schon in dem Zitat anklingt, das diesem Paragrafen vorangestellt ist. Deutlich gesagt: Eine Stiftung schafft kein Geld und keine Mittel, vielmehr benötigt sie zur Zweckerfüllung aus ihren Erträgen erhebliche Mittel – und das aktuell mit Blick auf den auch in 2026 immer noch kargen Kapitalmarkt in großem Umfang. So lag bereits manch ein Politiker sehr daneben, als er auf die Frage nach der Finanzierung eines Projekts locker antwortete, dazu werde eine Stiftung initiiert. Die dazu erforderlichen Großstifter werden regelmäßig nicht gefunden. Gleichwohl wird die Hoffnung auf großzügige Stifter und Spender in der Praxis leider immer wieder befeuert.[8] Tatsächlich ist diese Hoffnung, wie ein Statistiker leicht bestätigen wird, grundsätzlich nicht realistisch.

3 Die Fachveröffentlichungen zum Thema Stiftungen erschlagen inzwischen selbst die Fachleute, die auch kaum noch die Übersicht über diese „Fachbeitragsflut"

---

2 Siehe beispielhaft etwa das monatliche Editorial von Schiffer im Stiftungsbrief (SB) und auch auf der Website zu diesem Buch: www.stiftungsrecht-plus.de.

3 Siehe etwa *Demleitner*, DStR 2025, 2521 ff.

4 Siehe etwa Richter/*v. Campenhausen*, Stiftungsrecht, 2. Aufl. 2023, § 3 Rn 1 ff.

5 https://www.fugger.de/fuggerei (zuletzt eingesehen am 18.3.2026). Siehe dort auch zum Nachfolgenden.

6 Näher dazu *Brinkhus*, Deutsche Stiftungen 1/2003, 121.

7 Einsehbar hier: https://www.stiftungen.org/stiftungen/zahlen-und-daten.html (abgerufen am 18.3.2026).

8 Siehe etwa *Haibach/Uekermann*, Großspendenfundraising – Wege zu mehr Philanthropie – Grundlagen, Strategien und praktische Umsetzung, 2. Aufl. 2021.

behalten können. Seit der letzten Auflage dieses Buches hat sich diese Tendenz noch deutlich verstärkt. Dabei ist ein bedenkliches Phänomen zu vermerken: Vermehrt wird in der Beraterszene angeboten, sich durch eine Werbeanzeige in eine Sonderveröffentlichung „einzukaufen“ und zugleich einen „Fachbeitrag“ zu liefern oder kostenpflichtig in einem „Fachkommentar“ zu einem Fachthema im Netz zu veröffentlichen.[9] Auch Ghostwriting findet statt – (fach-)schriftlich und sogar in sozialen Medien. Sind das echte und verlässliche (Fach-)Beiträge? Werden sie von einer Redaktion, einem Lektorat oder von Herausgebern (fachlich) geprüft? Gibt es sonst irgendeine Qualitätskontrolle? Wird ggf. sogar das lesende Publikum getäuscht? Diese Fragen mag ein jeder Leser für sich selbst beantworten.

Auch die traditionell zu Recht gepflegte Trennung von redaktionellen Beiträgen und Werbung in Zeitschriften und Magazinen geht mehr und mehr verloren. Es werden Seiten und Beiträge eingekauft. Das ist bestenfalls Marketing, aber nicht wirkliche Fachschriftstellerei. Aus der Welt der bunten Magazine zu verschiedenen Themen kennen wir das schon länger. Auch im Netz sind selbsterkorene Experten ohne Fachbelege vermehrt unterwegs.

Das alles hat nun auch die **Stiftungsfachwelt** ergriffen.[10] Mit diesem Buch wollen wir gerade deshalb bewusst auf der bisherigen Linie der erfahrungsbasierten, ernsthaften und praxisbezogenen Fachliteratur mit Begründungen sowie Nachweisen weitergehen.

Hinzukommt die aktuell vielfach diskutierte **Künstliche Intelligenz** (KI/AI)[11] als „Helfer“ auch bei der Beratung in Stiftungsprojekten[12] und innerhalb von Stiftungen als „Ratgeber“ oder (Ablauf-)„Prozessoptimierer“.[13] Der Verlust von Arbeitsplätzen wird von vielen Seiten befürchtet. KI wird und darf jedenfalls unser Denken und unsere konkrete fallbezogene Beratung von Menschen nicht

---

9 Das ist auch dem Verfasser bereits mehrfach angeboten worden. Der geneigte Leser schaue einmal selbst genau hin, was da zunehmend so alles auf dem Markt ist – gedruckt und im Internet.

10 Zun dem entsprechend einzuordnenden Phänomen selbst ernannter „Stiftungspapst“ siehe: https://www.stiftungsrecht-plus.de/sind-wir-nicht-alle-ein-bisschen-stiftungspapst/ (abgerufen am 18.3.2026); *Schwalm*, ZStV 2025, 121, 122.

11 Siehe zur Einführung etwa *Mühlhoff*, Künstliche Intelligenz und der neue Faschismus, 4. Aufl. 2025; *Dötterl*, NJW 2025, 3409.

12 Zu den berufsrechtlichen „Fragen des Einsatzes von generativer KI durch Rechtsanwälte und Steuerberater“ *Kilian*, DStR 2026, 680; zu den praktischen Einsatzfeldern aus erbrechtlicher Beratungssicht *Ruetten*, ErbR 2026, 187.

13 Siehe *Nährlich*, StiftungsBrief 2025, 218 ff. und etwa die Beiträge in Rote Seiten zum Magazin Stiftung & Sponsoring, Ausgabe 01/2026.

ersetzen,[14] wird sich aber zunehmend als Werkzeug etablieren und bei der Abwicklung sich wiederholender Prozesse hilfreich sein.[15] Alles andere wäre Stand heute bedenklich, auch wenn es u.a. von Tech-Unternehmen propagiert wird und gegebenenfalls unserer „Bequemlichkeit“ dienen würde.

4 Natürlich findet sich auch **kritische Literatur** zur Stiftungswelt und zur Beratungsbranche und zu entsprechendem Lobbyismus. Sie stammt mitunter nicht aus der Fachwelt. Exemplarisch genannt werden soll hier das Kritik-Buch von *Matthias Holland-Letz* „Scheinheilige Stifter“.[16] Der Untertitel „Wie Reiche und Unternehmen durch gemeinnützige Stiftungen noch mächtiger werden“ zeigt deutlich, worum es dem Autor geht. Wenn dann etwa eine „Doppelrolle“ dahingehend kritisiert wird, dass durch die gute Tat zugleich auch „Werbung“ betrieben werde,[17] so greift das allerdings sehr kurz. Kritsche Berichte etwa zu den so genannten „Benko-Stiftungen“ tragen, was immer die betreffenden Rechtsverfahren ergeben werden, auch nicht wirklich zu einem positiven Bild der Stiftung in der Öffentlichkeit bei. In der Tat kann man etwa auch fordern, das Recht gemeinnütziger Stiftungen zu ändern,[18] aber das ist ein Thema der Politik und nicht des aktuellen praktischen Rechts, welches wir in diesem Buch betrachten wollen. Ein Grund für die eine oder andere Kritik ist der Umstand, dass die Stiftung noch immer eine nicht selten „missverstandene Rechtsform“ ist.[19] Auch dem wollen wir mit diesem Buch nach wie vor proaktiv entgegenwirken.

Ein klares rechtliches Thema hingegen ist der in Einzelfällen **kritisierte Machtmissbrauch durch Stifter und Stiftungsfunktionäre**,[20] die sich mehr oder weniger bewusst nicht nach dem Stifterwillen und der Stiftungssatzung richten. Auch der eine oder andere Testamentsvollstrecker wird in diesen Zusammenhang eingeordnet. Das sind oftmals komplexe Fälle, die mangels juristischer Fachkenntnis in der Presse leider nicht immer treffend dargestellt und bewertet werden. Im Einzelfall kann ein Fehlverhalten hier aber bis zur Strafbarkeit führen. Entsprechende negative Einzelfälle sind tatsächlich zu beklagen, sie rechtfertigen aber keine grundsätzliche Kritik. Solche Einzelfälle, die berechtigt ihren Weg in die Presse finden, können allerdings das gesamte Stiftungswesen in Verruf bringen.

14 Siehe schon *Schiffer*, „Eine App und das Beraten wird ganz einfach“, https://www.stiftungsrecht-plus.de/schiffer-blog/eine-app-und-das-beraten-wird-ganz-einfach/ (abgerufen am 18.3.2026); *ders.*, StiftungsBrief 2019, 163 f. und 203 f.

15 Siehe etwa *Emonts*, „Rechtsanwaltsgehilfen – braucht es die noch?“, https://www.zeit.de/arbeit/2025–11/kuenstliche-intelligenz-kanzlei-rechtsmarkt-einfluss-anwalt (abgerufen am 18.3.2026); aus erbrechtlicher Beratungssicht mit Praxisbeispielen *Ruetten*, ErbR 2026, 187.

16 *Holland-Letz*, Scheinheilige Stifter – Wie Reiche und Unternehmen durch gemeinnützige Stiftungen noch mächtiger werden, 2015.

17 *Holland-Letz*, Scheinheilige Stifter, 2015, S. 19 f.

18 *Holland-Letz*, Scheinheilige Stifter, 2015, S. 150 ff.

19 Siehe etwa *Dworschak*, SIE STIFTUNG, Oktober 2025, 24 ff.

20 Siehe etwa managermagazin 8/2022; *Holland-Letz*, Scheinheilige Stifter, 2015.

Hier wäre auch ein publizistisches Gegensteuern durch den Bundesverband Deutscher Stiftungen wünschenswert. Zudem haben wir Stiftungsberater in dem Zusammenhang sicherlich eine Verantwortung, die wir durch entsprechende Beratung und Begleitung wahrnehmen sollten. Für unabhängige „Organe der Rechtspflege" (für Rechtsanwälte siehe § 1 BRAO) und für unabhängige „Organe der Steuerrechtspflege" (für Steuerberater siehe § 32 Abs. 3 StBerG) dürfte das schon wegen dieser „Titel" eine absolute Selbstverständlichkeit sein.

Erheblich geprägt wird die Stiftungsszene nach wie vor vom **Bundesverband Deutscher Stiftungen**, Berlin,[21] und vom **Stifterverband für die Deutsche Wissenschaft**, Essen.[22] 5

Der Bundesverband hat sich durch erhebliche personelle Änderungen neu aufgestellt und kürzlich wieder eine neue Geschäftsführung erhalten. Es lässt sich nicht leugnen, dass in und um den Bundesverband zuletzt eine erhebliche Unruhe bestand und besteht.[23] Das ist bei einem so bedeutsamen Mitspieler im Stiftungswesen für die gesamte Stiftungslandschaft von Bedeutung. So ist der Eindruck entstanden, dass diese Unruhe auch eine Auswirkung darauf hatte, wie sich der Bundesverband zu dem neuen Stiftungsrecht (mehr oder weniger) in die Fachdiskussion eingebracht hat.

Der Stifterverband ist inzwischen nicht nur ein großer Anbieter als Treuhänder für treuhänderische Stiftungen, er hat sich durch sein Umfeld auch zu einer erheblichen Beratungseinheit für treuhänderische Stiftungen entwickelt. Das scheint zugleich die Auswirkung zu haben, dass die **Honorare** in diesem Bereich gestiegen sind (vgl. auch § 14 Rdn 115 ff.). Wir werden mit Interesse beobachten, wie sich das weiter entwickelt.

Nach wie vor ist zudem zu beobachten, dass tendenziell jede **Bank und Sparkasse** Stiftungen initiiert,[24] eine „Stiftungsabteilung" hat und mit mehr oder weniger gelungenen Broschüren sowie Veranstaltungen für die Errichtung rechtsfähiger und vor allem treuhänderischer Stiftungen wirbt. Manche Institute denken, der Einstieg in das Thema sei ganz leicht: Ein paar Satzungsmuster, ein Kurs für die Mitarbeitenden und die Sache ist erledigt. Ein Kurs macht aber noch nicht zum Stiftungsfachmenschen (siehe auch sogleich Rdn 7). Standard- und Grundlagenkenntnisse sind eben noch kein Spezialwissen und bedeuten noch keine Praxiserfahrung! Manche Bank oder Sparkasse lässt durch professionelle Anbieter

21 Homepage: www.stiftungen.org (abgerufen am 18.3.2026).

22 Homepage: www.stifterverband.org (abgerufen am 18.3.2026).

23 Der ehemalige Generalsekretär des Bundesverbandes, Stefan Oldenburg, begleitet das Thema Stiftungen bspw. nunmehr in der Öffentlichkeit eher kritisch, https://www.tagesschau.de/wirtschaft/finanzen/gemeinnuetzige-stiftungen-finanzen-geschaeftsmodell-100.html (abgerufen am 18.3.2026).

24 Zu „Sparkassenstiftungen" siehe etwa *Grisko*, ZStV 2016, 154. Zur Kritik vgl. bspw. den in der vorangehenden Fn zitierten Beitrag der Tagesschau.

unterstützen. „Stiftergemeinschaft“, „Vermögensnachfolgegestaltung“, „Werte sichern und weitergeben“, „Ihre eigene Stiftung“, „Vermögen stiften“ und ähnlich lauten die lockenden, aber nicht immer fachlich wirklich treffenden Schlagwörter. Der Laie wird hier leicht verwirrt. Im schlimmsten Fall sieht er sich getäuscht, weil er gar nicht wirklich eine Stiftung errichtet, sondern nur „etwas Ähnliches“ (zu den diversen Erscheinungs- und Ersatzformen von Stiftungen siehe § 2 Rdn 74 ff.). Fachliche Kooperation erscheint uns hier als lohnenswertes Schlagwort. Das hat jedoch alles natürlich seinen Preis. Fachleute erhalten Fachhonorare (siehe § 14 Rdn 115 ff.)

Auch in Presse, Funk und Fernsehen liest, hört und sieht man beinahe täglich etwas mehr oder weniger gut Recherchiertes über und zu Stiftungen. Freuen wir uns unter dem Strich über die Aufmerksamkeit.

6 Bei alledem wird leider immer wieder und immer noch vieles zur Stiftung durcheinandergeworfen und verwechselt. Dieses Buch will mehr denn je helfen, dem entgegenzuwirken. Nach wie vor gibt es bedauerlicherweise auch deutlich abzulehnende Auswüchse und Missbräuche, die wir in diesem Buch an passender Stelle immer wieder einmal ansprechen.

Die „Stiftung für jeden“ gibt es eben beispielsweise nicht wirklich. Das führt dann zu mancher Versuchung und Ersatzlösung sowie zu „werbemäßigen Übertreibungen“, die etwa eine Zustiftung in Form eines Stiftungsfonds (zu diesem siehe § 2 Rdn 69 ff.) fachlich falsch zu einer „eigenen Stiftung“ aufwerten. Jeder kann einer bestehenden Stiftung zustiften oder spenden,[25] das ist dann allerdings keine „eigene Stiftung“.

7 Das alles bleibt natürlich nicht ohne Auswirkung auf die **Beratungsszene**.

Da sich zunehmend breitere Beraterkreise für das Thema Stiftung interessieren, findet man erstens spezialisierte Rechtsanwälte, Steuerberater und Wirtschaftsprüfer, aber zweitens auch Bankmitarbeiter, Unternehmensberater unterschiedlicher Couleur sowie Financial Planner, Estate Planner sowie sonstige Vermögens- und Finanzberater. Auch wenn das **Rechtsdienstleistungsgesetz** den Beratungsberufen zusätzliche Möglichkeiten in der Rechts- und Steuerberatung gibt,[26] so bleibt doch festzuhalten: Wer unter die zweite Gruppe fällt, ist, auch wenn er etwa als Stiftungsberater oder Stiftungsmanager zertifiziert sein sollte,[27] eben immer noch kein im Stiftungswesen erfahrener Rechtsanwalt oder Steuerberater, mag er sich im Netz oder sonst irgendwo als noch so kompetent oder zertifiziert

25 *Schiffer/Schürmann*, AnwZert ErbR 14/2015 Anm. 1 und 15/2015 Anm. 2; *Schiffer/Glaser*, StiftungsBrief 2014, 230.

26 Siehe dazu neben der einschlägigen Kommentarliteratur einführend und grundlegend etwa schon den anwaltlichen Berufsrechtler *Römermann*, NJW 2008, 1249.

27 Vgl. etwa die Zertifizierungslehrgänge der vom Bundesverband getragenen Deutschen Stiftungsakademie gGmbH (DSA): https://www.stiftungsakademie.de/ (abgerufen am 18.3.2026).

oder einmalig anpreisen, wie wir es etwa auch aus der Anpreisung von Vermögensberatern kennen.[28] Das treibt zum Teil erstaunliche Blüten!

Betrachten wir dazu einige Praxisbeispiele, zu denen bei uns nachgefragt wurde:
- Man findet etwa die **„Auflösungsstiftung“**. Sie ist von vornherein nur auf eine begrenzte Dauer ausgerichtet. Sie erfüllt die Voraussetzungen einer Verbrauchsstiftung aber eben nicht.
- Oder den Vorschlag einer **„Durchgangsstiftung“**. Dahinter steckt bei genauer Betrachtung etwas ganz anderes als in der Satzung beschrieben. Diese Stiftung dient nicht der Erfüllung des offiziellen Stiftungszwecks. Sie dient etwa nur dem vorübergehenden Parken von Vermögen.
- Es werden auch zeitversetzt zu errichtende **„Schwesterfamilienstiftungen“** empfohlen, die zu passender Zeit ihr Vermögen in einem „Ping-Pong-Spiel“ tauschen sollen („Vermögens-Schaukel“). So sollen nach jeweils aktuell geltendem Steuerrecht Steuervorteile etwa bei der Erbersatzsteuer im Zusammenhang mit der jedenfalls aktuell noch geltenden Steuerbefreiung von Betriebsvermögen erlangt werden. Wie steuerpflichtige Stiftungen allerdings erfolgreich steuervorteilhaft ihr Vermögen „tauschen“ können sollen, hat sich mir und uns noch nicht erschlossen. Und das gerade auch mit Blick auf § 42 AO.

Solche Vorschläge sind grundsätzlich nicht wirklich durchdacht. Nach dem BGB gibt es entweder die Ewigkeitsstiftung (§ 80 Abs. 1 S. 1 BGB) oder die Verbrauchsstiftung (§ 80 Abs. 1 S. 2 BGB). Die Voraussetzungen für die Anerkennung entsprechender Stiftungen (u.a. Lebensfähigkeitsprognose und „Businessplan“, vgl. § 3 Rdn 90) prüfen die Stiftungsaufsichtsbehörden jeweils bei der Errichtung. Wer sich als Stifter mit falschen Angaben eine Anerkennung erschleicht, wird damit letztlich nicht froh werden können. Die Stiftungsbehörden mögen nicht selten zu viel Arbeit auf dem Schreibtisch haben und überlastet sein. Zahme Tiger oder Unwissende sind sie aber erfahrungsgemäß nicht. Schon die erforderlichen Meldungen an die Behörden geben diesen i.d.R. das erforderliche Wissen, um gegen Missbräuche vorgehen zu können. In den Landesstiftungsgesetzen finden sich nach wie vor entsprechende Regelungen – etwa zur Einsetzung eines Sachwalters.

Auch die Finanzämter, die solche Gestaltungen, wie oben skizziert, früher oder später prüfen, sind nach meiner Erfahrung nicht „dumm“ oder gar „naiv“. Die Mitarbeiter sind in aller Regel vielmehr engagiert und klug. Das habe ich auch als Dozent der Bundesfinanzakademie immer wieder erlebt.

Nach wie vor geht es gerade auch bei der Stiftung um seriöse Beratung, denn die Stiftung soll nachhaltig wirken und funktionieren (§ 80 Abs. 1 BGB). Genau betrachtet geht es hier gar nicht in erster Linie um die Frage nach den Grenzen des rechtlich Zulässigen. Zuallererst geht es um die Fachkompetenz des betreffenden Beraters.

---

28 Siehe etwa *Schiffer*, StiftungsBrief 1/2021 – Editorial und in diesem Buch § 14.

Dabei stellt sich dann auch die Frage einer Abgrenzung einer konkreten Beratung für ein Stiftungsprojekt von dem Vertrieb und/oder dem Verkauf standardisierter Stiftungsmodelle. Das ist ähnlich kritisch zu betrachten wie mancher Unternehmensberatungsansatz, der in der Praxis kritisiert wird.[29] In der Stiftungswelt sieht sich etwa jemand nach einem Stiftungskurs auf Familienstiftungen oder auf Treuhandstiftungen spezialisiert und preist ein entsprechendes Modell als vielfältig passende Lösung an.[30] Da sind wir dann einmal mehr bei der fragwürdigen „Stiftung von der Stange" (siehe Rdn 8), die aus der Sicht der Autoren dieses Buches immer nur zufällig zu einer konkreten Stiftungsanfrage passen kann. Tatsächlich benötigt nicht jeder potenzielle Stifter eine ausgefuchste Speziallösung, aber jeder Ratsuchende darf eine konkrete Beschäftigung mit den Spezifika seiner Anfrage, eine daraus abgeleitete spezifische Beratung und einen auf den Fall passenden Lösungsvorschlag erwarten. Kurz gesagt: Es ist der begründete[31] und persönliche Rat[32] des erfahrenen Fachmanns gefordert.

8 Einem verantwortungsbewussten Berater, der nicht aus der Gruppe der Rechtsanwälte, Steuerberater und Wirtschaftsprüfer stammt, stellt sich auch die Frage nach der drohenden **Haftung** für etwaige Beratungsfehler, und das vor allem in rechtlichen und steuerlichen Fragen.

Die Frage nach der etwaigen Haftung stellt sich auch deshalb besonders dringend, weil ein solcher Berater, anders als Rechtsanwälte, Steuerberater und Wirtschaftsprüfer, in der Regel keine entsprechende Berufshaftpflichtversicherung haben muss und haben wird. Sinnvollerweise wird ein solcher Berater sich deshalb neben einer angemessenen Haftpflichtversicherung für eine passende Beratung – auch zur Vermeidung von Haftungsproblemen – die ihm ggf. fehlende Fachkompetenz von außen hinzuholen. Der **Aufbau eines Netzwerkes** mit geeigneten Beraterkollegen ist vor diesem Hintergrund dringend zu empfehlen. Auch ein erfahrener Stiftungsberater kann nicht „alles" wissen. Nach unseren Erfahrungen ist der **Umgang der Berater unter- und miteinander** in der Stiftungsszene durchaus angenehm und kollegial. Das lässt sich nicht unbedingt von jeder anderen Beraterszene so sagen.

Negativbeispiel: „Unpassende" Beratung

Ausgesprochenen unpassend, ärgerlich und genau genommen sogar täuschend ist es allein schon wegen der nachhaltigen Bedeutung des Themas für den potenziellen Stifter und wegen der Komplexität des Lebenssachverhaltes, wenn eine „**fundierte Beratung**" zur Errichtung einer rechtsfähigen oder

29 Siehe etwa https://www.braintrust-group.de/impuls-des-tages/unternehmensberater-sinnvoll/ (abgerufen am 18.3.2026).

30 Wer dazu „googelt", findet Erstaunliches.

31 Es gilt auch hier die Forderung „Begründung bitte!", vgl. https://www.stiftungsrecht-plus.de/schiffer-blog/ohne-begruendung-ist-es-nichts/ (abgerufen am 18.3.2026).

32 Siehe schon *Schiffer*, StiftungsBrief 9/2009 – Editorial.

einer unselbstständigen Stiftung in „ein bis zwei Stunden“ angeboten wird. So lange dauert nach meiner Erfahrung in aller Regel allein schon ein Sondierungsgespräch für eine erste Abklärung der grundlegenden Vorstellungen und Wünsche des Stifters.

Leider findet man solche „Angebote“ in der Praxis durchaus, und das obwohl es für einen Stifter genau betrachtet bekanntlich keine „Stiftung von der Stange“ geben kann.[33] Ist doch die Errichtung einer Stiftung für den Stifter grundsätzlich eine außergewöhnliche und eben einmalige Angelegenheit, die auch deshalb individuell auf ihn zugeschnitten sein sollte, jedenfalls aber zu ihm persönlich und ggf. zu seinem Umfeld passen muss. Da wundert es nicht, dass man nicht nur vereinzelt auf den **Vorwurf missbräuchlicher Stiftungsberatung** trifft. Dieser Vorwurf mag gar nicht auf einer tatsächlichen „Missbrauchsabsicht“, sondern vielmehr ggf. auch darauf beruhen, dass in unserer heutigen Zeit der „(Über-)Spezialisierung“ der bei Stiftungsgestaltungen unerlässliche „Blick auf das Ganze“[34] in der Beraterschaft mitunter verloren gegangen ist. Es geht um eine fundierte persönliche Beratung[35] und das in verständlicher Sprache.[36]

Ein Vorwurf missbräuchlicher Stiftungsberatung trifft einerseits die Berater- 9
schaft. Er hängt andererseits aber auch mit der **Erwartung potenzieller Stifter** zusammen. Wir müssen uns über Folgendes im Klaren sein:

Eine Stiftung ist und bleibt **eine spezielle Rechtsfigur** für spezielle Fälle, deren Eigenheiten sich in nur einem Lehrgang nicht wirklich abschließend lernen und begreifen lassen. Das Stiftungszivilrecht und das Stiftungssteuerrecht (Gemeinnützigkeitsrecht) sind vor allem zu kompliziert und zu komplex, als dass der Laie sich alleine zurechtfinden könnte. Hier kann nicht nur der (potenzielle) Stifter, sondern auch der typische ehrenamtliche Stiftungsschaffende bei seiner Arbeit für die Stiftung leicht auf falsche Wege und in Probleme geraten. Diese Grundproblematik hat sich durch das neue Stiftungsrecht ersichtlich nicht verkleinert (siehe § 5 Rdn 1). Die Rechts- und Fachfragen zu Stiftungen scheinen sich eher noch vermehrt zu haben.[37]

Zunächst ist vor allem für einen potenziellen Stifter schon aufgrund der Vielzahl einschlägiger Gesetze, zunehmender Gerichtsurteile und fast unüberschaubarer Fachbeiträge zum einen eine eigene intensive Auseinandersetzung mit dem Thema und zum anderen eine kompetente fachliche Begleitung unerlässlich. Zudem muss ein Stifter bestimmte persönliche Qualifikationen erfüllen, die sich

33 *Schiffer*, StiftungsBrief 2011, 41; *Schiffer/Pruns*, Die Stiftung 4/2012, 18.
34 Dazu schon *Schiffer*, StiftungsBrief 2014, 41.
35 Siehe schon *Schiffer*, StiftungsBrief 2019, 163 f.; *ders.*, StiftungsBrief 2017, 129 f.; *ders.* StiftungsBrief 2017, 149.
36 Siehe schon *Schiffer*, StiftungsBrief 2017, 42 f.
37 Vgl. etwa *Burgard*, npoR 2024, 181.

parallel zu dem Begriff „Börsenreife", den wir vor allem im Zusammenhang mit Börseneinführungen kennen, bekanntlich unter dem Schlagwort **„Stiftungsreife"** zusammenfassen lassen.

10 Ein Stifter und seine Familie sowie etwaige Mitstifter und auch Zustifter müssen vor allem gewillt sein, zu akzeptieren, dass mit der Stiftung eine eigenständige, von dem zukünftigen Willen des Stifters und anderer Personen unabhängige juristische Person ins Leben gerufen wird. Ihr wird das erforderliche Stiftungsvermögen dauerhaft übertragen, so dass man mit diesem Vermögen dann nicht mehr wie mit eigenem Vermögen verfahren darf. Mit dem Stiftungsvermögen dürfen nur die Zwecke der Stiftung erfüllt werden. Maßgebend ist die **Stiftungssatzung** als grundlegendes Regelwerk der Stiftung. Die einmal genehmigte Stiftung genießt mit ihrem jeweiligen spezifischen, ggf. gemeinnützigen Stiftungszweck staatlichen Bestandsschutz – und zwar auch gegenüber den Stiftern. Das ist von potenziellen Stiftern und ihren Stiftungsberatern durchgehend zu beachten. Auf diese Zusammenhänge und das dazu einschlägige, 1999 „erfundene" Schlagwort der Stiftungsreife sowie die Beratungspraxis wird im letzten Kapitel des Buches näher eingegangen (§ 14 Rdn 15 ff.). Im nachfolgenden Abschnitt möchte ich zunächst einen Blick auf die Stiftungen und typische zugehörige Lebenssachverhalte sowie Stiftermotive richten.

11 In der Praxis wird dann auch nicht jede einmal errichtete Stiftung ohne Probleme tätig. So gingen etwa die **„Aldi-Nord-Stiftungen"** mit rechtlichen Streitigkeiten durch die Presse.[38] Einzelheiten sind hier nicht zu erörtern. Klar ist aber, dass ein typischer Stifter solche Konflikte und Streitigkeiten in Stiftungen[39] möglichst verhindert sehen will. Entsprechende Streitigkeiten zeigen aus der Sicht der Autoren dieses Buches, was für eine umfassende Verantwortungs- und Beratungsaufgabe die Begleitung entsprechender Stiftungserrichtungen ist. Prominente Streitfälle sind dabei ein Ansporn für die Beraterschaft.

B. Stiftungen in der Praxis

I. Was ist eine „Stiftung"?

12 Juristen verstehen unter einer Stiftung nach wie vor zuallererst die rechtsfähige Stiftung nach den §§ 80 ff. BGB. Dort ist mit dem neuen Stiftungsrecht der Stiftungsbegriff „gesetzlich definiert".[40]

---

38 Siehe nur Stern v. 25.5.2016, S. 34 ff.; Der Spiegel 18/2016, S. 60 ff.; *Theuffel-Werhahn*, StiftungsBrief 2016, 216 ff.

39 Siehe zu dem Thema bspw. die Diss. von *Kaufmann*, Stiftung und Konflikt – Ausgestaltung, Familienbezogenheit und Konfliktpotenzial in Deutschland, 2021.

40 Siehe ausf. *Schiffer/Pruns/Schürmann*, Die Reform des Stiftungsrechts, 2022, § 2 Rn 4 ff. Siehe dort auch zu den folgenden Ausführungen.

§ 80 Abs. 1 S. 1 BGB sieht jedenfalls eine Art Definition der Stiftung vor. Demnach ist die Stiftung *„eine mit einem Vermögen zur dauernden und nachhaltigen Erfüllung eines vom Stifter vorgegebenen Zwecks ausgestattete, mitgliederlose juristische Person"*.

In der Gesetzesbegründung wird der neue Stiftungsbegriff im Gesetz erstaunlicherweise damit gerechtfertigt, die bisher fehlende gesetzliche Definition habe es *„den Stiftern und anderen Rechtsanwendern"* erschwert, *„die Rechtsform Stiftung zu verstehen"*. Das habe *„zu sehr unterschiedlichen Rechtsauffassungen über Stiftungen und ihr Organisationsrecht"* geführt. Mit der Legaldefinition soll nun *„das Stiftungszivilrecht auch unmittelbar für Stifter und Stiftungen selbst übersichtlicher und verständlicher geregelt"* sein.[41]

Das überrascht und überzeugt nicht, denn nach der Praxiserfahrung der Autoren dieses Buches ist eine **Legaldefinition** kaum einmal vermisst worden. Die Legaldefinition dürfte tatsächlich auch keine Änderung gegenüber der bisherigen Rechtslage mit sich bringen.[42] Entsprechende Definitionen des Stiftungsbegriffs[43] fand man bisher vor allem in der Fachliteratur. Es gab zwar einige Diskussionen zu dem Stiftungsbegriff.[44] Zu nennen ist hier etwa die vor einigen Jahren geführte Diskussion zur Zulässigkeit der unternehmensverbundenen Stiftung (siehe sogleich Rdn 18 ff.), die u.a. auch mit einem unterschiedlichen Verständnis des Inhalts des Begriffs „Stiftung" zusammenhing. Der „funktionale Stiftungsbegriff" (siehe sogleich Rdn 26) gehört auch in diesen Zusammenhang. Die Stiftung wurde unabhängig davon in ihrer Grundform als eine juristische Person ohne Eigentümer, Gesellschafter oder Mitglieder definiert, die als eine Zusammenfassung vermögenswerter Gegenstände, welche einem oder mehreren privaten oder sonstigen Zwecken gewidmet sind, grundsätzlich auf Dauer angelegt[45] und in ihrer Grundform eine **wertneutrale, steuerpflichtige juristische Person des Privatrechts ist**, die z.B. wegen gemeinnütziger Zwecke steuerbefreit sein kann, es aber nicht sein muss. Das entspricht im Wesentlichen der heutigen Gesetzesdefinition.

Der Gesetzeswortlaut wirkt an sich klar und deutlich und nicht überraschend, 13
dennoch soll die neue Legaldefinition – jedenfalls ausweislich der Gesetzesbegründung – durchaus beträchtliche Folgen für die Praxis haben. Zur Aufnahme

41 So sehen es ohne nähere Begründung etwa *Lorenz/Mehren*, DStR 2021, 1774.

42 Die fehlende Rechtsänderung betonen etwa auch *Hüttemann/Rawert*, Beilage zu ZIP 33/2021, II.1.1.1. So sehen es ohne nähere Begründung etwa *Lorenz/Mehren*, DStR 2021, 1774.

43 Vgl. etwa *Schlüter*, Der funktionale Stiftungsbegriff als Denkmodell eines rechtsformübergreifenden Stiftungsrechts, 2013; kritisch zur Gesetzesauslegung anhand „vorgefertigter" Stiftungsbegriffe, NK-BGB/*Schiffer/Pruns*, vor §§ 80 ff. Rn 5.

44 Überblick bei Staudinger/*Hüttemann/Rawert*, Vorbem. zu §§ 80 ff. Rn 1 ff., 16 ff.; kritisch dazu NK-BGB/*Schiffer/Pruns*, vor §§ 80 ff. Rn 1.

45 „Nachhaltigkeit" ist hier das Stichwort, das einem allenthalben entgegenschallt. Ausnahme: Verbrauchsstiftung (siehe dazu § 2 Rdn 15 ff.).

der Stiftungsdefinition in das Gesetz heißt es dort[46] zunächst, aus *„dieser für die Stiftung typischen Verknüpfung von Zweck und Vermögen [folgt], dass als Stiftungszweck nur ein solcher Zweck in Betracht kommt, der sich durch Nutzung eines Vermögens erfüllen lässt. Der Zweck einer Stiftung kann sich nicht in der Erhaltung des eigenen Vermögens erschöpfen.“*

Das ist eine rein apodiktische Behauptung.[47] Sie ist jedenfalls in dieser Allgemeinheit ungenau. Denken wir beispielsweise nur an Stiftungsgestaltungen, die dem Erhalt von Kunstwerken oder der Erhaltung eines historischen Gebäudes dienen, das über Generationen im Eigentum einer Familie gestanden hat. Solche Fälle der Vermögenserhaltung, bei denen diese Kunstwerke oder das historische Gebäude im Eigentum der Stiftung stehen, sind typische Praxisfälle, und zwar ersichtlich sogar klassische Fälle einer Stiftung. Tatsächlich wird sich, im Gegensatz zur Annahme aus der Gesetzesbegründung, aber auch in diesen Fällen kaum einmal der Stiftungszweck in der bloßen Erhaltung der Vermögenswerte „erschöpfen“. Die Gesetzesbegründung erscheint hier ausgesprochen theoretisch. Bei genauer Betrachtung wird sich in aller Regel nämlich zeigen, dass z.B. die Kunstwerke Betrachtern gezeigt werden und dass das historische Gebäude sehr wohl genutzt wird, etwa als der Mittel- und Treffpunkt einer Großfamilie.

Zu Recht wird zudem darauf hingewiesen, dass gerade das für die Stiftungswelt bedeutsame (Rdn 1) Gemeinnützigkeitsrecht viele Zwecke kennt, die sich auch ohne Nutzung eines Vermögens erfüllen lassen, was tagtäglich etwa durch die Arbeit zahlreicher Vereine unter Beweis gestellt wird. Tatsächlich muss nach dem Gesetzeswortlaut das Vermögen der Stiftung der Erfüllung ihres Zwecks dienen. Die Verfolgung eines Zwecks, der nur mit dem Einsatz von Vermögen erfüllt werden kann, setzt der Gesetzeswortlaut dagegen nicht voraus.[48] Die Gesetzesbegründung stiftet hier also ersichtlich mehr Verwirrung, als dass sie für Klarheit sorgt.

14 Dieser Punkt aus der Gesetzesbegründung erinnert zugleich sehr an die schon bisher geführte Diskussion zur „Selbstzweckstiftung“, die sich leider überwiegend in bloßen Ableitungen aus diesem Schlagwort erschöpft, und dort vor allem an das angebliche Verbot der Unternehmensselbstzweckstiftung.[49] In diesem Zusammenhang wurde sogar behauptet, der Erhalt von Arbeitsplätzen begründe für sich betrachtet keinen eigenständigen Stiftungszweck, der über die Verwal-

---

46 Regierungsentwurf zu § 80 Abs. 1 S. 1 BGB, dort im 2. Absatz (BT-Drs. 19/28173, S. 46). Dazu und zum nachfolgenden Text vgl. bereits *Pruns*, AnwZert ErbR 24/2020 Anm. 2. Vgl. ferner zuvor NK-BGB/*Schiffer/Pruns*, § 80 Rn 48 ff., 53 ff.

47 Kritisch und aufschlussreich jüngst auch *Beuthien*, ZStV 2025, 231. Grundlegend zur Thematik *Burgard*, Gestaltungsfreiheit im Stiftungsrecht, 2006, S. 133 ff.

48 *Ponath/Tolksdorf*, ZEV 2021, 605, 606.

49 Siehe NK-BGB/*Schiffer/Pruns*, § 80 Rn 53 ff. und 94 ff. („Unternehmensselbstzweckstiftung“); *Schiffer/Pruns*, ZStV 2012, 1; in der Sache auch *Beuthien*, ZStV 2025, 231.

tung und Erhaltung der Unternehmenssubstanz hinausgehe.[50] Das ist uns Autoren dieses Buches nicht nachvollziehbar[51] und aus unserer Sicht sowohl mit Blick auf den Arbeitsmarkt und die Volkswirtschaft als auch auf das Schicksal einzelner betroffener Mitarbeiter ersichtlich falsch.

So wenig, wie die betreffenden Argumente in der bisherigen Diskussion überzeugt haben, so wenig kann die Gesetzesbegründung heute überzeugen. Allein das Wiederholen alter Behauptungen legitimiert diese nicht. Das gilt auch dann, wenn die Wiederholung wie hier in einer Gesetzesbegründung steht. Eine solche Meinungsäußerung des Gesetzgebers **kann** als **Wille des Gesetzgebers** aufgrund des verfassungsrechtlichen Demokratieprinzips (Art. 20 Abs. 1, 2 GG) für die Gesetzesauslegung zwar auch maßgeblich sein, das ist aber eben nicht zwingend der Fall, handelt es sich bei ihr doch nur um **eines von mehreren Instrumenten der Gesetzesauslegung**. Das Ergebnis der Auslegung nach dieser Methode muss mit den durch die Anwendung der anderen Auslegungsmethoden gewonnenen Ergebnissen verglichen werden. Nur im Wege der Abwägung der einzelnen Methoden und ihrer Ergebnisse kommt man bei der Gesetzesauslegung dann zu einem Gesamtergebnis. Insbesondere wenn der Wille des Gesetzgebers wie hier im systematischen Widerspruch zu anderen, bereits gesicherten Erkenntnissen steht, muss er bei der Gesetzesauslegung zurückstehen.[52] 15

In § 80 Abs. 1 S. 1 BGB findet sich auch die Formulierung *„zur dauernden und nachhaltigen Erfüllung eines vom Stifter vorgegebenen Zwecks“*. Das entspricht ersichtlich der bisherigen Formulierung in § 80 Abs. 2 S. 1 BGB a.F. (*„die dauernde und nachhaltige Erfüllung des Stiftungszwecks“*). Der Gesetzgeber hat hier also an der bekannten „Paarformel“[53] nichts geändert. In der Gesetzesbegründung heißt es dazu allerdings: 16

> *„Eine dauernde Zweckerfüllung setzt voraus, dass die Stiftung ihren Zweck mit dem Vermögen über einen längeren Zeitraum erfüllen kann. Nachhaltig ist eine Zweckerfüllung nur, wenn sie auch wirksam ist, das heißt das Tätigwerden der Stiftung muss sich spürbar, also mit einer gewissen Intensität, auswirken.“*

In dieser Formulierung findet sich, mit Blick auf den gesetzlichen Regeltypus der Ewigkeitsstiftung,[54] versteckt wieder die Frage zur ggf. unterschiedlichen

50 So etwa *Wochner*, Die Stiftung – Jahreshefte zum Stiftungswesen, 2. Jahrg. 2008, 79, 83.

51 Siehe etwa NK-BGB/*Schiffer/Pruns*, § 80 Rn 97.

52 Ausf. zum Gesetzgeberwillen als Mittel der Gesetzesauslegung m.w.N. *Schlehofer*, in: FG Ulf Pallme König, 2014, S. 393, 398 f.

53 Staudinger/*Hüttemann/Rawert*, § 80 Rn 18 zu diesem Begriff.

54 Siehe nur *R. Werner*, ErbR 2021, 482, 483 zu diesem Regeltypus; siehe dazu auch MüKo-BGB/*Weitemeyer*, § 80 Rn 38; Werner/Saenger/Fischer/*Winkler*, § 27 Rn 50 m. Fn 177, Rn 56; Staudinger/*Hüttemann/Rawert*, Vorbem. zu §§ 80 ff. Rn 96.

Bedeutung von „dauernd“ und „dauerhaft“.[55] „Dauernd“ ist eher als „andauernd“ im Sinne von „durchgehend“ zu verstehen und nicht als „dauerhaft“ im Sinne von „ewig“.[56]

Dem Merkmal „nachhaltig“ kommt nach herrschender Meinung daneben keine eigenständige Bedeutung zu.[57] Es soll den Begriff der „dauernden Erfüllung“ des Stiftungszwecks nur ergänzen und verstärken.[58] Damit lässt sich aus dem Merkmal, anders als in der Gesetzesbegründung behauptet wird, nichts zur „Intensität“ der Zweckerfüllung durch die Stiftung ableiten.[59]

Es ist zu befürchten, dass diese **Begriffsverwirrung** zum Merkmal der „**Nachhaltigkeit**“ in Zukunft trotzdem gegen bestimmte Stiftungsgestaltungen ins Feld geführt werden. Deshalb ist ihr frühzeitig entgegenzutreten. Hier haben wir leider den Eindruck gewonnen, als wollten die Verfasser der Gesetzesbegründung unter Umgehung und ohne Erwähnung der einschlägigen Kommentare und der Fachliteratur sowie der dortigen Diskussionen ihre Auffassung zum Gesetzesinhalt und dem Begriff „nachhaltig“ vorschnell manifestieren und damit sowohl das geltende alte als auch das neue Recht abwandeln.

17 In der Gesetzesbegründung heißt es an besagter Stelle weiter:

> *„Zwischen den Merkmalen „dauerhaft“ und „nachhaltig“ bestehen Wechselwirkungen. Die Zweckerfüllung durch eine Stiftung, die über einen sehr langen Zeitraum bestehen soll, wird grundsätzlich wirksamer sein als die Zweckerfüllung durch eine Verbrauchsstiftung, die nur für eine kürzere Dauer besteht. In der Regel gilt, dass eine nachhaltige Zweckerfüllung desto mehr Anstrengungen erfordert, insbesondere auch Vermögenseinsatz, je kürzer der Zeitraum ist, für den eine Stiftung bestehen soll.“*

Die h.M. sieht solche Wechselwirkungen, wie soeben dargelegt, nicht, sondern verneint eine eigene Bedeutung des Begriffs „Nachhaltigkeit“. Ob deshalb *„in der Regel eine nachhaltige Zweckerfüllung desto mehr Anstrengungen erfordert, insbesondere auch Vermögenseinsatz, je kürzer der Zeitraum ist, für den eine Stiftung bestehen soll“*, ist mithin zu bezweifeln. Im BGB steht dafür keine Grundlage. Es findet sich eben nur die pauschale Behauptung in der Gesetzesbegründung, für die ihre Verfasser leider keine fachliche Begründung liefern. Die hier bestehenden Wechselwirkungen dürften deshalb durchgehend eine Frage der

---

55 NK-BGB/*Schiffer/Pruns*, § 80 Rn 27, Fn 53.

56 NK-BGB/*Schiffer/Pruns*, § 80 Rn 27, Fn 53; siehe auch MüKo-BGB/*Weitemeyer*, § 80 Rn 27, „für eine gewisse Dauer“; verwirrend insoweit Werner/Saenger/Fischer/*Fischer/Nissel*, § 7 Rn 31, 34, die ohne weitere Herleitung von „dauerhaft“ anstatt von „dauernd“ schreiben.

57 MüKo-BGB/*Weitemeyer*, § 82 Rn 30; *Burgard*, npoR 2024, 181 (183).

58 Staudinger/*Hüttemann/Rawert*, § 80 Rn 18.

59 Kritisch zu solchen Bestrebungen bereits Staudinger/*Hüttemann/Rawert*, § 80 Rn 19 und zum neuen Recht *Burgard*, npoR 2024, 181 (183).

Bewertung im Einzelfall sein. Es gilt auch hier das am Ende der vorangegangenen Randnummer Gesagte.

Die Gesetzesbegründung ist schließlich zu einem weiteren Punkt genauer zu betrachten. Sie greift, wie schon mancher in der Vergangenheit,[60] zu einer speziellen Rechtsform wieder einmal die **unternehmensverbundene Stiftung** an. 18

So heißt es in der Gesetzesbegründung:

> *„Auch wenn für die Erfüllung eines Zwecks die Nutzung eines Vermögens nicht erforderlich ist, wie etwa für die Übernahme der Komplementärstellung in einer Personenhandelsgesellschaft (‚Stiftung und Co. KG'), kann dieser Zweck nicht in der Rechtsform der Stiftung verfolgt werden."*

Das wird die Organe so mancher Stiftungen in der Praxis deutlich wundern und ggf. auch mit Sorge erfüllen. Es gibt bekanntlich nicht ganz wenige Unternehmen in der Rechtsform der **Stiftung & Co. KG** (Praxisbeispiele: Vorwerk Deutschland Stiftung & Co. KG, Diehl Stiftung & Co. KG, geobra Brandstätter Stiftung & Co. KG). Tatsächlich hörte man von Seiten mancher Stiftungsaufsichtsbehörden, dass mit der Umsetzung der Stiftungsrechtsreform das Ende der Stiftung & Co. KG gekommen sei. Auch in der Fachliteratur wurden entsprechende Befürchtungen geäußert.[61]

Auch auf der Basis des früheren Stiftungsrechts wurde bereits seit Jahren recht theoretisch argumentiert, dass sog. **„Funktionsstiftungen"** nicht zulässig seien. Das wird jetzt mit dem Schlagwort der „Unzulässigkeit der reinen Verwaltungsstiftung" wiederholt.[62] So sei für die Funktion der Unternehmensleitung kein Vermögen notwendig, *„sondern Stimmrechtsmacht, die [einer Stiftung] ohne Kapitalanteil eingeräumt werden kann"*.[63] An anderer Stelle heißt es: *„Die Wahrnehmung von Gesellschafterrechten als Komplementärin in einer KG … kann auch ohne Vermögenseinsatz erfolgen."*[64] 19

Die Gesetzesbegründung wurde offensichtlich von diesen Ausführungen inspiriert. Will man diese Argumentation tatsächlich anführen, so sollte man dann aber doch genauer hinsehen. Das Thema der „reinen Funktions- oder Verwaltungsstiftung" ist ein theoretisches Gedankenspiel, das sein Leben wohl nur in Fachbeiträgen fristet und allenfalls als Lernbeispiel eine Rechtfertigung findet.[65]

60 Siehe dazu etwa NK-BGB/*Schiffer/Pruns*, § 80 Rn 94 ff.; *Schiffer/Pruns* in § 11 Rn 24 ff. der Vorauflage.

61 Etwa *Lorenz/Mehren*, DStR 2021, 1774, 1775 zu der hier diskutierten Stelle aus der Gesetzesbegründung.

62 Zur Diskussion näher etwa *Oertel*, Die Zulässigkeit der Stiftung & Co. KG, 2016.

63 MüKo-BGB/*Weitemeyer*, § 80 Rn 158 im Anschluss an *Reuter*; dagegen grundlegend bereits *Burgard*, Gestaltungsfreiheit im Stiftungsrecht, S. 146.

64 Staudinger/*Hüttemann/Rawert*, Vorbem. zu §§ 80 ff. Rn 212.

65 So im Ergebnis denn auch *Lorenz/Mehren*, DStR 2021, 1774, 1775 unter Hinweis auf eigene Erfahrungen.

20 Aus der Praxis der Autoren dieses Buches ist auch nach wirklich langen Jahren der Befassung mit dem Thema kein Fall bekannt, in dem die Stiftung als Komplementärin einer Kommanditgesellschaft nicht an deren Gesellschaftsvermögen beteiligt ist. Es mag solche Fälle geben, sie dürften aber die besondere Ausnahme sein. Aber auch wenn man die aufgeworfene Fragestellung als Lernbeispiel ernst nimmt, kann man daraus gerade nicht die in der Gesetzesbegründung genannten Konsequenzen ziehen.[66]

Der Anteil des Komplementärs an einer KG ist, ganz abgesehen davon, dass er ersichtlich einen wirtschaftlichen Wert hat und grundsätzlich „am Markt verwertbar" ist, auch aus einer rein „begriffsjuristischen" Sicht „Vermögen". Das zeigt der Vergleich mit dem Erbrecht und speziell der Vergleich mit § 1922 Abs. 1 BGB. Es ist seit längerem anerkannt, dass der Gesellschaftsanteil an einer Personengesellschaft, die „Mitgliedschaft",[67] im Erbfall auch Nachlassbestandteil ist.[68] Nachfolgeklauseln im Gesellschaftsvertrag begründen nicht erst den Rechtsübergang im Erbfall, sondern hindern nur die Wirkung des 130 Abs. 1 Nr. 1 HGB (§ 131 Abs. 3 Nr. 1 HGB a.F.).[69] Daraus folgt, dass der Gesellschaftsanteil an einer Personengesellschaft auch „Vermögen" i.S.d. § 1922 Abs. 1 BGB ist.

21 Vermögen im Sinne des Erbrechts ist aber wiederum auch Vermögen im Sinne des Stiftungsrechts. Die **Vermögensbegriffe des Stiftungs- und des Erbrechts** laufen parallel. Das folgt insbesondere daraus, dass nach § 81 Abs. 3 BGB das Stiftungsgeschäft, das eine Vermögensverfügung zugunsten der Stiftung enthalten muss, auch in einer Verfügung von Todes wegen bestehen kann. Das war auch schon im alten Stiftungsrecht nicht anders. Die Annahme der Gesetzesbegründung, der Zweck der Übernahme der Komplementärstellung in einer Personenhandelsgesellschaft erfordere keinen Vermögenseinsatz und könne deshalb nicht mit der Rechtsform Stiftung verfolgt werden, ist mithin nicht richtig. Sie basiert auf der Annahme eines unzutreffenden Vermögensbegriffs, der insbesondere nicht mit dem Vermögensbegriff des Erbrechts vereinbar ist. Man muss wohl annehmen, dass bei Abfassung der Gesetzesbegründung diese Zusammenhänge nicht gesehen worden sind.[70] Das macht die betreffende Meinungsäußerung des

66 Vgl. *Pruns*, AnwZert ErbR 24/2020 Anm. 2 und dort auch zum folgenden Text. Zustimmend *Theuffel-Werhahn*, StiftungsBrief 2021, 189, 191.

67 BGH, Urt. v. 22.11.1956 – II ZR 222/55, BGHZ 22, 186, 191.

68 BGH, Urt. v. 22.11.1956 – II ZR 222/55, BGHZ 22, 186, 191; ausf. MüKo-HGB/*K. Schmidt*, § 139 Rn 12.

69 MüKo-HGB/*K. Schmidt*, § 139 Rn 12.

70 Auch in der aktuellen Fachliteratur werden die hier dargestellten Zusammenhänge nicht beleuchtet, siehe etwa *Lorenz/Mehren*, DStR 2021, 1774, 1775; *Ponath/Tolksdorf*, ZEV 2021, 605, 606; MüKo-BGB/*Weitemeyer*, 10. Aufl. 2025, § 80 Rn 158 f. Siehe aber auch die Rezeption bei *Theuffel-Werhahn*, StiftungsBrief 2021, 189; *Burgard*, Stiftungsrecht, § 80 Rn. 27.

Gesetzgebers in der juristischen Diskussion und für die Gesetzesauslegung kaum brauchbar.

Deutlich negativ bemerkenswert sind im vorliegenden Zusammenhang auch die bisherige und die neue einschlägige Kommentierung von *Weitemeyer*. Sie kommentierte in 2021 noch zum „alten" Stiftungsrecht[71] einmal mehr, warum sie gegen die Stiftung & Co. KG ist. Auffällig ist dabei vor allem der folgende Abschnitt gegen Ende der Kommentierung, in dem es heißt: *„Die Frage drängt sich auf, weshalb aus der offenbar unstreitigen Unverträglichkeit des Stiftungsrechts mit den gesellschaftsrechtlichen Anforderungen nicht die Konsequenz gezogen wird, die Komplementärfähigkeit der Stiftung gänzlich zu verneinen."* 22

Woher *Weitemeyer* die Überzeugung nimmt, es sei *„offenbar unstreitig"* (9. Aufl.),[72] dass das Stiftungsrecht mit den gesellschaftsrechtlichen Anforderungen „unverträglich" ist (auch noch 10. Aufl.), ist nicht nachvollziehbar. Eine Begründung für ihre einschlägige These der „Unverträglichkeit des Stiftungsrechts mit den gesellschaftsrechtlichen Anforderungen" mit der von ihr gezogenen Folge der angeblich zu verneinenden Komplementärfähigkeit der Stiftung nennt sie leider auch in der 10. Auflage der Kommentierung von 2025 noch immer nicht.[73] Bekannt sind aus der Praxis allerdings rechtsfähige Stiftungen, die seit Jahrzehnten problemlos Komplementärinnen einer Kommanditgesellschaft sind.

Nur mehr oder weniger erklärend heißt es im Folgesatz der Gesetzeskommentierung auch in der Kommentierung aus 2025 bei *Weitemeyer* nach wie vor: *„Denn ein legitimes Bedürfnis für die Stiftung & Co. KG ist nicht ersichtlich."* Hier führt die versierte und ausgewiesene Autorin beinahe nebenbei ein neues Kriterium für die Zulässigkeit der Stiftung & Co. KG ein, nämlich das des „legitimen Bedürfnisses". Das ist erstaunlich und rechtswissenschaftlich zumindest missverständlich. Kriterium für die Zulässigkeit einer rechtlichen Gestaltung ist deren **Legalität** und **nicht die vermeintliche Legitimität**. Legal ist ein Rechtskonstrukt, das nicht gegen ein gültiges Recht oder Gesetz eines Rechtsstaates verstößt. Legitimität hingegen fußt auf moralischen und sittlichen Regeln. Das mag im Einzelfall unter Umständen ein kleiner Unterschied sein, aber in jedem Fall ist es ein bedeutsamer. Ganz leicht verstecken sich ureigene persönliche Wertungen und ein entsprechendes außergesetzliches Vorverständnis hinter der Behauptung fehlender Legitimität. Letztlich entscheiden aber über das geltende Recht nicht wir Rechtsfachmenschen, sondern die Gesetzgebungsorgane. Sie legen fest, was

71 MüKo-BGB/*Weitemeyer*, 9. Aufl. 2021, § 80 Rn 221.

72 In der 10. Aufl., siehe sogleich, fehlt immerhin der bisherige Hinweis auf die angebliche Unstreitigkeit, allerdings ohne Erläuterung und ohne Gegenmeinungen zu zitieren. Dieser Hinweis sei hier als Anmerkung zu wissenschaftlicher Gründlichkeit und Aufbereitung in einem Großkommentar betreffend das wesentliche Praxisthema Stiftung & Co. KG gestattet.

73 MüKo/*Weitemeyer*, 10. Aufl. 2025, § 80 Rn 159.

legal ist und was nicht. Die Gesetze sind dann ggf. rechtsmethodisch auszulegen, sie können im Rechtsstaat aber nicht durch persönliche Überlegungen zur Legitimität ersetzt oder umgedeutet werden.[74]

Mithin bleiben wir auch angesichts der neuen Gesetzesformulierung zum Stiftungsbegriff bei unserer Auffassung der Zulässigkeit der Stiftung & Co. KG als Rechtsform.[75] Letztlich haben wir, was erwähnt werden sollte, auch zu dem Stiftungsbegriff den Eindruck gewonnen, als wollten die Verfasser der Gesetzesbegründung über ihre dortigen ungenauen Ausführungen (siehe oben Rdn 21) das geltende Recht unzulässig „abwandeln".

23 Die Zulässigkeit der Rechtsform der Stiftung & Co. KG ist im Übrigen unbestritten, wenn die Komplementärstiftung neben der Komplementärfunktion einen weiteren Zweck verfolgt und das vom Stifter bei der Stiftungserrichtung so gewollt worden ist.[76] Das ist denn auch der typische Gestaltunganteil in der Praxis.

24 In der Praxis wird die **Bezeichnung „Stiftung"** beinahe schon „traditionell" bei weitem nicht nur für Stiftungen im eigentlichen Sinne verwendet. Neben rechtsfähigen selbstständigen Stiftungen gibt es auch nicht rechtsfähige, unselbstständige Stiftungen, auch Treuhandstiftungen genannt (siehe § 12). Unter bestimmten Voraussetzungen wird die Bezeichnung „Stiftung" etwa auch für Vereine oder Gesellschaften mit beschränkter Haftung verwendet (zu diesen „Ersatzformen" siehe § 2 Rdn 74 ff.). Diese Verwendung des Schlagwortes „Stiftung" in der Firma einer GmbH (Paradebeispiel: Robert Bosch **Stiftung GmbH**) ist nach der bisherigen Rechtsprechung jedenfalls zulässig, wenn die Gesellschaft ein einem bestimmten Zweck gewidmetes Vermögen verwaltet.[77] Entsprechend muss auch ein **Stiftungs-Verein**[78] anders als ein „normaler" gemeinnütziger Verein über eine kapitalartige Vermögensausstattung oder jedenfalls über eine gesicherte Anwartschaft darauf verfügen, damit eine dem Wesen einer Stiftung entsprechende Aufgabenerfüllung zumindest über einen gewissen Zeitraum sichergestellt ist (Beispiel: Konrad Adenauer Stiftung e.V.). Verfolgt ein Verein seinen Zweck alleine mit Mitgliedsbeiträgen und/oder Spenden, darf er sich nicht „Stiftung" nennen. Das alles führt natürlich nicht selten zu einer an sich unnötigen Verwirrung, weshalb ich auch kein Freund dieser „Fehlbezeichnungen" bin. In jedem

---

74 Der hier vertretenen Auffassung etwa ausdrücklich zustimmend BoKo-StiftR/*Heuel/Meinecke*, Teil I 2.3 Rn 123.

75 NK-BGB/*Schiffer/Pruns*, § 80 Rn 94 ff.; *Schiffer/Pruns* in § 11 Rn 24 ff. der Vorauflage.

76 Siehe etwa NK-BGB/*Schiffer/Pruns*, § 80 Rn 96; *R. Werner*, ErbR 2021, 482, 483; jew. m.w.N.

77 Grundlegend, aber wenig überzeugend OLG Stuttgart NJW 1964, 1231 = GmbHR 1964, 116. Sogar noch weniger streng: OLG Frankfurt, Beschl. v. 20.11.2000 – 20 W 192/2000, 20 W 192/00, NJW-RR 2002, 176 ff. m.w.N.

78 *Sauter/Schweyer/Waldner*, Rn 59.

Fall muss eine Verwechslungsgefahr mit der „echten“ Stiftung ausgeschlossen sein.[79] Es darf keine Täuschung im Rechtsverkehr stattfinden. Leider ist dennoch zunehmend zu beobachten, dass z.B. unselbstständige Stiftungen durch ihre Treuhänder im Rechtsverkehr ohne jeglichen Zusatz nur als „Stiftung“ auftreten, also wie eine rechtsfähige Stiftung. Das ist unzulässig, weil es den Rechtsverkehr täuscht. Unterlassungs- und Schadensersatzforderungen können die Folge sein – von Imageschäden ganz zu schweigen.[80]

Der Gesetzgeber hat das praktische Problem der Namensverwirrung im Rechts- 25
verkehr erkannt und den neuen **§ 82c BGB – Namenszusatz der Stiftung** geschaffen. Die Vorschrift lautet:

> *„Nach Eintragung in das Stiftungsregister hat die Stiftung ihren Namen mit dem Zusatz „eingetragene Stiftung“ zu führen. Anstelle des Namenszusatzes kann dem Namen die Abkürzung „e. S.“ angefügt werden. Die Verbrauchsstiftung hat mit der Eintragung den Zusatz „eingetragene Verbrauchsstiftung“ oder die Abkürzung „e. VS.“ zu führen.“*

Es wird sich zeigen, ob sich das Verwirrungsproblem in der Praxis durch diesen Zusatz wirklich löst. Zweifel erscheinen angebracht.[81] Ein Namenszusatz bei der echten Stiftung macht „falsche“ Stiftungen nicht zu Stiftungen. Der Laie wird auch in Zukunft die rechtlichen Feinheiten der Zusätze kaum erkennen und einordnen können. Der Laie aber ist im Rechtsverkehr schützenswert. Klarheit, Ehrlichkeit und Deutlichkeit sind hier auch zukünftig anzuraten.

Daneben treten einige für einen **funktionalen Stiftungsbegriff** ein.[82] Der Begriff 26
soll als „Denkmodell“ dienen, um Fragestellungen wie den Grundrechtsschutz des Stifters, die Zustiftung zu Teilzwecken der Empfängerstiftung, die Vermögensbindung im Fall der Auflösung oder des Rechtsformwechsels der Stiftung sowie die Behandlung von Stiftungskörperschaften im Gemeinnützigkeitsrecht zu erörtern. Mir scheint dieser Stiftungsbegriff ggf. in der Tat für Denkmodelle hilfreich, tatsächlich für die Praxis aber eher verwirrend.[83] Er leistet damit (ungewollt) solchen nicht überzeugenden Gedanken wie dem einer (teilweise) „rechtsfähigen treuhänderischen Stiftung“ Vorschub (siehe § 12 Rdn 24). Bei diesem weiteren Schlagwort, das ausdrücklich nicht auf die Terminologie des Bürgerlichen Gesetzbuches abstellt, sondern auf den „allgemeinen Sprachgebrauch“, wo

79 So auch *Wochner*, DStR 1998, 1835.

80 *Schiffer*, ZStV 2015, 61, 62 f. zu BVerwG, Urt. v. 9.4.2014 –23/12, ZStV 2015, 59 ff.

81 Siehe dazu schon *Schiffer*, StiftungsBrief 2018, 99 ff.

82 *Frankenberger*, Der funktionale Stiftungsbegriff als Denkmodell eines rechtsformübergreifenden Stiftungsrechts, Frankfurt 2013 unter Hinweis auf den von *Schlüter* entwickelten entsprechenden Ansatz: *Schlüter*, Stiftungsrecht zwischen Privatautonomie und Gemeinwohlbindung, 2004, dort insb. S. 21 ff.

83 Kritisch bspw. auch MüKo/*Weitemeyer*, § 80 Rn. 35.

der Begriff der Stiftung eine von der Rechtsform losgelöste Bedeutung gewinne,[84] ist nach wie vor große **Vorsicht** geboten. Der allgemeine Sprachgebrauch ist bekanntlich schlagwortartig ungenau. Damit scheint er mir für rechtliche Folgerungen eine zweifelhafte Grundlage. Rechtliche verbindliche Aussagen können nur aufgrund einer Auslegung des Gesetzes getroffen werden.

27 Für **Verwirrung auch in der** (**wissenschaftlichen**) **Diskussion** hat gerade auch vor dem Hintergrund dieser rechtswissenschaftlichen Überlegungen immer wieder die falsche Annahme gesorgt, in dem Begriff „Stiftung" schwinge der Gedanke der Gemeinnützigkeit mit. Die rechtsfähige Stiftung ist entgegen manchem Missverständnis und Vorurteil nach dem BGB und dem KStG eine steuerpflichtige juristische Person, die – wie andere Rechtsformen (in der Praxis insbesondere Vereine und GmbHs) auch – gemeinnützig i.S.d. §§ 51 ff. AO sein kann, es aber nicht sein muss. Auf dieses für die Praxis und verschiedene Fachdiskussionen bedeutsame Missverständnis wird im weiteren Verlauf dieses Buches noch an mehreren Stellen eingegangen.

28 Körperschaftsrecht (Zivilrecht) und Steuerrecht sind als zwei gesonderte Rechtsgebiete auch bei den Stiftungen zu trennen! Sofern eine Stiftung unmittelbar oder mittelbar unternehmerisch tätig ist, kann sie sich den Gesetzmäßigkeiten des Wirtschaftslebens, wie insbesondere der Steuerpflicht, nicht entziehen. Das wird ausführlich in § 8 und § 9 behandelt.

II. Typische Lebenssachverhalte bei Stiftungen

29 Es stimmt: „Stiftungen bewegen"![85] Während in früheren Zeiten[86] Stiftungen sehr häufig ergänzend sozialen und/oder kirchlichen Zwecken dienten, die vom Staat oder der Kirche nicht erfüllt werden konnten oder von diesen nicht als ihre Aufgabe angesehen wurden (Spitäler, Anstalten),[87] sind **Stiftungen** nach aktuel-

---

84 So klar und ausdrücklich *Schlüter*, Stiftungsrecht zwischen Privatautonomie und Gemeinwohlbindung, S. 21.

85 Siehe dazu die Beiträge in dem Buch von *Haas/Verstl* (Hrsg.), Stiftungen bewegen – Ein Perspektivwechsel zur Gestaltung des Sozialen, 2013; *Sarholz* bespricht dieses Buch in FuS 2013, 80.

86 Die älteste noch „lebende" Stiftung soll die „evangelische Stiftung zu St. Goar" sein, die im Jahre 765 errichtet wurde, siehe *Brinkhus*, Deutsche Stiftungen 1/2003, 121. Frau *Anke Pätsch* vom Bundesverband Deutscher Stiftungen hat mich darauf hingewiesen, dass nach heutigem Stand der im Jahre 1127 in Lüneburg errichtete Hospitalfonds Sankt Benedikti die älteste bestehende deutsche Stiftung ist (siehe www.stiftungsrecht-plus.de „Schiffer-Blog" v. 22.9.2010).

87 Lehrreich und anschaulich zur Geschichte des Stiftungswesens: *Liermann*, Geschichte des Stiftungsrechts; Werner/Saenger/Fischer/*Andrick*, § 2 Rn 1 ff.

lem Verständnis nicht mehr nur Instrumente zur Umverteilung materieller Werte von einem Einzelnen in den öffentlichen Bereich. Stiftungen **dienen**

- der Umverteilung von Vermögen wohlhabender Bürger auf ärmere Bürger, angesichts der nach wie vor diskutierten „Reichensteuer“[88] und des zunehmenden Grabens zwischen Arm und Reich,[89]
- der Umverteilung von einer Generation auf die nächste Generation[90] oder
- der Förderung bestimmter öffentlicher (gemeinnütziger und mildtätiger) Zwecke wie z.B. Wissenschaft,[91] Kunst und Kultur, soziale Arbeit („Stiftungen stopfen Löcher im sozialen Netz der Städte“)[92] sowie Umweltschutz, etwa auch im Zusammenhang mit Bemühungen großer und kleiner Unternehmen um (neudeutsch) „Corporate Social Responsibility“, worüber z.T. ganz erhebliche Beträge in den gemeinnützigen Sektor fließen, was dort durchaus zu erheblichen Diskussionen führt. Ich durfte z.B. erleben, dass die „Zusammenarbeit“ einer Umweltinitiative mit einem Großkonzern durchaus „ungewohnt“ ist.
- der Gestaltung eines unabhängigen Bereiches, der nicht dem Zugriff der nächsten Generationen (Stichwort „Unternehmensnachfolge“, siehe dazu § 11) oder etwa der Politik[93] ausgesetzt ist,
- der Absicherung einer oder mehrerer Stifterfamilien oder
- auch „nur“ generell der (neudeutschen) „asset protection“ (siehe dazu sogleich Rdn 37).

Venture Philanthropy, Social Entrepreneurship, Social Business sind weitere moderne, im unvermeidlichen (?) Englisch verfasste Schlagworte aus der aktuellen Stiftungswelt.[94]

---

88 Siehe schon Handelsblatt v. 9.1.2009, S. 3 („Einigung bei Reichensteuer offen“). Auch die Wiedereinführung der Vermögenssteuer wird weiterhin und zunehmend diskutiert: https://www.tagesschau.de/inland/innenpolitik/vermoegensteuer-linke-diw-100.html (abgerufen am 18.3.2026).

89 Vgl. auch *Trautvetter*, Stiftung & Sponsoring 6/2025, 32: „Steuergerechtigkeit für die Demokratie – Gilt Artikel 14 Grundgesetzt auch für Milliardäre und Familienstiftungen?“.

90 Siehe hierzu schon *Maier*, Gemeinnützige Stiftungen und Generationengerechtigkeit, 2012.

91 Zur steuerlichen Förderung von Forschung und Entwicklung in Deutschland siehe *Arbeitsgruppe „Steuerliche FuE-Förderung“ der Forschungsunion Wirtschaft-Wissenschaft*, DStR 2009, 179.

92 So titelte schon das Handelsblatt v. 10.12.1996, S. 8.

93 Beispiel: Laut Handelsblatt v. 13./14./15.2.2009, S. 26, sprach sich der damalige Vorsitzende der Mittelbrandenburgischen Sparkasse *Schubert* für eine Umwandlung von öffentlich-rechtlichen Sparkassen in Stiftungen aus. Sparkassen als Stiftungen könnten vor „politischen Beliebigkeiten des Gesetzgebers und vor möglichen wirtschaftlichen Überforderungen durch den Träger gesichert werden“.

94 Siehe dazu etwa schon *Ritter*, Rote Seiten zu Stiftung & Sponsoring 2/2012; *Schiffer*, in: Hoor u.a. (Hrsg.), Innovation & Qualität, 2. Aufl. 2022, S. 115 ff. („Sozialunternehmertum und das Beispiel der Stiftung“).

30 Stiftungen sind ein **globales Thema** vor allem in den Industrienationen. *Jungheim* betitelte in diesem Zusammenhang einmal eines seiner Editorials plastisch mit **„Beruf Weltretter“**, vermerkte aber zugleich, dass sich mit einer Stiftung natürlich auch bodenständigere sinnstiftende Tätigkeiten verfolgen lassen.[95] Zumindest aus der Presse bekannt sind uns die teilweise durchaus kontrovers diskutierten (**„Philantrokapitalismus“**) Beispiele berühmter Persönlichkeiten, die mit Stiftungen oder stiftungsähnlichen Gestaltungen versuchen, gegen Armut, Krankheiten und Umweltverschmutzung anzugehen.[96]

31 **Angemerkt: Sinn und Unsinn der Klassifizierung von Stiftungen**

Schlagworte zur Klassifizierung und Einteilung von Stiftungen finden wir viele und auch immer wieder neue: Unmittelbar fördernde Stiftungen z.B. werden als **„Förderstiftungen“**[97] bezeichnet. Knapp **60 % aller Stiftungen sollen fördernd tätig sein**, gut 18 % sollen als Projekt- oder Einrichtungsträgerstiftungen operativ tätig sein und ca. 22 % der Stiftungen sollen sowohl fördernd als auch operativ tätig sein.[98]

Daneben findet man etwa auch noch die Klassifizierung als **„Anstaltsstiftung/Trägerstiftung“** (= die Stiftung betreibt/trägt eine Anstalt – etwa Krankenanstalt) oder als **„Kapitalstiftung/Hauptgeldstiftung“** (= die Stiftung leistet finanzielle Unterstützung). Wir finden „unternehmensverbundene Stiftungen“, „Unternehmensträgerstiftungen“ und „Beteiligungsträgerstiftungen“. Solche dem Gesetz fremden Begrifflichkeiten und wissenschaftlich motivierte Systematisierungen, wie etwa auch der Begriff **„operative Stiftung“** (= die Stiftung ist selbst operativ tätig, d.h. betreibt selbst Projekte und unterstützt nicht nur fremde Projekte), helfen in der Praxis allerdings regelmäßig wenig weiter – zumal sich nicht selten Mischformen finden.

Besonders misslich ist es, was aber leider in der Praxis und auch der wissenschaftlichen Diskussion immer wieder vorkommt, wenn aus solchen Begrifflichkeiten und Systematisierungen unmittelbar Folgerungen für oder gegen eine Ansicht, für oder gegen ein weiteres Vorgehen in einer konkreten Angelegenheit ohne Blick auf deren spezifische Sachverhaltseigenheiten abgeleitet werden. Ein solcher Denkansatz wird regelmäßig zu falschen Annahmen und Ergebnissen führen, denn besagte Begrifflichkeiten können immer „nur“ **ein kennzeichnendes Schlagwort** sein, aber nicht etwa den mit dem Schlagwort umschriebenen Sachverhalt definieren, bestimmen oder mit rechtlichen Kon-

95 *Jungheim*, Die Stiftung 2/2012, 3.

96 Das Thema bleibt im Fokus, man „google“ das Thema und finde unzählige Hinweise.

97 Ausf. zur Förderstiftung – allerdings insb. aus Schweizer Sicht: *v. Schnurbein/Timmer*, Die Förderstiftung: Strategie – Führung – Management, 2. Aufl. 2015 (Basel).

98 So eine Statistik des Bundesverbandes Deutscher Stiftungen von 2012: https://stiftungssuche.de/zahlen-daten-fakten/ (abgerufen am 18.3.2026); siehe auch *Hasl/Timmer/Burkhardt*, npoR 2025, 281 („Wie fördern Stiftungen“).

sequenzen versehen. Entsprechendes gilt für Systematisierungen, die letztlich auch nur dazu dienen, dass man zu dem Thema den Überblick behält.

- So ist es eben falsch, aber tatsächlich so geschehen, wenn eine Finanzverwaltung aus dem Umstand, dass eine Stiftung nicht steuerbefreit war, vorschnell geschlossen hat, es müsse sich um eine Familienstiftung handeln.[99]
- Ebenso irreführend ist es beispielsweise, aus dem zu § 58 Nr. 6 AO geprägten Schlagwort „gemeinnützige Familienstiftung" für eine steuerbefreite Stiftung Folgerungen aus dem Bereich der echten Familienstiftung zu ziehen.[100]

Stiftungen sind oft auch **Institutionen aus der Mitte unserer Gesellschaft**, mit deren Hilfe Bürger[101] versuchen, im Sinne des Gemeinwohls **Wandel** zu bewirken, ohne dabei Stabilität aufzugeben. Ein wesentliches Stichwort ist hier das der **Bürgerstiftung** (dazu näher siehe § 2 Rdn 45 ff.). Man spricht ja auch von **Bürgergesellschaft,**[102] in der die Stiftungen heute häufig ihre Rolle finden. Stiftungen lassen sich vor diesem Hintergrund heute u.a. beschreiben als 32
- Wohltäter der Gesellschaft
- Innovationsagenturen
- Think Tanks
- Politikberatungen
- Familienstiftungen.

Auch die deutschen Fußballvereine folgen dem Trend, sich institutionalisiert gesellschaftlich zu engagieren, und das zunehmend mit Stiftungen. So hat sich etwa auch **BVB Borussia Dortmund** für eine rechtsfähige Stiftung entschieden: „leuchte auf – Die BVB Stiftung".[103]

Die Lebenssachverhalte, die mit Stiftungen verbunden sind, sind also durchaus vielfältig. Eines haben aber alle diese **Lebenssachverhalte** gemeinsam: Sie betreffen jeweils die **Bereiche Wirtschaft, Recht, Steuern** und **menschliche Aspekte** und erfordern deshalb eine komplexe und anspruchsvolle **wertende Gesamtbetrachtung** von Stifter und Berater. Wer hier nur eine reine Rechtsbetrachtung betreiben will, wird hier, wie die Praxis bedauerlicherweise immer wieder zeigt, 33

99 So vom Verfasser in der Praxis in einem FG-Verfahren erlebt.

100 So aber *Schwarz*, BB 2001, 2381, 2387. Dazu *Schiffer/v. Schubert*, BB 2002, 265, 266.

101 Interessante Portraits einiger großer Stifter von Jakob Fugger über Alfred Nobel, John D. Rockefeller, Daniel Guggenheim, Robert Bosch, Henry Ford, Amélie Thyssen bis zu Kurt A. Körber und Reinhard Mohn und anderer finden sich etwa bei *Fest* (Hrsg.), Die großen Stifter, 1997.

102 Siehe dazu schon den Tagungsband zur 57. Jahrestagung 2001 des Bundesverbandes Deutscher Stiftungen, Auf dem Weg zur Bürgergesellschaft – Die Rolle der Stiftungen. Man gebe das Stichwort in eine Suchmaschine ein und wird unzählige Hinweise finden.

103 Näher dazu schon *Rühmann*, ZStV 2014, 79.

bei einer Beratung und seinen Überlegungen zu diesen Lebenssachverhalten regelmäßig scheitern.

34 Es gibt, wenn man den Statistiken glauben darf, gegenwärtig über 26.300 **selbstständige (= rechtsfähige) Stiftungen** in Deutschland,[104] die ganz **überwiegend gemeinnützig** sind (ca. 89 % aller Stiftungen).[105] Lange Jahre wurden ca. 800 bis 1.000 rechtsfähige Stiftungen bürgerlichen Rechts pro Jahr errichtet. Das hat zwischenzeitlich etwas nachgelassen, im Jahr 2024 wurden bspw. insgesamt 711 neue rechtsfähige Stiftungen errichtet. Bemerkenswert ist dabei, dass durch die Zulegung, Zusammenlegung und Auflösung von Stiftungen im Jahr 2024 gleichzeitig 137 Stiftungen weggefallen sind.[106] Insoweit wirkt sich aus, dass im neuen Stiftungsrecht die Möglichkeiten zur Beendigung von Stiftungen erweitert wurden (näher bspw. § 6 Rdn 62 ff., 79 ff.).

Nicht weniger bemerkenswert ist, dass in den vergangenen zwei bis drei Jahren der **Anteil der privatnützigen Stiftungen** und insbesondere derjenige der **Familienstiftungen** an den Neuerrichtungen **sprunghaft angestiegen** ist. Er betrug im Jahr 2024 fast 50 %.[107] Zurückzuführen ist das nicht zuletzt auf das Phänomen der „Social-Media-Berater", die im Zuge der Stiftungsrechtsreform die Familienstiftung für sich entdeckt haben (zur kritischen Einordnung § 14 Rdn 4 ff., 80 ff.).

Stiftungen verfügen über **Vermögen** von wenigen zehntausend Euro bis zu mehreren Milliarden Euro. Eine Untersuchung aus dem Jahr 2020 kam zu dem Ergebnis, dass knapp 80 % aller Stiftungen über ein Vermögen von weniger als 1 Mio. EUR verfügt.[108]

Die **treuhänderischen Stiftungen** (siehe dazu § 12) sind ungezählt. Man hört aus verschiedenen Quellen Schätzungen, die von etwas mehr als 20.000 bis hin zu 50.000 gehen.

Betrachtet man die **Bundesländer**, so liegen Nordrhein-Westfalen und Bayern an der Spitze, gefolgt von Baden-Württemberg, Hessen, Niedersachsen und Hamburg. Nur rund 7,5 % der erfassten rechtsfähigen Stiftungen haben ihren Sitz in den neuen Bundesländern (ohne Berlin). Dort haben nur wenige Stiftungen die Deutsche Demokratische Republik überdauert. Als Schlagworte dazu seien genannt: die Bodenreform, die Zusammenlegungsgesetze (1948/49) und das Zivilgesetzbuch der DDR.

---

104 Zu der Stiftungslandschaft im Ausland siehe auch § 13. Ausf. etwa: *Richter/Wachter*, Handbuch des internationalen Stiftungsrechts, 2007.

105 Zu den jeweils aktuellen, hier angesprochenen Zahlen: https://www.stiftungen.org/stiftungen/zahlen-und-daten.html (abgerufen am 18.3.2026).

106 Vgl. dazu den Bericht der Stiftung Aktive Bürgerschaft: https://www.aktive-buergerschaft.de/neue-zahlen-trends-im-stiftungswesen-setzen-sich-fort/ (abgerufen am 18.3.2026).

107 Vgl. dazu den Bericht der Stiftung Aktive Bürgerschaft: https://www.aktive-buergerschaft.de/neue-zahlen-trends-im-stiftungswesen-setzen-sich-fort/ (abgerufen am 18.3.2026).

108 Bundesverband Deutscher Stiftungen, Jahresbericht 2020.

Die Stiftung gerät aktuell auch immer mehr in das Blickfeld der Öffentlichkeit. Davon zeugen auch die **Stiftungstage**, die in zahlreichen Städten regelmäßig ausgerichtet werden. Nach einer erkennbaren „Sättigung“ der Nachfrage bei den Stiftungen und den Stiftungsinteressierten und nach den Coronaeinschränkungen ist hier inzwischen eine gewisse rückläufige Tendenz zu beobachten. 35

III. Stiftermotive

Ausgangspunkt einer jeden Beratung im Zusammenhang mit einer Stiftungserrichtung ist das **Motiv des Stifters** für die angedachte Stiftung. 36

Die Motive, aufgrund derer Stiftungen errichtet werden, sind ausgesprochen vielfältig. Es lassen sich nach unserer Erfahrung jedoch **drei Hauptgruppen von Motiven** als Fallgruppen für die Errichtung von Stiftungen identifizieren,[109] die einzeln oder auch kombiniert auftreten können: 37

- Gemeinnützige, mildtätige und auch kirchliche Motive vielfältiger Art (näher § 9), die die Stifter mehr oder weniger eigenständig verfolgen wollen. Ein Beispiel ist etwa die „Lothar & Ingrid Hemshorn Stiftung“ zur Förderung überdurchschnittlich intelligenter Kinder aus sozial schwachen Familien. Die Stiftung wird eines Tages das gesamte Vermögen der Stifter in Höhe von mehreren Millionen EUR erben.[110] Die Stiftungen können natürlich auch deutlich kleiner sein. Dabei wird allerdings, wie uns der aktuelle Kapitalmarkt gelehrt hat, sehr genau zu prüfen sein, ob solche kleineren Stiftungen wirklich lebensfähig sind (näher dazu § 3 Rdn 90 ff.).
- Der Wunsch, die Selbstständigkeit eines (Familien-)Unternehmens aufrechtzuerhalten, die Unternehmensnachfolge zu sichern, das eigene Lebenswerk oder das Werk, das von der Familie über viele Generationen aufgebaut wurde, zu erhalten (ausführlich dazu § 11). Dieses Thema mit einer „Stiftung als Nachfolgerin“ wird immer wichtiger, wird doch zunehmend eine Nachfolgekrise im deutschen Unternehmensmittelstand konstatiert.
- Der Wunsch nach einer langfristigen finanziellen Absicherung der Familie.

Die beiden letztgenannten Motive deuten auf das Schlagwort „Familienstiftung“ (§ 2 Rdn 23 ff.) und lassen sich auch unter dem Schlagwort **„Vermögenssicherung durch Stiftungen“** zusammenfassen. Neudeutsch lautet dazu das aktuelle Schlagwort **„asset protection“**.[111] Als wesentliche generelle Punkte sind hier beispielsweise mit *v. Oertzen* zu nennen: inländische privatnützige Stiftungen, Ausländische Anstalten, Familienstiftungen und Trusts, die als legale Ansätze sämtlich im Folgenden näher angesprochen werden. Auch bei *v. Oertzen* nachle-

109 Eingehend zu den Motiven der Stifter *Leseberg/Timmer*, Stiftungsstudie: Stifterinnen und Stifter in Deutschland, 2015.

110 Interview mit *Lothar Hemshorn*, Der Spiegel 48/2002, S. 103; www.hemshorn-stiftung.de.

111 Ausf. dazu und nicht nur im Zusammenhang mit Stiftungen: *v. Oertzen/Ponath*, Asset Protection im deutschen Recht, 3. Aufl. 2019.

sen kann man zu weiteren Vermögensschutzansätzen wie Güterstandsschaukeln, inländischen und ausländischen Lebensversicherungen, Vermeidung pfändbaren Vermögensanfalls sowie Familienfonds mit Abfindungsbeschränkungen. *Werner* hat sich in diesem Zusammenhang lesenswert mit der **„Familienheimstiftung“** befasst.[112]

Bedroht sind entsprechende Vorgehensweisen immer wieder durch die Möglichkeiten der **Anfechtung** (Anfechtungsgesetz und Insolvenzanfechtung). Zu bedenken ist bei alledem aber auch die Möglichkeit der **strafrechtlichen Relevanz** des dann nur vermeintlich schützenden Tuns. In den Fokus der Strafverfolgungsbehörden kann dieses hier vor allem mit Blick auf folgende Tatbestände geraten: Betrug (§ 263 StGB), Untreue (§ 266 StGB), Bankrott (§ 283 StGB), Gläubigerbegünstigung (§ 283c StGB), Vereitelung der Zwangsvollstreckung (§ 288 StGB) und Schuldnerbegünstigung (§ 283d StGB). Im Fall einer Straftat wird es oftmals neben den eigentlichen Tätern auch Teilnehmer und Gehilfen (Beihilfe) geben. Das neben den zulässigen Ansätzen denkbare strafrechtliche Feld ist also ausgesprochen weit und wird in der Laienwelt in der Regel unterschätzt.

38 Stiftungen werden heute überwiegend von **Privatpersonen** errichtet, die ihr Vermögen schon zu Lebzeiten und auch nach ihrem Tod ganz oder zum Teil für einen guten Zweck arbeiten lassen wollen und so ihre Erbfolge zumindest teilweise „gemeinnützig“ gestalten, um „der Gesellschaft etwas zurückzugeben“.[113] Dabei ist ein Trend zu beobachten, dass Stiftungen nicht mehr nur von „Reichen“ und Prominenten, über deren Stiftungen wir aus „Presse, Funk und Fernsehen“ immer wieder hören,[114] sondern auch von „Normalbürgern“ errichtet werden, die vor allem auf die Möglichkeit der unselbstständigen (treuhänderischen) Stiftung (näher § 12) oder auch auf Stiftungsfonds (§ 2 Rdn 69 ff.) zurückgreifen.

39 „Hören“ wir beispielhaft zwei Stifter aus unserer Mitte und gerade nicht aus der Welt der „Promis“:

> *Dr. Christian Weizmann*, ein für sein Engagement besonders ausgezeichneter Stifter, Bad Homburg: **Stiften macht glücklich**
> „Mit der Errichtung einer eigenen Stiftung sendet der Stifter eine Rakete in die Ewigkeit“ hörte ich einen Berliner Anwaltskollegen in Berlin vor einigen Jahren auf einer Veranstaltung sagen. Ist das übertrieben? Natürlich ein bisschen. Doch es liegt eine tiefe Wahrheit darin. Mit einer eigenen Stiftung, die in der Regel den Namen des Stifters trägt, lebt er weiter. Und es ist nicht irgendetwas, das fortdauert, sondern es ist ein Zeichen von Verantwortung, vielleicht sogar Liebe für Mitmenschen, für die Gesellschaft. Gerade im Mo-

112 *Werner*, ZEV 2014, 66.

113 Aufschlussreich: https://www.stiftungen.org/stiftungen/basiswissen-stiftungen/was-bewegt-stiftende.html (abgerufen am 18.3.2026).

114 Beispiele: Franz Beckenbauer, Uwe Seeler, Michael Stich, Peter Maffay, Udo Lindenberg.

ment besinnen wir uns nach einer Phase mancher wirtschaftlichen Übertreibung auf unsere eigentlichen Werte. Das Stiften gehört sicher zu ihnen, der eine mit größeren Kapitalien, der andere mit kleinerem Fokus. Und das Bewusstsein, in einem solchen Kontext fortzuleben, kann zu einem glücklichen Menschen beitragen."

Heike Kreten-Lenz, Coachin, Ochtendung: **Mitstifterin** 40
„Der Berufsverband, dem ich gemeinsam mit neun Kollegen/innen eine treuhänderische gemeinnützige und mildtätige Stiftung geschenkt habe, war lange Jahre meine berufliche Heimat. Mit meinem persönlichen Beitrag als Mitstifterin möchte ich einerseits allen danken, die mir dieses Gefühl der beruflichen Heimat gegeben haben und mit denen ich seit vielen Jahren freundschaftlich verbunden bin. Andererseits betrachte ich die Stiftung als lohnende Zukunftsinvestition zur Förderung und Weiterentwicklung unseres Berufsstandes und als Anstoß für alle, die wie ich der Meinung sind, dass Stillstand ein Rückschritt ist."

Der Kreis der potenziellen Stifter hat sich aktuell deutlich ausgeweitet. Der Fall 41
der gemeinnützigen Stiftung von Privatpersonen ist zwar wohl derjenige, der in der Öffentlichkeit am bekanntesten ist. Aber Stiftungen werden auch von erfolgreichen Start-Up-Unternehmern[115] und aus dem **unternehmerischen Mittelstand** heraus zur Vermögenssicherung unternehmensbezogen errichtet. Über die Möglichkeit einer **unternehmensverbundenen Stiftung** denken Unternehmer aus steuerlichen Erwägungen und vor allem dann nach, wenn im Kreise der Familie niemand bereit oder in der Lage ist, das Familienunternehmen fortzuführen (siehe auch § 11).[116] Viele Familienunternehmer befürchten, dass **Interessenkonflikte unter ihren Erben** oder das generelle **Fehlen geeigneter Unternehmerpersönlichkeiten** in den Folgegenerationen den Bestand des Familienunternehmens gefährden. Erinnert sei hier nur an die bekannten Beispielsfälle: Bahlsen, „4711", Benteler, Adidas, Neckermann, Grundig, Imhof (Stollwerck).[117] Da wundert es nicht, dass sich auch Betriebswirtschaftler und Kaufleute näher mit dem Thema Stiftungen befassen und dafür „Modelle" erarbeiten.[118]

---

115 Siehe schon *Schiffer*, in: Schiffer/v. Schubert, Recht, Wirtschaft und Steuern im E-Business, 2002, S. 691.

116 Ausf. etwa schon *Hennerkes/Schiffer*, BB 1992, 1940.

117 **Hinweis**: Aus Gründen der Diskretion und der Pflicht zur anwaltlichen Verschwiegenheit werden in dieser Darstellung nur solche namentlichen Beispiele erwähnt, die bereits in der Presse veröffentlicht worden sind – und auch nur in einem Umfang, der diesen Veröffentlichungen entspricht.

118 Beispiel: *Jansen*, Stiftungsformen zur Gestaltung der Vermögensnachfolge – Entwicklung eines Modells zur Entscheidungsfindung, 2013; Besprechung des Buches: *Schiffer*, ZErb 2014, 36.

42 Den Gefahren eines Erbenstreites[119] kann ggf. mit einer **Stiftung als Erbin** entgegengewirkt werden, wobei allerdings durch eine Stiftung an sich, das sei schon hier ausdrücklich angemerkt, **Pflichtteilsansprüche** (Pflichtteils- und Pflichtteilsergänzungsansprüche) **nicht vermieden** werden können (siehe § 10 Rdn 23 ff.). Dennoch ist die Stiftung auch bei der Unternehmensnachfolgegestaltung nicht selten ein Thema (siehe § 11).

43 Es muss wohl noch deutlicher hervorgehoben werden, weil ich die Fragen dazu immer noch und immer wieder gestellt bekomme:

Ebenso wenig wie die Errichtung einer Stiftung grundsätzlich ein tragfähiger Gestaltungsansatz zur Vermeidung von Pflichtteilsansprüchen ist, ist aus entsprechenden Erwägungen eine Stiftung dazu geeignet, Zugewinnausgleichsansprüche zu verkürzen.[120] § 1375 Abs. 2 Nr. 1 BGB entspricht hier § 2325 BGB. Vermögenszuwendungen an eine Stiftung innerhalb der letzten zehn Jahre vor der Beendigung der Zugewinngemeinschaft (§ 1375 Abs. 3 BGB) dürften grundsätzlich unabhängig von der konkreten Ausgestaltung der Stiftung als unentgeltliche Zuwendungen im Sinne der Vorschrift dem Endvermögen desjenigen, der der Stiftung etwas zugewendet hat, hinzuzurechnen sein. Sie fallen also in den Zugewinnausgleich.

44 **Praxishinweis: Zugewinnausgleich**

Einem Stifter, der im gesetzlichen Ehestand der Zugewinngemeinschaft lebt, ist mit Blick auf § 1365 und/oder § 1375 Abs. 3 Fall 2 BGB dringend zu empfehlen, die Zustimmung des Ehegatten zu der Stiftung ausdrücklich einzuholen oder mit diesem gemeinsam die Stiftung zu errichten.

Wirklich sicher ist nach heutigem Stand nur der Abschluss eines notariellen Ehevertrages (modifizierte Zugewinngemeinschaft[121]), wonach das auf die Stiftung übertragene Vermögen aus dem Zugewinnausgleich ausgenommen wird. Zumindest bei größeren Vermögen ist das zu empfehlen.

C. Stiftertypen und Beratertypen – Versuch einer Typologie

45 Abschließen möchte ich dieses Kapitel mit dem Versuch einer kleinen Typologie. Nach ihrer Erwartungshaltung kann man nach unserer Erfahrung typisiert folgende potenzielle **Stiftertypen** unterscheiden, wodurch die Beratung ggf. im Sinne einer prognostizierten Erwartungshaltung und Interessenlage erleichtert werden kann:

---

119 Ausf. und anschaulich mit zahlreichen Praxisbeispielen *Eglau*, Erbe Macht & Liebe – Unternehmerfamilien zwischen Interessen und Emotionen, 2001.

120 Wie hier etwa schon *Wachter*, Stiftungen, Kap. B Rn 111.

121 Siehe etwa *Schiffer/Reinke*, ErbBstg 2002, 253.

1. Der Steuersparer

Der Gedanke des Steuersparens zumindest als einer von ggf. mehreren Beweggründen für ein Vorhaben steht in Deutschland nach meinen Beobachtungen angesichts „unserer“ Steuerlast immer noch weit oben – auch bei potenziellen Stiftern.

2. Der „Gutmensch“

Das ist der Haupttyp potenzieller Stifter. Der gemeinnützige Gedanke steht klar im Vordergrund – auch wenn er nicht der einzige Beweggrund sein mag (siehe Ziffer 1.). Bekanntlich sind rund 95 % aller Stiftungen „gemeinnützig“.

3. Der Familienmensch

Hier geht es um die Versorgung der Familie. Es gibt einige hundert Familienstiftungen.

4. Der Unternehmer[122]

Hier geht es vor allem um die Bewahrung des (Familien-)Unternehmens. Viele berühmte Unternehmernamen findet man hier.

5. Der Kombinierer

Auch der Kombinationstyp, der alle oder mehrere der vier genannten Motive in seiner Person vereint, findet sich bei potenziellen Stiftern häufig.

Auch **Beratertypen** lassen sich im vorliegenden Zusammenhang erfahrungsgemäß unterscheiden. Dabei soll hier nicht über menschlich und fachlich bedenkliches Verhalten, über Tricksen und Täuschen, über nicht eingehaltene Zusagen etc. geschrieben werden. So etwas ist wohl leider menschlich und kommt damit eben auch in der Anwaltswelt vor. Es scheint mit dem zunehmenden Wettbewerb in unserem Berufsstand sogar zuzunehmen. Da arbeitet der Betreffende dann selbst an seinem schlechten Ruf! Geschrieben werden soll hier auch nicht über besondere, aus unserer Sicht untypische, „ideologisch vorgeprägte Rechtsanwälte“ aus so besonderen Rechtsgebieten wie Arbeitsrecht, wo sich teilweise Arbeitnehmeranwälte und Arbeitgeberanwälte mit erstaunlich unterschiedlichen Sichten auf dasselbe Recht und mit dennoch besonderen Verhaltensweisen gegenüberstehen, oder über Kirchenrechtler mit einem gänzlich anderen Blick auf unser weltliches Recht, auch wenn man solchen Anwälten mitunter auch in der Stiftungswelt begegnet. 46

Das Thema dieser Zeilen ist nur die Typisierung von Beratern, die mehr oder weniger spezialisiert zum Thema Stiftungen tätig sind. Wie auch sonst bestimmt auch hier bei der anwaltlichen Beratung in der Regel die Nachfrage das Angebot. Zunehmend wird aber auch bei Stiftungen versucht, einen Markt für die eigene 47

122 Zu „Unternehmertypen“ und deren Beratern siehe etwa schon *Gießen*, FuS 2013, 189; siehe auch schon *Schiffer*, Unternehmensanwalt, 1997, S. 160 ff. („Mandantentypologie“).

(standardisierte) Beratungsleistung zu schaffen. Es lässt sich vermuten, dass KI (siehe oben Rdn 3) dabei künftig leider „helfen“ wird.

48 Hervorzuheben ist vor allem der **„Steueroptimierungsberater“**, auf den in diesem Buch noch mehrfach einzugehen sein wird (siehe etwa § 14 Rdn 86 ff.). Er wirkt im deutlichen Gegensatz vor allem zu dem (hoffentlich) langfristig wirkenden **„Begleitungs- und Überblicksberater“** nur kurzfristig, nämlich bezogen auf das jeweils aktuelle, bekanntermaßen schnelllebige Steuerrecht, was gerade bei der typischen langlebigen Stiftung besonders misslich sein kann.

Wo liegt der entscheidende Unterschied zwischen beiden Beratertypen?

Versuch einer Antwort:

Jeder Berater kennt sie – die mehr oder weniger guten Beraterwitze. Z.B. den von den Anwälten auf dem Meeresgrund, die ein guter Anfang sein sollen. (Für wen oder was eigentlich?) Oder den von dem theoretisch sehr versierten Berater, der praktisch ohne jede Erfahrung und auch ohne den erforderlichen **Gesamtüberblick** in der Sache agiert (hier: bezogen auf das Stiftungsprojekt, auf den Stifter, auf seine Familie, auf das Umfeld etc.). Der Berater antwortet dann streng fachlich betrachtet genau richtig, liegt mit der Antwort aber „voll neben der Sache“. In solchen überspitzten Pointen liegt nicht nur ein Kern Wahrheit.

Ernsthaft gesprochen: Wer streng spezialisiert ist und etwa (nur) das aktuelle Steuerrecht oder das neue Stiftungsrecht betrachtet, der liegt beinahe zwangsläufig falsch mit seinen Ratschlägen für den konkreten Stifter. So liegt er beispielsweise genau betrachtet aktuell steuerrechtlich „genau richtig“. Insgesamt etwa mit Blick auf die Stifterfamilie, die künftig die Stiftung tragen soll, liegt er ggf. ausgesprochen daneben.

Das Stiftungswesen kann man sich nicht einfach einmal „so anlesen“ oder in einem Kurs „reinziehen“. Gefragt sind gerade hier der Gesamtüberblick sowie der Versuch (!) eines belastbaren Blicks in die lange Zukunft.

Beratung will zudem erfahren und gelernt sein und das Lernen hört da niemals auf – etwa bei der gemeinsamen Lösungsfindung mit dem Mandanten. Wer gelernt hat, sich durchzuboxen und sich einseitig durchzusetzen, wird als Berater und Begleiter für gemeinsame Lösungen zweier oder mehrerer Seiten kaum erfolgreich sein können. Wer nur seine Seite – etwa die steuerliche Seite – sieht, auch nicht.

Wer einmal Familienunternehmer und Familienunternehmen längerfristig begleitet hat, kann ein Lied davon singen. Etwa davon, dass es nicht immer ganz einfach ist, bei „seinem“ Mandanten dafür zu werben, auch die Sicht der anderen Seite, der anderen Beteiligten und Betroffenen etwa aus der Stifterfamilie wahrzunehmen und in den Lösungsansatz mit einfließen zu lassen. Bei Stiftungen, die ja typischerweise besonders langfristig wirken sollen, ist sogar zusätzlich noch der Versuch zu unternehmen, in die ferne Zukunft und auf künftige, naturgemäß bislang unbekannte Familienmitglieder und deren Interessen zu schauen.

Verwiesen sei dazu besonders auf das Thema Stiftungsreife (siehe § 14 Rdn 15 ff.), mit dem sich der Berater auf Seiten des Stifters befassen muss.

Natürlich muss der Berater auch etwas (= viel) vom Fach verstehen. Fachlich bedeutet das etwa bei einer unternehmensverbundenen Stiftung, dass er von vielen Rechtsgebieten über das Stiftungsrecht und das Steuerrecht hinaus etwas verstehen muss, etwa vom Wirtschaftsrecht, vom Gesellschaftsrecht, vom Erbrecht einschließlich der Testamentsvollstreckung, vom Familienrecht etc. Im Stiftungsrecht kommt der an sich undenkbare Ewigkeitsansatz dazu. Wer weiß heute schon, was in hundert Jahren (noch) als richtig angesehen wird? Dennoch muss der Stiftungsberater ersichtlich versuchen, ganz langfristig zu denken. Er muss eine entsprechende **Beraterreife** erlangen und fortentwickeln (siehe § 14 Rdn 80 ff.).

Diese hier skizzierten Gedanken stecken durchgehend hinter den Ausführungen in diesem Buch.

§ 2 Stiftungsformen und Alternativen

Was bietet dieses Kapitel?
In diesem Kapitel wird näher erklärt, was eine Stiftung ist. Es werden die für die Beratungspraxis wesentlichen Stiftungsformen sowie einige Spezialfälle und auch neuere Gestaltungsansätze erläutert, etwa der immer aktuellere Stiftungsfonds. Da die Stiftung als Rechtsform keineswegs „alternativlos“ ist, werden auch diejenigen Rechtsformen kurz vorgestellt, die in der Praxis statt einer Stiftung in Frage kommen.

Stiftungen reicher Leute sind ein Ausdruck tätiger Reue.

Sinclair Lewis, amerikanischer Schriftsteller, 1885–1951

Übersicht: Rdn

A. Die Stiftung als juristische Person

I. Die rechtsfähige Stiftung des Privatrechts

Das Zitat zu Beginn dieses Kapitels ist eine schöne Provokation, die zum Nachdenken anregt. Tätige Reue ist grundsätzlich nichts Schlechtes, wird sie doch 1 etwa im Strafrecht bei der Strafzumessung honoriert. Tatsächlich finden sich aber häufiger auch viele andere Motive für das Stiften (siehe § 1 Rdn 36).

Die rechtsfähige Stiftung des Privatrechts, egal von wem und aus welchem Motiv sie errichtet worden ist, ist die Grundform der Stiftung. Sie ist eine mit einem Vermögen zur dauernden und nachhaltigen Erfüllung eines vom Stifter vorgegebenen Zwecks ausgestattete, mitgliederlose juristische Person. Diese so zuvor bereits in der Fachliteratur entwickelte Beschreibung des Stiftungsbegriffs wurde im Zuge der Stiftungsrechtsreform zum 1.7.2023 als Legaldefinition in § 80 Abs. 1 S. 1 BGB übernommen.[1] Die Stiftung ist dementsprechend „nur" eine Zusammenfassung vermögenswerter Gegenstände. Sie ist mit ihrem Vermögen einem oder mehreren privaten oder sonstigen Zwecken gewidmet und in der Regel auf Dauer angelegt (§ 80 Abs. 1 S. 2 BGB; zur Verbrauchsstiftung siehe Rdn 15 ff.). Ihr Grundstockvermögen darf grundsätzlich nicht angegriffen werden, es ist in seinem Bestand zu erhalten (§ 83c Abs. 1 S. 1 BGB, **Grundsatz der Vermögenserhaltung**), denn die Stiftung besteht ja eben nur aus diesem Vermögen (ausführlich dazu siehe § 5 Rdn 53 ff.).[2] Die Rechtsform Stiftung und die Tätigkeit der Stiftung stehen damit besonders auch für die heute so oft strapazierte **Nachhaltigkeit.**[3]

2 Die Stiftung ist in ihrer Grundform nach inzwischen wohl herrschender Meinung eine **wertneutrale, steuerpflichtige juristische Person des Privatrechts**, die – wie andere Rechtsformen (in der Praxis insbesondere Verein und GmbH) auch – gemeinnützig i.S.d. §§ 51 ff. AO sein kann, es aber nicht sein muss. Zivilrecht und Steuerrecht sind als zwei gesonderte Rechtsgebiete auch bei Stiftungen zu trennen!

3 Eine rechtsfähige Stiftung des Privatrechts wird durch das Stiftungsgeschäft des Stifters nebst Stiftungsverfassung mit Vermögensausstattung und durch die staatliche Anerkennung (früher: Genehmigung) nach seinem Willen **errichtet** (§§ 80, 81 BGB). Der **Stifterwille** ist der Maßstab aller Dinge (§ 83 Abs. 2 BGB; näher dazu siehe § 3 Rdn 44 ff.). Er bindet sowohl die Organe der Stiftung als auch die Stiftungsaufsicht (näher dazu siehe § 4 Rdn 29 ff.).

4 Die Stiftung ist nicht irgendeine Rechtsform. Wer sich mit dem Stiftungswesen beschäftigt, dem öffnet sich **ein weites Feld** und ein besonderer Blick auf unsere Gesellschaft mit vielen absolut beeindruckenden Mitbürgern. In diesem Buch wird das immer wieder angesprochen. Stiftungen finden sich auch nicht nur in Deutschland, sondern weltweit (einige Hinweise zu ausländischen Stiftungen, siehe § 13). Die Stiftung ist in ihrer dortigen spezifischen (!) Ausgestaltung bei-

---

1 *Schiffer/Pruns/Schürmann*, Die Reform des Stiftungsrechts, 2022, § 2 Rn 3 ff.

2 Siehe etwa Richter/*v. Campenhausen/Stumpf*, § 1 Rn 12. Siehe auch *Glaser*, Kapitalerhaltungspflicht bei Stiftungen im Rechtsvergleich, 1. Aufl. 2025.

3 Siehe bspw.: Lexikon zur Nachhaltigkeit: www.nachhaltigkeit.info; *Berg*, FuS 2012, 85.

spielsweise gerade auch in den USA sehr populär.[4] Wir erinnern uns an die Initiativen von Bill Gates und Warren Buffet, die auch andere wirklich reiche Menschen veranlasst haben, die Hälfte ihres Vermögens für wohltätige Zwecke zu verwenden. Wie alles hat auch das eine zweite Seite. So wird etwa beklagt, dass Spenden in den USA nicht nur oft ein Statussymbol seien, sondern den vermögenden Personen auch ermöglichen, zu entscheiden, welche Schulen reformiert oder welche Arzneimittel zu erschwinglichen Preisen verteilt werden.[5] Naturgemäß können die Spender dann im Rahmen der Gesetze auch etwas entscheiden, was anderen Menschen und ggf. auch der Mehrheit der Bevölkerung nicht wirklich passt. Letztlich ist das ist ein wesentlicher Aspekt dessen, was wir **Stifterfreiheit** nennen.

5 Oft hört man noch von dem Stiftungsboom in Deutschland. **„Stiftungen sind populär"**, sagt auch *Graf Strachwitz*[6] und fragt zugleich: **„Sind sie auch legitim?"**, um eine Debatte über Stiftungen anzustoßen, die es seit 100 Jahren in Deutschland nicht in größerem Umfange gegeben habe.[7] In der Tat stellen sich Fragen zum Stiftungswesen. *Mecking* und *Schulte* haben für den Bundesverband Deutscher Stiftungen bereits 2003 ein ganzes Buch zum Thema **„Grenzen der Instrumentalisierung von Stiftungen"** mit 14 interessanten Diskussionsbeiträgen herausgegeben.[8] Sie meinen auf der ersten Seite ihres Vorwortes, aufgrund der Gestaltungsfreiheit des Stifters falle die Abgrenzung zwischen zulässiger und unzulässiger Instrumentalisierung von Stiftungen nicht leicht. Die **öffentliche Hand als Stifter** (siehe Rdn 13 f.) ist ein zunehmend wichtiges Thema.[9] So wird etwa die **Stiftung Datenschutz** als Ansatz gesehen, um das Datenschutzniveau zu verbessern.[10] Verwiesen sei etwa auch auf die **„Hildesheimer Rede: Stiftungen in Zeiten hoher Veränderungsdynamik"** von *Chrobog*, der u.a. fordert, Stiftungen sollten gerade in solchen Zeiten in „ethisch orientierte und kompetente leadership investieren".[11]

6 Es wurde beispielsweise die Bertelsmann Stiftung von einigen heftig kritisiert, weil sie eine bestimmte Politik mache, womit der Autor besagten Buches natür-

---

4 Siehe dazu rechtsvergleichend: *Richter*, Rechtsfähige Stiftungen und Charitable Corporation, 2001; *Winheller*, ZStV 2010, 81 („Nonprofit-Organisationen in Deutschland und den USA").

5 So bereits *Mejias*, FAZ.NET (www.faz.net) am 10.8.2010 („Amerikas Milliardenspender: Profitgeier im Schafspelz").

6 *Graf Strachwitz*, ZStV 2011, 1.

7 *Graf Strachwitz*, ZStV 2011, 1, 2.

8 *Mecking/Schulte*, Grenzen der Instrumentalisierung von Stiftungen, 2003.

9 Dazu siehe etwa *Redbrake/Theuffel-Werhahn*, ZStV 2010, 154; siehe etwa auch *Bellezza/Kilian/Vogel*, Der Staat als Stifter – Stiftungen als Public-Private Partnerships im Kulturbereich, 2003.

10 www.stiftungdatenschutz.org; dazu auch *Bräutigam/v. Sonnleithner*, AnwBl 2011, 240.

11 Die Rede hat der Bundesverband Deutscher Stiftungen 2010 in einem kleinen Bändchen herausgegeben. Die Forderung findet sich auf S. 12 f.

lich selbst Politik betreibt.[12] Es stört auch den einen oder anderen, wenn beispielsweise inländische oder auch ausländische **Familienstiftungen** (siehe hierzu auch § 13)[13] in mehr oder weniger profunden Beiträgen als Ansatz zur **„Asset Protection"**,[14] als Schutz „vor dem Zugriff von Gläubigern der Begünstigten" empfohlen werden. Mit Blick auf die in Deutschland zulässige „gemeinwohlkonforme Allzweckstiftung" (siehe im Einzelnen Rdn 32 ff.) sehen wir da allerdings vor allem bei inländischen Familienstiftungen keinen grundsätzlichen Einwand.

7 Deutlich weiter geht das, was *Winheller* schon 2011 aufgrund eigener Erfahrungen als einen **„Angriff auf die Stiftungswelt"** bewertet, wobei er sogar einen „Teufelspakt zwischen Treuhändern und (Finanz-)Vertrieben" sieht.[15] In der Tat ist auch in der Stiftungswelt nicht alles Gold, was glänzt. Umso mehr ist die Beraterzunft aufgerufen, schonend mit der Stiftung umzugehen. Dazu will auch dieses Buch beitragen, was nicht heißt, dass Randbereiche des Stiftungswesens und Neuerscheinungen per se abzulehnen sind. Es ist vielmehr ein **genauer Blick im Einzelfall** gefragt.

II. Kirchliche und staatliche Stiftungen

8 Ein althergebrachter „Randbereich" des Stiftungswesens, der in früheren Jahrhunderten deutlich mehr im sozialen Mittelpunkt stand, sind die **kirchlichen Stiftungen.**[16] Sie können privatrechtlich[17] oder öffentlich-rechtlich organisiert sein. In jedem Fall gehören diese Stiftungen zum Ordnungsbereich einer Kirche und sind in deren Organisation eingegliedert. Kirchliche Stiftungen sind vor allem ortskirchliche Stiftungen und Pfründestiftungen. Die kirchliche Stiftung ist „etwas Besonderes". So ist die Rechtslage in dem Sonderbereich der Abgrenzung

---

12 *Schuller*, Bertelsmann Republik Deutschland – Eine Stiftung macht Politik, 2010. Die Darstellung auf Seite 233 ff. unter der Überschrift „Angriff auf die Stiftung – Der Versuch einer Stiftungsreform" stimmt übrigens nicht mit dem eigenen Erleben der Abläufe überein, soweit der Verfasser Schiffer selbst dabei war.

13 Hier ganz konkret die liechtensteinische Familienstiftung: *Hosp/Langer*, BB 2011, 1948.

14 *v. Oertzen/Hosser*, ZEV 2010, 168; *Feick/Thon*, ZEV 2011, 404 und auch (recht knapp, im Wesentlichen unter Hinweis auf die Vorgenannten und nebenbei Reuter mit Säcker verwechselnd) *Bisle*, DStR 2012, 525. Siehe auch allgemein: *v. Oertzen/Ponath*, Asset Protection im deutschen Recht.

15 *Winheller*, npoR 2011, 48.

16 Näher dazu *Achilles*, npoR 2021, 161; *ders.* npoR 2021, 242; *Risch*, ZSt 2006, 21; *Saenger/Veltmann*, ZSt 2006, 16; *Schiffer*, ZSt 2005, 199; Werner/Saenger/Fischer/*Schulte/Nettelnbrecher*, § 44 Rn 1 ff. (Evangelische Kirche); Werner/Saenger/Fischer/*Hense*, § 45 Rn 1 ff. (Katholische Kirche); Richter/*v. Campenhausen/Stumpf*, § 14 Rn 1 ff. Siehe auch *Achilles*, Die Aufsicht über die kirchlichen Stiftungen der evangelischen Kirchen in der Bundesrepublik Deutschland, 1986. Siehe auch *Englisch*, DStR 2011, 1692 zu „Leistungen rechtlich verselbstständigter Werke im kirchlichen Binnenbereich".

17 Beispiel: Bürgerstiftung Bad-Godesberg-Rheinviertel „gemeinnützige rechtsfähige Stiftung des bürgerlichen Rechts".

kirchlicher Stiftungen von „weltlichen“ Stiftungen dadurch geprägt, dass Art. 140 GG i.V.m. Art. 137 Abs. 3 WRV (Weimarer Reichsverfassung) den Kirchen die Freiheit garantiert, ihre Angelegenheiten innerhalb der Schranken der für alle geltenden Gesetze zu ordnen und zu verwalten. Innerkirchliche Rechtsakte sind der staatlichen Gerichtsbarkeit entzogen.[18]

Ausgehend davon bestimmt § 88 BGB lediglich, dass die Vorschriften der Landes- 9
gesetze über die kirchlichen Stiftungen unberührt bleiben, insbesondere die Vorschriften zur Beteiligung, Zuständigkeit und Anfallsberechtigung der Kirchen. Dasselbe gilt entsprechend für Stiftungen, die nach den Landesgesetzen kirchlichen Stiftungen gleichgestellt sind. Diese Gleichstellungsklausel bezieht sich auf andere Religions- und Weltanschauungsgemeinschaften abseits der christlichen Großkirchen.[19]

Landesrechtliche Vorschriften zu kirchlichen Stiftungen finden sich beispielsweise in den §§ 11 und 12 StiftG NRW, die eine Reihe von Sonderregelungen für kirchliche Stiftungen vorsehen. Insbesondere unterliegen die kirchlichen Stiftungen nach § 12 Abs. 3 StiftG NRW (nur) der kirchlichen Stiftungsaufsicht, d.h. die gesamten landesrechtlichen Regelungen zur Stiftungsaufsicht finden auf die kirchlichen Stiftungen keine Anwendung. Es obliegt insoweit den Kirchen, Art und Umfang der erforderlichen Regelungen in eigener Verantwortlichkeit zu treffen (§ 12 Abs. 3 S. 4 Hs. 2 StiftG NRW). Die Anerkennung einer kirchlichen Stiftung richtet sich zwar grundsätzlich auch nach § 80 Abs. 2 BGB, bedarf jedoch zusätzlich der Zustimmung durch die jeweils zuständige kirchliche Behörde (§ 12 Abs. 4 StiftG NRW). Das Gleiche gilt für bestimmte behördliche Genehmigungen und Entscheidungen.

Eine bundeseinheitliche Definition der „kirchlichen Stiftung“ existiert nicht. Für 10
die Abgrenzung von kirchlichen und weltlichen Stiftungen sind gemeinhin drei Merkmale entscheidend, die in eine Gesamtbetrachtung einzubeziehen sind:[20]

- eine kirchliche Zweckbestimmung (wobei diese weiter gefasst ist als die „kirchlichen Zwecke“ i.S.d. § 54 AO),
- eine organisatorische Nähe oder Zuordnung zu einer Kirche und
- die Anerkennung der Stiftung durch die jeweils zuständige kirchliche Behörde, die neben die staatliche Anerkennung tritt.

---

18 BVerfG, Beschl. v. 9.12.2008 – 2 BvR 717/08.

19 Burgard/*Hense*, Stiftungsrecht, § 88 Rn 12 ff.; siehe bspw. auch § 11 Abs. 2 StiftG NRW.

20 Richter/*v. Campenhausen/Stumpf*, § 14 Rn 12 ff. Der *Arbeitskreis Kirchen im Bundesverband Deutscher Stiftungen* hat auf seiner Herbsttagung 2013 die „Merkmale kirchlicher Stiftungen“ zusammengestellt, ZStV 2014, 34. Dort finden sich auch „Grundsätze guter kirchlicher Stiftungspraxis“. Zu solchen Grundsätzen siehe auch § 14 Rdn 70 ff. Näher zur kirchlichen Stiftung siehe etwa auch MüKo-BGB/*Weitemeyer*, 10. Aufl. 2025, § 88 Rn 1 ff.

Die grundlegende „Goch-Entscheidung“ des BVerfG[21] hat das bestätigt. In dem dortigen Fall war die betreffende Stiftung erstens nach den mit der Gründung zusammenhängenden kirchennahen Umständen einschließlich des Stifterwillens, zweitens nach dem Zweck der Anstalt (Hospital für arme Kranke) und drittens nach der Beteiligung von Ordensschwestern an der Erfüllung des Stiftungszwecks sowie nach der besonderen Zusammensetzung des Kuratoriums (mit kirchlichen Funktionsträgern) als einziges entscheidendes Stiftungsorgan und nach den satzungsmäßigen Mitwirkungsbefugnissen des Ortsbischofs als kirchliche Stiftung einzuordnen.

In den neuen Landesstiftungsgesetzen (mit Ausnahme des Berliner Stiftungsgesetzes) finden sich regelmäßig auch eigene Normen zur Begriffsbestimmung der kirchlichen Stiftung (z.B. § 11 Abs. 1 StiftG NRW), die jedenfalls grundlegend mit den vorstehenden Merkmalen übereinstimmen. In der Regel sehen die Landesstiftungsgesetze bei Zweifelsfällen auch ein Statusklärungsverfahren vor (z.B. durch die oberste Stiftungsbehörde gem. § 12 Abs. 2 i.V.m. § 3 StiftG NRW).

11 **Praxishinweis: Einordnung als kirchliche Stiftung**

- In der Praxis finden sich immer wieder Fälle, in denen angesichts der allgemeinen Mittelknappheit um die Einstufung als kirchliche Stiftung gestritten wird, da die entsprechende Einstufung den Kirchen natürlich einen entsprechenden Einfluss auf die Mittelverwendung gibt.
- Unstimmigkeiten in der Handhabung, der Einordnung und der Umsetzung der damaligen Stiftungssatzung etwa aus der Zeit vor 1900 gibt es in der Praxis nicht selten auch dann, wenn eine Privatperson eine Stiftung kirchennah, d.h. insbesondere mit kirchlichen Zwecken und mit Organmitgliedern aus der Kirche, errichten will, aber eben nicht als kirchliche Stiftung unter (zusätzlicher) kirchlicher Aufsicht.
- Eine vormals gute Zusammenarbeit der in der Sache vor Ort tätigen Personen funktioniert mitunter nicht mehr, nachdem die übergeordnete Kirchenverwaltung versucht hat, von oben ohne genauen Blick auf die örtlichen Gegebenheiten einzugreifen. Da wird dann regelmäßig einiges an aktiver Aufklärungsarbeit und „Mediation“ des Stiftungsberaters notwendig.

12 **Praxishinweis: Rechtsprechung zur „Kirchlichen Stiftung“**

Das **VG Sigmaringen** hatte in einem Fall, in dem es um die „Umwandlung“ einer kirchlichen Stiftung in eine bürgerliche, nicht kirchliche Stiftung ging, unter Hinweis auf § 23 i.V.m. § 6 sowie § 2 StiftG BW in der damals geltenden Fassung ausdrücklich auch für Satzungsänderungen bei kirchlichen Stiftungen den **Stifterwillen als Maßstab** betont.[22] Die Stiftungsaufsicht habe die Ver-

21 BVerfG NJW 1978, 581.

22 VG Sigmaringen ZSt 2007, 135.

wirklichung des Stiftungszwecks im öffentlichen Interesse zu beachten und zu bewahren. Mit der im konkreten Fall streitigen Genehmigung einer Satzungsänderung, durch die eine nach dem Willen des Stifters kirchliche Stiftung zu einer bürgerlichen Stiftung wurde, habe die Genehmigungsbehörde den Stifterwillen und den Stiftungszweck verletzt. Die Satzungsänderung hob das Gericht deshalb als rechtswidrig auf.

Die Entscheidung des VG Sigmaringen überzeugt. Das BVerfG hat in der bereits erwähnten Goch-Entscheidung (siehe Rdn 10)[23] schon früher in diesem Sinne entschieden und den Stifterwillen betont. In dem dortigen Fall war die betreffende Stiftung erstens nach den mit der Gründung zusammenhängenden kirchennahen Umständen einschließlich des entsprechenden Stifterwillens, zweitens nach dem Zweck der Anstalt ebenfalls als kirchliche Stiftung einzuordnen.

Schließlich finden sich auch **staatliche Stiftungen**[24] in vielfältiger Form und mit 13
den verschiedensten Zwecken zwischen den Sphären von Staat einerseits und Gesellschaft andererseits und das mit zunehmender Tendenz. Gemeint sind mit dem Schlagwort „staatliche Stiftungen" solche Stiftungen, die in welcher rechtlichen Gestalt auch immer (etwa rechtsfähige Stiftung des Privatrechts[25] oder staatliche Stiftung per Gesetz) **von Bund** (Bundesstiftungen),[26] **Ländern und Gemeinden (Kommunale Stiftungen)**[27] sowie der mittelbaren Staatsverwaltung des Bundes und der Länder unmittelbar oder mittelbar errichtet worden sind.[28] Die §§ 80 ff. BGB gelten für öffentlich-rechtliche Stiftungen grundsätzlich nicht.[29] Einzelheiten sind vielfach umstritten[30] und erscheinen noch keineswegs ausdiskutiert. Zunehmend erörtert werden Fragen der „Grenzen der Instrumentalisierung von Stiftungen".[31] So verweist etwa *O. Werner* auf die Gefahr des Missbrauchs der Rechtsform Stiftung als „öffentlicher Nebenhaushalt".[32] Das klassische Beispiel ist, dass ein Museum in eine (neue) Stiftung abgeschoben wird.[33] Die Stiftung kann „natürlich" die mit dem Museum verbundenen erheblichen Kosten nicht durch Eintrittsgelder erwirtschaften. So gibt es denn einen staatlichen Zuschuss und ggf. auch einen Förderverein. Tatsächlich zeigt sich dann aber nach einiger

23 BVerfG NJW 1978, 581.

24 Siehe Richter/*v. Campenhausen/Stumpf*, § 13 Rn 1 ff.; Werner/Saenger/Fischer/*Kilian/Müller*, § 40 Rn 1 ff.

25 Zur staatlichen Stiftung des privaten Rechts *Kilian*, ZStV 2019, 135.

26 Ausf. *Müller*, Die Bundesstiftung, 2009.

27 Näher Richter/*v. Campenhausen/Stumpf*, § 15.

28 Werner/Saenger/*Kilian*, Rn 996.

29 Richter/*v. Campenhausen/Stumpf*, § 13 Rn 36 f. Zur Umwandlung einer Stiftung öffentlichen Rechts in eine Stiftung bürgerlichen Rechts *Burgard*, npoR 2025, 124.

30 Werner/Saenger//Fischer/*Kilian/Müller*, § 40 Rn 45 ff.

31 *Mecking/Schulte*, Grenzen der Instrumentalisierung von Stiftungen, 2003.

32 Mecking/Schulte/*O. Werner*, Grenzen der Instrumentalisierung von Stiftungen, S. 15, 17.

33 Vgl. *Andrick*, ZStV 2020. 1.

Zeit, dass das alles langfristig nicht ausreicht. Das ist dann ggf. das Ende der Stiftung, wenn nicht etwa beispielsweise engagierte Bürger eine Rettungsaktion initiieren.

14 Nur in § 89 BGB werden Stiftungen des öffentlichen Rechts relativ beiläufig genannt.[34] Unterscheidungsmerkmale zur rechtsfähigen Stiftung des Privatrechts werden allerdings nicht angegeben. Vereinzelt finden sich Beschreibungen in den Landesstiftungsgesetzen.[35] **Stiftungen des öffentlichen Rechts** haben die Grundmerkmale (Stiftungszweck, Stiftungsvermögen, Stiftungsorganisation) mit der Stiftung des Privatrechts gemeinsam, sind jedoch in das System der staatlichen Verwaltung (Stichwort: „mittelbare Staatsverwaltung") eingegliedert. Sie erfüllen öffentliche Aufgaben (Beispiele: Stiftung Preußischer Kulturbesitz, Stiftung Bundeskanzler Adenauer-Haus). Die Zugehörigkeit einer Stiftung zum Bereich des öffentlichen oder privaten Rechts richtet sich nach den gesamten Umständen des Einzelfalles, insbesondere nach der Entstehungsform und dem Stiftungszweck.[36] Auch „Mischformen", d.h. die Errichtung privatrechtlicher Stiftungen durch die öffentliche Hand oder auch die Beteiligung Privater an Stiftungen des öffentlichen Rechts, sind nach herrschender Ansicht zulässig und (zumindest Ersteres) in der Praxis sogar recht häufig.[37] Staatliche Stiftungen sind aber nicht Thema dieses Buches. Einzelheiten der vielfältigen Diskussionen zu diesem Themenfeld hier zu erörtern würde den vorgegebenen Rahmen sprengen, weshalb wir auf die angegebenen Fundstellen verweisen.

III. Die Verbrauchsstiftung

15 Die Stiftung ist in ihrer Grundform als eine einem oder mehreren Zwecken gewidmete Zusammenfassung von vermögenswerten Gegenständen **auf Dauer angelegt**. Für sie gilt der an anderer Stelle (siehe § 5 Rdn 53 ff.) näher zu behandelnde (stiftungsrechtliche) **Grundsatz der Vermögenserhaltung**. Man kann es plastisch ausdrücken: Die Stiftung ist das Vermögen. Dieses ist grundsätzlich zu erhalten. Lange Zeit umstritten war, ob und unter welchen Voraussetzungen eine sog. **Verbrauchsstiftung**, also eine Stiftung, die nicht nur die Erträge des Stiftungsvermögens, sondern auch das Stiftungsvermögen selbst für die Zwecker-

34 Näher dazu Richter/*v. Campenhausen/Stumpf*, §§ 13 ff.
35 Siehe etwa Art. 2 Abs. 2 ff. BayStG.
36 BFH BB 2003, 993.
37 Siehe etwa *Fehling*, in: Hüttemann/Rawert/Schmidt/Weitemeyer (Hrsg.), Non Profit Law Yearbook 2008, S. 129 ff.; kritisch *Muscheler*, in: Hüttemann/Rawert/Schmidt/Weitemeyer (Hrsg.), Non Profit Law Yearbook 2007, S. 149 ff.

füllung verbraucht, zulässig ist.[38] Der Verbrauchstiftung wird eine Zukunft als Alternative zur Ewigkeitsstiftung vorausgesagt.[39]

Mit der Reform des Stiftungsrechts zum 1.7.2023 wurde eine bereits im Jahr 2013 erstmalig eingeführte gesetzliche Grundlage für die Verbrauchsstiftung angepasst und erweitert.[40] Die wesentlichen Vorschriften in der reformierten Fassung lauten: 16

§ 80 Abs. 1 S. 2 BGB:
„Die Stiftung wird in der Regel auf unbestimmte Zeit errichtet, sie kann aber auch auf bestimmte Zeit errichtet werden, innerhalb derer ihr gesamtes Vermögen zur Erfüllung ihres Zwecks zu verbrauchen ist (Verbrauchsstiftung).“
§ 81 Abs. 2 BGB:
„Die Satzung einer Verbrauchsstiftung muss zusätzlich enthalten:
1. *Die Festlegung der Zeit, für die die Stiftung errichtet wird, und*
2. *Bestimmungen zur Verwendung des Stiftungsvermögens, die die nachhaltige Erfüllung des Stiftungszwecks und den vollständigen Verbrauch des Stiftungsvermögens innerhalb der Zeit, für welche die Stiftung errichtet wird, gesichert erscheinen lassen.“*

§ 82 S. 2 BGB:
„Bei einer Verbrauchsstiftung erscheint die dauernde Erfüllung des Stiftungszwecks gesichert, wenn die in der Satzung bestimmte Zeit mindestens zehn Jahre umfasst.“

Nach Einführung des Stiftungsregisters (voraussichtlich zum 1.1.2028) muss die Verbrauchsstiftung zudem nach § 82c S. 3 BGB den besonderen Namenszusatz „eingetragene Verbrauchsstiftung“ oder alternativ die Abkürzung „e. VS.“ führen.

Bei der gesetzlichen Regelung hat sich leider eine schon zuvor von der Verwaltung vertretene, restriktive Auffassung hinsichtlich der Vorgaben für eine Verbrauchsstiftung durchgesetzt. Danach sollen nur solche Stiftungen, die auf eine vorher konkret bestimmte Zeit (mindestens zehn Jahre) hin errichtet werden und innerhalb dieser Zeit „ihr gesamtes Vermögen zur Erfüllung ihres Zwecks“ verbrauchen (§ 80 Abs. 1 S. 2 BGB), zulässig sein. Praxisnah war und ist das 17

38 Zur früheren Diskussion siehe etwa *Schiffer/Pruns*, NWB 2011, 3858; *Muscheler*, in: FS Werner, 2009, S. 129, 133 ff.; *Reuter*, npoR 2010, 69; *Hushahn*, npoR 2011, 73.

39 Siehe schon *Schiffer*, SB 2017, 193; Folgend *Manuel Theisen*, npoR, 2026, 1, 6; *Martin und Manuel Theisen*, Stiftung & Sponsoring 01/2026, 16 f.

40 *Schiffer/Pruns/Schürmann*, Die Reform des Stiftungsrechts, 2022, § 2 Rn 14 ff. und § 3 Rn 17 ff. Allgemein zur Verbrauchsstiftung siehe etwa MüKo-BGB/*Weitemeyer*, § 81 Rn 46 ff.; *Burgard/Burgard*, § 81 BGB Rn 106 ff.; Werner/Saenger/Fischer/*Winheller*, § 6 Rn. 87 ff.; *Jakobs*, StiftungsBrief 2023, 127; *Offerhaus/Heide*, StiftungsBrief 2021, 28; *Werner*, ZStV 2015, 25; *Manuel Theisen*, npoR, 2026, 1 ff.

nicht, denn von den Fällen, in denen eine zeitlich begrenzte Stiftungserrichtung passend erscheint, sind die wenigsten so gestaltet, dass man bereits bei Stiftungserrichtung den Endzeitpunkt absehen und den vollständigen Vermögensverbrauch entsprechend planen kann.

18 § 81 Abs. 2 BGB schreibt dementsprechend zwei besondere, zusätzlich erforderliche Regelungen in der **Satzung** einer Verbrauchsstiftung vor:

Nach § 81 Abs. 2 Nr. 1 BGB muss der Zeitraum, für den die Stiftung errichtet wird, in der Satzung festgelegt sein. Der festzulegende Zeitpunkt muss allerdings nicht kalendarisch bestimmt sein. Ausweislich der Gesetzesbegründung soll es auch genügen, *„das Ende der Stiftung an ein bestimmtes Ereignis zu knüpfen, das sicher eintritt, wie zum Beispiel den Tod einer Person"*. Allerdings enthält die Gesetzesbegründung auch den Hinweis, dass bei einer solchen flexiblen Zeitbestimmung *„die Prognose nach § 82 S. 1 BGB-neu, ob die Verbrauchsstiftung ihren Zweck dauernd und nachhaltig erfüllen kann, erheblich unsicherer [ist] als bei Festlegung eines festen Endzeitpunkts, zu dem die Stiftung ihre werbende Tätigkeit beenden soll"*. Mithin muss eine Verbrauchsstiftung nicht zwingend für einen konkreten Zeitraum errichtet werden,[41] aber die Zeitbestimmung muss doch zumindest so konkretisierbar sein, dass die Prognoseentscheidung nach § 82 S. 2 BGB möglich ist.

§ 81 Abs. 2 Nr. 2 BGB fordert zudem für die Satzung einer Verbrauchsstiftung Bestimmungen zum Verbrauch des Stiftungsvermögens, die – im Zusammenhang mit dem nach § 81 Abs. 2 Nr. 1 BGB festzulegenden Zeitraum – die *„nachhaltige Erfüllung des Stiftungszwecks und den vollständigen Verbrauch des Stiftungsvermögens innerhalb der Zeit, für welche die Stiftung errichtet wird, gesichert erscheinen lassen"*. Erforderlich ist zwar kein konkreter Verbrauchsplan, aber es muss ausweislich der Gesetzesbegründung sichergestellt sein, dass der Stiftungszweck über die gesamte Dauer der Verbrauchsstiftung nachhaltig verwirklicht werden kann. So darf etwa das Vermögen nicht bereits zu Beginn aufgebraucht werden und auch nicht erst kurz vor Ende der Stiftung zum Einsatz kommen. Gleichzeitig muss der Stifter durch die entsprechenden Satzungsbestimmungen sicherstellen, *„dass bei Verbrauchsstiftungen das gewidmete Vermögen kein Grundstockvermögen wird und auch später kein Grundstockvermögen gebildet werden kann, da das gesamte Stiftungsvermögen für den Stiftungszweck zu verbrauchen ist"*, wie die Gesetzesbegründung es ausdrückt. Nach § 83b Abs. 1 S. 2 BGB besteht das Stiftungsvermögen einer Verbrauchsstiftung nur aus „sonstigem Vermögen", sie hat also kein Grundstockvermögen i.S.d. § 83b Abs. 2 BGB.

19 Die vom Gesetzgeber hier zumindest angedeutete Flexibilität ist zu begrüßen. Es ist allerdings abzuwarten, wie sich die Verwaltungspraxis entwickeln wird. Im schlimmsten Fall werden die gesetzlichen Regelungen von der Verwaltung so eng interpretiert, dass es doch auf das Erfordernis eines Verbrauchsplans hinausläuft

41 Zu kritisch insoweit noch *Pruns*, ZErb 2021, 301, 302.

und auch die Regelungen zur Zeitbestimmung sehr rigide gehandhabt werden. Flexibilität erfordert von den Mitarbeitern der Verwaltung dagegen einen gewissen Mut. Dass es grundsätzlich keinen Sachgrund dafür gibt, Stiftungen auf Zeit nur in Form von Verbrauchsstiftungen zuzulassen, und dass die nun zukünftig für Verbrauchsstiftungen geltenden Vorschriften unnötig eng sind, wurde bereits an anderer Stelle ausgeführt und zu Recht beklagt.[42]

Es ist zu erwarten, dass mit dem neuen Stiftungsrecht die praktische Bedeutung 20 von „Verbrauchsstiftungen“ nicht unbedingt zunehmen wird, obwohl sie eigentlich bei modernen Stiftungsprojekten oft ein passender Ansatz wäre.[43] Das ist bedauerlich, denn ein praktisches Bedürfnis für die gesetzgeberischen Einschränkungen ist nicht erkennbar: Warum muss das gesamte Vermögen verbraucht werden? Kann es nach Zweckerfüllung oder Zeitablauf nicht einer anderen Stiftung zufallen? Warum muss ein Enddatum bereits bei der Errichtung bestimmt sein? Warum stellt man nicht auf den Eintritt einer Bedingung ab (Fertigstellung eines Gebäudes, Erledigung eines Projekts, Veröffentlichung einer Schriftenreihe etc.)?

Die „**Teilverbrauchsstiftung**“ (auch „Hybridstiftung“) ist weiterhin zulässig, da es sich bei ihr genau genommen nicht um eine Verbrauchsstiftung im Sinne des BGB handelt, sondern um eine modifizierte „Ewigkeitsstiftung“.[44]

Neue Möglichkeiten führen aber auch zu neuer Beraterfantasie, zu neuen Gedan- 21 ken und Vorschlägen. So wird schon seit einiger Zeit immer wieder einmal die nicht steuerbefreite „**Familienverbrauchsstiftung**“[45] propagiert, etwa als „Unterhalts- und Ausbildungsstiftung“.[46] Im Vordergrund stehen dabei zumeist steuerliche Aspekte. Wenn man über einen solchen Ansatz nachdenkt, dann aber bitte im Einzelfall ganz genau. Es muss wirklich alles passen! Was ist beispielsweise bei der Familienverbrauchsstiftung mit der Erbersatzsteuer (siehe § 8 Rdn 80 ff.), wenn die Stiftung vor Ablauf der ersten 30 Jahre schon „verbraucht“ ist? Ist das ggf. ein Missbrauch i.S.d. § 42 AO?[47] Was ist mit der Einkommensteuer (siehe § 8 Rdn 69 ff.)?

42 Vgl. *Hüttemann/Rawert*, Beilage zu ZIP 33/2021, 8 f.; *Janitzki*, www.stiftungsrecht-plus.de/stiftungsrechtsreform-eine-stellungnahme-zum-referentenentwurf-von-ra-und-notar-axel-janitzki/. Zur alten Rechtslage und zur einschränkenden Verwaltungsauffassung NK-BGB/*Schiffer/Pruns*, § 80 Rn 36 ff. m.w.N.

43 Siehe auch *Theisen*, npoR 2026, 1.

44 Siehe dazu etwa Burgard/*Burgard*, § 83b BGB Rn 44 ff.; *Alber/Seemann/Neckenich*, FuS 2022, 60.

45 *Tielmann*, NJW 2013, 2934; *Blusz*, Financial Planning 03.2019, 20; *Theuffel-Werhahn*, RFamU 2025, 12.

46 *Tielmann*, NJW 2013, 2934, 2938.

47 Generell zu Steuerfragen dieser besonderen Stiftungsform, ohne dass dort § 42 AO thematisiert würde: *v. Oertzen/Fritz*, BB 2014, 87; siehe etwa auch *Theuffel-Werhahn*, RFamU 2025, 12.

22 Neben der Errichtung einer Verbrauchsstiftung wird in der Praxis zunehmend die **Frage nach der nachträglichen Umwandlung einer Ewigkeitsstiftung in eine Verbrauchsstiftung** gestellt.[48]

Dabei geht es grundsätzlich um eine Satzungs- und Zweckänderung, die bereits nach der alten Rechtslage diskutiert wurde. Nach der Stiftungsrechtsreform findet sich dazu in § 85 Abs. 1 S. 4 BGB eine ausdrückliche Regelung: *„Liegen die Voraussetzungen nach Satz 1 Nummer 1 und Satz 3 vor, kann eine auf unbestimmte Zeit errichtete Stiftung auch abweichend von § 83c durch Satzungsänderung in eine Verbrauchsstiftung umgestaltet werden, indem die Satzung um Bestimmungen nach § 81 Absatz 2 ergänzt wird.“* Liegen also die Voraussetzungen für eine Satzungsänderung nach § 85 Abs. 1 S. 1 Nr. 1 BGB vor, d.h. der Stiftungszweck kann nicht mehr dauernd und nachhaltig erfüllt werden, ist als Sonderfall der Zweckänderung auch die Umgestaltung in eine Verbrauchsstiftung möglich. Diese Option ist zu begrüßen, denn das „Verbrauchen“ wird oft das mildere Mittel gegenüber einer Aufhebung oder Zweckänderung der Stiftung sein, denn der Stifter wollte ja gerade den besagten Zweck erfüllen. Damit dürfte der Verbrauch, d.h. die „Umwandlung in eine Verbrauchsstiftung“, oft auch dem hypothetischen Stifterwillen entsprechen. Man ändert dann eben nicht den Zweck, sondern „nur“ die Dauer der Stiftung. Problematisiert wird im Fall einer solchen „Umwandlung“ von der Stiftungsaufsichtsbehörde, wenig überraschend, regelmäßig der Stifterwille bei Errichtung der Stiftung (siehe § 3 Rdn 44 ff.), der bekanntlich auch ein hypothetischer Stifterwille sein kann (siehe § 3 Rdn 47), was nicht immer leicht zu vermitteln ist.

Nachgefragt: Gibt es die „Miniverbrauchsstiftung“?

Auch bei einer Verbrauchsstiftung muss die „dauernde und nachhaltige Erfüllung des Stiftungszwecks“ gesichert erscheinen.

Mit Blick auf die zeitliche Begrenzung und den zulässigen Zugriff auf die Substanz des Stiftungsvermögens stellt sich hier die Frage, ob die für die Ewigkeitsstiftung herangezogenen Kriterien zu einer Mindestvermögensausstattung für die Anerkennungsfähigkeit gleichermaßen für Verbrauchsstiftungen gelten.

Ob eine Stiftung ihren Stiftungszweck dauernd und nachhaltig erfüllen kann, hängt von ihrem Stiftungsvermögen ab. Ab welchem Mindestvermögen eine Stiftung ihren Stiftungszweck dauernd und nachhaltig erfüllen kann, hat der Gesetzgeber nicht festgelegt. Die Stiftungsbehörden verfahren in der Praxis grundsätzlich so, dass sie nach internen Vorgaben eine Stiftung grundsätzlich nur anerkennen, wenn sie bei ihrer Errichtung mit einem Mindestvermögen (derzeit meist um die 100.000 EUR) ausgestattet wird.

48 Siehe auch *Uhl*, StiftungsBrief 2025, 163; *Röcken*, StiftungsBrief 2025, 193.

Mit einem solchen Vermögensstock (Vermögensstock = zu erhaltendes Vermögen, siehe § 10b Abs. 1a S. 1 EStG) kann eine auf unbegrenzte Zeit errichtete Stiftung bei der aktuellen Zinssituation nicht wirklich hohe Erträge erwirtschaften. Nehmen wir einmal an, eine Stiftung erwirtschaftet mit besagten 100.000 EUR 3 % Zinsen p.a., was tatsächlich optimistisch sein dürfte. Das sind dann 3.000 EUR im Jahr. Vergleichen wir das mit folgender typisierter Fallkonstellation einer Verbrauchsstiftung:

Stifter S möchte eine Verbrauchsstiftung errichten, die ihren Stiftungszweck über zehn Jahre verwirklichen soll und dazu in diesem Zeitraum ihr gesamtes Vermögen verbrauchen darf. Ausstatten will er die Stiftung mit einem Vermögen in Höhe von 30.000 EUR. Die Stiftungsbehörde weist ganz im Sinne der oben angesprochenen Praxis darauf hin, dass dieses Stiftungsvermögen für eine Stiftungserrichtung nicht ausreiche. Erst bei einem Mindestkapital in Höhe von 100.000 EUR erscheine die dauernde und nachhaltige Zweckerfüllung durch die Stiftung als gesichert.

Stifter S argumentiert gegenüber der Stiftungsbehörde, die von ihm geplante Stiftung werde ihren Stiftungszweck durchaus dauernd verwirklichen können, da er sie ja (nur) für zehn Jahre errichten wolle. Er verweist dazu auf § 82 S. 2 BGB („... *erscheint die dauernde Erfüllung des Stiftungszwecks gesichert, wenn die in der Satzung für die Stiftung bestimmte Zeit mindestens zehn Jahre umfasst.*“).

Auch die **Nachhaltigkeit der Zweckerfüllung** sei gesichert, da der Stiftung jedes Jahr 3.000 EUR zur Verfügung stünden, also in etwa genau so viel wie auch einer zeitlich unbegrenzt errichteten Stiftung mit einem Mindestkapital in Höhe von 100.000 EUR.

Wer hat Recht? Wir meinen, die Untergrenze von 100.000 EUR für ein Grundstockvermögen kann für eine Verbrauchsstiftung, wie der vorstehende Vergleich zeigt, nicht gelten. Streng genommen gilt sie auch für eine „normale“ Stiftung nicht, da die in der Praxis gezogene Grenze gerade nicht gesetzlich festgeschrieben ist und nur der verfolgte Stiftungszweck maßgeblich ist. Auch das Beispiel einer Stiftung mit einem Zweckbetrieb, der ihre Einnahmen deckt, belegt das zwanglos. Jedenfalls stehen wir hier vor interessanten Diskussionen. Wir dürfen gespannt sein, wie die Stiftungsbehörden in der Praxis entscheiden!

B. Wichtige Sonderfälle

I. Familienstiftungen

1. Sonderform der rechtsfähigen Stiftung des Privatrechts

23 Die schon seit Jahren vielfach wissenschaftlich behandelte Familienstiftung[49] ist eine Sonderform der rechtsfähigen Stiftung des Privatrechts, die typischerweise die gemischten Zweckschwerpunkte Familie und Unternehmen aufweist. Über eine als unternehmensverbundene Stiftung ausgestaltete Familienstiftung kann die Sicherung der Zukunft des Unternehmens bei gleichzeitiger finanzieller Versorgung der Familienangehörigen erreicht werden. Der Bogen spannt sich von kleinen, vermögensverwaltenden Familienstiftungen mit nur wenigen Destinatären über Familienstiftungen mit Mehrheitsbeteiligung an großen Unternehmen, bis zu jahrhundertealten Familienstiftungen mit über 1.000 potenziellen Destinatären. Nach einer Umfrage des Bundesverbandes Deutscher Stiftungen unter den Stiftungsbehörden sollen jedenfalls in den Jahren 2019 bis 2023 ca. 1.400 Familienstiftungen neu errichtet worden sein.[50] Aussagen zum Bestand sind auch wegen der Verschwiegenheit dieser Stiftungen und der umstrittenen Abgrenzung schwierig. Propagiert wird im Zuge der nun vom Gesetzgeber ausdrücklich zugelassenen Verbrauchsstiftung auch die **„Familienverbrauchsstiftung"** (siehe dazu Rdn 21).[51] Sie kann in besonderen Fällen etwa als Ausbildungsstiftung passen.

Die Familienstiftung ist jedenfalls bei weitem nicht so verbreitet wie es gemeinnützige Stiftungen sind, aber auch bei der Familienstiftung steht die Entwicklung vor allem im Steuerrecht nicht still. Das gilt vor allem für die spezielle Familienstiftungssteuer, die **Ersatzerbschaftsteuer** (mitunter auch „Erbersatzsteuer" genannt), die 1974 für das Vermögen von Familienstiftungen eingeführt worden ist. (Zu dieser besonderen Steuer siehe § 8 Rdn 80 ff.)

24 Einerseits wird die echte oder angebliche **Renaissance der Familienstiftung** immer wieder einmal behauptet. Tatsächlich ist das kritisch zu sehen.[52] Es wurde und wird in der Diskussion andererseits aber auch immer wieder einmal gefordert, die Familienstiftung abzuschaffen oder zeitlich zu begrenzen. So wurde schon in der Debatte zur großen Reform des Stiftungszivilrechts 2001 insbesondere in dem von Bündnis 90/Die Grünen vorgelegten Gesetzentwurf der Gedanke vertreten, eine Familienstiftung längstens für 30 Jahre zuzulassen, und

49 Auswahl: *Lehleiter*, Die Familienstiftung als Instrument zur Sicherung der Unternehmenskontinuität bei Familienunternehmen, 1996; *Leisner*, DB 2005, 2434; *Muscheler*, Stiftungsrecht, 2005, S. 317 ff.; *Saenger*, in: FS Kollhosser, Bd. II., 2004, S. 591 ff.; *Blumers*, DStR 2012, 1; *Zensus/Schmitz*, NJW 2012, 1323; *Schiffer*, in: FS Binz, 2014, S. 596 ff.

50 Stiftungsdaten Fokus Nr. 21, Stand 4/2024, abrufbar unter www.stiftungen.org.

51 Siehe etwa *Tielmann*, NJW 2013, 2934; *Theuffel-Werhahn*, RFamU 2025, 12.

52 *Schiffer*, StiftungsBrief 2014, 161 f.

zwar mit Fortsetzungsmöglichkeit durch zustimmenden Beschluss aller Begünstigten.[53] Die Erwägung, Familienstiftungen nach einem gewissen Zeitraum zur Disposition der berechtigten Familienmitglieder zu stellen,[54] ist jedenfalls mit Blick auf zahlreiche Praxiserfahrungen mit „verunglückten" und im Nachhinein unpassenden Familienstiftungsgestaltungen nicht ganz fernliegend. Eine solche Dispositionsbefugnis ist aber systemfremd für das deutsche Stiftungsrecht und setzte sich deshalb, auch bei nachfolgenden Reformen, nicht durch. Stiftungen sind, wenngleich ihre Errichtung auf Zeit möglich ist (insbesondere als „Verbrauchsstiftung"), dennoch grundsätzlich auf **ewig** angelegt[55] und werden in ihren Aufgaben, ihrem Umfang und ihrer Dauer nach dem Grundsatz der Stifterfreiheit eben gerade von dem Stifter oder den Stiftern festgelegt und damit eben nicht von deren Nachkommen (Destinatären). In Österreich ist das anders (siehe auch § 13 Rdn 27).

Familienstiftungen werden, etwa auch in der Form der **„Familienheimstiftung"**,[56] als Mittel zur **„Asset Protection"** empfohlen und vor allem im **Unternehmensbereich** eingesetzt (siehe § 11 Rdn 23 ff.), wie auch schon die in § 1 erwähnten Praxisbeispiele gezeigt haben. Über eine Familienstiftung kann die von den Familienmitgliedern unabhängige Sicherung der Zukunft des Unternehmens bei gleichzeitiger finanzieller Versorgung der Familienangehörigen erreicht werden. In 2010 hat beispielsweise **Ferdinand Piëch** „seine" Unternehmensnachfolge mit Stiftungen geregelt. Er soll laut Presseberichten u.a. seine unternehmerischen Beteiligungen auf zwei österreichische Privatstiftungen übertragen haben. Ob das wirklich, wie von ihm laut den Berichten gewollt, nachhaltig ist, dürfte noch nicht feststehen. Denn nach österreichischem Privatstiftungsrecht wird die Stiftung nach 100 Jahren aufgelöst, wenn nicht die Letztbegünstigten entscheiden, dass die Stiftung für maximal weitere 100 Jahre fortbestehen soll.[57] 25

2. Keine einheitliche Definition

Eine **einheitliche Definition** für die Familienstiftung gibt es bisher in den einschlägigen Gesetzen leider nicht. Die Besonderheit einer Familienstiftung liegt aber jedenfalls darin, dass sie nach ihrem Stiftungszweck in erster Linie oder jedenfalls wesentlich den Interessen einer oder mehrerer Familien dient. Welchen Umfang diese **Familienförderung** haben muss, ist allerdings beinahe schon „traditionell" umstritten.[58] Die Frage wird zudem für das Stiftungszivilrecht anders 26

53 *Sorg*, Stiftung & Sponsoring 2/2000, 14, 16.
54 Siehe etwa auch Burgard/*Burgard*, Stiftungsrecht, § 82 Rn 41; *Burgard*, npoR 2019, 106, 111.
55 Vgl. Richter/*Dutta*, § 6 Rn 7 ff.
56 *Werner*, ZEV 2014, 66.
57 § 35 Abs. 2 Nr. 3 PSG (österr. Privatstiftungsgesetz).
58 Siehe schon bei *Schindler*, Die Familienstiftung, 1975, S. 21 ff.

beantwortet als für das Stiftungssteuerrecht. Daraus ergeben sich vor allem im Zusammenhang mit der Ersatzerbschaftsteuer erhebliche Probleme (siehe § 8 Rdn 80 ff.). Die Einzelheiten der wissenschaftlichen Diskussion können hier nicht nachgezeichnet werden. Zu vermerken sind jedoch die folgenden Grundzüge:

27 Die Familienstiftung als Stiftung des privaten Rechts wird im Stiftungszivilrecht, im Erbschaftsteuergesetz und im Außensteuergesetz unterschiedlich definiert. Allen Definitionen gemeinsam ist jedoch das Erfordernis der **Begünstigung** einer oder mehrerer Familien. Welchen Umfang diese Begünstigung zu haben hat, legen die einzelnen Gesetze allerdings in unterschiedlicher Weise fest. Familienstiftungen werden danach definiert als:

- wesentlich im Interesse einer Familie oder bestimmter Familien errichtet (§ 1 Abs. 1 Nr. 4 ErbStG);
- Stiftungen, bei denen der Stifter, seine Angehörigen und deren Abkömmlinge zu mehr als der Hälfte bezugsberechtigt oder anfallsberechtigt sind (§ 15 Abs. 2 AStG);
- **überwiegend** dem Wohle der Mitglieder einer oder mehrerer bestimmter Familien dienend (z.B. § 13 Abs. 1 StiftG Bremen).

28 **Außerhalb des Steuerrechts** entscheidet die Einordnung als Familienstiftung vor allem darüber, ob und in welchem Umfang die jeweilige Stiftung der **staatlichen Stiftungsaufsicht** unterliegt. So entfällt beispielsweise bei der Familienstiftung nach § 13 Abs. 2 StiftG BW die ansonsten gem. § 13 Abs. 1 StiftG BW für die Stiftung geltende Verpflichtung, bestimmte Rechtsgeschäfte der Stiftung im Voraus anzuzeigen. Keine Einschränkung der Beaufsichtigung von Familienstiftungen regeln die Stiftungsgesetze der Länder Bayern, Mecklenburg-Vorpommern, Sachsen-Anhalt und Thüringen. In den übrigen Ländern sind, weil man dort zu Recht auf die Kontrolle durch die von der Stiftung begünstigte Familie vertraut, die sonst gültigen Vorschriften zur Stiftungsaufsicht insbesondere für Familienstiftungen nur in eingeschränktem Umfang gültig (siehe dazu die nachfolgende Tabelle). In der Praxis kommt ein Einschreiten der Stiftungsaufsicht ohnehin eher selten vor, da sich die Familienstiftungen – auch nach den Erfahrungen der Behörden – in aller Regel korrekt verhalten. Das rechtfertigt grundsätzlich eine recht großzügige Aufsichtsführung.[59]

59 Siehe bereits den Bericht der Bund-Länder-Arbeitsgruppe Stiftungsrecht v. 19.1.2001, S. 56 f.; *Sorg*, Stiftung & Sponsoring 2/2000, 14; kritisch *Seyfahrt*, ZSt 2008, 145.

Tabelle der Regelungen zur Familienstiftung/privatnützigen Stiftung in den einzelnen Landesstiftungsgesetzen 29

Baden-Württemberg	Bayern	Berlin	Brandenburg	Bremen	Hamburg	Hessen	Mecklenburg-Vorpommern
§ 13 Abs. 2	–	§ 9	§ 5 Abs. 2	§ 13	§§ 2 Abs. 1, 5 Abs. 1 S. 2	§§ 2 Abs. 3, 5 Abs. 1 S. 4	–
Niedersachsen	Nordrhein-Westfalen	Rheinland-Pfalz	Saarland	Sachsen	Sachsen-Anhalt	Schleswig-Holstein	Thüringen
§ 4 Abs. 2	§ 5 Abs. 2	§§ 3 Abs. 2, 9 Abs. 1 S. 3	§ 10 Abs. 3	§ 11 Abs. 1 S. 2	–	§ 17	–

Praxishinweis: Liberalität des Stiftungsrechts 30

Manche Landesstiftungsgesetze behaupteten früher eine **Einschränkung der Anerkennungsfähigkeit** von Familienstiftungen.[60] Diese Einschränkungen sind durch das Stiftungsrecht im BGB seit langem überholt.[61] Dieser Befund zeigt beispielhaft die **Liberalität des Stiftungszivilrechts.**

II. Unternehmensverbundene Stiftungen

1. Zulässigkeit

In § 1 wurden bereits Praxisbeispiele unternehmensverbundener Stiftungen genannt. Die **unternehmensverbundene Stiftung,**[62] oder anders ausgedrückt: die **Stiftung im Unternehmensbereich** als spezielle Form der Stiftung, ist auch nach der Reform des Stiftungszivilrechts im BGB nicht ausdrücklich geregelt. Dennoch ist die traditionelle Diskussion zu der Frage der Zulässigkeit der unternehmensverbundenen Stiftung rechtlich überholt, auch wenn das manche Fach- 31

60 Früher: „Genehmigungsfähigkeit"; siehe *Sorg*, Stiftung & Sponsoring 2/2000, 14.

61 Wie hier etwa Grüneberg/*Ellenberger*, § 80 Rn 6; siehe auch *Hüttemann/Rawert*, ZIP 2002, 2019.

62 *Muscheler*, ErbR 2008, 134 ff. und 174 ff., betont zu Recht, dass der Begriff „Unternehmensstiftung" nicht wirklich passt, weshalb „unternehmensverbundene Stiftung" vorzuziehen ist. Siehe dazu schon die Überschriften seiner beiden Beiträge. Siehe bei *Muscheler* auch allg. zu der Thematik.

diskussionsteilnehmer noch nicht wahrhaben wollen.[63] Aktuell wird international das „European Enterprise Foundation Model Law“[64] diskutiert.

32 Basis für das geltende Stiftungsrecht ist der sog. **Grundsatz der Zulässigkeit der gemeinwohlkonformen Allzweckstiftung.**[65] Alle Zwecke, die das Gemeinwohl nicht gefährden (§ 82 S. 1 BGB), sind danach zulässig.

33 Ausgehend davon ist entgegen manchen argumentativen Verwischungen streng darauf zu achten, dass Gemeinwohlkonformität nicht mit Gemeinnützigkeit[66] oder Gemeinwohlförderung verwechselt wird. In der **rechtswissenschaftlichen Diskussion** wurde entgegen dem klaren Wortlaut („… der Stiftungszweck das Gemeinwohl nicht gefährdet.“) und dem sich daraus ergebenden Sinn des Gesetzes teilweise dennoch ein anderer, verwirrender Begriff der Gemeinwohlkonformität behauptet oder gefordert, wonach sehr wohl eine (aktive) Gemeinwohlförderung durch jede Stiftung erforderlich sein soll.[67] In jüngerer Zeit wird dies allerdings, auch angesichts wiederholter „Absagen“ des Gesetzgebers im Rahmen der Reformen des Stiftungsrechts, praktisch nicht mehr vertreten.[68]

34 **Praxishinweis zur oft verkannten Bedeutung des Vorverständnisses in der Rechtswissenschaft**

Burgard konnte seine ausführliche Habilitationsschrift „Gestaltungsfreiheit im Stiftungsrecht – zur Einführung korporativer Strukturen bei der Stiftung, 2006“, vor allem deshalb so spannend schreiben und dort Streitfragen aus dem Stiftungsrecht so pointiert diskutieren, weil andere anerkannte Kenner des Stiftungsrechts wie etwa *Reuter* und *Rawert*, die er immer wieder zitiert, zur wissenschaftlichen Auseinandersetzung mit Blick auf die Praxis besonders einladen. *Burgard* ist dabei die so wünschenswerte Verzahnung der Wissenschaft und ihrer argumentativen Grundlagen mit der Praxis gelungen. So zeigt

63 Siehe jüngst etwa noch MüKo-BGB/*Weitemeyer*, 10. Aufl. 2025, § 80 Rn 158 f. zur Stiftung & Co. KG. Vgl. auch *Muscheler*, Stiftungsrecht, S. 361 ff.; aus der älteren Lit. etwa *Rawert*, ZEV 1999, 294 und 426; *Schiffer*, ZEV 1999, 424; Soergel/*Neuhoff*, vor § 80 Rn 65 ff.

64 https://europeanlawinstitute.eu/fileadmin/user_upload/p_eli/Publications/ELI_European_Enterprise_Foundations_Model_Law.pdf (zuletzt eingesehen am 30.03.2026).

65 Siehe nur Richter/*Dutta*, § 5 Rn 5; NK-BGB/*Schiffer/Pruns*, § 80 Rn 24 ff.; BVerwG, Urt. v. 24.03.2021 – 6 C. 4.20.

66 Die ja eben auch gesondert im Steuerrecht und insb. in der Abgabenordnung geregelt ist.

67 Siehe etwa noch MüKo-BGB/*Reuter*, 6. Aufl. 2012, vor § 80 Rn 48 ff. schon moderater als noch in der Vorauflage vor § 80 Rn 44 ff.; siehe aber 6. Aufl., §§ 80/81 Rn 64, 103 ff., 110.

68 Zusammenfassend etwa Richter/*Dutta*, § 5 Rn 20 f. m.w.N. Trotz anhaltender Kritik die Situation de lege lata wohl hinnehmend jetzt auch MüKo-BGB/*Weitemeyer*, 10. Aufl. 2025, § 80 Rn 157 a.E.

er etwa anhand der Habilitationsschrift von *Reuter*[69] exemplarisch auf,[70] wie ein bestimmtes Vorverständnis eines Autors naturgemäß[71] dessen fachwissenschaftliche Forderungen und Folgerungen für die Praxis beeinflusst.

Schon in seiner Habilitationsschrift trat *Reuter* für eine Sozialisierung wirtschaftlicher Macht durch eine Beschneidung rechtlicher Gestaltungsfreiheit ein. Das kann man durchaus so sehen wie *Reuter*, nur sind aus einem solchen Vorverständnis eben nicht wissenschaftlich (vorgeblich) zwingend bestimmte Rechtsfolgen abzuleiten, sondern eben „nur" Wertungen/Meinungen. Das sind dann eigene Wertungen/Meinungen des Autors. Man mag sich dann überlegen, welchen Stellenwert diese bezogen auf vom demokratisch legitimierten (!) Gesetzgeber[72] getroffene Wertungen zu Sinn und Zweck eines Gesetzes haben.

Alle Teilnehmer der rechtswissenschaftlichen Diskussion gehen von einem mehr oder weniger deutlichen Vorverständnis aus. Für die einen, wie etwa für mich, ist beispielsweise – salopp gesagt – „erlaubt, was nicht (ausdrücklich) verboten ist" und für die anderen ist „verboten, was nicht (ausdrücklich) erlaubt ist".

Macht man sich diese Zusammenhänge und deren Bedeutung für die Praxis klar, was *Burgard* mit erfrischender Deutlichkeit getan hat, so überraschen die unterschiedlichen Ergebnisse der einzelnen Autoren bei genauer Betrachtung nicht mehr. Diese Erkenntnis ist nicht neu. Schon *Julius Hermann von Kirchmann* (1802–1844) hat sie in seinem berühmten Vortrag „Die Wertlosigkeit der Jurisprudenz als Wissenschaft" angesprochen. Wenn wir diese **Bedingtheit unseres rechtswissenschaftlichen Strebens** erkennen, so verliert die Rechtswissenschaft und verlieren einzelne fachliche Äußerungen indessen nicht an Wert, zeigen uns aber die Relativität unseres Strebens. Recht „weise" sprechen wir Juristen ja auch nur von „herrschender Meinung" oder eben von „Mindermeinung", was gar nicht despektierlich gemeint ist. Wissenschaftlich zwingend ist die jeweilige Meinung grundsätzlich nicht, sondern im aktuellen, u.a. vom Zeitgeist beeinflussten Kontext „nur" mehr oder weniger überzeugend. Das gilt auch für die in der Praxis besonders bedeutsame aktuell herrschende Meinung, die fortlaufend auf dem Prüfstand bleibt, ob sich nicht Überzeugenderes findet.

---

69 *Reuter*, Privatrechtliche Schranken der Perpetuierung von Unternehmen, Frankfurt/M., 1973.

70 *Burgard*, Gestaltungsfreiheit im Stiftungsrecht – zur Einführung korporativer Strukturen bei der Stiftung, 2006, S. 61 ff.

71 Und da es bei Juristen „nur" um (mehr oder weniger herrschende) Meinungen geht und gehen kann, ist das auch gar nicht vorwerfbar.

72 Zum Demokratieprinzip des Art. 20 Abs. 1 und 2 GG als Legitimation der historischen Auslegung von Gesetzen siehe *Schlehofer*, JuS 1992, 572, 575 f.

35 Die herrschende Ansicht bejahte auch bisher schon vor allem die Zulässigkeit der unternehmensverbundenen (Beteiligungs-)Stiftung.[73] Es war und ist auch nicht wirklich zu befürchten, dass dadurch **„Geist und Gestalt des Stiftungsrechts“** Schaden nehmen.[74] Dieser Befund ist auch deshalb besonders bedeutend, weil vor allem die nachfolgend noch näher anzusprechenden Stimmen aus der Wissenschaft nachdrücklich immer wieder echte oder vermeintliche Missbrauchsfälle behauptet hatten. Wenn aber der Gesetzgeber nach Prüfung der Praxis dennoch der bisher schon herrschenden Ansicht und gerade nicht besagten Stimmen gefolgt ist, sollten diese an sich verstummen, wenn sie keine neuen Argumente vorlegen.

36 Einzelne echte oder angebliche **Missbrauchsfälle**, die in der Fachdiskussion immer wieder betont worden sind, können an der Vorzugswürdigkeit der herrschenden Meinung zur Zulässigkeit der unternehmensverbundenen Stiftung nichts ändern. Selbst echte Missbrauchsfälle würden als Ausnahmen die Regel nur bestätigen. Der in solchen Fällen immer wieder zu hörende quasi „ewige Schrei“ nach dem Gesetzgeber wurde hier erfreulicherweise nach entsprechender Untersuchung und Hinterfragung der Praxis nicht gehört. Regelmäßig lassen sich Missbrauchsfälle ja auch über das geltende Recht lösen, denn das erlaubt naturgemäß Missbräuche eben gerade nicht.

37 Im Hinblick auf die Stiftung & Co. KG als spezielle Ausgestaltung der unternehmensverbundenen Stiftung sorgte im Zuge der Stiftungsrechtsreform 2023 die Gesetzesbegründung für ein – nach unserer Auffassung unbegründetes – erneutes Aufflammen der Zulässigkeitsdiskussion (siehe ausf. dazu bereits § 1 Rdn 18 ff.).[75]

38 **Angemerkt: Die Stiftung muss nicht gemeinnützig sein**

Eine Stiftung ist und bleibt eine neutrale Rechtsfigur, die gemeinnützig und damit steuerbefreit sein kann, es aber nicht sein muss. Das kann angesichts bestehender Vorurteile in der Praxis nicht oft genug betont werden!

39 Eine ganz andere, von der zu bejahenden Frage nach der Zulässigkeit der unternehmensverbundenen Stiftung deutlich zu trennende Frage ist die nach der **Zulässigkeit der Unternehmensselbstzweckstiftung**. In der Praxis dürfte diese Stiftungsform in der (reinen) etwa von *Hüttemann*[76] kritisierten Form tatsächlich kaum bis gar nicht vorkommen. Typisch sind vielmehr Mischzwecke einer unternehmensverbundenen Stiftung – etwa zum gleichzeitigen Nutzen einer Familie

73 Siehe etwa die Vorauflagen des Grüneberg (Palandt) bei § 80 BGB.

74 So aber wohl *K. Schmidt*, ZHR 166 (2002), 149; kritisch dazu schon *Schiffer*, BB 42/2002, Die erste Seite (Kommentar).

75 *Theuffel-Werhahn*, ZStV 2022, 43.

76 *Hüttemann*, ZHR 167 (2003), 35 und 61.

und eines Unternehmens. Aber auch eine (unterstellte) reine Unternehmensselbstzweckstiftung erschöpfte sich streng genommen eben nicht nur in der (kritisierten) Unternehmensperpetuierung an sich, sondern erhielte das Unternehmen für Dritte wie etwa die Arbeitnehmer aufrecht.[77] Schon ein kurzer Blick auf den aktuellen Arbeitsmarkt zeigt, dass das nicht eben ein abzulehnender Zweck wäre. Vielmehr würde so sogar uns allen gedient und das Gemeinwohl gefördert. Das betrifft aber nicht nur „die personellen Ressourcen des Unternehmens“, was kein über die Verwaltung und Erhaltung der Unternehmenssubstanz hinausgehender Zweck sein soll. Wer aber so argumentiert, verkennt vor allem, dass ein Unternehmen keine bloße „Unternehmenssubstanz“ ist, sondern auch eine aus Menschen bestehende und Menschen dienende soziale Einheit, in der gemeinsam etwas „unternommen“ wird, was hier aber nicht wirklich vertieft werden kann.[78] Festzuhalten bleibt aber, dass der Lehrsatz vom Verbot der Selbstzweckstiftung im eigentlichen Sinne einen anderen Inhalt hat, als herkömmlich angenommen wird. Einmal mehr ist ein genauer Blick erforderlich, weil ein Schlagwort nicht ausreicht, wie an anderer Stelle ausführlich begründet worden ist.[79]

Unabhängig von alledem bleibt auch hier einmal mehr festzuhalten und zu beto- 40
nen: Die Stiftung ist entgegen mancher „Vorgaukelei“, über die mir immer wieder berichtet wird, weder ein Steuersparansatz noch ein Allheilmittel zur Regelung der Unternehmensnachfolge im Mittelstand. Die Stiftung ist eine spezielle Rechtsfigur für spezielle Fälle. Dabei muss ein Stifter bestimmte persönliche Qualifikationen erfüllen, die sich als „**Stiftungsreife**“ bezeichnen lassen (siehe dazu § 14 Rdn 15 ff.). Auch ein Unternehmer muss wie jeder andere Stifter mit seiner Familie vor allem gewillt sein, zu akzeptieren, dass mit der Stiftung eine eigenständige, von seinem zukünftigen (!) Willen unabhängige, juristische Person ins Leben gerufen wird, der das erforderliche Stiftungsvermögen dauerhaft übertragen wird. Die einmal genehmigte Stiftung genießt mit ihrem jeweiligen spezifischen Stiftungszweck staatlichen Bestandsschutz – und zwar auch gegenüber dem Stifter.

---

77 So auch Richter/*Richter*, § 10 Rn 132a ff. Kritisch dagegen MüKo-BGB/*Weitemeyer*, 10. Aufl. 2025, § 80 Rn 165 f.

78 Es sei nur auf die sozialwissenschaftliche und die soziologische Diskussion zum Unternehmensbegriff verwiesen.

79 NK-BGB/*Schiffer/Pruns*, § 80 Rn 27 ff.; *Schiffer/Pruns*, ZStV 2012, 1 ff.

2. Klassifizierung der unternehmensverbundenen Stiftungen

41 Man unterscheidet ausgehend von der Zweckrichtung und den Motiven des Stifters **zwei Grundtypen**[80] der unternehmensverbundenen Stiftung:[81]

- Eine **Unternehmensträgerstiftung** betreibt das Unternehmen unmittelbar selbst. Diese Stiftungsform ist wenig praktikabel und hat sich deshalb in der Praxis nicht durchgesetzt. Sie ist für eine Nachfolgegestaltung grundsätzlich uninteressant.
- Hält eine Stiftung eine Beteiligung an einer Personen- oder Kapitalgesellschaft, so bezeichnet man sie als **Beteiligungsträgerstiftung** (auch „Kapitalfondsträger-Stiftung" genannt).[82] Diese Form der unternehmensverbundenen Stiftung ist bei richtiger Gestaltung in geeigneten Fällen durchaus praktikabel. Die Stiftung ist alleinige Gesellschafterin oder Mitgesellschafterin. Das Unternehmen wird als Personen- oder Kapitalgesellschaft betrieben, so dass das Unternehmen den Vorschriften für diese Rechtsformen unterfällt,[83] weshalb auch die erforderliche Flexibilität des Unternehmens selbst grundsätzlich erhalten bleiben kann. Eine Beteiligungsträgerstiftung kann für eine Nachfolgegestaltung interessant sein (siehe § 11).

Angemerkt: Schlagwörter

Aus gegebenem Anlass sowie aufgrund der Erfahrungen aus zahlreichen Seminaren und Vorträgen möchten wir auch hier betonen:

Die verschiedenen begrifflichen Klassifizierungen sind auch bei der unternehmensverbundenen Stiftung letztlich nur Schlagwörter zur Kennzeichnung bestimmter Sachverhalte, aus denen nicht auf rechtliche Konsequenzen zu schließen ist. Sie dienen lediglich dem besseren Verständnis der Materie. Das wird immer wieder verkannt – mitunter sogar in der Fachdiskussion.

42 Die Beteiligungsträgerstiftung kann als Dotationsquelle für durchaus verschiedene Zwecke, als Familientreuhänder oder auch als Führungsinstrument für das Unternehmen, dienen. Dabei können die genannten Aufgaben im Einzelfall auch miteinander kombiniert werden. Bei der Stiftung als **Dotationsquelle** steht das Motiv des Stifters im Vordergrund, die für die Erfüllung des Stiftungszwecks

---

80 Ebenso *Wachter*, Stiftungen, 2001, Kap. C Rn 2. Siehe auch Richter/*Richter*, § 10 Rn. 65 ff.; *Berndt/Götz*, Stiftung und Unternehmen, Rn 1681 ff., wo zusätzlich „Funktionsträger-Stiftungen und Anstaltsträger-Stiftungen" unterschieden werden (Rn 1687 f.).

81 Ausf. zu dieser Stiftungsform etwa auch *Herrman*, Unternehmenskontrolle durch Stiftungen, 1996; *Schurr*, Die Stiftung mit unternehmerischer Verantwortung, 1998; *Heuel*, Die Entwicklung der Unternehmensträgerstiftung in Deutschland, 2000; Werner/Saenger/Fischer/*Saenger*, § 36 Rn. 1 ff.

82 *Berndt/Götz*, Stiftung und Unternehmen, Rn 1686.

83 Schon deshalb wird – anders, als wohl *Rawert* (ZEV 1999, 294, 295) meint – hier nicht die angebliche „frappierende Regellosigkeit" der Rechtsform Stiftung ausgenutzt. Wie hier etwa *Schwintek*, ZRP 1999, 25, 29; *Muscheler*, Stiftungsrecht, 2005, S. 362.

erforderlichen Mittel über die Unternehmensbeteiligung bereitzustellen. Die Unternehmensbeteiligung ist für diese in der Praxis regelmäßig gemeinnützigen Stiftungen folglich nur das Mittel zur Erfüllung des gemeinnützigen Stiftungszwecks.

Ist eine Stiftung als **Familientreuhänder** eingesetzt, soll sie vorrangig dafür Sorge tragen, dass bei einer Unternehmensbeteiligung die Beteiligungsrechte im Sinne des Stifters/der Familie ausgeübt werden und dass die Beteiligung der Familie erhalten bleibt. In einem solchen Fall erhalten die Familienmitglieder regelmäßig keinen Zugriff auf die in der Beteiligung enthaltene Unternehmenssubstanz. Als Begünstigte der Stiftung kommen sie aber in den Genuss der Unternehmenserträge. Steuerlich ist diese Familienstiftung nicht begünstigt, sondern wird neben den „normalen" Steuerpflichten in Analogie zu dem Fall einer natürlichen Person als Erbe sogar zusätzlich mit der sog. **Erbersatzsteuer** belastet. Deshalb war bei genauer Betrachtung auch der Vorwurf der angeblichen „Feudalisierung" großer Familienvermögen über Stiftungsgestaltungen[84] nie nachvollziehbar. 43

Als Hauptfall des Einsatzes einer Stiftung als **Führungsinstrument** ist der der Stiftung & Co. KG zu nennen (siehe § 11 Rdn 51 ff.). 44

III. Die Bürgerstiftung

Mit dem zur Vererbung anstehenden großen Vermögen der Nachkriegsgeneration gewinnt gegenwärtig nicht nur traditionelles soziales Engagement an Bedeutung, sondern auch etwas, was man als besonderes **bürgerschaftliches Engagement** beschreiben kann. Bürger setzen sich vor Ort konkret für ihr Gemeinwesen ein. Eine Auswirkung dieses Engagements sind die sog. **Bürgerstiftungen,**[85] die in den letzten Jahren zunehmend errichtet worden sind. Bürgerstiftungen lassen sich **definieren** als „Stiftungen von Bürgern für Bürger zur Förderung sozialer, kultureller oder ökologischer Zwecke in einem geographisch begrenzten, lokalen oder regionalen Raum" oder als „selbstständige und unabhängige Institutionen zur Förderung verschiedener gemeinnütziger und mildtätiger Zwecke in einem 45

---

84 So aber *Antje Vollmer* in einem Interview in Stiftung & Sponsoring 2/1998, 8. Ausf. zur „Zuwendung von unternehmerisch genutztem Vermögen an Stiftungen": *Diedrichs*, Stiftung & Sponsoring 3/2000, 12; *Diedrichs*, Stiftung & Sponsoring 5/2000, 14; *Diedrichs*, Stiftung & Sponsoring 6/2000, 25.

85 *Nährlich/Hellmann/Rugenstein*, ZStV 2025, 6; *Hellmann*, ZStV 2015, 148; *Bertelsmann Stiftung* (Hrsg.), Handbuch Bürgerstiftungen; *Bundesverband Deutscher Stiftungen* (Hrsg.), Bürgerstiftungen stellen sich vor, 2006; *de Courcy Hero/Walkenhorst* (Hrsg.), Auf dem Weg in die globale Zivilgesellschaft – Bürgerstiftungen im 21. Jahrhundert, 2009; Richter/*Stumpf*, § 12; *Kaper*, Bürgerstiftungen, 2005; *Nährich/Strachwitz/Hinterhuber/Müller* (Hrsg.), Bürgerstiftungen in Deutschland, 2005; *Schiffer*, NJW 2004, 2498; *Schiffer*, NJW 2006, 2529; Werner/Saenger/Fischer/*O. Werner*, § 11 Rn 135 ff.; www.buergerstiftungen.org. Siehe dort auch zu den folgenden Ausführungen.

geographisch begrenzten, d.h. lokalen oder regionalen Wirkungsraum, die einen langfristigen Vermögensaufbau betreiben und ihre Organisationsstruktur und Mittelvergabe transparent machen".[86] Bürgerstiftungen sind hier eine Sonderform der steuerbefreiten Stiftung. Das Ziel der so definierten Bürgerstiftung wird dabei dahin beschrieben,[87] dass sie es einer größeren Zahl von Bürgerinnen und Bürgern sowie Unternehmen (Corporate Citizens) ermöglicht, ihre spezifischen Beiträge zum Gemeinwohl unter einem gemeinsamen Dach zu verfolgen.[88] Sie diene dabei als ein Sammelbecken für Spenden und Zustiftungen. Aktuell gibt es wohl über **430 Bürgerstiftungen** im gesamten Bundesgebiet.[89]

46 Das Interesse an dieser besonderen Form der Stiftung nimmt zu. Stifter sind vielfach Bürger mit einem durchaus überschaubaren Vermögen, die ihrerseits nicht unbedingt eine eigene Stiftung errichten würden, andererseits aber dieser modernen Form der Unterstützung des Gemeinwohls, die etwa neben die bekannten Service-Clubs[90] tritt, aufgeschlossen gegenüberstehen. Die Bürgerstiftung erscheint als eine Fortentwicklung der aus den USA bekannten „community foundations" (Stichwort: „Stiftung für Dich und mich"). In aller Regel sind die Bürgerstiftungen operativ tätig. Neben den Geld-Spendern leisten die **Zeit-Spender** oder **Ideen-Spender** einen ganz wichtigen Beitrag zu der Arbeit der Bürgerstiftungen, die oftmals einen ausgesprochen umfangreichen Zweckkatalog in ihrer Satzung haben. Das ist zumindest aus der Sicht von Teilen der Finanzverwaltung nicht unproblematisch (Stichwort: **Vorratszwecke**, siehe § 9 Rdn 18 ff.).

47 Wie Erfolg versprechend der Gedanke ist, zeigt sich auch darin, dass über das „reine" Modell der „Stiftung von Bürgern für Bürger" hinaus sich auch große Institutionen diesem Gedanken anschließen und Stiftungen errichten, die um Zustiftungen werben, die sie Bürgerstiftungen nennen. Ein prominentes Beispiel ist die Sparkasse KölnBonn, die als damals noch „nur" Sparkasse Bonn eine sehr rührige und in Bonn besonders erfolgreiche Bürgerstiftung initiiert hat.[91]

---

86 Siehe www.buergerstiftungen.org unter Grundlagen.

87 Siehe www.buergerstiftungen.org unter Grundlagen.

88 Zu dem modernen Ansatz des durch eine gemeinnützige Bürgerstiftung geführten „Hüterschaftsmodells" zur Sicherung der Grundversorgung im ländlichen Raum siehe *Warken*, DStR 2025, 2872.

89 Stand 2025, siehe www.buergerstiftungen.org unter „Zahlen und Fakten".

90 Lions, Rotary, Round Table, Zonta etc.

91 Als ehrenamtliches Mitglied des Fachbeirates dieser Stiftung ist der Verfasser Schiffer bei dieser Wertung natürlich befangen. Der geneigte Leser mag sich ein eigenes Urteil bilden und unter www.buergerstiftung-bonn.de schauen.

Jürgen Reske, Geschäftsführer der Bürgerstiftung Bonn, **zu einer Bürgerstiftung**[92] 48

„Die Bürgerstiftung Bonn ist eine Drehscheibe für das soziale und kulturelle Engagement in der Stadt. Dabei steht die positive Entwicklung der Bürgerstiftung in unmittelbarem Zusammenhang mit der Bereitschaft von Menschen, sich ehrenamtlich zu engagieren: Fast 200 Personen sind in den Gremien und Projekten der Bürgerstiftung als Zeitstifter aktiv. Sowohl die Bürgerstiftung selbst als auch viele der unter ihrem Dach geführten zweckgebundenen Stiftungen entwickeln eigene Projekte, die das Leben in der Stadt bereichern. Hierzu gehören z.B. die „Offenen Bücherschränke", die Kinderbibliothek „Das Bücherei", der „Bonner Bildungsfonds", der „BONNi & BO-Klimaführerschein" für Grundschüler und das „Hospiztelefon Bonn". Durch die Anbindung an die Sparkasse KölnBonn werden die Verwaltungskosten minimal gehalten – die Mittel fließen weitestgehend in die gemeinnützige Arbeit."

Die Diskussion, **welche Art von Stiftung sich „Bürgerstiftung" nennen darf** 49
und welche Bürgerstiftungen eine entsprechendes **Gütesiegel** erhalten,[93] scheint mir bei genauer Betrachtung überflüssig, falls nicht im Einzelfall ein echter Missbrauch vorliegt, denn bei der Bezeichnung „Bürgerstiftung" handelt es sich nur um ein Schlagwort und nicht etwa um eine spezielle Rechtsform. Die Bürgerstiftung ist grundsätzlich eine rechtsfähige Stiftung, allerdings mit der Besonderheit einer recht großen Anzahl von Stiftern. Aus dem Schlagwort „Bürgerstiftung" an sich sind keine rechtlichen und/oder steuerlichen Folgerungen abzuleiten. Entscheidend ist ohnehin nur, dass ausreichende Mittel für den gemeinnützigen Zweck der jeweiligen Bürgerstiftung aufgebracht werden (§ 80 Abs. 2 S. 1 BGB).

Bei genauer Betrachtung ergibt sich bei einer Bürgerstiftung **ein grundsätzliches** 50
Problem. Die Stiftung ist in einem gewissen Gegensatz zu dem eben beschriebenen Ansatz der Zusammenfassung kollektiven bürgerschaftlichen Engagements in einer Bürgerstiftung eine juristische Person an sich gerade ohne kollektives Element, d.h. ohne Mitglieder oder Gesellschafter (siehe Rdn 1). Es ist indessen geradezu das Ziel einer Bürgerstiftung, möglichst viele engagierte Bürger (kollektiv) unter ihrem Dach zu versammeln. Problematisch können Bürgerstiftungen deshalb vor allem dann werden, wenn der Kreis der Stifter so groß wird, dass sich die Rechtsfigur Stiftung tatsächlich der des Vereins deutlich annähert. Stiftergruppen von 50 und mehr engagierten Personen bei der Stiftungserrichtung und

92 Siehe auch *Reske* in „mitmachen – Das Mitmach.M.AGAZIN der Bürgerstiftung Bonn, 2013, 4. „Mitmachen bereichert! Mit Geld, Zeit Ideen" (Interview).

93 Siehe www.buergerstiftungen.org: definierte Merkmale, Gütesiegel; siehe auch „10 Merkmale einer Bürgerstiftung", verabschiedet vom Arbeitskreis Bürgerstiftungen des Bundesverbandes Deutscher Stiftungen (abrufbar auf der Website).

später in der „Stifterversammlung"[94] lassen sich typischerweise nur schwer unter einen (einheitlichen) Stifterwillen fassen und noch weniger unter einen ggf. auszulegenden hypothetischen Stifterwillen. Der damalige Stifterwille bei Errichtung der Stiftung ist aber der grundlegende Maßstab für die staatliche Stiftungsaufsicht, denn diese dient in erster Linie dem öffentlichen Interesse an der Verwirklichung des Stifterwillens.[95]

51 *Rawert* hat diese Problemzusammenhänge vor einiger Zeit hervorgehoben und dazu mit Blick auf die hier skizzierte Besonderheit der Bürgerstiftung unter Hinweis auf Erwägungen von *Richter*[96] den Gedanken betont, bei Bürgerstiftungen oder anderen Gemeinschaftsstiftungen weniger auf den damaligen Stifterwillen als Maßstab für die Stiftungsaufsicht (und die etwaige Auslegung der Stiftungssatzung) abzustellen, sondern eher auf eine noch näher zu diskutierende „Vermögens-Zweck-Beziehung".[97] Die Fachdiskussion scheint hier immer noch am Anfang, endgültige Antworten liegen noch nicht vor. Die Diskussion zeigt aber bereits, dass „Ausdehnungen" der Rechtsform Stiftung auf eher stiftungsuntypische Sachverhalte genau zu betrachten sind. Hier sind differenzierte Antworten erforderlich, wie sie *Rawert* ansatzweise versucht hat. Nicht ganz selten dürfte bei entsprechenden Bürgervorhaben doch der Verein die richtige Rechtsform sein, auch wenn ein Verein typischerweise in der Öffentlichkeit nicht denselben „guten Ruf" genießen dürfte wie eine Stiftung (Stichwort: „Vereinsmeierei"), was in der Praxis z.B. das Spendensammeln erschweren kann.

52 **Angemerkt: Stifterwille bei Bürgerstiftungen?**

Da bei Bürgerstiftungen faktisch nicht auf den damaligen Stifterwillen als Maßstab für die Stiftungsaufsicht und die etwaige Auslegung der Stiftungssatzung abgestellt werden kann und weil die von *Rawert* ersatzweise als Maßstab vorgeschlagene „Vermögens-Zweck-Beziehung" jedenfalls bisher noch „nur" ein Denkansatz, d.h. letztlich ein unbestimmtes Schlagwort mit nicht konkretisiertem Inhalt ist, bleiben als Ansatz um Aufsichts- und Auslegungsprobleme zu vermeiden, nur möglichst genaue und ausführliche Satzungsregelungen.

94 Siehe dazu etwa *Rawert*, in: Nährlich u.a. (Hrsg.), Bürgerstiftungen in Deutschland, 2005, S. 39, 46 f.

95 *Andrick/Suerbaum*, Stiftung und Aufsicht, 2001, S. 211; NK-BGB/*Schiffer/Pruns*, § 80 Rn 93 ff.

96 *Richter*, Rechtsfähige Stiftungen und Charitable Corporation, S. 366 ff.

97 *Rawert*, in: Nährlich u.a. (Hrsg.), Bürgerstiftungen in Deutschland, S. 48.

IV. Weitere Stiftungsspezialitäten

Neben den Vorgenannten sind noch weitere Spezialitäten der Rechtsform Stiftung zu erwähnen: 53

Die unselbstständige Stiftung[98] (auch **treuhänderische** oder **fiduziarische Stiftung** oder **Treuhandstiftung** genannt) wird in § 12 ausführlich behandelt. 54

Steuerbefreite Stiftungen, d.h. die Regelungen zur Steuerbegünstigung wegen der Förderung gemeinnütziger, mildtätiger oder kirchlicher Zwecke (§§ 51 ff. AO), werden in § 9 erörtert. 55

Stiftungen in der ehemaligen DDR wurden in aller Regel enteignet, aufgehoben und tatsächlich fast vollständig vernichtet.[99] Auch wenn dieser Themenkreis nicht im Vordergrund aktueller Diskussionen zum Stiftungsrecht steht, kann er als Spezialmaterie im Einzelfall doch eine ganz erhebliche Rolle spielen, wie *O. Werner* in einer spezifischen Untersuchung gezeigt hat.[100] Zwischenzeitlich erlebte die Stiftungslandschaft im Osten Deutschlands eine erhebliche Renaissance. Während die ostdeutschen Bundesländer (ohne Berlin) im Jahr 2000 noch einen Gesamtbestand von 599 rechtsfähigen Stiftungen aufwiesen (Berlin: 417), lag dieser im Jahr 2023 bei 1.903 (Berlin: 1.081).[101] Dennoch bleibt der Anteil der neuen Bundesländer an der Gesamtzahl der Stiftungen in Deutschland mit 7,4 % (ohne Berlin) noch relativ gering.[102] 56

Schon im Februar 2009 hat die Europäische Kommission im Anschluss an eine Machbarkeitsstudie aus 2008 eine öffentliche Konsultation zu einem möglichen **Statut einer Europäischen Stiftung** initiiert. Auf dieser Grundlage hat die Europäische Kommission am 8.2.2012 einen „Vorschlag für eine Ratsverordnung zum Statut einer Europäischen Stiftung (Fundatio Europaea, FE)" veröffentlicht.[103] Die Errichtung einer FE hatte danach zwei wesentliche Voraussetzungen, nämlich 57

---

98 Näher zur Treuhandstiftung etwa *Gemmer*, StiftungsBrief 2024, 29; *ders.* StiftungsBrief 2024, 115; *Stolte*, BB 2023, 2755; *Krüsmann*, ZStV 2023, 201; *Bieniek*, StiftungsBrief 2022, 63; *Kuhn*, ZEV 2020, 535; *Hackenberg*, NWV 2016, 179; *Trappe*, ErbR 2014, 209; *Heuel*, FuS 2013, 22; *Küstermann*, ZStV 2012, 67; *Küstermann*, ZSt 2008, 161; *Neuhoff*, ZSt 2008, 23; *A. Werner*, ZSt 2008, 51; *O. Werner*, ZSt 2008, 58; *Schiffer*, ErbBstg 2001, 173.

99 *Mecking*, Der Rotarier 2/99, 23.

100 *O. Werner*, in: FS Leser, 1998, S. 119.

101 *Bundesverband Deutscher Stiftungen*, Stiftungsdaten Fokus Nr. 21, Stand 4/2024, abrufbar unter www.stiftungen.org.

102 *Bundesverband Deutscher Stiftungen*, Stiftungsdaten Fokus Nr. 21, Stand 4/2024, abrufbar unter www.stiftungen.org.

103 Zu der Entwicklung siehe etwa: MüKo-BGB/*Weitemeyer*, 10. Aufl. 2025, § 80 Rn 239.; *Siegen*, ZStV 2014, 7; *Zimmermann*, NJW 2012, 3278; *Schiffer/Pruns*, NWB 2013, 772; *Schiffer*, BB 2012, 457 („Stiftungen: Gutes tun in ganz Europa?"); *Schiffer*, StiftungsBrief 2012, 62; *Stöber*, DStR 2012, 804; *Theuffel-Werhahn*, StiftungsBrief 2012, 91 ff.; *Werner*, ZStV 2012, 65 ff.; *Nissel*, ZSt 2003, 89.

die Verfolgung eines grenzüberschreitenden gemeinnützigen Zwecks sowie ein Stiftungsvermögen von mindestens 25.000 EUR. Die FE sollte durch eine natürliche oder eine juristische Person errichtet werden können, und zwar auch durch Umwandlung einer bestehenden Stiftung oder den Zusammenschluss zweier bestehender Stiftungen.

Der erste Entwurf enthielt auch eine eigenständige Regelung der Gemeinnützigkeit, die neben die nationalen Gemeinnützigkeitsregelungen treten soll, und einen Zweckkatalog, der dem des deutschen Gemeinnützigkeitsrechts ähnelte. Es fehlte, entsprechend dem Ziel des Vorschlages, nationale Besonderheiten und die Schranken grenzübergreifender Gemeinnützigkeit abzubauen, der deutsche Vorbehalt des „strukturellen Inlandsbezugs" (siehe dazu § 9 Rdn 40 ff.).[104]

Eine Stellungnahme des Bundesrates vom 30.3.2012 zu dem Vorschlag der Kommission ist überwiegend kritisch ausgefallen. Kritisiert wurde insbesondere auch, dass der Vorschlag der Europäischen Kommission nicht im Einklang mit dem europarechtlichen Subsidiaritätsprinzip stehe, da er konkrete Regelungen im Bereich der direkten Steuern vorsehe, wofür es der EU an der Regelungskompetenz und auch an einer Harmonisierungskompetenz fehle. Zudem sah der Bundesrat „weder Bedarf noch die Notwendigkeit", eine europäische Stiftung als neues Rechtsinstitut zu gründen.[105] Die EU-Kommission nahm die Kritik des Bundesrates zur Kenntnis, hielt jedoch zunächst an der Zweckmäßigkeit eines Statuts zur europäischen Stiftung fest.[106]

Ab der ersten Jahreshälfte 2014 sollte auf EU-Ebene ein neuer Kompromissvorschlag unter Verzicht auf steuerliche Bestimmungen erarbeitet werden.[107] Nach dem von der EU-Kommission am 17.12.2014 vorgelegten Arbeitsprogramm 2015 wurde das Vorhaben einer EU-Stiftung allerdings wieder von der Vorhabenliste gestrichen.[108] Anfang 2015 zog die Europäische Kommission ihren Vorschlag dann vollständig zurück. Seitdem wurde das Thema nicht mehr aufgegriffen. Mit einer Umsetzung ist, jedenfalls in absehbarer Zeit, nicht mehr zu rechnen.

58 Gemeinnützige Stiftungen sind auch vermehrt ein Thema im Kulturbereich,[109] u.a. im Zusammenhang mit der Frage der **Museums- und Ausstellungsfinanzie-**

---

104 § 51 Abs. 2 AO.

105 BR-Drucks 74/12 v. 30.3.2012.

106 Unterrichtung durch die Europäische Kommission v. 19.10.2012, zu BT-Drucks 74/12 (Beschluss), abrufbar unter www.bundesrat.de.

107 Siehe etwa *Ruhlmann*, RBS RoeverBrennerSusat Newsletter NPO 1/2014, S. 25 ff.

108 *Zimmermann*, NJW 2015, 290, 293.

109 Einen guten Überblick geben: *Nietsch/Weller/Kiesel* (Hrsg.), Kulturstiftungen; siehe auch *Die Beauftragte der Bundesregierung für Kultur und Medien/Bundesverband Deutscher Stiftungen/Deutscher Kulturrat* (Hrsg.), Kulturstiftungen – Ein Ratgeber für die Praxis, 2. Aufl. 2004; *Graf Strachwitz/Then* (Hrsg.), Kultureinrichtungen in Stiftungsform, 2004. Zur Organisation von Orchestern, etwa den Berliner Philharmonikern, in Form von öffentlich-rechtlichen Stiftungen siehe *Bastuck*, NJW 2009, 719, 720 f.

rung.[110] Auch dort ist angesichts der weitgehend leeren öffentlichen Kassen ein neues, wirtschaftliches Denken und Handeln erforderlich. Die öffentliche Hand wird wegen steigender Finanznot zunehmend weniger in der Lage sein, den Kulturbetrieb zu finanzieren. Mithin sind Finanzmittel aus dem Privat- und dem Unternehmensbereich gefragt. Erfolgreiche Museen werden sich zukünftig dadurch auszeichnen, dass sie durch geeignete Organisationsformen und moderne Denkansätze private Finanzmittel akquirieren.

Stichworte im Zusammenhang mit Stiftungen sind hier etwa: gemeinnützige Stiftungen zur zusätzlichen finanziellen Absicherung oder auch als Träger eines Museums, Kultursponsoring, Museen als Marketingplattform etc. Auch solche Stiftungen werden in der Praxis zur (teilweisen) Regelung der Erbfolge errichtet. Der Umstand, dass gegenwärtig das gewaltige, von der Nachkriegsgeneration erarbeitete Vermögen zur „Vererbung" ansteht, und die jüngst erfolgte Reform des Stiftungssteuerrechts stimmen optimistisch für eine zunehmende Zahl von (gemeinnützigen) Stiftungen auch im Kulturbereich. 59

Nicht erst seit den vielfach zitierten Pisa-Studien ist das Thema Bildung im Lande der „Dichter und Denker" ein besonderes Thema. Der Bildungsmisere wollen u.a. zahlreiche private Initiativen an **Hochschulen**[111] und **Schulen**[112] entgegenwirken. Auch dabei ist die Stiftung ein wichtiges Thema. 60

Stiftungen werden hier als Wege aus der staatlichen Abhängigkeit diskutiert.[113] 61
Will man allerdings eine Stiftung mit Erträgen (!) ausstatten, die auf absehbare Zeit beispielsweise die Unabhängigkeit einer Hochschule oder Schule sicherstellen, so dürften angesichts des Finanzbedarfs einer solchen Einrichtung für eine Universität durchaus mehrere Milliarden Euro kein unsinniger Betrag sein. Solche Beträge sind allerdings zumindest aktuell in Deutschland ersichtlich utopisch. Eine Förderstiftung beispielsweise oder auch eine Hochschule in der Rechtsform einer Stiftung kann dennoch sinnvoll sein, wenn das Gesamtkonzept und der Businessplan stimmen. Das ist z.B. bei der langjährig eingeführten „Wissenschaftlichen Hochschule für Unternehmensführung (WHU) – Otto-Beisheim-Hochschule" und der Trägerstiftung „Stiftung Wissenschaftliche Hochschule für Unternehmensführung"[114] ersichtlich der Fall, die durch zahlreiche weitere Initiati-

110 *Boochs*, NWB F. 3, 10525; *Zimmer* (Hrsg.), Das Museum als Nonprofit-Organisation, 1996.

111 *Stifterverband für die Deutsche Wissenschaft e.V.* (Hrsg.), Private internationale Hochschulen, 2002; *Stifterverband für die Deutsche Wissenschaft e.V.* (Hrsg.), Reformuniversitäten, 2000; Deutsche Stiftungen (Mitteilungen des Bundesverbandes Deutscher Stiftungen) 3/2002: Themenheft Stiftung und Hochschule – Formeln für Erfolg und Lehre?

112 *Hohlmeier*, Stiftung & Sponsoring 6/2002, 3 (Interview); *Gottfried*, Stiftung & Sponsoring 6/2002, 30.

113 Siehe dazu die Beiträge etwa von *Sandberg*, *Herfurth/Kirmse*, *Müller-Böling* und *Baumanns*, in Deutsche Stiftungen 3/2002; *Battis/Grigoleit*, ZRP 2002, 65.

114 Siehe www.whu.edu.

ven und Personen unterstützt wird. Als wesentliche Stichworte für ein solches Konzept (zur Einwerbung von Drittmitteln unter Ausnutzung des Stiftungssteuerrechts) sind zu nennen:

- Zustiftungen (siehe § 3 Rdn 93 ff.)
- Stiftungsfonds (siehe Rdn 69 ff.)
- unselbstständige (treuhänderische) Stiftungen (siehe § 12)
- mildtätige Stiftungen zur Förderung bedürftiger Studenten (siehe § 9 Rdn 10 ff.)
- Spenden (siehe § 9 Rdn 48 ff.)
  - für Lehrstühle
  - für Forschungszentren
  - für Lehrmaterialien und sonstige Ausstattung
- Förderverein
- Ehemaligenverein
- Merchandising
- Sponsoring (siehe § 9 Rdn 179 ff.).

Die Freiheit in der Verwendung der so erzielten Mittel und der Aufbau eines eigenen Vermögens sind als besondere Vorteile einer entsprechenden Stiftungsgestaltung zu nennen.

62 Aktuell ist die sog. **Studienstiftung** neben Hochschulstiftungen ein besonderes Thema. Die Zukunftsfähigkeit unserer Gesellschaft in sozialer, kultureller, aber auch in wirtschaftlicher Hinsicht wird ersichtlich entscheidend beeinflusst durch die Leistungsfähigkeit des deutschen Hochschulsystems.

V. Moderne Stiftungsansätze

63 Im Zusammenhang mit dem bereits angesprochenen Thema „Stiftungen und Hochschulen, Stiftung und Schulen“ und angesichts der zunehmend leeren öffentlichen Kassen gewinnt auch das **Public Private Partnership (PPP)**[115] zunehmend an Bedeutung. Unter dem Schlagwort „PPP“ werden sehr verschiedene Arten der Kooperation und Zusammenarbeit von öffentlicher Verwaltung und Privatpersonen bei der Erfüllung „öffentlicher“ Aufgaben zusammengefasst.[116] Bereiche für PPP sind neben Schule und Hochschule etwa die Innenstadtentwick-

115 Näher dazu: *Gerstlberger/Schneider*, Öffentlich Private Partnerschaften. Zwischenbilanz, empirische Befunde und Ausblick, 2008; *Budäus* (Hrsg.), Kooperationsformen zwischen Staat und Markt – Theoretische Grundlagen und praktische Ausprägungen von Public Private Partnership, 2006; *Weber/Schäfer/Hausmann*, Praxishandbuch Public Private Partnership, 2018; *Tettinger*, NWVBl 2005, 1; *Bellezza/Kilian/Vogel*, Der Staat als Stifter – Stiftungen als Public-Private Partnerships im Kulturbereich, 2003; *Roggencamp*, Public Private Partnership, 1999.

116 Siehe nur *Becker*, ZRP 2002, 303.

lung, die Forschung und auch Baudienstleistungen.[117] Typischerweise werden hier, wenn nicht nur ein loses Netzwerk gewählt wird, Kooperationsverträge zwischen den Partnern[118] geschlossen, es ist aber auch durchaus denkbar, dass die Partner eine Gesellschaft[119] oder eben eine Stiftung errichten, beispielsweise als Basisfinanzierung für ein gemeinsames Projekt. Eine solche Stiftung wird häufig gemeinnützig sein – etwa im Themenbereich Wissenschaft oder Ausbildung oder z.B. auch Denkmalschutz oder Kulturförderung –, muss es aber nicht. Dabei kann sich im Einzelfall die Problematik des wirtschaftlichen Geschäftsbetriebes stellen (siehe hierzu § 9 Rdn 105 ff.),[120] der die Gemeinnützigkeit ausschließt.

Beispielhaft dürfen wir hier darauf verweisen, dass in 2014/2015 die Technische Universität Wien (Prof. Dietmar *Wiegand*) im Auftrag des Wirtschaftsministeriums Rheinland-Pfalz im Rahmen der Initiative „Neue Wege für innerstädtische Netzwerke" eine **Machbarkeitsstudie** „Konzeption und Machbarkeitsprüfung neuer gemeinnütziger regionaler Rechtsformen und regionaler Finanzprodukte" erarbeitet hat, an der u.a. der Herausgeber dieses Buches mitarbeiten durfte. Die Machbarkeitsstudie zeigt privatwirtschaftliche Wege auf, um sich finanziell und ideell für seine Innenstadt zu engagieren und wie innerstädtische Netzwerke den Herausforderungen der Digitalisierung im Handel, dem damit verbundenen Strukturwandel, der negativen demografischen Entwicklung sowie der Urbanisierung begegnen können. Ein Beispiel von mehreren ist hier die gemeinnützige Stiftung.

Im Zusammenhang mit bestimmten Regeln aus dem Stiftungssteuerrecht (siehe 64
dazu § 9) werden in der Praxis ausgehend von den neuen steuerlichen Privilegien vor allem für Stifter immer wieder neue Ideen und Ansätze entwickelt. Ein Beispiel ist der in verschiedenen Variationen auftauchende Ansatz, die Dotation in eine gemeinnützige Stiftung mit der Investition in ein Kapitalanlageprodukt zu verbinden. Es werden etwa ein Teil des Anlagebetrages in eine gemeinnützige Stiftung und ein anderer Teil in einen Immobilienfonds eingebracht.[121]

Beispielsweise sind unter dem Stichwort **„Publikumsstiftung"** unselbstständige 65
Stiftungen mit einer einheitlichen Satzung errichtet worden, die in einer Verwaltungsstruktur zusammengefasst und jeweils mit der Unterhaltsmöglichkeit nach § 58 Nr. 6 AO und einer klassischen Kapitalanlage kombiniert wurden. Das

117 Siehe etwa *Stifterverband für die deutsche Wissenschaft* (Hrsg.), Mehr Innovation, 2002.

118 *Becker*, ZRP 2002, 303, 306.

119 *Becker*, ZRP 2002, 303, 306.

120 Siehe auch *Seer/Wolsztynski*, Steuerrechtliche Gemeinnützigkeit der öffentlichen Hand, 2002.

121 Ausf. dazu schon das Interview von *Mecking* mit *Ohlmann* und *Christoph*, Betreiber und Befürworter eines solchen Ansatzes, und mit *Wilkes*, der den Ansatz kritisiert, in Deutsche Stiftungen 2/2002, 77 ff. Siehe dazu bspw. das Interview aus 10/2011 mit *Winheller* auf www.stiftungsrecht-plus.de.

Ganze wurde über verschiedene Kapitalmarkts-Vertriebswege mit entsprechenden Prospekten an den Markt gebracht, um „auf die Ressourcen des Kapitalmarktes zuzugreifen“.[122]

66 Hier setzt die Kritik an, denn Stiftungen sind kein Steuersparmodell. *Wilkes* kritisiert, dass die steuerlichen Rahmenbedingungen für Stiftungen in solchen Fällen nicht „genutzt“, sondern „benutzt“ werden. Er verweist zudem auf den Missbrauchstatbestand (§ 42 AO) und auf das Ausschließlichkeitskriterium des Gemeinnützigkeitsrechts (§ 56 AO).[123]

67 In der Tat sollte auch der gestaltungsfreudigste Jurist und/oder Steuerberater aufpassen, den Bogen nicht zu überspannen und seine steuerliche Gestaltungsfreudigkeit nicht so in den Vordergrund heben, dass der Gedanke der Gemeinnützigkeit in den Hintergrund tritt. Das wird auch einen Stifter auf Dauer nicht zufrieden stellen. Stiften ist das eine und Kapitalanlage ist das andere. Der Sinn und die steuerliche Haltbarkeit (§ 42 und §§ 51 ff. AO) einer solchen Kombination werden im Einzelfall sehr gründlich zu prüfen sein. Die dauerhafte gemeinnützige Zweckerreichung steht bei einer steuerbefreiten Stiftung im Vordergrund. Neue Wege sind nicht von vorneherein abzulehnen, aber eben kritisch auf ihre „Haltbarkeit“ hin zu prüfen. Auf eine schiefe und missverständliche Darstellung solcher Modelle, die die Gemeinnützigkeit einer entsprechenden Stiftung in den Hintergrund drängt und aus Vertriebsgründen einseitig die positiven steuerlichen (Neben-)Effekte betont, sollte unbedingt verzichtet werden.

68 **Praxishinweis: Vermögensübertragung unter Auflage**

Unproblematisch erscheint beispielsweise der Ansatz, dass ein Stifter oder Spender Vermögen auf die Stiftung mit der **Auflage** überträgt, die Zustiftung oder die Errichtungsdotation in bestimmter Weise und zu bestimmten Konditionen „anzulegen“ (Vermögensverwaltung), etwa als Darlehen für ein Unternehmen und/oder für den Stifter. Entsprechende Auflagen, die im konkreten Fall dem steuerlichen Drittvergleich standhalten müssen, sind anzuerkennen und von der Finanzverwaltung durchaus auch schon anerkannt worden, auch wenn in der Praxis mit der Finanzverwaltung über den Vorrang des Zivilrechts vor dem Steuerrecht mitunter „ausführlich diskutiert“ werden muss. Hier empfiehlt sich im Einzelfall ggf. eine (kostenpflichtige) „verbindliche Auskunft“ der Finanzverwaltung.

---

122 *Ohlmann*, Deutsche Stiftungen 2/2002, 77 f.
123 In dem oben zitierten Interview.

VI. Eine Besonderheit: Der Stiftungsfonds

Ein **Stiftungsfonds**[124] ist eine Zustiftung in das Grundstockvermögen einer Stiftung mit der **Auflage** (Zweckbindung) des Zustifters, die Erträge aus dem Zustiftungsbetrag für einen bestimmten Zweck oder Teilzweck aus den satzungsmäßigen Zwecken der Stiftung zu verwenden. Der Zustiftungsbetrag wird insoweit von dem sonstigen Grundstockvermögen der Stiftung separiert. Ein Stiftungsfonds kann ebenso wie eine treuhänderische Stiftung einen **eigenen Namen** führen. Ein Stiftungsfonds ist aber anders als eine unselbstständige Stiftung (siehe auch § 12 Rdn 157 ff.) **kein eigenständiges Steuersubjekt**. Stiftungsfonds sind sowohl bei rechtsfähigen Stiftungen als auch bei treuhänderischen Stiftungen möglich. In der Praxis gibt es – mit Blick auf die Regelungen zur Verbrauchsstiftung (siehe Rdn 15 ff.) – mitunter auch **Verbrauchsfonds**.[125] Der Stifterwille ist hier einmal mehr der Maßstab. 69

Begriffsverwirrung beim Stiftungsfonds 70

Der Begriff Stiftungsfonds wird für den vorstehend beschriebenen Sachverhalt verwendet.[126]

Es gibt aber etwa auch den **Kölner Gymnasial- und Stiftungsfonds**, der sich auf seiner Homepage (www.stiftungsfonds.org) als eine erfahrene Stiftungsverwaltung für Bildungsstiftungen in der Rechtsform einer Stiftung des öffentlichen Rechts beschreibt, die seit über 200 Jahren die Bildung junger Menschen fördere.

Daneben werden auch Geldanlagemöglichkeiten in Fondsform, die besonders für Stiftungen konzipiert sein sollen, als „Stiftungsfonds“ bezeichnet.[127]

Man schaue also immer genau hin, was im Einzelfall gemeint ist.

Der Stiftungsfonds im Sinne der qualifizierten Zustiftung kann als Alternative zur Errichtung einer selbstständigen oder unselbstständigen Stiftung insbesondere dann in Betracht kommen, wenn eher geringe Vermögenswerte zur Verfügung stehen. Für den Zuwendenden ist es ggf. attraktiver als die „einfache“ 71

---

124 Die Terminologie ist uneinheitlich. Siehe *Schiffer*, StiftungsBrief 2013, 222; näher zum Ganzen etwa schon *A. Werner*, Die Zustiftung, 2003, S. 124 ff. m.w.N.; siehe auch *Nährlich/Hellmann*, in: Aktive Bürgerschaft e.V. (Hrsg.), Vermögensverwaltung und Rechnungslegung – Mit Mustersatzungen für Treuhandstiftung und Fonds, 2008, S. 18 ff.

125 Siehe etwa www.sos-kinderdoerfer.de/helfen/stiften-foerdern-vererben/hermann-gmeiner-stiftung/sos-verbrauchsfonds.

126 Siehe etwa die Sonderbeilage „Stiftungsfonds – Portfoliomanagement für jede Stiftung“ zum Magazin „Die Stiftung“ aus Juli 2013. Der geneigte Leser gebe im Übrigen nur einmal „Stiftungsfonds“ in eine Suchmaschine ein.

127 So hieß es etwa unter dem 21.6.2010 auf www.faz.net: „Stiftungsfonds: Auf dem Weg zum Massengeschäft – Stiftungsfonds waren lange Zeit Spezialvehikel für eine begrenzte Kundschaft. Doch mittlerweile sind sie auch bei Privatanlegern sehr beliebt. …“

Zustiftung, da eine Vorgabe für bestimmte Zweckverwirklichungsmaßnahmen im Rahmen der Stiftungszwecke und eben auch eine gewisse Verewigung durch die Namensgebung möglich sind. In Anbetracht dessen wird der Stiftungsfonds von gemeinnützigen Stiftungen verständlicherweise oft als Instrument im Rahmen des Spenden- und Erbschaftsmarketings genutzt. Hier sollte aber darauf geachtet werden, dass die Abgrenzungen nicht verwischen. Ein Werben mit dem Stiftungsfonds als „die kleine Stiftung“ ist insofern schon bedenklich. Um Missverständnisse und spätere Streitigkeiten zu vermeiden, muss dem potenziellen Zustifter durch entsprechende Beratung und Aufklärung bewusst sein, dass er mit einem Stiftungsfonds kein mit einer rechtsfähigen oder treuhänderischen Stiftung vergleichbares Ergebnis erreicht, sondern letztlich nur das Grundstockvermögen einer bestehenden Stiftung erhöht.

72 **Praxishinweis: Steuerliche Begünstigung der Zustiftung**

Zustiftungen, und damit auch die Einrichtung eines Stiftungsfonds, sind als **„Spenden in den Vermögensstock“** bei steuerbefreiten Stiftungen während deren gesamter Lebensdauer nach § 10b Abs. 1a EStG in der aktuellen Fassung steuerlich abziehbar, während bis zur Neufassung der Vorschrift (2007) nur sog. „Errichtungsdotationen“, die bis ein Jahr nach Errichtung der Stiftung von Stiftern und Zustiftern in das Grundstockvermögen geleistet wurden, steuerlich begünstigt waren (siehe auch § 9 Rdn 51 ff.). Nicht abzugsfähig sind Zustiftungen in das verbrauchbare Vermögen einer Stiftung (§ 10b Abs. 1a S. 2 EStG).

73 Ein Stiftungsfonds hat mangels Rechtsfähigkeit **keine eigene Organstruktur**. Der Zustifter kann aber in seiner Auflage Personen bestimmen, die intern über die Verwendung der Erträge aus der Zustiftung bestimmen, und z.B. einen mit entsprechenden Fachleuten für den (Auflagen-)Zweck des Stiftungsfonds besetzten **„Stiftungsfondsbeirat“** vorschreiben. Das wäre dann eine weitere Auflage für die besondere Zustiftung, deren Umsetzung durch den Stiftungsvorstand erfolgt. Grundlage der Arbeit und Kompetenzen eines solchen Beirats ist aber ausdrücklich keine organschaftliche Stellung, sondern nur die interne schuldrechtliche Vereinbarung zwischen Zustifter und Stiftung. Eine solche Auflage lässt sich natürlich auch nur dann umsetzen, wenn das nach der Satzung der Stiftung, die die Zustiftung empfängt, zulässig ist und wenn die Stiftung dem überhaupt zustimmt, denn die Stiftung muss die insoweit „belastete“ Zustiftung nicht gegen ihren Willen annehmen. Ein Stiftungsfondsbeirat mag der Stiftung beispielsweise als zu viel Aufwand erscheinen. Tatsächlich wird ein solches „internes Organ“ erst ab einer gewissen, nicht unerheblichen Größenordnung der Zustiftung sinnvoll sein. Einzelheiten dazu können in der Stiftungssatzung festgeschrieben werden. Typischerweise werden sich der Stiftungsvorstand und der Zustifter über die Handhabung im konkreten Fall innerhalb der jeweiligen Grenzen der Stiftungssatzung vorweg einigen und so zueinander finden.

C. Alternative Rechtsformen

I. „Unechte" Stiftungen als Alternative?

In der Praxis wird mitunter die Bezeichnung „Stiftung“ nicht nur für Stiftungen im eigentlichen Sinne verwendet. Im Rechtsverkehr treten immer wieder GmbHs, Vereine und andere Konstrukte ohne weiteren Hinweis auf die tatsächliche Rechtsform, und damit grundsätzlich unzulässig,[128] als Stiftungen auf. Bekannte Praxisbeispiele sind etwa die „Robert Bosch Stiftung GmbH“, oft auch nur „Robert Bosch Stiftung“,[129] und der „Konrad Adenauer Stiftung e.V.“, oft auch nur „Konrad Adenauer Stiftung“,[130] oder beispielsweise auch der „Friedrich Ebert Stiftung e.V.“, oft ebenfalls nur „Friedrich Ebert Stiftung“.[131] 74

Bei einer solchen „Ersatzgestaltung“ muss in jedem Fall eine Verwechslungsgefahr mit der „echten“ Stiftung ausgeschlossen sein.[132] Nach § 18 Abs. 2 HGB darf eine Firma keine Angaben enthalten, die geeignet sind, über geschäftliche Verhältnisse, die für die angesprochenen Verkehrskreise wesentlich sind, irrezuführen. Dieses Irreführungsverbot ist ein „allgemeiner Rechtsgrundsatz“, der etwa auch in § 4 GmbHG zum Ausdruck kommt.[133] Man spricht hier vom Grundsatz der „Firmen- und Namenswahrheit“.[134] Die Entscheidungen der Gerichte dazu sind seit 1964 klar und deutlich:[135] Der klarstellende Rechtsformzusatz ist im Rechtsverkehr durchgehend zu führen. Auch eine treuhänderische Stiftung darf mit ihrem Namen nicht gegen dieses Irreführungsverbot verstoßen. Zudem ist im Einzelfall zu prüfen, ob man mit dem Namensbestandteil „Stiftung“ etwa am Spendenmarkt „täuschend“ im Sinne des Wettbewerbsrechts auftritt.[136]

Die Bezeichnung als „Stiftung“ ist nach der Rechtsprechung insbesondere auch dann unzulässig, wenn das Konstrukt keine „stiftungsähnliche Struktur“ aufweist. Dazu sind ein auf Dauer angelegter Stiftungszweck, eine stiftungsähnliche 75

128 Ausf. *Schiffer*, StiftungsBrief 2017, 99.

129 Siehe etwa www.bosch-stiftung.de.

130 Siehe etwa www.kas.de.

131 Siehe etwa www.fes.de.

132 So auch schon *Wochner*, DStR 1998, 1835; siehe etwa OLG Frankfurt v. 20.11.2000 – 20 W 192/00, NJW-RR 2002, 176; weitere Rspr.-Nachweise bei *Wagner*, GmbHR 2016, 858, 859.

133 Siehe etwa *Ossenbühl*, in: FS Christian Starck, 2007, 351, 363 f.

134 Siehe etwa Hopt/*Merkt*, HGB, 44. Aufl. 2025, § 18 Rn 9 ff.

135 Ausf. *Schiffer*, StiftungsBrief 2017, 99.

136 Ausf. *Schiffer*, StiftungsBrief 2017, 99, 105 f.

Organisation und eine ausreichende Vermögensausstattung erforderlich.[137] Hier ist in jedem Fall ausgefeilte juristische Vertragstechnik gefragt:

- Die Zahl der Mitglieder ist langfristig bewusst klein zu halten.
- Die Mitgliedschaftsrechte, Geschäftsanteile und Aktien sollten nur treuhänderisch übertragen werden, wobei sicherzustellen ist, dass sie unveräußerlich und nicht vererblich sind.
- Satzungsänderungen und Zweckänderungen sind durch Einstimmigkeitserfordernisse und/oder Anerkennungserfordernisse (Beirat/„Stiftungsrat") zu erschweren.

Es drohen bei alledem erhebliche Rechtsfolgen: Das Registergericht kann bei einer unzulässigen Firmierung oder Bezeichnung nach § 37 HGB zur Unterlassung durch Festsetzung von Ordnungsgeld anhalten. Es drohen zudem auch Unterlassungsklagen und Schadensersatzforderungen von „Marktteilnehmern", z.B. nach § 37 Abs. 2 HGB oder nach dem UWG. Nicht zuletzt drohen Schadensersatzforderungen des „Konstruktes" gegenüber seinen Organmitgliedern, die im betreffenden Fall ggf. schuldhaft den Schaden verursacht haben. Ein Schaden kann sich hier nicht etwa nur aus Gerichtskosten oder Schadensersatzzahlungen an Dritte ergeben. Man denke nur an eine wegen einer unzulässigen Namensführung erforderlich werdende Überarbeitung einer Homepage.

76 Unabhängig davon wird man auch sagen müssen, dass „Stiftungen" im Sinne einer Vermögensverselbstständigung unter eigenständiger Organisation (mit einer Aufsichtsbehörde) zu einem auf Dauer angelegten Zweck grundsätzlich nur über die Rechtsform der rechtsfähigen Stiftung des Privatrechts vollzogen werden können. Die genannten Ersatzformen sind stets nur „Lösungen zweiter Klasse", die versuchen, den Stiftungsansatz künstlich zu imitieren. Es sei im Übrigen hervorgehoben, dass die steuerliche Vergünstigung nach § 58 Nr. 6 AO nur für Stiftungen gilt. Danach ist es steuerlich nur bei einer steuerbefreiten Stiftung unschädlich, ein Drittel ihres Einkommens, also auch der Erträge, zu verwenden, um in angemessener Weise den Stifter („Gründer") und seine nächsten Angehörigen zu unterhalten. Auch das „Stiftungssteuerrecht" bietet wesentliche Steuervorteile nur für Stiftungen.

77 Nicht jedem potenziellen Stifter liegt aber die Stiftung als Rechtsform. Sie ist auch nicht für jede Konstellation geeignet. Aus unterschiedlichsten Gründen kommen für manchen potenziellen Stifter die klassischen Rechtsformen der rechtsfähigen oder treuhänderischen/nichtrechtsfähigen Stiftung nicht in Betracht. Das führt zu der Frage, welche alternativen Gestaltungsmöglichkeiten

137 Ausf. zum „Stiftungsverein" *Röcken*, Stiftung & Sponsoring – Rote Seiten 05.25.

und Ersatzformen[138] im Rahmen der Beratung durch den Anwalt bei „Stiftungsprojekten“ ggf. anzusprechen sind. Zu nennen sind hier insbesondere
- die GmbH,
- die AG,
- der Verein,
- die Genossenschaft und
- die Dauertestamentsvollstreckung.

Auf Trusts und auf ausländische Stiftungen wird in § 13 des Buches eingegangen, auf die Testamentsvollstreckung näher in § 10 Rdn 45 ff.

Praxishinweis: Spenden, Zustiftungen und Stiftungsfonds als Ersatzlösungen

Auch wenn es sich nicht um eigene Rechtformen handelt, sind die Zustiftung, der Stiftungsfonds und auch die „einfache“ Spende als ggf. sinnvolle Alternativen zur Errichtung einer (rechtsfähigen) Stiftung anzusprechen. Gerade wenn sich in der Beratung ergibt, dass das für das Projekt zur Verfügung stehende Vermögen bei realistischer Betrachtung für eine „eigene“ Stiftungserrichtung doch nicht ausreicht, sind diese Möglichkeiten stets in Betracht zu ziehen.

II. Die GmbH

Die GmbH ist die in Deutschland am weitesten verbreitete Gesellschaftsform.[139] 78
Auf deren umfangreiche Eigenheiten, Voraussetzungen und Gestaltungsmöglichkeiten ist hier nicht näher einzugehen. Dazu ist auf die Spezialliteratur zu verweisen.[140] Da eine GmbH zur Erreichung jedes beliebigen Zwecks errichtet werden kann, kann sie auch für einen gemeinnützigen und/oder mildtätigen Zweck als gemeinnützige GmbH (gGmbH) errichtet werden. Diese findet sich in der Praxis mittlerweile recht häufig.

Die GmbH ist im GmbH-Gesetz (GmbHG) geregelt. 79

Der Gesellschaftsvertrag einer GmbH bedarf der notariellen Form. Anschließend ist die GmbH elektronisch in öffentlich beglaubigter Form, d.h. ebenfalls über einen Notar, beim Handelsregister anzumelden. Die Anmeldung darf erst erfolgen, wenn mindestens ein Viertel der Stammeinlage und mindestens ein Betrag in Höhe der Hälfte des Mindeststammkapitals eingezahlt sind. Mit ihrer Eintra-

138 Näher *Berndt/Götz*, Stiftung und Unternehmen, Rn 1981 ff.; Richter/*v. Campenhausen/Stumpf*, § 1 Rn 34 ff.; *Wachter*, Stiftungen, 2001, Kap. G Rn 1 ff.; *Wochner*, Rote Seiten zu Stiftung & Sponsoring 2/1999.

139 *Hansen*, GmbHR 1999, 24; *Lutter/Hommelhoff*, GmbHG, Einleitung Rn 1.

140 Siehe etwa *Hopt*, GmbHG, 45. Aufl. 2026; *Römermann* (Hrsg.), Münchener Anwaltshandbuch GmbH-Recht, 5. Aufl. 2023; *Prinz/Winkeljohann* (Hrsg.), Beck`sches Handbuch der GmbH, 6. Aufl. 2021; *Weidmann/Kohlhepp*, Die gemeinnützige GmbH, 5. Aufl. 2025.

gung in das Handelsregister ist die GmbH errichtet. An einer GmbH können sich natürliche und juristische Personen als Gesellschafter beteiligen.

80 **Praxishinweis: Besteuerung der GmbH**

Eine GmbH unterliegt mit ihrem Einkommen der Körperschaftsteuer (aktueller Steuersatz 15 % zuzüglich 5,5 % Solidaritätszuschlag auf die Steuer). Schüttet die Gesellschaft Gewinne aus, muss sie davon Kapitalertragsteuer an das Finanzamt abführen (aktueller Steuersatz 25 %). Die GmbH ist Gewerbebetrieb kraft Rechtsform und unterliegt unabhängig von ihrem Unternehmenszweck der Gewerbesteuer. Bei der gemeinnützigen GmbH können umfangreiche Befreiungstatbestände eingreifen (siehe etwa § 5 Abs. 1 Nr. 9 KStG, § 3 Nr. 6 GewStG).

81 Checkliste: Gründung einer GmbH

- Erforderlich: **Stammkapital** i.H.v. mindestens 25.000 EUR (Bar- und/oder Sacheinlagen) und mindestens ein **Gesellschafter** (natürliche oder juristische Person).
- **Gesellschaftsvertrag** (Satzung) – Mindestinhalt:
  - Firma und Sitz der Gesellschaft,
  - Gegenstand des Unternehmens,
  - Betrag des Stammkapitals und
  - Höhe der Stammeinlage jedes Gesellschafters.
  - Bei Gründung einer gGmbH sind zusätzlich die Anforderungen der Mustersatzung (Anlage 1 zu § 60 AO) zu beachten!
  - Zwingend erforderliche **Organe**: mindestens ein Geschäftsführer (natürliche Person) und Gesellschafterversammlung.
  - Zweckmäßig bei **gGmbH**: Vorabstimmung des Satzungsentwurfes mit dem zuständigen Finanzamt.
  - **Notarielle Beurkundung** des Gesellschaftsvertrages.
- Anmeldung der GmbH zur **Eintragung in das Handelsregister** (Notar). Die GmbH entsteht erst mit Registereintragung!
- Bei **gGmbH**: Antrag beim zuständigen Finanzamt nach Registereintragung auf **Feststellung der satzungsmäßigen Voraussetzungen** der Gemeinnützigkeit (§ 60a AO; früher: „Vorläufige Freistellungsbescheinigung“).

82 Seit dem 2008 in Kraft getretenen Gesetz zur Modernisierung des GmbH-Rechts und zur Bekämpfung von Missbräuchen (**MoMiG**) eröffnet das Gesetz mit der „haftungsbeschränkten Unternehmergesellschaft“ (UG) die Möglichkeit, eine „Mini-GmbH“ mit einem Stammkapital von nur 1 EUR zu errichten und das „normale“ Stammkapital von 25.000 EUR dann anzusparen.

Eine GmbH kann selbstverständlich „wegen Gemeinnützigkeit“ steuerbefreit sein (siehe § 51 Abs. 1 AO i.V.m. § 1 Abs. 1 KStG). Angesichts des äußerst geringen Startkapitals der Unternehmergesellschaft wurde bei deren Einführung noch in Frage gestellt, ob diese auch gemeinnützig i.S.d. § 51 ff. AO sein kann.[141] Zwischenzeitlich ist die Zulässigkeit der gemeinnützigen UG allerdings allgemein anerkannt, die auch mit dem Rechtsformzusatz „gUG" in das Handelsregister eingetragen werden und entsprechend firmieren darf.[142]

Übersicht: Besonderheiten der UG im Vergleich zur GmbH 83

- Das erforderliche **Mindeststammkapital** beträgt lediglich 1 EUR (§§ 5a Abs. 1, 5 Abs. 2 GmbHG), wobei eine solche geringe Kapitalausstattung tatsächlich kaum einmal Sinn machen dürfte. Das gesamte Stammkapital muss jedoch vor Anmeldung eingezahlt sein, wobei Sacheinlagen ausgeschlossen sind (§ 5a Abs. 2 GmbHG).
- Die Gesellschaft muss im Rechtsverkehr zwingend den (**Rechtsform-**)**Zusatz** „Unternehmergesellschaft (haftungsbeschränkt)" oder „UG (haftungsbeschränkt)" führen (§ 5a Abs. 1 GmbHG). Bei Gemeinnützigkeit ist der Zusatz „gUG" zulässig.
- Bis das Stammkapital der UG die Höhe des Mindeststammkapitals der GmbH nach § 5 Abs. 1 GmbHG (25.000 EUR) erreicht hat, muss die UG jeweils 1/4 des um den Verlustvortrag aus dem Vorjahr geminderten Jahresüberschusses in eine **gesetzliche Rücklage** einstellen (§ 5a Abs. 3 GmbHG). Sie darf demnach in dieser Zeit ihre Gewinne nicht unbegrenzt ausschütten.
- Abweichend von § 49 Abs. 3 GmbHG muss bei der UG die Gesellschafterversammlung unverzüglich bei **drohender Zahlungsunfähigkeit** einzuberufen (§ 5 Abs. 4 GmbHG).
- Erreicht das Stammkapital der UG nach Kapitalerhöhung den Betrag des Mindeststammkapitals der GmbH (25.000 EUR), wird diese, ohne gesonderte Umwandlung im Rechtssinne, zu einer **„vollwertigen" GmbH**, indem die Sonderregelungen des § 5a ab diesem Zeitpunkt keine Anwendung mehr finden (§ 5a Abs. 5 GmbHG).

Ob eine gemeinnützige Unternehmergesellschaft (gUG) tatsächlich in besonde- 84
ren Einzelfällen als „eine interessante Alternative für gut beratene Gründer" im Gemeinnützigkeitsbereich gesehen werden kann,[143] erscheint nach unseren Erfahrungen sehr fraglich, denn gemeinnützige Arbeit ohne einen Grundstock an Kapital ist zumindest ausgesprochen schwierig. Das wird in jedem konkreten Einzelfall sehr genau zu prüfen – etwa auch, indem ein entsprechender Finanzierungs- und Businessplan aufgestellt wird – und zur Vermeidung überflüssigen Aufwandes auch frühzeitig mit dem zuständigen Finanzamt abzustimmen sein.

---

141 Siehe dazu *Oberbeck/Winheller*, DStR 2009, 516.

142 BGH, Beschl. v. 28.4.2020 – II ZB 13/19.

143 So aber die Überschrift zu Gliederungspunkt 6. von *Oberbeck/Winheller*, DStR 2009, 516, 519 („Fazit: Die gUG als interessante Alternative für gut beratene Gründer").

III. Die AG

85 Die Aktiengesellschaft (AG) ist in der Praxis deutlich seltener als die GmbH, wobei der relativ geringen Zahl der „großen" (und ggf. börsennotierten) Aktiengesellschaften dennoch ganz erhebliche wirtschaftliche Bedeutung zukommt. Die Errichtung einer gemeinnützigen AG (gAG) ist ebenfalls möglich, wenngleich nochmals deutlich seltener.[144]

Als Alternative zu einer Stiftungserrichtung kann die (g)AG, abhängig vom konkreten Sachverhalt, ggf. in die Überlegungen mit einbezogen werden. Zu den komplexen Einzelheiten des Aktienrechts muss allerdings an dieser Stelle auf die entsprechende Spezialliteratur verwiesen werden.[145]

86 Grundsätzlich sind die Gründung und Führung einer AG erheblich aufwendiger und kostenintensiver, als es beispielsweise bei einer GmbH oder einem Verein der Fall ist. Zudem gewährt das Aktienrecht vergleichsweise weniger Flexibilität und Gestaltungsfreiheit. So gilt hier insbesondere der Grundsatz der Satzungsstrenge (§ 23 Abs. 5 AktG), wonach in der Satzung einer AG von den gesetzlichen Regelungen nur dann abgewichen werden kann, wenn das Gesetz dies ausdrücklich zulässt.[146]

Das Mindestgrundkapital der AG ist mit 50.000 EUR (§ 7 AktG) deutlich höher als bei der GmbH, liegt aber immer noch unter dem in der Regel für eine rechtsfähige Stiftung erforderlichen Anfangsvermögen. Zu berücksichtigen sind aber auch die mit den besonderen aktienrechtlichen Anforderungen verbundenen erhöhten Kosten im „laufenden Betrieb".

87 Eine AG hat zwingend drei Organe: Hauptversammlung, Vorstand und Aufsichtsrat, wobei der vom Aufsichtsrat bestellte Vorstand (§ 84 Abs. 1 AktG) die Gesellschaft nach § 76 Abs. 1 AktG in eigener Verantwortung leitet. Im Gegensatz zu den weisungsgebundenen Geschäftsführern bei der GmbH sind insofern die Möglichkeiten zur Einflussnahme der Gesellschafter/Anteilseigner bei der AG im Hinblick auf die operative Geschäftsleitung deutlich reduziert und in erster Linie durch den „zwischengeschalteten" Aufsichtsrat vermittelt.

88 Die Gründung einer AG erfolgt, wie bei der GmbH, in notarieller Form (§ 23 Abs. 1 AktG), wobei aber noch weitere, besondere Anforderungen bestehen. So ist etwa neben dem Aufsichtsrat auch bereits der Abschlussprüfer für das erste Voll- oder Rumpfgeschäftsjahr zu bestellen (§ 30 Abs. 1 AktG), zudem sind ein Gründungsbericht (§ 32 AktG) und eine Gründungsprüfung (§ 33 AktG) erfor-

144 Zur Historie gemeinwohlorientierter Aktiengesellschaften in der Stiftungskultur des 19. Jahrhunderts *Adam*, ZStV 2018. 161.

145 Siehe etwa *Koch*, AktG, 20. Aufl. 2026; *Heidel* (Hrsg.), Aktienrecht und Kapitalmarktrecht, 6. Aufl. 2024; *Drinhausen/Eckstein* (Hrsg.); Beck`sches Handbuch der AG, 4. Aufl. 2026; *Frodermann/Jannott*, Handbuch des Aktienrechts, 10. Aufl. 2025.

146 Siehe § 23 Abs. 5 AktG. Zu diesem ausf. MüKo-AktG/*Pentz*, § 23 Rn 148 ff.

derlich. Die AG ist schließlich zur Eintragung in das Handelsregister anzumelden (§§ 36 ff. AktG).

Hinzuweisen ist noch auf die mit der Aktienrechtsnovelle 1994 eingeführte Möglichkeit der sog. „kleinen Aktiengesellschaft“. Dabei handelt es sich nicht um eine eigene Rechtsform, sondern um bestimmte Erleichterungen im Rahmen der aktienrechtlichen Vorschriften, die bei Aktiengesellschaften mit einer nur geringen Zahl von Aktionären eingreifen.[147] 89

Gleichwohl bleibt die AG eine Rechtsform mit besonderen Anforderungen, die relativ selten als passende Alternative zu einer Stiftungserrichtung in Betracht kommen dürfte.

IV. Der Verein

1. Vereine

a) Eingetragener Verein

Vereine[148] finden wir nicht nur häufig im Bereich von Kultur und Sport, auch Verbände sind oft als Verein organisiert (z.B. Bundesverband Deutscher Stiftungen e.V., Bundesverband der Bilanzbuchhalter und Controller e.V.). Ein e.V. ist eine juristische Person, d.h. er ist **rechtsfähig**, und kann somit Träger von Rechten und Pflichten sein. Er kann vor Gericht klagen und verklagt werden. 90

Mindestvoraussetzungen für die Gründung eines eingetragenen Vereins (e.V.) sind **sieben Vereinsmitglieder** und eine **Satzung**, in der insbesondere die Befugnisse des Vereinsvorstands, der den Verein rechtlich vertritt, definiert sind. Vereine bestimmen ihre Satzung unter Berücksichtigung der Vorschriften der §§ 21–79a BGB relativ frei. Ein e.V. wird in das **Vereinsregister** des jeweils zuständigen Amtsgerichts (Vereinssitz) eingetragen und erlangt damit seine Rechtsfähigkeit. Dies ist jedoch nur nicht-wirtschaftlichen Vereinen (= Idealvereinen) vorbehalten.

Die **Mitgliederversammlung** entscheidet in allen Vereinsangelegenheiten, die nicht durch den Vorstand oder ein anderes, je nach Vereinsgröße in der Satzung bestimmtes, fakultatives Vereinsorgan (z.B. Vereinsrat, Obmann, Schiedsrat) zu besorgen sind. Rechte aus der **Mitgliedschaft** sind nicht übertragbar und nicht vererblich.

---

147 Grundlegend hierzu *Seibert/Kiem/Schüppen* (Hrsg.), Handbuch der kleinen AG, 5. Aufl. 2008; *Hölters/Deilmann/Buchta*, Die kleine Aktiengesellschaft, 2. Aufl. 2002; *v. Horstig/Jaschinski/Ossola-Haring*, Die kleine AG, 2. Aufl. 2009.

148 Grundlegend zum Vereinsrecht etwa *Stöber/Otto*, Handbuch zum Vereinsrecht, 13. Aufl. 2026; *Baumann/Sikora*, Hand- und Formularbuch des Vereinsrechts, 4. Aufl. 2026; *Sauter/Schweyer/Waldner*, Der eingetragene Verein, 22. Aufl. 2025; *Röcken*, Vereinssatzungen, 5. Aufl. 2025; *Reichert*, Vereins- und Verbandsrecht, 15. Aufl. 2023; *Jakob/Orth/Stopper*, Praxishandbuch Vereins- und Verbandsrecht (mit Schwerpunkt Sport), 2021.

Für Verbindlichkeiten, die der Verein über den Vorstand eingeht, **haften** nicht die einzelnen Mitglieder, sondern als juristische Person nur der Verein mit dem Vereinsvermögen. Nur ganz ausnahmsweise kann es wie auch sonst bei juristischen Personen zu einer der Durchgriffshaftung der Vorstands- und der Vereinsmitglieder kommen, wenn diese dafür einen besonderen Grund gesetzt haben. Für **unerlaubte Handlungen**, die ein Mitglied eines Vereinsorgans begeht, haftet dieses natürlich persönlich. Geschah die Handlung in Ausübung der Tätigkeit für den Verein, haftet der Verein zusätzlich.

Ein Verein wird durch Beschluss der Mitgliederversammlung oder durch Eröffnung des Insolvenzverfahrens **aufgelöst**. Dem e.V. kann die **Rechtsfähigkeit** auch auf Antrag oder von Amts wegen **entzogen** werden, wenn durch einen gesetzeswidrigen Vorstands- oder Mitgliederversammlungsbeschluss das Gemeinwohl gefährdet ist, der Verein satzungswidrig wirtschaftliche Zwecke verfolgt oder die Zahl der Vereinsmitglieder unter drei sinkt.

91 Checkliste: Gründung eines eingetragenen Vereins

- Erforderlich: mindestens sieben **Gründungsmitglieder**
- Entwurf der **Vereinssatzung**
- Mindestinhalt: Zweck, Name und Sitz des Vereins sowie die Angabe, dass der Verein in das Vereinsregister eingetragen werden soll
- Außerdem regelmäßig zur Eintragung erforderlich: Bestimmungen über den Ein- und Austritt von Mitgliedern, Mitgliedsbeiträge, Bildung des Vorstandes, die Mitgliederversammlung, die Niederschrift der Versammlungsbeschlüsse sowie das Errichtungsdatum und die Unterschriften von mindestens sieben Mitgliedern
- Zwingend erforderliche **Organe**: Vorstand (eine oder mehrere Personen) und Mitgliederversammlung. Weitere fakultative Organe sind möglich
- Zweckmäßig: Vorlage des Satzungsentwurfes zur **Vorprüfung** bei Vereinsregister (Eintragungsfähigkeit) und Finanzamt (Voraussetzungen der Gemeinnützigkeit)
- **Gründungsversammlung**: Beschluss der Gründungsmitglieder über die Vereinssatzung, Wahl des ersten Vorstandes und ggf. weitere erste Beschlüsse; Erstellung eines Gründungsprotokolls
- **Anmeldung** des Vereins durch den Vorstand zur Eintragung in das Vereinsregister. Erfolgt in der Regel über einen Notar (öffentlich beglaubigte Erklärung, §§ 77, 129 Abs. 1 BGB) – ggf. sind landesrechtliche Besonderheiten sind zu beachten.

Aufnahme der Vereinsarbeit. Wichtig: Antrag beim zuständigen Finanzamt auf **Feststellung der satzungsmäßigen Voraussetzungen** der Gemeinnützigkeit (§ 60a AO).

b) Verein ohne Rechtspersönlichkeit

Der Verein ohne Rechtspersönlichkeit[149] (§ 54 BGB, früher: „nicht rechtsfähiger Verein") ist in der Praxis ein Ausnahmefall. Wesentlicher Unterschied gegenüber dem eingetragenen Verein ist die fehlende Eintragung in das Vereinsregister. 92

Bis zur Reform des § 54 BGB zum 1.1.2024 im Zuge des MoPeG verwies die gesetzliche Regelung für nicht rechtsfähige Vereine auf eine entsprechende Anwendung der GbR-Vorschriften, was allerdings infolge der Fortentwicklung des Rechts durch Rechtsprechung und Wissenschaft schon in den vergangenen Jahrzehnten größtenteils obsolet geworden ist. 93

Nach geltendem Recht verweist § 54 Abs. 1 S. 1 BGB für den Regelfall der nicht eingetragenen Vereine, deren Zweck nicht auf einen wirtschaftlichen Geschäftsbetrieb gerichtet ist (Idealverein), auf die entsprechende Anwendung der allgemeinen Vereinsvorschriften (§§ 24–53 BGB). Nur für wirtschaftliche Vereine verbleibt es nach § 54 Abs. 1 S. 2 BGB bei dem Verweis auf das GbR-Recht.

Durch die Neufassung ist nunmehr klargestellt, dass auch der nicht eingetragene Verein zwar „ohne Rechtspersönlichkeit", aber gleichwohl rechtsfähig ist.[150] Allerdings ist die Begrifflichkeit für den Laien immer noch verwirrend, wünschenswert wäre wohl die eindeutigere gesetzliche Bezeichnung als „nicht eingetragener Verein" gewesen.

In der Praxis fristet der Verein ohne Rechtspersönlichkeit zu Recht ein Schattendasein. Eine gegenüber dem eingetragenen Verein vorzugswürdige Lösung dürfte er allenfalls in speziell gelagerten Einzelfällen sein. Bestehende Vereinigungen in dieser Form fußen oftmals mehr auf historischen Gegebenheiten (z.B. politische Parteien) als auf praktischen Erwägungen. 94

Als Vorteil gegenüber dem eingetragenen Verein kann insbesondere der infolge des fehlenden Eintragungsverfahrens geringere Gründungsaufwand und die zugleich geringere Mindestmitgliederzahl von drei Personen (gegenüber in der Regel sieben bei einem e.V., § 56 BGB) angesehen werden. Auch in der Folgezeit entfallen Anmeldungserfordernisse beim Vereinsregister, was ggf. eine erhöhte Flexibilität vermittelt.

Im Rechtsverkehr folgen allerdings auch entsprechende Nachteile aus der nicht bestehenden Registereintragung, insbesondere der erschwerte Nachweis der Vertretungsmacht und der fehlende Vertrauensschutz durch das Vereinsregister.

Zudem ist die sog. Handelndenhaftung nach § 54 Abs. 2 BGB zu beachten. Danach haftet bei einem Rechtsgeschäft, das im Namen eines Vereins ohne Rechtspersönlichkeit einem Dritten gegenüber vorgenommen wird, der jeweils Handelnde stets auch persönlich, bei mehreren Handelnden haften diese als Gesamt-

149 Siehe dazu etwa *Heimsoeth/Kortmann*, npoR 2025, 82.

150 Schäfer/*Wertenbruch*, Das neue Personengesellschaftsrecht, 2022, § 13 Rn 2.

schuldner. Dies ist gewissermaßen ein Risikoausgleich dafür, dass Geschäftspartner des Vereins ohne Rechtspersönlichkeit keine sichere Nachprüfungsmöglichkeit über das Bestehen des Vereins als solchen und/oder die Vertretungsmacht des Handelnden haben.[151]

2. Wirtschaftliche Vereine – Idealvereine

95 Ein wirtschaftlicher Verein, d.h. ein Verein, dessen Zweck – anders als bei dem sog. Idealverein – auf einen wirtschaftlichen Geschäftsbetrieb gerichtet ist, erlangt in Ermangelung besonderer bundesgesetzlicher Vorschriften Rechtsfähigkeit durch staatliche Verleihung (§ 22 BGB).[152] Grundsätzlich hat eine juristische Person aus Gründen des Minderheiten- und Gläubigerschutzes die speziellen Gesellschaftsformen (GmbH, Genossenschaft etc.) zu wählen. Nur wenn das wegen besonderer Umstände im Einzelfall nicht zumutbar ist, kann dem Verein ausnahmsweise die Rechtsfähigkeit verliehen werden. **Der wirtschaftliche Verein hat deshalb kaum eine Bedeutung in der Praxis.**

96 **Praxishinweis: Wirtschaftliche Geschäftstätigkeit**

Eine wirtschaftliche Geschäftstätigkeit eines Vereins steht dessen Einstufung als Idealverein dann nicht entgegen, wenn sie nur Hilfsmittel zur Erreichung des nichtwirtschaftlichen Zwecks (Ideals) ist und im Vergleich zu der nichtwirtschaftlichen Tätigkeit relativ gering ist (Nebenzweckprivileg; Wochenendbewirtschaftung einer Vereinshütte, Würstchenbude beim Sommerfest etc.). Eine Überschreitung dieser **im Einzelfall nach den konkreten Umständen zu prüfenden Grenze** (Rechtssicherheit?) kann dazu führen, dass ein Idealverein von Amts wegen aus dem Register gelöscht wird. Man greift dann ggf. zu Ausgründungen (Service-GmbH eines Automobilclubs).

Erinnert sei in diesem Zusammenhang an die Überprüfung des Vereinsstatus des „ADAC“. Abseits von solchen großen Fällen kommen die Registergerichte in der Praxis aber selten dazu, diesen Punkt zu prüfen. Eher schon fallen Probleme hier der Finanzverwaltung auf, was dann zum Verlust der Gemeinnützigkeit führen kann.

V. Die eingetragene Genossenschaft (eG)

97 Im Vergleich zu den vorgenannten Körperschaften handelt es sich bei der eingetragenen Genossenschaft (eG)[153] um eine in der Praxis relativ seltene Rechtsform.

---

151 Schäfer/*Wertenbruch*, Das neue Personengesellschaftsrecht, 2022, § 13 Rn 12.

152 Zur Vereinsklassenabgrenzung *Weitemeyer/Bornemann*, npoR 2020, 99.

153 Zur eG allgemein siehe etwa *Beuthien*, Genossenschaftsgesetz, 16. Aufl. 2018; *Helios/Strieder* (Hrsg.), Beck'sches Handbuch der Genossenschaft, 2009; *Glenk*, Genossenschaftsrecht, 2. Aufl. 2013; dort auch zum Folgenden.

Nach einer grundlegenden Modernisierung des veralteten Genossenschaftsrechts im Jahre 2006 lässt sich jedoch wieder eine vermehrte Anzahl von Neugründungen, gerade auch im gemeinnützigen Bereich, beobachten.[154] Unter Umständen ist auch die eG eine mögliche Alternative zur Stiftung.

1. Grundlagen; Parallelen zum Vereinsrecht

§ 1 Abs. 1 GenG definiert Genossenschaften als *„Gesellschaften von nicht geschlossener Mitgliederzahl, deren Zweck darauf gerichtet ist, den Erwerb oder die Wirtschaft ihrer Mitglieder oder deren soziale oder kulturelle Belange durch gemeinschaftlichen Geschäftsbetrieb zu fördern"*. Dieser **unabdingbare Förderzweck** zugunsten ihrer Mitglieder ist das zentrale Charakteristikum der eingetragenen Genossenschaft. Die eG dient typischerweise der Förderung gemeinsamer wirtschaftlicher Interessen ihrer Mitglieder („Selbsthilfe" der Mitglieder), und ist im Wesentlichen auf diese Zwecke beschränkt. Andere (gemeinwirtschaftliche) Zwecke, die dieser Förderung der Mitglieder nicht dienen, sind nur als Nebenzweck zulässig. 98

Zum besseren Verständnis der Genossenschaft bietet sich ein **Vergleich** mit der gängigeren Rechtsform des **e.V.** an, da grundsätzliche Parallelen zum Vereinsrecht bestehen. Oft kommt die Genossenschaft gerade dann als passende Rechtsform in Betracht, wenn ansonsten die (in aller Regel nicht mögliche) Gründung eines **wirtschaftlichen Vereins** (siehe Rdn 95) erforderlich wäre. Die eG ist praktisch eine Sonderform des wirtschaftlichen Vereins, die wegen der *besonderen bundesrechtlichen Vorschrift* (vgl. § 22 S. 1 BGB) des Genossenschaftsgesetzes ausnahmsweise die Rechtsfähigkeit erlangen kann.

Übersicht: Wesentliche Gemeinsamkeiten von e.V. und eG 99

- Erlangung der Rechtsfähigkeit durch Registereintragung (Vereins-/ Genossenschaftsregister).
- Grundlage: schriftliche Satzung. Notarielle Beurkundung nicht erforderlich.
- Beide dienen der Verwirklichung eines gemeinsamen Zwecks (zweckgebundene Rechtsformen), wobei sich jeweils die rechtlich möglichen Zwecke unterscheiden.
- Kein festes (Mindest-)Kapital erforderlich. Nur das Vereins-/Genossenschaftsvermögen haftet den Gläubigern.
- Beide sind in ihrem Bestand unabhängig von Mitgliederwechseln oder -austritten, solange die erforderliche Mindestanzahl nicht unterschritten wird.

154 Zu aktuelleren Reformbestrebungen (Entwurf eines Gesetzes zur Stärkung der genossenschaftlichen Rechtsform) siehe *Poppe*, npoR 2025, 13.

- Grundsätzlich: Gesamtgeschäftsführungs- und Vertretungsbefugnis des Vorstands. Abweichende Satzungsregelungen sind möglich.
- Beschlussfassung in Mitglieder- bzw. Generalversammlung. Jedes Mitglied hat eine Stimme.
- Auflösung z.B. durch Beschluss der Mitglieder-/Generalversammlung oder Zeitablauf. Liquidation durch den Vorstand aufgrund gesetzlicher Vorschriften.

2. Zweck der eG

100 Während beim e.V. grundsätzlich jeder Zweck möglich ist, solange er nicht auf einen wirtschaftlichen Geschäftsbetrieb gerichtet ist (§ 21 BGB), sind mögliche Zwecke der eG die **Förderung des Erwerbes oder der Wirtschaft der Mitglieder oder die Förderung deren sozialer und kultureller Belange** gerade durch einen **gemeinschaftlichen Geschäftsbetrieb** (§ 1 Abs. 1 GenG). Die Zulassung sozialer und kultureller Zwecke seit der Gesetzesänderung 2006 nähert die möglichen Zwecke der eG denen eines e.V. teilweise an. Dies bedeutet aber nicht, dass eine eG nun vorrangig zur Förderung des Allgemeinwohls verpflichtet werden kann. Der Förderzweck darf weiterhin nur auf die Förderung der Mitglieder gerichtet sein. Nur gemeinwirtschaftliche Nebenzwecke sind zulässig.

3. Gemeinnützigkeit bei der eG

101 Die eG kann aber nach heute wohl überwiegender Ansicht gemeinnützige Zwecke im steuerrechtlichen Sinne (§ 52 AO) verfolgen und die damit verbundenen Steuerbegünstigungen erlangen.[155] Zu beachten ist dabei jedoch das grundsätzlich problematische Spannungsverhältnis zwischen der erforderlichen „Förderung der Mitglieder“ nach § 1 Abs. 1 GenG einerseits und der nach § 52 Abs. 1 AO erforderlichen „**Förderung der Allgemeinheit**“ andererseits.[156] So hat die Finanzverwaltung in der Vergangenheit die Auffassung vertreten, dass das Gebot der nutzerbezogenen Mitgliederförderung mit dem gemeinnützigkeitsrechtlichen Grundsatz der Selbstlosigkeit (§ 55 AO) nicht zu vereinbaren sei.

102 Entscheidend für eine gemeinnützige Förderung der Allgemeinheit durch die Genossenschaft wird auch sein, dass der Kreis ihrer potenziell begünstigten Personen (Mitglieder) nicht von Vornherein begrenzt ist. Auch die Förderung eines engen Personenkreises kann aber als Förderung der Allgemeinheit anzusehen sein, wenn dieser enge Kreis als **Ausschnitt aus der Allgemeinheit** angesehen werden kann und in ihm zugleich das Wohl der weiteren Allgemeinheit gefördert wird.

---

155 *Oldemeier/Seeck*, npo*R* 2023, 16 m.w.N.

156 Ausf. zur Thematik des Gemeinwohls bei der eG *Picker*, npoR 2024, 1; *Kluth*, npoR 2022, 194.

Vor diesem Hintergrund dürften jedenfalls nicht alle der in § 52 Abs. 2 AO genannten gemeinnützigen Zwecke für die Verwirklichung durch eine eG geeignet sein. In jedem Fall sollte dazu eine frühzeitige Abstimmung mit der Finanzverwaltung erfolgen.

Eine **Beteiligung** der eG an anderen Gesellschaften mit gemeinnütziger Zielsetzung (die nicht der Förderung der Mitglieder der eG dienen muss) ist nach § 1 Abs. 2 Nr. 2 GenG zulässig, wenn diese lediglich einen Nebenzweck der eG bildet.

4. Kaufmannseigenschaft, Anzahl der Mitglieder, Kapital und gesetzlich vorgesehene Organe

Im Gegensatz zum e.V. ist die eG **Formkaufmann** (§ 17 Abs. 2 GenG), d.h. sie 103
unterliegt zwingend den handelsrechtlichen Vorschriften des HGB, auch wenn sie kein Handelsgewerbe nach § 1 ff. HGB ausübt.

Die eG muss **mindestens drei Mitglieder** haben (§ 4 GenG). Bei Unterschreiten der Mitgliederzahl erfolgt die Löschung von Amts wegen und Zwangsliquidation (§ 80 GenG).

Im Gegensatz zu dem „beitragsorientierten" e.V. ist die eG „einlagen- und geschäftsbeziehungsorientiert". Jedes Mitglied muss einen Geschäftsanteil (kein Mindestbetrag) zeichnen, auf den Einzahlungen geleistet werden müssen. Außerdem erwirtschaftet die eG Erträge durch Geschäftsbeziehungen zu ihren Mitgliedern. Ausgeschiedene Mitglieder haben grundsätzlich Anspruch auf Rückzahlung der Einlage (§ 73 GenG).

Die zwingenden Organe einer eG sind abhängig von der Anzahl ihrer Mitglieder (§§ 9, 24 GenG).

Bei einer Genossenschaft mit **mehr als 20 Mitgliedern** sind neben der **Generalversammlung** (= Mitgliederversammlung) ein aus mindestens zwei Personen bestehender **Vorstand** sowie ein aus mindestens drei Personen bestehender **Aufsichtsrat** zwingend erforderlich.

Handelt es sich hingegen um eine „**kleine Genossenschaft**" mit nicht mehr als 20 Mitgliedern, ist wie beim e.V. ein **Ein-Personen-Vorstand** ausreichend. Zudem kann dann auf den sonst zwingenden Aufsichtsrat durch entsprechende Satzungsbestimmung verzichtet werden.

5. Prüfung/Jahresabschluss/Publizität

Eine alleinige Besonderheit der eG ist deren **Zwangszugehörigkeit zu einem** 104
Prüfungsverband (§§ 53 ff. GenG: Gründungsprüfung und regelmäßige Abschlussprüfungen). Der Prüfungsverband hat Anspruch auf Vergütung durch die eG (§ 61 GenG).

Die Genossenschaft ist zu fristgemäßer Aufstellung des Jahresabschlusses durch den Vorstand und Feststellung durch die Generalversammlung (Bilanz, Gewinn- und Verlustrechnung, Anhang) verpflichtet. Zudem ergeben sich für die eG als Formkaufmann grundsätzlich die üblichen **Rechnungslegungs- und Publizitätsvorschriften** (siehe insbesondere §§ 238 ff., §§ 336 ff. HGB).

6. Fazit

105 Trotz grundsätzlicher struktureller Gemeinsamkeiten von e.V. und eG bestehen doch entscheidende Unterschiede.

Nachteilig bei der eG können im Einzelfall insbesondere sein:
- die Zwangsmitgliedschaft in einem Prüfungsverband mit regelmäßigen Prüfungspflichten und den daraus resultierenden Kosten (Rechtsformkosten),
- die zwingende Kaufmannseigenschaft, die zur Anwendung der strengeren handelsrechtlichen Vorschriften des HGB führt,
- die aus der Kaufmannseigenschaft resultierenden weitreichenden Pflichten zur Aufstellung und Einreichung von Jahresabschluss, Lagebericht und Aufsichtsratsbericht,
- die zwingende Einrichtung eines Aufsichtsrats bei mehr als 20 Mitgliedern (Personalaufwand).

Für die gemeinsame Zweckverfolgung, die keinen wirtschaftlichen Geschäftsbetrieb darstellt und nicht dem speziellen Förderzweck der eG entspricht, ist der e.V. grundsätzlich die geeignetere, weil kostengünstigere und unkompliziertere Rechtsform.

VI. Wesentliche Merkmale der aktuellen Alternativen im Vergleich zur Stiftung

106 Die Entscheidung, ob eine Stiftung oder ggf. eine Ersatzform der richtige Ansatz für ein bestimmtes Projekt ist, lässt sich nur treffen, wenn man von den wesentlichen Merkmalen der unterschiedlichen Gestaltungsformen ausgeht.

107 Eine **Stiftung** ist vor allem durch ihre Stetigkeit ausgezeichnet. **Wesentliche Merkmale** der Stiftung sind:
- dass sie keine Mitglieder/Gesellschafter hat;
- dass sie tendenziell auf „ewig“ angelegt ist;
- dass ihr Vermögen bestimmten Zwecken dient;
- dass sie außer im Fall der treuhänderischen Stiftung staatlich anerkannt werden muss, um als juristische Person zu entstehen;
- dass bei Erfüllung der gesetzlichen Voraussetzungen ein Anspruch auf Anerkennung besteht („Recht auf Stiftung“);
- dass sie außer (regelmäßig) im Fall der Familienstiftung und im Fall der treuhänderischen Stiftung der staatlichen (Dauer-)Aufsicht unterliegt;

- dass Satzungsänderungen nur unter engen Voraussetzungen erfolgen können;
- dass durch das Stiftungssteuerrecht bestimmte Steuervorteile nur für Stiftungen bestehen. Vor allem § 58 Nr. 6 AO gilt nur für Stiftungen.

Demgegenüber sind die GmbH, Aktiengesellschaften und eingetragenen Vereine 108
als Rechtsformen deutlich flexibler umgestaltbar. **Wesentliche grundsätzliche Merkmale** dieser Körperschaften sind:
- dass sie Mitglieder/Gesellschafter haben;
- dass sie auf einen vorübergehenden Zeitraum angelegt sind;
- dass sie einem bestimmten Zweck dienen;
- dass bei Erfüllung der gesetzlichen Voraussetzungen ein Anspruch auf Eintragung in das betreffende Register besteht;
- dass sie keiner staatlichen Daueraufsicht unterliegen;
- dass Satzungsänderungen problemlos durch die jeweiligen Mitglieder/Gesellschafter beschlossen werden können.

Die Stetigkeit der Stiftung durch „**Verewigung des Stifterwillens**" kann wegen 109
mangelnder Flexibilität zugleich ihr Nachteil sein; da ist ggf. gestalterisch gegenzusteuern (siehe auch § 11 Rdn 36 ff.). Die grundsätzlich vorteilhafte Flexibilität der Alternativformen ist in Sachen Kontinuität deren Nachteil. Entscheidend ist bei ihnen nicht der (damalige) Wille des oder der Stifter. Entscheidend sind der aktuelle Wille und die jeweiligen Vorstellungen der Gesellschafter/Mitglieder. Dauerhafte Vermögensbindung und Zweckverfolgung im Sinne der „Gründer" sind damit allerdings nicht „garantiert".

Praxisfall: Die Elterninitiative 110

Wer kennt sie nicht, die Fälle der Elterninitiative, in denen der Gründungsvorstand nach einiger Zeit „unrühmlich" verabschiedet wird?

Eine Hand voll engagierter Eltern hat einen eingetragenen Verein gegründet, um z.B. einen Kindergarten zu errichten. Sie arbeiten ganz angestrengt, gewinnen neue Mitglieder und haben schließlich Erfolg. Nun entwickeln aber die neuen Mitglieder eigene Vorstellungen, die durchaus von denen der Gründungsmitglieder abweichen. Es kommt zu Auseinandersetzungen, an deren Ende der Gründungsvorstand abgewählt wird. Das kann man nun gut finden oder auch nicht. Bei einer Stiftung jedenfalls kann der Stifter das verhindern, denn maßgebend ist sein **Stifterwille** bei Errichtung der Stiftung, den er in der Satzung sogar ausdrücklich und mehr oder weniger ausführlich festschreiben kann.

Will man über die Alternativformen dennoch die Verstetigung des „Gründerwil- 111
lens" und die dauerhafte Verfolgung des gewählten Zwecks erreichen, so ist **ausgefeilte juristische Vertragstechnik** gefragt. Da die vorgestellten Alternativen in der Regel als Zusammenschluss von Gesellschaftern eben nicht auf Ewigkeit angelegt sind, sind in Gesellschaftsvertrag und Satzung Regelungen zu treffen,

die die Dauerhaftigkeit sicherstellen. Das bedeutet sowohl für den Stiftungs-Verein als auch für die Stiftungs-GmbH:

- Die Zahl der Mitglieder ist langfristig bewusst klein zu halten.
- Die Mitgliedschaftsrechte, Geschäftsanteile und Aktien sollten nur treuhänderisch übertragen werden, wobei sicherzustellen ist, dass sie unveräußerlich und nicht vererblich sind.
- Satzungsänderungen und Zweckänderungen sind durch Einstimmigkeitserfordernisse und/oder Genehmigungserfordernisse (Beirat/Stiftungsrat) zu erschweren.
- Der konkrete Einzelfall gibt jeweils vor, wie die Satzung solcher „Stiftungen" zu gestalten ist.

112 Es lässt sich nicht bestreiten, dass das einen erheblichen Aufwand bedeutet, der dennoch keine wirkliche Sicherheit gibt, denn beispielsweise können Satzungen zumindest einstimmig geändert werden. Insgesamt wird man sagen müssen, dass „Stiftungen"

- im Sinne einer Vermögensverselbstständigung
- unter eigenständiger Organisation (mit einer Aufsichtsbehörde!)
- zu einem auf Dauer angelegten Zweck

am ehesten über die Rechtsform der rechtsfähigen Stiftung des Privatrechts vollzogen werden. Die genannten Ersatzformen sind nur „Lösungen zweiter Klasse", die versuchen, den Stiftungsansatz künstlich zu imitieren (zur steuerlichen Vorteilhaftigkeit der Stiftung als Rechtsform für gemeinnützige Zwecke siehe ausführlich § 9).[157] Es sei im Übrigen hervorgehoben, dass die steuerliche Vergünstigung nach § 58 Nr. 6 AO nur für Stiftungen gilt. Danach ist es steuerlich nur bei einer steuerbefreiten Stiftung und nicht bei anderen Rechtsformen unschädlich, ein Drittel ihres Einkommens, also auch der Erträge, zu verwenden, um in angemessener Weise den Stifter und seine nächsten Angehörigen zu unterhalten. Darüber hinaus bietet auch das Spendenrecht einige wesentliche Steuervorteile nur den Stiftungen.

113 Die nachfolgende Übersicht soll noch einmal unter der Prämisse der Gemeinnützigkeit die Unterschiede der einzelnen Alternativen verdeutlichen, wie ich sie mit verschiedenen DSA-Kursteilnehmern immer wieder „erarbeitet" habe. Dabei sind die in den einzelnen Spalten angegebenen Schlagwörter nicht zwingend, sondern nur typisierend gemeint. Sie sind ersichtlich auch nicht abschließend.

157 Siehe ferner *M. Schmidt*, Steuerliche Aspekte der Rechtsformwahl bei privaten gemeinnützigen Organisationen, 2001; Wigand/Haase-Theobald/Heuel/Stolte/*Wigand*, Stiftungen in der Praxis, § 5 Rn 3 ff.

	g. Verein	g. selbst. Stiftung	g. treuh. Stiftung	g. Alternativen (GmbH/AG)
„Personen"	viele Mitglieder	wenige Stifter **Ausnahme:** Bürgerstiftung = viele Stifter	wenige Stifter/ Treugeber + ein „dauerhafter Treuhänder"	eher viele Mitglieder/ Gesellschafter
Vermögen	grundsätzlich **kein** Grundstockvermögen **Ausnahme: Stiftungsverein**	Grundstockvermögen (mind. 100.000 EUR?)	Grundstockvermögen (mind. 25.000 EUR?)	Stammkapital (mind. 25.000 EUR) bei der AG Grundkapital = **mind.** 50.000 EUR
Besondere Steuervorteile	(–)	§ 10b Abs. 1a EStG § 29 Abs. 1 Nr. 4 ErbStG	§ 10b Abs. 1a EStG § 29 Abs. 1 Nr. 4 ErbStG	(–)
Dauer	(–)	„Ewigkeit" **Ausnahme**: Verbrauchsstiftung	langfristig	(–)
Image	„grau", da häufig	guter Ruf, da selten **Liechtenstein?**	guter Ruf, da selten	(–)
Errichtung	„günstige Errichtung"	tatsächlich aufwendiger	tatsächlich aufwendiger	tatsächlich aufwendiger
Laufende Kosten	gering	(WP?)	(WP?)	Notar = teuer; (WP?)
Kontrolle über FA hinaus	(–)	**Stiftungsaufsicht**	(–)	**Publizitätspflicht**
Haftung	Durchgriff möglich Haftung im Ehrenamt = oft unterschätzt	Haftung im Ehrenamt = oft unterschätzt	Haftung im Ehrenamt = oft unterschätzt	Durchgriff möglich

	g. Verein	g. selbst. Stiftung	g. treuh. Stiftung	g. Alternativen (GmbH/AG)
Satzungs-änderung	eher leicht, je nach Satzung	eher schwer, da **Stiftungsaufsicht** mitwirken muss	eher leicht, je nach Treuhand-vereinbarung	eher leicht, je nach Satzung

VII. Testamentsvollstreckung als zusätzliche Alternative?

114 In gewisser Weise kann man auch die Dauertestamentsvollstreckung als Alternativgestaltung für eine Stiftung sehen,[158] denn auch sie läuft lange und lässt sich nach § 2210 S. 1 BGB auf 30 Jahre und ggf. nach § 2210 S. 2 BGB auch auf einen längeren Zeitraum erstrecken. Da die Testamentsvollstreckung aber durch die gesetzlichen Höchstfristen immer zeitlich begrenzt ist, empfiehlt sich für eine darüber hinausgehende langfristige Sicherung des Unternehmens die stiftungsrechtliche Lösung.[159] Je größer die Zahl der Erben, je schutzbedürftiger ein Erbe, je komplizierter der Nachlass ist, je weniger einträchtig die Erben vermutlich sein werden, desto näher liegt der Gedanke an die Einsetzung eines Testamentsvollstreckers.[160]

Näheres zur Testamentsvollstreckung findet sich in § 10 Rdn 45 ff.

VIII. Gesetzesvorhaben: Gesellschaft mit Verantwortungseigentum

115 In jüngerer Zeit ist vermehrt die Idee einer neuen spezifischen Rechtsform, einer Gesellschaft mit Verantwortungseigentum (GmgV), diskutiert worden.[161] Dem liegt die historische Idee zugrunde, dass Unternehmensanteile und Unternehmensinhaberschaft nicht nur Vermögen darstellen, sondern zugleich eine **sinnorientierte Verantwortung.**[162] Die Gesellschafter sollen deshalb dauerhaft auf Gewinnausschüttungen und Wertsteigerungen verzichten. Das Thema wird **kontro-**

---

158 Zu unterscheiden ist davon die Frage, wie ein Testamentsvollstrecker im Zusammenhang mit einer Stiftung „helfen“ kann, siehe dazu § 10 Rdn 45 ff.

159 Siehe etwa auch *Reimann*, GmbHR 2011, 1297, 1304 ff.

160 Ausf. dazu etwa *Mayer/Bonefeld/Tanck* (Hrsg.), Testamentsvollstreckung, 5. Aufl. 2022; *Winkler*, Der Testamentsvollstrecker, 23. Aufl. 2020; *Rott/Kornau/Zimmermann*, Praxishandbuch Testamentsvollstreckung, 3. Aufl. 2022; zur Testamentsvollstreckung siehe auch die Tagungsbände der AGT, herausgegeben von *Pruns*, zu den jährlichen Testamentsvollstreckertagen der AGT (www.agt-ev.de).

161 Ausf. *Sanders/Neitzel/Dauner-Lieb/Kempny/Möslein/Teichmann*, NZG 2024, 1199.

162 Siehe *Sanders/Neitzel/Dauner-Lieb/Kempny/Möslein/Teichmann*, Gesetz zur Einführung einer Gesellschaft mit gebundenem Vermögen – Akademischer Entwurf mit Nebengesetzen und Erläuterungen (Professorenentwurf), 2024; dies. NZG 2024, 199 ff.

vers diskutiert.[163] In dem 2025er Koalitionsvertrag CDU, CSU und SPD liest man dazu: „*Wir […] wollen eine neue, eigenständige Rechtsform ‚Gesellschaft mit gebundenem Vermögen' einführen. Merkmale dieser Rechtsform sind die unabänderliche Vermögensbindung und die Teilhabe nach mitgliedschaftlicher Logik ohne steuerliche Privilegierungen oder Diskriminierungen.*"

Am 23.2.2026 hat das Bundesministerium für Justiz und Verbraucherschutz gemeinsam mit dem **Bundesministerium für Finanzen** ein **Rahmenkonzept** vorgestellt, das als Diskussionsgrundlage für einen Gesetzesentwurf dienen soll.[164] Ein Zeitplan für das angedachte neue Gesetz liegt noch nicht vor. Adressaten des neuen Ansatzes sollen vor allem Familienunternehmen im Mittelstand und auch kleinere Unternehmen (KMUs), Sozialunternehmen sowie Start-ups sein. Die GmgV soll eine rechtsfähige, personalistisch strukturierte Körperschaft sein. Sie soll einer Kommanditgesellschaft ohne persönlich haftende Gesellschafter ähneln, d.h. mit beschränkt haftenden Gesellschaftern, die entweder natürliche Personen oder juristische Personen mit entsprechender Vermögensbindung sind.

Hier sei nur angemerkt, dass bereits nach geltendem Recht die wesentlichen Grundgedanken des Verantwortungseigentums, d.h. Selbständigkeit und Vermögensbindung, mit Rechtsformen des Stiftungs- und Gesellschaftsrechts abgebildet werden können. Das spricht gegen die Notwendigkeit der angedachten neuen Rechtsform.

---

163 Deutlich kritisch beispielhaft *Sharaf*, NZG 2024, 144 ff. („Governance-Washing zum Verantwortungseigentum").

164 Abrufbar beim BMF: www.bundesfinanzministerium.de/Content/DE/Standardartikel/Themen/Steuern/Steuerarten/Koerperschaft_und_Umwandlungssteuer/Rahmenkonzept-fuer-eine-GmgV-anlage.pdf?__blob=publicationFile&v=1 (abgerufen am 18.3.2026).

§ 3 Die Rechtsgrundlagen und die Errichtung von Stiftungen

Was bietet dieses Kapitel?
Nach einem kurzen Blick auf die Reformen des Stiftungs- und Steuerrechts ab den 2000er Jahren stellen wir in diesem Kapitel vor, wie eine Stiftung errichtet wird. Wir beleuchten vor allem folgende wesentliche Aspekte der Stiftungserrichtung: die Person des Stifters, das Stiftungsgeschäft und die Möglichkeiten der Satzungsgestaltung. Wir beantworten beispielsweise auch die Frage, ob eine Stiftung möglichst zu Lebzeiten oder von Todes wegen errichtet werden soll. Auch zu der oftmals unterschätzten Aufgabe der nachhaltigen Besetzung der Stiftungsorgane mit fachlich wie menschlich passenden Persönlichkeiten finden Sie hier praktische Hinweise. Eine zusammenfassende Übersicht der Schritte zur Realisierung eines Stiftungsprojekts in der Beratungspraxis finden Sie zudem in § 14 (Rdn 41 ff.).

Übersicht:

A. Skizze: Entwicklung des Stiftungsrechts und die Politik

Das Stiftungsrecht ist ab Ende der 90er Jahre, nachdem es von der „Politik“, 1
nicht zuletzt angesichts der zunehmend leeren öffentlichen Kassen, entdeckt worden ist, ebenso wie das Gemeinnützigkeitsrecht (siehe § 9) mehrfach refor-

miert worden. Wir verweisen dazu auf die Vorauflage. Maßgeblich für die Stiftungsorgane und die Stiftungsbehörde und somit für das Schicksal der Stiftung nach ihrer Errichtung ist auch nach der jüngsten Reform des Stiftungsrechts[1] weiterhin der **Stifterwille im Zeitpunkt der Stiftungserrichtung,** hilfsweise der **mutmaßliche Stifterwille,** was nun in § 83 S. 2 BGB ausdrücklich festgehalten ist. Das ist immer wieder zu betonen! So mussten wir vor kurzem, einen Beitrag lesen, der sich der Frage der Erhaltung des Stiftungsvermögens widmete, ohne das Wort Stifterwille auch nur zu erwähnen.

I. Stiftungszivilrecht im BGB

2 Das Stiftungsrecht des BGB wurde zuletzt im Jahr 2023 umfassend reformiert. Diese, zum 1.7.2023 in Kraft getretene **Reform des Stiftungsrechts**[2] basiert auf den Arbeiten einer Bund-Länder-Arbeitsgruppe, die ihre Arbeit bereits im Jahr 2016 aufgenommen hatte.[3] Ein Referentenentwurf wurde Ende September 2020 veröffentlicht, der in wesentlichen Punkten auf dem Vorschlag der Bund-Länder-Arbeitsgruppe beruhte, allerdings ergänzt um die für die Einführung eines Stiftungsregisters erforderlichen Regelungen.[4] Auch der Referentenentwurf wurde in Wissenschaft[5] und Praxis sehr kritisch gesehen und zum Teil als Rückschritt bewertet.[6] Der Regierungsentwurf,[7] der die Kritik an dem Referentenentwurf an nur einigen wenigen Stellen berücksichtigte, wurde schließlich im Februar 2021 verabschiedet. Den Bundesverband Deutscher Stiftungen, der die Reformbemühungen grundsätzlich begrüßte, veranlasste der Regierungsentwurf dazu, einen nicht gerade kurzen Katalog an Nachbesserungsforderungen vorzulegen.[8] Änderungen am Gesetzentwurf wurden in der Folge aufgrund der Stellungnahme des

1 Ausf. dazu *Schiffer/Pruns/Schürmann*, Die Reform des Stiftungsrechts, 2022.

2 BGBl I 2021, 2947; Überblick bei *Pruns*, ZErb 2021, 301 ff. und ausf. *Schiffer/Pruns/Schürmann*, Die Reform des Stiftungsrechts, 2022. Zum Reformprozess vgl. auch den historischen Abriss in BoKo-StiftR/*Bartodziej*, Teil I 1.1 Rn 31 ff.

3 Die Dokumente der Bund-Länder-Arbeitsgruppe „Stiftungsrecht" sind abrufbar unter www.innenministerkonferenz.de.

4 Abrufbar unter www.maecenata.eu/wp-content/uploads/2020/09/2020–08–21ReferentenentwurfStiftR.pdf.

5 Zu einem Gegenentwurf von 11 Professorinnen und Professoren vgl. Beilage zu ZIP 10/2020 sowie www.stiftungsrecht-plus.de/stellungnahme-zum-referentenentwurf-eines-gesetzes-zur-vereinheitlichung-des-stiftungsrechts-vom-16–9-2020/.

6 Vgl. etwa die folgenden Stellungnahmen: www.stiftungsrecht-plus.de/stiftungsrechtsreform-referentenentwurf-vorgelegt/ und www.stiftungsrecht-plus.de/stiftungsrechtsreform-eine-stellungnahme-zum-referentenentwurf-von-ra-und-notar-axel-janitzki/.

7 BT-Drucks 19/28173.

8 Stellungnahme v. 11.3.2021, abrufbar unter www.stiftungen.org/themen/stiftungsrecht/vereinheitlichung-des-stiftungsrechts-diese-nachbesserungen-sind-notwendig.html.

Bundesrats[9] und im Laufe der Beratungen des Bundestags eingefügt,[10] die vor allem der Klarstellung dienten. Das Gesetz wurde am 16.7.2021 verabschiedet und ist im Wesentlichen am 1.7.2023 in Kraft getreten. Erst zum 1.1.2028 treten die Regelungen im BGB zum Stiftungsregister sowie das neu eingeführte Stiftungsregistergesetz (StiftRG) in Kraft,[11] dessen Einführung zunächst für den Beginn des Jahres 2026 geplant war.[12]

II. Landesstiftungsrecht

Mit Inkrafttreten der letzten Reform des Stiftungszivilrechts waren viele Regelungen der bisherigen Landesstiftungsgesetze aufgrund neuer bundeseinheitlicher Vorschriften obsolet.[13] Infolgedessen wurden die jeweiligen Landesstiftungsgesetze nach der Reform sukzessive angepasst. Sie gelten nur noch für einzelne, insbesondere im Zusammenhang mit den Aufsichtsbefugnissen stehende Bereiche, soweit nicht im BGB eine vorrangige und abschließende materiellrechtliche Regelung getroffen ist. 3

B. Die Errichtung einer Stiftung

I. Neues Stiftungsrecht

Die wesentlichen Voraussetzungen für die Errichtung einer Stiftung sind nunmehr in den §§ 80–82a BGB des neuen Stiftungsrechts geregelt.[14] 4

In der seit dem 1.7.2023 geltenden Gesetzesfassung findet sich in § 80 Abs. 1 S. 1 BGB erstmals auch eine Legaldefinition der Stiftung: „*Die Stiftung ist eine mit einem Vermögen zur dauernden und nachhaltigen Erfüllung eines vom Stifter vorgegebenen Zwecks ausgestattete, mitgliederlose juristische Person.*“

Tatsächlich dürfte diese Legaldefinition keine Änderung gegenüber der bisherigen Rechtslage mit sich bringen,[15] denn entsprechende Definitionen des Stiftungsbegriffs fand man auch bisher schon in der Fachliteratur.

---

9 BT-Drucks 19/28173, 113 ff.

10 BT-Drucks 19/30938.

11 Kommentierung des StiftRG: BoKo-StiftR/*Bartodziej/Kausträter*, Teil III.

12 Vgl. BGBl. 2025 I Nr. 319 vom 11.12.2025.

13 Zur Entwicklung siehe etwa *Andrick*, ZStV 2025, 123; *Kretschmann*, ZStV 2023, 80.

14 *Lange*, ZStV 2022, 167.

15 *Hüttemann/Rawert*, Beilage zu ZIP 33/2021, II. 1. 1.1.; *Lorenz/Mehren*, DStR 2021, 1774. Näher zu Hintergründen und der problematischen Gesetzesbegründung siehe *Schiffer/Pruns/Schürmann*, Die Reform des Stiftungsrechts, 2022, § 2 Rn 4 ff.

II. Stifterfreiheit und Recht auf Stiftung

5 Der Gesetzgeber hat den bisherigen Akt der „Genehmigung“ bereits bei der Reform des Stiftungszivilrechts 2002 in „**Anerkennung**“ umbenannt.[16] Hierdurch soll der Gedanke des Obrigkeitsstaates, der im Begriff „Genehmigung“ steckt und der als nicht mehr zeitgemäß erschien, aus dem Stiftungsrecht entfallen. Es hat sich gezeigt, dass dadurch tatsächlich der Geist der Zusammenarbeit von Stiftungsbehörden, Stiftern und Beratern positiv geprägt worden ist.

6 Eine Stiftung ist nach § 82 BGB als rechtsfähig anzuerkennen, wenn sie die Voraussetzungen erfüllt, die in **§ 81 Abs. 1–3 BGB** genannt sind, und keine Gefährdung des Gemeinwohls vorliegt (**Recht auf Stiftung, Rechtsanspruch auf Anerkennung**). Die Anerkennungsbehörde hat damit nur einen Spielraum

- bei der Beurteilung hinsichtlich der Frage der „Gemeinwohlgefährdung“[17] und
- bei der Prognoseentscheidung zur angemessenen Vermögensausstattung der Stiftung.

Stiftungen mit einer zu geringen Vermögensausstattung werden grundsätzlich nicht anerkannt.

7 **Praxishinweis: Probleme lösen durch Kommunikation**

Auch bei Problemen hinsichtlich der Anerkennung einer Stiftung empfiehlt es sich trotz des Rechtsanspruchs auf Anerkennung anstelle des Rechtsweges[18] in der Praxis eher, gemeinsam mit der Anerkennungsbehörde – am besten im vorbereiteten Gespräch – eine Lösung zu suchen oder die Stiftung in dem Bezirk einer „offeneren“ Anerkennungsbehörde zu errichten.

Das gilt nach wie vor, obwohl sich die Stiftungsbehörden angesichts ihrer Arbeitsüberlastung mit einer solchen Kommunikation zunehmend schwertun. Ohne entsprechende Kommunikation wird es erfahrungsgemäß alles noch länger dauern. Das ist auch auf Behördenseite bekannt. Rechtsstreitigkeiten sind auch in diesem Bereich, gerade bei Spezialfragen, grundsätzlich langwierig, aufwändig und wenig ergiebig.[19]

8 Bestehen aus Sicht der Stiftungsbehörde **Unklarheiten** oder **Mängel**, etwa hinsichtlich des Stiftungsgeschäfts oder der Stiftungssatzung, so kann sie diese im Laufe des Anerkennungsverfahrens aufklären und beseitigen lassen. Sinnvollerweise werden der Stifter und sein Berater ihre jeweiligen Entwürfe mit der Anerkennungsbehörde und ggf. der Finanzverwaltung im Vorhinein abklären, denn

---

16 Siehe nur *Schwarz*, DStR 2002, 1719.

17 Siehe dazu etwa BVerwG, Urt. v. 24.03.2021 – 6 C 4/20; *Beyer*, ZStV 2024, 123; *ders.*, ZStV 2024, 203; *ders.*, ZStV 2025, 9; *Röcken*, StiftungsBrief 2021, 155.

18 Zu Rechtsstreitigkeiten in der Errichtungsphase siehe etwa *Krezer*, StiftungsBrief 2025, 55.

19 Siehe schon *Schiffer*, Der Unternehmensanwalt, S. 144 ff.

die Usancen der Behörden sind immer noch unterschiedlich. Manche Behörde möchte etwa bestimmte Gesetzestexte auch in der Stiftungssatzung wiederholt haben, was den Vorteil der Übersichtlichkeit (Motto: „Alles auf einen Blick ohne Verweise ins Gesetz") für die „Nutzer" der Satzung für sich hat. Mitunter möchte eine Stiftungsbehörde auch ganz konkrete Formulierungen („Muster") in der Satzung finden, die erprobt sind und deshalb nicht mehr konkret überprüft werden müssen. Man mag solche „Forderungen" mit Blick auf die **Stifterfreiheit** kritisch sehen, hier lohnen aber ersichtlich kein Streiten und kein Diskutieren.

Das Anerkennungsverfahren wird eröffnet durch einen **Antrag** des Stifters, seines Vertreters, seiner Erben oder seines Testamentsvollstreckers bei der zuständigen Anerkennungsbehörde (§ 80 Abs. 2 S. 1 BGB). Bei der Stiftung von Todes wegen ist ein Antrag verzichtbar. Der Antrag wird in diesem Fall nach dem BGB ersetzt durch die Verpflichtung des Nachlassgerichtes, die Anerkennung einzuholen (§ 365 Abs. 3 FamFG). Mehrere Stifter müssen den Antrag gemeinsam stellen. 9

Neben dem Stiftungszivilrecht im BGB gelten für das Anerkennungsverfahren weiterhin die verschiedenen **Landesstiftungsgesetze**, soweit nicht im BGB eine vorrangige materiellrechtliche Regelung getroffen wurde.[20] 10

III. Die Person des Stifters

Sowohl **natürliche Personen** als auch **juristische Personen** können **Stifter** sein.[21] 11

- So können etwa auch rechtsfähige Stiftungen wiederum rechtsfähige Stiftungen, d.h. „**Unterstiftungen**", errichten.[22] Das bisher einschränkende steuerrechtliche „**Endowment-Verbot**" für gemeinnützige Stiftungen ist mit dem Ehrenamtsstärkungsgesetz 2013 deutlich gelockert worden.[23]
- Die Betreiber von Betreuungseinrichtungen haben die landesrechtlichen **Wohn- und Teilhabegesetze**, die den früheren Heimgesetzen gefolgt sind, zu beachten,[24] d.h. sie können nicht etwa ohne Weiteres steuerbefreite Stiftungen errichten, denen „ihre" Bewohner dann spenden.[25] Auch bei formal getrennten juristischen Personen (Betreiber-GmbH und Stiftung) kann das „**Annahmeverbot**" anzuwenden sein, wenn die beiden Rechtsträger so miteinander verbunden sind, dass diese Verbindung für jeden Außenstehenden erkennbar ist und er davon ausgehen kann, dass die Zuwendung an die Stiftung auch der

20 Siehe nur Grüneberg/*Ellenberger*, vor § 80 Rn 14.
21 Ausf. zur Rolle des Stifters in der Binnenverfassungsstruktur von Stiftungen: *Saenger*, ZStV 2012, 94 ff.
22 Bei der Errichtung durch eine Stiftung fällt Schenkungsteuer an, soweit nicht eine Steuerbefreiung eingreift: BFH, Urt. v. 13.4.2011 – II R 45/09.
23 Dazu etwa *Augstein*, npoR 2013, 220.
24 Beispiel: Wohn- und Teilhabegesetz NRW (WTG NRW) v. 2.10.2014.
25 Siehe z.B. § 7 WTG NRW (§ 10 WTG NRW a.F.): Annahmeverbot.

Betreiber-GmbH zugutekommt.[26] Die Einzelheiten scheinen hier noch nicht abschließend geklärt.

In jedem Fall muss der Stifter unbeschränkt geschäftsfähig sein. Der Stifter ruft durch Vorgabe des Stiftungszwecks und durch Übertragung von Vermögen auf die Stiftung die Stiftung ins Leben. Durch dieses sog. **Stiftungsgeschäft** und die Satzung drückt er seinen Stifterwillen aus, der über die Stiftungssatzung für die Stiftung auch nach seinem Tode bestimmend bleibt (**Grundsatz der Maßgeblichkeit des Stifterwillens**, § 83 Abs. 2 BGB; siehe auch Rdn 44 ff.).

12 **Praxisfrage: Stiften Frauen anders als Männer?**

Adam teilt uns zu Beginn seiner Untersuchung „Stiften Frauen anders als Männer?“ für den Zeitraum von 1800 bis 1945[27] mit, die Rolle von Frauen im Stiftungswesen habe bisher unter deutschen Historikern nur wenig Beachtung gefunden. *Adam* forscht zu solchen und anderen Themen der transnationalen Geschichte im 19. Jahrhundert sowie zur stadtbürgerlichen Stiftungskultur im transatlantischen Vergleich als Professor an der University of Texas at Arlington. Es ist richtig gut, dass er auch in einer deutschen Fachzeitschrift veröffentlicht. Nach 6,5 Seiten gelangt er zu dem für Wissenschaftler (Historiker und Juristen) wohl nicht wirklich überraschenden Ergebnis: Die eingangs gestellte Frage lasse sich nicht so klar und eindeutig beantworten. Frauen stiften[28] nicht erkennbar anders als Männer. Trotzdem ist es ein lesenswerter Artikel geworden, können wir doch aus der Geschichte nur lernen, wenn wir uns mit ihr beschäftigen. Lesen Sie den Artikel und urteilen Sie selbst!

13 Die Stiftung ist eine spezielle Rechtsfigur für spezielle Fälle. Dabei muss ein Stifter in der Praxis bestimmte persönliche Qualifikationen erfüllen, die sich als **„Stiftungsreife“** bezeichnen lassen (siehe § 14 Rdn 15 ff.).[29] Ein Stifter und seine Familie müssen vor allem gewillt sein, zu akzeptieren, dass mit der Stiftung eine eigenständige, von seinem/ihrem zukünftigen Willen unabhängige, juristische Person ins Leben gerufen wird, der das erforderliche Stiftungsvermögen dauerhaft übertragen wird.[30] Die einmal genehmigte Stiftung genießt mit ihrem jeweiligen spezifischen Stiftungszweck **staatlichen Bestandsschutz** – und zwar auch gegenüber dem Stifter. Wird das von potenziellen Stiftern und Stiftungsberatern

26 So *Dickmann*, Landesrecht Nordrhein-Westfalen, Wohn- und Teilhabegesetz, 2009, § 10 [a.F.] Rn 26.

27 *Adam*, ZStV 2011, 217 ff.

28 Zu Frauen als Stifterinnen siehe ebenso umfassend wie instruktiv: *Bloemer*, Stifterinnen – Frauen erzählen von ihrem Engagement – ein Lesebuch, 2010 (Bundesverband Deutscher Stiftungen).

29 Vgl. auch NK-BGB/*Schiffer/Pruns*, § 80 Rn 130 ff. m.w.N.

30 Der stetige Wandel wird dennoch durch die Stiftung und deren Organe zu beachten sein, siehe in diesem Zusammenhang etwa *Mohr*, StiftungsBrief 2012, 102 f. („Stifterfreiheit und Altruismus – ewiger Stifterwille und wandelnde Praxisanforderungen“).

beachtet, so wird das deutsche Stiftungszivilrecht, wie vom Reformgesetzgeber gewünscht, das Stiften in Deutschland zum Wohle der Gemeinschaft tatsächlich nachhaltig fördern. Berater und (potenzielle) Stifter seien zu einem verantwortungsvollen und „reifen“ Umgang mit der aktuellen Stifterfreiheit aufgerufen.

IV. Das Stiftungsgeschäft

Bei dem Stiftungsgeschäft ist zwischen einem solchen **unter Lebenden** und dem Stiftungsgeschäft **von Todes wegen** (§ 81 Abs. 3 Alt. 2 BGB) zu unterscheiden (zu Formulierungsbeispielen siehe etwa Plottek/Weiten, Anwaltformulare Stiftungsrecht, § 4 Rn 4 f.). In den meisten Fällen wird eine Stiftung zu Lebzeiten des Stifters errichtet, worauf noch näher einzugehen sein wird (siehe Rdn 24 ff.). 14

1. Keine Höchstpersönlichkeit, Auflagen, Fristen

Das Stiftungsgeschäft muss der Stifter **nicht höchstpersönlich** vornehmen, er kann sich durch einen Bevollmächtigten vertreten lassen.[31] Auch mehrere Stifter können die Stiftung gemeinsam in einer Urkunde oder durch gesonderte Erklärungen errichten. 15

Das Stiftungsgeschäft ist eine **einseitige, nicht empfangsbedürftige Willenserklärung.**[32] Obgleich Bedingungen oder Befristungen des Stiftungsgeschäfts im Hinblick auf die Vermeidung von Unsicherheiten über die Existenz der Stiftung problematisch sind, sollen diese nach der überwiegenden Ansicht in der Fachliteratur, jedenfalls in bestimmten Fallgestaltungen, nicht grundsätzlich unzulässig sein.[33] 16

Auflagen (Fall der „Beschenkung der Stiftung unter einer Auflage“) und **Fristen** in einem Stiftungsgeschäft sind nur statthaft, wenn sie den Bestand der Stiftung nicht berühren.[34] Eine Auflage, die in Ausführung des Stiftungsgeschäfts auf die Stiftung übergeht, vermindert das der Stiftung zugewendete Vermögen von vornherein. Darüber besteht, nachdem das FG München dazu eine unhaltbare andere Auffassung vertreten hatte,[35] durch ein diese Auffassung deutlich zurückweisendes Urteil des BFH[36] an sich Einigkeit. Der zur Erfüllung derartiger Ansprüche notwendige Teil des Vermögens steht den satzungsmäßigen Zwecken der Stiftung von Anfang an nicht zur Verfügung. Die Erfüllung derartiger Ansprüche stellt, so der BFH ausdrücklich, keinen Verstoß gegen die Gebote der Selbstlosig- 17

31 Siehe BayObLG NJW-RR 1991, 523; Grüneberg/*Ellenberger*, § 81 Rn 2.

32 Burgard/*Burgard*, Stiftungsrecht, 2023, § 81 Rn 44.

33 Richter/*Stumpf*, § 4 Rn 23 ff.; Staudinger/*Hüttemann/Rawert*, § 81 Rn 11. A.A. Burgard/*Burgard*, Stiftungsrecht, 2023, § 81 Rn 45.

34 Ausf. *Berndt/Götz*, Stiftung und Unternehmen, Rn 203 ff.

35 FG München EFG 1995, 650.

36 BFH BStBl II 1998, 758.

keit und Ausschließlichkeit dar. Die Finanzverwaltung folgt dem BFH in den Anmerkungen Nr. 13 zu § 55 AO ihres Anwendungserlasses (AEAO).

18 **Zulässige Auflagen** sind z.B.

- der Vorbehalt von Nießbrauch-, Wohn- und anderen Nutzungsrechten bei der Vermögensübertragung auf die Stiftung (Vermögensausstattung),
- die Übernahme/"Übergabe" von Verbindlichkeiten, Hypotheken und
- Rentenzahlungsverpflichtungen.

Eine Auflage darf das Stiftungsvermögen keinesfalls so weit reduzieren, dass realistischerweise der Stiftungszweck nicht mehr dauerhaft erfüllt werden kann. In einem solchen Fall ist die Stiftung nicht anerkennungsfähig (§ 82 S. 1 BGB).

2. Form

19 Nach § 81 Abs. 3 BGB bedarf das Stiftungsgeschäft unter Lebenden der **schriftlichen Form** des § 126 BGB. Nach § 126a Abs. 1 BGB kann auch diese gesetzliche Schriftform durch die **elektronische Form** mittels qualifizierter elektronischer Signatur ersetzt werden, was allerdings nach unseren Erfahrungen in der Praxis bei Stiftungserrichtungen bislang kaum eine Rolle spielt. Die Stiftungsurkunde ist in Schriftform eigenhändig durch Namensunterschrift oder mittels notariell beglaubigten Handzeichens zu unterzeichnen. Das Stiftungsgeschäft kann auch im Wege der notariellen Beurkundung erfolgen (vgl. § 81a S. 2 BGB a.E.).

20 **Praxishinweis: Notarielle Form des Stiftungsgeschäfts?**

Unterschiedlich beurteilt wurde in der Vergangenheit immer wieder die Frage, welche Form das Stiftungsgeschäft haben muss, wenn bestimmte Vermögensarten übertragen werden sollen, insbesondere **Immobilienvermögen** oder **Geschäftsanteile an einer GmbH.**[37] Die neue Gesetzesfassung des § 81 Abs. 3 BGB, nach der das *„Stiftungsgeschäft … der schriftlichen Form [bedarf], wenn nicht in anderen Vorschriften ausdrücklich eine strengere Form als die schriftliche Form vorgeschrieben ist"*, soll für Klarheit sorgen. Die **Schriftform** ist ausreichend und die notarielle Form in analoger Anwendung von § 311b BGB oder § 15 Abs. 4 GmbHG ist ausgeschlossen.[38]

Entsprechend ist zudem in § 86d BGB n.F. geregelt, dass **Zulegungs- und Zusammenlegungsverträge** zwischen zwei Stiftungen *„nur der schriftlichen Form"* bedürfen und *„insbesondere § 311b Absatz 1 bis 3"* nicht anzuwenden ist.

37 Für eine Pflicht zur notariellen Beurkundung bei Immobilienübertragung zuletzt insb. OLG Köln, Beschl. v. 5.8.2019 – 2 Wx 220/19, 2 Wx 227–229/19; kritisch zu dieser Entscheidung und m.w.N. *Pruns*, ErbR 2020, 163.

38 BT-Drucks 19/28173, 50.

3. Inhalt

Das Stiftungsgeschäft hat einen bestimmten **Mindestinhalt** (§ 81 Abs. 1 BGB). 21
Der Stifter muss verbindlich erklären, dass ein bestimmter Teil seines Vermögens auf Dauer der Erfüllung eines oder mehrerer von ihm vorgegebenen Zwecke gewidmet wird (**Vermögensausstattung**) und dass er eine **selbstständige Stiftung** errichten will. Zudem muss er der Stiftung eine Satzung geben, die (mindestens) Bestimmungen über den Zweck, den Namen, den Sitz und die Bildung des Vorstands der Stiftung sowie bei einer Verbrauchsstiftung zusätzliche Regelungen nach § 81 Abs. 2 BGB enthält. Bei Zweifeln am Stiftungsgeschäft ist die Stiftungsbehörde zu Lebzeiten des Stifters gehalten, ihn zur Präzisierung zu veranlassen.

Praxishinweis: Bezugnahme auf die Stiftungsverfassung – „Errichtungssatzung"? 22

In der **Praxis** werden hier mögliche Zweifelsfragen dadurch vermieden, dass in dem Stiftungsgeschäft auf die jeweils **beigefügte Stiftungsverfassung** (Stiftungssatzung) Bezug genommen und die Stiftungsverfassung ausdrücklich zum Bestandteil des Stiftungsgeschäfts erklärt wird.

Im Zuge der Reform des Stiftungsrechts 2023 hat in diesem Zusammenhang allerdings die Diskussion um eine sog. „Errichtungssatzung" für nachwirkende Unsicherheiten gesorgt. Der Regierungsentwurf hatte noch vorgesehen, dass bestimmte Festlegungen nur in der ersten Satzung der Stiftung getroffen werden durften, in der sog. „Errichtungssatzung" (§§ 81, 83b BGB RegE). Dieser Begriff wurde nach erheblicher Kritik aus Wissenschaft und Praxis auf Empfehlung des Rechtsausschusses wieder gestrichen.[39]

Allerdings findet sich nun in § 85 Abs. 4 BGB noch die Regelung, dass der Stifter „im Stiftungsgeschäft" Satzungsänderungen ausschließen oder beschränken oder den Stiftungsorganen auch Satzungsänderungen über die gesetzlichen Vorgaben hinaus erlauben kann. Das „Stiftungsgeschäft" im engeren Sinne besteht aus der Gründungsurkunde, in der vor allem die Willenserklärung zur Errichtung der Stiftung und die entsprechende Vermögenswidmung festgehalten werden. Das ist allerdings schon aus rein praktischer Sicht nicht der geeignete Ort, dauerhafte Regelungen für die Zukunft der Stiftung festzuhalten, da diese Urkunde in der täglichen Arbeit meistens nicht zur Hand genommen wird, sondern vielmehr die Satzung der Stiftung. Allerdings ist auch die erste Satzung ausdrücklich Teil des Stiftungsgeschäfts, denn nach § 81 Abs. 1 Nr. 1 BGB muss der Stifter der Stiftung ihre (erste) Satzung bereits *„[i]m Stiftungsgeschäft … geben"*. Nicht ohne Grund schreibt der Gesetzgeber deshalb in § 81 Abs. 1 Nr. 1 BGB auch vor, dass die „Bestimmungen" zu der Stiftung in der Satzung enthalten sein müssen.

39 Vgl. auch *Hüttemann/Rawert*, Beilage zu ZIP 33/2021, 7.

Allerdings kann der Wortlaut des § 85 Abs. 4 BGB zu der (nach unserer Auffassung irrigen) Annahme führen, dass eine entsprechende Regelung allein in der zum Stiftungsgeschäft gehörigen (ersten) Satzung der Stiftung möglich sein soll. Solche Beschränkungen aufgrund des Zwangs, bereits bei der Stiftungserrichtung unabänderliche Regelungen für die unvorhersehbare Zukunft der Stiftung festzuschreiben, wären aufgrund des langen Zeitraums, für den eine Stiftung errichtet wird, ersichtlich problematisch und praxisfern.

Auch darüber hinaus sind in der Praxis erste Fälle bekannt geworden, in denen sich Stiftungsbehörden im Zusammenhang mit der Genehmigung von Satzungsänderungen darauf berufen, das Fehlen entsprechender Regelungen in der „Errichtungssatzung" stehe der Genehmigungsfähigkeit nachträglicher Änderungen entgegen. Das ist nicht richtig. Zum einen ist der Gedanke der Errichtungssatzung im Gesetzgebungsprozess aufgegeben worden. Zum anderen müssen die Stiftungsorgane und die Stiftungsbehörden nach § 83 Abs. 2 BGB auch hilfsweise den mutmaßlichen Willen des Stifters beachten. Wenn ein Thema bei Errichtung der Stiftung in dem Stiftungsgeschäft inklusive „Errichtungssatzung" nicht ausdrücklich geregelt wurde, lässt sich daraus mithin gerade nicht ableiten, dass der Stifterwille einer Regelung dieses Themas entgegensteht. Vielmehr kann es sein, dass der Stifter dieses Thema nicht bedacht, irrigerweise für unwichtig oder auch für so selbstverständlich gehalten hat, dass er es nicht erwähnenswert fand.

23 Checkliste Stiftungsgeschäft: Errichtung einer selbstständigen Stiftung (§ 81 Abs. 1 BGB)

- Zwingende **Inhalte**
  - Vermögenswidmung zur Erfüllung des vom Stifter vorgegebenen Stiftungszwecks
  - Stiftungssatzung mit Mindestinhalt nach § 81 Abs. 1 Nr. 1 BGB (Zweck, Name, Sitz, Vorstandsbildung) und ggf. bei Verbrauchsstiftung zusätzlichen Inhalten nach § 81 Abs. 2 BGB (Festlegung des Errichtungszeitraums, Bestimmungen zur Verwendung des Stiftungsvermögens)
- **Form**
  - (mindestens) Schriftform

V. Stiften von Todes wegen oder zu Lebzeiten?

1. Stiftung von Todes wegen

24 Ein potenzieller Stifter mag sich, etwa weil er sein Vermögen zu seinen Lebzeiten für andere Zwecke nutzen oder unmittelbar selbst verwalten will, die Frage stellen, ob er die Stiftung zu seinen Lebzeiten vorbereiten, aber erst nach seinem Tod tatsächlich errichten soll. Die besonderen Verknüpfungen von Stiftungs- und Erbrecht werden in § 10 dieses Buches erläutert.

Eine Stiftung kann nach dem Tod des Stifters errichtet werden (§§ 80 Abs. 2 S. 2, 81 Abs. 3 Alt. 2 BGB).[40] Das Stiftungsgeschäft kann in einer **Verfügung von Todes wegen** bestehen, wobei die Vermögenszuwendung an die Stiftung erfolgt durch 25
- Erbeinsetzung,
- Vermächtnis oder
- Auflage.

Das Stiftungsgeschäft unterliegt dann den besonderen **erbrechtlichen Formvorschriften**, d.h. es kann als handschriftliches oder notarielles Testament oder in einem Erbvertrag nur vom Stifter persönlich verfasst werden. Die Stellvertretung ist beim Stiftungsgeschäft von Todes wegen ausgeschlossen. Regelmäßig wird für die Stiftungserrichtung durch Verfügung von Todes wegen ein **Testament des Stifters** in Frage kommen.

Die Errichtung einer Stiftung von Todes wegen kann in der Weise erfolgen, dass der Erblasser in der letztwilligen Verfügung seinen Stifterwillen, die Errichtung der Stiftung und die Vermögenszuwendung ohne alle Einzelheiten festlegt. In diesem Falle ist die Einsetzung eines **Testamentsvollstreckers**, der den Willen des Stifters umsetzt, zu empfehlen (ausführlich siehe § 10 Rdn 45 ff.). 26

Es sollte in jedem Fall besonders darauf geachtet werden, dass der Erblasser in seinem Testament unmittelbar selbst seinen **Stifterwillen formgültig mit den wesentlichen Merkmalen festlegt**, die eine Stiftung kennzeichnen (näher dazu § 10 Rdn 5 ff.). 27

Die rechtsfähige Stiftung des Privatrechts entsteht auch bei einem Stiftungsgeschäft von Todes wegen **formal** erst mit der **Anerkennung** (§ 80 Abs. 2 S. 1 BGB).[41] Die Anerkennung gilt jedoch für die Zuwendungen des Stifters/Erblassers **rückwirkend** als schon vor dessen Tod entstanden (§ 80 Abs. 2 S. 2 BGB). 28

Checkliste: Errichtung einer Stiftung von Todes wegen 29

- Möglich durch:
  - handschriftliches Testament
  - notarielles Testament
  - notariellen Erbvertrag
- Vermögenszuwendung durch:
  - Erbeinsetzung
  - Vermächtnis oder
  - Auflage
- Zur Absicherung im Sinne des Erblassers sinnvoll: Testamentsvollstreckung

40 *Schiffer*, npoR 2018, 105; *Schewe*, ZSt 2004, 270 (Teil 1), 301 (Teil 2); Werner/Saenger/Fischer/O. *Werner*, § 11 Rn 88 ff. Zur Familienstiftung von Todes wegen *Müller*, ZStV 2023, 55. Zu steuerrechtlichen Aspekten siehe *O. Schmidt/Schick*, ZSt 2004, 239.

41 Zur „werdenden" Stiftung von Todes wegen im Zeitraum zwischen dem Tod des Stifters und der Anerkennung ausf. *Schwalm*, ZStV 2021, 10.

2. Vorteile einer Stiftungserrichtung zu Lebzeiten

30 Die Stifter „verschenken" bei einer Stiftung von Todes wegen die Möglichkeit, maßgeblichen und aktiven Einfluss auf „ihre" Stiftung und deren Arbeit zu nehmen. Deutlich sinnvoller ist es in der Regel, die Stiftung bereits zu Lebzeiten mit einem vergleichsweise geringen Vermögen zu errichten („**Anstiftung** zu Lebzeiten") und das Vermögen der Stiftung durch **Zustiftungen** von Todes wegen aufzustocken.[42] Auf diese Weise behalten die Stifter zu Lebzeiten die finanzielle Absicherung durch ihr eigenes Vermögen und erhalten gleichzeitig die Gelegenheit, die Stiftung in ihren Gründungsjahren – sei es als Vorstands- oder Stiftungsratsmitglied – wesentlich **mitzugestalten** und die Stiftung über den Text der Stiftungsverfassung hinaus deutlich zu **prägen**.

31 Zu Lebzeiten der Stifter lässt sich vor allem auch eine etwaig erforderliche **Änderung der Stiftungssatzung**, sei es zur Anpassung an geänderte Verhältnisse oder zur Korrektur eventueller Fehlvorstellungen, leichter bei den Stiftungsbehörden durchsetzen.

32 Wirklich wichtig ist es auch, dass ein Stifter zu seinen Lebzeiten die **Leitungspersonen auswählen** und anleiten kann, die die Stiftung verwalten. Gerade die ersten Stiftungsvorstände und Stiftungsräte prägen das Bild und die Kultur einer Stiftung für die Nachfolger. Wollen die Stifter nicht selbst konkret in der Stiftung tätig werden und so Maßstäbe setzen, können sie jedenfalls die geeigneten Persönlichkeiten bestimmen und deren Wirken verfolgen.

33 **Praxisübersicht: Vorteile einer Stiftungserrichtung zu Lebzeiten**

Wählen die Stifter diesen Weg, können sie zu Lebzeiten mit ihrer Stiftung „üben". Sie können vor allem:

- Fehlentwicklungen der Stiftung entgegenwirken,
- eigene Fehleinschätzungen korrigieren,
- auf Änderungen im gesellschaftlichen, politischen und wirtschaftlichen Umfeld der Stiftung reagieren,
- neue Ideen integrieren,
- die Stiftungsorganisation optimieren sowie die Organmitglieder ihres Vertrauens anleiten und
- das Bild der Stiftung in der Öffentlichkeit mitbestimmen.

34 All die genannten Möglichkeiten kann nur der lebende Stifter optimal nutzen. Die Stiftungserrichtung zu Lebzeiten und deren sukzessive Ausstattung mit größeren

42 So schon Martin/Wiedemeier/*Schiffer*, Stiftungsideen, S. 24; siehe auch NK-BGB/*Schiffer/Pruns*, § 83 Rn 26; in dieser Richtung etwa auch *Regierer*, Stiftung & Sponsoring 1/2012, 28 f., der allerdings den fehlleitenden Ausdruck der „Vorratsgründung" verwendet. Der Ausdruck ist schon deshalb verwirrend, weil die Stiftung ihren Zweck grundsätzlich von Anfang an erfüllen muss. Sie bleibt also nicht, was aber die hier kritisierte Wortwahl suggeriert, „auf Vorrat" inaktiv.

Vermögenswerten durch Zustiftungen zu Lebzeiten und von Todes wegen sind deshalb grundsätzlich empfehlenswert. Das gilt vor allem für die gemeinnützige Stiftung. Steuerliche Nachteile gibt es hier wegen der Steuerbefreiung nicht. Eine **Zustiftung** genießt bei der steuerbefreiten Stiftung inzwischen dieselbe Steuerprivilegierung wie die Errichtungsdotation (siehe § 9 Rdn 51).[43]

Auch im Bereich der **Familienstiftung** ist das Modell bedenkenswert. Auf diese 35 Weise kann flexibel auf steigende Versorgungsbedürfnisse der Familie reagiert werden. Allerdings ist hier die steuerliche Benachteiligung von Zustiftungen zu beachten, worauf noch näher einzugehen sein wird (siehe § 8 Rdn 75 ff.).

VI. Die Endgültigkeit des Stiftungsgeschäfts

Sehr oft stellen potenzielle Stifter die Frage nach der Endgültigkeit ihrer Erklä- 36 rungen im Zusammenhang mit der Errichtung einer Stiftung. Hier sind verschiedene Fälle zu unterscheiden:

- Eine Stiftung ist grundsätzlich „auf ewig" angelegt. Die Verbrauchsstiftung (siehe § 2 Rdn 15 ff.) ist der Ausnahmefall.
- Die Umgestaltung der von ihm gewählten Stiftungskonstruktion und -konzeption kann der Stifter nach der Anerkennung nur durch eine – von der Stiftungsbehörde zu genehmigende – **Änderung der Stiftungssatzung** erreichen.
- Nur bis zur Erteilung der Anerkennung der Stiftung kann der Stifter das Stiftungsgeschäft formfrei (!) **widerrufen** (§ 81a S. 1 BGB). Widerruft er das Stiftungsgeschäft, so ist die Entstehung der Stiftung ausgeschlossen. Hat der Stifter bereits bei der zuständigen Stiftungsbehörde wegen der Anerkennung nachgesucht, so kann der Widerruf nur der Behörde gegenüber erklärt werden (§ 81a S. 2 BGB).
- Bei mehreren Stiftern macht im Zweifel der Widerruf nur eines Stifters das Stiftungsgeschäft im Ganzen in analoger Anwendung von **§ 139 BGB** unwirksam.[44]
- Der Erbe/Die Erben des Stifters ist/sind zum Widerruf nicht berechtigt, wenn der Stifter den Antrag bei der zuständigen Behörde gestellt oder im Falle der notariellen Beurkundung des Stiftungsgeschäfts den Notar bei oder nach der Beurkundung mit der Antragstellung betraut hat (§ 81a S. 3 BGB).
- Ist die Anerkennung einer Stiftung einmal erfolgt, kann das Stiftungsgeschäft – genauer gesagt dessen vermögensrechtlicher Bestandteil des Zuwendungsversprechens – nicht mehr widerrufen, sondern nur noch wegen Irrtums, Täuschung oder Drohung angefochten werden.[45] Solche Fälle sind allerdings kaum

43 Zum alten Rechtszustand siehe etwa *Mecking*, Deutsche Stiftungen (Mitteilungen des Bundesverbandes Deutscher Stiftungen) 2/2002, 77, 83.

44 Grüneberg/*Ellenberger*, § 81a Rn 1.

45 MüKo-BGB/*Weitemeyer*, § 81 Rn 58.

praxisrelevant. Seine **Anfechtungserklärung** hat der Stifter an die Stiftung zu richten. Für die Stiftung ist dann ggf. ein Pfleger durch das Amtsgericht zu bestellen, der die Frage der rechtsgültigen Anfechtung des Stiftungsgeschäfts im Wege der Feststellungsklage klären lassen kann. Ein angefochtenes Stiftungsgeschäft wird als von Anfang an nichtig angesehen. Die Stiftung als Organisation und Körperschaft wird durch die Anfechtung nach richtiger Ansicht jedoch nicht in ihrem Bestand berührt.[46] Faktisch wird das Erreichen des Stiftungszwecks in einem solchen Fall allerdings regelmäßig unmöglich werden, da die wirksame Anfechtung den Anspruch der Stiftung gegen den Stifter auf Übertragung des Stiftungsvermögens hemmt. Die Stiftung ist dann von der Anerkennungsbehörde richtigerweise nach § 87a BGB aufzuheben.

37 **Praxisrelevante Rechtsprechung: Der Bayerische Verwaltungsgerichtshof und die Genehmigung/Anerkennung einer rechtsfähigen Stiftung**

Der Bayerische Verwaltungsgerichtshof hält die Genehmigung einer rechtsfähigen Stiftung bürgerlichen Rechts nach § 48 VwVfG jedenfalls dann für rücknehmbar, wenn der Stifter die Genehmigung durch eine arglistige Täuschung erschlichen hat.[47] Das frühere Genehmigungs- und jetzige Anerkennungsgebot gehört zu den öffentlich-rechtlichen Vorschriften im BGB.[48] Die Anerkennung einer Stiftung ist ein privatrechtsgestaltender Verwaltungsakt.

Es ging in dem Fall des Bayerischen Verwaltungsgerichtshofs um einen Stifter, der von Anfang an nicht über das für die Stiftungserrichtung erforderliche Mindestvermögen verfügte und darüber die Stiftungsbehörde durch eine „Luftbuchung“ täuschte und sich so die damalige Genehmigung (heute Anerkennung) der Stiftung durch die Behörde erschlichen hatte.

Mit *Andrick*[49] ist zu der Entscheidungsbegründung kritisch anzumerken, dass der Weg über § 48 VwVfG nicht der Richtige sein dürfte. Lex specialis ist hier nunmehr § 87a BGB, der die Aufhebung einer rechtsfähigen Stiftung regelt. Er muss im Wege einer systemgerechten teleologischen Ausweitung in Bezug auf von Anfang an vorliegende, jedoch erst nach Errichtung der Stiftung bekannt gewordene die Genehmigung/Anerkennung hindernde Umstände zur Anwendung gelangen, denn der Rechtsverkehr muss sich darauf verlassen können, dass eine genehmigte/anerkannte Stiftung als rechtsfähig besteht. Mit der verwaltungsverfahrensrechtlichen Rücknahme des Genehmigungs-/Anerkennungsverwaltungsaktes nach § 48 VwVfG wird die „Rücknahme“ für den Rechtsverkehr aber nicht ohne weiteres erkennbar und auch in ihrer rechtlichen Tragweite nicht überschaubar.

---

46 MüKo-BGB/*Weitemeyer*, § 81 Rn 58.

47 BayVGH, Urt. v. 12.10.2005 – 5 BV 03.2841 (zuvor VG München – M 7 K 02.4714), teilw. abgedr. bei *Andrick*, ZSt 2006, 41.

48 Herrschende Meinung, siehe etwa *Andrick*, ZSt 2006, 41.

49 *Andrick*, ZSt 2006, 41, 42 f.

Fehlt dem Stiftungsgeschäft die **vorgeschriebene Form**, verstößt das Stiftungsgeschäft gegen gesetzliche Vorschriften, ist es sittenwidrig oder ist gar der Stifter geschäftsunfähig, so ist das **Stiftungsgeschäft** ebenfalls **nichtig**, und zwar mit den entsprechenden Folgen wie bei der wirksamen Anfechtung. 38

C. Zentrale Gestaltungsaufgabe: Die Stiftungssatzung

I. Satzung als Herzstück der Stiftung

Die Stiftungssatzung bildet zusammen mit dem Stiftungsgeschäft das rechtliche 39
Herzstück der Stiftung. Bei der Gestaltung einer Stiftungssatzung (auch Stiftungsverfassung) ist zwischen dem notwendigen und dem möglichen Inhalt zu unterscheiden.[50]

Notwendig und zwingend für eine Stiftungsverfassung sind zunächst Angaben 40
zu Zweck, Namen, Sitz und Vorstand der Stiftung (§ 81 Abs. 1 Nr. 1 BGB). Die Satzung einer Verbrauchsstiftung muss nach § 81 Abs. 2 BGB zusätzliche, besondere Angaben enthalten, nämlich die Festlegung der Zeit, für die die Stiftung errichtet wird, sowie *„Bestimmungen zur Verwendung des Stiftungsvermögens, die die nachhaltige Erfüllung des Stiftungszwecks und den vollständigen Verbrauch des Stiftungsvermögens innerhalb der Zeit, für welche die Stiftung errichtet wird, gesichert erscheinen lassen"*.

Checkliste: Notwendiger Inhalt einer Stiftungssatzung gem. § 81 Abs. 1 Nr. 1, Abs. 2 BGB 41

- Stiftungszweck(e)
- Name der Stiftung
- Sitz der Stiftung
- Bildung des Vorstands der Stiftung (mindestens: Ein-Personen-Vorstand)
- Zusätzlich bei Verbrauchsstiftung: Festlegung des Errichtungszeitraums und Bestimmungen zur Verwendung des Stiftungsvermögens
- **Nicht zwingende Inhalte, die aber zumindest bei größeren Stiftungen sinnvoll sind**
  - weitere Organe der Stiftung (Stiftungsrat, Kuratorium, Beirat)
  - Regelungen zu Modalitäten der Organsitzungen und der Beschlussfassung[51]
  - Regelungen zur Vermögenserhaltung und Vermögensverwaltung

---

50 Siehe auch NK-BGB/*Schiffer/Pruns*, § 81 Rn 15 m.w.N. Zu Formulierungsbeispielen siehe etwa Plottek/Weiten, Anwaltformulare Stiftungsrecht, § 4 Rn 6 f.

51 Zu Präsenz-, Online- und Hybrid-Sitzungen siehe etwa *Bieniek*, StiftungsBrief 2025, 187; *dies.*, StiftungsBrief 2025, 203.

II. Möglicher Satzungsinhalt: Privatautonomie und Stifterwille

42 Neben den vorstehend genannten notwendigen Angaben, die wir weiter unten näher betrachten (siehe Rdn 49 ff.), kann eine Stiftungssatzung zahlreiche weitere Regelungen enthalten. Tatsächlich ist uns aus der Praxis kaum eine Stiftungssatzung bekannt, die sich nur auf den absolut notwendigen Mindestinhalt beschränkt. Bei der ganz überwiegenden Anzahl von steuerbegünstigten Stiftungen folgt das schon aus den zahlreichen zusätzlichen Regelungen, die nach den Vorschriften der §§ 51 ff. AO für die Gewährung der Steuerbegünstigung erforderlich sind (siehe ausführlich § 9).

Obwohl die rechtsfähige Stiftung ersichtlich kein Gestaltungsansatz für jeden ist,[52] bleibt doch festzuhalten, dass das geltende Stiftungszivilrecht eine große Gestaltungsfreiheit gibt,[53] um die **Nachhaltigkeit** der Stiftung und zugleich deren **Flexibilität** in der Zukunft zu sichern.[54] Das ist die große Gestaltungsaufgabe für den Berater. Unser Lieblings-**Merksatz** dazu macht deutlich, wie weit für eine Stiftung in die Zukunft zu blicken und wie ggf. wenig an aktuellen Gedanken festzuhalten ist:

> *„Der klügste Mensch, der heute lebt, weiß weniger darüber, was für die Stiftung in 100 Jahren richtig ist, als der dümmste Mensch, der dann lebt!"*

Durch Regelungen in der Stiftungssatzung können vor allem
- die Wege zur Erreichung des Stiftungszwecks näher konkretisiert,
- Vorgaben zur Art und Weise der Vermögensverwaltung der Stiftung gegeben,
- der Ein-Personen-Vorstand erweitert (Vieraugenprinzip, Vertretung nur durch zwei Vorstandsmitglieder, Regelungen zu den internen Entscheidungsvorgängen des Stiftungsvorstandes und der Geschäftsführung) und
- neben dem Vorstand weitere Organe für die Stiftung zur Kontrolle des Vorstandes und/oder dessen Beratung festgelegt werden.

Letztlich lässt sich für jedes konkrete Stiftungsprojekt eine maßgeschneiderte Satzung entwerfen. Es besteht ein sehr **weiter Gestaltungsspielraum**. Eine Standardsatzung gibt es nicht (auch wenn manche Stiftungsbehörden mitunter die Verwendung ihrer jeweiligen „Mustersatzung" nahelegen wollen). Jeder Fall ist anders und benötigt, je ambitionierter und größer das Stiftungsprojekt ist, desto eher einen „Maßanzug" in Form einer spezifischen Satzung.

43 Im Regelfall ist es vor allem bei Stiftungen mit einem größeren Vermögen sinnvoll, als weiteres Organ einen **Stiftungsrat** (auch **Stiftungsbeirat** genannt) zu bestimmen, dem die Beratung, Beaufsichtigung und Kontrolle des Stiftungsvor-

---

52 Siehe dazu etwa *Jungheim*, Die Stiftung 6/2010, 40 f. („Wenn Witwe Bolte stiften geht").

53 Zur Gestaltung der Stiftungssatzung im Spannungsfeld zwischen Stifterfreiheit, Stiftungsautonomie und staatlicher Stiftungsaufsicht siehe *Fritsche*, ZSt 2009, 21.

54 *Gollan*, ErbR 2024, 658 mit Denkanstößen für eine streitvermeidende Satzungsgestaltung. Siehe auch *Schlichting*, Rote Seiten zu Stiftung & Sponsoring 3/2015.

standes sowie – ggf. auch erst nach dem Tod des Stifters – die Bestellung des Stiftungsvorstandes zugewiesen wird. Sogar in der Wirtschaftspresse wurde schon vor über 30 Jahren[55] eine Kontrolle der Stiftungsvorstände gefordert. Daneben kann dann ein Freundes-, Förder- und Beraterkreis treten, der oftmals als **Kuratorium** bezeichnet wird. Die Begriffsverwendung ist in der Praxis allerdings uneinheitlich.

Das Schicksal einer Stiftung wird nicht, wie etwa dasjenige eines Vereins, von dem Willen einer Mehrheit von Mitgliedern bestimmt. Es hängt vielmehr davon ab, was die Stifter bei Errichtung der Stiftung entschieden und festgelegt haben. Maßgebend ist deren sog. **Stifterwille**,[56] dessen Einhaltung und Beachtung die Stiftungsaufsicht zu überwachen hat (siehe jetzt auch § 83 Abs. 2 BGB), soweit die Überwachung nicht schon durch geeignete Satzungsvorschriften und eine geeignete Organisation der Stiftung ausdrücklich sichergestellt ist.[57] 44

Der Stifterwille ist das **oberste Prinzip des Stiftungsrechts**.[58] Er ist damit der Maßstab für das Handeln der Stiftungsorgane[59] und wird von der Stiftungsaufsicht überwacht.[60] Letzteres gilt – wenn auch in der Regel nach den einzelnen Landesstiftungsgesetzen eingeschränkt – ausdrücklich auch für Familienstiftungen.[61] Die Stiftung ist die Vollstreckerin des Stifterwillens.[62] Mit der Anerkennung der Stiftung wird der Stifterwille verselbstständigt, d.h. dem künftigen Einfluss der Stifter entzogen, und objektiviert.[63] Auf einen etwaigen späteren geänderten Willen der Stifter kommt es damit nicht mehr an.[64] Der ursprüngliche Wille ist maßgeblich, aber eben auch der ursprüngliche hypothetische Wille, der mithin 45

55 WiWo v. 7.6.1991, 150 („Stiftungen: Wer kontrolliert da wen? Unangefochtene Macht – In stiftungseigenen Unternehmen kann das Management oft schalten und walten, wie es will – manchmal, bis es nicht mehr geht.“). Dies hat *Schwintek*, Vorstandskontrolle in rechtsfähigen Stiftungen des bürgerlichen Rechts, 2001, sehr gründlich untersucht.

56 Zu diesem siehe etwa *Uhl*, npoR 2024, 60; *Jakob/v. Orelli* (Hrsg.), Der Stifterwille. Ein Phänomen zwischen Vergangenheit, Gegenwart und Ewigkeit, Bern 2014, dort insb. *Hof*, S. 45 ff., 51 ff., *Rawert*, S. 113 ff.; Richter/*v. Campenhausen/Stumpf*, § 15 Rn 36 ff.; NK-BGB/*Schiffer/Pruns*, § 80 Rn 1 ff.

57 *Andrick/Suerbaum*, Stiftung und Aufsicht, 2001, § 4 Rn 20 unter Hinweis auf OVG NRW NVwZ-RR 1996, 425, 426.

58 BVerfG NJW 1978, 581; BGH NJW 1987, 2364, 2365; *Bruns*, StiftG BW, § 2 Erl. 1; Burgard/*Burgard*, Stiftungsrecht, 2023, § 83 Rn 19.

59 *Burgard*, Gestaltungsfreiheit im Stiftungsrecht, S. 188 ff.; NK-BGB/*Schiffer/Pruns*, § 80 Rn 1.

60 Werner/Saenger/Fischer/*Winkler*, § 27 Rn 39 ff.; siehe auch NK-BGB/*Schiffer/Pruns*, § 80 Rn 2, 93.

61 BGH NJW 1987, 2364, 2366; Richter/*Richter*, § 11 Rn 22 f.

62 NK-BGB/*Schiffer/Pruns*, § 80 Rn 4.

63 NK-BGB/*Schiffer/Pruns*, § 80 Rn 4; *Schwarz*, ZSt 2004, 64.

64 BGH NJW 1987, 2364; Richter/*Stumpf*, § 2 Rn 45; *Hüttemann*, in: FG Flume, 1998, S. 69, 74.

von einem etwaig später geänderten (ausdrücklichen) Willen streng zu unterscheiden ist.[65]

46 Auch das **Bundesverfassungsgericht** hat den Stifterwillen als grundlegenden Maßstab für eine Stiftung hervorgehoben und dazu 1977 wörtlich ausgeführt:[66]

> *„[...] Jede Stiftung ist in das historisch-gesellschaftliche Milieu eingebunden, innerhalb dessen sie entstanden ist. [...] Das eigentümliche einer Stiftung ist, dass der Stifterwille für die Stiftung dauernd konstitutiv bleibt. Charakter und Zweck der Stiftung liegen mit diesem Anfang in die Zukunft hinein und für die Dauer der Existenz der Stiftung fest. Deshalb sind auch die Erklärungen der Stifter aus dem zu ihrer Zeit herrschenden örtlichen Zeitgeist heraus auszulegen. [...]"*

47 Der Stifterwille manifestiert sich ausdrücklich und vorrangig in der Stiftungssatzung und dem Stiftungsgeschäft oder zeigt sich als nur hypothetischer (mutmaßlicher) Wille (siehe auch § 83 Abs. 2 BGB a.E.). Mit der Anerkennung der Stiftung wird der Stifterwille verselbstständigt, d.h. auch dem künftigen Einfluss des Stifters entzogen, und objektiviert. Auf einen etwaigen späteren (subjektiven) geänderten Willen des Stifters kommt es damit nicht mehr an.[67] Die grundlegende Bedeutung des Stifterwillens wird auch in § 83 Abs. 2 BGB betont. Der bei der Stiftungserrichtung manifestierte (**damalige**) **Wille** der Stifter dazu, welchen Zweck die Stiftung wie und mit welcher Organisation verfolgen soll, ist dem Gesamtverhalten der jeweiligen Stifter zu entnehmen; so können z.B. auch außerhalb des Stiftungsgeschäfts liegende Urkunden oder Umstände den Stifterwillen zum Ausdruck bringen.[68]

So kann der Stifter etwa in einer besonderen schriftlichen Erklärung anlässlich der Stiftungserrichtung („**Stiftertestament**") seine Beweggründe, die Hintergründe und seinen Willen (Stifterwillen) zur Errichtung der Stiftung konkretisierend erläutern und für die Folgegenerationen festhalten.

48 Der **mutmaßliche (hypothetische) Stifterwille** (siehe auch § 83 Abs. 2 Hs. 2 BGB) ist, falls ein ausdrücklicher Stifterwille zu einem Punkt nicht feststellbar ist, erforderlichenfalls aus den Umständen in Zusammenhang mit dem formbedürftigen (= Schriftform) Stiftungsgeschäft einschließlich Stiftungssatzung zu ermitteln und **auszulegen.**[69]

65 NK-BGB/*Schiffer/Pruns*, § 80 Rn 2 f.

66 BVerfGE 46, 73, 83 = NJW 1978, 581, siehe in dem Beschluss unter B. I. 1. d).

67 BGH NJW 1987, 2364 ff.; *Hüttemann*, in: FG Flume, 1998, S. 69, 74.

68 *Bruns*, StiftG BW, § 2 Erl. 4 f.; Werner/Saenger/Fischer/*Winkler*, § 27 Rn 101.

69 Zu den Auslegungsfragen und -grundsätzen bei formbedürftigen Willenserklärungen siehe etwa Grüneberg/*Ellenberger*, § 133 Rn 19; ausf. zur Auslegung der Stiftungssatzung NK-BGB/*Schiffer/Pruns*, § 81 Rn 67 ff. im Zusammenhang mit dem Vermögenserhaltungsgrundsatz; zur Auslegung des Stiftungsgeschäfts NK-BGB/*Schiffer/Pruns*, § 83 Rn 8 f.

In einem ersten Schritt ist bei der Ermittlung des mutmaßlichen Stifterwillens festzustellen, wie die Erklärung (des Stifters) unter Berücksichtigung aller maßgebenden Umstände auszulegen ist.[70] Dabei dürfen Umstände außerhalb der Urkunde (Stiftungsgeschäft und Stiftungsverfassung) nur berücksichtigt werden, soweit sie bewiesen sind.[71] In einem zweiten Schritt ist zu prüfen, ob die ausgelegte Erklärung der Form genügt.[72] Dabei folgt die Rechtsprechung der sog. **Andeutungstheorie**, d.h. der aus Umständen außerhalb der Urkunde ermittelte (Stifter-)Wille muss in der Urkunde einen – wenn auch (nur) unvollkommenen – Ausdruck, eine Andeutung gefunden haben.[73]

III. Der Sitz der Stiftung

Zu unterscheiden ist zwischen dem Satzungssitz, d.h. dem Sitz, der nach § 81 Abs. 1 Nr. 1 lit. c BGB in der Stiftungssatzung anzugeben ist, und dem Verwaltungssitz der Stiftung (§ 83a BGB). Über die ihm grundsätzlich freistehende Wahl des Satzungssitzes der Stiftung hat der Stifter insbesondere die Möglichkeit, das für die Stiftung einschlägige Landesstiftungsgesetz zu wählen. Allerdings ist zu beachten, dass die h.M. zumindest einen gewissen Bezug des Satzungssitzes zur Tätigkeit der Stiftung fordert.[74] Der Verwaltungssitz der Stiftung, der nach § 83a BGB im Inland liegen muss, ist der Ort der Hauptverwaltung, d.h. dort, wo die grundlegenden Entscheidungen der Leitungsorgane effektiv in laufende Geschäftsführungsakte umgesetzt werden.[75] 49

Der **Satzungssitz**, nach dem sich gem. § 80 Abs. 2 S. 1 BGB die Zuständigkeit der für die Anerkennung der Rechtsfähigkeit der Stiftung zuständigen Behörde bestimmt, und der **Verwaltungssitz** können tatsächlich auseinanderfallen.[76] Das spielte nach altem Recht vor allem dann eine Rolle, wenn sich ein Stifter für die „Anerkennung“ seiner Stiftung ein „stiftungsfreundliches“ Bundesland[77] beispielsweise zur Errichtung einer unternehmensverbundenen Stiftung suchen wollte. Solche Überlegungen mögen auch heute noch in dem einen oder anderen Fall wesentlich sein. Änderungen des Satzungssitzes erfordern eine von der Stiftungsbehörde zu genehmigende Satzungsänderung, wobei eine Verlegung des Verwaltungssitzes auch ohne diese möglich ist. Im Gegensatz zu einer offiziellen Sitzverlegung durch An- und Abmeldung bei den betreffenden Stiftungsbehörden ist eine „schleichende Sitzverlegung“ unzulässig, schon weil dann nicht die 50

70 BGHZ 80, 250; BGHZ 86, 47.

71 Grüneberg/*Ellenberger*, § 133 Rn 29.

72 Siehe etwa BGH NJW 2000, 1569.

73 BGH NJW 2000, 1569 m.w.N.

74 Burgard/*Burgard*, Stiftungsrecht, 2023, § 81 Rn 63 m.w.N.

75 Vgl. BGHZ 97, 269, 272; Burgard/*Burgard*, Stiftungsrecht, 2023, § 83a Rn 2.

76 *Hennerkes/Schiffer*, BB 1992, 1940, 1941; *Mecking*, ZSt 2004, 199, 201 f.; *Schwarz*, DStR 2002, 1718, 1722.

77 Siehe dazu *Hennerkes/Schiffer/Fuchs*, BB 1995, 209, 210 f.

innerhalb der Stiftung nach deren Satzung zuständigen Organe entscheiden. Sie erscheint auch deshalb als problematisch, weil dadurch ggf. faktisch die Behördenzuständigkeit umgangen wird.

IV. Der Name der Stiftung

51 Potenzielle Stifter fragen häufig, ob sie bei der Wahl des Namens ihrer Stiftung[78] ähnlich strenge Regeln zu beachten haben wie bei der Wahl der Firmierung für ein Unternehmen. Diese Frage ist mit „Nein" zu beantworten. Der Stifter ist bei der **Wahl des Namens** der Stiftung grundsätzlich **frei**. Eine gesetzlich geschützte Firma oder einen anderweitig geschützten Namen sowie sonstige Rechte dritter Personen wie etwa eine Marke dürfen Stifter und Stiftung aber natürlich mit dem Namen der Stiftung nicht verletzen.

52 Ab dem 1.1.2028 hat die Stiftung zudem nach Eintragung in das Stiftungsregister ihren Namen mit dem Zusatz „eingetragene Stiftung" oder der Abkürzung „e.S." zu führen (§ 82c S. 1 und 2 BGB).[79] Bei einer Verbrauchsstiftung lautet der Namenszusatz „eingetragene Verbrauchsstiftung" oder „e. VS.". Auch bereits bestehende Stiftungen müssen den Namenszusatz nach Eintragung in das Stiftungsregister führen, eine dahingehende Satzungsänderung ist, auch ausweislich der Gesetzesbegründung, jedoch nicht erforderlich.

53 **Praxishinweise und -beispiele: Klärung der Namensrechte/Erinnerung an den Stifter**

Eine Namensrecherche im Internet kann erste Anhaltspunkte geben.

Durch Individualisierungen kann regelmäßig die Verletzung anderer „Namensrechte" vermieden werden.

Beispiele: Name der Stifter – Stiftung (z.B. „Tenten-Stiftung") oder ein lokaler Bezug (z.B. „Bürgerstiftung Bonn").

Durch den Namen der Stiftung kann insbesondere auch deren Zwecksetzung umrissen werden (Beispiele: „Studienstiftung des deutschen Volkes"; XY-Stiftung – gemeinnützige Stiftung zur Förderung von Wissenschaft und Forschung).

Vor allem auch um die **Erinnerung an den Stifter wachzuhalten**, wird dessen Name häufig in den Namen der Stiftung aufgenommen werden. Ein prominentes Beispiel hierfür ist die „Dr. Mildred Scheel Stiftung". Etwas weniger bekannt sein dürfte die „Ingeborg Schmidt Gedächtnis-Stiftung", die aber ebenfalls ein typisches Beispiel darstellt. Ebenso kann der Stifter aber auch

78 Siehe auch BoKo-StiftR/*Mecking*, § 81 BGB Rn 181 ff.; *Knoop/Bornemann*, ZStV 2023, 155; *Theuffel-Werhahn*, ZStV 2023, 39; *Gromberg*, Stiftung & Sponsoring 2/2006, 32.

79 *Schiffer/Pruns/Schürmann*, Die Reform des Stiftungsrechts, 2022, § 5 Rn 16 f.

den Namen eines erinnerungswürdigen Vorfahrens oder verstorbenen Kindes wählen (Beispiel: „Isabel Zachert Stiftung").

Von dem Namen der Stiftung zu unterscheiden ist die Firmierung einer Gesellschaft, an der eine unternehmensverbundene Stiftung beteiligt ist (Beispiel: Stiftung & Co. KG). In Ausnahmefällen kann eine Stiftung kraft Gewerbebetriebes[80] selbst Kaufmann sein (§ 1 Abs. 1 HGB). Dann hat sie eine Firma zu führen (§§ 18, 30 HGB), die Unterscheidungskraft besitzen muss und nicht irreführend sein darf.[81]

V. Der Stiftungszweck

Der Zweck einer Stiftung entspricht in seiner Funktion dem Unternehmensgegenstand eines Gewerbebetriebes und ist von entsprechender Wichtigkeit. Der **Stiftungszweck** bezeichnet die spezifischen, der Stiftung vom Stifter zugedachten Aufgaben und kann nach dem Tod des Stifters faktisch kaum noch, oder nur sehr schwer, geändert werden (siehe § 4 Rdn 53 ff.). Vor allem durch die Formulierung des Stiftungszwecks legt der Stifter seinen Stifterwillen verbindlich nieder. 54

Praxishinweis: Mehrere Stiftungszwecke und „Vorratszwecke"

Eine Stiftung kann auch mehreren Zwecken dienen, etwa gleichzeitig mehreren gemeinnützigen und/oder mildtätigen Zwecken. Sie muss ihre Zwecke, was der oder die Stifter vorsorglich ausdrücklich in der Satzung festlegen sollte(n), nicht alle gleichzeitig und in gleichem Umfang verfolgen.

Allerdings tendiert eine Entwicklung der Praxis der Finanzverwaltung dazu, die Anerkennung der Gemeinnützigkeit bei vermeintlich „zu vielen" Satzungszwecken zu verweigern, wenn die satzungsgemäßen Zwecke nicht auch tatsächlich alle (gleichzeitig) verwirklicht werden. Die Diskussion zu diesen **„Vorratszwecken"** befindet sich noch im Fluss und wird je nach Finanzamt durchaus unterschiedlich gehandhabt.[82]

Für die wohl nach wie vor überwiegend ablehnende Meinung der Finanzverwaltung wird gerne auf die Ausführung von *Hüttemann*[83] verwiesen. *Hüttemann* geht richtigerweise davon aus, dass die tatsächliche Geschäftsführung der Stiftung der Satzung entsprechen muss. Er meint zudem, dass gemeinnützige Körperschaften ihre gemeinnützigen Zwecke „gegenwärtig" verfolgen sollen. Ausgehend von dieser Annahme kommt er zu dem Schluss, dass die satzungsmäßige Nennung mehrerer Zwecke die Organe – vorbehaltlich abweichender Hinweise in der Satzung – auch dazu verpflichtet, sich in allen

80 Der handelsrechtliche Begriff des Gewerbebetriebes ist von dem des wirtschaftlichen Geschäftsbetriebes i.S.d. § 14 AO zu unterscheiden!

81 Ausf. dazu *Berndt/Götz*, Stiftung und Unternehmen, Rn 406 ff.

82 Siehe auch *Pagels*, npoR 2026, 4; *Dietz*, StiftungsBrief 2013, 108.

83 *Hüttemann*, Gemeinnützigkeitsrecht und Spendenrecht, 6. Aufl. 2025, Rn 4.189.

Bereichen um geeignete Zweckerfüllungsmaßnahmen „zu bemühen". Zur Begründung verweist er auf seine Ausführungen in *Staudinger*.[84] Dort wird stiftungsrechtlich (!) die Funktion der Stiftungssatzung als verbindlicher rechtlicher Rahmen für die Stiftungsorgane betont. Zudem wird darauf hingewiesen, dass Vorratszwecke auch die Anerkennungsfähigkeit einer Stiftung infrage stellen können. Zudem sei ein Stiftungsgeschäft, das Zwecke nennt, die nach dem Willen des Stifters nicht auch tatsächlich erfüllt werden sollen, nach § 117 Abs. 1 BGB als Scheingeschäft (partiell) unwirksam. Der Verweis auf die oftmaligen Vorratszwecke in den Satzungen von Bürgerstiftungen sei kein tragfähiges Argument.

Letzteres stimmt, ist aber auch nur ein Hinweis auf die Widersprüchlichkeit in der praktischen Behandlung, denn das Thema Vorratszwecke wird bei Bürgerstiftungen, soweit ersichtlich, in der Praxis nicht wirklich aufgegriffen.

An anderer Stelle wurde bereits ausführlich darauf hingewiesen, dass es keine steuerrechtliche Vorschrift gibt, die Vorratszwecke untersagt.[85] Wenn richtigerweise auf den Stifterwillen und die sich daraus ergebende Stiftungssatzung verwiesen wird, so bietet sich für die Praxis an, was ja auch bei *Hüttemann* anklingt, ausdrücklich in der Satzung darauf hinzuweisen, dass nicht alle Zwecke gleichzeitig erfüllt werden müssen, d.h. dass sie vielmehr im Hinblick auf die Nachhaltigkeit und Langlebigkeit der Stiftung auch als Vorratszwecke gesehen werden sollen. Das kann der Stifter auch für die Prognoseentscheidung der Stiftungsaufsichtsbehörde nach § 82 BGB ausdrücklich betonen. So ist sein entsprechender Stifterwille klargestellt und kann im konkreten Fall nicht mehr als Begründung gegen die Möglichkeit von Vorratszwecken herangezogen werden. Von einem Scheingeschäft kann dann nicht mehr die Rede sein.

Wenig hilfreich ist der mitunter zu hörende Hinweis von Behördenseite, auch eine nur geringfügige Förderung mit einem kleinen Betrag sei ja die Erfüllung eines Stiftungszwecks. Das ist ein nur formaler und tatsächlich kaum sinnvoller Gedanke.

55 Die gesetzlichen Vorschriften enthalten keine besonderen Voraussetzungen für die Zulässigkeit von Stiftungszwecken. Allerdings darf die Stiftung nicht das Gemeinwohl gefährden. Das Gemeinwohl ist gefährdet, wenn die Erfüllung des Stiftungszwecks Gesetze verletzt oder der Stiftungszweck im Widerspruch zu Grundentscheidungen der Rechts- oder Verfassungsordnung steht.[86] Mit Rück-

84 Staudinger/*Hüttemann/Rawert*, § 81 Rn 48.

85 Ausf. zu der Thematik siehe *Schiffer*, StiftungsBrief 2015, 130, StiftungsBrief 2016, 8, StiftungsBrief 2016, 48 und StiftungsBrief 2016, 69.

86 Vgl. den sog. Republikanerfall, der über drei Instanzen lief: VG Düsseldorf NVwZ 1994, 811 f.; OVG Münster NVwZ 1996, 913 ff.; BVerwG NJW 1998, 2545 ff.; kritisch zu diesem Urteil *Hopt/Reuter*, S. 139 ff.; verteidigend: *Andrick*, Stiftung & Sponsoring 6/2002, 23, 25.

sicht auf die grundrechtlich geschützte[87] und im Stiftungszivilrecht ausdrücklich betonte Stiftungs- und Stifterfreiheit (§ 82 BGB) ist der unbestimmte Rechtsbegriff des Gemeinwohls eng auszulegen.[88] Bei Einhaltung dieser Grenzen kann eine Stiftung nach dem neuen Stiftungszivilrecht ausdrücklich beliebige private wie öffentliche Zwecke verfolgen („gemeinwohlkonforme Allzweckstiftung").[89]

Praxishinweis: Unterschiedliche Praxis der Stiftungsbehörden 56

Es war schon unter dem alten Stiftungszivilrecht angesichts der recht unterschiedlichen Landesstiftungsgesetze eine leidige Erfahrung aus der Praxis, dass die einzelnen Stiftungsbehörden mitunter das Stiftungsrecht unterschiedlich auslegen und handhaben. Die konkrete Handhabung hing stark von dem einzelnen Sachbearbeiter der Behörde ab. Mit der Reform des Stiftungszivilrechts 2023 und den damit erfolgten, weitergehenden bundeseinheitlichen Regelungen im BGB könnten sich die Divergenzen grundsätzlich verringert haben. Wo Menschen Recht anwenden, wird es aber aus vielen Gründen immer unterschiedliche Auffassungen geben. In potenziellen Problemfällen sollten mögliche Streitfragen deshalb durch den Berater des Stifters mit der Stiftungsbehörde vorab geklärt werden.

Lässt sich eine Klärung im Sinne des Stifters nicht erzielen, bietet sich als Ausweg an, den Sitz der Stiftung in den Bereich einer „offeneren" Anerkennungsbehörde zu verlegen. Die Tätigkeit einer Stiftung ist nicht auf das Bundesland beschränkt, in dem sie ihren formellen Sitz hat. Sie kann also bei einem Sitz in einem anderen Bundesland trotzdem in dem ursprünglich vorgesehenen Bundesland tätig werden, sofern jedenfalls ein gewisser Bezug der Tätigkeiten zu dem Bundesland der Anerkennungsbehörde bestehen bleibt.

Über den Gemeinwohlvorbehalt des § 82 S. 1 BGB hinaus werden zwei weitere Einschränkungen zulässiger Stiftungszwecke gefordert. Zum einen sollen **„Selbstzweckstiftungen"** unzulässig sein, zum anderen **„Stiftungen für den Stifter"**. Der Lehrsatz vom Verbot der Selbstzweckstiftung hat zum Inhalt, dass nur „außerhalb der bloßen Vermögenserhaltung liegende Zweck[e] für die Errichtung einer Stiftung in Betracht" kommen.[90] Der Lehrsatz vom Verbot der Stiftung für den Stifter besagt, dass der Stifter nicht selbst Begünstigter (Destinatär) der von ihm errichteten Stiftung sein darf.[91] Unsere Kennzeichnung dieser Einschränkungen als „Lehrsätze" zeigt bereits die Problematik auf: Die geforder- 57

87 NK-BGB/*Schiffer/Pruns*, § 80 Rn 6.

88 VG Düsseldorf NVwZ 1994, 811, 812 f.

89 NK-BGB/*Schiffer/Pruns*, § 80 Rn 48 ff.

90 *Stumpf*, in: Stumpf/Suerbaum/Schulte/Pauli, Stiftungsrecht, Teil B 1 Rn 8.

91 *Andrick*, ZSt 2003, 3, 10; Staudinger/*Hüttemann/Rawert*, Vorbem. zu §§ 80 ff. Rn 8 f. m.w.N.

ten Einschränkungen folgen nicht aus dem Gesetz[92] und sind in der Sache nicht berechtigt, wie wir weiter unten sehen werden (siehe Rdn 97 ff.).[93]

VI. Die Organe der Stiftung

1. Individuelle Ausgestaltung

58 Die konkrete Ausgestaltung der Organisation einer Stiftung richtet sich zunächst individuell nach deren jeweiligem Stiftungszweck oder jeweiligen Stiftungszwecken, insbesondere aber auch nach der Vermögensausstattung der Stiftung, die wiederum auch von den Zwecken abhängt.[94] Die spezifische Organisation muss den zu erwartenden Erträgen und dem tatsächlichen Geschäftsumfang entsprechen. Sie divergiert z.B. deutlich im Fall einer kleinen Familienstiftung zur Versorgung der Familiengrabstätte und im Fall einer unternehmensbezogenen Familienstiftung, die in Bezug auf ein großes (Familien-)Unternehmen errichtet wird. Typischerweise verfügen nur größere Stiftungen, die nicht auf ein ehrenamtliches Mitwirken angewiesen sind, sondern eine leistungsgerechte Vergütung zahlen können, über eine ausgefeilte Organisation und mehrere die Stiftung leitende Personen.[95] Regelmäßig fallen unternehmensverbundene Stiftungen in diese Kategorie.

2. Der Stiftungsvorstand

59 Das wesentliche und das einzige nach dem Gesetz vorgeschriebene (§ 84 Abs. 1 BGB) Organ einer Stiftung ist deren (Ein-Personen-)**Vorstand.**[96] Seine Größe und Funktion richten sich nach der konkreten Geschäftstätigkeit der Stiftung. Davon hängt insbesondere auch ab, ob er ehrenamtlich, nebenamtlich oder hauptamtlich tätig wird. Nach § 84 Abs. 2 BGB hat der Vorstand die Stellung eines **gesetzlichen Vertreters** der Stiftung, d.h. er vertritt die Stiftung gerichtlich und außergerichtlich. Er setzt den Stifterwillen um. Die Vertretungsberechtigung kann in der Satzung wie bei einem Unternehmen als Einzelvertretungsmacht oder als Gesamtvertretungsberechtigung mehrerer Vorstandsmitglieder ausgestaltet werden.

60 Die Aufsichtsbehörde stellt im Bedarfsfall für den Vorstand (noch) eine **Vertretungsbescheinigung** aus, die den Vorstand im Rechtsverkehr legitimieren soll.

---

92 Zur methodischen Kritik *Schiffer/Pruns*, NWB-EV 2012, 229, 230; kritisch auch Richter/*Dutta*, § 5 Rn 19.

93 Zusammenfassend *Schiffer/Pruns*, NWB-EV 2012, 229.

94 Zur Binnenverfassungsstruktur von Stiftungen: *Saenger*, ZStV 2012, 94 ff.

95 Zur arbeitsrechtlichen Einordnung der Stiftungsorgane siehe *Kilian*, ZSt 2007, 34.

96 Zum Stiftungsvorstand siehe NK-BGB/*Schiffer/Pruns*, § 81 Rn 29 ff., § 86 Rn 3 ff.; Werner/Saenger/Fischer/*O. Werner*, § 10 Rn 6 ff.; jew. m.w.N. Ausf. auch *Schwintek*, Vorstandskontrolle in rechtsfähigen Stiftungen des bürgerlichen Rechts, S. 96 ff.

Ihre Erteilung entspricht, auch wenn sie nicht im Einzelnen gesetzlich vorgesehen ist, ständiger Übung.[97] Eine Vertretungsbescheinigung begründet keinen öffentlichen Glauben wie etwa eine Eintragung in das Handelsregister.[98] Sie soll aber in analoger Anwendung des § 172 BGB ähnliche Wirkungen wie eine Vollmachtsurkunde entfalten.[99] Inwieweit sich die Praxis der Vertretungsbescheinigungen mit Einführung des Stiftungsregisters zum 1.1.2028 ändert, wird sich noch zeigen.

Die **Geschäftsführungsbefugnis**, d.h. die Befugnis des Vorstandes **im Innenverhältnis** zur Stiftung und etwaigen weiteren Stiftungsorganen, kann, ebenso wie wir es etwa aus dem Unternehmensbereich kennen, in der Satzung, im Anstellungsvertrag oder auch in einer Geschäftsordnung für die Vorstandsmitglieder detailliert geregelt werden.[100] So kann der Stifter beispielsweise 61

- bestimmte Geschäfte der Geschäftsführungsbefugnis des Vorstandes entziehen oder
- das Erfordernis der vorherigen Zustimmung beispielsweise des Stiftungsrates für solche Geschäfte festlegen oder
- dem Stiftungsrat die Befugnis erteilen, in einer Geschäftsordnung für den Vorstand entsprechende Regeln festzulegen.

Ihre Grenze findet diese Regelungsmacht des Stifters nach allgemeinen Rechtsgrundsätzen wie auch sonst im Körperschaftsrecht darin, dass die Organstellung des Vorstandes und die Funktionsfähigkeit der Stiftung nicht ausgehöhlt werden dürfen.

Ist der Stiftungsvorstand rechtlich oder tatsächlich nicht in der Lage, seine Funktion auszuüben, beispielsweise weil er durch den Wegfall einzelner Vorstandsmitglieder beschlussunfähig geworden ist, so kann nach § 84c BGB die zuständige Stiftungsbehörde in dringenden Fällen auf Antrag eines Beteiligten oder von Amts wegen notwendige Maßnahmen treffen, um die Handlungsfähigkeit des Organs zu gewährleisten. Sie kann insbesondere Organmitglieder befristet bestellen („Notvorstand“) oder auch von der satzungsmäßig vorgesehenen Zahl von Organmitgliedern befristet abweichen (siehe auch § 4 Rdn 50). 62

Hat die Stiftung nur den **Vorstand** als einziges Organ, so hat dieser natürlich alle für die Erfüllung des Stiftungszwecks anfallenden Aufgaben zu erledigen. 63

97 Nähere Erläuterung bei Staudinger/*Hüttemann*/*Rawert*, Vorbem. zu §§ 80 ff. Rn 166 ff.

98 *Peiker*, ZSt 2003, 2019, 2028.

99 Staudinger/*Hüttemann*/*Rawert*, Vorbem. zu §§ 80 ff. Rn 168 ff. m.w.N.

100 Grundsätzlich kann die Vertretungsmacht nicht mit Wirkung nach außen wirksam beschränkt werden. Hier gilt nur aufgrund etwaiger Besonderheiten im Sachverhalt u.U. im Einzelfall etwas anderes. Zur ausnahmsweisen Möglichkeit der Beschränkung der Vertretungsmacht des Vereinsvorstandes mit Außenwirkung siehe etwa OLG Nürnberg, Beschl. v. 20.5.2015 – 12 W 882/15, DStR 2015, 1698.

64 **Praxishinweise: Überwachung des Vorstands**

- Ein (potenzieller) Stifter sollte sich unbedingt vor Augen führen, dass der Vorstand in dem ihm durch die Satzung und den Stiftungszweck vorgegebenen Rahmen über eine **sehr große Handlungsfreiheit** verfügt, da dem Stifter mit der Anerkennung der Stiftung grundsätzlich keine Einwirkungsmöglichkeiten mehr zustehen.
- Häufig bestellt sich deshalb der Stifter selbst zum ersten Vorstand der Stiftung, um jedenfalls in der Anfangsphase den entscheidenden Einfluss auf die Stiftung ausüben zu können.
- Eine Befreiung der Vorstandsmitglieder von dem Verbot, im Namen der Stiftung Geschäfte mit sich selbst abzuschließen (Selbstkontrahierungsverbot, § 181 BGB), halten wir grundsätzlich wegen der damit verbundenen Missbrauchsgefahr (Motto: „... und führe mich nicht in Versuchung“) für problematisch. Nicht selten enthalten Förderrichtlinien großer gemeinnütziger Organisationen den Passus, dass sie Projekte gemeinnütziger Körperschaften, deren Satzungen entsprechende Befreiungen enthalten, nicht fördern.
- Überdies werden zumindest bei größeren Stiftungen zur Beschränkung der „Allmacht“ des Vorstandes vom Stifter Beratungs- und Kontrollorgane eingesetzt.

65 Lesen wir beispielhaft, wie ein langjährig erfahrener ehrenamtlicher Stiftungsvorstand diese Tätigkeit sieht:

Dr. jur. Herbert Pruns, Ministerialdirigent a. D., Bonn (†): **Zur Tätigkeit eines Stiftungsvorstands**

„Insbesondere kleine und mittlere Stiftungen mit einem Vermögen von nur wenigen Millionen EUR oder auch deutlich darunter pflegen ihre Vorstandsmitglieder und ihren Vorstandsvorsitzenden in der Regel aus dem Stiftungsrat, dem Basis- und Entscheidungsorgan einer Stiftung, zu wählen. So war es auch im konkreten Fall gewesen. Nach einer mehr als 15-jährigen aufgrund von Wiederwahlen bestehenden Mitgliedschaft im Stiftungsrat erfolgte die Wahl zum Vorstandsvorsitzenden überwiegend aus folgenden Überlegungen: Gesucht wurde die Fachkompetenz eines Juristen für die Koordinierung der Stiftungsorgane, zur Klärung von fast regelmäßig auftauchenden Rechtsfragen sowie für die Vertretung der Stiftung nach außen in den materiellen Stiftungsaufgaben. Zu der Vertretung der Stiftung nach außen zählt auch die jährliche Berichterstattung an die Stiftungsaufsichtsbehörde und der Kontakt zum Finanzamt zur Prüfung und Sicherung der Gemeinnützigkeit einer Stiftung. Im Innenbereich zur Erfüllung von Stiftungsaufgaben ist ein Jurist auch bei der Vorbereitung von Kapitalanlagen und der Prüfung von Haftungsangelegenheiten gefragt.

Zu den sehr wichtigen stiftungsinternen Aufgaben eines Vorstandes zählen insbesondere die Sicherung des Stiftungsvermögens als Grundkapital und die

Bewirtschaftung der Erträge gemeinsam mit einer Geschäftsführung nach Maßgabe anerkannter haushaltsrechtlicher Vorschriften. Zur Vorbereitung der Anlage von Stiftungsvermögen sollte nicht nur ein enger Kontakt innerhalb des Vorstandes bestehen, sondern auch zu einer Bank des Vertrauens. Vorstandsmitglieder sollten regelmäßig an allgemeinen Anlageberatungsgesprächen und Vorträgen für institutionelle Kunden der Bank teilnehmen, um sich rechtzeitig über Anlagemöglichkeiten und deren Risiken zu informieren und beraten zu lassen. Vor dem Abschluss einer Anlage insbesondere hinsichtlich der Ertragshöhe und der Anlagedauer muss der Vorstand die Zustimmung des Stiftungsrates einholen und nach dem Vertragsabschluss darüber dem Rat schriftlich berichten. Insbesondere bei Kapitalanlagen muss auch ein gesichertes Vertrauensverhältnis zwischen Vorstand und Stiftungsrat bestehen.

Zu den Aufgaben des Stiftungsvorstandes gehört es auch, den Stiftungsrat über Ertragstendenzen und Ertragsverluste rechtzeitig zu unterrichten. So ist gegenwärtig zu beobachten, dass vermehrt Anfragen nach Zuwendungen für Förderprojekte deshalb von dritter Seite eingehen, weil erteilte Zusagen von Stiftungen mit gleichen oder vergleichbaren Zwecken mangels sicherer Zinserträge und ausreichender Spenden widerrufen werden müssen.

Auch wenn rechtlich nicht zwingend, sollten ausgabewirksame Vertragsabschlüsse und Geldverfügungen stets nur durch zwei zeichnungsberechtigte Personen (z.B. Vorstand und Geschäftsführung oder zwei Vorstandsmitglieder) möglich sein („Vieraugenprinzip"). Dies sollte ausdrücklich auch mit dem beteiligten Geldinstitut verabredet werden, so dass Verfügungen durch Einzelne unzulässig sind, auch wenn dadurch zeitliche Verzögerungen in der Geschäftserledigung eintreten können. Der organisatorische Mehraufwand ist im Interesse einer haftungsrechtlichen Sicherung unbedingt geboten.

Dem Stiftungsvorstand obliegt es auch, neue Mitglieder über die materiellen Aufgaben und die ideellen Zwecke der Stiftung aufzuklären, um die Gemeinnützigkeit der Stiftung gem. §§ 52 ff. AO sicherzustellen.

Zu den Aufgaben eines Vorstandes gehören auch die Ausarbeitung von Wirtschafts-, Stellen- und Arbeitsplänen sowie die Erstellung des Jahresabschlusses und des Tätigkeitsberichts über die Arbeit des Vorstandes für den Stiftungsrat. Vorstand und Geschäftsführung klären neue Mitglieder auch über die Schwerpunkte eines Wirtschaftsplans und einer Jahresabrechnung auf. Der Vorstand muss auch für eine ordnungsgemäße und zeitnahe Buchführung sorgen und diese überwachen. Die Geschäftsführung kann zusätzlich zu ihren gesetzlichen und satzungsgemäßen Aufgaben auch mit Buchführungsangelegenheiten als zusätzliche entgeltliche Aufgabe betraut werden.

Ein Vorstand hat auch die Durchführung der Beschlüsse des Stiftungsrates sicherzustellen. Er muss aber im Vorfeld der Ratsbeschlüsse darauf achten, dass diese dem geltenden Recht und der Satzung entsprechen werden.[101] Da-

101 Siehe dazu *Stallmann*, Fehlerhafte Beschlüsse in der Stiftung bürgerlichen Rechts, 2014.

raus folgt die Beachtung einer ständigen Sorgfaltspflicht durch Abstimmung in grundsätzlichen Angelegenheiten mit den Mitgliedern des Stiftungsrates insbesondere durch Teilnahme des Vorstandes an den Ratssitzungen.
Zu den Pflichten eines Juristen im Vorstand zählt es auch, Stiftungsratsmitglieder über Haftungsfragen und den Haftungsrahmen aufzuklären. Mitglieder des Stiftungsrates müssen auch über die Folgen im Falle eines Verstoßes gegen Sorgfaltspflichten aufgeklärt werden. Verstößt ein Mitglied des Rates durch ein vorsätzliches oder grob fahrlässiges Handeln oder durch entsprechendes Unterlassen einer Pflicht insbesondere gegen ideelle Zwecke einer gemeinnützigen Stiftung, so ist der Vorstand verpflichtet, beim Vorsitzenden des Stiftungsrates ein Abwahlverfahren zu beantragen. Der Antrag ist zu begründen.
Zu den Pflichten eines Vorstandes und einer Geschäftsführung einer Stiftung zählt es auch, Wahlen in den Stiftungsrat vorzubereiten.
Vor einer Wahl in den Vorstand muss dem Kandidaten bewusst sein, dass er die hier skizzenhaft beschriebenen Aufgaben ehrenamtlich erfüllt. Als ehrenamtlich Handelnder wird ein Vorstand im Wesentlichen nach denselben Vorschriften und in demselben Grad der Verantwortlichkeit wie ein entgeltlich handelnder Vorstand oder Geschäftsführer für schuldhafte Fehler zur Verantwortung gezogen und ist gegenüber der Stiftung ggf. schadensersatzpflichtig. Nach dem Gesetz (§§ 86, 31a BGB) und ggf. auch nach der Satzung kann die Haftung eines ehrenamtlich handelnden Vorstandsmitgliedes auf Vorsatz und grobe Fahrlässigkeit beschränkt werden. Etwaige Versicherungsprämien trägt die Stiftung.
Schließlich empfiehlt es sich, dass eine Stiftung nicht nur im Interesse eines allgemeinen Gedankenaustauschs und nicht nur wegen der Beratung über materielle Themen, sondern auch wegen der vielfältigen risikobehafteten Verwaltungsaufgaben dem Bundesverband Deutscher Stiftungen angehört.
Die vielfältigen Aufgaben des Vorstandes setzen in der Regel eine mehrmalige wöchentliche Präsenz zumindest einzelner Vorstandsmitglieder in der Geschäftsstelle oder entsprechende fernmündliche Kontakte voraus.

3. Das Kontrollorgan: Der Stiftungsrat

66 Nach § 84 Abs. 4 BGB können in der Stiftungssatzung neben dem Vorstand weitere Organe vorgesehen werden, für die in der Satzung Bestimmungen über deren Bildung, Aufgaben und Befugnisse enthalten sein sollen. In der Praxis sind dies oft Kontrollorgane wie der Stiftungsrat. Die (freiwilligen) Kontrollorgane bei einer Stiftung ähneln dem Aufsichtsrat bei der Aktiengesellschaft und dem

Beirat bei sonstigen Gesellschaften.[102] Sie werden als **Stiftungsrat, Verwaltungsrat, Kuratorium** oder auch als **Beirat** bezeichnet. Der Stiftungsrat überwacht die Umsetzung des Stifterwillens und ist regelmäßig zuständig für die vorherige Zustimmung zu bestimmten wesentlichen Geschäften des Stiftungsvorstandes („**Zustimmungskatalog**"), für die Entlastung des Vorstandes, die Jahresrechnung, die Prüfung der Wirtschaftspläne und die Prüfung der Haushalts- und Wirtschaftsführung.[103] Fachlich versierte und „prominente" Mitglieder des Stiftungsrates können einen Ansatz für eine erfolgreiche **Öffentlichkeitsarbeit** der Stiftung darstellen.

Sowohl für die Tätigkeit des Vorstandes als auch des Stiftungsrates werden üblicherweise **Geschäftsordnungen** verabschiedet. Sie werden entweder vom Stifter oder von den Organen erlassen. Als sinnvoll hat sich dabei herausgestellt, dass der Stiftungsrat die Geschäftsordnung für den von ihm zu kontrollierenden Vorstand entweder selbst festlegt oder jedenfalls dadurch auf deren Inhalt Einfluss nimmt, dass sie zur Wirksamkeit seiner Zustimmung bedarf, wenn sie vom Vorstand selbst vorgeschlagen und entwickelt wird. Der Stifter sollte das ausdrücklich in der Stiftungssatzung festlegen. 67

Außerdem sollte die Geschäftsordnung innerhalb des vom Stifter mit der Stiftungsverfassung vorgegebenen Rahmens abänderbar sein, um sie geänderten Anforderungen anpassen zu können, die sich z.B. aus einem erhöhten oder verringerten Verwaltungs-/„Geschäfts"- Volumen der Stiftung ergeben. Von einer starren Geschäftsordnung ist grundsätzlich abzuraten. Sie würde die erforderliche Flexibilität der Gesamtkonstruktion unnötig beschränken. Eine flexibel gestaltete Geschäftsordnung für den Vorstand und/oder den Stiftungsrat ist – ähnlich wie die aus dem unternehmerischen Bereich bekannten Geschäftsordnungen – ein gutes Instrument zur Fernsteuerung der Verwaltung der Stiftung. 68

Lesen wir beispielhaft, wie ein vormaliges Mitglied eines Stiftungsrates diese Tätigkeit sieht: 69

Dr. jur. Herbert Pruns, Ministerialdirigent a. D., Bonn (†): **Aus der Praxis eines Stiftungsratsmitgliedes**
„Die Mitglieder des Stiftungsrates sollten für Neuwahlen und Nachwahlen Kandidaten in dem Bewusstsein auswählen, dass sie die von ihnen als Stiftungsratsmitglieder zu erwartenden satzungsgemäßen Aufgaben auch erfüllen

102 Ausf. zur Vorstandskontrolle siehe *Schwintek*, Vorstandskontrolle in rechtsfähigen Stiftungen des bürgerlichen Rechts, insb. S. 350 ff.; siehe ferner Richter/*Godron*, § 6 Rn 83 ff.; *Kilian*, Rote Seiten zu Stiftung & Sponsoring 5/2002; Werner/Saenger/Fischer/*O. Werner*, § 10 Rn 36 ff. Zu dem Parallelfall des freiwilligen Unternehmensbeirates siehe Arens/Tepper/*Schiffer*, Praxisformularbuch Gesellschaftsrecht, 4. Aufl. 2013, § 16.

103 Ausf. zum Verhältnis zwischen Stiftungsvorstand und fakultativem Kontrollorgan Richter/*Godron*, § 6 Rn 86 f.; *Jakob*, Schutz der Stiftung, S. 232 ff.; *Kilian*, Rote Seiten zu Stiftung & Sponsoring 5/2002.

können. Ein (neues) Mitglied des Stiftungsrates hat sich als Teil eines Entscheidungs- und vor allem eines Kontrollorgans einer Stiftung auf einen Kreis neuer materieller, oft ideeller sowie organisatorisch und verwaltungsrechtlich bisher fremder Aufgaben einzustellen. Bei Nachwahlen zum Stiftungsrat sollte geprüft werden, ob auch berufliches Fachwissen zur Unterstützung der Organisations- und Verwaltungsaufgaben sowie zur Anlage des Stiftungsvermögens eingebracht werden kann.

Ein neu gewähltes Mitglied des Stiftungsrates muss sich möglichst schnell insbesondere auf die materiellen, organisatorischen und verwaltungsmäßigen Aufgaben einer Stiftung einstellen. Zu den materiellen Aufgaben gehört die Einarbeitung in die ideellen Zwecke der Stiftung zur Vorbereitung der Ratsentscheidungen auch im Interesse der Sicherung der Gemeinnützigkeit gem. §§ 52 ff. AO. Ein Ratsmitglied bringt also nicht nur sein materielles Fachwissen ein, sondern es muss auch dafür sorgen, dass die materiellen Stiftungsaufgaben erfüllt und in diesem Sinne bei gemeinnützigen Stiftungen insbesondere die ideellen Zwecke ausschließlich und unmittelbar verfolgt werden. Ein Mitglied muss auch seine verwaltungsbezogene Kenntnisse im Interesse der Stiftung erweitern. Zu den regelmäßigen Organisations- und Entscheidungsaufgaben zählen Sitzungen des Stiftungsrates und innerhalb dieser Sitzungen auch die Beratungen und Abstimmungen über Förderprojekte und deren Kostenfolgen sowie über die Jahresabrechnung und den Tätigkeitsbericht.

Entschieden werden muss auch über Wirtschafts-, Stellen- und Arbeitspläne. Wichtig sind außerdem Personalgespräche und Einstellungen für die Verwaltung der Stiftung. Jahresabrechnungen, Wirtschafts- und Projektpläne müssen den Ratsmitgliedern rechtzeitig übersandt werden, damit diese sich sorgfältig auf deren Inhalte und auf die Abstimmungen vorbereiten können. Die Stiftungsratsmitglieder sollten sich in ihren Sitzungen fachlich austauschen.

Zur Einschränkung von etwaigen persönlichen Schadensersatzfolgen sollten Stiftungsratsmitglieder die Annahme ihrer Wahl mit einer Absprache an den Vorstand verbinden, gegen typische Haftungsrisiken einer Stiftung versichert zu werden. Die Stiftung sollte prüfen, ob sie entsprechende Haftpflichtversicherungen auf ihre Kosten abschließt."

4. Die Besetzung der Stiftungsorgane

70 Entweder **beruft** der Stifter die Organmitglieder selbst oder es berufen sie die in der Satzung festgelegten Personen/Instanzen.[104] In der Regel bestellt der Stifter jedenfalls die ersten Organmitglieder. Er kann sich selbst oder auch engen Vertrauten die Mitgliedschaft in den Organen zeitlich befristet oder auf Lebenszeit vorbehalten. Er kann sich auch vorbehalten, die Besetzung bestimmter Positionen

104 Zur Bestellung der Organmitglieder in einer Stiftung Werner/Saenger/Fischer/*O. Werner*, § 10 Rn 25 ff.

durch lebzeitige oder letztwillige Verfügung zu regeln. Es ist allerdings zu beachten, dass die Eigenständigkeit der Stiftung als juristische Person erhalten bleibt und die Stiftung nicht lediglich als „verlängerter Arm" des Stifters oder seiner Vertrauten erscheint. Das würde der Anerkennung der Stiftung entgegenstehen. Spätere Neu- oder Wiederbestellungen von Organmitgliedern kann der Stifter sich ebenfalls selbst vorbehalten.

Praxishinweis: Juristische Personen als Organmitglieder 71

Neben **natürlichen** Personen können an sich auch **juristische Personen** Mitglieder von Stiftungsorganen sein.[105] Letztere sind ebenso wie die Stiftung vom Ansatz her „unsterblich". Juristische Personen sollten jedoch nur in besonderen Ausnahmefällen ernannt werden, etwa wenn der Stifter auf den besonderen Sachverstand einer Organisation für seine Stiftung Wert legt (Beispiel: „Greenpeace" als Fachorganisation für Umweltschutz). Einem solchen Bestreben kann der Stifter aber regelmäßig sinnvoller dadurch Rechnung tragen, dass er in der Satzung bestimmte Anforderungen an die fachliche oder sonstige Qualifikation der Organmitglieder festlegt. Die Mitgliederzahl für die einzelnen Organe bestimmt sich im konkreten Einzelfall nach dem Zweck der Stiftung und dem Umfang der Geschäftstätigkeit der Organe.

Etwas anderes gilt etwa bei kleineren Stiftungen, die dadurch mit größeren Stiftungen kooperieren können, dass die größere Stiftung vertreten durch ihren Vorstand zum Vorstand der kleineren Stiftung berufen wird.[106] Diese Kooperation bei der Verwaltung darf nicht mit der Zusammen- oder Zulegung verwechselt werden.[107] Sie ist gestalterisch der einfachere Weg und kann im Einzelfall die kompliziertere Zusammen- oder Zulegung überflüssig machen. Damit dürfte sie im Regelfall eher dem Stifterwillen entsprechen.

Spätestens für die Zeit nach dem Tod des Stifters wird es regelmäßig sinnvoll 72 sein, dass der Stiftungsrat, wenn der Stifter einen solchen in der Satzung festgelegt hat, die Mitglieder des Vorstandes bestimmt. Für den Stiftungsrat selbst empfiehlt sich zur Wahrung und Betonung der Autonomie dieses Kontrollorgans die **Kooptation**, d.h. die Selbstergänzung durch einstimmigen oder jedenfalls mehrheitlich gefassten Beschluss. Der Stifter kann – und das nicht nur, wenn die Stiftung über keinen Stiftungsrat verfügt – Neu- oder Wiederbestellungen auch dritten Personen, wie etwa seinen Erben, juristischen Personen, Inhabern bestimmter Ämter, oder bestimmten Personengruppen überlassen. Er kann z.B. auch ein Stiftungsratsmitglied oder ein Vorstandsmitglied befugen, seinen Nachfolger selbst zu ernennen. In der Praxis ist die Mischung mehrerer der vorstehend angesprochenen Bestellungsverfahren häufig. Der Stifter hat hier aufgrund der knappen gesetzlichen Regelung in § 81 Abs. 1 Nr. 1 lit. d BGB einen großen

105 Siehe Richter/*Godron*, § 6 Rn 12 m.w.N.

106 Zur gemeinsamen Verwaltung bei Stiftungen siehe Richter/*Godron*, § 6 Rn 32.

107 Siehe Werner/Saenger/Fischer/*Koschmieder/Seidemann*, § 19 Rn 95 ff.

Gestaltungsspielraum, den er in Abstimmung mit seinem Berater aufgrund seiner persönlichen Vorlieben und Erfahrungen nutzen wird. Außer dem Hinweis, Interessenkonflikte zu vermeiden, gibt es hier nach unseren Erfahrungen keine allgemeingültigen Empfehlungen für ein bestimmtes Besetzungsverfahren. Doppelmitgliedschaften in Vorstand und Aufsichtsorgan sind, wenn eben möglich, zu vermeiden. Die Lösung liegt in der jeweiligen Fallkonstellation, wobei natürlich die üblichen persönlichen Voraussetzungen (Vertrauenswürdigkeit, Zeit, Engagement, Fachkenntnis etc.) jeweils zu beachten sind.

73 **Praxishinweis: Interessenkonflikte vermeiden**

Eine Personalunion von Mitgliedern verschiedener Organe oder sonstiger Mitwirkender einer Stiftung ist grundsätzlich zu vermeiden, um eine möglichst ungehinderte Ausübung der verschiedenen Organfunktionen – insbesondere der Kontrollfunktion des Stiftungsrates – zu gewährleisten und etwaige Interessenkonflikte zu vermeiden. In der Praxis wird hier bedauerlicherweise oft recht unkritisch verfahren. So haben wir beispielsweise den Fall erlebt, dass Organmitglieder zweier Stiftungen jeweils auch in den Organen der anderen Stiftung saßen, und zwar auch dann noch, als die beiden Stiftungen einen wichtigen Vertrag miteinander abgeschlossen haben. Bei diesem Vertragsabschluss beriet zudem ein Wirtschaftsprüfer, der zugleich der Jahresabschlussprüfer beider Stiftungen war. Die Betroffenen setzten sich in solchen Fällen unnötig dem Eindruck möglicher Interessenkonflikte aus! Der Stifter kann durch entsprechende ausdrückliche Satzungsregelungen vermeiden, dass überhaupt jemand in eine solche Situation kommen kann.

74 Die Erfahrung zeigt, dass die Erstbesetzung der Organe bei der nötigen Sorgfalt des Stifters und seiner Berater keine unüberwindbaren Schwierigkeiten bereitet. Wirklich schwierig gestaltet sich dagegen oft die **Suche nach geeigneten Nachfolgern** für die Besetzung der Stiftungsorgane. Es geht um zwei im Grunde recht einfache Fragen: 1. „Wen brauchen wir?“ und 2. „Wie suchen wir sie/ihn?“. Dazu gibt es keine Patentrezepte. Man muss sich aber vor Augen führen, dass eine Stiftung mit einem Vorstand, der etwa aus drei Personen besteht, und einem Stiftungsrat, der beispielsweise fünf Mitglieder hat, in regelmäßigen Abständen acht (!) Nachfolger benötigt. Benötigt werden Menschen, die Zeit, Engagement und Motivation mitbringen, ganz zu schweigen von der nötigen Kompetenz! Klare, aber auch nicht zu starre Satzungsregelungen („Soll-Vorschriften“) können hier eine Hilfestellung sein. Zu berücksichtigen ist etwa das Verfahren zur Suche nach geeigneten Personen (Auswahlgremien) und zur Wahl der geeigneten Person. Da aber die Zukunft bekanntlich unbekannt ist und bleibt, sollte der Stifter auch Änderungsmöglichkeiten in der Satzung schaffen. In der praktischen Umsetzung ist ein gewisser Aufwand unvermeidlich, lohnt aber auch. Das heißt: vorausschauen und planen (Kandidatenliste), geeignete Kandidaten über längere Zeit beobachten – ggf. auch als Gast z.B. im Stiftungsrat, miteinander sprechen, sich kennen lernen, testen (Gaststatus) etc.

Wir alle hören immer wieder, dass ehrenamtliches Engagement gefördert werden müsse.[108] Tatsächlich müssen wir uns aber auch in der Stiftungswelt zunehmend der Erkenntnis stellen, dass wir die angesichts der auch in diesem Buch vielfach beschriebenen Komplexität der Materie die erforderliche **Professionalisierung in den Stiftungsorganen** nicht erhalten werden ohne eine angemessene Vergütung der Stiftungsarbeit.[109] Das Ehrenamt scheint zunehmend überfordert. Es wird schon von der „Ehrenamtsfalle" gesprochen und es werden für unsere alternde Gesellschaft neue Formen und ein neues Verständnis freiwilliger Arbeit gefordert.[110] 75

Die Nachfolge im Stiftungsamt und vor allem im Ehrenamt ist in der Praxis auch ein echtes Problem,[111] und das nicht nur in Deutschland.[112] Im Ehrenamtsbereich können **Netzwerke** ein hilfreicher Einstieg sein, wie uns etwa kommunale Einrichtungen zeigen.[113] Kritisch anzumerken ist, dass ehrenamtlich Tätige trotz beruhigender Untersuchungen nicht selten überfordert werden. Wie schwierig es zudem sein kann, überhaupt eine Möglichkeit zu finden, sich „passend" ehrenamtlich zu engagieren, zeigt das folgende Beispiel.

Dr. jur. Martin Lenz, Ministerialrat a. D. und Ehrenamtler, Bonn: **Der schwere Weg in ein Ehrenamt** 76

„Nach meiner Pensionierung suchte ich eine etwas anspruchsvollere ehrenamtliche, juristisch-soziale Aufgabe und sprach im Bonner Raum bei einigen Wohlfahrtsverbänden vor. Viel kam dabei nicht heraus. Eine Einrichtung bot mir „Kleiderkammer oder Fundraising" an. Bei einem Verband verbuchte mich der Berater in seiner Strichliste und verabschiedete mich mit Broschüren. Mit zwei weiteren Vereinen für Menschen in Notlagen sprach ich ausführlicher, beide wollten sich bald wieder bei mir melden, taten es aber nicht.

Mein nächster Versuch war eine große, bekannte gemeinnützige Organisation. Auf meine beiden schriftlichen Anfragen erhielt ich keine Antwort. Die Organisation reagierte erst, als ich daraufhin meine Spenden einstellte.

---

108 Siehe dazu etwa *Jungheim*, Die Stiftung 2012, 32 ff. („Spitzenleistung für null Euro"). Siehe auch *Schlaugat*, Soziales Ehrenamt – Motive freiwilliger sozialer Tätigkeiten unter Berücksichtigung der Hypothese einer bestehenden eigenen Betroffenheit als Auswahlkriterium in Bezug auf das Tätigkeitsfeld, 2010 (Diss. an der Philosophischen Fakultät der Universität Bonn).

109 Siehe schon *Schiffer*, StiftungsBrief 2012, 23.

110 So etwa *Wein*, Bonner General-Anzeiger v. 24./25.1.2015 – journal, S. 1.

111 Siehe *Salaw-Hanslmaier*, ZStV 2012, 72 ff., die deshalb für den gVerein (!) nach Auswegen sucht. Die von ihr angesprochene gGmbH, die aus Haftungsgründen (!) die Geschäftsbesorgung übernehmen soll, benötigt aber wiederum auch Organmitglieder, die zudem typischerweise zu vergüten sein werden.

112 Siehe zu den Erfolgsfaktoren für den Generationenwechsel in der österreichischen Privatstiftung *Müller/Melzer*, Journal für Erbrecht und Vermögensnachfolge 2012, 91.

113 Siehe etwa Bonner General-Anzeiger v. 12.2.2015.

Dann kam Ende 2007 der 1. Bonner Stiftungstag. Dort zeigte man sich am Stand des Vereins für Bonner Stiftungen auf Anhieb interessiert und lud mich zum Gespräch ein. Seit Anfang 2008 arbeite ich gerne in diesem Verein mit, der mit seinen vielfältigen Initiativen (Stiftungstage und andere Veranstaltungen, Bonner Stiftungsgespräche, Öffentlichkeitsarbeit) den Stiftungsgedanken im Großraum Bonn aktiv fördern will.
Abgesehen von dieser letzten, positiven Erfahrung bleibt mein persönlicher Eindruck, dass viele gemeinnützige Einrichtungen quasi nur ehrenamtliche „Hand- und Spanndienste" benötigen, jedoch auf Anfragen für ihre etwas interessanteren Aufgaben nicht positiv reagieren."

5. Modalitäten

77 Die Stiftungssatzung sollte die Modalitäten, zu denen die Organmitglieder tätig sind, einschließlich der Frage der **Vergütung** der Organmitglieder (ehrenamtlich[114] oder entgeltlich?, Höhe der Vergütung?,[115] Sitzungsgelder? etc.) detailliert regeln. Da nach der dem Vereinsrecht entsprechenden gesetzlichen Grundregel des § 84a Abs. 1 S. 2 BGB Organmitglieder von Stiftungen unentgeltlich tätig sind, sofern die Satzung keine abweichende Regelung trifft, muss die grundsätzliche Zulässigkeit einer Vergütung, wenn sie vom Stifter gewollt ist, zwingend in die Stiftungssatzung aufgenommen werden!

Ggf. wird es im konkreten Einzelfall sinnvoll sein, in der Stiftungsverfassung je nach Zweck der Stiftung die Mitgliedschaft im Vorstand oder Stiftungsrat an bestimmte berufliche **Qualifikationen** (Rechtsanwalt, Steuerberater, Bankier etc.) oder **Erfahrungen** (im kulturellen Bereich, in der Jugendhilfe etc.) oder auch an bestimmte Ämter (z.B. IHK-Präsident, Vorsitzender des örtlichen Tierschutzvereins) zu binden. Der (potenzielle) Stifter sollte sich jedoch darüber im Klaren sein, dass er durch solche Festlegungen Fehlbesetzungen nicht verhindern kann, sie u.U. etwa bei der Koppelung an bestimmte Ämter sogar heraufbeschwören mag. Die jeweiligen das hinzutretende Stiftungsratsmitglied auswählenden verbleibenden bisherigen Stiftungsratsmitglieder etwa werden bei verantwortungsbewusster Amtsführung regelmäßig in der konkreten künftigen Situation besser wissen, mit welcher Qualifikation zur Ergänzung des Stiftungsorgans welche

---

114 Ausf. *Pankoke*, in: Bertelsmann-Stiftung (Hrsg.), Handbuch Stiftungen, 2. Aufl. 2003, S. 593 ff.; *Badelt*, in: Badelt u.a. (Hrsg.), Handbuch der Nonprofit-Organisation, S. 503 ff. Zu den rechtlichen Aspekten des Ehrenamtes: *Menges*, Rote Seiten zu Stiftung & Sponsoring 2/2000.

115 Zur Frage der Angemessenheit der Organbezüge siehe *Herfurth/Dehesselles*, Stiftung & Sponsoring 1/2000, 22 und 2/2000, 17; *Richter/Werz*, Stiftung & Sponsoring 4/2006, 23. Zur Vergütung von Vorständen und Geschäftsführern einer gemeinnützigen Stiftung siehe auch *Feick*, ZSt 2007, 152. Eine empirische Untersuchung dazu hat vorgelegt *Sandberg*, Führungskräfte in Stiftungen zwischen Ehrenamt und Spitzengehalt, 2014.

Person aktuell geeignet erscheint. Das gilt zunehmend mit fortschreitendem Zeitablauf nach dem Tod des Stifters. Kein noch so vorausplanender Stifter kann über Jahrzehnte in die Zukunft schauen. Die Geschichte zeigt uns immer wieder überraschende, so nicht erwartete Wendungen. (Bonmot: *„Ein kluger Mensch von heute wird schlechter darüber Bescheid wissen, was in beispielsweise 100 Jahren angeraten ist, als ein dummer Mensch, der in 100 Jahren lebt.“*) Die Satzung einer Stiftung sollte daher hinsichtlich der Qualifikation der Mitglieder der Stiftungsorgane sinnvollerweise grundsätzlich nur sog. **Soll-Vorschriften** enthalten, von denen im Einzelfall begründet abgewichen werden kann. Etwas anderes mag gelten, wenn der Stifter die Organmitgliedschaft eines im Stiftungswesen erfahrenen Rechtsanwalts für erforderlich hält, den er als eine Art Justitiar der Stiftung und als „Garant“ für ein rechtlich „geordnetes“ Stiftungsleben ansieht.

Organmitglieder können theoretisch auf Lebenszeit bestimmt werden. Das ist 78
jedoch in aller Regel nicht sinnvoll. Üblich ist jedenfalls eine **Höchstaltersbegrenzung**. Größere Flexibilität bietet die von vornherein begrenzte **Amtsdauer** der Organmitglieder, wie wir sie etwa für den Vorstand und die Aufsichtsratsmitglieder einer Aktiengesellschaft kennen. Die Stiftungsverfassung sollte überdies eine Regelung dazu enthalten, dass und wie oft die **Wiederbestellung** von Organmitgliedern zulässig ist. Von sich aus kann sowohl ein Mitglied des Vorstandes als auch des Stiftungsrates sein Amt grundsätzlich jederzeit **niederlegen**, es sei denn, aus der Satzung oder dem Anstellungsvertrag ergibt sich ausnahmsweise etwas anderes. Keinesfalls darf die Niederlegung zur Unzeit erfolgen. Auch durch die ernennende Instanz kann das einzelne Organmitglied – etwa aus wichtigem Grund – **abberufen** werden.[116] Die Einzelheiten ergeben sich wiederum aus der Stiftungssatzung und etwaigen Anstellungsverträgen.

Die meisten Stiftungsgesetze sehen überdies in schwerwiegenden Fällen (vor 79
allem bei grober Pflichtverletzung oder bei Unfähigkeit zur Amtsführung wegen schwerer Krankheit) die Möglichkeit der **Abberufung** von Organmitgliedern durch die **Stiftungsaufsicht** vor (z.B. § 8 Abs. 1 und 2 StiftG NRW; siehe auch § 4 Rdn 49 ff.).[117] Ein einmaliges Versagen des Organmitgliedes reicht hierzu in der Regel nicht aus.

Das Verhältnis zwischen der Stiftung und ihren Organmitgliedern bestimmt sich 80
nach den vereinbarten **Anstellungsmodalitäten**. Insbesondere bei kleineren Stiftungen kann die Tätigkeit auch ehrenamtlich erfolgen. Jedenfalls bei größeren Stiftungen und bei unternehmensverbundenen Stiftungen ist eine professionelle Führung der Stiftung erforderlich. Die Anstellungsmodalitäten von Vorstands-

116 Zur Abberufung durch den Stifter *Krezer/Bückmann*, StiftungsBrief 2024, 163.

117 Siehe ferner VG Düsseldorf, Beschl. v. 4.5.2005 – 1 L 3762/04, ZSt 2006, 139; OLG Jena, Urt. v. 27.11.1998, ZSt 2003, 24. m. Anm. *Saenger*; *O. Werner*, Stiftung & Sponsoring 3/2000, 15; Kötz/Rawert/Schmidt/Walz/*Reuter*, Non Profit Law Yearbook 2002, S. 157 ff.

und Stiftungsratsmitgliedern sind hier in der Praxis denen von Geschäftsführern/Vorständen und Beirats-/Aufsichtsratsmitgliedern in gewerblichen Unternehmen zumindest angenähert. Dabei gibt es nicht selten durchaus unterschiedliche Vorstellungen zu der Höhe der angemessenen Vergütung (siehe auch § 9 Rdn 96 ff.).

VII. Das Stiftungsvermögen

1. Vermögensausstattung zur Zweckerfüllung

81 Eine Stiftung dient der Erfüllung ihres Stiftungszwecks. Damit die Organe der Stiftung den Stiftungszweck verwirklichen können, bedürfen sie eines **für die dauernde und nachhaltige Zweckerfüllung der Stiftung** ausreichenden Stiftungsvermögens (§ 82 BGB). Es kann aus Finanzmitteln, Sachen und Rechten jeder Art bestehen und wird der Stiftung bei Errichtung oder später durch Zustiftungen von den Stiftern oder auch von Dritten, die natürlich auch Zustifter[118] sein können, übertragen. Dieses Vermögen dient der Erfüllung des Stiftungszwecks.[119] Der **Stiftungszweck** ist das eigentliche konstitutive Merkmal einer Stiftung, es wird von den Stiftern als **„zentrales Wesensmerkmal"** verbindlich insbesondere für die Stiftungsorgane vorgegeben. Eine Stiftung ohne irgendeinen über die Erhaltung ihres eigenen Vermögens hinausgehenden Zweck ist nach ganz herrschender Meinung als **„Selbstzweckstiftung" unzulässig**, da sie dann genau genommen gar keinen Zweck hat, für den das Vermögen gewidmet wird.[120] Die Stiftung wird nach § 80 Abs. 1 BGB zur Erfüllung eines vom Stifter vorgegebenen Zwecks mit Vermögen ausgestattet, woraus (allerdings meist nur unter Verweis auf das historische Verständnis) eine dienende Funktion des Vermögens im Verhältnis zum Stiftungszweck gefolgert wird und sich der Stiftungszweck damit nicht in der Erhaltung des eigenen Vermögens erschöpfen könne.[121] Allerdings ist **nicht jede Vermögenserhaltung zwingend ein Selbstzweck.**[122] Die Erhaltung des Stiftungsvermögens kann anderen zustattenkommen, wenn das Stiftungsvermögen so beschaffen ist, dass Dritte daran partizipieren können. So ist es etwa bei den sog. **„Anstaltsstiftungen"**. Gemeint sind etwa solche Stiftun-

118 Instruktiv: StiftungsInfo Nr. 5 – Stand 7/2015 des Bundesverbandes Deutscher Stiftungen: „Wie Stiftungen erfolgreich Zustiftungen einwerben".

119 Arg. aus § 80 Abs. 1 S. 1, § 83b Abs. 4 BGB. Siehe auch Werner/Saenger/Fischer/*Fritz*, § 14 Rn 26 ff.; Richter/*Godron*, § 7 Rn 8 ff.; MüKo-BGB/*Weitemeyer*, § 80 Rn 30 ff.; NK-BGB/*Schiffer/Pruns*, § 81 Rn 51 ff.

120 Staudinger/*Hüttemann/Rawert*, Vorbem. zu §§ 80 ff. Rn 9 m.w.N.; siehe auch Burgard/*Burgard*, Stiftungsrecht, 2023, § 80 Rn 45.

121 *Orth/Uhl*, Stiftungsrechtsreform, 2021, Kap. 2 Rn 51; so auch die Gesetzesbegründung in BT-Drucks 19/28173, 46 zu § 80 Abs. 1 S. 1 BGB.

122 Näher NK-BGB/*Schiffer/Pruns*, § 80 Rn 48 ff.; ausf. *Schiffer/Pruns*, ZStV 2012, 1 ff.

gen, die selbst ein Krankenhaus oder ein Museum betreiben. Aber auch hier ist die **Zulässigkeit nicht auf gemeinnützige Zwecke beschränkt.**[123]

Die herrschende Meinung sieht in der Vermögensausstattung ein *Rechtsgeschäft sui generis*, auf das die Vorschriften des Schenkungsrechts (§§ 516 ff. BGB) ggf. 82
entsprechend anzuwenden sind.[124] Umstritten ist insbesondere, ob die Schenkungsvorschriften auch zugunsten des Stifters anzuwenden sind,[125] was wesentlich für ein etwaiges Rückforderungsrecht ist. Die Vermögensausstattung ist eine Grundlage für die Anerkennung der Stiftung, die aufgrund der gesetzlichen Vorgaben (§§ 83b ff. BGB) zu einer besonders intensiven Vermögensbindung führt (**Grundsatz der Vermögenserhaltung**, § 83c Abs. 1 S. 1 BGB; siehe auch § 5 Rdn 53 ff.). Die Stiftung besteht nur aus dem Vermögen. Die Regeln des Stiftungszivilrechts gehen als Spezialregeln denen des Schenkungsrechts vor. Diese Zusammenhänge kommen deutlich in der Einordnung der Vermögensausstattung als Vertrag *sui generis* zum Ausdruck. Damit sind dann konsequenterweise schenkungsrechtliche Rückforderungsrechte abzulehnen.

Die Verbindung zwischen Stiftungszweck und Vermögen der Stiftung, wie sie 83
§ 82 BGB vornimmt („dauernde und nachhaltige Erfüllung des Stiftungszwecks"), ist der Grund dafür, dass das Stiftungsvermögen grundsätzlich zu erhalten ist.

Lange Zeit umstritten war die Frage, ob ein Stifter eine Stiftung auch für einen zeitlich begrenzten Zweck (Beispiel: Wiederaufbau eines historischen Gebäudes) oder überhaupt zeitlich begrenzt (**Stiftung auf Zeit**) errichten darf und ob eine Stiftung für die Zweckerfüllung ihr Vermögen zum Teil oder auch ganz verbrauchen darf (**Verbrauchsstiftung**).[126] Mit der gesetzlichen Regelung in § 80 Abs. 1 S. 2 BGB besteht allerdings nunmehr eine ausdrückliche gesetzliche Grundlage für den Ausnahmefall der Verbrauchsstiftung, so dass sich die Diskussion um deren grundsätzliche Zulässigkeit erledigt hat.

---

123 *Schiffer/Pruns*, ZStV 2012, 1 ff.

124 Richter/*Godron*, § 7 Rn 8; MüKo-BGB/*Weitemeyer*, § 81 Rn 40; *Schwarz*, DStR 2002, 1721 m.w.N.; *Tolksdorf*, Stiftungsgeschäftliche Vermögensausstattung und Schenkung, S. 282 („fingierter Schenkungsvertrag"); Werner/Saenger/Fischer/*Fritz*, § 9 Rn 22 ff.

125 Zum Streitstand siehe etwa MüKo-BGB/*Weitemeyer*, § 81 Rn 40 ff.; *Schwarz*, DStR 2002, 1721; jew. m.w.N.

126 Siehe dazu etwa: *Schiffer/Pruns*, NWB 2011, 3858; NK-BGB/*Schiffer/Pruns*, § 80 Rn 18 ff. Als Beispiele aus der umfangreichen Diskussion seien hier genannt: *Wallenhorst*, DStR 2002, 984; *Muscheler*, in: FS Werner, 2009, S. 129, 133 ff.; *Reuter*, npoR 2010, 69; *Hushahn*, npoR 2011, 73.

2. Vermögensstruktur der Stiftung

84 § 83b BGB regelt die Zusammensetzung des Stiftungsvermögens. Zentral ist dabei das Begriffspaar **„Grundstockvermögen“** und **„sonstiges Vermögen“**. Diese beiden Vermögensarten bilden zusammen das „Stiftungsvermögen“.

a) Grundstockvermögen

85 Kennzeichnend für das Grundstockvermögen einer Stiftung ist, dass dieses nach § 83c Abs. 1 BGB grundsätzlich ungeschmälert zu erhalten ist. In § 83b Abs. 2 BGB ist abschließend[127] zusammengefasst, was zum Grundstockvermögen gehört. Dieses umfasst

- das der Stiftung im Stiftungsgeschäft *„gewidmete Vermögen“*, soweit der Stifter nicht gem. § 83 Abs. 3 BGB einen Teil davon zur Verwendung als *„sonstiges Vermögen“* gewidmet hat,
- das der Stiftung zugewendete Vermögen, soweit es vom *„Zuwendenden dazu bestimmt wurde, Teil des Grundstockvermögens zu werden (Zustiftung)“*, und
- *„das Vermögen, das von der Stiftung zu Grundstockvermögen bestimmt wurde“*.

Letzteres betrifft etwa Fälle, in denen nach § 83c Abs. 1 BGB Zuwächse aus der Umschichtung des Grundstockvermögens – sofern der Stifter in der Satzung nicht etwas Abweichendes verfügt hat – nicht zur Erfüllung der Stiftungszwecke, sondern zur Stärkung des Grundstockvermögens verwendet werden.

b) Sonstiges Vermögen

86 Anders als das Grundstockvermögen sind die Bestandteile des sonstigen Vermögens im Gesetz nicht enumerativ aufgezählt. Der Begriff „sonstiges Vermögen“ ist insofern ein Oberbegriff für sämtliche Vermögensgegenstände, die nicht unter die Aufzählung der Bestandteile des Grundstockvermögens des § 83b Abs. 2 BGB fallen. Wesentliches Abgrenzungsmerkmal zum Grundstockvermögen ist, dass das sonstige Vermögen nicht ungeschmälert zu erhalten ist, sondern verbraucht werden kann und soll. Man kann insofern auch von „verbrauchbarem Vermögen“ sprechen.[128] Folgerichtig besteht nach § 83b Abs. 1 S. 2 BGB das Stiftungsvermögen einer Verbrauchsstiftung nur aus sonstigem Vermögen.

87 Zu dem sonstigen Vermögen zählen etwa alle Zuwendungen, die keine Zustiftungen in das Grundstockvermögen sind, also insbesondere Spenden. Sonstiges Vermögen sind insbesondere auch Erträge aus der Verwaltung des Grundstockvermögens, soweit diese nicht ausnahmsweise nach § 83b Abs. 2 Nr. 3 BGB von der Stiftung zu Grundstockvermögen bestimmt werden. Im Übrigen umfasst das

127 Vgl. *Hüttemann/Rawert*, Beilage zu ZIP 33/2021, 13.

128 *Schiffer/Pruns/Schürmann*, Die Reform des Stiftungsrechts, 2022, § 7 Rn 13.

sonstige Vermögen alle Rückstellungen und Rücklagen sowie Vermögenszuflüsse der Stiftung, die nicht dem Grundstockvermögen zuzuordnen sind.[129]

Für auf unbestimmte Zeit errichtete Stiftungen enthält § 83b Abs. 3 BGB die Klarstellung, dass der Stifter sie im Stiftungsgeschäft zusätzlich zu dem gewidmeten Grundstockvermögen auch mit „sonstigem Vermögen" ausstatten kann. Erfreulicherweise ist ausdrücklich die auch vor der Stiftungsrechtsreform 2023 zulässige Möglichkeit gesetzlich verankert, sog. „Hybrid-Stiftungen" zu errichten. Dabei handelt es sich nicht um Verbrauchsstiftungen, sondern um auf unbestimmte Zeit errichtete Stiftungen, die neben Grundstockvermögen noch ein gesondertes sonstiges (Verbrauchs-)Vermögen haben. In der Praxis hat die „Hybrid-Stiftung" den Vorteil, dass diese deutlich flexiblere Handhabungen des anteiligen Vermögensverbrauchs zulässt. Anders als bei der reinen Verbrauchsstiftung müssen die Modalitäten des Vermögensverbrauchs nicht im Einzelnen in der Satzung festgelegt werden, sondern können auch in das pflichtgemäße Ermessen der zuständigen Stiftungsorgane gestellt werden.[130] 88

Das sonstige Vermögen einer Hybrid-Stiftung muss nicht erhalten werden, sondern darf, abhängig von den insoweit getroffenen Bestimmungen des Stifters, insbesondere auch für die Zweckerfüllung verbraucht werden. Es unterfällt bei steuerbegünstigten Stiftungen in der Regel nicht der Pflicht zur zeitnahen Mittelverwendung, denn es greift die Ausnahmeregelung des § 62 Abs. 3 Nr. 2 AO, die für *„Zuwendungen [gilt], bei denen der Zuwendende ausdrücklich erklärt, dass diese zur Ausstattung der Körperschaft mit Vermögen oder zur Erhöhung des Vermögens bestimmt sind"*. Ausgehend davon kann der Stifter beispielsweise auch, was sich in der Praxis bewährt hat, im Stiftungsgeschäft Vermögen zuwenden, das der Deckung von Verwaltungskosten oder der Zweckverwirklichung in den ersten Jahren dient („Anschubfinanzierung"). Zu beachten ist, dass der (Sonder-)Spendenabzug nach § 10b Abs. 1a EStG nur für Zuwendungen in das Grundstockvermögen gilt.[131] 89

Für die Anerkennung der Stiftung ist es ausweislich der Gesetzesbegründung allerdings entscheidend, dass die auf unbestimmte Zeit errichtete Stiftung auch allein mit ihrem Grundstockvermögen zur dauernden und nachhaltigen Zweckverwirklichung in der Lage ist.[132]

---

129 Siehe auch Burgard/*Burgard*, Stiftungsrecht, 2023, § 83b Rn 24.

130 *Orth/Uhl*, Stiftungsrechtsreform, 2021, Kap. 2 Rn 62; so auch die Gesetzesbegründung zu § 83b Abs. 3 BGB.

131 Im EStG ist insoweit vom „Vermögensstock" die Rede.

132 Kritisch und mit guten Argumenten für eine Gesamtschau: Burgard/*Burgard*, Stiftungsrecht, 2023, § 83b Rn 46 f.

3. Umfang der Vermögensausstattung

90 Eine für die dauernde und nachhaltige Erfüllung des Stiftungszwecks **angemessene Vermögensausstattung** wird zwar allseits für erforderlich gehalten, es ist jedoch nirgendwo gesetzlich geregelt, um welche Mindestausstattung es sich handeln muss. Der Gedanke einer festen Mindestkapitalausstattung für Stiftungen ist zu Recht verworfen worden. Zu groß sind in der Praxis die Unterschiede zwischen den einzelnen Stiftungen. Entscheidend ist, welche Vermögensausstattung der Stiftungszweck erfordert. Es besteht damit in jedem Einzelfall für die Vermögensausstattung der Stiftung ein erheblicher Ermessensspielraum. Die Anerkennungsbehörde hat eine **Prognoseentscheidung** zu treffen (§ 82 BGB: *„[…] die dauerhafte und nachhaltige Erfüllung des Stiftungszwecks gesichert erscheint […]“*). Dabei sind auch künftige Zuwendungen zu berücksichtigen, soweit diese mit einer gewissen Sicherheit zu erwarten sind.[133] Ein **„Businessplan“**,[134] der sich auch dazu verhält, welche Eingänge realistischerweise zu erwarten sind, hat sich in der Praxis immer wieder als ausgesprochen hilfreich erwiesen, um diese **„Lebensfähigkeitsprognose“** zu ermöglichen.

Ein typischer Beispielsfall für den Ansatz der Erwartung wesentlicher zukünftiger Zuwendungen ist die **Bürgerstiftung** (siehe § 2 Rdn 45 ff.). Die Beantwortung der Frage nach der ausreichenden Vermögensausstattung hängt vorrangig vom jeweiligen Stiftungszweck und von der konkreten Praxis der einzelnen Stiftungsbehörden ab. Nicht vergessen werden darf schließlich, dass **bereits in der Anlaufphase einer Stiftung Kosten entstehen**, die gedeckt werden müssen, obwohl das Stiftungsvermögen noch keine Erträge abgeworfen hat und auch noch keine Spenden gesammelt werden konnten. Hier muss der Stifter Vorsorge treffen, indem er etwa einen Teil der anfänglichen Vermögensausstattung gezielt der Deckung der Kosten der Anlaufphase widmet oder weitere Zuwendungen in der Anlaufphase verspricht.[135]

91 Für eine selbstständige Stiftung wurde seitens der Stiftungsbehörden früher relativ unumstritten die Auffassung vertreten, dass grundsätzlich jedenfalls ein Mindeststiftungsvermögen in Höhe von 50.000 EUR (oder jedenfalls 25.000 EUR[136]) faktisch erforderlich ist.[137] Angesichts der schon lange „niedrigen Zinsen“ am

---

133 RegE BT-Drucks 14/8765, 8.

134 Siehe dazu etwa *Dildei*, Stiftung & Sponsoring 4/2015, 33.

135 *Weger*, Stiftung & Sponsoring 1/2012, 30.

136 So lange Zeit in Rheinland-Pfalz. Dort wird in offiziellen Verlautbarungen nun ein Mindestvermögen in Höhe von 50.000 EUR verlangt: https://add.rlp.de/themen/soziales-und-gesundheit/stiftungen#:~:text=Flyer%20%2D%20Aufruf%20zur%20Stiftungsgr%C3%BCndung (abgerufen am 18.3.2026).

137 Kritisch zu solchen „kleinen“ Stiftungen und zu etwaigen Ausnahmefällen bereits *Schiffer*, StiftungsBrief 2011, 21.

Kapitalmarkt sind hier erhebliche Zweifel angebracht,[138] so dass von den meisten Stiftungsbehörden zwischenzeitlich jedenfalls ein **Mindestvermögen von 100.000 EUR** – in einigen Bundesländern auch mehr – „verlangt" wird. Das alles steht zwar nirgendwo im Gesetz, die genannten Mindestsummen entsprechen aber den **Auffassungen bei den Stiftungsbehörden**.

Tatsächlich ist es aber bei der aktuellen Lage des Finanzmarktes für kleinere Vermögen und selbst mit den höheren „Mindestvermögen" der Stiftungsbehörden in der Praxis wenig sinnvoll, eine eigenständige Stiftung zu gründen.[139] Derartige Stiftungen werden kaum in der Lage sein, aus ihrem Vermögen ausreichende Erträge zu erwirtschaften, um ihren Zweck „dauernd und nachhaltig" (§ 82 BGB) zu erfüllen und die Stiftung mit Leben zu erfüllen. Nach unseren Erfahrungswerten sollten in der Regel eher Vermögensausstattungen von mindestens 500.000 bis 1.000.000 EUR zur Verfügung stehen, sofern nicht Besonderheiten des Einzelfalles eine effektive Zweckerfüllung auch mit niedrigeren Erträgnissen des Stiftungsvermögens erwarten lassen. Für potenzielle Stifter mit geringeren Vermögen bietet sich vielmehr die Möglichkeit einer **Zustiftung** zu einer anderen Stiftung oder die Möglichkeit einer steuerlich günstigen gemeinnützigen **unselbstständigen, treuhänderischen Stiftung** (siehe § 12) an. Anders wird man die Angelegenheit aber wohl bewerten müssen, wenn zunächst zu Lebzeiten eine Stiftung mit relativ geringem Vermögen errichtet wird, um der Stiftung später durch letztwillige Verfügung ein größeres Vermögen zukommen zu lassen. Denkbar ist z.B. auch der Fall, dass eine kleine Stiftung nur der Nukleus ist, der von vielen (ehrenamtlichen) Helfern unterstützt wird. Nicht wenige Bürgerstiftungen folgen diesem Ansatz.

Ein altes „Stiftungsmodell" wird aktuell vor dem Hintergrund der nur noch 92
geringen Ertragsmöglichkeiten am Kapitalmarkt und der wachsenden Anforderungen an die Höhe eines Grundstockvermögens in der Praxis neu diskutiert: die **Einkommensstiftung** oder auch **„Zuwendungsstiftung"**.[140] Bei diesem Modell ist die Stiftung von vornherein für ihre Zweckerfüllung neben den Erträgen des Grundstockvermögens auf laufende Zuwendungen der Stifter und/oder Dritter angewiesen. Die Satzung einer solchen Stiftung, die typischerweise nur über ein geringes Grundstockvermögen verfügt, enthält beispielsweise folgende Regelung: *„Die Stifter tragen die Kosten der Stiftung je anteilig nach Köpfen im Rahmen der von ihnen bewilligten jährlichen Planung."* Dazu findet sich dann sich ergänzend eine konkretisierende Zusatzvereinbarung mit der Stiftung, u.a. mit folgendem Passus: *„Die Stifter X und Y verpflichten sich zur Zahlung von jährlich 50.000,00 EUR ab ... (Jahr)."*

---

138 Siehe die vorangehende Fn und ergänzend *Schiffer*, StiftungsBrief 2013, 122.
139 Siehe *Benke*, Stiftung & Sponsoring 4/2006, 30; *Schiffer*, StiftungsBrief 2011, 21.
140 Ausf. dazu *Schiffer/Schürmann*, StiftungsBrief 2015, 130 ff.

Eine solche Stiftungsgestaltung ist nur bedingt zulässig, denn die Erfüllung des Stiftungszwecks ist nur gewährleistet, wenn die Stiftung eine ausreichende Vermögensausstattung erhält, deren konkrete Höhe von dem jeweiligen Stiftungszweck abhängt. Mit Blick auf die nach § 82 BGB von der Stiftungsbehörde dazu anzustellende Prognose zur dauerhaften und nachhaltigen Zweckerfüllung ist eine Einkommensstiftung ersichtlich „bedenklich", weil sie nicht „autark" aufgrund ihres eigenen Grundstockvermögens existieren kann. Sie ist vielmehr auf externe „Zuschüsse" und damit auf Entscheidungen und auch wirtschaftliche Verhältnisse Dritter angewiesen, die von der Stiftung nicht beeinflusst werden können. Regelmäßig wird deshalb die Anerkennungsfähigkeit von Einkommensstiftungen nach unseren Erfahrungen zumindest sehr restriktiv gehandhabt. Soll eine Stiftung sich aus laufenden Zuwendungen der Stifter und/oder Dritter speisen, ist sie jedenfalls nur dann anzuerkennen, wenn auf diese Zuwendungen überhaupt ein durchsetzbarer Anspruch besteht. Dabei ist zugleich unbedingt zu beachten, dass bei solchen Dauerleistungsversprechen stets ein außerordentliches und regelmäßig auch ein ordentliches Kündigungsrecht besteht, so dass ohne eine Befristung (Verbrauchsstiftung) die nach § 82 BGB erforderliche Dauerhaftigkeit und Nachhaltigkeit fehlt.[141] So wird denn auch aus unserer Sicht nachvollziehbar vertreten, dass durchsetzbare Ansprüche auf die Zuwendungen Privater ihrerseits nur für Stiftungen auf Zeit wirksam begründet werden können, denn Zusagen auf unbestimmte Zeit liefen auf eine von der Privatautonomie nicht gedeckte unzulässige Ewigkeitsbindung hinaus.[142] Anders ist das nur bei Finanzierungszusagen der öffentlichen Hand, da dort anstelle der Privatautonomie die weniger restriktiven Grenzen für die Ewigkeitsbindung der Verwaltung gelten.[143]

Die Einkommensstiftung ist, wie an der angegebenen anderen Stelle ausführlicher dargelegt, nur als Stiftung auf Zeit/Verbrauchsstiftung zulässig. Sie ist also entgegen mancher Hoffnung findiger Zeitgenossen kein grundsätzlicher Ausweg aus der Ertragskrise, die gegenwärtig die Stiftungswelt trifft.

4. Zustiftungen

93 Eine Zustiftung[144] ist nach § 83b Abs. 2 Nr. 2 BGB das der Stiftung zugewendete Vermögen, das vom Zuwendenden dazu bestimmt wurde, Teil des Grundstockvermögens zu werden. Es handelt sich also um **Zuwendungen des Stifters oder von dritter Seite** nach Errichtung der Stiftung, d.h. von außerhalb der Stiftung,

141 Siehe dazu etwa Staudinger/*Hüttemann/Rawert*, § 80 Rn 27, 31; *Reuter*, in: FS Mestmäcker, 1996, S. 387, 405.

142 MüKo-BGB/*Weitemeyer*, § 81 Rn 36; ausf. *Schiffer/Schürmann*, StiftungsBrief 2015, 130 ff.

143 MüKo-BGB/*Weitemeyer*, § 81 Rn 36.

144 Zu Zustiftungen siehe etwa Richter/*Godron*, § 7 Rn 3 f.; *Rawert*, DNotZ 2008, 5; NK-BGB/*Schiffer/Pruns*, § 81 Rn 58 ff.; *A. Werner*, Die Zustiftung, 2003; Werner/Saenger/Fischer/*A. Werner*, § 15 Rn 1 ff.

die dem Stiftungszweck dienen und dem Stiftungsvermögen zufließen (sollen). Zustiftungen können auch in Form von Erbeinsetzungen und Vermächtnissen erfolgen. Zustiftungen unterliegen den Formvorschriften des Schenkungsrechts (§ 518 BGB) und damit auch der Heilungswirkung nach § 518 Abs. 2 BGB bei fehlender notarieller Beurkundung des Schenkungsversprechens.[145] Zu dem sich rasch verbreitenden Phänomen des „Stiftungsfonds“ als Sonderform einer Zustiftung siehe § 2 Rdn 69 ff.

Praxishinweis: Abgrenzung von Zustiftungen und Spenden 94

Anders als Zustiftungen in das Vermögen einer gemeinnützigen Stiftung unterliegen Spenden an eine solche grundsätzlich dem Gebot der zeitnahen Mittelverwendung (siehe § 9 Rdn 71 ff.). Zustiftungen, die dem Stiftungsvermögen zuzuführen sind und deshalb nicht diesem Gebot unterliegen, sollten deshalb ausdrücklich als Zustiftungen bezeichnet werden, damit gar nicht erst ein Missverständnis aufkommen kann.

Ob eine Stiftung Zustiftungen annehmen darf, richtet sich nach dem **Stifterwillen**.[146] In der Stiftungssatzung sollte die Möglichkeit der Annahme von Zustiftungen ausdrücklich und eindeutig vorgesehen werden. Es liegt keine Zustiftung vor, wenn ein Stifter in der Stiftungssatzung festlegt, dass ein Teil der Stiftungserträge zur Erhöhung des Stiftungsvermögens dienen soll.[147] „Zu“-Stiftungen müssen von außen kommen. Das ist bei einer solchen Satzungsregelung gerade nicht der Fall. Eine solche Satzungsregelung engt zudem grundsätzlich die erforderliche Dispositionsfreiheit der Stiftungsorgane unnötig ein. Eine derartige Regelung kann im Übrigen die stiftungssteuerrechtlichen Grenzen, die das Gebot der zeitnahen Mittelverwendung setzt, nicht sprengen. 95

Soll eine sog. Zustiftung einem anderen Zweck dienen als dem der Stiftung, kann sie nicht Teil deren Grundstockvermögens werden. Sie kann allenfalls von der Stiftung als treuhänderische unselbstständige Stiftung (siehe § 12) gesondert verwaltet werden. 96

5. Die Destinatäre und der Lehrsatz von der „Unzulässigkeit der Stiftung für den Stifter"

Eine Stiftung hat **keine Mitglieder** oder **Gesellschafter**. Sie hat nur **Nutzer**, „Destinatäre“ genannt. **Destinatäre** sind also diejenigen natürlichen oder juristischen Personen, denen die Vorteile der Stiftung (Stiftungsleistungen) zugutekommen sollen. Damit ist nicht zwingend eine Auszahlung der Erträge des Stiftungsvermögens an die Destinatäre gemeint. Ein Beispiel: Ist es Zweck einer Stiftung, 97

145 Siehe nur *Rawert*, DNotZ 2008, 5, 7 f. m.w.N.

146 Siehe NK-BGB/*Schiffer/Pruns*, § 81 Rn 58; Werner/Saenger/Fischer/*A. Werner*, § 15 Rn 15 f.

147 Wie hier Richter/*Godron*, § 7 Rn 4. A.A. *Carstensen*, WPg 1996, 781, 787.

ein stiftungseigenes Museum und die in ihm ausgestellten Kunstgegenstände zu erhalten, so kommen die Erträge des Stiftungsvermögens den Besuchern des Museums zustatten, ohne dass sie einen unmittelbaren finanziellen Vorteil erlangen.

98 Konkrete Bestimmungen über den Begriff und die Rechtsstellung der Destinatäre finden sich auch nach der Stiftungsrechtsreform 2023 nicht im Gesetz.[148] Wer Destinatär einer Stiftung ist, wird generell durch den Stiftungszweck und konkret, wenn es zu einer Auszahlung kommt, durch eine entsprechende Regelung in der Stiftungssatzung sowie die Entscheidung des zuständigen Organs innerhalb der Stiftung bestimmt. Als Destinatäre können

- einzelne Personen,
- bestimmte Personenkreise oder
- die Allgemeinheit bzw. Öffentlichkeit

eingesetzt werden. Bei echten Familienstiftungen[149] werden die Familienmitglieder des Stifters oder bestimmte Mitglieder der Familie als Destinatäre bestimmt.

99 Bei der Bestimmung der Destinatäre ist der Stifter frei, allerdings soll im Stiftungsrecht der **„Grundsatz der Unzulässigkeit der Stiftung für den Stifter“** gelten.[150] Besser spräche man von einem „Lehrsatz“, denn dass der Stifter nicht Destinatär der von ihm errichteten Stiftung sein kann, ist nirgendwo gesetzlich niedergelegt. Begründet wird der Lehrsatz damit, dass bei der Stiftungserrichtung aus Sicht des Stifters die Uneigennützigkeit dessen Handelns zu fordern sei. Das sei dem Stiftungsbegriff immanent.[151] Der von *Ponath* hierzu angesprochene Fall, dass eine Stiftung einzig und alleine die Versorgung des Stifters zum Zweck hat,[152] erscheint im Übrigen durchaus als praxisfern; er dient ihm wohl auch nur als Schulungsfall im Sinne der Extremfallmethode (siehe auch § 14 Rdn 113).

100 Dieser Forderung nach der Uneigennützigkeit des Stiftungszwecks aus Sicht des Stifters ist indes nicht zu folgen.[153] Man betrachte nur das Beispiel der Familienstiftung, die auch nach dem neuen Stiftungszivilrecht zweifelsfrei und unbeschränkt zulässig ist (siehe § 2 Rdn 23 ff.). Entscheidend ist nur, dass der Stiftungszweck nach dem **„Grundsatz der gemeinwohlkonformen Allzweckstif-**

148 Burgard/*Burgard*, Stiftungsrecht, 2023, Anh. 2 zu § 84a Rn 17.
149 Zur Abgrenzungsproblematik siehe § 2 Rdn 26 ff.
150 Staudinger/*Hüttemann/Rawert*, Vorbem. zu §§ 80 ff. Rn 8 f. m.w.N.; *v. Oertzen/Ponath*, Asset Protection im deutschen Recht, 3. Aufl. 2019, § 4 Rn 97 ff.
151 So Staudinger/*Hüttemann/Rawert*, Vorbem. zu §§ 80 ff. Rn 8 f. m.w.N.
152 *v. Oertzen/Ponath*, Asset Protection im deutschen Recht, 3. Aufl. 2019, § 4 Rn 100.
153 NK-BGB/*Schiffer/Pruns*, § 80 Rn 48 ff.; *Schiffer/Pruns*, NWB-EV 2012, 229, 233 m.w.N.

tung“[154] nicht das Gemeinwohl gefährdet.[155] So sagt es auch § 82 BGB. Eine Uneigennützigkeit oder gar eine aktive Gemeinwohlförderung ist demnach nicht erforderlich (siehe § 2 Rdn 33 ff.). Der eigentliche Gedanke hinter dem Lehrsatz von der „Unzulässigkeit der Stiftung für den Stifter“ dürfte denn auch eher darin liegen, dass der Stifter sich durch die Stiftung des ihr gewidmeten Vermögens entäußert, es in die unabhängige Körperschaft Stiftung entlässt. Dieses Vermögen bildet losgelöst vom Stifter an sich nach den von ihm vorgegebenen Regeln und nach der staatlichen Anerkennung die Stiftung. Folglich kann es, anders als etwa bei einer GmbH, keinen absoluten Einfluss des Stifters geben, der etwa die besagten Regeln beliebig aufhebt. Der Stifter muss vielmehr die Grenzen des Stiftungsrechts einhalten (Stichwort: „Stiftungsreife“, siehe § 14 Rdn 15 ff.). Damit ist das **Schlagwort** von der **„Unzulässigkeit einer Stiftung für den Stifter“** eher **verwirrend**, als dass es größere Erkenntnis fördert. Typischerweise errichtet ein Stifter eine Stiftung immer irgendwie auch für sich, da sie einen von ihm gewählten Zweck verfolgen soll. Fazit: Es ist im Einzelfall sehr genau zu prüfen, ob die Grenzen des Stiftungszivilrechts und ggf. des Stiftungssteuerrechts eingehalten werden. Schlagworte helfen da zur rechtlichen Bewertung nicht weiter!

Gegen den Begründungsansatz der Uneigennützigkeit spricht auch § 58 Nr. 6 101
AO[156] (siehe § 9 Rdn 158 ff.).[157] Der Gesetzgeber hat dort nämlich sogar für gemeinnützige Stiftungen ausdrücklich anerkannt, dass sie bis zu einem Drittel ihres Einkommens verwenden dürfen, um in angemessener Weise den Stifter und seine nächsten Angehörigen zu unterhalten, ihre Gräber zu pflegen und ihr Andenken zu ehren, ohne dass die Steuervergünstigung (Steuerbefreiung) hierdurch ausgeschlossen wird. Das ist ein klarer Fall der (teilweisen) Eigennützigkeit. Dennoch ist in diesem Zusammenhang ein Fall aus der Praxis aus der Zeit des alten Stiftungszivilrechts bekannt, in dem ein Stifter eine gemeinnützige Stiftung errichten wollte, um bestimmte Projekte im Ausland zu fördern, die federführend von ihm geleitet werden sollten. Hier hat die Anerkennungsbehörde in überzogener Anwendung des so nicht überzeugenden Gedankens der Uneigennützigkeit erklärt, dass sie darin eine Stiftung für den Stifter sehe, die aus ihrer Sicht nicht zu genehmigen sei. Das Projekt wurde daraufhin von dem potenziellen Stifter fallen gelassen.

Es bleibt zu hoffen, dass solche **Fehleinschätzungen** der Vergangenheit angehö- 102
ren. Bei einer rechtsmethodisch sauberen Betrachtung, die von der herrschenden

---

154 Siehe dazu nur Grüneberg/*Ellenberger*, § 82 Rn 5; Richter/*Dutta*, § 5 Rn 5 ff.

155 Etwa *Andrick/Suerbaum*, Stiftung und Aufsicht, Nachtrag 2003, § 2 Rn 9; Grüneberg/*Ellenberger*, § 82 Rn 5; Werner/Saenger/Fischer/*O. Werner*, § 11 Rn 23 ff. m.w.N. Zum „Fall Gäfgen“ (Sittenwidrigkeit der Errichtung durch einen Mörder?) siehe *Veltmann*, ZSt 2006, 250; *Neuhoff*, ZSt 2007, 20 und wiederum *Veltmann*, ZSt 2007, 64.

156 Bis 31.12.2013: § 58 Nr. 5 AO.

157 Siehe dazu auch *Muscheler*, DAI-Skript, Die Stiftung im Zivil- und Steuerrecht, Tagung v. 29./30.10.2004, S. 148.

Auffassung zur gemeinwohlkonformen Allzweckstiftung ausgeht, dürfte man nicht zu solchen Ergebnissen kommen. Allerdings werden in der Wissenschaft hier über den klaren Wortlaut des § 82 BGB hinaus eben teilweise weitere Einschränkungen gefordert.

103 Das Problem der Unzulässigkeit der „Stiftung für den Stifter“ kann sich in der **Praxis** sowohl im Anerkennungsverfahren als auch später bei der Beaufsichtigung der Stiftung auswirken. Im Rahmen der Stiftungsaufsicht (!) entschärft sich das Problem allerdings ganz wesentlich, wenn eine Familienstiftung gegründet wird. Familienstiftungen unterliegen grundsätzlich nur einer eingeschränkten (Rechts-)Aufsicht (siehe § 4 Rdn 30 ff.). Die Verwendung der Mittel wird regelmäßig nicht kontrolliert.[158] In aller Regel unterliegen sie nur insoweit der Aufsicht, als sicherzustellen ist, dass ihr Bestand und ihre Betätigung nicht dem öffentlichen Interesse zuwiderlaufen. Damit beaufsichtigt die Stiftungsbehörde also nicht, an wen die Familienstiftung tatsächlich Ausschüttungen vornimmt. Das entspricht der grundsätzlichen Tendenz der Landesgesetzgeber, die Regelung und die Kontrolle dieses Aspektes der Familie zu überlassen. Damit wird sich in der Praxis die Frage der etwaigen Unzulässigkeit der „Stiftung für den Stifter“ grundsätzlich nur im Rahmen des Anerkennungsverfahrens stellen – und dort vorrangig für gemeinnützige Stiftungen. Für diese enthält die Abgabenordnung insoweit aber, wie eben angesprochen, mit § 58 Nr. 6 AO eine klare gesetzliche Regelung zur Begünstigung des Stifters und seiner nächsten Angehörigen.

104 Die Destinatäre sind weder Mitglieder noch Gesellschafter der Stiftung. Damit haben sie grundsätzlich auch **keine „Mitgliedschaftsrechte“**, wie insbesondere Verwaltungs- oder Kontrollbefugnisse. Dem Stifter ist es aber unbenommen, in geeigneten Fällen den Destinatären in der Stiftungssatzung entsprechende Rechte einzuräumen. Er kann die Stellung der Destinatäre durch **Organisations- und Verwaltungsbestimmungen in der Stiftungssatzung** deutlich stärken. So kann er ihnen z.B. klagbare Ansprüche auf Stiftungsleistungen einräumen oder bestimmte Verwaltungs- und Kontrollrechte (z.B. ein Recht zur Einsichtnahme in die Bücher der Stiftung) übertragen. Hierfür kann der Stifter die Destinatäre auch zu einem eigenen Stiftungsorgan, einem Kuratorium etwa, zusammenschließen und diesem Organ konkrete Verwaltungsbefugnisse und/oder etwa die Überwachung des Stiftungsvorstandes übertragen.

158 Siehe aber etwa die Ausnahmevorschrift in § 9 Abs. 4 StiftG Berlin für vor dem 11.12.1997 genehmigte Familienstiftungen.

D. Die Anerkennung der Stiftung

I. Rechtsanspruch auf Anerkennung

105 In dem bereits oben (vgl. Rdn 5 ff.) angesprochenen Anerkennungsverfahren prüft die Behörde, ob die gesetzlichen Anforderungen an eine selbstständige Stiftung bürgerlichen Rechts gegeben sind.[159] Nach § 80 Abs. 2 BGB ist zur Entstehung einer rechtsfähigen Stiftung[160] des Privatrechts neben dem Stiftungsgeschäft die Anerkennung[161] durch die zuständige Behörde in dem Bundesland erforderlich, in dessen Gebiet die Stiftung ihren Sitz haben soll. Die Stiftung ist nach § 82 BGB als rechtsfähig anzuerkennen („**Recht auf Stiftung**"), wenn das Stiftungsgeschäft den Anforderungen des § 81 Abs. 1–3 BGB genügt, die dauernde und nachhaltige Erfüllung des Stiftungszwecks gesichert erscheint und der Stiftungszweck das Gemeinwohl nicht gefährdet. Die Anerkennungsbehörde hat nur noch einen Spielraum

- bei der Beurteilung hinsichtlich der Frage der „Gemeinwohlgefährdung" und
- bei der Prognoseentscheidung zur angemessenen Vermögensausstattung der Stiftung („Lebensfähigkeitsprognose").

106 Stiftungen mit einer zu geringen Vermögensausstattung werden grundsätzlich nicht anerkannt. Das Anerkennungsverfahren wird eröffnet durch einen **Antrag** des Stifters, seines Vertreters, seiner Erben oder seines Testamentsvollstreckers bei der zuständigen Anerkennungsbehörde (vgl. § 81a S. 2 BGB). Bei der Stiftung von Todes wegen ist ein Antrag verzichtbar. Der Antrag wird in diesem Fall nach dem BGB ersetzt durch die Verpflichtung des Nachlassgerichtes, die Anerkennung einzuholen (§ 356 Abs. 3 FamFG). Mehrere Stifter müssen den Antrag gemeinsam stellen.

II. „Vorstiftung"?

107 Umstritten ist (oder besser: „war"?), ob es vergleichbar der Vor-GmbH[162] eine „**Vorstiftung**" oder etwas Ähnliches gibt.[163] Zwischen Antragstellung und der Anerkennung einer selbstständigen Stiftung kann einige Zeit vergehen. Nehmen

---

159 *Bieniek*, StiftungsBrief 2024, 223.

160 Ausf. dazu auch NK-BGB/*Schiffer/Pruns*, § 80 Rn 1 ff., § 81 Rn 1 ff.; *Berndt/Götz*, Stiftung und Unternehmen, Rn 186 ff.; Richter/*Stumpf*, § 4 Rn 128 ff.; Werner/Saenger/Fischer/*Winkler*, § 27 Rn 43 ff. Ein „Grundgerüst" zur Errichtung von Stiftungen stellt *George*, Stiftung & Sponsoring 1/2006, 22 und 2/2006, 23 vor.

161 Zum Anerkennungsverfahren siehe etwa Hüttemann/Richter/Weitemeyer/*Backert*, Landesstiftungsrecht, Kap. 9 und 10.

162 Siehe auch *Lieder*, DStR 2014, 2464 zur „Vorgründungsgesellschaft, Vorbeteiligungsgesellschaft und anderen Vorbereitungsgesellschaften".

163 Ausf. *Schiffer/Pruns*, NWB 2011, 1258 ff.; *Hüttemann*, in: FS Spiegelberger, 2009, S. 1292 ff.; jew. m.w.N.

der Stifter oder künftige Stiftungsorgane bereits während dieser „Schwebezeit" irgendwelche Rechtshandlungen für die noch nicht anerkannte Stiftung vor, mieten sie etwa Büroräume an oder tätigen Anschaffungen für den künftigen Stiftungsbetrieb, so sehen manche darin Handlungen einer Vorstiftung.[164] Diese soll für entsprechende Rechtshandlungen gegenüber den Gläubigern einzustehen haben und die künftige Stiftung entsprechend den für den **Vor-Verein** entwickelten Grundsätzen wirksam verpflichten oder als **unselbstständige Stiftung**[165] einzustufen sein.[166]

108 Dieser Ansicht widersprechen weite Teile der Literatur[167] und insbesondere die Rechtsprechung der Zivil- und Finanzgerichte[168] (zu den steuerlichen Fragen siehe Rdn 111). In der Tat gibt es einen wesentlichen Unterschied: Anders als die selbstständige Stiftung müssen Vereine, Genossenschaften und Kapitalgesellschaften zum Zeitpunkt der Rechtskrafterlangung die gesetzlichen Voraussetzungen[169] vorweisen. Sie sind damit **faktisch gegründet**. Diese faktische Gründung, ist Voraussetzung für die Erlangung der Rechtspersönlichkeit und rechtfertigt die Annahme, dass bei diesen Rechtsformen ein handlungsfähiges Rechtsgebilde auch schon vor der förmlichen Rechtskrafterlangung bestanden hat. Insbesondere existieren gesetzliche Vorschriften, nach denen die jeweiligen Vorgebilde bereits Inhaber von Rechten sein können. Deutlich wird das etwa in § 7 Abs. 2, 3 GmbHG. In Abs. 3 heißt es: „*Die Sacheinlagen sind vor der Anmeldung der Gesellschaft zur Eintragung in das Handelsregister so an die Gesellschaft zu bewirken, dass sie endgültig zur freien Verfügung des Geschäftsführers stehen.*" Vor der Entstehung der GmbH als juristischer Person muss es also eine mit der späteren durch Eintragung entstehenden GmbH identische Vorgesellschaft als „Personenvereinigung eigener Art" geben, die bereits einen Geschäftsführer hat und an die die Sacheinlage bewirkt werden kann. In diesen Fällen ist deshalb die Annahme eines Vor-Vereins, einer Vor-GmbH etc. sachlich gerechtfertigt. Bei der Errichtung einer Stiftung liegt es jedoch anders.

---

164 So insb. noch BoKo-StiftR/*Muscheler*, § 81 BGB Rn 115 ff.; Grüneberg/*Ellenberger*, § 80 Rn 3; siehe auch *R. Werner*, ZErb 2011, 237.

165 So *Hennerkes/Binz/Sorg*, DB 1986, 2269, 2270; *Autenrieth*, in: FS Binz, 2014, S. 15, 19 ff.

166 Zum Sonderfall der noch nicht anerkannten Stiftung von Todes wegen als „beschränkt rechtsfähiges Gebilde eigener Art" siehe *Schwalm*, ZStV 2021, 10.

167 Werner/Saenger/Fischer/*A. Werner*, § 13 Rn 60 ff.; *Burgard*, Gestaltungsfreiheit im Stiftungsrecht, S. 87 ff.; Burgard/*Burgard*, Stiftungsrecht, 2023, § 80 Rn 68 ff.; *Hüttemann*, in: FS Spiegelberger, 2009, S. 1292; Richter/*Stumpf*, § 4 Rn 156 ff.; MüKo-BGB/*Weitemeyer*, § 82 Rn 41 ff.; NK-BGB/*Schiffer/Pruns*, § 80 Rn 14 ff.; *Schiffer/Pruns*, NWB 2011, 1258 ff.; *Schiffer/Pruns*, StiftungsBrief 2010, 203 und 207.

168 OLG Braunschweig ZEV 2020, 565; BFH ZEV 2015, 359; FG Hessen EFG 2003, 569 f.; FG Schleswig-Holstein DStRE 2009, 1386 f.; FG Baden-Württemberg DStRE 2012, 537.

169 Ausreichende Anzahl an Gründungsmitgliedern, vgl. § 56 BGB (Verein), § 4 GenG (Genossenschaft); erforderliche Kapitalausstattung, vgl. § 7 AktG (AG und über § 278 Abs. 3 AktG auch KGaA), § 5 GmbHG (GmbH).

Eine rechtsfähige Stiftung entsteht weniger in einem allmählichen Prozess als vielmehr „mit einem Schlag" durch Anerkennung (§ 80 Abs. 2 BGB). Eine zumindest gewisse **Vermögensverselbstständigung**, wie sie bei Vor-Gesellschaften regelmäßig vorliegt, **findet im Vorfeld einer Stiftungserrichtung nicht statt.** So überzeugt denn auch nicht das behauptete Vorstadium der unselbstständigen (treuhänderischen) Stiftung auf dem Weg in die rechtsfähige Stiftung.[170] Die steuerliche Gleichbehandlung der rechtsfähigen und der unselbstständigen Stiftung als Argument[171] überzeugt schon deshalb nicht, weil hier ganz bewusst die allseits als unterschiedlich angesehenen Sachverhalte einer rechtsfähigen und einer nicht rechtsfähigen Stiftung steuerlich (!) gleichbehandelt werden. 109

Der Stifter der rechtsfähigen Stiftung will grundsätzlich auch gar keine unselbstständige (nicht rechtsfähige) Stiftung errichten,[172] denn sonst hätte er es getan. Er will doch grundsätzlich auch gar nicht Treuhänder sein.[173] Kann er das im Übrigen überhaupt, wenn er gleichzeitig Treugeber ist? Wer soll aber sonst der Treuhänder sein? Schon diese Punkte zeigen, wie wenig überzeugend die Begründungen zur Vorstiftung sind.

Noch deutlicher wird das durch § 80 Abs. 2 S. 2 BGB, der die Existenz der Stiftung für den Fall des Versterbens des Stifters vor der Anerkennung fingiert. Gäbe es eine Vorstiftung, wäre diese Regelung überflüssig, denn dann bestünde ja kein Bedürfnis für eine solche gesetzliche Fiktion. Eine Fiktion ersetzt eben typischerweise gerade dasjenige, was nicht vorhanden ist, in diesem Fall die (Vor-)Stiftung.[174]

Der Stifter ist als Folge daraus auch erst nach Anerkennung der Stiftung zur Übertragung des zugesicherten Vermögens verpflichtet (§ 82a S. 1 BGB). Auch sonstige Rechte, zu deren Übertragung ein Abtretungsvertrag genügt, gehen erst mit der Genehmigung auf die Stiftung über (§ 82a S. 2 BGB). Bis zu diesem Zeitpunkt kann der Stifter das Stiftungsgeschäft jederzeit formfrei widerrufen (§ 81a BGB; siehe auch Rdn 36). Der Ansatz einer Vorstiftung ist nach alledem abzulehnen.

---

170 Entsprechend vorsichtig drückt sich etwa *Autenrieth*, in: FS Binz, 2014, S. 19, aus („... *kann man zu einer Anerkennung der Vorstiftung gelangen, wenn ... als unselbstständige Stiftung behandelt werden kann.*").

171 Siehe *Autenrieth*, in: FS Binz, 2014, S. 19.

172 Anders die Behauptung von *Autenrieth*, in: FS Binz, 2014, S. 22.

173 Die Problematik übergeht *Autenrieth*, in: FS Binz, 2014, S. 23, wenn er meint, ein „Konto", über das der Stifter nicht mehr verfügungsberechtigt sei, reiche aus. Wer soll denn mangels Treuhänder verfügungsberechtigt und Inhaber des Kontos sein? Die unselbstständige Stiftung ist, wie das BVerwG am 9.4.2014 (Az. 8 C 23.12) entschieden hat, gerade nicht rechtsfähig. An anderer Stelle (S. 25) meint *Autenrieth*, der Stiftungsvorstand könne schon für die unselbstständige Stiftung handeln. Der Stiftungsvorstand wird aber doch im Stiftungsgeschäft gerade erst für die rechtsfähige Stiftung bestimmt/eingesetzt.

174 Richter/*Stumpf*, § 4 Rn 158.

Dem hat sich inzwischen auch der **BFH** als Folgeinstanz der oben zitierten Entscheidung des FG Baden-Württemberg vom 8.2.2011 mit Urteil vom 11.2.2015 unter Hinweis auf die oben zitierte Literatur angeschlossen.[175] Damit ist es amtlich: Es gibt **keine Vorstiftung.**[176] Die Diskussion zu dem Thema sollte damit beendet sein.

110 **Praxishinweis: Vorgeschäfte**

Als **pragmatische Lösung** kann der Stifter ggf. etwaige Vorgeschäfte im Stiftungsgeschäft berücksichtigen. Das ist bis zur Anerkennung der Stiftung möglich (arg. § 81a S. 1 BGB). Dazu ein Formulierungsbeispiel:

„1. Die folgenden Bürogegenstände (...) übertrage ich der Stiftung: (...)

2.Mit Zustimmung des Vermieters vom (...) tritt die Stiftung mit ihrer Anerkennung

und Rechtsfähigkeit als Mieterin in den von mir am (...) geschlossen Mietvertrag über die

Büroräume in (...) ein.

3. Mit Zustimmung der (...) vom (...) übernimmt die Stiftung mit ihrer Anerkennung und

Rechtsfähigkeit die von mir am (...) gegebene Förderzusage."

Bei der Stiftung von Todes wegen können etwaig erforderliche Vor-Geschäfte von einem Testamentsvollstrecker bzw. Pfleger wahrgenommen werden.

111 Wenn es, wie dargelegt, keine Vorstiftung gibt, andererseits aber eine Rückwirkung der Stiftungserrichtung gem. § 80 Abs. 2 S. 2 BGB stattfindet (siehe Rdn 28), stellt sich bereits hier die Frage, **ab wann die Steuerpflicht und steuerrechtliche Privilegierung** (Steuerbefreiung) der Stiftung beginnt.[177]

Bei der Anerkennung der Stiftung zu Lebzeiten des Stifters kommen weder eine Körperschaftsteuerpflicht noch eine Steuerbefreiung der Stiftung in Frage, insbesondere da, wie oben dargelegt, eine Vorstiftung nicht existiert. Die Finanzverwaltung verfolgte früher einen eher pragmatischen Ansatz und zog eine Steuerbefreiung der Stiftung im Errichtungsstadium unter gewissen Umständen in Betracht. Das ist spätestens seit 2015 durch eine deutliche und ausführlich begründete Entscheidung des BFH überholt.[178]

---

175 BFH, Urt. v. 11.2.2015 – X R 36/11; DStRE 2015, 715; siehe dazu etwa auch *Grewe*, ErbBstg 2015, 181.

176 Näher dazu und zu der Argumentation des BFH: *Schiffer*, StiftungsBrief 2015, 81 und *Schiffer/Pruns*, BB 2015, 1756; *Fiand*, NWB 2015, 2061.

177 NK-BGB/*Schiffer/Pruns*, § 84 Rn 10 ff.

178 BFH, Urt. v. 11.2.2015 – X R 36/11; *Buchna/Leichinger/Seeger/Brox*, Kap. B Rn 19.

Für den Fall der Errichtung der Stiftung von Todes wegen sieht der BFH aufgrund der Rückwirkungsfiktion des § 80 Abs. 2 S. 2 BGB (damals § 84 BGB a.F.) die Stiftung im Falle ihrer Anerkennung bereits ab dem Zeitpunkt des Vermögensanfalls als steuerpflichtig nach § 1 Abs. 1 Nr. 4 KStG an.[179] Folgt man dem, muss Gleiches auch für den Fall gelten, dass der Stifter vor Anerkennung der Stiftung verstirbt, also ein Stiftungsgeschäft noch zu Lebzeiten verfasst und auf den Weg gebracht hat, denn § 80 Abs. 2 S. 2 BGB gilt auch für diesen Fall.[180]

Die jetzt in § 80 Abs. 2 S. 2 BGB angeordnete Rückwirkung soll sich nach Auffassung des BFH auf die Steuerbefreiung nach § 5 Abs. 1 Nr. 9 KStG allerdings nicht auswirken. Der BFH argumentiert gegen die Erstreckung der Rückwirkungsfiktion auf die Steuerbefreiung, es fehle dafür eine eigenständige steuerrechtliche Anordnung der Rückwirkung. Für die Körperschaftsteuerpflicht der Stiftung gibt es eine solche eigenständige steuerrechtliche Anordnung der Rückwirkung aber auch nicht! Dort genügte es dem BFH, sich allein auf § 84 BGB a.F. (jetzt: § 80 Abs. 2 S. 2 BGB) zu berufen. Es war für den BFH „nicht ersichtlich, warum diese [zivilrechtliche] Zuordnung“ des Vermögens zur Stiftung „für das Steuerrecht nicht gelten sollte“. Das erscheint uns als eine widersprüchliche und gegen Art. 3 Abs. 1 GG verstoßende Argumentation. Oder pointiert ausgedrückt: Die Argumentation wirkt durchaus fiskalisch motiviert. Entweder sind Steuerpflicht und Steuerbefreiung zu bejahen oder beide sind zu verneinen.

Wir meinen: Beides ist zu verneinen, denn § 80 Abs. 2 S. 2 BGB ordnet die Fiktion nur „für die Zuwendungen“ des Stifters an. Nur insoweit gilt die Stiftung als existent. Die Zuwendungen des Stifters fallen aber in die Vermögenssphäre der Stiftung und nicht in deren Einkommenssphäre. Davon abgesehen kann es hier jedenfalls kein Rosinenpicken geben.[181]

179 BFH, Urt. v. 17.9.2003 – I R 85/02, BStBl II 2005, 149 = DStRE 2004, 2299 unter II.1; BFH, Urt. v. 16.2.2011 – X R 46/09, DStRE 2011, 670 unter Rn 20. Danach sind Zuwendungen in den Vermögensstock einer nach Erbeinsetzung von Todes wegen errichteten Stiftung keine Sonderausgaben des Erblassers, da sie erst mit dem Tod zufließen. § 80 Abs. 2 Satz 2 BGB (§ 84 BGB a.F.) berührt den Abflusszeitpunkt von Stiftungsgründungsspenden nicht. Siehe dazu *Grewe*, ErbBstg 2011, 183 f.

180 NK-BGB/*Schiffer/Pruns*, § 84 Rn 2.

181 Vgl. zu weiteren Kritikpunkten *Hüttemann*, in: FS Spiegelberger, 2009, S. 1292, 1299 f.

Teil II: Stiftungen in der Praxis

§ 4 Praxis der Stiftungsarbeit, Stiftungsaufsicht und Stiftungsregister

Was bietet dieses Kapitel?
Nach der Errichtung einer Stiftung beginnt die eigentliche Arbeit erst richtig und es stellen sich ganz praktische Fragen, auf die im Folgenden näher eingegangen werden soll: Wie konstituieren sich die Stiftungsorgane? Wie gestaltet sich der Alltag der Stiftung, also die Arbeit und die Verwaltung der Stiftung? Wie wird die Stiftung geprüft und wie funktioniert die Rechnungslegung einer Stiftung? Welche Rolle spielt die Stiftungsaufsicht und wie gestaltet sich die Zusammenarbeit mit ihr? Was bringt uns das neue Stiftungsregister mit leider verschobenem Starttermin?[1]

The more you reason the less you create.

Raymond Chandler (1888–1959)

Übersicht:

1 Siehe dazu *Uhl*, StiftungsBrief 2025, 191.

A. „Konstituierung" der Stiftungsarbeit

Um das Zitat *Raymond Chandlers*, dem Erfinder des Prototyps des knallharten und unbestechlichen Privatdetektivs Philip Marlowe, aufzugreifen: Wer erfolgreich in und mit einer Stiftung arbeiten will, muss sicher kreativ und phantasievoll 1 sein. Klar ist aber auch, dass letztlich möglichst überzeugende Begründungen für das einmal Kreierte erforderlich sind.[2] Nur so kann das eigene Handeln auch bei Meinungsverschiedenheiten Dritten gegenüber erfolgreich gerechtfertigt werden, etwa gegenüber der Stiftungsaufsicht, gegenüber dem Finanzamt oder auch gegenüber den anderen Stiftungsorganen. Das setzt aber ein Bewusstsein der Akteure für die Gründe und Grundlagen ihres jeweiligen Handelns voraus.

2 Wie beginnen die Mitstreiter in der Stiftung (Organmitglieder und sonstige Personen) mit ihrer Stiftungsarbeit?[3]

Ausgangspunkte dafür sind das **Stiftungsgeschäft** und die **Stiftungssatzung**. Dort müssen sich insbesondere Regelungen für die Berufung der Organmitglieder finden. In der Praxis werden die ersten Organmitglieder in dem Stiftungsgeschäft benannt und die Modalitäten der Neuberufung nach Ablauf der ersten Amtszeit sind in der Satzung geregelt.

Die designierten Organmitglieder, insbesondere der Vorstand, müssen die Annahme des Amts erklären. Sie werden nicht automatisch Amtsinhaber, denn das Amt ist mit Pflichten verbunden und niemand darf gegen seinen Willen verpflichtet werden.[4] Eine Ausnahme gilt insoweit der Stifter sich selbst zum Vorstandsmitglied bestimmt hat.

Wem gegenüber die Annahme erklärt werden muss, wird in der stiftungsrechtlichen Fachliteratur, soweit ersichtlich, kaum einmal gefragt.[5] Die Erklärung der Annahme gegenüber der Stiftung selbst scheidet vor der Anerkennung der Stiftung bereits deshalb aus, weil die Stiftung vor der Anerkennung durch die Stiftungsbehörde noch gar nicht existiert, insbesondere auch nicht als Vorstiftung (siehe § 3 Rdn 107 ff.). Aber auch nach der Anerkennung der Stiftung ist eine solche Annahme gegenüber der Stiftung nicht möglich, da es noch gar keine Organmitglieder gibt, durch die die Stiftung handeln und denen gegenüber die Annahme erklärt werden könnte.[6]

In der Praxis hat es sich deshalb durchgesetzt, dass die Stiftungsbehörden vor der Anerkennung der Stiftung schriftliche Erklärungen der in dem Stiftungsgeschäft benannten Organmitglieder oder jedenfalls der designierten Mitglieder des Vorstands darüber verlangt, ob sie bereit sind, das Amt anzunehmen. So kann die

2 Siehe *Schiffer*, „Begründungen bitte“, StiftungsBrief 2011, 223.

3 Siehe zu den wichtigsten Fragen der Stiftungsarbeit nach Anerkennung der Stiftung auch *Schiffer/Pruns/Schürmann*, StiftungsBrief 2015, 146 und anschließender 2. Teil. Einen anschaulichen Einstieg in das „kleine 1x1 der Vorstandsarbeit“ bietet auch *Timmer*, Leitfaden für ehrenamtliche Stiftungsvorstände, Herausgegeben vom Bundesverband Deutscher Stiftungen (Stiftungswissen Nr. 03/ Stand 02/2026).

4 Siehe nur Staudinger/*Hüttemann/Rawert*, § 81 Rn 75.

5 Ausnahme Staudinger/*Hüttemann/Rawert*, § 81 Rn 75.

6 Die entsprechenden Überlegungen von Staudinger/*Hüttemann/Rawert*, § 81 Rn 75 sind deshalb nicht wirklich praktikabel.

Stiftungsbehörde feststellen, ob die Stiftung ab der Anerkennung auch handlungsfähig ist.[7] Dieses Vorgehen passt aus unserer Sicht auch am besten zur Regelung in § 82 BGB, denn nur wenn ein Vorstand bereitsteht, kann die Zweckerfüllung durch die Stiftung sichergestellt sein und die Stiftungsbehörde dazu eine Prognoseentscheidung treffen.

In dem Zusammenhang ist immer wieder von der **Konstituierung** und der konstituierenden Sitzung der Stiftungsorgane die Rede. Der Begriff kommt von dem lateinischen Verbum constituere (= errichten, beschließen). Gemeint ist **das grundlegende Sich-Organisieren** bei der ersten Versammlung des neu gebildeten Gremiums/Organs, wobei dann i.d.R. die grundlegenden Organisationsbeschlüsse gefasst werden (je nach Stiftungssatzung etwa die Wahl des Vorsitzenden, seines Stellvertreters, Klärung organisatorischer Fragen etc.). In Deutschland hat z.B. nach Art. 39 Abs. 2 GG der neu gewählte deutsche Bundestag spätestens am dreißigsten Tag nach der Wahl zu einer konstituierenden Sitzung zusammenzutreten. 3

Die Stiftungsorgane sind vorbehaltlich anderer Regelungen in der Stiftungssatzung aber bereits vor der Durchführung einer konstituierenden Sitzung handlungsfähig. Besonders eilige Maßnahmen sollten deshalb unmittelbar nach der Anerkennung der Stiftung durchgeführt werden. In Betracht kommen hier insbesondere die Beantragung einer Vertretungsbescheinigung bei der Stiftungsbehörde (siehe Rdn 75 ff.) und bei steuerbegünstigten Stiftungen der Antrag auf Feststellung der Satzungsmäßigkeit gem. § 60a AO (siehe § 9 Rdn 93 ff.) bei dem zuständigen Finanzamt. Sobald dieses eingeführt ist, sind auch die notwendigen Eintragungen in das Stiftungsregister zu veranlassen (näher dazu Rdn 80 ff.).

Auch wenn eine konstituierende Sitzung keine zwingende Voraussetzung für die Aufnahme der Arbeit durch die Stiftungsorgane ist, sollte eine solche Sitzung gleichwohl möglichst bald nach der Anerkennung der Stiftung abgehalten werden. 4

Praxisbeispiel: Tagesordnung für die „Konstituierende Sitzung eines Stiftungsvorstands"

Die Tagesordnung der konstituierenden Sitzung, zu der sich möglichst alle Mitglieder zusammenfinden oder vertreten lassen sollten, könnte wie folgt lauten:

7 Siehe zur Organbesetzung aus Sicht der Stiftungsbehörde auch anschaulich den Stiftungsinformationsbrief 1/2025 des Ministeriums des Innern und für Kommunales des Landes Brandenburg, abrufbar unter https://mik.brandenburg.de/mik/de/ministerium/antragsbehoerden/stiftungsbehoerde/stiftungsarbeit/.

„Konstituierende Sitzung eines Stiftungsvorstandes"

Tagesordnung

Begrüßung durch den Stifter

1. Feststellung der ordnungsgemäßen Einladung und der Beschlussfähigkeit
2. Wahl des Protokollführers
3. Bericht über die Anerkennung der Stiftung
4. Wahlen
   a) Vorsitzender des Stiftungsvorstandes
   b) stellvertretender Vorsitzender des Stiftungsvorstandes
   c) …
5. Beratung über die Stiftungsarbeit und anstehende Aufgaben
   a) Vorstand und Stellvertreter der Stiftungsbehörde anzeigen (falls noch nicht geschehen), ggf. Anmeldungen durch den Vorstand zum Stiftungsregister vornehmen
   b) Antrag auf Feststellung der Satzungsmäßigkeit gem. § 60a AO bei dem zuständigen Finanzamt stellen
   c) Bankverbindung: Verfügungsberechtigung
   d) Besetzung des freiwilligen Fachbeirates
   e) erste Projekte
   f) erste Spendensammelaktionen
   g) Anlage des Stiftungsvermögens
   h) …
6. Termine: Sitzungstermine und sonstige Treffen
7. Sonstiges

5 Ist in dem Stiftungsgeschäft oder der Satzung noch kein Vorsitzender des Vorstands gewählt, stellt sich die Frage, wer zu der konstituierenden Sitzung einlädt. Entsprechendes gilt für etwaige andere Stiftungsorgane. Es kann dann etwa eine entsprechende Regelung in das Stiftungsgeschäft aufgenommen werden:

Formulierungsbeispiel: Satzungsregelung zur Einladung zur „konstituierenden Sitzung des Stiftungsvorstands"

Zu der ersten konstituierenden Sitzung des Vorstandes und auch des Stiftungsrates lädt der Stifter die jeweiligen Organmitglieder unter Übersendung einer Tagesordnung mit einer Frist von 14 Tagen unverzüglich nach Anerkennung der Stiftung ein.

B. Stiftungsalltag: Tätigkeit und Verwaltung einer Stiftung

Der Begriff „**Management**“ war im Zusammenhang mit gemeinnützigen Stiftungen bis Ende der 90er Jahre des letzten Jahrhunderts noch nicht en vogue. Es ist ein Verdienst vor allem des Bundesverbandes Deutscher Stiftungen und einiger engagierter Streiter für das Thema,[8] das geändert zu haben. Klar ist, dass auch in der Welt der NPO guter Wille allein nicht reicht.[9] **Man muss nicht nur Gutes tun, man muss es auch gut tun**, sprich: den Stiftungszweck professionell erfüllen. Im Idealfall beugt das Streitigkeiten innerhalb der Stiftung sowie Konflikten mit der Stiftungsbehörde oder Dritten (z.B. Destinatären) vor, auch wenn sich diese in der Praxis nicht immer vermeiden lassen.[10] 6

I. Generelle Hinweise für Stiftungsmanager und Stiftungsberater

Prof. Dr. Hans Fleisch, ein besonders erfahrener Mistreiter im Stiftungswesen[11] und bis 2016 Generalsekretär des Bundesverbandes Deutscher Stiftungen, hat einen sehr schönen Leitfaden für eine erfolgreiche Stiftungsarbeit vorgelegt.[12] Dort gibt er einleitend „Elf Ratschläge“[13] für Stiftungsmanager, die wir hier gerne nennen und dringend zur Lektüre empfehlen, wobei wir der Ansicht sind, dass auch die Stiftungsberater das alles beherzigen sollten – einschließlich der Rechtsanwälte, Steuerberater und Wirtschaftsprüfer. 7

---

8 Grundlegend vor allem *Weger*, Rote Seiten zu Stiftung & Sponsoring 2/1999; *Weger*, Blick durch die Wirtschaft 1992, 1 ff. (Sonderdruck). Die Ergebnisse einer empirischen Studie zum Management von Stiftungen präsentiert *Sandberg*, ZSt 2006, 99; ausf. *Schlichting*, Rote Seiten zu Stiftung & Sponsoring 3/2015.

9 So lautet denn auch passend die Überschrift in dem Bericht von *Gesellensetter* im Handelsblatt v. 30.5.2014, 13, zum Stiftungstag 2014 des Bundesverbandes Deutscher Stiftungen. Siehe etwa auch *Saß*, FuS 2014, 119 unter Ziff. II. „Stiftungshandeln professionalisieren“.

10 Siehe dazu etwa *Schienke-Ohletz*, BB 2025, 2526.

11 www.stiftungsrecht-plus.de/portrait/prof-dr-hans-fleisch/

12 *Fleisch*, Stiftungsmanagement. Ein Leitfaden für erfolgreiche Stiftungsarbeit, StiftungsRatgeber Band 4 (Bundesverband Deutscher Stiftungen), 2013; siehe dazu auch die Rezension von *Schiffer* v. 17.10.2013 auf www.stiftungsrecht-plus.de/ein-leitfaden-fuer-erfolgreiche-stiftungsarbeit-von-prof-dr-hans-fleisch/.

13 *Fleisch*, Stiftungsmanagement, 2013, S. 16 ff.

Praxishinweis: Elf Ratschläge für Stiftungsmanager (von Fleisch)

Rat 1: Seien Sie verschwenderisch![14]

Rat 2: Fokussieren Sie!

Rat 3: Setzen Sie Ziele!

Rat 4: Planen Sie!

Rat 5: Informieren Sie sich!

Rat 6: Seien Sie kooperativ!

Rat 7: Regeln Sie!

Rat 8: Seien Sie menschlich!

Rat 9: Interessieren Sie sich für Geldfragen!

Rat 10: Seien Sie optimistisch!

Rat 11: Managen Sie sich selbst!

8 Dabei bleibt *Fleisch* aber nicht stehen. Er konkretisiert die Ratschläge, indem er versucht, die Voraussetzungen für erfolgreiches Stiftungsmanagement in „Neun Erfolgsvoraussetzungen" zu umschreiben.[15] Ergänzend ist auf die „Grundsätze guter Stiftungspraxis des Bundesverbandes Deutscher Stiftungen zu verweisen (siehe § 14 Rdn 72 ff.). Dort finden sich praxisnahe Erläuterungen, Hinweise und Anwendungsbeispiele aus dem Stiftungsalltag.

Praxishinweis: Neun Erfolgsvoraussetzungen nach Fleisch für das Stiftungsmanagement (kommentiert)

Erfolgsvoraussetzung 1: Das Recht beachten!

Jawohl, denn ohne Beachtung des rechtlichen und steuerrechtlichen Rahmens geht die Stiftungsarbeit ganz sicher früher oder später schief. Davon handeln deshalb weite Teile dieses Buches.

Erfolgsvoraussetzung 2: Selbstverständnis klären und Strategie entwickeln

Eine Stiftung ist, auch wenn sie keine unternehmensverbundene Stiftung ist und auch wenn sie gemeinnützig ist, immer ein Unternehmen[16] und das braucht eine Strategie, und zwar eine sorgsam durchdachte und erarbeitete schriftliche Strategie (strategische Planung), die immer wieder einmal auch zu überdenken und zu aktualisieren ist.

---

14 „Bescheidenheit ist" aber dennoch auch „eine Zier", siehe dazu *Schiffer*, StiftungsBrief 2014, 141.

15 *Fleisch*, Stiftungsmanagement, 2013, S. 52 ff.

16 Dazu *Schlichting*, Rote Seiten zu Stiftung & Sponsoring 3/2015.

Erfolgsvoraussetzung 3: Planung und Controlling

Planen (mit Zwischenzielen und Meilensteinen!) ist wichtig. Wer die „Einhaltung“ der operativen Planung[17] nicht kontrolliert, braucht gar nicht erst zu planen. Wer aber den (Powerpoint-)Controllern im Ergebnis die Führung des Unternehmens Stiftung überlässt, liegt auch daneben. Controller sind keine „Manager“, sie üben eine wichtige, aber letztlich dienende Funktion für das Management der Stiftung aus. Motto: Statistiken, Zahlenbalken und Powerpoints erleichtern das Management, sind aber noch kein Management.

Wie inzwischen in der Stiftungsszene „geprüft“ wird, zeigt ein kleiner Aufsatz von *Berg*, wonach die bisher vielfach übliche „Evaluierung“ nicht mehr die Erwartungen erfüllen soll.[18] Stattdessen werde eine „Wirkungsmessung“ dahingehend gefordert, ob die Stiftungsarbeit eine Veränderung erreicht habe. Geht man einfach einmal mit dem entsprechenden Schlagwort bei „wikipedia“ davon aus, dass unter Evaluation (Evaluierung) „meist die Bewertung von Projekten, Prozessen und Organisationseinheiten verstanden“ wird, so verstehen wir die feine Begriffsdifferenzierung von *Berg* nicht ganz. Es sind doch nur Schlagworte, aus denen der Autor dann (leider) versucht, Bedeutungsinhalte abzuleiten. Es kann auch nicht überraschen, dass mit einer zunehmenden Professionalisierung in der Stiftungswelt und mit zunehmenden Erfahrungen Schlagworte breitere und aktualisierte Bedeutungen erhalten. Das ist die Folge gewachsener Erkenntnisse. Sprich: Evaluierung bedeutet eben nach aktueller Auffassung überzeugenderweise auch Wirkungsmessung. Es gibt ja auch genügend (kleinere) Projekte, wie auch *Berg* anmerkt,[19] bei denen sich eine Wirkungsmessung nicht wirklich durchführen lässt oder wegen ihres geringen Umfanges nicht opportun ist.

Erfolgsvoraussetzung 4: Regeln aufstellen

Ja, die Regeln der Zusammenarbeit innerhalb der Stiftung (etwa Geschäftsordnung; siehe § 3 Rdn 67 f.) und der Projektarbeit, des Projektmanagements[20] („Zuwendungsreglement“, „Förderreglement“ etc.) sollten feststehen. Sie sind neben der Satzung der Rahmen. Da weiß dann jeder, woran er ist. Das erleichtert ganz deutlich das Management. Hier gilt Entsprechendes, wie es bereits zu Planung und Controlling gesagt wurde.

17 Siehe zu solchen Kontrollaufgaben eines Kontrollorgans Arens/Tepper/*Schiffer*, Praxisformularbuch Gesellschaftsrecht, 4. Aufl. 2013, § 16 (S. 1063 ff.).

18 *Berg*, FuS 2013, 67.

19 *Berg*, FuS 2013, 67, 68.

20 Siehe dazu schon *Schiffer/Steinmann*, DSWR 1996, 271; *Schiffer*, Der Unternehmensanwalt, 1997, S. 221 ff.

Erfolgsvoraussetzung 5: Systematische Kooperation

Systematische Kooperationen im Sinne der Zweckerfüllung (Kooperationsstrategie, Kooperationspartner, Kooperationsstruktur etc.) werden immer wichtiger. Das geht noch weit über ein funktionierendes Netzwerk (siehe auch § 14 Rdn 98 f.) hinaus. Zudem sind bei steuerbegünstigten Stiftungen die besonderen Regelungen des Gemeinnützigkeitsrechts zu beachten (siehe § 9 Rdn 1 ff.).

Erfolgsvoraussetzung 6: Hebelnutzung

Das ist in Zeiten eines danieder liegenden „Zinsmarktes“ unerlässlich und ist quasi die Optimierung der Nr. 5.

Erfolgsvoraussetzung 7: Kompetentes Personal

Als Einzelkämpfer geht oft erstaunlich Vieles, aber eben lange nicht alles. Kompetente Mitstreiter sind deshalb unerlässlich.

Erfolgsvoraussetzung 8: Effektive Kommunikation[21]

Das betrifft nicht nur die Öffentlichkeitsarbeit zur Stiftung und deren Arbeit und das entsprechende Marketing, sondern erfahrungsgemäß auch die interne Kommunikation innerhalb der Stiftung,[22] die besonders fehleranfällig ist. Die Kommunikationsmissverständnisse unter uns Menschen sind (negativ) „legendär“. Die Welt- und Geschichtsliteratur ist voll davon.

Erfolgsvoraussetzung 9: Finanzielle Ressourcen

Vermögensverwaltung (siehe § 5 Rdn 53 ff.) und Fundraising (siehe § 5 Rdn 143 ff.) sind hier ganz wesentliche Schlagworte.

9 Ein weiterer wesentlicher allgemeiner Punkt bei der Stiftungsarbeit ist die „**Fehlerkultur**“, der „Umgang mit Fehlern und Misserfolgen in Stiftungen“.[23] Es geht letztlich um das alte „Aus-Fehlern-Lernen“, d.h. um eine „**Lernkultur**“! Dabei beinhaltet die Lernkultur natürlich sinnvollerweise nicht nur den Blick nach innen, sondern auch den Austausch mit anderen.[24]

---

21 Siehe dazu etwa auch *Braun/Lotter*, Stiftung & Sponsoring 2/2009, 20; *Rehländer*, Wie Stiftungen vom Web 2.0 profitieren, Rote Seiten zu Stiftung & Sponsoring 4/2013; *Hieninger*, Stiftung & Sponsoring 1/2015, 16.

22 *Rummel*, ZStV 2013, 236, 237.

23 Siehe dazu mit Umfrageergebnissen *Rummel*, ZStV 2013, 236, 237; *Bischoff/Hagedorn/Lassalle/Rummel*, Aus Fehlern lernen – Potenziale für die Stiftungsarbeit.

24 Siehe dazu etwa *Saß*, FuS 2014, 119, 120.

II. Stiftungsmanagement

Hier können die vielfältigen Einzelheiten und Überlegungen zum erfolgversprechenden „**Stiftungsmanagement**" ersichtlich nicht im Einzelnen dargestellt werden. Dem geneigten Leser sollen jedoch die wesentlichen Schlagworte, verschiedene praxisnahe Fundstellen und einige Original-Töne an die Hand gegeben werden. 10

Horst Görgen, Bankkaufmann, Dipl.-Betriebsw., Stiftungsmanager, Bonn, zum Thema: **Management von Stiftungen** 11

Das Management von Stiftungen ist mit dem Führen eines rein betriebswirtschaftlich ausgerichteten Unternehmens nur bedingt zu vergleichen. Die Fokussierung auf gemeinnützige oder mildtätige Zwecke erfordert besonderes Know-how und langjährige Erfahrung. Dabei geht es nicht nur um die Herausforderungen, denen sich Stifter und Stiftungen in regulativer und steuerrechtlicher Hinsicht stellen müssen – vielmehr noch ist darüber hinaus der Faktor Mensch besonders zu berücksichtigen.

Denn im Kern geht es bei Stiftungen doch darum, dass sich Menschen (zumeist ehrenamtlich, und damit seitens der Führung nur bedingt sanktionierbar) engagieren, um gemeinsame Ziele zu realisieren. Die Vermittlung von Wertschätzung des Einzelnen und seiner Arbeit ist dabei genauso wichtig wie das Zusammenbringen von unterschiedlichen Gruppen mit gleichgerichteten Interessen. Eine Stiftung kann langfristig keine One-Man-Show sein.

Der Logistik, den Partnern und dem Netzwerk, in das eine Stiftung eingebettet ist, fallen deshalb ganz besondere Rollen zu, die schon bei Stiftungsgründung mit Bedacht geplant werden sollten. Hier effiziente Strukturen aufzubauen ist nur möglich, wenn die Stiftung nachhaltig in ihrer Gesamtheit begriffen wird. Manager von Stiftungen sind so mit der Herausforderung konfrontiert, eine komplexe Struktur in allen Facetten bedarfsadäquat zu bedienen.

Unsere Sparkasse hat in den letzten gut vierzig Jahren in der Region Köln/Bonn neun eigene Stiftungen mit einem aggregierten Stiftungskapital von über 90 Millionen EUR begründet, die sich zu einem wesentlichen Baustein der Stiftungslandschaft in Köln und Bonn entwickelt haben. Im Management dieser Stiftungen haben wir über die Jahrzehnte ein breites und nachhaltiges Verständnis für die Bedarfe von Stiftungen entwickelt. Dies ist die Grundlage, auf der wir aufbauen, wenn wir für fast neunzig Stiftungen von Kunden unseres Hauses mit ganz individuellen Dienstleistungsangeboten tätig sind.

Wir wissen: Um bei der Begleitung von Stiftungen langfristig erfolgreich zu sein, reicht es nicht aus, nur einen Teil der Stiftungsarbeit abzudecken. Banken, die nur die Vermögensanlage für Stiftungen anbieten, werden ihre Kunden nie ausreichend verstehen. Unsere Philosophie ist deshalb: Wir bieten ein umfassendes Repertoire an Managementdienstleistungen, aus denen unsere Kunden das auswählen, was sie benötigen.

12 Strategische Projektarbeit, Projektauswahl, Projektmanagement, Personalentwicklung und Ressourcenmanagement, Kooperationen von Stiftungen, Netzwerke als Instrument von Projektarbeit, aber etwa auch **Social Franchising**[25] sind hier wichtige Begriffe, mit denen sich auch der Stiftungsbegleiter und der Stiftungsmanager vertraut machen sollten.

13 **Gemeinnützige Unternehmensstiftungen** können besonders erfolgreich wirken. Sie können im Idealfall Unternehmertum mit einer professionellen Förderung der Allgemeinheit verbinden.[26]

14 Die **Projektarbeit** und die **Förderpraxis** von Stiftungen werden generell genauer betrachtet. Mit der zunehmenden Ausbildung und Erfahrung der in den Stiftungen tätigen Menschen wird sie je nach Themenbereich immer genauer durchdacht und hinterfragt. So gibt es beispielsweise seit 2014 die vom Arbeitskreis Wissenschaft und Forschung im Bundesverband Deutscher Stiftungen erarbeiteten „10 Handreichungen guter Förderpraxis – für wissenschaftliche Stiftungen".[27]

15 Wie es dagegen leider noch immer nicht ganz selten im Stiftungsalltag läuft, zeigt der nachfolgende „Zwischenruf".[28]

Zwischenruf: Auswahl gemeinnütziger Projekte und Förderungen

Kennen Sie das auch? Die Stiftungsorganmitglieder sitzen zusammen und beratschlagen, welche Projekte durchgeführt und/oder welche Projekte gefördert werden sollen. Da gibt es dann immer wieder einmal die eine Mitstreiterin oder den einen Mitstreiter, die ganz fröhlich und ausdauernd, ihnen „nahestehende" Projekte nach ihrem Gusto vorschlagen. Projekte, bei denen etwa auch ihre Freunde und/oder ihre Ehepartner engagiert sind. Deshalb kennen sie die Projekte ja so gut, die sie zudem seit Jahren auch schon unterstützen. Man kenne sich ja! (In der Tat ist die Szene oft klein.) Oder sie sitzen gar bei den betreffenden Körperschaften selbst im Vorstand. Die Projekte seien jedenfalls toll.

Geht das? Nun, das kommt darauf an. Es lassen sich für die hier typisiert skizzierte Situation durchaus einige einschränkende Regeln identifizieren, denn die Organmitglieder verwalten innerhalb der Stiftung fremdes Vermögen und fremdes Geld, nämlich Vermögen und Geld der Stiftung. Die Organmitglieder sind nicht Eigentümer der Stiftung. Sie sind treuhänderisch für die Stiftung tätig. Mit dem fremden Geld können sie nicht einfach „nach eigenem Geschmack" verfahren, sondern nur in dem durch den Stifterwillen (die Stif-

---

25 Grundlegend *Fleisch* (Hrsg. für den Bundesverband Deutscher Stiftungen), Social Franchising – Praktische Richtlinien, Fallbeispiele, Checklisten, 2008.

26 Siehe etwa schon *Weger*, Rote Seiten zu Stiftung & Sponsoring 4/2000.

27 Abrufbar unter www.stiftungen.org.

28 Siehe auch schon *Schiffer*, StiftungsBrief 2014, 181.

tung) und das Gesetz gesteckten Rahmen. Ihr eigener Wille ist überhaupt nur in diesem Rahmen zulässig.

Oberster Maßstab für die Stiftungsorgane und deren Mitglieder ist der Stifterwille. Da ist es nicht ausreichend, dass das betreffende Projekt (formal noch) im Rahmen der Stiftungszwecke liegt, wenn es nicht von dem ggf. engeren Stifterwillen gedeckt ist.

Beispiel: Wenn der Stifter bedürftige Jugendliche in seiner Stadt unterstützen wollte und die Stiftung das entsprechend dem Stiftungszweck bisher auch getan hat, dürfte die Unterstützung von Jugendlichen in einer anderen Stadt, die das oben angedachte Organmitglied präferiert, nicht möglich sein.

Ganz ausgeschlossen ist es, dass Organmitglieder klaren Eigeninteressen dienen. Grund für eine Förderentscheidung darf gar nicht sein, dass man seinem Ehegatten und dessen Engagement dienen will oder der NPO, bei der man (auch) im Vorstand sitzt. Der Schwabe sagt dazu etwas beschönigend **„Das hat Geschmäckle"**. Der Jurist sieht da eher unzulässige Insichgeschäfte und/oder Interessenkonflikte, die bis zur Straftat der Untreue (§ 266 StGB) führen können.

Was ist zu tun? In der Stiftungssatzung kann man das Problem deutlich ansprechen und den Organmitgliedern vor Augen führen. Hier ein Beispiel für eine Satzungsklausel:

„Die Mitglieder des Stiftungsvorstands und des Stiftungsrats dienen bei ihrer Tätigkeit für die Stiftung ausschließlich dem Stiftungsinteresse und sind nur diesem verpflichtet. Keines der Organmitglieder darf bei seinen Entscheidungen im Rahmen der Stiftung unmittelbar oder mittelbar persönliche Interessen verfolgen. Kein Organmitglied darf bei Entscheidungen zur Mittelvergabe mitwirken, wenn es unmittelbar oder mittelbar selbst betroffen ist oder wenn es einem durch die Entscheidung unmittelbar oder mittelbar Betroffenen nahesteht."

Natürlich wird in der Folge auch der konkreten **Evaluation** und der **Qualitätssicherung** zur Projektarbeit und Förderpraxis in der Stiftungspraxis erfreulicherweise zunehmend mehr Aufmerksamkeit gewidmet.[29] **Compliance-Management**[30] und **Corporate Governance**[31] sind hierzu wesentliche Stichworte, die wir aus der Wirtschaftswelt kennen. Um eine langfristig erfolgreiche Stiftungstätigkeit sicherzustellen, reicht es nicht, einfach nur die Mittelverwendung zu dokumentieren und zu kontrollieren. Es sind sinnvollerweise Nützlichkeitsstandards, 16

29 Ausf. schon *Beywl/Henze/Mäder/Speer*, Rote Seiten zu Stiftung & Sponsoring 2/2002; Stiftung & Sponsoring 4/2014 (Themenheft); *Schober/Then*, Praxishandbuch Social Return on Investment, Wirkungen sozialer Investitionen messen, 2015.

30 Siehe etwa *Schulz*, BB 2018, 1283 ff.; *Barutschka*, BB 2022, 1387 ff.

31 Siehe etwa *von der Linden*, DStR 2022, 1765 ff.; *Koch/Kneflowski*, BB 2022, 1963 ff.

Durchführungsstandards (einschließlich Fairnessstandards) und Genauigkeitsstandards zu erarbeiten (siehe auch § 14 Rdn 76 ff.).

17 Kostenrechnung ist nicht nur etwas für die Wirtschaft. Vermehrt wird auch erkannt, dass eine **professionelle Kostenrechnung** zumindest für größere Stiftungen unerlässlich ist zur Planung und Kontrolle der „Unternehmung" Stiftung, für ein effizientes „Berichtswesen" und ganz allgemein zur Steuerung einer Stiftung.[32] Die Kostenrechnung bildet die Basis eines effektiven **Stiftungs-Controlling.**

18 *Werner Euskirchen*, Bad Honnef, Steuerberater: **Mit Businessplan und Controlling Stiftungen steuern**

„Wie ein Navigationsgerät Autofahrer zum Ziel führt, hilft ein der Größe und den Besonderheiten der Stiftung angepasstes Controlling, ihre Ziele zu erreichen. Controlling bedeutet eben nicht ‚kontrollieren' sondern ‚planen, lenken und steuern'.

Mit der richtigen Software und fähigen Anwendern können Zukunftserwartungen zahlenmäßig abgebildet werden und durch Soll(Plan)- und Ist-Analysen abgeglichen werden, um frühzeitig Fehlentwicklungen, Liquiditätsengpässe einerseits, aber auch krasses Missmanagement oder Unterschlagungen und Veruntreuungen zu erkennen.

So wie ein Auto auch heute noch ohne Navigationsgerät, aber mit viel unnötigem Zeitaufwand und Stress zum Ziel kommen kann, kann auch eine Stiftung theoretisch ohne Controlling auskommen. Vertrauen in den Weitblick, die Professionalität und das Verantwortungsbewusstsein von Vorständen, Geschäftsführern oder Kontrollorganen ist ohne ein funktionierendes Controlling allerdings nicht denkbar. Dem weit verbreiteten Widerstand gegen Planung und Controlling kann nur entgegengehalten werden: (betriebs-)wirtschaftliche Ziele werden nicht verfehlt, weil sie unscharf formuliert sind, sondern weil Zielverfehlungen keine Konsequenzen haben.

Dies erfahren wir in unserer täglichen Arbeit insbesondere dann, wenn Spender, Stifter, Kreditinstitute und öffentliche Zuwendungsgeber über die Wirksamkeit und den Erfolg ihrer Finanzbeiträge nachdenken.

Tipp: Europäische und nationale Beratungskostenzuschüsse[33] für die Implementierung von Controllingmodulen in Stiftungen stehen abrufbereit!"

32 Ausf. *Sandberg*, Rote Seiten zu Stiftung & Sponsoring 1/2001.

33 Generell zum Thema „Gewährung von Zuschüssen unter beihilferechtlichen Gesichtspunkten" siehe *Ritter*, StiftungsBrief 2015, 30.

Zu einer professionellen Stiftungsarbeit[34] gehören nicht zuletzt auch ein professionelles **Marketing**[35] und eine gute **Öffentlichkeitsarbeit**[36] für die einzelnen Projekte der Stiftung im Speziellen[37] und für die jeweilige Stiftung im Allgemeinen. Dazu kann es etwa auch gehören, dass eine Stiftung regelmäßig ihre Destinatäre, Kooperationspartner oder auch abgelehnte Antragsteller befragt und um ihre Meinung bittet, ihre Arbeit also evaluiert.[38] 19

Jutta Giffels, ehem. Leiterin des Kompetenz-Center Stiftungen einer Bank in Düsseldorf, zum Thema: **Stiftungsmarketing – von Anfang an und für die Ewigkeit**

„Stiftungsgründer und neu gegründete Stiftungen haben durch die vielen, oft komplizierten Detailfragen einen hohen Beratungsbedarf. Neben den Überlegungen zu Stiftungsform, Satzung, Anlagerichtlinien und Zweck ist es jedoch ebenso wichtig, schon früh an die spätere Wirkung der Stiftung in der Öffentlichkeit zu denken. Die Erfahrung zeigt, dass schon die Namensgebung einer der wichtigsten Bausteine für nachhaltigen Erfolg in der Außenwahrnehmung und damit auch der erste Schritt zu erfolgreichem Fundraising ist. Oft haben Gründer bereits feste Vorstellungen vom Stiftungsnamen, beispielsweise den Wunsch nach Erhalt des Familiennamens. Zu bedenken ist dabei, wie dieser Name auf mögliche Spender oder Zustifter wirkt und ob er für die Stiftung auch langfristig „funktioniert". Kurze, einprägsame und Internet-taugliche Stiftungsnamen, die sich selbst erklären, sind die beste Wahl. Am Ende sollten sich alle mit dem Namen der Stiftung wohl fühlen, denn die Gründung einer Stiftung ist für viele durchaus vergleichbar mit der Geburt eines eigenen Kindes – und damit eine höchst emotionale Angelegenheit.

Bewährt hat sich außerdem, bereits in der Gründungsphase mit der Erstellung eines Stiftungsprofils zu beginnen. Dabei sind alle gefragt: Stifter, Gremienmitglieder und alle in der Stiftung tätigen Mitarbeiter – sie geben der Stiftung die individuelle Prägung. Durch Festlegung auf Zielgruppen sowie Planung der Instrumente zur jeweiligen Ansprache werden weitere Rahmenbedingungen festgelegt. Je interessanter und authentischer eine Stiftung über ihre Historie, die Stiftungszwecke und deren Erfüllung informiert, desto höher ist der Grad an Aufmerksamkeit. Die Zahl eingehender Spendengelder ist eng mit guter

34 Zu einem dienstleistungsorientierten Stiftungsmanagement *Schnurbein*, Rote Seiten zu Stiftung & Sponsoring 5/2010.

35 Siehe etwa aus der Praxis *Giffels*, Die Stiftung 4/2010, 27 f.; siehe auch Ausgabe 2/2012 des Magazins Fundraiser mit dem Themenschwerpunkt Werbung von Non-Profit-Organisationen; *Hieninger*, Stiftung & Sponsoring 3/2015, 16.

36 Siehe etwa den Leitfaden der *Stiftung Mitarbeit* www.mitarbeit.de/fileadmin/inhalte/leitfaden_oeffentlichkeitsarbeit_werkstatt_vielfalt_2018.pdf („Ein Leitfaden für Projekte, die Fördermittel von der Robert-Bosch-Stiftung erhalten").

37 Siehe dazu etwa auch schon *Hamann*, Stiftung & Sponsoring 5/2002, 16.

38 *Jungheim*, Die Stiftung 5/2011, 32; *Berg*, FuS 2014, 182.

Informationspolitik verbunden. Junge Stiftungen sollten daher nicht fragen, worüber sie gerne informieren möchten, sondern erkunden, was die Öffentlichkeit interessiert. So werden die wirklich interessanten, berührenden und zum Spenden anregenden Details herausgestellt. Erst wenn sich der potenzielle Zustifter/Spender gut informiert fühlt, die Projektarbeit transparent, seriös und förderungswürdig hält, wird er sich dazu entschließen, dieser Stiftung – und keiner anderen – sein Geld anzuvertrauen.
Gerade im Bereich Stiftungsmarketing sind daher Kreativität, Ideenreichtum und Menschenkenntnis der Berater unabdingbar, um gemeinsam mit den Stiftern neue Corporate Designs zu gestalten, die der Stiftung nach innen und außen ein einprägsames und unverwechselbares Image verleihen. Auch kleinere Stiftungen können schon mit geringem Aufwand eigenständige Marketingkonzepte entwerfen und realisieren. Alle Werbeaktivitäten werden dann in die übergeordnete PR-Strategie integriert und, jeweils nach Möglichkeit, durch Pressearbeit unterstützt. Ein individuell erstelltes Fundraising-Konzept hilft langfristig beim Einwerben von Spenden, Zustiftungen und anderen Fremdmitteln. Gemeinsam können so tragfähige Lösungen erarbeitet werden, um die Stiftung gut aufzustellen – für die Ewigkeit."

20 Die neuen Medien machen natürlich auch vor der Stiftungswelt nicht halt. www.stiftungsrecht-plus.de ist nur ein Beispiel dafür. Die dazu nicht selten auffallend kontrovers geführten Diskussionen zu dem Thema veranlassten *Gregor Mauer* zu dem folgenden Zwischenruf:[39]

Gregor Mauer, Abteilungsdirektor a.D. – Deutscher Sparkassen- und Giroverband, zum Thema: **Soziale Netzwerke und ihre Bedeutung für Stiftungen**
Instagram, Facebook, Twitter & Co. sind als recht junge soziale Medien aus dem heutigen Alltag nicht mehr wegzudenken. Wir informieren uns dort, wir kommunizieren dort, wir spielen dort, und nicht zuletzt nutzen wir diese für berufliche Zwecke unterschiedlicher Art.
Was uns mittlerweile so selbstverständlich erscheint, ist es bei genauer Betrachtung überhaupt nicht. Das Entstehen und die Entwicklung der sozialen Medien stellt einen Strukturwandel der Öffentlichkeit (*Habermas*) dar, der durch einen spürbaren Bedeutungsverlust der klassischen Medien gekennzeichnet ist. Das hat selbstverständlich Folgen. Diese sollen hier aber nicht diskutiert und bewertet werden. Vielmehr soll nur gezeigt werden, dass sich die Räume, in denen Öffentlichkeit hergestellt wird, merklich verschoben haben.
Worum geht es nun?
Im Folgenden werden einige Aspekte kurz behandelt, die das Verständnis dafür, warum und wieso Stiftungen in sozialen Netzwerken aktiv sein sollten, fördern helfen. Auch die Gemeinnützigkeitswelt setzt wie die Wirtschaftswelt

39 Siehe auch schon *Schiffer*, StiftungsBrief 2012, 82.

zunehmend auf die sozialen Medien. Inzwischen kann man erfreulicherweise feststellen, dass die lange währenden Gefahrendiskussionen um Datensicherheit, Datenschutz, Datenspeicherung und Datendiebstahl sowie ausspionierte Nutzerprofile etc. weitgehend der Vergangenheit angehören.

Trotzdem sollte jeder mit seinen Gedanken und Ängsten auch bei diesem Thema sehr ernst genommen werden. Es geht darum, die Skeptiker zu überzeugen. Die einhergehenden Gefahren sollten jedenfalls sehr ernst genommen werden, aber dazu muss man sich damit befassen, um die Gefahren überhaupt erst einmal zu erkennen.

Natürlich sollte man wissen, wovon man redet. Umso wichtiger ist es, aufzuklären und möglichst alle Facetten eines Themas zu beleuchten. Bilder sind dabei hilfreich, aber reichen nicht. Die Argumente in der Sache zählen. So wenig einem die von einer Bank zur Vermögensverwaltung präsentierten PowerPoint-Sheets ausreichen, so wenig tun sie es auch bei diesem Thema.

Wohl wissend, dass diese Art der Kommunikation Mainstream ist, beantwortet dies im konkreten Fall allerdings noch nicht die Frage, ob und wie man dabei sein soll/will. Und auch nicht die Frage, warum man überhaupt dabei sein soll/will. Der allgemeine Hinweis, dass man auf diese Weise junge Menschen besser erreicht, überzeugt nicht. Entscheidend ist doch, welche konkrete Zielgruppe man mit den neuen Medien erreichen will. Und eben auch, was man bei dieser Zielgruppe erreichen will.

Auf folgende Aspekte gilt es dabei besonders zu achten:

1. Reichweite und Sichtbarkeit erhöhen
   Soziale Netzwerke ermöglichen es gemeinnützigen Fördereinrichtungen, mit geringem Aufwand eine breite Öffentlichkeit zu erreichen, um ihr Anliegen und ihre Projekte bekannt zu machen.
2. Zielgruppen direkt ansprechen
   Stiftungen und Vereine können über soziale Medien gezielt bestimmte Gruppen ansprechen, z.B.: Spender, Freiwillige/Helfer, Betroffene oder Interessierte, politische Entscheidungsträger. Durch zielgerichtete Inhalte (z.B. auf LinkedIn o.a.) können sie individuell auf deren Interessen eingehen.
3. Community aufbauen und binden
   Ein aktiver Auftritt in sozialen Netzwerken hilft dabei, eine engagierte Community aufzubauen: Menschen fühlen sich einbezogen. Es entsteht ein Dialog (z.B. durch Kommentare, Umfragen, Livestreams). Das stärkt die Verbindung zur Organisation – und erhöht die Bereitschaft, zu unterstützen.
4. Ehrenamtliche und Spender gewinnen
   Viele Menschen suchen in sozialen Medien nach Möglichkeiten, sich zu engagieren. Stiftungen und Vereine können z.B. Spendenkampagnen bewerben, Fördermitglieder oder Patenschaften gewinnen. Mit guten Inhal-

ten lässt sich Vertrauen schaffen, was eine wichtige Voraussetzung für Unterstützung ist.

5. Transparenz und Glaubwürdigkeit zeigen
Soziale Netzwerke bieten eine Plattform, um Einblicke in ihre Arbeit zu geben, Erfolge zu zeigen, Mittelverwendung transparent zu machen. Das fördert Glaubwürdigkeit und Vertrauen.
6. Aktuelle Themen und Kampagnen verbreiten
In sozialen Medien können Informationen schnell und viral verbreitet werden – z.B.: Informationen, Beiträge, Aktionen und Veranstaltungen, politische Forderungen. So können auch kleinere Organisationen viel Aufmerksamkeit für ein Thema erzeugen.

Dieser gewissermaßen idealtypische Handlungsrahmen bietet schon einige Gewähr dafür, dass ein Auftritt von gemeinnützigen Fördereinrichtungen nachhaltig und in guter Qualität gelingen kann. Der Aufwand dafür ist überschaubar bei gleichzeitig bemerkenswerter öffentlicher Wirkung. Wer sich mit diesem Thema beschäftigen mag, findet dazu im Internet bei den einschlägigen Organisationen viele hilfreiche Hinweise.

Fazit:

Soziale Netzwerke sind für die Arbeit gemeinnütziger Vereine und Stiftungen ein nützlicher Multiplikator. Sie sind für diese ein effizientes, kostengünstiges und wirkungsvolles Kommunikationsmittel. Sie ermöglichen Reichweite, Engagement und schaffen Vertrauen.

Ihre Wirksamkeit bemisst sich in erster Linie am engagierten Einsatz der verantwortlichen Menschen in den gemeinnützigen Fördereinrichtungen und stärkt so Gemeinsinn und Gemeinwohl in unserer Gesellschaft. Wenn das keine lobenswerte Aufgabe bedeutet, was denn sonst?

III. Gremiensitzungen

21 Effiziente Gremiensitzungen – sei es im Stiftungsvorstand oder im Stiftungsrat (Kuratorium, Stiftungsbeirat etc.) – mit den „richtigen“ Entscheidungen zu den wesentlichen Themen der Stiftungen sind ein Wunsch und das Ziel.[40] Für die Mitglieder im Stiftungsrat scheint das besonders schwer, treffen Sie sich doch anders als typischerweise die Vorstandsmitglieder, die die Geschäfte der Stiftung führen, deutlich seltener. (Wir kennen Fälle, da trifft sich der Stiftungsrat nur ein- oder zweimal im Jahr zu einem „eher gemütlichen Zusammensein“, das der Vorstand schön ausrichtet.) Trotzdem sollen die Mitglieder des Stiftungsrates den Stiftungsvorstand effizient beraten, unterstützen und eben auch kontrollieren.

40 Siehe schon *Schiffer*, StiftungsBrief 2013, 201.

Wir wissen, dass es vorkommt – vor allem in der Welt des oftmals überlasteten Ehrenamtes:

- Wesentliche Punkte werden in den Sitzungen kaum oder gar nicht behandelt.
- Unwichtiges steht im Vordergrund. Probleme werden übergangen.
- „Man kommt nicht auf den Punkt."
- Ab und an fehlt sogar eine Tagesordnung.

Solche Sitzungen sind ineffizient (und ermüden). Ganz häufig geht das in der Praxis dennoch irgendwie gut aus. Die Erfahrung zeigt aber immer wieder, dass auf diese Weise sogar wirklich wichtige Entscheidungen unterbleiben oder nur oberflächlich getroffen werden. Da ist dann im Einzelfall eine Schadensersatzforderung nicht nur Theorie – und das auch in einem Ehrenamt (ausführlich zur Haftung siehe § 5 Rdn 1 ff.). Die Grenze der haftungsfreien einfachen Fahrlässigkeit zur haftungsbegründenden groben Fahrlässigkeit (§ 84a Abs. 3 i.V.m. § 31a BGB) ist fließend.

Am besten weiß man als Stiftungsratsmitglied wirklich, was man tut und worauf 22
es ankommt. Jedes Stiftungsratsmitglied muss wissen, worauf es im Generellen bei der Stiftung und im Speziellen bei der zur Entscheidung anstehenden Frage ankommt. Es muss ganz einfach informiert sein. Dabei hilft es, wenn der Stiftungsrat durch seinen Vorsitzenden und nach meiner Erfahrung auch durch einzelne Stiftungsratsmitglieder Kontakt zum Vorstand hält. So baut sich zugleich ein konstruktives Vertrauensverhältnis auf, welches übrigens nicht mit unkritischer Nähe verwechselt werden sollte. Die Organmitglieder haben in der Tat aus unserer Sicht auch eine gewisse Informationsholschuld.

Vor allem hat aber hier der Stiftungsvorstand eine Bringschuld. Er muss die Stiftungsratsmitglieder ausreichend und rechtzeitig informieren und das auch mit entsprechenden Unterlagen. Was heißt das? Nun, die Lösung liegt auch hier im Einzelfall. 14 Tage vor der nächsten Sitzung sollten die Unterlagen und Informationen zu der ggf. vorher abgestimmten und übermittelten Tagesordnung i.d.R. schon vorliegen. Da gilt bei Stiftungen nichts anderes als in der Unternehmenswelt. Nur dann hat das Stiftungsratsmitglied wirklich eine realistische Chance, sich mit den Unterlagen vertraut zu machen, ggf. eigene Recherchen anzustellen, weitere Unterlagen anzufordern etc. und so die Sitzung vorzubereiten. **„Tischvorlagen"** sind nur in begründeten Ausnahmefällen zulässig. Wird die Gremiensitzung in dem Sinne vorbereitet, klappt es im Sinne des guten Zwecks in aller Regel auch mit dem Zusammenwirken von Vorstand und Stiftungsrat.

C. Rechnungslegung und Prüfung von Stiftungen

23 Die Rechnungslegung bei Stiftungen[41] ist ein schwieriges und teilweise auch kontroverses Thema. Sie dient den Stiftungsorganen und der Finanzverwaltung, aber auch der Stiftungsaufsicht als **Informationsquelle** und im Rahmen ihrer jeweiligen Aufgaben als **Entscheidungsgrundlage**. In den einzelnen Landesstiftungsgesetzen finden sich üblicherweise einschlägige Vorschriften. Außerdem finden sich Vorschriften im BGB (§ 84a Abs. 1 S. 1 i.V.m. §§ 666, 259, 260 BGB, § 84a Abs. 2 BGB: „**Business Judgement Rule**"), im Handelsrecht (§§ 238 ff. HGB) und in der Abgabenordnung (§§ 140, 141, 63 Abs. 3 AO). Eine Stiftung kann sich auch freiwillig oder nach ihrer Satzung einer Prüfung durch einen Wirtschaftsprüfer oder eine sonstige anerkannte Prüfungseinrichtung unterwerfen. Sie kann dann natürlich auch freiwillig den Prüfungsbericht der Stiftungsaufsichtsbehörde vorlegen. Im Einzelfall kann eine solche Prüfung auch von der Stiftungsbehörde verlangt werden (siehe etwa § 6 Abs. 2 S. 2 StiftG NRW, § 6 Abs. 5 HStiftG).

24 Das **Institut der Wirtschaftsprüfer** (**IDW**) erlässt zwar keine Gesetze, aber schafft Ähnliches durch die „normative Kraft des Faktischen" mit seinen Stellungnahmen und Verlautbarungen. Der **Hauptfachausschuss** (**HFA**) **des IDW** hat, weil mit dem auslaufenden Jahrtausend die Wirtschaftsprüfer Stiftungen zunehmend als Klientel entdeckten, am 25.2.2000 eine erste Stellungnahme zur Rechnungslegung und Prüfung von Stiftungen vorgelegt,[42] die naturgemäß durch die Vorgabe „anerkannter" Regeln auch der Haftungsvermeidung der Prüfer dient. Diese Regeln wurden mehrfach fortgeschrieben und aktualisiert. Zuletzt wurden mit der Verlautbarung „IDW RS FAB 5" vom 28.8.2024[43] die Änderungen durch die zum 1.7.2023 in Kraft getretene Stiftungsrechtsreform berücksichtigt.

25 Bedauerlicherweise kommt es dennoch auch heute noch immer wieder einmal vor, dass Prüfer die Besonderheiten bei Stiftungen nicht kennen oder verkennen, ja sogar, dass ihnen die „IDW-Grundsätze" für Stiftungen unbekannt sind. Be-

---

41 Näher und ausf. *Berndt/Nordhoff*, Rechnungslegung und Prüfung von Stiftungen, 3. Aufl. 2024. Siehe auch *Averbeck*, StiftungsBrief 2025, 89; *Gies/Mehren*, StiftungsBrief 2024, 83; *Kußmaul/Meyering/Richter*, DStR 2015, 1328; *Seidemann*, ZStV 2012, 6 ff. und 48 ff.; Hüttemann/Richter/Weitemeyer/*Spiegel*, Landesstiftungsrecht, Kap. 19 ff. (S. 571 ff.); Richter/*Spiegel*, § 19 Rn 1 ff.

42 Siehe IDW RS HFA 5, IDW-Nachrichten 2000, 129 = WPg 2000, 391; IDW PS 740, IDW-Nachrichten 2000, 142 = WPg 2000, 385; siehe auch *Hermann*, ZSt 2009, 66 zur Rechnungslegung spendensammelnder Stiftungen und zum damaligen Entwurf der IDW-Verlautbarung RS HFA 21 n.F., der inzwischen verabschiedet ist.

43 IDW Life 10/2024, 880 ff. Siehe dazu *Orth*, ZStV 2025, 3; *Staake*, RFamU 2024, 558; *Berndt*, StiftungsBrief 2024, 88.

sonders problematisch im Rahmen der Rechnungslegung[44] und der Prüfung von Stiftung erscheint die Frage nach der Vermögenserhaltung. Ganz wesentlich in diesem Zusammenhang ist die diskussionsträchtige Frage der **Bewertung des Stiftungsvermögens.**[45] Hier kommt es bezogen auf die Vermögenserhaltung entgegen der sonstigen Tätigkeit der Wirtschaftsprüfer – überspitzt gesagt – nicht „nur" auf ein Zahlenwerk, sondern, wie an anderer Stelle dargelegt, auf den Stifterwillen als Maßstab an (siehe § 5 Rdn 92 ff.). Das ist immer wieder eine Quelle für endlose Diskussionen mit manch einem Wirtschaftsprüfer, der sich den stiftungsrechtlichen Rahmenbedingungen verweigert. In Zeiten der Niedrigzinsen stellt sich vermehrt die Frage nach der Vermögensanlage in Sachwerten (zu Anlageformen siehe auch § 5 Rdn 111 ff.). Damit rücken auch bei der Rechnungslegung die **Sachwerte** vermehrt in den Fokus.[46]

Die Rechnungslegung ist besonders für die Organmitglieder bei kleinen und mittleren Stiftungen ein schwieriges Thema – zumal eben, wie angesprochen, nicht ganz selten auch Steuerberater und Wirtschaftsprüfer keine Stiftungsspezialisten sind. Die **„Neufassung der IDW-Stellungnahme zur Rechnungslegung von Stiftungen"** vom 28.8.2024 ist da eine wertvolle Hilfe. Der Aspekt des „realen Kapitalerhalts" findet dort besondere Aufmerksamkeit. Durch ein gezieltes Konzept soll danach der Erhalt des Stiftungsvermögens in den Fokus gerückt werden. Wobei auch der IDW den einschlägigen Stifterwillen natürlich nicht übergehen darf. 26

Im ersten Teil eines Fachbeitrags von *Cornelius/Loleit*[47] wird ein Überblick zur vereinfachten Rechenschaftslegung von kleineren und mittleren Stiftungen gegeben, die ihren Schwerpunkt in der Anlage von Finanzvermögen haben. Ihr zweiter Beitrag macht Vorschläge zur Bilanzstruktur und -politik für diese Stiftungen.[48]

Praxishinweis: Prüfung des Jahresabschlusses von Stiftungen 27

In der Praxis regen die Anerkennungsbehörden bei Errichtung größerer Stiftungen nicht selten an, eine **Prüfungspflicht** in der Satzung festzuschreiben, um so auch die Stiftungsaufsicht etwa bei unternehmensverbundenen Stiftungen zu erleichtern.[49] Das sollte nicht etwa als „Gängelung" verstanden werden. Die Prüfungspflicht ist regelmäßig eine sinnvolle Grundlage für eine erfolgreiche Stiftungsarbeit.

44 Dazu schon *Spiegel*, Rote Seiten zu Stiftung & Sponsoring 3/2000.
45 Richter/*Römer*, § 19 Rn 237 ff.
46 Siehe dazu etwa *Fritz/Römer*, Fondszeitung 1/2015, 32.
47 Siehe *Cornelius/Loleit*, StiftungsBrief 2013, 235.
48 *Cornelius/Loleit*, StiftungsBrief 2014, 10.
49 Siehe bspw. auch § 8 Abs. 2 StiftG Berlin und entsprechende Regelungen anderer Landesstiftungsgesetze. Zum neuen Berliner Stiftungsgesetz siehe auch *Schick*, npoR 2024, 297.

Kleinere Stiftungen können sich eine Prüfung oft gar nicht leisten, da ihre Einkünfte zu gering sind. Für diese Stiftungen bietet es sich ggf. an, ehrenamtliche Rechnungsprüfer aus ihrem Umfeld zu wählen. Das entspricht dem bekannten Modell aus der Vereinswelt, wo Rechnungsprüfer aus der Mitgliederversammlung gewählt werden, die die „Kassenführung" überprüfen.

28 Bei den Regelungen zur Rechnungslegung in den nach der Reform des Stiftungsrechts 2023 ebenfalls reformierten Landesstiftungsgesetzen gibt es durchaus erhebliche Unterschiede, etwa hinsichtlich der Fristen zur Vorlage der Jahresrechnung (zwischen sechs und zwölf Monaten), der Häufigkeit und Tiefe der Prüfung durch die Behörde oder auch der Möglichkeit einer von der Behörde angeordneten externen Prüfung der Stiftung.[50] Das Land Schleswig-Holstein hat auf Grundlage von § 8 Abs. 6 des dortigen Landesstiftungsgesetzes eine eigene Landesverordnung zur Rechnungslegung erlassen.[51] Beispielhaft sei hier **§ 6 HStiftG** zitiert, in dem es zur Prüfung einer Stiftung heißt:

> ***§ 6 Unterrichtung und Prüfung***
> *(1) Die Stiftung ist verpflichtet, der Stiftungsbehörde*
> *1. jede Änderung der Zusammensetzung eines Organs unverzüglich anzuzeigen und*
> *2. innerhalb von neun Monaten nach Schluss des Geschäftsjahres eine ordnungsgemäße Jahresabrechnung mit einer Vermögensübersicht unter getrennter Ausweisung der Rücklagen und einem Bericht über die Erfüllung des Stiftungszwecks, bei Familienstiftungen nur einen Bericht über die Erfüllung des Stiftungszwecks, einzureichen.*
> *(2) Die Stiftungsbehörde kann sich über die Angelegenheiten der Stiftung unterrichten. Sie kann insbesondere Einrichtungen der Stiftung besichtigen, Berichte, Akten und sonstige Unterlagen anfordern sowie die Geschäfts- und Kassenführung prüfen oder sie auf Kosten der Stiftung prüfen lassen.*
> *(3) Die Stiftungsbehörde prüft die Jahresabrechnung mit der Vermögensübersicht und dem Bericht über die Erfüllung des Stiftungszwecks nach Abs. 1 Nr. 2. Sie kann bei Stiftungen, die jährlich im Wesentlichen gleichbleibende Einnahmen und Ausgaben aufweisen, die Prüfung der Rechnungen für mehrere Jahre zusammenfassen.*
> *(4) Wird eine Stiftung durch eine unabhängige Wirtschaftsprüferin oder einen unabhängigen Wirtschaftsprüfer oder eine andere zur Erteilung eines gleichwertigen Bestätigungsvermerks befugte unabhängige Person oder Gesellschaft geprüft, so muss sich die Prüfung auch auf die Erhaltung des Stiftungsvermögens und die satzungsgemäße Verwendung der Stiftungsmittel erstrecken. Liegt ein entsprechender Bestätigungsvermerk vor, kann die Stiftungsbehörde von einer eigenen Prüfung absehen.*

---

50 Ausf. zu den Unterschieden der Landesstiftungsgesetze siehe *Lorenz/Gies*, DStR 2025, 2329.

51 Siehe dazu *Mehren/Gies*, npoR 2024, 295.

(5) Die Stiftungsbehörde kann verlangen, dass eine Stiftung durch eine unabhängige Wirtschaftsprüferin oder einen unabhängigen Wirtschaftsprüfer oder andere zur Erteilung eines gleichwertigen Bestätigungsvermerks befugte unabhängige Personen oder Gesellschaften geprüft wird. Der Prüfungsauftrag muss sich auf die Erhaltung des Stiftungsvermögens und die satzungsgemäße Verwendung der Stiftungsmittel erstrecken. Liegt ein entsprechender Bestätigungsvermerk vor, kann die Stiftungsbehörde von einer eigenen Prüfung absehen.

D. Stiftungsaufsicht

Die Stiftungsaufsicht wird nicht nur in dem Verfahren zur Anerkennung der Stiftung tätig (siehe § 3 Rdn 105 ff.). Neben der Prüfung, ob die gesetzlichen Voraussetzungen für die Anerkennung der Stiftung vorliegen, übt sie nach der Anerkennung der Stiftung die **Verwaltungsaufsicht** über die Stiftung aus. Ihre Aufgabe besteht dabei darin, die Einhaltung des in dem Stiftungsgeschäft und in der Stiftungssatzung zum Ausdruck kommenden Stifterwillens (§ 83 Abs. 2 BGB; siehe auch § 3 Rdn 44 ff.) sowie von Gesetz und Recht durch die Organe der Stiftung zu überwachen und sicherzustellen.[52] 29

I. Rechtsaufsicht

Die Stiftungsaufsicht[53] ist der **„Garant des Stifterwillens“** und der Stiftungsautonomie. Sie ist in den jeweiligen Bundesländern im Detail noch unterschiedlich ausgestaltet, aber überall auf eine **reine Rechtsaufsicht** beschränkt (siehe beispielsweise § 5 Abs. 1 S. 1 HStiftG).[54] Sie betrifft mithin nicht Fragen der Zweckmäßigkeit. In Fragen der Zweckmäßigkeit ihres Vorgehens zur Erreichung des Stiftungszweckes sind der Stifter und die Stiftungsorgane frei von staatlicher Aufsicht. Die Rechtsaufsicht wird im Sinne einer betreuenden Fürsorge ausgeübt.[55] Es besteht keine Aufsicht bei fachlichen Fragen (Fachaufsicht), d.h. die 30

52 Siehe bspw. die Formulierung in § 5 Abs. 1 HStiftG; siehe ferner Hüttemann/Richter/Weitemeyer/*Schulte*, Landesstiftungsrecht, Kap. 28 (S. 775 ff.).

53 Ausf. *Andrick/Suerbaum*, Stiftung und Aufsicht, 2001; Werner/Saenger/Fischer/*Winkler*, § 27 Rn 1 ff.; Richter/*Fischer*, § 8 Rn 1 ff.; Hüttemann/Richter/Weitemeyer/*Schulte*, Landesstiftungsrecht, Kap. 28 f. (S. 769 ff.).

54 Näher dazu *Andrick/Suerbaum*, Stiftung und Aufsicht, § 4 Rn 12 f.; Werner/Saenger/Fischer/*Winkler*, § 27 Rn 72 ff.; Hüttemann/Richter/Weitemeyer/*Schulte*, Landesstiftungsrecht, Kap. 28 Rn 28 ff., insb. Rn 31.

55 *Andrick/Suerbaum*, Stiftung und Aufsicht, § 4 Rn 14 ff.

Stiftungsorgane sind hinsichtlich ihrer Entscheidung über die Art und Weise der Verwaltung der Stiftung frei.[56]

31 In der Praxis kommt es hier mitunter zu **Abgrenzungsproblemen**. So ist etwa die Rechtmäßigkeit wirtschaftlicher Entscheidungen der Stiftungsorgane nicht nur an den Gesetzen, sondern auch an den abstrakt formulierten Satzungsregelungen des Stifters zu messen. **Praxisbeispiele** solcher Entscheidungen sind die Frage der Büroeinrichtung des Stiftungsvorstandes, die Einstellung einer Vollzeitsekretärin anstelle einer Teilzeitkraft oder die Frage der Vergütung des Stiftungsvorstandes.

32 **Praxishinweis: Stiftungsaufsicht zur „sparsamen und wirtschaftlichen" Verwaltung der Stiftung**

In vielen Stiftungssatzungen hat der Stifter abstrakt und „unbestimmt" festgelegt, dass die Verwaltung der Stiftung „sparsam und wirtschaftlich" zu erfolgen habe. Auch in diesen Fällen darf die Aufsichtsbehörde nicht ihre eigene Einschätzung zur Sparsamkeit und Wirtschaftlichkeit an die Stelle der Einschätzung der Stiftungsorgane setzen. Vielmehr ist der Wille des Stifters zu ermitteln. Auch hier bleibt die Behörde auf die Rechtsaufsicht beschränkt.

33 Nach der Rechtsprechung des BVerwG[57] darf die Stiftungsaufsicht nicht zur Durchsetzung öffentlicher Interessen gegenüber der Stiftung missbraucht werden. **Öffentliche Interessen** können vielmehr nur dann und insoweit als Maßstab für die Stiftungsaufsicht dienen, wenn sie als solche in dem Stiftungszweck und dem Stifterwillen erkennbar aufgenommen worden sind.

34 Ausgehend von diesem Grundgedanken wird in einigen Landesstiftungsgesetzen für rein privatnützige Stiftungen, d.h. insbesondere für Familienstiftungen, die in den einzelnen Bundesländern durchaus unterschiedlich definiert sind, der Umfang der staatlichen Aufsicht und Kontrolle ausdrücklich eingeschränkt (siehe Rdn 40).

II. Die Aufsichtsmittel

35 Damit die Stiftungsaufsichtsbehörde die Einhaltung der gesetzlichen Anforderungen und des Stifterwillens sicherstellen kann, werden ihr **verschiedene rechtliche Instrumente**, die sich in präventive und repressive Aufsichtsmaßnahmen[58] unterteilen lassen, an die Hand gegeben.

56 Anschaulich zu den Grenzen der Stiftungsaufsicht bei Vorgaben zur Vermögensverwaltung *Meinecke*, ZStV 2023, 134.

57 BVerwGE 40, 347; siehe auch Richter/*Fischer*, § 8 Rn 58.

58 Ausf. dazu *Andrick/Suerbaum*, Stiftung und Aufsicht, § 8 Rn 1 ff.; Richter/*Fischer*, § 8 Rn 58 ff.; Werner/Saenger/Fischer/*Backert*, § 27 Rn 103 ff.; Hüttemann/Richter/Weitemeyer/*Schulte*, Landesstiftungsrecht, Kap. 29 Rn 24 ff.

Zu nennen sind insbesondere:
- **Präventive Aufsichtsmaßnahmen:**
  - Informationspflichten
  - Auskunftsansprüche
  - Anzeige- und Vorlagepflichten
  - Genehmigungsvorbehalte
- **Repressive Aufsichtsmaßnahmen:**
  - die Beanstandung des Vorgehens der Stiftungsorgane
  - die Anordnung bestimmter Maßnahmen der Stiftungsorgane (z.B. auch die Einberufung einer Vorstandssitzung)[59]
  - die Ersatzvornahme (teilw. in Form der Aufhebung)
  - die Abberufung und Bestellung von Organmitgliedern
  - Aufhebung und Umwandlung der Stiftung

Neben diesen formalen rechtlichen Mitteln, die auf die Herbeiführung einer 36
bestimmten Rechtsfolge gerichtet sind, kommt der **Beratung der Stiftung durch die Stiftungsaufsicht** in der Praxis eine bedeutende Rolle zu.[60] Die Stiftungsaufsicht hilft der Stiftung so, Rechtsverstöße zu vermeiden, und unterstützt sie bei der Erfüllung ihrer satzungsmäßigen Aufgaben (siehe etwa Art. 10 Abs. 2 BayStG).

Typische Regelungen zu den Aufsichtsmitteln in den Landesstiftungsgesetzen 37
betreffen etwa:
- Unterrichtungs- und Auskunftspflichten (z.B. § 6 Abs. 1 und 3 StiftG NRW, § 9 Abs. 1 und 2 StiftG BW)
- Prüfungsrechte (z.B. § 9 Abs. 3 StiftG BW, § 6 Abs. 3–5 HStiftG)
- Beanstandung, Anordnung und Ersatzvornahme (z.B. § 7 StiftG NRW, § 7 HStiftG)
- Abberufung und Bestellung von Organmitgliedern/Sachwaltern/Beauftragten (z.B. § 8 HStiftG, § 8 StiftG NRW)

Diverse bundeseinheitliche Befugnisse (z.B. §§ 84c, 85a Abs. 2 BGB) oder Genehmigungserfordernisse (z.B. §§ 85a Abs. 1 S. 2, 86b Abs. 1 S. 2 BGB) ergeben sich zudem auch aus den stiftungsrechtlichen BGB-Vorschriften.

Damit die Stiftungsbehörden ihrer Aufsichtspflicht überhaupt wirkungsvoll 38
nachkommen können, bestehen nach den einzelnen Landesstiftungsgesetzen **Informationspflichten** der Stiftung und **Informationsansprüche** der Stiftungsaufsichtsbehörde. Der Behörde steht es im Rahmen der einschlägigen landesgesetzlichen Regelungen grundsätzlich frei, wie sie sich von der Stiftung die für die Aufsicht erforderlichen Informationen verschafft.

---

59 Siehe dazu VG Schleswig, Beschl. v. 10.7.2023 – 6 B 8/23; *Bieniek*, StiftungsBrief 2023, 202.

60 Hüttemann/Richter/Weitemeyer/*Schulte*, Landesstiftungsrecht, Kap. 29 Rn 5.

39 **Praxishinweis: Auskunftspflichten**

Wichtig zu wissen ist in diesem Zusammenhang, dass die einzelnen Landesstiftungsgesetze Regelungen dazu enthalten, welche **Auskunftspflichten der Stiftungsorgane** gegenüber den Stiftungsbehörden bestehen. So ist etwa grundsätzlich in den Landesstiftungsgesetzen festgelegt, dass eine Jahresrechnung mit einer Vermögensübersicht und mit einem Bericht über die Erfüllung des Stiftungszwecks von den Stiftungsorganen der Stiftungsaufsichtsbehörde vorzulegen ist.

40 Für privatnützige Stiftungen, insbesondere Familienstiftungen, gelten solche Pflichten allerdings regelmäßig nicht oder allenfalls eingeschränkt (siehe auch § 2 Rdn 28 f.). Bei den Familienstiftungen gehen die Landesgesetzgeber von dem Grundsatz aus, dass es Sache der Familie, d.h. der durch die Stiftung begünstigten Familienmitglieder ist, im eigenen Interesse die Einhaltung des Stifterwillens und der Stiftungssatzung zu überwachen.

41 Die einzelnen Aufsichtsmittel sind hier nicht im Einzelnen zu erläutern. Das würde den Rahmen dieser Schrift sprengen. Es sei auf die einzelnen Landesstiftungsgesetze und die hier nachgewiesene Spezialliteratur verwiesen.[61]

42 Vor allem für die **Praxis** ist als wesentlich zu vermerken, dass die Eingriffe der Behörde in jedem Fall nur unter den einzelnen, jeweils in den betreffenden Landesstiftungsgesetzen genannten Voraussetzungen und unter **Beachtung des Grundsatzes der Verhältnismäßigkeit** zur Anwendung kommen dürfen. Bei Verletzung ihrer Amtspflichten im Zusammenhang mit der Stiftungsaufsicht haftet die Stiftungsbehörde wie alle öffentlichen Behörden nach den Grundsätzen der Amtshaftung.[62]

43 Gegen Maßnahmen der Stiftungsaufsicht besteht verwaltungsgerichtlicher Rechtsschutz, so dass die Vorschriften des allgemeinen Verwaltungsrechts gelten.[63] Soweit nach dem jeweiligen Landesrecht noch ein Widerspruchsverfahren vorgesehen ist, ist gegen einen belastenden Verwaltungsakt der Stiftungsbehörde Widerspruch einzulegen. Andernfalls oder in dem Fall, dass die Stiftungsaufsicht dem Widerspruch nicht abhilft, ist Anfechtungsklage zu erheben. Wird die Anerkennung der Stiftung verweigert, so ist die Verpflichtungsklage (ggf. nach Durchführung eines Widerspruchsverfahrens) die statthafte Klageart. Bei der Abberufung eines Organmitglieds ist eine Besonderheit zu beachten: Nur wenn die Stiftungsbehörde selbst das Organmitglied abberuft, ist der Klageweg zu den

---

61 Siehe insb. Werner/Saenger/Fischer/*Winkler*, § 27 Rn 1 ff.; Richter/*Fischer*, § 8 Rn 1 ff.; Hüttemann/Richter/Weitemeyer/*Schulte*, Landesstiftungsrecht, Kap. 29.

62 Ausf. Richter/*Fischer*, § 8 Rn 166 ff.

63 Ausf. *Andrick/Suerbaum*, Stiftung und Aufsicht, § 9 Rn 1 ff. Zum Einsichtsrecht in die Akten der Stiftungsaufsicht *Theuffel-Werhahn/Mühlendieck*, ZStV 2022, 87; siehe auch LG Köln, Urt. v. 23.2.2023 – 19 O 136/22 (Auskunftsverpflichtung der Stiftung über Inhalt der Satzung einschl. vorgenommener Änderungen).

Verwaltungsgerichten eröffnet. Ordnet die Stiftungsbehörde die Abberufung dagegen nur an und kommt die Stiftung dieser Anordnung nach, so ist der zivilgerichtliche Klageweg eröffnet.[64]

Unabhängig von der etwaigen Prüfung der Verwaltung der Stiftung durch die Aufsichtsbehörde steht es dem Stifter frei, in der Stiftungssatzung stiftungseigene oder auch externe Kontrollinstanzen festzulegen. Eine derartige interne Kontrollinstanz ist der bereits angesprochene **Stiftungsrat** (siehe § 3 Rdn 66 ff.). Dessen Kontrollkompetenz kann (!) der Stifter so ausgestalten, dass der Stiftungsrat den Vorstand gerade auch in fachlichen Fragen beaufsichtigt. Empfehlenswert ist die Einrichtung einer solchen Kontrollinstanz insbesondere in den Fällen der schlicht privatnützigen Stiftung oder der Familienstiftung, die nach dem jeweils anzuwendenden Landesrecht nur einer eingeschränkten Aufsicht durch die Stiftungsbehörde unterliegen.[65] 44

Eine externe Prüfung der Verwaltung der Stiftung könnte beispielsweise auch im Wege der Prüfung der Jahresrechnung durch einen **Wirtschaftsprüfer** erfolgen, wenn das das Landesstiftungsgesetz[66] oder die Stiftungssatzung fordert oder der Stiftungsrat nach der Satzung entsprechend beschließen kann. 45

III. Die Aufsicht in der Praxis

In der Praxis[67] kontrollieren die Behörden vor allem die Einhaltung der für die betreffende Stiftung jeweils einschlägigen Regelungen des BGB und der jeweiligen Landesgesetze sowie die in der Satzung enthaltenen Rechtsregelungen. Sie stellen auf diese Weise die Einhaltung des Stifterwillens sicher. 46

Die einzelnen landesrechtlichen Regelungen zur Ausübung der Rechtsaufsicht sind aber durchaus unterschiedlich. Nach § 7 Abs. 5 Saarländisches Stiftungsgesetz ist beispielsweise eine Prüfung der Stiftungsverwaltung nur bei Vorliegen eines wichtigen Grundes vorgesehen. Die Handhabung der Stiftungsaufsicht hängt überdies wesentlich von der spezifischen (Rechts-)Auffassung der jeweiligen Behörde ab.[68] 47

Stellt die Behörde Verstöße gegen gesetzliche Vorschriften oder Satzungsregelungen fest, so hat sie **unverzüglich Maßnahmen** zu ergreifen, die die Erhaltung der Stiftung oder etwa die Rückerlangung unzulässig verwendeten Stiftungsvermögens sicherstellen. Sie wird das betreffende rechtswidrige Verhalten beanstanden und die **Beanstandung** ggf. mit der Ankündigung weitergehender aufsichts- 48

64 *Andrick/Suerbaum*, Stiftung und Aufsicht, § 9 Rn 6.
65 Hüttemann/Richter/Weitemeyer/*Richter/Gollan*, Landesstiftungsrecht, Kap. 30 Rn 68.
66 Z.B. § 8 Abs. 2 StiftG Berlin.
67 Anschauliche Praxisberichte für NRW geben: *Neuhoff*, Stiftung & Sponsoring 4/2006, 20; *Schönfeld*, Stiftung & Sponsoring 5/2005, 25.
68 Siehe dazu schon *Hennerkes/Schiffer/Fuchs*, BB 1995, 209.

rechtlicher Maßnahmen, etwa der Androhung eines Zwangsgeldes, verbinden. Als zusätzliches Mittel steht der Stiftungsaufsichtsbehörde nach den unterschiedlichen Landesgesetzen in geeigneten Fällen regelmäßig die **Aufhebung** der beanstandeten Maßnahme zu. Erfüllen die Stiftungsorgane ihre Verpflichtungen nicht, so kann die Behörde die erforderlichen Maßnahmen unter Setzung einer angemessenen Frist **anordnen.** Wird die Maßnahme auch dann nicht vorgenommen, so hat die Behörde die Möglichkeit der **Ersatzvornahme**, d.h. sie kann die Maßnahme selbst durchführen oder durch Dritte durchführen lassen.[69]

49 Für den Fall, dass ein entsprechend wichtiger Grund in der Person eines Stiftungsorganmitgliedes vorliegt, sehen die meisten Landesstiftungsgesetze die Möglichkeit vor, dieses **Organmitglied abzuberufen.**[70] Ein **wichtiger Grund** wird jedoch i.d.R. nur in Fällen grober Pflichtverletzung oder der Unfähigkeit zu ordnungsgemäßer Geschäftsführung gegeben sein. Eine **grobe Pflichtverletzung** liegt etwa dann vor, wenn der Betreffende seine Kompetenzen in schwerwiegender Weise und mehrfach missbraucht, die Vermögensinteressen der Stiftung grob vernachlässigt oder sich beharrlich weigert, den Stiftungszweck zu erfüllen. Die **Unfähigkeit zur ordnungsgemäßen Geschäftsführung** ist z.B. dann anzunehmen, wenn das betreffende Organmitglied dauerhaft schwer erkrankt oder für einen längeren Zeitraum ortsabwesend ist. Hohes Alter allein rechtfertigt die Abberufung dagegen nicht; hier sollte der Stifter in der Stiftungsverfassung durch Festschreibung einer Altersgrenze Vorsorge treffen. Mangelnde Eignung und mangelnde Vertrauenswürdigkeit hingegen können die Unfähigkeit zur ordnungsgemäßen Geschäftsführung begründen. Liegt ein entsprechender wichtiger Grund bei einem Organmitglied vor, so hat die Aufsichtsbehörde keine Wahl – sie muss das Organmitglied abberufen.

50 Um in **Eilfällen** eine Reaktion der Stiftungsbehörde zu ermöglichen, gewähren einige Stiftungsgesetze auch die Möglichkeit, einem Organmitglied die Ausübung seiner Funktionen auf Zeit zu untersagen.[71] Kann der Vorstand oder ein anderes Stiftungsorgan aufgrund fehlender Mitglieder seine Aufgaben nicht wahrnehmen, hat in dringenden Fällen die Stiftungsbehörde nach **§ 84c Abs. 1 BGB** auf Antrag eines Beteiligten oder auch von Amts wegen die notwendigen Maßnahmen zu treffen, um die Handlungsfähigkeit des Organs zu gewährleisten.[72] Dazu zählt insbesondere die befristete Bestellung neuer Organmitglieder oder ein befristetes Abweichen von der satzungsmäßig vorgesehenen Zahl von Organmitgliedern (§ 84c Abs. 1 S. 2 BGB). Gemäß § 84c Abs. 2 BGB kann die Behörde in diesen

69 Siehe bspw. § 11 Abs. 2 StiftG BW.

70 Zur Abberufung eines Vorstandsmitglieds durch die Stiftungsbehörde siehe etwa VG Freiburg, Beschl. v. 21.10.2021 – 10 K 2622/21; *Uhl*, StiftungsBrief 2021, 223.

71 Zur einstweiligen Untersagung der Geschäftsführung des Stiftungsrats VG Bremen, Urt. v. 17.7.2020 – 2 K 2193/17; *Bieniek*, StiftungsBrief 2021, 137.

72 Ausf. dazu *Kittner*, StiftungsBrief 2026, 24; *von Thunen/Möller*, ZStV 2024, 83; *Schiffer/Pruns/Schürmann*, Die Reform des Stiftungsrechts, 2022, § 8 Rn 21 ff.

Fällen einem von ihr bestellten Organmitglied auch eine Vergütung auf Kosten der Stiftung bewilligen.

Reichen die übrigen Befugnisse der Aufsichtsbehörde nicht aus, um eine rechtmäßige Verwaltung der Stiftung durchzusetzen, besteht nach einigen Landesstiftungsgesetzen die Möglichkeit, dass die Behörde ausnahmsweise sog. **Beauftragte oder Sachwalter** bestellt.[73] Da in diesen Fällen besonders die Gefahr besteht, dass die Rechtsaufsicht der Stiftungsbehörde in eine Zweckmäßigkeitsaufsicht umschlägt, ist eine entsprechende Anordnung der Stiftungsaufsichtsbehörde allerdings i.d.R. unverhältnismäßig, d.h. nur ganz ausnahmsweise zulässig. 51

Praxisrelevante Rechtsprechung: Rechtsschutz gegen Handlungen der Stiftungsaufsicht 52

Über einen in diesem Zusammenhang sehr interessanten und nicht untypischen Sachverhalt hatte Ende 2014 das Verwaltungsgericht Hannover zu entscheiden.[74]

Konkret (und vereinfacht) ging es in dem Rechtsstreit um einen Sachverhalt, in dem mehrere Organmitglieder einer Stiftung durch ein Testament des Stifters als Vermächtnisnehmer eingesetzt waren und der Testamentsvollstrecker, der zu diesen Organmitgliedern gehörte, nunmehr die Vermächtnisse gegenüber der Stiftung geltend machten.

Da aber die Wirksamkeit des Testaments und damit auch der Vermächtnisanordnungen unklar war, richtete die zuständige Stiftungsbehörde ein Schreiben an den betroffenen Vorstand und die ebenfalls betroffenen Kuratoriumsmitglieder. Darin erklärte die Stiftungsbehörde, „dass die Binnenaufsicht der [...] Stiftung als geschwächt angesehen werde. Es bestehe daher Anlass, die Stiftungsaufsicht präventiv zu intensivieren. Von hoheitlichen Maßnahmen werde derzeit noch abgesehen, es werde aber davon ausgegangen, dass Vorstand und Kuratorium gemeinsam alle notwendigen Schritte zur Abwehr der Ansprüche aus den Vermächtnissen einleiten werden und sich dabei u.a. von der ‚Rahmenbedingung' leiten lassen, dass die Stiftung von der Unwirksamkeit aller Vermächtnisse ausgehe und die Rechtsauffassung vertrete, dass ihr als Schlusserbin der Großteil des Nachlasses [...] zustehe."

In einem späteren Schreiben der Stiftungsbehörde kündigte diese den betroffenen Organmitgliedern an, ihnen „einstweilig die Geschäftsführung für den Bereich der erbrechtlichen Angelegenheiten nach dem Tod der [...] zu untersagen, weil Vorstand und Mitglieder des Kuratoriums trotz objektiv kollidierender Privatinteressen an den diesbezüglichen Beratungen und Entscheidungen der Stiftungsorgane teilnahmen, mitwirkten, dadurch gegen gesetzliche und

73 Siehe bspw. § 8 Abs. 3 StiftG NRW. Näher dazu *Andrick/Suerbaum*, Stiftung und Aufsicht, § 8 Rn 26 ff.

74 VG Hannover, Urt. v. 17.12.2014 – 1 A 2700/13.

satzungsimmanente Vorgaben verstießen und dabei grob pflichtwidrig handelten. …"
Die gegen diese beiden Schreiben gerichtete Klage der betroffenen Organmitglieder hat das Verwaltungsgericht Hannover als unzulässig abgewiesen. Die Aussagen in den angegriffenen Schreiben der Stiftungsbehörde stellten, so das Gericht, noch keine angreifbaren Verwaltungsakte dar, sondern allenfalls Ankündigungen eines späteren Handelns durch Verwaltungsakt.
Kommentar:
Der Sachverhalt zeigt das Spektrum des möglichen Verhaltens der Stiftungsbehörde auf, die mit mehreren „Eskalationsstufen" arbeiten kann. Die Entscheidung selbst ist richtig, da die Stiftungsbehörde eben noch keine der ihr zur Verfügung stehenden Maßnahmen ergriffen, sondern diese nur angekündigt hatte.
Der Sachverhalt selbst zeigt einmal mehr, wie wichtig es ist, dass der Stifter im Sinne einer erfolgreichen Stiftungserrichtung und einer professionellen Stiftungsarbeit klare Regelungen trifft und Interessenkollisionen möglichst vermeidet. Andernfalls muss die Stiftungsaufsicht hier regulierend im objektiven Interesse der Stiftung eingreifen.

IV. Genehmigung von Satzungsänderungen

1. Bundeseinheitliches Recht

53 Mit der Reform des Stiftungsrechts 2023 wurden erstmalig die Voraussetzungen und das Verfahren für Änderungen der Stiftungssatzung bundeseinheitlich und abschließend geregelt.[75] Das ist eine wesentliche und vor allem besonders praxisrelevante Neuerung der Stiftungsrechtsreform. Nach dem Fall der Anerkennung einer rechtsfähigen Stiftung sind spätere Satzungsänderungen ein häufiger, wenn nicht sogar der häufigste Fall eines stiftungsbehördlichen Verfahrens. Die früher unterschiedlichen Regelungen zu Satzungsänderungen nach den Landesstiftungsgesetzen sind damit obsolet und in den nach der Reform geänderten Landesgesetzen nicht mehr enthalten.

54 Nach § 85a Abs. 1 S. 2 BGB bedarf ausnahmslos jede Satzungsänderung der Genehmigung durch die zuständige Landesstiftungsbehörde. In § 5 StiftG NRW a.F. wurde noch differenziert zwischen genehmigungsbedürftigen „wesentlichen" Satzungsänderungen und lediglich anzeigepflichtigen anderen Satzungsänderungen, *„wenn hierdurch der Stiftungszweck oder die Organisation der Stiftung nicht wesentlich verändert wird"*. Diese – in der Praxis mitunter zu schwierigen Abgrenzungsfragen führende – Besonderheit ist nach der Reform 2023 entfallen.

75 *Schiffer/Pruns/Schürmann*, Die Reform des Stiftungsrechts, 2022, § 8 Rn 8 ff; *Lange*, ZStV 2022, 207; *Beyer*, ZStV 2021, 161.

2. „Stufen" der Satzungsänderung

Die Voraussetzungen für die Zulässigkeit (und damit die Genehmigungsfähigkeit) von Satzungsänderungen sind nach § 85 Abs. 1–3 BGB an der jeweiligen „Eingriffsintensität" ausgerichtet. Danach wird zwischen drei „Stufen" der Satzungsänderung mit jeweils unterschiedlichen Voraussetzungen differenziert.[76] 55

a) Erste Stufe

Die erste Stufe, d.h. der schwerste Eingriff, sind nach § 85 Abs. 1 BGB Satzungsänderungen, durch die der Stiftung entweder ein anderer Zweck gegeben oder der Zweck der Stiftung erheblich beschränkt wird. Diese Satzungsänderungen sind nach § 85 Abs. 1 S. 1 BGB nur dann zulässig, wenn entweder der Stiftungszweck nicht mehr dauernd und nachhaltig erfüllt werden kann oder der Stiftungszweck das Gemeinwohl gefährdet. Nach § 85 Abs. 1 S. 2 BGB liegen die Voraussetzungen der ersten Alternative insbesondere dann vor, wenn eine Stiftung keine ausreichenden Mittel für die nachhaltige Erfüllung des Stiftungszwecks hat und solche Mittel in absehbarer Zeit auch nicht erwerben kann. Das ist nachvollziehbar und insoweit selbsterklärend. 56

Die Alternative der Gemeinwohlgefährdung dürfte in der Praxis deutlich seltener relevant werden, anders als die nicht mehr dauerhafte und nachhaltige Erfüllung des Stiftungszwecks. § 85 Abs. 1 S. 2 BGB regelt dazu ergänzend und klarstellend, dass eine Änderung des Stiftungszwecks nach Satz 1 der Vorschrift nur dann zulässig ist, wenn auch gesichert erscheint, dass die Stiftung den beabsichtigten neuen oder beschränkten Stiftungszweck dauernd und nachhaltig erfüllen kann. Es gelten also insoweit für die vorzunehmende Prognoseentscheidung die gleichen Maßstäbe wie bei einer Neuerrichtung der Stiftung nach § 82 S. 1 BGB. 57

Erfreulich ist, dass der Gesetzgeber – anders als noch der Regierungsentwurf – hier letztlich auf das zu enge Tatbestandsmerkmal einer endgültigen „Unmöglichkeit" der Erfüllung des Stiftungszwecks verzichtet hat und allein auf die nicht mehr mögliche *„dauernde und nachhaltige"* Erfüllung des Stiftungszwecks abstellt.[77] Damit ist klar, dass eben nicht, wie in der Vergangenheit mitunter vertreten wurde, auch mit (etwas überspitzt formuliert) Erträgnissen von 10 EUR pro Jahr der Förderzweck einer Stiftung noch erfüllt werden könne und eben nicht „unmöglich" sei. 58

Nach 85 Abs. 1 S. 4 BGB ist schließlich im Falle der nicht mehr möglichen dauerhaften und nachhaltigen Erfüllung des Stiftungszwecks ausdrücklich auch die Satzungsänderung zur Umwandlung in eine Verbrauchsstiftung möglich. Ersichtlich dürfte es oft dem (mutmaßlichen) Stifterwillen entsprechen, dass eine Stiftung anstelle einer völligen Umgestaltung oder Einschränkung der Zwecke 59

---

76 Siehe dazu auch *Schienke-Ohletz/Junius-Morawe*, BB 2021, 1886; *Beyer*, ZStV 2021, 161.

77 Siehe auch *Hüttemann/Rawert*, Beilage zu ZIP 33/2021, VII. 1. 1.

ihren ursprünglichen Zweck zumindest noch für einen gewissen Zeitraum aus dem Verbrauch des Vermögens verwirklicht. Die Rechtsprechung legt hier allerdings einen eher strengen Maßstab an.[78]

b) Zweite Stufe

60 Die zweite Stufe, d.h. Eingriffe mittlerer Intensität, sind nach § 85 Abs. 2 BGB entweder solche Änderungen des Stiftungszwecks, die nicht unter § 85 Abs. 1 BGB fallen, oder Änderungen anderer *„prägender Bestimmungen"* der Satzung.[79]

61 Nicht unter § 85 Abs. 1 BGB fallende Änderungen des Stiftungszwecks sind nach der Gesetzesbegründung insbesondere Zweckerweiterungen sowie Zweckbeschränkungen, die nicht die Identität der Stiftung verändern. Letzteres dürfte in der Praxis jedenfalls selten der Fall sein;[80] Hauptanwendungsbereich dieser Alternative wären danach Erweiterungen des ursprünglichen Stiftungszwecks, etwa im Hinblick auf erhebliche, ggf. bei Stiftungserrichtung noch unvorhergesehene Zuwächse im Grundstockvermögen der Stiftung.

62 Für im Sinne der Vorschrift „prägende" Satzungsbestimmungen nennt § 85 Abs. 2 S. 2 BGB als Regelbeispiele, d.h. mit Blick auf den konkreten Sachverhalt nicht zwingend oder abschließend,[81] Bestimmungen über den Namen,[82] den Sitz, die Art und Weise der Zweckerfüllung sowie die Verwaltung des Grundstockvermögens. Voraussetzung für die Genehmigung dieser Satzungsänderungen ist nach § 85 Abs. 2 S. 1 Hs. 2 BGB, dass sich die Verhältnisse nach Errichtung der Stiftung wesentlich verändert haben und eine entsprechende Satzungsänderung erforderlich ist, um die Stiftung an die veränderten Verhältnisse anzupassen. Das wird jeweils mit Blick auf den konkreten Sachverhalt zu prüfen und gegenüber der Behörde nachvollziehbar zu begründen sein.

63 Die Anknüpfung an eine „wesentliche Veränderung der Verhältnisse" als Voraussetzung für Satzungsänderungen war in verschiedenen Formulierungen schon vor der Reform 2023 aus einer Reihe von Landesstiftungsgesetzen bekannt. Insoweit wird man auch auf einschlägige bisherige fachliche Ausführungen zurückgreifen können.[83]

---

78 Siehe etwa VG Köln, Urt. v. 12.6.2025 – 4 K 514/24.

79 Dazu *Burgard*, ZStV 2024, 39.

80 So auch *Hüttemann/Rawert*, Beilage zu ZIP 33/2021, VII. 1. 2.

81 Siehe auch *Hüttemann/Rawert*, Beilage zu ZIP 33/2021, VII. 1. 2.

82 Zur Namensänderung siehe *Bieniek*, StiftungsBrief 2023, 230.

83 Siehe etwa *Schienke-Ohletz/Junius-Morawe*, BB 2021, 1886; *Suerbaum*, in: Stumpf/Suerbaum/Schulte/Pauli, Stiftungsrecht, Teil C Rn 99 ff.; *Peiker*, StiftG Hessen, 4. Aufl. 2009, S. 73 f.; *Andrick*, in: Andrick/Suerbaum, StiftG NRW, 2016, § 5 Rn 4 ff.

c) Dritte Stufe

Die dritte Stufe der geringsten Eingriffsintensität bilden nach § 85 Abs. 3 BGB schließlich Satzungsänderungen, die nicht unter § 85 Abs. 1 oder Abs. 2 S. 1 BGB fallende Bestimmungen betreffen. Es handelt sich insofern also um eine als **Auffangtatbestand** formulierte Regelung. In der Praxis wird daher zuerst zu prüfen sein, ob eine Satzungsänderung den Tatbestand der ersten oder zweiten Stufe erfüllt. Ist dies nicht der Fall, fällt sie zwangsläufig unter § 85 Abs. 3 BGB. 64

Solche Satzungsänderungen sind nach der gesetzlichen Neuregelung stets dann zulässig, *„wenn dies der Erfüllung des Stiftungszwecks dient"*. In der Gesetzesbegründung heißt es etwas abweichend und tendenziell weiter gefasst sogar, dass es ausreicht, wenn die Satzungsänderung die Erfüllung des Stiftungszwecks *„erleichtert"*.

Typischerweise kann man hier etwa an Anpassungen und Modernisierungen der Satzung zu Einzelheiten der Organisation, etwa Modalitäten der Sitzung von Stiftungsorganen, oder – wie auch die Gesetzesbegründung betont – die Anpassung an geänderte Anforderungen des steuerlichen Gemeinnützigkeitsrechts denken.[84] Es bleibt jedenfalls zu hoffen, dass die Stiftungsbehörden die Hürde für Satzungsänderungen nach dieser Vorschrift auch in der Praxis nicht zu hoch ansetzen. 65

3. Vom Gesetz abweichende Regelungen

Nach § 85 Abs. 4 BGB sind die gesetzlichen Vorschriften zur Satzungsänderung grundsätzlich in zwei Richtungen dispositiv. Zum einen können nach Satz 1 der Vorschrift **strengere Regeln** aufgestellt werden, indem Satzungsänderungen nach § 85 Abs. 1–3 BGB ausgeschlossen oder beschränkt werden. Zum anderen können nach § 85 Abs. 4 S. 2 BGB auch **Satzungsänderungen durch Organe** der Stiftung (d.h. nicht durch die Stiftungsbehörde) abweichend von § 85 Abs. 1–3 BGB zugelassen, also die **Änderungsmöglichkeiten erweitert** werden. 66

Gemeinsame Voraussetzung solcher dispositiven Regelungen ist nach § 85 Abs. 4 S. 1 und 2 BGB allerdings, dass der Stifter diese *„im Stiftungsgeschäft"* trifft. Damit wird jedenfalls nicht nur das Stiftungsgeschäft im engeren Sinne, sondern auch die mit dem Stiftungsgeschäft gem. § 81 Abs. 1 Nr. 1 BGB verbundene Satzung gemeint sein. So nimmt § 85 Abs. 4 S. 3 BGB in diesem Zusammenhang auch ausdrücklich auf *„Satzungsbestimmungen"* Bezug. Nach dem Wortlaut des Gesetzes und der Gesetzesbegründung dürfte es künftig jedoch eben auch nur in der vom Stifter selbst im Zusammenhang mit dem Stiftungsgeschäft erlassenen 67

84 Siehe auch *Hüttemann/Rawert*, Beilage zu ZIP 33/2021, VII. 1. 3.

(ersten) Stiftungssatzung möglich sein, entsprechende dispositive Regelungen zu Satzungsänderungen wirksam zu treffen.[85]

Zudem müssen zur Wirksamkeit solcher Satzungsbestimmungen, die Satzungsänderungen abweichend von der gesetzlichen Regelung zulassen, nach § 85 Abs. 4 S. 3 BGB vom Stifter *„Inhalt und Ausmaß der Änderungsermächtigung hinreichend festgelegt“* werden. Dass mithin pauschale Änderungsermächtigungen ohne hinreichend bestimmte Voraussetzungen künftig ausdrücklich unzulässig sind, entspricht der auch zum bisherigen Recht vertretenen Auffassung.[86] Ersichtlich verlangt das von dem Stifter und dessen Beratern bei der Satzungsgestaltung einen genauen Blick auf die Formulierung und auch einiges an Fantasie zu in der Zukunft liegenden Sachverhalten.

4. Verfahren bei Satzungsänderungen

68 Zum Verfahren bei Satzungsänderungen stellt § 85a Abs. 1 BGB neben dem bereits eingangs erwähnten generellen Genehmigungserfordernis klar, dass die **Zuständigkeit** für Satzungsänderungen grundsätzlich beim Stiftungsvorstand oder einem anderen durch die Satzung bestimmten Organ liegt. Wir gehen davon aus, dass der Gesetzeswortlaut hier nicht zwingend alternativ gemeint ist, sondern auch die kumulative Zuständigkeit des operativen geschäftsführenden Stiftungsorgans (Stiftungsvorstand) und des beaufsichtigenden, kontrollierenden Stiftungsorgans (Stiftungsrat, Stiftungsbeirat etc.) möglich ist. Das entspricht der wohl unbestrittenen bisherigen Rechtslage.[87] So heißt es dazu auch in der Gesetzesbegründung, der Inhalt der neuen Regelung *„… entspricht den bisher geltenden landesrechtlichen Vorschriften“*. Im Landesrecht waren die betreffenden Vorschriften regelmäßig auch in ihrem Wortlaut allgemeiner gefasst, etwa *„… können die zuständigen Stiftungsorgane …“* (§ 5 Abs. 2 StiftG NRW a.F.) oder *„Satzungsänderungen durch Stiftungsorgane können …“* (§ 6 S. 1 StiftG BW a.F.).

69 Die in § 85a Abs. 2 BGB geregelte Änderungsbefugnis der Stiftungsaufsichtsbehörde ist in jedem Fall gegenüber der organschaftlichen Satzungsänderung subsidiär, denn sie greift nur ein, *„wenn die Satzungsänderung notwendig ist und das zuständige Stiftungsorgan sie nicht rechtzeitig beschließt“*.

70 Nach Einführung des Stiftungsregisters (siehe dazu Rdn 80 ff.) sind Satzungsänderungen gem. § 85b BGB vom Vorstand zur Eintragung in das Stiftungsregister anzumelden.

---

85 Zu der Problematik, auch mit Blick auf den aus dem Gesetzentwurf gestrichenen Begriff der „Errichtungssatzung“, siehe ausf. *Schiffer/Pruns/Schürmann*, Die Reform des Stiftungsrechts, 2022, § 3 Rn 9 ff.

86 Siehe etwa Staudinger/*Hüttemann/Rawert*, § 85 Rn 32 m.w.N.

87 Siehe nur Richter/*Fischer*, § 8 Rn 95 („… Satzungsänderungen, die die zuständigen Stiftungsorgane beschlossen haben …“).

Den Sonderfall einer die Verlegung des Sitzes der Stiftung in ein **anderes Bundesland** betreffenden Satzungsänderung regelt schließlich § 85a Abs. 3 BGB. Dazu bedarf die nach § 85a Abs. 1 S. 2 BGB erforderliche Genehmigung der Satzungsänderung zusätzlich auch der Zustimmung der nach der Sitzverlegung zuständigen Landesbehörde. Damit soll ein ersichtlich praktisch misslicher Dissens zwischen den beteiligten Stiftungsbehörden vermieden werden. Es soll mit der Vermeidung des Dissenses vor allem ausgeschlossen werden, dass mit Genehmigung der abgebenden Behörde und einer Ablehnung der übernehmenden Behörde faktisch die Stiftungsaufsicht entfällt. 71

Als Konsequenz kann eine betroffene Stiftung, wie die Gesetzesbegründung betont, natürlich erforderlichenfalls „*... die Entscheidungen beider beteiligter Stiftungsbehörden gerichtlich überprüfen lassen, indem sie die noch zuständige Stiftungsbehörde auf Erteilung der Genehmigung verklagt*“. Daneben sollte es aber weiterhin möglich sein, auch unmittelbar gegen die neu zuständige Stiftungsbehörde auf Erteilung der Zustimmung zu klagen. So waren schließlich bisher die teilweise in Landesstiftungsgesetzen vorgesehenen vergleichbaren Zustimmungserfordernisse der Behörde im Zuzugsland regelmäßig Verwaltungsakte, gegen die der Stiftung der Verwaltungsrechtsweg offensteht.[88] 72

Im Fall der von der Gesetzesbegründung erwähnten Klage auf Genehmigung der Sitzverlegung gegen die aktuell zuständige Stiftungsbehörde dürfte jedenfalls die Behörde des Zuzugslandes notwendig beizuladen sein, da die Entscheidung auch ihr gegenüber nur einheitlich und mit entsprechender Erstreckung der Rechtskraft ergehen kann (siehe § 65 VwGO sowie die entsprechenden landesrechtlichen Regelungen). 73

Praxisrelevante Rechtsprechung: Genehmigung einer Satzungsänderung 74
Eine Stiftung, sei sie selbstständig oder unselbstständig, hat keine Gesellschafter oder Mitglieder. Das Schicksal einer Stiftung hängt deshalb nicht, wie etwa das Schicksal eines Vereins, von dem Willen einer Personenmehrheit (Mitgliederversammlung) ab, sondern von dem insbesondere in der Stiftungssatzung ausgedrückten Stifterwillen. Der ausdrückliche oder notfalls hypothetische Stifterwille bei Errichtung der Stiftung ist, wie angesprochen, als Maßstab für das Handeln der Stiftungsorgane das oberste Prinzip des Stiftungsrechts (siehe § 3 Rdn 44 ff.).
Der Wille einzelner anderer Personen, die der Stiftung verbunden sind, ist folglich nicht entscheidend. So hat das **VG Magdeburg** die Klage eines Destinatärs gegen die Genehmigung der Satzungsänderung einer Stiftung wegen fehlender Klagebefugnis als unzulässig abgewiesen.[89]

88 Siehe Hüttemann/Richter/Weitemeyer/*Jakob*, Landesstiftungsrecht, Kap. 6 Rn 35. Ausf. zum Rechtsschutz gegen Maßnahmen der Stiftungsaufsicht siehe etwa Richter/*Fischer*, § 8 Rn 148 ff.

89 VG Magdeburg, MB v. 6.7.2005 – 9 A 160/02, ZSt 2005, 295.

Entscheidend für die etwaige Klagebefugnis eines Destinatärs ist die schutzfähige Rechtposition des Klagenden. Es fehle im konkreten Fall die Möglichkeit einer tatsächlichen oder rechtlichen Betroffenheit nach jeder rechtlichen Betrachtungsweise, betonte das VG Magdeburg.

Ähnlich hat auch der **Verwaltungsgerichtshof Baden-Württemberg** argumentiert und die Klagebefugnis eines hartnäckig klagenden Vorstandsmitglieds einer selbstständigen Stiftung auf Feststellung der Nichtigkeit der Auflösung einer Stiftung verneint.[90]

Der Vorstand der Stiftung hatte in einer Sitzung, an der das klagende Vorstandsmitglied wegen Krankheit nicht teilnahm, u.a. die Auflösung der Stiftung beschlossen. Der Stiftungsrat stimmte dem entsprechenden Antrag des Vorstandes zu. Das Regierungspräsidium genehmigte nach § 14 Abs. 2 StiftG BW die Auflösung. Das VG Stuttgart wies die Klage ab, für die Verpflichtungsklage auf Feststellung der Nichtigkeit des Bescheids der Stiftungsbehörde fehle das Rechtsschutzbedürfnis. Die hilfsweise erhobene Nichtigkeitsfeststellungsklage sei wegen fehlender Klagebefugnis unzulässig.

Der Verwaltungsgerichtshof folgte dem im Ergebnis. Der Kläger sei nicht in eigenen Rechten betroffen; er habe hier keine schutzfähige Rechtsposition. Die Stiftungsaufsicht diene insbesondere der Verwirklichung des Stiftungszwecks, der gerade wegen der mitglieder- und eignerlosen Organisationsstruktur der Stiftung besonderen Schutzes bedürfe. Die Stiftungsaufsicht solle dem im Stiftungsgeschäft und in der Stiftungssatzung zum Ausdruck gekommenen Stifterwillen nicht zuletzt auch gegen abweichendes Verhalten der Organe zur Durchsetzung verhelfen.

Kommentar:

Beide Entscheidungen überzeugen mit Blick auf den Stifterwillen als Maßstab für das Handeln der Stiftungsorgane. Die Stiftungsbehörde hat im Rahmen ihrer Rechtsaufsicht im Sinne des Stifters eine besondere Überwachungsaufgabe. Sie hat zu prüfen, wem der Stifter konkret überhaupt Rechte oder eine eigene Rechtsposition und ggf. in welchem Umfang zuweisen wollte. Es überrascht den Fachmann, dass das klagende Vorstandsmitglied das nicht wahrhaben wollte, allerdings irrt sich hier, wie die Praxis zeigt, nicht ganz selten auch ein Stifter, der die Stiftung nach Errichtung als „seine" Stiftung betrachtet, wie er etwa auch „seine" GmbH hat, mit der er schaltet und waltet (Stichwort: „Stiftungsreife", siehe § 14 Rdn 15 ff.). Die beiden Urteile sind also ggf. die Spitze eines Eisbergs von Fehlvorstellungen in der Praxis.

V. Vertretungsbescheinigungen

75 Jedenfalls bis zu Einführung des Stiftungsregisters (siehe Rdn 80 ff.) sehen die Landesstiftungsgesetze zum Teil noch ausdrücklich die Erteilung sog. Vertre-

90 VGH Baden-Württemberg, Urt. v. 31.3.2006 – 1 S 2115/05, ZSt 2007, 88.

tungsbescheinigungen vor (z.B. § 10 Abs. 4 S. 2 StiftG NRW). Auch Stiftungsbehörden, denen es an einer konkreten gesetzlichen Grundlage in den jeweiligen Landesgesetzen fehlt, stellen der langjährigen Praxis folgend entsprechende Bescheinigungen aus. Durch solche Vertretungsbescheinigungen soll der mitunter von Behörden oder Vertragspartnern geforderte Nachweis der Vertretungsmacht für die handelnden Personen ermöglicht werden.

Aus einer Vertretungsbescheinigung folgt allerdings im Rechtsverkehr keine Ver- 76
mutung des Inhalts, dass der dort festgestellte Inhalt richtig ist, sie begründet also **keinen öffentlichen Glauben**.[91]

Problematisch ist in diesem Zusammenhang die Frage: Was geschieht mit den 77
Vertretungsbescheinigungen bei Streit oder Ungewissheit über den einschlägigen Funktionsstatus einer Person?[92] In einem Praxisfall hatte die Stiftungsbehörde die Auffassung vertreten, die vertretungsberechtigten Stiftungsvorstandsmitglieder hätten vor der Anzeige zu prüfen, ob die Abwahl eines Mitglieds des Stiftungsvorstandes ordnungsgemäß erfolgt sei.[93] Die anmeldenden Vorstandsmitglieder trügen die Verantwortung für eine ordnungsgemäße Anzeige gegenüber der Stiftungsaufsichtsbehörde. Meinungsverschiedenheiten im Stiftungsvorstand in diesem Zusammenhang gingen nicht in die Anzeige und dementsprechend auch nicht in die Vertretungsbescheinigung ein.

Richtigerweise betont *v. Arps-Aubert* dazu den von der Vertretungsbescheini- 78
gung erzeugten Rechtsschein und hebt hervor, dass eine unrichtige Vertretungsbescheinigung sowohl die Interessen des Rechtsverkehrs als auch die der Stiftung berühre.[94] Er folgert daraus, dass entgegen der Auffassung der besagten Stiftungsbehörde in der Anzeige an die Behörde sehr wohl die einschlägigen Meinungsverschiedenheiten offen zu legen seien. Das ergibt sich schon daraus, dass die Behörde die Vertretungsberechtigung eben für den Rechtsverkehr bescheinigt. Sie entscheidet über die Bescheinigung, d.h. sie muss prüfen, ob sie die Bescheinigung ausstellt, die beantragt wurde. Die Antragsteller haben dazu die erforderlichen Fakten vorzulegen, damit (fundiert) geprüft werden kann. Unterlassen sie das und es wird eine unrichtige Bescheinigung ausgestellt, ist zu prüfen, ob die Anzeigenden ggf. für eine aus der falschen Bescheinigung entstandenen Schaden haften.

Nach *v. Arps-Aubert* soll die Behörde die Meinungsverschiedenheiten in die Be- 79
scheinigung aufnehmen und auf eine Klärung hinwirken.[95] Eine Bescheinigung mit einem solchen Hinweis dürfte in der Praxis allerdings für den Rechtsverkehr i.d.R. unbrauchbar sein. Ihr fehlt schon aus sich heraus der Rechtsschein einer

91 Hüttemann/Richter/Weitemeyer/*Rawert*, Landesstiftungsrecht, Kap. 12 Rn 11 m.w.N.
92 Ausf. dazu *v. Arps-Aubert*, ZStV 2014, 72.
93 Berichtet von *v. Arps-Aubert*, ZStV 2014, 72.
94 *v. Arps-Aubert*, ZStV 2014, 72, 73.
95 *v. Arps-Aubert*, ZStV 2014, 72, 75.

wirksamen Vertretungsmacht. Damit setzt sich die Behörde zwar keinem Haftungsvorwurf aus dem Rechtsverkehr wegen falscher Bescheinigung aus, denn sie hat ja ersichtlich aufgeklärt. Aber sie gibt der Stiftung genau betrachtet Äpfel statt Birnen. Wer will sich in der Praxis als Vertragspartner der Stiftung schon auf eine ungewisse Vertretungsmacht einlassen? Nach unserer Meinung darf die Behörde nach dem Sinn und Zweck der Bescheinigung eine solche überhaupt nur ausstellen, wenn sie nach ihrer Prüfung keinen Zweifel an der Vertretungsberechtigung hat. Die Stiftung sollte unabhängig von diesen rechtlichen Erwägungen in einer solchen Angelegenheit mit der Behörde kooperieren, um den Streit unverzüglich zu erledigen.

E. Das Stiftungsregister

I. Einführung des Stiftungsregisters

80 Die Einführung eines Stiftungsregisters mit Publizitätswirkung durch die Stiftungsrechtsreform 2023 ist eine wirkliche Neuerung.[96] Rechtsgrundlage ist § 82b Abs. 1 BGB in Verbindung mit dem Stiftungsregistergesetz (StiftRG). Im Verlauf der Reformüberlegungen fand das Stiftungsregister erst relativ spät Eingang in das Gesetz, nämlich aufgrund nachdrücklicher Forderungen von Praktikern und Verbänden, namentlich des Bundesverbandes Deutscher Stiftungen.[97] Der erste Diskussionsentwurf der Bund-Länder-Arbeitsgruppe aus dem Jahr 2018 hatte noch kein Register vorgesehen.

81 Im Gegensatz zum Inkrafttreten des Großteils der Gesetzesänderungen durch die Stiftungsrechtsreform zum 1.7.2023 ist die Einführung des Stiftungsregisters ursprünglich bis zum 1.1.2026 hinausgeschoben worden.[98] Nach der Begründung des Gesetzgebers soll damit ausreichend Zeit verbleiben, um die noch notwendigen rechtlichen und technischen Voraussetzungen für den Aufbau und den Betrieb des Registers zu schaffen. Dazu zählen insbesondere Ausarbeitung und Erlass einer Rechtsverordnung durch das BMJV nach der Ermächtigung in § 19 StiftRG, die bereits am Tag der Verkündung wirksam geworden ist. Die entsprechende Verordnung soll nähere Bestimmungen zur Einrichtung und Führung des Registers enthalten.

82 Da offenbar dieser Übergangszeitraum nicht ausreichend war, wurde nach einem Gesetzentwurf der Bundesregierung vom 5.9.2025[99] beschlossen, das Inkrafttre-

96 Siehe zum Stiftungsregister auch *Müller*, Die Stiftung 2025, 14; *Reinhart/Monka*, FuS 2025, 164; *Stolte*, BB 2021, 1026, 1027 ff.; *Orth*, BB 2021, 268.

97 Vgl. *Hüttemann/Rawert*, Beilage zu ZIP 33/2021, X. 1.

98 Art. 11 des Gesetzes zur Vereinheitlichung des Stiftungsrechts und zur Änderung des Infektionsschutzgesetzes v. 16.7.2021, BGBl I 2021, 2947.

99 BR-Drucks 437/25.

ten des Stiftungsregistergesetzes (und damit den Start des Stiftungsregisters) um zwei Jahre auf den **1.1.2028** zu verschieben.[100] Begründet wurde dies mit der Aussage, dass zum 1.1.2026 *„die für das Führen des Registers notwendige Technik noch nicht bereitstehen wird"*. Alternativen gibt es laut dem Gesetzentwurf nicht. Das verwundert durchaus, da zum einen seit dem Inkrafttreten der Stiftungsrechtsreform in 2023 bereits mehr als zwei Jahre Vorbereitungszeit verstrichen und auch bestehende technische Strukturen vergleichbarer Register (z.B. Vereinsregister) vorhanden sind. Gleichwohl wird man sich auf die Verschiebung einzustellen haben.

Insofern können an dieser Stelle noch keine fundierten Aussagen zu Einzelheiten des Registers in der Form, wie es uns in 2028 erwartet, getroffen werden. Es bleiben die weiteren Entwicklungen und erste Praxiserfahrungen abzuwarten.

Ein grundlegendes, verfassungsrechtliches Problem im Zusammenhang mit der 83
jetzigen Regelung zum Stiftungsregister wird allerdings in der Fachwelt darin gesehen, dass das Stiftungsregister zentral beim Bundesamt für Justiz, also einer Bundesbehörde, geführt werden soll (§ 1 Abs. 1 StiftRG). Der Gesetzgeber gibt für die zentrale Führung des Registers eine Reihe von Gründen an, u.a. den geringeren Aufwand im Hinblick auf die im Vergleich zu anderen Rechtsformen relativ kleine Anzahl rechtsfähiger Stiftungen im gesamten Bundesgebiet sowie eine (angeblich) größere Sachnähe der im Falle der Registerführung durch eine Verwaltungsbehörde zuständigen Verwaltungsgerichtsbarkeit, die auch sonst überwiegend über stiftungsrechtliche Fragen im Zusammenhang mit Entscheidungen der Stiftungsbehörden zu entscheiden hätte.

Da die Regelzuständigkeit für die Ausführung von Bundesgesetzen nach Art. 83 GG bei den Ländern liegt, wird die Führung des Stiftungsregisters durch eine Bundesbehörde mangels hinreichender Begründung eines Ausnahmefalles dennoch überwiegend als verfassungsrechtlich unzulässig abgelehnt.[101] Es bleibt abzuwarten, wie diese Rechtsfrage in den kommenden Jahren weiter erörtert und ggf. gerichtlich entschieden wird.

Inhaltlich orientiert sich die geplante Ausgestaltung des Stiftungsregisters an 84
bereits bekannten Registern, unter Berücksichtigung einiger Besonderheiten der Rechtsform Stiftung. Es ist jedenfalls davon auszugehen, dass die praktische Handhabung denjenigen, die bereits Erfahrungen mit dem Vereins- und Handelsregister haben, keine wesentlichen Probleme bereiten dürfte. Natürlich muss auch hier die konkrete Umsetzung abgewartet werden.

---

100 Gesetz zur Änderung der Vorschriften über die Einführung der elektronischen Akte in der Justiz und über die allgemeine Beeidigung von Gerichtsdolmetschern sowie zur Änderung des Stiftungsregisterrechts, verkündet am 11.12.2025 (BGBl 2025 I Nr. 319).

101 Siehe nur *Hüttemann/Rawert*, Beilage zu ZIP 33/2021, X. 1.; *Kämmerer/Rawert*, npoR 2020, 273, 275; *Mayen*, ZHR 184 (2020), 694; *Arnold*, npoR 2021, 84, 88; *Burgard*, GmbHR 2021, R 244, R 245.

Einsichtnahmen in das Register sind nach § 15 S. 1 StiftRG grundsätzlich jedermann gestattet. Eine Einschränkung für zum Stiftungsregister eingereichte Dokumente nimmt § 15 S. 2 StiftRG dahingehend vor, dass *„der Zugang zu den Dokumenten nicht aufgrund eines berechtigten Interesses der Stiftung oder Dritter beschränkt oder ausgeschlossen wurde."* Auch hier bleibt abzuwarten, wie offen oder restriktiv die Vorschrift in der Praxis gehandhabt wird, nicht zuletzt im Hinblick auf insbesondere bei Familien- und/oder unternehmensverbundenen Stiftungen bestehende Datenschutz- und Verschwiegenheitsbedürfnisse.[102]

II. Eintragung im Stiftungsregister

85 Nach § 82b Abs. 2 BGB ist die Stiftung nach der Anerkennung durch den Stiftungsvorstand in öffentlich beglaubigter Form zur Eintragung in das Stiftungsregister anzumelden (§ 3 Abs. 1 und 2 StiftRG).[103] Ist die Anmeldung von einem Notar beglaubigt, kann die Einreichung bei der Registerbehörde auch durch diesen erfolgen (§ 3 Abs. 3 StiftRG).

Die Eintragung in das Stiftungsregister ist nur deklaratorisch und folgt der (konstitutiven) Anerkennung durch die Stiftungsbehörde. Bei der Anmeldung sind die Vorstandsmitglieder, etwaige besondere Vertreter sowie jeweils deren Vertretungsmacht einschließlich etwaiger Beschränkungen anzugeben (§ 82b Abs. 2 S. 2 BGB).

86 Für bereits bestehende Stiftungen ist die Eintragung mit einer Übergangsfrist von einem Jahr nach dem Start des Registers (§ 20 Abs. 1 StiftRG, dort ursprünglich bis zum 31.12.2026) ebenfalls verpflichtend.

87 Als Unterlagen sind beizufügen die Anerkennungsentscheidung der Stiftungsbehörde, die Stiftungssatzung sowie *„die Dokumente über die Bestellung der Vorstandsmitglieder und der besonderen Vertreter"* (§ 82b Abs. 1 S. 3 Nr. 1 und 2 BGB).

Wie auch ausdrücklich in der Gesetzesbegründung vermerkt, ist die Vorlage des Stiftungsgeschäfts nicht erforderlich, so dass dieses auch nicht zu den Registerakten genommen wird. Das ist im Hinblick auf dort enthaltene vertrauliche Informationen, wie z.B. die konkrete Vermögensausstattung, sachgerecht und zu begrüßen.

Eine gewisse Diskrepanz zur erforderlichen Vorlage der Dokumente über die Bestellung der Vorstandsmitglieder ergibt sich allerdings insofern, als bislang die Bestellung der ersten Stiftungsvorstandsmitglieder üblicherweise Teil der Rege-

102 Zu Abwehrmaßnahmen gegen die Registerpublizität bei Familienstiftungen siehe etwa *Maier/Ringel*, ZEV 2026, 152. Zum Datenschutz *Maier/Ringel*, ZEV 2026, 69.

103 Zu Umfang und Verantwortlichkeiten der Eintragung siehe auch *Heuel/Kraftsoff/Stolte*, Rote Seiten zu Stiftung & Sponsoring 5/2021, 14 f.

lungen des Stiftungsgeschäfts ist, welches aber nicht zum Register vorgelegt werden soll. Hier wird man in der zukünftigen Praxis möglicherweise ein zusätzliches, vom Stifter unterzeichnetes Dokument mit der Ernennung der ersten Organmitglieder fertigen müssen.

Weitere Anmeldepflichten nach der Ersteintragung zum Register regeln § 84d BGB (Änderungen beim Vorstand oder besonderen Vertretern), § 85b BGB (Satzungsänderungen), § 86i BGB (Zusammenlegung und Zulegung) sowie § 87d BGB (Auflösung, Aufhebung, Liquidation). 88

§ 82d BGB regelt die Publizitätswirkung und damit den durch das Register gewährten Vertrauensschutz. Wie auch in der Gesetzesbegründung vermerkt, ist die Regelung den für das Handelsregister geltenden Regelungen in § 15 Abs. 1 und 2 HGB und den für das Vereinsregister geltenden Regelungen in § 68 BGB nachgebildet. Bekanntmachungen sind allerdings nicht vorgesehen. 89

Die Vorschrift sieht eine sog. **negative Publizität** vor. Geschützt wird der gute Glaube daran, dass etwas, das nicht eingetragen ist, rechtlich nicht gilt, nicht hingegen der gute Glaube daran, dass das, was eingetragen ist, rechtlich gilt.[104] Zu Einzelheiten der Publizitätswirkung kann insofern auf die bestehende Rechtsprechung und Literatur zu den Parallelvorschriften des Vereins- und Handelsrechts zurückgegriffen werden.

III. Rechtsformzusatz

Im Zusammenhang mit der Registereintragung regelt § 82c BGB schließlich den nach der Eintragung verbindlichen Rechtsformzusatz im Namen der Stiftung. Nach Eintragung im Stiftungsregister hat die Stiftung ihren Namen mit dem Zusatz „eingetragene Stiftung" oder „e. S." zu führen und die Verbrauchsstiftung den Zusatz „eingetragene Verbrauchsstiftung" oder „e. VS.". 90

Ob der Namenszusatz zum Schutz des Rechtsverkehrs letztlich einen spürbaren Mehrwert mit sich bringt, wird sich zeigen. Zumindest könnte er im Zusammenhang mit der von uns schon in der Vergangenheit kritisierten mangelnden Abgrenzung der rechtsfähigen Stiftung von der Treuhandstiftung sowie insbesondere von diversen „Stiftungsersatzformen" wie Stiftungs-Verein oder Stiftungs-GmbH, die im Rechtsverkehr oft allgemein nur als „Stiftung" auftreten, dienlich sein.[105]

Zweifelhaft, und vom Gesetzgeber auch nicht wirklich näher begründet, erscheint die zusätzliche Unterscheidung von „eingetragener Stiftung" und „eingetragener 91

104 MüKo-BGB/*Leuschner*, § 68 Rn 1; siehe auch *Hüttemann/Rawert*, Beilage zu ZIP 33/2021, X. 3.

105 Siehe ausf. *Schiffer*, StiftungsBrief 2017, 99, siehe dort auch zu den Nachweisen der einschlägigen Rspr.

Verbrauchsstiftung". Ob man hier mit *Burgard* so weit geht und eine tatsächliche „Diskriminierung" der Verbrauchsstiftung annimmt,[106] sei dahingestellt. Aus unserer Sicht ist aber auch kein schlagendes Argument erkennbar, weshalb es bei der laufenden Firmierung im Rechtsverkehr ein berechtigtes Interesse zur Kenntnis über den satzungsmäßigen Vermögensverbrauch bei einer Stiftung gäbe. Hier sind wohl auch streitige Abgrenzungsfragen im Umgang mit etwaigen bestehenden Mischformen (z.B. „Teilverbrauchsstiftung") zu erwarten.

92 Bereits bestehende Stiftungen müssen den Rechtsformzusatz nach Eintragung in das Stiftungsregister führen, eine dahingehende Satzungsänderung ist, auch ausweislich der Gesetzesbegründung, jedoch nicht erforderlich.

106 *Burgard*, GmbHR 2021, R 244, R 245.

§ 5 Neuralgische Punkte bei der Stiftungsarbeit

Was bietet dieses Kapitel?
Bei der Führung von Stiftungen gibt es einige regelmäßig auftretende neuralgische Punkte. Das sind Themen wie die Haftung der Stiftung und ihrer Organmitglieder, die Vermögensverwaltung, die Mittelbeschaffung bei steuerbefreiten Stiftungen und schließlich der Arbeitsplatz in der Stiftung. Diese Themen werden in diesem Kapitel behandelt. Dazu finden sich einige nach wie vor gültige Äußerungen erfahrener Praktiker.

Wo gehobelt wird, da fallen Späne.
Volksmund

Übersicht: Rdn

A. Haftung von Stiftung und Organmitgliedern

I. Übersicht

1 Auf den Volksmund geschaut, könnte man sagen: Ja, wo gearbeitet wird, da werden auch Fehler gemacht. Vornehmer ausgedrückt: Insbesondere vorbeugende **Corporate Governance** und **Compliance** sind auch **bei Stiftungen** ein wichtiges Thema geworden (siehe § 14 Rdn 70 ff.).[1] Zur Corporate Governance werden hier insbesondere Fragen nach der Kontrolle der Stiftungsorgane,[2] nach den Grundsätzen einer ordnungsgemäßen Stiftungsverwaltung[3] oder nach den Grundsätzen guter Stiftungspraxis[4] gestellt.

Hier sollen zunächst die Haftungsgrundlagen für die Stiftung und die Stiftungsorgane betrachtet werden. Die Mitglieder von Stiftungsorganen sollten wissen, woran sie sind.

2 Beginnen wir mit einem der wohl am meisten **unterschätzten** Probleme bei der Stiftungsarbeit. Die Frage nach der Haftung von Organmitgliedern bei Stiftun-

---

1 Mahnende Wort finden sich schon bei *Burgard*, ZStV 2015, 1; siehe auch Richter/*Godron/Gollan*, § 6 Rn 179 ff.

2 S. schon *Steuber*, DStR 2006, 1182 („Kontrolle oder Moral“). S. ferner *Mecking*, ZStV 2026, 1; *Faude/Hacker*, ZStV 2022, 153 (Krisen-Compliance in der (Unternehmens-)Stiftung), ZStV 2022, 153; *Mehren*, npoR 2020, 15; *Longrée/Loos*, ZStV 2016, 34; *Voigt de Oliveira/Wendt*, 2012, 19.

3 Vgl. bereits *Neuhoff*, Rote Seiten zu Stiftung & Sponsoring 2/2003 („Versuch einer Stiftungsethik“). S. ferner die Nachweise in der vorstehenden Fn.

4 Bspw. *Bundesverband Deutscher Stiftungen*, Grundsätze guter Stiftungspraxis, 2019, näher hier: https://www.stiftungen.org/stiftungen/stiftungsgruendung/grundsaetze-guter-stiftungspraxis.html (abgerufen am 17.4.2026).

gen[5] wird in der Praxis häufig auf die leichte Schulter genommen. Es haften ggf. eben auch nicht nur Vorstandsmitglieder, sondern auch die Mitglieder in den anderen Stiftungsaufsichtsorganen (Stiftungsrat, Beirat etc.); die Schwachstellen in der Aufsichtsarbeit sind schon mehrfach beschrieben worden.[6]

Interessenkonflikte in einer Stiftung sind nicht selten. Es kann z.B. Interessenkonflikte geben, wenn ein Organmitglied sowohl Interessen bei der gebenden Förderstiftung als auch bei der empfangenden geförderten Körperschaft vertritt oder wenn der verstorbene Stifter, der die Stiftung als Erbin eingesetzt hat, einem Organmitglied ein Vermächtnis versprochen hat. Natürlich kann es auch Interessenkonflikte geben, wenn über die Tätigkeit eines Organmitgliedes bei der Stiftung abgestimmt wird, wenn ein Stiftungsvorstandsmitglied „ein Geschäft" lieber für seine private Stiftung abschließt als für die, als deren Vorstand er in dem Zusammenhang tätig war. Die Aufzählung ließe sich fortsetzen. 3

Im BGB findet sich dazu zwar nunmehr mit § 84b S. 2 BGB eine eigene Regelung, die allerdings nur sehr wenige Sachverhalte erfasst und das auch nur rudimentär. Angeordnet wird dort der Stimmrechtsausschluss für ein Organmitglied für den Fall, dass „*Beschlussfassung die Vornahme eines Rechtsgeschäfts mit ihm oder die Einleitung oder Erledigung eines Rechtsstreits zwischen ihm und der Stiftung betrifft.*" Das greift zu kurz und genügt nicht den Schutzinteressen der Stiftung.[7]

Aus solchen und ähnlichen Interessenkonflikten kann ein Schaden für die betreffende Stiftung entstehen und anschließend eine Haftung desjenigen, der falsch gehandelt hat. Im Extremfall können sich auch strafrechtliche Folgen ergeben. Zu denken ist hier an § 266 StGB (Untreue) und an § 263 StGB (Betrug). Wenn die anderen Organmitglieder und ein etwaiger Stiftungsrat gegenüber einem Vorstandsmitglied hier schuldhaft nicht eingreifen, trifft sie ggf. eine eigene Haftung. Das alles liegt auf der Hand, wenngleich es bisher eher im Gesellschaftsrecht untersucht wird[8] als bei der Stiftung.[9] Es gelten aber jeweils dieselben Grundüberlegungen. Es handelt sich grundsätzlich um allgemeine Rechtsregeln, die sich

5 Siehe dazu etwa BGH, Urt. v. 20.11.2014 – III ZR 509/13, ZIP 2015, 166; Richter/*Godron/Gollan*, § 6 Rn 184 ff.; Schauhoff/Mehren/*Kraus*, Stiftungsrecht nach der Reform, 2. Aufl. 2024, Kap. 6 Rn 125 ff.; *Arnold*, npoR 2025, 52; *Muscheler*, JZ 2025, 501; *Schockenhoff/Duttig*, ZIP 2024, 2433; *Kamprolf/Theuffel-Werhahn*, ZStV 2024, 163; *Janitzki*, ErbR 2023, 254; *Scholz*, npoR 2022, 50; *Burgard/Heimann*, ZStV 2019, 201.

6 *Schiffer*, StiftungsBrief 2014, 201; *Kraus*, npoR 2024, 63, 64 f. Speziell zum Bereich der Wohlfahrtspflege *Münster*, ZStV 2013, 90.

7 *Burgard*, npoR 2024, 181, 188 f. mit einem Formulierungsvorschlag für eine Erweiterung der Regelung insbesondere um Fälle mit Beteiligung nahestehender Personen.

8 Siehe etwa: *Borsdorff*, Interessenkonflikte bei Organmitgliedern. Eine Untersuchung zum deutschen und US-amerikanischen Aktienrecht, 2010.

9 Siehe aber auch Burgard/*Burgard/Heimann*, Stiftungsrecht, Anh. 1 zu § 84a Rn 67 ff.; *Runte*, npoR 2025, 61; *Bundesverband Deutscher Stiftungen*, Grundsätze guter Stiftungspraxis, 2019.

letztlich auch ohne konkrete gesetzliche Regelungen[10] und über den Regelungsbereich des § 84b S. 2 BGB hinaus aus dem Grundsatz von Treu und Glauben und aus den für Organmitglieder geltenden Treuepflichten gegenüber der Stiftung ergeben. Ein persönliches Interesse darf eben nicht das primäre Interesse der Stiftung gefährden, dem das Organmitglied zu dienen hat. Man kann nur einem Herrn in einer Sache dienen. Durch eine entsprechende Formulierung in der Stiftungssatzung kann dem Problem in der Praxis vorgebeugt werden.

4 **Formulierungsbeispiel: Regelung zu Interessenkonflikten in der Geschäftsordnung einer Stiftung:**

„Interessenkonflikte und/oder Befangenheitsgründe sind zu vermeiden. Besteht bei einem Organmitglied der Verdacht oder auch nur der Anschein eines Interessenkonfliktes und/oder Befangenheitsgrundes, so ist das gegenüber den anderen Organmitgliedern unverzüglich offenzulegen.

Die Mitglieder des Stiftungsvorstandes stimmen sich dann unverzüglich über die Handhabung des Sachverhaltes ab.

Von einer betreffenden Beschlussfassung sind solche Organmitglieder ausgeschlossen, die persönliche Vor- oder Nachteile durch die zu treffende Entscheidung vergegenwärtigen könnten oder die wegen persönlicher, finanzieller oder geschäftlicher Beziehung zu Destinatären oder Projektbeteiligten befangen sein könnten. Anhaltspunkte für entsprechende Interessenkonflikte sind unverzüglich aktiv durch die betreffenden Organmitglieder selbst gegenüber den anderen Organmitgliedern offenzulegen, aber auch von den anderen Organmitgliedern erforderlichenfalls unverzüglich aufzugreifen."

5 Der Inhalt und der Umfang der **Verschwiegenheitspflicht** von Organmitgliedern in Stiftungen sind in der Praxis nicht selten Anlass für Streitigkeiten.[11] Jedes Organmitglied und damit auch eines in einem Stiftungsorgan unterliegt nach allgemeinen Rechtsgrundsätzen für die Ausübung seines Amtes einer Verschwiegenheitspflicht. So heißt es etwa für den Vorstand einer Aktiengesellschaft in § 93 Abs. 1 S. 3 AktG: *„Über vertrauliche Angaben und Geheimnisse der Gesellschaft, namentlich Betriebs- oder Geschäftsgeheimnisse, die den Vorstandsmitgliedern durch ihre Tätigkeit im Vorstand bekannt geworden sind, haben sie Stillschweigen zu bewahren."* Für Aufsichtsratsmitglieder gilt das über § 116 AktG sinngemäß.

6 Für die Stiftungsorganmitglieder kommt *Seifert* zu dem Ergebnis,[12] dass sie ebenso wie die Mitglieder von Organen anderer juristischer Personen auch zur

10 Siehe z.B. die gesetzlichen Regelungen von Interessenkonflikten bei Vorstandsmitgliedern im AktG: § 88 AktG: Wettbewerbsverbot und § 89 AktG: Kreditgewährung an Vorstandsmitglieder.

11 Das konstatiert *Seifert*, ZStV 2014, 41 ff. in der Einleitung zu seinem Beitrag zu diesem Thema.

12 *Seifert*, ZStV 2014, 41, 48.

Verschwiegenheit verpflichtet sind. Er sieht dabei als rechtliche Grundlage eine entsprechende Geltung der genannten aktienrechtlichen Vorschriften als Ausfluss der allgemeinen Loyalitätspflicht (Treuepflicht, siehe oben) von Organmitgliedern, der sie im Verhältnis zur Stiftung unterworfen sind. Diese Verschwiegenheitspflicht erfasst mit *Seifert* grundsätzlich sämtliche vertraulichen Angaben über die Stiftung (insbesondere Stiftungsgeheimnisse: Betriebs- und Geschäftsgeheimnisse, aber auch Angaben über Sitzungen der Stiftungsorgane).

Von der Verschwiegenheitspflicht bestehen ebenfalls mit *Seifert* indessen **Aus-** 7
nahmen – etwa bei einer gesetzlichen Pflicht zur Weitergabe von Informationen, die beispielsweise die Stiftungsbehörde nach ihrem Landesstiftungsgesetz anfordern kann oder die Arbeitnehmervertreter (Betriebsrat und Wirtschaftsausschuss) nach den gesetzlichen Vorgaben anfordern. Zudem kann die Stiftungssatzung den gesetzlich geltenden Umfang der Verschwiegenheitspflicht ggf. modifizieren. Weitere Besonderheiten können auch für die Kommunikation zwischen Organmitgliedern und den Einrichtungen, die sie ggf. repräsentieren, gelten. So wird etwa bei kommunalen Stiftungen die stiftungsrechtliche Verschwiegenheitspflicht ggf. aus Gründen eingeschränkt, die im Kommunalrecht liegen: Kommunikation zwischen dem in ein Organ der kommunalen Stiftung entsandten Vertreter der Gemeinde und der Gemeinde selbst. Die Wertungen der §§ 394, 395 AktG sind insoweit mit *Seifert* auf das Stiftungsrecht übertragbar.

Außerdem ist die Weitergabe vertraulicher Angaben zur Stiftung an externe Berater sowie an Hilfspersonen des Beraters und auch an solche eines Organmitgliedes zulässig, wenn sie im Rahmen ordnungsgemäßer Aufgabenerfüllung liegen. Allerdings hat der Betreffende sicherzustellen, dass die Verschwiegenheitspflicht auf diese Personen vertraglich ausgeweitet ist oder wird.

In der Stiftungssatzung kann natürlich eine Informationsweitergabe auch ausdrücklich erlaubt sein.

Verstöße gegen die Verschwiegenheitspflicht können zur Abberufung des pflicht- 8
widrig handelnden Organmitgliedes führen und die Kündigung seines Anstellungsvertrages nach sich ziehen. Zudem können Ansprüche der Stiftung auf Schadensersatz ausgelöst werden.

Bei steuerbefreiten Stiftungen ist die ehrenamtliche Tätigkeit der Normalfall. 9
Aber gerade bei steuerbefreiten Stiftungen sind die oft komplizierten Steuervorschriften zu beachten und die Gefahr von Fehlern ist groß. Die **steuerliche Haftung** für Stiftungsvorstandsmitglieder wird hier sogar als **„persönliche Existenzbedrohung“** eingestuft.[13] Dennoch herrscht bei den ehrenamtlich Tätigen oft die Vorstellung, dass sie auch für solche von ihnen verursachte Schäden nicht haften. Im Steuerrecht gilt aber gem. §§ 69 und 34 AO, dass die gesetzlichen

13 Deutlich sagt das z.B. *Lorenz*, ZStV 2013, 222. Siehe auch *Longrée/Loos*, ZStV 2016, 34 zur Tax Compliance.

Vertreter juristischer Personen die steuerlichen Pflichten der juristischen Person zu erfüllen haben und für die grob fahrlässige oder vorsätzliche Verletzung dieser Pflichten haften.[14] Eine von den Ländern Baden-Württemberg und Saarland im März 2011 vorgeschlagene Beschränkung der Haftung für die Verletzung steuerlicher Pflichten auf solche Mitglieder eines Vereinsvorstands, denen die Erfüllung der steuerlichen Pflichten als spezielle Aufgabe zugewiesen wurde, hat der Bundesrat in den Gesetzesentwurf vom 18.3.2011, aus dem dann später das „Gesetz zur Stärkung des Ehrenamts" hervorging, nicht aufgenommen.[15]

10 Anders als im Steuerrecht gilt hingegen nach § 84a Abs. 3 S. 1 i.V.m. § 31a BGB für ehrenamtlich (unentgeltlich) oder gegen eine Vergütung von aktuell nicht mehr als 3.300 EUR jährlich tätige Stiftungsorganmitglieder eine zivilrechtliche Haftungsbeschränkung. Sie haften danach nur bei Vorliegen von Vorsatz oder grober Fahrlässigkeit (ausf. siehe Rdn 29).

11 **Ein typisierter Praxisfall: Fehlverwendung von Stiftungsmitteln**

Die gemeinnützige Stiftung A in NRW hat ein erhebliches Vermögen und in ihrem entgeltlich über der Grenze des § 31a Abs. 1 BGB tätigen Dreier-Vorstand ein sehr fleißiges geschäftsführendes Vorstandsmitglied.[16] Um Kosten zu sparen, traf man vor 15 Jahren im Vorstand und im Stiftungsrat die Entscheidung, den Jahresabschluss nicht mehr von einer WP-Gesellschaft, sondern von einem Unternehmensberater prüfen zu lassen. Der Unternehmensberater war weder Wirtschaftsprüfer noch Steuerberater oder Rechtsanwalt. Ein schriftlicher Auftrag mit konkretem Prüfungsinhalt lag nicht vor. Ab 2015 erhielt das geschäftsführende Vorstandsmitglied „zur Vereinfachung" Einzelvertretungsmacht. Die beiden anderen Vorstandsmitglieder wohnten zwischenzeitlich einige 100 km weit entfernt.

Die Jahresabschlüsse der Stiftung enthielten immer Bar-Kassenbestände von einigen zehntausend EUR und einen „uneingeschränkten" Bestätigungsvermerk des Unternehmensberaters. Seit zehn Jahren wurde kein Kassenbuch mehr geführt. Der Stiftungsrat verabschiedete jeweils ohne Diskussion den Jahresabschluss, der ihm von dem Dreier-Vorstand vorgelegt wurde. Es wurden keine kritischen Fragen gestellt. Der Vorstand wurde immer entlastet. Im Jahre 2026 merkte der Unternehmensberater, dass 200.000 EUR fehlen, denn das Girokonto wies einen Negativsaldo auf, während sich 190.000 EUR angeblich in der Kasse befinden sollten. Er legte sein Amt nieder. Der fehlende Betrag hatte sich über zehn Jahre „angesammelt". Das geschäftsführende Vorstandsmitglied gestand die Entnahmen. Es war aufgrund eines privaten Schicksalsschlages weitgehend mittellos, gerade deshalb hatte es in die Kasse

14 Burgard/*Burgard/Heimann*, Stiftungsrecht, Anh. 1 zu § 84a Rn 58 ff. m.w.N. zur Rspr.

15 BR-Drucks 41/11, einsehbar unter http://dipbt.bundestag.de/extrakt/ba/WP17/328/32855.html.

16 Siehe zu dem hier typisiert skizzierten Fall schon *Schiffer/Behring*, StiftungsBrief 2009, 8.

gegriffen, um private Verbindlichkeiten zurückzuführen. Die Stiftungssatzung enthält keine Beschränkung der Haftung der Organmitglieder auf grobe Fahrlässigkeit und Vorsatz. Eine D&O-Versicherung ist nicht abgeschlossen worden (zur „Lösung“ des Falles siehe Rdn 51).

Die Stiftung haftet gegenüber Dritten nach dem Bürgerlichen Gesetzbuch zwingend für jeden Schaden, den ein Stiftungsorgan, ein Organmitglied oder ein sonstiger für die Stiftung Mitwirkender in Ausführung der ihm übertragenen Aufgaben schuldhaft verursacht (**Außenhaftung**); grundsätzlich kann die Stiftung Rückgriff bei den betreffenden Organmitgliedern nehmen (**Innenhaftung**), wobei diese auch für leicht fahrlässige Pflichtverletzungen haften, wenn keine Haftungsbefreiung greift (siehe Rdn 28 ff.). Um es einmal plastisch auszudrücken: **„Es reicht nicht, Gutes zu tun, man muss es auch gut tun.“** (siehe auch § 4 Rdn 7 ff.). 12

II. Einzelheiten

1. Organisationsverschulden, Rechtsprechung und allgemeines Schuldrecht

Wer (mehr) Einfluss hat, hat auch (mehr) Verantwortung! Auf die Haftungsrisiken insbesondere von Aufsichtsorganen bleibt dies, wie Gerichtsentscheidungen zur Haftung von Aufsichtsräten[17] zeigen, nicht ohne Auswirkungen. Besonders wesentlich ist auch die **weit reichende Rechtsprechung des BGH** zum **Organisationsverschulden.**[18] Bei der zitierten grundlegenden Entscheidung ging es vordergründig um den Eingriff in das Eigentum des Vorbehaltsverkäufers durch Weiterverarbeitung seitens des Vorbehaltskäufers. Der Eingriff war rechtswidrig, weil die Weiterverarbeitung ohne Vorausabtretung der jeweiligen Kundenforderungen stattfand, was, wie üblich, Voraussetzung war. Obwohl dem Unternehmensleiter eine persönliche Beteiligung an der Entscheidung zur Weiterverarbeitung des gelieferten Materials nicht nachgewiesen werden konnte, wurde er dennoch dem Vorbehaltsverkäufer gegenüber zum Schadensersatz verurteilt. Zum Vorwurf wurde ihm mangelnde Organisation seines Betriebes gemacht. Als „Beschützergarant“ für die dem Unternehmen anvertrauten Rechtsgüter Dritter hätte er nach Ansicht des BGH darauf hinwirken müssen, dass durch eine geeignete Organisation rechtswidrige Eingriffe in solche Rechtsgüter unterbleiben. Diese Entscheidung zum Organisationsmangel hat besonders weit reichende Auswirkungen, da sie für den Unternehmensleiter eine deliktische Haftung ohne direkte Tatbeteiligung begründet. Ihr Rechtsgedanke lässt sich auch bei anderen absolut geschützten Rechtsgütern problemlos einsetzen, wie z.B. im Bereich des Patentrechts oder des Produkthaftungsrechts. Im Bereich der Stiftungen, wo es zu den Hauptpflichten des Stiftungsvorstands gehört, das Stiftungsvermögen zu 13

17 Siehe etwa BGH BB 2007, 283.
18 BGHZ 109, 297 („Baustoff“).

erhalten, weil es das Mittel zur Verfolgung des Stiftungszwecks darstellt, lassen sich sehr schnell Parallelen bilden, wenn das Eigentum der Stiftung geschädigt wird.

14 Nach § 280 Abs. 1 S. 2 BGB obliegt der Entlastungsbeweis, die Pflichtverletzung nicht zu vertreten zu haben, dem (Stiftungs-)Organmitglied als Schuldner. Verletzt der Schuldner eine Pflicht aus dem Schuldverhältnis, so kann der Gläubiger Ersatz des hierdurch entstehenden Schadens verlangen (§ 280 Abs. 1 S. 1 BGB). Als Schuldverhältnis zwischen z.B. dem Organmitglied und der Stiftung kommt der Bestellungsakt oder das organschaftliche Rechtsverhältnis, ggf. konkretisiert durch einen entsprechenden Anstellungsvertrag, oder ein Auftrag in Betracht. Typischerweise handelt es sich um einen Auftrag, für den grundsätzlich keine Haftungserleichterung gegeben ist.[19]

2. Haftung der Stiftung und der Organmitglieder

a) Außenhaftung der Stiftung

15 Die Außenhaftung einer Stiftung bestimmt sich nach **§§ 84 Abs. 5, 31 BGB.**[20] Eine Stiftung haftet danach gegenüber Dritten zwingend für jeden Schaden, den ein Stiftungsorgan (auch Stiftungsbeirat o.Ä.) oder ein Organmitglied **in Ausführung der ihm übertragenen Aufgaben schuldhaft** verursacht, da Wille und Handlungen der Organe der Stiftung dieser als eigene zuzurechnen sind. Voraussetzung der Haftung nach § 31 BGB ist aber ein innerer Zusammenhang zwischen der schädigenden Handlung und der Organtätigkeit. Auf die Vertretungsmacht und deren Grenzen kommt es dabei nicht an. Besteht die schädigende Handlung indes lediglich in einer Überschreitung der Vertretungsmacht, so haftet dafür nicht die Stiftung, sondern das Organmitglied selbst (§ 179 BGB). Auch Schadenszufügung „nur" bei Gelegenheit der Organtätigkeit führt nicht zu einer Haftung der Stiftung.

16 Für **unerlaubte Handlungen** haftet nach außen neben der Stiftung auch das betreffende Organglied nach **§ 840 BGB**, und zwar beide als Gesamtschuldner. Für ihre sonstigen Bediensteten und für **Bevollmächtigte** haftet die Stiftung nach den allgemeinen Vorschriften (**§§ 278, 831 BGB**). Es kommt außerdem eine gesonderte (Außen-)Haftung der Stiftung nach §§ 31, 823 BGB wegen **Verletzung von Organisations- und Aufsichtspflichten** in Betracht.[21]

---

19 Grüneberg/*Grüneberg*, § 662 Rn 11; MüKo-BGB/*F. Schäfer*, § 662 Rn 83 ff. m.w.N. auch zu Gegenstimmen.

20 Richter/*Godron/Gollan*, § 6 Rn 246 ff.

21 Siehe Grüneberg/*Ellenberger*, § 31 Rn 7.

BFH zum Haftungsmaßstab 17
Der BFH hat im Vereinsrecht schon vor längerer Zeit eine klare Linie gezogen.[22] Danach hat auch ein ehrenamtlich und unentgeltlich tätiger Vorsitzender eines Vereins, der sich als solcher wirtschaftlich betätigt und zur Erfüllung seiner Zwecke Arbeitnehmer beschäftigt, für die Erfüllung der steuerlichen Verbindlichkeiten des Vereins **grundsätzlich nach denselben Grundsätzen wie ein Geschäftsführer einer GmbH zu haften**.
Für eine Stiftung haben das FG Berlin und der BFH als Revisionsinstanz[23] das bestätigt und die Haftung einer selbstständigen gemeinnützigen Stiftung als Arbeitgeberin für nicht eingehaltene und nicht abgeführte Abgaben ausdrücklich bejaht. Es ging um die Lohnsteuer auf die Tätigkeitsvergütung des einzigen Stiftungsvorstandes, wobei, was hier nicht näher interessiert, auch noch Doppelbesteuerungsfragen hineinspielten, die in dem Fall zur Aufhebung des erstinstanzlichen Urteils führten. Im vorliegenden Zusammenhang von Interesse ist, dass nach § 42d Abs. 1 Nr. 1 EStG der Arbeitgeber für die Lohnsteuer haftet, die er einzuhalten und abzuführen hat. Der Finanzverwaltung gegenüber haftet insoweit der Vorstand einer Stiftung nach §§ 69, 34 AO, wenn er vorsätzlich oder grob fahrlässig die steuerlichen Pflichten der Stiftung als Arbeitgeber verletzt und der Fiskus dadurch weniger Steuer erhält. Lässt man die Fragen der Doppelbesteuerung außen vor, hat das für den Fall letztlich die Folge, dass der einzige Stiftungsvorstand der Stiftung gegenüber dafür haftet, dass er es versäumt hat, die Lohnsteuer auf die Vergütung seiner eigenen Tätigkeit einzubehalten. Der Schaden dürfte auf den Mehraufwand beschränkt sein, der durch die falsche Handhabung entstanden ist.
Wie oben bereits angesprochen (siehe Rdn 9), haben sich Bemühungen um eine Beschränkung der Haftung für die Verletzung steuerlicher Pflichten nicht durchsetzen können.

b) Innenhaftung – Rückgriff der Stiftung

In allen Fällen der Außenhaftung der Stiftung stellt sich zugleich die Frage nach 18
der **Innenhaftung** der Organe, d.h. nach dem Rückgriff der Stiftung auf die Organmitglieder wegen des ihr entstandenen Schadens. Diese Frage stellt sich natürlich auch, wenn der Stiftung ein Schaden nicht durch einen Fall der Außenhaftung, sondern etwa auf sonstige Weise (z.B. Vermögensverlust) entstanden ist.

Soweit Stiftungsorgane im Rahmen eines Dienstvertrages, Geschäftsbesorgungs- 19
vertrages oder Auftrages tätig werden, ergibt sich eine Anspruchsgrundlage für

22 BFH BStBl II 1998, 761.
23 FG Berlin ZSt 2007, 43; BFH, Urt. v. 19.9.2007 – I R 93/06.

den Rückgriff unmittelbar aus § 280 Abs. 1 BGB wegen Verletzung einer Pflicht aus dem jeweiligen Schuldverhältnis.[24]

20 Welche Pflichten, die verletzt werden können, kommen typischerweise in Betracht?[25] Für die Mitglieder des Stiftungsvorstandes ebenso wie für die „sonstigen Mitarbeiter" gegenüber der Stiftung insbesondere folgende zwei „Pflichten" und ein korrespondierendes Verbot:[26]
- die Pflicht zur Verwirklichung des Stiftungszwecks,[27]
- die Vermögenserhaltungspflicht (Grundsatz der Vermögenserhaltung),[28]
- das Verbot der Förderung eigener Interessen und der Interessen dritter Personen zulasten der Stiftung.[29]

Wer für eine Stiftung tätig ist, unterliegt diesen hier skizzierten Pflichten im Rahmen der von ihm übernommen Aufgaben: Sei er Mitglied des Vorstandes, des Aufsichtsorgans (z.B. Stiftungsrat), sei er Bediensteter/Angestellter/Beauftragter/Dienstleister oder „Helfer" der Stiftung. Verletzt er eine seiner Pflichten, so haftet er gegenüber der Stiftung gem. § 280 Abs. 1 S. 1 BGB. Daneben steht die Haftung wegen unerlaubten Handlungen (§§ 823 und 826 BGB). Sowohl die Pflichtverletzung aus einem Schuldverhältnis als auch die unerlaubte Handlung setzt ein Verschulden des Organmitglieds voraus, wobei nach § 276 Abs. 1 BGB für Vorsatz und Fahrlässigkeit gehaftet wird, wenn nicht eine Haftungserleichterung eingreift (zu diesen siehe Rdn 28 ff.). Die Schwelle zur leichten Fahrlässigkeit ist sehr schnell überschritten, denn im deutschen Zivilrecht gilt, anders als im Strafrecht, kein individueller, sondern ein objektiv abstrakter Sorgfaltsmaßstab.[30] Seit der Stiftungsrechtsreform 2023 wird dieser Maßstab für Stiftungsorgane nach § 84a Abs. 2 S. 1 BGB insoweit konkretisiert, dass sie bei der Führung der Geschäfte der Stiftung die **Sorgfalt eines ordentlichen Geschäftsführers** anzuwenden haben.[31] Zu einer möglichen Haftungserleichterung nach der „**Business Judgement Rule**" des § 84a Abs. 2 S. 2 BGB siehe Rdn 30 ff.

---

24 Richter/*Godron/Gollan*, § 6 Rn 191 ff.; Werner/Saenger/Fischer/*Fischer*, § 20 Rn 58 ff. Zur Haftung des fehlerhaft bestellten Stiftungsvorstands *Sanders/Berisha*, ZStV 2021, 50.

25 Ausf. *Kohnke*, Die Pflichten des Stiftungsvorstands aus Bundes- und Landesrecht; *Kraus*, StiftungsBrief 2021, 94.

26 Ausf. BoKo-StiftR/*Uffmann*, § 84a BGB Rn 71 ff.; Richter/*Godron/Gollan*, § 6 Rn 197 ff.; Hüttemann/Richter/Weitemeyer/*Hüttemann*, Landesstiftungsrecht, Kap. 13 Rn 4 ff., Kap. 14 Rn 3 ff., 20 ff.; *Reuter*, in: Kötz/Rawert/Schmidt/Walz, Non Profit Law Yearbook 2002, S. 157, 158 ff.

27 Burgard/*Burgard/Heimann*, Stiftungsrecht, Anh. 1 zu § 84a Rn 2.

28 Haftungsträchtig sind neben der Fehlverwendung von Stiftungsmitteln insb. fehlerhafte Anlageentscheidungen, siehe dazu etwa Werner/Saenger/Fischer/*Fischer*, § 20 Rn 61 ff.; *Burgard/Burgard*, Stiftungsrecht, § 83b Rn. 53 ff.; *Arnold*, npoR 2025, 52; *Bieniek*, StiftungsBrief 2022, 3; *Meinecke*, ZStV 2021, 133.

29 Burgard/*Burgard/Heimann*, Stiftungsrecht, Anh. 1 zu § 84a Rn 15 m.w.N.

30 Grüneberg/*Grüneberg*, § 276 Rn 15.

31 Näher dazu Burgard/*Burgard*, Stiftungsrecht, § 84a Rn 118 ff.

Mehrere Organmitglieder, die eine (schuldhafte) Pflichtverletzung begangen haben, haften als **Gesamtschuldner**, was insbesondere zur Folge hat, dass sich kein Organ auf das Mitverschulden (§ 254 BGB) eines anderen Organs berufen kann.[32] Dabei ist besonders zu berücksichtigen, dass die Organe, vor allem der Vorstand, hinsichtlich der Vermögensinteressen der Stiftung eine treuhänderische Funktion besitzen, deren Bindungskraft besonders beim Fehlen eines Kontrollorgans beträchtlich höher als bei normalen Anstellungsverträgen zu veranschlagen ist. Im Umkehrschluss wirft dieser Zusammenhang zugleich ein deutliches Licht auf die Haftungsmaßstäbe für Organmitglieder eines entsprechenden Kontrollorgans. 21

OLG Oldenburg und BGH: Haftung des Stiftungsvorstands 22

In diesem Zusammenhang hat das **OLG Oldenburg** im Jahr 2013 ein sehr lesenswertes Urteil zur Haftung von Stiftungsorganmitgliedern gefällt.[33] Ebenso lesenswert ist die anschließende Entscheidung des BGH, der in demselben Verfahren 2014 als Revisionsinstanz über einen Teil der Angelegenheit zu entschieden hatte.[34]

Gegenstand des Verfahrens war eine Schadensersatzforderung der klagenden Stiftung gegen einen Stiftungsvorstand wegen verlustreicher Vermögensanlage zu entscheiden. Die Klägerin ist eine im Jahre 1993 gegründete rechtsfähige kirchliche Stiftung bürgerlichen Rechts, deren Stiftungszweck die wissenschaftliche, theologische und historische Forschung und Lehre sowie die persönliche Fortbildung aller Interessierten im Bereich der Evangelischen Kirche umfasst. Der Beklagte war deren alleiniger Vorstand. Die Klägerin begehrte von dem Beklagten Schadensersatz, weil dieser als Vorstand durch pflichtwidrige Vermögensverwaltung durch zu hohe laufende Ausgaben i.R.d. Stiftungsbetriebes sowie durch pflichtwidrige Ankäufe für einen erheblichen Verlust des Stiftungsvermögens verantwortlich sein soll. Der Beklagte hat ein pflichtwidriges Verhalten bestritten.

Der Beklagte hat, so betonte das OLG, als Vorstand der Stiftung die ihm obliegende Verpflichtung, das Stiftungsvermögen in seinem Bestand ungeschmälert zu erhalten, schuldhaft verletzt. Diese ihm nach § 6 Abs. 1 und 3 StiftG Nds.a.F. sowie § 12 Abs. 2 der Satzung obliegende Pflicht verletzte der Beklagte bei der von ihm getroffenen Anlageentscheidung. Eine Schadensersatzpflicht könne sich aus einer risikoreichen Anlage des Stiftungsvermögens

32 Siehe bereits BGH, Urt. v. 20.11.2014 – III ZR 509/13, ZStV 2015, 93 unter Verweis auf *Hüttemann/Herzog*, Non Profit Law Yearbook 2006, S. 33, 42; siehe zu dem Urteil des BGH auch sogleich Rdn 22.

33 OLG Oldenburg, Urt. v. 8.11.2013 – 6 U 50/13; mit dem Urteil befasst sich *Theuffel-Werhahn*. Er betrachtet in StiftungsBrief 2014, 31 die Haftung des Vorstands und in StiftungsBrief 2014, 51 das Mitverschulden des Kuratoriums. Siehe dazu auch *Weidlich/Foppe*, ZStV 2014, 100; *Graewe*, ZStV 2014, 103.

34 BGH, Urt. v. 20.11.2014 – III ZR 509/13, ZStV 2015, 93.

in Aktien ergeben.[35] Als Haftungsfälle für den Vorstand kämen insbesondere Entscheidungen zur Vermögensanlage und satzungswidrige Verwendung von Mitteln in Betracht. Dabei hafteten, so betont das OLG, die Organmitglieder bei schuldhaften Pflichtverletzungen grundsätzlich mit ihrem gesamten Privatvermögen.
Die Vermögensverwaltung und Vermögensbewirtschaftung einer Stiftung habe vor allem zwei Aufgaben zu erfüllen: Zunächst müsse sie nach dem in § 6 Abs. 1 StiftG Nds.a.F. niedergelegten Grundsatz der Vermögenserhaltung den Bestand des Stiftungsvermögens wahren. Aus ihrem Vermögensbestand müsse die Stiftung Erträge erzielen, um die Stiftungszwecke erfüllen zu können. Diese Aufgaben seien eng miteinander verbunden, sie könnten aber auch kollidieren. Damit beschäftigte sich das OLG dann sehr ausführlich. Im Ergebnis kam das OLG unter dem Gesichtspunkt des Mitverschuldens des Aufsichtsorgans der Stiftung (Kuratorium) zu einem Schadensersatzanspruch der klagenden Stiftung in Höhe von rund 450.000 EUR, nachdem der beklagte Vorstand in der ersten Instanz bereits einen Teil der insgesamt eingeklagten Forderung in Höhe von rund 65.000 EUR Zug um Zug gegen Übereignung der von ihm getätigten Anschaffungen anerkannt hatte.
Der BGH hat der Revision der Stiftung stattgegeben und der Stiftung einen weiteren Schadensersatzanspruch in Höhe von rund 300.000 EUR zugestanden. Entgegen der Auffassung des OLG könne der Beklagte sich nicht gem. § 254 BGB auf ein seine Schadensersatzpflicht minderndes Mitverschulden des Aufsichtsorgans der Stiftung (hier: Kuratorium) berufen.[36] Zur Begründung verweist der BGH auf seine Rechtsprechung zur Haftung bei der GmbH und bei der AG. Die Pflichten der Organe bestehen dort, so der der BGH, eigenständig nebeneinander und die Organe vertreten im Innenverhältnis nicht die Gesellschaft, so dass diese sich nicht ein Mitverschulden eines Organs zurechnen lassen müsse. Nicht anders sei auch bei der Stiftung.[37]

c) Strafrechtliche Haftung der Stiftungsorgane

23 Die Mitglieder der Organe einer Stiftung können nicht nur zivilrechtlich haften. Für etwaige rechtswidrige Handlungen haben sie ggf. auch **strafrechtlich** persönlich einzustehen. Besondere Bedeutung kommt dabei dem Tatbestand der **Untreue** (§ 266 StGB) zu.[38] Mitglieder des Stiftungsvorstands, je nach Aufgabenzuweisung aber ggf. auch die Mitglieder weiterer Stiftungsorgane, haben aufgrund ihres Amtes die Pflicht, das Vermögen der Stiftung zu betreuen. Wer eine solche

35 Hinweis des OLG auf Palandt/*Ellenberger* (72. Aufl. 2013), § 86 Rn 1; *Rödel*, NZG 2004, 754; einschränkend *Kiethe*, NZG 2007, 810.

36 BGH, Urt. v. 20.11.2014 – III ZR 509/13, Rn 19 ff., ZStV 2015, 93, 95 f.

37 BGH, Urt. v. 20.11.2014 – III ZR 509/13, Rn 23, ZStV 2015, 93, 96 unter Hinweis auf *Hüttemann/Herzog*, Non Profit Law Yearbook 2006, S. 33, 42.

38 Werner/Saenger/Fischer/*Lassmann*, § 30 Rn 1 ff.; ausf. *Lassmann*, Stiftungsuntreue, 2008.

Pflicht vorsätzlich verletzt und dadurch dem betreuten Vermögen einen Nachteil zufügt, kann sich nach § 266 StGB strafbar machen. Besonders deutlich wird das in der Fassung des Untreuetatbestandes, der in das Reichsstrafgesetzbuch vom 15.5.1871 aufgenommen wurde. Dort wurden bestimmte Personengruppen als mögliche Täter hervorgehoben. Aus stiftungsrechtlicher Sicht ist dabei insbesondere die dortige Ziffer 1 von Interesse:

*Aus § 266 des **Reichsstrafgesetzbuchs** vom 15.5.1871:*
„Wegen Untreue werden bestraft … Verwalter von Stiftungen, wenn sie absichtlich zum Nachteil der ihrer Aufsicht anvertrauten Personen oder Sachen handeln; …"

Der **heutige Untreuetatbestand** setzt, wie gesagt, keine Absicht mehr voraus, sondern **lässt Vorsatz genügen**. Zu beachten ist zudem, dass Organmitglieder, die nach Kenntnis von einem strafbaren Verhalten ihrer Kollegen zulasten der Stiftung untätig bleiben, sich ggf. wegen **Beteiligung durch Unterlassen** strafbar machen, wenn ihr Amt die Pflicht begründet, Schaden von der Stiftung abzuwenden, was regelmäßig der Fall ist (sog. Garantenpflicht, § 13 StGB).[39]

Neben der Untreue können aber natürlich auch weitere Straftatbestände verwirklicht werden. So können z.B. bei **Hospitality-Einladungen** gegenüber Amtsträgern die §§ 331 ff. StGB (Vorteilsannahme und -gewährung, Bestechlichkeit und Bestechung) und in der Privatwirtschaft § 299 StGB (Bestechung und Bestechlichkeit) verwirklicht werden.[40]

Nach § 30 OWiG kann auch gegen die Stiftung ein **Bußgeld** (Verbandsbußgeld) verhängt werden, wenn etwa ein vertretungsberechtigtes Organ oder ein Mitglied eines solchen Organs eine Straftat oder Ordnungswidrigkeit in Ausübung seiner Funktion begeht.[41] Auch Einziehung und Verfall gem. §§ 22 ff. OWiG oder §§ 73 ff. StGB kommen in Betracht.

Eberhard Rott, Rechtsanwalt, Fachanwalt für Steuerrecht und Erbrecht, Bonn: 24
Haftung von Stiftungsorganmitgliedern
„Aller Verschwiegenheit der Szene und nur gelegentlicher Rechtsprechung zum Trotz:
Stiftungsorganmitglieder haften, nicht nur für Vorsatz, sondern grundsätzlich auch für jede Form von Fahrlässigkeit. Die Haftungserleichterung der §§ 84a Abs. 3 S. 1, 31a BGB gilt eben nur für die ehrenamtlich oder gegen geringes Entgelt tätigen Stiftungsorgane. Die Stiftungsaufsicht schreckt in der Praxis auch keineswegs davor zurück, Anwälte zu beauftragen, im Namen und auf Kosten der Stiftung deren Schadensersatzansprüche gegen die Organe geltend

39 Siehe für den Leiter einer Rechtsabteilung in einem Unternehmen BGH, Urt. v. 17.7.2009 – 5 StR 394/08.

40 *Blask/Curtius*, Stiftung & Sponsoring 2/2012, 36 f.

41 Zum Ganzen siehe Werner/Saenger/Fischer/*Lassmann*, Teil 12 (§§ 30 ff.).

zu machen. Anderenfalls wäre sie auch schlecht beraten, bestünde doch die Gefahr, dass sie sich wegen Verletzung ihrer Aufsichts- und Beratungspflichten selbst einem Amtshaftungsanspruch aussetzen würde.
Die gesetzlichen Regelungen, die wenigstens ehrenamtlichen Organmitgliedern eine Haftungsbeschränkung auf Vorsatz und grobe Fahrlässigkeit verschaffen, helfen in der Praxis nicht wirklich weiter. Es bleibt als gewichtiger Pferdefuß: Die Haftung im Außenverhältnis, besonders relevant im Bereich der Haftung für Steuern und Sozialversicherungsbeiträge, wird nicht gemindert. Das eigene Haftungsrisiko als Stiftungsorgan zu vernachlässigen, stellt daher ein Verschulden gegen sich selbst dar."

3. Die Rolle der Stiftungsaufsicht

25 Als wichtiger „Sonderfaktor" tritt bei Haftungsfragen im Zusammenhang mit Stiftungen – anders als bei anderen Körperschaften, wo diese Instanz fehlt – die **staatliche Stiftungsaufsicht** hinzu. Wird etwa der landesrechtlich vorgeschriebene **Rechenschaftsbericht** des Stiftungsvorstandes von der Aufsichtsbehörde gebilligt, so kann darin **keine Entlastung** (ausf. dazu Rdn 33 ff.) des Vorstandes gesehen werden.[42] Etwa bestehende Regressansprüche der Stiftung gegen Organmitglieder entfallen durch eine Billigung seitens der Stiftungsaufsicht in keinem Fall, denn die Aufsichtsbehörde hat lediglich auf gesetzes- und satzungsgetreues Verhalten der Stiftungsorgane zu achten und ist zur Verfügung über Rechte der Stiftung nicht befugt. Wenn sie ein Verhalten der Organe „billigt", heißt das nur, dass sie von sich aus kein Aufsichtsmittel ergreifen wird.

26 Eine etwaige **Haftung der Aufsichtsbehörde** bestimmt sich nach Art. 34 GG, § 839 BGB.[43] Eine Haftung setzt hier vor allem voraus, dass die Behörde eine gerade gegenüber dem Anspruchsteller bestehende Amtspflicht verletzt hat. Solche Amtspflichten bestehen aufgrund der gesetzlichen Aufsichtsbefugnisse zunächst gegenüber der einzelnen Stiftung. Erfährt die Behörde auf irgendeine Weise davon, dass der Stiftung Schaden droht, so verstößt sie gegen ihre Aufsichts- und Beratungspflichten, wenn sie die ihr verfügbaren Aufsichtsmittel nicht oder nur unzureichend nutzt. Damit verletzt sie zugleich ihre Amtspflichten gegenüber der Stiftung.[44] Das gilt insbesondere, wenn die Behörde nicht gegen eine zweckwidrige Verwendung von Stiftungsmitteln durch Stiftungsorgane ein-

---

42 Richter/*Godron/Gollan*, § 6 Rn 245 m.w.N.; Burgard/*Burgard/Heimann*, Stiftungsrecht, Anh. 1 zu § 84a Rn 34 ff.; Werner/Saenger/Fischer/*Fischer*, § 20 Rn 76. A.A. zu einem Ausnahmefall des unverschuldeten Rechtsirrtums der Stiftungsorgane KG, Urt. v. 6.7.1970 – 16 U 1777/69.

43 Zur Haftung der Stiftungsaufsicht siehe Richter/*Fischer*, § 8 Rn 166 ff.; Hüttemann/Richter/Weitemeyer/*Schulte*, Landesstiftungsrecht, Kap. 29 Rn 55 ff.

44 Richter/*Fischer*, § 8 Rn 166; vgl. auch BGH NJW 1977, 1148.

schreitet oder einen Zugriff auf das Stiftungskapital zulässt, den die Satzung nicht erlaubt.

Ansprüche der Stiftung gegen Mitglieder vertretungsberechtigter Organe können, was nicht ganz selten in der Praxis übersehen wird, von der Stiftungsaufsicht im Namen und auf Kosten der Stiftung geltend gemacht werden.[45] Es liegt auf der Hand, dass die Stiftungsbehörde i.d.R. entsprechend vorgehen wird, wenn die Frage ihrer etwaigen Haftung auch nur im Raume steht. Nach § 839 Abs. 1 S. 2 BGB scheidet ein **Amtshaftungsanspruch** bei wohl allenfalls in Frage stehendem fahrlässigen Verhalten der Aufsichtsbehörde nämlich aus, soweit die Stiftung ihr pflichtwidrig handelndes Organmitglied in Anspruch nehmen kann. Das ist von der Aufsichtsbehörde zu prüfen und notfalls durchzusetzen. Im Verhältnis zum Stifter können Amtspflichten insoweit in Betracht kommen, als die Behörde ihm die Überwachung der Einhaltung seines Stifterwillens garantieren muss oder Beratungsfunktionen ihm gegenüber wahrgenommen hat, und daraus für ihn selbst ein Schaden entsteht. Wie die Stiftungsaufsicht in einem konkreten Fall tatsächlich reagieren wird, lässt sich kaum vorhersagen. 27

4. Haftungsbeschränkung, Haftungsfreistellung und D&O-Versicherung

Für Organmitglieder und die sonstigen Helfer im Stiftungsrecht gibt es entgegen manchem Vorurteil grundsätzlich **keine automatischen Haftungsbeschränkungen.** 28

a) Gesetzliche Haftungsbeschränkung: § 31a BGB

Eine wichtige **Ausnahme** ist die nach § 31a i.V.m. § 84a Abs. 3 S. 1 BGB für Organmitglieder oder besondere Vertreter der Stiftung geltende Haftungsbeschränkung auf Vorsatz und grobe Fahrlässigkeit. Sie greift bei einer **unentgeltlichen Tätigkeit** oder einer **entgeltlichen Tätigkeit**, bei der das Entgelt aktuell **3.300 EUR jährlich nicht übersteigt.** 29

Gem. § 84a Abs. 3 S. 2 BGB kann diese gesetzliche Haftungsbegrenzung allerdings durch die Stiftungssatzung eingeschränkt oder auch völlig ausgeschlossen werden. Vor der Neuregelung durch die Stiftungsrechtsreform 2023 war diese Möglichkeit noch umstritten.[46]

Die Grenze von derzeit jährlich 3.300 EUR orientiert sich an dem Steuerfreibetrag des § 3 Nr. 26 EStG (sog. „Übungsleiterfreibetrag“). Die Haftungsfreistellung umfasst zum einen (§§ 84a Abs. 3 S. 1, 31a Abs. 1 S. 1 BGB) die Fälle der Innenhaftung und zum anderen (§§ 84a Abs. 3 S. 1, 31a Abs. 2 BGB) die Fälle, in denen der Betroffene von einem Dritten in Anspruch genommen wird. Soweit

45 Ausdrücklich geregelt in Art. 13 S. 1 BayStG für den Fall, dass der Anspruch nicht in angemessener Zeit vom zuständigen Stiftungsorgan geltend gemacht wird.

46 Siehe Burgard/*Burgard*, Stiftungsrecht, § 84a Rn 150.

also ein unentgeltlich tätiges oder nur geringfügig vergütetes Organmitglied oder ein unentgeltlich tätiger oder nur geringfügig vergüteter besonderer Vertreter **in Ausübung seiner Pflichten als Organmitglied oder als besonderer Vertreter** einen Schaden verursacht, kann die Stiftung in Fällen der leicht oder normal fahrlässigen Verursachung keinen Rückgriff nehmen und ist dem Betroffenen gegenüber zur Befreiung von der Verbindlichkeit gegenüber dem Dritten verpflichtet. Der Freistellungsanspruch wandelt sich in einen Anspruch auf Ersatz um, wenn der so privilegierte Betroffene den Schaden des Dritten bereits selbst beglichen hat.[47]

b) Business Judgement Rule

30 Mit der Stiftungsrechtsreform 2023 wurde in § 84a Abs. 2 S. 2 BGB die ausdrückliche Regelung einer an das Aktienrecht angelehnten und von dort bekannten, US-amerikanisch inspirierten sog. Business Judgement Rule für die Stiftungsorganmitglieder in das Gesetz aufgenommen.[48] Mit Blick auf die Praxis wird man sagen dürfen, dass die Business Judgement Rule **allgemeinen haftungsrechtlichen Rechtsgrundsätzen entspricht** und damit auch zuvor bereits geltendes Recht zur Stiftung gewesen sein dürfte.[49] Nichts anderes meint die Gesetzesbegründung, wenn sie zu der neuen gesetzlichen Regelung betont, ein Organmitglied, das zur Führung der Geschäfte der Stiftung berufen ist, habe bei seiner Tätigkeit die Sorgfalt eines ordentlichen Geschäftsführers anzuwenden. Die gesetzliche Klarstellung ist zu begrüßen.

31 Bei der Business Judgement Rule handelt es sich, vereinfacht ausgedrückt, um einen möglichen Haftungsausschluss bei zwar im Nachhinein wirtschaftlich nachteiligen, aber nach den Bestimmungen der Norm mit einem gewissen Risiko vertretbaren Geschäftsführungsentscheidungen. Besondere Bedeutung hat das hier ersichtlich, wie auch die Gesetzesbegründung vermerkt, bei Entscheidungen über die **Anlage des Stiftungsvermögens**.[50]

Nach der neuen Vorschrift liegt eine Pflichtverletzung nicht vor, „*wenn das Mitglied des Organs bei der Geschäftsführung unter Beachtung der gesetzlichen und satzungsgemäßen Vorgaben vernünftigerweise annehmen durfte, auf der Grundlage angemessener Informationen zum Wohle der Stiftung zu handeln*“.

Das entspricht weitgehend dem Wortlaut des § 93 Abs. 1 S. 2 AktG, wobei gegenüber der aktienrechtlichen Vorschrift anstelle von Vorstandsmitgliedern hier allgemein auf Organmitglieder der Stiftung abgestellt wird. Zudem heißt es anstelle von „*… bei einer unternehmerischen Entscheidung …*“ in § 93 Abs. 1 S. 2 AktG

47 Grüneberg/*Ellenberger*, § 31a Rn 5.

48 Siehe etwa *Arnold*, npoR 2025, 52.

49 Entsprechend *Schauer/Stallmann*, NWB-EV Sonderausgabe „Das neue Stiftungsrecht“, S. 11.

50 Siehe auch *Hüttemann/Rawert*, Beilage zu ZIP 33/2021, VI. 2.4.

hier *„... bei der Geschäftsführung unter Beachtung der gesetzlichen und satzungsgemäßen Vorgaben ...“*.

Eine grundlegend abweichende Bewertung bei Anwendung der stiftungsrechtlichen Business Judgement Rule ist, wegen dieser Abweichungen des Wortlauts, aktuell nicht ersichtlich, zumal auch im Aktienrecht als ungeschriebenes Tatbestandsmerkmal gilt, dass von vornherein nur rechtmäßige, also gesetzes- und satzungskonforme Entscheidungen potenziell haftungsausschließend sind.[51] Wenn überhaupt, dann dürfte durch die ausdrückliche Einbeziehung sämtlicher Organmitglieder und allgemein deren Geschäftsführung der Anwendungsbereich im Stiftungsrecht tendenziell weiter als im Aktienrecht gefasst sein.

Grundsätzlich wird man zu § 84 Abs. 2 S. 2 BGB auf die reichhaltige Literatur und Rechtsprechung zu § 93 Abs. 1 S. 2 AktG zurückgreifen können.[52] Entscheidend bleibt auch mit der Business Judgement Rule zum einen die sorgfältige und möglichst gut dokumentierte Entscheidung auf der Grundlage angemessener Informationen, d.h. das betreffende Organmitglied muss in der konkreten Entscheidungssituation **alle verfügbaren Informationsquellen** tatsächlicher und rechtlicher Art **ausschöpfen**, auf dieser Grundlage die **Vor- und Nachteile** der bestehenden Handlungsoptionen sorgfältig **abschätzen** und den erkennbaren Risiken Rechnung tragen.[53] 32

Zum anderen muss das Organmitglied vernünftigerweise annehmen dürfen, auf dieser Grundlage zum Wohle der Stiftung zu handeln. Das betrifft zunächst die subjektive Perspektive des Handelnden, der von einer wirtschaftlich positiven (insbesondere langfristig ertragsstärkenden) Wirkung ausgeht. Objektiv begrenzt wird dies durch den Maßstab des „vernünftigerweise“ noch zulässigen Handelns, der jedenfalls im Aktienrecht relativ weit gefasst ist und erst überschritten sein soll, wenn das mit der unternehmerischen Entscheidung verbundene Risiko „in völlig unverantwortlicher Weise falsch beurteilt worden ist“.[54] Einer Entscheidung zum Wohle der Stiftung steht ersichtlich zudem die sachliche Befangenheit des Entscheidenden, also insbesondere tatsächliche oder potenzielle Interessenkonflikte, entgegen.[55] Es bleibt abzuwarten, wie die Rechtsprechung mit Blick auf die Besonderheiten des Stiftungsrechts diese Norm zukünftig „mit Leben füllen“ wird.

---

51 *Koch*, AktG, 20. Aufl. 2026, § 93 Rn 35.

52 *Hüttemann/Rawert*, Beilage zu ZIP 33/2021, VI. 2.4.; siehe zum Aktienrecht etwa *Koch*, AktG, 20. Aufl. 2026, § 93 Rn 26 ff. m.w.N.

53 Vgl. zum Aktienrecht BGH NJW 2008, 3361; *Koch*, AktG, 20. Aufl. 2026, § 93 Rn 42 ff.

54 *Koch*, AktG, 20. Aufl. 2026, § 93 Rn 51 m.w.N.

55 Vgl. *Koch*, AktG, 20. Aufl. 2026, § 93 Rn 55.

c) Entlastung

33 Ob **Regressansprüche der Stiftung erlöschen**, wenn dem für den Schaden verantwortlichen Organ von dem zuständigen Kontrollgremium der Stiftung **Entlastung** erteilt wird, dieses mit der Entlastung also über etwaige Ansprüche der Stiftung verfügen kann, ist im Einzelnen umstritten.[56]

34 Sicher ist jedenfalls, dass eine Entlastung **nur dann in Frage kommt, wenn die die Haftungsfrage betreffenden Umstände dem Kontrollgremium bekannt waren oder hätten bekannt sein müssen,**[57] was in der Praxis häufig gerade nicht der Fall sein wird. So wird die Entlastung denn auch nicht selten „nur" als Vertrauensbekundung gesehen.[58]

Die Entlastung betrifft zudem nur den Stiftungsvorstand, der durch das Kontrollorgan (z.B. Stiftungsrat) entlastet werden kann. Für das Kontrollorgan selbst existiert grundsätzlich kein „Entlastungsorgan", es sei denn man schafft ein solches Entlastungsorgan (z.B. „Familienrat"), aber für dieses Stiftungsorgan ist dann natürlich wiederum das Fehlen eines Entlastungsorgans festzustellen. Eine etwaige Entlastung wirkt im Übrigen nicht gegenüber Dritten, sondern nur stiftungsintern.

Betrachten wir diese Zusammenhänge insbesondere auch mit *Rösing*, der hierzu eine ausführliche Studie[59] vorgelegt hat, einmal etwas näher, denn die Entlastung ist immer wieder Gegenstand von Fragen aus der Praxis.[60]

35 Im Recht der Personenverbände ist die seit langem anerkannte Entlastung mit der herrschenden Meinung als „einseitige organschaftliche Erklärung, durch die ein Personenverband die Amtsführung seiner Verwaltungsorgane billigt" zu beschreiben. § 120 Abs. 2 S. 1 AktG enthält dazu insoweit eine verallgemeinerungsfähige Definition.[61] Soweit der Entlastungsbeschluss reicht, werden Schadenersatzansprüche und sonstige Sanktionen gegen das Geschäftsführungsorgan wegen dessen Geschäftsführung grundsätzlich ausgeschlossen. Eine Ausnahme besteht

56 Richter/*Godron/Gollan*, § 6 Rn 243 ff.; für eine Entlastung ohne jede weitere Problematisierung OLG Oldenburg, Urt. v. 8.11.2013 – 6 U 50/13; dazu *Hüttemann*, npoR 2014, 143, 145 f.; siehe auch *Saenger*, ZStV 2015, 97 f. Ausf. m.w.N. *Rösing*, Die Entlastung im Stiftungsrecht, 2013.

57 So auch OLG Oldenburg, Urt. v. 8.11.2013 – 6 U 50/13. Ausf. *Rösing*, Die Entlastung im Stiftungsrecht, 2013; siehe auch Burgard/*Burgard/Heimann*, Stiftungsrecht, Anh. 1 zu § 84a Rn 25; Werner/Saenger/Fischer/*Fischer*, § 20 Rn 77. Generell zu Inhalt, Zweck und Rechtsfolgen der gesellschaftsrechtlichen Entlastung: *Beuthien*, GmbHR 2014, 682 (693: Beweislastumkehr).

58 Siehe etwa in der Einleitung zu dem Beitrag von *Beuthien*, GmbHR 2014, 682.

59 *Rösing*, Die Entlastung im Stiftungsrecht, 2013.

60 Ausf. zur Entlastung des Stiftungsvorstands jüngst *v. Thunen*, StiftungsBrief 2025, 223.

61 *Rösing*, Die Entlastung im Stiftungsrecht, 2013, S. 53 ff.

nur im Aktienrecht, wo § 120 Abs. 2 S. 2 AktG die „Präklusionswirkung“ der Entlastung stark einschränkt.

Auch sonst, so möchten wir hinzufügen, reicht eine Entlastung aber eben nur so weit, wie sie eben reicht. Erfasst werden insbesondere nicht solche Ansprüche, für die bei der Abstimmung weder im Bericht des Vorstands noch sonst Hinweise vorlagen. Eine verweigerte Entlastung ist i.d.R. dagegen ein deutlicher Hinweis auf einen Vertrauensentzug, aber eben auch nicht mehr.

Bis heute wird noch grundlegend diskutiert, ob im Stiftungsrecht überhaupt eine Entlastung möglich sei.[62] Dagegen wird etwa eine unzulässige Einschränkung der Rechte der Stiftungsbehörde[63] eingewandt oder dass die Entlastung grundsätzlich den Interessen der Stiftung zuwiderlaufe.[64] Nach herrschender Meinung ist allerdings die Entlastung des Stiftungsvorstands grundsätzlich möglich.[65] Voraussetzung dafür ist naturgemäß in jedem Fall, dass neben dem Vorstand ein entsprechendes Kontrollorgan existiert, denn der Vorstand kann sich nicht selbst entlasten.[66] 36

Dem ist auch aus unserer praktischen Erfahrung zuzustimmen, weshalb ein stiftungsinternes Aufsichtsorgan (Stiftungsrat) jedenfalls bei größeren Stiftungen i.d.R. eine gute Idee ist (siehe § 3 Rdn 66 ff.). Man denke nur an eine Satzung, nach der der Stiftungsvorstand über seine eigene Vergütung entscheidet. So eine Regelung sollte ein Stifter den Organmitgliedern (und auch der Stiftung) nicht zumuten.

In der Fachdiskussion fordern einige Autoren die ausdrückliche Normierung einer Entlastungskompetenz oder jedenfalls Anhaltspunkte für einen entsprechenden Stifterwillen in der Satzung.[67] Die ausdrückliche Normierung einer Entlastungskompetenz in der Satzung erscheint uns dagegen nicht unbedingt erforderlich.[68] Es entscheidet der ggf. auch konkludent zum Ausdruck gekommene Stifterwille.[69] Die Entlastungskompetenz wird man aus unserer Sicht deshalb ohne weiteres als Annexkompetenz der eigenen Kontrollkompetenz des Auf- 37

---

62 *v. Thunen*, StiftungsBrief 2025, 223, 224.

63 *Rösing*, Die Entlastung im Stiftungsrecht, 2013, S. 1.

64 *Muscheler*, Die Stiftung 2008, 51, 56.

65 Burgard/*Burgard/Heimann*, Stiftungsrecht, Anh. 1 zu § 84a Rn 26; *v. Thunen*, StiftungsBrief 2025, 223, 224.

66 Burgard/*Burgard/Heimann*, Stiftungsrecht, Anh. 1 zu § 84a Rn 26.

67 So etwa schon *Schwintek*, Vorstandskontrolle in rechtsfähigen Stiftungen bürgerlichen Rechts, 2001, S. 203; *v. Thunen*, StiftungsBrief 2025, 223; *Werner*, ZEV 2009, 366; *Weidlich/Foppe*, ZStV 2014, 100, 101.

68 So auch Burgard/*Burgard/Heimann*, Stiftungsrecht, Anh. 1 zu § 84a Rn 26 m.w.N.

69 *Hüttemann*, npoR 2014, 143, 145.

sichtsorgans sehen können.[70] So wird es nach unseren Beobachtungen in der Praxis auch gehandhabt, wenn man überhaupt einen Entlastungsbeschluss fasst.

38 Fraglich ist zudem, ob es neben einem stiftungsinternen Aufsichtsorgan auch andere Gremien geben kann, die über entsprechende Kompetenzen verfügen.[71] Die Stifterfreiheit dürfte hier sehr weit reichen.

39 *Rösing* zeigt grundlegend und mit überzeugenden Argumenten, dass auch bei der selbstständigen Stiftung grundsätzlich ein Bedürfnis für eine Entlastung besteht.[72] So entspreche die Ausgangs- und Interessenlage der Beteiligten im Wesentlichen der bei Verbänden. Auch könne die Entlastung im Stiftungsrecht ähnliche Funktionen wie im Verbandsrecht erfüllen. Da die Stiftung aber bekanntlich keine Mitgliederversammlung habe, stelle sich die Frage, ob es bei ihr überhaupt ein Gremium geben könne, das über die für die Entlastungserteilung erforderlichen Kompetenzen verfüge. Dabei begründet er auch, dass eine Entlastungserteilung allein durch ein stiftungsinternes Aufsichtsgremium möglich ist, nicht hingegen durch die Stiftungsbehörden, den Stiftungsvorstand selbst oder dritte Personen.[73]

Zu den dritten Personen dürfen wir hier aufgrund der Stifterfreiheit zweifeln! Ist doch etwa auch die Anordnung eines Schiedsgerichts oder eines Schiedsgutachtens möglich. Es kommt eben immer darauf an, was der Stifter in der Satzung ausdrücklich oder stillschweigend angeordnet hat. Der Stifterwille ist bekanntlich der Maßstab.

40 Eine **„Präklusionswirkung“**, d.h. den Ausschluss von Schadensersatzforderungen der Stiftung gegen das entlastete Organmitglied, könne, so *Rösing*, auch eine von einem solchen Aufsichtsorgan erteilte Entlastung aber nicht entfalten.[74] Dies liege allerdings nicht etwa daran, dass die Präklusionswirkung wegen der damit verbundenen Gefahren für das Stiftungsvermögen dem Stiftungszweck nicht förderlich wäre. Entscheidend sei vielmehr, dass sie zu einer endgültigen Einschränkung der Aufsichtsbefugnisse der Stiftungsbehörden führen würde, die mit dem

70 In OLG Oldenburg, Urt. v. 8.11.2013 – 6 U 50/13 wird die Frage nach einer Entlastungskompetenz des dortigen Kuratoriums gar nicht erst gestellt. Ähnlich wie hier *Burgard*, Gestaltungsfreiheit im Stiftungsrecht, 2006, S. 609; MüKo-BGB/*Weitemeyer*, § 84a Rn 28, die aber ein Erlöschen von Schadensersatzansprüchen durch die Entlastung „nur in Ausnahmefällen“ annehmen will. *Hüttemann*, npoR 2014, 143, 145 weist darauf hin, dass der Stifter „durch die Schaffung eines Kontrollorgans mit Berufungskompetenz – zumindest konkludent – die Möglichkeit einer Entlastung im Stiftungsgeschäft bzw. in der Stiftungssatzung vorgesehen haben“ muss.

71 *Rösing*, Die Entlastung im Stiftungsrecht, 2013, S. 3.

72 *Rösing*, Die Entlastung im Stiftungsrecht, 2013, S. 37 ff.

73 *Rösing*, Die Entlastung im Stiftungsrecht, 2013, S. 52 ff., 76.

74 *Rösing*, Die Entlastung im Stiftungsrecht, 2013, S. 53 ff.

Verhältnis staatlicher Stiftungsaufsicht zu stiftungsinternen Kontrollmechanismen unvereinbar sei.[75]

41 Das erscheint uns als der „Knackpunkt" der Argumentation. Die Stiftungsaufsicht hat nur die Funktion einer Rechtsaufsicht (siehe § 4 Rdn 30 ff.). Der Stifterwille ist hier als Ausfluss der Privatautonomie der entscheidende Rechtsmaßstab. Indem der Stifter die Möglichkeit der Entlastung entweder ausdrücklich eröffnet oder jedenfalls nicht ausdrücklich ausschließt, hat er dem Kontroll-/Entlastungsorgan die entsprechende Rechtskompetenz (Befugnis) zur Entlastung mit Präklusionswirkung zugewiesen. Die Stiftungsbehörde hat dann nur noch die Einhaltung dieses Rechts aus der Satzung zu überwachen.[76] Schutzlos ist die Stiftung dadurch nicht, denn die Mitglieder des Kontroll-/Entlastungsorgans haften hier bei einem schuldhaft fehlerhaften Beschluss, wie auch sonst bei ihrer Tätigkeit. Das ist gerade der Sinn und Zweck eines Kontrollorgans sowie der Kern seiner ihm vom Stifter zugewiesenen spezifischen Verantwortung.

42 In diesem Sinne sind auch die Sonderregelungen zur eingeschränkten Aufsicht bei Familienstiftungen in verschiedenen Landesstiftungsgesetzen zu verstehen. Hier schlägt, da es nicht um öffentliche (etwa auch gemeinnützigkeitsrechtliche) Aspekte geht, die Privatautonomie des Stifters vollumfänglich durch. Es sind eben keine weiteren Rechtskreise betroffen und von dem Kontrollorgan zu beachten. Würde dieses z.B. bei einem ersichtlichen Verstoß gegen Vorschriften des Gemeinnützigkeitsrechts den Stiftungsvorstand einfach „entlasten", drohte ihm der Regress seitens der Stiftung.

43 **Entlastung bei Treuhandstiftungen**

Rösing fragt auch nach der **Entlastung bei unselbstständigen Stiftungen**.[77] Er kommt dabei zu dem Ergebnis, dass die Entlastung auch auf diesen Stiftungstypus grundsätzlich übertragbar ist und anders als bei der selbstständigen Stiftung mangels Stiftungsaufsicht grundsätzlich ohne Weiteres Präklusionswirkungen entfalten kann.

d) Haftungsbeschränkung durch Satzungsregelungen

44 Nach § 84a Abs. 1 S. 3 BGB kann durch die Satzung auch die Haftung für Pflichtverletzungen von Organmitgliedern beschränkt werden. So kann etwa aufgrund der Satzungsautonomie in der **Stiftungssatzung** für die Organmitglieder der Rückgriff auf Fälle von Vorsatz und grober Fahrlässigkeit beschränkt werden, auch wenn diese die Voraussetzungen des § 31a BGB nicht erfüllen.[78] Umstritten

75 *Rösing*, Die Entlastung im Stiftungsrecht, 2013, S. 64 ff.

76 So auch *Hüttemann*, npoR 2014, 143, 145.

77 *Rösing*, Die Entlastung im Stiftungsrecht, 2013, S. 115 ff.

78 Schauhoff/Mehren/*Kraus*, Stiftungsrecht nach der Reform, 2. Aufl. 2024, Kap. 6 Rn 141 f. Zu dieser Möglichkeit nach dem alten Recht siehe schon *Schwintek*, ZSt 2005, 108, 111 f.

ist bei Stiftungsorganen die dem Vereinsrecht entsprechende Möglichkeit einer weitergehenden satzungsmäßigen Haftungsbeschränkung auf Vorsatz.[79] Dagegen wird angeführt, dass der nicht abdingbare Sorgfaltsmaßstab aus § 84a Abs. 2 S. 1 BGB („ordentlicher Geschäftsführer") dadurch unzulässigerweise konterkariert würde.[80] Aufgrund des Gesetzeswortlauts („durch die Satzung") ist allerdings davon auszugehen, dass ein stillschweigender (konkludenter) Haftungsausschluss nicht (mehr) in Betracht kommt.[81]

45 **Praxishinweis: Vertragliche und faktische Haftungsbeschränkung**

Eine (vertragliche/satzungsmäßige) Haftungsbeschränkung auf grobe Fahrlässigkeit und Vorsatz ist grundsätzlich sinnvoll, weil unangemessen strenge Haftungsregeln die Akteure typischerweise verunsichern und zu einer **„Rückversicherungsmentalität"** führen können, die der Entschlusskraft der Stiftungsorgane und der Stiftungsautonomie abträglich ist. So könnte beispielsweise in dem unternehmerischen Bereich (zu unternehmensverbundenen Stiftungen siehe § 11) die Zusammenarbeit der Organe leiden. Es besteht z.B. die Gefahr, die Besonderheiten in Familienunternehmen nicht hinreichend zu beachten und sich untypischen „Konzernstrukturen" anzunähern. (*„Jeder berichtet vorsorglich an jeden und keiner entscheidet."*)

Nicht verkannt werden darf aber auch, dass eine Haftungsbeschränkung auf Vorsatz und grobe Fahrlässigkeit theoretisch zu einer „lässigen Haltung" des Betreffenden führen kann. Dem kann in der Praxis ggf. dadurch entgegengewirkt werden, dass der Stiftungsberater den Organmitgliedern die fließenden Grenzen von leichter zu grober Fahrlässigkeit und das damit verbundene Risiko verdeutlicht und vor Augen führt.

Ein aus der Wirtschaft bekannter Ansatz zur „Vermeidung von Haftung und Straftaten auf Führungsebene" ist auch der der **Delegation**.[82] Durch Delegation lässt sich ggf. faktisch eine Haftung vermeiden. Den Gedanken des Organisationsverschuldens sowie den des Auswahlverschuldens und die erforderliche Kontrolle[83] sollte der Delegierende allerdings nicht aus den Augen verlieren.

46 Wird von außen, d.h. von Dritten, eine Schadensersatzhaftung eines Organmitgliedes geltend gemacht, kann eine **Haftungsbeschränkung**, der die Stiftung

79 Für die Zulässigkeit wohl BoKo-StiftR/*Uffmann*, § 84a BGB Rn 136; MüKo-BGB/*Weitemeyer*, § 84a Rn 18 (jedenfalls Beschränkung auf Sorgfalt in eigenen Angelegenheiten oder eine Höchstsumme). Vgl. noch zum alten Recht Werner/Saenger/Fischer/*Fischer*, § 20 Rn 72 unter Verweis auf OLG Nürnberg ZStV 2016, 135.

80 Richter/*Godron/Gollan*, § 6 Rn 230.

81 Burgard/*Burgard*, Stiftungsrecht, § 84a Rn 108 ff. unter Hinweis auf die Gesetzgebungshistorie; MüKo-BGB/*Weitemeyer*, § 84a Rn 19.

82 Siehe dazu etwa *Schulze*, NJW 2014, 3484.

83 *Schulze*, NJW 2014, 3484, 3485.

zugestimmt hat, **gegenüber** dem **Dritten nicht** greifen. Zulasten Dritter kann die Stiftung ersichtlich nicht intern eine Haftungsbeschränkung festlegen. Eine solche Haftungsbeschränkung kann sich aber aus dem Verhältnis zwischen dem potenziell haftenden Organmitglied und dem Dritten selbst ergeben.

Im Gegensatz zu der Haftungsbeschränkung, die eine Haftung insoweit gar nicht erst entstehen lässt, bedeutet eine echte „**Haftungsfreistellung**" (im eigentlichen Sinne), dass die an sich haftende Person durch einen anderen von der Haftung freigestellt wird, der die Haftung „übernimmt", d.h. im Innenverhältnis den Schadensersatz für die Außenhaftung gegenüber dem Haftenden finanziell ausgleicht. Ein solches Modell macht jedoch grundsätzlich nur Sinn, wenn entweder nur geringe Schadensbeträge drohen oder der Dritte, der freistellt, über ganz erhebliche freie Mittel verfügt. Letzteres wird tendenziell bei einer Stiftung nicht der Fall sein. Bei geringen Schadensbeträgen ist eine Haftungsfreistellung überflüssig. Das führt uns zur Frage nach Versicherungen. 47

e) D&O-Versicherung

Wegen der verhältnismäßig eingeengten und oft unpraktikablen Haftungsbeschränkungsmöglichkeiten ist auch die Versicherungsdeckung in der Praxis ein wichtiges Thema (D&O-Policen, abgeleitet von directors and officers liability insurance).[84] Für das Organmitglied kann sich daraus sogar ein Freistellungsanspruch gegenüber der Stiftung ergeben; die Stiftung ist aufgrund von § 242 BGB gehalten, sich vorrangig an die Versicherung zu halten.[85] Leider kennt sich noch lange nicht jeder Versicherer mit dem Phänomen Stiftung aus.[86] Hier ist besondere Sorgfalt bei der Auswahl des Versicherers erforderlich. 48

Nach der Stiftungsrechtsreform 2023 ist allerdings umstritten, ob der Abschluss einer D&O-Versicherung für Stiftungsorganmitglieder bei einer extensiven Auslegung als Haftungsbeschränkung i.S.d. § 84a Abs. 1 S. 3 BGB zu beurteilen ist und damit einer entsprechenden Grundlage in der Stiftungssatzung bedarf.[87] Aus unserer Sicht kann eine solche Sichtweise nicht überzeugen. Auch wenn eine D&O-Versicherung für das jeweilige Organmitglied ggf. nach dessen subjektivem Empfinden eine „Haftungserleichterung" darstellt, ändert die Versicherung nichts an den Haftungstatbeständen und -maßstäben als solchen. Tatsächlich ist 49

84 Näher dazu etwa *de Beauregard*, ZStV 2015, 143; *Weiß*, GmbHR 2014, 574; *Sandberg/Magdeburg*, Stiftung & Sponsoring 3/2006, 32; *Kiethe*, BB 2003, 537; zu Nutzen und Nachteilen kontrovers *Schulte*, Die Stiftung 1/2012, 18 einerseits und *Hendricks*, Die Stiftung 2/2012, 20 andererseits. Siehe auch *Nickert/Nickert*, GmbHR 2025, 897 mit einem Überblick zu aktueller Rspr. zum D&O-Versicherungsschutz für GmbH-Geschäftsführer.

85 LG Bonn NJW-RR 1995, 1435 für Vereinsvorstand.

86 Zum Wechsel des Versicherers bei einer D&O-Versicherung *Peiniger*, Stiftung & Sponsoring 6/2011, 32.

87 Siehe dazu etwa BoKo-StiftR/*Uffmann*, § 84a BGB Rn 138 ff.; Richter/*Godron/Gollan*, § 6 Rn 204; jew. m.w.N.

das Eingreifen einer entsprechend solventen Versicherung im Haftungsfall für die Stiftung i.d.R. vorteilhafter. Auch unabhängig davon sollte eine entsprechende klarstellende Satzungsregelung stets in Betracht gezogen werden, um Unwägbarkeiten zu vermeiden.[88]

50 **Praxishinweis: D&O-Versicherung bei Stiftungen**

Ob die Versicherer wirklich passende Angebote für den nicht eben häufigen Spezialfall „Stiftung" unterbreiten können, ist im Einzelfall sehr genau zu prüfen. Nach meinen Erfahrungen sind hier durchaus Zweifel angebracht. Folgende Eckpunkte sind besonders wesentlich:

- Sorgfältig zu prüfen bleiben in jedem Einzelfall der Deckungsumfang der Policen (Versicherungszeitraum, Ausschlüsse, Rückwärtsversicherung, Nachhaftung etc.) sowie die Angemessenheit der Deckungssumme und des etwaigen Selbstbehaltes, der bei den Versicherungen immer beliebter wird (Stichwort „Verhaltenssteuerung"[89]).
- Versicherte Personen sind typischerweise sämtliche Organe.
- Auch grob fahrlässiges Verhalten wird gedeckt, erst bei Vorsatz scheitert die Versicherungslösung.

Ein weiteres praktisches Versicherungsproblem vor allem auch für Ehrenamtler ist der Schutz in der **gesetzlichen Unfallversicherung.**[90]

5. Lösungshinweis zur Fehlverwendung von Stiftungsmitteln und Praxistipp

51 Kommen wir zurück zu dem eingangs vorgestellten Fall aus der Praxis (siehe Rdn 11):

Eine Haftung des Unternehmensberaters durchzusetzen, dürfte schwierig sein – schon weil es an einem schriftlichen Auftrag fehlt, der seine Pflichten konkretisiert. Hinzu kommt im Verhältnis der Stiftung zu ihm ggf. sogar ein überwiegendes Mitverschulden der handelnden Organmitglieder nach § 254 BGB.[91] In dem oben skizzierten Fall haftet das geschäftsführende Vorstandsmitglied nach § 280 Abs. 1 BGB wegen vorsätzlicher Mittelfehlverwendung und Untreue (§ 823 Abs. 2 BGB i.V.m. § 266 StGB). Durch dieses Fehlverhalten ist ein kausaler Schaden in Höhe der entnommenen Summe zuzüglich Zinsen entstanden. Haben wie hier mehrere Vorstandsmitglieder gehandelt, hat jedes pflichtwidrig handelnde Vorstandsmitglied der Stiftung gesamtschuldnerisch für den entstehenden Schaden in voller Höhe zu haften. Untereinander sind die Vorstandsmitglieder zu gleichen Teilen zum Ausgleich verpflichtet. Hier liegen ein fahrlässiges Organisationsverschulden (kein Vieraugenprinzip) und ein Verstoß gegen Aufsichts-

88 Vgl. Richter/*Godron/Gollan*, § 6 Rn 204 a.E.
89 *de Beauregard*, ZStV 2015, 143, 146.
90 Siehe dazu *Balke*, ZStV 2013, 168.
91 Siehe dazu etwa Grüneberg/*Grüneberg*, § 254 Rn 48 ff.

pflichten nahe, da der Jahresabschluss ohne weiteres dem Stiftungsrat vorgelegt wurde. Ähnliches gilt für die Mitglieder des Stiftungsrates. Da gesetzliche oder satzungsmäßige Haftungserleichterungen und -milderungen in dem skizzierten Fall nicht griffen, waren die Organmitglieder gesamtschuldnerisch zum Schadensersatz verpflichtet. Das traf die nur fahrlässig handelnden Personen besonders schwer, weil das Vorstandsmitglied, das vorsätzlich gehandelt hatte, ohne Vermögen war.

Wie ist die Angelegenheit tatsächlich ausgegangen?

Sowohl bei dem geschäftsführenden Vorstandsmitglied als auch bei dem Unternehmensberater war die finanzielle Situation negativ, so dass die Angelegenheit vorerst nicht weiterverfolgt wurde. Damit blieb nur ein Rückgriff auf die übrigen Vorstandsmitglieder. Nach langem Hin- und Her wurde unter Einbindung der Stiftungsaufsicht und mit Hilfe der Gerichte ein Vergleich zwischen der geschädigten Stiftung und besagten Vorstandsmitgliedern geschlossen.

Praxistipp: Haftungsvermeidung 52

In der Praxis hat sich langjährig eine von uns entwickelte generelle Formel zur Haftungsvermeidung bewährt, die sich auch für die Tätigkeit innerhalb von Stiftungen anwenden lässt. Es gibt **vier Grundregeln zur Haftungsvermeidung**, die wir unter einem Schlagwort zusammenfassen: **P-A-S-D**:[92]

Problembewusstsein entwickeln, **a**ufklären, **s**orgfältig arbeiten, **d**okumentieren.

Was bedeutet das im Einzelnen?

Problembewusstsein entwickeln

Die Kenntnis eines Problems ist schon dessen halbe Lösung. Hektik, Überarbeitung, „Betriebsblindheit" aber auch Unerfahrenheit und Unkenntnis können dazu führen, dass Haftungsrisiken, die eigentlich hätten erkannt werden können oder gar müssen, übersehen werden. Gerade in wichtigen Projekten, die regelmäßig unter großem Zeitdruck betrieben werden, ist es deshalb ratsam, sich ab und an eine „Denkpause" zu gönnen und sich potenzielle Probleme zu vergegenwärtigen. Gespräche mit „Kollegen", das „Vier-Augen-Prinzip" und fachliche Beratung helfen dabei. Dabei geht es auch immer um Selbstkontrolle.

Aufklären

Schwachstellen kann man verschweigen oder man kann offensiv damit umgehen. Wie viel Offenheit unter verhandlungstaktischen Gesichtspunkten in der Geschäftswelt angebracht ist, hängt vom Einzelfall ab. Die Praxis zeigt jedoch, dass die Masse aller Auseinandersetzungen auf Kommunikationsmängeln be-

92 Ausf. *Schiffer/v. Schubert*, Haftung, S. 120 ff.

ruhen, die vermeidbar waren. Unter haftungsrechtlichen Gesichtspunkten gilt zum Beispiel der Grundsatz: Was der Vertragspartner vorher gewusst hat, kann er seinem Gegenüber später nicht mehr rechtswirksam vorhalten.

Sorgfältig arbeiten

Haftungsrisiken können durch sorgfältige Arbeit wirkungsvoll minimiert werden. Das klingt nach einer Binsenweisheit. Die Praxis und gerade der oben angesprochene Fall zeigen aber, dass hierauf gar nicht oft genug hingewiesen werden kann. Die Vermeidung eines Haftungsrisikos ist regelmäßig den Mehraufwand für sorgfältige Arbeit wert. Das kann eben bei unklarer Rechtslage auch eine Pflicht bedeuten, fachliche Beratung einzuholen, damit die Vor- und Nachteile in der Sache abgewogen werden können.[93] Wesentlich ist eben auch hier ein „Handeln auf Grundlage angemessener Information".[94]

Dokumentieren

Bei Rechtsstreitigkeiten wegen eines Haftungsfalls geht es entgegen einem weit verbreiteten Vorurteil regelmäßig nicht vorrangig um unterschiedliche Rechtsansichten zu einem feststehenden Sachverhalt, vielmehr streiten sich die Prozessparteien über den Sachverhalt selbst. Sie sehen ihn unterschiedlich oder haben ihn unterschiedlich in Erinnerung. Liegt die Angelegenheit bereits längere Zeit zurück, können sich die Beteiligten an die Details oftmals tatsächlich nicht mehr genau erinnern. Die Prozesspartei, die in der Lage ist, den Vorgang anhand ihrer Aufzeichnungen nachzuvollziehen und zu beweisen, hat bei solchen Auseinandersetzungen einen entscheidenden Vorteil.

Selbst Telefonnotizen und Besprechungsprotokolle der ggf. als Zeugen zu benennenden Mitarbeiter können im Streitfall den Ausschlag geben. Im Idealfall sind alle wesentlichen Punkte in einem Schriftwechsel oder Vertrag dokumentiert. Es kostet beispielsweise wenig Zeit, wenn hin und wieder freundliche Briefe ausgetauscht werden, in denen die wesentlichen Punkte „aktenkundig" gemacht werden. Im Haftungsrecht gilt mehr als in jedem anderen Bereich: „Wer schreibt, der bleibt." Eine Dokumentation kann z.B. auch bei einer ggf. Jahre später erfolgenden Überprüfung von vorangegangenen Vermögensanlagen zeigen, dass die Entscheidung auf der Basis der damals zur Verfügung stehenden Informationen gut begründbar war, auch wenn sie sich später als nicht richtig erweist.[95]

---

93 Generell dazu siehe etwa *Buck-Heeb*, BB 2013, 2247 zur Haftung von Mitgliedern eines Leitungsorgans bei unklarer Rechtslage.

94 Siehe dazu bei der „Managerhaftung" etwa: *Goette*, DStR 2014, 1776 am Beispiel einer Due-Diligence-Prüfung beim Unternehmenskauf. Auch NPOs kaufen übrigens Unternehmen!

95 *Funken*, Stiftung & Sponsoring 3/2012, 18, 19.

Die vier **P-A-S-D-Punkte** sind auch die Grundlage für ein konkretes **Risikomanagement**, ohne das heute zumindest in großen Stiftungen nicht mehr gearbeitet werden sollte.[96]

B. Das Stiftungsvermögen und der „Grundsatz der Vermögenserhaltung"

I. Grundsätzliche und aktuelle Bedeutung für Stiftungen

Eine Stiftung besteht aus ihrem Vermögen. Die Pflicht, das Grundstockvermögen zu erhalten, ist seit jeher **prägend** für Stiftungen. Verbrauchsstiftungen (siehe § 2 Rdn 15 ff.) waren in der Praxis stets die Ausnahme.[97] 53

Früher, d.h. vor dem Inkrafttreten des neuen Stiftungsrechts, existierte im BGB keine ausdrückliche Reglung zum Vermögenserhalt. Die Pflicht zum Vermögenserhalt wurde mittelbar abgeleitet aus der Verpflichtung der Stiftung, ihren Zweck dauernd und nachhaltig zu erfüllen (§ 81 Abs. 2 S. 1 BGB a.F.). Dafür fanden sich in den Landesstiftungsgesetzen ergänzend entsprechende ausdrückliche Regelungen.

Nunmehr ist die Pflicht zum Erhalt des Grundstockvermögens in § 83c S. 1 BGB auf Ebene des **Bundesrechts abschließend** geregelt. Durch diese gesetzliche Regelung hat sich indes nichts daran geändert, dass die Pflicht zum Erhalt des Grundstockvermögens eine spezifische Konsequenz und Ausprägung der Pflicht zur dauernden Erfüllung des Stiftungszwecks ist.[98]

Welchen Inhalt die Pflicht zum Erhalt des Grundstockvermögens im konkreten Einzelfall hat und wie man ihr gerecht wird, ist für die Mitglieder der Stiftungsorgane eine Frage, mit der sie sich stets auseinanderzusetzen haben.[99] Allerdings stellt sie sich in Zeiten hoher Zinsen erkennbar nicht so drängend, wie das in den vergangenen knapp 20 Jahren der Fall gewesen und aktuell noch immer ist. Durch die Krise an den Finanzmärkten der Jahre 2007 und 2008 sowie durch die wirtschaftlichen Erschütterungen aufgrund der Corona-Epidemie und im Zuge des Angriffskrieges Russlands gegen die Ukraine ist der Vermögenserhalt für Stiftungen sehr viel schwieriger geworden. 54

96 Ausf. *Schiffer/v. Schubert*, Haftung, S. 124 ff.

97 Für eine Umkehr der Praxis plädierend *Theisen*, npoR 2026, 1.

98 Vgl. bspw. die Ausführungen im Regierungsentwurf, BT-Drucks 19/28173, 55 f. Zu dem Zusammenhang zwischen Erhaltung des Grundstockvermögens und Verfolgung des Stiftungszwecks prägnant Burgard/*Burgard*, Stiftungsrecht, § 83c Rn 37 ff.

99 Grundlegend *Hüttemann*, in: FG Flume, 1998, S. 59 ff.; *Hüttemann/Schön*, Vermögensverwaltung und Vermögenserhaltung im Stiftungs- und Gemeinnützigkeitsrecht, 2007. Zur Rechtslage vor der Reform und den Haftungsgefahren zudem *Meinecke*, ZStV 2021, 81; *Schiffer/Schürmann*, ZStV 2019, 1.

55 Die Finanzkrise der Jahre 2007 und 2008 hatte zunächst zu Befürchtungen geführt, dass Stiftungen ggf. erhebliche Vermögensverluste erleiden würden. Das war zwar überwiegend nicht der Fall, aber dafür machte vielen Stiftungen die anhaltende **Niedrigzinsphase** deutlich zu schaffen.[100] Anschaulich zeigte sich das am Beispiel der Nobel-Stiftung. Wie man der Tagespresse entnehmen konnte, reduzierte sie im Jahr 2012 das Preisgeld für die von ihr vergebenen Nobelpreise von 10 auf 8 Mio. Kronen, um eine an die Inflation angepasste Rendite für das Kapital der Stiftung auch in Zukunft zu sichern.

56 In Deutschland zeigte sich, dass insbesondere die vielen **kleineren Stiftungen**, die seit Beginn des Jahrtausends im Zuge der damaligen Reformen errichtet wurden, auf Dauer **nicht** mehr nachhaltig **lebensfähig** waren. Das gilt noch heute und schlägt sich u.a. in der hohen Zahl an Zulegungen kleinerer Stiftungen zu größeren Stiftungen nieder, die wir seit Einführung der entsprechenden Regelungen im Bundesrecht durch die Stiftungsrechtsreform beobachten können (siehe § 6 Rdn 61 ff.).

57 *Dipl. Kfm. (FH)Volker Reichardt*, Stiftungsmanager (DSA) und Stiftungsberater (DSA), Düsseldorf: **Verluste im Stiftungskapital, aussitzen oder handeln?**

„Gerade in turbulenten Zeiten zeigt sich vielfach, wie gut Stiftungen mit ihren Geldanlagen gewirtschaftet haben. Einige innovative Stiftungen klagen über Aktienverluste, manche konservative Stiftungen lamentieren über niedrige Zinssätze und die meisten fürchten gar längerfristig um die Realisierung ihrer Stiftungszwecke. Kurzum, viele Verantwortliche im Stiftungssektor sind derzeit sehr verunsichert, was nun zu tun ist.

Aus meiner Beratungspraxis kann ich sagen, dass es keine Patentlösung, aber gute Beispiele und intelligente Konzepte gibt. Manche Förderstiftungen stellen den Kapitalerhalt in den Vordergrund, lösen Rückstellungen auf oder reduzieren vorübergehend die Förderzusagen. Operativ tätige Stiftungen schichten kurzfristige Termingelder in Corporate Bonds oder Mikrofinanzanlagen um. Bei jeder Anlageentscheidung, insbesondere wenn ein Buchwertverlust realisiert wird, ist der Blick in die Stiftungssatzung und (wenn vorhanden) in die Anlagerichtlinien unumgänglich.

---

100 Vgl. *Schiffer/Sommer*, NWB 2010, 3046 ff. Vgl. auch die Ergebnisse einer 2015 von PwC durchgeführten Umfrage bei 208 Stiftungen im Überblick hier: „Niedrige Zinsen belasten Stiftungen stärker als Finanzkrise“, https://www.private-banking-magazin.de/studie-von-pricewaterhouse-coopers-niedrige-zinsen-belasten-stiftungen-staerker-als-finanzkrise-1452765907/ (abgerufen am 16.4.2026).

> Klären Sie Ihre Fragen mit den Experten der Stiftungsaufsicht, der Finanzbehörde, den Vermögensanlageexperten in den Banken und Sparkassen und den beratenden Berufen. Jetzt zeigt sich, wie wichtig die richtigen Anlagerichtlinien sind, um Ihnen und der Stiftung die dringend notwendigen Handlungsräume zu eröffnen.“

II. Die gesetzlichen Regelungen zum Stiftungsvermögen nach §§ 83b, 83c BGB im Überblick

Das BGB enthält seit der Stiftungsrechtsreform in den §§ 83b und 83c BGB zwei 58
grundlegende Regelungen zum Stiftungsvermögen und seiner Verwaltung. Ob diese Regelungen geglückt sind, wird sehr unterschiedlich beurteilt.[101]

Unterschieden wird in § 83b Abs. 1 BGB, wie wir gesehen haben (§ 3 Rdn 81 ff.), zwischen dem zu erhaltenden Grundstockvermögen einerseits und dem grundsätzlich verbrauchbaren sonstigen Vermögen der Stiftung andererseits.

1. Herleitung und Reichweite des Vermögenserhaltungsgrundsatzes

§ 83c BGB hat die Verwaltung des Grundstockvermögens zum Gegenstand und 59
bestimmt in Abs. 1 S. 1 insbesondere die Pflicht, das Grundstockvermögen ungeschmälert zu erhalten. Diese Regelung muss im systematischen gesetzlichen Zusammenhang gesehen werden:

- Voraussetzung für die Anerkennung einer Stiftung ist nach § 82 S. 1 BGB insbesondere, dass die dauernde und nachhaltige Erfüllung des Stiftungszwecks gesichert erscheint.
- Nach § 83c Abs. 1 S. 1 BGB ist das Grundstockvermögen ungeschmälert zu erhalten und
- nach § 83c Abs. 1 S. 2 BGB ist der Stiftungszweck mit den Nutzungen des Grundstockvermögens zu erfüllen.

Das Grundstockvermögen ist mithin **nicht um seiner selbst willen**, sondern zwecks dauernder und nachhaltiger **Erfüllung des Stiftungszwecks** mittels der Nutzungen des Grundstockvermögens zu erhalten. Dieser Zusammenhang zwischen Kapitalerhaltung und Zweckerfüllung begründet den dem Stiftungsrecht immanenten und nun auch im BGB ausformulierten **Vermögenserhaltungs-**

---

101 *Burgard*, ZStV 2023, 159 spricht vom tiefsten „Tiefpunkt des gesetzgeberischen Marianengrabens“ und ist sich sicher, dass die gesetzlichen Regelungen „für viel Verdruss und Beratungsbedarf“ sorgen werden. Zumindest den befürchteten erhöhten Beratungsbedarf allein aufgrund der Neuregelung haben wir bisher noch nicht feststellen können.

grundsatz.[102] Maßgebend für dessen konkreten Inhalt im Einzelfall ist im Rahmen der gesetzlichen Vorgaben der Wille der stiftenden Person,[103] was nach neuem Recht aus § 83 Abs. 2 BGB folgt (siehe eingehend Rdn 92 ff.).

60 Die Pflicht zum Vermögenserhalt gilt aufgrund dieses systematischen Zusammenhangs, was auf den ersten Blick überraschen mag, jedenfalls **sinngemäß** über das Grundstockvermögen hinaus **auch für das verbrauchbare Vermögen** einer Stiftung. Das lässt sich anhand einer Verbrauchsstiftung veranschaulichen. Eine solche Verbrauchsstiftung besitzt kein Grundstockvermögen und § 83c Abs. 1 BGB ist mithin auf sie nicht anwendbar. Bei näherer Betrachtung leuchtet es aber schnell ein, dass auch hier ein Vermögenserhalt und eine Vermögensbewirtschaftung stattfinden müssen, denn auch eine Verbrauchsstiftung muss ihren Zweck – für mindestens zehn Jahre – dauernd und nachhaltig erfüllen (§ 82 S. 2 BGB). Das im jeweiligen Zeitpunkt nicht akut für die Zweckerfüllung benötigte Vermögen der Verbrauchsstiftung muss, damit es im Zeitpunkt der geplanten Verwendung zur Verfügung steht, (mindestens) erhalten und dazu passend verwaltet werden. Ggf. sind im Rahmen des späteren Verbrauchs auch Erträge aus der Verwaltung dieses aktuell nicht benötigten Vermögens bereits fest eingeplant.[104] Letztlich ist es hier die Pflicht der Stiftungsorgane zur Führung der Geschäfte der Stiftung unter Anwendung der **Sorgfalt eines ordentlichen Geschäftsführers** nach § 84 Abs. 2 BGB, aus der sich die Pflicht zum Erhalt und zu einer Ertrag bringenden Anlage des aktuell nicht benötigten Stiftungsvermögens ergibt, auch wenn es sich nicht um Grundstockvermögen handelt.

61 Entsprechendes gilt für das **verbrauchbare Vermögen einer Ewigkeitsstiftung.** Sofern dieses beispielsweise nicht zeitnah für die Zweckerfüllung benötigt wird, muss es, je nach den Umständen des Einzelfalls, werterhaltend und ggf. auch wertmehrend verwaltet werden. Zu denken ist etwa an die nach § 62 AO gebildeten Rücklagen einer gemeinnützigen Stiftung oder an Auflagen der zuwendenden Person. So kommt es in der Praxis durchaus vor, dass „Zustiftungen“ in das verbrauchbare Vermögen einer Stiftung vorgenommen werden. Hierbei handelt es sich wegen der gesetzlichen Definition des Begriffs in § 83b Abs. 2 Nr. 2 BGB als Zuwendungen in das Grundstockvermögen nicht um Zustiftungen in diesem gesetzlichen Sinne, sondern beispielsweise um Zuwendungen mit der Maßgabe, dass der zugewendete Betrag Ertrag bringend angelegt wird, dieser Ertrag für den Stiftungszweck verwendet wird und der zugewendete Betrag selbst erst nach

---

102 Zum Vermögenserhalt nach neuem Recht bspw. *Burgard*, ZStV 2023, 159; *Spiegel*, npoR 2023, 113; *Schienke-Ohletz/Bär*, ZStV 2023, 39, 41 ff. Aus bilanzieller Sicht *Grittern*, npoR 2022, 245. Rechtsvergleichend *Glaser*, Kapitalerhaltungspflicht bei Stiftungen im Rechtsvergleich, 2025.

103 Dazu bereits *Hüttemann*, in: FG Flume, 1998, S. 59 ff.

104 Näher bereits *Schiffer*, StiftungsBrief 2015, 141. Vgl. auch *Hüttemann/Rawert*, Beilage zu ZIP 33/2021, 3, 13; MüKo-BGB/*Weitemeyer*, § 83b Rn 5 f.

einer gewissen Zeit oder bei erhöhtem Finanzbedarf oder nach Eintritt einer bestimmten Bedingung verbraucht werden darf.

Im Rahmen der **Dokumentations- und Rechenschaftspflichten** muss eine Stiftung mithin nicht nur zwischen dem Grundstockvermögen und dem sonstigen Vermögen unterscheiden, sondern auch innerhalb des sonstigen Vermögens können Abgrenzungen entlang der oben skizzierten Linien notwendig werden.[105] 62

2. Das Grundstockvermögen

Zum Grundstockvermögen gehören nach § 83b Abs. 2 BGB 63
- das gewidmete Vermögen (§ 83b Abs. 2 Nr. 1 BGB),
- das der Stiftung zugewendete Vermögen, das vom Zuwendenden dazu bestimmt wurde, Teil des Grundstockvermögens zu werden (Zustiftung, § 83b Abs. 2 Nr. 2 BGB), und
- das Vermögen, das von der Stiftung zu Grundstockvermögen bestimmt wurde (§ 83b Abs. 2 Nr. 3 BGB).

a) Gewidmetes Vermögen

Dasjenige gewidmete Vermögen, das im **Stiftungsgeschäft** nach § 81 Abs. 1 Nr. 2 BGB zur eigenen Verfügung der Stiftung zugesichert ist und nicht verbraucht werden darf, bildet das Grundstockvermögen der Stiftung bei Errichtung. 64

Praxishinweis: „Hybridstiftung“ – Widmung verbrauchbaren Vermögens bei Errichtung

Ergänzend stellt § 83b Abs. 3 BGB klar, dass bei Errichtung der Stiftung ein Teil des gewidmeten Vermögens auch zum Verbrauch bestimmt werden kann. Zum Teil ist hier von einer **Hybridstiftung** die Rede.

Diese Möglichkeit sollte regelmäßig bei Errichtung einer Stiftung genutzt werden, um ihr so Mittel an die Hand zu geben, die für die Tragung der laufenden Kosten und für die Erfüllung des Stiftungszwecks genutzt werden können, solange noch keine oder keine ausreichenden Erträge erwirtschaftet wurden. Insoweit ist die Formulierung in § 83b Abs. 2 Nr. 1 BGB etwas zu weit geraten.

Möglich ist über die Widmung von verbrauchbarem Vermögen zwecks Tragung der „Anlaufkosten“ auch die Widmung eines größeren verbrauchbaren Vermögens, das beispielsweise über einen längeren Zeitraum verbraucht wird. Denkbar ist es auch, dass der Großteil des Vermögens als verbrauchbares Vermögen zugewendet wird, sofern die Stiftung nach Verbrauch allein aus den Nutzungen des dann noch verbleibenden Grundstockvermögens ihren Stiftungszweck dauernd und nachhaltig erfüllen kann.

105 Näher *Burgard*, ZStV 2023, 159; *Spiegel*, npoR 2023, 113; *Grittern*, npoR 2022, 245.

Bedacht werden muss dabei stets, dass der Sonderabzug nach § 10b Abs. 1a EStG für die Zuwendung an eine nach den §§ 51 ff. AO steuerbegünstigte Stiftung nur bei Zuwendungen in deren Grundstockvermögen (= „Vermögensstock“) geltend gemacht werden kann.

b) Zustiftungen

65 Erstmals findet sich nunmehr im BGB eine Definition des bereits zuvor gebräuchlichen Begriffs der Zustiftung. Inhaltlich hat sich im Vergleich zu dem bisherigen Verständnis keine Änderung ergeben.[106] Es handelt sich bei einer Zustiftung um eine **Zuführung von Vermögen in das Grundstockvermögen von außen**, die nicht bereits im Stiftungsgeschäft versprochen wurde, andernfalls handelt es sich um gewidmetes Vermögen nach § 83b Abs. 2 Nr. 1 BGB.[107]

Von der **unselbstständigen Stiftung abgegrenzt** wird die Zustiftung insbesondere durch das Merkmal der Zuwendung in das Grundstockvermögen. Die unselbstständige Stiftung wird gerade nicht Teil des Grundstockvermögens der sie ggf. verwaltenden Stiftung (siehe § 12 Rdn 28).

66 Eine Zustiftung kann zu Lebzeiten oder von Todes wegen erfolgen, und zwar von der stiftenden Person selbst oder auch durch Dritte.

Zivilrechtliche Grundlage der Zustiftung zu Lebzeiten ist ein **Schenkungsversprechen** nach § 516 BGB, das von der aufnehmenden Stiftung angenommen oder auch abgelehnt werden kann (siehe Rdn 68).[108] Die Einordnung als Schenkung folgt aus dem Umstand, dass die Stiftung keine Gegenleistung erbringt. In dem Umfang, in dem eine Gegenleistung erfolgt, kommt eine Umschichtung in Betracht (beispielsweise Verkauf, Tausch, gemischte Schenkung).

Für die Zustiftung zu Lebzeiten greift mithin insbesondere die **Formvorschrift** des § 518 Abs. 1 BGB (notarielle Beurkundung des Versprechens), und die Bewirkung der versprochenen Leistung heilt den Mangel der Form (§ 518 Abs. 2 BGB). Die **Heilung** erfolgt allerdings immer nur in dem Umfang, in dem die Leistung auch bewirkt wurde, was insbesondere bei **zeitlich gestreckten Zuwendungen** von den Beteiligten beachtet werden sollte.[109] Auf eine – ggf. auch schriftlich – zugesicherte, aber nicht notariell beurkundete Zustiftung hat die Stiftung mangels Formwirksamkeit keinen einklagbaren Anspruch.

67 Da eine Zustiftung in das Grundstockvermögen der Stiftung erfolgt, ergibt sich bereits aus diesem Umstand, dass die Schenkung mit der **Auflage** (§ 525 BGB)

---

106 MüKo-BGB/*Weitemeyer*, § 83b Rn 11 m.w.N.

107 BoKo-StiftR/*Fritz*, § 83b BGB Rn 12.

108 Burgard/*Burgard*, Stiftungsrecht, § 83b Rn 33 m.w.N.; A.A. BoKo-StiftR/*Muscheler*, § 81 BGB Rn 139 ff.: „causa sui generis“.

109 Zu einem formunwirksamen Spendenversprechen vgl. BGH, Urt. v. 19.11.2025 – XII ZR 106/23, Rn 29.

verbunden ist, das Geschenkte entsprechend den Vorgaben der Satzung für das Grundstockvermögen zu verwalten. Insbesondere greifen die Pflicht zum ungeschmälerten Erhalt und die Pflicht zur Verwendung der Nutzungen für die Erfüllung des Stiftungszwecks nach § 83c Abs. 1 S. 1 und 2 BGB. Die Pflicht zum Erhalt kann naturgemäß erst mit der Zuwendung greifen, was ggf. durch entsprechenden Ausweis in der **Buchhaltung** dargestellt werden muss.[110]

Weitere Auflagen, die sich im Rahmen der Satzung und der gesetzlichen Vorgaben bewegen – zu denken ist insbesondere auch an das Gemeinnützigkeitsrecht –, sind ebenfalls möglich. So kann eine Zustiftung insbesondere in Form eines **Stiftungsfonds** mit der Auflage erfolgen, dass die Erträge für einen bestimmten Teilzweck der Stiftung verwendet werden müssen, was ebenfalls durch entsprechenden buchhalterischen Ausweis nachgewiesen werden muss (siehe § 2 Rdn 69 ff.).

Schließlich kommt auf Basis einer Zustiftung auch die **Erweiterung der Stiftungszwecke und -projekte** in Betracht.[111] Das setzt voraus, dass durch eine solche Zustiftung ausreichend Vermögen zugeführt wird, dass die Stiftung ihre entsprechend erweiterten Zwecke dauernd und nachhaltig erfüllen kann, also eine entsprechend aktualisierte Lebensfähigkeitsprognose. Die Zustiftung führt dann zu einer wesentlichen Veränderung der Verhältnisse, die eine entsprechende Satzungsänderung nach § 85 Abs. 2 BGB rechtfertigt.

Zuständig für die **Annahme** einer Zustiftung ist grundsätzlich der Vorstand der Stiftung als deren geschäftsführendes Organ (§ 84 Abs. 1 S. 2 BGB). Die Satzung kann dazu weitere und auch abweichende Regelungen enthalten, insbesondere kann in ihr die Befugnis zur Entscheidung über die Annahme auch einem anderen Stiftungsorgan zugewiesen werden. 68

Die Entscheidung über die Annahme steht im **pflichtgemäßen Ermessen** des zuständigen Organs. Auch insoweit können in der Satzung Vorgaben aufgenommen werden. Zwar werden **für die Annahme** einer Zustiftung regelmäßig der damit verbundene Vermögenszuwachs und die daraus folgende Stärkung der Leistungskraft der Stiftung sprechen. Aus den weiteren Umständen kann sich aber ggf. auch das **Recht oder sogar die Pflicht zur Ablehnung** einer angetragenen Zustiftung ergeben. Beispielsweise kann sich aus dem Zweck der Stiftung oder aus näheren Satzungsvorgaben ergeben, dass die Intention der zuwendenden

110 MüKo-BGB/*Weitemeyer*, § 83b Rn 11; BoKo-StiftR/*Fritz*, § 83b BGB Rn 12.

111 Burgard/*Burgard*, Stiftungsrecht, § 83b Rn 35; MüKo-BGB/*Weitemeyer*, § 83b Rn 11, die das auf Basis des alten Rechts noch verneint hatte: *Weitemeyer*, AcP 217 (2017), 431, 485 zur Wallraff-Stiftung. A.A. weiterhin BoKo-StiftR/*Muscheler*, § 81 BGB Rn 140, der nur die in § 83b Abs. 2 Nr. 2 BGB gesetzlich definierte Bestimmung des Vermögens dazu, Teil des Grundstockvermögens zu werden, als zulässig erachtet. Das passt aus unserer Sicht nicht, denn die gesetzliche Regelung ist nur der Mindestinhalt der Auflage, der sie zur Zustiftung macht, nicht aber auch eine Begrenzung hinsichtlich weiterer Auflagen.

Person gegen die Annahme der Zuwendung spricht, etwa die Zustiftung eines Waffenherstellers an eine pazifistisch ausgerichtete Stiftung. Zu denken ist beispielsweise auch an die Zuwendung einer belasteten oder stark renovierungsbedürftigen Immobilie, deren Annahme die Stiftung und ihr Vermögen zu stark belasten würde.

Die Stiftungsaufsicht ist für die Entscheidung über die Annahme nur dann mittelbar zuständig, wenn die Annahme mit einer Satzungsänderung einhergeht (siehe Rdn 67). Im Übrigen kann sie nur über die ihr zur Verfügung stehenden Aufsichtsmittel tätig werden, wenn die Annahme einer Zustiftung beispielsweise dem historischen Willen der stiftenden Person widersprechen sollte.

c) Von der Stiftung zu Grundstockvermögen bestimmtes Vermögen

69 Die Stiftungsorgane können gem. § 85 Abs. 2 Nr. 3 BGB nach **pflichtgemäßem Ermessen** auch darüber entscheiden, ob sie nicht von vornherein dazu bestimmte und auch nicht durch entsprechende Maßgaben anderweitig gebundene Zuwendungen Dritter sowie Erträge aus der Verwaltung des Grundstockvermögens zu neuem Grundstockvermögen bestimmen wollen.[112]

Grenzen sind hier insbesondere gesetzt durch die stiftungs- und ggf. auch gemeinnützigkeitsrechtliche Pflicht zur Erfüllung des Stiftungszwecks. Gemeinnützigkeitsrechtlich greift hier vor allem das Gebot der zeitnahen Mittelverwendung nach § 55 Abs. 1 Nr. 5 AO (dazu § 9 Rdn 71 ff.). Eine unbegrenzte „Admassierung“ ist aber auch in privatnützigen Stiftungen unzulässig, wenn sie zulasten der Zweckerfüllung entsprechend dem Willen der stiftenden Person geht.

70 Die praktisch bedeutsamsten **Anwendungsfälle** dieser Regelung sind

- die Zuführung freier Rücklagen nach § 62 Abs. 1 Nr. 5 S. 1 Alt. 1 AO zum Grundstockvermögen,
- die in § 62 Abs. 4 AO eröffnete Möglichkeit für steuerbegünstigte Stiftungen, Überschüsse aus der Vermögensverwaltung und die Gewinne aus wirtschaftlichen Geschäftsbetrieben dem Grundstockvermögen zuzuführen, und
- die Zuführung von Umschichtungs- oder Kapitalerhaltungsrücklagen zum Grundstockvermögen.

Die Regelung des § 83b Abs. 2 Nr. 3 BGB ist insbesondere im letztgenannten Fall im Zusammenhang mit § 83c Abs. 1 S. 3 BGB zu lesen:[113] Die Stiftungsorgane können im Rahmen der Vorgaben des Vermögenserhaltungsgrundsatzes darüber entscheiden, ob Umschichtungsgewinne für die Zweckverwirklichung oder den Erhalt oder die Stärkung des Grundstockvermögens verwendet werden.

---

112 Zum Ganzen etwa BoKo-StiftR/*Fritz*, § 83b BGB Rn 23 ff.

113 BoKo-StiftR/*Fritz*, § 83b BGB Rn 25.

3. Das sonstige Vermögen

Zu dem sonstigen Vermögen einer Stiftung gehören alle Vermögensgegenstände, die nicht Grundstockvermögen sind.[114] Das umfasst insbesondere[115] 71
- das bei Errichtung zum Verbrauch bestimmte gewidmete Vermögen nach § 83b Abs. 3 BGB,
- die Nutzungen (vgl. § 100 BGB), also insbesondere die Erträge, sowohl des Grundstockvermögens als auch des sonstigen Vermögens,
- Gewinne sowohl aus der Umschichtung des Grundstockvermögens als auch aus der des sonstigen Vermögens, sofern sie verbraucht werden dürfen,
- das nach § 83c Abs. 2 oder Abs. 3 BGB später zum Verbrauch bestimmte Grundstockvermögen und
- alle sonstigen Zuwendungen oder Erträge, soweit sie nicht für das Grundstockvermögen bestimmt sind oder diesem beispielsweise wegen Surrogation zuzuordnen sind.

Sofern das sonstige Vermögen nicht zeitnah für die Verwirklichung des Stiftungszwecks einzusetzen ist, unterliegt es zwar nicht dem gesetzlichen Vermögenserhaltungsgrundsatz nach § 83c Abs. 1 S. 1 BGB, aber es muss von dem zuständigen Stiftungsorgan gleichwohl entsprechend der Sorgfalt eines ordentlichen Geschäftsführers verwaltet werden (§ 84a Abs. 2 S. 1 BGB, vgl. Rdn 20).

4. Pflichten nach § 83 Abs. 4 BGB

Ergänzend zu den bisher behandelten Regelungen des § 83b BGB formuliert dessen Abs. 4 **zwei Pflichten** für die Verwaltung des Stiftungsvermögens: 72
- Das Stiftungsvermögen ist getrennt von fremdem Vermögen zu verwalten (§ 83b Abs. 4 S. 1 BGB).
- Mit dem Stiftungsvermögen darf nur der Stiftungszweck erfüllt werden (§ 83b Abs. 4 S. 2 BGB).

Es handelt sich auf den ersten Blick um zwei selbstevidente Regelungen, doch lohnt sich näheres Hinsehen:

Da in § 83b Abs. 4 S. 1 BGB allgemein vom „Stiftungsvermögen" die Rede ist und nicht allein vom „Grundstockvermögen", gilt die Anordnung zur Trennung von fremdem Vermögen sowohl für das Grundstockvermögen als auch für das sonstige Vermögen. Aus dem Trennungsgebot folgt beispielsweise, so der Gesetzgeber, dass für die Stiftung **eigene Bankkonten** geführt werden müssen.[116] Es muss immer klar erkennbar sein, was das Stiftungsvermögen ist, so dass insbesondere auch jede Art von Vermengung und Vermischung mit fremdem Vermögen unzulässig ist.

---

114 BT-Drucks 19/28173, 53.

115 Burgard/*Burgard*, Stiftungsrecht, § 83b Rn 24; MüKo-BGB/*Weitemeyer*, § 83b Rn 4.

116 BT-Drucks 19/28173, 55.

Für von der Stiftung treuhänderisch verwaltetes Vermögen, also insbesondere für Treuhandstiftungen unter ihrer Trägerschaft (vgl. § 12), findet sich keine ausdrückliche Regelung und auch keine nähere Erläuterung in den Gesetzgebungsmaterialien. Allerdings sollte solches treuhänderisch gehaltenes Vermögen zumindest buchhalterisch gesondert geführt werden,[117] um beispielsweise die Anerkennung als eigenes Steuersubjekt nach § 1 Abs. 1 Nr. 5 KStG nicht zu gefährden. Besser noch ist aber eine echte Trennung. Solche Pflichten zur (wirtschaftlichen und) buchhalterischen Trennung vom (eigentlichen) Stiftungsvermögen werden sinnvollerweise ausdrücklich in der Vereinbarung festgehalten, die der Errichtung einer Treuhandstiftung zugrunde liegt (siehe § 12 Rdn 41 ff.).

73 In § 83b Abs. 4 S. 2 BGB wird noch einmal klargestellt, „*dass das Stiftungsvermögen nur zur Erfüllung des Stiftungszwecks verwendet werden darf*", wie es die Gesetzesbegründung umschreibt. Gemeint ist damit nicht, dass jeder Cent des verbrauchbaren Stiftungsvermögens unmittelbar für die Zweckerfüllung ausgegeben werden muss. So sind beispielsweise bei entsprechenden Satzungsregelungen selbstverständlich auch Auslagenerstattungen und Vergütungen für Vorstandsmitglieder zulässig oder Ausgaben für Büroräume und -ausstattung. Diese Ausgaben müssen aber eben letztlich der Erfüllung des Stiftungszwecks dienen. Die Regelung in § 83b Abs. 4 S. 2 BGB ist also in gewisser Weise vergleichbar mit der Regelung des § 55 AO zur Selbstlosigkeit steuerbegünstigter Stiftungen.

III. Die Pflicht zum ungeschmälerten Erhalt des Grundstockvermögens nach § 83c Abs. 1 S. 1 BGB

1. Eine grundsätzliche Überlegung vorab

74 Angesichts der zentralen Bedeutung des Vermögenserhaltungsgrundsatzes für die Existenz einer Stiftung fällt die gesetzliche Regelung in § 83c Abs. 1 S. 1 BGB bemerkenswert kurz aus: „*Das Grundstockvermögen ist ungeschmälert zu erhalten.*"

Das ist als Anwendungs- und Umsetzungshilfe für die Praxis ersichtlich wenig hilfreich. Hilfreicher sind da schon eher die Ausführungen im Rahmen des Gesetzgebungsverfahren, worauf sogleich näher einzugehen sein wird (Rdn 76 ff.). Angesichts des sehr kurz geratenen Gesetzestextes möchten wir aber vorab die Frage in den Raum stellen, ob uns nicht auch eine kurze Rückbesinnung auf überliefertes Menschheitswissen weiterhelfen kann, wenn wir die Frage beantworten wollen, wie mit dem Grundstockvermögen einer Stiftung umzugehen ist.

75 **Praxishinweis: Vermögensanlage nach einem Gleichnis aus der Bibel?**

Trauen wir uns, einmal ganz grundsätzlich zu werden, und betrachten das Bibel-Gleichnis vom anvertrauten Geld (**Matthäus, Kapitel 25**, Vers 14–30).

117 Vgl. *Hüttemann/Rawert*, Beilage zu ZIP 33/2021, 14.

Da finden Sie jahrtausendealte Erfahrungen – und ehrlich gesagt, sie überzeugen noch immer. Lesen Sie einmal selbst! Für diejenigen, die gerade keine Bibel zur Hand haben, fassen wir es gerne übersetzend wie folgt zusammen:

Ein (Kauf-)Mann (ein Stifter) ging auf Reisen und rief vorher seine Diener (Stiftungsberater) zu sich und vertraute ihnen sein Vermögen an. Dem einen Diener gab er fünf Talente Silbergeld (man lese, um die Phantasie anzuregen, z.B. 555 Mio. EUR), dem anderen Diener gab er zwei und dem dritten Diener gab er nur ein Talent Silbergeld. Er gab jedem Diener nach dessen Fähigkeiten und trat seine Reise an.

Sofort begann der Diener, der den größten Betrag erhalten hatte, mit dem Vermögen zu wirtschaften, und verdoppelte es. Der Diener, der das zweitgrößte Vermögen erhalten hatte, verdoppelte dieses Vermögen ebenfalls. Nur der Diener, der nur ein Talent erhalten hatte, ging und grub ein Loch in die Erde und versteckte das ihm gegebene Geld.

Nach seiner langen Reise kehrte der Mann zurück und verlangte Rechenschaft von seinen Dienern. Den Diener, der fünf Talente erhalten hatte, lobte der Mann als tüchtigen und treuen Diener und beförderte ihn. Den, der zwei Talente erhalten hatte, lobte und beförderte er ebenfalls. Der Diener, der das eine Talent erhalten hatte, gab dieses zurück und entschuldigte sich damit, dass er Angst vor seinem strengen Herrn gehabt und deshalb das Geld vergraben habe. Diesem Diener warf der Mann vor, er sei ein schlechter und fauler Diener! Er hätte doch das Geld wenigstens auf die Bank bringen können, um Zinsen zurückzuerhalten. Er warf diesen Diener hinaus.

Kommentar:

Dieses Gleichnis beleuchtet sehr plastisch auch die Vermögenserhaltung und Vermögensanlage jedenfalls im typischen Fall bei einer Stiftung. Unser Fazit dazu lautet:

Vergraben allein genügt nicht – und zwar auch nicht bei einer „strengen" (sprich: ängstlichen) Stiftungsaufsicht. Das heißt in der Übersetzung:

Die Zeiten, in denen die Stiftungsorgane mit einer „mündelsicheren" Anlage auf der sicheren, haftungsfreien Seite waren, sind längst vorbei. Mündelsicherheit wird nicht gefordert, wie wir sehen werden auch nicht vom Bundesgesetzgeber. Der Stifterwille ist die grundlegende Vorgabe, von der ausgehend die Stiftungsorganmitglieder über die Anlage des Stiftungsvermögens entscheiden müssen. Im Einzelfall droht auch hier bei einer schuldhaft falschen Anlageentscheidung die Haftung der betreffenden Organmitglieder.

2. Was ist unter der ungeschmälerten Erhaltung des Grundstockvermögens zu verstehen?

76 Das vorausgeschickt, betrachten wir im Folgenden näher, was sich der Gesetzgeber bei der Schaffung der aktuellen rechtlichen Regelungen gedacht hat und was unter der ungeschmälerten Erhaltung des Grundstockvermögens zu verstehen ist.[118]

a) Die gesetzgeberische Grundkonzeption

77 Festzuhalten ist insoweit zunächst, dass gerade **kein bestimmtes Werterhaltungskonzept** festgeschrieben worden ist, insbesondere auch kein Gebot zur gegenständlichen Erhaltung des Grundstockvermögens. In der Gesetzesbegründung wird vielmehr erfreulich differenziert darauf hingewiesen, dass es auf den **Einzelfall der konkreten Stiftung** ankommt und dabei insbesondere auf

- den Stiftungszweck und die Art und Weise der Zweckverwirklichung,
- die konkrete Zusammensetzung des Grundstockvermögens,
- die Frage, ob der Stiftungszweck aus den Erträgen des Grundstockvermögens und/oder mit Hilfe der konkreten Vermögensgegenstände selbst verwirklicht wird, sowie
- die konkreten Vorgaben des Stifters und seinen Stifterwillen.

78 Im Kern muss das Stiftungsvermögen **als Mittel zur Zweckverwirklichung** ungeschmälert erhalten bleiben, und zwar so, dass die dauernde und nachhaltige Verwirklichung des Stiftungszwecks gesichert ist und gesichert bleibt. Das folgt nicht zuletzt aus § 83c Abs. 1 S. 2 BGB, wonach der Stiftungszweck *„mit den Nutzungen des Grundstockvermögens zu erfüllen“* ist.

Zu Recht enthält die Gesetzesbegründung deshalb den Hinweis, es könne nicht pauschal auf eine nominale oder reale Werterhaltung abgestellt werden. Beispielsweise sei bereits fraglich, was im konkreten Fall jeweils unter „Wert“ zu verstehen sei. In Frage kommen mithin mit Blick auf das konkrete Stiftungsvermögen und den konkreten Stiftungszweck verschiedene Werterhaltungskonzepte, die wir im Folgenden zumindest skizzieren wollen.

b) Insbesondere bei Kapitalstiftungen: Nominaler oder realer Werterhalt?

79 Vor allem insoweit das Grundstockvermögen einer Stiftung aus Barmitteln besteht, stellt sich in der Praxis regelmäßig die auch im Rahmen der Gesetzgebung aufgeworfene Frage, ob es genügt, wenn die Stiftungsorgane den nominalen Wert dieser Barmittel erhalten oder ob sie zum Erhalt der Kaufkraft, mithin des realen Werts des Grundstockvermögens, verpflichtet sind. Im Rahmen der Gesetzge-

118 BT-Drucks 19/28173, 56 f.; vgl. dort zum Folgenden sowie auch schon *Schiffer/Pruns/Schürmann*, Die Reform des Stiftungsrechts, 2022, § 7 Rn 18 ff.

bung wurde diese Frage, wie wir soeben (Rdn 77) gesehen haben, nicht abschließend beantwortet.

Zum Teil wird der nominale Erhalt des Grundstockvermögens aber zumindest als eine Art Mindestvoraussetzung im Rahmen der Rechnungslegung von Stiftungen betrachtet, falls sich aus der Satzung oder dem Willen der stiftenden Person keine konkreteren Vorgaben ergeben.[119]

Genügt ein nominaler Werterhalt aber auch, um die gesetzlichen Anforderungen 80
zu erfüllen? Er scheint als gesetzliche Vorgabe zumindest auf den ersten Blick schon allein deshalb auszuscheiden, weil es sich eben gerade nicht um einen realen Werterhalt handelt und ein nominaler Werterhalt damit auf Dauer zu einer **realen Minderung des Stiftungsvermögens** führt und die *„Leistungsfähigkeit der Stiftung unter den Inflationsverlusten zu zerbröseln droht"*, wie es *Weitemeyer* plastisch ausdrückt.[120]

Gleichwohl beobachten wir in der Praxis weiterhin, dass **Stiftungsbehörden** auch solche Stiftungen anerkennen, in deren Satzungen der Vermögenserhalt sogar ausdrücklich als Erhalt des nominalen Wertes des Grundstockvermögens definiert ist. Dabei mag ein die Anerkennung begünstigender Faktor im Einzelfall die Größe des Stiftungsvermögens sein, denn die von *Weitemeyer* angesprochene „Zerbröselung" der Leistungsfähigkeit der Stiftung ist bei einem Grundstockvermögen in Höhe von beispielsweise 10 Mio. EUR nicht so offensichtlich wie beispielsweise bei einer Stiftung, die vor 20 Jahren mit einem Grundstockvermögen in Höhe von nur 250.000 EUR errichtet wurde.

Und auch in einem mit dem letztgenannten Fall vergleichbaren Sachverhalt hat jüngst das **VG Köln** mit einer beachtlichen Selbstverständlichkeit ausgeführt, dass eine Pflicht zum realen Werterhalt nicht besteht, wenn in der Satzung nichts Entsprechendes vorgegeben ist, denn *„die gesetzlichen Regelungen auf Bundes- wie auch Landesebene"* geben nicht vor, *„inwiefern ein nominaler oder realer Werterhalt gewollt ist"*, und auch der Umstand, dass eine Stiftung gemeinnützig ist, soll, so das Gericht, nicht zu einem anderen Befund führen.[121]

Richtig ist an den soeben zitierten Ausführungen des VG Köln jedenfalls, dass 81
im Rahmen der Gesetzgebung einer verbindlichen gesetzlichen Festlegung auf einen realen Werterhalt eine Absage erteilt wurde (Rdn 77).[122] Auch aus dem Gemeinnützigkeitsrecht folgt eine solche Pflicht nicht.

---

119 *Freidank*, DStR 2025, 730, 733; IDW RS FAB 5.

120 MüKo-BGB/*Weitemeyer*, § 83c Rn 9 m.w.N. Vgl. auch schon *Hüttemann/Schön*, Vermögensverwaltung und Vermögenserhaltung im Stiftungs- und Gemeinnützigkeitsrecht, 2007, S. 19 ff.

121 VG Köln, Urt. v. 12.6.2025 – 4 K 514/24, Rn 68, abrufbar unter https://nrwe.justiz.nrw.de/ovgs/vg_koeln/j2025/4_K_514_24_Urteil_20250612.html (abgerufen am 16.4.2026).

122 Vgl. auch BoKo-StiftR/*Fritz/Werner*, § 83c BGB Rn 3.

Eine Erhaltung des Grundstockvermögens unter durchgehendem Ausgleich der inflationsbedingten Geldentwertung kann insbesondere dazu führen, dass die Erfüllung des Stiftungszwecks über längere Zeitabschnitte zurückstehen muss, was aber im Konflikt mit der Verpflichtung zur dauernden und nachhaltigen Zweckerfüllung stünde.[123] Zudem stellt sich auch die Frage, welche Anlagemöglichkeiten einer Stiftung zu einem bestimmten Zeitpunkt oder in einer bestimmten Zeitperiode tatsächlich zur Verfügung stehen und mit welchen Risiken diese verbunden sind. Eine Verpflichtung, stets den realen Wert des Grundstockvermögens zu erhalten, kann hier bei zu risikoreichen, aber ertragreichen Anlagen in Konflikt treten mit der Pflicht, das Grundstockvermögen nicht zu verbrauchen.[124]

Im BGB ist nach dem im Gesetzgebungsverfahren zum Ausdruck gebrachten Willen mithin **weder ein nominaler noch ein realer Werterhalt verbindlich vorgeschrieben.**[125] Vielmehr ist durch die gesetzlichen Regelungen zum Erhalt des Grundstockvermögens einerseits und der Erfüllung des Stiftungszwecks mit den Nutzungen des Grundstockvermögens ein Korridor eröffnet, den es im Einzelfall auszufüllen gilt.

c) Erhalt der Leistungs- und Ertragskraft des Grundstockvermögens

82 Für die Ausfüllung des so eröffneten Handlungs- und Wertungskorridors ist anstelle der (ausschließlichen) Orientierung an einem nominalen oder realen Werterhalt nach der Gesetzesbegründung zu § 83c Abs. 1 S. 1 BGB eine Orientierung an der dienenden Funktion des Grundstockvermögens angezeigt.[126]

Wird der Stiftungszweck vor allem mittels der Erträge aus der Verwaltung des Grundstockvermögens verwirklicht, so wie es insbesondere bei Kapitalstiftungen der Fall ist, und kommt es deshalb nicht so sehr auf die konkreten Vermögensgegenstände als solche an, so ist Zweck der Vermögenserhaltung vor allem der **Erhalt der Ertragskraft** des Grundstockvermögens. Deshalb sind beispielsweise auch Umschichtungen grundsätzlich erlaubt (siehe Rdn 127 ff.).

Unter der Geltung des neuen Stiftungsrechts hat sich insoweit die Auffassung durchgesetzt, dass, sollte sich aus der Satzung und dem historischen Willen der stiftenden Person bei Errichtung der Stiftung nichts anderes ergeben (siehe Rdn 92 ff.), grundsätzlich der Erhalt der Leistungskraft des Grundstockvermö-

123 *Hüttemann/Rawert*, Beilage zu ZIP 33/2021, 3, 16.

124 BT-Drucks 19/28173, 57.

125 BT-Drucks19/31118, 7; *Burgard*, ZStV 2023, 159, 167; BoKo-StiftR/*Fritz/Werner*, § 83c BGB Rn 3.

126 BoKo-StiftR/*Fritz/Werner*, § 83c BGB Rn 4; zuvor schon *Schiffer/Schürmann*, ZStV 2019, 1, 5 m.w.N.

gens für die Erfüllung des Stiftungszwecks maßgebliches Ziel der Stiftungsorgane bei der Verwaltung des Grundstockvermögens ist.[127]

Über die mit Kapital ausgestatteten Stiftungen wird diese Betrachtungsweise auch besonders dann relevant, wenn das Grundstockvermögen aus bestimmten Gegenständen besteht, deren Bewirtschaftung Ertrag für die Erfüllung des Stiftungszwecks erbringen soll. Zu denken ist beispielsweise an Immobilien oder auch an Anteile an einem Unternehmen. Für die Erfüllung des Stiftungszwecks ist es vor allem von Bedeutung, dass die erwirtschafteten Erträge mit einer gewissen Sicherheit in einer gewissen Mindesthöhe fließen. Insoweit ist es zunächst nicht weiter von Bedeutung, wenn der Verkehrswert der Immobilien oder Unternehmensbeteiligungen fluktuiert – auch wenn dieser natürlich maßgeblich vom Ertragswert beeinflusst wird. Vermietete Immobilien im Grundstockvermögen einer Stiftung, deren Zweck u.a. mit den Mieteinnahmen erfüllt wird, müssen dementsprechend nicht um ihrer selbst willen oder zur Erhaltung ihres Verkehrswerts instandgehalten werden, sondern damit sie weiter wie gewohnt Mieteinnahmen generieren.

Hier kann die Veräußerung des konkreten Vermögensgegenstandes notwendig werden, wenn durch nicht beeinflussbare oder auch nicht mehr umkehrbare Umstände der Ertrag aus der Bewirtschaftung nicht mehr in gleicher Weise fließt wie bisher.

Marcus Metz, Zert. Stiftungsberater (DSA): **Werterhaltung** 83
Metz, leider viel zu früh verstorben, hat zu diesem Punkt treffend zusammengefasst:
„Stiftungen als unverzichtbarer Bestandteil unserer Volkswirtschaft erleben eine Renaissance. Dazu haben sie das Stiftungsgrundstockvermögen zu erhalten. Nur so können sie nachhaltig Ausschüttungen an ihre Destinatäre sichern. Sind Stiftungen als vitale und belebende Instrumente nicht ein exzellentes Vehikel, um über Generationen hinweg Vermögen zu konservieren und Mehrwerte, auch zugunsten der Gesellschaft, zu generieren?
Im Rahmen der strategischen Ausrichtung sollten verschiedene Positionen periodisch überprüft und ggf. justiert werden:

- konservative Streuung der einzelnen Anlagebausteine im Zins- und Sachwertsegment (Festgelder, Anleihen, offene und geschlossene garantierte Fonds etc.)
- regelmäßige Überprüfung und stetige Risikobewertung der Anlagestruktur
- Controlling der Duration (gewichtete Kapitalbindungsdauer) und der Liquiditätsströme, um mittel- und langfristig Chancen zu erkennen und Zyklen zu nutzen

127 *Burgard*, ZStV 2023, 159, 166 f.; MüKo-BGB/*Weitemeyer*, § 83c Rn 8; BoKo-StiftR/*Fritz/Werner*, § 83c BGB Rn 4; *Schiffer/Pruns/Schürmann*, Die Reform des Stiftungsrechts, 2022, § 7 Rn 19.

- Einbringen von marktneutralen Positionen mit geringer Korrelation zu den Märkten (Marktdelta)
- Kostensensitivität
- Kommunikation der Stiftungstätigkeit und Medienpräsenz, um das Volumen der Stiftung auch durch Zustiftungen zu erhöhen.

Aktives Stiftungsmanagement ist ein herausfordernder Prozess. Durch regelmäßige bilaterale Gespräche zwischen externen Beratern, Stiftungsvorstand, Kuratorium, Presse wird meist schon mittelfristig die gewünschte Transparenz und die langfristige Sicherung der regelmäßigen Ausschüttung gewährleistet und meist gar verbessert."

d) Erhalt des Gebrauchswerts

84 Werden bestimmte Vermögensgegenstände und die aus ihnen gezogenen (speziellen) Nutzungen zur Zweckverwirklichung eingesetzt, so kommt es nach der Wortwahl in der Gesetzesbegründung auf den konkreten **Gebrauchswert des jeweiligen Vermögensgegenstandes** an.[128] Geht es etwa bei der Erfüllung des Stiftungszwecks um die konkrete Nutzung einer bestimmten Immobilie oder eines bestimmten Gebäudes zur Zweckerfüllung, beispielsweise um ein Museumsgebäude oder um ein unter Denkmalschutz stehendes Gebäude, sind etwaige wirtschaftliche Wertschwankungen für die Erfüllung des Stiftungszwecks nicht oder kaum von Interesse, jedenfalls aber nicht so sehr wie der **substanzielle Erhalt** und der weitere Gebrauch des Gebäudes entsprechend dem Stiftungszweck. Hier zeigt sich die spezifische Verknüpfung von Vermögenserhalt, Stiftungszweck und Wille der stiftenden Person auf besonders anschauliche Art und Weise.

e) Ein Zwischenfazit

85 Ausgehend von der Erkenntnis, dass der Erhalt des Grundstockvermögens mit Blick auf die Erfüllung des Stiftungszwecks gemäß dem **Willen der stiftenden Person** eine dienende Funktion einnimmt, treten nominaler und realer Werterhalt als Maßstäbe für die Erhaltung des Grundstockvermögens zwar nicht ganz in den Hintergrund, aber zumindest in die zweite Reihe. Ausgangspunkt der Betrachtung ist stattdessen der **Erhalt der Ertrags- und Leistungsfähigkeit des Grundstockvermögens** zwecks dauernder und nachhaltiger Erfüllung des Stiftungszwecks.

Bei der Erfüllung des Stiftungszwecks durch die unmittelbare Nutzung bestimmter zum Grundstockvermögen gehörender Gegenstände verdeutlicht sich das besonders anschaulich: Ein nominaler oder realer Werterhalt ist für die Erfüllung des Stiftungszwecks unerheblich, allein der Erhalt des von der stiftenden Person

128 MüKo-BGB/*Weitemeyer*, § 83c Rn 12 und BoKo-StiftR/*Fritz/Werner*, § 83c BGB Rn 2 sprechen insoweit von Anstaltstiftungen.

für die Erfüllung des Stiftungszwecks intendierten Gebrauchswerts ist ausschlaggebend.

Besteht das Vermögen aus Gegenständen, mit denen Erträge erwirtschaftet werden sollen, ist es der Ertragswert, der die Leistungskraft des Grundstockvermögens anzeigt.

Nominaler und realer Werterhalt sind aber, wie wir gesehen haben, nicht ohne 86
jede Bedeutung. So wird der reale Werterhalt gerade bei Kapitalstiftungen zwar regelmäßig notwendig sein, um den Ertragswert und damit die Leistungskraft der Stiftung auf Dauer erhalten zu können. Gleichzeitig wird der nominale Werterhalt aber in der Praxis als eine Art Mindestvoraussetzung für den Werterhalt betrachtet und bspw. von manch einer Stiftungsbehörde als ausreichend zur Einhaltung der gesetzlichen Vorgaben akzeptiert. Im Übrigen erfüllt er unabhängig von dieser Sichtweise eine Orientierungsfunktion: Ist noch nicht einmal der nominale Werterhalt möglich, besteht akuter Handlungs- und ggf. auch Rechtfertigungsbedarf.

Schließlich kann die **stiftende Person** sich bei der Errichtung der Stiftung an diesen verschiedenen Werterhaltungskonzepten orientieren und sie gemäß ihrem **Willen** im Rahmen der gesetzlichen Vorgaben zur Grundlage des **Vermögenserhaltungskonzepts** der Stiftung bestimmen, worauf wir weiter unten noch näher eingehen werden (siehe Rdn 105 ff.).

f) Der Faktor Zeit

Oft unterschätzt oder nur in einem Nebensatz bedacht wird die zeitliche Dimen- 87
sion bei der Beantwortung der Fragen nach der Vermögenserhaltung. Tatsächlich ist der an der Leistungsfähigkeit des Grundstockvermögens für die Zweckerfüllung orientierte Wert des Grundstockvermögens aber nicht statisch, und er entwickelt sich offensichtlich auch nicht ausschließlich nach oben oder unten. Vielmehr wird er in bestimmten Zeitabschnitten regelmäßig **um einen durchschnittlichen Wert herum oszillieren**. Eine auf einen einzigen bestimmten Zeitpunkt verengte Betrachtung muss deshalb zwangsläufig fehlgehen.[129]

Es stellt sich dann aber insbesondere die Frage, welche **Zeit- und Bezugspunkte** 88
für die Überprüfung des Werterhalts maßgeblich sind. Das wird sowohl bei kurzfristigen Wertschwankungen relevant als auch bei älteren, teilweise seit Jahrzehnten oder gar Jahrhunderten bestehenden Stiftungen, bei denen sich mit der Zeit die Frage stellen kann, ob vergangene Bewertungen noch ausschlaggebend oder vergangene Werte überhaupt noch feststellbar sind.[130]

Bei einer neu errichteten Kapitalstiftung wird sich beispielsweise die Frage stellen, ob Ausgangspunkt der Bewertung und damit Maßstab für den Vermögenserhalt

129 Anschaulich BoKo-StiftR/*Fritz/Werner*, § 83c BGB Rn 10.
130 Auch hierzu BoKo-StiftR/*Fritz/Werner*, § 83c BGB Rn 10.

die Leistungskraft des Grundstockvermögens im **Jahr der Errichtung** ist[131] **oder** eher der durchschnittliche Wert der Leistungskraft in den **ersten drei oder fünf Jahren** der Existenz der Stiftung. Letzteres kommt insbesondere dann in Betracht, wenn im Jahr der Errichtung das Ergebnis der Bewirtschaftung besonders gut oder schlecht ausgefallen ist, es sich also um ein „Ausreißer-Jahr" handelt. Insoweit kann und sollte die stiftende Person bereits in der Satzung die Grundlagen für eine von der Fixierung auf das einzelne Jahr abweichende und stattdessen mehrere Jahre in den Blick nehmende rollierende Betrachtungsweise legen. Das kann dann von den Stiftungsorganen durch entsprechende Anlagerichtlinien (siehe Rdn 119 ff.) weiter konkretisiert werden.[132]

89 Bei späteren Zuwächsen zum Stiftungsvermögen, insbesondere bei Zustiftungen, kommt es für die Bewertung grundsätzlich auf den Zeitpunkt des Zuwachses an.[133]

90 Allgemeingültige Antworten gibt es hier erkennbar nicht. Vielmehr kommt es erneut auf den Einzelfall der konkreten Stiftung, ihren Zweck und ihr Vermögen, ihre Geschichte sowie auf den Willen der stiftenden Person an. Allerdings sollten sich die stiftende Person und die Stiftungsorgane des Faktors Zeit bewusst sein und ihn bei ihrem Vermögenserhaltungskonzept und ihrer Vermögensplanung angemessen berücksichtigen.

91 *Arndt P. Funken*, vormals Managing Director bei einer großen deutschen Bank, Frankfurt/M.: **Kapitalerhaltungskonzept**

„Die Kapitalmärkte verändern sich ständig und wenig kalkulierbar. Das unterstreicht die Wichtigkeit eines stringenten Kapitalerhaltungskonzeptes für Stiftungen. Ein solches Konzept wird schon in den IDW-Richtlinien angeraten; an der Umsetzung fehlt es jedoch meistens. Aber auch die klassischen Instrumente der Rücklagenbildung bleiben allzu oft zugunsten möglichst hoher Ausschüttungen für den Stiftungszweck ungenutzt.

Kapitalerhaltungsrücklage und Umschichtungsrücklage sind die Termini, welche Stiftungsvorstände, die langfristig-konservativ gedacht und in guten Zeiten Vorsorge betrieben haben, in Zeiten schwieriger Kapitalmärkte ungleich ruhiger schlafen lassen als solche, die im Schwerpunkt auf eher riskante Anlageformen gesetzt und keine Rücklagen gebildet haben.

Auch wenn es in Zeiten historisch niedriger Zinsen unabdingbar ist, mit einem Teil des Vermögens auch Risikoprämien zu vereinnahmen, sollten Stiftungen dem Spatz in der Hand auch in den besten Zeiten den Vorzug gegenüber der Taube auf dem Dach geben. Natürlich sind Stiftungen Rechtskonstruktionen für die Ewigkeit und können in langen Anlagehorizonten denken. Dennoch

131 So anscheinend Burgard/*Burgard*, Stiftungsrecht, § 83c Rn 38.
132 BoKo-StiftR/*Fritz/Werner*, § 83c BGB Rn 10.
133 BoKo-StiftR/*Fritz/Werner*, § 83c BGB Rn 10.

darf zu keiner Zeit in Vergessenheit geraten, dass Bestandserhaltung und die Ausschüttungserfordernisse für die Zweckerfüllung diesem Anlagehorizont auch Grenzen setzen können. Die Weisheit „Keine Rendite ohne Risiko“ sowie der bekannte Ausspruch von *Warren Buffet* „Investieren Sie in nichts, das Sie nicht verstehen“ gelten nach wie vor.“

3. Die grundlegende Bedeutung von Stiftungszweck und Stifterwille

a) Stifterwille und Stiftungszweck als Maßstab

Der historische, ggf. mutmaßliche Wille der stiftenden Person bei Errichtung der 92 Stiftung als Maßstab für das Handeln der Stiftungsaufsicht und der Stiftungsorgane ist im BGB inzwischen in § 83 Abs. 2 BGB ausdrücklich niedergelegt. Er ist auch von **zentraler Bedeutung** für die Bestimmung des Inhalts des Vermögenserhaltungsgrundsatzes bezogen auf eine konkrete Stiftung.[134] Das war bis zur Reform des Stiftungsrechts in einigen Landesstiftungsgesetzen ausdrücklich geregelt, die insoweit Ausnahmen von dem dort geregelten Grundsatz der Vermögenserhaltung zuließen.[135]

Im Rahmen des Gesetzgebungsverfahrens zum aktuellen Recht ist das Primat 93 des Willens der stiftenden Person auch im Hinblick auf den Vermögenserhaltungsgrundsatz im Regierungsentwurf deutlich zum Ausdruck gekommen. Dort ist wörtlich festgehalten, dass die stiftende Person *„in der Satzung die Anforderungen an die Verwaltung des Grundstockvermögens und seinen Erhalt inhaltlich weiter konkretisieren und insbesondere auch ein Vermögenserhaltungskonzept für die Stiftung in der Satzung festschreiben kann“*. Ferner, so der Regierungsentwurf, stehe ihr oder den Organen der Stiftung auch die Möglichkeit offen, durch **Anlagerichtlinien** (siehe Rdn 119 ff.) eine Basis für transparente und nachvollziehbare Anlageentscheidungen zu schaffen.[136]

Ausgehend insbesondere von der Satzung und dem dort festgehaltenen Stifterwil- 94 len, ergänzt um den mit Blick auf den konkreten Stiftungszweck und das konkrete der Stiftung gewidmete Vermögen, muss im Einzelfall mithin immer wieder neu entschieden werden, wie die oben (Rdn 76 ff.) beschriebenen Spannungsverhältnisse aufzulösen sind, insbesondere das Spannungsverhältnis zwischen Vermögenserhalt und Zweckerfüllung.

134 Grundlegend *Hüttemann*, in: FG Flume, 1998, S. 59 ff. Vgl. ferner Burgard/*Burgard*, Stiftungsrecht, § 83c Rn 24, 29 ff.; *Gittern*, npoR 2022, 245, 248; Münch. Hdb. GesR V/*Helios/Friedrich*, § 96 Rn 16; *Hüttemann/Rawert*, Beilage zu ZIP 33/2021, 3, 16; Staudinger/*Hüttemann/Rawert*, § 86 Rn 39; *Schwintek*, Vorstandskontrolle in rechtsfähigen Stiftungen bürgerlichen Rechts, 2001, S. 102 ff. Hierzu und zum folgenden Text auch *Schiffer/Schürmann*, ZStV 2019, 1, 3 ff.

135 Etwa § 4 Abs. 2 S. 1 StiftG NRW a.F.: „… oder der Wille der Stifterin oder des Stifters auf andere Weise nicht verwirklicht werden kann …“.

136 BT-Drucks 19/28173, 57.

Die stiftende Person bestimmt ausdrücklich oder stillschweigend das **Vermögenserhaltungskonzept** der von ihr errichteten Stiftung. Fehlt es daran oder ist ein bestimmter Punkt nicht bedacht, können die zuständigen Stiftungsorgane nur auf den mutmaßlichen Willen zurückgreifen, weshalb bei Stiftungserrichtung die entsprechenden Überlegungen und Erwägungen ausreichend dokumentiert werden sollten, damit sich diese auch noch nach Jahren, Jahrzehnten oder gar nach Jahrhunderten nachvollziehen lassen.

95 Die Maßgeblichkeit des Stifterwillens für die Antwort auf die Frage nach dem Ob und Wie der Vermögenserhaltung wird mitunter wegen der Befürchtung kritisiert, dass dadurch die Vermögensverwaltung oder die Erhaltung bestimmter Vermögensgegenstände „selbst Zweck der Stiftung“ oder sogar „vorrangiger Zweck“ der Stiftung werde.[137] Dem ist schon deshalb nicht zu folgen, weil das Stiftungszivilrecht durchgehend den Stifterwillen als Maßstab in den Vordergrund stellt. Zudem steht der Stifterwille als Maßstab für die Vermögenserhaltung gerade nicht isoliert, weil das Stiftungsvermögen und damit zugleich die Vermögenserhaltung der Erfüllung der „wirtschaftlichen Bestimmung der Stiftung“ dient, d.h. der Erfüllung des Stiftungszwecks. Der Stiftungszweck aber ist der zentrale Ausdruck des Stifterwillens.[138] Die stiftende Person begrenzt sich insoweit durch die Wahl der Rechtsform Stiftung und der mit ihr verbundenen gesetzlichen Vorgaben selbst, insbesondere auch durch die Unterwerfung unter etwaige gemeinnützigkeitsrechtliche Vorgaben.[139]

96 Zusammenfassend bleibt es bei dem Befund, dass der Stifterwille auch für den konkreten Inhalt des Grundsatzes der Vermögenserhaltung maßgebend ist. Dabei ist die Vermögenserhaltung eben nicht isoliert zu betrachten, da das Grundstockvermögen der Verfolgung des Stiftungszwecks zu dienen hat. Die von den Stiftern insoweit ausdrücklich oder konkludent getroffenen Entscheidungen haben die Stiftungsorgane und die Stiftungsbehörden ebenso zu respektieren wie den entsprechenden mutmaßlichen Stifterwillen. Auch der BGH hat bereits im Jahr 1977 sehr klar und überzeugend formuliert, dass die Bestimmung des Stiftungszwecks den Stiftungsorganen einen eindeutigen und klar abgegrenzten Auftrag geben soll, um Rechtsunsicherheit, Willkür der Stiftungsverwaltung und ein Verzetteln der Stiftungsleistungen zu verhüten.[140]

---

137 MüKo-BGB/*Weitemeyer*, § 83c Rn 8, die den Stiftungszweck als vorgelagerten Maßstab betrachtet.

138 *Hüttemann*, in: FG Flume, 1998, S. 59, 68.

139 Vgl. die Beispiele bei Burgard/*Burgard*, Stiftungsrecht, § 83c Rn 24.

140 BGH NJW 1977, 1148.

b) Reichweite der Festlegung durch den Stifterwillen

Wenn die stiftende Person, wie es in der bereits oben zitierten Begründung des Regierungsentwurfs wörtlich heißt, *„in der Satzung die Anforderungen an die Verwaltung des Grundstockvermögens und seinen Erhalt inhaltlich weiter konkretisieren und insbesondere auch ein Vermögenserhaltungskonzept für die Stiftung in der Satzung festschreiben kann“*,[141] dann bedeutet das, dass sie den **Erhaltungsmaßstab** für das gesamte Grundstockvermögen oder auch verschiedene Maßstäbe für verschiedene Bestandteile davon festlegen kann. Beispielsweise kann sie für bestimmte Gegenstände, etwa auszustellende Kunstwerke oder ein denkmalgeschütztes Gebäude, eine Erhaltung der Substanz anordnen und einen nominalen oder realen Werterhalt für das im Übrigen gestiftete Barvermögen. 97

Begrenzt wird diese Gestaltungsmacht durch die allgemeinen stiftungsrechtlichen Grenzen. So kann die stiftende Person für die von ihr errichtete Kapitalstiftung zwar den Erhalt des nominalen Wertes festlegen, aber das führt auf Dauer zur Minderung der Leistungskraft der Stiftung und zum Verbrauch des Stiftungsvermögens.[142] Je geringer das gestiftete Vermögen ist, umso schneller nähert sich eine solche Stiftung de facto einer Verbrauchsstiftung an. Das ist in der Praxis in den vergangenen Jahrzehnten vor allem bei vielen mit kleineren Vermögen errichteten Stiftungen zu beobachten gewesen, was beispielsweise zur Einführung der gesetzlichen Regelungen zur Umwandlung in eine Verbrauchsstiftung und zur Zu- und Zusammenlegung von Stiftungen geführt hat (vgl. § 6 Rdn 46 ff.). Hier ist es Aufgabe einer nachhaltigen Beratung, bei aller Gestaltungsfreiheit für eine **realistische Einschätzung und Planung** zu sorgen. 98

c) Stifterwille – Auslegung von Stiftungsgeschäft und Satzung

Finden sich in der Satzung keine klaren und eindeutigen Regelungen, was insbesondere in älteren Satzungen eher der Regelfall als die Ausnahme ist, ist die Satzung der betreffenden Stiftung auszulegen. Falls ein ausdrücklicher (wirklicher) Stifterwille zu einem Punkt dabei nicht feststellbar ist, ist, wie nun auch in § 83 Abs. 2 BGB klargestellt, der **mutmaßliche Stifterwille** erforderlichenfalls aus den Umständen im Zusammenhang mit dem Stiftungsgeschäft einschließlich Stiftungssatzung durch Auslegung zu ermitteln.[143] **Indizien** sind dabei insbeson- 99

141 BT-Drucks 19/28173, 57.

142 Deshalb hält MüKo-BGB/*Weitemeyer*, § 83c Rn 9 das Verständnis des Vermögenserhaltungsgrundsatzes als Erhaltung des Nominalwerts für grundsätzlich ausgeschlossen. Anders Burgard/*Burgard*, Stiftungsrecht, § 83c Rn 35, der aber zugesteht, dass eine solche Anordnung mit der Zeit auf den Verbrauch des Stiftungsvermögens hinausläuft.

143 Siehe etwa *Schwintek*, Vorstandskontrolle in rechtsfähigen Stiftungen bürgerlichen Rechts, 2001, S. 105. Zu den Auslegungsfragen und -grundsätzen bei formbedürftigen Willenserklärungen siehe etwa Grüneberg/*Ellenberger*, § 133 Rn 19. Ausf. zum Willen der stiftenden Person und zur Auslegung *Hüttemann*/*Rawert*, AcP 222 (2022), 301; *v. Orelli*, Zur Auslegung des Stifterwillens, 2019.

dere das Verhalten der stiftenden Person in der Vergangenheit sowie die Zusammensetzung des gestifteten und ggf. auch des zugestifteten Vermögens.[144]

100 **Praxisbeispiele: Primat des Stifterwillens/Zustifterwillens**

- Ein Zustifter, der ein Depot, das Aktien enthält, die landläufig als hoch spekulativ eingestuft würden, mit dem ausdrücklichen Hinweis auf die Stiftung überträgt, in einer solchen Anlage sehe er langfristig die größten Chancen für eine erfolgreiche Vermögensmehrung, wird wohl kaum eine Art mündelsichere Anlage vorgeben wollen.[145]
- Gleiches gilt für einen Stifter, der mit einem entsprechenden ausdrücklichen Hinweis eine Holding mit einem Bündel von Tochtergesellschaften überträgt, deren Bestand unter seiner bisherigen Leitung immer wieder durch Zukäufe und Veräußerungen gewechselt und in ihrem Marktwert variiert hat (realer Fall aus der Praxis).[146] Das Verhalten des Stifters in der Vergangenheit ist ein Indiz für seinen einschlägigen Stifterwillen.
- **Hinweis:** Möchte eine bereits bestehende Stiftung solche mit besonderen Risiken verbundenen Vermögenswerte nicht übernehmen,[147] so kann sie eine solche Zustiftung natürlich auch ablehnen.[148] Ggf. wird sie Zuwendungsrichtlinien erlassen (siehe Rdn 124).

101 Bei der Auslegung einer nicht empfangsbedürftigen Willenserklärung, wie sie beispielsweise bei einem Stiftungsgeschäft vorliegt, ist der wirkliche Wille des Erklärenden zu ermitteln, wie er in den Erklärungen – sei es auch versteckt – zum Ausdruck kommt und wie er nach den Grundsätzen von Treu und Glauben mit Rücksicht auf die Verkehrssitte zu verstehen ist (sog. natürliche Auslegung, § 133 BGB).[149] Abzustellen ist bei der Auslegung auf das **Gesamtverhalten des Stifters**[150] im Zusammenhang mit der Stiftungserrichtung, d.h. ggf. auch auf sein vergangenes Verhalten (siehe das zweite Praxisbeispiel in Rdn 100). Entscheidend ist der **damalige Stifterwille**, nicht etwaige Motive des Stifters oder sein später geänderter Wille; maßgeblich ist[151] alleine die Willensbekundung des Stifters, die

144 Burgard/*Burgard*, Stiftungsrecht, § 83c Rn 31.
145 Vgl. schon *Schindler*, DB 2003, 297, 300.
146 Vgl. schon *Schiffer*, Stiftung & Sponsoring 6/2002, 28.
147 Das gilt etwa auch für andere Vermögenswerte, die der Stiftung nicht „passen“. Beispiele: Mietshäuser, die mit einer aufwändigen Verwaltung verbunden sind, oder auch Lizenzen. Die Stiftung wird dabei beachten, dass ihr die entsprechenden Werte dann entgehen. Vielleicht lässt sich im Einzelfall ein Kompromiss erzielen, etwa indem der Zustifter erlaubt, dass diese Vermögensteile kurzfristig veräußert werden.
148 Gegen die entsprechende Zuwendung des Stifters bei Errichtung kann sie sich natürlich nicht wehren.
149 Grüneberg/*Ellenberger*, § 133 Rn 1. Näher etwa BoKo-StiftR/*Heuel*, § 83 BGB Rn 25 ff.
150 BoKo-StiftR/*Heuel*, § 83 BGB Rn 27.
151 Abgesehen von dem mutmaßlichen Stifterwillen.

Gegenstand des „Genehmigungs-" (heute: Anerkennungs-)Verfahrens gewesen ist.[152]

Die Stiftungsbehörde und die Stiftungsorgane als Auslegende sind bei der „Fortentwicklung des Stifterwillens" nicht etwa frei, sie müssen vielmehr alle verfügbaren Anhaltspunkte nutzen, die Aufschluss darüber geben, **was der Stifter getan hätte, hätte er den besagten Umstand bedacht**. Anhaltspunkte werden hier vor allem in dem Ziel liegen, das der Stifter verfolgt hat,[153] mit anderen Worten in dem Zweck der Stiftung, den der Stifter festgelegt hat. Wenn ein solches Ziel erkennbar ist, „hat die ergänzende Auslegung dieses Ziel zur Geltung zu bringen". Die Frage dazu lautet: Was hätte der Stifter veranlasst, wenn er die veränderten Umstände vorausbedacht[154] oder die Unklarheit in der Satzungsformulierung gesehen hätte? Ein Bonmot unter Juristen sagt, die Ermittlung des hypothetischen Willens gehöre in den „Giftschrank der Jurisprudenz" – will sagen: Hier ist äußerste Sorgfalt erforderlich. Notfalls ist aber, wie bereits etwa *Bruns* zum damaligen StiftG BW betonte, sogar darauf abzustellen, was nach der Lebenserfahrung ein „vernünftiger Stifter" in besagtem Fall veranlasst und unternommen hätte.[155] Das bringt jedenfalls immer noch zumindest einen gewissen Bezug zu dem Stifter. 102

Praxishinweis: Ermittlung des hypothetischen Stifterwillens 103

In einem **ersten Schritt** ist also bei der Ermittlung des mutmaßlichen Stifterwillens festzustellen, wie die Erklärung (des Stifters) unter Berücksichtigung aller maßgebenden Umstände auszulegen ist.[156] Dabei dürfen Umstände außerhalb der Urkunde (Stiftungsgeschäft und Stiftungsverfassung) nur berücksichtigt werden, soweit sie bewiesen sind.[157] Hier sind auch andere Dokumente[158] als das Stiftungsgeschäft und die Stiftungssatzung, beispielsweise auch Aktennotizen aus dem Errichtungsverfahren,[159] sowie natürlich auch Hinweise des ggf. noch lebenden Stifters auf seinen damaligen Willen beachtlich. In einem **zweiten Schritt** ist zu prüfen, ob die ausgelegte Erklärung der nach § 81 Abs. 3 BGB vorgegebenen Form genügt.[160] Dabei folgt die Rechtsprechung der sog. Andeutungstheorie aus dem Erbrecht, d.h. der aus Umständen außerhalb der Urkunde ermittelte (Stifter-)Wille muss in der Urkunde einen

152 BGH NJW 1994, 184, 186.

153 So bereits ausdrücklich *Bruns*, StiftG BW, § 2 Erl. 6; siehe dort auch zu den folgenden Ausführungen.

154 *Bruns*, StiftG BW, § 2 Erl. 6 unter Hinweis auf BGHZ 16, 71, 76; VGH BW ESVGH 5, 127, 130.

155 *Bruns*, StiftG BW, § 2 Erl. 6 unter Hinweis auf OVG Münster NWVBl 1994, 338.

156 BGHZ 80, 250; BGHZ 86, 47.

157 Grüneberg/*Ellenberger*, § 133 Rn 29.

158 BT-Drucks 19/28173, 52.

159 MüKo-BGB/*Weitemeyer*, § 83 Rn 10 m.w.N.

160 BGH NJW 2000, 1569, 1570; Grüneberg/*Ellenberger*, § 133 Rn 19.

wenn auch (nur) unvollkommenen Ausdruck/eine Andeutung gefunden haben.[161]

Man stelle sich hier zur Verdeutlichung beispielsweise eine vom deutschen Kaiser in 1900 errichtete Stiftung zur Unterstützung von Waisenkindern vor und unterstelle, dass erstens keine Quellenlage zum Stifterwillen existiert und dass zweitens die Stiftung heute keine hinreichende Anzahl von Waisenkindern mehr findet, die es zu unterstützen gilt. Wen würde heute der deutsche Kaiser durch die Stiftung unterstützen lassen? Straßenkinder, Sozialwaisen?

104 Ist im Einzelfall ein Stifterwille nicht festgelegt und auch der mutmaßliche Wille nicht erkennbar, gilt nach § 84 Abs. 2 S. 1 BGB der **Maßstab einer ordentlichen Geschäftsführung**. Abzuwägen ist in jedem Einzelfall zwischen einer möglichen Steigerung der Erträge zur Zweckerfüllung und den damit verbundenen Risiken für die Substanz des Stiftungsvermögens.[162] Eine pauschale Aussage, wonach der langfristige Erhalt des Stiftungsvermögens Vorrang vor einer Verbesserung der Ertragskraft hat, lässt sich dabei aufgrund der dienenden Funktion des Vermögenserhaltungsgrundsatzes gegenüber der Zweckerfüllung gerade nicht treffen. Erforderlich ist eine transparente und nachvollziehbare Anlageentscheidung der Stiftungsorgane.[163]

4. Anlageziele, Anlageformen und Anlagerichtlinien

105 Ausgehend vom Willen der stiftenden Person, primär ausgehend von dem Willen, das Grundstockvermögen als Grundlage und Quelle für die Erfüllung des Stiftungszwecks zu widmen, lassen sich verschiedene Anlageziele formulieren. Ferner ist die Frage zu stellen, welche Anlageformen für Stiftungen in Betracht kommen. Schließlich sollten Basis der Entscheidungen von der stiftenden Person vorgegebene oder von den Stiftungsorganen auf Basis des von ihr vorgegebenen Vermögenserhaltungskonzepts erarbeitete Anlagerichtlinien sein.

a) Anlageziele

106 Mit *Werner/Fritz* lassen sich diverse Anlageziele identifizieren, die im Einzelfall nach Maßgabe des Willens der stiftenden Person von den Stiftungsorganen im Rahmen der Pflicht zur ordnungsgemäßen Geschäftsführung nach § 84 Abs. 2 S. 1 BGB näher ausformuliert, gewichtet und miteinander in Einklang gebracht werden müssen.[164]

---

161 BGH NJW 2000, 1569, 1570; NK-BGB/*Schiffer/Pruns*, § 80 Rn 2; BoKo-StiftR/*Heuel*, § 83 BGB Rn 27.

162 BT-Drucks 19/28173, 57.

163 BT-Drucks 19/28173, 57.

164 BoKo-StiftR/*Werner/Fritz*, § 83c BGB Rn 5 ff. u.a. unter Verweis auf OLG Oldenburg, Urt. v. 8.11.2013 – 6 U 50/13; VG Ansbach, Urt. v. 18.6.2012 – AN 10 K 12.00055.

Die **beiden grundlegenden** und im Gesetzgebungsverfahren auch ausdrücklich benannten **Anlageziele** sind dabei die **Erhaltung** des **Grundstockvermögens** und die **Erfüllung** des **Stiftungszwecks.**[165]

Im Falle der unmittelbaren Erfüllung des Stiftungszwecks durch den Erhalt und die Nutzung bestimmter Vermögensgegenstände (Museumsgebäude, denkmalgeschütztes Gebäude, auszustellende Kunstwerke etc.) decken sich diese beiden Anlageziele i.d.R. Soweit aber die Stiftung vor allem mit Kapital ausgestattet ist, ist die **Erzielung von Vermögenserträgen** notwendige Voraussetzung der Zweckerfüllung.

Mit Blick auf den Erhalt des Grundstockvermögens ist ferner die **Sicherheit der** 107 **Anlage** ein mögliches Anlageziel.[166] Auch wenn der Gesetzgeber bewusst davon abgesehen hat, eine „sichere“ Anlage des Grundstockvermögens ausdrücklich anzuordnen, so können hohe Verlustrisiken doch einen Verstoß gegen das Verbot des Verbrauchs des Stiftungsvermögens darstellen.[167] *Werner/Fritz* empfehlen hier den Stiftungsorganen zu Recht die Entwicklung eines **Risikokonzepts.** Ausgehend von einer **Mehrjahresbetrachtung** sind hier wesentliche Stichworte beispielsweise die **Streuung** über verschiedene Anlageklassen, das Verständnis des Stiftungsvermögens als **Portfolio** und finanzmathematische **Risikokennzahlen** im Bereich der Anlage in Wertpapiervermögen.[168]

Michael Oetermann, Betriebswirt (VWA) und Financial Planner (ebs), Köln: 108
Vermögensanlage und Portfoliomanagement bei Stiftungen
„Im Rechnungswesen von Unternehmen wird gerne das Going-Concern-Prinzip angewendet. Bei der Rechnungslegung wird unterstellt, dass weder die Absicht noch die Notwendigkeit besteht, die Unternehmung zu beenden. Gerade Stiftungen, gleich welcher Art, sind im ganzen Denken und Handeln diesem Fortführungsprinzip verpflichtet. Für das Portfoliomanagement einer Stiftung ergibt sich hieraus die schwierige Aufgabe, immer den endlosen Blick zu behalten. Es besteht geradezu die Verpflichtung, bei allen kurzfristigen Meldungen, gleich ob sie positiv oder wie zurzeit negativ sind, einen sehr langfristigen ausgewogenen Anlagenmix zu finden. Chancen und Risikoabwägungen sind bei dieser Suche unverzichtbar. Eine richtige Anlagenentscheidung sollte aus meiner Sicht in erster Linie über die Abwägung von Risiken erfolgen. Zugesagte Zahlungsverpflichtungen von Stiftungen und damit einhergehende gesteigerte Renditebedürfnisse fürs Portfolio sind meiner Meinung nach eine schlechte Grundlage zur Entwicklung einer gut strukturierten Vermögensanlage. Über eine detaillierte Finanzplanung können zugesagte Zah-

165 BT-Drucks 19/28173, 57.
166 Zur Einlagensicherung *Scherer/Schwalm/Schwind*, ZStV 2023, 75.
167 Vgl. BT-Drucks 19/28173, 57.
168 BoKo-StiftR/*Werner/Fritz*, § 83c BGB Rn 20.

lungsströme identifiziert und eine gut strukturierte Anlage entwickelt werden."

109 Schließlich ist als weiteres Anlageziel die **Nachhaltigkeit** der Vermögensanlage in den vergangenen Jahren immer mehr in den Fokus gerückt[169] und es gibt diverse Handreichungen von Verbänden und NGOs.[170] Eine Verpflichtung zur nachhaltigen Vermögensanlage ergibt sich allerdings weder aus dem BGB noch aus den Landesstiftungsgesetzen. Auch hier sind mithin ggf. der Wille der stiftenden Person sowie der Stiftungszweck die entscheidenden Faktoren.

110 *Dr. Stefan Fritz*, Rechtsanwalt, Vorstand einer größeren Stiftung: **Zielkonflikt zwischen Vermögenserhaltung und Ertragsmaximierung**

„Die Folgen der Finanzmarktkrise haben den ohnehin schon vorhandenen stiftungstypischen Zielkonflikt zwischen Vermögenserhaltung und Ertragsmaximierung noch einmal drastisch verschärft. Die anhaltend niedrigen Zinsen gewährleisten kaum noch die Deckung der Projekt- und Verwaltungskosten, geschweige denn die Rücklagenbildung zur Kapitalerhaltung. Andererseits hat die Krise zahlreiche Entscheider in den Stiftungsgremien verunsichert und noch risikoscheuer gemacht. Gerade wenn bereits Verluste im Depot zu verzeichnen sind, erscheint etwa die Heraufsetzung der Aktienquote zum Zweck einer höheren Rendite vielen als verbotene Spekulation. Patentrezepte zur Lösung dieses Dilemmas halten aber weder die Gesetze noch die Stiftungsaufsicht bereit. Zuerst ist daher die insoweit autonome Stiftung selbst gefordert, die Prämissen ihrer künftigen Anlageentscheidungen im Stile eines ordentlichen Kaufmanns transparent zu machen, etwa in Form einer Anlagerichtlinie. Folgende Fragen sollten darin beispielsweise beantwortet werden, soweit sie nicht bereits durch den Stifter eindeutig geregelt sind:

- Welche angenommenen Kapitalmarktszenarien (z.B. Seitwärtsbewegung der Leitindizes, Anziehen der Inflation etc.) liegen der Anlagestrategie zugrunde?
- Welche Ziele soll die Anlagepolitik mit welcher Priorität verfolgen (z.B. reale Kapitalerhaltung, Wertaufholung, Ausschüttung einer bestimmten Summe etc.)?
- Inwieweit sollen soziale, ethische oder ökologische Anlagekriterien beachtet werden?
- Welche Anlageinstrumente sind für die Stiftung (un)zulässig?

169 BoKo-StiftR/*Werner/Fritz*, § 83c BGB Rn 28 ff.; *Fritz*, ZStV 2022, 73.

170 Frei verfügbar ist der Leitfaden „Fair anlegen und stiften": https://www.umweltbundesamt.de/themen/stiftungsleitfaden-fuer-nachhaltiges-investieren (abgerufen am 16.4.2026). Frei einsehbare Einführung sowie Download für Mitglieder des Bundesverbandes Deutscher Stiftungen hier: https://www.stiftungen.org/stiftungen/basiswissen-stiftungen/stiftungsvermoegen/nachhaltige-geldanlage.html (abgerufen am 16.4.2026).

- Welche Instrumente sollen zur Risikominimierung eingesetzt werden (z.B. Diversifizierung)?

Ist die so festgelegte Anlagestrategie in sich schlüssig, schulden die Stiftungsverantwortlichen nur ihre Einhaltung, nicht aber den Anlageerfolg.“

b) Anlageformen

Nicht bei den Regelungen zum Erhalt des Grundstockvermögens in § 83c BGB, 111
sondern in der Begründung zu § 83b Abs. 4 S. 1 BGB wird im Regierungsentwurf ausgeführt, dass es **keine gesetzlichen Vorgaben** für die Anlage des Stiftungsvermögens gibt, wie das zum Beispiel für Mündelvermögen der Fall ist (Vergraben genügt eben nicht, siehe Rdn 75). Deshalb gibt es, so die Gesetzesbegründung weiter, auch **keine Verbote für bestimmte Anlageformen**, etwa für *„bestimmte Aktien oder Anteile an bestimmten Investmentfonds“*.[171] Das ist insoweit bemerkenswert, als dass in der Vergangenheit manche Gerichte die Investition in bestimmte Anlageinstrumente als mit den rechtlichen Verpflichtungen zum Vermögenserhalt unvereinbar angesehen haben.[172]

Praxishinweis: Jedenfalls keine Pflicht zur mündelsicheren Anlage 112

Spätestens mit diesem Hinweis sind Diskussionen mit Stiftungsorganmitgliedern, die in der Vergangenheit häufiger, zuletzt aber immer seltener geführt werden mussten, überholt, die auf dem Missverständnis beruhten, das Vermögen einer Stiftung sei **mündelsicher** anzulegen.

Tatsächlich war zwar bis Ende 1995 im bayerischen Stiftungsgesetz bestimmt, dass Stiftungen ihr Vermögen nur in mündelsichere Wertpapiere anlegen dürfen.[173] Eine andere Anlageform war nur mit Genehmigung der Stiftungsaufsichtsbehörde zulässig. Im Interesse einer Stärkung der Selbstverwaltung der Stiftungen und einer Entlastung der Stiftungsaufsichtsbehörden wurde diese Beschränkung bei der Anlage des Stiftungsvermögens aber ersatzlos aufgehoben.

Es gibt heute keine entsprechenden Regelungen oder Vorschriften mehr. Stiftungen sind in der Anlage ihres Vermögens unter Beachtung des Stifterwillens grundsätzlich frei!

Seien Sie sicher, liebe Leser: Es besteht **keine Pflicht zur mündelsicheren Anlage** mehr. Eher ist das **Gegenteil** richtig.

---

171 BT-Drucks 19/28173, 55.

172 Vgl. OLG Frankfurt, Urt. v. 28.1.2015 – 1 U 32/13, dort Ls. 1: „Einer Stiftung, die aus stiftungsrechtlichen Gründen die Minderung ihres Kapitalstocks durch Anlagegeschäfte nicht riskieren darf, darf die anlageberatende Bank grundsätzlich keinen in einer Fremdwährung finanzierten geschlossenen Immobilienfonds empfehlen.“

173 Art. 14 und 30 BayStG a.F.

113 Die Frage, welche Anlageformen ausgehend von den vorstehenden Überlegungen in welchem Umfang sachgerecht sind, ist nach alledem **nicht generell** zu beantworten.[174] Dies gilt vor allem für die sich immer weiterentwickelnden „modernen" Anlageformen für Vermögen („Finanzvehikel"), die nicht nur wegen ihres Ertrags und ihrer finanziellen Sicherheit, sondern auch in (steuer)rechtlicher Hinsicht genau betrachtet werden müssen. Die Ansichten dazu, was eine im konkreten Fall nach dessen Spezifika hinreichend sichere und ausreichend Ertrag bringende Anlage ist, werden nicht nur von Fall zu Fall, sondern auch je nach Typus der handelnden Personen sehr divergieren.

Auch die Kraft des Faktischen wirkt hier mit. Nicht zu jeder Zeit und in jedem Umfang werden die an sich gewünschten Anlageformen für eine Stiftung überhaupt verfügbar sein. Die Möglichkeiten einer etwa angestrebten Risikostreuung wechseln mit der Marktsituation. Sie hängen außerdem von Art und Umfang des Stiftungsvermögens ab.

114 *Matthias Wesseling*, CFP, CFEP, Bankdirektor: **Stiftungen und der Finanzdienstleistungsmarkt**

„Wandel und Umgestaltung vollziehen sich in allen Bereichen des Finanzdienstleistungsmarktes mit einer vor einigen Jahren noch unvorstellbaren Geschwindigkeit. Auf der einen Seite fallen die Halbwertzeiten von Informationen, Wissen und technologischen Lösungen ineinander und andererseits potenziert sich die Angebotsvielfalt zugunsten der immer anspruchsvolleren und besser informierten Kunden. Auf Seiten der Stiftungen wächst in einem derartigen Umfeld vor allem der individuelle, ganzheitliche und qualitativ hochwertige Beratungsbedarf und mit ihm der Wunsch nach einem allseits gerüsteten Vermögenscoach. Dessen Professionalität akzeptiert der Kunde aber nur dann, wenn kompetente Beratung, leistungsstarke Angebotsstrukturen, exklusiver Service und eine faire Preisgestaltung zusammenkommen.

Auch Spezialthemen wie Vermögensnachfolgeregelungen und Stiftungen werden künftig zwischen dem Vermögensinhaber und seinem Bankberater kompetent erörtert. Dass ein derart umfassendes Beratungsangebot dabei im jeweils entscheidenden Zeitpunkt durch externe Spezialisten aus häufig auch organisationsfremden – aber strategisch verbundenen – Unternehmenspartnerschaften ergänzt wird, trägt letztlich sogar dazu bei, dass sich eine Kundenbeziehung zwischen dem gehobenen Privatkunden und seinem Finanzpartner in der gewünschten Form entwickelt.

Auf Dauer entscheidend für den Beratungserfolg wird es letztlich sein, dass immer dort, wo jede Form der spezialisierten Leistungserbringung nicht auf

174 Vgl. zum folgenden Text bereits *Schiffer/Schürmann*, ZStV 2019, 1, 6 f.

eine im betriebswirtschaftlichen Sinne ausreichend komfortable Marktnachfrage stößt, erst durch die Gestaltung auch institutsexterner intelligenter Beratungsstrukturen sowohl die Kompetenz als auch die betriebswirtschaftliche Effizienz so optimal wie möglich generiert wird."

Entscheidender Maßstab für die Beurteilung, ob eine konkrete Anlage ausgehend von der mehrjährigen Ertrags- und Liquiditätsplanung hinreichend sicher und Ertrag bringend ist, um die Erfüllung des Stiftungszwecks zu ermöglichen, ist wiederum der Wille des jeweiligen Stifters. Der Stifter sollte daher in der Stiftungssatzung oder einem gesondert formulierten schriftlichen Stifterwillen seine individuellen Vorstellungen von einer sachgerechten Vermögensanlage darlegen, ohne den Stiftungsorganen zu enge Fesseln anzulegen. 115

Negativbeispiel: 116

„Die Anlage des Stiftungsvermögens darf ausschließlich in Aktien der Schwermetallindustrie erfolgen."

Hier sollte allenfalls eine Soll-Regelung vorgegeben werden, die begründete Ausnahmen zulässt.

Positivbeispiel:

„Die Anlage soll möglichst in Wertpapieren erfolgen, die so sicher sind, wie es Aktien der Schwermetallindustrie zum Zeitpunkt der Errichtung der Stiftung waren."

Nicht aus den Augen verlieren dürfen die Organmitglieder bei ihren Entscheidungen schließlich auch die Kosten der Verwaltung des Vermögens. In Zeiten schwacher Erträge werden sich die Stiftungsorgane insbesondere fragen müssen, ob bei prognostizierten Erträgen von beispielsweise 1,0 % eine Vermögensverwaltung tatsächlich 0,7 % des Stiftungsvermögens kosten darf, zumal bei der Stiftung noch weitere Kosten zu denen der Vermögensverwaltung hinzukommen. Es sei hier nur auf den Grundsatz der Beschränkung der Verwaltungskosten bei steuerbefreiten Stiftungen hingewiesen (siehe § 9 Rdn 96 ff.). 117

Dominikus Wagner, Dipl. Betriebswirt, Bankkaufmann, Mitinhaber einer Vermögensverwaltungsgesellschaft, Bonn: **Anlage von Stiftungsvermögen** 118
„Häufig sind die Vermögen von Stiftungen immer noch statisch in die klassischen Anlageklassen Cash, Renten (verzinsliche und festverzinsliche Anlagen/Anleihen), Aktien und Immobilien aufgeteilt. Allerdings werden statische Allokationen in der Zukunft wenig Erfolg versprechend sein. Vielmehr bedarf es auch bei konservativen Anlagestrategien, wie sie bei Stiftungen typischerweise nach dem Stifterwillen gewählt werden müssen, einer sehr aktiven Pflege, verbunden mit einem strikten Risikomanagement. Auch sollten Stiftungen neben den klassischen Anlageklassen, wie z.B. Anleihen und Aktien, sog. „marktneutrale" Investmentvehikel einsetzen, die sich kapitalmarktunab-

hängig, also losgelöst vom allgemeinen Kapitalmarktgeschehen, entwickeln. Durch die Hinzunahme solcher Investments nach dem Vorbild sehr erfolgreicher Stiftungen wie Harvard oder Yale wird eine noch deutlich größere Diversifikation der Anlage erzielt (siehe dazu auch den Praxiston von *Funken* in Rdn 91). Und das einzige „Free Lunch" an den Kapitalmärkten ist die Diversifikation. Und diese sollte konsequent genutzt werden."

c) Anlagerichtlinien

119 Eine wichtige Leitlinie für Stiftungsorgane sind nach wie vor etwaige Anlagerichtlinien.[175] Da die Verwaltung des Stiftungsvermögens **vom Gesetzgeber nur in Grundzügen geregelt** ist, kann die stiftende Person von der ihr auf diese Weise gewährten **Freiheit** Gebrauch machen und die gesetzlichen Rahmenbestimmungen mit ihren eigenen Vorstellungen über die Anlage des von ihr gewidmeten Stiftungsvermögens ausfüllen und dazu Anlagegrundsätze aufstellen.

120 Um den Stiftungsorganen nicht die für ihre zukünftige Tätigkeit auch nach dem Tod des Stifters erforderliche Flexibilität zu nehmen, sollten dazu in der **Stiftungssatzung** selbst nur **allgemeine Grundsätze und Leitlinien** vorgeben werden. Auf dieser Basis können dann **außerhalb der Satzung Anlagerichtlinien** gesondert abgefasst werden, die als solche flexibler an die sich ändernden Zeitumstände und die Lage an den Finanzmärkten angepasst werden können. Ein kurz gefasstes Formulierungsbeispiel für eine entsprechende Satzungsbestimmung ist das Folgende:

121 **Formulierungsbeispiel zur Verankerung von Anlagerichtlinien**

„Die näheren Einzelheiten der Verwaltung des Stiftungsvermögens werden in Anlagerichtlinien festgelegt. Die Anlagerichtlinien werden zu dessen Lebzeiten vom Stifter festgelegt und vom Stiftungsrat in Abstimmung mit dem Vorstand jeweils zu Beginn eines jeden Geschäftsjahres oder aus gegebenem Anlass kritisch geprüft und auf Vorschlag des Vorstands durch den Stiftungsrat angepasst."

122 Fehlen konkrete Vorgaben vom Stifter, haben die zuständigen Stiftungsorgane auch dann, wenn eine ausdrückliche Satzungsregelung zu Anlagerichtlinien fehlt, selbst zur konkreten Stiftung passende Anlagerichtlinien zu entwickeln. Dafür ist eine Orientierung an der folgenden Stufenfolge sinnvoll:
- Zuvorderst sind – soweit vorhanden – ausdrückliche Vorgaben der stiftenden Person zur Vermögensverwaltung und -erhaltung in der Satzung zu berücksichtigen.
- Gibt es diese nicht, ist in einem zweiten Schritt zu prüfen, ob sich durch Auslegung des Stiftungsgeschäfts und der Satzung der tatsächliche Wille der stiftenden Person ermitteln lässt.

175 Näher zum neuen Recht bspw. *Janitzki*, ErbR 2023, 254 m.w.N.

- Bleibt auch das ergebnislos, ist in einem nächsten Schritt der mutmaßliche Wille mit Blick auf die konkrete Stiftung zu ermitteln.
- Wenn alle drei der vorgenannten Erkenntnismöglichkeiten nicht zu einem (eindeutigen) Ergebnis führen oder soweit sie Interpretations- und Ausgestaltungsspielräume belassen, ist schließlich in einem letzten Schritt auf den objektivierten Maßstab der Sorgfalt einer ordentlichen Geschäftsführung nach § 84 Abs. 2 S. 1 BGB zurückzugreifen.

Anlagerichtlinien haben aber ersichtlich zwei Seiten. Einerseits geben sie den Organmitgliedern und den Vermögensverwaltern Sicherheit in ihrem Tun. Andererseits „verleiten" sie naturgemäß dazu, nicht mehr über die „Anlageentscheidung" im Einzelnen nachzudenken. Ganz besonders wichtig ist auch deshalb im Bereich der Vermögensverwaltung **ein aussagekräftiges internes Controlling einer externen Vermögensverwaltung** durch die Stiftung oder einen externen, unabhängigen Spezialisten, wenn die Stiftung dies selbst nicht leisten kann. Es reicht in jedem Fall nicht aus, dass der Stiftungsvorstand die Vermögensverwaltung einfach nur an einen Vermögensverwalter oder ein Finanzinstitut abgibt; der Vorstand hat, um seine Pflichten gegenüber der Stiftung nicht zu verletzen, in geeigneter Form zu kontrollieren oder kompetent kontrollieren zu lassen. 123

Achim Mohr, ehem. Stiftungsvorstand und Stiftungsmanager (DSA): Praxisempfehlung: **Anlagerichtlinie und Zuwendungsrichtlinie** 124
„Ein typischer Praxisfall:
Eine Stiftung erhält als Erbschaft oder lebzeitige Zustiftung verschiedene Vermögenswerte. Den Stiftungsorganmitgliedern stellt sich für die Vermögensverwaltung (!) gerade in Zeiten eines stark „schwankungsanfälligen" Kapitalmarktes die Frage: Was nun?
Es stellen sich Fragen wie: Was wollte der Zustifter bezogen auf die Vermögensanlage? Was ist in der Satzung oder in anderen Unterlagen festgelegt? Hat die Stiftung bereits eine **Anlagerichtlinie**?
Ganz häufig wird sich der Stifter zur Vermögensverwaltung bei der Stiftungserrichtung nicht wirklich konkret geäußert haben, d.h. die Mitglieder der Stiftungsorgane haben sich mit Blick auf den Stiftungszweck selbst Gedanken zu machen und festzulegen, wie die Vermögensanlage erfolgen soll. Das Ergebnis wird dann typischerweise eine generelle Anlagerichtlinie sein. Wie kann eine Anlagerichtlinie aussehen?
In einer Präambel können die relevanten Textpassagen aus der Stiftungssatzung aufgeführt und die Interpretation der Stiftungsorgane dazu dargelegt werden. Im weiteren Text sind die allgemeinen Erwägungen aus der Präambel in Handlungsanweisungen, die auf die jeweils aktuellen Marktgegebenheiten passend angewendet werden können, für alle Beteiligten zu „übersetzen". Dazu definieren die Stiftungsorgane ggf. ihr konkretes Verständnis für die Stiftung in Bezug auf deren Ertragszwänge, die dazu spezifische Risikotragfähigkeit und die individuelle Risikobereitschaft. Damit einher geht die Festle-

gung überprüfbarer Handlungsparameter. Aus diesen Vorgaben entwickeln die Stiftungsorgane die Strategie der „Vermögensbewirtschaftung" und die Vorgaben zur Vermögenserhaltung. Die „operativ taktische" Umsetzung kann dann delegiert werden – sowohl innerhalb der Organe und der Stiftung als auch an Dritte.

Alles das muss nicht pauschal das gesamte Vermögen der Stiftungen erfassen, sondern kann sich z.B. jeweils auch spezifisch auf bestimmte Zustiftungen beziehen, für die der Zustifter mit Auflagen konkrete Vorgaben festgelegt hat.

Neben die Anlagerichtlinie wird sinnvollerweise eine **Zuwendungsrichtlinie**[176] gesetzt, die sich mit den Zuwendungen Dritter an die Stiftung befasst. Anlagerichtlinien findet man durchaus schon häufig in der Praxis. Die Zuwendungsrichtlinie ist ein vergleichsweise neuer Ansatz mit vielen Vorteilen für alle Beteiligten.[177]

Mit der Zuwendungsrichtlinie gibt die Stiftung transparent Auskunft darüber, was an Mitteln sie für welche Verwendungen wie einwerben möchte und wie sie konkret mit den ihr anvertrauten Vermögenswerten umgehen will. Damit ist die Zuwendungsrichtlinie ein Aufruf, der jeden Zuwender höflich auffordert, schon im Vorfeld der Vermögensübertragung an die Stiftung mit dieser und ggf. mit geeigneten Beratern über mögliche und passende Konstellationen zu sprechen. So werden dann die Wünsche des Zustifters mit den Möglichkeiten der Stiftung in Übereinstimmung gebracht.

Ein nicht unerwünschter „Nebeneffekt" ist, dass der Stiftungsvorstand dabei anhand der in der Zuwendungsrichtlinie festgelegten Kriterien mit den Auflagen des Zustifters oder sonstiger Zuwender (z.B. Sponsor) sicher umgehen kann. Dadurch wird zugleich die Haftungsgefahr für ihn in diesem Zusammenhang zumindest stark verringert. Außerdem wird „automatisch" der Inhalt des Vermögenserhaltungsgrundsatzes konkretisiert:

- So wird beispielsweise zwangsläufig deutlich dokumentiert, dass eine bestimmte, der Stiftung zugewendete Immobilie zur Zweckerfüllung einzusetzen ist (Stichwort: „*Treffpunkt für …*"), d.h. nach dem „Zustifterwillen" nicht umgeschichtet werden darf.
- Sind etwa marktgängige Finanzinstrumente, die der Stiftung übertragen worden sind, mit einer Auflage zur Vermögensanlage versehen (Beispiel: Aktie, und zwar erneuerbare Energie), so ist für den Vorstand im Rahmen der zusätzlichen gesetzlichen Bedingungen des Gemeinnützigkeitsrechts jede Vermögensanlageentscheidung naturgemäß deutlich einfacher zu treffen. Selbst starke Schwankungen betreffender Aktien führen dann aber

176 Davon zu unterscheiden sind etwaige Richtlinien einer Stiftung dazu, nach welchen Kriterien sie fördert und Destinatären Mittel zuwendet.

177 Eine www-Recherche ergab nur dieses eine Ergebnis: http://www.hof.uni-frankfurt.de/de/Stiftungskodex.html (31.3.2012). Siehe dazu auch den durchaus kritischen Beitrag: http://www.faz.net/aktuell/feuilleton/forschung-und-lehre/richtungsstreit-in-frankfurter-rechtswissenschaften-institute-for-theorieschwund-11665460.html (31.3.2012).

auch nicht zwangsweise zu einer unverzüglichen Handlungsverpflichtung der Stiftungsorgane, sondern der Vorstand kann in Ruhe und mit Bedacht die weiteren Schritte planen.

Nicht vergessen werden darf angesichts der hier nur kurz skizzierten grundlegenden Punkte allerdings, dass sich auch die Zuwendungsrichtlinie wie die Anlagerichtlinie in einer permanenten Entwicklung befindet. Neue Sachverhalte können dazu führen, dass sich ein Änderungsbedarf ergibt."

Eine **unerlässliche Grundregel** ist, dass die Verwaltung des Stiftungsvermögens ausschließlich nach sachlichen Gesichtspunkten und Erwägungen zu erfolgen hat. Persönliche Interessen der Entscheidungsträger innerhalb der Stiftung und auch solche der Vermögensverwalter dürfen keine Rolle spielen. 125

Beispiel: Wenn eine als Vermögensverwalter eingesetzte Bank „eigene Produkte" in das Portfolio der Stiftung nimmt, müssen dafür objektive Gründe vorliegen und auch dokumentiert werden.

Formulierungsbeispiel aus der Praxis

einer Stiftung mit Sitz in Köln für **„Anlagen mit höherem Risiko und höheren Ertragserwartungen"** (Zitat aus den Anlagerichtlinien):

„Direktinvestition in Aktien (Einzelwerte) Entscheidungsparameter dafür:

1. Erwartete Dividendenrendite 20 % > „Rex Rendite 10 Jahre" (nach Kosten oder Steuern)
2. Mindestordervolumen: 5.000 EUR
3. Höchstgrenze je Einzelwert: 3 % des Grundstockvermögens
4. Aktie muss im DAX, MDAX, SDAX gelistet sein."

Jede auch nur potenzielle **Interessenkollision** eines zur Entscheidung berufenen Organmitglieds sollte vermieden, jedenfalls aber offengelegt und passend dokumentiert werden. Es ist allgemeinen Rechtsgrundsätzen folgend eine Selbstverständlichkeit, dass sich der Betreffende, auch wenn das nicht ausdrücklich in der Stiftungssatzung oder in einer Geschäftsordnung geregelt sein sollte, bei der Entscheidung enthält. Die Regelung in § 84b S. 2 BGB ist hier regelmäßig unzureichend, um Interessenkonflikte zu vermeiden (Rdn 4 ff.). 126

5. Umschichtungen

a) Zulässigkeit

Zu der Frage der Zulässigkeit von Umschichtungen im Grundstockvermögen enthielt das BGB bis zur Stiftungsrechtsreform keine Regelungen und auch nur wenige Landesstiftungsgesetze äußerten sich dahingehend, dass Vermögensumschichtungen nach den Regeln einer ordnungsgemäßen Wirtschaftsführung zuläs- 127 sig waren.[178] Unabhängig davon bestand aber weitgehende Einigkeit darüber, dass Vermögensumschichtungen **nach Maßgabe des Willens der stiftenden Person zulässig** oder bei entgegenstehenden Satzungsregelungen **oder** auf sonstige Weise zum Ausdruck gekommenem entgegenstehendem Stifterwillen eben **unzulässig** waren.

128 Daran hat sich nach neuem Recht **nichts geändert**. Die Formulierung in § 83c Abs. 1 S. 1 BGB, wonach das Grundstockvermögen in seinem Bestand zu erhalten ist, ist ausweislich der Begründung im Regierungsentwurf nicht im Sinne eines gegenständlichen Erhalts gemeint. Die Stiftungsorgane sind grundsätzlich befugt, die Zusammensetzung des Grundstockvermögens zu ändern.[179]

129 Auch der auf Anregung des Rechtsausschusses[180] eingefügte § 83c Abs. 1 S. 3 BGB stellt das mittelbar klar, indem er regelt, dass Gewinne aus Umschichtungen für die Zweckerfüllung eingesetzt werden können, *„soweit dies durch die Satzung nicht ausgeschlossen wurde und die Erhaltung des Grundstockvermögens gewährleistet ist"*.

130 Eine entsprechende Befugnis zur Umschichtung ausschließen kann im **Einzelfall** auch hier eine ausdrückliche Regelung oder der sonst zum Ausdruck gekommene oder auch der mutmaßliche Wille der stiftenden Person. Auch die konkrete Vermögensausstattung der Stiftung mit bestimmten Vermögensgegenständen kann insoweit wesentlich für die Beantwortung der Frage sein, ob im konkreten Fall eine Vermögensumschichtung zulässig ist.[181] Wer beispielsweise eine unternehmensverbundene Stiftung mit Aktien „seines" Unternehmens ausstattet, wird deren Verkauf auch bei einem Kursverlust zumindest nach seinem hypothetischen Stifterwillen gerade nicht wollen.[182]

131 Maßstab für die Zulässigkeit oder auch die Unzulässigkeit ist mithin weiterhin der entsprechende Wille der stiftenden Person. Sie kann **dauerhafte** oder auch **zeitlich begrenzte Veräußerungsverbote** festlegen.[183] Im Übrigen sind Umschichtungen im Grundstockvermögen, falls sich aus der Satzung oder nach dem Stifterwillen nicht etwas anderes ergibt, zulässig, wenn sie dem Sorgfaltsmaßstab einer ordnungsgemäßen Geschäftsführung entsprechen,[184] was i.d.R. der Fall ist,

---

178 § 4 Abs. 2 S. 1 Hs. 2 HmbStiftG a.F.; § 4 Abs. 2 S. 2 StiftG NRW a.F:, § 7 Abs. 2 S. 1 Hs. 2 LStiftG RP a.F.

179 BT-Drucks 19/28173, 56.

180 BT-Drucks 19/31118, 9.

181 Anschaulich Münch. Hdb. GesR V/*Schwake*, § 79 Rn 300.

182 Zur Vermögensumschichtung bei unternehmensverbundenen Stiftungen siehe bereits *Saenger/Veltmann*, ZSt 2005, 281.

183 Schauhoff/Mehren/*Mehren*, Stiftungsrecht nach der Reform, 2. Aufl. 2024, Kap. 7 Rn 78; *Burgard*, ZStV 2023, 159, 168.

184 Ermessensentscheidung, vgl. BoKo-StiftR/*Uffmann*, § 84a BGB Rn 111, dort auch Rn 122 zu einem Schema für einen Umschichtungsbeschluss.

wenn sie den Wert des Grundstockvermögens erhalten oder steigern, denn Zweck des Bestandsschutzes des Stiftungsvermögens ist es, die Ertragskraft der Stiftung und so die langfristige Verwirklichung des Stiftungszwecks zu gewährleisten.

Um Missverständnisse zu vermeiden, sollte der Stifter in der Stiftungssatzung 132
ausdrücklich festlegen, ob und in welchem Umfang Vermögensumschichtungen bei seiner Stiftung zulässig sein sollen. Für eine Stiftung, deren Vermögen aus verschiedenen Kunstgegenständen, einem Wertpapierdepot und einem vermieteten Wohnhaus besteht, hat *Wachter* folgende Satzungsregelung als anschauliches Beispiel vorgeschlagen:[185]

Formulierungsbeispiel: Vermögensumschichtung 133

Vermögensanlage und Vermögensumschichtung

(1) Die Bilder des Malers X dürfen von der Stiftung nicht veräußert werden.
(2) Die Veräußerung des Wohnhauses, X-Str. in Z, ist nur zulässig, um dadurch eine Enteignung oder eine enteignungsgleiche Maßnahme zu verhindern. In diesem Fall soll mit dem Veräußerungserlös eine inländische Wohn- oder Gewerbeimmobilie angeschafft werden.
(3) Die Veräußerung der Wertpapiere ist zulässig, wenn sie der langfristigen Sicherung der Ertragskraft der Stiftung dient. Der Veräußerungserlös muss nicht notwendigerweise wieder in Wertpapiere angelegt werden. Mittel- bis langfristig soll der Anteil der Wertpapiere am gesamten Stiftungsvermögen jedoch einen Anteil von 15 % nicht unterschreiten und einen Anteil von 40 % nicht überschreiten.

b) Verwendung von Zuwächsen aus der Umschichtung zur Zweckerfüllung

Nach § 83c Abs. 1 S. 3 BGB können *„Zuwächse aus der Umschichtung des* 134
Grundstockvermögens (...) für die Erfüllung des Stiftungszwecks verwendet werden, soweit dies durch die Satzung nicht ausgeschlossen wurde und die Erhaltung des Grundstockvermögens gewährleistet ist".

Hieraus folgt zunächst, dass bei einer Umschichtung **keine automatische Surrogation** erfolgt:[186] Das, was anstelle des bisher zum Grundstock gehörenden Vermögensgegenstandes erlangt wurde, tritt nicht automatisch im vollen Umfang an die Stelle des aus dem Grundstockvermögen ausgeschiedenen Vermögensgegenstandes. Vielmehr ist das abhängig davon, ob das Surrogat zum Erhalt des Grundstockvermögens im Sinne des Erhalts der Leistungskraft der Stiftung nach Maßgabe des Willens der stiftenden Person (siehe Rdn 92 ff.) benötigt wird oder nicht. Genügt nach dieser Maßgabe beispielsweise ein nominaler Werterhalt, so ist der Umschichtungsgewinn größer als bei einem realen Werterhalt.[187]

185 *Wachter*, Rote Seiten zu Stiftung & Sponsoring 6/2002, 4.
186 MüKo-BGB/*Weitemeyer*, § 83c Rn 18.
187 *Lorenz/Mehren*, DStR 2021, 1774, 1776.

135 Die Zuwächse ergeben sich sodann aus der **Saldierung** der so ermittelten Umschichtungsgewinne und -verluste. Das erfolgt buchhalterisch im Rahmen eines Postens „Umschichtungsergebnis".[188]

Oft ist auch mit Blick auf steuerbegünstigte Stiftungen und die Ausführungen im AEAO zu Umschichtungen[189] von „**Umschichtungsrücklage**" die Rede.[190] Nach Auffassung der Finanzverwaltung unterliegt dem Gebot der zeitnahen Mittelverwendung nicht das Vermögen, *„soweit es durch Umschichtungen innerhalb des Bereichs der Vermögensverwaltung entstanden ist (z.B. Verkauf eines zum Vermögen gehörenden Grundstücks einschließlich des den Buchwert übersteigenden Teils des Preises)"*.

Von der Finanzverwaltung und der Stiftungsaufsicht wird eine solche „Rücklage" unbefristet anerkannt. Innerhalb ihrer werden die Gewinne und auch Verluste aus der Umschichtung verbucht.[191]

136 Diesem Gedanken folgt nun auch die Regelung in § 83c Abs. 1 S. 3 BGB. Der Überschuss kann, ähnlich einer freien Rücklage, zur Zweckerfüllung verwendet werden, wenn er nicht zum Erhalt der Leistungskraft des Grundstockvermögens benötigt wird,[192] oder auch nach § 83b Abs. 2 Nr. 3 BGB dem Grundstockvermögen zugeschrieben werden.[193] Maßgeblich sind auch hier die **Stiftungssatzung** und der **Wille** der stiftenden Person. Vor einer Verwendung für die Zweckerfüllung ist allerdings auch zu prüfen, ob ein ausreichender „Puffer" für den **Ausgleich** etwaiger **zukünftiger Verluste** verbleibt.[194] In Zweifelsfällen raten wir hier zu einer vorherigen Abstimmung mit den örtlich zuständigen Behörden.

6. Satzungsmäßig zugelassener und vorübergehender Teilverbrauch

137 Nach § 83c Abs. 2 BGB kann in der Satzung selbst vorgesehen werden, dass ein Teil des Stiftungsvermögens ausnahmsweise für die Zweckerfüllung verbraucht werden darf. Das gilt allerdings nur **zeitlich begrenzt**, da die entsprechende Satzungsregelung auch eine Verpflichtung zur **Wiederaufstockung** des Grundstockvermögens um den verbrauchten Teil enthalten muss, und zwar „in absehbarer Zeit", wie es im Gesetz heißt.

138 Eine solche Regelung kann bei Stiftungserrichtung oder unter Beachtung der Vorgaben des § 85 BGB durch eine spätere **Satzungsänderung** eingefügt werden.

188 *Freidank*, DStR 2025, 730, 733.
189 AEAO Nr. 32 zu § 55 AO.
190 *Klaßmann*, ZStV 2016, 186.
191 *Burgard*, ZStV 2023, 159, 169.
192 Dazu anschaulich *Burgard*, ZStV 2023, 159, 169.
193 *Lorenz/Mehren*, DStR 2021, 1774, 1776.
194 *Burgard*, ZStV 2023, 159, 169.

Es stellt sich angesichts der Pflicht zur Wiederaufstockung die grundlegende Frage, in welcher Höhe ein solcher Teilverbrauch überhaupt in Betracht kommt. Ein Verbrauch birgt schließlich die Gefahr, dass damit auch die Fähigkeit zur Wiederaufstockung verloren geht. Es ist deshalb erforderlich, dass die Stiftungsorgane insbesondere eine dem Pflichtenmaßstab des § 84 Abs. 2 BGB entsprechende **Verbrauchs- und Wiederaufstockungsplanung** erstellen und diese entsprechend den weitern Abläufen und Umständen auch stets aktualisieren, da auch insoweit Pflichtverletzungen zu einer Haftung führen können.[195] Auch deshalb sollte die stiftende Person den Organmitgliedern in einer solchen Regelung und ggf. ergänzend in Anlagerichtlinien eine Orientierung geben, wie sie sich die Umsetzung eines solchen zeitlich begrenzten Teilverbrauchs praktisch vorgestellt hat. 139

Praktisch in Frage kommt eine solche Maßnahme vor allem bei finanziell gut aufgestellten Stiftungen, denn nur dann ist auch die Wiederaufstockung realistisch, bei der zudem ggf. die Vorgaben des Gemeinnützigkeitsrechts zu beachten sind.[196] I.d.R. wird es um die Umsetzung und Anschubfinanzierung größerer und länger geplanter Projekte gehen.[197] 140

7. Auf Antrag der Stiftung durch die Stiftungsbehörde zugelassene Ausnahme

In § 83c Abs. 3 BGB ist bestimmt, dass das Landesrecht eine Regelung vorsehen kann, wonach die Stiftungsbehörden *„auf Antrag einer Stiftung für einen bestimmten Teil des Grundstockvermögens eine zeitlich begrenzte Ausnahme von Absatz 1 Satz 1 zulassen können, wenn dadurch die dauernde und nachhaltige Erfüllung des Stiftungszwecks nicht beeinträchtigt wird"*. 141

Entsprechende Regelungen finden sich beispielsweise in § 7 Abs. 2 StiftG SH und § 4 HStiftG, wobei allerdings zweifelhaft ist, ob die dort genannten weiteren, über den Wortlaut des § 83c Abs. 3 BGB hinausgehenden Voraussetzungen angesichts des abschließenden Charakters des Stiftungsrechts des Bundes zulässig sind.[198]

Aus praktischer Sicht ist eine Regelung in der Satzung durch die stiftende Person selbst regelmäßig vorzugswürdig.

---

195 BoKo-StiftR/*Fritz/Werner*, § 83c BGB Rn 43.

196 Zu diesem Aspekt *Roth*, npoR 2021, 80, 83.

197 BT-Drucks 19/28173, 58. BoKo-StiftR/*Fritz/Werner*, § 83c BGB Rn 41 sprechen von einer „Art Rücklage mit vorgezogener Ausschüttung".

198 MüKo-BGB/*Weitemeyer*, § 83c Rn 35.

C. Mittelbeschaffung bei steuerbefreiten Stiftungen

142 In Zeiten eines „unsicheren und schwankenden" Kapitalmarktes rückt die Frage nach der Mittelbeschaffung für steuerbefreite Stiftungen noch mehr als bisher in den Mittelpunkt des Interesses.

I. Fundraising und Drittmittel

143 Wie mehrfach in diesem Buch angesprochen, sind die Mittel für Stiftungen vielfach durchaus knapp. Es mag zwar noch die Stiftungen geben, die genügend Vermögen haben, so dass es heißt: „Projekte: Ja. Spendenaufrufe. Nein".[199] Das dürfte aber die große Ausnahme sein. Alle anderen bemühen sich am Fundraisingmarkt und sammeln eben doch auch Spenden.

„Spendensammeln" ist ein altmodisches Stichwort. **„Fundraising"**[200] ist das moderne Stichwort, unter dem das Thema Mittelbeschaffung für gemeinnützige Stiftungen diskutiert wird. Es wird versucht, Mittel für die Stiftungsarbeit bei Einzelpersonen, Unternehmen und Institutionen einzusammeln, etwa über:

- Spenden (siehe § 9 Rdn 48 ff.)
- Stiftungsfonds (siehe § 2 Rdn 69 ff.)
- Zustiftungen (siehe § 3 Rdn 93 ff.)
- Treuhandstiftungen (siehe § 12)
- Förderstiftungen oder Fördervereine
- Unternehmen.[201]

144 **Nachgefragt: Fundraising als Einheitsbrei?**

Vor allem das **postalische Fundraising** einschließlich entsprechender Mails scheint sich immer mehr zu ähneln – egal, von wem es kommt.[202] Sofort in den Papierkorb damit – das dürfte ein oftmaliges Schicksal solcher einfallslosen Zusendungen sein.

Beim „Telefon-Fundraising", über das sich angeblich höchste Effektivitätsraten erzielen lassen, geht es ganz ähnlich zu. Am besten, man beendet solche

199 Überschrift eines lesenswerten Artikels von *Schneider* im Handelsblatt v. 21.7.2014, S. 16, zu einem Gespräch mit der „Milliardärswitwe Petra Herz" über deren Arbeit als Stiftungschefin.

200 Ausf. und grundlegend: *Urselmann*, Fundraising – Professionelle Mittelbeschaffung für gemeinwohlorientierte Organisationen, 8. Aufl. 2023; *Urselmann*, Handbuch Fundraising, 3. Aufl. 2024. Vgl. ferner *Jaenicke*, Fundraising von A–Z, 2025; *Stumpf*, Verbandsmanagement, 2022; *Berndt/Kreutter/Stolte*, Zukunftsorientiertes Stiftungsmanagement, 2018; *Heinemann*, Die Relevanz von Kennzahlen im Fundraising, 2014.

201 Achtung: Steuerliche Abgrenzung zwischen Spenden und Sponsoring beachten (siehe auch § 9 Rdn 179 ff.).

202 Siehe schon *Schiffer*, StiftungsBrief 2013, 142.

schulmäßigen Anrufe höflich und bestimmt immer nach ganz kurzer Zeit. Die Anrufe wirken meist wie eintrainiert. Das ist auch kein Wunder, werden doch ganz bewusst Musterdialoge gelehrt. Die persönliche Ansprache fehlt.

Die Stiftungen müssen aufpassen, dass es nicht zu einem eingepaukten Fundraising-Einheitsbrei kommt – auch weil „Fundraiser" typischerweise dieselben Lehrgänge besucht und dieselben Autoren gelesen haben, um anschließend das Gelernte oder Angelesene mehr oder weniger eins zu eins „nachzubeten". So werden Chancen vertan!

Man unterscheidet Projekt-Fundraising und allgemeines Fundraising für eine Stiftung. Direct-Mailing, Spendenwerbung per Telefon und das gezielte persönliche Ansprechen gewünschter Fundraising-Partner, aber auch **Benefizveranstaltungen**[203] sind wesentliche Wege der Mittelbeschaffung. Was aus Sicht der Stiftung einfach nur „Sponsoring" ist, ist aus der Sicht der Partner-Unternehmen der Stiftung „Sales Promotion". Das werden sich die Verantwortlichen in einer Stiftung, die Mittel über einen Sponsoring-Ansatz beschaffen wollen, verdeutlichen, wenn sie ihr Konzept erarbeiten. Unerlässlich für die erfolgreiche Mittelbeschaffung ist eine **Gesamtstrategie**, bei der heute regelmäßig erfahrene Spezialisten beraten. Nicht erst der „UNICEF-Fall" zeigt, welche Probleme sich in der Praxis ergeben können. Von es gut meinenden Laien nicht erkannte **„Steuerfallen"** können auch hier die Gemeinnützigkeit gefährden.[204] Wegen weiterer Einzelheiten wird auf die für diesen Abschnitt zitierte Literatur verwiesen. 145

Michael Urselmann, Professor für Sozialmanagement mit dem Schwerpunkt Fundraising, Bonn: **Erhöhung des Stiftungskapitals durch Fundraising** 146
„Zahlreiche kleinere Stiftungen wurden bei Errichtung mit einem Vermögen ausgestattet, das ihnen insbesondere in Zeiten niedriger Kapitalmarktzinsen nur geringe Erträge beschert. Gerade in diesen Fällen (aber natürlich auch, wenn eine Stiftung bereits mit einem größeren Vermögen ausgestattet wurde) kann versucht werden, das Anfangsvermögen oder ein bereits aufgestocktes Grundstockvermögen durch Fundraising (weiter) aufzustocken, um den Stiftungszweck noch besser verwirklichen zu können.
Unter Fundraising soll hier die *systematische* Analyse, Planung, Durchführung und Kontrolle sämtlicher Aktivitäten einer *steuerbegünstigten Organisation* (in diesem Fall einer steuerbegünstigten Stiftung) verstanden werden, welche darauf abzielen, *alle benötigten Ressourcen* (Geld-, Sach- und Dienstleistungen) durch eine konsequente Ausrichtung an den *Bedürfnissen der Ressourcenbereitsteller* (Privatpersonen, Unternehmen, Stiftungen, öffentliche Institutionen) *zu möglichst geringen Kosten* zu beschaffen.

203 Hier wird in der Praxis nicht ganz selten die Künstlersozialabgabe übersehen, siehe dazu *Holthaus*, ZStV 2012, 166 ff.

204 Siehe etwa *Manteuffel*, Stiftungswelt 2/2014, 79; siehe auch § 9 Rdn 179 ff. (Sponsoring).

Ziel des Fundraisings ist also, zusätzlich zum Stifter weitere Ressourcenbereitsteller zu mobilisieren. Das wohl prominenteste Beispiel dafür dürfte die „Bill & Melinda Gates Foundation" sein, der es gelang, mit Warren Buffet einen milliardenschweren Zustifter zu gewinnen. Voraussetzung ist freilich, dass eine Stiftung weiteren (potenziellen) Ressourcenbereitstellern überhaupt bekannt ist und deren Vertrauen genießt. Beides setzt wiederum Kommunikation (am besten in Form von Dialog, nicht Monolog) voraus – was wiederum Kosten verursacht, die minimiert werden müssen.

Bezogen auf die wichtigste Gruppe von Ressourcenbereitstellern, die Privatpersonen, bedeutet Fundraising, durch Dialog systematisch ein Vertrauensverhältnis bzw. eine Beziehung aufzubauen (*Ken Burnett* spricht deshalb auch von **„Relationship Fundraising"**), das aus Interessenten am Satzungszweck einer Stiftung Erstspender bzw. Zustifter macht. Im Sinne des Modells der sog. **Spenderpyramide** wird im Fundraising anschließend versucht, aus Erstspendern Schritt für Schritt Mehrfachspender, Dauerspender, Großspender oder gar Testamentsspender zu machen. Eine systematische Darstellung dieses sog. „Upgradings" findet sich bei *Urselmann*: Fundraising – Professionelle Mittelbeschaffung für steuerbegünstigte Organisationen.[205]"

147 In diesem Zusammenhang stoßen wir vermehrt auf den Begriff **„Drittmittel"**.[206] Das ist ein Schlagwort für solche Mittel, die in der Praxis in der Vergangenheit vor allem von Hochschulen insbesondere zur Förderung von Forschung und Entwicklung sowie des wissenschaftlichen Nachwuchses und der Lehre zusätzlich zum regulären Haushalt von öffentlichen Stellen, Unternehmen oder privaten Personen „geworben" werden. Sie können der Hochschule selbst, einer ihrer Einrichtungen (Fakultäten, Fachbereiche, Institute) oder auch einzelnen Wissenschaftlern zur Verfügung gestellt werden. Es sind in der Praxis Geld-, Sach- oder sonstige Leistungen. Tatsächlich sind es oftmals Sponsoringleistungen, oder Spenden oder Erbschaften, die i.d.R. zweckgebunden (Auflage) gegeben werden. Man kann sagen, dass aktuell beinahe alle NPOs auf der Suche nach Drittmitteln, Projektmitteln etc. sind.

Dr. Martina Krechel-Engert – ehemals Geschäftsführung, jetzt Stiftungsrätin der Bonner Universitätsstiftung zum Thema: **Einwerbung von Drittmitteln**
Die Einwerbung von Drittmitteln zur Förderung von Forschung und Lehre gehört schon seit Jahren zum Alltag der Universitäten. Neben den steuerlichen Vorteilen bietet eine Universitätsstiftung insbesondere die Möglichkeit eine Brücke zwischen Förderern/Sponsoren und der Universität zu bauen und so Türen in die eine, wie auch in die andere Richtung zu öffnen. Durch eine Universitäts-Dachstiftung werden diese Vorteile gesteigert. Für Unternehmen

205 8. Aufl. 2023.
206 Überblick etwa bei *Preuß*, Drittmittel für die Forschung, 2017.

wie Privatpersonen eröffnet sich durch die Option der Gründung eines eigenen Fonds die Möglichkeit zur gezielten Förderung von Forschung und Lehre. Die Scheu, Projekte zu definieren und sich zu erkundigen, ob sich diese Projekte mit den Forschungsgebieten der Wissenschaftler decken, wird deutlich gemindert. Der direkte Dialog zwischen Wissenschaft und Öffentlichkeit wird gefördert und die Bedeutung der universitären Arbeit für die Gesellschaft wird sichtbar und greifbar. Auf diese Weise wird die Universität in der Öffentlichkeit viel stärker als bisher – neben anderen Non Profit Organisationen – als förderwürdige und dienstleistungsorientierte Institution zum Nutzen von Forschung und Lehre wahrgenommen.

Auch das **EU-Beihilfenrecht** ist zunehmend ein Thema für Stiftungen, um Mittel 148
für ihre Projekte zu generieren.[207]

II. Sponsoring im Speziellen

Ein geradezu verwässertes Stichwort zur Mittelbeschaffung ist „**Sponsoring**“. 149
Was wird in der Praxis nicht alles unter diesem Begriff verstanden? Wohl beinahe jede Mittelzuführung in den gemeinnützigen Bereich vor allem aus der Unternehmenswelt, wo lange Zeit der Gedanke der „**Corporate Social Responsibility**“ gelebt wurde.[208] Selbst die Fachleute aus den entsprechenden Abteilungen von Großunternehmen verwenden den Begriff oftmals unkonkret und verwirren damit ihre Gesprächspartner. Diese **Begriffsverwirrung** ist in der Praxis nur dann unerheblich, wenn die betroffenen Stiftungsorgane auf der einen Seite und der „Sponsoring-Partner“ auf der anderen Seite die steuerlichen Rahmenbedingungen einhalten. Diese sind allerdings nicht ganz einfach und sind an anderer Stelle ausführliches Thema in diesem Buch (siehe § 9 Rdn 179 ff.).[209]

D. Der Arbeitsplatz in einer Stiftung

I. Die Stiftung als Arbeitgeberin

Stiftungen sind auch Arbeitgeberinnen.[210] *Sandberg* hat sich in den 2010er-Jahren 150
um das Thema „Arbeiten in Stiftungen“ mit ihren dazu durchgeführten Forschungsprojekten und veröffentlichten Studien verdient gemacht, uns neue empi-

207 Siehe *Ritter*, StiftungsBrief 2012, 114.

208 Siehe etwa *Lin-Hi*, Die Erste Seite, BB 45/2014: „Versprechen sind zu halten!“; siehe dazu etwa https://www.csr-in-deutschland.de/.

209 Eingehender Überblick auch bei *v. Maydell*, npoR 2019, 250.

210 Näher Werner/Saenger/Fischer/*Fischer*, § 22 Rn 1 ff.; Münch. Hdb. GesR V/*Schwarz van Berk/Fischer*, § 100 Rn 1 ff.; Schauhoff/Kirchhain/*Tötter*, Handbuch der Gemeinnützigkeit, § 15 Rn 1 ff.

rische Erkenntnisse geliefert und das Arbeits- und Berufsfeld Stiftung aus „wissenschaftlichen und anwendungsorientierten“ Blickwinkeln ausgelotet.[211] Leider ist ihre Arbeit bisher nicht wieder aufgegriffen und fortgesetzt worden, und so verbleibt der Arbeitsmarkt „Stiftungswesen“ in vielen Aspekten weiterhin überdurchschnittlich intransparent.[212]

151 Stiftungen werden von Arbeitnehmenden zwar durchaus als attraktiv wahrgenommen, macht es doch Freude und bringt Zufriedenheit, Gutes zu tun. Aber in der Praxis haben nicht wenige Stiftungen mit **Personalproblemen** zu kämpfen. Das betrifft sowohl die Führungsebenen als auch die Verwaltungs- und Projektebenen. Nicht ganz selten kommt es gerade auch im Stiftungsbereich vor, dass **mangelnde Professionalität** auf der **Führungsebene** zu Unsicherheiten und Frustrationen bei den Beschäftigten führt und das in der Folge zu einer erhöhten personellen Fluktuation in der Stiftung. Auch hier gilt, dass der gute Zweck allein noch bei weitem nicht genügt, um die für die Stiftung tätigen Personen auf Dauer zu motivieren. Zu einer dauernden und nachhaltigen Verwaltung und Verwendung der Mittel der Stiftung durch die Organe gehört eben auch ein entsprechend wertschätzender Umgang mit ihren personellen „Mitteln“.

152 Bei personalintensiven Stiftungen, die vor allem über Fach- und Führungskräftemangel klagen, sind Personalprobleme fast der Normalfall.[213]

Es stellen sich solche Fragen wie:[214]
- Welche Tätigkeitsfelder und Qualifizierungsmöglichkeiten gibt es?
- Wie können Karrierepfade aussehen?
- Was gehört zu einem strategischen Personalmanagement?
- Wie gelingt es Stiftungen, motivierte und kompetente Mitarbeiter zu gewinnen?
- Und was macht erfolgreiche Personalentwicklung für Stiftungen aus?

153 Dazu liefert *Sandbergs* Schrift empirische Befunde und gibt Handlungsempfehlungen für eine Professionalisierung im Arbeitsfeld „Stiftung“ insbesondere zu den folgenden Themen:
- Das Stiftungswesen als Arbeitsmarkt

---

211 Ausf. *Sandberg* (Hrsg.), Arbeitsplatz Stiftung – Karrierewege im Stiftungsmanagement (Personalmanagement in Stiftungen Bd. 3), 2014, und dort insb. *Sandberg*, S. 13 ff.; siehe dazu auch die Rezension von *Schiffer* auf www.stiftungsrecht-plus.de in der Rubrik „Für Sie gelesen“ v. 20.6.2014. Leider sind ihre grundlegenden Studien inzwischen bereits älteren Datums. Es wäre Zeit für ein Update. Zum Thema „Stiftungen und Arbeitsrecht“ siehe auch das Interview mit Rechtsanwalt *Trieb* aus 6/2014 auf www.stiftungsrecht-plus.de.

212 Vgl. auch die Einschätzung von Werner/Saenger/Fischer/*Fischer*, § 22 Rn 9: „Forschungslücke Stiftungsarbeitsrecht“. Für einen statistischen Überblick Stand 2019 vgl. Werner/Saenger/Fischer/*Mecking*, § 5 Rn 51.

213 Siehe schon Sandberg/*Sandberg*, Arbeitsplatz Stiftung, 2014, S. 25 ff.; *Mecking*, StiftungsBrief 2013, 33.

214 Siehe die einzelnen Beiträge in *Sandberg* (Hrsg.), Arbeitsplatz Stiftung, 2014.

- Beschäftigungsverhältnisse in Stiftungen
- Der US-amerikanische Arbeitsmarkt Stiftungen
- Tätigkeitsfelder in der administrativen Stiftungsarbeit
- Stiftungsmanager
- Projektmanager
- Kommunikationsmanager
- Fundraising-Manager
- Aus- und Weiterbildung für die Stiftungsarbeit
- Berufseinstieg in das Stiftungswesen
- Stiftungsinterne Personalentwicklung
- Weiterbildung im Stiftungssektor
- Führungskräfteentwicklung.

Auch im Übrigen stellen sich der Stiftung als Arbeitgeberin die insoweit typischen Fragen, also neben dem Arbeitsrecht auf Ebene der Organe[215] und der Mitarbeitenden[216] beispielsweise auch solche des Betriebsverfassungsrechts und Tendenzschutzes[217] sowie des Sozialrechts (zu diesem siehe Rdn 156 ff.). Die Stiftung ist Arbeitgeberin und Auftraggeberin – was alle damit zusammenhängenden Abgrenzungsfragen mit sich bringt. 154

Die Stiftung ist als Arbeitgeberin beispielsweise an das am 1.1.2015 in Kraft getretene **Mindestlohngesetz (MiLoG)** gebunden. Es stellen sich deshalb Fragen danach, wem von den in einer Stiftung Beschäftigten ein Mindestlohn zu zahlen ist. Ehrenamtlich tätige Personen fallen beispielsweise nicht unter den Schutzbereich des MiLoG, Personen, die ein Praktikum absolvieren, dagegen nach § 22 Abs. 1 S. 2 MiLoG grundsätzlich schon, wenn nicht eine der Ausnahmen nach § 22 Abs. 1 S. 2 Nr. 1–4 MiLoG greift.[218] 155

II. Insbesondere Sozialversicherungspflicht

1. Problemstellung

Gerade in Stiftungen sind das Denken und das Arbeiten in Projekten sehr häufig anzutreffen. Wenn sich dann ein Projekt an das andere reiht und immer wieder dieselben **„freien Mitarbeitenden"** beauftragt werden, wird die **Abgrenzungsfrage** zwischen sozialversicherungspflichtiger abhängiger Beschäftigung einer- 156

215 Münch. Hdb. GesR V/*Schwarz van Berk/Fischer*, § 100 Rn 1 ff.; Schauhoff/Kirchhain/*Tötter*, Handbuch der Gemeinnützigkeit, § 15 Rn 1 ff.

216 Münch. Hdb. GesR V/*Schwarz van Berk/Fischer*, § 100 Rn 48 ff.; Schauhoff/Kirchhain/*Tötter*, Handbuch der Gemeinnützigkeit, § 15 Rn 70 ff.

217 Münch. Hdb. GesR V/*Schwarz van Berk/Fischer*, § 100 Rn 69 ff.

218 Ausf. *Grambow*, ZStV 2015, 51.

seits und sozialversicherungsfreier selbstständiger Tätigkeit virulent.[219] Diese Abgrenzungsfrage stellt sich aber nicht nur in der Projektarbeit, sondern für Arbeitskräfte der Stiftung allgemein[220] und zudem in den vergangenen Jahren auch verstärkt auf der Ebene der **Stiftungsorgane.**[221]

2. Die Kriterien des Bundessozialgerichts im Überblick

157 Wir wollen im Folgenden die vom BSG in ständiger Rechtsprechung angelegten Kriterien zumindest in ihren Grundzügen skizzieren, um Stiftungen, die sich mit der Frage nach der sozialversicherungspflichtigen Einordnung eines Vertragsverhältnisses beschäftigen, eine erste Orientierung zu ermöglichen.

a) Nichtselbstständige und selbstständige Arbeit

158 Nach dem einschlägigen § 7 Abs. 1 SGB IV ist unter einer Beschäftigung *„eine nichtselbstständige Arbeit, insbesondere in einem Arbeitsverhältnis"* zu verstehen. *„Anhaltspunkte für eine Beschäftigung sind eine Tätigkeit nach **Weisungen** und eine **Eingliederung** in die Arbeitsorganisation des Weisungsgebers"*, so der Gesetzestext weiter.

Auf Basis dieser gesetzlichen Vorgaben stellt das BSG in seiner ständigen Rechtsprechung darauf ab, *„dass der Arbeitnehmer vom Arbeitgeber persönlich abhängig ist"*, was insbesondere dann der Fall sein soll, wenn die betroffene Person einem *„Zeit, Dauer, Ort und Art der Ausführung umfassenden Weisungsrecht des Arbeitgebers unterliegt"*. Das ist vor allem für den Bereich der Honorarkräfte ein entscheidendes Kriterium.

Bei **Diensten höherer Art**, so die Rechtsprechung weiter, kann diese Weisungsgebundenheit *„eingeschränkt und zur ‚funktionsgerecht dienenden Teilhabe am Arbeitsprozess' verfeinert sein"*,[222] was wiederum bei der sozialversicherungsrechtlichen Beurteilung der Tätigkeit von Stiftungsorganen zum Tragen kommt.

159 Gegenüber einer Beschäftigung zeichnet sich eine selbstständige Tätigkeit dagegen *„vornehmlich durch das eigene Unternehmerrisiko, das Vorhandensein einer eigenen Betriebsstätte, die Verfügungsmöglichkeit über die eigene Arbeitskraft und die im Wesentlichen frei gestaltete Tätigkeit und Arbeitszeit"* aus.

---

219 Siehe dazu schon *v. Medem*, DStR 2013, 1436. In diesem Problem hatte sich z.B. die Heinrich Böll Stiftung, Berlin, verfangen, siehe http://www.arbeit-und-arbeitsrecht.de/urteile/unerlaubte-arbeitnehmerueberlassung-bei-der-heinrich-boell-stiftung/2013/09/17 (abgerufen am 16.4.2026).

220 Siehe etwa SG Mannheim, Urt. v. 2.10.2013 – S 8 R 1769/12 (Versicherungspflicht für Museumsmitarbeitende); dazu *Ritter*, StiftungsBrief 2014, 193.

221 BSG, Urt. v. 23.2.2021 – B 12 R 15/19, ZStV 2022, 228 m. Anm. *Engel*. Zum Ganzen vgl. auch *Rinckhoff*, ZStV 2022, 95; zuvor bereits *Küstermann*, npoR 2011, 37.

222 Zitiert nach BSG, Urt. v. 23.2.2021 – B 12 R 15/19 R, ZStV 2022, 228.

„Ob jemand beschäftigt oder selbstständig tätig ist, richtet sich danach, welche Umstände das Gesamtbild der Arbeitsleistung prägen, und hängt davon ab, welche Merkmale überwiegen."[223]

b) Die (Un-)Maßgeblichkeit schriftlicher Vereinbarungen

Ein in der Praxis bei den Beteiligten immer wieder anzutreffendes **Missverständnis** betrifft die Bedeutung schriftlicher Vereinbarungen für die Beurteilung des sozialversicherungsrechtlichen Status. Zu oft wird vor allem die Papierform als ausschlaggebend betrachtet und dem Irrglauben angehangen, es genüge, eine „formularmäßige" Vereinbarung mit den „richtigen" Formulierungen zu verwenden, um eine **„rechtssichere" Vereinbarung** zu treffen. 160

Die **Rechtsprechung** geht auch hier sehr viel **differenzierter** an die Sache heran: Zur Ermittlung des für die Beurteilung relevanten Sachverhalts, so heißt es in den einschlägigen Entscheidungen des BSG, ist von dem *„Inhalt der zwischen den Beteiligten getroffenen Vereinbarungen auszugehen, den die Verwaltung und die Gerichte konkret festzustellen haben. Liegen schriftliche Vereinbarungen vor, so ist neben deren Vereinbarkeit mit zwingendem Recht auch zu prüfen, ob mündliche oder konkludente Änderungen erfolgt sind. Schließlich ist auch die Ernsthaftigkeit der dokumentierten Vereinbarungen zu prüfen."*[224] 161

Mit anderen Worten: Es ist zu prüfen, was die Vertragsparteien **tatsächlich vereinbart** und **tatsächlich gewollt** haben. Dabei bildet eine etwaig vorliegende schriftliche Vereinbarung zwar den Ausgangspunkt der Beurteilung. Entscheidend ist aber auch hier die tatsächliche Handhabung in der Praxis zwischen Auftraggeber und Auftragnehmer, also Stiftung und Honorarkraft oder Stiftung und Organmitglied, die zu einem von dem schriftlich vereinbarten abweichenden Vertragsinhalt führen kann. Schließlich können schriftliche Vereinbarungen auch einen vom tatsächlich Gewollten und der gelebten Praxis abweichenden Inhalt haben oder auch rein zum Schein getroffen worden sein.

c) Keine Verallgemeinerung von Entscheidungen – Abwägung im Einzelfall

Ein ebenfalls in der Praxis immer wieder anzutreffendes Phänomen ist die nicht zuletzt durch die Beratungszunft befeuerte Tendenz, bestimmte Entscheidungen des BSG über den Einzelfall hinaus zu typisieren und als Anlass für immer neue **Besorgnis** darzustellen, ganz nach dem Motto: „BSG verschärft Rechtsprechung – Das müssen Sie jetzt tun!" 162

Dabei stellt das BSG selbst immer wieder ausdrücklich fest, dass es auf den Einzelfall ankommt: *„Erst auf der Grundlage der so getroffenen Feststellungen über den (wahren) Inhalt der Vereinbarungen ist eine wertende Zuordnung des*

---

223 Zitiert nach BSG, Urt. v. 28.6.2022 – B 12 R 3/20 R, Rn 11.
224 Zitiert nach BSG, Urt. v. 28.6.2022 – B 12 R 3/20 R, Rn 12.

Rechtsverhältnisses zum Typus der Beschäftigung oder selbstständigen Tätigkeit vorzunehmen und in einem weiteren Schritt zu prüfen, ob besondere Umstände vorliegen, die eine hiervon abweichende Beurteilung notwendig machen", so das Gericht wörtlich.[225]

Das gilt auch für die im Folgenden dargestellten Entscheidungen des BSG. Es ist davor zu **warnen**, diese oder andere Entscheidungen des BSG sozusagen „pars pro toto" zu nehmen und in allen auch nur ansatzweise ähnlich gelagerten Sachverhalten pauschal von einer Sozialversicherungspflicht auszugehen oder diese zu verneinen. Das BSG selbst hat es ob dieser Tendenz für notwendig erachtet, ausdrücklich zu betonen, dass es stets auf eine **Einzelfallbetrachtung** ankommt und eine gefestigte Rechtsprechung im Sinne einer stets gleich ausfallenden Beurteilung bestimmter Sachverhalte und Tätigkeiten gerade nicht existiert.[226]

163 Dieser Hinweis gilt nicht nur für die Beratungszunft, sondern auch ausdrücklich für die Beurteilung durch die Clearingstelle der Deutschen Rentenversicherung Bund im Rahmen des von ihr durchgeführten **Statusfeststellungsverfahrens**. Denn auch dort ist leider allzu oft eine **Tendenz zur Verallgemeinerung** und schematischen Wiedergabe von Rechtsprechungszitaten ohne wirkliche Betrachtung und Wertung der Besonderheiten des Einzelfalls festzustellen.[227]

3. Honorarkräfte

164 Der Einsatz freiberuflicher Honorarkräfte im Rahmen der Zweckerfüllung von Stiftungen ist tägliche Praxis. Sie können beispielsweise im Bereich der sozialen Arbeit, im Gesundheitswesen oder bei der Vermittlung von Bildung als Hilfspersonen nach § 57 Abs. 1 S. 2 AO tätig werden.

Im Bereich der Musikbildung angesiedelt war die „**Herrenberg-Entscheidung**" des BSG aus dem Jahr 2022,[228] die für einige Unsicherheit nicht nur bei Bildungseinrichtungen gesorgt hat. Diese Entscheidung prägt die aktuelle Praxis insbesondere auch im Rahmen der von der Deutschen Rentenversicherung durchgeführten **Statusfeststellungsverfahren**. Der zugrunde liegende **Sachverhalt** dürfte in seinen wesentlichen Grundzügen für viele gemeinnützige Einrichtungen **typisch** sein.

---

225 Zitiert nach BSG, Urt. v. 28.6.2022 – B 12 R 3/20 R, Rn 12.

226 So ausdrücklich etwa Pressemitteilung des BSG: https://www.bsg.bund.de/SharedDocs/Pressemitteilungen/DE/2024/2024_31.html (abgerufen am 16.4.2026) zu BSG, Urt. v. 5.11.2024 – B 12 BA 3/23 R (Tätigkeit als Dozent an einer VHS).

227 In diese Richtung mag auch die Urteilsbegründung des SG Münster zu seinem Urt. v. 20.11.2025 – S 14 BA 13/25 zu lesen sein: „Allerdings folgt die Kammer hier in diesem besonders gelagerten Einzelfall aufgrund eigener fester Überzeugungsbildung (§ 128 SGG) nicht – abweichend von den angefochtenen Bescheiden – strikt schematisch und schlicht wiederholend der o.g. Rechtsprechung."

228 BSG, Urt. v. 28.6.2022 – B 12 R 3/20 R.

Herrenberg-Entscheidung – typischer Sachverhalt auch für gemeinnützige Stiftungen 165

Eine städtische Musikschule hatte mit einer Musiklehrerin mehrere aufeinanderfolgende Einjahresverträge über die persönliche Erbringung von Musikunterricht durch die Lehrerin in den Räumen der Musikschule unter Nutzung der dortigen Instrumente abgeschlossen. Diese Verträge enthielten ferner Regelungen über das Honorar, den Ausfall von Stunden sowie die Erteilung des Unterrichts auf der Basis der Rahmenlehrpläne des Verbandes deutscher Musikschulen (VdM). Ferner musste sich die Lehrerin an die zeitlichen Vorgaben der Musikschule halten und beispielsweise auch mindestens einmal im Jahr Schülervorspiele durch Proben vorbereiten und durchführen sowie *„jeweils zweimal im Jahr an Gesamtlehrer- und Fachbereichskonferenzen teilnehmen, wofür sie eine gesonderte Vergütung erhielt"*. Außerdem enthielt der Vertrag Regelungen zur Pflicht der Musiklehrerin, *„Einkommensteuer abzuführen und für die Krankenversicherung sowie Altersvorsorge selbst Sorge zu tragen. Entgeltfortzahlung im Krankheitsfall sowie Urlaubsansprüche wurden ausgeschlossen. Ein Arbeitsverhältnis sollte nicht begründet werden."*

Vergleichbare Honorarverträge finden sich in den verschiedensten Bereichen, in denen auch gemeinnützige Stiftungen tätig sind. Denken ließe sich neben der Arbeit im Bildungsbereich beispielsweise an die Arbeit von Honorarkräften in der Jugendhilfe, die in einem von einer Stiftung betriebenen Jugendzentrum tätig sind, oder an Honorarkräfte, die einen Schüleraustausch oder die Arbeit in Umweltprojekten betreuen.

Es ist nicht nur für den Bildungssektor von erheblicher Bedeutung, auf Basis welcher Kriterien das BSG in seiner Herrenberg-Entscheidung eine abhängige und damit sozialversicherungspflichtige Beschäftigung bejaht und unter welchen Umständen eine selbstständige Tätigkeit anzunehmen ist. Wir wollen im Folgenden zumindest die Grundzüge dieser Entscheidung skizzieren, um Stiftungen eine erste Orientierung zu ermöglichen.

Im konkreten Sachverhalt hat das BSG die Sozialversicherungspflicht bejaht. Für 166
die erforderliche Weisungsgebundenheit genügte die Abhängigkeit von einem Lehrplan allein jedoch noch nicht.[229] Erst das Hinzutreten **konkreter Weisungsbefugnisse** und die **Einbindung** der Musiklehrerin in die **Organisationsabläufe** der Musikschule führten zur Annahme einer abhängigen Beschäftigung.

Auch der Umstand, dass die Beteiligten ausweislich der schriftlichen Vereinbarung erkennbar eine selbstständige Tätigkeit vereinbaren wollten, hinderte nach Wertung des BSG diese Annahme nicht, da die **gelebte Praxis** eine andere war: Die Dienstleistung war von der Eingliederung in die Ordnung eines fremden Betriebs geprägt und die vorhandenen Freiräume bei der Gestaltung der Tätigkeit

229 BSG, Urt. v. 14.3.2018 – B 12 R 3/17 R.

reichten nicht aus, um die Dienstleistung insgesamt als eine unternehmerische einzuordnen.[230]

167 Für Stiftungen folgt daraus, dass sie im Einzelfall genau abwägen müssen, wie sie Honorarkräfte in ihre Projektarbeit einbinden. **Inhaltliche Vorgaben** und **Zielvereinbarungen** für die beauftragte Tätigkeit allein genügen beispielsweise i.d.R. noch nicht, um eine Weisungsgebundenheit und damit eine abhängige Beschäftigung zu bejahen. Hierbei handelt es sich vielmehr meistens um Konkretisierungen der geschuldeten Dienstleistung.

Illustriert an einem Beispiel: Bittet eine Stiftung mit dem Zweck Völkerverständigung eine Honorarkraft darum, einmalig ein Konzept für eine Bildungs- und Austauschreise von Jugendlichen aus verschiedenen europäischen Ländern zu erarbeiten, das nach den Vorgaben der Satzung bestimmte Kriterien erfüllen soll, so ist das eine selbstständige Tätigkeit, wenn die Vorgaben ausreichend Spielraum für eine eigenständige Arbeitsleistung bieten und die Honorarkraft diesen Auftrag in Eigenregie mit ihren eigenen Arbeitsmitteln ausführt.

Wenn eine Honorarkraft aber in derselben Stiftung dauerhaft und nach bestimmten inhaltlichen Vorgaben sowie zu vorgegebenen Zeiten Jugendgruppen betreut, so liegt die Annahme einer abhängigen Beschäftigung sehr viel näher.

4. Mitglieder von Stiftungsorgangen

168 Neben der Sozialversicherungspflicht von Honorarkräften ist auch die **Führungsebene juristischer Personen** in den letzten Jahren vermehrt in den Fokus der Sozialversicherungsträger gerückt und auch zu Stiftungen mehrt sich die Zahl der Statusfeststellungsverfahren und in der Folge auch die der Gerichtsentscheidungen.[231] Auch hier wird geprüft, ob Mitglieder eines Stiftungsorgans als Beschäftigte der Stiftung i.S.d. § 7 Abs. 1 SGB IV tätig und damit sozialversicherungspflichtig sind.

Was heißt das beispielsweise für den Vorstand einer Stiftung? Da es in aller Regel der Vorstand einer Stiftung ist, der ihre Geschäfte führt, etwaigen Angestellten Weisungen erteilt und die Arbeitsorganisation innerhalb der Stiftung gestaltet, liegt zumindest auf den ersten Blick der Schluss nahe, dass die Mitglieder des Vorstands einer Stiftung keine Beschäftigten der Stiftung i.S.d. § 7 Abs. 1 SGB IV sind.

---

230 BSG, Urt. v. 28.6.2022 – B 12 R 3/20 R.

231 BSG, Urt. v. 23.2.2021 – B 12 R 15/19 R, ZStV 2022, 228 m. Anm. *Engel*. Dazu auch *Plate-Godeffroy*, npoR 2022, 260; *Rinckhoff*, ZStV 2022, 95. LSG Nordrhein-Westfalen, Urt. v. 31.1.2025 – L 22 BA 89/24, RFamU 2025, 401 (Stifterin und Vorständin mit Vetorecht einer Familienstiftung als Geschäftsführerin der von der Familienstiftung gehaltenen GmbH); SG Münster, Urt. v. 20.11.2025 – S 14 BA 13/25 (Vorstände einer gemeinnützigen Stiftung mit hauptamtlicher ausführender Geschäftsführung).

Führen wir uns allerdings vor Augen, dass auch die Mitglieder des Stiftungsvorstands sich an bestimmte Vorgaben zu halten haben – beispielsweise die Vorgaben der Satzung, eines Stiftungsrats, der Mehrheitsentscheidung durch die anderen Vorstandsmitglieder –, so mag die Wertung nicht mehr ganz so eindeutig ausfallen.

Ein **Vergleich** mit der **Geschäftsführung einer GmbH** illustriert das Ganze 169
zusätzlich: Das BSG ordnet eine Fremd-Geschäftsführung, die über keine eigene Kapitalbeteiligung verfügt, stets unter den Beschäftigungsbegriff des § 7 Abs. 1 SGB IV ein. Mangels Beteiligung am Kapital der Gesellschaft ist ihr eine Mitwirkung an der Willensbildung in der Gesellschafterversammlung nicht möglich und beispielsweise kann sie unliebsame Beschlüsse nicht verhindern, vielmehr ist sie zu deren Umsetzung verpflichtet.[232] Für die Geschäftsführung eines Vereins oder einer Stiftung (besonderer Vertreter, vgl. §§ 84 Abs. 5, 30 BGB) gilt das entsprechend.[233]

Die oben (Rdn 157 ff.) skizzierten Bewertungsmaßstäbe für die Einordnung als 170
Beschäftigung gelten, so das BSG, auch für die Mitglieder der Organe juristischer Personen und insbesondere auch **Vorstandsmitglieder einer Stiftung können** nach diesen Maßstäben als **Beschäftigte** i.S.d. § 7 Abs. 1 SGB IV tätig sein.[234]

Der Umstand, dass der Vorstand einer juristischen Person gegenüber deren anderen Beschäftigten die Arbeitgeberfunktion ausübt, ist nur für das Arbeitsrecht von Bedeutung, so das BSG, und steht der sozialversicherungspflichtigen Einordnung einer Vorstandstätigkeit als Beschäftigung nicht entgegen.

Ferner ist auch die für Vorstandmitglieder einer AG geltende Regelung des § 1 S. 3 SGB VI, wonach diese nicht Beschäftigte der AG sind, die sie vertreten, nicht auf andere juristische Personen anwendbar.

Die Zuordnung ist, so das BSG, auch hier bei den Organmitgliedern juristischer Personen davon abhängig, *„welche Merkmale überwiegen"*, und setzt voraus, dass alle maßgebenden Umstände gänzlich in die Abwägung einbezogen werden. Wenn die Abwägung zu dem Ergebnis führt, dass die Merkmale einer Beschäftigung vorliegen, so kann eine Ausnahme dann gelten, wenn eine organschaftliche Stellung als ehrenamtliche Tätigkeit, welche durch *„ideelle (…) Zwecke und Unentgeltlichkeit"* geprägt ist, einzuordnen ist.

BSG zum Vorstand einer Stiftung 171
Ausgehend von diesen Grundsätzen hatte das BSG über folgenden **Stiftungssachverhalt** zu entscheiden:
Die sozialversicherungsrechtlich zu beurteilende Person war, ohne dass im Übrigen eine schriftliche Vereinbarung vorlag, Mitglied des Vorstands einer

232 Vgl. BSG DStR 2021, 2477 und *Rinckhoff*, ZStV 2022, 95.
233 *Rinckhoff*, ZStV 2022, 95.
234 BSG, Urt. v. 23.2.2021 – B 12 R 15/19 R, Rn 13–17.

Stiftung, die über kein weiteres Organ verfügte. Der Vorstand bestand aus drei Personen. Nach der Satzung leitete und verwaltete der Vorstand die Stiftung und vertrat sie gerichtlich und außergerichtlich durch jeweils zwei Vorstandsmitglieder gemeinsam. Für die Beschlussfassung im Vorstand genügt grundsätzlich die einfache Mehrheit der abgegebenen Stimmen.
Zu den Aufgaben des zu beurteilenden Vorstandsmitglieds „*gehörte neben der strategischen Ausrichtung der Stiftung insbesondere die Projektförderung sowie die ertragssichernde Investition des Stiftungskapitals. Er traf sich mit den anderen Vorstandsmitgliedern in der Regel an drei festen Tagen in der Woche und nahm darüber hinaus auswärtige Termine wahr*“, so die Feststellungen des BSG.
Zu der Vergütung des Vorstands führt das Gericht aus, dass laut der Satzung die Vorstandsmitglieder ihr Amt zwar „*ehrenamtlich*“ ausübten, sie aber „*in angemessenem Rahmen Anspruch auf Erstattung ihrer Aufwendungen einschließlich einer ‚Vergütung‘ ihres Zeitaufwands*“ hatten.
„*Die konkrete Höhe der finanziellen Zuwendungen ergab sich aus der jeweils gültigen Geschäftsordnung sowie ergänzenden Vorstandsbeschlüssen. Die pauschale jährliche Tätigkeitsvergütung*“ für den zu beurteilenden Vorstand „*im Jahr 2011 in Höhe von 20.000 EUR beruhte nach Einschätzung des Vorstands auf der Bemessungsgrundlage eines Stundensatzes von 75 EUR (…). Die Erhöhungen in den folgenden Jahren auf bis zu 60.000 EUR im Jahr 2016 wurden mit den gestiegenen Ertragsausschüttungen aus der Beteiligung an der B GmbH begründet. Die zeitnahe Verwendung der Mittel bedinge erheblich höhere Zeitaufwendungen und Fahrkosten*“, so die vom BSG wiedergegebene Begründung aus den entsprechenden Beschlüssen des Vorstands.

172 Auf Basis dieser Feststellungen bejahte das BSG die Beschäftigteneigenschaft des Vorstandsmitglieds. Das Fehlen eines schriftlichen Anstellungsvertrags war insoweit weder in die eine noch in die andere Richtung für die Abwägung von Bedeutung.

Unter Rückgriff auf die Figur der Einbindung in einen fremden Betrieb in „*funktionell dienender Teilhabe*“ bei Erbringung von Diensten höherer Art bewertete das BSG die Tätigkeit des Vorstands als abhängige Beschäftigung. Zwar gab es keine ausdrücklich geregelten Weisungsrechte, etwa zu Ort und Zeit der zu erbringenden Leistungen, und die Vorstandsmitglieder waren auch keinem anderen Organ unterworfen, aber „*bei seiner in die Stiftungsorganisation eingebundenen Aufgabenerfüllung*“ unterlag das Vorstandsmitglied „*dem Willen des Stifters sowie der weiteren Vorstandsmitglieder*“, so dass es die „*Rechtsmacht, ihm nicht genehme Beschlüsse des Vorstands zu verhindern,*“ nicht innehatte und im Rahmen seiner Geschäftsführung für die Stiftung die Vorstandsbeschlüsse auszuführen hatte, so das BSG. Schließlich lag angesichts der Höhe der Bezüge auch keine ehrenamtliche Tätigkeit vor.

Das BSG hat bei seiner Entscheidungsfindung auch die Besonderheiten einer Stiftung im Vergleich zu anderen Rechtsformen in seine Abwägung einbezogen: *„Da die Stiftung – anders als ein Verein – keine Mitglieder und auch keine Anteilseigner hat, liegen die Willensbildung, die gesamte Geschäftsführung und auch die interne Überwachung hier allein beim Vorstand"*, so das Gericht wörtlich. Das spreche aber letztlich nicht für eine andere sozialversicherungsrechtliche Beurteilung der Vorstandstätigkeit in einer Stiftung, denn ein Stiftungsvorstand sei **an das Primat des Willens der stiftenden Person** gebunden (§ 83c Abs. 2 BGB) und nehme insoweit von vornherein gegenüber der Stiftung eine **treuhänderische Position** ein.[235] Das betreffende Mitglied des Vorstands sei zudem bei seiner geschäftsführenden Tätigkeit wegen des Verweises des Stiftungsrechts auf das Auftragsrecht im BGB an die Weisungen des Vorstands als Organ gebunden, und dort habe das Mitglied als nur eines von drei Vorstandsmitgliedern nicht über die Rechtsmacht verfügt, ihm nicht genehme Entscheidungen zu verhindern. 173

Die so vom BSG gefundenen **Kriterien** sind erkennbar sehr **formal** und im typischen Fall einer Stiftung, bei der der Vorstand im Rahmen der gesetzlichen Vorgaben nicht nur zur Willensbildung berufen ist, sondern auch die Geschäfte der Stiftung führt (§ 84 Abs. 1 und 2 BGB), regelmäßig erfüllt.[236] Auch wenn ein weiteres Organ vorhanden ist und der Vorstand nach der Satzung dessen Entscheidungen auszuführen hat, wird nach dem BSG wohl eine weisungsgebundene Beschäftigung anzunehmen sein.[237] Anders kann es aber dann liegen, wenn der Vorstand vor allem zur Willensbildung berufen ist und die Ausführung der Beschlüsse einer hauptamtlichen Geschäftsführung obliegt.[238] 174

Schließlich ist im Einzelfall auch die Vergütung in den Blick zu nehmen und zu prüfen, ob nicht der **Ausnahmefall** einer **ehrenamtlichen Tätigkeit** vorliegt. Das kann insbesondere auch dann der Fall sein, wenn die gesetzlichen Grenzen des § 3 Nr. 26 und 26a EStG (Übungsleitungs- und Ehrenamtspauschale) überschritten werden. So hat beispielsweise das LSG Hessen entschieden, dass ehrenamtliche Tätigkeit, *„die aus altruistischen Motiven erbracht wird"*, auch dann unentgeltlich ist, *„wenn für sie eine Aufwandspauschale gezahlt wird, die über die steuerrechtliche Ehrenamtspauschale nach § 3 Nr. 26a EStG hinausgeht, solange die Vergütung evident hinter einer adäquaten Gegenleistung für die zu beurteilende Tätigkeit zurückbleibt"*, wobei zur *„Missbrauchskontrolle (...) in diesen Fällen zu prüfen"* 175

235 BSG, Urt. v. 23.2.2021 – B 12 R 15/19 R, Rn 24 unter Verweis auf Staudinger/*Hüttemann/Rawert*, § 86 Rn 24.

236 U.a. deswegen sehr kritisch zur Entscheidung des BSG das SG Münster in seinem Urt. v. 20.11.2025 – S 14 BA 13/25, in dem es die Beschäftigteneigenschaft von zwei Vorständen einer gemeinnützigen Stiftung verneint hat.

237 Vgl. die Einschätzung von *Rinckhoff*, ZStV 2022, 95, 98 f.

238 So SG Münster, Urt. v. 20.11.2025 – S 14 BA 13/25; zuvor auch schon *Rinckhoff*, ZStV 2022, 95, 98 f.

ist, „*ob die ehrenamtlich Tätigen ihren Lebensunterhalt anderweitig gesichert haben*“.[239]

176 Zuletzt vermehrt aufgekommen sind zudem Sachverhalte im Zusammenhang mit **privatnützigen Stiftungen**. Das LSG NRW hat die Sozialversicherungspflicht der Geschäftsführerin einer GmbH bejaht, deren alleinige Gesellschafterin eine **Familienstiftung** war, die von der Geschäftsführerin errichtet worden war und in deren Vorstand die Geschäftsführerin der GmbH ein Vorstandsamt mit Vetorecht wahrnahm.[240] Das Vetorecht im Rahmen des Vorstands der Familienstiftung sei nicht mit einer wirtschaftlichen Teilhabe der Geschäftsführerin an der Gesellschaft vergleichbar, denn Gesellschafterin ist die Stiftung und an ihr ist eine (wirtschaftliche) Teilhabe gerade nicht möglich. Auch hier hat das Gericht also die Besonderheiten der Stiftung als ausschlaggebend bewertet.

239 Vgl. die Leitsätze des LSG Hessen, Urt. v. 23.1.2025 – L 1 BA 64/23. Vgl. ferner LSG Berlin-Brandenburg, Urt. v. 14.1.2026 – L 9 BA 38/24: Pauschale monatliche Vergütung i.H.v. 1.500 EUR für Tätigkeit als Vizepräsidentin eines Berufsverbandes im Umfang von 11–15 Stunden in der Woche ist keine verdeckte Entlohnung einer Erwerbstätigkeit, i.H.v. 4.000 EUR dagegen schon.

240 LSG Nordrhein-Westfalen, Urt. v. 31.1.2025 – L 22 BA 89/24, RFamU 2025, 401 m. Anm. *Ante*.

§ 6 Die Umstrukturierung von Stiftungen

Was bietet dieses Kapitel?
Stiftungen sind nachhaltig. Sie dürfen aber nicht statisch sein. Vielmehr müssen sie sich „wandeln" und geänderten Verhältnissen und Umständen anpassen können. Outsourcing, Auslagerung, Ausgliederung/Ausgründung sind hier die wesentlichen Stichworte, wenn die Stiftung an sich bestehen bleiben kann. Insbesondere wirtschaftliche Schwierigkeiten können es aber notwendig machen, die Stiftung selbst umzustrukturieren. Dazu sieht das BGB nunmehr als stiftungsrechtliche „Umwandlungsmaßnahmen" die Umgestaltung einer Ewigkeitsstiftung in eine Verbrauchsstiftung sowie die erstmalig im BGB geregelte Zulegung und Zusammenlegung von Stiftungen als mögliche Instrumente vor.

Übersicht:

A. Die Umstrukturierung einer Stiftung und ähnliche Vorgänge

1 Stiftungen „leben" aktuell in einer sich ersichtlich immer rascher wandelnden Welt. Stiftungen sind jedoch grundsätzlich auf Ewigkeit angelegt. Die Umstrukturierung, „Umwandlung" und auch die Beendigung von Stiftungen ist deshalb in der Praxis ein zunehmend relevantes Thema. Unter dem Schlagwort „Umwandlung" werden allerdings sehr unterschiedliche Vorgänge zusammengefasst, die mit der im Stiftungsbereich voranschreitenden Professionalisierung und Ausdifferenzierung zunehmend eine größere Bedeutung erlangen. Outsourcing, d.h. Auslagerung und Ausgliederung/Ausgründung sowie die gesellschaftsrechtliche und die stiftungsrechtliche Umwandlung (Zusammenlegung, Zulegung etc.) sind hier die praxisrelevanten Stichworte.

I. Das Phänomen „Outsourcing"

1. Abgrenzung und Fallgruppen

2 Nicht nur angesichts der aktuellen wirtschaftlichen Situation, die für Stiftungen durch Schlagworte wie Mittelbeschaffung, „Erbschaftsmarketing", Fundraising, Mittelverwendungsoptimierung, Kostensenkungspotenziale, Finanzierungsoptimierung und „capital-sharing", „Cash Pooling/Cash Management"[1] und Künstliche Intelligenz (KI, siehe § 1 Rdn 3) geprägt ist, sondern auch durch die allgemeine stetige Fortentwicklung des Stiftungswesens in Deutschland ist die Frage nach der Auslagerung oder der Ausgründung und Ausgliederung vor allem aus steuerbefreiten Stiftungen ein zunehmend wichtiges Thema.[2] Wir finden heute in der Praxis kleine bis sehr große „Sozialkonzerne", in die Stiftungen eingebunden sind oder deren Spitze Stiftungen mit einer Holdingfunktion stehen.[3] Da werden dann ggf. einzelne Bereiche ausgegliedert und in gesonderte Einheiten gegeben.

---

1 Siehe dazu *Seeger/Thier*, DStR 2011, 184 („Cash Pooling – Ein sinnvolles Finanzinstrument zur Nutzung von Kostensenkungspotenzialen auch in gemeinnützigen Konzernen").

2 So schon *Schiffer/Sommer*, in: Weitz u.a. (Hrsg.), Rechtshandbuch für Stiftungen (Stand: Februar 2008), Kap 6.4. Eingehend zum Ganzen Schauhoff/Kirchhain/*Kirchhain*, § 20; Münch. Hdb. GesR V/*Gottschald/Knoop*, §§ 106 ff.; zur Ausgliederung wirtschaftlicher Geschäftsbetriebe *Buchna/Leichinger/Seeger/Brox*, S. 169 ff.

3 Siehe etwa *Kern*, Stiftung & Sponsoring 5/2008, 16 („Das Evangelische Johannesstift zwischen unternehmerischem Handeln und Stiftsidentität").

Man spricht von **Outsourcing** und fasst das Thema sehr weit.[4] Gemeint ist, dass aus der steuerbefreiten Stiftung Vermögen und/oder Funktionen herausgenommen und auf einen anderen (eigenen oder fremden) Rechtsträger „übertragen" werden (siehe Rdn 3).[5]

Fallgruppen 3

Es sollen für die vorliegende Darstellung drei wesentliche Fallgruppen aus der Praxis zum „Outsourcing aus einer Stiftung" heraus unterschieden werden:

1. Fallgruppe:

Übertragung von Aufgaben und Tätigkeiten auf eine dritte Person ohne eigene Beteiligung der Stiftung an dieser Person (Fall der Auslagerung eines Bereiches oder einer Tätigkeit).

2. Fallgruppe:

Übertragung auf eine dritte Person, die die Stiftung gemeinsam mit anderen Partnern errichtet (Joint Venture; Fall der Kooperations-Ausgliederung/-Ausgründung).

3. Fallgruppe:

Übertragung auf eine 100 %-ige Tochtergesellschaft der Stiftung (Beispiel einer reinen Ausgliederung/Ausgründung).

Hinweis: Auslagerungen und Ausgliederungen/Ausgründungen können theoretisch auch aus unselbstständigen (= treuhänderischen) Stiftungen heraus erfolgen (zur treuhänderischen Stiftung siehe § 12). In der Praxis wird es sich bei der Stiftung aber regelmäßig um eine steuerbegünstigte rechtsfähige Stiftung handeln. Von diesem Fall wird nachfolgend ausgegangen.

2. Die Praxis

a) Ausgangslagen

Die Motivation der Stiftungsorgane für ein Outsourcing (hier als Auslagerung oder Ausgliederung/Ausgründung verstanden) ergibt sich in der Praxis insbesondere aus den folgenden Zielen: 4

- Nutzung oder Bildung von besonderer Expertise (Bündelung von Knowhow),
- Kooperationen,

---

4 Zur Klarstellung: Outsourcing wird mitunter auch enger im Sinne von Auslagerungen verstanden, so dass insb. Ausgründungen nicht miterfasst werden.

5 Hiervon abzugrenzen ist bspw. eine Gestaltung wie die Doppelstiftung, die vor allem im Unternehmensbereich eine steuerpflichtige (Familien-)Stiftung und eine steuerbefreite Stiftung kombiniert.

- Ausgliederung bestimmter Bereiche, etwa neuer Zwecke/Projekte, die noch nicht erprobt sind und ggf. Risiken mit sich bringen,
- Organisationsoptimierung (Trennung verschiedener gemeinnütziger Tätigkeitsbereiche),
- Finanzierungsoptimierung und Kostenersparnis und
- sonstige Synergieeffekte.

In jedem konkreten Einzelfall ist eine genaue rechtliche, steuerliche und betriebswirtschaftliche Analyse der vermuteten Vorteilhaftigkeit erforderlich. Eine Ausgliederung sollte in ihren Vor- und Nachteilen vorher planmäßig betriebswirtschaftlich durchgerechnet werden. Wird da nicht gründlich gearbeitet, kann das leicht zu bösen Überraschungen führen.

5 **Praxisbeispiele: Auslagerungen und Ausgliederungen/Ausgründungen**

- Eine Stiftung verwaltet ihr Vermögen nicht mehr selbst, sondern überträgt diese Aufgabe auf einen ausgewiesenen Vermögensverwalter (Fallgruppe 1).[6]
- Eine gemeinnützige Wissenschaftsstiftung überträgt einen Teil ihres Forschungsbereiches auf eine GmbH, die sie gemeinsam mit einem Partner aus der Industrie errichtet (Fallgruppe 2).
- Zwei gemeinnützige Stiftungen errichten eine Tochtergesellschaft, um in einem gemeinsamen Tätigkeitsfeld gemeinnützig zusammenzuarbeiten (Fallgruppe 2).
- Zwei gemeinnützige Stiftungen errichten eine gemeinsame Servicegesellschaft in der Rechtsform einer GmbH, die u.a. die wesentlichen Verwaltungsarbeiten für beide Stiftungen übernimmt (Fallgruppen 2 und 3).
- Eine gemeinnützige Stiftung errichtet gemeinsam mit Dritten oder alleine eine Mittelbeschaffungsgesellschaft (Fallgruppen 2 und 3).[7]
- Eine steuerbefreite Stiftung errichtet ihrerseits aus freien Mitteln eine gemeinnützige Gesellschaft (Fallgruppe 3), etwa um einen neuen Bereich aufzubauen, der dem Zweck der Stiftung entspricht,[8] oder um in einem neuen Bereich tätig zu werden, ohne den Stammbereich dadurch zu gefährden.[9]

6 Die „ausgegründete“ Einheit (Fallgruppen 2 und 3) kann bei Erfüllung der entsprechenden steuerlichen Anforderungen ihrerseits ebenfalls steuerbefreit sein. Das Gemeinnützigkeitsrecht sieht in § 57 Abs. 4 AO inzwischen insbesondere vor, dass eine Körperschaft *„ihre steuerbegünstigten Zwecke auch dann unmittel-*

6 Siehe auch schon *Werner*, ZStV 2010, 210, 211 ff. mit weiteren Beispielen zur Auslagerung.

7 In früheren Zeiten hätte man hier vielleicht einen Förderverein errichtet. Der hat aber u.a. den „Nachteil“, dass man sieben Gründungsmitglieder benötigt.

8 Siehe *Müller-Stüler*, StiftungsBrief 2010, 6 („Die gemeinnützige Tochtergesellschaft als Gestaltungsinstrument bei Zustiftungen“).

9 Siehe *Theuffel-Werhahn*, StiftungsBrief 2011, 52.

bar" verfolgt, „*wenn sie ausschließlich Anteile an steuerbegünstigten Kapitalgesellschaften hält und verwaltet*".

b) Wesentliche Problempunkte in der Praxis

Wesentlich ist bei einer **Auslagerung** und einer **Ausgliederung/Ausgründung** 7
nicht nur die vielfach diskutierte, hier an dieser Stelle aber nicht zu vertiefende Frage nach der Abgrenzung von Vermögensverwaltung, wirtschaftlichem Geschäftsbetrieb und Zweckbetrieb (siehe § 9 Rdn 102 ff.). Wichtig sind vielmehr auch folgende Punkte, denen tendenziell zu wenig Aufmerksamkeit geschenkt wird, auch wenn gerade im Gemeinnützigkeitsrecht in den letzten Jahren Möglichkeiten geschaffen wurden:

- die Frage nach der verbleibenden eigenen Zweckverwirklichung der „ausgliedernden" steuerbefreiten Stiftung, die sich durch die Einführung des § 57 Abs. 4 AO allerdings erheblich entschärft hat,
- die arbeitsrechtlichen Aspekte bei einem Outsourcing[10] sowie
- die weiteren stiftungsrechtlichen Voraussetzungen und Grenzen (satzungsmäßige Zulässigkeit, Vermögenserhaltungsgrundsatz etc.).[11]

Praxishinweis: Abstimmung mit den zuständigen Behörden 8

Trotz der begrüßenswerten Erweiterungen der Möglichkeiten durch den Gesetzgeber in den vergangenen Jahren ist im konkreten Fall in steuerlicher Hinsicht stets die Abstimmung mit der Finanzverwaltung zu suchen und in stiftungsrechtlicher Hinsicht die Abstimmung mit der Stiftungsaufsichtsbehörde. Oftmals sind solche Vorhaben nicht nur Neuland für die Mitglieder der Stiftungsorgane, sondern auch für die in den Behörden zuständigen Mitarbeitenden. Da hilft nur eine gründliche Vorbereitung und Aufbereitung der Thematik. Der Berater sollte z.B. klar und deutlich die Fragen herausarbeiten, die aus seiner Sicht problematisch sind. Das ist die Grundlage für offene und konstruktive Besprechungen mit den Behörden.

II. Die Auslagerung

1. Auslagerung eines Bereichs oder einer Tätigkeit

Bei diesem oben als **Fallgruppe 1** bezeichneten Typus, bei dem die Stiftung einen 9
Bereich oder eine Tätigkeit auf eine dritte Person ohne eigene Beteiligung der Stiftung an dieser Person auslagert/überträgt, sind vor allem zwei Punkte besonders zu beachten, nämlich die Zweckerfüllung gemäß der Stiftungssatzung und

10 Münch. Hdb. GesR V/ *Gottschald/Knoop*, § 110 Rn 16 ff. (zur Beteiligung des Betriebsrats nach § 126 Abs. 3 UmwG).

11 Siehe dazu etwa *Werner*, ZStV 2010, 210, 213 f.

der stiftungs- und steuerrechtliche Grundsatz der Vermögenserhaltung (siehe § 5 Rdn 53 ff.).

10 **Praxishinweis: Umsetzung der Auslagerung durch Einzelübertragung**

Auslagerungen werden schuldrechtlich in der Regel einen Verkauf, einen Tausch oder eine Schenkung als Grundlage haben. Übertragen wird nach den allgemeinen Regelungen durch Abtretung (Forderungen), Einigung und Übergabe (Sachen) oder durch Auflassung und Eintragung (Immobilien).[12]

Die steuerbefreite Stiftung darf grundsätzlich nur Mittel übertragen, die nicht der Pflicht der zeitnahen Mittelverwendung unterliegen (§ 55 Abs. 1 Nr. 5 AO), also insbesondere Mittel aus einer freien Rücklage (§ 62 Abs. 1 Nr. 3 AO). Vermögensumschichtungen sind grundsätzlich zulässig (§ 83c Abs. 1 S. 3 BGB).

2. Zweckerfüllung – das Problem der Hilfspersonen

11 Die Stiftung darf mit der Auslagerung nicht gegen ihre Satzung verstoßen. Sie muss zudem auch nach der Auslagerung weiterhin ihrem Satzungszweck unmittelbar nachkommen. Zur Zweckerfüllung darf sie sich nur in dem gesetzlich zulässigen Rahmen einer **Hilfsperson** bedienen (siehe § 9 Rdn 215 ff.) und Dritten ihre Mittel auch nur im Rahmen des § 58 AO (siehe § 9 Rdn 225 ff.) zur Verfügung stellen.

3. Vermögenserhaltung

12 Das Grundstockvermögen der Stiftung darf durch die Auslagerung nicht verringert werden. Es gilt der steuerliche und der stiftungsrechtliche Grundsatz der Vermögenserhaltung mit insbesondere folgenden Konsequenzen in den hier zu betrachtenden Zusammenhängen:

- Von der Körperschaft ggf. an die Stiftung für die Auslagerung gezahlte Entgelte dürfen vor diesem Hintergrund die Grenze der **Angemessenheit** nicht unterschreiten (§ 55 Abs. 1 Nr. 3 AO).[13] Entgelte können hier etwa für die Übergabe eines Geschäftsfeldes anfallen. Es ist jeweils zu prüfen, ob die Entgelte in das Grundstockvermögen fallen müssen.
- Von der Stiftung an die Körperschaft, auf die ausgelagert wurde, für Tätigkeiten gegenüber der Stiftung gezahlte Entgelte müssen ebenfalls angemessen sein (§ 55 Abs. 1 Nr. 3 AO). Das gilt auch für Entgelte im Bereich der Vermögensverwaltung und der Mittelbeschaffung. Beide Bereiche können grundsätz-

12 Münch. Hdb. GesR V/*Gottschald/Knoop*, § 106 Rn 20 ff., § 111 Rn 1 ff.

13 Die Vorschrift spricht zwar nur von Ausgaben und Vergütungen, meint aber Zuwendungen und Vermögensvorteile jeder Art, siehe etwa Klein/*Gersch*, § 55 AO Rn 34, und damit auch den „Verzicht auf Einnahmen“.

lich unproblematisch ausgelagert werden.[14] Typischerweise stammen die Mittel für solche Entgelte nicht aus dem Grundstockvermögen.

III. Ausgliederung/Ausgründung

1. Neue Einheit

Bei der Ausgliederung/Ausgründung, d.h. wenn die gemeinnützige Stiftung einen Bereich oder eine Tätigkeit auf eine dritte Person mit eigener bis zu 100 %-iger Beteiligung an dieser Person überträgt (siehe die **Fallgruppen 2 und 3**), sind über die soeben bei der Auslagerung behandelten Fragestellungen und Punkte hinaus vor allem die nachfolgend angesprochenen Themenkomplexe zu beachten. Von einer Ausgliederung/Ausgründung zu unterscheiden ist etwa die Kooperation zweier gemeinnütziger Körperschaften, beispielsweise zweier Stiftungen in einem „gemeinsamen" Projekt ohne Ausgründung in eine dritte Person. 13

Praxishinweis: Umsetzung der Ausgliederung/Ausgründung 14

Ausgliederungen werden entweder wie eine Auslagerung umgesetzt (siehe Rdn 9 ff.) oder etwa durch die Neugründung einer GmbH.[15]

2. Grundsätzliches

Auch steuerbegünstigte Stiftungen können Gesellschafts- und Unternehmensbeteiligungen halten. 15

Zulässig sind insbesondere **steuerbegünstigte Holdingstrukturen**. Werden Anteile an einer steuerbegünstigten Kapitalgesellschaft gehalten und gehören deren steuerbegünstigte Zwecke zu denen der Stiftung („Zweckidentität"), kann diese nach § 57 Abs. 4 AO bereits allein durch das Halten der Anteile einen oder auch mehrere ihrer steuerbegünstigten Zwecke unmittelbar i.S.d. § 57 Abs. 1 S. 1 AO verfolgen.[16] Eine solche Beteiligung einschließlich der etwaig aus ihr erzielten Einnahmen ist dem ideellen Bereich zuzuordnen.[17] Eine Mindestbeteiligungsquote muss dabei nicht erfüllt sein und auch das gleichzeitige Halten von Anteilen an nicht steuerbegünstigten Kapitalgesellschaften ist unschädlich (siehe Rdn 18 ff.). Die Erbringung entgeltlicher Dienstleistungen durch die Stiftung gegenüber der Kapitalgesellschaft, etwa die Übernahme der Buchhaltung, begründet grundsätzlich einen wirtschaftlichen Geschäftsbetrieb bei der Stiftung. Allerdings sind auch steuerbegünstigte Kooperationen nach § 57 Abs. 3 AO so- 16

---

14 So schon *Orth*, Stiftung & Sponsoring 1/1998, 20, 21; *Werner*, ZStV 2010, 210, 211 f.

15 Das kann hier nicht näher dargestellt werden. Es sei auf die einschlägige Literatur verwiesen, z.B. Widmann/Mayer/*Rieger/Seite*, § 161 UmwG Rn 69 ff.; *Theuffel-Werhahn*, StiftungsBrief 2011, 52.

16 Dazu *Kirchhain*, DStR 2021, 129, 135 f.; *Holste genannt Göcke*, DStR 2021, 2768, 2770 ff.

17 Vgl. AEAO Nr. 14 zu § 57 AO.

wie Mittelweitergaben, Leistungserbringungen und Überlassungen nach § 58 AO möglich.

17 Eine wesentliche Voraussetzung für die Steuerbefreiung bleibt in diesem und in allen anderen Fällen, dass die Stiftung ihre steuerbegünstigten gemeinnützigen, mildtätigen und kirchlichen Zwecke selbstlos verwirklicht (siehe § 9 Rdn 102 ff.).

- **Selbstlosigkeit** ist nach § 55 AO gegeben, wenn eine Stiftung nicht in erster Linie eigenwirtschaftliche Zwecke verfolgt.
- Eine steuerschädliche „eigenwirtschaftliche“ Zweckverfolgung liegt vor, wenn die Stiftung mit ihrer Tätigkeit eigenen wirtschaftlichen Interessen nachgeht und ihre Tätigkeit darauf abzielt, eigenes Einkommen zu erwirtschaften und das eigene Vermögen zu mehren. Die Steuerbefreiung für gemeinnützige Stiftungen wird deshalb in den einzelnen Steuergesetzen in der Regel insoweit aufgehoben (§ 64 i.V.m. § 14 AO), weil die Steuerbefreiung eines wirtschaftlichen Geschäftsbetriebes zu volkswirtschaftlich nicht erwünschten Wettbewerbsvorteilen für diesen Betrieb führen würde.
- Allerdings gilt das auch nur dann, wenn *„die Einnahmen einschließlich Umsatzsteuer aus wirtschaftlichen Geschäftsbetrieben, die keine Zweckbetriebe sind, insgesamt nicht 50.000 Euro im Jahr“* übersteigen; wird diese Grenze nicht überschritten, *„so unterliegen die diesen Geschäftsbetrieben zuzuordnenden Besteuerungsgrundlagen nicht der Körperschaftsteuer und der Gewerbesteuer“* (§ 64 Abs. 3 S. 1 AO).

18 Die Steuerbefreiung entfällt also für den wirtschaftlichen Geschäftsbetrieb, aber grundsätzlich eben auch nur insoweit, d.h. nicht für sonstige Bereiche der gemeinnützigen Stiftung. Eine steuerunschädliche **Vermögensverwaltung** liegt bekanntlich in der Regel vor, wenn Vermögen genutzt, z.B. Kapitalvermögen verzinslich angelegt oder unbewegliches Vermögen vermietet oder verpachtet wird (§ 14 S. 3 AO).

19 Regelmäßig ist bei einer GmbH-Beteiligung kein wirtschaftlicher Geschäftsbetrieb, sondern eine steuerunschädliche Vermögensverwaltung gegeben (siehe § 9 Rdn 109 ff.). Eine Ausgliederung auf eine steuerpflichtige **Tochterkapitalgesellschaft** ist für eine Stiftung mithin grundsätzlich als Vermögensverwaltung **steuerunschädlich**. Das steht im Gegensatz zu einem steuerpflichtigen wirtschaftlichen Geschäftsbetrieb innerhalb der Stiftung.

20 Nur ausnahmsweise führt die **Beteiligung** einer gemeinnützigen Stiftung an einer **GmbH** zu einem steuerpflichtigen wirtschaftlichen Geschäftsbetrieb.[18] Das ist insbesondere der Fall bei tatsächlichem Einfluss auf die laufende Geschäftsführung oder bei einer **Betriebsaufspaltung**. Eine solche ist bei sachlicher Verflechtung wegen Überlassung wesentlicher Betriebsgrundlagen und personaler Ver-

18 AEAO Nr. 3 S. 3 zu § 64 AO: „Die Beteiligung einer steuerbegünstigten Körperschaft an einer Kapitalgesellschaft ist grundsätzlich Vermögensverwaltung ...“; siehe etwa auch *Augsten*, ZStV 2012, 21.

flechtung wegen Beherrschungsmöglichkeit durch die Stiftung gegeben.[19] Hier ist also eine besonders sorgfältige Gestaltung erforderlich. Ist die Kapitalgesellschaft ihrerseits **ausschließlich vermögensverwaltend** tätig, ist indes auch der Einfluss auf die Geschäftsführung unschädlich.

Die Beteiligung an einer gewerblich geprägten **Personengesellschaft** ist dann unschädlich, wenn diese ausschließlich vermögensverwaltend tätig ist.[20] 21

3. Zulässigkeit nach der Stiftungssatzung

Die Ausgliederung/Ausgründung muss dem Stifterwillen entsprechen, d.h. nach der (ggf. auszulegenden) Satzung der Stiftung zulässig sein, denn der Stifterwille ist der oberste Maßstab für das Handeln der Organe der Stiftung (siehe § 3 Rdn 44 ff.). Den von dem Stifter gesetzten Rahmen dürfen die Organe der Stiftung nicht überschreiten. Es hat uns nicht nur einmal überrascht, wie unbefangen Stiftungsorganmitglieder meinen, mit diesem Aspekt umgehen zu können. Halten wir uns stets vor Augen: Die Stiftungsorgane dürfen nicht mehr, als der Stifter in der Stiftungssatzung zugelassen hat! 22

- Um Missverständnisse zu vermeiden, legt der Stifter möglichst in der Stiftungssatzung ausdrücklich fest, ob und in welchem Umfang Ausgliederungen/Ausgründungen aus der Stiftung heraus zulässig sein sollen. 23
- Das kann Auswirkungen auf den Umfang des erforderlichen Stiftungsvermögens haben, das gem. § 82 S. 1 BGB für die dauernde und nachhaltige Erfüllung des Stiftungszwecks ausreichen muss (siehe § 3 Rdn 81 ff.). Wird eine Ausgliederung/Ausgründung in der Satzung von vornherein zugelassen, liegt es deshalb nahe, zu prüfen, ob dadurch nicht eine höhere Vermögensausstattung im Sinne des Gesetzes erforderlich ist.

4. Kooperation mit (steuerbegünstigten) Dritten (Fallgruppe 2)

Das gemeinsame Wirken einer steuerbegünstigten Stiftung zusammen mit einer anderen ggf. auch steuerbegünstigten Körperschaft kann verschiedene Formen annehmen.[21] 24

19 Wie hier etwa schon *Orth*, Stiftung & Sponsoring 1/1998, 21; siehe für den gemeinnützigen Bereich insb. auch bei *Boedicker*, Stiftung & Sponsoring 3/2006, 24; *Boedicker*, StiftungsBrief 2010, 28; *Theuffel-Werhahn*, StiftungsBrief 2011, 192.

20 BFH, Urt. v. 25.5.2011 – I R 60/10, BStBl II 2012, 858; BFH, Urt. v. 18.2.2016 – V R 60/13, BStBl II 2017, 251.

21 Prägnante Übersicht bei *Kirchhain*, DStR 2021, 129, 133 f.

a) Kooperation ohne Gründung einer eigenständigen Einheit

25 Wird kooperiert, ohne dass dazu eine eigene Einheit gegründet wird, so tangiert das insbesondere Fragen der Unmittelbarkeit der Zweckerfüllung nach § 57 Abs. 1 AO (siehe § 9 Rdn 214 ff.) und der Mittelweitergabe nach § 58 Nr. 1, 4 und 5 AO (siehe § 9 Rdn 225 ff., 230).

Beispielsweise stellt die Veranstaltung eines wissenschaftlichen Symposiums in gemeinsamer Verantwortung durch eine Stiftung und eine weitere steuerbegünstigte Körperschaft unmittelbare Zweckverwirklichung nach § 57 Abs. 1 S. 1 AO für beide veranstaltenden Körperschaften dar. Zu achten haben die Beteiligten aber darauf, dass aus der Zusammenarbeit nicht ungewollt eine Außen-GbR entsteht, die Gewerbesteuersubjekt ist und nicht Körperschaft i.S.d. § 1 KStG (vgl. § 1a Abs. 1 KStG), so dass sie auch nicht steuerbegünstigt sein kann.[22]

Wird dagegen eine Körperschaft im Auftrag der Stiftung als Veranstalterin tätig, so müssen die Voraussetzungen der Tätigkeit der Körperschaft als Hilfsperson für die Stiftung erfüllt sein, damit die Veranstaltung der Stiftung als eigene Zweckerfüllung zugerechnet werden kann.[23]

Denkbar sind zudem Unterstützungsleistungen durch Zuschüsse (§ 58 Nr. 1 AO) sowie die Gestellung von Personal und Räumlichkeiten (§ 58 Nr. 4 und 5 AO).

b) Kooperation in einer steuerbefreiten Einheit

26 Sollen durch eine **Kooperationseinheit** (Körperschaft = typischerweise eine GmbH) Zwecke zweier oder mehrerer steuerbegünstigter Körperschaften/Stiftungen gemeinschaftlich erfüllt werden, so werden materielle und immaterielle Vermögenswerte und/oder Barvermögen auf die neue Körperschaft übertragen.[24] Ein typischer Fall ist der der Zusammenlegung wirtschaftlich alleine nicht (mehr) überlebensfähiger Zweckbetriebe – Praxisbeispiel: Zwei Krankenhäuser werden zusammengelegt.

c) Kooperation in einer nicht steuerbefreiten Einheit

27 Ist die **Kooperationseinheit** nicht steuerbefreit, fällt vor allem Ertragsteuer an. Etwas anderes kann sich im Einzelfall ergeben, wenn die Mittelübertragung gerade dem **Stiftungszweck** entspricht. Zu denken ist etwa an Ausgründungen zur Vermarktung wissenschaftlicher Ergebnisse und zur (regionalen) Existenzgründungsförderung. Hier werden neue Modelle gerade auch von der öffentli-

22 *Kirchhain*, DStR 2021, 129, 133.

23 Vgl. AEAO Nr. 2 zu § 57 AO. Ist die beauftragte Körperschaft ihrerseits steuerbegünstigt, kann auch sie durch die Tätigkeit als Hilfsperson ihre steuerbegünstigten Zwecke verwirklichen.

24 Generell zur Beteiligung gemeinnütziger Körperschaften an Kapital- und Personengesellschaften siehe *Augsten*, ZStV 2012, 21.

chen Hand im Interesse der Allgemeinheit initiiert. Die Einzelheiten sind im jeweiligen Fall genau zu prüfen und in Abstimmung mit der Finanzverwaltung zu klären.

- Besonders sorgfältig sind hier auch **Sachgründungen** (**Praxisbeispiel**: Einlage eines Patents der Stiftung in eine GmbH) zu prüfen (Einhaltung der Sachgründungsvorschriften,[25] Bewertungsfragen etc.). 28
- Schwierig ist in diesen Fällen auch die Frage des **Ausgleichs etwaiger Verluste** des steuerpflichtigen wirtschaftlichen Geschäftsbereichs der Stiftung, die insbesondere nach Auffassung der Finanzverwaltung grundsätzlich den gemeinnützigen Bereich nicht belasten dürfen.[26]

d) Spezialfall „Servicegesellschaften" (§ 57 Abs. 3 AO)

- Ein spezieller Sonderfall sind sog. **Servicegesellschaften**. Es handelt sich in der Regel um GmbHs, die mit dem ausdrücklichen Zweck gegründet wurden, für andere steuerbegünstigte Körperschaften Serviceleistungen zu erbringen. Der hier beispielhaft immer wieder genannte Fall ist derjenige einer Wäscherei, die für verschiedene Krankenhäuser tätig werden soll. Mangels eigener unmittelbarer Zweckerfüllung war bislang eine Steuerbegünstigung ausgeschlossen. 29
- Geändert werden sollte dieses als unbefriedigend empfundene Ergebnis durch die Einführung des § 57 Abs. 3 AO durch das Jahressteuergesetz 2020,[27] wonach eine Körperschaft *„ihre steuerbegünstigten Zwecke auch dann unmittelbar im Sinne des Absatzes 1 Satz 1"* erfüllt, *„wenn sie satzungsgemäß durch planmäßiges Zusammenwirken mit mindestens einer weiteren Körperschaft, die im Übrigen die Voraussetzungen der §§ 51 bis 68 erfüllt, einen steuerbegünstigten Zweck verwirklicht"*.
- Die Regelung hat in der Praxis allerdings für einige Meinungsverschiedenheiten gesorgt. Insbesondere vertritt die Finanzverwaltung die Auffassung, es müssten bestimmte **Satzungserfordernisse** eingehalten werden. So müsse, was noch nachvollziehbar ist, in der Satzung der leistungserbringenden Körperschaft das Zusammenwirken mit anderen Körperschaften zur Verwirklichung des eigenen steuerbegünstigten Satzungszwecks als Art der Zweckverwirklichung festgehalten sein.[28]
- Darüber hinaus sollen aber auch die Körperschaften, mit denen kooperiert wird, und die Art und Weise der Kooperation in den Satzungen der Beteiligten bezeichnet werden müssen, also in den Satzungen sowohl der leistungserbringenden als auch der leistungsempfangenden Körperschaft („doppeltes Sat-

25 Siehe dazu etwa *Noack/Servatius/Haas*, GmbHG, § 5 Rn 14 ff.; Schauhoff/Kirchhain/*Kirchhain*, § 20 Rn 108 ff.

26 AEAO Nr. 4 ff. zu § 55 AO, dort auch zu Ausnahmen. Siehe auch § 9 Rdn 109.

27 BGBl I 2020, 3096. Zu diesem *Exner*, npoR 2021, 63; *Kirchhain*, DStR 2021, 129.

28 AEAO Nr. 8 S. 1 zu § 57 AO. Zustimmend FG Hamburg, Urt. v. 26.9.2023 – 5 K 11/23.

zungserfordernis").[29] Das ist nicht haltbar und von der Rechtsprechung jedenfalls für die Satzung der leistungsempfangenden Körperschaft bereits abgelehnt worden.[30]

- Allerdings wirft § 57 Abs. 3 AO eine ganz andere Frage auf, die den BFH zu einem Vorlagebeschluss beim EuGH veranlasst hat:[31] Handelt es sich bei § 57 Abs. 3 AO um eine staatliche Beihilferegelung nach Art. 107 Abs. 1 AEUV und hätte die Kommission nach Art. 108 Abs. 3 AEUV vor ihrer Einführung unterrichtet werden müssen? Wäre das der Fall, wäre ein Durchführungsverbot für § 57 Abs. 3 AO die Folge. Das alles kann hier ersichtlich nicht vertieft werden,[32] führt aber für die Praxis zu ganz erheblichen Unsicherheiten.

5. „Tochtergesellschaft" (Fallgruppe 3)

30 Der typische Fall ist hier die Ausgliederung/Ausgründung aus der Stiftung auf eine neu zu errichtende Kapitalgesellschaft, die sich grundsätzlich als Fall der steuerunschädlichen Vermögensverwaltung gestalten lässt (siehe Rdn 15 ff.). Zivilrechtlich erfolgt die Ausgliederung/Ausgründung gegen Gewährung von Gesellschaftsrechten entweder über eine Gesamtrechtsnachfolge (UmwG), die grundsätzlich steuerneutral ist (Buchwertfortführung), oder über eine Einzelrechtsnachfolge (Sachgründung).[33]

31 Die Ausgliederung eines Zweckbetriebes aus der Stiftung auf eine neue, ebenfalls als gemeinnützig anerkannte Kapitalgesellschaft ist grundsätzlich steuerunschädlich.[34]

32 **Praxishinweise: Prüfung sowie verbindliche Auskunft**

1. Umfassende Prüfung

Unabhängig davon, ob man die Um- oder Neugestaltung des bereits bestehenden Stiftungsmodells im Wege der Auslagerung oder der Ausgründung und Ausgliederung vornimmt, bedarf es stets einer umfassenden rechtlichen, steuerlichen und betriebswirtschaftlichen Prüfung durch Fachberater.

---

29 AEAO Nr. 8 S. 2 zu § 57 AO.

30 FG Hamburg, Urt. v. 26.9.2023 – 5 K 11/23; insoweit zustimmend BFH, Beschl. v. 22.5.2025 – V R 22/23, Rn 150.

31 BFH, Beschl. v. 22.5.2025 – V R 22/23, anhängig beim EuGH unter dem Az. C-477/25.

32 Vertiefend etwa die Anm. von *Wäger*, DStR 2025, 1681 und der Beitrag von *Knoop*, DStR 2025, 2048.

33 Ausf. dazu Münch. Hdb. GesR V/*Gottschald/Knoop*, § 106 Rn 20 ff..

34 Siehe etwa *Boedicker*, StiftungsBrief 2010, 28, 31 f.; AEAO Nr. 3 S. 7 u. 8 zu § 64 AO: „Die Grundsätze der Betriebsaufspaltung sind nicht anzuwenden, wenn sowohl das Betriebs- als auch das Besitzunternehmen steuerbegünstigt sind. Dies gilt aber nur insoweit, als die überlassenen wesentlichen Betriebsgrundlagen bei dem Betriebsunternehmen nicht in einem steuerpflichtigen wirtschaftlichen Geschäftsbetrieb eingesetzt werden."

2. Verbindliche Auskünfte

Vor allem die steuerlichen Auswirkungen der gewählten Konstruktion sollten mit der zuständigen Finanzverwaltung frühzeitig abgestimmt werden, um ggf. drohende steuerliche Nachteile zu vermeiden. Mit Blick auf potenziell erhebliche steuerliche Konsequenzen tragen insoweit verbindliche Auskünfte im Vorfeld von geplanten Maßnahmen dem Bedürfnis des Steuerpflichtigen nach einer gewissen Planungs- und Rechtssicherheit Rechnung (zur verbindlichen Auskunft und den mit ihr verbundenen Gebühren und auch zu etwaigen Limitierungen § 8 Rdn 124 ff.). Dies gilt umso mehr, als die Komplexität des geltenden Steuerrechts den Steuerpflichtigen häufig außer Lage versetzt, die steuerlichen Folgen seines Verhaltens verlässlich beurteilen zu können.

Mehr als **eine gewisse Sicherheit** gibt es aber nach unseren Erfahrungen nicht, denn die verbindliche Auskunft fußt immer auf einem bestimmten Sachverhalt, den man der Finanzverwaltung zur Prüfung und Stellungnahme vorlegt. Es liegt auf der Hand, dass der Sachverhalt – ggf. auch nur aus Sicht der Finanzverwaltung –, wenn er Jahre später etwa während einer Außenprüfung betrachtet wird, anders gelaufen ist oder auch nur anders gesehen wird (zur Außenprüfung siehe auch § 9 Rdn 252 ff.). Es ist dann eben ein anderer Sachverhalt! Damit ist dann auch die damalige Beurteilung durch die Finanzverwaltung hinfällig, denn sie bezieht sich ja nur auf den einen ganz bestimmten Sachverhalt.

IV. Die gesellschaftsrechtliche Umwandlung einer Stiftung

Die Umwandlung einer Stiftung ist zum einen nach den Vorschriften des Umwandlungsgesetzes (gesellschaftsrechtliche Umwandlung) und zum anderen nach den Vorschriften des BGB (stiftungsrechtliche Umwandlung) möglich, was im Anschluss sogleich näher betrachtet wird. 33

Da eine Stiftung keine Gesellschafter oder Mitglieder hat, sondern nur aus Vermögen besteht, sind ihre „gesellschaftsrechtlichen" Umwandlungsmöglichkeiten nach dem Umwandlungsgesetz beschränkt. Sie kann nur an Umwandlungsvorgängen beteiligt sein, bei denen die Gegenleistung für die Vermögensübertragung auf der Ebene des übertragenden Rechtsträgers (Stiftung) erfolgt, denn eine Gegenleistung auf der Ebene von Gesellschaftern/Mitgliedern ist unmöglich. 34

Praxishinweis: Ausgeschlossene Umwandlungsmöglichkeiten bei Stiftungen 35

Eine Stiftung kann vor diesem Hintergrund vor allem nicht an einer Auf- oder Abspaltung, bei einer Verschmelzung oder bei einem Formwechsel beteiligt sein.

So kann auch die in der Praxis häufiger zu beobachtende und kommentierte **„Umwandlung" eines eingetragenen Vereins in eine rechtsfähige Stiftung** 36 mangels entsprechender Rechtsgrundlage nicht in der Form einer gesellschaftsrechtlichen Umwandlung nach dem UmwG erfolgen. Hier bleibt, ähnlich wie bei der „Umwandlung“ einer treuhänderischen in eine rechtsfähige Stiftung (siehe § 12 Rdn 141 ff.), nur der Umweg über die Errichtung einer neuen Stiftung durch den Verein und/oder seine Mitglieder und die anschließende Übertragung des Vereinsvermögens mit abschließender Liquidation des e.V.[35]

37 Es bleibt einer Stiftung also nur die **Ausgliederung,**[36] denn dabei kommt es zu einem Aktivtausch. Auch bei der Ausgliederung kann sie nur als übertragender (§ 124 UmwG) und nicht als übernehmender Rechtsträger beteiligt sein (§ 161 UmwG). Eine Ausgliederung zur Aufnahme kann nur auf eine Personenhandels- oder Kapitalgesellschaft, eine Ausgliederung zur Neugründung nur auf eine Kapitalgesellschaft erfolgen.

38 Abgesehen von stiftungszivilrechtlichen Grenzen,[37] die sich insbesondere aus dem Stifterwillen, der Stiftungssatzung und vor allem dem Stiftungszweck ergeben, kann das **gesamte Vermögen** einer Stiftung Gegenstand der Ausgliederung sein, ohne dass auch nur ein Teil des Vermögens bei der Stiftung bleiben muss.[38] Die rechtstechnischen Einzelheiten zu der Ausgliederung im Fall einer Stiftung gibt das Gesetz in §§ 161 ff. UmwG vor. Geregelt sind dort:

- Ausgliederungsbericht,
- Ausgliederungsbeschluss,
- **staatliche Genehmigung**: Die Ausgliederung bedarf nach § 164 Abs. 1 UmwG der Genehmigung durch die Stiftungsaufsichtsbehörde, sofern das (Landes-)Stiftungsrecht das vorsieht, was aktuell ausschließlich im noch fortgeltenden Stiftungsgesetz des Landes Thüringen der Fall ist (§ 9 Abs. 3 ThürStiftG),
- Sachgründungs- und Gründungsbericht und
- zeitliche begrenzte Weiterhaftung der Stiftung.

39 Die Einzelheiten können hier nicht dargestellt werden.[39] Hinzuweisen ist aber auf vier Punkte:

- Bringt eine Stiftung einen Betrieb (Teilbetrieb, Mitunternehmeranteil) nach dem UmwStG steuerbegünstigt in eine Kapitalgesellschaft (§ 20 UmwStG) oder eine Personengesellschaft (§ 24 UmwStG) ein oder spaltet ihn durch Ausgliederung ab, so bleiben die Anteile an der aufnehmenden oder ggf.

35 Ausf. dazu *Gemmer*, StiftungsBrief 2024, 63; *Thölke*, npoR 2017, 54; *Theuffel-Werhahn*, StiftungsBrief 2014, 205; *Voigt de Oliveira/Becker*, DStR 2013, 2554.

36 Widmann/Mayer/*Weiler*, § 124 UmwG Rn 90 ff.

37 Siehe dazu Widmann/Mayer/*Rieger*, § 161 UmwG Rn 101 ff.

38 Widmann/Mayer/*Rieger*, § 161 UmwG Rn 44.

39 Es sei auf die umfassende Kommentierung in Widmann/Mayer/*Rieger*, § 161 UmwG Rn 44 ff. und auf Münch. Hdb. GesR V/*Gottschald/Knoop*, §§ 109 f. sowie auf die weiteren hier zitierten Nachweise verwiesen.

neu entstehenden Gesellschaft bei der Stiftung. Das ist stiftungszivilrechtlich regelmäßig als ein Fall der **Vermögensumschichtung**[40] zu sehen.

- Die Ausgliederung eines Unternehmens(teils) aus dem Vermögen der Stiftung hat zur Konsequenz, dass die Stiftung nicht mehr selbst Inhaberin des Unternehmens ist (Fall der Unternehmensträgerstiftungen), sondern insoweit zu einer **Beteiligungsträgerstiftung** wird, d.h. nur noch an dem das Unternehmen betreibenden Rechtsträger beteiligt ist. Frühestens nach Abschluss des Vorgangs kann die Stiftung die Anteile veräußern oder zuwenden, was in aller Regel dann mit steuerlicher Gewinnrealisierung erfolgt.
- *Wachter*[41] empfiehlt, dass im Interesse der dauerhaften Erfüllung des Stiftungszwecks die Stiftung im Fall einer Ausgliederung über maßgeblichen Einfluss auf die Unternehmensführung des aufnehmenden Rechtsträgers verfügen sollte.
- Nicht übersehen werden dürfen dabei allerdings bei einer **steuerbefreiten Stiftung** die Problematik des **wirtschaftlichen Geschäftsbetriebes** und ggf. auch die Probleme mit der Selbstlosigkeit und der unmittelbaren Zweckverfolgung.

V. Die „Umwandlung" einer steuerpflichtigen Stiftung in eine gemeinnützige Stiftung

Die „Umwandlung“ einer steuerpflichtigen Stiftung in eine gemeinnützige Stiftung bedeutet im Grunde nur, dass der Stiftungszweck geändert wird.[42] Die Gründe für eine solche Zweckänderung können verschiedener Art sein. Insbesondere bei **Familienstiftungen** kommt es vor, dass der ursprüngliche Zweck einer Versorgung der Nachkommen des Stifters im Laufe der Zeit an Bedeutung verliert oder sich gar nicht mehr verwirklichen lässt. So etwa, wenn die Abkömmlinge Unterstützungsleistungen nicht mehr benötigen oder der begünstigte Familienstamm ausstirbt. In solchen Fällen kann das Bedürfnis entstehen, durch eine 40

40 Siehe dazu mit Blick auf die Stiftungsaufsicht und deren Haftungsrisiken *Saenger/Veltmann*, ZSt 2005, 281.

41 *Wachter*, Stiftungen, Kap. J Rn 1.

42 Es gibt steuerrechtlich keine vom Stiftungszweck losgelöste Behandlung der Gemeinnützigkeit. Siehe **AEAO Nr. 3 zu § 59 AO**: *„[...] Eine Körperschaft, bei der nach dem Ergebnis dieser Prüfung die gesetzlichen Voraussetzungen für die steuerliche Behandlung als steuerbegünstigte Körperschaft vorliegen, muss deshalb auch als solche behandelt werden, und zwar ohne Rücksicht darauf, ob ein entsprechender Antrag gestellt worden ist oder nicht. Ein Verzicht auf die Behandlung als steuerbegünstigte Körperschaft ist somit für das Steuerrecht unbeachtlich.“* Der Gemeinnützigkeitsstatus folgt also automatisch und „zwingend“, wenn Zweck und Satzung nach den Anforderungen des Gemeinnützigkeitsrechts geändert werden.

Erweiterung des Destinatärkreises auf die Allgemeinheit einen neuen, nunmehr gemeinnützigen Stiftungszweck zu verfolgen.[43]

41 Ob und wie die Änderung des Stiftungszwecks – sei es durch die Stiftungsorgane oder die Stiftungsbehörde – im Einzelnen möglich ist, richtet sich nach den allgemeinen Voraussetzungen (siehe § 4 Rdn 53 ff.). Entscheidend ist wie immer, dass die Änderung des Stiftungszwecks hin zu einer gemeinnützigen Stiftung durch den ausdrücklich geäußerten oder durch Auslegung ermittelten (hypothetischen) Stifterwillen gedeckt ist. Eine völlig freie neue Zweckbestimmung durch Dritte ist nicht zulässig.[44]

42 Unter **steuerrechtlichen** Gesichtspunkten sind bei der „Umwandlung" einer Familienstiftung in eine gemeinnützige Stiftung einige Besonderheiten zu beachten.

43 Die Familienstiftung unterliegt nach § 1 Abs. 1 Nr. 4 ErbStG in Zeitabständen von je 30 Jahren der Ersatzerbschaftsteuer (§ 8 Rdn 80 ff.). Diese Steuerpflicht entfällt jedoch, wenn eine Familienstiftung vor Ablauf des Dreißigjahreszeitraums in eine andere Stiftung umgewandelt wird.[45]

44 Zudem gilt die Änderung des Stiftungscharakters einer Familienstiftung durch Satzungsänderung aus Sicht der Finanzverwaltung erbschaft- und schenkungsteuerrechtlich als Errichtung einer neuen Familienstiftung (§ 8 Rdn 114 ff.),[46] wobei die durch Satzungsänderung entstandene „neue" Stiftung als Erwerberin des Vermögens der bisherigen Stiftung gilt und grundsätzlich entsprechend nach dem ErbStG zu besteuern ist.[47] Wird jedoch die Familienstiftung durch Satzungsänderung in eine gemeinnützige Stiftung umgewandelt, ist deren „Erwerb" nach § 13 Abs. 1 Nr. 16 lit. b ErbStG steuerfrei.[48]

45 Die Zweckänderung einer Familienstiftung hin zu einer gemeinnützigen Stiftung bietet damit die Möglichkeit der Vermeidung der Ersatzerbschaftsteuer, wenn sie vor Ablauf des Dreißigjahreszeitraums nach § 1 Abs. 1 Nr. 4 ErbStG erfolgt. Denkbar ist etwa auch die **Umwandlung einer Familienstiftung in eine Doppelstiftung.** Neben steuerrechtlichen Fragen ist es insbesondere das Stiftungsrecht, das bei der „Umwandlung" einer bestehenden unternehmensverbundenen Familienstiftung einer besonderen Betrachtung bedarf. Die Errichtung einer steuerbefreiten Stiftung durch die bereits bestehende Stiftung ist stiftungsrechtlich nicht ohne weiteres möglich. Die Satzung kann dem von vornherein entgegenstehen, und zwar sowohl unter dem Gesichtspunkt „Stiftungszweck" als auch unter dem Gesichtspunkt „Vermögenserhaltungsgrundsatz". So verlockend eine Doppelstif-

43 Siehe auch *Werner*, ZSt 2009, 163 ff.
44 So auch *Werner*, ZSt 2009, 163, 166.
45 R E 1.2 Abs. 1 S. 3 ErbStR.
46 R E 1.2 Abs. 4 S. 1 ErbStR.
47 R E 1.2 Abs. 4 S. 3 und 4 ErbStR.
48 R E 1.2 Abs. 5 ErbStR.

tung unter steuerlichen Gesichtspunkten auf den ersten Blick erscheinen mag, so schwierig kann die tatsächliche Umsetzung im Einzelfall sein. Bevor der Weg in eine Doppelstiftung beschritten wird, sollte in jedem Fall ein steuerlicher Belastungsvergleich erfolgen.

B. Stiftungsrechtliche Umwandlungsvorgänge

Das neue Stiftungsrecht sieht eigene Umwandlungsvorgänge vor, und zwar die Umgestaltung einer auf unbestimmte Zeit errichteten Stiftung in eine Verbrauchsstiftung nach § 85 Abs. 1 S. 4 BGB sowie die Zulegung und Zusammenlegung von Stiftungen nach den §§ 86 ff. BGB. 46

I. Umgestaltung in eine Verbrauchsstiftung

1. Voraussetzungen

Nach § 85 Abs. 1 S. 4 BGB kann eine ursprünglich auf unbestimmte Zeit errichtete Stiftung durch eine Satzungsänderung in eine Verbrauchsstiftung „umgestaltet" werden.[49] Mit *Burgard* und *Heimann* lassen sich nach dem neuen Recht im BGB die folgenden Voraussetzungen für eine solche Umgestaltung identifizieren: 47

Checkliste: Umgestaltung einer „Ewigkeitsstiftung" in eine Verbrauchsstiftung[50] 48

Voraussetzungen

1. Es ist keine dauernde und nachhaltige Zweckerfüllung mehr möglich, und zwar entweder wegen Unmöglichkeit der Zweckerfüllung oder mangels ausreichender Mittel.
2. Andere, weniger belastende Maßnahmen wie z.B. eine anderweitige Satzungsänderung sind nicht dazu geeignet, die Lebensfähigkeit der Stiftung wiederherzustellen; dabei stellt sich allerdings die Frage, welche Maßnahmen, bspw. auch Zweckbeschränkungen nach § 85 Abs. 1 S. 1 BGB, der Umgestaltung in eine Verbrauchsstiftung vorgehen.
3. Nach der Umgestaltung in eine Verbrauchsstiftung kann die Stiftung ihren Stiftungszweck wieder dauernd und nachhaltig erfüllen (§ 85 Abs. 1 S. 3 BGB).
4. Der Stifterwille steht der Umgestaltung nicht entgegen (§ 83 Abs. 2 BGB).

---

49 Zum Ganzen *Burgard/Heimann*, npoR 2024, 123; *Heuel/Klot-Wesemann/Bimberg*, Stiftung & Sponsoring – Rote Seiten 06/2024, S. 2 f.

50 Nach *Burgard/Heimann*, npoR 2024, 123.

Umsetzung

1. Entsprechende Satzungsänderung und insbesondere Ergänzung der Satzung durch eine Bestimmung nach § 81 Abs. 2 BGB durch Beschluss der zuständigen Stiftungsorgane.
2. Genehmigung der Satzungsänderung durch die zuständige Behörde (§ 85a Abs. 1 S. 2 BGB).

2. Prüfung der Voraussetzungen

49 Das Vorliegen der Voraussetzungen nach den obenstehenden Ziffern 1.–4. muss von den für Satzungsänderungen zuständigen **Stiftungsorganen geprüft** und ihrer Entscheidung zugrunde gelegt werden. Für die Genehmigung der Satzungsänderung durch die Stiftungsbehörde muss dieser das Vorliegen dieser Voraussetzungen **nachgewiesen** werden.

a) Dauernde und nachhaltige Zweckerfüllung nicht mehr möglich

50 Die Gründe dafür, dass der Stiftungszweck nicht mehr dauernd und nachhaltig erfüllt werden kann, können vielfältiger Natur sein (siehe § 7 Rdn 16 ff.).[51] Der in der Praxis wichtigste Fall ist die **negative wirtschaftliche Entwicklung des Stiftungsvermögens**, die nicht den Vorstellungen bei Errichtung der Stiftung entspricht und dazu führt, dass im Laufe der Zeit mangels Mitteln der Stiftungszweck nicht mehr entsprechend dem historischen Willen der stiftenden Person (§ 83 Abs. 2 BGB) dauernd und nachhaltig erfüllt werden kann.

Ob diese Voraussetzungen vorliegen, ist zum einen eine Frage der Auslegung des Merkmals der „dauernden und nachhaltigen Zweckerfüllung“, zum anderen aber vor allem eine Frage des Einzelfalls, insbesondere unter Berücksichtigung des Zweckerfüllungs- und Vermögenserhaltungskonzepts der stiftenden Person bei Errichtung der Stiftung. Anders gewendet: Welche Vorstellung von einer dauernden und nachhaltigen Zweckerfüllung lag bei der Errichtung der Stiftung zugrunde?

51 **Praxisrelevante Rechtsprechung:**

Verwaltungsgericht Köln zu den Voraussetzungen der Umgestaltung einer Ewigkeitsstiftung in eine Verbrauchsstiftung

Anschaulich und nach unserer Praxiserfahrung auch durchaus typisch ist hier ein vom VG Köln entschiedener **Sachverhalt**:[52]

Eine Stiftung war 2005 von vier Gründungsstiftern zunächst mit einem Vermögen in Höhe von 200.000 EUR errichtet worden, ein Zustifter wendete später 50.000 EUR zu. Zweck der Stiftung ist die Förderung des Sports (§ 52

---

51 *Burgard/Heimann*, npoR 2024, 123, 124 ff.

52 VG Köln, Urt. v. 12.06.2025 – 4 K 514/24; besprochen von *Udwari/Holz* GWR 2025, 421.

Abs. 2 Nr. 2 AO) durch Beschaffung von Mitteln zur Förderung des Jugendhandballsports, verwirklicht durch die Förderung spezieller Projekte im Nachwuchsleistungs- und Nachwuchsbreitensport, die Individualförderung im Nachwuchsleistungssport und durch Öffentlichkeitsarbeit.

Zu den Vermögensverhältnissen, den Verwaltungskosten und zu der Zweckverwirklichung der Stiftung führte das Gericht aus: *„Die Jahresabrechnungen der Klägerin weisen das Stiftungsnettovermögen wie folgt aus: 285.169,62 Euro zum 31. Dezember 2021, 258.839,73 Euro zum 31. Dezember 2022, 273.196,79 Euro zum 31. Dezember 2023 und 285.355,01 Euro zum 31. Dezember 2024. Die jährlichen Verwaltungskosten der Klägerin betragen 83,30 Euro. Darüber hinaus bestehen keine Verbindlichkeiten. Die Klägerin fördert die inzwischen 18 D. Handballvereine mit einer eigenen Jugendabteilung. 2022 unterstützte sie vier Vereine mit insgesamt 8.000 Euro, 2023 einen Verein mit 500 Euro und 2024 fünf Vereine mit insgesamt 10.000 Euro.“*

Das aus den vier Gründungsstiftern und dem Zustifter bestehende Kuratorium beschäftigte sich ab dem Jahr 2020 mit dem Gedanken, die Stiftung in eine Verbrauchsstiftung umzuwandeln, da insbesondere wegen der andauernden Niedrigzinsphase die aus der Bewirtschaftung des Grundstockvermögens erzielten Erträge geringer als bei Errichtung angenommen ausfielen. Durch gemeinsamen Beschluss von Vorstand und Kuratorium im Juli 2023 wurde die Satzung entsprechend geändert. Die **Stiftungsbehörde** Köln **verweigerte** allerdings die **Genehmigung**, da die Voraussetzungen für eine Umgestaltung nach § 85 Abs. 1 S. 4 BGB nicht erfüllt seien.

Die gegen diese Entscheidung gerichtete **Verpflichtungsklage der Stiftung wies das VG Köln ab, da die Stiftung nach wie vor über ausreichende Mittel verfüge,** um den in ihrer Satzung niedergelegten Stiftungszweck dauernd und nachhaltig zu erfüllen.

Die Erträge seien in den vergangenen Jahren wieder kontinuierlich auf zuletzt über 4.000 Euro gestiegen und stünden, weil die jährlichen Verwaltungskosten mit 83,30 Euro sehr gering seien und weitere Verbindlichkeiten nicht bestünden, auch fast vollständig für die Zweckverfolgung zur Verfügung. Zudem sei das Stiftungsnettovermögen insgesamt wieder gewachsen und seit geraumer Zeit stabil und läge zunehmend deutlich über dem Betrag des Grundstockvermögens. Die Stiftung könne Zuwächse, die sie aus der Umschichtung des Grundstockvermögens erzielen kann, für die Erfüllung des Stiftungszwecks verwenden. Das sei durch ihre Satzung nicht ausgeschlossen, so das Gericht weiter.

Zwar sei der Stiftung zuzustimmen, dass die Inflation seit der Existenz der Stiftung zu spürbaren Kaufkraftverlusten geführt und damit den realen Geldwert des Grundstockvermögens geschmälert habe. Das führe aber nicht zu dem Ergebnis, dass die Stiftung ihren Zweck nicht mehr erfüllen kann. Insbesondere ergebe sich weder aus Satzung noch Gesetz, dass die Stiftung über den **nominalen Werterhalt** hinaus ganz oder teilweise den **realen Werterhalt des Grundstockvermögens** zu gewährleisten habe. Angesichts dieses Befundes zur finanziellen Situation der Stiftung sei nicht erkennbar, so das VG Köln, dass ihr vergleichbare Mittel für eine satzungsgemäße Förderung in absehbarer Zeit fehlen werden.

Zwar sei es möglich, so das Gericht weiter, dass die Stiftung gegebenenfalls – und möglicherweise entgegen den subjektiven Vorstellungen der Stifter – die **Anzahl der geförderten Vereine** und **Projekte** oder auch die jeweilige **Fördersumme** anpassen und auch (zeitweise) **verringern** müsse. Das stehe aber der Annahme einer wirksamen Erfüllung des Stiftungszwecks im konkreten Fall nicht entgegen, da der in der Satzung niedergelegte und maßgebliche Stiftungszweck, Mittel zur Förderung des Jugendhandballsports zu beschaffen, keine konkrete Anzahl zu fördernder Vereine oder bestimmte Fördersummen festlege. Auch der Verweis auf den gestiegenen finanziellen Bedarf der unterstützten Verein könne dem Begehren nicht zum Erfolg verhelfen, so das VG Köln abschließend, denn maßgeblich sei, dass die Stiftung auf Grundlage ihres gegenwärtig vorhandenen Vermögens in der Lage sei, den Stiftungszweck dauernd und nachhaltig zu erfüllen: *„Dies ist jedoch bereits dann der Fall, wenn die Klägerin auch nur einen Verein bzw. ein Projekt mit einem bestimmten – obgleich geringen – Betrag fördern kann.“*

52 Der vom VG Köln entschiedene Sachverhalt zeigt beispielhaft auf, welche Faktoren die Stiftungsorgane zu einer Umgestaltung bewegen und welche Faktoren in die **Abwägungsentscheidung** nach § 85 Abs. 1 S. 4 BGB einfließen:

Die Bewirtschaftung des Stiftungsvermögens führt einerseits nicht mehr zu den gewünschten Erträgen und andererseits ist der Bedarf auf Seiten der zu fördernden Einrichtungen größer geworden. Der Ertrag scheint den Aufwand nicht mehr zu rechtfertigen. Vielleicht haben die Beteiligten mit der Zeit auch ein wenig die Lust an ihrem Projekt verloren.

Gleichzeitig ist nicht zu leugnen, dass die klagende Sportstiftung ihren Zweck, so wie er in der Satzung niedergelegt ist, noch weiter erfüllt werden kann. Der Ertrag ist zwar recht klein, die Verwaltungskosten aber äußert gering, so dass ein nicht zu vernachlässigender Betrag für die Zweckerfüllung verbleibt. Insbesondere ist der Umfang der Zweckerfüllung in der Satzung nicht nach der Anzahl der zu fördernden Vereine oder Projekte näher bestimmt, so dass auch eine Einzelförderung möglich ist und die vorhandenen Mittel nicht aufgeteilt werden müssen.

Für die **Beratungspraxis** sollte die **Schlussfolgerung**Schlussfolgerung mithin insbesondere lauten, dass in Stiftungsgeschäft und Satzung auch niedergelegt werden sollte, was sich die stiftende Person unter einer dauernden und nachhaltigen Erfüllung des von ihr vorgegebenen Stiftungszwecks vorgestellt hat. Im vom

VG Köln entschiedenen Fall der Sportstiftung hätte es wahrscheinlich einen Unterschied gemacht, wenn die Stifter bei Errichtung der Stiftung den Willen zum Ausdruck gebracht hätten, nach Möglichkeit alle Vereine eines bestimmten Verbandes zu unterstützen.

b) Verhältnis zu anderen umgestaltenden Maßnahmen

Ist der Stiftungszweck tatsächlich im Einzelfall nicht mehr dauernd und nachhaltig wir ursprünglich angenommen erfüllbar, so stellt sich die Frage, in welchem **Verhältnis die Umgestaltung** in eine Verbrauchsstiftung **zu anderen satzungsändernden Maßnahmen** steht. So können die Mittel der Stiftung bspw. trotz der bestehenden wirtschaftlichen Schwierigkeiten noch ausreichen, um den Zweck auf andere Art und Weise als bisher zu verwirklichen. Statt eines Stipendiums kann bspw. ein Preis vergeben werden,[53] oder der Zweck der Stiftung kann nach § 85 Abs. 1 S. 1 BGB beschränkt werden. 53

Für den Vorrang solcher Maßnahmen mag sprechen, dass sie den Fortbestand der Stiftung gewährleisten. Das Gesetz selbst stellt in § 85 Abs. 1 S. 4 BGB aber die Umgestaltung in eine Verbrauchsstiftung der Zweckänderung und der Zweckeinschränkung gleich und begründet **kein Rangverhältnis** zwischen diesen Maßnahmen. Deshalb darf der Fortbestand der Stiftung nicht das alleinige Abwägungskriterium bleiben. Vielmehr ist zu fragen, welche Maßnahme am besten mit dem (**hypothetischen**) **Willen der stiftenden Person** vereinbar ist. Hätte diese bspw. eher gewollt, dass der Zweck weiterhin auf unbestimmte Zeit verfolgt wird, dafür aber vielleicht weniger effektiv? Oder wäre es ihr wichtiger gewesen, dass der Zweck wie bisher erfüllt wird, auch wenn das nun nur noch zeitlich begrenzt möglich ist?

Entsprechende Maßgaben können und sollten in der **Stiftungssatzung** getroffen werden. Insbesondere kann nach § 85 Abs. 4 BGB die Umgestaltung in eine Verbrauchsstiftung entweder ausgeschlossen oder vereinfacht werden. 54

Möglich ist auch die Kombination einer Zweckänderung und einer Umstrukturierung. Die Stiftung verfolgt dann als Verbrauchsstiftung einen anderen Zweck als bisher oder einen eingeschränkten Zweck.[54]

c) Dauernde und nachhaltige Zweckverwirklichung nach Umwandlung gesichert

Grundlegende Voraussetzung der Zulässigkeit der Umgestaltung ist zudem, dass die Stiftung nach der Umgestaltung ihren **Zweck wieder dauernd und nachhaltig erfüllen** kann. Hier stellt sich insbesondere die Frage, wie lang die Stiftung nach der erfolgten Umgestaltung noch als Verbrauchsstiftung fortbestehen können muss, damit die Umgestaltung zulässig ist. 55

53 Beispiel nach *Burgard/Heimann*, npoR 2024, 123, 126.
54 BT-Drucks 19/28173, 66.

56 In der Regierungsbegründung zum neuen Stiftungsrecht heißt es dazu, dass die **Umstrukturierung kein Ersatz für eine Liquidation** ist. Zudem müsse die Stiftung nach der Umstrukturierung die Voraussetzungen nach § 82 S. 1 BGB erfüllen.[55] Daraus lässt sich ableiten, dass die Stiftung nun für **eine gewisse Mindestdauer** als Verbrauchsstiftung bestehen können muss. Daraus, dass in der Begründung des Regierungsentwurfs auf § 82 S. 1 BGB verwiesen wird, nicht aber auf Satz 2, wird zudem einhellig die Schlussfolgerung gezogen, dass die durch die Umstrukturierung entstehende Verbrauchsstiftung nicht für mindestens zehn Jahre bestehen muss, wie es bei der Neuerrichtung einer Verbrauchsstiftung der Fall ist.[56]

57 Unterschiedlich fällt dagegen die Antwort darauf aus, **welche Mindestdauer** nun gelten soll.[57] Aus unserer Sicht hilft hier die Orientierung am Gesetz und der Gesetzesbegründung. Danach lassen sich zwei Vorgaben ableiten:

- Da die Umstrukturierung nach der Gesetzesbegründung kein Ersatz für eine Liquidation ist, bietet es sich an, in **Abgrenzung zur Liquidation** und insbesondere zum Liquidationsjahr (vgl. § 87c Abs. 2 S. 2 i.V.m. § 51 BGB) ein Fortbestehen der Stiftung als Verbrauchsstiftung von mindestens zwei Jahren nach der Umstrukturierung zu fordern.
- Hat die Stiftung vor der Umstrukturierung noch keine zehn Jahre bestanden, so sollte sie nach der Umstrukturierung zudem mindestens noch so lange als Verbrauchsstiftung existieren, dass sie insgesamt für einen Zeitraum von zehn Jahren existiert. Auch wenn die Gesetzesbegründung nur auf § 82 S. 1 BGB verweist, nicht aber auf Satz 2, so wird das unbestimmte Merkmal der dauernden Erfüllung des Stiftungszwecks in Satz 1 eben doch in Satz 2 für Verbrauchsstiftungen näher bestimmt.

3. Umsetzung

58 Zuständig für die zur Umstrukturierung notwendige Satzungsänderung ist nach § 85a Abs. 1 S. 1 BGB der Vorstand oder die ggf. durch die Satzung abweichend dazu befugten Stiftungsorgane. Sie müssen Regelungen nach § 81 Abs. 2 BGB (siehe auch § 3 Rdn 21 ff.) in die Satzung einfügen, also *„die Festlegung der Zeit, für die die Stiftung errichtet wird"* und *„Bestimmungen zur Verwendung des Stiftungsvermögens, die die nachhaltige Erfüllung des Stiftungszwecks und den vollständigen Verbrauch des Stiftungsvermögens innerhalb der Zeit, für welche die Stiftung errichtet wird, gesichert erscheinen lassen"*.

---

55 BT-Drucks 19/28173, 66.

56 BoKo-StiftR/*Winkler*, § 85 BGB Rn 21 f.; Burgard/*Burgard*, Stiftungsrecht, § 85 Rn 67; MüKo-BGB/*Weitemeyer*, § 85 Rn 19.

57 BoKo-StiftR/*Winkler*, § 85 BGB Rn 22: „fünf Jahre"; Burgard/*Burgard*, Stiftungsrecht, § 85 Rn 67: „Zeitraum von ca. vier Jahren"; MüKo-BGB/*Weitemeyer*, § 85 Rn 19: „Frage des Einzelfalls".

Die entsprechende Satzungsänderung bedarf der Genehmigung der zuständigen Stiftungsbehörde (§ 85a Abs. 1 S. 2 BGB). Die Stiftungsbehörde darf als reine Rechtsaufsicht die Genehmigung grundsätzlich nicht verweigern, wenn die Voraussetzungen einer Umstrukturierung vorliegen.[58] Allerdings lässt sich über das Vorliegen der Voraussetzungen, insbesondere über die Auslegung des Willens der stiftenden Person, bekanntlich trefflich streiten. 59

Der Vorstand muss nach Einführung der Regelungen zum Stiftungsregister (siehe § 4 Rdn 80 ff.) die Satzungsänderung zur Eintragung in das Stiftungsregister anmelden (vgl. § 85b S. 1 BGB i.V.m. § 6 StiftRG, beide treten zum 1.1.2028 in Kraft). 60

II. Zulegung und Zusammenlegung von Stiftungen

Durch das neue Stiftungsrecht werden die **Zulegung** einer Stiftung **zu einer anderen bereits bestehenden Stiftung** und die **Zusammenlegung von zwei Stiftungen** zu einer **neuen Stiftung** zum ersten Mal ausdrücklich im BGB geregelt.[59] 61

1. Grundlagen

Zum Verständnis dieser Regelungen und der um sie geführten Diskussionen sowie für ihre erfolgreiche Anwendung in der Praxis ist es hilfreich, sich zunächst folgende Grundlagen zu vergegenwärtigen. 62

a) Ausgangslage vor der Reform

Das BGB kannte bis zum Inkrafttreten der Stiftungsrechtsreform zum 1.7.2023 keine Regelungen zur Zulegung oder Zusammenlegung von Stiftungen. Mit den Instrumenten der Auflösung und Aufhebung der Stiftung ließen sich zwar ggf. ähnliche Ergebnisse erzielen, wie das nun mit den neuen gesetzlichen Regelungen möglich ist, allerdings unter sehr viel strengeren Voraussetzungen, als sie jetzt unter dem neuen Recht gelten.[60] 63

Die Zulegung und auch die Zusammenlegung konnten nach altem Recht dadurch umgesetzt werden, dass die Stiftung entweder auf Basis der entsprechenden Satzungsregelungen aufgelöst oder durch Anwendung des § 87 Abs. 1 BGB aufgehoben wurde und das Vermögen dann auf Basis einer vorher geänderten satzungs- 64

---

58 *Burgard/Heimann*, npoR 2024, 123, 129 m.w.N.

59 Eingehend etwa *Häming*, npoR 2025, 244; *Bieniek*, StiftungsBrief, Sonderausgabe: Zusammenlegung und Zulegung von Stiftungen, 2024; *Heuel/Klot-Wesemann/Bimberg*, Stiftung & Sponsoring – Rote Seiten 06/2024, S. 4 ff.; *Schauer*, ZEV 2022, 512.

60 Vgl. NK-BGB/*Schiffer/Pruns*, § 87 Rn 20 ff. Ausf. zum alten Recht *Schauer*, Die Zusammenführung rechtsfähiger Stiftungen, 2017.

mäßigen Anfallsklausel auf die „Zielstiftung" überging. Zu beachten waren dabei allerdings die aufgrund des Verweises in der alten Fassung des § 88 BGB entsprechend anzuwendenden Vorschriften der §§ 46–53 BGB, so dass zwingend eine Liquidation stattfinden musste und insbesondere das Sperrjahr nach § 51 BGB abzuwarten war. Das und der Umstand, dass in der Regel eine Unmöglichkeit der Zweckerfüllung Voraussetzung für die Auflösung der Stiftungen war, verkomplizierte die Zulegung und Zusammenlegung nach früherem Recht erheblich.

65 Nicht wenige der **früheren Landesstiftungsgesetze** sahen zwar eigene Vorschriften entweder für die Zulegung oder die Zusammenlegung von Stiftungen oder auch für beide Maßnahmen vor.[61] Es stellte sich aber bspw. die Frage, ob den Ländern überhaupt die entsprechende Gesetzgebungskompetenz zukam.[62]

66 In der **Praxis** spielten die Zulegung und Zusammenlegung von Stiftungen jedenfalls bis zur Stiftungsrechtsreform eher **eine geringe Rolle**. Die Bund-Länder-Arbeitsgruppe Stiftungsrecht identifizierte in ihrem Bericht aus dem Jahr aber zutreffend das **praktische Bedürfnis** des Stiftungssektors nach einer **Vereinfachung** der Fusion von Stiftungen. Neben der **schlechten Finanzlage** vieler Stiftungen nannte sie als **Motiv** für solche Zusammenführungsmaßnahmen auch die Problematik **fehlender Organmitglieder**.[63]

b) Rechtslage nach der Reform

67 Für die erstmalige Regelung der Zusammenführung von Stiftungen im BGB hat sich der Gesetzgeber ausdrücklich an den Regelungen zu Verschmelzungen im Umwandlungsgesetz orientiert,[64] knüpft aber mit Blick auf die grundsätzlich unbegrenzte Dauer von Stiftungen diese Zusammenführung an besondere Voraussetzungen. Die Entscheidung über die Zusammenführung von Stiftungen soll weiterhin **nicht in das Belieben der Stiftungsorgane** gestellt sein und auch **wirtschaftliche oder praktische Überlegungen allein sollen nicht genügen**.

68 Im Sinne der vom Gesetzgeber beabsichtigten Vereinfachung ist es nunmehr aber eben auch nicht mehr erforderlich, dass die Zweckerfüllung unmöglich geworden ist. **Erste Voraussetzung** für die Zusammenführung von Stiftungen ist vielmehr

---

61 Übersicht bei „Bericht der Bund-Länder-Arbeitsgruppe ‚Stiftungsrecht' an die Ständige Konferenz der Innenminister und -senatoren der Länder vom 9. September 2016", S. 69 f., abrufbar unter https://www.innenministerkonferenz.de/IMK/DE/termine/to-beschluesse/2016-11-29_30/nummer%2026%20reform%20stiftungsrecht.pdf?__blob=publicationFile&v=2 (abgerufen am 17.10.2025).

62 Nachweise bei NK-BGB/*Schiffer/Pruns*, § 87 Rn 20.

63 „Bericht der Bund-Länder-Arbeitsgruppe ‚Stiftungsrecht' an die Ständige Konferenz der Innenminister und -senatoren der Länder vom 9. September 2016", S. 68.

64 BT-Drs. 19/28173, S. 32.

im Anschluss an entsprechende frühere landesrechtliche Regelungen[65] „nur“ noch eine **wesentliche Veränderung der Verhältnisse seit Errichtung der Stiftung**.

Aber auch die wesentliche Veränderung der Verhältnisse allein genügt nicht. Als **zweite Voraussetzung** hinzukommen muss, dass auch eine Änderung der Satzung nach § 85 Abs. 2–4 BGB nicht ausreicht, um die betroffene Stiftung an die geänderten Verhältnisse anzupassen. Eine **Satzungsänderung** nach **§ 85 Abs. 2–4 BGB** hat mithin **Vorrang** vor einer Zusammenführung durch Zulegung oder Zusammenlegung, nicht aber eine Satzungsänderung nach § 85 Abs. 1 BGB. 69

Der Begriff der **wesentlichen Veränderung der Verhältnisse** ist grundsätzlich so zu verstehen wie in § 85 Abs. 2 BGB (siehe ausführlich Rdn 88 ff.). In Betracht kommt mithin sowohl die **Änderung** der **allgemeinen Verhältnisse**, etwa eine Geldentwertung oder die Änderung der Gesetzeslage, insbesondere auch eine Änderung des Stiftungsrechts, als auch die Änderung der **stiftungsspezifischen Verhältnisse**. 70

c) Insbesondere: Abweichende Regelungen in der Satzung zulässig?

Umstritten ist, ob und inwieweit durch die Satzung von den Regelungen der §§ 86 ff. BGB abgewichen werden darf. In der **Gesetzesbegründung** heißt es dazu, dass die Regelungen zur Zulegung und zur Zusammenlegung im BGB **abschließend** und grundsätzlich auch **zwingend** sind. Zwar könne der Stifter in der Satzung beide Maßnahmen ganz ausschließen oder ihre Durchführung an strengere Anforderungen anknüpfen als im neuen Gesetz geregelt; ausgeschlossen seien aber Satzungsregelungen, nach denen die Zulegung oder Zusammenlegung im Vergleich zu den gesetzlichen Bestimmungen erleichtert wird.[66] 71

Insbesondere *Hüttemann* und *Rawert* sowie *Burgard* argumentieren indes, diese **Ausführungen** seien mit der Aufgabe des Grundsatzes der Satzungsstrenge im Laufe des weiteren Gesetzgebungsverfahrens **überholt**.[67] Der Gesetzeswortlaut, so die genannten Autoren, verweise zudem in §§ 86 Nr. 1 und 86a Nr. 1 BGB jeweils ausdrücklich und ohne Einschränkung auf § 85 Abs. 4 BGB. Dort wird es Stiftern ermöglicht, im Stiftungsgeschäft auch Satzungsänderungen unter erleichterten Bedingungen zuzulassen, wenn dabei Ausmaß und Inhalt im Stiftungsgeschäft hinreichend bestimmt festgelegt sind. Der Hinweis des Gesetzgebers in der Gesetzesbegründung gehe damit ins Leere.[68] 72

---

65 BT-Drs. 19/28173, S. 78.
66 BT-Drs. 19/28173, S. 69.
67 *Hüttemann/Rawert*, Beilage zu ZIP 33/2021, 31; Burgard/*Burgard*, Stiftungsrecht, Vorbem. zu §§ 86 bis 86i Rn 8 und § 86 Rn 37.
68 *Hüttemann/Rawert*, Beilage zu ZIP 33/2021, 31.

73 Aus unserer Sicht verfängt der Rückgriff auf § 85 Abs. 4 BGB nicht, denn die §§ 86 Nr. 1 und 86a Nr. 1 BGB verweisen zwar auf diese Regelung, erklären sie aber gerade nicht für entsprechend anwendbar. Durch den gesetzlichen Verweis wird vielmehr erläutert, welche Arten von Satzungsänderungen der Anwendung der Regelungen von Zulegung oder Zusammenlegung vorgehen. Nach beiden Vorschriften haben Zulegung und Zusammenlegung mithin zur Voraussetzung, dass weder die gesetzlich geregelten noch die im Stiftungsgeschäft oder der Satzung vom Stifter vorgesehenen Möglichkeiten zur Satzungsänderung ausreichen, um die Stiftung an geänderte Verhältnisse anzupassen. Zur Nachgiebigkeit der gesetzlichen Bestimmungen über die Zulegung und Zusammenlegung gegenüber von ihnen abweichenden Regelungen im Stiftungsgeschäft lässt sich daraus aber nichts folgern.

74 Auch der grundsätzlich zutreffende Verweis der Autoren zur Streichung des Prinzips der Satzungsstrenge im Laufe des Gesetzgebungsverfahrens hilft nicht weiter, denn soweit von Gesetzesbestimmungen abgewichen werden kann, ist das im neuen Gesetzestext weiterhin jeweils ausdrücklich geregelt worden.[69] Eine solche ausdrückliche Regelung fehlt in den §§ 86 ff. BGB.

d) Berücksichtigung des Stifterwillens

75 Unbeachtlich ist der Stifterwille deshalb aber nicht. Vielmehr greift auch hier § 83 Abs. 2 BGB. Dazu heißt es in der Gesetzesbegründung wörtlich: „*Gegen den Willen des Stifters kann sich eine Stiftung nicht an einer Zulegung oder Zusammenlegung als übertragende oder übernehmende Stiftung beteiligen.*“ Aus unserer Sicht muss der **Wille des Stifters** aber nicht nur in dieser Form und diesen Fällen in der Praxis Beachtung finden.

76 – Denkbar sind bspw. Bestimmungen des Stifters dazu, dass nur eine der beiden Möglichkeiten nach § 86 BGB und § 86a BGB zulässig sein soll, oder bspw. auch dazu, welche von ihm in Betracht gezogenen Stiftungen überhaupt für eine Zulegung oder eine Zusammenlegung in Frage kommen.

77 – Der Wille der stiftenden Person ist zudem auch maßgeblich, wenn es um die Prüfung des Vorliegens der Voraussetzungen der §§ 86 Nr. 1 und 86a Nr. 1 BGB geht. Das Merkmal der wesentlichen Veränderung der Verhältnisse ist **stiftungsspezifisch auszulegen** (Rdn 88 ff.). So kann bspw. im Stiftungsgeschäft oder in der Satzung beschrieben werden, unter welchen geänderten Verhältnissen eine Zulegung oder eine Zusammenlegung in Betracht gezogen werden soll, wann also von einer wesentlichen Veränderung der Verhältnisse auszugehen ist.

---

69 In der Begründung des RegE (BT-Drucks 19/28173, 29) heißt es ausdrücklich: „*Das novellierte Stiftungsrecht enthält auch weiterhin sowohl zwingende als auch dispositive Vorschriften. Bei den einzelnen Vorschriften wird ausdrücklich geregelt, inwieweit davon durch die Satzung abgewichen werden kann.*“

– Hierhin gehört insbesondere auch der von *Hüttemann* und *Rawert* beispielhaft gebildete Fall einer Bestimmung des Stifters, wonach eine Zulegung insbesondere dann erfolgen soll, wenn die für die Zweckerfüllung zur Verfügung stehenden Mittel über einen bestimmten, mehrere Jahre umfassenden Zeitraum durchweg unter einem bestimmten Betrag liegen.[70] Der Stifterwille ist mithin jedenfalls **gesetzesausfüllend** zu beachten. 78

2. Praktische Bedeutung

Es wurde im Vorfeld und auch unmittelbar nach der Umsetzung der Stiftungs- 79
rechtsreform sehr unterschiedlich darüber geurteilt, welche **praktische Bedeutung** die gesetzlichen Neuregelungen erlangen würden. Zum einen seien die gesetzlichen Regelungen misslungen, zum anderen die Voraussetzungen zu eng, so die Einschätzung *Burgards*, und deshalb sei durchaus die Befürchtung begründet, es werde sich um „totes Recht" handeln.[71] *Hüttemann* und *Rawert* zogen in Zweifel, ob der doch recht erhebliche Umfang der Regelungen zur Zulegung und Zusammenlegung gerechtfertigt sei. Zum einen verwiesen sie auf die sehr viel kürzere und übersichtlichere Regelung von Zulegung und Zusammenlegung in dem von ihnen mitverfassten **Professorenentwurf**.[72] Zum anderen verwiesen sie mit Blick auf eine bereits 2017 veröffentlichte Untersuchung von *Schauer* auf die bis dahin noch sehr geringe praktische Bedeutung von Zulegung und Zusammenlegung.[73]

Auf Basis unserer Erfahrungen aus der **Beratungspraxis** war bereits vor Inkraft- 80
treten des neuen Rechts eine **differenziertere Betrachtung** angebracht. Der Hinweis auf die bis zur Reform geringe praktische Bedeutung von Zulegung und Zusammenlegung mag zwar faktisch richtig gewesen sein, spiegelte aber nicht die praktischen Bedürfnisse des Stiftungssektors wider. Tatsächlich gab und gibt es viele kleinere Stiftungen, die aufgrund ihres verhältnismäßig geringen Vermögens nicht oder kaum mehr in der Lage waren bzw. sind, den mit einer rechtsfähigen Stiftung einhergehenden Verwaltungsaufwand zu stemmen und gleichzeitig ihre Zwecke in sinnvoller Art und Weise zu erfüllen. Es kommt hinzu, dass es für Stiftungen im Allgemeinen und für kleinere Stiftungen im Speziellen immer schwieriger wird, geeignete Personen zu finden, die dazu bereit sind, sich (ehrenamtlich) in Organen und in der täglichen Stiftungsarbeit zu engagieren. Es ist bspw. in der Praxis eine erhöhte Anfrage kleinerer Stiftungen bei größeren Stiftungen zu beobachten, ob diese dazu bereit sind, sie bei der Vermögensverwaltung sowie bei der Gremien- und Projektarbeit zu unterstützen oder die Verwal-

70 *Hüttemann/Rawert*, Beilage zu ZIP 33/2021, 31, Fn 252.

71 Burgard/*Burgard*, Stiftungsrecht, Vorbem. zu §§ 86 bis 86i Rn 9.

72 *Hüttemann/Rawert*, Beilage zu ZIP 33/2021, 29 m.w.N.

73 *Hüttemann/Rawert*, Beilage zu ZIP 33/2021, 29 unter Verweis auf *Schauer*, Die Zusammenführung rechtsfähiger Stiftungen, 2017, S. 208 ff.

tung gleich in einem größeren Umfang zu übernehmen. Auch die Auflösung kleinerer Stiftungen und ihre Weiterführung als Treuhandstiftungen wird aus den genannten Gründen immer wieder als Beratungsthema angefragt. Tatsächlich stellen sich in beiden Fällen aber schwierig zu beantwortende Fragen sowohl tatsächlicher als auch rechtlicher Natur und die Stiftungsbehörden taten sich erfahrungsgemäß sehr schwer damit, hier flexibel zu reagieren.

81 Es war mithin richtig, wenn bspw. *Hüttemann* und *Rawert* vor der Umsetzung der Reform auf die bislang eher (noch) geringe praktische Relevanz von Zulegung und Zusammenlegung verwiesen, denn die Stiftungsbehörden tendierten lange Zeit dazu, bestehende Stiftungen, wenn irgend möglich, zu erhalten. Damit war aber noch nichts über die praktische Bedeutung der Neuregelung gesagt. Gerade aus den genannten Gründen sind die ausführlichen **Neuregelungen** und auch die gesenkten Anforderungen an eine Zulegung und Zusammenlegung **zu begrüßen**. Sie haben diese Handlungsoptionen vermehrt in den Blick der Stiftungen und der Stiftungsverwaltung gerückt. Zudem zeigen die gesetzlichen Regelungen nun rechtlich deutlich klarer als bisher geregelte und damit sicherer gangbare Wege auf.

82 Es verwundert uns deshalb nicht, dass ein Blick in den **Bundesanzeiger**, in dem Zulegungen und Zusammenlegungen veröffentlicht werden, deutlich macht, dass die **Regelungen in der Praxis angenommen und genutzt werden**. Seit Inkrafttreten des neuen Rechts sind dort zahlreiche **Zulegungen** verzeichnet. Die weitere Entwicklung bleibt zu beobachten, aber bereits jetzt wird deutlich, dass sehr viel mehr Zulegungen stattfinden als bisher. Es dürfte nach und nach zu einer begrüßenswerten **Konsolidierung des Stiftungssektors** kommen.[74]

83 Die **Zahl der Zusammenlegungen** ist zwar deutlich **kleiner**. Das dürfte aber darin begründet sein, dass es sehr viel einfacher ist, das Vermögen einer oder mehrerer notleidender Stiftungen auf eine bereits bestehende und lebensfähige Stiftung zu übertragen, als aus zwei notleidenden Stiftungen eine neue lebensfähige Stiftung zu formen. Die Zusammenlegung spielt gleichwohl eine **nicht zu vernachlässigende praktische Rolle**. Auf sie wird bereits jetzt insbesondere in solchen Fällen zurückgegriffen, in denen zwei oder mehr Stiftungen aus anderen Gründen als aus wirtschaftlicher Not zusammengeführt werden müssen. Als Anwendungsfall kommt bspw. die Zusammenlegung solcher Stiftungen in Betracht, die von regional tätigen **Banken oder Sparkassen** errichtet wurden, und zwar dann, wenn die betreffenden Finanzinstitute ihrerseits fusioniert werden.[75] Ähnliche Konstellationen sind bei Stiftungen denkbar, die von anderen regional

74 Vgl. auch die Prognose bei *Schiffer/Pruns/Schürmann*, Die Reform des Stiftungsrechts, 2022, § 10 Rn 43 f.

75 Vgl. *Laves*, Auswirkungen der Stiftungsrechtsreform 2023 auf Banken und Sparkassen mit bestehenden Stiftungen, BKR 2023, 105, 106.

und überregional tätigen Trägern errichtet wurden, bspw. der **Diakonie** oder der **Caritas**.

3. Voraussetzungen von Zulegung und Zusammenlegung

a) Neue Regeln im BGB

Eine Zulegung und eine Zusammenlegung nach neuem Recht kommen nach dem Gesetz dann in Betracht, wenn „*sich die Verhältnisse nach Errichtung der übertragenden Stiftung(en) wesentlich verändert haben und eine Satzungsänderung nach § 85 Absatz 2 bis 4 nicht ausreicht, um die übertragende Stiftung an die veränderten Verhältnisse anzupassen, oder wenn schon seit Errichtung der Stiftung die Voraussetzungen für eine Auflösung nach § 87 Absatz 1 Satz 1 vorlagen*“ (vgl. Wortlaut des § 86 Nr. 1 BGB einerseits und des § 86a Nr. 1 BGB andererseits). 84

Die zitierten Regelungen der §§ 86 Nr. 1 und 86a Nr. 1 BGB verweisen zwar auf die Regelungen zur Satzungsänderung in § 85 BGB, dort aber nur auf die Absätze 2–4 und nicht auf Absatz 1. In § 85 Abs. 1 BGB werden erhebliche Einschränkungen des bisherigen Stiftungszwecks oder eine vollständige Änderung des bisherigen Stiftungszwecks ermöglicht, wenn der Stiftungszweck nicht mehr dauernd und nachhaltig erfüllt werden kann oder der Stiftungszweck das Gemeinwohl gefährdet (siehe § 4 Rdn 56 ff.). Die **Zulegung** und die **Zusammenlegung** nach den §§ 86, 86a BGB sind dagegen bereits dann möglich, wenn diese strengen Voraussetzungen nicht erfüllt sind. Sie stellen somit weniger eingreifende Alternativen zu den tiefgreifenden Maßnahmen nach § 85 Abs. 1 BGB dar und kommen insbesondere auch **anstelle einer Satzungsänderung** nach § 85 Abs. 1 BGB in Frage. 85

Das ist ausweislich der Gesetzesbegründung eine bewusste Entscheidung des Gesetzgebers, der die Zulegung und die Zusammenlegung erleichtern und nicht davon abhängig machen wollte, dass die Voraussetzungen für eine tiefgreifende Änderung des Satzungszwecks oder die Auflösung der Stiftung vorliegen (siehe Rdn 63 ff.). Das ist auch überzeugend und nachvollziehbar. Eine Zulegung und auch eine Zusammenlegung ermöglichen es, dass die bisherigen Zwecke bei der übernehmenden „Zielstiftung“ im Wesentlichen beibehalten und weiterverfolgt werden können (siehe § 86 Nr. 2 und 3 BGB und teilidentisch § 86a Nr. 2 BGB). Es handelt sich bei Zulegung und Zusammenlegung also regelmäßig um ein **milderes Mittel** im Vergleich zur Änderung des bisherigen Stiftungszwecks oder im Vergleich zur vollständigen Auflösung der Stiftung. 86

Die tatbestandsmäßigen Voraussetzungen für die Zulegung und die Zusammenlegung stimmen im Wesentlichen überein. § 86 Nr. 1, 3 und 4 BGB entsprechen im Wesentlichen den Regelungen in § 86a Nr. 1–3 BGB. Für die Zulegung findet sich allein in § 86 Nr. 2 BGB die zusätzliche Tatbestandsvoraussetzung, dass 87

„der Zweck der übertragenden Stiftung im Wesentlichen mit einem Zweck der übernehmenden Stiftung übereinstimmt“.

b) Wesentliche Veränderung der Verhältnisse

88 Zentrale Voraussetzung sowohl für die Zulegung (§ 86 Nr. 1 BGB) als auch für die Zusammenlegung (§ 86a Nr. 1 BGB) ist, wie oben bereits angesprochen, dass *„sich die Verhältnisse nach Errichtung der übertragenden Stiftung(en) wesentlich verändert haben“*. Wie ebenfalls bereits weiter oben angesprochen, ist es mithin weder für die Zulegung noch für die Zusammenlegung notwendig, dass die dauernde und nachhaltige Erfüllung des Stiftungszwecks unmöglich geworden ist. Erforderlich ist **jeweils „nur“ eine wesentliche Veränderung der Verhältnisse**, die **nicht durch Anpassungen der Satzung** nach § 85 Abs. 2–4 BGB **aufgefangen werden kann.**

89 Das Tatbestandsmerkmal der wesentlichen Veränderung der Verhältnisse entspricht grundsätzlich dem in § 85 Abs. 2 BGB (siehe § 4 Rdn 63). Eine Änderung der Verhältnisse i.S.d. §§ 85 Abs. 2, 86 Nr. 1 und 86a Nr. 1 BGB kann begründet sein durch veränderte Umstände in der Stiftung selbst, in dem direkten Umfeld der Stiftung oder in dem allgemeinen politischen und gesellschaftlichen Umfeld.[76]

90 Der **typische Anwendungsfall** sowohl der Zulegung als auch der Zusammenlegung ist der einer **kritischen Lage** einer Stiftung, insbesondere einer kritischen finanziellen Lage.[77] Diese Lage muss allerdings nicht bereits die weitere Zweckerfüllung oder die Existenz der Stiftung in Frage stellen. Ein eigenständiges Fortbestehen der Stiftung kann mithin noch möglich sein und schließt die Zulegung oder die Zusammenlegung nicht aus.

91 Anders als *Winkler* meint,[78] ist das aber insbesondere bei der Zusammenlegung nicht der einzige Anwendungsfall. Auch solche Umstände, die für die Bildung des Stifterwillens bei Errichtung der Stiftung wesentlich waren, können wesentlich i.S.d. §§ 86, 86a BGB sein (vgl. auch § 83 Abs. 2 BGB).[79] Die Betrachtung muss somit wegen der Individualität jeder Stiftung und jedes Stifterwillens einzelfallabhängig erfolgen.[80] Denkbar ist bspw. auch der Fall, dass die stiftende Person sich bei Errichtung der Stiftung selbst als Vorstand eingesetzt hat und jahrelang mit hohem persönlichen Einsatz und ohne jede Vergütung die Stiftung geleitet hat. Nun findet sich aber keine Person mehr, die zu einem vergleichsweisen

---

76 RegE eines Gesetzes zur Vereinheitlichung des Stiftungsrechts, S. 66 f.

77 BoKo-StiftR/*Winkler*, § 86 Rn 33, § 86a Rn 6.

78 BoKo-StiftR/*Winkler*, § 86a Rn 6.

79 Burgard/*Burgard*, Stiftungsrecht, § 85 Rn 96.

80 *Bieniek*, StiftungsBrief, Sonderausgabe: Zusammenlegung und Zulegung von Stiftungen, 2024, 4.

Einsatz bereit ist und die Stiftung kann sich keinen angemessen vergüteten Vorstand leisten.[81]

c) Zweckidentität bei Zulegung

Im Falle der Zulegung muss nach § 86 Nr. 2 BGB *„der Zweck der übertragenden Stiftung im Wesentlichen mit einem Zweck der übernehmenden Stiftung übereinstimmen"*. Im Regierungsentwurf war noch von „dem Zweck" anstelle von „einem Zweck" die Rede.[82] Die Änderung soll klarstellen, dass eine **absolute Zweckidentität nicht erforderlich** ist. Nach dem Bericht des Rechtsausschusses,[83] der im Gesetz umgesetzt wurde, ist es ausreichend für die Zulegung, dass einer der Zwecke der aufnehmenden Stiftung *„den Zweck der übertragenden Stiftung umfasst"*. Das ermöglicht es insbesondere größeren Stiftungen, die mehrere Zwecke oder gar ein ganzes Spektrum von Zwecken verfolgen, bspw. Bürgerstiftungen, kleinere Stiftungen aufzunehmen. 92

d) Keine Zweckidentität bei Zusammenlegung

Für die Zusammenlegung von zwei Stiftungen zu einer neuen Stiftung gibt es keine entsprechende Vorgabe zur Identität oder zur inhaltlichen Nähe der Zwecke. Es können also theoretisch auch zwei Stiftungen mit ganz unterschiedlichen Zwecken zu einer neuen Stiftung zusammengelegt werden. Diese hat dann beide Zwecke gleichzeitig zu verfolgen. Regelmäßig wird es aber schon aus praktischen Gesichtspunkten sinnvoller sein, zwei Stiftungen zusammenzulegen, deren Zwecke zumindest eine **inhaltliche Nähe** aufweisen. Insbesondere ist dann das Auftreten von entsprechenden **Synergieeffekten** wahrscheinlicher als bei der Zusammenlegung von zwei Stiftungen mit inhaltlich völlig voneinander entfernten Zwecken. 93

Die verfolgten Zwecke der zusammengelegten Stiftungen können zudem angepasst werden. Der Gesetzgeber hat in der Gesetzesbegründung dazu ausgeführt, dass bei einer Zusammenlegung *„nicht alle Zwecke der übertragenden Stiftungen in gleicher Weise von der übernehmenden Stiftung erfüllt werden"* müssen, *„aber zumindest deren jeweilige Hauptzwecke. Diese Voraussetzung lässt sich bei der Zusammenlegung regelmäßig durch die Gestaltung der Satzung für die aufnehmende Stiftung erfüllen."* 94

81 Beispiel von *Heuel/Klot-Wesemann/Bimberg*, Stiftung & Sponsoring – Rote Seiten 06/2024, S. 5.

82 BT-Drucks 19/28173, 12.

83 BT-Drucks 19/31118, 11.

e) Dauernde und nachhaltige Zweckerfüllung in gleicher Weise

95 Tatbestandsvoraussetzung sowohl der Zulegung als auch der Zusammenlegung ist es, dass gesichert erscheinen muss, dass im Falle der Zulegung die aufnehmende Stiftung und im Falle der Zusammenlegung die neue übernehmende Stiftung ihre Zwecke oder die Zwecke der beiden übertragenden Stiftungen *„im Wesentlichen in gleicher Weise dauernd und nachhaltig erfüllen kann"* (vgl. § 86 Nr. 3 und § 86a Nr. 2 BGB). Eine Zulegung darf also nicht dazu führen, dass die aufnehmende Stiftung ihre bisherigen Zwecke vernachlässigt oder in anderer Weise so belastet wird, dass die Zweckverfolgung beeinträchtigt wird. Bei einer Zusammenlegung darf nicht ein Zweck für den anderen vernachlässigt werden.

96 Das setzt sowohl bei der Zulegung als auch bei der Zusammenlegung voraus, dass die übertragende(n) Stiftung(en) ein für die zukünftige Zweckverfolgung **ausreichendes Vermögen** auf die übernehmende Stiftung übertragen können. Ggf. muss durch eine entsprechende Satzungsgestaltung darauf geachtet werden, dass die Zwecke in einer dem vorhandenen Stiftungsvermögen entsprechenden Art und Weise erfüllt werden.

f) Wahrung der Rechte etwaig anspruchsberechtigter Personen

97 Schließlich muss in beiden Fällen der Umwandlung gewährleistet sein, dass *„die Rechte von Personen gewahrt werden, für die in der/den Satzung/en der übertragenden Stiftung/en Ansprüche auf Stiftungsleistungen begründet sind"* (vgl. § 86 Nr. 4 und § 86a Nr. 3 BGB). Gewahrt werden können die Rechte ausweislich der Gesetzesbegründung[84] insbesondere durch Begründung vergleichbarer satzungsmäßiger Ansprüche gegen die übernehmende Stiftung oder indem *„ihre Rechte abgelöst werden. Wenn Ansprüche wertlos geworden sind, müssen neue Ansprüche gegen die übernehmende Stiftung [dagegen] nicht begründet werden und die Anspruchsinhaber können auch keine Ausgleichsleistungen verlangen."*

98 Auch wenn dazu in der Gesetzesbegründung zumindest ausdrücklich nichts Näheres gesagt wird, können damit jeweils nur solche Destinatäre gemeint sein, die tatsächlich **unmittelbar aus der Stiftungssatzung** konkrete, einklagbare Ansprüche gegen die Stiftung ableiten können. Das ist allerdings in der Praxis nur ein sehr kleiner Teil aller Destinatäre. Ein unmittelbarer Destinatäranspruch wird in der Praxis nämlich regelmäßig durch ausdrückliche Satzungsregelungen ausgeschlossen. Ein konkreter Anspruch entsteht dann erst auf Basis eines entsprechend begünstigenden Vorstandsbeschlusses. Nur in seltenen Fällen und dann vor allem im Bereich der privatnützigen Stiftungen finden sich Satzungsregelungen, die einen unmittelbaren Anspruch der Destinatäre begründen.

99 Auch in der Satzung benannte **Anfallberechtigte fallen nicht** unter § 86 Nr. 4 und § 86a Nr. 3 BGB. Zum einen haben sie allein aufgrund der Satzung in der

84 BT-Drucks 19/28173, 70.

Regel noch keinen Anspruch auf Auskehrung des Vermögens im Falle der Auflösung, zum anderen ist ihr etwaiger Anspruch auch nicht auf „Stiftungsleistungen“ gerichtet, wie es im Gesetz heißt, sondern eben auf die Auskehrung des Stiftungsvermögens als Ganzes. Stiftungsleistungen werden dagegen von einer noch bestehenden Stiftung zur Erfüllung ihrer Stiftungszwecke an Destinatäre bewirkt. Sollte im Einzelfall zudem erkennbar sein, dass es dem Stifter gerade darauf ankam, dass die Stiftung, wenn der Stiftungszweck auch nach Satzungsanpassungen nicht mehr dauernd und nachhaltig erfüllt werden kann, aufgelöst wird und ihr Vermögen dem Anfallberechtigten zufällt, so steht der Stifterwille einer Zulegung und einer Zusammenlegung ohnehin von vornherein entgegen.

4. Verfahren von Zulegung und Zusammenlegung

Nach § 86b Abs. 1 BGB können Zulegung und Zusammenlegung durch die beteiligten Stiftungen selbst durchgeführt werden, und zwar durch **Abschluss eines entsprechenden Vertrages**, der der **behördlichen Genehmigung** bedarf. 100

a) Zuständige Behörde(n)

Zuständig ist dabei die nach Landesrecht für die übernehmende Stiftung zuständige Behörde. Diese hat zudem nach § 86b Abs. 2 BGB die Befugnis, eine Zulegung oder Zusammenlegung zu beschließen, wenn die beteiligten Stiftungen eine entsprechende Vereinbarung nicht selbst treffen können. Im Falle der Zulegung muss die übernehmende Stiftung dem zustimmen. Eine behördliche Zulegungs- oder Zusammenlegungsentscheidung soll nach der Gesetzesbegründung aber subsidiär sein und im Wesentlichen nur dann stattfinden, wenn die beteiligten Stiftungen zu einem Vertragsschluss nicht in der Lage sind. Das ist insbesondere dann der Fall, wenn „*notwendige Organmitglieder fehlen und die Bestellung neuer Mitglieder nicht oder nicht innerhalb angemessener Zeit möglich ist*“, wie die Gesetzesbegründung ausführt.[85] 101

Nach § 86b Abs. 3 BGB muss dann, wenn für die übertragende Stiftung eine andere Stiftungsbehörde zuständig ist als für die übernehmende Stiftung, jene Stiftungsbehörde dem abzuschließenden Vertrag nach Absatz 1 oder der behördlichen Entscheidung nach Absatz 2 zustimmen. 102

b) Vertrag

Der Vertrag wird grundsätzlich von den Vertretungsorganen der beteiligten Stiftungen abgeschlossen. Das ist in aller Regel der Vorstand. Die Satzung kann aber auch die Notwendigkeit der Mitwirkung weiterer Organe vorsehen, etwa die Zustimmung durch den Stiftungsrat. In der Praxis wird es sich empfehlen, stets die Zustimmung aller Stiftungsorgane einzuholen. 103

---

85 BT-Drucks 19/28173, 72.

104 Die notwendigen Inhalte eines Zulegungs- oder eines Zusammenlegungsvertrages sind in § 86c BGB geregelt.

105 Für eine Zulegung bestimmt § 86c Abs. 1 BGB als **Mindestinhalte**:

- *„die Angabe des jeweiligen Namens und des jeweiligen Sitzes der beteiligten Stiftungen“* sowie
- *„die Vereinbarung, dass das Stiftungsvermögen der übertragenden Stiftung als Ganzes auf die übernehmende Stiftung übertragen werden soll und mit der Vermögensübertragung das Grundstockvermögen der übertragenden Stiftung Teil des Grundstockvermögens der übernehmenden Stiftung wird“*.
- Außerdem muss der Vertrag dann, wenn satzungsmäßig begründete Ansprüche Dritter betroffen sind (vgl. Rdn 97 ff.), *„Angaben zu den Auswirkungen der Zulegung auf diese Ansprüche und zu den Maßnahmen enthalten, die vorgesehen sind, um die Rechte dieser Personen zu wahren“*.

106 Ein Zusammenlegungsvertrag muss gem. § 86c Abs. 2 BGB sowohl die soeben dargestellten Angaben nach Absatz 1 enthalten als auch *„das Stiftungsgeschäft zur Errichtung der neuen übernehmenden Stiftung“*, denn die übernehmende Stiftung wird bei der Zusammenlegung erst durch den abzuschließenden Vertrag errichtet. Maßgebend für das Stiftungsgeschäft ist auch hier § 81 Abs. 1 BGB. Sind dessen Voraussetzungen nicht erfüllt, ist der Vertrag nicht genehmigungsfähig. Das Stiftungsvermögen der neu zu errichtenden Stiftung besteht aus dem Vermögen der beiden übertragenden Stiftungen.

c) Einbindung Dritter

107 Soweit durch die Zulegung oder Zusammenlegung satzungsmäßige Ansprüche Dritter betroffen sind (vgl. Rdn 97 ff.), muss ihnen gem. § 86c Abs. 3 BGB diejenige Stiftung, in deren Satzung diese Ansprüche begründet sind, den Vertragstext spätestens einen Monat vor Beantragung der Genehmigung zuleiten. Weitergehende Rechte der Betroffenen normiert das neue Stiftungsrecht allerdings nicht. Sie sind also selbst dafür verantwortlich, sich um die Einhaltung ihrer Rechte zu kümmern. Das wird regelmäßig nur dadurch möglich sein, dass sie sich an die zuständige Stiftungsbehörde wenden und ihr ihre Rechtsauffassung schildern. Im Falle der Genehmigung durch die Stiftungsbehörde müssen sie gegen diese vorgehen. Sobald die Genehmigung unanfechtbar wird, geht das Stiftungsvermögen der übertragenden Stiftung auf die übernehmende Stiftung über und erlischt die übertragende Stiftung (vgl. § 86f Abs. 1 BGB).

d) Form

108 Zulegungs- und Zusammenlegungsvertrag bedürfen nach § 86d BGB nur der **Schriftform** und insbesondere **§ 311b Abs. 1–3 BGB ist nicht anwendbar**. Eine notarielle Beurkundung ist mithin weder bei Immobilien noch bei Gesellschaftsanteilen im übertragenden Stiftungsvermögen erforderlich.

e) Entscheidung durch die Behörde

Wenn die Stiftungsbehörde eine Zulegungs- oder Zusammenlegungsentscheidung nach § 86b Abs. 2 BGB trifft, regelt § 86e Abs. 1 BGB, dass auf den Inhalt dieser Entscheidung die Vorschriften zum Inhalt eines Zulegungs- oder Zusammenlegungsvertrages nach § 86c Abs. 1 und 2 BGB entsprechend anwendbar sind. Nach § 86e Abs. 2 BGB muss die Stiftungsbehörde solche Personen, deren in der Satzung begründete Ansprüche durch die Entscheidung betroffen sind, spätestens einen Monat vor der Entscheidung anhören und sie auf die möglichen Folgen der Entscheidung hinweisen. 109

f) Wirkungen von Zulegung und Zusammenlegung

Die Wirkungen der Zulegung und der Zusammenlegung sind in § 86f BGB geregelt. Sie treten ein, sobald die jeweilige stiftungsbehördliche Entscheidung, also die Genehmigung des Vertrages nach § 86b Abs. 1 BGB oder die eigenständige Entscheidung der Stiftungsbehörde nach § 86b Abs. 2 BGB, unanfechtbar geworden ist. 110

Praxishinweis: Zeitliche Bestimmung nach § 163 BGB und § 36 Abs. 2 Nr. 1 VwVfG 111

In der Praxis wird regelmäßig der Wunsch bestehen, dass die Wirkungen von Zulegung oder Zusammenlegung zu einem bestimmten Zeitpunkt eintreten, bspw. mit Ablauf eines Jahres, so dass kein Zwischenabschluss für die zusammengelegten Stiftungen erstellt werden muss. Dem steht die nach dem Wortlaut auf den ersten Blick starre Regelung des Gesetzes zum Eintritt der Rechtsfolgen entgegen, wonach es auf den Zeitpunkt des Erlasses der Genehmigung (= Verwaltungsakt) und deren Unanfechtbarkeit ankommt. Allerdings ist es aus unserer Sicht möglich, dass die beteiligten Stiftungen in den Vertrag eine aufschiebende Zeitbestimmung nach § 163 BGB aufnehmen und die Stiftungsbehörde die Genehmigung mit einer entsprechenden zeitlichen Nebenbestimmung nach § 36 Abs. 2 Nr. 1 VwVfG versieht.

Im Falle der Zusammenlegung entsteht die neue Stiftung. Das Vermögen der übertragenden Stiftung/en geht im Wege der **Gesamtrechtsnachfolge** auf die übernehmende Stiftung über. Die übertragende/n Stiftung/en hört/hören auf zu existieren. Eine Beendigung nach den §§ 87 ff. BGB, insbesondere eine Liquidation, findet nicht statt. 112

Aufgrund einer entsprechenden Ergänzung des § 7 Abs. 1 Nr. 9 ErbStG wird der **Vermögensübergang** aufgrund einer Zulegung oder Zusammenlegung als **Schenkung unter Lebenden** behandelt. Soweit die aufnehmende Stiftung nicht steuerbegünstigt i.S.d. §§ 52 ff. AO ist und deshalb die Befreiungsvorschrift des § 13 Abs. 1 Nr. 16 lit. b ErbStG nicht greift, fällt mithin Erbschaftsteuer an. Das ist insbesondere für Familienstiftungen relevant. 113

114 Etwaige Mängel des zivilrechtlichen Zulegungs- oder Zusammenlegungsvertrages lassen nach § 86f Abs. 3 BGB die Wirksamkeit der behördlichen Genehmigung unberührt. Ziel dieser Regelung ist es ausweislich der Gesetzesbegründung, den Bestandsschutz *„von Zulegungen und Zusammenlegungen [zu] gewährleisten"*. Eine Aufhebung mit Wirkung ex tunc oder ex nunc ist ausgeschlossen.

115 Die übernehmende Stiftung ist nach § 86g BGB zur **Bekanntmachung** der Zulegung oder der Zusammenlegung im **Bundesanzeiger** verpflichtet. Die Bekanntmachung hat innerhalb eines Monats nach Eintritt der Wirkung des § 86f Abs. 1 oder 2 BGB zu erfolgen. Sie gilt *„mit dem Ablauf des zweiten Tages nach der Veröffentlichung im Bundesanzeiger als bewirkt"* (§ 86g S. 3 BGB).

116 In der Bekanntmachung sind die Gläubiger der beteiligten Stiftungen auf ihre Rechte nach § 86h BGB hinzuweisen. Für solche Ansprüche, die vor Eintritt der Wirkungen der Unanfechtbarkeit gem. § 86f Abs. 1 oder 2 BGB entstanden sind und deren Erfüllung noch nicht verlangt werden kann, hat die übernehmende Stiftung Sicherheit zu leisten, und zwar dann, *„wenn der Gläubiger den Anspruch [...] nach Grund und Höhe binnen sechs Monaten nach dem Tag, an dem die Zulegung oder Zusammenlegung bekanntgemacht wurde, bei der Stiftung schriftlich anmeldet und [...] mit der Anmeldung glaubhaft macht, dass die Erfüllung des Anspruchs aufgrund der Zulegung oder Zusammenlegung gefährdet ist"* (vgl. § 86h Nr. 1 und 2 BGB).

117 Der erst noch in Kraft tretende § 86i BGB regelt die **Eintragung** von Zulegung und Zusammenlegung im Stiftungsregister. Zur Anmeldung verpflichtet ist der Vorstand der übernehmenden Stiftung, und zwar ab dem Zeitpunkt der Unanfechtbarkeit der behördlichen Entscheidung. Er hat anzugeben, *„wann die behördliche Genehmigung oder die behördliche Entscheidung den beteiligten Stiftungen und sonstigen Verfahrensbeteiligten bekanntgegeben wurde"* (vgl. § 86i Abs. 1 S. 2 BGB). Beizufügen sind der Anmeldung *„der Zulegungsvertrag und die behördliche Genehmigung oder die behördliche Entscheidung"* (vgl. § 86i Abs. 1 S. 3 BGB). Bei einer Zusammenlegung ist außerdem das Entstehen der übernehmenden Stiftung anzuzeigen, wobei allerdings nicht die Anerkennungsentscheidung und die Errichtungssatzung nach § 82b Abs. 2 S. 3 Nr. 1 BGB vorzulegen sind, sondern der Zusammenlegungsvertrag und dessen Genehmigung nach § 86b Abs. 1 BGB-neu oder die behördliche Entscheidung nach § 86b Abs. 2 BGB.

5. Ein erstes Fazit und ein Ablaufplan

118 Die neuen gesetzlichen Regelungen zur Zulegung und Zusammenlegung sind begrüßenswert. Insbesondere schaffen sie, bei allen noch offenen Fragen der Auslegung und Anwendung, deutlich mehr Rechtssicherheit als die zuvor geltenden landesgesetzlichen Regelungen. Die Praxis hat insbesondere die Regelungen zur Zusammenlegung dankend angenommen.

Als erste Übersicht über den Ablauf von Zulegung und Zusammenlegung lassen sich die folgenden sieben Punkte festhalten: 119

1. Voraussetzung für eine Zulegung und für eine Zusammenlegung ist, dass sich die Verhältnisse nach Errichtung der übertragenden Stiftung wesentlich verändert haben und eine Satzungsänderung nach § 85 Abs. 2–4 BGB nicht ausreicht, um die übertragende Stiftung an die veränderten Verhältnisse anzupassen, oder wenn schon seit Errichtung der Stiftung die Voraussetzungen für eine Auflösung nach § 87 Abs. 1 S. 1 BGB vorlagen.
2. Liegen diese Voraussetzungen vor, erfolgen Zulegung und Zusammenlegung durch Abschluss eines Vertrages der beteiligten Stiftungen miteinander. Mindestinhalte dieses Vertrages sind die Angabe des Namens und des Sitzes der beteiligten Stiftungen sowie die Vereinbarung über den Übergang des Stiftungsvermögens als Ganzes. Bei einem Zusammenlegungsvertrag muss in ihm auch das Stiftungsgeschäft für die neu zu errichtende Stiftung enthalten sein. Der Übertragungsvertrag bedarf der Genehmigung durch die zuständige Stiftungsbehörde.
3. Liegen die Voraussetzungen für eine Zulegung oder für eine Zusammenlegung vor, so kann die Stiftungsbehörde die entsprechende Maßnahme auch selbst durch Verwaltungsakt herbeiführen, wenn die beteiligten Stiftungen sie nicht selbst vereinbaren können.
4. Personen, für die in den Satzungen der übertragenden Stiftungen Ansprüche auf Stiftungsleistungen begründet sind, ist der Zulegungs- oder Zusammenlegungsvertrag einen Monat vor der Beantragung der Genehmigung zuzuleiten, und zwar von der Stiftung, in deren Satzung die Ansprüche begründet sind. Im Falle der Zulegung oder Zusammenlegung durch behördliche Entscheidung hat diese die betroffenen Personen mindestens einen Monat vor der Entscheidung über die Zulegung oder Zusammenlegung anzuhören und auf die möglichen Folgen der Zulegung oder Zusammenlegung für deren Ansprüche gegen eine übertragende Stiftung hinzuweisen.
5. Mit Eintritt der Unanfechtbarkeit der Genehmigung oder der behördlichen Entscheidung geht das Vermögen im Wege der Gesamtrechtsnachfolge auf die übernehmende Stiftung über. Die übertragende Stiftung erlischt. Im Falle der Zusammenlegung entsteht zudem die neue aufnehmende Stiftung in diesem Zeitpunkt.
6. Die übernehmende Stiftung hat die Zulegung oder die Zusammenlegung innerhalb eines Monats nach Eintritt der Unanfechtbarkeit durch Veröffentlichung im Bundesanzeiger bekanntzumachen und in der Bekanntmachung die Gläubiger der an der Zulegung oder Zusammenlegung beteiligten Stiftungen auf ihr Recht nach § 86h BGB hinzuweisen.
7. Ab Einführung des bundesweiten Stiftungsregisters zum 1.1.2028 sind die Anmeldepflichten nach § 86i BGB zu beachten, insbesondere die Anmeldung des Erlöschens der übertragenden Stiftung und im Falle der Zusammenlegung auch die Errichtung der neu entstandenen aufnehmenden Stiftung.

§ 7 Die Beendigung der Stiftung

Was bietet dieses Kapitel?
Auch Stiftungen können enden. Das kann von Anfang an geplant sein, so wie bei der Verbrauchsstiftung. Oder es geschieht ungeplant, etwa dann, wenn das Lebensfähigkeitskonzept der Stiftung, der „Stiftungs-Businessplan", nicht aufgeht und sich herausstellt, dass die zur Rettung der Stiftung zur Verfügung stehenden Maßnahmen, die wir bis hierhin kennengelernt haben, nicht ausreichen, um sie am Leben zu halten. In einem solchen Fall muss die Stiftung von den zuständigen Stiftungsorganen durch Beschluss aufgelöst oder durch Verwaltungsakt der Stiftungsbehörde aufgehoben werden. Als Auflösungsgrund in Frage kommt ferner die Insolvenz der Stiftung. In all diesen Fällen fällt das ggf. verbleibende Vermögen entsprechend Satzung oder Gesetz bei der anfallberechtigten Person an. Mit den entsprechenden Verfahren und ihrem praktischen Ablauf beschäftigt sich dieses Kapitel.

Übersicht:

A. Grundlagen

I. Neues Recht

Auch Stiftungen, die an sich ewig leben sollen, können ein Ende haben! Das **Verfahren** zur Beendigung der Stiftung ist neu geregelt in den zum 1.7.2023 in Kraft getretenen §§ 87–87c BGB. Die Regelungen sind ausführlicher als noch 1 zuvor im alten Recht.[1] Vorgaben zur Anmeldung von Auflösung, Aufhebung, Liquidation und Beendigung der Stiftung zum **Stiftungsregister** werden zudem ab dem 1.1.2028 in § 87d BGB zu finden sein, sobald die Regelungen des BGB zum Stiftungsregister in Kraft treten (§ 4 Rdn 80 ff.).

2 Durch die gesetzlichen Regelungen im BGB sind **abschließende bundesrechtliche Vorschriften** geschaffen worden, durch die den Landesgesetzgebern die Kompetenz für eigene Regelungen nunmehr entzogen ist.

3 Streng genommen führen auch die im vorangegangenen § 6 behandelten Maßnahmen der **Zulegung** und der **Zusammenlegung** von Stiftungen (§ 6 Rdn 61 ff.) zu einer Beendigung der zugelegten Stiftung oder der zusammengelegten Stiftungen. Allerdings sind diese Verfahren nach der gesetzlichen Konzeption eher mit einer Umwandlung vergleichbar und insbesondere **unterscheidet sich die Rechtsfolge** beider Maßnahmen von der einer Beendigung nach den §§ 87 ff. BGB: Bei ihnen tritt die aufnehmende Stiftung die Gesamtrechtsnachfolge an, bei der Beendigung der Stiftung kommt es dagegen zum Anfall des Vermögens bei der insoweit durch Gesetz oder Satzung bestimmten Person.

II. Beendigungsverfahren: Auflösung oder Aufhebung

4 Eingeleitet wird das Verfahren zur Beendigung der Stiftung entweder durch die **Auflösung** der Stiftung oder durch ihre **Aufhebung**.

5 Zur Auflösung kommt es zum einen durch **Beschluss** des Vorstands oder des ggf. von der Satzung dazu abweichend berufenen **Stiftungsorgans** (§ 87 Abs. 1 BGB, dazu Rdn 15 ff.). Zum anderen wird die Stiftung auch durch Beschluss des **Insolvenzgerichts** aufgelöst, nämlich *„durch die Eröffnung des Insolvenzverfahrens und mit der Rechtskraft des Beschlusses, durch den die Eröffnung des Insolvenzverfahrens mangels Masse abgewiesen worden ist“* (§ 87c BGB, dazu Rdn 37 ff.)

6 Die **Stiftungsbehörde** hebt die Stiftung auf, wenn die in § 87a BGB festgelegten Voraussetzungen vorliegen, wobei sich im Einzelnen die Frage stellt, inwieweit ein Ermessensspielraum der Stiftungsbehörde besteht (dazu Rdn 32 ff.).

III. Ziele der Neuregelung

7 Die **Beendigung** der Stiftung durch Auflösung oder Aufhebung soll durch die zum 1.7.2023 in Kraft getretene Neuregelung **erleichtert** werden. Anstatt wie zuvor die Unmöglichkeit der Verwirklichung des Stiftungszwecks für die Auflösung und Aufhebung vorauszusetzen, lässt es das Gesetz nunmehr ausreichen, wenn die Stiftung endgültig ihren Zweck *„nicht mehr dauernd und nachhaltig*

1 Zur früheren Rechtslage und den mit ihr verbundenen Fragen vgl. *Hüttemann/Rawert*, Beilage zu ZIP 45/2013, 32; NK-BGB/*Schiffer/Pruns*, § 87 Rn 1 ff., § 88 Rn 1 ff.

erfüllen kann". Endgültigkeit in diesem Sinne liegt dann vor, wenn die dauernde und nachhaltige Zweckerfüllung auch durch eine Satzungsänderung nicht mehr ermöglicht werden kann, wie sich aus § 87 Abs. 1 S. 2 BGB ergibt.

Ferner war es Ziel des Gesetzgebers, die Folgen der **Insolvenz** nun im Verhältnis zum Vereinsrecht eigenständig zu regeln, indem anstelle des Verweises auf § 42 Abs. 1 S. 1 BGB eine Vorschrift zur Auflösung bei Insolvenz der Stiftung – § 87b BGB – eingefügt wurde. 8

IV. Zwingendes Recht oder Disponibilität?

Bei unbefangener Lektüre des Gesetzestextes kommt man zu dem Ergebnis, dass die gesetzlichen **Regelungen zur Auflösung** einer Stiftung grundsätzlich **zwingend** sind und die Voraussetzungen für die Auflösung durch Satzungsregelungen nicht erleichtert oder erschwert werden können. Es fehlt eine ausdrückliche Erlaubnis zur abweichenden Regelung durch die Satzung, wie wir sie an mehreren anderen Stellen im Gesetz finden (vgl. beispielsweise §§ 83b Abs. 3, 83c Abs. 2, 84 Abs. 3, 84a Abs. 3 S. 2 BGB). Bestätigt wird diese Lesart des Gesetzes ausdrücklich auch durch die Begründung des Regierungsentwurfs.[2] 9

In der Fachliteratur kommen allerdings namhafte Autoren zu einem anderen Ergebnis: Sie plädieren dafür, dass die stiftende Person in der Satzung **abweichend vom Gesetz auch weitere Auflösungsgründe** vorsehen kann, sofern diese entsprechend der Regelung in § 85 Abs. 4 S. 3 BGB (Satzungsänderungsbefugnis der Stiftungsorgane, vgl. § 4 Rdn 53 ff.) nach Inhalt und Ausmaß der Auflösungsermächtigung hinreichend bestimmt festgelegt sind.[3] Zur Begründung dieser Ansicht wird insbesondere darauf verwiesen, dass im Gesetzgebungsverfahren § 83 Abs. 2 BGB Ref-E gestrichen wurde. Diese Regelung hätte, wäre sie Gesetz geworden, ausdrücklich angeordnet, dass durch die Satzung von den Vorschriften der §§ 80 ff. BGB nur dort hätte abgewichen werden können, wo das auch jeweils ausdrücklich im Gesetz angeordnet ist. Da diese Regelung (§ 83 Abs. 2 BGB Ref-E) aber gerade nicht Gesetz wurde, so die Schlussfolgerung, soll auch dort, wo keine ausdrückliche gesetzliche Befugnis zu abweichenden Satzungsregelungen zu finden ist, eine Abweichung von den gesetzlichen Vorgaben durch die Satzung grundsätzlich möglich sein. Der Umstand, dass die Begründung zu den §§ 87 ff. BGB auch im Regierungsentwurf weiterhin eine ausdrücklich andere Aussage trifft, soll unbeachtlich sein, so die Vertreter dieser Auffassung. Es handele sich um ein „*Überbleibsel aus der Begründung des Referentenentwurfes*".[4] Ausdrück- 10

---

2 Vgl. BT-Drucks 19/28173, 77. So auch BoKo-StiftR/*Gantenbrink*, § 87 BGB Rn 40; *Uffmann*, ZIP 2022, 1367, 1370.

3 Burgard/*Burgard*, Stiftungsrecht, § 87 Rn 34 f.; MüKo/*Weitemeyer*, § 87 Rn 10 ff.; jew. m.w.N.

4 Burgard/*Burgard*, Stiftungsrecht, § 87 Rn 34.

lich wird für eine entsprechende Anwendung des § 85 Abs. 4 S. 3 BGB plädiert.[5] Dabei bleibt allerdings unklar, ob entsprechende Abweichungen bereits im Stiftungsgeschäft angeordnet sein müssen (vgl. Wortlaut des § 85 Abs. 4 S. 3 BGB) oder auch durch spätere Satzungsänderungen eingeführt werden dürfen.[6]

11 Eine größere Gestaltungsfreiheit ist aus unserer Sicht zwar ein rechtspolitisch grundsätzlich zu befürwortender Ansatz. Er ist an dieser Stelle bei den Auflösungsgründen des § 87 BGB aber jedenfalls **mit der aktuellen Gesetzeslage nicht vereinbar**. Auch wenn von dem Prinzip der Satzungsstrenge im Laufe des Gesetzgebungsverfahrens grundsätzlich durch die Streichung des § 83 Abs. 2 BGB Ref-E Abstand genommen wurde, finden sich im neuen Gesetzestext gleichwohl ausdrückliche Regelungen dazu, wann und unter welchen Voraussetzungen im Stiftungsgeschäft oder in der Satzung von den gesetzlichen Vorgaben abgewichen werden darf (vgl. die Aufzählung bei Rdn 9). Eine entsprechende Regelung fehlt aber in § 87 BGB. Darüber dürfen wir uns als Anwendende des Gesetzes nicht einfach hinwegsetzen. Es stellt sich ansonsten insbesondere die Frage, warum die ausdrücklich differenzierende gesetzliche Systematik durch eine entsprechende Anwendung des § 85 Abs. 4 S. 3 BGB hier ignoriert werden soll, an anderer Stelle aber nicht. Warum soll beispielsweise hier bei den Auflösungsgründen durch die Satzung vom Gesetz abgewichen werden dürfen, nicht aber auch an anderer Stelle, beispielsweise bei der Regelung des § 84b S. 2 BGB?[7]

12 Auch der Umstand, dass sich die im Referentenentwurf zu findende Aussage, wonach von den §§ 87 ff. BGB nicht durch die Satzung abgewichen werden darf, weiterhin im Regierungsentwurf findet, spricht für die fehlende Disponibilität. Es ist nicht ersichtlich, dass es sich bei dieser Begründung bloß um ein „Überbleibsel" handelt. Vielmehr wurde beispielsweise im Rechtsausschuss noch einmal ausdrücklich betont, dass die *„neuen Regelungen […] vor allem auch den Stiftern die Gestaltungsmöglichkeiten, die ihnen das Stiftungsrecht bietet, deutlicher vor Augen führen"* sollen,[8] worauf *Uffmann* ganz zu Recht hinweist.[9]

13 In der Praxis können die Auswirkungen dieses Streits durch entsprechende Satzungsregelungen zu den Umständen und Voraussetzungen von Satzungsänderungen entschärft werden. Voraussetzung für eine Aufhebung ist, dass die Stiftung nicht durch eine Satzungsänderung so umgestaltet werden kann, dass sie ihren Zweck wieder dauernd und nachhaltig erfüllen kann. Die stiftende Person kann mithin nach § 85 Abs. 4 BGB die den Stiftungsorganen zur Verfügung stehenden

5 Burgard/*Burgard*, Stiftungsrecht, § 87 Rn 34 f.; MüKo/*Weitemeyer*, § 87 Rn 10 ff.; *Weitemeyer/Steffen*, ZIP 2023, 1617 ff.

6 Burgard/*Burgard*, Stiftungsrecht, § 87 Rn 35 spricht davon, „[d]er Stifter" könne „in der Satzung weitere Auflösungsgründe vorsehen".

7 Burgard/*Burgard*, Stiftungsrecht, § 84 Rn 1, 134 verneint ausdrücklich eine Abdingbarkeit der Vorgabe des § 84 S. 2 BGB.

8 BT-Drucks 19/31118, 7.

9 *Uffmann*, ZIP 2022, 1367, 1370 f.

Möglichkeiten der Satzungsänderung gestalten und so auch darauf Einfluss nehmen, wann die Voraussetzungen für eine Auflösung vorliegen. Zieht sie beispielsweise bestimmte Grenzen für eine Einschränkung des Stiftungszwecks oder macht sie Einschränkungen dazu, wie weit die Art und Weise der Zweckverwirklichung beschränkt werden kann, begrenzt sie damit den entsprechenden Gestaltungsspielraum der Stiftungsorgane nach § 87 Abs. 1 S. 2 BGB. Hierin liegt zudem der Ansatzpunkt für den Umgang mit Auflösungsbestimmungen in Satzungen solcher Stiftungen, die vor der Reform des Stiftungsrechts errichtet wurden.[10]

Da der Wille der stiftenden Person auch bei der Auslegung und Anwendung der §§ 87 ff. BGB zu beachten ist (vgl. § 83 Abs. 2 BGB), lässt sich zudem daran denken, die gesetzlichen Auflösungsgründe durch die Aufnahme von Regelbeispielen zu konkretisieren.[11] Die Stiftungsorgane und die Stiftungsbehörden haben dann Anhaltspunkte dafür, unter welchen Umständen nach Ansicht der stiftenden Person die Stiftung den ihr gegebenen Zweck endgültig nicht mehr dauernd und nachhaltig erfüllen kann. Zentral ist der Wille der stiftenden Person ohnehin für die Beantwortung der Frage, was der konkrete Zweck der Stiftung ist, und somit auch für die Antwort auf die Frage, ob dieser **konkrete** Stiftungszweck i.S.d. § 87 Abs. 1 S. 1 BGB endgültig nicht mehr dauernd und nachhaltig erfüllt werden kann. 14

B. Auflösung durch die Stiftungsorgane

I. § 87 BGB

Eine Auflösung der Stiftung durch Beschluss der Stiftungsorgane kommt nach § 87 BGB in **zwei Fällen** in Betracht: 15

- Entweder die Stiftung kann ihren **Zweck endgültig nicht mehr dauernd und nachhaltig erfüllen** und auch durch eine Umgestaltung der Stiftung mittels einer Satzungsänderung kann die entsprechende Leistungsfähigkeit der Stiftung nicht mehr hergestellt werden (§ 87 Abs. 1 BGB).
- Oder es handelt sich um eine **Verbrauchsstiftung** und die Zeit, für die sie errichtet wurde, ist abgelaufen (§ 87 Abs. 2 BGB).

Der entsprechende Beschluss bedarf der **Genehmigung** der zuständigen Stiftungsbehörde (§ 87 Abs. 3 BGB).

10 Zu dieser Problematik *Weitemeyer/Steffen*, ZIP 2023, 1617, 1622, die in einem gesetzlichen Verbot von satzungsmäßigen Auflösungsklauseln bei solchen Stiftungen, die bereits vor dem Inkrafttreten des neuen Stiftungsrechts errichtet wurden, einen Verstoß gegen das verfassungsrechtliche Rückwirkungsverbot sehen.

11 *Uffmann*, ZIP 2022, 1367, 1374.

1. Zweck endgültig nicht mehr dauernd und nachhaltig erfüllbar

16 Anders als noch unter der Geltung des alten Rechts ist die (tatsächliche oder rechtliche) **Unmöglichkeit** der Erfüllung des Stiftungszwecks **nicht mehr Voraussetzung** für die Auflösung der Stiftung. Sie ist zwar weiterhin ein möglicher Grund für die Unerfüllbarkeit des Stiftungszwecks. Ausweislich der Gesetzesbegründung ist nach neuem Recht eine Auflösung aber auch bereits dann möglich, wenn sich die bei Errichtung der Stiftung nach § 82 BGB angestellte **Lebensfähigkeitsprognose** (§ 3 Rdn 90) als falsch erwiesen hat.[12]

a) Endgültiges Scheitern der Lebensfähigkeitsprognose

17 Die Voraussetzung der Leistungs*un*fähigkeit entspricht grundsätzlich derjenigen in § 85 Abs. 1 S. 1 Nr. 1 BGB für eine Änderung des Stiftungszwecks oder dessen erhebliche Beschränkung durch Satzungsänderung. Die Auflösung setzt aber darüber hinaus auch voraus, dass eine Satzungsänderung, die zur Wiederherstellung der Leistungsfähigkeit geeignet ist, nicht möglich ist (vgl. Rdn 19 ff.).

18 Die so beschriebene **Leistungs*un*fähigkeit** der Stiftung darf **nicht nur vorübergehender Natur** sein, es muss sich vielmehr um einen andauernden Zustand handeln. Können also in absehbarer Zeit aus dem Vermögen der Stiftung ausreichend Mittel erwirtschaftet, durch Umschichtungen des Stiftungsvermögens ausreichend Mittel generiert oder von außen ausreichend Mittel eingeworben werden, so fehlt es an dieser Voraussetzung.[13] Gegenstand der Beurteilung ist der aktuelle **Ist-Zustand,**[14] auf dessen Basis aber eine **Prognose** über die zukünftige Leistungsfähigkeit oder -unfähigkeit der Stiftung angestellt werden muss.[15]

19 Ist die Leistungs*un*fähigkeit festgestellt, so ist anschließend nach § 87 Abs. 1 S. 2 BGB zu prüfen, ob die „*Stiftung durch eine Satzungsänderung so umgestaltet werden kann, dass sie ihren Zweck wieder dauernd und nachhaltig erfüllen kann*". Kann mit den Instrumenten des § 85 Abs. 1–3 BGB und insbesondere mit den ggf. in der Satzung nach § 85 Abs. 4 BGB zugelassenen Möglichkeiten der **Satzungsänderung** die Leistungsfähigkeit der Stiftung wiederhergestellt werden, so ist den Stiftungsorganen die Entscheidung über die Auflösung der Stiftung verwehrt.

20 Als entsprechende Satzungsänderungen in Betracht kommen insbesondere eine **Änderung der Art und Weise der Zweckerfüllung** nach § 85 Abs. 2 BGB und eine **Beschränkung des Stiftungszwecks** nach § 85 Abs. 1 BGB. Ist der Stiftungszweck beispielsweise die „Förderung von Wissenschaft und Forschung" (§ 52 Abs. 2 S. 1 Nr. 1 AO) und soll dieser Zweck bisher durch die Vergabe von Geld-

---

12 Vgl. BT-Drucks 19/28173, 77; siehe auch MüKo-BGB/*Weitemeyer*, § 87 Rn 3.

13 Burgard/*Burgard*, Stiftungsrecht, § 87 Rn 23.

14 *Muscheler*, JZ 2024, 322, 326 f.

15 MüKo-BGB/*Weitemeyer*, § 87 Rn 3.

stipendien erfüllt werden, so stellt sich bei fehlenden Mitteln die Frage, ob die Leistungsfähigkeit durch Vergabe von Stipendien in geringerer Höhe als bisher oder gar durch die Vergabe eines (ggf. sogar undotierten) Preises anstatt eines Stipendiums wiederhergestellt werden kann.[16]

An diesem bei *Burgard* entlehnten Beispiel lässt sich anschaulich illustrieren, dass nach neuem Recht nicht jede beliebige theoretisch in Betracht kommende Satzungsänderung auch tatsächlich umgesetzt werden muss, um die Leistungsfähigkeit der Stiftung wiederherzustellen. Ansonsten ginge der Verzicht des Gesetzgebers auf das strenge Erfordernis der Unmöglichkeit der Zweckerfüllung als Voraussetzung für eine Auflösung im Ergebnis ins Leere. 21

Für die Beurteilung der Frage, ob tatsächlich eine Nichterfüllbarkeit des Stiftungszwecks vorliegt, kommt es vielmehr auf die Umstände der konkreten Stiftung und insbesondere den konkreten historischen Willen der stiftenden Person an (§ 83 Abs. 2 BGB): Von welchem Lebensfähigkeitskonzept und von welcher Mittel-Zweck-Bindung ging sie bei Errichtung der Stiftung aus? Würde sie in dem oben gebildeten Beispielsfall etwa mit einer Einschränkung der Zweckerfüllung bis hin zur Verleihung eines undotierten Preises noch einverstanden sein oder das als unsinnig und ihrem historischen Willen widersprechend verwerfen? 22

Praxishinweis: Erhalt der Stiftung um jeden Preis? 23

Noch unter der Geltung des alten Rechts hat so manch eine Stiftungsbehörde auf die Möglichkeit der Umsetzbarkeit auch äußerst geringfügiger Zweckverwirklichungsmaßnahmen verwiesen, etwa nach dem Motto „Jeder Euro zählt", und mit solchen Begründungen Anfragen von Stiftungen zu einer etwaigen Auflösung strikt abgelehnt. Dabei war der Blick auf die Statistik und den Erhalt möglichst vieler Stiftungen im eigenen Bundesland sicherlich auch ein Motiv. Mit dem Erhalt von Stiftungen um jeden Preis sollte es aber nach dem neuen Recht vorbei sein.

Die stiftende Person kann und sollte mithin bereits bei Errichtung der Stiftung Leitlinien für die Stiftungsorgane und die Stiftungsbehörde skizzieren, so dass diese eine Vorstellung davon erhalten, unter welchen Umständen sie von einem endgültigen und durch Satzungsänderungen nicht mehr abwendbaren Scheitern der Lebensfähigkeitsprognose auszugehen haben. 24

b) Pflicht zur Aufhebung oder Ermessen?

Der Vorstand oder das ggf. durch die Satzung dazu bestimmte andere Stiftungsorgan (vgl. § 87 Abs. 1 S. 3 BGB) *„soll"*, so der Gesetzestext des § 87 Abs. 1 S. 1 BGB, die Auflösung beschließen, wenn die beschriebenen Voraussetzungen vorliegen. Der Auflösungsbeschluss bedarf der Genehmigung durch die Stiftungsbehörde (§ 87 Abs. 3 BGB). Die Stiftungsbehörde *„soll"* (vgl. § 87a Abs. 1 BGB) 25

16 Beispiel nach Burgard/*Burgard*, Stiftungsrecht, § 87 Rn 24.

ihrerseits dann tätig werden, wenn die beschriebenen Voraussetzungen für eine Auflösung vorliegen und die Stiftungsorgane nicht rechtzeitig über eine Auflösung entscheiden.

26 Diese Regelungen sind mithin jeweils als **Soll-Vorschriften** ausgestaltet, was in der Gesetzesbegründung auch als Besonderheit ausdrücklich hervorgehoben wird. Allerdings sind die dortigen Ausführungen zu den Gründen für diese Gestaltung nicht eindeutig. Zum einen heißt es, eine Stiftung sei bei Vorliegen der Voraussetzungen des § 87 Abs. 1 BGB *„regelmäßig aufzulösen"*. Zum anderen heißt es sodann in der Gesetzesbegründung weiter: *„[A]nstelle einer Auflösung kommt auch eine Zulegung oder Zusammenlegung in Betracht. Bei der Wahl der jeweiligen Maßnahme ist nach § 83 Absatz 3 BGB-neu immer der Stifterwille zu beachten. Regelmäßig wird eine mögliche Zulegung oder Zusammenlegung Vorrang vor einer Auflösung der Stiftung haben, weil dadurch die vom Stifter begründete Zweck-Vermögen-Bindung aufrechterhalten werden kann, was jedenfalls dem mutmaßlichen Stifterwillen eher entspricht als eine Beendigung der Stiftung durch Auflösung oder Aufhebung."*

27 Noch einmal zusammengefasst: Zum einen soll die Stiftung also regelmäßig „aufzulösen sein", zum anderen soll ebenfalls „regelmäßig" *„eine mögliche Zulegung oder Zusammenlegung Vorrang vor einer Auflösung der Stiftung haben"*. Das ist **widersprüchlich** und hilft deshalb leider nicht wirklich weiter. Der Hinweis auf den **Stifterwillen** ist allerdings grundsätzlich richtig. So wird man die Ausgestaltung als Soll-Vorschrift[17] als Aufforderung des Gesetzgebers zur genauen Prüfung und Erforschung des Stifterwillens zu verstehen haben.[18] Stifter sollten deshalb, so unsere Empfehlung für die **Gestaltungspraxis**, in Zukunft **vorsorglich selbst klarstellen**, ob sie eine Auflösung wünschen, bei der das Stiftungsvermögen einem von ihnen bestimmten Anfallberechtigten zufällt, oder ob sie eine Zulegung oder eine Zusammenlegung bevorzugen und von welchen Umständen das ggf. abhängen soll.

2. Verbrauchsstiftung: Pflicht zur Auflösung

28 Die Stiftungsorgane sind verpflichtet, den Beschluss der Auflösung zu fassen, wenn es sich bei der von ihnen verwalteten Stiftung um eine **Verbrauchsstiftung** handelt und die Zeit, für die die Stiftung errichtet wurde, abgelaufen ist (§ 87 Abs. 2 BGB). Auch hier muss die Stiftungsbehörde die Auflösung nach § 87 Abs. 3 BGB genehmigen. Werden die Stiftungsorgane nicht unverzüglich (vgl. § 121 Abs. 1 S. 1 BGB) tätig, hat die zuständige Stiftungsbehörde die Verbrauchsstiftung aufzulösen (vgl. § 87a Abs. 2 Nr. 1 BGB).

---

17 Zur grundsätzlichen Bedeutung von Soll-Vorschriften siehe *Schiffer*, StiftungsBrief 2016, 61.

18 Ähnlich *Hüttemann/Rawert*, Beilage zu ZIP 33/2021, 33, die allerdings nicht näher auf die widersprüchliche Gesetzesbegründung eingehen.

Die Auflösung einer Verbrauchsstiftung kommt darüber hinaus auch dann in Betracht, wenn die Voraussetzungen des § 87 Abs. 1 BGB bereits vor Ablauf der Zeit, für die die Stiftung errichtet wurde, vorliegen. Ausweislich der Gesetzesbegründung beschränkt sich der Anwendungsbereich des § 87 Abs. 1 BGB nicht auf für unbestimmte Zeit errichtete Stiftungen. 29

II. Genehmigung des Auflösungsbeschlusses durch die Stiftungsbehörde

Das Genehmigungserfordernis nach § 87 Abs. 3 BGB dient dem Schutz der Stiftung. Die Stiftungsbehörde hat zu prüfen, ob der Auflösungsbeschluss ordnungsgemäß zustande gekommen ist und die Voraussetzungen für eine Auflösung vorlagen. Ist das der Fall, ist die Genehmigung zu erteilen. Die Aufsicht beschränkt sich auch hier auf die Rechtmäßigkeitskontrolle, eine eigenständige Zweckmäßigkeitsprüfung durch die Stiftungsbehörde findet nicht statt (vgl. § 4 Rdn 30 ff.). 30

Erst mit der Genehmigung des Auflösungsbeschlusses kommt es auch zur Auflösung der Stiftung. Die Auflösung der Stiftung ist allerdings nicht automatisch mit ihrer Beendigung gleichzusetzen (dazu Rdn 74 ff.). 31

C. Aufhebung durch die Stiftungsbehörde

Die Stiftungsbehörde ist nach § 87a Abs. 1 BGB zuständig für die Aufhebung der Stiftung, wenn die soeben dargestellten Voraussetzungen des § 87 Abs. 1 BGB (Nichterfüllbarkeit des Stiftungszwecks, vgl. Rdn 16 ff.) vorliegen und das zuständige Stiftungsorgan „nicht rechtzeitig“ über die Auflösung beschließt. Die Stiftungsbehörde „soll“ nach dem Gesetzestext in diesem Fall die Stiftung aufheben. 32

Nach § 87a Abs. 2 Nr. 1 BGB „hat“ die Stiftungsbehörde die Stiftung zudem aufzuheben, wenn die Voraussetzungen für die Auflösung einer Verbrauchsstiftung vorliegen und das zuständige Stiftungsorgan nicht „unverzüglich“ über die Auflösung entscheidet. 33

Neben diesen beiden bisher behandelten Auflösungstatbeständen „hat“ die **Stiftungsbehörde** nach § 87a Abs. 2 Nr. 2 und 3 BGB in zwei weiteren Fällen tätig zu werden, und zwar 34

- zum einen auch dann, wenn „*die Stiftung das Gemeinwohl gefährdet und die Gefährdung des Gemeinwohls nicht auf andere Weise beseitigt werden kann*“ (§ 87a Abs. 2 Nr. 2 BGB), und
- zum anderen dann, wenn „*der Verwaltungssitz der Stiftung im Ausland begründet wurde und die Behörde die Verlegung des Verwaltungssitzes ins Inland nicht innerhalb angemessener Zeit erreichen kann*“ (§ 87a Abs. 2 Nr. 3 BGB).

35 Die Aufhebung der Stiftung unterliegt als hoheitliche Maßnahme dem Grundsatz der **Verhältnismäßigkeit,**[19] so dass stets zu prüfen ist, ob mildere Maßnahmen getroffen werden können. Das können im Fall der Aufhebung wegen **Gemeinwohlgefährdung** zum einen Änderungen der Satzung und ihres Zwecks sein sowie, wenn die Art und Weise der Zweckverwirklichung das Gemeinwohl gefährdet, aufsichtsbehördliche Maßnahmen, durch die eine andere Art und Weise der Zweckverwirklichung sichergestellt wird.

36 Der Verhältnismäßigkeitsgrundsatz gilt, so die Gesetzesbegründung, auch für den Aufhebungsgrund der Begründung des **Verwaltungssitzes im Ausland.** Diese führt nicht automatisch zur Aufhebung der Stiftung. Vielmehr hat die Behörde zu prüfen, ob sie ggf. mit aufsichtsrechtlichen Mitteln innerhalb angemessener Zeit erreichen kann, dass die Verwaltung der Stiftung wieder im Inland geführt wird.

D. Auflösung durch Insolvenz der Stiftung

I. Insolvenzverfahren

37 Aufgelöst wird die Stiftung nach § 87b BGB auch *„durch die Eröffnung des Insolvenzverfahrens und mit der Rechtskraft des Beschlusses, durch den die Eröffnung des Insolvenzverfahrens mangels Masse abgewiesen worden ist"*. Diese Regelung entspricht derjenigen des § 42 Abs. 1 S. 1 BGB, auf die bisher verwiesen wurde.[20] Die Neuregelung dient allein der Übersichtlichkeit.

38 Die Insolvenzfähigkeit der rechtsfähigen Stiftung ist unbestritten. Sie ergibt sich aus § 11 Abs. 1 S. 1 InsO i.V.m. § 80 BGB („juristische Person") und aus der Regelung des § 87b BGB.[21] Eine Stiftungsinsolvenz kann durch Forderungsausfälle, zu hohe Personalkosten oder ausbleibende Fördermittel oder auch durch unzulässiges Verhalten ausgelöst werden.

39 Eine **nichtrechtsfähige Stiftung** ist keine juristische Person und ist damit nach § 11 Abs. 1 InsO **nicht insolvenzfähig,** anders als der Verein ohne Rechtspersönlichkeit, der in § 11 Abs. 1 InsO einer juristischen Person gleichgestellt wird. Die Insolvenz im Zusammenhang mit der treuhänderischen Stiftung wird in diesem Buch an anderer Stelle behandelt (siehe § 12 Rdn 153 ff.).

40 Bei Stiftungen, die einen **umfangreichen Zweckbetrieb oder einen wirtschaftlichen Geschäftsbetrieb** unterhalten, sind Überschuldung (§ 19 InsO) und Zahlungsunfähigkeit (§ 17 InsO) sowie – bei einem Eigenantrag – auch die drohende

19 Näher zur Insolvenz der Stiftung bereits NK-BGB/*Schiffer/Pruns*, § 80 Rn 144.
20 Zur Insolvenz einer Stiftung vgl. NK-BGB/*Schiffer/Pruns*, § 86 Rn 43 ff.
21 BoKo-StiftR/*Schöpflin*, § 87b BGB Rn 2.

Zahlungsunfähigkeit (§ 18 InsO) als Insolvenzgründe vorstellbar.[22] Bei reinen **Förderstiftungen** ist zumindest die Zahlungsunfähigkeit als Insolvenzgrund seltener. Aufwendungen für Förderzwecke sind genauer planbar und mit den künftigen Erträgen des Stiftungsvermögens abzustimmen. Häufiger sind Überschuldungssituationen ein Insolvenzgrund für Stiftungen.

Gerade im Zuge der Wirtschafts- und Finanzkrise waren bei Stiftungen teilweise 41
beträchtliche Verluste in der Vermögensverwaltung mit entsprechendem Abschreibungsbedarf realisiert worden. Bei Stiftungen, die längerfristige Verbindlichkeiten eingegangen sind, konnte daraus ohne weiteres eine Überschuldung entstehen.[23]

Der **Ablauf des Insolvenzverfahrens** über das Vermögen einer Stiftung unter- 42
scheidet sich grundsätzlich nicht von dem allgemeinen Ablauf eines Insolvenzverfahrens über das Vermögen einer juristischen Person des Privatrechts.[24]

II. Insolvenzantrag

Zur Stellung des Insolvenzantrags **berechtigt** sind nach § 13 Abs. 1 S. 2 InsO die 43
Gläubiger sowie die Stiftung selbst, vertreten durch **jedes Mitglied des Vorstands** (§ 15 Abs. 1 S. 1 Alt. 1 InsO i.V.m. § 84 Abs. 2 S. 1 BGB).

Inwieweit die **Stiftungsbehörde** zur Mitwirkung an der Stellung des Insolvenz- 44
antrags befähigt und verpflichtet ist, ist umstritten. Als Garantin des Willens der stiftenden Person und aufgrund ihrer Schutzpflicht gegenüber der Allgemeinheit ließe sich durchaus an ein Recht und eine Pflicht zur Stellung des Insolvenzantrags denken.[25] Allerdings lässt sich ein originäres **Antragsrecht der Stiftungsbehörde** aus der InsO **nicht** ableiten und auch sonst unterliegt das Insolvenzverfahren seinen eigenen Regelungen, ohne dass die Stiftungsbehörde hier unmittelbare Kontroll- oder Genehmigungsbefugnisse hätte.[26]

Allerdings kann und muss die Stiftungsbehörde die ihr zur Verfügung stehenden 45
Aufsichtsmittel (§ 4 Rdn 35 ff.) einsetzen, wenn die Stiftungsorgane in einer insolvenzrelevanten Situation untätig bleiben. Insbesondere kann die Stiftungsbehörde anordnen, dass der Insolvenzantrag gestellt wird, und die Stellung des Antrags mit Zwangsmitteln durchsetzen.

Die Antragspflicht des Vorstands einer Stiftung im Falle der Zahlungsunfähigkeit 46
oder der Überschuldung folgt aus den §§ 84 Abs. 5, 42 Abs. 2 BGB. Die strengen Regelungen des § 15a Abs. 1–6 InsO, insbesondere die **Strafvorschrift** in Ab-

22 Siehe *Müller*, ZStV 2010, 201.

23 Siehe *Schiffer/Sommer*, NWB 2010, 3046 ff.; *Sauer/Schwarz*, StiftungsBrief 2010, 228 ff.

24 Ausführlich dazu *Weiland*, Ursachen und Probleme der Stiftungsinsolvenz, 2020.

25 Siehe *Fritsche*, ZSt 2003, 211, 219; a.A. *Hirte*, in: Gründen und Stiften, FS Olaf Werner, 2009, S. 227 f.; offen *Schulz*, ZSt 2005, 137, 138.

26 BoKo-StiftR/*Schöpflin*, § 87b BGB Rn 19 m.w.N.

satz 4, gelten nach § 15a Abs. 7 InsO allerdings ausdrücklich **nicht für Stiftungen**. Für den Stiftungsvorstand gelten deshalb auch nicht die ausdrücklichen gesetzlichen Zahlungsbeschränkungen bei Zahlungsunfähigkeit oder Überschuldung nach § 15b InsO.[27] Insoweit kommt einem präventiven und begleitenden Handeln der Stiftungsbehörde in der Praxis eine besondere Bedeutung zu.

47 Entsprechendes gilt für die **Frist** zur Stellung des Antrags: Die **Dreiwochenfrist** im Falle der **Zahlungsunfähigkeit** und die **Sechswochenfrist** im Falle der **Überschuldung** nach § 15a Abs. 1 S. 2 InsO gelten nach § 15a Abs. 7 InsO ebenfalls nicht für Stiftungen. Gleichwohl geben diese Fristen eine Orientierung für die Stiftungsorgane und die Stiftungsaufsicht. Die Prüfung, ob Sanierungsmaßnahmen ggf. noch erfolgreich sein können, darf nicht unbegrenzt über diese Zeiträume hinaus andauern. Eine schuldhafte Verzögerung begründet auch bei Stiftungen eine Haftung gegenüber den Gläubigern (vgl. § 42 Abs. 2 S. 2 BGB).[28]

48 Die **Gläubiger** der Stiftung sind ebenfalls zur **Antragstellung** berechtigt. Die **Destinatäre** der Stiftung sind in der Regel keine Gläubiger. In den meisten Stiftungssatzungen ist klargestellt, dass durch die Regelungen der Satzung kein Anspruch auf Leistungen der Stiftung begründet wird. Auch Leistungszusagen der Stiftungsorgane stehen in der Regel unter dem ausdrücklichen oder stillschweigenden Vorbehalt der Leistungsfähigkeit der Stiftung. Völlig ausgeschlossen ist die Begründung eines Anspruchs im Einzelfall aber nicht. Auch die **stiftende Person** selbst kann Gläubigerin sein, beispielsweise wenn ihr im Stiftungsgeschäft Ansprüche vorbehalten sind oder Rechte in entsprechender Anwendung der Schenkungsvorschriften in Betracht kommen.[29]

49 Eine **Antragsrücknahme** (§ 13 Abs. 2 InsO) kann auch bei der Stiftung nur durch das Organmitglied erfolgen, das den Antrag gestellt hat.

50 Im Falle der Überschuldung kann eine Antragspflicht entfallen, wenn eine Fortführung des Unternehmens und damit auch der Stiftung in den nächsten zwölf Monaten nach den Umständen überwiegend wahrscheinlich ist (positive Fortführungsprognose, § 19 Abs. 2 S. 1 InsO).

III. Insolvenzgründe

51 Insolvenzgründe sind bekanntermaßen Zahlungsunfähigkeit (§ 17 InsO), drohende Zahlungsunfähigkeit (§ 18 InsO) und/oder Überschuldung (§ 19 InsO).

52 **Zahlungsunfähigkeit** setzt nach § 17 InsO voraus, dass die Stiftung ihre fälligen Zahlungsverpflichtungen nicht erfüllen kann, wofür die Einstellung der Zahlun-

27 Vgl. auch schon BGH DB 2010, 1055 (zum Vereinsrecht); Staudinger/*Hüttemann/Rawert*, § 86 Rn 91.

28 Zur Haftung bei Verletzung der Insolvenzantragspflicht vgl. BoKo-StiftR/*Schöpflin*, § 87b BGB Rn 10 ff.

29 Münch. Hdb. GesR V/*Gummert*, § 116 Rn 20.

gen ein Indiz ist („ist anzunehmen"). Speziell für Stiftungen ist dabei zu bedenken, dass das Grundstockvermögen wegen § 83c Abs. 1 S. 1 BGB nicht eingesetzt werden darf. Zu prüfen ist aber, ob die Zahlungsunfähigkeit durch Inanspruchnahme der Ausnahmen nach § 83c Abs. 2 BGB (satzungsmäßige Ausnahme vom Erhaltungsgebot) oder § 83c Abs. 3 BGB (Erlaubnis durch Stiftungsbehörde) abgewendet werden kann.

Für die Prüfung der **drohenden Zahlungsunfähigkeit** ist nach § 18 Abs. 2 InsO 53
eine Prognose anzustellen, ob die Stiftung in Zukunft ihren fälligen Zahlungsverpflichtungen wird nachkommen können, wobei in der Regel ein Prognosezeitraum von 24 Monaten zugrunde zu legen ist. Antragsberechtigt ist bei der drohenden Zahlungsunfähigkeit allein die Stiftung selbst.

Für die Prüfung einer **Überschuldungslage** kommt es nach § 19 InsO darauf an, 54
ob das Vermögen des Schuldners die bestehenden Verbindlichkeiten noch deckt oder nicht. Wie bereits oben (Rdn 50) ausgeführt, kann der Antrag wegen einer positiven Fortführungsprognose unterlassen werden, wenn die Fortführung der Stiftung innerhalb der nächsten zwölf Monate überwiegend wahrscheinlich ist. Insoweit kann sich die Frage stellen, ob in der Vergangenheit geflossene Zuwendungen Dritter, also insbesondere Spenden, Zuschüsse und Zustiftungen, auch in Zukunft erwartet werden können.

IV. Beteiligte des Insolvenzverfahrens

Das Insolvenzgericht ernennt bei Eröffnung des Insolvenzverfahrens den **Insol-** 55
venzverwalter[30] (früher Konkursverwalter) und beaufsichtigt ihn. Das Insolvenzverfahren dient dazu, entweder die Gläubiger eines Schuldners durch Vermögensverwertung gemeinschaftlich zu befriedigen oder die Fortführung eines Unternehmens im Rahmen eines Insolvenzplans zu erreichen (§ 1 InsO). Der Stifter als solcher ist grundsätzlich nicht an dem Insolvenzverfahren zu beteiligen. Etwas anderes gilt für ihn nur in seiner etwaigen Funktion als Mitglied des Stiftungsvorstands oder eines anderen Stiftungsorgans[31] oder, falls er als Gläubiger eigene Rechte gegen die Stiftung geltend macht.[32]

Da die Destinatäre/Begünstigten einer Stiftung keine originären mitgliedschaftli- 56
chen oder organschaftlichen Rechte haben, wirken sie an einem Insolvenzverfahren „ihrer" Stiftung als solche ebenfalls nicht mit, sondern allenfalls als etwaige Organmitglieder. Satzungsmäßige Leistungen der Stiftung an die Destinatäre sind nachrangige Insolvenzforderungen (§ 39 Abs. 1 Nr. 4 InsO), die auch erst dann

30 Zur Verantwortlichkeit und Haftung des Insolvenzverwalters siehe etwa *Lissner*, BB 2014, 1419.

31 Zur Ersatzpflicht des Organs für die in der Praxis nicht seltenen Zahlungen nach Insolvenzreife siehe etwa BGH, Urt. v. 18.11.2014 – II ZR 231/13, DStR 2015, 180.

32 Siehe *Schiffer/Sommer*, NWB 2010, 3046, 3049.

entstehen, wenn der Vorstand dem betreffenden Destinatär eine ausdrückliche Mittelzusage erteilt hat oder wenn ausnahmsweise die Satzung diese Zuwendung verbindlich regelt. Im Übrigen sind diese Leistungen in einem Insolvenzverfahren grundsätzlich anfechtbar (§ 134 Abs. 1 InsO).[33]

V. Eröffnung des Insolvenzverfahrens

57 Eröffnet wird ein Insolvenzverfahren, wenn das vorhandene Vermögen voraussichtlich für das Verfahren ausreicht, d.h. zumindest dafür, die eigentlichen Kosten des Insolvenzverfahrens zu decken. Wird das Insolvenzverfahren eröffnet, wird die Stiftung aufgelöst (§ 87b BGB). Sie gilt aber für die Zwecke des Insolvenzverfahrens als insoweit fortbestehend. Die Verfügungsbefugnis über das Stiftungsvermögen und die Vertretungsbefugnis gehen auf den Insolvenzverwalter über (§ 80 Abs. 1 InsO). Dieser muss für die Stiftung entweder einen Insolvenzplan erstellen oder das vorhandene Vermögen verwerten, um die Verbindlichkeiten zu befriedigen. Der Vorstand darf die Stiftung nach Eröffnung des Insolvenzverfahrens nicht mehr vertreten und die Geschäfte der Stiftung nicht mehr führen. Der Vorstand haftet für Zahlungen nach Eintritt der Zahlungsunfähigkeit der Stiftung oder nach Feststellung ihrer Überschuldung nicht. Die Vorschrift des § 64 GmbHG ist mangels planwidriger Regelungslücke nicht analog anwendbar.[34] Wird der Eröffnungsbeschluss nach §§ 6 Abs. 1, 34 Abs. 2 und Abs. 3 InsO aufgehoben, erlangt die Stiftung mit der Rechtskraft dieser Entscheidung wieder die volle Rechtsfähigkeit.[35]

58 Zur Insolvenzmasse der Stiftung gehören neben ihrem anfänglichen Grundstockvermögen vor allem auch grundstockerhöhende Zustiftungen und laufende Zuwendungen.[36]

59 Es besteht keine Verpflichtung, Zustiftungen oder Zuwendungen zu erbringen, die erst nach Eröffnung des Insolvenzverfahrens fällig geworden sind.[37]

60 Unselbstständige Stiftungsvermögen, die von der selbstständigen Stiftung in Trägerschaft verwaltet werden, gehören in der Regel nur dann zur Insolvenzmasse, wenn sie Folge einer Schenkung unter Auflage sind. Liegt dagegen ein Treuhandvertrag vor, kann der Stifter die Aussonderung des unselbstständigen Stiftungsvermögens verlangen (näher § 12 Rdn 154 ff.).

---

33 Ausf. *Stingl*, Vermögensverfall und Insolvenzverfahren im Stiftungswesen, 2006, S. 136; *Fritsche*, ZSt 2003, 243, 248.

34 Für einen Verein: BGH, Beschl. v. 8.2.2010 – II ZR 54/09.

35 Staudinger/*Hüttemann*/*Rawert*, § 86 BGB Rn 92 a.E.

36 Siehe *Hirte*, in: FS Olaf Werner, 2009, S. 222, 231.

37 BGH, Urt. v. 11.11.1985 – II ZR 37/85, BGHZ 96, 253.

VI. Abweisung wegen Masselosigkeit

61 Die gerichtliche **Abweisung der Insolvenzeröffnung** wegen Masselosigkeit (vgl. § 26 InsO) führt mit Rechtskraft des Beschlusses ebenfalls zur Auflösung der Stiftung, und zwar kraft Gesetzes (§ 87b BGB), ohne dass ein Beschluss des Vorstands und/oder eine Maßnahme der Stiftungsbehörde erforderlich ist.[38] Die Stiftung tritt dann in die Liquidationsphase ein. § 87c Abs. 2 S. 2 BGB ordnet an, dass die §§ 47 ff. BGB entsprechend anzuwenden sind. Die Stiftung gilt insoweit für die Zwecke des Liquidationsverfahrens als fortbestehend (§ 49 Abs. 2 BGB). Eines Auflösungsbeschlusses der Stiftungsbehörde bedarf es hier ebenso wenig wie im Falle der Eröffnung des Insolvenzverfahrens.[39]

VII. Auswirkungen des Insolvenzantrags der Stiftung auf die Gemeinnützigkeit

62 Die Eröffnung des Insolvenzverfahrens soll nach einer viel gerügten[40] Entscheidung des BFH[41] zur Folge haben, dass die **Körperschaftsteuerbefreiung** endet, *„wenn die eigentliche steuerbegünstigte Tätigkeit eingestellt und über das Vermögen der Körperschaft das Konkurs- oder Insolvenzverfahren eröffnet wird"*. Die Finanzverwaltung stimmt dem zu.[42] Indes erging das Urteil zu einem Sachverhalt, in dem die ihrerzeit betroffene Stiftung bereits vor der Eröffnung des Konkursverfahrens (jetzt Insolvenzverfahren) ihre gemeinnützige Tätigkeit weitgehend eingestellt hatte. Ob aus dem Urteil trotzdem abzuleiten ist, dass die Eröffnung des Insolvenzverfahrens zwingend zur Folge hat, dass die Stiftung ihre Körperschaftsteuerbefreiung verliert, ist mithin zweifelhaft – auch wenn der Leitsatz der Entscheidung insoweit zumindest unglücklich formuliert ist.

63 **Praxishinweis: Baldige Klärung durch den BFH?**

Zum Glück dürfen wir wohl in Kürze mit einer Klarstellung des BFH rechnen. Er hat auf die Nichtzulassungsbeschwerde einer insolventen Stiftung hin eine Revision zur Entscheidung zugelassen, und zwar ausdrücklich *„zur Klärung der Rechtsfragen, ob die Auflösung oder Aufhebung einer Körperschaft und der Eintritt in die Liquidation bereits für sich genommen zum Verlust der Steuerbefreiung des § 5 Abs. 1 Nr. 9 KStG führen sowie ob im Fall*

38 Burgard/*Burgard*, Stiftungsrecht, § 87b Rn 4.

39 Anders anscheinend MüKo-BGB/*Weitemeyer*, § 87b Rn 6, die wegen der Fiktion des Fortbestehens nach § 49 Abs. 2 BGB zum Ende der Liquidation einen Aufhebungsbeschluss der Stiftungsbehörde nach § 87a Abs. 1 BGB wegen Unmöglichkeit fordert. Das ist aus unserer Sicht unnötig und wird auch von den bei *Weitemeyer* zitierten Fundstellen nicht gestützt.

40 Staudinger/*Hüttemann/Rawert*, § 86 a.F. Rn 93; BoKo-StiftR/*Schöpflin*, § 87b BGB Rn 19.

41 BFH, Urt. v. 16.5.2007 – I R 14/06, BStBl II 2007, 808.

42 AEAO Nr. 6 zu § 51 AO.

der Auflösung oder Aufhebung einer Körperschaft § 175 Abs. 1 Satz 1 Nr. 2 der Abgabenordnung (AO) gemäß § 61 Abs. 3 Satz 2, § 63 Abs. 2 AO mit der Maßgabe anzuwenden ist, dass Steuerbescheide erlassen, aufgehoben oder geändert werden können, soweit sie Steuern betreffen, die innerhalb der letzten zehn Kalenderjahre vor der Auflösung oder Aufhebung entstanden sind".[43]

Eingelegt wurde die Nichtzulassungsbeschwerde gegen ein Urteil des FG Münster zu einer Stiftung, der aufgrund der schlechten Ertragslage einerseits und einer länger als ursprünglich erwartet zu bedienenden Leibrentenverpflichtung andererseits nicht mehr ausreichend Mittel für die Zweckerfüllung zur Verfügung standen.[44]

64 Aus unserer Sicht ist im Falle der Insolvenz und der Auflösung und Aufhebung allgemein zu prüfen, ob die Geschäftstätigkeit vor und nach Eröffnung des Insolvenzverfahrens und im Falle der Liquidation vor und nach der Liquidationsphase noch den Anforderungen der AO an die Gemeinnützigkeit entspricht. Zumindest bei Stiftungen, die im Rahmen eines Insolvenzplans ihre steuerbegünstigten Zwecke weiterhin operativ verfolgen, ist das zu bejahen. Für die Frage, ob eine Stiftung gemeinnützig tätig ist oder nicht, kann es nicht darauf ankommen, ob das unter dem Schutz des Insolvenzrechts erfolgt. Entscheidend ist nur, ob eine steuerbegünstigte Tätigkeit unter Einhaltung der formellen Voraussetzungen der AO vorliegt. Ein generelles Versagen der Steuerbegünstigung während eines Insolvenzverfahrens würde der gesetzgeberischen Intention des Insolvenzrechts widersprechen, die Fortsetzung der Tätigkeit nach Abschluss des Insolvenzverfahrens zu erreichen.[45]

65 Der BFH hat in seinem Urteil aus dem Jahr 2007 selbst bestätigt, dass zur steuerbegünstigten Tätigkeit auch die Begleichung von Schulden aus laufenden Geschäften der ideellen Tätigkeit gehört.[46] Ausdrücklich offengelassen hat der BFH seinerzeit zudem die Frage, ob „einer nach § 5 Abs. 1 Nr. 9 KStG i.V.m. §§ 51 ff. AO steuerbefreiten Körperschaft […] eine **Abwicklungsphase** zuzubilligen ist, innerhalb derer trotz Beendigung der eigentlichen steuerbegünstigten Tätigkeit ihre Geschäftsführung noch als auf die Erfüllung der steuerbegünstigten Zwecke gerichtet angesehen werden kann und die Körperschaftsteuerbefreiung daher fortbesteht".[47] Die Bejahung einer solchen Abwicklungsphase wäre nur

43 BFH, Beschl. v. 30.7.2025 – V B 3/24.

44 FG Münster, Urt. v. 9.11.2023 – 13 K 1127/22 K.

45 Siehe *Sommer*, ZInsO 2014, 1642, 1653.

46 BFH, Urt. v. 16.5.2007 – I R 14/06, Rn 13 unter Verweis auf *Becker/Meining*, FR 2006, 686.

47 BFH, Urt. v. 16.5.2007 – I R 14/06, Rn 12 unter Verweis auf BFH, Urt. v. 23.7.2003 – I R 29/02 (Anlaufphase) und *Becker/Meining*, FR 2006, 686 (Abwicklungsphase).

konsequent, insbesondere weil der BFH steuerbegünstigten Körperschaften richtigerweise auch eine **Anlaufphase** zugesteht.[48]

VIII. Exkurs: Insolvenz einer Tochtergesellschaft der Stiftung

1. Sonderfall

Häufiger als die Insolvenz einer Stiftung ist der Sonderfall der Insolvenz einer Tochtergesellschaft einer Stiftung. Hier stellt sich die Frage, welche Konsequenzen sich für die Stiftung als Mutterunternehmen (Holding) ergeben und wie der Stiftungsvorstand im Zweifel reagieren kann. Die insolvenzrechtliche Beurteilung und das Insolvenzverfahren bestimmen sich auch hier nach den allgemeinen insolvenzrechtlichen Grundsätzen.[49] 66

Während steuerpflichtige Unternehmen im Falle der Insolvenz eines Tochterunternehmens „nur" vor der Frage einer eigenen Folgeinsolvenz stehen, stellt sich bei gemeinnützigen Stiftungen zugleich auch die Frage nach Auswirkungen auf die eigene Gemeinnützigkeit. 67

2. Auswirkungen auf die Gemeinnützigkeit der Stiftung

Eine endgültige Insolvenz und die daran anschließende Abwicklung der Tochtergesellschaft bis zur Liquidation bedeutet eine endgültige Verwendung der gemeinnützig gebundenen Mittel der Stiftung. Sollte diese Verwendung nicht mit den Vorschriften der AO in Einklang stehen, so würde die Insolvenz der Tochtergesellschaft unmittelbar die Steuerbegünstigung der Stiftung gefährden. 68

Die Durchführung eines Insolvenzplanverfahrens oder aber eines Insolvenzverfahrens, das zu einem Überschuss führt, gefährdet hingegen die Gemeinnützigkeit der Stiftung nicht unmittelbar. Wird im Rahmen der Insolvenz das von der Stiftung gewährte Kapital vollständig zurückgezahlt oder wird die Tochterunternehmung fortgeführt, so liegt keine endgültige Mittelverwendung vor. 69

Soweit es sich um eine steuerbegünstigte Tochtergesellschaft handelt, die bis zur Insolvenz ihren eigenen Satzungszwecken nachgegangen ist, sollte dies für die Frage der satzungsgemäßen Mittelverwendung der Stiftung unproblematisch sein. Ob die Stiftung sich am Stammkapital einer in ihrer ideellen Tätigkeit gescheiterten gGmbH beteiligt hat oder ob sie dieser GmbH eine Zuwendung im Rahmen von § 58 Nr. 1 AO gegeben hat, kann keinen Unterschied machen. 70

---

48 BFH, Urt. v. 23.7.2003 – I R 29/02. Für die Übertragung dieses Rechtsgedankens und die Anerkennung einer entsprechenden „Auslaufphase" auch die wohl h.M., vgl. Schauhoff/Kirchhain/*Brünkmans*, § 21 Rn. 145 ff. m.w.N. insbesondere in Fn 237.

49 Siehe *Schiffer/Sommer*, NWB 2010, 3046, 3050 f.; *Sauer/Schwarz*, StiftungsBrief 2010, 228, 230 f.

Problematisch wird die Insolvenz hier erst, wenn der bei der Stiftung eingetretene Verlust mehr als die Hälfte der zeitnah zu verwendenden Mittel der Stiftung ausmacht.

71 Schwieriger ist die Insolvenz einer steuerpflichtigen Tochterunternehmung einzuordnen. Auch hier stellt sich für die Stiftung primär die Frage nach dem Schicksal der eigenen Steuerbegünstigung wegen einer möglichen Mittelfehlverwendung. Das Stammkapital der Tochter und möglicherweise auch weitere Mittel der Stiftung werden in der Insolvenz dauerhaft der gemeinnützigen Sphäre entzogen. Für die Gemeinnützigkeit der Stiftung ist dies nur dann unschädlich, wenn die verwendeten Mittel entweder von vornherein nicht zeitnah und nicht gemeinnützig zu verwenden waren oder die entstandenen Verluste mit entsprechenden Gewinnen der gleichen Sphäre (Vermögensverwaltung oder wirtschaftlicher Geschäftsbetrieb) wirksam verrechnet werden können. Eine Verrechnung der insolvenzbedingten Verluste der Stiftung mit freien Rücklagen nach § 62 Abs. 1 Nr. 3 AO ist nicht steuerunschädlich möglich. Die in dieser Rücklage ausgewiesenen Beträge sind lediglich von der zeitnahen Mittelverwendung ausgenommen, nicht aber von der ideellen Bindung. Denkbar ist der Ausgleich aber durch eine nicht steuerlich abziehbare Spende in die entsprechende Sphäre der Stiftung.

3. Vorgehen bei drohender Insolvenz eines Tochterunternehmens

72 Wenn sich bei einem Tochterunternehmen eine Insolvenzlage abzeichnet, stellt sich für den Stiftungsvorstand damit die Frage, wie die Stiftung vorgehen soll. Anhand der folgenden **Checkliste** lassen sich verschiedene Handlungsszenarien prüfen:[50]

73 Checkliste: Drohende Insolvenz bei der Tochtergesellschaft einer Stiftung

- Soweit die Insolvenz alleine durch Liquiditätsschwierigkeiten droht, kann die Stiftung Gesellschafterdarlehen zur Verfügung stellen. Dies ist vor allem dann angezeigt, wenn die Liquidität absehbar in der Folge durch Bankdarlehen oder ein verbessertes Cash-Management gesichert werden kann.
- Ist eine Überschuldungssituation absehbar oder bereits eingetreten, ist die entscheidende Frage, ob eine Fortführungsprognose mit ausreichender Wahrscheinlichkeit bejaht werden kann.
- Der von der Insolvenzordnung eigentlich vorgesehene Weg, für Gesellschafterdarlehen einen Rangrücktritt zu erklären (§ 39 Abs. 2 InsO), ist nicht erforderlich. Nach § 19 Abs. 2 S. 2 InsO tritt die Überschuldung als Kriterium hinter die Fortführungsprognose zurück.
- Da ein Rangrücktritt eine Verschlechterung der Lage der Stiftung als Gläubiger bedeutet, kann schon in dieser Maßnahme eine Verschlechterung der Stiftungsansprüche gesehen werden. Eine solche Verschlechterung sollte nur in

50 Siehe schon *Schiffer/Sommer*, NWB 2010, 3046, 3051.

Kauf genommen werden, um eine zweifelhafte Fortführungsprognose auszugleichen. Gleiches gilt für die Gewährung von Gesellschafterdarlehen an eine bereits überschuldete Tochterunternehmung. Dies sollte ebenfalls nur in unumgänglichen Fällen erfolgen, da sich mit jedem weiteren Darlehen das Risiko der Stiftung erhöht.

- Bei einer gemeinnützigen Tochtergesellschaft besteht die Möglichkeit, die Krise durch eine Zuwendung nach § 58 Nr. 1 AO zu bekämpfen.
- Bei einer drohenden Insolvenz eines Tochterunternehmens sollte eine Stiftung jedenfalls stets eine realistische Einschätzung der Zukunftsaussichten dieses Unternehmens vornehmen.

Zugleich sollte überprüft werden, welche Auswirkungen eine Insolvenz auf die Gemeinnützigkeit der Mutter hat. Wenn eine Insolvenz ohne Schaden für die Stiftung abgewickelt werden kann, sollte nur ein im Kern gesundes Unternehmen weiter unterstützt werden, um der Bindung der Stiftungsgelder an gemeinnützige Zweckverwendung dauerhaft zu entsprechen. Eine rechtzeitige Insolvenz mindert hier möglicherweise den Schaden.

E. Vermögensanfall und Beendigung der Stiftung

Mit der Auflösung oder Aufhebung ist die Stiftung in der Regel noch nicht vollständig beendet. 74

Mit der Eröffnung des Insolvenzverfahrens ist die Stiftung zwar aufgelöst, aber zunächst ist das Insolvenzverfahren durchzuführen. Verbleibt nach dessen Durchführung ein Restvermögen, greift § 87c BGB und das Vermögen ist nach § 199 S. 2 InsO vom Insolvenzverwalter an die nach Satzung oder Gesetz bestimmte anfallberechtigte Person auszukehren.[51] Für die Dauer des Insolvenzverfahrens gilt die Stiftung fort. 75

Haben die Organe der Stiftung deren Auflösung beschlossen oder wurde die Eröffnung des Insolvenzverfahrens wegen Masselosigkeit abgelehnt oder hat die Stiftungsbehörde die Stiftung aufgehoben, kommt § 87c BGB sofort zur Anwendung. In der Regel ist in der Satzung bestimmt, an wen das Vermögen der Stiftung fällt oder die Stiftungsorgane sind berechtigt, die Anfallberechtigten zu bestimmen. Andernfalls oder ggf. auch aufgrund einer entsprechenden Regelung fällt das Vermögen an den Fiskus des Landes oder des Bundes oder eine juristische Person des öffentlichen Rechts. 76

Fällt danach das Vermögen an den Fiskus des Landes oder des Bundes oder eine juristische Person des öffentlichen Rechts, so greifen nach § 87c Abs. 2 S. 1 i.V.m. 77

51 BoKo-StiftR/*Schöpflin*, § 87c BGB Rn 3.

§ 46 BGB die Regelungen über eine dem Fiskus als gesetzlichem Erben anfallende Erbschaft entsprechend. Es kommt damit zum Anfall des Vermögens im Wege der Gesamtrechtsnachfolge. Nur in diesem Fall führen Auflösung und Aufhebung mithin auch unmittelbar zur Beendigung der Stiftung.[52]

78 In allen anderen Fällen kommt es nach § 87c Abs. 2 S. 2 BGB stattdessen zur Liquidation der Stiftung in entsprechender Anwendung der §§ 47–53 BGB. Nach § 48 Abs. 1 S. 1 BGB erfolgt die Liquidation durch den Vorstand, nach Satz 2 können aber auch andere Personen erkoren werden, wobei dafür die Regelungen zur Bildung des Vorstands maßgebend sind. Die Liquidatoren haben nach § 48 Abs. 2 BGB die Stellung des Vorstands, vertreten also die zum Zweck der Liquidation fortbestehende Stiftung (§ 49 Abs. 2 BGB) im Rechtsverkehr.

79 Wesentliche Aufgabe der Liquidatoren ist es nach § 49 Abs. 1 BGB, *„die laufenden Geschäfte zu beendigen, die Forderungen einzuziehen, das übrige Vermögen in Geld umzusetzen, die Gläubiger zu befriedigen und den Überschuss den Anfallberechtigten auszuantworten“*. Sie sind auch befugt, neue Geschäfte einzugehen, wenn das zur Beendigung schwebender Geschäfte erforderlich ist. Die Kapitalanlagen der Stiftung, also beispielsweise Aktien oder Immobilien, sind grundsätzlich zu veräußern. Das kann allerdings unterbleiben, wenn es zur Befriedigung der Gläubiger oder zur Auskehrung des Stiftungsvermögens an die Anfallberechtigten nicht erforderlich ist. Ist etwa ein anfallberechtigter gemeinnütziger Verein daran interessiert, eine bisher im Eigentum der Stiftung stehende Immobilie zu übernehmen, so kann deren Verkauf unterbleiben, wenn die Erlöse nicht zur Befriedigung der Gläubiger erforderlich sind.

F. Anmeldung von Auflösung, Aufhebung und Liquidation

80 Zum 1.1.2028 tritt § 87d BGB in Kraft, der die Anmeldung von Auflösung, Aufhebung und Liquidation zum Stiftungsregister regelt. Der **Vorstand der Stiftung** hat die Auflösung und die Aufhebung der Stiftung zur Eintragung ins Stiftungsregister anzumelden, wenn ausnahmsweise keine Liquidation der Stiftung erforderlich ist (vgl. § 87d Abs. 1 BGB). Ist eine Liquidation erforderlich, haben die **Liquidatoren** diese anzumelden. Erfolgt die Liquidation nicht durch den Vorstand, sind auch die Liquidatoren und ihre Vertretungsmacht sowie etwaige Beschränkungen ihrer Vertretungsmacht anzumelden (vgl. § 87d Abs. 2 BGB).

81 Der Anmeldung ist entweder die Auflösungsentscheidung des zuständigen Stiftungsorgans und die behördliche Genehmigung nach § 87 Abs. 3 BGB oder die Aufhebungsentscheidung nach § 87a BGB beizufügen. Sind die Anfallberechtigten durch Stiftungsorgane zu bestimmen, so ist auch diese Entscheidung beizufü-

52 Dazu und zum Ablauf BoKo-StiftR/*Schöpflin*, § 87c BGB Rn 10 ff.

gen. Sind andere Personen als die Vorstandsmitglieder zu Liquidatoren bestellt, sind ferner auch die entsprechenden Bestellungsdokumente beizufügen.

Ist die Liquidation abgeschlossen, haben die Liquidatoren die Beendigung der 82
Stiftung anzumelden.

Teil III: Stiftungen und Steuern

§ 8 Zur Besteuerung der rechtsfähigen Stiftung

Was bietet dieses Kapitel?
Gerade bei Stiftungen ist der Blick in der Praxis immer auch auf das Steuerrecht gerichtet. Das gilt jedenfalls im Steuerland Deutschland. Wir scheinen ein durchaus steuerfixiertes Volk zu sein. Und das gilt hier nicht nur im Zusammenhang mit steuerbegünstigten Stiftungen, die die besonderen Regeln des Gemeinnützigkeitsrechts beachten und einhalten müssen. Es gilt für alle Stiftungen, denn ihnen haftet, von einigen Beratern popagiert, der Ruf des „Steuersparmodells" an. Das ruft dann so manche Begehrlichkeiten hervor. Gleichwohl handelt es sich um einen Irrtum, wie wir in diesem Kapitel noch näher sehen werden. Das Kapitel behandelt die wesentlichen Praxisfragen der Besteuerung der Stiftung von ihrer Errichtung bis zu ihrer Auflösung, wobei insbesondere die Familienstiftung einen gewissen Schwerpunkt bildet.

Übersicht: Rdn

A. Die Stiftung ist grundsätzlich steuerpflichtig

I. Steuerrecht für Stiftungen?

1 Es ist ganz deutlich zu betonen: In diesem Buch kann das Steuerrecht der Stiftung ersichtlich nicht vollständig dargestellt werden, es können aber grundsätzliche Aussagen für die Praxis getroffen, Denkansätze und in der Praxis nach unseren Erfahrungen besonders wesentliche Fragen behandelt werden. Das versuchen wir im Folgenden. Im Übrigen müssen wir auf die einschlägigen Kommentare und die Spezialliteratur verweisen.

2 Es existiert **kein Steuerrecht der Stiftung** im Sinne eines eigenständigen „Stiftungssteuerrechts". Vielmehr finden auf Stiftungen die allgemeinen Regelungen des Abgabenrechts Anwendung, in dem allerdings einige spezielle Tatbestände für Stiftungen verstreut über die diversen Steuergesetze zu finden sind. Von „Stiftungssteuerrecht im engeren Sinne" ist in der Praxis zum Teil dann die Rede, wenn das Steuerrecht der steuerbegünstigten Stiftung gemeint ist (§§ 51 ff. AO, „Gemeinnützigkeitsrecht"), das ausführlich in § 9 behandelt wird. Auf einige Aspekte gehen wir im Folgenden aber auch im Gesamtzusammenhang ein

3 Grundsätzlich ist eine rechtsfähige Stiftung als juristische Person gem. § 1 Abs. 1 Nr. 4 KStG so zu besteuern wie jede andere Körperschaft auch (zur Treuhandstiftung vgl. § 12 Rdn 157 ff.). Eine rechtsfähige Stiftung ist mithin **steuerpflichtig,**[1] es sei denn, sie ist wegen der ausschließlichen und unmittelbaren Verfolgung gemeinnütziger, mildtätiger oder kirchlicher Zwecke nach den §§ 51 ff. AO steuerbegünstigt (siehe dazu § 9). Eine Stiftung ist schon aus diesem Grund **kein Steuersparmodell!**

II. „In Steuern denken, aber nicht wegen Steuern lenken"

4 Rein steuerliche Gründe sollten ohnehin nicht ausschlaggebend für die Wahl einer Stiftungskonstruktion sein. Dafür ist einerseits das Steuerrecht zu schnelllebig und andererseits eine Stiftung zu langfristig angelegt. „**Steuern sparen**" ist **kein Stiftungszweck**. Problematisch ist es deshalb beispielsweise, wenn *Weiten* im Zusammenhang mit der Verschonungsbedarfsprüfung nach § 28a ErbStG (Rdn 29 f.) davon spricht, eine Stiftung könne „auch aus rein steuerlichen Erwä-

1 Siehe zum „Stiftungssteuerrecht ohne Gemeinnützigkeitsrecht" etwa: *Weiten*, ZErb 2023, 241; Feick/*v. Löwe*, Stiftung als Nachfolgeinstrument, 2. Aufl. 2024, §§ 23 ff.; Richter/*Richter*, §§ 22–24 und § 26; Schauhoff/Mehren/*Mehren*, Stiftungsrecht nach der Reform, 2. Aufl. 2024, Kap. 12.

gungen ein interessantes Gestaltungsmittel für die Unternehmensnachfolge sein".[2] Tatsächlich sollten „rein steuerliche Erwägungen" wegen der erheblichen und weitgehend unumkehrbaren Konsequenzen einer Stiftungsgestaltung gerade nicht den alleinigen Ausschlag für diese spezielle Rechtsform geben.

Auch wenn eine Stiftung mithin kein Steuersparmodell ist, sind die möglichen **echten** oder auch die **vermeintlichen steuerlichen Vor- und Nachteile** von Stiftungsgestaltungen ein ganz wesentliches Thema einer jeden Beratung für ein Stiftungsprojekt. Hauptstichworte sind dabei die **Steuerbegünstigung** (siehe § 9) und die **Ersatzerbschaftsteuer** bei Familienstiftungen (Rdn 80 ff.). 5

Auch wenn bei der Entscheidung über die Wahl einer Stiftungskonstruktion steuerliche Erwägungen und etwaige steuerliche Vorteile grundsätzlich nicht ausschlaggebend sein sollten, ist ein **steuerlicher Belastungsvergleich** mit anderen denkbaren Gestaltungsformen durchaus sinnvoll. Das gilt **nicht nur für den Unternehmensbereich**, sondern für die **Nachfolgegestaltung insgesamt**. Die steuerliche Optimierung einer im Wesentlichen aus anderen Gründen, etwa aus betriebswirtschaftlichen oder familiären Gründen, als sinnvoll erkannten Gestaltung ist ein grundsätzlich richtiger Ansatz gerade zur Erhaltung des Vermögens. Das gilt nach den bisherigen und fortlaufend andauernden Reformen des Unternehmens- und des Stiftungssteuerrechts ganz besonders. Allerdings kann auch der detaillierteste steuerliche Belastungsvergleich angesichts des schnelllebigen deutschen Steuerrechts einerseits und der Ewigkeitstendenz der Stiftung andererseits (Stichwort: steuerliche Einbahnstraße) immer nur eine **Momentaufnahme** sein. 6

III. Problematische Beratungsansätze

Von daher **überzeugt es nicht**, wenn sowohl in Fachbeiträgen als auch in an die sonstige Öffentlichkeit gerichteten Veröffentlichungen zum Thema Stiftung **steuerliche Betrachtungen** ganz oder überwiegend den **Schwerpunkt** bilden, ohne die Besonderheiten der Rechtsform Stiftung überhaupt oder mehr als nur in Form von Lippenbekenntnissen zu berücksichtigen. Dafür gab und gibt es leider immer wieder Beispiele. 7

So finden sich im Internet etwa Beratungsangebote, die ausdrücklich mit dem Versprechen werben, mit einer Stiftung ließe sich die „finanzielle Unabhängigkeit der Familie" sichern und die Erbschaftsteuer betrage mit einer Stiftung sogar 0 %. Das sind, wenn man es freundlich ausdrücken will, **sehr verkürzte Darstellungen**. Unerwähnt gelassen wird dabei beispielsweise, dass die Errichtung einer Stiftung eine endgültige Vermögenshingabe voraussetzt, was der Familie vielleicht gar nicht so gut gefällt, und die Erbschaftsteuer nur bei der Übertragung auf eine steuerbegünstigte Stiftung entfällt (Rdn 20), bei einer Familienstiftung aber die 8

---

2 *Weiten*, ZErb 2023, 241, 242.

Ersatzerbschaftsteuer an die Stelle der „normalen" Erbschaftsbesteuerung tritt (Rdn 80 ff.).

9 Zumindest teilweise auf etwas höherem Niveau bewegen sich Informations- und Werbevideos, in denen **vor allem von Social Media bekannte Experten** die diversesten Gestaltungsansätze unterhaltsam, aber vor allem auch **geschäftstüchtig** aufbereiten. Das reicht von der „genialen" Idee der vermeintlich steuerfreien Vermietung von Fahrzeugen durch die Familienstiftung an das Unternehmen des Stifters oder eines Destinatärs bis hin zur angeblichen Vermeidung der Wegzugsbesteuerung durch die Einbringung des eigenen Vermögens in eine deutsche Familienstiftung. Ob eine solche Vermietung denn nicht schnell gewerblich wird, möchte man da fragen! Und wurde beim Thema Wegzugsbesteuerung auch bedacht, dass das Vermögen so für immer in Deutschland verbleibt? Und dass die Stiftungsorgane nach Möglichkeit immer in Deutschland tagen und entscheiden sollten, wenn der Ort der Geschäftsleitung[3] nicht aus Versehen ins Ausland verlegt werden soll (vgl. § 10 AO und ferner § 13 Rdn 41 ff. zum umgekehrten Fall der irrtümlichen Sitzverlegung nach Deutschland)?

10 Gezielt angesprochen und geschürt werden hier zum einen der Wunsch, Geld zu sparen, und zum anderen die Furcht vor Zugriffen des Staates. Das geht in manchen Fällen bis in den Bereich von äußerst problematischen **Verschwörungsmythen**, etwa dann, wenn in einzelnen Videos postuliert wird, „der Staat" werde sich „alles nehmen" und nur mit dem Geheimwissen der „Eliten", dessen diese sich angeblich bereits seit Jahrhunderten bedienen, könne man sich davor schützen. Aufgabe einer gewissenhaften Beratung ist hier die **Entmystifizierung** (§ 14 Rdn 22 und 80 ff. zur Beraterreife).

11 Aber auch bei Beiträgen in Fachzeitschriften ist eine gewisse **Steuerlastigkeit der Betrachtung** von Stiftungen nicht von der Hand zu weisen. Sie hat eine lange Tradition,[4] die sich bis heute fortsetzt. So hat jüngst *Theuffel-Werhahn* die Frage gestellt, ob die „Familienverbrauchsstiftung zur steueroptimierten Unternehmensnachfolge" taugt.[5] Auf über zehn Seiten wägt er dabei das Für und Wider unter Berücksichtigung steuerlicher Feinheiten und nuancierter Rechtsprechungsauslegung ab, um am Ende die Frage zu stellen, die sich in solchen Zusammenhängen regelmäßig stellt: Liegt ein „Gestaltungsmissbrauch i.S.v. § 42 AO"[6] vor? Nicht selten wird dann von der beratenden Person auf die **verbindli-**

3 Dazu *Kraft*, DStR 2024, 2154.

4 Vgl. bspw. schon die Ausführungen in der Vorauflage an dieser Stelle zum Aufsatz von *Heuser/Frye*, BB 2011, 983 ff. Ähnlich auch die ebenfalls einseitig steuerrechtliche Darstellung von *Zensus/Schmitz*, NJW 2012, 1323. Aus jüngerer Zeit vgl. etwa *Gummels*, ErbBstg 2024, 224.

5 *Theuffel-Werhahn*, RFamU 2025, 12.

6 *Theuffel-Werhahn*, RFamU 2025, 12, 23 f.

che Auskunft (Rdn 124 ff.) als Mittel der Wahl verwiesen, um zu (vermeintlicher?) Gewissheit zu finden.[7]

IV. Fazit: Keine auf das Steuerrecht verengte Sicht

Aus unserer Sicht besteht die Gefahr, dass die „Steuerlastigkeit" den unbefangenen Leser und Zuhörer zu schnell auch in die **steuerliche Irre** führt. Es mag der deutschen „Steuersparwut" geschuldet sein, die hier die Ausführungen leitet. Ob es wirklich den Anforderungen an eine profunde Beratung im Stiftungswesen genügt, ist aber eine ganz andere Frage. Gilt vielleicht auch hier die alte militärische Weisheit, dass kein Schlachtplan den Kontakt mit der Wirklichkeit übersteht?[8] Die steuerliche Optimierungslust sollte jedenfalls den Blick auf das Zivilrecht und vor allem **die dauerhafte und nachhaltige Umsetzbarkeit einer Gestaltung im praktischen Leben** durch die konkret betroffenen Personen nicht verstellen. 12

B. Errichtungsbesteuerung

Bei der Errichtung einer rechtsfähigen Stiftung können insbesondere Erbschaft- und Schenkungsteuer sowie Ertragsteuern entstehen, ferner auch sonstige Steuern, wie die Umsatz- und Grunderwerbsteuer (zu Treuhandstiftungen siehe § 12 Rdn 157 ff., zu ausländischen Stiftungen siehe § 13). 13

I. Erbschaftsteuer, Schenkungsteuer

1. Vermögensübertragung

Jede Übertragung von Vermögenswerten auf eine inländische rechtsfähige Stiftung, also sowohl die Übertragung von Vermögen in ihr Grundstockvermögen als auch in ihr sonstiges Vermögen, ist grundsätzlich **schenkung- oder erbschaftsteuerpflichtig.**[9] 14

---

7 Gleich mehrere Verweise auf die verbindliche Auskunft im Zusammenhang mit steuerlichen Gestaltungen für Stiftungen finden sich etwa bei *Dahlmanns*, RNotZ 2020, 417, 427, 440, 446.

8 Zugeschrieben bspw. *Helmuth v. Moltke*.

9 § 1 Abs. 1 Nr. 2, § 2 Abs. 1 Nr. 2, § 7 Abs. 1 Nr. 8 ErbStG bzw. § 1 Abs. 1 Nr. 1 und § 3 Abs. 2 Nr. 1 ErbStG; siehe auch *Halaczinsky* zu Tendenzen in der erbschaftsteuerlichen Rechtsprechung bei Erwerben durch und von Stiftungen, ZErb 2015, 193; allg. zum ErbStG Feick/*v. Löwe*, Stiftung als Nachfolgeinstrument, 2. Aufl. 2024, § 24 Rn. 52 ff.; *Schienke-Ohletz/Mehren*, ZStV 2022, 1, 2; *Weiten*, ZErb 2023, 241, 243; *Dahlmanns*, RNotZ 2020, 417, 441; *Lehmann*, DStR 2024, 412.

Das ergibt sich im Einzelnen

- für die **Errichtung von Todes wegen** aus den §§ 1 Abs. 1 Nr. 1, 3 Abs. 2 Nr. 1 S. 1 ErbStG;
- für die **Errichtung zu Lebzeiten** aus den §§ 1 Abs. 1 Nr. 2, 7 Abs. 1 Nr. 8 S. 1 ErbStG;
- für **Zuwendungen nach Errichtung** aus den allgemeinen Regelungen der §§ 1, 3 und 7 ErbStG, also insbesondere aus § 3 Abs. 1 Nr. 1 und § 7 Abs. 1 Nr. 1 ErbStG.

Die genaue Unterscheidung der Zuwendungstatbestände erlangt Bedeutung im Rahmen der Bestimmung des **Steuerklassenprivilegs für Familienstiftungen** des § 15 Abs. 2 ErbStG.

15 Auch die **Vermögensübertragung von einer** (**nicht steuerbegünstigten**) **Stiftung** auf eine von ihr neu errichtete rechtsfähige Stiftung ist nach § 7 Abs. 1 Nr. 8 S. 1 ErbStG schenkungsteuerpflichtig, und zwar unabhängig von den damit verfolgten Zielen und den der neuen Stiftung nach ihrer Satzung obliegenden Aufgaben, soweit bei der empfangenden Stiftung nicht eine Steuerbegünstigung etwa wegen Gemeinnützigkeit eingreift.[10] Dabei spielt es nach Ansicht des BFH insbesondere keine Rolle, wenn die neu gegründete Stiftung nach ihrer Satzung bezogen auf bestimmte Personen weitgehend identischen Zwecken wie die stiftende Stiftung dient. Das ändere nämlich nichts an dem für die Besteuerung entscheidenden Umstand, dass die Vermögensübertragung auf die neue Stiftung unentgeltlich erfolgt, soweit keine Gegenleistung wie etwa die Übernahme von Verbindlichkeiten der Stifterin zu erbringen ist.[11]

2. Grundlagen

16 Eine Vermögensübertragung auf eine Stiftung ist demnach schenkung- und erbschaftsteuerlich nicht vorteilhafter als die Übertragung auf Abkömmlinge, sondern wegen der jedenfalls grundsätzlich höheren Steuerklasse sogar prinzipiell steuerlich ungünstiger:

- Da die Stiftung als juristische Person in keinem Verwandtschaftsverhältnis zum Stifter steht, ist grundsätzlich die **ungünstige Steuerklasse III** anzuwenden.[12] Das gilt etwa auch dann, wenn der Stiftungsvorstand nur aus den Abkömmlingen des Schenkers/Erblassers besteht.
- Eine andere Steuerklasse kann sich gem. § 15 Abs. 2 ErbStG für eine **rechtsfähige inländische Familienstiftung** ergeben, wenn der entfernteste Berechtigte zum Erblasser oder Schenker in eine andere Steuerklasse fallen würde. Auf

10 BFH v. 13.4.2011 – II R 45/09, BB 2011, 1768 ff. = ErbR 2011, 280; siehe dazu *Gemmer*, StiftungsBrief 2011, 156 ff.

11 BFH v. 13.4.2011 – II R 45/09, BB 2011, 1768 ff. = ErbR 2011, 280, 281, Rn 17.

12 Statt vieler *Weiten*, ZErb 2023, 241, 242.

mögliche Steuervorteile (günstigere Steuerklassen) der Familienstiftungen gehen wir sogleich näher ein (siehe Rdn 44 ff.).
- Die Steuer entsteht bei lebzeitig errichteten Stiftungen mit der Zuwendung (§ 9 Abs. 1 Nr. 2 ErbStG).
- Die Steuer entsteht bei Stiftungen, die von Todes wegen errichtet werden, nach § 9 Abs. 1c ErbStG *„mit dem Zeitpunkt der Anerkennung der Stiftung als rechtsfähig"*.[13]
- In der Zeit zwischen dem Tod des Erblassers und der Anerkennung der Stiftung können sich allerdings **Wertänderungen** bei dem der Stiftung als Erstausstattung zugewendeten Vermögen ergeben. Diese sind bei der steuerlichen Wertermittlung grundsätzlich zu berücksichtigen.[14]
- Das gilt nach der Rechtsprechung des BFH auch für die postmortalen Erträge dieses Vermögens, was indes in der Fachliteratur kritisch gesehen wird.[15]

Steuerschuldner sind nach § 20 ErbStG im Fall der Schenkung die Stiftung als 17
Beschenkte und der Stifter als Schenker sowie im Erbfall die Stiftung als Erbin.

Anzusetzen ist im Erbfall als steuerlicher Wert das **Rohvermögen unter Abzug** 18
der Kosten (§ 10 Abs. 5–9 ErbStG), die unmittelbar im Zusammenhang mit dem Erwerb durch die Stiftung stehen (z.B. Kosten einer notariell zu beurkundenden Grundstücksübertragung oder einer Handelsregisteranmeldung bei der Übertragung eines Kommanditanteils). Bei der Errichtung einer Stiftung von Todes wegen sind außerdem folgende **Abzugsposten** zu beachten, falls die Stiftung Erbin ist:
- Nachlassverbindlichkeiten,
- Verbindlichkeiten des Erblassers,
- Vermächtnisse und
- Pflichtteils- und Erbersatzansprüche.

Keine den steuerlichen Wert des Stiftungsvermögens mindernde Last ist hingegen die Verpflichtung der Stiftung, das Stiftungsvermögen satzungsgemäß zu verwenden.

Praxishinweis: Erbschaftsteuer 19

1. Übernahme der Steuerschuld und Steuerzahlung

Hat der Erblasser die Entrichtung der von dem Erwerber geschuldeten Steuer einem anderen auferlegt oder hat der Schenker die Entrichtung der vom Be-

13 Näher Feick/*v. Löwe*, Stiftung als Nachfolgeinstrument, 2. Aufl. 2024, § 24 Rn 66; *Weiten*, ZErb 2023, 241, 243.

14 Nachw. bei Feick/*v. Löwe*, Stiftung als Nachfolgeinstrument, 2. Aufl. 2024, § 24 Rn 66.

15 BFH BB 1996, 731; *Gebel*, BB 2001, 2554, 2559 f. ist dagegen der Ansicht, dass das erbschaftsteuerliche Stichtagsprinzip ausnahmsweise zu durchbrechen ist, um nicht zu einer systemwidrigen Doppelbesteuerung nach ErbStG und nach KStG zu gelangen. Kritisch deshalb bspw. auch Richter/*Richter*, § 23 Rn 12a.

schenkten geschuldeten Steuer selbst übernommen oder einem anderen auferlegt, gilt als zu besteuernder Erwerb der Betrag, der sich bei einer Zusammenrechnung des Erwerbs mit der aus ihm errechneten Steuer ergibt.[16]

2. Steuerschulden des Erblassers

Auch vom Erblasser herrührende Steuerschulden für das Todesjahr sind etwa für eine Stiftung als Erbin nach § 10 Abs. 5 Nr. 1 ErbStG abzugsfähige Nachlassverbindlichkeiten.[17]

3. Nachlassregelungskosten

Abzugsfähig sind nach § 10 Abs. 5 Nr. 3 ErbStG auch die Kosten der Bestattung des Erblassers, für ein angemessenes Grabdenkmal, für die übliche Grabpflege mit ihrem Kapitalwert für eine unbestimmte Dauer sowie die Kosten, die dem Erwerber unmittelbar im Zusammenhang mit der Abwicklung, Regelung oder Verteilung des Nachlasses oder mit der Erlangung des Erwerbs entstehen. Zu den Regelungskosten gehören beispielsweise auch Steuerberatungskosten des Erben für die Nacherklärung von Steuern, die der Erblasser hinterzogen hat, sowie ggf. auch Kosten für die Haushaltsauflösung.[18]

3. Befreiungstatbestände

20 Für den grundsätzlich vom ErbStG erfassten Erwerb einer Stiftung gelten die allgemeinen Befreiungs-, Begünstigungs- und Verschonungsregelungen, beispielsweise die Befreiungsregelungen für Kunstgegenstände[19] nach § 13 Abs. 1 Nr. 2 ErbStG. Die Steuerpflicht entfällt insbesondere dann vollständig, wenn die (Ziel-)Stiftung wegen der Förderung gemeinnütziger, mildtätiger oder kirchlicher Zwecke **steuerbegünstigt** ist (§ 13 Abs. 1 Nr. 16 lit. b ErbStG).[20] Diese Steuerbefreiung fällt allerdings mit Wirkung für die Vergangenheit weg,

- wenn die Voraussetzungen für die Anerkennung der Stiftung als kirchliche, gemeinnützige oder mildtätige Institution innerhalb von zehn Jahren nach der Zuwendung entfallen
- und das Vermögen nicht steuerlich begünstigten Zwecken zugeführt wird.

---

16 Ausf. dazu *Gottschalk*, in: Troll/Gebel/Jülicher/Gottschalk, ErbStG, § 10 Rn 69 ff.

17 Änderung der vorherigen Rspr. durch BFH, Urt. v. 4.7.2012 – II R 15/11, DStR 2012, 1698 ff. Vgl. ferner zu speziellen Konstellationen BFH, Urt. v. 14.11.2018 – II R 34/15, BFHE 263, 273; BFH, Urt. v. 11.7.2019 – II R 36/16, BFHE 265, 430.

18 Zu beiden Punkten BFH, Urt. v. 14.10.2020 – II R 30/19, BFHE 272, 93.

19 Dazu *Werner*, ErbR 2016, 438.

20 § 13 Abs. 1 Nr. 16 lit. b ErbStG, siehe zur Besteuerung der „steuerbefreiten" Stiftung § 9; *Härtling/Tolksdorf*, IStG 2023, 717, 724.

Praxishinweis: Nachträgliche Steuergestaltung – § 29 Abs. 1 Nr. 4 ErbStG 21

Das Erbschaftsteuerrecht gibt im Zusammenhang mit steuerbefreiten Stiftungen die Möglichkeit der nachträglichen steuerlichen Gestaltung für **steuerpflichtige Empfänger**:[21]

Die Steuer **erlischt nachträglich**, soweit Vermögensgegenstände innerhalb von 24 Monaten nach dem Zeitpunkt der Entstehung der Steuer (§ 9 ErbStG) u.a. einer inländischen Stiftung zugewendet werden, die nach der Satzung, dem Stiftungsgeschäft oder der sonstigen Verfassung und ihrer tatsächlichen Geschäftsführung ausschließlich und unmittelbar als gemeinnützig anzuerkennenden Zwecken i.S.d. §§ 52–54 AO mit Ausnahme der Zwecke nach § 52 Abs. 2 Nr. 23 AO (sog. Freizeitzwecke)[22] dient.

Das gilt nach dem Gesetz ausdrücklich nicht, wenn die Stiftung Leistungen i.S.d. § 58 Nr. 6 AO (siehe § 9 Rdn 143 ff.) an den Erwerber oder seine nächsten Angehörigen zu erbringen hat oder soweit für die Zuwendung die Vergünstigung nach § 10b EStG, § 9 Abs. 1 Nr. 2 KStG oder § 9 Nr. 5 GewStG in Anspruch genommen wird („Spendenregelung"). Für das Jahr der Zuwendung ist (dann) bei der Einkommensteuer oder Körperschaftsteuer und bei der Gewerbesteuer unwiderruflich zu erklären, in welcher Höhe die Zuwendung als Spende zu berücksichtigen ist. Die Erklärung ist für die Festsetzung der Erbschaftsteuer oder Schenkungsteuer bindend.

Die **Einhaltung der Frist** von 24 Monaten kann im Einzelfall **schwierig** werden. Das kann auf Seiten des steuerpflichtigen Empfängers beispielsweise daran liegen, dass zuerst noch ein Erbschein benötigt wird. Im Fall der Neuerrichtung einer Stiftung, auf die das erworbene Vermögen übertragen werden soll, kann die Verzögerung beispielsweise durch den erforderlichen Beratungsaufwand, aber vor allem auch durch Verzögerungen bei der Bearbeitung auf Seiten der Stiftungsbehörde begründet sein. Die andauernde **Überlastung der Stiftungsbehörden** kann aktuell im Jahr 2025 zu Bearbeitungszeiten von über einem Jahr führen und es ist nicht absehbar, ob und wann sich dieser Zustand bessert. Es wird befürwortet, dass der Finanzverwaltung im Einzelfall eine Verlängerungsmöglichkeit zustehen oder es genügen soll, wenn der steuerpflichtige Erwerber sich innerhalb der Frist zur Übertragung des Vermögens verpflichtet hat.[23] Der sicherste Weg dürfte indes derjenige über eine Treuhandstiftung sein. Sie kann ebenfalls steuerbegünstigt sein, kann sehr viel schneller errichtet werden und zudem später in eine rechtsfähige Stiftung

21 Siehe dazu etwa auch *Lüdicke*, ZEV 2007, 254; *Gluth*, ErbStB 2009, 225.
22 Näher Tipke/Kruse/*Tipke*, § 52 AO Rn 52 ff.
23 *Meincke/Hannes/Holtz*, ErbStG, § 29 Rn 17.

„umgewandelt" werden. Insbesondere soll sie auch als Stiftung i.S.d. § 29 Abs. 1 Nr. 4 ErbStG gelten.[24]

Ob auch Zuwendungen in eine steuerbegünstigte **Verbrauchsstiftung** unter den Tatbestand des § 29 Abs. 1 Nr. 4 ErbStG fallen, ist noch nicht abschließend geklärt.[25]

4. Übertragung von erbschaftsteuerlich begünstigtem Vermögen

22 Auch bei dem Erwerb durch eine Stiftung greift das in Folge des Urteils des BVerfG vom 17.12.2014[26] reformierte **Begünstigungssystem der §§ 13a ff., 28 f. ErbStG,**[27] das an die Art des Vermögens und den Wert des Erwerbs anknüpft.

a) Grundlagen

23 Als begünstigtes Vermögen kommen grundsätzlich in Betracht
- der inländische Wirtschaftsteil des land- und forstwirtschaftlichen Vermögens (§ 13b Abs. 1 Nr. 1 ErbStG),
- inländisches Betriebsvermögen (§ 13b Abs. 1 Nr. 2 ErbStG) und
- größere Anteile (mehr als 25 %) an einer Kapitalgesellschaft (§ 13b Abs. 1 Nr. 3 ErbStG).
- Ergänzend ist auch an die Steuerbegünstigung in Höhe von 10 % *„für zu Wohnzwecken vermietete Grundstücke"* nach § 13d ErbStG zu denken.[28]

24 Für das nach § 13b ErbStG begünstigte Vermögen gelten die folgenden an den Wert anknüpfenden Regelungen:
- Wird **begünstigtes Vermögen** i.S.d. § 13b Abs. 2 ErbStG erworben und beträgt dessen Wert nicht mehr als **26 Mio. EUR** (vgl. § 13a Abs. 1 S. 1 ErbStG), so kann der Erwerber unter Einhaltung der insbesondere in § 13a Abs. 2 ff. ErbStG normierten Voraussetzungen einen Verschonungsabschlag von 85 % geltend machen (**Regelverschonung**) oder unter den ergänzenden Voraussetzungen des § 13a Abs. 10 ErbStG sogar einen Verschonungsabschlag von 100 % (**Optionsverschonung**).

---

24 OFD München v. 7.3.2003 – S 3840 – 5 St 353, ZEV 2003, 239; BayLfSt v. 9.1.2019 und v. 18.9.2019 – S 3840.1.1 – 3/8 St 34, DB 2019, 2268.

25 Befürwortend *v. Oertzen/Schienke-Ohletz*, ZEV 2015, 609. Zustimmend etwa *Meincke/Hannes/Holtz*, ErbStG, § 29 Rn 18; *Jülicher*, in: Troll/Gebel/Jülicher/Gottschalk, ErbStG, § 29 Rn 108.

26 BVerfG, Urt. v. 17.12.2014 – 1 BvL 21/12, NJW 2015, 303. Zu diesem *Schiffer*, npoR 2015, 4; *Brüggemann*, ErbBstg 2015, 56.

27 Speziell zu stiftungsrechtlichen Gestaltungen nach der Erbschaftsteuerreform: *Blusz*, DStR 2017, 1016; *Theuffel-Werhahn*, ZEV 2017, 17.

28 Dazu *Schmidt*, ErbR 2024, 353.

- Bei der Berechnung des Werts des begünstigten Vermögens werden **mehrere Erwerbe von derselben Person innerhalb von zehn Jahren** zusammengerechnet (§ 13a Abs. 1 S. 2 ErbStG).
- Wird der Wert von 26 Mio. EUR überschritten, kommt für den Erwerber entweder ein Antrag auf **Abschmelzung** nach § 13c Abs. 1 ErbStG oder ein Antrag auf **Verschonungsbedarfsprüfung** nach § 28a ErbStG in Betracht.

Ein Antrag auf Abschmelzung nach § 13c Abs. 1 ErbStG hat zur Folge, dass sich *„der Verschonungsabschlag nach § 13a Absatz 1 oder Absatz 10 um jeweils einen Prozentpunkt für jede vollen 750 000 EUR [verringert], die der Wert des begünstigten Vermögens i.S.d. § 13b Absatz 2 den Betrag von 26 Millionen EUR übersteigt"*. Allerdings ist die Abschmelzung nach dem Gesetz nur bei einem Erwerb bis zu einem Wert in Höhe von 90 Mio. EUR möglich. Bei höheren Erwerben bleibt nur die Verschonungsbedarfsprüfung.

Der Antragsteller der Verschonungsbedarfsprüfung nach § 28a Abs. 1 ErbStG muss nachweisen, *„dass er persönlich nicht in der Lage ist, die Steuer aus seinem verfügbaren Vermögen"* nach § 28a Abs. 2 ErbStG *„zu begleichen"*. Das verfügbare Vermögen nach § 28a Abs. 2 ErbStG beträgt 50 % der Summe der gemeinen Werte desjenigen nicht begünstigten Vermögens, das dem Erwerber bereits gehört oder das er gleichzeitig mit dem begünstigten Vermögen erwirbt. Auch ein innerhalb von zehn Jahren nach dem ursprünglichen Erwerb erworbenes weiteres Vermögen ist zu berücksichtigen (§ 28a Abs. 4 Nr. ErbStG).

Dieses Begünstigungssystem soll durch Stiftungen, insbesondere Familienstiftungen,[29] besonders **geschickt genutzt** werden können. Eher selten wird dagegen die Frage gestellt, ob es sich ggf. um ein **missbräuchliches Ausnutzen** handelt.[30] Dabei hat das **BVerfG** in seiner grundlegenden Entscheidung aus dem Jahr 2014 gerade „die exzessive Ausnutzung" gleichheitswidriger Regelungen im Begünstigungssystem des ErbStG gegeißelt.[31] Zudem steht das Begünstigungssystem weiterhin auf dem verfassungsrechtlichen Prüfstand. Eine **Verfassungsbeschwerde** zu der Frage, ob die erbschaft- und schenkungsteuerlichen Begünstigungen beim Übergang betrieblichen Vermögens mit dem GG vereinbar sind oder sie Erwerber nicht begünstigten Vermögens ungerechtfertigt benachteiligen, ist derzeit 25

29 *Theuffel-Werhahn*, ZEV 2017, 17 spricht von „Familienstiftungen als Königsinstrument für die Nachfolgeplanung aufgrund der Erbschaftsteuerreform"; *v. Oertzen*, BB 2019, 2647 schwärmt von der „Familienstiftung als individuell zugeschnittener steueroptimierter erbschaftsteuerlicher Erwerber".

30 *v. Oertzen*, BB 2019, 2647 ist einer der wenigen, die sich überhaupt mit der Frage auseinandersetzen, ob bei den im Folgenden beschriebenen Gestaltungen ein Gestaltungsmissbrauch vorliegt.

31 BVerfG, Urt. v. 17.12.2014 – 1 BvL 21/12, NJW 2015, 303 und zu diesem Aspekt *Schiffer*, npoR 2015, 4 sowie hier in der Vorauflage.

anhängig.[32] Die Diskussionen um die erwartete erneute Reform des Erbschaftsteuerrechts sind im Gange.

26 **Praxishinweis**

Die Bundesrechtsanwaltskammer kommt in einer vom BVerfG erbetenen Stellungnahme zu dieser Verfassungsbeschwerde zu dem folgenden bemerkenswerten Ergebnis:

Soweit es dem Gesetzgeber um die Förderung mittelständischer inhabergeführter Unternehmen geht (so BR-Drucks 353/15, S. 13), geht die Regelung des ErbStG 2016 fehl. Denn die Privilegierung bezieht über den Mittelstand hinaus auch große Unternehmen mit ein und stellt darüber hinaus einen enormen Anreiz für steuerliche Gestaltungsmodelle dar, die lediglich aus steuerlichen, aber nicht aus wirtschaftlichen Gründen gewählt werden. So dienen beispielsweise der Einbau von Holdingstrukturen, die Übertragung auf gemeinnützige Stiftungen, das Doppelstiftungsmodell, die Gründung einer Familienstiftung oder eines Familienvereins, die Umgehung von Fristen, die (auch über die Jahre wiederholten) Verkäufe innerhalb der Familie (z.B. an Kinder oder Ehegatten) häufig ausschließlich der Steuervermeidung, ohne dass der Gestaltung außersteuerliche Gründe zugrunde liegen. Steuerumgehung ist weder verboten noch strafbar. Allerdings führt die Ausgestaltung des ErbStG durch den hohen Anreiz für steuerliche Gestaltungen zu einer verfassungsrechtlich nicht gerechtfertigten Ungleichbehandlung, wenn lediglich der steuerrechtlich nicht beratene Steuerpflichtige, der sein Privatvermögen vor einer Übertragung zu Lebzeiten oder von Todes wegen nicht in das Betriebsvermögen überführt, zu Erbschaft- oder Schenkungsteuer veranlagt wird.

27 Wenn wir im Folgenden und in der Praxis besonders populäre Gestaltungsvorschläge[33] näher betrachten, sollten wir diese soeben angesprochenen Aspekte bei aller Gestaltungsfreude stets mit in unsere Abwägungen einbeziehen!

b) Propagierte Stiftungsgestaltungen

28 Durch die Errichtung einer Stiftung lässt sich die **Anzahl der erwerbenden Personen vergrößern** und mithin der Wert der einzelnen Erwerbe steuern. Beträgt z.B. der Wert des zu übertragenden begünstigten Vermögens 50 Mio. EUR und ist nur eine erwerbende natürliche Person vorhanden, so ist die Grenze des § 13a Abs. 1 S. 1 ErbStG (26 Mio. EUR) überschritten. Durch die Errichtung einer Familienstiftung als zweiter Erwerberin zu gleichen Teilen reduziert sich

---

32 Anhängig unter dem Az. 1 BvR 804/22, Verfahrensmitteilung abrufbar unter https://www.bundesverfassungsgericht.de/DE/Aktuelles/GeplanteEntscheidungen/vs_2023/_documents/erster_senat.html (abgerufen am 18.8.2025).

33 Vgl. etwa *Blusz*, DStR 2017, 1016; *Theuffel-Werhahn*, ZEV 2017, 17; *v. Oertzen*, BB 2019, 2647; *Dahlmanns*, RNotZ 2020, 417; *Weiten*, ZErb 2023, 241.

aber der Wert beider Erwerbe auf jeweils 25 Mio. EUR und der Weg zur Regel- oder Optionsverschonung ist für beide Erwerbsvorgänge eröffnet.

Denkbar ist auch folgende Gestaltung, die für **große Vermögen als besonders attraktiv angesehen**, wenn nicht sogar „angepriesen" wird.[34] Der zugrunde liegende Gedanke ist dabei recht einfach: Wenn eine Stiftung ausschließlich mit begünstigtem Vermögen ausgestattet wird, so steht ihr im Übrigen kein „verfügbares Vermögen" nach § 28a Abs. 2 ErbStG zur Verfügung und sie ist dann, wie von § 28a Abs. 1 ErbStG verlangt, nicht in der Lage, die Steuer zu begleichen. Die **Stiftung** ist dann in gewisser Art eine **„arme Erwerberin"**. Wird sichergestellt, dass die Stiftung auch in der Folge für zehn Jahre kein i.S.d. § 28a Abs. 2 ErbStG verfügbares Vermögen erhält, so dürfte die Verschonungsbedarfsprüfung erfolgreich ausfallen. Das als „verfügbar" i.S.d. § 28a Abs. 2 ErbStG zu qualifizierende Vermögen kann beispielsweise auf die Nachkommen übertragen werden. 29

Praxishinweis

Das Statistische Bundesamt gibt an, dass im Jahr 2024 in insgesamt 45 Fällen die Steuer nach § 28a ErbStG erlassen wurde. In 10 dieser Fälle handelte es sich um Erwerbe von Stiftungen und das Volumen des Erwerbs betrug dabei knapp über 2 Milliarden EUR, die festgesetzte und fast vollständig erlassene Steuer betrug 699 Mio. EUR.[35] Es wird sich zeigen, ob solche Befreiungen im Rahmen der anstehenden Prüfung durch das Bundesverfassungsgericht (Rdn 25 f.) unter die Lupe genommen werden und der Prüfung standhalten werden. Eine gewisse Systemfremdheit lässt sich nicht verleugnen, da die Verschonungsbedarfsprüfung eigentlich als Korrektiv für „Härtefälle" konzipiert war.

Das Ganze lässt sich **umgekehrt** auch so **gestalten**, dass beispielsweise die Nachkommen ausschließlich das begünstigte Vermögen erhalten und die Stiftung das übrige verfügbare Vermögen. So sind es dann die Nachkommen, die im Sinne der Verschonungsbedarfsprüfung „arm" sind und in den Genuss des übrigen Vermögens dadurch kommen, dass sie von der Stiftung Zuwendungen erhalten, die dann aber, wie es in der Praxis auch üblich ist, nicht als satzungsmäßige Ansprüche ausgestaltet sein sollten, da die Zuwendungen der Stiftung ansonsten ggf. doch als „verfügbar" i.S.d. § 28a Abs. 2 ErbStG zu qualifizieren wären.[36] 30

---

34 Vgl. neben *Theuffel-Werhahn*, ZEV 2017, 17 und *v. Oertzen*, BB 2019, 2647 etwa *Weiten*, ZErb 2023, 241 f., der uns wissen lässt, dass sich mit „einer Stiftung [...] unter dem aktuellen ErbStG ideal in die Verschonungsbedarfsprüfung des § 28a ErbStG hineinstrukturieren" lässt.

35 Vgl. BT-Drs 21/4304, S. 3 (Antwort der Bundesregierung auf die Kleine Anfrage der Abgeordneten Christian Görke, Doris Achelwilm, Dr. Dietmar Bartsch, weiterer Abgeordneter und der Fraktion Die Linke, BT-Drs. 21/3978).

36 *v. Oertzen*, BB 2019, 2647, 2648.

31 Wird begünstigtes Vermögen zu Lebzeiten auf Nachkommen übertragen, die über kein verfügbares Vermögen i.S.d. § 28a Abs. 2 ErbStG verfügen, so kann der spätere Erwerb von solchem Vermögen innerhalb der Zehnjahresfrist des § 28a Abs. 4 Nr. 3 ErbStG dadurch vermieden werden, dass der Erblasser für diesen Fall die Errichtung einer Stiftung anordnet und ihr das betreffende Vermögen z.B. vermächtnisweise zukommen lässt. Sind die zehn Jahre verstrichen, so entfällt diese Anordnung.[37]

32 All das ist leichter geschrieben als in der Praxis umgesetzt. Allein die Einhaltung der Vorgaben des § 13a ErbStG, insbesondere die Absolvierung des Lohnsummentests und die Einhaltung der Behaltensfristen, ist keine Selbstverständlichkeit.

5. Insbesondere Immobilienvermögen

a) Geringe Steuervergünstigung

33 Neben der Übertragung von begünstigtem Vermögen geht es in der Praxis auch immer wieder um die Übertragung von Immobilienvermögen auf eine Stiftung (zur Grunderwerbsteuer siehe Rdn 43).[38] Wie oben bereits ausgeführt, gewährt **§ 13d ErbStG** durch den **Wertansatz zu 90 % bei zu Wohnzwecken vermieteten Immobilien** eine im Vergleich zu den Verschonungsregelungen für begünstigtes Vermögen eher kleine Steuervergünstigung. Deshalb wird für die Übertragung von Immobilien auf eine Stiftung auf die auch bei der Übertragung auf andere Personen üblichen Gestaltungen zurückgegriffen.[39]

b) Vorbehalt des Nießbrauchs

34 Durch den Vorbehalt des Nießbrauchs kann sich die übertragende Person zu ihren Lebzeiten das Recht an den Nutzungen des übertragenen Vermögensgegenstandes sichern (§ 1030 BGB), im Falle des Nießbrauchs an einer Immobilie also insbesondere an den Erträgen aus der Vermietung und Verpachtung. Steuerlich attraktiv ist das wegen der durch den Nießbrauch begründeten **Minderung des Werts im Rahmen der steuerlichen Bewertung** (§§ 13–16 BewG) der Übertragung. Der Nießbrauch hat einen Kapitalwert, der sich insbesondere nach der Höhe des Jahreswerts der Nutzung und nach dem Alter der Person richtet, zu deren Gunsten der Nießbrauch bestellt ist. Je jünger die übertragende Person ist, umso größer ist mithin der Kapitalwert. Dieser Kapitalwert wird vom steuerlichen Wert des Vermögengegenstandes abgezogen und mindert somit die Höhe der Bemessungsgrundlage und damit die Höhe der Schenkungsteuer. Fällt der Nießbrauch später weg, was insbesondere mit dem Tod der zuwendenden Person der Fall ist, so steigert sich der Wert des bisher mit dem Nießbrauch belasteten

37 *Blusz*, DStR 2017, 1016, 1017.

38 Zur Übertragung von Wohnungsunternehmen *Härtling/Tolksdorf*, IStR 2023, 717, 723 f.

39 Dazu *Gemmer*, SB 2024, 227; *Härtling/Tolksdorf*, IStR 2023, 717, 723.

Vermögens. Da dieses aber bereits Eigentum der Stiftung ist, findet die Wertsteigerung bei der Stiftung statt, ohne dass diese erneut Erbschaft- oder Schenkungsteuer darauf zahlen muss. Für die Übertragung selbst ist der Wert des Nießbrauchs allerdings im Rahmen der Grunderwerbsteuer zu berücksichtigen (§ 3 Nr. 2 GrEStG, vgl. auch Rdn nnn).

Das mag aus rein schenkungsteuerlicher Sicht ein befriedigendes Ergebnis sein, vollständig ist die Betrachtung damit aber noch nicht, da **grundlegende stiftungsrechtliche Zusammenhänge drohen, außer Betracht gelassen zu werden**. Wie uns § 83c Abs. 1 S. 2 BGB informiert, ist der *„Stiftungszweck [...] mit den Nutzungen des Grundstockvermögens zu erfüllen"*. Im Falle der Vermögensübertragung unter Vorbehalt eines Nießbrauchs stehen der Stiftung die Nutzungen des übertragenen Vermögens aber gerade nicht oder, je nach Umfang des Vorbehalts, jedenfalls nicht im vollen Umfang zur Verfügung. Es stellt sich deshalb bei einem solchen Nießbrauchsvorbehalt die Frage, ob die nach der Errichtung aus dem Stiftungsvermögen ziehbaren Nutzungen ausreichen, um den Stiftungszweck in dem für die Anerkennung der Stiftung erforderlichen Maße erfüllen zu können. Das führt zur Frage nach der **Lebensfähigkeit** und damit der **Anerkennungsfähigkeit** der Stiftung. Auch die Frage der Tragung der für die Erhaltung der Immobilie erforderlichen Kosten, insbesondere bei außerordentlichen Erhaltungsmaßnahmen, sowie der Lasten muss den stiftungsrechtlichen Besonderheiten gemäß geregelt werden. 35

c) Übertragung belasteten Immobilienvermögens

Ganz ähnlich sind Gestaltungsansätze zu beurteilen, bei denen belastetes Immobilienvermögen zusammen mit denjenigen Verbindlichkeiten übertragen wird, die durch die jeweiligen Belastungen gesichert sind.[40] Die Übernahme von Verbindlichkeiten und Lasten führt ebenfalls zu einer Minderung der Bemessungsgrundlage und damit zu einer Minderung der Steuerlast. Allerdings stellen sich auch hier Anschlussfragen. So muss zum einen beispielsweise die finanzierende Bank die neu errichtete Stiftung als Schuldnerin anstelle des Stifters akzeptieren. Zum anderen muss auch hier ausreichend „Substanz" bei der Stiftung ankommen, damit über die Tragung der Verbindlichkeiten hinaus auch ausreichend Nutzungen für die Erfüllung des Stiftungszwecks verbleiben, da die Stiftung ansonsten nicht anerkennungsfähig ist. 36

Praxishinweis: Verkauf von Immobilien an die Stiftung? 37

Der Verkauf von Immobilien durch den Stifter an die von ihm errichtete Stiftung ist zwar eigentlich kein Thema der Errichtungsbesteuerung. Da solche Gestaltungen aber immer wieder propagiert werden[41] und in der Regel

---

40 Dazu *Gemmer*, SB 2024, 227.
41 *Härtling/Tolksdorf*, IStR 2023, 717, 724.

auch bereits bei Errichtung eingeplant werden, sollen sie hier nicht unerwähnt bleiben.

Der Gedanke ist der, dass die Stiftung vom Stifter eine oder mehrere Immobilien erwirbt und diesen Kauf mit dem ihr zur Verfügung gestellten Grundstockvermögen und im Übrigen mit durch die zu erwerbende Immobilie gesicherten Darlehen finanziert. Dieses Darlehen wird entweder von einem Kreditinstitut oder vom Stifter selbst gestellt, wobei im letztgenannten Fall streng darauf zu achten ist, dass das Darlehen wie unter fremden Dritten, also zu marktüblichen Konditionen, erfolgt. Bei Einhaltung der zehnjährigen Behaltensfrist des § 23 Abs. 1 Nr. 1 EStG hat der Verkauf keine einkommensteuerlichen Folgen für den Stifter. Die Zahlungen der Stiftung zur Tilgung des Darlehens sind, wenn der Stifter das Darlehen gewährt hat, bei diesem steuerfrei. Die Zinsen auf das Darlehen sind Einkünfte aus Kapitalvermögen nach § 20 Abs. 1 Nr. 5 oder Nr. 7 EStG und entsprechend zu versteuern. Die der Stiftung entstehenden Anschaffungskosten ermöglichen es ihr im Rahmen der Einkommensbesteuerung, die Abschreibung für Gebäude geltend zu machen.

Auch bei einer solchen Gestaltung darf die steuerliche Fokussierung indes nicht dazu führen, dass der Stiftung durch die aufgenommenen Verbindlichkeiten im Ergebnis nicht ausreichend Erträge für die Erfüllung ihrer Stiftungszwecke verbleiben. Zudem zeigt die Praxis immer wieder auf, dass die solide, also insbesondere fremdübliche Gestaltung von Verträgen zwischen der Stiftung und nahestehenden Personen, insbesondere der stiftenden Person, nicht so einfach ist, wie es auf dem Papier, in Werbevideos auf Social Media oder in Vorträgen mit rein steuergestaltendem Fokus aussehen mag.[42]

II. Ertragsteuern

38 Durch die Ausstattung einer Stiftung mit Privatvermögen kommt es nicht zur Realisierung von Gewinnen bei der stiftenden Person, und zwar auch dann, wenn es sich um steuerverstricktes Privatvermögen handeln sollte[43] oder um die 100 %ige Beteiligung an einer Kapitalgesellschaft.[44] Die Stiftung führt den steuerlichen Wertansatz des Stifters fort, vgl. § 20 Abs. 4 S. 6 und § 17 Abs. 2 S. 2 EStG für Kapitalgesellschaften und § 23 Abs. 1 S. 3 EStG für Immobilien. Das liegt daran, dass die stiftende Person im Austausch für die Errichtung der Stiftung keine Geschäftsanteile oder Ähnliches erhält.[45] Die Stiftung gehört sich selbst (§ 80 Abs. 1 S. 1 BGB). Somit fehlt es an den Voraussetzungen für eine verdeckte Einlage nach den §§ 17 Abs. 1 S. 2, 20 Abs. 2 S. 2 oder 23 Abs. 1 S. 5 Nr. 2 EStG.

42 Vgl. etwa den Sachverhalt des BFH-Urt. v. 26.4.2023 – X R 4/22.

43 *Weiten*, ZErb 2023, 241, 243.

44 Feick/*v. Löwe*, Stiftung als Nachfolgeinstrument, 2. Aufl. 2024, § 24 Rn 10.

45 Eingehend BMF v. 20.11.2019 – IV C 6 – S 2241/15/10003, BStBl I 2019, 1291.

Ertragsteuer (Einkommensteuer, Körperschaftsteuer, Gewerbesteuer) fällt bei einer Stiftungserrichtung im Übrigen nur ausnahmsweise an, nämlich nur dann, wenn die von dem Stifter auf die Stiftung übertragenen **Vermögensgegenstände aus einem Betriebsvermögen** des Stifters stammen. Die **unentgeltliche Übertragung einzelner Wirtschaftsgüter aus einem Betriebsvermögen** auf eine Stiftung führt als Entnahme im einkommensteuerlichen Sinne grundsätzlich zu einer Besteuerung der in den betreffenden Wirtschaftsgütern enthaltenen stillen Reserven bei der zwecks Stiftungsausstattung entnehmenden Person (§ 6 Abs. 1 Nr. 4 EStG). Ist beispielsweise eine GmbH die Stifterin, so löst eine solche Entnahme bei ihr entsprechend Körperschaftsteuer aus (§ 8 Abs. 1 KStG). Entsprechendes (steuerpflichtige Entnahme) gilt für die Übertragung von Anteilen an einer Kapitalgesellschaft aus dem Betriebsvermögen auf eine Stiftung, sofern diese nicht das gesamte Nennkapital umfassen.[46] 39

Allerdings enthält das EStG in § 6 Abs. 1 Nr. 4 S. 4 und 5 eine **Sonderregelung für gemeinnützige Stiftungen**, die über § 8 Abs. 1 KStG auch für eine Körperschaft als Stifterin gilt und die hier im Gesamtzusammenhang angesprochen werden soll:[47] 40

- Wird ein Wirtschaftsgut unmittelbar nach seiner Entnahme einer nach § 5 Abs. 1 Nr. 9 KStG von der Körperschaftsteuer befreiten Stiftung zur Verwendung für steuerbegünstigte Zwecke i.S.d. § 10b Abs. 1 S. 1 EStG unentgeltlich überlassen, so kann (Wahlrecht) die Entnahme mit dem Buchwert angesetzt werden („Buchwertprivileg“).[48] Für den Abzug als Spende nach § 10b EStG kann dann aber ebenfalls nur der Buchwert angesetzt werden (§ 10b Abs. 3 S. 2 EStG).
- Dieses Buchwertprivileg bezieht sich auf alle Wirtschaftsgüter im Sinne des Steuerrechts, d.h. es erfasst u.a. Forderungen, Lizenzen und Gesellschaftsbeteiligungen.[49] Die Sonderregelung gilt nach dem Gesetz aber ausdrücklich nicht für die Entnahme von Nutzungen und Leistungen (§ 6 Abs. 1 Nr. 4 S. 5 EStG).
- Im Gegensatz dazu fallen **unentgeltliche Übertragungen eines Betriebes oder Teilbetriebes oder eines Mitunternehmeranteils** auf eine Stiftung unter § 6 Abs. 3 EStG. Hier sind die Buchwerte von der Stiftung fortzuführen.[50]

46 Feick/*v. Löwe*, Stiftung als Nachfolgeinstrument, 2. Aufl. 2024, § 24 Rn 15.
47 Grundsätzlich wird die Steuerbefreiung der Stiftung im folgenden § 9 behandelt.
48 *Hüttemann*, DB 2008, 1590; *Buchna/Leichinger/Seeger/Brox*, S. 535 ff.
49 *Hüttemann*, DB 2008, 1590; *Buchna/Leichinger/Seeger/Brox*, S. 536.
50 *Schienke-Ohletz/Mehren*, ZStV 2022, 1, 7; *Reindl/Seemann/Neckenich*, FuS 2023, 90, 91; *Weiten*, ZErb 2023, 241, 243; *Dahlmanns*, RNotZ 2020, 417, 442; *Reich*, DStR 2020, 265, 269.

- Bei der unentgeltlichen Übertragung **von Anteilen/Beteiligungen an Kapitalgesellschaften** ist zu unterscheiden:
  - Befinden sich die Anteile im Betriebsvermögen, so gilt § 6 Abs. 1 Nr. 4 S. 4 EStG („Buchwertprivileg").
  - Handelt es sich um Anteile/Beteiligungen, die im Privatvermögen gehalten werden, so entsteht keine Einkommensteuer.

Eine ganz andere Frage ist die der Ausstellung der Zuwendungsbestätigung für solche „Sachzuwendungen".[51]

III. Sonstige Steuern

41 Da die Vermögensübertragung zur Stiftungserrichtung ersichtlich in die Vermögenssphäre der Stiftung und nicht in deren Einkommenssphäre fällt, löst die Vermögensausstattung der Stiftung bei ihr (Stiftung!) auch **keine Körperschaftsteuer** und **keine Gewerbesteuer** aus. Beide Steuerarten sind Ertragsteuern – auch die Gewerbesteuer. Bei der Gewerbesteuer ist die Bemessungsgrundlage der „Gewerbeertrag", der vom einkommen- und körperschaftsteuerlichen Gewinn durch Hinzurechnungen und Kürzungen berechnet wird.[52]

42 Bei der **Umsatzsteuer** läuft die steuerliche Bewertung der einzelnen Vorgänge anders als bei der Ertragsteuer. Hier fällt bei der Errichtung der Stiftung grundsätzlich Umsatzsteuer an. Es ist zu unterscheiden:

- Die Entnahme von **Vermögensgegenständen** aus einem Einzelunternehmen des Stifters oder aus einer Personengesellschaft zur Übertragung auf die Stiftung bei deren Errichtung ist umsatzsteuerpflichtig (§ 3 Abs. 1b UStG). Auch die unentgeltliche „Lieferung" von Vermögensgegenständen durch eine Körperschaft, an der der Stifter beteiligt ist, an eine Stiftung unterliegt ebenfalls der Umsatzsteuer.
- Die unentgeltliche Übertragung eines Betriebes oder Teilbetriebes zur Stiftungserrichtung unterliegt nicht der Umsatzsteuer, da es sich um nicht steuerbare „**Geschäftsveräußerung** im Ganzen" handelt (§ 1 Abs. 1a UStG).

43 Bei der Übertragung von Immobilien auf eine Stiftung (siehe auch Rdn 33 ff.) entsteht grundsätzlich dann keine **Grunderwerbsteuer**, wenn die Übertragung **vollständig unentgeltlich** erfolgt (§ 3 Nr. 2 GrEStG).[53] Allerdings löst jede Gegenleistung, etwa durch die Übernahme von Verbindlichkeiten, und auch jede Auflage Grunderwerbsteuer in Höhe des (ggf. kapitalisierten) Werts der übernommenen Verpflichtung aus.[54] Eine **Grundstücksübertragung** im Rahmen ei-

---

51 Ausf. dazu *Buchna/Leichinger/Seeger/Brox*, S. 574

52 § 7 GewStG; siehe etwa auch Richter/*Richter*, § 24 Rn 66.

53 Ausf. zur Grunderwerbsteuer bei der Stiftungsgründung: *Wachter*, DStR 2012, 1900 ff.; siehe auch BFH, Urt. v. 27.11.2013 – II R 11/12 und die Entscheidung der Vorinstanz FG Schleswig-Holstein, Urt. v. 8.3.2012 – 3 K 118/11; *Röttgering*, SB 2023, 107, 108.

54 *Härtling/Tolksdorf*, IStG 2023, 717, 723.

nes Stiftungsgeschäfts ist als Grundstückserwerb von Todes wegen oder als Grundstücksschenkung unter Lebenden mithin von der **Grunderwerbsteuer** befreit, und zwar auch dann, wenn auf Ebene der Erbschaft- oder Schenkungsteuer eine Steuerbefreiung greift, beispielsweise nach § 13 Abs. 1 Nr. 16b ErbStG oder § 29 Abs. 1 Nr. 4 ErbStG.[55]

Das alles gilt auch für die Übertragung einer mindestens **90 %igen Beteiligung an einer Kapitalgesellschaft**, zu deren Vermögen Grundbesitz gehört. Dieser Vorgang ist zwar nach dem Wortlaut der gesetzlichen Regelungen an sich grunderwerbsteuerpflichtig, aber die Befreiungsvorschrift des § 3 GrEStG greift gleichwohl.[56]

Ob die **Steuerpflicht bereits durch das Stiftungsgeschäft begründet** wird, ist **fraglich**, denn die Pflicht zur Übertragung des im Stiftungsgeschäft zugesicherten Vermögens und damit der Anspruch der Stiftung auf Übertragung wird nach § 82a S. 1 BGB erst mit der Anerkennung der Stiftung begründet, so dass kein Fall des § 1 Abs. 1 Nr. 1 GrEStG vorliegen dürfte (Begründung des Anspruchs durch Rechtsgeschäft), sondern ein solcher des § 1 Abs. 1 Nr. 2 GrEStG (**Steuerpflicht ab Auflassung**).[57]

IV. Steuervorteile bei der Familienstiftung?

Bei der Erbschaft- und Schenkungsteuer kann die Familienstiftung u.U. einen Vorteil bieten. Bis hierhin haben wir die Frage, unter welchen Voraussetzungen überhaupt eine Familienstiftung vorliegt, allerdings noch nicht erörtert. Darauf gehen wir aber weiter unten näher ein, und zwar im Rahmen der Darstellung der Ersatzerbschaftsteuer nach § 1 Abs. 1 Nr. 4 ErbStG (Rdn 80 ff.), denn bei dieser wird die Frage der Abgrenzung meistens virulent. 44

Liegt eine Familienstiftung vor, so richtet sich die Steuerklasse für die Errichtungsbesteuerung nach dem ErbStG nach dem Verwandtschaftsverhältnis des nach der Stiftungsurkunde entferntest Berechtigten zu dem Stifter (§ 15 Abs. 2 S. 1 ErbStG). Abhängig von den Familienverhältnissen lässt sich die Familienstiftung mithin so gestalten, dass als Begünstigte des Stifters ausschließlich solche Angehörige benannt werden, die unter die günstigeren Erbschaftsteuerklassen fallen, insbesondere die Steuerklasse I. 45

- In die **Steuerklasse I** fallen der Ehegatte und der Lebenspartner der stiftenden Person, ihre Kinder und Stiefkinder sowie die Abkömmlinge dieser Kinder

---

55 *Pahlke*, GrEStG, § 3 Rn 102.

56 BFH, Urt. v. 12.10.2006 – II R 79/05; Feick/*v. Löwe*, Stiftung als Nachfolgeinstrument, 2. Aufl. 2024, § 24 Rn 133.

57 NK-GemnR/*Holm*, § 1 GrEStG Rn 7; *Wachter*, DStR 2012, 1900 f. Anders FG Schleswig-Holstein EFG 2012, 1184; Entscheidung aufgehoben, allerdings aus anderen Gründen, durch BFH MittBayNot 2015, 173.

und Stiefkinder, im Falle des Erwerbes von Todes wegen auch die Eltern und Voreltern.

- In die **Steuerklasse II** fallen die Eltern und Voreltern, wenn sie nicht unter Steuerklasse I fallen, die Geschwister, die Abkömmlinge ersten Grades von Geschwistern, die Stiefeltern, die Schwiegerkinder, die Schwiegereltern, der geschiedene Ehegatte und der Lebenspartner einer aufgehobenen Lebenspartnerschaft.

46 **Enkel und Urenkel** sind erst seit dem 1.1.1996 in allen Fällen in die Steuerklasse I aufgenommen worden. Diese Steuerklasse galt zuvor nur für sog. „Waisenenkel" (vgl. auch § 1924 Abs. 3 BGB), d.h. die Kinder verstorbener Kinder. Im Rahmen der **persönlichen Freibeträge** wird diese Unterscheidung weiter aufrechterhalten: Kinder und Kinder verstorbener Kinder erhalten gem. § 16 Abs. 1 Nr. 2 ErbStG einen persönlichen Freibetrag in Höhe von 400.000 EUR. Enkel (nicht Urenkel), deren Eltern noch leben, erhalten dagegen gem. § 16 Abs. 1 Nr. 3 ErbStG nur einen persönlichen Freibetrag in Höhe von 200.000 EUR. Im Übrigen gilt ein Freibetrag in Höhe von 100.000 EUR. Kindern und Stiefkindern steht im Falle des Erwerbes von Todes wegen gem. § 17 Abs. 2 ErbStG zudem ein Versorgungsfreibetrag zu, der der Höhe nach je nach Alter des Kindes oder Stiefkindes gestaffelt ist.

47 Maßgebend für die Errichtungsbesteuerung einer inländischen Familienstiftung ist das **Verwandtschaftsverhältnis des nach der Stiftungsurkunde entferntest Berechtigten im Verhältnis zum Schenker/Erblasser/Stifter**. Damit erlangt die Familienstiftung bei der Steuerklasse eine Sonderstellung, ist die Stiftung doch gerade nicht mit dem Stifter verwandt, so dass an sich immer die Steuerklasse III gegeben wäre. Tatsächlich sind nach dem Gesetz die Steuerklassen I und II (z.B. II. Nr. 1 – Eltern – oder Nr. 5 – Schwiegerkinder) möglich. Es ist fraglich, ob das Steuerprivileg aus Billigkeitsgründen auch dann gilt, wenn streng genommen keine Familienstiftung im Sinne der Norm vorliegt, weil nur ein einziges Familienmitglied berechtigt ist.[58]

48 Die Finanzverwaltung vertritt bisher anscheinend die Auffassung, dass bei der **Bestimmung der Berechtigten** i.S.d. § 15 Abs. 2 S. 1 ErbStG nicht nur die bei Bestehen der Familienstiftung bezugsberechtigten Personen zu berücksichtigen sind, also die Destinatäre, sondern **auch** die bei Auflösung der Stiftung **anfallsberechtigten Personen**.[59] Dem hat jüngst das **FG Rheinland-Pfalz** widersprochen und ausgeführt, *„dass für die Auslegung von § 15 Abs. 2 S. 1 ErbStG nur derjenige ‚Berechtigter' und damit auch ‚entferntest Berechtigter' sein kann, dem nach der Stiftungsurkunde eine Bezugsberechtigung eingeräumt wurde; wer hingegen im Fall der Auflösung oder Aufhebung der Familienstiftung der/die Anfallsberech-*

---

58 Dafür *Jülicher*, in: Troll/Gebel/Jülicher/Gottschalk, ErbStG, § 15 Rn 101 a.E.

59 Vgl. dazu den Sachverhalt FG Rheinland-Pfalz, Urt. v. 27.9.2024 – 4 K 1138/24; siehe ferner die Ausführungen bei *Lehmann*, DStR 2024, 412.

tigte(n) sein soll(en), ist aus Rechtsgründen im Anwendungsbereich des § 15 Abs. 2 S. 1 ErbStG unbeachtlich".[60] Dem ist insbesondere aus systematischen Gründen zuzustimmen, denn § 15 Abs. 2 ErbStG enthält in Satz 2 eine eigenständige Regelung für die Besteuerung des Anfalls des Stiftungsvermögens bei Auflösung oder Aufhebung der Stiftung. Die Regelung in Satz 1 stellt mithin auf die Errichtung und die Dauer der Existenz der Stiftung ab und Berechtigte sind in diesem Zeitraum eben nur die Destinatäre. Es bleibt abzuwarten, ob der **BFH** in der **Revision** die Dinge ebenso sieht.[61]

Bereits entschieden hat der BFH die zuvor lang umstrittene Frage, ob bei der Bestimmung der nach der Stiftungsurkunde entferntest berechtigten Person allein bereits geborene Personen zur berücksichtigen sind oder auch **potenziell berechtigte Personen**, also insbesondere **ungeborene zukünftige Abkömmlinge** der stiftenden Person. Gegen die entsprechende Auffassung der Finanzverwaltung wurde insbesondere eingewandt, dass sie damit auf ein ungewisses Ereignis abstellt, das ggf., etwa wegen Auflösung der Stiftung, gar nicht eintritt.[62] Dem ist der BFH nicht gefolgt. Vielmehr hat er zu dem folgenden Leitsatz gefunden:[63] 49

> *„Beim Übergang von Vermögen auf eine Familienstiftung ist für die Bestimmung der anwendbaren Steuerklasse und des Freibetrags als ‚entferntest Berechtigter' zum Schenker derjenige anzusehen, der nach der Stiftungssatzung potenziell Vermögensvorteile aus der Stiftung erhalten kann. Unerheblich ist, ob die Person zum Zeitpunkt des Stiftungsgeschäfts schon geboren ist, jemals geboren wird und tatsächlich finanzielle Vorteile aus der Stiftung erlangen wird."*

Auf die oben skizzierten Einwände geht der BFH in seiner Begründung nur relativ knapp ein.[64] Insbesondere verweist das Gericht darauf, dass die Vorschrift eine gesetzliche Begünstigung darstellt und die stiftende Person es durch die Gestaltung der Stiftungsurkunde in der Hand hält, welche Personen entferntest berechtigt sind. Die Berücksichtigung allein bereits geborener Destinatäre führe dagegen zu einer Überprivilegierung. Eine Rückgängigmachung dieser Überprivilegierung nach Geburt weiterer Abkömmlinge komme zudem nicht in Frage, weil das zum einen nicht in dem Wortlaut der gesetzlichen Regelung angelegt ist und zum anderen die Überwachung der Familienstiftung über einen bestimmten Zeitraum hinweg voraussetzen würde.

Welche praktischen Auswirkungen hat das für die Errichtungsbesteuerung bei einer Familienstiftung? Wenn beispielsweise in der Stiftungsurkunde „alle zukünftigen Abkömmlinge der Stifterin" als Berechtigte benannt sind, so sind da- 50

---

60 FG Rheinland-Pfalz, Urt. v. 27.9.2024 – 4 K 1138/24 unter I.2.c) der Urteilsbegründung.
61 Revision der Finanzverwaltung anhängig beim BFH unter dem Az. II R 33/24.
62 Richter/*Richter*, § 11 Rn 70.
63 BFH, Urt. v. 28.2.2024 – II R 25/21.
64 BFH, Urt. v. 28.2.2024 – II R 25/21, Rn 15 ff.

von nicht nur die Kinder und Enkelkinder der Stifterin erfasst, sondern auch ihre Urenkel und deren Kinder. Diese Personen fallen zwar alle unter die Steuerklasse I, aber für die Urenkel und deren Kinder als „entferntest Berechtigte" greift der **Freibetrag nach § 16 Abs. 1 Nr. 4 ErbStG** in Höhe von **100.000 EUR**. Dieser Freibetrag gilt mithin immer dann bei der Errichtung einer Familienstiftung, wenn der Kreis der Berechtigten nicht entsprechend beschränkt wird, beispielsweise auf die eigenen Kinder und deren Kinder.

51 **Praxishinweis: Gestaltungsoptionen?**

Gestalterisch wurde auf die Auffassung der Finanzverwaltung typischerweise auf zwei Arten und Weisen reagiert:

- zum einen mit der je nach Anforderung im konkreten Fall möglichst engen Formulierung zu dem Kreis der Berechtigten („Ehegatte, Kinder, Stiefkinder und deren Abkömmlinge") und der späteren Erweiterung dieses Kreises durch Satzungsänderung,
- zum anderen mit einer Regelung, wonach Abkömmlinge zu ihren Lebzeiten ihre eigenen Abkömmlinge von der Berechtigung auf Leistungen der Stiftung ausschließen.

Beides ist in der Praxis allerdings **nicht erfolgsversprechend**:

Die Finanzverwaltung stuft eine spätere Erweiterung des Kreises der Berechtigten, die zur Möglichkeit einer höheren Steuerklasse führt, als Errichtung einer neuen Stiftung ein.[65] Wirklich überzeugend ist das nicht, denn die spätere „Umwandlung" (besser: Zweckerweiterung) ist tatsächlich keine Neuerrichtung. Bei entsprechendem Gesamtvorsatz wird aber ggf. ein Fall des § 42 AO vorliegen. Zu bedenken ist zudem, dass eine solche Satzungsänderung dem Willen der stiftenden Person entsprechen muss. Die Stiftungsaufsicht muss die Satzungsänderung schließlich genehmigen.

Für die zweite Option hat der BFH in seiner zitierten Entscheidung ausgeführt, dass es sich bei solchen Satzungsregelungen „lediglich um eine Bedingung und ein zeitliches Hinausschieben der Begünstigung" handelt; „gleichwohl bleiben aber sowohl die Enkel als auch die Urenkel potenziell begünstigt", so dass sie als Berechtigte i.S.d. § 15 Abs. 2 S. 1 ErbStG gelten.[66]

C. Die laufende Besteuerung

I. Besteuerung der Stiftung

52 Die in der Praxis wichtige Frage, **ab wann die Steuerpflicht und die Steuerprivilegierung** im Zusammenhang mit der Stiftungserrichtung eintreten, wurde be-

65 R E 1.2 Abs. 4 ErbStR 2019. Siehe auch *Schienke-Ohletz/Mehren*, ZStV 2022, 1, 9.
66 BFH, Urt. v. 28.2.2024 – II R 25/21, Rn 24.

reits an anderer Stelle behandelt, worauf hier verwiesen wird (siehe § 3 Rdn 109 ff.). An dieser Stelle bleibt allein festzuhalten, dass eine zu Lebzeiten der stiftenden Person anerkannte Stiftung mit der staatlichen Anerkennung körperschaftsteuerpflichtig wird und eine nach dem Tod der stiftenden Person anerkannte Stiftung wegen der Rückwirkungsfiktion des § 80 Abs. 2 BGB mit dem Todeszeitpunkt.

Die laufende Besteuerung bei einer selbstständigen Stiftung[67] unterscheidet sich nicht wesentlich von der Besteuerung anderer juristischer Personen. Die Stiftung unterliegt mit ihrem Einkommen der **Körperschaftsteuer**. Der Steuersatz beträgt aktuell (2025) und bis einschließlich des Veranlagungszeitraums 2027 noch 15 % des zu versteuernden Einkommens. Es tritt hinzu die Belastung mit dem **Solidaritätszuschlag**, der auf die Körperschaftsteuer anfällt (5,5 %, d.h. effektive Gesamtbelastung aktuell: 15,825 %).[68] Der Steuersatz wird sodann nach der aktuellen Gesetzesfassung jedes Jahr um einen Prozentpunkt sinken, bis er ab dem Veranlagungszeitraum 2032 bei 10 % liegt (vgl. § 23 Abs. 1 KStG). 53

Praxishinweise: Steuerfreibetrag nach § 24 KStG 54

Auch für unbeschränkt steuerpflichtige Stiftungen gilt der Steuerfreibetrag nach § 24 KStG in Höhe von 5.000 EUR. Liegt das Einkommen der Stiftung nicht über 5.000 EUR, ist sie nicht zur Körperschaftsteuer zu veranlagen und hat einen Anspruch auf eine Nichtveranlagungsbescheinigung.[69]

Die Freibetragsregelung gilt nach dem Gesetz dann nicht, wenn es sich bei der Stiftung um eine solche handelt, deren Leistungen bei den Empfängern zu den Einnahmen i.S.d. § 20 Abs. 1 Nr. 1 oder Nr. 2 EStG gehören.

Satzungsmäßige Leistungen an die Destinatäre mindern das steuerpflichtige Einkommen nicht (§ 10 Nr. 1 KStG). 55

Die nicht steuerbegünstigte Stiftung (Beispiel: Familienstiftung), die sich an einer Kapitalgesellschaft beteiligt, erhält die **Dividende** nach § 8b Abs. 1 KStG zu 95 % steuerfrei (§ 8b Abs. 5 KStG: 5 % = nicht abzugsfähige Betriebsausgaben). Trotz der Steuerfreistellung wird auf Ausschüttungen aber eine **Kapitalertragsteuer** von 25 v.H. erhoben,[70] allerdings mit der Möglichkeit der Anrechnung auf die Körperschaftsteuer[71] oder Erstattung.[72] 56

---

67 Siehe dazu etwa Richter/*Richter*, § 24; Feick/*v. Löwe*, Stiftung als Nachfolgeinstrument, 2. Aufl. 2024, § 25.

68 § 2 Nr. 3, § 3 Nr. 1 und § 4 SolZG; siehe Feick/*v. Löwe*, Stiftung als Nachfolgeinstrument, 2. Aufl. 2024, § 25 Rn 30.

69 R 24 Abs. 2 KStR.

70 § 43 Abs. 1 Nr. 1 i.V.m. § 43a Abs. 1 Nr. 1 EStG; vgl. auch *Schienke-Ohletz/Mehren*, ZStV 2022, 1, 6; *Reindl/Seemann/Neckenich*, FuS 2023, 90, 93; *Weiten*, ZErb 2023, 241, 244.

71 § 36 Abs. 2 S. 2 Nr. 2 S. 1 EStG.

72 § 44b EStG.

57 Eine Stiftung ist mit ihren **gewerblichen Einkünften** (Beispiel: Unternehmensträgerstiftung) gewerbesteuerpflichtig (§ 2 Abs. 1 S. 2 GewStG).[73] Die reine Verwaltung von Beteiligungsvermögen, ohne dass im Zusammenhang damit ein wirtschaftlicher Geschäftsbetrieb geführt wird, ist gewerbesteuerfrei.[74] Eine Stiftung gilt nicht als Gewerbebetrieb kraft Rechtsform, denn § 2 Abs. 2 GewStG erfasst die rechtsfähige Stiftung nicht.[75] Sie ist folglich nur nach der in § 2 Abs. 3 GewStG geregelten Fiktion gewerbesteuerpflichtig, soweit sie einen **wirtschaftlichen Geschäftsbetrieb** i.S.v. § 14 AO unterhält[76] oder einen Gewerbebetrieb i.S.v. § 15 Abs. 2 EStG innehat.[77]

58 Gewinnanteile von Beteiligungen an gewerblichen Mitunternehmerschaften[78] sind stets Einkünfte aus Gewerbebetrieb. Die Stiftung ist dann steuerrechtlich ein Mitunternehmer. Die Kürzungsvorschriften nach § 9 Nr. 2 GewStG sind zu beachten. Ist die Stiftung hingegen an einer nicht gewerblich tätigen Personengesellschaft (Beispiel: **Immobilienverwaltungsgesellschaft**) beteiligt, erzielt sie keine gewerblichen Einkünfte.

59 Eine Stiftung ist mit allen Umsätzen, die sie als Unternehmerin (§ 2 Abs. 1 UStG) ausführt, **umsatzsteuerpflichtig**. Zuwendungen, die nach der Satzung erfolgen, sind nicht umsatzsteuerpflichtig. Ein etwaiger Leistungsaustausch mit den Destinatären, der in Erfüllung schuldrechtlicher Verträge, d.h. **neben der Satzung** erfolgt, führt zu umsatzsteuerpflichtigen Umsätzen. In Frage steht in der Praxis immer wieder einmal die **Vorsteueraufteilung** etwa bei gemischt genutzten Gebäuden[79] oder gleichzeitigem wirtschaftlichem und nicht wirtschaftlichem Tätigkeitsbereich.[80]

60 Grundstücksschenkungen an eine Stiftung sind nach § 3 Nr. 2 GrEStG von der **Grunderwerbsteuer** befreit (siehe Rdn 43).

61 Die Stiftung unterliegt mit ihrem Grundvermögen der **Grundsteuer** wie jeder andere Steuerpflichtige. Die Befreiungen der §§ 3 und 4 GrStG kommen nur für entsprechend steuerbegünstigte Stiftungen in Frage. Zu denken ist aber je nach Nutzung des Grundbesitzes an die Möglichkeit des Erlasses nach § 32 GrStG („Erlass für Kulturgut und Grünanlagen“).

---

73 Ausf. zur Gewerbesteuer bei der Stiftung: Feick/*v. Löwe*, Stiftung als Nachfolgeinstrument, 2. Aufl. 2024, § 25 Rn 31 ff.

74 BFH, Urt. v. 25.9.2025, III R 16/25 = DStR 2026, 221; Feick/*v. Löwe*, Stiftung als Nachfolgeinstrument, 2. Aufl. 2024, § 25 Rn 34.

75 BFH, Urt. v. 25.9.2025 – III R 16/25 = DStR 2026, 221.

76 § 2 Abs. 3 GewStG; *Röttgering*, SB 2023, 107, 109; *Weiten*, ZErb 2023, 241, 244.

77 § 2 Abs. 1 GewStG; Abschn. 11 GewStR; *Weiten*, ZErb 2023, 241, 244.

78 § 15 Abs. 1, Abs. 3 Nr. 1 EStG.

79 Siehe *Ritter*, StiftungsBrief 2014, 135.

80 Siehe dazu insb. das BMF-Schreiben v. 24.2.2024 – GZ III C 2 – S 7306/22/10001: 001, DOK 2024/0128292.

Praxisfall: Stiftung & Co. KG 62

Verdeutlichen wir uns die Steuersituation am Beispiel der Stiftung & Co. KG. Als Personengesellschaft i.S.d. EStG hat die Stiftung & Co. KG die **Möglichkeit der unmittelbaren Verlustverrechnung** und der Inanspruchnahme aller weiteren Steuervorteile einer Personengesellschaft. Im Vergleich zur GmbH & Co. KG bietet die Stiftung & Co. KG aber noch zusätzliche **Vorteile** bei der laufenden Besteuerung:

- Die Tätigkeit der GmbH & Co. KG als gewerblich geprägte Personengesellschaft gilt unabhängig von der Art ihrer Tätigkeit als Gewerbebetrieb im Sinne des Steuerrechts (§ 15 Abs. 3 Nr. 2 EStG, Kapitalgesellschaft als persönlich haftende Gesellschafterin). Die Tätigkeit einer Stiftung & Co. KG dagegen ist **nur dann als Gewerbebetrieb einzustufen, wenn** sie tatsächlich die betreffenden steuerrechtlichen Voraussetzungen für eine gewerbliche Tätigkeit erfüllt (§ 15 Abs. 3 Nr. 1 EStG). Nur dann ist sie auch gewerbesteuerpflichtig. Sie ist deshalb die einzige Rechtsform, die ggf. eine gewerbesteuerfreie Vermögensverwaltung oder eine gewerbesteuerfreie Vermietungs- und Verpachtungstätigkeit unter Ausschluss der unbeschränkten Haftung ermöglicht.
- Auch die Beteiligung der Stiftung selbst an der Kommanditgesellschaft, die kein Gewerbe betreibt, kann zu keiner Gewerbesteuerpflicht führen, da anderenfalls die Stiftung ausschließlich aufgrund ihrer Beteiligung an der Kommanditgesellschaft gewerbesteuerpflichtig wäre, obwohl die Stiftung & Co. KG selbst nicht gewerbesteuerpflichtig ist.
- Auch bei der Stiftung & Co. KG unterliegt die Stiftung selbst mit ihren Einkünften, wie die GmbH bei der GmbH & Co. KG, der Körperschaftsteuer. Rechtsfähige wie nicht rechtsfähige Stiftungen sind mit ihren Einkünften unbeschränkt steuerpflichtig.

II. Besteuerung der Destinatäre

Die satzungsmäßigen Zuwendungen aus dem Vermögen von Stiftungen fallen 63
den **Bedachten/Destinatären** zwar unentgeltlich, aber dennoch **schenkungsteuerfrei** zu, da sie zur Erfüllung des Stiftungszwecks geleistet werden.[81] Allenfalls dann, wenn eine Zuwendung erkennbar gegen den Satzungszweck der Stiftung verstößt, kommt eine Besteuerung nach § 7 Abs. 1 Nr. 9 ErbStG in Betracht.[82]

81 BFH, Urt. v. 3.7.2019 – II R 6/16, DStR 2019, 2195 (2197). Ausf. auch *Wystrcil*, Die Besteuerung von Destinatärleistungen privatnütziger Stiftungen, 2014. Siehe ferner *Feick/v. Löwe*, Stiftung als Nachfolgeinstrument, 2. Aufl. 2024, § 26 Rn 24 ff.; *Schienke-Ohletz/Mehren*, ZStV 2022, 1, 6; *Weiten*, ZErb 2023, 241, 246.

82 BFH, Urt. v. 3.7.2019 – II R 6/16, DStR 2019, 2195.

1. Zuwendungen aus den Erträgen der Vermögensverwaltung

64 Einkünfte von Destinatären aus Zuwendungen, die die Stiftung ihnen in Erfüllung des Stiftungszwecks aus den durch die Vermögensanlage **erwirtschafteten Erträgen** auszahlt, unterliegen bei den Destinatären der **Einkommensteuer**, und zwar als **Einkünfte aus Kapitalvermögen nach § 20 Abs. 1 Nr. 9 EStG.**[83] Die Einkünfte unterliegen somit der **Abgeltungsteuer**[84] in Höhe von 25 % nach § 32d Abs. 1 EStG.[85] Bei einem niedrigeren persönlichen Steuersatz gilt die Veranlagungsoption der „Günstigerprüfung" nach § 32d Abs. 6 EStG. Die Stiftung ist verpflichtet, die Kapitalertragsteuer einzubehalten, anzumelden und abzuführen (§ 43 Abs. 1 S. 1 Nr. 7a, § 44 Abs. 1 S. 3 und § 45a EStG).

65 Diese Thematik dürfte inzwischen als höchstrichterlich geklärt gelten, nachdem es in der Vergangenheit dazu durchaus sehr unterschiedliche Ansichten gab.[86] Der **BFH** hatte **zunächst im Jahr 2010** zu folgendem Leitsatz gefunden:[87] *„Können die Leistungsempfänger einer Stiftung unmittelbar oder mittelbar Einfluss auf das Ausschüttungsverhalten der Stiftung nehmen, handelt es sich bei den Leistungen um Einkünfte aus Kapitalvermögen i.S.d. § 20 Abs. 1 Nr. 9 EStG 2002 i.d.F. des UntStFG."* Diese Aussage war bereits damals mit Blick auf die Möglichkeit der unmittelbaren oder mittelbaren Einflussnahme des Leistungsempfängers im Sinne eines „jedenfalls dann, wenn" zu verstehen.

66 Offen blieb mithin nur noch, ob die steuerliche Einordnung von Leistungen an die Destinatäre einer Stiftung als Einkünfte aus Kapitalvermögen i.S.d. § 20 Abs. 1 Nr. 9 EStG auch dann gilt, wenn diese keine unmittelbare oder mittelbare Einflussmöglichkeit haben.

Das hat der **BFH** inzwischen bejaht und in den folgenden Leitsätzen präzisiert:[88]

> *„1. Die wirtschaftliche Vergleichbarkeit einer Stiftungsleistung mit einer Gewinnausschüttung erfordert, dass die Stellung des Leistungsempfängers wirtschaftlich derjenigen eines Anteilseigners entspricht. Die Leistung muss sich außerdem als Verteilung des erwirtschafteten Überschusses darstellen (Bestätigung des Urteils des Bundesfinanzhofs vom 28.2.2018 – VIII R 30/15, BFHE 261, 47).*

---

83 Siehe schon *Schiffer*, StuB 2001, 923. Aus jüngerer Zeit *Schienke-Ohletz/Mehren*, ZStV 2022, 1, 6; *Härtling/Tolksdorf*, IStG 2023, 717, 727 f.; *Gummels*, StiftungsBrief 2021, 163. Ausführlich Feick/*v. Löwe*, Stiftung als Nachfolgeinstrument, 2. Aufl. 2024, § 26 Rn 7 ff.

84 *Schienke-Ohletz/Mehren*, ZStV 2022, 1, 6.

85 *Härtling/Tolksdorf*, IStG 2023, 717, 727 f.

86 Siehe *Schiffer*, DStR 2005, 508, 511 f.; *Haas*, DStR 2010, 1011 sowie die Darstellung in § 8 Rn 34 ff. der Vorauflage.

87 BFH, Urt. v. 3.10.2010 – I R 98/09, BFHE 232, 11 = BStBl II 2011, 417.

88 BFH, Urt. v. 1.10.2024 – VIII R 25/21. Zu dieser Entscheidung bspw. *Werner*, DStR 2025, 621.

2. Die Stellung des Empfängers einer Stiftungsleistung entspricht wirtschaftlich derjenigen eines Anteilseigners, wenn er in seiner Person die Voraussetzungen erfüllt, die die Stiftungssatzung für einen Leistungsbezug aufstellt, er also zum Kreis der begünstigungsfähigen Personen gehört, und eine Gegenleistung nicht zu erbringen ist.
3. Die Einräumung von Vermögens- oder Organisationsrechten durch die Stiftungssatzung, die die Rechtsstellung des Destinatärs darüber hinaus an die rechtliche Stellung eines Anteilseigners einer Kapitalgesellschaft annähern, ist nicht erforderlich.“

Damit ist das Kriterium der unmittelbaren oder mittelbaren Einflussmöglichkeit überholt. Zur Begründung hat der BFH dabei insbesondere auf den Gesetzgeberwillen abgestellt und darauf hingewiesen, dass dem Gesetzgeber bei der Abfassung der aktuellen Gesetzesfassung die *„strukturellen Unterschiede zwischen Kapitalgesellschaften und Stiftungen bekannt waren, er diesen Unterschieden aber keine der Besteuerung ihrer Leistungen als Kapitaleinkünfte entgegenstehende Bedeutung beigemessen hat“*.[89] 67

Bemerkenswert ist neben diesen Klarstellungen durch den 2. und 3. Leitsatz der Hinweis im 1. Leitsatz, dass sich die Leistung als **Verteilung des erwirtschafteten Überschusses** darstellen muss. Das ist der stiftungsrechtliche „Normalfall“: Die Stiftung wird mit einem zu erhaltenden Grundstockvermögen errichtet und erfüllt ihren Satzungszweck mit den Nutzungen des Grundstockvermögens (§ 83c Abs. 1 S. 2 BGB), also insbesondere mit den Erträgen aus der Vermögensverwaltung. 68

2. Zuwendungen aus dem weiteren „sonstigen Vermögen"

Abweichend davon sind aber auch Leistungen aus dem der Stiftung bei Errichtung oder später zugewandten Vermögen denkbar. Satzungsgemäß kann eine solche Zuwendung zwar nicht aus dem zu erhaltenden Grundstockvermögen einer „Ewigkeitsstiftung“ erfolgen, möglich sind entsprechende Leistungen aber beispielsweise bei einer **Verbrauchsstiftung** oder aus dem einer „Ewigkeitsstiftung“ als **sonstiges Vermögen** zugewandten Vermögen. Man kann hier etwa auch an eine entsprechende (Schenkungs-)Auflage bei einer Zustiftung oder der Vermögensgrundausstattung der Stiftung denken. 69

Insoweit wird steuerlich die Frage diskutiert, ob es sich bei solchen Zahlungen um Einkünfte handelt, die mit zurückgewährten **Einlagen** bei Kapitalgesellschaften vergleichbar sind und deshalb durch (entsprechende) Anwendung der Regelung des § 20 Abs. 1 Nr. 1 S. 3 EStG bei den Einnahmen nicht berücksichtigt werden,

89 BFH, Urt. v. 1.10.2024 – VIII R 25/21, dort Rn 26 f.

mithin also beim Leistungsempfänger steuerfrei bleiben.[90] Gerichtlich diskutiert wurde im Zusammenhang mit dieser Frage, ob privatnützige Stiftungen, so wie Kapitalgesellschaften, die gesonderte Feststellung des Bestands des **steuerlichen Einlagekontos** nach § 27 Abs. 2 KStG verlangen können.[91]

70 **Praxishinweis: BFH zur Frage der gesonderten Feststellung des steuerlichen Einlagekontos bei Stiftungen**

Der **BFH** hat diese zweite Frage in zwei Parallelverfahren verneint und das insbesondere damit begründet, dass § 27 Abs. 7 KStG zwar eine entsprechende Anwendung der Regelungen des § 27 KStG für unbeschränkt steuerpflichtige Körperschaften und Personenvereinigungen anordnet, Vermögensmassen dort aber, anders als beispielsweise in den §§ 1, 2 und 3 KStG, gerade nicht ausdrücklich erwähnt.[92]

Zwar könne, so der BFH wörtlich, „*die gesonderte Feststellung des Bestands des steuerlichen Einlagekontos – oder zumindest ein mit § 27 Abs. 8 KStG vergleichbares vereinfachtes Feststellungsverfahren – zwar auch für rechtsfähige private Stiftungen des bürgerlichen Rechts sinnvoll sein. Dies gilt insbesondere für Verbrauchsstiftungen (§ 80 Abs. 2 Satz 2 BGB, ab 1.7.2023 § 80 Abs. 1 Satz 2 BGB), da jedenfalls in diesem Fall Zuführungen des Stifters zum Stiftungskapital nicht mit Nennkapital vergleichbar wären und ein gesondertes Feststellungsverfahren der Vereinfachung und der Rechtssicherheit dienen könnte. Voraussetzung wäre aber immer, dass die Nichtbesteuerung der Auskehrung von Stiftungskapital an die Destinatäre – unter Berücksichtigung der schenkungsteuerrechtlichen Behandlung des Übergangs des Stiftungskapitals vom Stifter auf die Stiftung – als gerechtfertigt angesehen wird (kritisch Ewert/Gottwalt, StBp 2023, 38, 40 f.). In jedem Fall können (und müssen) diese Fragen nach derzeitiger Rechtslage allein im Rahmen der Veranlagung der Destinatäre geklärt werden, da für rechtsfähige private Stiftungen des bürgerlichen Rechts bisher eine den Anforderungen des § 179 Abs. 1 AO genügende Rechtsgrundlage zur gesonderten Feststellung des Bestands des steuerlichen Einlagekontos fehlt.*“

Der BFH hat hier mithin in beiden Verfahren jeweils den Anspruch der klagenden Familienstiftungen auf Erlass eines Feststellungsbescheides nach § 27 KStG verneint. Damit hat das Gericht aber, wie die oben zitierte Passage

90 Ausf. zum Thema *Theuffel-Werhahn*, RFamU 2025, 12, 16 ff.; *Werner*, DStR 2025, 621, 624 f.; *Gerhards/Jensen*, npoR 2024, 240; *Lemmer/Haas*, DStR 2024, 655; *Orth*, DB 2024, 1771.

91 Bejahend entgegen der im jeweiligen Sachverhalt von der Finanzverwaltung vertretenen Auffassung das FG Rheinland-Pfalz, Urt. v. 31.7.2019 – 1 K 1505/15, DStRE 2019, 1384 und das FG Nürnberg, Urt. v. 15.6.2021 – 1 K 513/18, EFG 2022, 261. Dagegen jeweils in der Revision BFH, Urt. v. 17.5.2023 – I R 42/19 und I R 46/21.

92 BFH, Urt. v. 17.5.2023 – I R 42/19 und I R 46/21.

zeigt, ganz bewusst noch keine abschließende Aussage dazu getroffen, ob die Zuwendung bei den Leistungsempfangenden im Rahmen der Einkommensteuer steuerpflichtig ist oder nicht. Das muss, worauf der BFH in der oben zitierten Passage ausdrücklich hinweist, nach derzeitiger Rechtslage im Rahmen der Veranlagung der jeweiligen Leistungsempfangenden geklärt werden.

Die **Finanzverwaltung** bleibt insoweit bei ihrer ablehnenden Auffassung und stellt fest,[93] dass nach Auffassung des BFH bei *„rechtsfähigen privaten Stiftungen des bürgerlichen Rechts nicht zwingend einer gesonderten Feststellung nach § 27 Abs. 7 KStG bedarf, um für die Destinatäre die Anwendbarkeit des § 20 Abs. 1 Nr. 1 Satz 3 EStG zu erreichen. Unter Bezugnahme auf das Ergebnis der Erörterungen mit den obersten Finanzbehörden der Länder gilt weiterhin, dass die Annahme einer Einlagenrückgewähr auf Ebene der Leistungsempfänger einer Stiftung daran scheitert, dass auf Ebene der Stiftung kein steuerliches Einlagekonto festgestellt wird und folglich Beträge des Einlagekontos auch nicht verwendet werden können."*

Die vom BFH angesprochene Klärung im Rahmen der Veranlagung der Destinatäre steht noch aus.[94] Es ist allerdings zu erwarten, dass sich diese Frage aufgrund der ausdrücklichen gesetzlichen Zulässigkeit der Verbrauchsstiftung in der Praxis noch häufiger stellen und damit eine grundsätzlichen Klärung dringender wird. 71

Zur mithin erforderlichen Einzelfallbetrachtung lassen sich jedenfalls folgende Punkte festhalten:
- Mit dem BFH wird man i.d.R. ein Einlagenkonto und eine Einlagenrückgewähr bei Stiftungen nicht annehmen können.[95]
- Tatsächlich handelt es sich bei entsprechenden Destinatärzuwendungen nicht um eine Einlagenrückgewähr, denn die betreffenden Mittel stammen zumindest im Regelfall nicht von dem Destinatär, sondern von dem Stifter. Und dieser ist i.d.R. kein Destinatär, sondern nur ausnahmsweise (Sonderfall).
- Somit liegt hier grundsätzlich eine abweichende Konstellation zum Fall der Einlagenrückgewähr vor. Welche rechtliche Wertung hieraus zu ziehen ist, ist aber eben nicht abschließend geklärt. Es wird durchaus vertreten, dass der Fall dem der Einlagenrückgewähr entspricht,[96] was ja auch der BFH (siehe oben im Kasten) zumindest anzudeuten scheint.

---

93 BMF – IV C 2 – S 2204/24/10001: 001; DOK 2024/0275251, BStBl I S. 721. Zu diesem Schreiben des BMF *Schienke-Ohletz*, BB 2024, 1138; *Gerhards/Jensen*, npoR 2024, 240

94 Vgl. auch *Lemmer/Haas*, DStR 2024, 655, 657 f.: „Materielle Rechtsfrage nur aufgeschoben".

95 Schmidt/*Levedag*, EStG, 44. Aufl. 2025, § 20 EStG Rn 132; *Lemmer/Haas*, DStR 2024, 655, 656 f.

96 In diese Richtung bspw. Feick/*v. Löwe*, Stiftung als Nachfolgeinstrument, 2. Aufl. 2024, § 26 Rn 23g; Schmidt/*Levedag*, EStG, 44. Aufl. 2025, § 20 EStG Rn 132; *Lemmer/Haas*, DStR 2024, 655, 658.

- Man könnte sich fragen, ob hier eine Schenkung des Stifters an den jeweiligen Destinatär angenommen werden kann. Das wird man jedenfalls dann verneinen müssen, wenn Destinatäre nach deren Satzung oder einem sonstigen Rechtsgrund (etwa: Auflage) einen Anspruch auf Auszahlung gegen die Stiftung hat.
- Man wird im Einzelfall auch fragen müssen, ob die Besteuerung ggf. wie bei den sogleich zu behandelnden anderen Bezügen zu erfolgen hat (Auffangtatbestand: § 22 Nr. 1 S. 2 lit. a EStG: Einkünfte aus wiederkehrenden Bezügen).

3. Andere Zuwendungen

72 Erhalten Destinatäre Zuwendungen nicht nach der Satzung, sondern aufgrund gesonderter **schuldrechtlicher Vereinbarungen**, also eben nicht in ihrer Eigenschaft als Destinatär, sind diese Zahlungen bei der Familienstiftung ggf. als Werbungskosten bzw. als Betriebsausgaben zu behandeln. Diese Vergütungen werden, auch wenn sie unangemessen hoch sind, nicht als verdeckte Gewinnausschüttungen behandelt, denn eine verdeckte Gewinnausschüttung setzt voraus, dass der Empfänger der „Ausschüttung" ein mitgliedschaftliches oder mitgliedschaftsähnliches Verhältnis zur Körperschaft hat, was bei Destinatären nicht der Fall sein kann.[97] Beim Empfänger sind die Zuwendungen in Höhe des Zuflusses als Einkünfte aus der jeweiligen Einkunftsart, die sich aus der Rechtsgrundlage ergibt, „ganz normal" **steuerpflichtig** (vgl. für überhöhte Zuwendungen auch § 20 Abs. 1 Nr. 9 Hs. 2 EStG).

73 Wie kompliziert die Sachverhalte in der Praxis im Zusammenhang mit der Besteuerung von Destinatären von Familienstiftungen mitunter liegen, zeigen die beiden nächsten Punkte:

- In einem ausgesprochen komplizierten Sachverhalt, der zugleich mehrere internationale Bezüge aufwies, ging es um eine quotenverschiebende Kapitalerhöhung gegen ein zu geringes Entgelt, wobei an dem neuen Gesellschafter mittelbar eine liechtensteinische Stiftung beteiligt war.[98] Der BFH[99] fand in dem **Schenkungsteuerstreit** zu folgendem „Leitsatz": „*Übernimmt eine (mittelbar) zum Vermögen einer rechtsfähigen Stiftung gehörende GmbH im Zuge einer Kapitalerhöhung bei einer anderen Gesellschaft den neuen Geschäftsanteil zu einer Einlage weit unter Wert, liegen keine freigebigen Zuwendungen an die Begünstigten der Stiftung vor.*"
- **Wiederkehrende Bezüge**, die ein Destinatär aufgrund eines Vermächtnisses **von einer gemeinnützigen**, von dem Erblasser mit Vermögen ausgestatteten

---

97 Feick/*v. Löwe*, Stiftung als Nachfolgeinstrument, 2. Aufl. 2024, § 25 Rn 25; dort auch zur weiteren steuerlichen Einordnung auf Ebene der Stiftung.

98 Siehe *Wachter* in seiner Anm. in ZEV 2010, 194 f. zu dem sogleich anzusprechenden BFH-Urteil.

99 BFH v. 9.7.2009 – II R 47/07, ZEV 2010, 103 f.

Stiftung erhält, sind dem Grunde nach gem. § 22 Nr. 1 S. 2 lit. a EStG besteuerbar. Der Höhe nach ist die Besteuerung allerdings auf den Ertragsanteil begrenzt.[100] Nach dieser Vorschrift, so der BFH, seien Bezüge, die von einer Körperschaft, Personenvereinigung oder Vermögensmasse außerhalb der Erfüllung steuerbegünstigter Zwecke i.S.d. §§ 52 bis 54 AO gewährt werden, dem Empfänger zuzurechnen, und zwar auch dann, wenn sie freiwillig oder aufgrund einer freiwillig begründeten Rechtspflicht gewährt werden. Die Stiftung stelle eine Vermögensmasse dar. Sie gewähre die Bezüge außerhalb der Erfüllung steuerbegünstigter Zwecke. Damit lägen alle Voraussetzungen vor, die der Wortlaut der Vorschrift enthalte. Eine vorrangige Einkunftsart sei nicht ersichtlich. Insbesondere seien die Voraussetzungen des § 20 Abs. 1 Nr. 9 EStG nicht erfüllt, da die Stiftung in dieser Konstellation von der Körperschaftsteuer befreit ist.

Praxishinweis: Bewertung von Sachbezügen im Einkommensteuerrecht 74

Sachwertbezüge können sowohl bei Arbeitnehmern der Stiftung als auch bei Destinatären vorkommen. Sachwertbezüge sind Waren und Dienstleistungen. In der Grundnorm dazu, in § 8 EStG, heißt es dazu insbesondere:[101]

„*(1) Einnahmen sind alle Güter, die in Geld oder Geldeswert bestehen und dem Steuerpflichtigen im Rahmen einer der Einkunftsarten des § 2 Absatz 1 Satz 1 Nummer 4 bis 7 zufließen.*

(2)¹Einnahmen, die nicht in Geld bestehen (Wohnung, Kost, Waren, Dienstleistungen und sonstige Sachbezüge), sind mit den um übliche Preisnachlässe geminderten üblichen Endpreisen am Abgabeort anzusetzen. …

(3)¹Erhält ein Arbeitnehmer aufgrund seines Dienstverhältnisses Waren oder Dienstleistungen, die vom Arbeitgeber nicht überwiegend für den Bedarf seiner Arbeitnehmer hergestellt, vertrieben oder erbracht werden und deren Bezug nicht nach § 40 pauschal versteuert wird, so gelten als deren Werte abweichend von Absatz 2 die um 4 Prozent geminderten Endpreise, zu denen der Arbeitgeber oder der dem Abgabeort nächstansässige Abnehmer die Waren oder Dienstleistungen fremden Letztverbrauchern im allgemeinen Geschäftsverkehr anbietet.²Die sich nach Abzug der vom Arbeitnehmer gezahlten Entgelte ergebenden Vorteile sind steuerfrei, soweit sie aus dem Dienstverhältnis insgesamt 1 080 EUR im Kalenderjahr nicht übersteigen.“

100 So BFH, Urt. v. 15.7.2014 – X R 41/12, ZEV 2015, 60; dazu auch *Weber-Grellet*, FR 2015, 48; *Kirschstein*, ErbStB 2014, 330.

101 Näher dazu etwa *Hilbert/Paul*, BBK 2013, 904.

Der oben erwähnte § 2 Abs. 1 S. 1 Nr. 4 bis 7 EStG lautet:

„(1)¹Der Einkommensteuer unterliegen

…

4. Einkünfte aus nichtselbstständiger Arbeit,

5. Einkünfte aus Kapitalvermögen,

6. Einkünfte aus Vermietung und Verpachtung,

7. sonstige Einkünfte im Sinne des § 22 [EStG],“

…

D. Besteuerung von Zustiftungen

75 Zustiftungen (auch solche vom Stifter selbst) fallen unter § 7 Abs. 1 Nr. 1 ErbStG und nicht unter § 7 Abs. 1 Nr. 8 ErbStG, denn es liegt gerade kein „Übergang von Vermögen aufgrund eines Stiftungsgeschäfts unter Lebenden“ vor. Es greift dann die ungünstige Steuerklasse III. Daneben ist auch alles, was die Stiftung infolge der Vollziehung einer vom Stifter/Zustifter angeordneten Auflage erlangt, als Schenkung zu versteuern.

76 **Praxishinweis: Besteuerung von Zustiftungen**

Die bei der Errichtung einer Familienstiftung geltende steuerrechtliche Vergünstigung nach § 15 Abs. 2 S. 1 ErbStG greift bei Zustiftungen mithin nicht. Hat allerdings der Stifter **bereits im Stiftungsgeschäft die hinreichend konkretisierte Verpflichtung** zu späteren Zuwendungen an die Stiftung übernommen, so erfolgt der Übergang dieses Vermögens weiterhin in Erfüllung dieses Stiftungsgeschäfts. Es handelt sich auch zivilrechtlich nicht um eine Zustiftung, sondern um gewidmetes Vermögen nach § 83b Abs. 2 Nr. 1 BGB (vgl. § 3 Rdn 93 ff.). Es soll sich bei der Erfüllung dieser Verpflichtung deshalb noch um einen einheitlichen (ersten) Erwerbsvorgang handeln, der unter die Regelung des § 15 Abs. 2 S. 1 ErbStG fällt.[102] Hier besteht also ggf. Gestaltungsspielraum. Für diesen Gestaltungsansatz ist es konsequenterweise unschädlich, wenn das Vermögen nach dem Stiftungsgeschäft erst mit dem Tod des Stifters auf die Stiftung übergehen soll und übergeht.[103] Allerdings muss die Vermögenswidmung im Stiftungsgeschäft auch tatsächlich so ausreichend bestimmt sein, dass sie einen, wenn auch bedingten, Anspruch der Stiftung begründet.

102 Siehe etwa Feick/*v. Löwe*, Stiftung als Nachfolgeinstrument, 2. Aufl. 2024, § 25 Rn 47; *Weiten*, ZErb 2023, 241, 243.

103 Siehe bereits *Binz/Sorg*, DB 1988, 1822, 1825.

In der Vergangenheit wurde zum Teil diskutiert, ob Zustiftungen körperschaftsteuerpflichtig sind oder ob es sich um Einlagen handelt, die sich auf der Vermögensebene abspielen. Inzwischen steht insbesondere aufgrund der Neuregelung des § 8 Abs. 2 KStG fest, dass derartige Zuwendungen grundsätzlich **körperschaftsteuerfrei** sind, da sie unter keine Einkunftsart nach § 2 Abs. 1 EStG fallen.[104] (**Hinweis**: Nur im EStG sind die Einkunftsarten geregelt. § 8 Abs. 1 KStG verweist insoweit auf das EStG.) 77

Die **Zustiftung an eine** (**Familien-**)**Stiftung** ist auch dann nach § 7 Abs. 1 Nr. 1 ErbStG mit der **Steuerklasse III steuerpflichtig**, wenn der Zuwendende, was ersichtlich einen seltenen Sonderfall darstellt, zugleich der einzige Begünstigte der Stiftung ist.[105] Dieser Sonderfall macht hier die steuerlichen Zusammenhänge besonders deutlich: 78

Bei der Prüfung, wer als Zuwendender und Bedachter an einer freigebigen Zuwendung beteiligt ist, kommt es aus Sicht des BFH ausschließlich auf die Zivilrechtslage und nicht darauf an, wem nach wirtschaftlicher Betrachtungsweise Vermögen oder Einkommen zuzurechnen ist, weil eben die Schenkungsteuer eine Verkehrssteuer sei.[106] Diese zivilrechtliche Prägung des Schenkungsteuerrechts komme auch bei der Besteuerung unentgeltlicher Vermögensübertragungen auf eine rechtsfähige Stiftung zum Tragen. Die durch anerkanntes Stiftungsgeschäft errichtete Stiftung sei eben eine mit eigener Rechtsfähigkeit ausgestattete juristische Person, die eine selbstständige, nicht an Personen gebundene Vermögensmasse mit eigener Vermögenszuständigkeit bilde (vgl. auch § 80 BGB). Wegen dieser rechtlichen Selbstständigkeit werde mit der Zuwendung das Vermögen der Stiftung und nicht das Vermögen ihrer Begünstigten vermehrt.

Das ist klar und deutlich und kann aus unserer Sicht nicht ernsthaft zweifelhaft sein. Der BFH betont hier die für das Steuerrecht grundlegende zivilrechtliche Ausgangslage. Zweifel können hier überhaupt nur aufkommen, weil im Steuerrecht von der Finanzverwaltung in der Praxis nicht ganz selten unter Hinweis auf §§ 39 bis 42 AO der Verweis auf die Erforderlichkeit der wirtschaftlichen Betrachtungsweise einer Angelegenheit erhoben wird.

Die Zuwendung an die Stiftung werde, so der BFH weiter, auch nicht dadurch steuerpflichtig, dass der Zuwendende ihr einziger Begünstigter sei. Auch das führe nicht dazu, dass sein Vermögen mit dem Vermögen der Stiftung verschmelze, so dass seine Zuwendung an die Stiftung als Zuwendung an sich selbst erschiene. Bei einer nach § 80 BGB rechtsfähigen Stiftung sei eben das Vermögen 79

104 Siehe schon *Götz*, NWB 2000, f. 2, 7379, 7386. Vgl. ferner Richter/*Richter*, § 24 Rn 26; Feick/*v. Löwe*, Stiftung als Nachfolgeinstrument, 2. Aufl. 2024, § 25 Rn 27 m.w.N.

105 BFH v. 9.12.2009 – II R 22/08, BStBl II 2010, 363 ff.; siehe dazu *Grewe*, ErbBstg 2010, 86 ff.; *Geck*, ZEV 2010, 202 ff.

106 BFH v. 22.9.1982 – II R 61/80, BStBl II 1983, 179 ff.; BFH v. 25.1.2001 – II R 39/98, BFH/NV 2001, 908 ff.; BFH v. 9.7.2009 – II R 47/07, DStR 2009, 2590 ff.

kraft ihrer rechtlichen Selbstständigkeit von dem Vermögen der Begünstigten getrennt. Das unterscheide die im Fall betroffene Stiftung von der nach liechtensteinischem Recht errichteten Stiftung (siehe dazu § 13 Rdn 47 ff.), wie sie beispielsweise der BFH-Entscheidung vom 28.6.2007 – II R 21/05[107] zugrunde lag. Dort standen dem Zuwendenden aufgrund von Treuhandabreden umfassende Herrschaftsbefugnisse über das Stiftungsvermögen zu, so dass letztlich er allein rechtlich und tatsächlich frei über das Stiftungsvermögen verfügen konnte. Auch das überzeugt in seiner klaren und deutlichen Betonung des Zivilrechts als Grundlage der steuerlichen Betrachtung.

E. Die Ersatzerbschaftsteuer bei der Familienstiftung

I. Grundlagen

80 Das **BGB unterscheidet nicht** zwischen verschiedenen Arten der rechtsfähigen Stiftung. Eine **Familienstiftung** ist mithin **keine eigenständige Stiftungsart** nach dem BGB (§ 2 Rdn 23 ff.). Allerdings knüpfen einige **Landesstiftungsgesetze** und auch **Steuergesetze** an die Zwecksetzung der Stiftung an und verbinden mit ihr besondere aufsichtsrechtliche (§ 2 Rdn 28 f.) oder steuerliche Folgen. So unterliegt nach § 1 Abs. 1 Nr. 4 ErbStG das Vermögen einer Stiftung, die „*wesentlich im Interesse einer Familie oder bestimmter Familien errichtet*" ist, „*in Zeitabständen von je 30 Jahren seit dem in § 9 Abs. 1 Nr. 4 [ErbStG] bestimmten Zeitpunkt*" der Erbschaftsteuer. Über die Auslegung dieser einzelnen Tatbestandsmerkmale wird traditionell besonders gestritten (Rdn 87 ff.).[108] **Unselbstständige Stiftungen**, die wesentlich im Interesse einer oder bestimmter Familien errichtet sind, werden von § 1 Abs. 1 Nr. 4 ErbStG **nicht erfasst**, wie der **BFH** entschieden hat.[109]

81 **Praxishinweis: Ausländische Familienstiftung mit Geschäftsleitung in Deutschland?**

Von § 1 Abs. 1 Nr. 4 ErbStG erfasst werden nach § 2 Abs. 1 Nr. 2 ErbStG solche Stiftungen, die ihre Geschäftsleitung oder ihren Sitz im Inland haben. Bei der Gründung im Ausland und Geschäftsführung im Inland fällt eine rechtsfähige Stiftung mithin grundsätzlich in den Anwendungsbereich des § 1 Abs. 4 Nr. 1 ErbStG. Allerdings stellt sich in solchen Konstellationen

107 BFH BStBl II 2007, 669 ff.

108 Siehe schon *Schindler*, Die Familienstiftung, 1975, S. 21 ff.; *Schiffer*, DStR 2005, 508, 510; *Schiffer*, in: FS Spiegelberger, 2009, S. 1358; *Schiffer*, in: F/J/P/W (bis 5. Aufl. 2014), ErbStG, § 1 Rn 50 ff., § 15 Rn 50 ff., § 24 Rn 1 ff. Umso verwunderlicher ist, wenn in wissenschaftlichen Ausführungen dazu im Wesentlichen auf die Erbschaftsteuerrichtlinien verwiesen wird, Beispiel: *Alber/Seemann*, FuS 2012, 183, 190 bei Fn 26.

109 BFH, Urt. v. 25.1.2017 – II R 26/16.

regelmäßig die Frage, ob die Rechtsfähigkeit der Stiftung trotz der Verlegung der Geschäftsleitung ins Inland erhalten bleibt.

Der **BFH** hat das jüngst für eine nach **Schweizer Recht** errichtete rechtsfähige Stiftung verneint und damit auch eine Steuerpflicht nach § 1 Abs. 1 Nr. 4 ErbStG. Da die Schweiz kein Mitgliedstaat der EU oder des EWR ist und auch nicht aufgrund eines Staatsvertrags in Bezug auf die Niederlassungsfreiheit einem solchen Mitgliedstaat gleichgestellt ist, findet für die Beurteilung der Rechtsfähigkeit einer dort errichteten Stiftung nicht die Gründungstheorie, sondern die Sitztheorie Anwendung.[110] Mithin war im zu entscheidenden Sachverhalt deutsches Recht anzuwenden. Das hatte zur Folge, dass die betreffende Stiftung mangels Anerkennung durch eine deutsche Stiftungsbehörde als nicht rechtsfähig und damit auch als nicht steuerpflichtig nach § 1 Abs. 1 Nr. 4 ErbStG einzustufen war.

Das FG München wiederum hat jüngst unter Anwendung dieser Grundsätze aufgrund der Anwendbarkeit der **Gründungstheorie** für eine nach liechtensteinischem Recht errichtete rechtsfähige (und intransparente) Stiftung entschieden, dass diese durch die Verlegung des Verwaltungssitzes nach Deutschland ihre Rechtsfähigkeit nicht verloren hat. Auch wenn das FG in dem von ihm zu entscheidenden Sachverhalt über die Frage der Steuerbarkeit nach § 1 Abs. 1 Nr. 4 ErbStG nicht zu entscheiden hatte, liegt es doch in der Logik der Entscheidung, dass eine solche in Liechtenstein errichtete Stiftung mit dem Ort der Geschäftsleitung im Inland auch unter § 1 Abs. 1 Nr. 4 ErbStG fällt, wenn sie die weiteren Voraussetzungen der Regelung erfüllt.[111]

Der Gesetzgeber hat sich im Jahre 1974 entschieden, dem eventuellen Vorteil der günstigen Steuerklasse bei der Familienstiftung als Nachteil die **Ersatzerbschaftsteuer** nach § 1 Abs. 1 Nr. 4 ErbStG (auch „Erbersatzsteuer" genannt) gegenüberzustellen, die erstmals zum 1.1.1984 angefallen ist. Die Ersatzerbschaftsteuer fällt **alle 30 Jahre** an. 82

Im Ergebnis führt die Steuer zu einer Belastung der Stiftung, wie sie anfallen würde, wenn ihr Vermögen als Nachlass **alle 30 Jahre auf zwei natürliche Personen der Steuerklasse I** übergehen würde. Dazu wird zum einen der doppelte Freibetrag nach § 16 Abs. 1 Nr. 2 ErbStG gewährt und zum anderen die Steuer für das gesamte zu versteuernde Vermögen nach dem Prozentsatz der Steuerklasse I berechnet, der für die Hälfte des steuerpflichtigen Vermögens gelten würde (vgl. § 15 Abs. 2 S. 3 ErbStG). Die Steuer ist als sonstige Personensteuer gem. § 10 Nr. 2 KStG nicht abzugsfähig. 83

---

110 BFH, Urt. v. 4.6.2025 – II R 30/22, Rn 14 ff. m.w.N., RFamU 2026, 84 m. Anm. *Staake*.

111 FG München, Urt. v. 13.8.2025 – 4 K 2055/23, IStR 2025, 831 m. Anm. *Raquet*, der insoweit darauf hinweist, dass zu klären wäre, *„ob und inwieweit sich die steuerliche Einordnung eines zugewanderten Rechtsträgers akzessorisch zum gesellschaftsrechtlichen Kollisionsrecht verhält."*

84 Die Last der im Gegensatz zu tatsächlichen Erbfällen fest kalkulierbaren Ersatzerbschaftsteuer kann in ihrer Liquiditätsbelastung dadurch verringert werden, dass die Steuer bei einer Verzinsung von 5,5 % pro Jahr **in 30 gleichen Jahresbeträgen entrichtet werden kann** (§ 24 ErbStG). Die Gesamtbelastung entspricht in etwa der früheren Vermögensteuer.

85 Was die Zahlen der Stiftungen angeht, war die Bedeutung dieser Steuer lange Zeit eher gering. Die Steuer betraf im Jahr 2004 wohl „nur" etwa 550 Familienstiftungen.[112] In der Zwischenzeit hat sich die Zahl der Familienstiftungen deutlich vergrößert. Zum einen wurde aufgrund der Erbschaftsteuerreform die Familienstiftung als Gestaltungsinstrument noch einmal stark in den Fokus der Beratung gerückt (vgl. Rdn 22 ff.). Zum anderen haben nicht zuletzt im Zuge der Stiftungsrechtsreform „Social-Media-Berater" Familienstiftungen regelrecht zum **Produkt für eine Nachfolgegestaltung** gemacht. So wurden in den Jahren 2022, 2023 und 2024 jeweils um die 300 neue Familienstiftungen errichtet, und sie machen aktuell fast die Hälfte aller neu errichteten Stiftungen aus.[113] Diese letztgenannten Familienstiftungen zeichnen sich oft dadurch aus, dass sie mit einem vergleichsweise geringen Grundstockvermögen, oft mit nicht mehr als 100.000 EUR, errichtet werden. Der Bogen spannt sich mithin von kleinen, vermögensverwaltenden Familienstiftungen mit nur wenigen Destinatären über Familienstiftungen mit Mehrheitsbeteiligung an großen Unternehmen und bis zu jahrhundertealten Familienstiftungen mit über 1.000 potenziellen Begünstigten (Destinatären). Zum Teil stehen hohe Steuerbeträge im Raum, was im Einzelfall den Streit mit der Finanzverwaltung darüber, ob überhaupt eine Familienstiftung im Sinne der Vorschrift vorliegt, durchaus verschärft.

86 Die Ersatzerbschaftsteuer ist eine „**Ersatzsteuer**" zur Erbschaft- und Schenkungsteuer, denn sie dient nach der Auffassung des damaligen Gesetzgebers dazu, „Vermögen, die in Stiftungen verwaltet werden, künftig erbschaftsteuerlich ähnlich wie Vermögen, das in anderen Formen behalten und organisiert wird", zu belasten.[114] Der Gesetzgeber sah damals eine Lücke im Erbschaftsteuerrecht.[115] Dazu wurde vor allem betont, durch die Einbringung in eine Stiftung werde das betreffende Vermögen nicht mehr im Generationenwechsel der Erbschaftsteuer unterworfen, sondern könne **über viele Generationen hinweg ohne Erbschaftsteuer „vererbt"** werden.[116] Die Ersatzerbschaftsteuer ist, da ihr kein wirklicher

112 Siehe *Freundl*, DStR 2004, 1509.

113 Für 2024: https://www.stiftungen.org/aktuelles/pressemitteilungen/mitteilung/stiftungslandschaft-waechst-weiter-711-neugruendungen-im-jahr-2024–14804.html (abgerufen am 18.3.2026).

114 So im Gesetzgebungsverfahren *Porzner*, BT-Prot 7/4121; siehe auch *Meincke/Hannes/Holtz*, ErbStG, § 1 Rn 14.

115 Siehe BT-Drucks 7/1333, S. 3.

116 *Huonker*, BT-Prot 7/4115.

Erbfall zugrunde liegt, demnach letztlich eine Steuer auf das Vermögen der Stiftung.[117]

II. Der Abgrenzungsstreit

Für die Anwendung des § 1 Abs. 1 Nr. 4 ErbStG ist zunächst daran zu erinnern, 87
dass nicht jede privatnützige Stiftung zugleich wesentlich im Interesse einer Familie oder bestimmter Familien errichtet wird. Es existieren vielmehr auch schlicht privatnützige Stiftungen. Sie fallen nicht in den Anwendungsbereich des § 1 Abs. 1 Nr. 4 ErbStG.

Im Wesentlichen **Einigkeit** dürfte zudem über die beiden folgenden Punkte beste- 88
hen: Die Annahme einer Familienstiftung setzt zunächst voraus, dass die Stiftung im Interesse der stiftenden Person und ihrer Familie i.S.d. § 15 AO errichtet ist.[118] Im Interesse der Familie ist sie errichtet, wenn sie den Vermögensinteressen einer Familie gewidmet ist.[119]

Sodann stellen sich aber mindestens zwei Fragen: Was genau ist unter „Vermö- 89
gensinteressen" zu verstehen und unter welchen Umständen ist das Merkmal „wesentlich" erfüllt? Eine am **erbschaftsteuerrechtlichen Bereicherungsprinzip**[120] und am **Wortlaut** orientierte **Auslegung** müsste zu dem Ergebnis kommen, dass es für die Vermögensinteressen auf die Bezugs-, Nutzungs- und Anfallsberechtigung der Destinatäre im Hinblick auf das Stiftungsvermögen ankommt. Das Merkmal der Wesentlichkeit ließe sich in Abgrenzung beispielsweise zum an anderer Stelle gebräuchlichen Merkmal „überwiegend" (= mehr als die Hälfte) dahingehend auslegen, dass deutlich mehr als die Hälfte gemeint ist („Löwenanteilstheorie"). Diese vor allem früher im **Schrifttum** vertretenen Auslegungen[121] haben sich allerdings insbesondere **in der Rechtsprechungspraxis nicht durchgesetzt**.

Der **BFH** hat in **zwei grundlegenden Entscheidungen** zum Ganzen Stellung 90
genommen. Während im ersten von ihm entschiedenen Sachverhalt die Dinge

117 So bereits *Wachter*, in: Richter/Wachter, Handbuch des internationalen Stiftungsrechts, 2007, § 22 Rn 1; ähnlich *Meincke/Hannes/Holtz*, ErbStG, § 1 Rn 15 (beseitigt nicht „Systembruch", „sondern führt ihn erst herbei").

118 *Meincke/Hannes/Holtz*, ErbStG, § 1 Rn 17; *Sorg*, Die Familienstiftung, 1984, S. 88; Feick/*v. Löwe*, Stiftung als Nachfolgeinstrument, 2. Aufl. 2024, § 24 Rn 58.

119 BFH, Urt. v. 10.12.1997 – II R 25/94, BFHE 185, 58; BFH, Urt. v. 18.11.2009 – II R 46/07, BFH/NV 2010, 898.

120 *Meincke/Hannes/Holtz*, ErbStG, § 1 Rn 4, 15 f. zur Kritik mit Blick auf § 1 Abs. 1 Nr. 4 ErbStG; *Kobor*, in: F/P/W, ErbStG, § 8 Rn 2; *Schiffer*, in: F/J/P/W (bis 5. Aufl. 2014), ErbStG, § 1 Rn 52.

121 Vgl. etwa *Sorg*, Die Familienstiftung, 1984, S. 88; *Hennerkes/Binz/Sorg*, DB 1986, 2217, 2218. Siehe ferner die Ausführungen und Nachweise bei *Schiffer*, in: FS Spiegelberger, 2009, S. 1358; *Schiffer*, in: F/J/P/W (bis 5. Aufl. 2014), ErbStG, § 1 Rn 50 ff.

recht deutlich lagen und die dort zu beurteilende Stiftung im Dreißigjahreszeitraum des § 1 Abs. 1 Nr. 4 ErbStG regelmäßig einen Großteil ihrer Erträge an die begünstigten Familienmitglieder ausschüttete,[122] lagen die Dinge im zweiten Sachverhalt ganz anders:[123] Dort hatte die betreffende Stiftung in den zurückliegenden 30 Jahren keine einzige finanzielle Zuwendung an die begünstigten Familienmitglieder vorgenommen. Sie war, so das Ergebnis der Vorinstanz,[124] vor allem zur Sicherung einer Unternehmensgruppe errichtet worden. Daneben unterstützte sie nach entsprechenden Zweckerweiterungen auch gemeinnützige Zwecke. Die in der Satzung dem Wortlaut nach zwar ausdrücklich vorgesehenen Ansprüche der Familienmitglieder waren dagegen theoretischer Natur, denn sie standen unter der ausdrücklichen Bedingung, dass die sonstigen Einkünfte der Familienmitglieder einen bestimmten Betrag unterschritten. Insbesondere aufgrund der Errichtung einer weiteren Stiftung, die eindeutig als Familienstiftung den finanziellen Interessen der Mitglieder diente, war es aber nahezu ausgeschlossen, dass diese Bedingung jemals eintreten würde, und tatsächlich war sie in dem vom BFH zu beurteilenden Dreißigjahreszeitraum kein einziges Mal eingetreten.

91 Gleichwohl hat der **BFH** entgegen der Vorinstanz die Stiftung als Familienstiftung eingeordnet. Das war ihm insbesondere aufgrund **folgender Wertungen** möglich, die wir hier zitieren, wobei die Hervorhebungen von uns stammen:

- *„Zu den weit zu fassenden Vermögensinteressen gehören nicht nur Bezugs- und Anfallsrechte, sondern **alle unmittelbaren oder mittelbaren**, nicht notwendig in Geld bezifferbaren **Vermögensvorteile**, die die begünstigte Familie aus dem Stiftungsvermögen zieht."*
- Für die Annahme der „Wesentlichkeit" kommt es nach dem BFH darauf an, dass *„das Wesen der Stiftung nach der Satzung und ggf. dem Stiftungsgeschäft darin besteht, es der Familie zu ermöglichen, **das Stiftungsvermögen**, soweit es einer Nutzung zu privaten Zwecken zugänglich ist, **zu nutzen** und **die Stiftungserträge** aus dem gebundenen Vermögen **an sich zu ziehen**"*.
- *„Gewährt die Satzung nicht nur Familienmitgliedern, sondern auch Dritten Vermögensvorteile, ist eine **wertende Gesamtschau** aller Vermögensinteressen vorzunehmen. Abzustellen ist dabei jeweils auf den Dreißigjahreszeitraum"*.
- *„Besteht das Stiftungsvermögen im Wesentlichen aus einem Unternehmen und/oder Unternehmensbeteiligungen, spricht der vom Stifter beabsichtigte Erhalt des Unternehmens weder für noch gegen ein (wesentliches) Familieninteresse. Denn der **Erhalt und die Weiterentwicklung des Stiftungsvermögens stellen noch keinen Stiftungszweck dar.**"*
- *„Bereits die **Bezugsberechtigung** der in den Satzungen bezeichneten Familienangehörigen prägt das Wesen der [Stiftung] als Familienstiftung. … **Auf die***

122 BFH, Urt. v. 10.12.1997 – II R 25/94, BFHE 185, 58.
123 BFH, Urt. v. 18.11.2009 – II R 46/07, BFH/NV 2010, 898.
124 FG Berlin-Brandenburg v. 5.9.2007 – 14 K 5016/03 B, DStRE 2008, 487.

***Wahrscheinlichkeit**, mit der die Destinatäre mit Unterstützungsleistungen rechnen konnten, **kommt es nicht an**.“*

Während den ersten drei Aussagen zumindest im Ansatz zugestimmt werden kann, ist das bei der vierten Aussage, die auf den zweifelhaften Topos der „Selbstzweckstiftung“[125] verweist, bereits nicht mehr der Fall. Spätestens die letzte Aussage ist rundum abzulehnen, da sie durch den Verzicht nicht nur auf eine tatsächliche Zuwendung, sondern sogar auf jede Wahrscheinlichkeit einer Zuwendung **beliebigen Wertungen** Tür und Tor öffnet.[126] 92

Ganz anders und sehr viel nachvollziehbarer hatte der BFH es noch in seiner Entscheidung aus dem Jahr 1997 formuliert (Hervorhebung von uns):[127] *„Erst die Art und Weise, wie die Geschäfte der Klägerin **tatsächlich** geführt worden sind, gibt Aufschluß über die wirtschaftliche Bedeutung, die dem einzelnen Zweck im Rahmen der Wirtschaftsführung der Stiftung zukommt. ... Entscheidend ist daher, wer über die Verwendung der Mittel befindet, und infolgedessen, wem der maßgebliche Einfluß auf die Geschäftsführung zusteht.“* 93

Praxishinweis: Erbschaftsteuerrichtlinien der Finanzverwaltung 94

Die Finanzverwaltung erläutert in den Absätzen 2 und 3 der R E 1.2 („Familienstiftungen und Familienvereine“) ihre Abgrenzungskriterien wie folgt:

(2) ¹Eine Familienstiftung im Sinne des § 1 Absatz 1 Nummer 4 ErbStG ist stets gegeben, wenn nach ihrer Satzung der Stifter, seine Angehörigen und deren Abkömmlinge zu mehr als der Hälfte bezugs- oder anfallsberechtigt (Destinatäre) sind (§ 15 Absatz 2 AStG). ²Eine Familienstiftung im Sinne des § 1 Absatz 1 Nummer 4 ErbStG ist auch dann gegeben, wenn die genannten Destinatäre zu mehr als einem Viertel bezugs- oder anfallsberechtigt sind und zusätzliche Merkmale ein „wesentliches Familieninteresse“ belegen. ³Dies kann insbesondere dann gegeben sein, wenn die Familie wesentlichen Einfluss auf die Geschäftsführung der Stiftung hat. ⁴Bereits die Bezugsberechtigung der in den Satzungen bezeichneten Familienangehörigen prägt das Wesen als Familienstiftung, auch wenn Ausschüttungen bisher nicht vorgenommen worden sind. ⁵In welchem Umfang die Stiftung ihre Erträge thesauriert, ist für die Bezugsberechtigung der Destinatäre ohne Bedeutung.

(3) ¹Unter den wesentlichen Familieninteressen sind Vermögensinteressen im weitesten Sinne zu verstehen. ²Dazu gehören nicht nur Bezugs- und Anfallsrechte, sondern alle Vermögensvorteile, die die begünstigten Familien und ihre Mitglieder aus dem Stiftungsvermögen ziehen. ³Die Stiftung dient diesen

125 Dazu kritisch *Schiffer/Pruns*, ZStV 2012, 1; *Beuthien*, ZStV 2025, 231.

126 Auf den damit naheliegenden Verstoß gegen das Rechtsstaatsprinzip wegen mangelnder Vorhersehbarkeit der Rechtsanwendung ist das BVerfG in seiner Entscheidung über die Verfassungsbeschwerde gegen die Entscheidung des BFH leider nicht eingegangen, BVerfG v. 22.8.2011 – 1 BvR 2570/10, ZEV 2012, 51.

127 BFH, Urt. v. 10.12.1997 – II R 25/94, BFHE 185, 58 unter II.2. der Gründe.

Vermögensinteressen dann wesentlich, wenn nach der Satzung oder dem Stiftungsgeschäft deren Wesen darin besteht, es den Familien zu ermöglichen, das Stiftungsvermögen, soweit es einer Nutzung zu privaten Zwecken zugänglich ist, zu nutzen oder die Stiftungserträge an sich zu ziehen. [4]Darunter fallen insbesondere auch die unentgeltliche oder verbilligte Nutzung des Stiftungsvermögens, wie

1. *die Nutzung der stiftungseigenen Immobilien zu Wohnzwecken,*
2. *der Einsatz des Personals der Stiftung für Arbeiten im Rahmen des eigenen Hausstandes oder*
3. *bei einer Stiftung mit Kunstbesitz der Vorteil, von diesem Kunstbesitz umgeben zu sein.*

[5]Derartige Nutzungs- und Zugriffsmöglichkeiten können sich allein aus der Natur des Stiftungszwecks oder aber in Verbindung mit dem Einfluss der Familien auf die Geschäftsführung ergeben. [6]Inwieweit davon tatsächlich Gebrauch gemacht wird, ist nicht entscheidend.

95 Ganz im Sinne der oben kritisierten BFH-Rechtsprechung kommt es auch nach der **Finanzverwaltung** mithin **nicht auf die tatsächliche Geschäftsführung** der Stiftung an, insbesondere nicht auf tatsächliche Ausschüttungen der Stiftung an die Familie und auch nicht auf den tatsächlichen Gebrauch von Nutzungs- und Zugriffsmöglichkeiten durch die Familie. Es greift deshalb auch gegen die Verwaltungsauffassung der bereits oben erhobene Einwand: Die tatsächliche Rechtsanwendung ist nicht vorhersehbar.

III. Gestaltungsansätze in der Fachliteratur

96 Vor diesem Hintergrund ist es erstaunlich, mit welcher (vermeintlichen) Sicherheit in jüngerer Zeit zu bestimmten Gestaltungsansätzen geraten wird.

1. „Gemischte" Stiftung zur Vermeidung der Erbersatzsteuer?

97 Ein in letzter Zeit in Abgrenzung zu Doppelstiftungsmodellen (§ 11 Rdn 59 ff.) propagierter Ansatz ist der einer „gemischten“ Stiftung, bei der neben der Versorgung des Stifters und seiner Familienangehörigen auch gemeinnützige Zwecke verfolgt werden.[128] Eine solche Stiftung genießt zwar mangels Ausschließlichkeit (vgl. § 56 AO) nicht die Vorteile der Gemeinnützigkeit. Wird sie aber beispielsweise ausschließlich mit Anteilen an Kapitalgesellschaften ausgestattet, ist die laufende steuerliche Belastung aufgrund der 95 %igen Freistellung der Gewinnausschüttungen nach § 8b KStG vergleichsweise gering. Die Besteuerung mit der Erbersatzsteuer soll dadurch vermieden werden, dass in Anknüpfung an die oben zitierten Ausführungen der Finanzverwaltung in den ErbStR 2019 die Bezugs-

---

128 *Reich*, DStR 2020, 265. Zustimmend rezipiert etwa bei *Dahlmanns*, RNotZ 2020, 417, 427 f.

oder Anfallsberechtigung der Familie auf maximal 25 % begrenzt wird. Wörtlich heißt es bei *Reich*, aus den ErbStR 2019 lasse sich, *„die Erkenntnis ableiten, dass dann, wenn die Bezugs- oder Anfallsberechtigung unter Berücksichtigung aller Vermögensvorteile bei maximal 25 % liegt, die Familienstiftung nicht der Erbersatzsteuer unterliegt, selbst wenn die Familie wesentlichen Einfluss auf die Geschäftsführung der Stiftung hat"*.[129]

Wir möchten hier doch erhebliche Zweifel anmelden! Man beachte zum einen 98
bereits die Wortwahl: Die „Familienstiftung" soll nicht der Erbersatzsteuer unterliegen, so *Reich*. Aber anscheinend stehen die Familieninteressen aus Sicht der Autors doch weiterhin im Vordergrund, sonst würde er doch gerade nicht von einer „Familienstiftung" sprechen, oder? Zum anderen, und das wiegt schwerer, ist angesichts der Wertungen des BFH (Rdn 91 f.) und der an ihnen anknüpfenden Ausführungen der Finanzverwaltung (Rdn 94) deutlich geworden, dass eine solche quantitative Abgrenzung im Sinne der Rechtssicherheit zwar wünschenswert wäre, nach Rechtsprechung und Finanzverwaltung aber gerade nicht allein ausschlaggebend ist. Vielmehr soll *„[b]ereits die Bezugsberechtigung […] das Wesen als Familienstiftung prägen [können], auch wenn Ausschüttungen bisher nicht vorgenommen worden sind"*.

2. Errichtung von zwei Familienstiftungen zur Vermeidung der Erbersatzsteuer?

Ebenfalls aus jüngerer Zeit stammt der folgende, insbesondere über Social Media 99
verbreitete Ansatz, nach dem **angeblich** „eine doppelte Familienstiftung die Erbersatzsteuer verhindert".[130] Dabei soll zunächst eine Familienstiftung mit begünstigtem Vermögen und damit weitgehend frei von Schenkungsteuer errichtet werden. Zeitversetzt um etwa zehn Jahre wird sodann eine zweite Familienstiftung mit dem sonstigen, nicht begünstigten Vermögen der stiftenden Person errichtet. Nach dem ersten Termin für die Erbersatzsteuer, bei dem die zuerst errichtete Familienstiftung aufgrund der Anwendung der Verschonungsregelungen keine Erbersatzsteuer zahlen muss, sind zunächst die einschlägigen Behaltensfristen zu beachten. Nach deren Ablauf soll die als zweites errichtete Familienstiftung ihr Vermögen mit der zuerst errichteten Familienstiftung „tauschen" (Anmerkung: gemeint ist wohl ein Kauf), um so ihrerseits bei dem für sie nun anstehenden Termin für die Erbersatzsteuer in den Genuss der Verschonungsregelungen zu kommen. Dieser „Tausch" der jeweiligen Vermögensmassen soll dann entsprechend den anstehenden Terminen für die Erbersatzsteuer auch in

129 *Reich*, DStR 2020, 265, 267.

130 Vgl. hier: https://www.juhn.com/fachwissen/erbschaftsteuer-schenkungsteuer/doppelte-familienstiftung/ (abgerufen am 18.3.2026). Für eine Auseinandersetzung mit diesem Ansatz vgl. auch *Gummels*, ErbBstg 2024, 224.

Zukunft durchgeführt werden. Auf diese Weise soll „ein steuerliches Perpetuum mobile" entstehen.[131]

100 Aus unserer Sicht sind auch bei diesem Ansatz einige **Zweifel** angebracht. Insbesondere der von vornherein gefasste Plan des fortgesetzten Austauschs der Vermögenswerte, der nur durch einen Kauf realisiert werden kann, da ansonsten ja Schenkungsteuer anfiele, legt einen Gestaltungsmissbrauch i.S.d. § 42 AO nahe.[132] Abgesehen davon muss sichergestellt sein, dass die das begünstigte Vermögen jeweils erwerbende Familienstiftung über ausreichend Vermögen für den Kauf verfügt. Das ist keine Selbstverständlichkeit, denn der Kauf muss erkennbar zu Marktpreisen erfolgen, um einem Fremdvergleich standhalten zu können, und dementsprechend müssen auch die Wertsteigerungen über mindestens 30 Jahre möglichst parallel erfolgen. Schließlich setzt eine solche Gestaltung aber vor allem auch voraus, dass die gesetzlichen Vorgaben des ErbStG sich über die angedachten Zeiträume nicht wesentlich ändern. Insoweit dürfen wir an dieser Stelle nur auf die oben (Rdn 25 f.) angesprochenen Zweifel an der Verfassungsmäßigkeit der aktuellen Verschonungsregelungen verweisen.[133]

3. Errichtung mehrerer Familienstiftungen und mehrfache Freibeträge?

101 Mit großer Selbstverständlichkeit wird in der Beratungsliteratur auch davon ausgegangen, durch die Errichtung mehrerer Familienstiftungen ließen sich auch die Freibeträge bei der Errichtung und bei der Erbersatzsteuer entsprechend der Anzahl der errichteten Familienstiftungen ausnutzen. Denkbar wäre es nach diesem Ansatz beispielsweise, 20 verschiedene Familienstiftungen zu errichten, in jede eine Immobilie hineinzugeben und so für die Errichtung insgesamt einen Freibetrag in Höhe 2 Mio. EUR geltend zu machen. Nach Ablauf von 30 Jahren würde für die Erbersatzsteuer sogar ein Freibetrag in Höhe von insgesamt

131 Vgl. die Überschrift von Ziffer 4. hier: https://www.juhn.com/fachwissen/erbschaftsteuer-schenkungsteuer/doppelte-familienstiftung/ (abgerufen am 18.3.2026).

132 *Gummels*, ErbBstg 2024, 224, 228 meint ohne jede nähere Begründung, „man mag dem Modell der doppelten Familienstiftung keinen Gestaltungsmissbrauch i.S.d. § 42 AO vorwerfen können und nach aktueller Rechtslage lässt sich so problemlos die Erbersatzsteuer umgehen". Wie er zu diesen Wertungen kommt, legt er leider nicht näher dar.

133 Insoweit und angesichts der bekannten Rechtsprechungsgeschichte zur Frage der Verfassungsmäßigkeit der Regelungen des ErbStG ist es erstaunlich, auf der benannten Internetseite Folgendes zu lesen: „*Zwar gilt hier die Voraussetzung, dass auch die rechtlichen Rahmenbedingungen bei der Besteuerung von Stiftungen unverändert bleiben, doch sollte man dies durchaus positiv sehen. Schließlich ist eine Gesetzgebung, die die Besteuerung von Generationen im Blick hat, auf langfristige Gültigkeit ausgelegt.*" Letzteres wäre zwar wünschenswert, entspricht aber jedenfalls bisher nicht der Realität.

16 Mio. EUR (20-mal 800.000 EUR) anfallen.[134] Zwar wäre der **Verwaltungsaufwand** für eine solche Anzahl von Stiftungen auch entsprechend hoch, doch dem ließe sich beispielsweise dadurch begegnen, dass die Stiftungssatzungen im Wesentlichen einheitlich gestaltet werden und auch die Stiftungen zentral durch dieselben Personen verwaltet werden.

Eine nähere Begründung für die Zulässigkeit einer solchen Gestaltung findet sich 102
allerdings eher selten. Wenn das Ganze einmal näher betrachtet wird, so erfolgt das eher kritisch.[135] Die Möglichkeit der „Vervielfachung von Freibeträgen" wird **indirekt** abgeleitet aus der Rechtsprechung des BFH zu § 15 Abs. 2 S. 2 ErbStG, also der Regelung zur Auflösungsbesteuerung. Eine ausdrücklich zustimmende Äußerung des BFH zur Möglichkeit der „Vervielfachung von Freibeträgen" existiert dagegen nicht. In seiner Entscheidung aus dem Jahr 2009[136] hat der BFH dargelegt, dass diese Regelung ausschließlich eine Steuerklassenbestimmung trifft und nicht *„eine Neubestimmung der am steuerpflichtigen Vermögensübergang beteiligten Personen"* vornimmt. Daraus wird gefolgert, Entsprechendes müsse für die Regelung nach § 15 Abs. 2 S. 1 ErbStG gelten. Jede Familienstiftung soll demnach tatsächlich eine eigenständige Empfängerin einer Zuwendung sei, für die jeweils der Freibetrag neu gilt. Ob diese Schlussfolgerung aber tatsächlich Bestand hat, ist nicht ausgemacht. So weisen beispielsweise *v. Oertzen/Stein* in ihrem Aufsatz über die Auswirkungen dieser Rechtsprechung für Trust-Gestaltungen[137] darauf hin, dass der Gestaltungsmissbrauch nach § 42 AO im Auge behalten werden müsse, und fahren wörtlich fort: *„… begegnet eine Einsetzung von fünf verschiedenen Trusts mit jeweils einem Trustvermögen von 400 000 EUR bei einer Begünstigung desselben Kindes als Destinatär Zweifeln. Der auf diese Weise theoretisch mögliche erbschaft- und schenkungsteuerfreie Erwerb von 2 Mio. EUR ist zu hinterfragen."* Dieser kritische Blick muss sich u.E. auch entsprechend auf Gestaltungen mit Familienstiftungen richten.

IV. Steuerfolgen bei der Ersatzerbschaftsteuer

Die Ersatzerbschaftsteuerpflicht für eine Familienstiftung oder einen Familien- 103
verein entsteht alle 30 Jahre (§ 9 Abs. 1 Nr. 4 ErbStG), was zumindest in annähernder Betrachtung früher einer Generation entsprach. Die Dreißigjahresfrist läuft erstmalig ab dem Übergang des Grundstockvermögens auf die Stiftung.

---

134 In diesem Sinne und ohne jede weitere Problematisierung *Gummels*, ErbBstg 2024, 224, 226. Als unproblematisch zulässig erachtet bspw. auch bei Feick/*v. Löwe*, Stiftung als Nachfolgeinstrument, 2. Aufl. 2024, § 25 Rn 75.

135 *Jülicher*, in: Troll/Gebel/Jülicher/Gottschalk, ErbStG, § 15 Rn 118: „Vervielfachung von Freibeträgen und Absenkung der Progression", „erscheint systemwidrig".

136 BFH, Urt. v. 30.11.2009 – II R 6/07.

137 *v. Oertzen/Stein*, ZEV 2010, 500, 504.

104 Die Besteuerung betrifft das Ganze an dem jeweiligen Stichtag vorhandene Vermögen der Stiftung (§ 10 Abs. 1 S. 7 ErbStG), und zwar unabhängig davon, wann es der Stiftung zugeflossen ist, so dass auch erst später zugeflossene Zustiftungen erfasst sind. Es gelten die Bewertungsvorschriften nach dem ErbStG. Ferner greift auch das oben (Rdn 22 ff.) skizzierte **erbschaftsteuerliche Begünstigungssystem,**[138] weshalb Familienstiftungen insbesondere für die Übertragung von **Betriebsvermögen** als Gestaltungsansatz propagiert werden (siehe Rdn 25). Leistungen an die Berechtigten, zu denen die Stiftung am Besteuerungsstichtag verpflichtet ist,[139] sind nicht abzugsfähig (§ 10 Abs. 7 ErbStG). Steuerschuldnerin ist die Stiftung (§ 20 Abs. 1 ErbStG).

105 Nach der Rechtsprechung des BFH[140] ist die Ersatzerbschaftsteuer eine sonstige Personensteuer i.S.d. § 10 Nr. 2 KStG, weshalb sowohl die einzelnen Jahresbeträge als auch die darin enthaltenen Zinsanteile dem dortigen Abzugsverbot bei der Körperschaftsteuer unterliegen.[141]

106 § 24 ErbStG gibt Familienstiftungen systemfremd[142] die **Möglichkeit der Verrentung** der Ersatzerbschaftsteuer (§ 1 Abs. 1 Nr. 4 ErbStG).[143] Nur hier und in keinem anderen Fall kennt das Gesetz eine solche Verrentung. Das Gesetz geht von einer Laufzeit von 30 Jahren und von jeweils gleichen Jahresbeträgen aus, die aus einem Zins- und einem Tilgungsanteil bestehen. Die Verrentung erlaubt es der steuerpflichtigen Familienstiftung, die Steuerbelastung über einen langen Zeitraum gleichmäßig zu verteilen. Die sukzessive Besteuerung von Renten, Nutzungen und Leistungen nach § 23 ErbStG wegen des sukzessiven Eingangs der Beträge bei dem Steuerpflichtigen betrifft gänzlich andere Sachverhalte.

107 Auf die Verrentung besteht nach dem Gesetz jederzeit ein Anspruch, ohne dass besondere Voraussetzungen vorliegen müssen. Die Verrentung kann in der Praxis nicht nur dann eine sinnvolle Wahl sein, wenn die Ersatzerbschaftsteuer feststeht, sondern etwa auch, wenn über die Berechtigung der Ersatzerbschaftsteuer im konkreten Einzelfall noch gestritten wird, die Finanzverwaltung aber den Antrag auf Aussetzung der Vollziehung ihres Steuerbescheides abgelehnt hat.

Das Gesetz enthält keine Regelungen zur Fälligkeit, mithin bestimmt sich die Fälligkeit der jährlichen Teilbeträge nach § 220 Abs. 2 AO, wobei nach § 220 Abs. 2 S. 2 AO die Fälligkeit nicht vor Bekanntgabe der Festsetzung eintritt. Der erste Jahresteilbetrag ist mit der Entstehung der Steuerschuld fällig und die nächsten Teilzahlungen jeweils ein Jahr später.

138 Vgl. etwa auch die ErbStR 2019 (R E 13a.22).

139 Siehe Kapp/Ebeling/*Ebeling*, ErbStG, § 10 Rn 172.

140 BStBl II 1995, 207.

141 A.A. Kapp/Ebeling/*Eisele*, ErbStG, § 24 Rn 8 ff.: Abzug wie Sonderausgabe im Einkommensteuerrecht.

142 *Meincke/Hannes/Holtz*, ErbStG, § 24 Rn 1 f.

143 Kapp/Ebeling/*Eisele*, ErbStG, § 24 Rn 1 ff.

Das Gesetz legt einen Jahreszinssatz (Zinsfuß) von 5,5 v.H. fest. Der Zinsanteil in den 30 Jahresbeträgen variiert ersichtlich danach, ob vorschüssig (6,52 v.H.) oder nachschüssig (6,88 v.H.) gezahlt wird.[144]

Praxishinweis: Teilverrentung 108

Die gesetzliche Regelung gibt nach ihrem Wortlaut nur die Möglichkeit einer Verrentung der gesamten Steuerschuld, und das auch nur bezogen auf den gesamten Zeitraum von 30 Jahren, nach dessen Ablauf erneut Ersatzerbschaftsteuer zu entrichten ist. Hier hat die Finanzverwaltung durch den Ländererlass aus 1984 Flexibilität geschaffen.[145] Danach sind ausgehend vom argumentum a maiore ad minus die Verrentung auch nur eines Teilbetrages, die vorzeitige Ablösung verrenteter Jahresbeträge und die Wahl eines kürzeren Zeitraumes als 30 Jahre als Einschränkungen der weitergehenden gesetzlichen Verrentungsmöglichkeit zulässig.

Wird die Familienstiftung vor Ablauf des Dreißigjahreszeitraums des § 24 ErbStG aufgehoben, entfällt nicht etwa die verrentete Ersatzerbschaftsteuer, denn entscheidend ist, dass die Steuer mit dem damaligen Besteuerzeitpunkt angefallen ist. Es sind hier mit *Jülicher*[146] zwei Konstellationen zu unterscheiden: Ist die Aufhebung/Auflösung absehbar, ist der entsprechend höhere Jahresbetrag für die Verrentung nach dem verkürzten Zeitraum zu ermitteln. Erfolgt die Aufhebung/Auflösung unvorhersehbar, sind die (restlichen) verrenteten Steuerzahlungen in entsprechender Anwendung des § 23 Abs. 2 ErbStG in einem Einmalbetrag (Kapitalwert) abzulösen. 109

Eine **Stundung** nach **§ 28 ErbStG** kann, wenn deren besondere Voraussetzungen nachgewiesen werden, nicht nur alternativ zur Verrentung gewählt werden, sondern auch gleichzeitig mit dieser.[147] Es fallen Stundungszinsen nach §§ 234, 238 AO an (0,5 % im Monat, 6 % im Jahr). 110

Praxishinweise: Ausländische Familienstiftung 111

Nach § 2 Abs. 1 Nr. 2 ErbStG unterliegen ausländische Familienstiftungen mit Geschäftssitz und Geschäftsleitung im Ausland **nicht** der **Ersatzerbschaftsteuer**, und zwar auch dann nicht, wenn ihr Vermögen in Deutschland belegen ist (§ 121 BewG). Nach § 15 Abs. 1 AStG sind allerdings Vermögen und Einkünfte einer Familienstiftung, die Geschäftsleitung und Sitz außerhalb Deutschlands hat, dem Stifter zuzurechnen, wenn er in Deutschland unbeschränkt steuerpflichtig ist. Ist das nicht der Fall, erfolgt eine anteilige Zurechnung bei den unbeschränkt steuerpflichtigen Personen, die bei der Stiftung

144 Kapp/Ebeling/*Eisele*, ErbStG, § 24 Rn 5.
145 FinMin Nds. v. 14.3.1984 – S 3836 – 1- 34, DB 1984, 751; siehe auch *Jülicher*, in: Troll/Gebel/Jülicher/Gottschalk, ErbStG, § 24 Rn 10.
146 *Jülicher*, in: Troll/Gebel/Jülicher/Gottschalk, ErbStG, § 24 Rn 11.
147 *Jülicher*, in: Troll/Gebel/Jülicher/Gottschalk, ErbStG, § 24 Rn 5.

bezugs- und anfallsberechtigt sind (Destinatäre). Zugerechnet werden den Betreffenden nach dem Gesetzestext des § 15 Abs. 1 AStG nur Vermögen und Einkünfte der ausländischen Familienstiftung. Auswirkungen hat das Außensteuergesetz damit nach dem Auslaufen der Vermögensteuer zunächst nur auf die Besteuerung des Einkommens (Einkommen- und Körperschaftsteuer). Eine Auswirkung auf die Erbschaft- und Schenkungsteuer ist nach dem ausdrücklichen Wortlaut des Gesetzes ausgenommen (§ 15 Abs. 1 S. 2 AStG). Damit führt auch § 15 AStG nicht zu einer Ersatzerbschaftsteuer bei ausländischen Familienstiftungen, so dass selbige bei einer ausländischen Familienstiftung erspart wird (zur ausländischen Familienstiftung mit Geschäftsleitung im Inland vgl. Rdn 81).

Trusts (§ 13 Rdn 7 ff.) mit Sitz und Geschäftsleitung im Ausland können in Deutschland als (ausländische) Familienstiftung im Sinne des deutschen Außensteuerrechts einzustufen sein.[148]

Unabdingbare Voraussetzung für die gewünschte Steuerersparnis ist, dass die Familienstiftung (oder ein ggf. als solcher einzustufender Trust) weder ihren Sitz noch ihre Geschäftsleitung in Deutschland hat. Hier wird in der Praxis häufig übersehen, dass aufgrund einer ungeschickten Handhabung der Leitung einer ausländischen Familienstiftung sich deren Geschäftsleitung sehr leicht unabsichtlich nach Deutschland verlagern kann (siehe § 13 Rdn 41 ff.).

Stiftungskörperschaften wie Stiftungs-GmbH und Stiftungsverein (siehe § 2) sowie Trusts und andere Vermögensmassen ausländischen Rechts sind keine Stiftungen i.S.d. § 1 Abs. 1 Nr. 4 ErbStG und unterliegen deshalb nicht der Ersatzerbschaftsteuer.

V. Exkurs: Großfamilien als Sonderfall?

112 Es gibt zwischenzeitlich „alte“ Familienstiftungen mit **über 1.000 potenziellen Destinatären**. Bei diesen stellt sich schon wegen der Größe des Destinatärkreises die Frage, ob hier überhaupt noch von einer Familienstiftung im steuerlichen Sinne gesprochen werden kann. Das herkömmliche steuerliche Verständnis zur Abgrenzung einer Familienstiftung stößt bei solchen Großfamilien jedenfalls an Grenzen.[149] Auch der Gesetzgeber geht bei der Familienstiftung im Zusammenhang mit der Ersatzerbschaftsteuer von einer Kleinfamilie aus, gewährt er doch bei der Ersatzerbschaftsteuer den doppelten Freibetrag nach § 16 Abs. 1 Nr. 2 ErbStG (§ 15 Abs. 2 S. 3 ErbStG), legt also eine **„Regelfamilie“ mit zwei Kindern**

148 BFH BStBl II 1993, 388.

149 A.A. *Wachter*, in: Richter/Wachter, Handbuch des internationalen Stiftungsrechts, 2007, § 22 Rn 39.

zugrunde. Das entspricht der heute vorherrschenden Kleinfamilie, wird aber dem Tatbestand einer Großfamilie mit zigfachen Freibeträgen nicht gerecht.[150]

Praxishinweis: Stiftungsauflösung

Wenn das nach der Stiftungssatzung im Einzelfall zulässig ist, kann es sich aus steuerlichen Erwägungen, insbesondere im Fall einer Großfamilienstiftung, anbieten, die Stiftung vor dem Stichtag für die Ersatzerbschaftsteuer aufzulösen.

F. Steuerbefreiung nach § 13 Abs. 1 Nr. 17 ErbStG

Nach § 13 Abs. 1 Nr. 17 ErbStG bleiben Zuwendungen steuerfrei, die ausschließlich kirchlichen, gemeinnützigen oder mildtätigen Zwecken gewidmet sind, sofern die Verwendung zu dem bestimmten Zweck gesichert ist.[151] Dazu hat der BFH in einer Entscheidung vom 16.1.2002[152] im Zusammenhang mit einer ausländischen Stiftung wie folgt entschieden: 113

- § 13 Abs. 1 Nr. 17 ErbStG gilt auch für ausländische Stiftungen, und zwar, ohne dass Gegenseitigkeit vorliegen muss.
- Ist eine Zuwendung von Todes wegen mit einer Auflage zugunsten eines bestimmten Zwecks verbunden, durch den die Bereicherung des Erwerbers gemindert wird, liegen zwei formal zu trennende steuerbare Vorgänge vor, nämlich zum einen ein Erwerb von Todes wegen gem. § 3 Abs. 1 Nr. 1 ErbStG und zum anderen eine Zweckzuwendung gem. § 8 ErbStG.
- Eine Zuwendung kann auch dann nach § 13 Abs. 1 Nr. 17 ErbStG in der bis 1992 geltenden Fassung befreit sein, wenn nicht ein zugewendeter Vermögensstamm, sondern nur dessen Erträgnisse zu begünstigten Zwecken verwendet werden sollen.
- Einer Steuerbefreiung nach dieser Vorschrift steht es auch nicht entgegen, wenn die Erträgnisse aus dem zugewendeten Vermögensstamm nicht in vollem Umfang zu den begünstigten Zwecken verwendet werden, sondern in Höhe von 20 v.H. der Verstärkung des Kapitalstamms dienen sollen.

150 Siehe *Schiffer*, NJW 2004, 2497, 2498 f.; *Schiffer*, DStR 2005, 508, 511.
151 Siehe dazu *Meincke/Hannes/Holtz*, ErbStG, § 13 Rn 77 ff.
152 BFH NJW 2002, 3047; siehe auch die Anm. von *Müller*, ZEV 2002, 290.

G. Besteuerung etwaiger Satzungsänderungen

I. Umwandlungsbesteuerung

114 Ändert eine Familienstiftung ihre Satzung derart, dass sie nunmehr keine Familienstiftung mehr ist, so stellt sich die Frage, ob diese Umwandlung besteuert wird (sog. **Umwandlungsbesteuerung**).

115 Die Finanzverwaltung hat bereits zehn Jahre nach der Verabschiedung des Gesetzes zur Ersatzerbschaftsteuer im Jahre 1983, somit also vor dem ersten Jahr der Erhebung der Ersatzerbschaftsteuer, befürchtet, die Ersatzerbschaftsteuer werde ggf. durch Minderung der Familienbegünstigung von Familienstiftungen „umgangen". Sie hat deshalb zunächst in einem koordinierten Ländererlass und in erweiterter Form auch in den ErbStR die Änderung des Stiftungscharakters durch Satzungsänderung als Aufhebung der Familienstiftung und Errichtung einer neuen Stiftung (z.B. als Unternehmensstiftung) interpretiert.[153] Diese von der Finanzverwaltung aufgestellte **Umwandlungsfiktion** wird von der Literatur[154] weitgehend als nicht gesetzeskonform abgelehnt, denn die Stiftung bleibt auch bei einer „Umwandlung" durch Verlust ihres Familiencharakters als ein- und derselbe Rechtsträger vorhanden. Die Frage, ob die Umwandlungsfiktion fiskalisch motiviert ist, liegt nahe.

II. Besteuerung bei Aufhebung einer Familienstiftung

1. Steuerprivileg

116 Bei der Auflösung einer Familienstiftung gilt nicht generell die Steuerklasse III, sondern das besondere Steuerprivileg nach § 15 Abs. 2 S. 2 ErbStG: Erwerber haben das erlangte Vermögen so zu versteuern, als fiele es ihnen von demjenigen zu, der es auf die Stiftung übertragen hat:[155]

> *„In den Fällen des § 7 Abs. 1 Nr. 9 Satz 1 [Aufhebung einer Stiftung oder Auflösung eines Vereins] gilt als Schenker der Stifter oder derjenige, der das Vermögen auf den Verein übertragen hat, …"*

Gäbe es das besagte Steuerprivileg nicht, so wäre immer Steuerklasse III anzuwenden, denn die Stiftung ist mit niemandem verwandt. Es überrascht nicht, dass es wegen der Reichweite dieses Steuerprivilegs einige Streitfragen gibt.

---

153 FinMin. Nds. v. 6.12.1983, DB 1984, 23 und jetzt ErbStR 2019, R E 1.2 Abs. 4 (Familienstiftungen und Familienvereine). Siehe ferner *Röttgering*, SB 2023, 107, 109; *Härtling/Tolksdorf*, IStG 2023, 717, 727.

154 Siehe *Jülicher*, in: Troll/Gebel/Jülicher/Gottschalk, ErbStG, § 15 Rn 122 m.w.N.

155 Vgl. etwa *Schienke-Ohletz/Mehren*, ZStV 2022, 1, 7.

2. Inlandsbezug

In § 15 Abs. 2 S. 2 ErbStG fehlt anders als in § 15 Abs. 2 S. 1 ErbStG ein ausdrücklicher Inlandsbezug. Es ist dennoch umstritten, ob § 15 Abs. 2 S. 2 ErbStG auf alle Familienstiftungen im In- und Ausland anzuwenden ist.[156] Wesentlich ist, dass hier tatsächlich jeglicher Inlandsbezug in der Gesetzesformulierung fehlt. Es spricht nichts für ein Redaktionsversehen, was ggf. zu einer anderen Auslegung führen könnte. Die Gesetzesformulierung ist bei den Reformen des ErbStG nicht geändert worden. Erfasst werden von § 15 Abs. 2 S. 2 ErbStG also **Familienstiftungen im In- und Ausland**. 117

3. Nur Steuerklassenbestimmung?

Nach der Rechtsprechung soll sich § 15 Abs. 2 S. 2 ErbStG auf die Bestimmung der Steuerklasse beschränken.[157] Das überzeugt nicht. Wie schon der klare Wortlaut der Vorschrift zeigt, regelt sie entgegen ihrer systematischen Stellung im Gesetz nicht nur die Steuerklassenzuordnung, sie fingiert vielmehr ein besonderes Zuwender-Empfänger-Verhältnis.[158] 118

Besonders umstritten ist im Hinblick auf die o.g. Rechtsprechung, ob sie auch für den **Vermögensrückfall auf den Stifter selbst** als Anfallsberechtigten bei Aufhebung der Familienstiftung gelten soll. Die h.L. versteht die Rechtsprechung, auch wenn sie diese ablehnt, so, dass sie auch in diesem Fall Anwendung finden soll.[159] Dem widerspricht nachdrücklich *Jülicher*,[160] weil er die vorbehaltene eigene Anfallsberechtigung des Stifters bei einem solchen Verständnis nicht ausreichend berücksichtigt sieht. Dieser Ansicht ist mit Blick auf das **Vermögensanfallprinzip** sowie Sinn- und Zweck der Ersatzerbschaftsteuer zuzustimmen. Aus dem Vermögensanfallprinzip folgt, dass das Gesetz keinen bei dem ursprünglichen Vermögensinhaber endenden Vermögenskreislauf besteuern will.[161] Will der Gesetzgeber mit der Ersatzerbschaftsteuer die Familienstiftung so besteuern, als halte die Familie das Stiftungsvermögen noch selbst, so wäre es ein unzulässiges, widersprüchliches Rosinenpicken, bei § 15 Abs. 2 S. 2 ErbStG die Sache genau andersherum im Sinne einer Vermögenstrennung zu sehen. Mithin ist entgegen der Rechtsprechung mit der früheren Auslegung der Norm kein Steuer- 119

156 Ausf. *Jülicher*, in: Troll/Gebel/Jülicher/Gottschalk, ErbStG, § 15 Rn 117.

157 BFH v. 25.11.1992 – II R 77/90, BStBl II 1993, 238; BFH v. 25.11.1992 – II R 78/90, BFH/NV 1993, 438; FG Düsseldorf v. 10.1.2007, EFG 2007, 533; BFH v. 30.11.2009 – II R 06/07, ZEV 2010, 105 ff. Siehe dort auch konkret zur Steuerberechnung aus Sicht des BFH im Fall der Stiftungsauflösung.

158 Überzeugend *Jülicher*, StuW 1999, 363, 369 ff. Zuvor schon *Binz/Sorg*, DStR 1994, 229.

159 Kapp/Ebeling/*Eisele*, ErbStG, § 15 Rn 66 ff.; *Meincke/Hannes/Holtz*, ErbStG, § 15 Rn 28.

160 *Jülicher*, in: Troll/Gebel/Jülicher/Gottschalk, ErbStG, § 15 Rn 124 f.

161 Siehe *Jülicher*, in: Troll/Gebel/Jülicher/Gottschalk, ErbStG, § 15 Rn 124 f.

tatbestand gegeben, wenn die Familienstiftung aufgehoben wird und dabei das Vermögen an den Stifter zurückfällt.[162]

120 Bei **Vermögensrückübertragungen nur in Teilen**, die wegen der Rechtsprechung u.U. als Gestaltungsansatz für einen Ausweg aus einer Besteuerung nach § 7 Abs. 1 Nr. 9 ErbStG gesehen werden könnten, sind die Grenzen aus § 42 AO zu beachten, die sich bekanntlich einer allgemeinen Definition entziehen, was für Gestaltungsansätze hier typischerweise einen schwankenden Boden bereitet. In diesen Fällen könnte dann im Übrigen § 7 Abs. 1 Nr. 1 ErbStG greifen, womit § 15 Abs. 2 S. 2 ErbStG nicht anwendbar wäre.

121 **Praxishinweis: Rückübertragung einer Vermögensmasse (insbesondere ausländischer Trust)**

§ 7 Abs. 1 Nr. 9 S. 2 ErbStG erfasst die Auflösung bestimmter ausländischer Vermögensmassen, womit insbesondere ausländische Trusts gemeint sind. Nach § 15 Abs. 2 S. 2 Alt. 2 ErbStG ist in betreffenden Fällen das Verwandtschaftsverhältnis zwischen dem Errichter/Vermögensausstatter der ausländischen Vermögensmasse und dem oder den Berechtigten maßgebend. Die Steuerprivilegierung erfasst auch Erwerbe von Zwischenberechtigten (zu Trusts siehe auch § 13 Rdn 7 ff.).[163]

H. Auflösungsbesteuerung

122 Wird die Stiftung aufgelöst fällt ihr Vermögen an die in der Stiftungssatzung oder im Gesetz (§ 87c BGB) bestimmten Personen (siehe § 7 Rdn 74 ff). Was bei der Aufhebung einer Stiftung erworben wird, gilt als **Schenkung**. Fällt beim Erlöschen der Stiftung das Vermögen an den Stifter oder seine Erben zurück, unterliegt auch der **Rückerwerb** nach § 7 Abs. 1 Nr. 9 ErbStG der Schenkungsteuer.[164]

123 Für einen etwaigen Vermögensanfall innerhalb der Stifterfamilie bei Auflösung der Stiftung gilt auch die oben behandelte Steuerprivilegierung des § 15 Abs. 2 S. 2 ErbStG (zur Besteuerung der Aufhebung einer Familienstiftung siehe Rdn 116 ff. und zur „Umwandlungsbesteuerung“ siehe Rdn 114 ff.).[165]

---

162 *Meincke/Hannes/Holtz*, ErbStG, § 15 Rn 28.

163 Näher *Jülicher*, in: Troll/Gebel/Jülicher/Gottschalk, ErbStG, § 15 Rn 131; *Reich*, DStR 2020, 265, 267.

164 Zu weiteren Einzelheiten der Besteuerung bei Aufhebung der Stiftung *Schienke-Ohletz/Mehren*, ZStV 2022, 1, 7.

165 Näher dazu *Dahlmanns*, RNotZ 2020, 417, 444; *Härtling/Tolksdorf*, IStG 2023, 717, 728.

I. Zaubermittel verbindliche Auskunft?

Die vielfachen Steuerfragen im Zusammenhang mit Stiftungen führen uns als Beratende immer wieder an **Grenzen**, denn die Mandantschaft will möglichst **Rechtssicherheit**. Dauerhafte Rechtssicherheit wird es schon wegen der fortlaufenden Rechtsentwicklung durch Gesetzesänderungen, durch Rechtssprechungsentwicklung und durch Änderung der bisher herrschenden Meinung nicht wirklich geben können. Aber auch die Veränderungen in den Lebenssachverhalten tragen dazu bei. 124

Verwiesen wird deshalb gerade im Zusammenhang mit Stiftungen immer wieder auf den Antrag auf verbindliche Auskunft an die Finanzverwaltung nach § 89 Abs. 2 AO,[166] auch wenn die Zahl der Anträge auf verbindliche Auskunft in der Praxis jedenfalls zu erbschaft- und schenkungsteuerlichen Sachverhalten vergleichsweise überschaubar sein sollen.[167] 125

Nach § 89 Abs. 2 AO können die Finanzbehörden auf Antrag verbindliche Auskünfte über die steuerliche Beurteilung von genau bestimmten, noch nicht verwirklichten Sachverhalten erteilen, wenn daran im Hinblick auf die erheblichen steuerlichen Auswirkungen ein besonderes Interesse besteht.[168] Ein solcher Antrag ist **gebührenpflichtig** (§ 89 Abs. 3 AO). Die Höhe der Gebühr bestimmt sich in entsprechender Anwendung des § 34 GKG (§ 89 Abs. 5 AO). Bei einem Gegenstandswert von unter 10.000 EUR wird keine Gebühr erhoben. In entsprechender Anwendung des § 39 Abs. 2 GKG ist der Gegenstandswert auf 30 Mio. EUR begrenzt,[169] was zu einer Gebühr von höchstens 128.038 EUR führt. Die Erteilung und auch die Ablehnung einer beantragten verbindlichen Auskunft sind Verwaltungsakte, gegen die Einspruch nach § 347 AO eingelegt und Klage erhoben werden kann. Ist die den Antrag stellende Person mit der Beurteilung des vorgelegten Sachverhalts durch die Finanzverwaltung nicht einverstanden, so beschränkt sich die Überprüfung auf eine Evidenzkontrolle und es hilft nur das Vorgehen gegen den späteren Steuerbescheid weiter.[170] 126

---

166 Vgl. für in der Sache durchaus unterschiedliche Fragestellungen im Zusammenhang mit Stiftungen etwa *Schwalm/Schwind*, ZStV 2026, 47, 59; *Warken*, DStR 2025, 2872, 2875; *Theuffel-Werhahn*, RFamU 2025, 12, 19; *Kühn/Linseisen/Muras*, ZStV 2026, 60, 66.

167 *Kowanda*, DStR 2018, 1902

168 Zur verbindlichen Auskunft speziell zu erbschaft- und schenkungsteuerlichen Fragestellungen ausf. *Kowanda*, DStR 2018, 1902. Für ein Muster und weitere praktische Hinweise vgl. Formularbuch Recht und Steuern/*Beckert*, 11. Aufl. 2025, Form. C. C. 20. Anm. 1–15.

169 Zur Fragen der Gebührenhöhe bei mehrstufigen Gestaltungen und mehreren Antragstellern vgl. *Sundheimer/Riedel*, DStR 2023, 2641.

170 BFH, Urt. v. 5.2.2014 – I R 34/12, DStR 2014, 1601; BFH, Urt. v. 29.2.2012 – IX R 11/11, BStBl. II 2012, 651.

127 Die verbindliche Auskunft hat nach der Praxis der Finanzverwaltung[171] folgende Elemente zu enthalten:

- *„den ihr zugrunde gelegten Sachverhalt; dabei kann auf den im Antrag dargestellten Sachverhalt Bezug genommen werden,*
- *die Entscheidung über den Antrag, die zugrunde gelegten Rechtsvorschriften und die dafür maßgebenden Gründe; dabei kann auf die im Antrag dargelegten Rechtsvorschriften und Gründe Bezug genommen werden,*
- *eine Angabe darüber, für welche Steuern und für welchen Zeitraum die verbindliche Auskunft gilt.“*

128 Die **Durchführung des Verfahrens** wird ergänzend durch eine entsprechende Verordnung geregelt (StAuskV). Nach deren § 2 Abs. 2 ist eine erteilte verbindliche Auskunft *„für die Besteuerung aller Beteiligten einheitlich bindend, wenn der später verwirklichte Sachverhalt von dem Sachverhalt, der der Auskunft zugrunde gelegt wurde, nicht oder nur unwesentlich abweicht.“* Hier liegt in der Praxis häufig die sprichwörtliche Krux, denn bereits bei der Schilderung des Sachverhalts im Antragsverfahren stellt sich die Frage, wie ausführlich und konkret diese sein muss, um alle späteren Eventualitäten abzudecken. Nach Erhalt der verbindlichen Auskunft stellt sich sodann die erkennbar streitanfällige Frage, wann eine (un-)wesentliche Abweichung im verwirklichten Sachverhalt von dem geschilderten Sachverhalt vorliegt.

129 Eine erteilte verbindliche Auskunft bindet das für den später verwirklichten Sachverhalt zuständige Finanzamt, und zwar auch gegenüber den Erben (vgl. § 45 AO).[172] Im Fall der Änderung der Rechtslage ist die Finanzverwaltung ohne einen zusätzlichen besonderen Vertrauenstatbestand nicht an eine verbindliche Auskunft gebunden.[173]

171 AEAO Nr. 3.5.6 zu § 89

172 Formularbuch Recht und Steuern/*Beckert*, 11. Aufl. 2025, Form. C. C. 20. Anm. 11.

173 BFH, Urt. v. 30.3.2011 – XI R 30/09, DStRE 2011, 760 ff.

§ 9 Gutes tun und Steuerbefreiung

Was bietet dieses Kapitel?
Die meisten rechtsfähigen Stiftungen sind gemeinnützig, Errichtung und Tätigkeit einer Stiftung sind mit unterschiedlichen steuerlichen Belastungen verbunden (Schenkungsteuer, Körperschaftsteuer etc.). Da unterscheidet sich eine Stiftung nicht von anderen Körperschaften. Stiftungen, die steuerbegünstigte Zwecke i.S.d. §§ 51 ff. AO verfolgen, d.h. insbesondere gemeinnützig oder mildtätig sind, sind im Gegensatz dazu nach den einschlägigen Steuergesetzen beinahe vollständig steuerbefreit. Es wird geschätzt, dass nach wie vor etwa 90 % aller Stiftungen nach den §§ 51 ff. AO steuerbegünstigt sind. Rechtsprechung und Literatur zu der Thematik und ihre vielen Facetten in der Praxis lassen sich kaum noch überblicken, auch die Gesetzesänderungen sind zahlreich. Es gibt naturgemäß zahlreiche Streitfragen, die die Steuerhandhabung in der Praxis nicht eben erleichtern. Dieses Kapitel gibt deshalb einen Überblick zu steuerbefreiten Stiftungen und zu wesentlichen aktuellen Praxisfragen aus diesem steuerrechtlichen Spezialbereich.

Übersicht:

A. Steuerbegünstigte Stiftungen

I. Steuerbefreiung wegen „Gemeinnützigkeit“

1 Bis heute sollen ca. 90 % aller Stiftungen steuerbefreit sein, so wird geschätzt. Für diese Stiftungen wollen wir hier einen bewusst praxisbezogenen Überblick geben. Zu weiteren Einzelheiten verweisen wir auf die einschlägigen Fachkommentare und die nachfolgend erwähnte Spezialliteratur.

Bei der steuerbefreiten Stiftung gibt der Stifter im Grundsatz sein Vermögen unwiderruflich aus der Hand, um damit „gemeinnützige, mildtätige oder kirchliche Zwecke“[1] i.S.d. §§ 51 ff. AO zu verfolgen. Dieses Verhalten des Stifters,

1 Als Oberbegriff für diese drei Bereiche hat sich in der Praxis der Begriff der Gemeinnützigkeit eingebürgert.

durch das das Vermögen quasi gemeinnützig „infiziert“ wird, prämiert der Staat (durchaus eigennützig für die Gemeinschaft) mit fast völliger Steuerfreiheit in den betreffenden einzelnen, soeben angesprochenen Steuergesetzen.[2] Der Unterscheidung zwischen mildtätigen (§ 53 AO) und gemeinnützigen (§ 52 AO) Zwecken kommt dabei besondere **praktische Bedeutung** vor allem dann zu, wenn ein begrenzter Personenkreis gefördert werden soll.

Gewährt das Gesetz eine Steuervergünstigung, weil eine steuerpflichtige Körperschaft, Personenvereinigung oder Vermögensmasse (vgl. § 1 Abs. 1 KStG) – z.B. eben eine Stiftung – ausschließlich und unmittelbar gemeinnützige, mildtätige oder kirchliche Zwecke (steuerbegünstigte Zwecke) verfolgt, so gelten die gemeinnützigkeitsrechtlichen Vorschriften der §§ 51 ff. AO (so § 51 Abs. 1 AO). Die konkrete Steuerbefreiung richtet sich dann nach den einzelnen Steuergesetzen, die für die Steuerfreiheit die Gemeinnützigkeit im Sinne der Abgabenordnung fordern. 2

Der Gesetzgeber hat hier wiederholt mit Neuregelungen im Stiftungssteuerrecht wesentliche steuerliche **Verbesserungen** normiert. Das Ende der Wünsche an das Gemeinnützigkeitsrecht scheint gleichwohl noch nicht erreicht. Angesichts der leeren staatlichen Kassen erwarten wir hier durchaus noch weitere Steuererleichterungen, die die Steuerpflichtigen zu noch mehr Spenden veranlassen sollen.

Mitunter genießen steuerbefreite Stiftungen auch **„Gebührenvorteile“**, und das nicht nur im Anerkennungsverfahren.[3] Bei einer Stiftung, die (überwiegend oder ausschließlich) gemeinnützige Zwecke verfolgt, erhebt die zuständige Behörde i.d.R. für die Anerkennung keine Gebühren; bei anderen Stiftungen richtet sich die Gebühr noch dem Sachverhalt des Einzelfalls, d.h. nach dem Verwaltungsaufwand insbesondere unter Berücksichtigung des Grundstockvermögens. Das ist jeweils mit der Behörde zu klären. Die Gebühren belaufen sich deshalb oftmals im Bereich von bis zu einigen hundert Euro.

Auch die gemeinnützige Stiftung ist als steuerbefreite Körperschaft zur **Abgabe von Steuererklärungen** verpflichtet.[4] Dazu weist etwa das **Landesamt für Steuern (LfSt) Rheinland-Pfalz** in einer Presseerklärung vom 28.4.2015 mit einem besonderen Blick auf Vereine u.a. auf Folgendes hin:

---

2 Hier ist nicht der Ort dafür, das Gemeinnützigkeitsrecht von A–Z darzustellen. Nachfolgend findet sich vor allem eine Auswahl wesentlicher Praxisfragen. Ausf. zur Gemeinnützigkeit: *Buchna/Leichinger/Seeger/Brox*, Gemeinnützigkeit im Steuerrecht, 12. Aufl. 2023; *Hüttemann*, Gemeinnützigkeitsrecht und Spendenrecht, 6. Aufl. 2025; *Schauhoff/Kirchhain* (Hrsg.), Handbuch der Gemeinnützigkeit, 4. Aufl. 2023; *Wallenhorst/Halaczinsky*, Die Besteuerung gemeinnütziger und öffentlich-rechtlicher Körperschaften, 7. Aufl. 2017; *Krauß*, Die gemeinnützige Stiftung in der Anwaltspraxis, 2025; *Scheerbarth/Coenen/Krengel*, Gemeinnützige Stiftungen, 2023.

3 Siehe dazu *Weidmann/Kohlhepp*, DStR 2015, 1273, 1285, 1286.

4 Vgl. *Hüttemann*, Gemeinnützigkeitsrecht und Spendenrecht, 6. Aufl. 2025, Rn 7.25 ff.

„Die Finanzämter prüfen i.d.R. alle drei Jahre, ob Vereine und Organisationen, die gemeinnützigen, mildtätigen oder kirchlichen Zwecken dienen (z.B. Sport- und Musikvereine, Fördervereine von Schulen oder Kindergärten, Naturschutzvereine usw.), in der zurückliegenden Zeit mit ihren Tätigkeiten die Voraussetzungen für die Befreiung von der Körperschaft- und Gewerbesteuer erfüllt haben. Zu diesem Zweck müssen die Vereine bei ihrem zuständigen Finanzamt eine Steuererklärung (Vordruck Gem 1) abgeben und Kopien ihrer Kassenberichte und Tätigkeits- bzw. Geschäftsberichte beifügen."
Davon zu unterscheiden ist die Außenprüfung/Betriebsprüfung (siehe Rdn 252 ff.).

Die Frage, **ab wann die Steuerprivilegierung** im Zusammenhang mit der Stiftungserrichtung eintritt, wird in § 3 behandelt (siehe § 3 Rdn 111).

II. Die gemeinnützige Stiftung

3 Es handelt sich bei der gemeinnützigen Stiftung nicht um eine besondere Rechtsform, sondern vielmehr um eine **Stiftung, der Steuerbefreiungen gewährt** werden, weil sie bestimmte steuerrechtliche Vorgaben einhält.[5] Die Steuerbefreiung setzt voraus, dass eine Stiftung nach ihrer Satzung und tatsächlichen Geschäftsführung ausschließlich und unmittelbar gemeinnützige, mildtätige oder kirchliche Zwecke verfolgt (§ 63 Abs. 1 AO).

Hier muss aus Sicht des **FG Münster**[6] eine vermögenserhaltende **Anlagestrategie** darauf ausgerichtet sein, ausreichende Erträge zu erzielen, so dass bei abnehmendem Zinsniveau auch gegenüber sog. mündelsicheren Anlageformen wegen höherer Ertragschancen auch Anlageformen gewählt werden können und müssen, denen ein größeres Ausfallrisiko anhaftet.[7] Die Umschichtung von Stiftungsvermögen in Anlagen, die einseitig und ganz oder teilweise nicht ausreichend besichert ist, ist aus Sicht des FG aber nicht zulässig, so dass der Entzug der Gemeinnützigkeit aufgrund unzulässiger tatsächlicher Geschäftsführung droht.

In § 51 Abs. 3 AO wird klargestellt, dass die Förderung und Verfolgung verfassungs- und ausländerfeindlicher Ziele kein steuerbegünstigter Zweck sein kann.[8]

---

5 „Gemeinnützige" Stiftungen genießen in der Bevölkerung trotz des einen oder anderen Auswuchses ersichtlich nach wie vor eine ganz besondere Wertschätzung. Ausf. dazu schon *Schäfers*, Stiftung & Sponsoring 4/2000, 30 ff. (zu einer vom Zentralinstitut für kirchliche Stiftungen (ZkS) in Mainz/Wiesbaden in Auftrag gegebenen Repräsentativ-Erhebung, die das Institut für Markt- und Politikforschung („dimap"), Bonn, durchgeführt hat).

6 FG Münster, Urt. v. 11.12.2014 – 3 K 323/12 Erb.

7 Siehe auch § 5 Rdn 75 („Vergraben allein genügt nicht").

8 Ausf. dazu *Jäschke*, DStR 2009, 1669 ff. und *v. Lersner*, DStR 2012, 1685 ff. Zu extremistischen Organisationen siehe etwa BFH, Urt. v. 5.9.2024 – V R 15/22; BFH, Urt. v. 5.9.2024 – V R 36/21; FG Bremen, Urt. v. 14.5.2025 – 1 K 105/23.

Gemeinnützige Zwecke (§ 52 AO) verfolgt eine Stiftung, wenn ihre Tätigkeit darauf gerichtet ist, die Allgemeinheit (!) auf materiellem, geistigem oder sittlichem Gebiet selbstlos zu fördern.[9] Das Gesetz nennt in § 52 Abs. 2 AO aktuell enumerativ 27 Kategorien von Zwecken, die unter besagten Voraussetzungen als Förderung der Allgemeinheit anzuerkennen sind. Die Zahl der einzelnen gemeinnützigen Zwecke ist deutlich höher, da oft mehrere Zwecke unter einer Nummer zusammengefasst sind, z.B. „Jugend- und Altenhilfe" (§ 52 Abs. 2 Nr. 4 AO). Vor dem Hintergrund gesellschaftlicher Veränderungen wird der Zweckkatalog gelegentlich auch erweitert. So finden wir etwa den „E-Sport" als neuen gemeinnützigen Zweck.[10] Daneben gibt es noch eine Generalklausel (siehe dazu Rdn 7). In anderen Ländern finden wir hier ganz andere rechtsmethodische Ansätze. In **England** (case law) beispielsweise hat die Rechtsprechung seit dem 19. Jahrhundert die als gemeinnützig anerkannten Zwecke in vier Kategorien („heads") eingeteilt: *relief of poverty, advancement of education, advancement of religion* und *other purposes beneficial to the community.*[11] Aus deutscher Sicht erscheint der englische Ansatz wesentlich flexibler für neue Entwicklungen.[12] 4

Praxishinweis: Unterscheidung Steuerbefreiung wegen Gemeinnützigkeit und Steuerbefreiung von z.B. Berufsverbänden und Universitäten 5

Berufsverbände und Universitäten an sich sind nicht gemeinnützig nach den §§ 51 ff. AO. Sie sind aber dennoch steuerbefreit nach § 5 Abs. 1 Nr. 5 KStG. Argumentative Anleihen beim Gemeinnützigkeitsrecht können bei dieser Konstellation ersichtlich leicht zu falschen Schlüssen führen.[13] Das wird in der Praxis nicht selten übersehen.

Es gibt allerdings auch in diesem „Rechtsbereich" durchaus ähnliche Problemstellungen zum Gemeinnützigkeitsrecht: Ein nach § 5 Abs. 1 Nr. 5 KStG steuerbefreiter Berufsverband von Zeitungsverlegern, der gegen Entgelt Presseausweise an Journalisten ausgibt, die nicht bei einem seiner Verbandsmitglieder beschäftigt sind, unterhält insoweit einen steuerpflichtigen wirtschaftlichen Geschäftsbetrieb[14] (siehe Rdn 105 ff.).

Zu den einzelnen gemeinnützigen Zwecken ist hier nicht ausführlich Stellung zu nehmen. Es ist auf die oben nachgewiesene Spezialliteratur und insbesondere auf 6

9 Zu Reichweite und Grenzen politischer Betätigungen gemeinnütziger Körperschaften siehe *Becker/von Hugo*, DStR 2025, 2760.

10 § 52 Abs. 2 S. 1 Nr. 21 AO.

11 Siehe dazu *Cutbill/Sturm*, in: Richter/Wachter, Handbuch des internationalen Stiftungsrechts, 2007, S. 851 ff. mit zahlreichen Nachweisen.

12 Eindrücklich etwa, neben weiteren Modernisierungsvorschlägen, der Aufruf zur „Entrümpelung" des Katalogs gemeinnütziger Zwecke von *Strachwitz*, ZStV 2025, 185.

13 Ausf. zu dem Thema und zur Besteuerung von Berufsverbänden: *Eggers*, DStR 2007, 461 ff.

14 Leitsatz BFH, Urt. v. 7.5.2014 – I R 65/12, DStRE 2014, 1312.

Buchna/Leichinger/Seeger/Brox[15] zu verweisen, die nach wie vor weitgehend die Meinung der Finanzverwaltung wiedergeben, was die Beratung in der Praxis aus meiner Sicht deutlich erleichtert. Weiß man doch nach einem Blick in „den Buchna“ i.d.R., wie die andere Seite denkt. Man kann sich auf deren Argumente einstellen und die eigene Argumentation schärfen.

7 Neben den oben angesprochenen einzelnen Zwecken enthält § 52 Abs. 2 AO in S. 2 zusätzlich eine **Generalklausel**. Sofern der von der Stiftung verfolgte Zweck nicht darunter fällt, aber die Allgemeinheit auf materiellem, geistigem oder sittlichem Gebiet entsprechend selbstlos gefördert wird, kann dieser Zweck für gemeinnützig erklärt werden. Die obersten Finanzbehörden der Länder haben jeweils eine Finanzbehörde im Sinne des Finanzverwaltungsgesetzes zu bestimmen, die für diese Entscheidungen zuständig ist.

In der Praxis lief diese Generalklausel bisher weitgehend ins Leere. Das Finanzministerium NRW wurde im bisher einzig wesentlichen Anwendungsfall verurteilt, **Turnierbridge** über die Öffnungsklausel des § 52 Abs. 2 S. 2 AO für gemeinnützig zu erklären.[16] Die Gemeinnützigkeit eines **Turnier-Paintballvereins** wurde hingegen **nicht** anerkannt.[17]

8 Die Gemeinnützigkeit ist also ein sogar zunehmend weites Feld, wobei einige Katalogzwecke des § 52 Abs. 2 AO deutlich häufiger „genutzt“ werden als die übrigen. Einen großen Anteil haben Stiftungen im Sozialbereich, wie etwa in der Jugendhilfe:

> *Peer Salström-Leyh*, Stifter, Stiftung Leuchtfeuer, Köln: **Eine Stiftung im Sozialbereich**
> „Was 1993 als experimentelles Einzelunternehmen gegründet worden war, hatte sich zum Ende der neunziger Jahre am Markt gut entwickelt. Damit wurden Überlegungen hinsichtlich der Unternehmensform immer dringlicher. Traditionell ist der Sozialbereich gemeinnützig, zur Auswahl stehen Verein, GmbH oder Stiftung. Mit Vereinen hatte ich schlechte Erfahrungen gemacht, Mitglieder sind Menschen und Menschen entwickeln sich in die unterschiedlichsten Richtungen. Meinem hierarchischen Führungs- und Machtanspruch hätte auch eine gGmbH genügt. Diese Form ist sehr eindeutig und entspricht in fast allen Bereichen der herkömmlichen GmbH. Ich entschied mich nach vielen Gesprächen für eine Stiftung und das vor allem aus folgenden Gründen: Die Stiftung ist der gGmbH vom Prestige und der Außenwirkung eindeutig überlegen.

15 *Buchna/Leichinger/Seeger/Brox*, Gemeinnützigkeit im Steuerrecht, 12. Aufl. 2023.

16 BFH v. 9.2.2017 – V R 70/14 (Vorinstanz: FG Köln v. 17.10.2013 – 13 K 3949/09); siehe dazu auch *Ritter*, StiftungsBrief 2014, 47.

17 FG Rheinland-Pfalz, Urt. v. 19.2.2014 – 1 K 2423/11 (rkr.), DStRE 2015, 294, siehe dazu auch *Weidmann/Kohlhepp*, DStR 2015, 1273, 1276 f.

Sie bietet mir die Gewähr, Unternehmenszweck und Ziele langfristig, auch über meinen Tod hinaus, festschreiben zu können.
Sie sichert in hervorragender Weise meine Familie ab und vermeidet Zwistigkeiten, wie ich sie oft unter Erben in meinem Umfeld beobachten musste.
Der Übergang zur Stiftung erfolgte mit dem Neujahrstag 2002. Seither hat sich das Unternehmen organisch weiterentwickelt. Die ursprünglichen Annahmen und Erwartungen sind eingetroffen. Rückblickend war die Gründung der Stiftung die absolut richtige Entscheidung; sie war zudem Vorbild für mittlerweile sechs weitere Stiftungen in Europa (Stand 2015). Die besondere Loyalität meiner Mitarbeiter ist auch auf die Stiftung übergegangen und der besondere Ruf des Unternehmens ist gefestigt.
Der ursprünglich experimentelle Charakter des Unternehmens ist erhalten geblieben und wird durch eine wachsende Zahl von Aktivitäten repräsentiert, die nur durch den Einsatz von Eigenmitteln der Stiftung realisiert werden können."

Um einem in der Praxis nach wie vor recht häufigen Missverständnis zur Förderung der Allgemeinheit entgegenzuwirken, sei in diesem Abschnitt abschließend der folgende Punkt besonders betont: 9

Praxishinweis: „Förderung der Allgemeinheit"

Die erforderliche Förderung der Allgemeinheit bei einer **gemeinnützigen Stiftung** ist dann nicht mehr gegeben (§ 52 Abs. 1 S. 2 AO), wenn der Kreis der Personen, denen die Förderung durch die Stiftung zugutekommt, fest abgeschlossen ist.

Ein solcher geschlossener Kreis ist etwa bei einer Familie oder der Belegschaft eines Unternehmens gegeben – aber auch, wenn die betreffenden Personen nach ihrer Abgrenzung, vor allem nach räumlichen oder beruflichen Merkmalen, dauernd nur einen kleinen Kreis bilden.

Errichtet ein Unternehmen oder der Unternehmer eine gemeinnützige Stiftung, kann er also damit nicht etwa – ausschließlich – seine Belegschaft fördern; zu fördern ist die Allgemeinheit, zu der aber natürlich auch die Belegschaftsmitglieder gehören können. Eine solche gemeinnützige Stiftung bietet für das Unternehmen die Möglichkeit einer positiven Öffentlichkeitsarbeit – etwa im Sinne eines Mäzenatentums des Unternehmers, das dieser über die Stiftung ausführt.

Nicht auf die Allgemeinheit, sondern auf die **Bedürftigkeit von Einzelpersonen** stellt das Gesetz in § 53 AO bei der **Mildtätigkeit** ab, die ebenfalls zur Steuerbefreiung führen kann. Eine Stiftung kann also sehr wohl bedürftige Personen eines Unternehmens fördern. Ein Praxisbeispiel ist die **Porsche Stiftung** aus Stuttgart („Unterstützungen an Betriebsangehörige der Firma oder deren nächsten Angehörigen (Eltern, Ehepartner, minderjährige Kinder) im Falle unverschuldeter Notlage").

III. Die mildtätige Stiftung

10 **Mildtätige Zwecke** (§ 53 AO) verfolgt eine Stiftung, wenn ihre Tätigkeit darauf gerichtet ist, Personen selbstlos zu unterstützen, die infolge ihres körperlichen, geistigen oder seelischen Zustandes (§ 53 Nr. 1 AO) oder auch aufgrund ihrer wirtschaftlichen Situation (näher: § 53 Nr. 2 AO) auf die Hilfe anderer angewiesen sind. Hier ist die Leistung der Stiftung also nicht an die Allgemeinheit gerichtet, sondern an einzelne Personen oder Personenkreise, die auch aus der Familie und/oder dem Unternehmen des Stifters stammen können.

11 Die Bedürftigkeit i.S.d. § 53 AO (Mildtätigkeit) ist im Einzelfall zu prüfen und nachzuweisen. Die Finanzverwaltung stellte in der Vergangenheit zunehmend höhere Ansprüche an den **Nachweis der finanziellen Bedürftigkeit**. Es sind grundsätzlich Einkommen und Vermögen (!) zu belegen, damit die Bedürftigkeit geprüft werden kann.[18] Das erschien in der Praxis nicht selten als kontraproduktiv. Wer will sich in einer Gesellschaft, die materielles Vermögen durchaus betont, schon nachhaltig als finanziell bedürftig „outen"?

Die Bestätigung etwa eines Arztes oder durch einen Angehörigen einer anderen qualifizierten Berufsgruppe (z.B. Psychiater) zur **persönlichen Hilfsbedürftigkeit**[19] wird da von Betroffenen i.d.R. als problemloser empfunden.

12 Auch der Gesetzgeber hat die Problemlage erkannt und durch das Ehrenamtsstärkungsgesetz 2013 in § 53 AO einen **erleichterten Nachweis** der **wirtschaftlichen Hilfsbedürftigkeit** eingeführt. Danach reicht nunmehr als Nachweis für wirtschaftliche Hilfsbedürftigkeit von Leistungsempfängern aus, wenn die Bedürftigkeit bereits durch eine amtliche Stelle geprüft wurde (z.B. Bezug von Bürgergeld, vormals „Hartz IV"). Für besondere Katastrophenfälle (z.B. Naturkatastrophen) erleichtert zudem § 53 Nr. 3 AO den Nachweis der Hilfsbedürftigkeit. Zusätzliche Kontrollen durch die mildtätige Körperschaft können dann entfallen. Bei besonderen Konstellationen ist auf Antrag bei dem zuständigen Finanzamt sogar der vollständige Verzicht auf den Nachweis der wirtschaftlichen Hilfsbedürftigkeit möglich.

13 Eine **Familienstiftung**, die einzelne Personen fördert – und damit eben nicht die Allgemeinheit – kann zwar nicht gemeinnützig sein, wohl aber mildtätig, wenn sie den mildtätigen Zweck selbstlos, unmittelbar und ausschließlich verfolgt.[20] Nicht selbstlos tätig ist allerdings nach herrschender Meinung[21] eine Stiftung

18 Siehe AEAO Nr. 10 zu § 53 AO; *Buchna/Leichinger/Seeger/Brox*, S. 128 ff.
19 *Buchna/Leichinger/Seeger/Brox*, S. 126 ff.
20 Siehe etwa Richter/*Richter*, § 27 Rn 40.
21 Richter/*Richter*, § 27 Rn 80 m.w.N.

(ausschließlich) zur Unterstützung des Stifters und seiner Verwandten.[22] Eine solche Stiftung kann demnach nicht wegen Mildtätigkeit steuerbefreit sein.

Der **Anwendungserlass zur Abgabenordnung** (AEAO) folgt dieser herrschenden Meinung und geht sogar noch deutlich weiter. Nach AEAO Nr. 3 zu § 53 AO kann eine Körperschaft, zu deren Satzungszwecken die Unterstützung hilfsbedürftiger Verwandter der Mitglieder, Gesellschafter, Genossen und Stifter gehört, nicht als steuerbegünstigt anerkannt werden. 14

Das ist noch immer wenig überzeugend,[23] aber eben dennoch herrschende Meinung. Mithin müssen hier ansetzende Gestaltungen tatsächlich vorweg mit dem für die betreffende Stiftung zuständigen Finanzamt abgestimmt werden. Das führt zu folgenden Argumentationshinweisen:

Praxishinweis: Argumentation zur Selbstlosigkeit unter Verwandten 15

Nach AEAO Nr. 3 zu § 53 AO in der geltenden Fassung kann, wie angesprochen, eine Körperschaft, zu deren **Satzungszwecken** die Unterstützung von hilfsbedürftigen Verwandten der Mitglieder, Gesellschafter, Genossen und Stifter gehört, nicht als steuerbegünstigt anerkannt werden. Bei einer derartigen Körperschaft stehe – so der Erlass – nicht die Förderung mildtätiger Zwecke, sondern die „Förderung der Verwandtschaft" im Vordergrund. Das sei entgegen § 53 AO nicht selbstlos. § 58 Nr. 6 AO stehe dem als Ausnahmevorschrift von dem Gebot der Selbstlosigkeit nicht entgegen.

In dieser absoluten Formulierung findet aus unserer Sicht diese Wertung des AEAO keine Stütze im Gesetz. Bedenklich stimmt hier schon, dass § 55 AO zur Selbstlosigkeit nur an „Mitglieder und Gesellschafter", aber nicht an deren Verwandte anknüpft. Auch in § 53 AO findet sich anders als im AEAO kein Hinweis auf Verwandte als Anknüpfungspunkt.

Was steuerschädliche „Förderung der Verwandtschaft" heißen soll, sagt der AEAO auch nicht. Sprachlich ist es ganz einfach: Entweder besteht ein Verwandtschaftsverhältnis oder es besteht nicht – im eigentlichen Sinne „zu fördern" ist da nichts.

Wenn der AEAO schon einen Blick auf **§ 58 Nr. 6 AO** bemüht, dann hätte es nahe gelegen, jedenfalls die Förderung bedürftiger Stifter und deren nächster Angehörigen als nicht unter § 53 AO fallend anzusehen, aber nicht generell alle Verwandten auszuschließen und damit wohl die Angehörigen i.S.d. § 15 AO zu meinen, obwohl der AEAO anstatt von „Angehörigen" von „Verwandten" spricht. Soll das auch die Verwandtschaft in Nebenlinien treffen (z.B. Neffen und Nichten)? Der AEAO ist hier bedenklich ungenau formu-

22 Siehe aber die Ausnahmevorschrift des § 58 Nr. 6 AO.

23 Zur Kritik an der Auffassung der Finanzverwaltung siehe schon *Schiffer*, DStR 2003, 14, 18; kritisch etwa auch Richter/*Richter*, § 27 Rn 80 m.w.N.

liert und tatsächlich wird man, was der Text in der AEAO nicht erschließt, die Ausnahme- und Sondervorschrift des § 58 Nr. 6 AO (siehe dazu Rdn 143 ff.) als lex specialis vorgehen lassen müssen.

Nur soweit die mildtätige Stiftung in erster Linie dazu dient, die Stifter von eigenen zivilrechtlichen **Unterhaltspflichten** zu befreien, ist aus meiner Sicht die Selbstlosigkeit zu verneinen.[24]

Ganz wohl scheint den Verfassern des AEAO bei ihrer Wertung ohnehin nicht gewesen zu sein. Bei der **tatsächlichen Geschäftsführung** ist die Unterstützung hilfebedürftiger „Angehöriger“, grundsätzlich (!) nicht schädlich für die Steuerbegünstigung. Die Verwandtschaft (!) dürfe jedoch kein Kriterium für die Förderleistung der Körperschaft sein. „Hilfebedürftig“ und (zufällig) auch „verwandt“ dürfen die geförderten Personen also sein, aber nicht (ersichtlich) „verwandt“ und „hilfebedürftig“. Wie soll denn hier – abgesehen von dem steuerrechtlich unklaren Begriff der Verwandtschaft – abgegrenzt werden?

Das BMF sollte klarstellen, was es meint.

IV. Die gemeinnützige und mildtätige Kombinationsstiftung

16 Eine Stiftung kann nach ihrer Satzung ohne weiteres auch **mehrere Zwecke** haben, also durchaus gleichzeitig auch gemeinnützige und mildtätige Zwecke in ihrer Satzung vorgeben. So finden sich in der Praxis etwa unternehmensnahe oder unternehmensverbundene Stiftungen, die nach ihrer Satzung gleichzeitig einem gemeinnützigen Zweck (z.B. Förderung der Allgemeinheit durch Förderung der Wissenschaft) und einem mildtätigen Zweck (z.B. Unterstützung von Mitarbeitern in Not gem. § 53 AO) dienen. Dabei muss die Stiftung nicht alle ihre Satzungszwecke in gleichem Maße oder auch nur zur gleichen Zeit verfolgen.

17 Denkbar sind auch nicht gemeinnützige Stiftungen (z.B. Familienstiftungen), die nach ihrer Satzung als „Nebenzweck“ bestimmte gemeinnützige, mildtätige und/oder kirchliche Zwecke durch Zuwendungen (Spenden) fördern. Die Steuerbegünstigung nach den §§ 51 ff. AO können diese Stiftungen dann allerdings nicht für sich in Anspruch nehmen.

V. Vorratszwecke – Kampf der Finanzämter?

18 Eine Vielzahl von Stiftungszwecken in einer Satzung, die nicht alle gleichzeitig oder auch nicht aktuell erfüllt werden, können in der Praxis – zumindest aus Sicht der Finanzverwaltung – schon im Anerkennungsverfahren, aber natürlich auch bei einer späteren Steuerprüfung der Stiftung ein Problem darstellen. Das

---

24 Siehe schon *Schiffer*, DStR 2003, 14, 18; so auch *Hüttemann*, Gemeinnützigkeitsrecht und Spendenrecht, Rn 3.184.

gilt besonders, wenn das Stiftungsvermögen relativ gering ist, so dass eine gleichzeitige Erfüllung aller gewollten Stiftungszwecke tatsächlich ausgeschlossen ist.

Man spricht hier auch von **Vorratszwecken.**[25] Sie werden ggf. vorsorglich in die Satzung geschrieben, weil sich eine Stiftungssatzung eben nicht ganz einfach ändern lässt, die Stiftung aber dauernd und nachhaltig den Stiftungszweck/die Stiftungszwecke erfüllen soll (§ 82 S. 1 BGB). 19

Bei einer Bürgerstiftung werden eine Vielzahl solcher Vorratszwecke oft ohne weiteres von den Behörden akzeptiert (siehe auch § 2 Rdn 45 ff.). Man findet dort durchaus den gesamten Zweckkatalog aus § 52 Abs. 2 AO und dazu die Mildtätigkeit nach § 53 AO gleichzeitig in der Satzung aufgelistet. Angesichts des typischerweise für eine Erfüllung aller dieser Zwecke zu geringen Stiftungsvermögens einer Bürgerstiftung, welches i.d.R. auch nicht etwa durch „Zeitspenden", Ideenspenden etc. ausgeglichen wird, können hier in besonders eklatanter Weise alle diese zahlreichen Zwecke gerade nicht aktuell oder auch nur in naher Zukunft[26] tatsächlich („gleichzeitig") verfolgt werden. 20

Bei der „normalen" steuerbefreiten Stiftung ist hingegen die Finanzverwaltung deutlich strenger, wenn es um die Beurteilung der Zulässigkeit solcher Vorratszwecke geht. Es ist sogar zu beobachten, dass einige Finanzämter zum Erhalt der Gemeinnützigkeit von Stiftungen Satzungsänderungen fordern, wonach aktuell nicht geförderte Zwecke aus der Satzung gestrichen werden sollen.[27] Oder sie verlangen eben schon bei der Stiftungserrichtung die Streichung vermeintlich „zu vieler" Zwecke. Da hier die Finanzämter als Eingriffsverwaltung tätig werden, müsste sich ein tragfähiger Rechtsgrund, eine gesetzliche Befugnis für besagte Forderung im Gemeinnützigkeits(steuer)recht finden lassen. Das folgt schon aus Art. 20 Abs. 3 GG (Rechtsstaatsprinzip). Alleine die in der Praxis nicht selten gehörte „Behauptung", es sei doch „sinnvoll", sich auf einige wenige Zwecke zu konzentrieren, ist hier keine rechtlich tragfähige Begründung, so sinnvoll ein entsprechender Hinweis aus Sicht der Finanzverwaltung und ggf. aus unabhängiger fachlicher Sicht im Einzelfall auch sein mag. 21

Eine gesetzliche Grundlage für besagte Forderung der Finanzverwaltung, die soweit ersichtlich ja auch nur von Teilen der Finanzverwaltung erhoben wird, kann ich nicht erkennen. 22

25 Kritisch zur Auffassung der Finanzverwaltung schon ausführlich *Schiffer*, StiftungsBrief 2015, 230; *ders.*, Stiftungsbrief 2016, 8; *ders.*, StiftungsBrief 2016, 48; *ders.*, StiftungsBrief 2016, 69. Siehe etwa auch *Schiffer*, StiftungsBrief 10/2025 (Editorial); *Mecking*, Stiftung & Sponsoring, 01/2026, 35; *Pagels*, npoR 2026, 6.

26 Besagte Teile der Finanzverwaltung sehen hier gerne drei Jahre als passenden Zeitraum.

27 Das konstatiert etwa auch *Dietz*, StiftungsBrief 2013, 108. Die Praxis ist uneinheitlich, wie auch *Dietz* insb. unter Hinweis auf die großzügige Praxis in Bayern darlegt. So auch Weidmann/Kohlhepp, Die gemeinnützige GmbH, 5. Aufl. 2025, Kap. 2.4.3.2.2 (S. 62).

Im vorliegenden Zusammenhang hat *Hüttemann*, der zum Thema Gemeinnützigkeit nicht nur mit seinem Standardwerk besonders ausgewiesen ist, den Gedanken geäußert, dass die tatsächliche Geschäftsführung der Stiftung deren Satzung entsprechen müsse. Seine dazu nicht begründete „Erklärung“, die Zwecke seien „gegenwärtig“ zu verfolgen,[28] ist eine reine Behauptung und taugt schon deshalb als Begründung nicht. Diese **„enge Lesart“ des § 59 AO**, wonach die Norm eine gegenwärtige Zweckverfolgung verlangen soll, entspricht auch nicht dem bisherigen Verständnis der Norm. Dafür ist die Behandlung der Bürgerstiftung nur das prominenteste Beispiel aus der Praxis. Die Ungleichbehandlung zur politisch offensichtlich gewünschten Bürgerstiftung fällt hier deutlich auf. Es kann doch nicht bei der Bürgerstiftung richtig sein, was gleichzeitig bei anderen gemeinnützigen Stiftungen falsch sein soll. Konsequenterweise dürfte die Finanzverwaltung entsprechende gemeinnützige Bürgerstiftungen nicht mehr dulden.

Hüttemann nennt uns für seine Überlegung denn auch, wenig überraschend, keine steuerrechtlichen Nachweise. Der Text der Norm stützt die Meinung von *Hüttemann* nicht, worauf zugleich näher einzugehen sein wird (siehe Rdn 24). *Hüttemann* scheint, wenn man genauer bei ihm nachliest, selbst nicht wirklich von seiner Ansicht überzeugt zu sein. So schreibt er an besagter Stelle nur recht zurückhaltend (zweifelnd?), indem er seine einschlägigen Überlegungen mit der deutlich einschränkenden Formulierung „*Geht man davon aus, dass …*“ einleitet.

Verkannt wird im vorliegenden Zusammenhang auch, dass der hier oft zu hörende beschwichtigende Hinweis, man könne ja später einfach die Satzung ändern und einen neuen Zweck (wieder) einfügen, nicht richtig ist. Wir haben Stiftungsbehörden erlebt, die da sogar besonders streng sind.

Da jedenfalls aus besagten Erwägungen *Hüttemanns* eine rechtlich tragfähige Begründung für die angebliche Unzulässigkeit von Vorratszwecken nicht ersichtlich ist, stellt sich die Frage, welche steuerrechtlichen Vorschriften in dem hier betrachteten Zusammenhang überhaupt als Begründung herangezogen werden könnten.

23 *Dietz* nennt **§ 56 AO.**[29] Die Vorschrift lautet:

> „*Ausschließlichkeit liegt vor, wenn eine Körperschaft nur ihre steuerbegünstigten satzungsmäßigen Zwecke verfolgt.*“

Daraus lässt sich allerdings letztlich nur ableiten, dass mehrere Zwecke gleichzeitig zulässig sind und dass keine anderen Zwecke als die in der Satzung genannten Zwecke (**Plural**) verfolgt werden dürfen. Die Körperschaft darf eben keine anderen als ihre Satzungszwecke verfolgen. „*Ausschließlichkeit erfordert, dass die*

28 *Hüttemann*, Gemeinnützigkeitsrecht und Spendenrecht, Rn 4.168 ff.
29 *Dietz*, StiftungsBrief 2013, 108, 109 f.

Körperschaft allein im Rahmen ihres Satzungszwecks tätig wird."[30] Für das Thema „Vorratszwecke" ergibt sich aus dieser Feststellung bei genauer Betrachtung allerdings nichts, da ja alle „Vorratszwecke" in der Satzung genannt und damit nach § 56 AO und § 59 AO verfolgt werden dürfen und nur andere Zwecke eben nicht. Da formuliert das Gesetz eindeutig. Es setzt einen **Rahmen**, der nicht überschritten werden darf.

Was ergibt sich im vorliegenden Zusammenhang aus dem bereits mehrfach erwähnten **§ 59 AO**? Die Vorschrift lautet (Hervorhebungen durch die Autoren): 24

> „*Die Steuervergünstigung wird gewährt, wenn sich aus der Satzung, dem Stiftungsgeschäft oder der sonstigen Verfassung (Satzung im Sinne dieser Vorschriften) ergibt,* ***welchen Zweck die Körperschaft verfolgt****, dass dieser Zweck den Anforderungen der §§ 52 bis 55 entspricht und dass* ***er ausschließlich und unmittelbar verfolgt wird****; die tatsächliche Geschäftsführung muss diesen Satzungsbestimmungen entsprechen.*"

Wir halten es für gewagt, diese Norm als Beleg für das angebliche Verbot von Vorratszwecken heranzuziehen. Es fällt zunächst auf, dass die Vorschrift nur von „Zweck" im **Singular** spricht, nach dem Wortlaut also gar keine Mehrzahl von Zwecken „im Sinn" hat. Zudem verweist die Vorschrift im Kern wieder auf die Ausschließlichkeitsvorschrift (§ 56 AO). Die Vorschrift normiert aus meiner Sicht in dem hier in Frage stehenden Zusammenhang damit letztlich nur das Erfordernis der Übereinstimmung von Geschäftsführung und Satzungsvorgaben mit **der Satzung als Rahmen für das Geschäftsführungshandeln**. Die Geschäftsführung darf nicht von der Satzung abweichen. Sie darf nicht über den Satzungsrahmen hinausgehen. Sie muss innerhalb des von der Satzung gesetzten Rahmens bleiben. Die Steuerbegünstigung entfällt, sofern die Geschäftsführung nicht während eines ganzen Veranlagungszeitraums satzungsgemäß erfolgt.[31] Auch wenn ein Vorratszweck nicht erfüllt wird, bewegt sich die Geschäftsführung der Stiftung aber ersichtlich noch innerhalb der Satzung.

Zu betrachten ist in diesem Zusammenhang schließlich **§ 63 Abs. 1 AO**. Die Vorschrift lautet: 25

> „*Die tatsächliche Geschäftsführung der Körperschaft muss auf die ausschließliche und unmittelbare Erfüllung der steuerbegünstigten Zwecke gerichtet sein und den Bestimmungen entsprechen, die die Satzung über die Voraussetzungen für Steuervergünstigungen enthält.*"

Damit wird im Ergebnis nichts anderes gesagt als gerade schon zu § 59 AO angesprochen, auch wenn hier im **Plural** von „Zwecke" gesprochen wird. Der Gesetzgeber hat hier, was Singular und Plural angeht, wohl nicht sehr exakt

30 So ausdrücklich Klein/*Gersch*, AO, § 56 Rn 1; Tipke/Kruse/*Seer*, § 56 AO Rn 1 („Verfolgung nur satzungsgemäßer Zwecke").

31 Siehe nur Klein/*Gersch*, AO, § 59 Rn 4.

formuliert. Anders ist nicht zu erklären, dass es in den Vorschriften „unmotiviert" zwischen Singular und Plural wechselt. Daraus negative Folgerungen für den Steuerpflichtigen abzuleiten, entspricht nicht dem Grundsatz der Bestimmtheit und der Berechenbarkeit des gesetzgeberischen Eingriffs im Steuerrecht.[32]

Ja, die tatsächliche Geschäftsführung der Stiftung darf „nur" der Satzung entsprechend" erfolgen.[33] Das ist aber auch dann der Fall, wenn sie nicht alle Zwecke gleichzeitig erfüllt, d.h. den Rahmen, den ihr die Satzung gibt, nicht ausnutzt.

Häufig finden sich in Stiftungssatzungen mit vielen Zwecken sogar ausdrücklich vorausschauende Regelungen, wonach nicht alle Zwecke gleichzeitig erfüllt werden müssen. Damit ist eine Zweckauswahl durch die Stiftungsorgane sogar ausdrücklich satzungskonform (§ 63 Abs. 1 AO: *„... den Bestimmungen entsprechen, die die Satzung über die Voraussetzungen für Steuervergünstigungen enthält."*).

Es ist im Übrigen auch nicht ungewöhnlich, dass bei der tatsächlichen Geschäftsführung durch den Stiftungsvorstand der von der Satzung ermöglichte **Rahmen** nicht ausgeschöpft wird. Man denke nur an die Möglichkeit von Zustiftungen (Stiftungsfonds) oder der Vermögensumschichtung, an einen etwaig für die Vermögensverwaltung gesetzten Rahmen, an den zulässigen Einsatz von Hilfspersonen und an vieles andere. Es ist doch gerade der Normalfall, dass die Stiftungssatzung Möglichkeiten gewährt, die aktuell von den Stiftungsorganen nicht genutzt werden. In dem Zusammenhang ist die Finanzverwaltung noch nicht auf den Gedanken gekommen, dass auch dieses Nichtnutzen von Möglichkeiten gemeinnützigkeitsrechtlich unzulässig sein soll. Mit dieser steuerrechtlichen Kontrollüberlegung will ich es hier bewenden lassen.

Zwischenfazit: Es fehlt eine steuerrechtliche Begründung für das angebliche Verbot von Vorratszwecken bei der gemeinnützigen Stiftung. Damit bleibt nur noch ein Blick auf das Stiftungszivilrecht.

26 *Hüttemanns* Hinweis auf die „vergleichbare Problematik im Stiftungsrecht" (Stiftungszivilrecht) sowie seine Kommentierung dazu gemeinsam mit *Rawert*[34] kann weder seine Behauptung für das Stiftungssteuerrecht begründen, noch kann der Hinweis überhaupt für das Stiftungszivilrecht überzeugen.

Beide Autoren beschreiben zunächst **das stiftungsrechtliche Bestimmtheitsgebot**,[35] wonach der Stifterwille nicht so allgemein gehalten sein dürfe, dass er den

32 Siehe bspw. auch Klein/*Jäger*, AO, § 370 Rn 10 ff.; BVerfG NJW 1999, 557 („rechtsstaatliches Gebot der Voraussehbarkeit und Berechenbarkeit").

33 So Tipke/Kruse/*Seer*, § 63 AO Rn 2, der aus dem Erfordernis der zeitnahen Mittelverwendung (siehe auch Rdn 71 ff.) die Forderung einer „zeitnahen Verwirklichung der Stiftungszwecke" abzuleiten scheint und deshalb Vorratszwecke als „problematisch" bezeichnet. Die zeitnahe Mittelverwendung hat allerdings mit der (gleichzeitigen) Erfüllung aller Satzungszwecke nichts zu tun.

34 Staudinger/*Hüttemann/Rawert*, § 81 Rn 47 f.

35 Staudinger/*Hüttemann/Rawert*, § 81 Rn 47.

Stiftungsorganen eine gleichsam körperschaftliche Willensbildung – ich möchte ergänzen „anstelle der des Stifters" – ermöglicht. Die Stiftungsorgane müssen, so die Autoren weiter, einen eindeutigen und abgegrenzten Auftrag erhalten, dessen Erfüllung sich als Vollzug des „ursprünglichen Stifterwillens" darstelle. Das Bestimmtheitsgebot untersage dabei lediglich Stiftungszwecke wie z.B. die „Förderung des Glücks der Menschheit". Das überzeugt.

Ohne irgendeine Begründung folgern die Autoren aus diesem Bestimmtheitsgebot allerdings auch eine Pflicht zur „Zweckwahrheit".[36] Es dürfe in der Stiftungssatzung nur ein Zweck angegeben sein, der nach dem Willen des Stifters tatsächlich verfolgt werden solle.

Ja, natürlich. Das sagt der Stifter ja ausdrücklich gerade dadurch, dass er den Zweck in das Stiftungsgeschäft und die Satzung aufnimmt und ihn dort manifestiert. Es sagt damit aber doch noch gar nichts dazu, wann und unter welchen Bedingungen der Zweck nach seinem Willen verfolgt werden soll.

Angeblich hat der Stifter nach *Hüttemann/Rawert*, die für diese Behauptung wiederum keine Begründung anführen, auch anzugeben, mit welcher Priorität mehrere Zwecke zu verfolgen sind. Fehle eine solche Vorgabe, seien die Zwecke „annähernd gleichmäßig zu verfolgen".

Alles, was *Hüttemann/Rawert* fordern, erscheint auch uns grundsätzlich erwägenswert und mag im Einzelfall durchaus sinnvoll sein. Es kann aber, ohne dass dafür tragfähige Rechtsgründe angegeben werden, als angeblich zwingendes Erfordernis nicht überzeugen. Damit ist die Forderung von *Hütteman/Rawert* nur als bloße unverbindliche Meinungsäußerung zu verstehen, die im aktuellen Recht keine Stütze findet. 27

Dass nach § 82 S. 1 BGB die Stiftung als rechtsfähig anzuerkennen ist, wenn die dauernde und nachhaltige Erfüllung des Stiftungszwecks gesichert erscheint, spricht unserer Meinung nach sogar ausdrücklich dafür, dass Vorratszwecke bei der rechtsfähigen Stiftung rechtlich zulässig sind. Erhöhen Vorratszwecke doch über die lange Zeitspanne der tendenziellen Ewigkeit der rechtsfähigen Stiftung die Wahrscheinlichkeit einer „dauernden und nachhaltigen Zweckerfüllung". Wir sollten immer beachten, dass wir bei der rechtsfähigen Stiftung, plakativ gesprochen, in Jahrhunderten denken müssen und nicht (nur) im einzelnen Jahr des Besteuerungsabschnitts. Diese grundsätzliche stiftungsrechtliche Erwägung kann auch durch das Steuerrecht nicht ausgehebelt werden, setzt das Stiftungssteuerrecht doch gerade die entsprechende rechtsfähige Stiftung voraus und knüpft in der Folge erst daran steuerrechtliche Schlussfolgerungen. Damit ist zugleich ausgeschlossen, dass das (Stiftungs-)Steuerrecht in umgekehrter Richtung das Stiftungszivilrecht normativ beeinflusst.[37]

36 Staudinger/*Hüttemann/Rawert*, § 81 Rn 48.

37 Vgl. allg. dazu *Tipke*, Die Steuerrechtsordnung, Bd. I, 1992, S. 90 f.

Auch hier geht das Zivilrecht dem Steuerrecht vor, denn die Errichtung der Stiftung und deren Satzungsgestaltung, an die die Finanzverwaltung ggf. steuerliche Folgen anknüpfen will, erfolgt nach dem Zivilrecht, das Vorratszwecke, wie gerade dargelegt, eben nicht untersagt.

28 **Fazit**: Demnach findet sich insgesamt keine tragfähige Rechtsgrundlage für den Gedanken eines Verbots von Vorratszwecken, vielmehr folgt aus dem Stiftungszivilrecht gerade die Zulässigkeit von Vorratszwecken. Über die hier kritisierte Ansicht zu dem angeblichen Verbot von Vorratszwecken sollte mithin seitens der Finanzverwaltung noch einmal gründlich nachgedacht werden.

Das gilt auch angesichts der schlechten Ertragslage auf dem Kapitalmarkt. Wird sich doch daraus nicht selten ergeben, dass Stiftungen in der Verfolgung ihrer Stiftungszwecke gegenüber früheren Zeiträumen eingeschränkt sind und deshalb zu überlegen haben, ob nicht der eine oder andere bisher von ihnen verfolgte Zweck (über einen längeren Zeitraum) zu einem „Vorratszweck" zurückgestuft werden muss.

29 **Praxishinweise zu Vorratszwecken**

Dietz gibt zu dem vorliegenden Zusammenhang den **Praxishinweis**, ggf. in Sitzungsprotokollen der Stiftungsorgane zu dokumentieren, aus welchen Gründen bestimmte Stiftungszwecke im aktuellen Jahr/gegenwärtig nicht verfolgt werden[38] und, so möchten wir ergänzen, warum andere Zwecke aktuell vorrangig verfolgt werden. Ein solcher begründeter Beleg könnte ggf. helfen, die Finanzverwaltung zu überzeugen.

Man könnte auch daran denken, durch den gescheiterten Versuch, der Festlegung von Vorratszwecken jedenfalls die nachträgliche Zweckänderung oder Zweckerweiterung in der **Praxis** als erleichtert anzusehen. Wie ließe sich der Stifterwille deutlicher darstellen als mit einem an der Finanzverwaltung gescheiterten Versuch, bestimmte weitere Zwecke in die Stiftungssatzung zu schreiben? Unterstreichen könnte man das in betreffenden Fällen noch durch eine entsprechende ausdrückliche Satzungsregelung.

Formulierungsbeispiel:

„Soweit es für eine Satzungsänderung die Stiftungszwecke betreffend (Änderung der Stiftungszwecke, Streichung von Stiftungszwecken, Aufnahme zusätzlicher Zwecke in die Stiftungssatzung) auf den Stifterwillen ankommt, soll insbesondere auch auf etwaige im Anerkennungsverfahren von der Stiftungsbehörde und/oder der Finanzverwaltung abgelehnte Zwecke abgestellt werden, denn diese Zwecke entsprechen dem damaligen Stifterwillen, der nicht durchgesetzt werden konnte."

38 *Dietz*, StiftungsBrief 2013, 108, 110.

Denkbar wäre auch eine Präambel, in der man den ursprünglichen, vergeblichen Versuch der vermehrten Stiftungszwecke – bitte ohne jede Provokation! – kurz darstellt.

B. Hinweise zur Reichweite der Steuerbefreiung

Hat ein potenzieller Stifter sich – i.d.R. gemeinsam mit seinem Berater – seine Gedanken zu dem Zweck seiner Stiftung gemacht, stellen sich ihm die Vorfrage zur etwaigen Steuerbefreiung als Gestaltungsansatz und die Hauptfrage, wie weit die gemeinnützigen und/oder mildtätigen Zwecke[39] im Sinne der von ihm angedachten Stiftungszwecke in der Praxis reichen. Die entscheidende Frage ist in der Tat regelmäßig, wie weit die Steuerbefreiung oder Steuervergünstigung tatsächlich reicht. Die jeweilige Steuerbefreiung einer Stiftung richtet sich nach den einzelnen Steuergesetzen. In der Abgabenordnung (§§ 51 ff. AO) sind „nur“ die hier skizzierten Grundregeln festgehalten. 30

I. Die Steuerbefreiungen

Bei ihrer **Errichtung** und auch bei **Zustiftungen** hat die steuerbefreite Stiftung keine **Erbschaft- und Schenkungsteuer** zu leisten (§ 13 Abs. 1 Nr. 16 lit. b ErbStG). Diese Steuerbefreiung entfällt allerdings, soweit Zuwendungen einem steuerpflichtigen wirtschaftlichen Geschäftsbetrieb der Stiftung zugutekommen.[40] In engen Ausnahmefällen können nach § 13 Abs. 1 Nr. 17 ErbStG auch Zuwendungen an eine nicht steuerbegünstigte Stiftung (z.B. Familienstiftung) steuerfrei sein, wenn die Zuwendung dort ausschließlich kirchlichen, gemeinnützigen oder mildtätigen Zwecken gewidmet und die Verwendung zu dem bestimmten Zweck gesichert ist.[41] 31

Die **unentgeltliche Immobilienübertragung** auf eine gemeinnützige Stiftung ist als Grundstückserwerb von Todes wegen oder als Grundstücksschenkung unter Lebenden nach § 3 Nr. 2 GrEStG von der Grunderwerbsteuer befreit (siehe auch § 8 Rdn 43).

Die Vermögensausstattung der gemeinnützigen Stiftung erfolgt also i.d.R. steuerfrei.

---

39 Kirchliche Zwecke nach § 54 AO sind hier nicht Gegenstand der Betrachtung.

40 Siehe nur *Buchna/Leichinger/Seeger/Brox*, S. 1080; *Götz*, NWB 2008, F. 2, 9757, 9769 f.

41 Zu den strengen Anforderungen siehe BFH, Urt. v. 30.7.2025 – II R 12/24 und die Vorinstanz FG Mecklenburg-Vorpommern, Urt. v. 31.1.2024 – 1 K 231/22, dazu auch *Gummels*, StiftungsBrief 2025, 113.

32 Stiftungen, die ausschließlich und unmittelbar (zur Hilfspersonenproblematik siehe Rdn 215 ff.)[42] gemeinnützigen Zwecken dienen (§§ 51 ff. AO),[43] sind zudem als solche, d.h. nicht in ihrem etwaigen wirtschaftlichen Geschäftsbetrieb – auf den später noch näher einzugehen ist –, nach § 5 Abs. 1 Nr. 9 S. 1 KStG von der Körperschaftsteuer befreit. Die Befreiung von der Körperschaftsteuer ist neben der Möglichkeit zum Empfang steuerlich abzugsfähiger Zuwendungen (vgl. § 10b EStG, § 9 Nr. 3 KStG, § 9 Nr. 5 GewStG) der wichtigste steuerliche Vorteil der Gemeinnützigkeit.

33 Weitere Steuervergünstigungen wegen Gemeinnützigkeit bestehen bei der Gewerbesteuer (§ 3 Nr. 6 S. 1 GewStG), der Umsatzsteuer (§ 12 Abs. 2 Nr. 8 lit. a UStG)[44] sowie im Bereich der Grundsteuer (§ 3 Abs. 1 Nr. 3 lit. b GrStG).[45]

34 Die Umsatzsteuer wollen wir hier etwas näher betrachten. In bestimmten Fällen ist die gemeinnützige Stiftung auch von der **Umsatzsteuer** befreit oder nur mit ermäßigter Umsatzsteuer belastet.[46] Es ist also immer zu prüfen, ob die Stiftung überhaupt steuerpflichtige Umsätze im Sinne des Umsatzsteuerrechts tätigt. Das ist in der Praxis nicht immer ganz einfach, wie beispielhaft die Initiative **„Deutschland rundet auf"** zeigt. Dort musste einkommensteuerlich und umsatzsteuerlich „nachgebessert" werden, was sich aus einem **BMF-Schreiben vom 3.5.2013** ergibt.[47] Dort heißt es:

> *„Die Umstellung des Geschäftsmodells der „Deutschland rundet auf"-Stiftungs-GmbH (Vereinnahmung und Weiterleitung der gespendeten Beträge im eigenen Namen für eigene Rechnung) führt dazu, dass es sich bei dem Vorhaben nicht mehr um ein erlaubnispflichtiges Finanztransfergeschäft nach § 1 Absatz 2 Nummer 6 ZAG handelt.*
> *Die Umsatzsteuer-Referatsleiter der obersten Finanzbehörden des Bundes und der Länder sehen im o.g. Fall in den im Rahmen der Initiative „Deutschland rundet auf" von den Verbrauchern an die Einzelhändler zugewendeten Beträgen, die von den Einzelhändlern an die Initiative weitergeleitet werden, um-*

42 Siehe § 57 AO.

43 Zu den einzelnen Steuerbefreiungen siehe *Buchna/Leichinger/Seeger/Brox*, S. 589 ff.

44 Dazu, wie teuer das Geschenk der Umsatzsteuerbefreiung kommen kann, weil dann der Vorsteuerabzug wegfällt, siehe etwa *Meier/Meyn/Surmatz*, Deutsche Stiftungen 1/2003, 103 („Umsatzsteuerbefreiung kostet gemeinnützige Stiftungen Millionen").

45 Siehe auch *Krauß*, Die gemeinnützige Stiftung in der Anwaltspraxis, Rn 132 ff.

46 Ausf. zur Umsatzsteuer etwa: *Hüttemann*, Gemeinnützigkeitsrecht und Spendenrecht, Rn 7.175 ff.; *Buchna/Leichinger/Seeger/Brox*, S. 677 ff.; *Werner*, ZStV 2014, 181; *Pauls*, ZStV 2011, 17 ff.; *Endbrügger/Liegmann*, DStR 2011, 1157 ff. Siehe beispielhaft zu Sportvereinen in der Umsatzsteuer *Wäger*, DStR 2014, 1517 und BFH v. 30.3.2014 – V R 4/13, DStR 2014, 1539; siehe auch *Klöttschen/Muth/Krumpen/Heun*, Rote Seiten zu Stiftung & Sponsoring 5/2013 (Teil I) und Rote Seiten zu Stiftung & Sponsoring 2/2014 (Teil II).

47 BMF v. 3.5.2013 – IV D 2 – S 7200/07/10017: 003, IV C 6 – S 2130/13/10001, DStR 2013, 1288.

satzsteuerrechtlich nicht relevante Geldzuwendungen. Die Zuwendungen sind kein Entgelt für eine vom Einzelhändler an den Verbraucher erbrachte Leistung.
Ertragsteuerlich sind die Aufrundungsbeträge als Betriebseinnahmen zu erfassen, wenn ein am Projekt „Deutschland rundet auf" beteiligter Einzelhändler Aufrundungsbeträge im Rahmen der Gewinnermittlung durch Betriebsvermögensvergleich nach § 4 Absatz 1 EStG vereinnahmt.
In gleicher Höhe hat der Einzelhändler eine Verbindlichkeit gegenüber der gemeinnützigen Stiftungs-GmbH zu passivieren, so dass sich hier keine Auswirkungen auf den Gewinn ergeben.
Sofern der Einzelhändler seinen Gewinn durch den Überschuss der Betriebseinnahmen über die Betriebsausgaben nach § 4 Absatz 3 EStG ermittelt, sind die Rundungsbeträge im Zeitpunkt der Vereinnahmung als Betriebseinnahmen und im Zeitpunkt der Abführung als Betriebsausgaben zu erfassen. Im Ergebnis ergibt sich somit ebenfalls keine Auswirkung auf den Gewinn.
Ich hoffe, Ihnen mit meiner Stellungnahme behilflich gewesen zu sein und wünsche Ihnen weiterhin viel Erfolg für Ihre Initiative. Ich beabsichtige, den obersten Finanzbehörden der Länder jeweils einen Abdruck dieses Schreibens zur Verfügung zu stellen, damit diese ihren jeweils nachgeordneten Bereich unterrichten können."

Eine Stiftung ist unter bestimmten Voraussetzungen bei Umsätzen, die mit dem Betrieb von **Krankenhäusern** verbunden sind, nicht mit Umsatzsteuer belastet (§ 4 Nr. 14 lit. b UStG).[48] Entsprechendes gilt auch für eng mit der Sozialfürsorge und der sozialen Sicherheit verbundene Leistungen (§ 4 Nr. 18 UStG).

Zahlungen können, etwa im Fall eines Entgeltes für Personalüberlassungen im Rahmen von Kooperationen unter Stiftungen (siehe dazu Rdn 230 f.), zwar i.d.R. nicht nach deutschem Recht steuerbefreit sein, sie können aber ggf. nach **EU-Recht** steuerfrei sein.[49]

Für nicht befreite Fälle, d.h. für Leistungen gemeinnütziger Stiftungen, die nicht im Rahmen eines wirtschaftlichen Geschäftsbetriebes, sondern im ideellen Bereich oder in einem Zweckbetrieb ausgeführt werden, der Steuersatz nicht 19 %, sondern nur 7 % (§ 12 Abs. 2 Nr. 8 lit. a UStG: *„Leistungen der Körperschaften, die ausschließlich und unmittelbar gemeinnützige, mildtätige oder kirchliche Zwecke verfolgen (§§ 51 bis 68 der Abgabenordnung)"*).[50]

48 Siehe dazu BFH, Urt. v. 23.10.2014 – V R 20/14, DStR 2015, 478 und etwa auch OFD Frankfurt, Verf. v. 30.8.2012 – S 7170 A – 92 – St 112.

49 Siehe FG Münster, Urt. v. 15.10.2014 – 5 K 4314/12 U; siehe dazu StiftungsBrief 2015, 47.

50 Davon zu unterscheiden sind bestimmte Leistungen/Umsätze, die per se nur einer Umsatzsteuer von 7 % unterliegen (§ 12 Abs. 2 UStG; Beispiel: Bücher).

Die Umsatzsteuerermäßigung beruht auf Art. 12 Abs. 3 lit. a Unterabs. 3 der Richtlinie 77/388/EWG.[51] Danach können die Mitgliedstaaten nur auf Lieferungen von Gegenständen und Dienstleistungen der in Anlage H genannten Kategorien einen ermäßigten Steuersatz anwenden. In der Anlage H sind steuerpflichtige Leistungen durch von den Mitgliedstaaten anerkannte gemeinnützige Einrichtungen für wohltätige Zwecke und im Bereich der sozialen Sicherheit (Nr. 14 der Anlage H) genannt. Neben dieser unionsrechtlichen Grundlage ist bei der Auslegung von § 12 Abs. 2 Nr. 8 lit. a S. 2 UStG zu berücksichtigen, wie der BFH betont, dass grundsätzlich der normale Steuersatz gilt und der ermäßigte Steuersatz eben die **Ausnahme** ist, deshalb seien, so der BFH, Tatbestandsmerkmale, die zu dieser Ausnahme führen, eng auszulegen.[52] Ausgehend davon hat der BFH zu folgendem Leitsatz gefunden:

> *„Eine Körperschaft dient nicht ausschließlich gemeinnützigen Zwecken, wenn die Beschäftigung Behinderter im Rahmen eines Integrationsprojekts nach der Vertragsgestaltung erkennbar dazu dient, den ermäßigten Umsatzsteuersatz zugunsten einer nicht gemeinnützigen Körperschaft zu nutzen."*[53]

35 Wird eine gemeinnützige Stiftung wider Erwarten **aufgelöst**, fallen allerdings **Erbschaft- und Schenkungsteuer** nur dann nicht an, wenn der Empfänger des durch Auflösung der Stiftung „frei" gewordenen Vermögens – etwa wegen Gemeinnützigkeit – ebenfalls steuerbefreit ist. Etwaige Veräußerungs-/Liquidationsgewinne im Fall der Auflösung der Stiftung sind, nur soweit sie ein gewerbliches Betriebsvermögen der Stiftung betreffen, ertragsteuerpflichtig.

II. Europarechtliche Rahmenbedingungen und Folgerungen für die Praxis

36 **Europarechtlich** wurde im Zusammenhang mit der Niederlassungs- und Dienstleistungsfreiheit zu grenzüberschreitenden Tätigkeiten bereits früher vor allem die bevorzugte Stellung inländischer gemeinnütziger Einrichtungen im Vergleich zu ausländischen gemeinnützigen und kommerziellen Anbietern von Dienstleistungen problematisiert (§ 5 Abs. 2 Nr. 2 KStG a.F.).[54]

1. Zur Rechtsprechung des EuGH

37 Das **deutsche Gemeinnützigkeitsrecht** stand wegen dieser Bevorzugung im Jahre 2006 durch einen **Vorlagebeschluss des BFH** an den EuGH[55] ganz grund-

---

51 Siehe dazu etwa BFH, Urt. v. 23.2.2012 – V R 59/09, DB 2012, 1308.

52 Siehe auch EuGH, Urt. v. 18.1.2001 – C-83/99, Kommission/Spanien, BFH/NV Beilage 2001, 124 m.w.N. zur Rspr. des EuGH.

53 BFH, Urt. v. 23.2.2012 – V R 59/09, DB 2012, 1308. Siehe dazu auch die Urteilsanm. von *Fritz*, ZStV, 2012, 178 f.

54 Ausf. zu der damaligen Diskussion *Helios*, BB 2002, 1893. Siehe auch EuGH DB 2002, 1356 = DStRE 2002, 642; EuGH NWB, F. 1, 3222, Rn 7.

55 BFH DStR 2004, 1644.

sätzlich auf dem Prüfstand.[56] In dem besagten Fall erzielte eine Stiftung italienischen Rechts (Centro di Musicologia Walter **Stauffer**) mit Sitz in Italien aus einem Geschäftsgrundstück in Deutschland Einkünfte aus Vermietung und Verpachtung. Die Stiftung verfolgt Ausbildungs- und Erziehungszwecke und fördert über **Stipendien**[57] den Aufenthalt junger Schweizer in Italien. Das deutsche Finanzamt wollte die Vermietungseinkünfte der Körperschaftsteuer unterwerfen. Der 1. Senat des BFH hatte in seinem Vorlagebeschluss bezweifelt, ob die (damalige) Einschränkung der Körperschaftsteuerbefreiung nach § 5 Abs. 2 Nr. 2 a.F. des deutschen KStG gemeinschaftsrechtlichen Anforderungen genüge. Am 14.9.2006 entschied der **EuGH,**[58] dass es nicht mit Art. 73b EGV i.V.m. Art. 73d EGV vereinbar ist, wenn ein Mitgliedstaat inländische Vermietungseinkünfte einer als gemeinnützig anerkannten, grundsätzlich unbeschränkt steuerpflichtigen Stiftung mit Niederlassung in diesem Staat von der Körperschaftsteuer befreit, die gleiche Befreiung aber für entsprechende Einkünfte einer als gemeinnützig anerkannten Stiftung des privaten Rechts mit Niederlassung in einem anderen Mitgliedsstaat verweigert, weil diese im Inland nur beschränkt steuerpflichtig ist.

Mit der Entscheidung hat der EuGH allerdings **keine zwangsläufige Gleichbehandlung** von Körperschaften, die das nationale Gemeinwohl fördern, mit solchen, die nur nicht nationalen Belangen dienen, gefordert. Er hat vielmehr Spielraum für eine auf Förderung des nationalen Gemeinwohls gerichtete Gestaltung des steuerlichen Gemeinnützigkeitsrechts belassen.[59] Der deutsche Gesetzgeber hat darauf mit dem aktuellen § 51 Abs. 2 AO und mit einer Änderung des § 5 Abs. 2 Nr. 2 KStG[60] reagiert. 38

Anfang 2009 hatte der EuGH im Fall **Persche** erneut über einen Vorlagebeschluss des BFH aus dem Jahr 2007 zu entscheiden. Ein deutscher Staatsangehöriger hatte für eine Heimeinrichtung für ältere Mitmenschen und Kinder in Portugal verschiedene Gegenstände im Wert von ca. 18.000 EUR gespendet. Diese Sachspende hat er dann in seiner Einkommensteuererklärung als Sonderausgabe geltend gemacht. Das zuständige Finanzamt lehnte den begehrten Spendenabzug jedoch mit der Begründung ab, dass der Spendenempfänger nicht in Deutschland 39

56 Dazu *Schiffer*, DStR 2005, 508 und im zusammenfassenden Überblick *Förster*, BB 2011, 663 ff. Zum Thema Umsatzsteuer und Europarecht siehe *Widmann*, npoR 2010, 106 ff.

57 Zu Forschungsstipendien siehe FG Rheinland-Pfalz, Urt. v. 9.12.2014 – 3 K 2197/11; dazu *Weidmann/Kohlhepp*, DStR 2015, 1273, 1284. Zur Steuerfreiheit von Stipendien nach § 3 Nr. 44 EStG siehe BFH, Urt. v. 24.2.2015 – VIII R 43/12, DStRE 2015, 963.

58 EuGH v. 14.9.2006 – C-386/04, Centro di Musicologia Walter Stauffer, DStR 2006, 1736. Zu diesem Urteil siehe etwa *Hüttemann/Helios*, BB 2006, 2481. „Vorinstanzen“: FG Münster v. 28.10.2005 – 11 K 2505/05 E, EFG 2006, 357; BFH, Urt. v. 9.5.2007 – XI R 56/05, BStBl II 2010, 260.

59 Ausf. *Jachmann*, Stiftung & Sponsoring 5/2006, 13; *Jachmann*, BB 2006, 2607; *Buchna/Leichinger/Seeger/Brox*, S. 35 ff.

60 Siehe *Melchior*, DStR 2009, 4, 11.

ansässig war und die portugiesische Bescheinigung über die Spende nicht den in Deutschland geltenden Anforderungen an eine Zuwendungsbestätigung genügte.[61] Mit Urteil vom 27.1.2009 hat der EuGH dazu entschieden, dass **Spenden an ausländische gemeinnützige Organisationen zum Spendenabzug berechtigen**.[62] Nach Ansicht des EuGH liegt bei einer Abzugsbeschränkung ein Verstoß gegen die gemeinschaftsrechtliche Kapitalverkehrsfreiheit vor. Im entschiedenen Fall waren die durch die Sachspende geförderten Zwecke sowohl nach deutschem als auch nach portugiesischem Recht als steuerbegünstigt anerkannt, so dass es nach Ansicht des EuGH keinen Grund gab, diese Spende in der deutschen Steuererklärung unberücksichtigt zu lassen.[63] Der Argumentation der Finanzbehörde, sie könne bei einer ausländischen Einrichtung die Voraussetzungen der Steuerbegünstigung nicht überprüfen, ist der EuGH nicht gefolgt. Vielmehr führt der EuGH in seinen Urteilsgründen aus, der in Deutschland Steuerpflichtige müsse die Möglichkeit haben, das Vorliegen der Steuerbefreiung des ausländischen Spendenempfängers nachzuweisen. Das müsste er dann allerdings auch tatsächlich tun – und da liegt in der Praxis typischerweise das Problem.

2. Reaktionen in Deutschland

40 Der deutsche **Gesetzgeber** hat mit der im Rahmen des Jahressteuergesetzes 2009 erfolgten Verschärfung des **§ 51 Abs. 2 AO** (**struktureller Inlandsbezug**) auf die EuGH-Rechtsprechung reagiert. Nach dem strukturellen Inlandsbezug setzt die Steuervergünstigung bei der **Verwirklichung steuerbegünstigter Zwecke** im Ausland ab 1.1.2009 voraus, dass natürliche Personen mit Wohnsitz oder gewöhnlichem Aufenthalt im Inland gefördert werden oder die Tätigkeit zumindest zum **Ansehen der Bundesrepublik Deutschland** im Ausland beitragen kann.[64] Zunächst sollte hier eine Förderung der Allgemeinheit Voraussetzung sein. Der aktuell als Tatbestandsvoraussetzung für die Steuervergünstigung gültige Inlandsbezug strahlt nicht auf die weiteren Tatbestandsvoraussetzungen für eine Steuerbefreiung aus, hat also insbesondere keinen Einfluss auf Inhalt und Umfang der förderungswürdigen Zwecke in § 52 AO.

---

61 In der damals geltenden Fassung war die steuerliche Abzugsfähigkeit auf Spenden beschränkt, deren Empfänger seinen Sitz in Deutschland hatte.

62 EuGH v. 27.1.2009 – C-318/07, Persche, DStR 2009, 207; siehe dazu etwa *Geserich*, DStR 2009, 1228; *Hüttemann/Helios*, DB 2009, 701 ff.

63 Der EuGH hat jedoch den einzelnen Nationalstaaten das Recht zuerkannt, die steuerbegünstigten Zwecke unterschiedlich zu definieren.

64 Kritisch: *Hüttemann*, DB 2008, 1061, 1063; *P. Fischer*, FR 2009, 249, 257; Tipke/Kruse/*Tipke*, § 51 AO Rn 6 ff. (Maßstab für den strukturellen Inlandsbezug soll die Sicht des Auslands sein, siehe Rn 8); siehe auch Klein/*Gersch*, AO, § 51 Rn 10 ff.; *Pfeffer*, StiftungsBrief 2025, 237; *Weiten/Feldner*, ZErb 2013, 88; *Gersch*, DStR 2009, 1173, 1177; *Buchna/Leichinger/Seeger/Brox*, S. 35 ff.

Auch aus dem **AEAO Nr. 7 zu § 51 Abs. 2 AO** geht nicht wirklich hervor, dass und inwieweit eine Ansehensverbesserung Deutschlands im Ausland erforderlich ist. Zwar nennt auch der Erlass dieses Steuertatbestandsmerkmal, eine spürbare oder messbare Auswirkung auf das Ansehen soll jedoch nicht erforderlich sein. Für inländische Körperschaften soll insoweit ohne besonderen Nachweis eine Indizwirkung bestehen, wenn sie personell, finanziell, planend, schöpferisch oder anderweitig an der Förderung gemeinnütziger und mildtätiger Zwecke im Ausland beteiligt sind. Für ausländische Körperschaften, die gem. § 5 Abs. 2 Nr. 2 KStG mit ihren beschränkt steuerpflichtigen Einkünften steuerbegünstigt sein können, gilt diese Indizwirkung nicht. Sie haben den Ansehensbeitrag nachzuweisen.[65] Wie dies geschehen soll, lässt der Erlass offen. In der Differenzierung zwischen in- und ausländischen Körperschaften könnte eine europarechtlich unzulässige Diskriminierung liegen.[66] 41

Der EuGH hat jedenfalls den deutschen Finanzbehörden im Falle des Nachweises der Steuerbefreiung des ausländischen Spendenempfängers durch den Spender das Recht der Prüfung ausdrücklich eingeräumt. Die Ablehnung des Spendenabzuges sei, so der EuGH, weiterhin möglich, wenn die vom steuerpflichtigen Spender vorgelegten Belege und Nachweise nicht stichhaltig die Gemeinnützigkeit des ausländischen Spendenempfängers im Sinne der nationalen (deutschen) Vorschriften nachweise.[67] Durch das „Gesetz zur Umsetzung steuerlicher EU-Vorgaben sowie zur Änderung steuerlicher Vorschriften“[68] wurde § 10b EStG so geändert, dass auch Spenden an EU-/EWR-ausländische Einrichtungen in Deutschland als Sonderausgaben dann abziehbar sind, wenn die ausländische Einrichtung von der Körperschaftsteuer befreit wäre, wenn sie inländische Einkünfte erzielen würde (§ 10b Abs. 1 S. 2 Nr. 3 EStG).[69] Dementsprechend haben ausländische gemeinnützige Körperschaften in Deutschland alle **Voraussetzungen nach den §§ 51 ff. AO zu erfüllen und auch nachzuweisen.**[70] 42

Wesentliche Neuerungen haben sich schließlich ab 2024 mit der Einführung des Zuwendungsempfängerregisters ergeben.[71] Mit einem Nachweis der „Gleichwertigkeitsprüfung“ konnten sich in EU-/EWR-Staaten ansässige Organisationen 43

65 Zu den Anforderungen an den Nachweis siehe etwa FG Berlin-Brandenburg, Urt. v. 24.7.2014 – 4 K 12276/11.

66 Siehe *Hüttemann*, DB 2012, 250 ff.; *Schauhoff/Kirchhain*, DStR 2012, 261 ff.

67 EuGH v. 27.1.2009 – C-318/07, Persche, Urteilsgründe Rn 60.

68 BGBl I 2010, 836.

69 Siehe auch BMF-Schreiben v. 6.4.2010 –IV C 4 – S 2223/07/0005, BStBl I 2010, 236 und v. 16.5.2011 – IV C 4 – S 2223/07/0005:008; siehe dazu *Klümpen-Neusel*, StiftungsBrief 2011, 148 ff.; *Franke-Roericht*, StiftungsBrief 2012, 148 ff.

70 Siehe BFH/NV 2007, 805; siehe auch *Musil*, DStR 2009, 2453, 2455; Klein/*Gersch*, AO, § 51 Rn 10 m.w.N. Siehe dort auch zu den nachfolgenden Ausführungen.

71 https://zer.bzst.de/. Siehe auch *Hüttemann*, Gemeinnützigkeitsrecht und Spendenrecht, Rn 8.27; *Müller*, ZStV 2025, 43; *Pfeffer*, StiftungsBrief 2024, 6; *Hüttemann*, npoR 2021, 121.

von Beginn an in das Register eintragen lassen, was dann eine Einzelfallprüfung durch die Finanzämter obsolet machte. Seit dem 1.1.2025 ist schließlich zwingende Voraussetzung für den Spendenabzug bei Zuwendungen an Organisationen in EU-/EWR-Staaten, dass diese im Zuwendungsempfängerregister eingetragen sind (§ 50 Abs. 1 S. 3 EStDV). Zudem müssen Zuwendungsbestätigungen auch in diesen Fällen nach dem (deutschen) amtlichen Vordruck ausgestellt werden (§ 50 Abs. 1 S. 2 EStDV). Auslandsprojekte[72] und Auslandsförderungen[73] bleiben also nach wie vor „anspruchsvoll".

C. „Stiftungssteuerrecht" in der Praxis

I. Die Eckpunkte nach der AO

44 Die Gemeinnützigkeit und/oder Mildtätigkeit muss sich nicht nur genau aus der **Satzung** der Stiftung ergeben (§§ 59, 60 AO). Die Steuerbefreiung setzt auch voraus, dass eine Stiftung nach ihrer Satzung und tatsächlichen Geschäftsführung ausschließlich und unmittelbar gemeinnützige, mildtätige oder kirchliche Zwecke verfolgt.[74] Der Ausschluss sog. extremistischer Körperschaften von der Steuerbegünstigung ist in § 51 Abs. 3 AO geregelt.[75] Die Steuerbefreiungen werden **in den einzelnen Steuergesetzen** i.d.R. soweit aufgehoben, als die gemeinnützige Stiftung keine reine Vermögensverwaltung zur Einkunftserzielung betreibt, sondern einen wirtschaftlichen Geschäftsbetrieb (§ 64 AO, siehe dazu Rdn 105 ff.).

45 Die Satzung einer gemeinnützigen Stiftung muss eine konkrete Regelung dazu enthalten, für welchen gemeinnützigen oder mildtätigen Zweck das Vermögen der Stiftung zu verwenden ist, wenn sie aufgelöst oder aufgehoben wird oder ihr bisheriger Zweck wegfällt (**satzungsmäßige Vermögensbindung**, § 61 AO).

46 Die **tatsächliche Geschäftsführung** muss auf die ausschließliche (§ 56 AO) und unmittelbare (§ 57 AO) Erfüllung der gemeinnützigen Zwecke gerichtet sein und der Satzung entsprechen (§ 63 AO). Bestehen hier Zweifel, sollte der Stiftungsvorstand einen versierten Berater kontaktieren. Im Zweifelsfall kann auch eine Rücksprache mit dem zuständigen Finanzamt erfolgen.

47 Insbesondere auch auf die praktisch bedeutsame Problematik der **Unmittelbarkeit** der Tätigkeit einer gemeinnützigen Körperschaft und des Einsatzes von **Hilfspersonen** (§ 57 Abs. 1 S. 2 AO) wird nachfolgend näher eingegangen (siehe hierzu Rdn 214 ff.).

---

72 Praktische Hinweise dazu geben etwa *Klemm/Dreßel*, Stiftung & Sponsoring 6/2014, 34.
73 Näher dazu siehe etwa *Hofmann/Stolte*, Stiftung & Sponsoring 6/2014, 36.
74 *Patt/Patt*, DStR 2005, 1509.
75 Siehe dazu AEAO Nr. 8 bis 12 zu § 51 Abs. 3 AO.

II. Wesentliche Punkte in der Praxis

1. Spendenabzug (§ 10b EStG)

a) Spende

Die Einkommensteuerminderung durch eine Spende soll zu privatem uneigennützigen Handeln anregen und Mittel für gemeinwohlrelevante Zwecke zur Entlastung der öffentlichen Haushalte beschaffen; der Gesetzgeber hat damit die Notwendigkeit anerkannt, staatliche Gemeinwohlverwirklichung durch private uneigennützige und freigebige Gemeinwohlförderung zu ergänzen.[76] Eine „Spende" i.S.d. § 10b EStG ist zivilrechtlich eine Schenkung und steuerlich eine Ausgabe zur Förderung gemeinnütziger Zwecke, die zugleich unentgeltlich (fremdnützig) und freiwillig geleistet werden muss.[77] Nur Geld- und Sachspenden sind begünstigt. Nach § 10b Abs. 3 EStG ist die Hingabe von Nutzungen und Leistungen vom Spendenabzug ausgeschlossen. Im Einzelfall kommt es in der Praxis erfahrungsgemäß zu schwierigen Abgrenzungsfragen,[78] ob eine Zahlung mit Blick auf die erforderlichen Merkmale der Unentgeltlichkeit (Fremdnützigkeit) und der Freiwilligkeit tatsächlich eine Spende ist oder nicht (z.B. „Sponsoring").[79] Bei Zuwendungen zwischen steuerbegünstigten Organisationen handelt es sich in der Regel nicht um eine „Spende" i.S.d. § 10b EStG, sondern um eine Mittelweitergabe nach § 58 Nr. 1 AO (siehe dazu Rdn 225 ff.). Etwas anderes gilt ggf. dann, wenn die Zuwendung aus dem Vermögen eines wirtschaftlichen Geschäftsbetriebs stammt.[80] 48

Die für den steuerlichen **Sonderausgabenabzug** grundsätzlich erforderliche **Zuwendungsbestätigung (Spendenbescheinigung)** hat auf entsprechenden amtlichen Mustern zu erfolgen (§ 50 Abs. 1 EStDV). Das ist hier nicht zu vertiefen, es kann „überall" nachgelesen und auch „gegoogelt" werden.[81] Einen Sonderausgabenabzug aufgrund einer rückdatierten Spendenbescheinigung gibt es nicht.

76 So deutlich FG Baden-Württemberg, Urt. v. 24.2.2014 – 10 K 3811/12 m. zahlr. Nachw.

77 Siehe etwa *Hüttemann*, Gemeinnützigkeitsrecht und Spendenrecht, Rn 8.37 ff.; *Röcken*, StiftungsBrief 2024, 195. Kritisch zu der herrschenden Spendendefinition schon *Röcken*, ZStV 2011, 69 f. mit Blick auf FG-Urteile. Zur Zweckbindung von Spenden BFH, Urt. v. 16.03.2021 – X R 37/19; *Pfeffer*, StiftungsBrief 2023, 43;

78 Unterscheide auch „Vereinsbeiträge", zu deren steuerlicher Behandlung siehe etwa *Bartmuß/Pauls*, ZStV 2013, 8.

79 Siehe Rdn 179 ff. Zu verschiedenen Praxisfragen betreffend Zustiftungen und Spenden siehe auch *Schiffer/Glaser*, StiftungsBrief 2014, 230.

80 *Pfeffer*, StiftungsBrief 2024, 180.

81 Zur Bilanzierung bei Spenden sammelnden Organisationen und zu offenen Fragen zur Neufassung der Stellungnahme RS HFA 21 des Instituts der Wirtschaftsprüfer: *Berndt/Schumacher*, Stiftung & Sponsoring 4/2012, 18 f.

Das dazu ergangene Urteil des FG Baden-Württemberg vom 24.2.2014[82] betraf eine Zuwendungsbestätigung, die von einer Körperschaft ausgestellt wird, die im maßgeblichen Zeitpunkt der Ausstellung bereits dem Grunde nach zu einer solchen Handlung noch nicht befugt war. Die vorläufige Bescheinigung über die Anerkennung der Stiftung als gemeinnützig wurde erst nach einem Jahreswechsel ausgestellt. Die Zuwendungsbestätigung war daher materiell unrichtig. Sie wurde zudem **rückdatiert**.

Unabhängig davon kommt es in der Praxis immer wieder zu Streit, ob eine Zahlung eine Spende ist oder nicht. In Frage stehen i.d.R. die **Unentgeltlichkeit/ Fremdnützigkeit** und die **Freiwilligkeit**. Nicht nur bei etwaigen Unternehmensspenden, die ggf. als verdeckte Gewinnausschüttung gewertet werden (siehe auch Rdn 110), streitet man sich, auch sonst wird hier nicht selten gestritten – etwa, wenn eine „Spende" einen Grundstückskauf erleichtert hat,[83] wenn für den Eintritt zu einem Fest mit Essen und bekannten Künstlern um eine „Spende" gebeten wurde oder wenn im Umfeld eines Auftrages, den man erhalten wollte, „gespendet" wurde. Meistens erkennt auch der Laie, dass das dann eigentlich keine Spende ist, da eine Gegenleistung erlangt oder erstrebt wurde.

49 Die Frage danach, ob eine Zahlung im gemeinnützigen Bereich eine **Spende** ist, für die eine **Zuwendungsbestätigung** zu erteilen ist, ist in der Praxis dennoch häufig Gegenstand von Kontroversen.

Zur Verdeutlichung: Eine **Gegenleistung**, die einer (unentgeltlichen) Spende entgegenstünde, muss zwar nicht wirtschaftlicher Art sein, es genügt für eine Gegenleistung aber auch nicht bereits jede Art von Vorteil:

Die geforderte öffentliche Benennung des Spenders (Danksagung) beispielsweise, die bei diesem im betrieblichen Bereich zu einer Betriebsausgabe führen würde, stellt die unentgeltliche Zuwendung im Sinne einer Spende gem. § 10b EStG i.d.R. noch nicht in Frage.[84]

Soweit eine Zahlung an eine gemeinnützige Organisation im Rahmen eines Strafverfahrens erfolgt, ist diese Zahlung nicht freiwillig, und damit steuerlich nicht abzugsfähig.

Eine Zuwendung, die **teilweise** Entgeltcharakter hat, ist ebenfalls vom Spendenabzug ausgeschlossen (z.B. Losverkauf mit Spendenanteil).

---

82 FG Baden-Württemberg, Urt. v. 24.2.2014 – 10 K 3811/12; ausf. dazu *Grewe*, Stiftungs-Brief 2014, 183.

83 FG Münster, Urt. v. 13.12.2010 – 14 K 1789/08 E, 14 K 1792/08 E, ZStV 2011, 66 ff.

84 Schmidt/*Heinicke*, EStG, § 10b Rn 15.

Ein anschauliches Urteil zum Thema Spende hat der BFH am 12.10.2011[85] gesprochen. Der BFH hat zu folgendem Leitsatz gefunden: 50

> *„Ist einer Stiftung durch Stiftungsgeschäft vorgegeben, ihr Einkommen ausschließlich für eine bestimmte gemeinnützige Körperschaft zu verwenden, können Zahlungen an diese Körperschaft nicht als Spenden abgezogen werden.“*

Die Klägerin, eine rechtsfähige Stiftung des Privatrechts, betrieb eine öffentliche Sparkasse des Privatrechts i.S.d. §§ 35 ff. des SparkG Schleswig-Holstein. Stifterin war die G, die die Rechtsform eines eingetragenen Vereins hat. Die Klägerin leistete an G zur Förderung gemeinnütziger und mildtätiger Zwecke diverse Zahlungen. G verwandte die Zahlungen ausschließlich für mildtätige und gemeinnützige Zwecke und stellte der Klägerin hierüber Zuwendungsbescheinigungen aus. Das zuständige Finanzamt (Beklagte) lehnte es ab, die Zahlungen an G als Spenden zu berücksichtigen. Die Klage und die Revision waren nicht erfolgreich.

Aus Sicht des BFH haben das Finanzamt und das Finanzgericht zu Recht entschieden, die Zahlungen der Klägerin an G nicht als Spenden zu berücksichtigen.

Das hat der BFH im Wesentlichen wie folgt begründet (Hervorhebungen durch den Autor):

- *„(Gründe II. 1. b)) Bei einer Stiftung bestimmt [zwar] der Stifter durch das Stiftungsgeschäft u.a., welchen Zweck die Stiftung verfolgt und wie die aus dem Stiftungsvermögen erwirtschafteten Erträge verwendet werden. Er legt die Satzung fest, bestimmt, welche Organe die Stiftung hat, und – soweit ein gesetzlicher Spielraum vorhanden – welche Befugnisse diesen zukommen (vgl. § 81 des Bürgerlichen Gesetzbuchs). Ist die Stiftung jedoch errichtet, verfügt der Stifter ebenso wenig wie jedes andere Rechtssubjekt außerhalb der Stiftung über gesellschafter- oder mitgliedschaftsähnliche Befugnisse. Auch wenn der Stifter selbst Organ der Stiftung wird oder die Zusammensetzung der Organe bestimmt, vollzieht er nur seinen ursprünglichen Willen, wie er im Stiftungsgeschäft niedergelegt ist, und ist hieran wie jede andere Person, die als Organ der Stiftung fungiert, gebunden. Bestimmt der Stifter, dass die Stiftung ihr Einkommen ausschließlich zu seinen Gunsten verwenden darf, handelt es sich bei den nachfolgenden Zahlungen zwar aus seiner Sicht bei wirtschaftlicher Betrachtung um Erträge aus dem einst hingegebenen Stiftungskapital (vgl. Senatsurteil vom 3.11.2010 – I R 98/09, BFHE 232, 22, BStBl II 2011, 417). Dies ändert aber nichts daran, dass die Zahlungen ihren Grund ausschließlich im Stiftungsgeschäft bzw. in der Satzung haben und nicht in einem gesellschafter- oder mitgliedschaftsähnlichen Verhältnis des Destinatärs zur Stiftung. …*

85 BFH, Urt. v. 12.10.2011 – I R 102/10, DStR 2012, 281; siehe dazu auch die Anm. von *Roth*, GWR 2012, 120.

- *(Gründe II. 2. a)) … Soweit das Stiftungsgeschäft bestimmt, wem oder welchem Zweck die Erträge der Stiftung zukommen sollen, handelt es sich um Einkommensverwendungen, die das Einkommen grundsätzlich nicht mindern. Wie bei natürlichen Personen, bei denen* ***Aufwendungen****, die weder Betriebsausgaben noch Werbungskosten sind,*[86] *nur abziehbar sind, wenn das Gesetz dies ausdrücklich vorsieht, bedarf es bei Körperschaftsteuersubjekten, die eine außerbetriebliche Sphäre haben, einer besonderen Vorschrift, die den steuermindernden Abzug der Aufwendungen ausdrücklich zulässt. § 10 Nr. 1 KStG 1999 hat für diese Körperschaftsteuersubjekte ebenso wie § 12 Nr. 1 S. 1 des Einkommensteuergesetzes für natürliche Personen nur deklaratorische Bedeutung.*
- *(Gründe II. 2. a)) … Im Streitfall gibt es keine gesetzliche Regelung, nach der die Zahlungen an G steuermindernd geltend gemacht werden können. Die Zahlungen an G sind keine Spenden i.S.d. § 9 Abs. 1 Nr. 2 KStG 1999.*
  aa) Spenden sind Ausgaben, die vom Steuerpflichtigen freiwillig und ohne Gegenleistung zur Förderung der gesetzlich festgelegten steuerbegünstigten Zwecke geleistet werden (Senatsurteil vom 12.9.1990 – I R 65/86, BFHE 162, 407, BStBl II 1991, 258; Urteil des Bundesfinanzhofs vom 22.9.1993 – X R 107/91, BFHE 172, 362, BStBl II 1993, 874).
  bb) Die Klägerin hat ihre Zahlungen an G nicht freiwillig geleistet, sondern weil sie dazu nach ihrer Satzung verpflichtet ist. Sie betreibt zum einen eine Sparkasse. Neben diesem Erwerbszweck legt die Satzung jedoch auch fest, wie die hierdurch erzielten Einkünfte zu verwenden sind: Soweit sie nicht für den Geschäftsbetrieb benötigt werden, sind sie an G auszukehren. Überweist sie Überschüsse an G, handelt sie nicht freiwillig, sondern entspricht damit ihren satzungsmäßigen Vorgaben. …“

Diese Ausführungen des BFH sprechen für sich. Sie geben die Rechtslage zur Abgrenzung einer Spende deutlich wieder.

51 Der **Vermögensstockspendenbetrag** für Stiftungen (§ 10b Abs. 1a EStG), der auch für Förderstiftungen gilt, beläuft sich auf 1 Mio. EUR.[87] Auch **Zustiftungen** fallen unter diese Regelung.

---

86 Zwischenzeitlich hat der BFH die anteilige Zuordnung gemischt veranlasster Aufwendungen zugelassen: BFH, Urt. v. 15.1.2015 – II R 48/13, zugehöriger Leitsatz: „Vorrangig durch den ideellen (außersteuerlichen) Bereich eines Sportvereins (hier: Spielbetrieb) veranlasste Aufwendungen, die durch einen Gewerbebetrieb (hier: Werbung) mitveranlasst sind, können anteilig dem gewerblichen Bereich zuzuordnen sein (Änderung der Rechtsprechung). Die gewerbliche Mitveranlassung kann aber nur berücksichtigt werden, wenn objektivierbare zeitliche oder quantitative Kriterien für die Abgrenzung der Veranlassungszusammenhänge vorhanden sind. Sind die ideellen und gewerblichen Beweggründe untrennbar ineinander verwoben, ist nur der primäre Veranlassungszusammenhang zu berücksichtigen.“; dazu *Ritter*, StiftungsBrief 2015, 90.

87 *Krauß*, Die gemeinnützige Stiftung in der Anwaltspraxis, 2025, Rn 147 ff.

- Man kann den Abzugsbetrag – ggf. verteilt! – innerhalb von zehn Jahren nur einmal in Anspruch nehmen.
- Der besondere Abzugsbetrag wird nur auf Antrag des Steuerpflichtigen gewährt. Ohne Antrag wendet die Finanzverwaltung die allgemeinen Abzugsregelungen des § 10b Abs. 1 S. 1 EStG an.

Vermögensstockspenden, die nicht innerhalb des zehnjährigen Abzugszeitraums verbraucht werden, gehen, wie das BMF klargestellt hat, in den allgemeinen unbefristeten Spendenvortrag nach **§ 10b Abs. 1 EStG** über.[88] In einer Verfügung der Oberfinanzdirektion Frankfurt a.M. vom 13.6.2008 hieß es noch:[89]

> *„Ein Wechsel zwischen § 10b Abs. 1 und Abs. 1a ist nicht zulässig. Stellt der Steuerpflichtige den Antrag auf Berücksichtigung von Spenden nach § 10b Abs. 1a EStG, so hat er dadurch sein Wahlrecht ausgeübt. Übersteigt die Spende in den Vermögensstock einer Stiftung innerhalb des zuwendungsbezogenen Zehnjahreszeitraums den Höchstbetrag von 1 Mio. EUR, kann der 1 Mio. EUR übersteigende Teil* ***nicht***[90] *als Sonderausgabe nach § 10b Abs. 1 berücksichtigt werden."*

Der Abzugsbetrag ist entgegen der bisherigen Systematik des Spendenrechts beschränkt auf Zuwendungen an Stiftungen des öffentlichen Rechts (einschließlich kirchlicher Stiftungen) und an nach § 5 Abs. 1 Nr. 9 KStG steuerbefreite Stiftungen des privaten Rechts. Nicht erfasst waren/sind andere steuerbefreite Körperschaften – etwa in der Rechtsform des eingetragenen Vereins oder der GmbH![91]

Der BFH hatte mit Urteil vom 3.8.2005 zu dem Abzugshöchstbetrag des § 10b 52
Abs. 1 S. 3 EStG bei jeweiligen Zuwendungen durch **zusammen veranlagte Ehegatten** entschieden, dass der Abzugshöchstbetrag für jeden der Ehegatten zu berücksichtigen ist.[92] Jeder Ehepartner habe Anspruch darauf, insoweit für seine Person nicht schlechter gestellt zu werden als ein lediger Spender. Es läge eine mit den Grundrechten nicht zu vereinbarende Benachteiligung vor, wenn Ehepartner wegen ihrer Ehe von Steuerentlastungen ausgeschlossen werden. Das wäre mit den Grundrechten nicht zu vereinbaren. Errichtungsdotationen nach § 10b

88 BMF-Anwendungsschreiben zu § 10b EStG v. 18.12.2008 – IV C 4 – S 2223/07/0020, BStBl I 2009, 16, 17 und Stiftung & Sponsoring 1/2009, 40.

89 OFD Frankfurt v. 13.6.2008 – S 2223 A – 155 – St 216. Die Verfügung ist insoweit (!) inzwischen geändert worden.

90 Hervorhebung durch Verfasser.

91 Siehe BFH, Urt. v. 15.9.2010 – X R 11/08, DB 2011, 1198, zur Begründung der Bevorzugung der Stiftung.

92 BFH, Urt. v. 3.8.2005 – XI R 76/03, DStRE 2006, 10 = BStBl II 2006, 121. Siehe auch Bayerisches Landesamt für Steuern, Verf. v. 19.6.2006 – S 2223 – 15 St 32/St 33, DB 2006, 1528; siehe auch *Schiffer*, StB 2006, 217, damals noch für die „Errichtungsdotation", den „Vorläufer" der Vermögensstockspende.

Abs. 1a EStG standen in dem vom BFH entschiedenen Fall nicht in Frage. Diese Rechtsprechung ist durch das Ehrenamtsstärkungsgesetz ab dem Veranlagungszeitraum 2013 überholt.

53 Die **Höchstgrenzen für den Spendenabzug** in § 10b EStG belaufen sich auf einheitlich 20 % des Gesamtbetrags der Einkünfte oder 4 ‰ der Summe der gesamten Umsätze und der im Kalenderjahr aufgewendeten Löhne und Gehälter des Spenders.

54 Nach § 10b Abs. 1 S. 9 EStG gibt es einen **Spendenvortrag** für Spenden, die über den soeben genannten Höchstgrenzen liegen.

55 Bei **Personengesellschaften** sind zur bilanziellen und steuerlichen Behandlung von Spenden einige Besonderheiten zu beachten.[93] Diese ergeben sich daraus, dass eine Zurechnung der Spende nicht bei der Gesellschaft erfolgt, sondern bei deren Gesellschaftern.

56 Das BMF hat zu Spenden in das zu erhaltende Vermögen einer Stiftung wie folgt Stellung genommen:

BMF-Schreiben vom 15.9.2014, Anwendungsschreiben zu § 10b Abs. 1a EStG

Danach gilt für die Anwendung des § 10b Abs. 1a EStG **ab dem Veranlagungszeitraum 2013** Folgendes:[94]

Zum zu erhaltenden Vermögen (**Vermögensstock**) einer Stiftung zählen insbesondere

- Vermögenswerte, die anlässlich der Errichtung der Stiftung zugewendet werden und die nicht zum Verbrauch bestimmt sind,
- Zuwendungen nach Errichtung der Stiftung mit der ausdrücklichen Bestimmung, dass die Zuwendung der Vermögensausstattung zugutekommen soll (Zustiftungen).

Entscheidend ist die Zweckbestimmung zur dauerhaften Ausstattung bzw. Erhöhung des Stiftungsvermögens.

Verbrauchsstiftungen verfügen nicht über zu erhaltendes Vermögen i.S.d. § 10b Abs. 1a EStG, da das Vermögen der Stiftung zum Verbrauch innerhalb eines vorgegebenen Zeitraums bestimmt ist. Spenden in das Vermögen einer Verbrauchsstiftung sind nach den allgemeinen Grundsätzen des § 10b Abs. 1 EStG zu behandeln.

93 Ausf. dazu *Broemel/Endert*, BBK 2013, 407.

94 BMF-Schreiben v. 15.9.2014 – IV C 4 – S 2223/07/0006: 005, BStBl I 2014, 1278.

Gliedert sich das Vermögen einer Stiftung in einen Teil, der zu erhalten ist und einen Teil, der verbraucht werden kann, gilt:

- Die Spenden in den Teil des Vermögens, der zu erhalten ist und nicht für den Verbrauch bestimmt ist, sind nach § 10b Abs. 1a EStG abziehbar. Die Spenden in den Teil des Vermögens, der verbraucht werden kann, sind dagegen nach § 10b Abs. 1 EStG abziehbar. Der Spender muss daher gegenüber der Stiftung deutlich machen, für welchen Teil des Vermögens seine Zuwendung erfolgt.
- Enthält die Satzung der Stiftung eine Klausel, nach der das zu erhaltende Vermögen in Ausnahmefällen vorübergehend zur Verwirklichung der steuerbegünstigten Zwecke verwendet werden kann, aber der Betrag dem zu erhaltenden Vermögen unverzüglich wieder zugeführt werden muss, liegt kein verbrauchbares Vermögen vor. Das gilt auch dann, wenn die Stiftungsaufsicht den Verbrauch des Vermögens unter der Bedingung des unverzüglichen Wiederaufholens genehmigt.
- Sind in der Stiftungssatzung Gründe verankert, die eine Auflösung der Stiftung und den anschließenden Verbrauch des Vermögens für die steuerbegünstigten satzungsmäßigen Zwecke der Stiftung bestimmen, so liegt kein verbrauchbares Vermögen vor.

Werden **Ehegatten/Lebenspartner** nach §§ 26, 26b EStG zusammen veranlagt, gilt für diese ein Höchstbetrag von 2 Mio. EUR. Es muss dabei nicht nachgewiesen werden, dass die Spende von beiden wirtschaftlich getragen wurde. Wird innerhalb des Zehnjahreszeitraums zur Einzelveranlagung gewechselt, dann ist der verbleibende Spendenvortrag aufzuteilen. Maßgeblich ist dabei, wer die Spende wirtschaftlich getragen hat. Die bisher abgezogenen Beträge werden dem Ehegatten/Lebenspartner zugerechnet, der die Spende wirtschaftlich getragen hat. Überstieg die Spende den Höchstbetrag für Einzelveranlagte, ist der davon noch verbleibende Anteil nach § 10b Abs. 1 EStG abzuziehen.

Damit hat das BMF uns wichtige Klarstellungen für die Praxis gegeben.[95]

Praxishinweis: Kein Spendenabzug bei einer Stiftung vor Anerkennung 57

Ein Spendenabzug ist nach inzwischen wohl herrschender Auffassung erst nach Anerkennung der Stiftung zulässig, da es nach inzwischen wohl ebenfalls herrschender Ansicht eine Vorstiftung nicht gibt (siehe § 3 Rdn 107 ff.).[96]

95 Siehe dazu *Sauer/Wägele*, StiftungsBrief 2014, 223.

96 FG Schleswig-Holstein, Urt. v. 4.6.2009 – 1 K 156/04, DStRE 2009, 1386 ff.; siehe dazu *Wachter*, DStR 2009, 2469 ff.; FG Baden-Württemberg, Urt. v. 8.2.2011 – 4 K 4080/09, DStRE 2012, 537 ff. Allg. zur steuerlichen Behandlung der Stiftung vor Anerkennung durch die Stiftungsbehörde: *Schiffer/Pruns*, StiftungsBrief, 2010, 207 ff.; siehe auch NK-BGB/*Schiffer/Pruns*, § 84 Rn 10 zur strittigen Frage des Beginns der steuerlichen Privilegierung.

58 Auch die Zuwendung von **Wirtschaftsgütern mit der Ausnahme von Nutzungen und Leistungen** (§ 10b Abs. 3 S. 1 EStG) ist eine Zuwendung gem. § 10b Abs. 1, 1a EStG, § 9 Abs. 1 Nr. 2 KStG und § 9 Nr. 5 GewStG. Diese Sachspenden[97] sind mit dem gemeinen Wert anzusetzen, was in der Praxis etwa bei Kunstgegenständen naturgemäß Bewertungsdiskussionen mit sich bringen kann.

59 **Praxishinweis: Bewertung von Sachspenden (§ 10b Abs. 3 S. 3 und 4 EStG)**

Ist die Sachspende (Wirtschaftsgut, z.B. Trikots) unmittelbar vor seiner Zuwendung einem Betriebsvermögen entnommen worden, darf bei der Ermittlung der Zuwendungshöhe der bei der Entnahme angesetzte Wert nicht überschritten werden. Ansonsten bestimmt sich die Höhe der Zuwendung nach dem gemeinen Wert des zugewendeten Wirtschaftsguts. Das gilt allerdings dann nicht, wenn die Veräußerung des Wirtschaftsguts im Zeitpunkt der Zuwendung einen Besteuerungstatbestand erfüllen würde. In allen übrigen Fällen dürfen bei der Ermittlung der Zuwendungshöhe die fortgeführten Anschaffungs- oder Herstellungskosten nur überschritten werden, soweit eine Gewinnrealisierung stattgefunden hat.

Wendet also etwa ein GmbH-Gesellschafter Anteile der GmbH einer gemeinnützigen Stiftung zu, die unter § 17 EStG fallen (Beteiligungsquote von mindestens 1 %), darf die Stiftung in der Zuwendungsbestätigung als Wert nur die fortgeführten Anschaffungskosten ausweisen, die der Sachspender und/oder seine Rechtsvorgänger aufgewendet haben.[98]

60 Durch § 6 Abs. 1 Nr. 4 S. 4 EStG ist das **Buchwertprivileg** auf Zuwendungen (Spenden) erstreckt, die von § 10b Abs. 1 S. 1 EStG erfasst werden. Der Steuerpflichtige hat hier ein Wahlrecht in der Bewertung (Buchwert ohne Aufdeckung stiller Reserven oder Teilwert/gemeiner Wert).[99]

61 In § 10b Abs. 3 S. 5 und 6 EStG ist die sog. **Aufwandsspende** geregelt.[100] Tatsächlich handelt es sich um einen **Verzicht auf Aufwendungsersatz** (oftmals falsch verstandenes Motto: „*Geben Sie mir doch einfach eine Spendenquittung!*“), dem allerdings ein ernsthaft bestehender (Grundlage: Vertrag oder Satzung) und werthaltiger Anspruch zugrunde liegen muss, d.h. letztlich ist es eine abgekürzte Geldspende. Nur wenn diese Voraussetzungen tatsächlich vorliegen, darf überhaupt eine Zuwendungsbestätigung ausgestellt werden. Im Ergebnis wird also

97 Ausf. dazu *Buchna/Leichinger/Seeger/Brox*, S. 531 ff.; *Hüttemann*, Gemeinnützigkeitsrecht und Spendenrecht, Rn 8.40 f.; *Röcken*, StiftungsBrief 2024, 233; *Pfeffer*, StiftungsBrief 2021, 83.

98 *Buchna/Leichinger/Seeger/Brox*, S. 534 f.; *Hüttemann*, Gemeinnützigkeitsrecht und Spendenrecht, Rn 8.39 f.; *Röcken*, StiftungsBrief 2024, 211.

99 Ausf. dazu *Buchna/Leichinger/Seeger/Brox*, S. 535 ff.

100 Ausf. dazu *Buchna/Leichinger/Seeger/Brox*, S. 525 ff.; *Pfeffer*, StiftungsBrief 2021, 103; *Haubrich*, StiftungsBrief 2015, 9; BMF-Schreiben v. 25.11.2014 – IV C 4 – S 2223/07/0010:005, npoR 2015, 66.

etwa der Zahlungsanspruch für die Leistung, auf den der Spender „verzichtet“, als zunächst bei ihm zugeflossen angesehen. Er hat im ersten Schritt mithin ein entsprechendes Einkommen, das im zweiten Schritt durch die Spende (Sonderausgabenabzug) wieder entsprechend verringert wird. Hier besteht neben der Gefahr der Haftung aus **§ 10b Abs. 4 EStG** (siehe Rdn 69 f.) ersichtlich auch die Gefahr einer „ungewollten“ Mitwirkung bei einer Steuerhinterziehung, wenn der „Spender“ seine Einnahmen „steuerlich nicht vertieft“.

Nach § 10b Abs. 3 S. 4 EStG kann etwa bei Vorstandsmitgliedern auch der Verzicht auf einen pauschalen Aufwendungsersatz als Spende anerkannt werden, wenn dieser angemessen ist. Neben beispielsweise dem Kilometerpauschbetrag für Dienstreisen kommt hier vor allem ein pauschaler Ersatz für Unterkunft und Verpflegung nach der Sachbezugsverordnung in Betracht. Werden die Pauschalen überschritten, was durchaus zulässig ist, ist ein Einzelnachweis erforderlich. 62

Praxishinweis: Umsatzsteuer bei „Leistung gegen Spendenquittung“ 63

Außerdem wird in der Praxis bei der **Aufwandsspende** oft auch übersehen, dass bei einem Unternehmer/Handwerker/Freiberufler etc., der darauf verzichtet, dass die gemeinnützige Stiftung seine Rechnung wie vereinbart bezahlt, die erbrachte Leistung trotzdem der Umsatzsteuer unterliegt.[101] Die Zuwendungsbestätigung **„neutralisiert“ nur die Einnahme**. Der betreffende Spender muss aber die ausgewiesene Umsatzsteuer abführen. Ein insoweit umsatzsteuerpflichtiger Spender hat also nicht nur keinen steuerlichen Vorteil, sondern sogar einen zusätzlichen Umsatzsteueraufwand. Allerdings ist die Umsatzsteuer Teil des spendenabzugsfähigen Betrages; da die Steuerersparnis nur anteilig – ggf. abhängig von dem Grenzsteuersatz des Einzel- oder Mitunternehmers – ist, bildet die Umsatzsteuer aber in jedem Fall eine zusätzliche Belastung.

Die Rechtslage ist bei der **Sachspende** aus einem „Betriebsvermögen“ nicht anders. Abschnitt 3.3 Abs. 10 Umsatzsteuer-Anwendungserlass (UStAE) lautet dazu:

„Unentgeltliche Zuwendungen von Gegenständen, die nicht bereits in der Entnahme von Gegenständen oder in Sachzuwendungen an das Personal bestehen, werden Lieferungen gegen Entgelt gleichgestellt. (...) Gegenstände des Unternehmens, die der Unternehmer aus unternehmerischen Gründen abgibt, sind als unentgeltliche Zuwendungen nach § 3 Abs. 1b Satz 1 Nr. 3 UStG zu beurteilen. Hierzu gehört die Abgabe von neuen oder gebrauchten Gegenständen insbesondere zu Werbezwecken, zur Verkaufsförderung oder zur Imagepflege, z.B. Sachspenden an Vereine oder Schulen, ...“

101 Siehe auch Vereinsbrief (IWW) 2006, 6 ff.; *Eckert*, BBK 2012, 476 f.

64 **Benefizveranstaltungen** und Wohltätigkeitsveranstaltungen können für eine gemeinnützige Stiftung ausgesprochen interessant sein.[102] Sie bringen Geld in die Kasse und erlauben es, Partner, Multiplikatoren und Spender der Stiftung in einem außergewöhnlichen Rahmen einzuladen und ggf. zu ehren. Die steuerliche Behandlung solch einer Veranstaltung ist jedoch nicht einfach. Eine solche Veranstaltung kann sowohl dem steuerpflichtigen wirtschaftlichen Geschäftsbetrieb (siehe Rdn 105 ff.) als auch dem steuerbegünstigten Bereich (Zweckbetrieb) zuzuordnen sein.[103] Auch Mischfälle sind denkbar. In diesem „Steuerdschungel" kann man sich leicht verlaufen. Fachliche Begleitung ist da unerlässlich.[104]

65 Alle diese Steuervorteile gelten **auch** für die nicht rechtsfähigen **Treuhandstiftungen** (zur Steuerpflicht der Treuhandstiftung siehe § 12 Rdn 157 ff.). Allerdings ist diese Privilegierung, schon weil hier ein Anerkennungsverfahren fehlt, anders als bei der rechtsfähigen selbstständigen Stiftung streng genommen theoretisch durchaus kritisch zu beurteilen. Die Treuhandstiftung wird aber allseits als Steuersubjekt anerkannt, deshalb und konkret wegen der dem auch im Gemeinnützigkeitsrecht folgenden Praxis der Finanzverwaltung[105] genießen betroffene Stifter einer treuhänderischen Stiftung hier indessen jedenfalls Vertrauensschutz.

66 **Praxishinweis: Steuerfreibetrag für Ehrenamtler**

Wer sich nebenberuflich im mildtätigen, im gemeinnützigen oder im kirchlichen Bereich engagiert, erhält zwar keine Zuwendungsbestätigung, aber einen Steuerfreibetrag in Höhe von derzeit 960 EUR im Jahr (§ 3 Nr. 26a EStG), den er geltend machen kann, sofern er hier nicht schon von anderen Steuervorteilen profitiert (z.B. Übungsleiterfreibetrag, § 3 Nr. 26 EStG). Voraussetzung ist zudem, dass er diese 960 EUR tatsächlich von der betreffenden gemeinnützigen Organisation erhalten hat.[106]

---

102 Unterscheide davon „gesellige Veranstaltungen" nach § 58 Nr. 7 AO: Die Steuervergünstigung wird nicht dadurch ausgeschlossen, dass eine Körperschaft gesellige Zusammenkünfte veranstaltet, die im Vergleich zu ihrer steuerbegünstigten Tätigkeit von untergeordneter Bedeutung sind. Siehe dazu etwa *Hüttemann*, Gemeinnützigkeitsrecht und Spendenrecht, Rn 4.32 ff.

103 Siehe etwa FG München, Urt. v. 8.3.1999 – 7 K 3032/96 (Benefizveranstaltungen als wirtschaftlicher Geschäftsbetrieb).

104 Zur steuerlichen Behandlung siehe etwa Vereinsbrief (IWW) 2010, 3; Vereinsbrief (IWW) 2012, 18.

105 Unveröffentlichtes Schreiben des *Bundesministers der Finanzen* (21.3.2000 – IV C 6 – S 0171 – 54/00), wonach auch unselbstständige Stiftungen von den Regelungen erfasst sind. Siehe dazu *Schindler*, BB 2000, 2077, 2078.

106 Siehe zu den steuerlichen Aspekten einer ehrenamtlichen Tätigkeit auch *Weisheit*, StiftungsBrief 2013, 143 und *Markert*, StiftungsBrief 2015, 105; siehe auch das Anwendungsschreiben des BMF v. 21.11.2014 – IV C 4 – S 2121/07/0010:032; siehe dazu *Ritter*, StiftungsBrief 2015, 49.

b) Zuwendungsbestätigung

§ 50 Abs. 1 EStDV ordnet an, dass Zuwendungen nur abgezogen werden dürfen, wenn sie durch eine Zuwendungsbestätigung nachgewiesen werden. Eine Zuwendungsbestätigung stellt daher nicht lediglich ein bloßes Mittel der Glaubhaftmachung einer einkommensteuerrechtlichen Abzugsposition dar, sondern eine unverzichtbare materiell-rechtliche Voraussetzung für den Sonderausgabenabzug von Zuwendungen.[107] Eine Zuwendungsbestätigung, die von einer Körperschaft ausgestellt wird, die im maßgeblichen Zeitpunkt der Ausstellung bereits dem Grunde nach zu einer solchen Handlung nicht befugt ist, kann danach nicht Grundlage für den Sonderausgabenabzug sein. 67

Die Zuwendungsbestätigung hat auf amtlichem Muster zu erfolgen.[108] Die jeweils amtlich verbindlichen Muster finden sich u.a. zum Download im Formular-Management-System der Bundesfinanzverwaltung. Für Spenden bis 300 EUR reicht der Bareinzahlungsbeleg bzw. eine Buchungsbestätigung als Nachweis.[109] Nach § 63 Abs. 5 AO dürfen Körperschaften nur dann Zuwendungsbestätigungen ausstellen, wenn entweder die Anlage zum Körperschaftsteuer- oder Freistellungsbescheid nicht älter als fünf Jahre ist oder, falls ein solcher nicht erteilt wurde, die Feststellung der Satzungsmäßigkeit nach § 60a AO nicht länger als drei Jahre zurückliegt. 68

Bei vorsätzlicher oder grob fahrlässiger **Ausstellung falscher Zuwendungsbestätigungen** wird gehaftet.[110] Dabei und bei zweckwidriger Mittelverwendung ist der **Haftungssatz** nach § 10b Abs. 4 EStG auf 30 % des zugewendeten Betrags begrenzt. Maßgebend für den jeweiligen Prozentsatz ist der Zeitpunkt der Haftungsinanspruchnahme (= Zeitpunkt der Bekanntgabe des Haftungsbescheids), und zwar unabhängig vom Veranlagungszeitraum der Inanspruchnahme.[111] § 10b Abs. 4 EStG enthält dazu eine **Vertrauensschutzregel für den Spender** (Empfänger der Zuwendungsbestätigung). 69

Falsch ist eine Spendenbestätigung, deren Inhalt hinsichtlich derjenigen Angaben, die für den Abzug wesentlich sind, nicht der objektiven Sach- und Rechtslage entspricht. Weist die Bestätigung bestimmte Beträge, die wegen des entgeltlichen Charakters der Zuwendung keine Spenden sind, als solche aus, so ist die Bestäti- 70

107 FG Baden-Württemberg, Urt. v. 24.2.2014 – 10 K 3811/12 unter Hinweis auf BFH, Urt. v. 19.7.2011 – X R 32/10, BFH/NV 2012, 179 m.w.N.

108 Ausf. *Buchna/Leichinger/Seeger/Brox*, S. 571 ff.; BMF-Schreiben (Muster für Zuwendungsbestätigungen) v. 7.11.2013 (IV C 4 – S 2223/07/0018:005); *Röcken*, StiftungsBrief 2025, 46; *Haubrich*, StiftungsBrief, 2014, 125.

109 Rechtsgrundlage ist hier § 50 Abs. 4 Nr. 2 EStDV.

110 *Buchna/Leichinger/Seeger/Brox*, S. 562 ff.; siehe etwa auch *Röcken*, StiftungsBrief 2025, 72; *Ritter*, StiftungsBrief 2012, 24; FG Berlin-Brandenburg, Urt. v. 4.3.2014 – 6 K 9244/11, StiftungsBrief 2014, 164; *Wegner*, StiftungsBrief 2014, 104.

111 BMF-Schreiben v. 22.4.2009 – IV C 4 – S 2121/07/0010.

gung unrichtig.[112] Ob im Einzelfall ein Steuerpflichtiger die Unrichtigkeit der Spendenbestätigung gekannt oder grob fahrlässig nicht gekannt hat, entscheidet sich nach individuellen Maßstäben. Es genügt jedenfalls nicht, dass er die tatsächlichen Umstände kennt, die zur Rechtswidrigkeit geführt haben. Er muss das – wenn auch laienhafte – Bewusstsein von der Rechtswidrigkeit der Bestätigung selbst gehabt haben. Grob fahrlässig handelt, wer die nach seinen persönlichen Kenntnissen und Fähigkeiten gebotene und zuzumutende Sorgfalt in ungewöhnlichem Maße und in nicht entschuldbarer Weise verletzt. Maßgeblicher Zeitpunkt ist in diesem Zusammenhang die Einreichung der Steuererklärung des Steuerpflichtigen.[113]

2. (Zeitnahe) Mittelverwendung

71 Eine steuerbegünstigte Stiftung hat ihre Mittel für ihre satzungsmäßigen, steuerbegünstigten Zwecke zu verwenden.[114] Grundsätzlich müssen steuerbegünstigte Körperschaften ihre Mittel nach **§ 55 Abs. 1 Nr. 5 AO** auch **zeitnah** für die satzungsmäßigen Zwecke verwenden.[115] Verwendung in diesem Sinne ist nach dem Gesetz auch die Verwendung der Mittel für die Anschaffung oder Herstellung von Vermögensgegenständen, die satzungsmäßigen Zwecken dienen. Eine zeitnahe Mittelverwendung ist nach dem Gesetz gegeben, *„wenn die Mittel spätestens in den auf den Zufluss folgenden zwei Kalender- oder Wirtschaftsjahren für die steuerbegünstigten satzungsmäßigen Zwecke verwendet werden“* (§ 55 Abs. 1 Nr. 5 S. 3 AO).

Werden die Mittel nicht zeitnah verwendet, setzt die Finanzverwaltung i.d.R. eine Frist zur Verwendung (§ 63 Abs. 4 AO).

72 Mit dem Jahressteuergesetz 2025 hat dieser Grundsatz der zeitnahen Mittelverwendung allerdings eine deutliche Einschränkung erfahren. Nach § 55 Abs. 1 Nr. 5 S. 4 AO gilt die Verpflichtung nicht mehr für Körperschaften mit jährlichen Einnahmen von nicht mehr als 100.000 EUR (bis 31.12.2025: 45.000 EUR).[116] Damit dürften um die 90 % aller steuerbegünstigten Organisationen in Deutschland von der Pflicht zur zeitnahen Mittelverwendung befreit sein. Das ist bemer-

---

112 So FG Baden-Württemberg, Urt. v. 24.2.2014 – 10 K 3811/12 unter Hinweis auf BFH, Urt. v. 12.8.1999 – XI R 65/98, BStBl II 2000, 65. Siehe dazu auch *Grewe*, StiftungsBrief 2014, 257, der auch den Hintergrund der FG-Entscheidung beleuchtet (Anlagemodell am grauen Kapitalmarkt).

113 So FG Baden-Württemberg, Urt. v. 24.2.2014 – 10 K 3811/12 unter Hinweis auf BFH, Urt. v. 2.8.2006 – XI R 6/03, BStBl II 2007, 8.

114 Ausf. zur gemeinnützigen Mittelverwendung etwa *Hüttemann*, Gemeinnützigkeitsrecht und Spendenrecht, Rn 5.1 ff.

115 Siehe dazu etwa *Alber/Berg*, FuS Sonderausgabe 2013/14, 19.

116 *Seeger/Kurz/Grummann/Roller/Imberg*, Die Reform des Gemeinnützigkeitsrechts, 2. Aufl. 2022, S. 16 ff.; *Doedt*, StiftungsBrief 2026, 4.

kenswert, hat doch das Thema zeitnahe Mittelverwendung viele ehrenamtlich geführte gemeinnützige Stiftungen bisher in der Praxis stark belastet.

In der Praxis erfolgt der Nachweis, dass die gesetzlichen Vorgaben zur Mittelverwendung eingehalten worden sind, durch eine **Mittelverwendungsrechnung** als „Nebenrechnung“ (Anlage) zur Gemeinnützigkeitserklärung, wobei die Mittel insgesamt den tatsächlichen Verwendungen gegenübergestellt werden.[117] Es liegt auf der Hand, dass die zugehörigen Berechnungsgrundlagen konkret dokumentiert und belegt werden sollten.[118] 73

3. Zuführung von Mitteln zum Stiftungsvermögen

§ 62 Abs. 3 AO enthält eine nach Meinung der Finanzverwaltung abschließende[119] Aufzählung von **Mittelzuführungen zum Vermögen** einer gemeinnützigen Körperschaft, die nicht dem Gebot der zeitnahen Mittelverwendung unterliegen (**Mittelzuführung zum Vermögen ohne Ausschluss der Steuervergünstigung**), wobei die Bedeutung der Vorschrift in Zuge der Beschränkung des Anwendungsbereichs des Gebots der zeitnahen Mittelverwendung (siehe Rdn 72) in der Praxis abnehmen dürfte. Dazu zählen insbesondere auch **Zuwendungen von Todes wegen** an die Körperschaft, wenn der Erblasser keine Verwendung für den laufenden Aufwand der Körperschaft vorgeschrieben hat (§ 62 Abs. 3 Nr. 1 AO). Ist also z.B. eine Stiftung ohne weitere Vorgaben des Erblassers (!) als Erbin eingesetzt, darf sie die Erbschaft gemeinnützigkeitsrechtlich unschädlich dem zu erhaltenden Vermögen zuführen und muss diese nicht zeitnah für ihre Zweckverwirklichung verwenden. 74

Nach § 62 Abs. 3 Nr. 3 AO wird die Steuervergünstigung nicht dadurch ausgeschlossen, dass die Körperschaft Mittel ihrem Vermögen zuführt (und nicht zeitnah verwendet), wenn es sich um Zuwendungen handelt, die aufgrund eines Spendenaufrufs „der Körperschaft“ erfolgen und aus dem Spendenaufruf ersichtlich ist, dass Beträge zur Aufstockung des Vermögens erbeten werden. Dazu fragt man sich, ob **Spendenaufrufe Dritter** insoweit anders zu bewerten sind.[120] Wir meinen, dass es nach dem Sinn des Gesetzes weniger auf die Person des Aufrufenden ankommt, als auf die aus dem Aufruf hervorgehende Erklärung, dass die Beträge als Zuwendung zum Kapital der betreffenden Körperschaft gedacht sind, denn wenn er unter diesen Voraussetzungen spendet, widmet der Spender seine Spende ersichtlich entsprechend. Für diese Erwägung spricht auch der Sachzusammenhang mit der Regelung des § 62 Abs. 3 Nr. 2 AO. 75

117 Siehe dazu *Nolte*, DStR 2014, 1350 mit Berechnungsbeispielen.

118 Ein ausf. Berechnungsbeispiel geben und kommentieren *Spitaler/Schröder*, DStR 2014, 2194.

119 AEAO Nr. 16 zu § 62 Abs. 3 AO.

120 *Hüttemann*, DB 2000, 1584, 1585.

76 Nicht geklärt erscheint nach wie vor, ob die Aufzählung in § 62 Abs. 3 AO zu den Möglichkeiten der Mittelzuführung zum Vermögen ohne Ausschluss der Steuervergünstigung als abschließende Regelung anzusehen ist.[121] Gegen die Annahme einer abschließenden Aufzählung spricht, dass es nach allgemeinen Rechtsgrundsätzen allein Sache des Zuwendenden ist, die Art und Weise der Verwendung seiner Zuwendung bei der Empfangskörperschaft festzuschreiben. Ein solches Verständnis der Vorschrift würde die sehr konkrete Aufzählung des § 62 Abs. 3 AO nur als beispielhafte, vorsorglich klarstellende Aufzählung Klarstellung verstehen. Der Wortlaut der Vorschrift („*Die folgenden Mittelzuführungen …*") erscheint uns bei genauer Betrachtung kaum eindeutig und eher nicht abschließend. Die Rechtsfrage ist aber so ungeklärt, dass Zweifelsfragen in diesem Zusammenhang vorweg mit dem zuständigen Finanzamt geklärt werden sollten.

77 Als eine weitere besondere Ausnahme vom grundsätzlichen Verbot der Mittelansammlung ist es Stiftungen nach **§ 62 Abs. 4 AO** gestattet, im Jahr ihrer Errichtung und in den drei folgenden Kalenderjahren Überschüsse aus der Vermögensverwaltung sowie Gewinne aus wirtschaftlichen Geschäftsbetrieben (§ 14 AO) ganz oder teilweise ihrem Vermögen zuzuführen (**Mittelthesaurierung in den ersten Jahren**). Ausdrücklich nicht erfasst sind davon Spenden oder sonstige Zuwendungen, die nur unter den Voraussetzungen des § 62 Abs. 3 AO dem Vermögen zugeführt werden dürfen.

78 **Hinweis**

Diese erweiterte steuerliche Möglichkeit der Thesaurierung und Rücklagenbildung darf nicht den Blick auf das **Stiftungszivilrecht** verstellen, denn das Steuerrecht geht nicht etwa dem Zivilrecht vor. Eine entsprechende Rücklagenbildung ist **nur bei entsprechendem Stifterwillen** stiftungsrechtlich zulässig! In der Beratungspraxis wird dies durch entsprechende Hinweise zur Satzungsgestaltung zu berücksichtigen sein.

4. Möglichkeiten zur Rücklagenbildung

79 Eine steuerbegünstigte Stiftung kann im Rahmen des **§ 62 Abs. 1 und 2 AO** davon absehen, ihre Mittel ganz oder teilweise für steuerbegünstigte Zwecke einzusetzen, und sie stattdessen einer **Rücklage** zuführen.[122] Die Rücklagenbildung dient der dauerhaften Sicherung der Zweckerfüllung sowie der Erhaltung

121 Dagegen auch *Hüttemann*, Gemeinnützigkeitsrecht und Spendenrecht, Rn 5.203.

122 Siehe generell zu den Möglichkeiten der Rücklagenbildung nach § 62 AO: *Röttgering*, StiftungsBrief 2025, 43; *dies.*, StiftungsBrief 2025, 66; *Spitaler/Schröder*, DStR 2014, 2144, 2146 ff.

und Steigerung der Leistungsfähigkeit der Stiftung.[123] Das Gesetz nennt dazu verschiedene Arten zulässiger Rücklagenbildung:

- Die zur nachhaltigen Zweckerfüllung erforderliche konkrete Rücklage (§ 62 Abs. 1 Nr. 1 AO), insbesondere die **Projektrücklage** zur Finanzierung eines oder mehrerer konkreter Projekte der Stiftung oder auch eine **Betriebsmittelrücklage** für laufende Kosten (z.B. Miete, Löhne).
- Die **Wiederbeschaffungsrücklage** für die beabsichtigte Wiederbeschaffung von Wirtschaftsgütern, die zur Verwirklichung der steuerbegünstigten, satzungsmäßigen Zwecke erforderlich sind (§ 62 Abs. 1 Nr. 2 AO).
- Die **freie Rücklage** (§ 62 Abs. 1 Nr. 3 AO), der jedoch höchstens 1/3 des Überschusses aus der Vermögensverwaltung und 10 % der sonstigen zeitnah zu verwendenden Mittel zugeführt werden dürfen. Wird der Höchstbetrag für die Bildung der freien Rücklage in einem Jahr nicht ausgeschöpft, kann diese unterbliebene Zuführung aber in den folgenden zwei Jahren nachgeholt werden.
- Die **Rücklage zum Erwerb von Gesellschaftsrechten** zur Erhaltung der prozentualen Beteiligung an Kapitalgesellschaften (§ 62 Abs. 1 Nr. 4 AO), wobei die Höhe einer solchen Rücklage auf die Höhe einer freien Rücklage nach § 62 Abs. 1 Nr. 3 AO angerechnet wird.[124]

Praxishinweis: Rücklagenbildung 80

Gemeinnützige Stiftungen dürfen selbst dann diese Rücklage bilden, wenn diese Möglichkeit nicht in der Satzung erwähnt ist. Eine Satzungsänderung ist nicht erforderlich. Vorsorglich sollte die Regelung aber ausdrücklich in die Satzung mit aufgenommen werden, um hier jegliche Diskussion zu vermeiden, ob der Stifter diese Möglichkeit der Rücklagenbildung gewollt hat.

Sieht eine steuerbefreite Stiftung im Rahmen des § 62 Abs. 1 Nr. 1 AO davon ab, 81 ihre Mittel ganz oder teilweise für steuerbegünstigte Zwecke einzusetzen und führt sie stattdessen einer Rücklage zu, weil ohne die Ansammlung der Mittel die steuerbegünstigten Zwecke nicht nachhaltig erfüllt werden könnten,[125] bildet also beispielsweise eine **Projektrücklage** zur Finanzierung eines oder mehrerer konkreter Projekte, hat sie folgende Punkte zu beachten, die die Finanzverwaltung nach meinen Erfahrungen grundsätzlich sehr ernst nimmt:

- Betreffende Projekte, deren Kosten und der Zeitpunkt der Durchführung müssen bei der Rücklagenbildung konkret beschlossen und dokumentiert sein, sonst wird der Nachweis gegenüber der Finanzverwaltung hinsichtlich der Berechtigung der Rücklage i.d.R. misslingen.

---

123 So auch *Spitaler/Schröder*, DStR 2014, 2144, 2145 unter Hinweis auf die Gesetzesbegründung der Bundesregierung v. 6.11.2012, BT-Drucks 17/11316.

124 Siehe zur Vorgängervorschrift schon *Götz*, NWB 2008, F. 2, 9757, 9769.

125 Ausf. zur Vorgängervorschrift *Ley*, BB 1999, 626.

- Die Dauer der Rücklagenbildung richtet sich nach dem konkreten Projekt. Diese Dauer erfordert eine plausible Betrachtung/Bewertung. Bis zu zehn Jahre erscheinen möglich.

82 Eine **Betriebsmittelrücklage** für die laufenden Kosten (z.B. Miete, Löhne etc.) hängt in ihrer Höhe von den besagten Kosten und den Einnahmen der Stiftung ab und darf ohne weiteres eine Zeitspanne von bis zu drei Monaten und ausnahmsweise bis zu zwölf Monaten umfassen.[126]

83 Ein Drittel des Überschusses aus der Vermögensverwaltung (AEAO:[127] „*... ein Drittel des Überschusses der Einnahmen über die Ausgaben*[128] *aus der Vermögensverwaltung ...*") dürfen als sog. **freie Rücklagen** nach **§ 62 Abs. 1 Nr. 3 Hs. 1 AO** thesauriert werden.[129] Unter „Ausgaben" sind Aufwendungen zu verstehen, die dem Grunde nach Werbungskosten sind.[130] Zu dieser Möglichkeit der Rücklagenbildung ist allerdings festzuhalten, dass dieses Drittel aktuell bei der gegebenen geringen Kapitalverzinsung typischerweise nicht einmal für den Inflationsausgleich ausreicht, womit der Grundsatz der Vermögenserhaltung (siehe § 5 Rdn 53 ff.) aus steuerlicher und stiftungsrechtlicher Sicht jedenfalls nicht in einem absoluten Sinne erfüllt werden kann. Faktisch haben wir hier Verbrauchsstiftungen (siehe auch § 2 Rdn 15 ff.).

84 Darüber hinaus ist es steuerlich unschädlich, wenn eine gemeinnützige Körperschaft höchstens **10 v.H.** ihrer „sonstigen" nach § 55 Abs. 1 Nr. 5 AO zeitnah zu verwendenden Mittel einer freien Rücklage zuführt (**§ 62 Abs. 1 Nr. 3 Hs. 1 AO**); dazu zählen[131]

- Überschüsse aus Zweckbetrieben und Überschüsse aus steuerpflichtigen wirtschaftlichen Geschäftsbetrieben (Gewinne und Verluste aus Zweckbetrieben und aus einheitlichen Geschäftsbetrieben sind jeweils zu saldieren, aber nicht etwa Gewinne aus den einheitlichen wirtschaftlichen Geschäftsbetrieben mit Gesamtverlusten aus Zweckbetrieben[132]) sowie
- Spenden und Beiträge.

Die 10 %-Regelung ist als Ausgleich für diejenigen gemeinnützigen Körperschaften zu sehen, die mangels besonderer Einkünfte aus Vermögensverwaltung von

---

126 Siehe *Buchna/Leichinger/Seeger/Brox*, S. 295 f.

127 AEAO Nr. 9 zu § 62 Abs. 1 Nr. 3 AO.

128 In der alten Gesetzesvorschrift hieß es noch „Unkosten".

129 Ausf. zur „Möglichkeit der Eigenkapitalbildung" bei der steuerbefreiten Stiftung: *Schotenroehr/Schotenroehr*, DStR 2013, 1161; *Spitaler/Schröder*, DStR 2014, 2144, 2147 f. Dazu, dass diese Rücklage nach ihrem Sinn und Zweck so frei nicht ist, sondern wie (früher) § 58 Nr. 6 AO a.F. dazu dient, dass die Stiftung ihre steuerbegünstigten satzungsmäßigen Zwecke nachhaltig erfüllen kann, *Schiffer/Pruns*, StiftungsBrief 2012, 182.

130 AEAO Nr. 9 zu § 62 Abs. 1 Nr. 3 AO.

131 *Spitaler/Schröder*, DStR 2014, 2144, 2148.

132 AEAO Nr. 10 zu § 62 Abs. 1 Nr. 3 AO, siehe auch *Spitaler/Schröder*, DStR 2014, 2144, 2148 m.w.N.

dem ersten Halbsatz der Regelung des § 62 Abs. 1 Nr. 3 AO keine Vorteile erfahren.[133] Dazu gehören insbesondere Körperschaften mit Zweckvermögen und wirtschaftlichen Geschäftsbetrieben sowie Spendensammelkörperschaften. Die Vorschrift wird angesichts der aktuell schlechten Ertragslage auf dem Kapitalmarkt an Bedeutung gewinnen.

Als **Bemessungsgrundlage** für die 10 %-Regelung ist trotz des Verweises auf die „sonstigen Mittel“ nach § 55 Abs. 1 Nr. 5 AO und des dort gebrauchten Begriffs des „Zuflusses“, der die Annahme einer Bruttogröße zuließe, nur der bereinigte Nettobetrag heranzuziehen. Dafür spricht neben dem Sinnzusammenhang mit der 1/3-Regelung und der dortigen Bezugsgröße „Überschuss“ der Sinn einer Rücklage. Eine Rücklage kann eben nur aus Überschüssen gebildet werden. Bei der Bemessung der 10 %-Rücklage dürfen im Übrigen die Überschüsse aus der Vermögensverwaltung nicht mit einbezogen werden. Dafür spricht die vom Gesetzgeber im zweiten Halbsatz gewählte Formulierung „darüber hinaus“. **Achtung:** Für die Einnahmen aus dem ideellen Bereich (insbesondere Spende) ist hingegen auf die Bruttoeinnahmen abzustellen.[134] 85

Wird der Höchstbetrag für die Bildung der freien Rücklage in einem Jahr nicht ausgeschöpft, kann diese unterbliebene Zuführung nunmehr nach dem Gesetz in den folgenden zwei Jahren **nachgeholt werden.**[135] 86

Die Stiftung kann die freie Rücklage **jederzeit wieder auflösen**, muss es aber nicht. Sie ist frei darin, die betreffenden Mittel nach (ggf. auch nur teilweiser) Auflösung der Rücklage zeitnah zu verwenden oder ihrem Grundstockvermögen zuzuführen oder ggf. eine neue, andere Rücklage zu bilden, sofern die Voraussetzungen dafür tatsächlich vorliegen. Von diesen Sachverhalten ist die etwaige Umschichtung bei der Anlage des Vermögens der Stiftung zu unterscheiden. 87

Von wesentlicher praktischer Bedeutung ist das **Verhältnis der Rücklagen unter- und zueinander**. Durch die Erweiterung der Möglichkeit zur Bildung freier Rücklagen kann es dazu kommen, dass der Überschuss der Einnahmen über die Ausgaben (Liquidität) in einem Veranlagungszeitraum nicht ausreicht, um alle denkbaren und im konkreten Fall erforderlichen Rücklagen zu dotieren. Ersichtlich können nur tatsächlich vorhandene Mittel in eine Rücklage eingestellt werden.[136] 88

5. Mittelthesaurierung in den ersten Jahren

Als eine weitere besondere **Ausnahme vom grundsätzlichen Verbot der Mittelansammlung** ist es Stiftungen nach **§ 62 Abs. 4 AO** gestattet, im Jahr ihrer 89

133 *Hüttemann*, DB 2000, 1584, 1585 zur Vorgängervorschrift.
134 AEAO Nr. 10 zu § 62 Abs. 1 Nr. 3 AO.
135 Siehe AEAO Nr. 11 zu § 62 Abs. 1 Nr. 3 AO.
136 Das betont auch die Finanzverwaltung, siehe AEAO Nr. 14 S. 2 zu § 62 Abs. 2 AO.

Errichtung und in den zwei folgenden Kalenderjahren Überschüsse aus der Vermögensverwaltung sowie Gewinne aus wirtschaftlichen Geschäftsbetrieben (§ 14 AO) ganz oder teilweise ihrem Vermögen zuzuführen. Nicht erfasst von der Regelung werden damit Spenden oder sonstige Zuwendungen, die nur unter den Voraussetzungen des § 62 Abs. 3 AO dem Vermögen zugeführt werden dürfen.

90 **Praxishinweis: Thesaurierung**

Diese zu begrüßende erweiterte steuerliche Möglichkeit der Thesaurierung und Rücklagenbildung darf nicht den Blick auf das **Stiftungszivilrecht** verstellen, denn das **Steuerrecht geht nicht** etwa dem Zivilrecht **vor**. Eine entsprechende Rücklagenbildung ist nur bei entsprechendem Stifterwillen stiftungszivilrechtlich zulässig. In der Beratungspraxis sollte dieser Zusammenhang durch entsprechende Hinweise zur Satzungsgestaltung berücksichtigt werden.

6. Nachträgliche Erbschaftsteuergestaltung: Erweiterte Erbschaftsteuerbefreiung

91 Nach § 29 Abs. 1 Nr. 4 S. 1 ErbStG ist eine nachträgliche **Erbschaft-/Schenkungsteuerbefreiung** bei von Todes wegen oder durch Schenkung unter Lebenden erworbenen Vermögensgegenständen möglich, wenn diese einer Stiftung zugewendet werden, die steuerbegünstigte Zwecke i.S.d. §§ 52 bis 54 AO verfolgt – mit Ausnahme der Zwecke des § 52 Abs. 2 Nr. 23 AO („Freizeitzwecke"). Mithin entfällt dann die Erbschaftsteuer mit Wirkung für die Vergangenheit, soweit die betreffenden Vermögensgegenstände innerhalb von 24 Monaten[137] nach dem Zeitpunkt der Entstehung der Steuer u.a. einer inländischen Stiftung zugewendet werden. Die Vorschrift dürfte nach dem Vorstehenden auch treuhänderische Stiftungen erfassen.[138]

92 Dieser Steuervorteil gilt allerdings **nicht**, wenn die steuerbefreite Stiftung Leistungen i.S.d. **§ 58** Nr. **6 AO** (Unterstützung des Stifters und seiner nahen Angehörigen; Ausführungen dazu siehe Rdn 143 ff.) erbringt oder soweit für die Zuwendung Vergünstigungen insbesondere nach § 10b EStG in Anspruch genommen werden (§ 29 Abs. 1 Nr. 4 S. 2 ErbStG). Der Gesetzgeber will also offensichtlich einen doppelten steuerlichen Anreiz vermeiden – nach dem Motto: Die Möglichkeit der nachträglichen steuerlichen Gestaltung als Anreiz soll reichen.

III. „Bescheinigung der Gemeinnützigkeit"

93 Die Steuerfreiheit einer gemeinnützigen Stiftung und insbesondere deren „korrekte" tatsächliche Geschäftsführung wurden von der Finanzverwaltung bis 2013 grundsätzlich nicht im Vorhinein, sondern nur im Nachhinein überprüft. Die

137 Zur möglichen Gefahr einer Fristenkollision siehe *Schindler*, BB 2000, 2077, 2078.
138 *Meincke/Hannes/Holtz*, ErbStG, § 29 Rn 18.

Finanzverwaltung erteilte jedoch eine **„vorläufige Bescheinigung" der Gemeinnützigkeit**, sobald die Gemeinnützigkeit behördenintern überprüft worden ist.[139] Dieses frühere Verfahren ist aus Gründen der Rechtssicherheit durch ein **„Satzungsfeststellungsverfahren"** mit einem gesetzlich geregelten Verwaltungsakt (**Feststellungsbescheid**) ersetzt worden, der mit den üblichen verwaltungsrechtlichen Rechtsmitteln angegriffen werden kann (§ 60a AO). Danach wird die Einhaltung der satzungsmäßigen Voraussetzungen nach den §§ 51, 59, 60 und 61 AO gesondert festgestellt. Die Feststellung der Satzungsmäßigkeit ist für die Besteuerung der Körperschaft und der Steuerpflichtigen, die Zuwendungen in Form von Spenden und Mitgliedsbeiträgen an die Körperschaft erbringen, bindend. Nach § 60a Abs. 6 AO kann das FA neben der Satzungsprüfung auch etwaige Erkenntnisse darüber berücksichtigen, dass die tatsächliche Geschäftsführung gegen die satzungsmäßigen Voraussetzungen verstößt und dementsprechend die Feststellung nach § 60a Abs. 1 S. 1 AO vor dem erstmaligen Körperschaftsteuerbescheid ablehnen.[140]

Die Feststellung der Satzungsmäßigkeit erfolgt auf Antrag der Körperschaft (§ 60a Abs. 2 Nr. 1 AO) oder von Amts wegen bei der Veranlagung zur Körperschaftsteuer (§ 60a Abs. 2 Nr. 2 AO), wenn bisher noch keine Feststellung erfolgt ist. Die Bindungswirkung der Feststellung entfällt ab dem Zeitpunkt, in dem die Rechtsvorschriften, auf denen die Feststellung beruht, aufgehoben oder geändert werden (§ 60a Abs. 3 AO).

Tritt bei den für die Feststellung erheblichen Verhältnissen eine Änderung ein, ist die Feststellung mit Wirkung vom Zeitpunkt der Änderung der Verhältnisse aufzuheben (§ 60a Abs. 4 AO). Materielle Fehler im Feststellungsbescheid über die Satzungsmäßigkeit können mit Wirkung ab dem Kalenderjahr beseitigt werden, das auf die Bekanntgabe der Aufhebung der Feststellung folgt. § 176 AO gilt entsprechend, außer es sind Kalenderjahre zu ändern, die nach der Verkündung der maßgeblichen Entscheidung eines obersten Gerichtshofes des Bundes beginnen.

Die eigentliche **Überprüfung der Gemeinnützigkeit** erfolgt im Rahmen des jeweiligen Veranlagungsverfahrens für die betreffenden Steuern und den jeweiligen zeitlichen Steuerabschnitt mit besonderem Blick auf die tatsächliche Geschäftsführung. Es ergeht dann im positiven Fall eine endgültige Bescheinigung der Gemeinnützigkeit („Freistellungsbescheinigung"). Dabei bindet die Finanzbehörde die Entscheidung über eine Steuerbefreiung für die eine Steuerart nicht an die Entscheidung zu einer anderen Steuerart. In der Praxis wird allerdings grundsätzlich die körperschaftsteuerliche Entscheidung auch für die anderen Steuerarten (z.B. Gewerbesteuer) zugrunde gelegt. 94

139 BFH DStR 1998, 1674; BMF BStBl I 2000, 814 = DStR 2000, 968.

140 Siehe dazu FG Berlin-Brandenburg, Urt. v. 14.11.2023 – 8 K 8012/23; *Pfeffer*, Stiftungs-Brief 2024, 73.

95 Ob eine gemeinnützige Stiftung die Voraussetzungen der Körperschaftsteuerbefreiung nach § 5 Abs. 1 Nr. 9 KStG erfüllt, wird im Körperschaftsteuer-Veranlagungsverfahren geprüft und vom Finanzamt durch **KSt-Freistellungsbescheid** festgestellt.[141] Unterhält die gemeinnützige Stiftung einen wirtschaftlichen Geschäftsbetrieb, so dass sie nur teilweise steuerbefreit ist, ergeht ein einheitlicher Körperschaftsteuerbescheid an die gesamte Stiftung, und nicht etwa ein gesonderter Bescheid für den wirtschaftlichen Geschäftsbetrieb. Wie bei anderen Steuerpflichtigen kann die Finanzbehörde zur Überprüfung der Voraussetzungen der Gemeinnützigkeit eine **steuerliche Außenprüfung** anordnen[142] und ggf. die „Gemeinnützigkeit" widerrufen.[143]

IV. Angemessenheit der Aufwendungen einer gemeinnützigen Stiftung für die Verwaltung und speziell für Spendenwerbung (Fundraising)

96 Ein vor allem bei Außenprüfungen gemeinnütziger Stiftungen immer wieder auftauchendes und ggf. die Steuerbefreiung gefährdendes Problem ist die Frage der (steuerlichen) **Angemessenheit des Aufwandes für die Mittelbeschaffung.**[144] Eine Stiftung muss für ihre **Verwaltung** und vor allem auch für eine etwaige **Spendenwerbung** unvermeidlich Mittel aufwenden. Unangemessen hohe Aufwendungen in diesem Bereich können zum Verlust der Gemeinnützigkeit führen und den Haftungstatbestand des § 10b Abs. 4 S. 4 EStG (Fehlverwendung gemeinwohlgebundener Mittel) begründen. In welchem Umfang hier Mittel steuerunschädlich aufgewendet werden dürfen, ist nach der Rechtsprechung des BFH eine **Frage des Einzelfalls.**[145]

97 Nicht nur aus Anlass einer in der Presse vielfach beschriebenen „Sportwagennutzung" im gemeinnützigen Bereich wurde und wird die **Frage nach der angemessenen Vergütung für hauptamtliche Stiftungsmitarbeiter** und insbesondere Vorstände gestellt. Entscheidend für die Antwort sind die Umstände des konkreten Einzelfalles (große Stiftung, kleine Stiftung, viel Verantwortung oder wenig Verantwortung, Durchführung von Projekten oder „nur" Förderung, ...). Das mag dem geneigten Leser als wenig griffige Antwort erscheinen. Das ist es letztlich auch, aber die Lösung liegt nun einmal im konkreten Fall und in dessen Besonder- sowie Eigenheiten. Leider wird das in der Praxis und bei den „Ämtern", die als „Massenverwaltung" auch im Stiftungsrecht beinahe naturgemäß gerne zu Pauschalierungen und Faustregeln greifen, oftmals „übersehen". An der

141 Siehe OFD Münster DB 1996, 504.

142 Zur Steuerprüfung bei gemeinnützigen Stiftungen und zu **Prüfungsschwerpunkten** siehe Rdn 252 ff.

143 Siehe etwa FG Köln DStRE 1999, 721.

144 *Hüttemann*, Gemeinnützigkeitsrecht und Spendenrecht, Rn 5.50 ff.; *Geserich*, DStR 2001, 604.

145 BFHE 186, 433 = DStR 1988, 1674. Dazu BMF BStBl I 2000, 815 = DStR 2000, 969.

Beraterzunft liegt es dann, auf die Besonderheiten des Einzelfalles hinzuweisen. Unabhängig davon liegt es auf der Hand: Wer eine professionelle Stiftungsarbeit will, wird die kaum ehrenamtlich oder in sonstiger Weise „billig“ erhalten, sondern allenfalls „preiswert“. Gute Arbeit kostet ihren Preis und ist ihren Preis wert!

Stiftungen befinden sich zudem im freien Wettbewerb auf dem Markt der Füh- 98
rungskräfte. Damit stellen sich die entscheidenden Fragen ausgehend von ebendiesem Markt. Was verdienen vergleichbare GmbH-Geschäftsführer oder AG-Vorstände? (Was ist überhaupt vergleichbar?) Dort werden zunehmend hohe Beträge gezahlt, die von denen im Stiftungsbereich oftmals weit entfernt sind. Kann das im Stiftungsbereich trotz des Wettbewerbs um die Köpfe so bleiben? Wird hier an der falschen Stelle gespart? Praxiszitat: „Ein guter Kopf macht sich bezahlt.“ Was ist denn ein guter Kopf? Die Antwort liegt, der geneigte Leser ahnt es, im konkreten Einzelfall.

Klar erscheint mir aber auch, dass „Profis“ entsprechend vergütet werden wollen. Wir sollten uns von dem in der Praxis immer wieder noch anzutreffenden Gedanken lösen, dass im NPO-Bereich oder besser gesagt in der „Sozialwirtschaft“ anders vergütet wird als in der sonstigen Wirtschaft. Wer in der Stiftungswelt Professionalisierung fordert, der muss auch für eine entsprechende Vergütung offen sein.

Sandberg hat uns mit ihrer – zwischenzeitlich allerdings auch schon in die Jahre 99
gekommenen – Vergütungsstudie aus dem Jahre 2014 einige empirisch belastbare Anhaltspunkte gegeben,[146] aber es bleibt dabei: Wir müssen im Einzelfall jeweils ganz genau hinschauen, was angemessen ist. Auf die **Empfehlungen des DZI** bei spendensammelnden (!) Organisationen, wonach ein Verwaltungskostenanteil von unter 10 % als „niedrig“ und von 10 bis unter 20 % als „angemessen“ sowie von 20 % bis 35 % als „vertretbar“ bewertet wird, wird im vorliegenden Zusammenhang oftmals verwiesen.[147] Die Empfehlungen sind aber auch nur pauschal und eben nur für spendensammelnde Organisationen gedacht. Sie mögen als Faustregel dienen. Eine Faustregel ersetzt nicht den Blick auf den Sachverhalt im Einzelfall.

So sieht es übrigens auch der BFH,[148] was aber in der Praxis oftmals und nicht selten auch in der Fachliteratur übersehen wird, weshalb ich hier den BFH wörtlich zitieren möchte:

---

146 *Sandberg*, Führungskräfte in Stiftungen zwischen Ehrenamt und Spitzengehalt – Die Vergütungsstudie 2014, 2015. Siehe zuvor schon: *Sandberg/Mecking*, Vergütung haupt- und ehrenamtlicher Führungskräfte in Stiftungen – Die Ergebnisse der Vergütungsstudie 2007, 2007.

147 www.dzi.de.

148 BFH, Beschl. v. 23.9.1998 – I B 82/98, BStBl II 2000, 320, 324.

„Die Steuerbefreiung gemäß § 5 Abs. 1 Nr. 9 KStG und die Steuervergünstigung gemäß § 10b EStG werden gewährt, um steuerbegünstigte Zwecke zu fördern. Das Ziel wird verfehlt, wenn die Körperschaft die Spenden weitgehend nicht für ihre satzungsmäßigen steuerbegünstigten Zwecke, sondern für ihre eigene Verwaltung und die Spendenwerbung einsetzt. Das Gesetz enthält jedoch keine absoluten oder prozentualen Obergrenzen für die Verwaltungskosten und die Aufwendungen für Spendenwerbung. Entscheidendes Kriterium ist deshalb, ob bei Berücksichtigung der Umstände des Einzelfalles das Ausgabeverhalten der Körperschaft angemessen ist. Angemessen ist ein Ausgabeverhalten, wenn es wirtschaftlich sinnvoll ist und dazu beiträgt, dass ein möglichst hoher Anteil der Mittel unmittelbar und effektiv den hilfsbedürftigen Personen zugutekommt. Zu berücksichtigen ist auch, ob sich die Körperschaft noch in der Aufbauphase befindet, in der sie zunächst und unvermeidbar einen sehr hohen Anteil ihrer Mittel für die Verwaltung und Spendenwerbung verwenden muss."

100 Im Sinne einer **Faustregel** lässt sich festhalten: Eine **Quote von 20 % bis 35 %** der Gesamtausgaben wird als vertretbar angesehen.[149] Eine Größenordnung von mehr als 50 % dürfte, auch wenn der BFH keine allgemeine Obergrenze aufgestellt hat,[150] jedenfalls überzogen sein; in einem solchen Fall fehlt typischerweise die Selbstlosigkeit (§ 57 AO).[151] Klar erscheint mir, dass diese Sätze, die noch aus der „Vorzeit" hoher Zinsen und geringer Fundraising-Konkurrenz und damit geringer Spendensammelkosten stammen, überdacht werden müssen. Klar erscheint mir dabei allerdings auch, dass der (wohl) typische Spender erwartet, dass der „Löwenanteil" seiner Spende unmittelbar den gemeinnützigen Zwecken zufließt. Möglicherweise müssen auch wir Spender hier umdenken. Pauschale Denkansätze helfen hier jedenfalls, wie schon diese wenigen Gedanken zeigen, nicht wirklich und wirklich nicht immer weiter. Neue Sachverhalte erfordern neue Gedanken. Die Stiftungsfachwelt ist aufgerufen, sich diese zu machen und sie mit Blick auf den konkreten Einzelfall zu überprüfen und in der Praxis zu erproben.

101 Zu den Verwaltungskosten gehören, was mitunter in der Praxis in beteiligten Kreisen anders gesehen wird, ohne weiteres auch die **Kosten für die Vermögensverwaltung**. Es gilt nicht etwa ein Netto-Prinzip, wonach der Stiftung als Erträge aus der Vermögensverwaltung nur das zufließt, was ihr nach Abzug der zugehörigen Kosten für die Vermögensverwaltung verbleibt. Für die Netto-Auffassung gibt es keine rechtliche Begründung.

149 Ausf. *Geserich*, DStR 2001, 604; *Schauhoff*, DStR 2002, 1694.

150 Siehe BFH BFH/NV 1999, 1055 und BFH/NV 1999, 1089 sowie DStR 1998, 1674.

151 Siehe auch *Geserich*, DStR 2001, 604, 606 m.w.N. zur Rspr. des BFH.

D. Unternehmerische Betätigung einer gemeinnützigen Stiftung

I. Steuerbefreiung nur bei Selbstlosigkeit

Voraussetzung für die Steuerbefreiung ist neben der Verfolgung steuerbegünstigter gemeinnütziger, mildtätiger und kirchlicher Zwecke, dass diese selbstlos verwirklicht werden. **Selbstlosigkeit** ist nach **§ 55 AO** gegeben, wenn eine Stiftung nicht in erster Linie eigenwirtschaftliche Zwecke verfolgt. Steuerschädlichen Interessen geht die Stiftung dann nach, wenn sie mit ihrer Tätigkeit eigene wirtschaftliche Interessen verfolgt und ihre Tätigkeit darauf abzielt, eigenes Einkommen zu erwirtschaften und das eigene Vermögen zu mehren. 102

Die Steuerbefreiung für gemeinnützige Stiftungen wird deshalb in den einzelnen Steuergesetzen i.d.R. insoweit aufgehoben, wie die Stiftung einen wirtschaftlichen Geschäftsbetrieb unterhält. Das hat seinen Grund insbesondere darin, dass die Steuerbefreiung eines wirtschaftlichen Geschäftsbetriebes zu unhaltbaren, volkswirtschaftlich nicht erwünschten Wettbewerbsvorteilen für diesen Betrieb führen würde. Die Steuerbefreiung entfällt für den wirtschaftlichen Geschäftsbetrieb, aber grundsätzlich auch nur insoweit, d.h. nicht für sonstige Bereiche der gemeinnützigen Stiftung. 103

Trotz des gegenteiligen Wortlauts in § 55 Abs. 1 Nr. 1 S. 1 AO können auch steuerbefreite Kapitalgesellschaften ganz ausnahmsweise **Gewinnausschüttungen an ihre Gesellschafter** – beispielsweise eine Stiftung – vornehmen, aber nur wenn diese ebenfalls steuerbefreit sind und diese Mittel zeitnah, ausschließlich und unmittelbar für steuerbegünstigte Zwecke verwenden.[152] Denn damit bleibt der Gewinn im gemeinnützigen Bereich. 104

II. Wirtschaftlicher Geschäftsbetrieb

1. Definition

Der Begriff des **wirtschaftlichen Geschäftsbetriebes**[153] (§ 64 i.V.m. § 14 AO) ist nicht identisch mit dem Begriff des Gewerbebetriebes des § 15 EStG. Ein wirtschaftlicher Geschäftsbetrieb ist weiter zu verstehen und umfasst jede selbstständige nachhaltige Tätigkeit, durch die Einnahmen oder andere wirtschaftliche Vorteile erzielt werden und die über den Rahmen einer Vermögensverwaltung hinausgeht.[154] Es müssen aber in jedem Fall alle Tatbestandsvoraussetzungen des § 14 AO gegeben sein. Die Absicht, einen Gewinn zu erzielen, ist für einen wirtschaftlichen Geschäftsbetrieb nicht erforderlich (§ 14 S. 2 AO). 105

---

152 Ausf. dazu *Gietz/Sommerfeld*, BB 2001, 1501.

153 Siehe dazu insb. *Götz*, NWB 2008, F. 2, 9757, 9768 ff.; *Buchna/Leichinger/Seeger/Brox*, S. 327 ff.; Schauhoff/Kirchhain/*Kirchhain*, § 7 Rn 283 ff.

154 BFH BStBl II 1996, 583, 585; FG Köln EFG 1997, 485.

106 **Beispiele: Wirtschaftlicher Geschäftsbetrieb einer gemeinnützigen Stiftung**

Basare oder Flohmärkte, sonstige Verkaufsaktivitäten (z.B. Museumsshop), Restauration, Karnevalsbälle, entgeltliche Dienstleistungen (z.B. Ausrichtung von Tagungen für andere), der Verkauf von Karnevalsorden.[155] Entsprechende Aktivitäten mit nur geringem Umsatz hat der Gesetzgeber allerdings aus der Besteuerung herausgenommen.

2. Steuerunschädliche Vermögensverwaltung

a) Abgrenzung

107 Eine **Vermögensverwaltung**, die der Steuerbefreiung nicht entgegensteht,[156] liegt i.d.R. vor, wenn Vermögen genutzt, z.B. Kapitalvermögen verzinslich angelegt oder unbewegliches Vermögen vermietet oder verpachtet wird (§ 14 S. 3 AO). Eine gemeinnützige Beteiligungsträgerstiftung vereinnahmt die Ausschüttungen einer Tochterkapitalgesellschaft steuerfrei.[157] Die Körperschaftsteuerbelastung bei der ausschüttenden Tochterkapitalgesellschaft wird im Ergebnis zur definitiven Steuerbelastung bei der gemeinnützigen Stiftung. Hinzu kommt allerdings noch die „örtliche" Gewerbesteuer der Tochterkapitalgesellschaft.

108 Die einbehaltene, bei Ausschüttungen der Kapitalgesellschaft fällige Kapitalertragsteuer beträgt 25 % (§ 43a Abs. 1 S. 1 Nr. 1 EStG) und wird der steuerbefreiten Stiftung auf Antrag vom Bundesamt für Finanzen nach § 44b EStG erstattet.

b) Beteiligung einer steuerbegünstigten Stiftung an Kapitalgesellschaften

109 Anders als Beteiligungen an einer Personengesellschaft (siehe dazu Rdn 114 ff.) ist die Beteiligung einer steuerbegünstigten Stiftung an einer **Kapitalgesellschaft** (AG, GmbH), ebenso wie der Erwerb und die Verwaltung von Wertpapieren, grundsätzlich als Vermögensverwaltung[158] einzustufen.[159] Ein wirtschaftlicher Geschäftsbetrieb ist hier im Einzelfall ausnahmsweise nur dann gegeben, wenn die steuerbegünstigte Stiftung auf die laufende Geschäftsführung der Kapitalge-

---

155 Siehe dazu *Ritter*, StiftungsBrief 2012, 145 ff.

156 Ausf. *Eversberg*, in: FS Spiegelberger, 2009, S. 1272 ff. Siehe auch *Tönies*, Stiftung & Sponsoring 2/2001, 28; *Schindler*, BB 2000, 2077. Siehe zur Abgrenzung auch FG München, Urt. v. 29.6.2010 – 1 K 2663/07, DStRE 2011, 995 f., bestätigt durch BFH, Urt. v. 11.10.2012 – IV R 32/10 (US-Lebensversicherungszweitmarktfonds).

157 Siehe etwa *Götz*, NWB 2008, F. 2, 9757, 9772.

158 Ausf. und anschaulich zur Abgrenzung *Götz*, NWB 2008, F. 2, 10107, 10111 ff.; siehe auch *Werner*, GmbHR 2003, 331. *Kiefer*, Die Abgrenzung von Vermögensverwaltung und wirtschaftlichem Geschäftsbetrieb – unter besonderer Berücksichtigung der Stiftungsproblematik, 2000.

159 Allg. zur Beteiligung gemeinnütziger Körperschaften an Kapital- und Personengesellschaften: *Augsten*, ZStV 2012, 21 ff.; *Klümpen-Neusel*, StiftungsBrief 2011, 205 ff.

sellschaft, an der sie beteiligt ist, tatsächlich in erheblichem Maße Einfluss nimmt.[160]

- Ob das bereits bei einer „**beherrschenden Gesellschafterstellung**“ oder nur bei einer „Mehrheitsbeteiligung“ anzunehmen ist, hängt von der konkreten Ausgestaltung des Einzelfalles ab. Bei einer entsprechenden Gestaltung kann eine Stiftung jedenfalls auch 100 % der Anteile an einer GmbH halten, ohne ihre Steuerbefreiung wegen Gemeinnützigkeit zu verlieren.
- Die betreffende Einflussnahme auf die Geschäftsführung ist dann ohne Bedeutung, wenn die Kapitalgesellschaft selbst ausschließlich Vermögensverwaltung betreibt.[161]
- Mit dem BFH[162] ist davon auszugehen, dass nur ein **aktives Eingreifen** in die Geschäftsführung der Kapitalgesellschaft bewirken kann, dass ein wirtschaftlicher Geschäftsbetrieb entsteht; die bloße Möglichkeit des Eingriffs genügt nicht.[163] Die in der Literatur vertretene Auffassung, bereits die Wahrnehmung gesetzlich vorgesehener Gesellschafterrechte führe dazu, dass die Beteiligung als wirtschaftlicher Geschäftsbetrieb anzusehen sei,[164] ist abzulehnen.[165] Ein „schädlicher“ entscheidender Einfluss auf die laufende Geschäftsführung ist in einem Fall der „bloßen Möglichkeit der Einflussnahme“ aber wohl dann anzunehmen, wenn die Geschäftsführungsorgane der gemeinnützigen Körperschaft und der Beteiligungsgesellschaft identisch sind (Personalunion).
- Wenn einige Stimmen in der Literatur einschränkend verlangen, eine Stiftung dürfe steuerunschädlich lediglich „reine Überwachungstätigkeit“ entfalten,[166] wird von diesen übersehen, dass eine Stiftung dem Gebot der ordnungsmäßigen Vermögensverwaltung und der Erhaltung des Vermögensbestands verpflichtet ist, so dass der Gebrauch der Gesellschafterrechte nicht dazu führen kann, dass die Beteiligung als wirtschaftlicher Geschäftsbetrieb angesehen wird.[167]
- Tritt eine Beteiligungsträgerstiftung als eine die Leitungsmacht ausübende **Holding** auf,[168] die an mehreren Gesellschaften beteiligt ist, kann sie der Steuerpflicht nicht entgehen.[169]

---

160 BFH BStBl II 1971, 753; Klein/*Gersch*, AO, § 14 Rn 18 m.w.N.

161 *Kümpel*, DStR 1999, 1505, 1508; AEAO Nr. 3 S. 6 zu § 64 Abs. 1 AO.

162 BFH BStBl II 1971, 753; wie hier *Götz*, NWB 2008, F. 2, 10107, 10112.

163 *Kümpel*, DStR 1999, 1505, 1508.

164 *Roolf*, DB 1985, 1156, 1157.

165 Wie hier *Götz*, NWB 2008, F. 2, 10107, 10112; *Kümpel*, DStR 1999, 1505, 1508; *Schick*, DB 1985, 1812.

166 *Hennerkes/Binz/Sorg*, DB 1986, 2217, 2220.

167 Wie hier *Götz*, NWB 2008, F. 2, 10107, 10112; *Lex*, DB 1997, 349, 350; *Schick*, DB 1985, 1812, 1814.

168 Zur Zulässigkeit einer Stiftung als Konzernspitze/Holding siehe *Schwintowski*, NJW 1991, 2736; siehe auch *Rothemann*, Holdingstrukturen und Gemeinnützigkeit, 2011.

169 *Götz*, NWB 2008, F. 2, 10107, 10113.

- Schwierig ist in diesen Fällen auch die Frage des **Ausgleichs etwaiger Verluste** des steuerpflichtigen wirtschaftlichen Geschäftsbereichs der Stiftung, die nach herkömmlicher Auffassung grundsätzlich den gemeinnützigen Bereich nicht belasten dürfen.[170] Werden bei dem wirtschaftlichen Geschäftsbetrieb laufend **Verluste** erzielt, kann das wegen Mittelfehlverwendung zum Verlust der Steuerbefreiung führen.[171] Es besteht zur Wahrung der Gemeinnützigkeit jedoch die Möglichkeit, den Geschäftsbetrieb gegen Gewährung von Gesellschaftsrechten steuerneutral nach § 20 UmwStG in eine Kapitalgesellschaft einzubringen (siehe auch § 6 Rdn 39). Die bei der zwischengeschalteten Kapitalgesellschaft anfallenden Verluste sollen nicht die Gemeinnützigkeit der Stiftung als solche bedrohen, da sie nicht mehr „automatisch“ zu einer Minderung des Vermögens bzw. der Erträge innerhalb des ideellen Bereichs der gemeinnützigen Stiftung führen, sondern in der Beteiligungskapitalgesellschaft gleichsam thesauriert werden.[172]
- Von der im vorstehenden Punkt angesprochenen Frage ist die zu unterscheiden, ob auch **Verluste aus steuerunschädlicher Vermögensverwaltung** die Gemeinnützigkeit gefährden können. Einzelheiten sind umstritten.[173] Aus Sicht der Finanzverwaltung gelten die einschlägigen Regelungen zum Verlustausgleich beim steuerpflichtigen wirtschaftlichen Geschäftsbetrieb (AEAO Nr. 4 bis 8 zu § 55 AO) entsprechend.[174]

110 **Praxishinweis: Verdeckte Gewinnausschüttung bei Stiftungen?**

Verdeckte Gewinnausschüttungen dürfen bekanntlich das Einkommen einer Körperschaft nicht mindern (§ 8 Abs. 3 KStG). Die Finanzverwaltung fasst ausgesprochen viele Sachverhalte unter den von ihr weit verstandenen Begriff der verdeckten Gewinnausschüttung.[175] Hier kann es auch im Zusammenhang mit Stiftungen zu Problemlagen kommen. Denken wir nur an den Fall, dass eine GmbH, an der der Stifter zu 100 % beteiligt ist, an „dessen“ Stiftung „spendet“.

---

170 AEAO Nr. 4 bis 8 zu § 55 Abs. 1 Nr. 1 AO; *Buchna/Leichinger/Seeger/Brox*, S. 155 ff.

171 BFH BStBl II 1998, 711; *Buchna/Leichinger/Seeger/Brox*, S. 155 ff.

172 So ausdrücklich *Götz*, NWB 2008, F. 2, 10107, 10114 f.

173 *Buchna/Leichinger/Seeger/Brox*, S. 164 ff.; *Orth*, DStR 2009, 1397 ff.

174 AEAO Nr. 9 zu § 55 Abs. 1 Nr. 1 AO.

175 Siehe etwa Streck/*Schwedhelm*, KStG, § 8 Rn 120 ff.; *Wagner*, DStR 2011, 1594 ff.; *Schauhoff/Kirchhain*, Stiftungswelt 3/2011, 70 ff.; *Müller-Stüler*, StiftungsBrief 2012, 27 ff. zu BFH, Urt. v. 12.10.2010 – I R 59/09.

Angesichts der schlechten Situation am Kapitalmarkt stellt sich die Frage nach weiteren **Grenzen der Vermögensverwaltung bei der gemeinnützigen Stiftung.** Folgende Punkte erscheinen generell wesentlich: 111

- Klar ist erstens, dass die Vermögensverwaltung als Mittel zur Zweckerfüllung der Stiftung erfolgen darf. Das erkennt auch die Finanzverwaltung in der AEAO an.[176]
- Klar ist über diese Selbstverständlichkeit hinaus zweitens aber auch, dass insbesondere eine gemeinnützige Stiftung ihr Vermögen nicht ungenutzt lassen darf, d.h. es **muss** eine Vermögensverwaltung zur Erwirtschaftung von Mitteln für die „zeitnahe" Zweckerfüllung (siehe Rdn 71 ff.) erfolgen und zudem darf eine Stiftung nicht dauerhaft Verluste erwirtschaften.[177] Das entspricht dem bereits (siehe § 5 Rdn 75) angesprochenen grundlegenden Gedanken, dass zur Vermögensverwaltung „Vergraben alleine nicht genügt".

Bei einer **Beteiligung an einer gewerblichen Kapitalgesellschaft** ist entscheidend, dass die gemeinnützige Stiftung nachhaltig ausreichende Erträge für ihre Zweckerfüllung erhält, wobei es nicht entscheidend ist, ob es sich um eine Mehrheits- oder um eine Minderheitsbeteiligung der Stiftung an der Gesellschaft handelt.[178] Da sind in der Praxis nicht selten Zielkonflikte zwischen gemeinnütziger Stiftung und gewerblich tätiger GmbH vorgeprägt. 112

Beispielsweise will einerseits die Stiftung erhebliche Ausschüttungen für ein großes soziales Projekt, während der GmbH-Geschäftsführer andererseits von der Stiftung als Gesellschafterin den Verzicht auf Ausschüttungen fordert, weil aus seiner Sicht unbedingt im Unternehmen zusätzliche Liquidität neben den bestehenden Bankkrediten für eine wichtige, zukunftsweisende Investition erforderlich ist. Das erfordert von den Stiftungsorganen Verständnis für die Gegebenheiten der Wirtschaftswelt und von der GmbH-Geschäftsführung Verständnis für die Welt der Gemeinnützigkeit. Beides kann man in der Praxis nicht ohne weiteres voraussetzen. Es fordert tatsächlich Menschen mit bestimmten, nicht ganz häufigen Erfahrungen, nämlich möglichst mit solchen aus beiden Bereichen (Wirtschaftswelt und Gemeinnützigkeitswelt). Solche umfassenderen Erfahrungen finden sich in der heutigen Zeit der zunehmend geforderten fachlichen Spezialisierung leider immer seltener.

Zur Besteuerung von **Anteilen an einer gemeinnützigen Kapitalgesellschaft** gibt es gleichlautende (koordinierte) Erlasse der obersten Finanzbehörden der Länder vom 9.10.2013,[179] die sich ausschließlich auf unentgeltliche oder teilweise unentgeltliche („gemischte Schenkung") Übertragungen von Anteilen an einer 113

176 Siehe AEAO Nr. 1 zu § 56 AO.

177 Vgl. AEAO Nr. 9 i.V.m. Nr. 4 bis 8 zu § 55 Abs. 1 Nr. 1 AO; siehe dazu etwa auch *Sauer/Schwarz*, StiftungsBrief 2013, 66.

178 So auch *Sauer/Schwarz*, StiftungsBrief 2013, 66, 69.

179 BStBl I 2013, 1362 = DStR 2013, 2514; ausf. dazu *Kirchhain/Larenz*, DStR 2014, 1941.

gemeinnützigen GmbH auf eine nicht gemeinnützige Privatperson beziehen. Das ist eine Konstellation, die bei einer an einer gGmbH beteiligten gemeinnützigen Stiftung schon mit Blick auf den Vermögenserhaltungsgrundsatz (siehe § 5 Rdn 53 ff.) in aller Regel nicht vorkommen sollte. Der umgekehrte Fall kann jedoch zur Entscheidung anstehen: Eine gemeinnützige Stiftung möchte von einem privaten Gesellschafter dessen Anteile an einer gGmbH erwerben, etwa um mit Blick auf den Zweck der gGmbH ihren eigenen Zweckbetrieb (siehe Rdn 113 ff.) zu erweitern. Dabei wird gerne eine steuerliche Barriere übersehen:

Nach § 11 Abs. 2 BewG sind die Anteile an einer Kapitalgesellschaft steuerlich zwar an sich mit dem gemeinen Wert anzusetzen, wobei der der Substanzwert der Gesellschaft nicht unterschritten werden darf.[180] Nach § 55 Abs. 1 Nr. 1 S. 2 und Nr. 2 AO dürfen die Gesellschafter einer steuerbegünstigten, gemeinnützige Zwecke verfolgenden Körperschaft jedoch keine Gewinnanteile oder sonstigen Zuwendungen aus Mitteln der Körperschaft erhalten und bei ihrem Ausscheiden oder bei Auflösung oder Aufhebung der Körperschaft nicht mehr als ihre eingezahlten Kapitalanteile und den gemeinen Wert ihrer geleisteten Sacheinlagen zurückerhalten. Damit ist der Kauf solcher Anteile zu einem Marktwert grundsätzlich ausgeschlossen. Der BFH sieht hier grundsätzlich eine Mittelfehlverwendung, und zwar ggf. sogar einen so schwerwiegenden Verstoß gegen § 55 Abs. 1 Nr. 1 bis 3 AO vor, der die Anwendung des § 61 Abs. 3 AO ermöglicht:[181]

> *„Wie die Klägerin zutreffend vorträgt, sind Anteile an einer gemeinnützigen GmbH, deren steuerbegünstigte Zwecke auch nach dem Anteilseignerwechsel weiterverfolgt werden sollen, für einen steuerpflichtigen Erwerber nicht mehr wert als höchstens der Nominalwert der Anteile zuzüglich des gemeinen Werts der vom bisherigen Gesellschafter geleisteten Sacheinlagen. Denn nur diese, nicht dagegen Gewinne, dürfen an den Gesellschafter ausgekehrt werden (§ 55 Abs. 1 Nr. 1 und 2 AO). Zahlt daher eine steuerbegünstigte Körperschaft für Anteile an einer gemeinnützigen Kapitalgesellschaft einem steuerpflichtigen Anteilseigner mehr als diese Beträge, liegt darin regelmäßig eine Mittelfehlverwendung i.S.d. § 55 Abs. 1 Nr. 1 S. 1 AO, weil dem bisherigen Anteilseigner mehr als der Wert entgolten wird, der den Anteilen bei Fortführung des steuerbegünstigten Zwecks zukommt. Eine steuerbegünstigte Körperschaft darf zwar auf das Vermögen einer von ihr erworbenen steuerbefreiten Kapitalgesellschaft zugreifen, allerdings nur zur Verwendung für steuerbegünstigte Zwecke. Diese Mittel dürfen aber – jedenfalls bei einem steuerpflichtigen Veräußerer – nicht Maßstab für die Bemessung des Kaufpreises für die Anteile an der Kapitalgesellschaft sein, weil andernfalls über den Kaufpreis Gewinne früherer Jahre sowie in anderer Weise erworbenes und gemeinnützigkeits-*

180 Siehe dazu und zum Folgenden etwa die koordinierten Ländererlasse, BStBl I 2013, 1362 = DStR 2013, 2514, unter Ziffer 1. und 2.

181 BFH, Urt. v. 12.10.2010 – I R 59/09, BFH/NV 2011, 329; siehe dazu zustimmend *Kohlhepp*, DB 2011, 92; *Wallenhorst*, DStR 2011, 698.

rechtlich gebundenes Vermögen der erworbenen Kapitalgesellschaft entgegen § 55 Abs. 1 Nr. 1 bis 3 AO an den vormaligen Gesellschafter ausgekehrt würde. Gemeinnützigkeitsrechtliche Einschränkungen des § 55 Abs. 1 AO werden umgangen, wenn dem Gesellschafter mit seinem Ausscheiden über den Kaufpreis aus der steuerbegünstigten Körperschaft genau die Mittel zugewendet werden, die im Fall einer Ausschüttung an ihn wegen Verstoßes gegen § 55 Abs. 1 Nr. 1 bis 3 AO zur Aberkennung der Gemeinnützigkeit der Körperschaft führen würden. Dies gilt unabhängig davon, ob die Mittel – wie hier – aus dem Vermögen der erworbenen steuerbegünstigten Kapitalgesellschaft oder aus dem Vermögen der steuerbegünstigten Muttergesellschaft selbst an den ehemaligen Gesellschafter geleistet werden.“

Auch wenn die Begründung des BFH nach wie vor kritisiert wird,[182] entspricht sie zwischenzeitlich der allgemeinen Ansicht der Finanzverwaltung[183] und ist in der Praxis entsprechend zu berücksichtigen.

c) Beteiligung an gewerblich geprägter Personengesellschaft

Beteiligungen an einer Personengesellschaft (OHG, KG) werden steuerlich in aller Regel als wirtschaftlicher Geschäftsbetrieb (Mitunternehmerschaft) eingestuft.[184] Das gilt jedoch ausnahmsweise nicht im Falle einer rein **vermögensverwaltenden Tätigkeit** der betreffenden Personengesellschaft.[185] 114

Auch nach Ansicht des **BFH** unterhält eine gemeinnützige Stiftung durch eine Beteiligung an einer gewerblich geprägten Personengesellschaft, die vermögensverwaltend tätig ist, **keinen wirtschaftlichen Geschäftsbetrieb**.[186] Auch die Finanzverwaltung hat sich in Abweichung von dem AEAO 2012 im **AEAO 2014** (Nr. 3 zu § 64 Abs. 1 AO) dieser Auffassung des BFH ausdrücklich angeschlossen.[187] Das **FG Düsseldorf** hat es hingegen in 2013 noch anders gesehen.[188]

---

182 Siehe etwa *Hüttemann*, Gemeinnützigkeitsrecht und Spendenrecht, Rn 2.24.

183 BMF v. 20.12.2019, BStBl I 2020, 59.

184 Siehe nur *Buchna/Leichinger/Seeger/Brox*, S. 342 f.; *Pfeffer*, StiftungsBrief 2024, 35; *Kümpel*, DStR 1999, 1505, 1507.

185 BFH, Urt. v. 25.5.2011 – I R 60/10; BFH BStBl II 1984, 751; *Pfeffer*, StiftungsBrief 2024, 35.

186 BFH, Urt. v. 25.5.2011 – I R 60/10, DStR 2011, 1460 ff. m. Anm. *Kraft*; BFH, Urt. v. 18.2.2016 – V R 60/13 zur Beteiligung einer gemeinnützigen Stiftung an einer gewerblich geprägten GmbH & Co. KG; siehe auch *Seemann*, FuS 2011, 140 f.; *Weisheit*, DB 2012, 142 ff.; *Kraft*, ZStV 2011, 201, 202 ff.; *Thomalla*, BB 2012, 490 ff.; *Ritter*, StiftungsBrief 2014, 54 ff. Siehe auch FG Hessen, Urt. v. 23.6.2010 – 4 K 2258/09, EFG 2011, 23 in der Vorinstanz zu der BFH-Entscheidung aus 2011.

187 Siehe dazu etwa *Hüttemann*, DB 2014, 442, 448.

188 FG Düsseldorf, Urt. v. 17.9.2013 – 6 K 2430/13 K, EFG 2013, 1958.

Danach soll die BFH-Rechtsprechung nicht für gewerblich „infizierte" Einkünfte aus einer sog. Besitzgesellschaft gelten.[189]

115 Die Rechtslage ist also durchaus kompliziert. Wir möchten deshalb beispielhaft den Fall des FG Hessen[190] näher betrachten. Die Verfahrensbeteiligten stritten darüber, ob die klagende gemeinnützige Stiftung durch ihre Beteiligungen an gewerblich geprägten Personengesellschaften, die jeweils vermögensverwaltend tätig sind, einen steuerpflichtigen, wirtschaftlichen Geschäftsbetrieb betreibt oder ob es sich insoweit um steuerfreie Vermögensverwaltung handelt. Ersteres meinte das zuständige Finanzamt und Letzteres die klagende gStiftung. In einem Bescheid über die einheitliche und gesonderte Gewinnfeststellung der Personengesellschaften sind deren Einkünfte und die aus den Beteiligungen wegen der Fiktion des § 15 Abs. 3 Nr. 2 EStG als gewerbliche Einkünfte festgestellt worden. Das Finanzamt sah die Einkünfte als solche aus einem steuerpflichtigen wirtschaftlichen Geschäftsbetrieb (§ 14 AO) und die Feststellung der Gewerblichkeit der Einkünfte durch das für die Personengesellschaften zuständige Finanzamt für die Qualifizierung als wirtschaftlicher Geschäftsbetrieb als maßgebend an.

116 Das FG Hessen sah die Gewinne aus den Beteiligungen an den Personengesellschaften als solche aus **steuerfreier Vermögensverwaltung**. Es gab damit der gemeinnützigen Stiftung Recht und hat seine Entscheidung insbesondere mit folgenden Erwägungen **begründet**:

- Gemeinnützige Körperschaften sind gem. § 5 Abs. 1 Nr. 9 S. 1 KStG von der Körperschaftsteuer befreit. Die Befreiung ist ausgeschlossen, soweit ein wirtschaftlicher Geschäftsbetrieb unterhalten wird (§ 5 Abs. 1 Nr. 9 S. 2 KStG).
- Ein wirtschaftlicher Geschäftsbetrieb ist nach § 14 S. 1 AO eine selbstständige nachhaltige Tätigkeit, durch die Einnahmen oder andere wirtschaftliche Vorteile erzielt werden und die über den Rahmen einer Vermögensverwaltung hinausgeht. Nicht erforderlich ist dabei die Absicht, Gewinn zu erzielen (§ 14 S. 2 AO); auch eine Beteiligung am allgemeinen wirtschaftlichen Verkehr ist nicht erforderlich.
- Begrifflich besteht nach Ansicht des FG kein Zweifel daran, dass ein Gewerbebetrieb i.S.d. § 15 Abs. 2 EStG zugleich ein wirtschaftlicher Geschäftsbetrieb i.S.d. § 14 AO ist.[191] Für die Beteiligungen an einer gewerblich tätigen Personengesellschaft, bei der der Gesellschafter als Mitunternehmer anzusehen ist, kann aus Sicht des FG Hessen nichts anderes gelten.[192] Die Gewinnanteile stellen, wenn Gesellschafter eine gemeinnützige Körperschaft ist, bei dieser einen wirtschaftlichen Geschäftsbetrieb dar. Dies folgt aus dem System der Besteuerung von Mitunternehmerschaften und gilt, wie das FG betont, gleichermaßen für Kommanditbeteiligungen.

---

189 Siehe *Ritter*, StiftungsBrief 2014, 54, 57.
190 FG Hessen, Urt. v. 23.6.2010 – 4 K 2258/09, EFG 2011, 23.
191 BFH, Urt. v. 21.5.1997 – I R 164/94, BFH/NV 1997, 825.
192 BFH, Urt. v. 27.3.2001 – I R 78/99, BStBl II 2001, 449 m.w.N.

- Etwas anderes gilt jedoch dann, so das FG, wenn es sich bei der Kommanditbeteiligung um eine **Beteiligung an einer gewerblich (nur) geprägten Personengesellschaft** handelt, die vermögensverwaltend tätig ist. Eine solche Personengesellschaft erfüllt mangels gewerblicher Tätigkeit weder die Voraussetzungen des wirtschaftlichen Geschäftsbetriebes noch die eines Gewerbebetriebes i.S.d. § 15 Abs. 2 EStG. Gleichwohl sind die aus der Tätigkeit erzielten Einkünfte aufgrund der Fiktion des § 15 Abs. 3 Nr. 2 EStG einkommensteuerrechtlich als gewerbliche Einkünfte zu qualifizieren. Diese Fiktion gilt jedoch, wie das FG betont, mangels entsprechender Verweisungsnorm nicht für den Bereich der Abgabenordnung, so dass wegen der Ausübung einer vermögensverwaltenden Tätigkeit eben kein wirtschaftlicher Geschäftsbetrieb gegeben ist. Nach der aktuellen Rechtsprechung des BFH betreibe eine Personengesellschaft nur dann einen Gewerbebetrieb, wenn die Gesellschafter in ihrer Verbundenheit zur Personengesellschaft tatsächlich ein gewerbliches Unternehmen i.S.d. § 15 Abs. 2 EStG ausüben.[193]
- Soweit in der Kommentarliteratur vertreten wird, dass eine Beteiligung an einer mitunternehmerischen – auch an einer gewerblich geprägten (§ 15 Abs. 3 Nr. 2 EStG) – Personengesellschaft stets als wirtschaftlicher Geschäftsbetrieb anzusehen ist,[194] verkennen die Kommentatoren aus Sicht des FG Hessen, dass nur ein originärer Gewerbebetrieb gleichzeitig die Tatbestandsmerkmale eines wirtschaftlichen Geschäftsbetriebs erfüllt.
- Etwas anderes ergibt sich nach Ansicht des FG auch nicht aus der Bindungswirkung der einheitlichen und gesonderten Feststellung zu den fraglichen Gesellschaften. Zwar habe, so das FG, das Betriebsstätten-Finanzamt mit bindender Wirkung (§ 182 Abs. 1 AO) festgestellt, dass die Klägerin aus diesen Beteiligungen Einkünfte aus Gewerbebetrieb erzielt hat (§ 180 Abs. 1 Nr. 2a AO). Dies bedeute jedoch nicht sogleich die Feststellung, dass die Klägerin einen wirtschaftlichen Geschäftsbetrieb unterhielt. Zwar werde im Rahmen des Feststellungsbescheides die Art der erzielten Einkünfte der Personengesellschaft verbindlich festgestellt, insoweit handele es sich auch um ein gemeinschaftlich verwirklichtes Tatbestandsmerkmal. Darüber aber, ob die stets gewerblichen Einkünfte im Rahmen der Gemeinnützigkeit auch steuerbefreit sind, werde erst im Rahmen der Steuerveranlagung der Klägerin entschieden. Wenn die Kommanditbeteiligung nicht als Mitunternehmerschaft an einem gewerblichen Unternehmen angesehen werden könne, weil die Gesellschaft nur eine vermögensverwaltende Tätigkeit ausübe, liege bloße Vermögensverwaltung und damit kein wirtschaftlicher Geschäftsbetrieb vor.
- Der Zweck des Feststellungsverfahrens, verbindliche Vorgaben für alle (materiellrechtlich) an der Einkunftsquelle Beteiligten zu liefern und divergierende Entscheidungen der Finanzämter möglichst auszuschließen, stehe dieser Beur-

193 BFH, Urt. v. 25.6.1984 – GrS 4/82, BStBl II 1984, 751.
194 BFH, Beschl. v. 11.4.2005 – GrS 2/02, BStBl II 2005, 679.

teilung nicht entgegen. Es bestehe ein (wesentlicher) Unterschied zwischen der Art der einkommensteuerlichen Einkünfte, die für alle Beteiligten einheitlich festgestellt werden und dem Umstand, ob die erzielten Gewinne bei dem Einzelnen den Tatbestand eines wirtschaftlichen Geschäftsbetriebes erfüllen. § 14 AO regele insoweit nicht die objektive Steuerpflicht nach den Einzelsteuergesetzen, sondern nur eine sachliche Eingrenzung der subjektiven Steuerbegünstigung. Dabei komme es für die Qualifizierung der Einkünfte, ausgehend vom Sinn und Zweck der Regelung über das Vorliegen eines wirtschaftlichen Geschäftsbetriebes (§ 14 AO), entscheidend darauf an, ob die Klägerin durch die Beteiligung eine wettbewerbsrelevante Tätigkeit ausübe. Der Wettbewerbsschutz aber sei Richtschnur für das Vorliegen eines wirtschaftlichen Geschäftsbetriebes und nicht für die einkommensteuerrechtliche Qualifizierung der Einkünfte.

117 Die Begründung überzeugt uns und sie hat auch den BFH **überzeugt**, der sich ihr angeschlossen hat.[195] Die Entscheidung wirft nicht nur einen formalen und formalistischen Blick auf die Angelegenheit, sondern betrachtet den Sachverhalt und die Gesetzeslage sehr genau. Sie ist mit den Formulierungen sowie dem Sinn und dem Zweck der gesetzlichen Vorschriften des § 14 AO rechtsmethodisch sauber begründet. Die Entscheidung unterscheidet steuersystemgerecht zwischen EStG und AO, denn es geht um die Auslegung einer Vorschrift der AO. Die Entscheidung dient der Praxis. Sie folgt nicht der fiskalischen Sicht des Finanzamtes. Eine Fiktion ist nur dann erforderlich, wenn etwas fingiert werden soll, das es so tatsächlich nicht gibt, nämlich im vorliegenden Zusammenhang den wirtschaftlichen Geschäftsbetrieb nach § 14 AO anstelle der tatsächlich nur gegebenen Vermögensverwaltung nach § 14 AO. In der Abgabenordnung fehlt anders als im Einkommensteuerrecht (§ 15 Abs. 3 Nr. 2 EStG) eine entsprechende Fiktion. Mithin wird in der AO insoweit auch nichts fingiert. Die Vermögensverwaltung wandelt sich „in § 14 AO“ mithin auch nicht zu einem wirtschaftlichen Geschäftsbetrieb, sondern bleibt, was sie ist: Vermögensverwaltung.

118 In der Fachliteratur wird mitunter vertreten, dass die **Kommanditbeteiligung** einer steuerbegünstigten Körperschaft aufgrund ihrer Besonderheiten grundsätzlich dem Bereich der steuerfreien Vermögensverwaltung zuzuordnen sei.[196] Diese Ansicht hat sich jedoch bislang nicht durchsetzen können.[197]

195 BFH, Urt. v. 25.5.2011 – I R 60/10, DStR 2011, 1460.

196 Siehe etwa *Niemann*, Schriftenreihe des Instituts Finanzen und Steuern Nr. 330, S. 36 ff., insb. S. 41; *Arnold*, DStR 2005, 583.

197 Vgl. *Hüttemann*, Gemeinnützigkeitsrecht und Spendenrecht, Rn 6.130 ff.

d) Gefahr der Betriebsaufspaltung bei Vermögensverwaltung

Ist eine gemeinnützige Stiftung mehrheitlich an einer Kapitalgesellschaft beteiligt und überlässt dieser wesentliche Betriebsgrundlagen, besteht die Gefahr, dass die Grundsätze der Betriebsaufspaltung[198] zur Anwendung gelangen.[199] 119

- Die an sich nur vermögensverwaltende Stiftung wird zum **Besitzunternehmen** und erzielt dann aus der Nutzungsüberlassung **gewerbliche Einkünfte.**
- Sowohl die Beteiligungsverwaltung als auch die Vermietungstätigkeit ist in diesem Fall dem steuerpflichtigen wirtschaftlichen Geschäftsbetrieb zuzuordnen.
- Mieterträge und Gewinnausschüttungen unterliegen dann der Körperschaft- und Gewerbesteuer.[200]
- Keine Anwendung finden die Grundsätze der Betriebsaufspaltung, wenn das Betriebsunternehmen selbst steuerbegünstigt ist oder nur vermögensverwaltend tätig ist.[201]
- Die Grundsätze der Betriebsaufspaltung greifen bereits, wenn die bloße **Möglichkeit** zur **Durchsetzung des eigenen geschäftlichen Willens** im Betriebsunternehmen vorliegt. Die tatsächliche Ausübung des laufenden Einflusses oder gar eine Identität zwischen Vorstand der Stiftung und Geschäftsführung der Betriebskapitalgesellschaft ist nicht erforderlich.[202]

Dipl.-Kfm. *Roland Beckers*, Steuerberater, Mönchengladbach: **Gemeinnützigkeit und Betriebsaufspaltung** 120

„Zunehmend kann ich mich des Eindrucks nicht erwehren, dass die Finanzverwaltung vermehrt und oftmals auch gezielt Betriebsaufspaltungen im gemeinnützigen Bereich aufzuspüren oder gar zu konstruieren versucht. Insbesondere die sog. ‚Servicegesellschaften' und ihre Gesellschafter geraten dabei immer mehr in den Fokus der Finanzämter.

Die gemeinnützigen Gesellschafter stellen beispielsweise die ihnen gehörenden Grundstücke und Räume ihren gewerblich tätigen Tochtergesellschaften mietweise zur Verfügung. Dabei handelt es sich um die Überlassung wesentlicher Betriebsgrundlagen, mithin also um eine Betriebsaufspaltung. Hierdurch werden die Miet- und Pachteinnahmen aus der steuerbegünstigten Sphäre der Vermögensverwaltung herausgelöst und in den Bereich des steuerpflichtigen wirtschaftlichen Geschäftsbetriebes verlagert.

Meine Beobachtung anlässlich verschiedener Betriebsprüfungen bei gemeinnützigen Trägern ist, dass die Finanzverwaltung ihre anfängliche Zaghaftigkeit offenbar längst aufgegeben hat. In der ersten Zeit ließ sich mit dem Betriebs-

198 *Götz*, NWB 2008, F. 2, 10107, 10113.
199 BFH BFH/NV 1986, 433.
200 *Schick*, DB 1999, 1187, 1190.
201 AEAO Nr. 3 S. 8 zu § 64 Abs. 1 AO.
202 BFH BFH/NV 1997, 825; *Lex*, DB 1997, 349, 352.

prüfer meist noch der Kompromiss aushandeln, die Ausgaben in Höhe der Einnahmen zuzurechnen. So wurde zwar eine Betriebsaufspaltung aktenkundig, diese führte mangels Überschusses jedoch nicht zu einer steuerlichen Belastung. Mittlerweile ist vermehrt zu beobachten, dass teilweise recht tollkühn anmutende Kalkulationen angestellt werden, um rechnerische Überschüsse entstehen zu lassen.
Eine Folge ist dann, dass auch die gemeinnützigen Träger selbst einer Körperschaft- und Gewerbesteuerbelastung ausgesetzt werden, und eben nicht nur deren gewerbliche Tochtergesellschaften. Solche Ausgründungen wurden in der Vergangenheit jedoch häufig genug mit der Maßgabe vorangetrieben, die Ertragsteuerbelastungen von den Stiftungen selbst völlig fern zu halten.
Aus Beratersicht kann daher nur eindringlich empfohlen werden, im Rechnungswesen eine möglichst detaillierte Kostenstellenrechnung zu implementieren, um eine verursachungsgerechte Erlös- und Kostenzuordnung dokumentieren zu können. Auch die Höhe der zwischen Stiftung und Tochtergesellschaft zu verrechnenden Miete sollte in regelmäßigen Abständen überprüft und, falls notwendig, den steuerlichen Anforderungen angepasst werden. Unter Umständen können auch Mieterhöhungen erforderlich werden, um eventuellen Dauerverlusten im wirtschaftlichen Geschäftsbetrieb und ihren möglichen, schädlichen Folgen für die Gemeinnützigkeit zu begegnen."

3. Gewerbesteuer

121 Ebenso wie § 5 Abs. 1 Nr. 9 S. 2 KStG sieht auch § 3 Nr. 6 GewStG für den wirtschaftlichen Geschäftsbetrieb eine partielle Steuerpflicht vor.[203] Regelmäßig fallen hier Einkünfte aus Gewerbebetrieb an.

4. Verlustabzug – anteiliger Betriebsausgabenabzug

122 Da die Stiftung als Körperschaft einheitlich veranlagt wird, ist ein Verlustausgleich unter mehreren wirtschaftlichen Geschäftsbetrieben der Stiftung möglich.

Bei Ausgaben, die zugleich durch die gemeinnützigen Aktivitäten der Stiftung als auch durch deren (etwaigen) wirtschaftlichen Geschäftsbetrieb verursacht werden, ist es fraglich, ob die Kosten entsprechend anteilig aufgeteilt werden dürfen.[204] In einem Urteil vom 15.1.2015 hat der BFH in Änderung seiner bisherigen Rechtsprechung für eine solche Konstellation zu folgendem Leitsatz gefunden:[205]

„Vorrangig durch den ideellen (außersteuerlichen) Bereich eines Sportvereins (hier: Spielbetrieb) veranlasste Aufwendungen, die durch einen Gewerbebe-

203 BFH BStBl II 1996, 583, 584; *Seer*, DStR 1997, 436, 440.
204 Siehe dazu *Fritz*, Stiftung & Sponsoring 3/2015, 36.
205 BFH, Urt. v. 15.1.2015 – I R 48/13.

trieb (hier: Werbung) mitveranlasst sind, können anteilig dem gewerblichen Bereich zuzuordnen sein (Änderung der Rechtsprechung). Die gewerbliche Mitveranlassung kann aber nur berücksichtigt werden, wenn objektivierbare zeitliche oder quantitative Kriterien für die Abgrenzung der Veranlassungszusammenhänge vorhanden sind. Sind die ideellen und gewerblichen Beweggründe untrennbar ineinander verwoben, ist nur der primäre Veranlassungszusammenhang zu berücksichtigen."

Damit ist das bisherige steuerliche Aufteilungsverbot gefallen.

5. Zwei Ausnahmen von der Besteuerung

Zum Vorteil steuerbefreiter Körperschaften hat der Gesetzgeber **zwei Ausnahmen** von dem **Grundsatz der Besteuerung des wirtschaftlichen Geschäftsbetriebes** bestimmt: 123

1. Ausnahme:

Solange die Einnahmen einschließlich Umsatzsteuer aus wirtschaftlichen Geschäftsbetrieben einer gemeinnützigen Körperschaft, die keine Zweckbetriebe sind, insgesamt 50.000 EUR im Jahr nicht übersteigen (Umsatzmindestbetrag), wird die Steuerbefreiung hinsichtlich der Körperschaft- und Gewerbesteuer nicht berührt (§ 64 Abs. 3 AO). In der Praxis handelt es sich bei dem wirtschaftlichen Geschäftsbetrieb einer steuerbegünstigten Stiftung sehr häufig um Fälle, die die genannte Wertgrenze nicht überschreiten. Nach § 64 Abs. 2 AO sind allerdings mehrere steuerpflichtige wirtschaftliche Geschäftsbetriebe einer Stiftung steuerlich als ein wirtschaftlicher Geschäftsbetrieb zu behandeln.

2. Ausnahme:

Die zweite Ausnahme ist der sog. Zweckbetrieb (siehe dazu Rdn 124 ff.).

III. Zweckbetrieb

Ein steuerbegünstigter **Zweckbetrieb**[206] einer gemeinnützigen Stiftung ist nach **§ 65 AO** gegeben, wenn 124

- der wirtschaftliche Geschäftsbetrieb in seiner Gesamtrichtung dazu dient, die steuerbegünstigten satzungsmäßigen Zwecke der Körperschaft zu verwirklichen (Nr. 1),
- die Zwecke nur durch einen solchen Geschäftsbetrieb erreicht werden können (Nr. 2) und

---

206 Näher *Hüttemann*, Gemeinnützigkeitsrecht und Spendenrecht, Rn 6.175 ff.; *Buchna/Leichinger/Seeger/Brox*, S. 378 ff.; *Fischer*, npoR 2025, 117; *Pfeffer*, StiftungsBrief 2023, 132; *ders.*, StiftungsBrief 2023, 147; *Hüttemann*, Rote Seiten zu Stiftung & Sponsoring 6/1998; BFH, Beschl. v. 19.7.2010 – I B 203/09, BFH/NV 2011, 1.

- der wirtschaftliche Geschäftsbetrieb zu nicht begünstigten Betrieben derselben oder ähnlicher Art nicht in größerem Umfang in Wettbewerb tritt, als bei Erfüllung der steuerbegünstigten Zwecke unvermeidbar ist (Nr. 3 – **Unvermeidbarkeit**).[207]

125 Steuerbegünstigte Körperschaften **gliedern**, etwa um moderne Organisationsstrukturen zu erhalten oder Kostenvorteile zu erlangen, verstärkt Zweckbetriebe **aus**. Leicht werden dabei im betriebswirtschaftlichen Gestaltungseifer die gemeinnützigkeitsrechtlichen Anforderungen übersehen.[208] Um nicht über einen Zweckbetrieb **zu unerwünschten Wettbewerbsverzerrungen** zu gelangen,[209] wird in der Rechtsprechung im Übrigen der Fall des Zweckbetriebes als enge Ausnahme gesehen. Für Wettbewerber kann im Fall der unberechtigten Annahme eines Zweckbetriebes eine **Konkurrentenklage** in Frage kommen.[210]

126 **Beispiele: Wirtschaftlicher Zweckbetrieb**

- Anerkannte typische Beispiele sind:[211]
  - die eigene Bewirtschaftung eines Rittergutes durch eine gemeinnützige Stiftung
  - der entgeltliche Musikunterricht einer gemeinnützigen Musikschule
  - die Ladenkette für Konsumwaren aus gemeinnützigen Behindertenwerkstätten, wenn keine anderen Erzeugnisse zugekauft werden.
- Nicht anerkannt als Zweckbetrieb sind dagegen beispielsweise:[212]
  - sog. Dritte-Welt-Läden oder
  - das Anzeigengeschäft im Rahmen einer Vereinszeitung.

127 Der Gesetzgeber hat in den §§ 66 bis 68 AO einige besondere Zweckbetriebe, wie etwa Altenheime und Kindergärten, besonders hervorgehoben und auch die **Zweckbetriebseigenschaft von Forschungseinrichtungen** (§ 68 Nr. 9 AO) besonders geregelt.[213] Man denke für die Erbfolgegestaltung durch Stiftungen hier nur an die Forschungseinrichtung eines Unternehmens oder einer Universität, die gefördert werden. Fraglich ist, inwieweit bei den in § 68 AO genannten Einrichtungen für die Einordnung als Zweckbetrieb auch die allgemeinen Voraussetzungen des § 65 AO vorliegen müssen.[214] Im Grundsatz sollen wegen der rechtssystematischen Vorrangigkeit (lex specialis) des § 68 AO die Voraussetzun-

207 Siehe zu diesem Kriterium etwa BFH, Urt. v. 12.5.2022 – V R 37/20; *Kirchhain*, npoR 2025, 137; *Pfeffer*, StiftungsBrief 2022, 213; *Block*, ZSt 2009, 119 ff.

208 Näher dazu *Funnemann*, DStR 2002, 2013.

209 BMF BStBl I 2000, 1548 (Nichtanwendung von BFH BStBl II 2000, 705).

210 BFH DStR 1998, 11; *Geserich*, Stiftung & Sponsoring 1/1999, 18.

211 Weitere Beispiele m.w.N. bei Klein/*Gersch*, AO, § 65 Rn 5.

212 Weitere Beispiele m.w.N. bei Klein/*Gersch*, AO, § 65 Rn 5a; FG Hamburg, Urt. v. 05.12.2024 – 5 K 125/23 (Jugendreise kein Zweckbetrieb i.S.d. § 68 Nr. 1b AO).

213 Näher dazu *Augsten*, Stiftung & Sponsoring 6/1999, 21.

214 Siehe dazu NK-GemnR/*Bertels*, 3. Aufl. 2024, Vorbemerkung zu § 68 AO Rn 13 ff. m.w.N.

gen des § 65 AO bei den dort genannten Betrieben nicht zwingend vorliegen müssen. Allerdings ergeben sich aus der zu § 68 Nr. 3 AO a.F. ergangenen Rechtsprechung des BFH Einschränkungen, der dort jedenfalls verlangt, dass sich die Einrichtung in ihrer Gesamtrichtung noch als Zweckbetrieb darstellen müsse.[215]

IV. Zulässigkeit eines Nichtzweckbetriebes nach der Satzung?

Mit seiner Entscheidung vom 18.12.2002 hat der BFH einmal mehr ein Urteil 128
veröffentlicht, das von der Finanzverwaltung verlangt, einen genauen Blick auf den zu entscheidenden Einzelfall zu richten.[216] Diese grundsätzliche Erkenntnis mag zwar im Alltag und im Zuge der steuerlichen Massenverwaltung mitunter verloren gehen, der BFH betont sie aber unermüdlich.[217] Kläger war ein eingetragener Vereins- und Kreisverband eines Wohlfahrtsverbandes. Er verfolgte u.a. im Jahr 1999 (Streitjahr) gemeinnützige und mildtätige Zwecke. § 3 seiner Satzung („Sicherung der Steuerbegünstigung") in der Fassung vom 13.3.1998 lautete auszugsweise:

„*1. Der Verein verfolgt ausschließlich und unmittelbar gemeinnützige bezie-* 129
hungsweise mildtätige Zwecke im Sinne des Abschnitts „Steuerbegünstigte Zwecke" der Abgabenordnung (...)
2. Der Verein ist selbstlos tätig; er verfolgt nicht in erster Linie eigenwirtschaftliche Zwecke. Zur Erfüllung seiner Aufgaben kann er sich auch Einrichtungen anderer Rechtsformen bedienen oder solche Einrichtungen schaffen.
3. (...)"

Durch Beschluss vom 28.5.1999 wurde S. 2 des § 3 Nr. 2 aus der Satzung gestri- 130
chen. Das Finanzamt veranlagte den Kläger für das Streitjahr zur Körperschaftsteuer und setzte diese auf „0". Es war der Ansicht, der Kläger sei nicht von der Körperschaftsteuer befreit gewesen, da § 3 Nr. 2 S. 2 der Satzung damals den Unterhalt steuerpflichtiger wirtschaftlicher Geschäftsbetriebe nicht ausgeschlossen habe. Das Finanzgericht verpflichtete das Finanzamt, den Kläger für das Streitjahr von der Körperschaftsteuer freizustellen. Der BFH wies die dagegen vom Finanzamt eingelegte Revision als unbegründet zurück.

Voraussetzung einer Steuerbefreiung ist bekanntlich, dass sich aus der Satzung der betreffenden Körperschaft (Verein wie Stiftung) ergibt, welche Zwecke die Körperschaft verfolgt (§ 59 AO), dass diese Zwecke den Anforderungen der §§ 52

215 BFH, Urt. v. 4.6.2003 – I R 25/02; siehe dazu *Dehesselles*, DStR 2003, 537.

216 BFH, Urt. v. 18.12.2002 – I R 15/02, BB 2003, 1216. Vorinstanz: FG Berlin, Urt. v. 18.12.2001 – 7 K 7499/00, EFG 2002, 519; siehe dazu schon *Schiffer*, DStR 2003, 1015.

217 Siehe etwa BFH, Urt. v. 28.6.2002 – IX R 68/99, StuB 2002, 870 und 914; BFH, Urt. v. 16.4.2002 – IX R 40/00, StuB 2002, 727 und 819; BFH, Urt. v. 9.10.2001 – VIII R 77/98, StuB 2001, 1184 und 1233.

bis 55 AO entsprechen und dass sie von der Körperschaft ausschließlich und unmittelbar verfolgt werden. Die Satzungszwecke und die Art ihrer Verwirklichung müssen so genau bestimmt sein, dass bereits aufgrund der Satzung geprüft werden kann, ob die satzungsmäßigen Voraussetzungen für Steuervergünstigungen gegeben sind (§ 60 Abs. 1 AO). Für eine Körperschaftsteuerbefreiung müssen die satzungsmäßigen Voraussetzungen während des ganzen Veranlagungszeitraums erfüllt sein (§ 60 Abs. 2 AO). Der neue § 60a AO dürfte diese Sichtweise für die Praxis noch verschärft haben.

131 Die §§ 2 und 3 Nr. 1 und Nr. 2 S. 1 der Satzung genügten nach Ansicht des BFH im Streitjahr diesen Anforderungen. Wortlaut und Kontext des umstrittenen § 3 Nr. 2 S. 2 der Satzung in der Fassung vom 13.3.1998, der bis zur Eintragung der Satzungsänderung vom 28.5.1999 in das Vereinsregister galt, ließen nach Ansicht des BFH indessen erkennen, dass nicht die Satzungszwecke erweitert worden seien, sondern nur mögliche Modalitäten ihrer Verwirklichung genannt und somit nicht ausgeschlossen worden seien. Die Satzungsbestimmung beschränke die Schaffung und das sich anschließende Unterhalten von Einrichtungen anderer Rechtsformen auf Einrichtungen zur Erfüllung der Aufgaben des Klägers somit auf solche, mit deren Hilfe der Kläger seine in § 2 festgelegten steuerbegünstigten Satzungszwecke hätte wahrnehmen können.

132 Abschließend schreibt der BFH dem Finanzamt einen **grundsätzlichen Praxishinweis** ins Stammbuch:

Bei der Auslegung der Satzungen von Vereinen (Verf.: nichts anderes gilt für Stiftungen), die Steuervergünstigungen wegen Verfolgung gemeinnütziger, mildtätiger oder kirchlicher Zwecke beanspruchen, ist zu berücksichtigen, dass die Satzungen nicht lediglich den Zweck haben, die satzungsmäßigen Voraussetzungen der Steuervergünstigungen zu erfüllen. Sie dienen auch und oft sogar vorrangig dazu, die Organisation der Vereine und die Befugnisse ihrer Organe festzulegen. Aus Gründen der Satzungsklarheit sei daher eher geboten und gerade nicht zu beanstanden, wenn die Satzung ausdrücklich regelt, ob der Verein zur Erfüllung seiner steuerbegünstigten satzungsmäßigen Zwecke einen Nichtzweckbetrieb unterhalten dürfe oder nicht.

Der Hinweis des BFH deckt sich mit der **Praxis der Vertragsjuristen**, die grundsätzlich in einer Satzung auf klare Regelungen zur Organisation der Körperschaft und zu den Befugnissen der Organe drängen, denn es ist der eigentliche Sinn und Zweck einer Satzung, **das Zusammenwirken innerhalb der Körperschaft zu regeln**. Letztlich wirft der BFH dem Finanzamt hier in wohlgesetzten Worten eine einseitige steuerliche Sicht vor, die sich künstlich von dem tatsächlichen Lebenssachverhalt entfernt.

Wie wenig passt dazu das Verlangen der Finanzverwaltung, die Formulierungen der sog. **Mustersatzung (Anlage zu § 60 AO)** grundsätzlich wörtlich in die Stiftungssatzung aufzunehmen (siehe auch Rdn 233 ff.).[218] 133

E. Die unbegreifliche und wohl abgeschaffte Geprägetheorie

Vor längerer Zeit hatten wir uns in der Praxis noch mit der „unbegreiflichen Geprägetheorie" auseinanderzusetzen. Diese „Theorie" scheint zwischenzeitlich abgeschafft worden zu sein. Es bestehen allerdings nach wie vor Zweifel, wie sogleich zu zeigen sein wird. Die Problematik ist deshalb und zum besseren Verständnis mit Blick auf die aktuelle Praxis grundlegend zu betrachten. Worum geht es hier? 134

Ausschließlich und unmittelbar gemeinnützigen, mildtätigen und/oder kirchlichen Zwecken dienenden „Körperschaften, Personenvereinigungen und Vermögensmassen" gewährt der Gesetzgeber nicht zuletzt angesichts knapper Staatsfinanzen erhebliche Steuervergünstigungen.[219] § 56 AO enthält das sog. Ausschließlichkeitsgebot, wonach eine gemeinnützige Körperschaft verpflichtet ist, ausschließlich ihre gemeinnützigen Zwecke zu verfolgen. Nach § 55 Abs. 1 S. 1 AO darf eine gemeinnützige Körperschaft nicht in erster Linie eigenwirtschaftliche Zwecke – z.B. gewerbliche Zwecke oder sonstige Erwerbszwecke – verfolgen (Gebot der Selbstlosigkeit). Aus § 64 AO ist aber ersichtlich, dass ein steuerpflichtiger wirtschaftlicher Geschäftsbetrieb durchaus möglich ist, ohne dass die Gemeinnützigkeit im Ganzen verloren geht. § 55 Abs. 1 S. 1 AO durchbricht das in § 56 AO normierte Gebot der Ausschließlichkeit,[220] denn auch hier werden der gemeinnützigen Körperschaft **gewerbliche Tätigkeiten zur Mittelbeschaffung** ausdrücklich **gestattet**. Diese dürfen jedoch nicht vorrangig („in erster Linie") verfolgt werden und die steuerbegünstigten Satzungszwecke in den Hintergrund drängen.[221] So weit, so gut. Schwierigkeiten ergeben sich regelmäßig bei der Beantwortung der Frage, ob und inwieweit eine steuerbegünstigte Körperschaft bei bestimmten, außerhalb der satzungsmäßigen Zwecke liegenden Tätigkeiten, zur Besteuerung heranzuziehen ist.[222] Aus Sicht der steuerbefreiten Körperschaft ist dabei vor allem die Abgrenzung des steuerpflichtigen wirtschaftlichen Geschäftsbetriebs von der steuerunschädlichen Vermögensverwaltung (siehe Rdn 105 ff.) entscheidend. Die Antwort auf die Frage, ab wann der wirtschaftliche Geschäftsbetrieb einer steuerbefreiten Körperschaft der Steuerbefreiung entgegensteht, war lange Zeit eine der schwierigsten Fragen des Gemeinnützigkeits-

218 Kritisch etwa auch *Ullrich*, DStR 2009, 2471 ff.; *Pauls/Eismann*, ZStV 2010, 120 ff.
219 § 5 Abs. 1 Nr. 9 KStG; § 3 Nr. 6 GewStG; § 13 Abs. 1 Nr. 16 ErbStG.
220 *Buchna/Leichinger/Seeger/Brox*, S. 142 ff.
221 BFH BStBl II 1992, 62, 64.
222 *Eversberg*, Rote Seiten zu Stiftung & Sponsoring 5/2001, 2; *Schiffer*, DStR 2002, 1206.

rechts.[223] Die Praxis der Finanzverwaltung barg insoweit regelmäßig die Gefahr, dass die gemeinnützige Körperschaft ihren steuerbegünstigten Status verloren hätte, wenn „ihr die wirtschaftliche Tätigkeit bei einer Gesamtbetrachtung das Gepräge gab".[224] Diese Gefahr dürfte, wie im Folgenden zu zeigen sein wird, in aller Regel nicht mehr bestehen.[225]

135 Der BFH[226] hat Anfang 2007 zu dieser Problematik Stellung genommen und seinen der damaligen Auffassung der Finanzverwaltung entgegengesetzten Standpunkt[227] bestätigt. Die Finanzverwaltung wandte diese Rechtsprechung jedoch bis zum AEAO 2012 nicht an, erläutert aber letztlich nicht, welche Kriterien sie bei ihrer „Gesamtbetrachtung" als entscheidend ansah.[228] In der Praxis blieb damit eine erhebliche Rechtsunsicherheit vor allem dann, wenn die Einnahmen aus wirtschaftlicher Tätigkeit die sonstigen Einnahmen aus Mitgliedsbeiträgen, Spenden oder Zuschüssen der betreffenden steuerbefreiten Körperschaft überwogen.[229]

136 Bereits der **Reichsfinanzhof** hatte sich in seiner Rechtsprechung dafür ausgesprochen, dass das Unterhalten wirtschaftlicher Geschäftsbetriebe – gleich welchen Umfanges – solange nicht gemeinnützigkeitsschädlich ist, wie eine Körperschaft ihre Geschäftsführung auf eine ausschließliche Verfolgung ihrer satzungsmäßigen steuerbegünstigten Tätigkeiten ausrichtet. Die wirtschaftliche Betätigung einer Körperschaft war nach früherer Systematik keine Frage der Selbstlosigkeit, sondern allein eine Frage der Ausschließlichkeit.[230] Unter der Rechtsprechung des BFH hat sich zwar die Systematik, nicht jedoch das grundsätzliche Ergebnis dieser Auffassung geändert.

137 Der BFH war schon seit 1989 der Auffassung, dass sich die Grenzen einer wirtschaftlichen Betätigung gemeinnütziger Körperschaften vorrangig aus dem **Gebot der Selbstlosigkeit** ergeben.[231] In späteren Entscheidungen hat der BFH

---

223 Ausf. *Schiffer/Sommer*, BB 2008, 2432. Zur Thematik differenzierend auch *Wallenhorst*, DStR 2009, 717; besonders eingehende Kritik etwa auch bei *Eversberg*, Rote Seiten zu Stiftung & Sponsoring 5/2001, 3 ff. sowie bei *Seer/Wolsztynski*, Steuerrechtliche Gemeinnützigkeit der öffentlichen Hand, 2002, S. 214 ff.

224 Siehe die Formulierung bis 2012 in AEAO Nr. 2 zu § 55 AO; siehe dazu etwa *Hüttemann*, Rote Seiten zu Stiftung & Sponsoring 1/2012, 4 f.

225 Siehe etwa *Schiffer*, StiftungsBrief 2014, 81.

226 BFH, Urt. v. 4.4.2007, BStBl II 2007, 631.

227 BFH, Urt. v. 15.7.1998, BStBl II 2002, 162.

228 *Hüttemann*, Gemeinnützigkeitsrecht und Spendenrecht, Rn 4.145. Erste nähere Konkretisierungen der Geprägetheorie, OFD Koblenz v. 26.4.2002, StEK AO § 55 Nr. 24.

229 *Hüttemann*, FR 2002, 1337, 1339 f.

230 RFH RStBl 1935, 1493; *Seer/Wolsztynski*, Steuerrechtliche Gemeinnützigkeit der öffentlichen Hand, S. 213 m.w.N.

231 BFH BStBl II 1989, 670, 672.

seine Auffassung näher konkretisiert.[232] Zu dem zulässigen Umfang einer wirtschaftlichen Betätigung hat der BFH in seiner grundlegenden Entscheidung vom 15.7.1998[233] herausgestellt, dass eine Körperschaft nicht allein deshalb in erster Linie eigenwirtschaftliche Zwecke verfolge, „weil sie einen wirtschaftlichen Geschäftsbetrieb unterhält und die unternehmerischen Aktivitäten die gemeinnützigen übersteigen". Auch die Tatsache, dass die klagende Stiftung nahezu ihre gesamten Überschüsse aus den wirtschaftlichen Geschäftsbetrieben über mehrere Jahre wieder im Unternehmen reinvestiert hatte, sah der BFH nicht als steuerschädlich an, wenn die betriebliche Mittelverwendung zur Sicherung der Existenz der Geschäftsbetriebe geboten war. Es liefe auch dem Ziel der steuerlichen Förderung gemeinnütziger Zwecke zuwider, „Körperschaften allein wegen der Größe der von ihnen unterhaltenen wirtschaftlichen Geschäftsbetriebe die Möglichkeit gemeinnütziger Tätigkeiten vorzuenthalten".[234] Die praktische Bedeutung des Selbstlosigkeitsgebots ist damit erheblich relativiert worden.[235] In einer neueren Entscheidung hat der BFH seine Auffassung nochmals bekräftigt und dabei wieder verstärkt auf das **Ausschließlichkeitsgebot** abgestellt.[236]

Das Bestimmen einer quantitativen Obergrenze wirtschaftlicher Aktivitäten in 138
der Nähe einer hälftigen Teilung durch die Geprägetheorie widerspricht in der Tat den tragenden Leitgedanken des steuerlichen Gemeinnützigkeitsrechts.[237] Die Steuerbegünstigung gemeinnütziger Körperschaften erfolgt im Hinblick auf die durch sie bewirkte Entlastung der Ressourcen von Staat und Gesellschaft und die dadurch bewirkte Förderung des Allgemeinwohls. Vor diesem Hintergrund ist die Annahme ein Trugschluss, dass die Absicht gemeinnütziger Körperschaften, Gewinne zu erzielen und ihr Vermögen zu mehren, überhaupt im Widerspruch zur Verfolgung steuerbegünstigter Zwecke stünde. Eine solche **sozialromantische Sichtweise** verkennt die Parameter des aktuellen Gemeinnützigkeitsrechts.

Steuerpflichtige wirtschaftliche Geschäftsbetriebe, die in erheblichem Umfang 139
dazu beitragen, dass der unterhaltenden Körperschaft Mittel zum Einsatz im ideellen Tätigkeitsbereich zur Verfügung stehen, sind gemessen am Sinn und Zweck des Gemeinnützigkeitsrechts dem Grunde nach eher erwünscht als schäd-

232 BFH BStBl II 1990, 28; BFH BStBl II 2002, 162.
233 BFH BStBl II 2002, 162.
234 BFH BStBl II 2002, 162.
235 *Hüttemann*, Gemeinnützigkeitsrecht und Spendenrecht, Rn 4.144.
236 BFH BStBl II 2007, 631. Zustimmend auch *Strahl*, DStR 2007, 1468, 1470.
237 Siehe nur *Seer/Wolsztynski*, Steuerrechtliche Gemeinnützigkeit der öffentlichen Hand, S. 218 f.

lich,[238] denn je mehr Mittel eine Körperschaft durch ihre steuerpflichtigen wirtschaftlichen Betätigungen ihrer Mittelbeschaffungssphäre zuführt, desto mehr Mittel kann sie folgerichtig im Rahmen der Mittelverwendungssphäre für die von Staats wegen ausdrücklich **erwünschte** Förderung ihrer steuerbegünstigten satzungsmäßigen Zwecke ausgeben. Die von der Finanzverwaltung bislang vertretene Geprägetheorie hatte gerade eher den gegenteiligen Effekt, da sie zu einer unbegründeten **Ungleichbehandlung verschiedener Mittelbeschaffungsaktivitäten** führt.[239] Dadurch wurden insbesondere neue und kleinere Einrichtungen benachteiligt, die sich oftmals nicht allein aus Vermögenserträgen finanzieren können, sondern sich zusätzliche Einnahmequellen durch wirtschaftliche Aktivitäten erschließen müssen.[240]

140 Es gibt kein gesetzliches Verbot, das die Unterhaltung eines wirtschaftlichen Geschäftsbetriebes untersagt. Die **Grenze zu einer unzulässigen wirtschaftlichen Betätigung** wird dann überschritten, wenn der Geschäftsbetrieb nicht mehr funktional den ideellen Zwecken der Körperschaft zu dienen bestimmt ist oder ihnen langfristig nicht dient. Letzteres ist etwa der Fall, wenn der wirtschaftliche Geschäftsbetrieb nicht nur kurzfristig und vorübergehend Verluste (siehe Rdn 122) erwirtschaftet, dauerhaft keine Gewinne für die Erfüllung des ideellen Zweckes erwirtschaftet oder dauerhaft seine Gewinne thesauriert und nicht an die gemeinnützige Stiftung ausschüttet.[241]

In den genannten Fällen dürfte in der Tat ein Verstoß gegen §§ 55, 56 AO vorliegen. Ein Verstoß läge wohl aber auch vor, wenn der von der steuerbefreiten Körperschaft verfolgte ideelle Zweck lediglich vorgeschoben wäre, um eine wirtschaftliche Betätigung zu fördern und sich durch den Hinweis auf die ideellen Zwecke vom Gemeinnützigkeitsrecht gerade nicht gewollte Wettbewerbsvorteile am Markt zu verschaffen.

141 Nach der starken Kritik in der Literatur und den gegenläufigen Entscheidungen des BFH hat sich die Finanzverwaltung erstmals im AEAO 2012 von der „Geprägetheorie“ gelöst. Sie hat auf diesen quantitativen Ansatz ersatzlos verzichtet. Inwieweit eine steuerbegünstigte Körperschaft steuerpflichtige und/oder vermögensverwaltende Tätigkeiten ausüben darf, soll sich nun auch nach Auffassung der Finanzverwaltung nur nach dem Ausschließlichkeitsgebot des § 56 AO beur-

---

238 Klarstellend dazu BFH BStBl II 2002, 162, 163: „*Es liefe auch dem Ziel der (steuerlichen) Förderung gemeinnütziger Zwecke zuwider, Körperschaften allein wegen der Größe der von ihnen unterhaltenen wirtschaftlichen Geschäftsbetriebe die Möglichkeit gemeinnütziger Tätigkeiten vorzuenthalten.*“

239 So auch die Kritik von *Hüttemann*, FR 2002, 1337, 1340 am Beispiel der von der Finanzverwaltung praktizierten Ungleichbehandlung von „selbst“ gemeinnützigen Fördervereinen und „reinen“ Fördervereinen, die mit der Grundwertung des § 58 Nr. 1 AO nicht vereinbar ist.

240 *Hüttemann*, Gemeinnützigkeitsrecht und Spendenrecht, Rn 4.149.

241 Auf diese Konstellation hat etwa *Eversberg* in Fachdiskussionen wiederholt hingewiesen.

teilen. Nach Auffassung der Finanzverwaltung[242] besagt das Ausschließlichkeitsgebot, „dass eine Körperschaft nicht steuerbegünstigt ist, wenn sie neben ihrer steuerbegünstigten Zielsetzung weitere Zwecke verfolgt und diese Zwecke nicht steuerbegünstigt sind“ (AEAO Nr. 1 zu § 56 AO). Steuerpflichtige und vermögensverwaltende Tätigkeiten dürfen nicht zum Selbst- oder Hauptzweck der Körperschaft werden. Entscheidend sei, dass die Tätigkeit „um des steuerbegünstigten Zwecks willen“ erfolgt. Das BMF übernimmt konsequenterweise in Teilen wörtlich Auszüge aus dem BFH-Urteil vom 4.4.2007 (siehe Rdn 135).

Die Aufhebung der Geprägetheorie ist ausdrücklich zu begrüßen. Allerdings ist 142
in der Praxis immer noch zu beobachten, dass die althergebrachten Gedanken über den Ansatz des Ausschließlichkeitsgebots in neuem Gewand weiterleben. Hier sollte im Einzelfall unter Hinweis auf die aktuelle Rechtslage entgegengewirkt werden.

F. Die „gemeinnützige Familienstiftung“

I. Eine Ausnahme- und Sondervorschrift

Wegen Verstoßes gegen das Gebot der Selbstlosigkeit (§ 55 AO) und das der 143
Ausschließlichkeit (§ 56 AO) ist es gemeinnützigkeitsrechtlich nicht zulässig, generell einen Teil der Erträge der Stiftung an den Stifter oder seine nächsten Angehörigen auszuzahlen. § 58 Nr. 6 AO (sog. Drittelprivileg) enthält dazu jedoch eine Ausnahme- und **Sondervorschrift** (lex specialis), die § 55 Abs. 1 Nr. 1 S. 2 AO, § 55 Abs. 3 AO („keine Zuwendungen an Stifter und ihre Erben“) vorgeht.[243] Diese vom Gesetzgeber erfundene „gemeinnützige Familienstiftung“ gibt in der Praxis immer wieder Anlass zu Diskussionen.[244] Dabei ist der Begriff „gemeinnützige Familienstiftung“ ausdrücklich als Schlagwort zu verstehen. Es handelt sich gerade nicht um eine Familienstiftung im eigentlichen Sinne, sondern um eine steuerbegünstigte Stiftung, die ausnahmsweise gewisse Unterhaltsleistungen zugunsten des Stifters und seiner Familie erbringen kann. So soll die Errichtung gemeinnütziger Stiftungen gefördert werden.[245] Die „Erlaubnis“ für die Stiftung zur Zahlung nach § 58 Nr. 6 AO sollte vorsorglich in die Stiftungssatzung aufgenommen werden, da das von der Finanzverwaltung zwar nicht immer,

242 AEAO Nr. 1 zu § 56 AO.

243 AEAO Nr. 15 zu § 55 Abs. 1 Nr. 1 AO; Klein/*Gersch*, AO, § 58 Rn 40; *Buchna/Leichinger/Seeger/Brox*, S. 250.

244 *Müller/Schubert*, DStR 2000, 1289; *Kirchhain*, Gemeinnützige Familienstiftung, 2006 (Diss.).

245 Siehe etwa *Trenker*, npoR 2025, 142 m.w.N.

aber oft gefordert wird. Nachfolgend werden typische Praxis- und Streitfragen dazu beleuchtet.[246]

II. Sinn und Zweck sowie Abgrenzung der Vorschrift

1. Die Ursprünge

144 Grundsätzlich darf eine steuerbefreite Stiftung ausschließlich ihre steuerbegünstigten satzungsgemäßen Zwecke verfolgen (§ 56 AO, Ausschließlichkeitsgrundsatz). Zudem ist es einer steuerbefreiten Stiftung nach dem Grundsatz der Selbstlosigkeit (§ 55 AO) insbesondere verboten, jegliche Personen, d.h. eben auch den Stifter und seine Angehörigen, durch Ausgaben, die dem Zweck der steuerbegünstigten Stiftung fremd sind, oder durch unverhältnismäßig hohe Vergütungen zu begünstigen (§ 55 Abs. 1 Nr. 3 AO, Begünstigungsverbot). Die heute in § 58 Nr. 6 AO dazu manifestierte Ausnahmeregelung blickt auf eine **wechselvolle Vergangenheit**.

145 Mit einer Abweichung im Zusammenhang mit einer entsprechenden Auflage für die Stiftung[247] hatte der **Reichsfinanzhof** die Auffassung vertreten, dass, wenn Mittel einer steuerbegünstigten Stiftung auch der Familie des Stifters, z.B. bei der Grabpflege dienten, die Stiftung nicht als ausschließlich gemeinnützig oder mildtätig anerkannt werden könne.[248] Danach musste also die gesamte Tätigkeit einer gemeinnützigen Stiftung den steuerbegünstigten Zwecken dienen.[249] In § 5 Nr. 3 GemeinnützigkeitsVO wurde dann im Gegensatz dazu geregelt, dass eine Stiftung bis zu einem Viertel ihres Einkommens für die Grab- und Andenkenpflege des Stifters verwenden dürfe. Das diente bereits der Förderung der Errichtung steuerbefreiter Stiftungen. Es sollte in Abweichung von der Rechtsprechung eine Rechtsgrundlage zu dem Zweck geschaffen werden, dass potenzielle Stifter nicht aus Sorge um die Grab- und Andenkenpflege von der Errichtung einer gemeinnützigen Stiftung abgehalten würden.[250] Noch vor dem Inkrafttreten des § 58 Nr. 5 AO (1977), der dem heutigen § 58 Nr. 6 AO entsprach, entschied die Finanzverwaltung, dass aus ihrer Sicht keine Bedenken bestehen, wenn steuerbefreite Stiftungen mit Rentenverpflichtungen zugunsten des Stifters und/oder seiner Angehörigen belastet würden.[251]

---

246 Siehe schon *Schiffer*, DStR 2003, 14, 18; ausf. *Schiffer*, Der Fachanwalt für Erbrecht, ZErb-Beilage 2006, 51 ff.; *Schiffer*, BBV 2007, 332 ff. zu den diversen Streitfragen; siehe auch *Theuffel-Werhahn*, StiftungsBrief 2012, 83 ff. und 108 ff.

247 RFH RStBl 1933, 193.

248 RFH RStBl 1929, 519; RFH RStBl 1937, 1104.

249 Siehe dazu auch *Schauhoff*, DB 1996, 1693.

250 Siehe nur *Schauhoff*, DB 1996, 1693.

251 OFD Köln, Verf. v. 29.6.1976 – S 1291 – 30 St 131, FR 1976, 407.

2. Das Drittelprivileg

146 Mit § 58 Nr. 6 AO hat der Gesetzgeber dann als Sonderregelung und Ausnahmevorschrift (nur) für Stiftungen[252] eine „Ausnahmevorschrift im Verhältnis zu §§ 55, 56 AO" geschaffen, die anzuwenden ist, wenn eine Zuwendung an sich dem Grunde nach gegen das Gebot der Selbstlosigkeit aus § 55 Nr. 1 AO und der Ausschließlichkeit nach § 56 AO verstieße. Danach wird die Steuervergünstigung für eine (selbstständige oder unselbstständige) Stiftung nicht dadurch ausgeschlossen, dass eine Stiftung einen Teil, jedoch höchstens ein Drittel[253] ihres Einkommens dazu verwendet, um in angemessener Weise den Stifter und seine nächsten Angehörigen zu unterhalten, ihre Gräber zu pflegen und ihr Andenken zu ehren.

147 **Sinn der Vorschrift** ist es, vor dem Hintergrund des besonderen Interesses des Gesetzgebers an der Errichtung gemeinnütziger und mildtätiger Stiftungen, einem potenziellen Stifter, der sich ja durch die Stiftungserrichtung seines betreffenden Vermögens endgültig entäußert, die Sorge zu nehmen, er sowie seine nächsten Angehörigen könnten unvorhergesehener Weise aufgrund der Weggabe von Vermögen an die Stiftung in Not geraten und sich den gewohnten Lebensstil nicht mehr leisten.[254]

3. Abgrenzung und Alternativen

148 Das Gesetz gewährt in § 58 Nr. 6 AO die Möglichkeit der entsprechenden Unterstützung durch die Stiftung, es gibt aber keinen Rechtsanspruch auf diese Unterstützung. Bei Zahlungen nach § 58 Nr. 6 AO handelt es sich grundsätzlich um **freiwillige Leistungen der Stiftung**.

Ist im Gegensatz dazu bereits vor Übertragung der Mittel auf die Stiftung eine Beteiligung der betreffenden Personen an den Erträgen des Vermögens der Stiftung festgelegt worden (etwa durch eine Auflage bei der Vermögensübertragung), handelt es sich nicht um Zahlungen i.S.d. § 58 Nr. 6 AO.[255]

149 **Verbindlichkeiten**, wie etwa **Auflagen**, die in Ausführung des Stiftungsgeschäftes auf die Stiftung übergehen, **mindern** von vornherein das der Stiftung zugewendete **Vermögen**, denn der zur Erfüllung derartiger Ansprüche notwendige Teil des Stiftungsvermögens steht den satzungsmäßigen Zwecken der Stiftung von Anfang an nicht zur Verfügung. Sie sind in der Praxis als **alternative Lö-**

252 Siehe die eingangs dieses Abschnitts zitierten Fundstellen und etwa *Trenker*, npoR 2025, 142 m.w.N. Siehe dort auch zu den folgenden Ausführungen.

253 Bis zum Vereinsförderungsgesetz v. 18.12.1989 war es nur ein Viertel.

254 So deutlich etwa *Buchna*, Stiftung & Sponsoring 4/2003, 18; OFD Magdeburg, Verf. v. 18.5.2004 – S 1900 – 22 – St 217/S 0171 – 155 – St 217, Ziffer 2.

255 Siehe nur OFD Magdeburg, Verf. v. 18.5.2004 – S 1900 – 22 – St 217/S 0171 – 155 – St 217, Ziffer 2.

sungsansätze zu § 58 Nr. 6 AO zu prüfen. Die Erfüllung derartiger Ansprüche stellt keinen Verstoß gegen die Gebote der Selbstlosigkeit und Ausschließlichkeit dar, weshalb für die Anwendung des § 58 Nr. 6 AO insoweit kein Raum ist. Das hat der **BFH** gegen das FG München[256] ausdrücklich klargestellt.[257] Allerdings mindern die betreffenden Ansprüche das auf die Stiftung übertragene Vermögen bereits im Zeitpunkt des Übergangs. Der Stiftung wird nur das nach der Erfüllung der Ansprüche verbleibende Vermögen steuerwirksam i.S.d. § 10b EStG zugewendet.[258]

150 § 58 Nr. 6 AO kann somit, wie der BFH betont, nach der **Gesetzessystematik** nur dann und insoweit Anwendung finden, wie die Stiftung Leistungen aus ihrem Stiftungsvermögen bzw. aus ihren Erträgnissen erbringt, die dem Gebot der Ausschließlichkeit (§ 56 AO) oder dem Erfordernis der Selbstlosigkeit (§ 55 AO) widersprechen. Schädlich können solche Zahlungen allerdings nur sein, wenn die Körperschaft ihre eigenen Mittel (Stiftungsvermögen und Erträgnisse) für nicht satzungsmäßige Zwecke verwendet. Angemessene Aufwendungen einer Stiftung, die dem Erwerb, der Sicherung und Verwaltung ihres Vermögens dienen, können, so betont der BFH, folglich schon deshalb nicht als schädlich angesehen werden, weil diese von vornherein für satzungsmäßige Zwecke nicht zur Verfügung stehen.

151 Der BFH betont außerdem, dass nichts anderes in den Fällen gilt, in denen in Ausführung des Stiftungsgeschäftes neben positiven Vermögensgegenständen auch **negative Vermögenswerte** (z.B. Verbindlichkeiten gegenüber Dritten) auf die Stiftung übergehen. Auch solche negativen Vermögenswerte mindern von vornherein das der Stiftung zugewendete Vermögen. Der zur Erfüllung derartiger Ansprüche notwendige Teil des Stiftungsvermögens steht den satzungsmäßigen Zwecken der Stiftung von Anfang an nicht zur Verfügung. Es handelt sich insoweit nicht um eigene, in die Dispositionsfreiheit der Stiftung fallende Verfügungen, sondern lediglich um die Erfüllung von vom Stifter begründeten Verpflichtungen. Hierdurch wird niemand aus dem an den Stiftungszweck gebundenen und diesem dienenden (Netto-)Vermögen der Stiftung begünstigt. Solche Fälle können, so der BFH weiter, nicht anders beurteilt werden als die, in denen der Stifter im Rahmen seiner Gestaltungsfreiheit bei der Errichtung der Stiftung Teile seines Vermögens zurückbehält oder sich oder ihm nahestehenden Personen einen Nießbrauch an einem Teil des gestifteten Vermögens einräumt.[259] Hier wie dort erhält die Stiftung von Anfang an für ihre satzungsmäßigen Zwecke nur ein um die jeweiligen Ansprüche Dritter ermäßigtes Vermögen.

---

256 FG München EFG 1995, 650.

257 BFH BStBl II 1998, 758 = BB 1998, 883.

258 AEAO Nr. 13 zu § 55 Abs. 1 Nr. 1 AO.

259 Vgl. Begründung zu Art. 1 Nr. 2 Buchst. a des Regierungsentwurfs des Vereinsförderungsgesetzes, BT-Drucks 11/4176.

Praxistipp: Stiftungsvermögen ohne Gemeinnützigkeitsbindung 152

Es ist im Übrigen jenseits von § 58 Nr. 6 AO auch zulässig, das Stiftungsvermögen und Zustiftungen bei der Hingabe von der gemeinnützigkeitsrechtlichen Vermögensbindung auszunehmen und im Falle des Erlöschens der Stiftung an den Stifter oder seine Erben zurückfallen zu lassen. Geschieht das – auch nur unter bestimmten Bedingungen –, ist bei der Hingabe natürlich kein Spendenabzug möglich.[260]

III. Typisierte Beispielsfälle

Betrachten wir einige bewusst typisiert zugeschnittene Beispielfälle,[261] in denen die Stiftung dem Stifter und seinen Angehörigen jeweils eine Unterstützung i.S.d. § 58 Nr. 6 AO zugesagt hat. Die „Auflösung“ der Fälle folgt dann jeweils an geeigneter Stelle im nachfolgenden Text. 153

Typisierter Fall 1 154

Der Stifter, ein Rentner, hatte ein Vermögen von 1,2 Mio. EUR. Davon hat er 1 Mio. EUR auf eine gemeinnützige Stiftung als Barvermögen übertragen, weil er keine Angehörigen hat. Die Stiftung erzielt aus dem Stiftungsvermögen ein Einkommen in Höhe von 45.000 EUR. Das ist ihr einziges Einkommen. Der Stifter hat sein Restvermögen von 200.000 EUR verbraucht.

Aufgrund der Inflation reicht die Rente des Stifters nicht mehr für seinen bisherigen Lebensstandard.

Typisierter Fall 2 155

Wie Fall 1, jedoch mit der Abwandlung, dass der Stifter eine langjährige Lebensgefährtin hat, die nach dem Tod des Stifters eine Unterstützung von der Stiftung will, die diese ihr durch den Stifter, der sich als Stiftungsvorstand eingesetzt hatte, auch zugesagt hat.

Typisierter Fall 3 156

Der Stifter hat der Stiftung mit 500.000 EUR den überwiegenden Teil seines Vermögens übertragen. Aus diesen 500.000 EUR erzielt die Stiftung über festverzinsliche Anleihen jährlich eine Rendite von 30.000 EUR. Daneben hat die Stiftung aus Zustiftungen von dritter Seite weiteres Vermögen in Höhe von 1.500.000 EUR, so dass sie insgesamt über ein jährliches Einkommen i.S.d. § 58 Nr. 6 AO in Höhe von 120.000 EUR verfügt. Der Stifter verfügte zum Zeitpunkt der Stiftungserrichtung über ein eigenes Einkommen von

260 AEAO Nr. 34 zu § 55 Abs. 3 AO; OFD Magdeburg, Verf. v. 18.5.2004 – S 1900 – 22 – St 217/S 0171 – 155 – St 217, Ziffer 2.

261 Siehe zu Fall 3 und 4 *Buchna*, Stiftung & Sponsoring 4/2003, 18, 19 f.

100.000 EUR, das sich später unvorhergesehen dauerhaft auf 50.000 EUR verringert. Der Stifter hat keine Angehörigen.

157 **Typisierter Fall 4**

Der reiche Stifter hat seinen zwei Kindern eine gute Ausbildung zukommen lassen, so dass sie gut verdienen. Er hat ihnen auch erhebliches Vermögen geschenkt. Die Kinder haben deshalb einen hohen Lebensstandard. In seinem Testament hat der Stifter die Errichtung einer gemeinnützigen Stiftung verfügt und ihr 6 Mio. EUR vermacht, aus denen die Stiftung 450.000 EUR Einkommen erzielt.

IV. Problemfelder in der Praxis

1. Keine „Stifterrente"

158 Problematisch sind in der Praxis vor allem immer wieder die Unterhaltsleistungen durch eine steuerbefreite Stiftung, die in der Praxis nicht selten unbewusst oder auch bewusst irreführend als sog. „**Stifterrente**" angepriesen werden.[262] Es handelt sich nun wirklich nicht um eine dauerhaft in gleicher Höhe zu zahlende „Rente". Die oft als „Stifterrente" gekennzeichneten Gestaltungen, bei denen sich ein Stifter Leistungen als Rente in bestimmter Höhe garantieren ließ, hat die Finanzverwaltung als unzulässig gekennzeichnet. Es heißt jetzt im letzten Satz von AEAO Nr. 13 zu § 58 Nr. 6 AO: *„Leistungen mit Ausschüttungscharakter, z.B. in Höhe eines Prozentsatzes der Erträge, sind unzulässig."* Die Finanzverwaltung sah sich wohl angesichts bestimmter Praktiken zu dieser deutlichen Klarstellung veranlasst, obwohl hier nach dem Gesetz unabhängig von dem AEAO ohnehin eine konkrete „Unterhaltsbedürftigkeit" vorliegen muss, die zudem **in jedem steuerlichen Veranlagungszeitraum** jeweils gesondert festzustellen ist.[263]

159 Die Einzelheiten der gesetzlichen Regelung sind auch unabhängig von diesem zentralen Punkt recht kompliziert. Eine tragfähige Lösung kann oft nur mit einem genauen Blick auf den Gesetzeszweck und auf die Besonderheiten des Einzelfalls gefunden werden. Einschlägige Sachverhalte finden sich nach unseren Erfahrungen in der Praxis ausgesprochen selten. Damit fehlen i.d.R. Vergleichsfälle. Das kann mitunter zu falschen, vorurteilsbehafteten Erwägungen führen, denen mit Begründungen aus dem jeweiligen Einzelfall entgegenzutreten ist. Das Gesetz setzt nur zu einigen Punkten klare Grenzen. Klar sollte auch sein, dass bei einer steuerbegünstigten Stiftung, die nach dem Gesetz eben „nur" unter bestimmten Umständen mögliche Unterhaltsleistung nicht etwa Zweck der Stiftung sein kann. Das ergibt sich schon aus Sinn und Zweck der gesetzlichen Regelung.

---

262 So etwa auch *Bettenburg/Hunnius*, ZStV 2012, 187 f.

263 Siehe auch *Hüttemann*, DB 2014, 442, 445.

2. Der Streit um den Begriff der „nächsten Angehörigen"

160 Es besteht schon Streit um den Begriff der nächsten Angehörigen. Er ist aus Sicht der Finanzverwaltung enger als der Begriff der Angehörigen nach § 15 AO. Er soll nur umfassen (AEAO Nr. 12 zu § 58 Nr. 6 AO):
- Ehegatten
- Eltern, Großeltern, Kinder, Enkel (auch falls durch Adoption verbunden)
- Geschwister
- Pflegeeltern, Pflegekinder.

Das kann mit Blick auf den Sinn und Zweck des § 58 Nr. 6 AO, den Stifter zu einer Stiftung anzuregen (siehe Rdn 143), und gerade vor dem Hintergrund der aktuellen Lebensverhältnisse in Deutschland nicht überzeugen.

161 Nach § 15 AO gehören **Verlobte, Ehegatten sowie Verwandte und Verschwägerte in gerader Linie** zu den Angehörigen. Schon *Schauhoff*[264] hat vermerkt, dass nur, wenn zumindest alle Verwandten des Stifters in gerader Linie aus der steuerbefreiten Stiftung Unterhalt im Sinne der Drittelregelung erhalten können, ein potenzieller (idealtypischer) Stifter bereit sein werde, erhebliches Vermögen auf eine gemeinnützige Stiftung zu übertragen. Andernfalls wird er typischerweise doch zwischen den Alternativen der Vermögensübertragung auf die Stiftung und der Versorgung seiner Familie schwanken. Eine Stiftung ist auf die Ewigkeit ausgerichtet, deshalb will der Stifter auch seine Familie auf ewig angemessen versorgt sehen. Die von der Finanzverwaltung geforderte Begrenzung auf die Enkelgeneration überzeugt von daher nicht. Sie lässt sich auch nicht aus dem Gesetz ableiten. Der Einschränkung der Gesetzesregelung auf „nächste“ Angehörige wird vielmehr dadurch Rechnung getragen, dass Neffen und Nichten sowie deren Abkömmlinge von der Drittelregelung nicht erfasst werden. Erfasst werden müssen aber alle Abkömmlinge des Stifters, d.h. auch Urenkel usw.[265]

162 Betrachtet man die **Formen des heutigen Zusammenlebens** in unserer Gesellschaft, sollte man (so wie es vor der AO 1977 noch unstreitig möglich war)[266] auch dem Stifter besonders nahestehende Personen als nächste Angehörige im Sinne des Gesetzes zu werten haben. Das sind etwa Personen, zu denen der Stifter ohne eine Adoption eine Beziehung wie zu einem Elternteil aufgebaut hat, ein langjähriger Hausangestellter oder ein Lebenspartner des Stifters und zwar unabhängig davon, ob es sich formal um einen Lebenspartner nach dem Lebenspartnerschaftsgesetz (LPartG) handelt, der ohnehin zwanglos unter die

264 *Schauhoff*, DB 1996, 1693, 1694 f. Ähnlich *Koenig*, AO, § 58 Rn 14.

265 So auch Tipke/Kruse/*Seer*, § 58 AO Rn 14 (alle Verwandten in gerader Linie); NK-GemnR/*Theuffel-Werhahn*, 3. Aufl. 2024, § 58 Nr. 6 AO Rn 6.

266 Siehe Wallenhorst/Halaczinsky/*R. Wallenhorst*, Die Besteuerung gemeinnütziger und öffentlich-rechtlicher Körperschaften, 7. Aufl. 2017, Kap. C Rn 129.

Vorschrift zu fassen wäre.[267] *Buchna*[268] tendiert offensichtlich auch in diese Richtung, fordert jedoch in solchen und ähnlichen Fällen stets eine mit dem Finanzamt abzustimmende Einzelfallentscheidung. Dem Sinn und Zweck der Vorschrift, potenzielle Stifter generell zum Stiften anzureizen, entspricht es jedoch, hier generell auf die Sichtweise und die Entscheidung des (potenziellen) Stifters abzustellen. Nur so erhält ein (potenzieller) Stifter die nötige Sicherheit für sein Vorhaben. Nur er kann entscheiden, wer ihm im besagten Sinne besonders nahesteht. Eine solche Entscheidung entzieht sich der Beurteilung durch einen Finanzbeamten.

Die herrschende Meinung lehnt allerdings nach derzeitiger Rechtslage die Möglichkeit von Leistungen im Rahmen des § 58 Nr. 6 AO an solche, nicht mit dem Stifter verwandte Personen grundsätzlich ab.[269]

163 Die Lebensgefährtin des Stifters in dem typisierten Fall 2 oben sollte demnach eigentlich Unterstützungszahlungen nach § 58 Nr. 6 AO erhalten können. Mit Blick auf die herrschende ablehnende Auffassung wird die Stiftung die Zahlung aber i.d.R. nicht oder allenfalls nach einer Einzelfallentscheidung in Abstimmung mit dem zuständigen Finanzamt in zulässiger Weise ermöglichen können.

3. Unterhaltsleistungen

a) Einkommen i.S.v. § 58 Nr. 6 AO

164 Unter „Einkommen“ i.S.v. § 58 Nr. 6 AO ist die Summe aller steuerpflichtigen und nicht steuerpflichtigen Einkünfte aus den Einkunftsarten des § 2 Abs. 1 EStG zu verstehen, wobei positive und negative Einkünfte saldiert werden.[270] Kein Einkommen im Sinne der Vorschrift sind hingegen Spendeneinnahmen und Zuschüsse sowie natürlich das zu erhaltende „Grundstockvermögen“ der Stiftung.

165 Der AEAO hält in Nr. 11 zu § 58 Nr. 6 AO fest, dass bei der Berechnung des maßgeblichen Einkommens Verlustverrechnungsbeschränkungen des EStG mit Ausnahme der des § 15a EStG unbeachtlich sind. Damit ist bis auf die genannte Ausnahme die „tatsächliche Leistungsfähigkeit der Stiftung“ maßgebend.[271]

---

267 Siehe etwa schon *Schiffer*, Der Fachanwalt für Erbrecht, ZErb-Beilage 2006, 51, 53 m.w.N.

268 *Buchna*, Stiftung & Sponsoring 4/2003, 18, 19; siehe auch *Buchna/Leichinger/Seeger/Brox*, S. 252.

269 Siehe nur Tipke/Kruse/*Seer*, § 58 AO Rn 14; *Koenig*, AO, § 58 Rn 14; Wallenhorst/Halaczinsky/*R. Wallenhorst*, Die Besteuerung gemeinnütziger und öffentlich-rechtlicher Körperschaften, 7. Aufl. 2017, Kap. C Rn 129; NK-GemnR/*Theuffel-Werhahn*, 3. Aufl. 2024, § 58 Nr. 6 AO Rn 7.

270 *Buchna*, Stiftung & Sponsoring 4/2003, 18, 19.

271 So auch *Hüttemann*, DB 2014, 442, 445.

b) Art und Weise der Unterhaltsleistungen

Bei den Unterhaltsleistungen im Sinne der Vorschrift darf es sich unstrittig jedenfalls um Sach-, Dienst- oder Geldleistungen für einen geordneten Lebensbedarf (Unterkunft, Kleidung, Ernährung, Ausbildung, persönliche Bedürfnisse) handeln.[272] 166

Die Übertragung von Mitteln der Stiftung mit dem Ziel, dem Begünstigten einen **Vermögensaufbau zu ermöglichen**, soll unzulässig sein.[273] Diese einschränkende Auslegung der Vorschrift widerspricht allerdings dem Unterhaltsgedanken der Hilfe zu Selbsthilfe sowie dem Sinn und Zweck der Vorschrift. Soweit ein Vermögensaufbau der Sicherstellung des Lebensunterhaltes dient, sind entsprechende Zahlungen nach § 58 Nr. 6 AO deshalb richtigerweise sehr wohl möglich. Man denke nur an die Unterstützung einer **Existenzgründung** für ein Kind des Stifters. Das ist ein typischer Fall der Unterhaltsleistung an einen nächsten Angehörigen. Auch insoweit ist also eine weite Auslegung der Vorschrift nach deren Sinn und Zweck geboten. 167

4. Die 1/3-Begrenzung

Die Leistungen, die die Stiftung zur Versorgung des Stifters und der übrigen Personen erbringt, dürfen bis zu einem Drittel ihres Einkommens ausmachen. Dabei ergeben sich nicht etwa aus allgemeinen Grundsätzen weitere Einschränkungen, d.h. auch nicht etwa daraus, dass „zu wenige“ Mittel für den ideellen Stiftungszweck verbleiben. Das Gesetz kennt nur die „Ein-Drittel-Grenze“. 168

Entgegen der oben zitierten Ansicht des BFH[274] (siehe Rdn 149 ff.) wendet die Finanzverwaltung die Ein-Drittel-Grenze des § 58 Nr. 6 AO auch auf Fälle an, in denen die Stiftung Verbindlichkeiten gegenüber nächsten Angehörigen des Stifters zu erfüllen hat, die durch Übertragung von mit entsprechenden **Auflagen** belastetem Vermögen auf die Stiftung begründet worden sind.[275] Der BFH hat sehr klar dargelegt und begründet, dass sich das nicht aus dem Gesetz ableiten lässt.[276] Die Frage sollte deshalb möglichst bei der Stiftungserrichtung mit der Finanzverwaltung im Sinne der Rechtsprechung des BFH geklärt werden. Wenn das nicht gelingt und etwa das Finanzamt eine entsprechende verbindliche Auskunft (siehe auch § 8 Rdn 123 ff.) ablehnt, sollte mit Blick auf das klare BFH-Urteil der Rechtsweg beschritten werden. 169

---

272 *Buchna*, Stiftung & Sponsoring 4/2003, 18, 19.

273 *Buchna*, Stiftung & Sponsoring 4/2003, 18, 19; *Bettenburg/Hunnius*, ZStV 2012, 187.

274 BFH BStBl II 1998, 758 = BB 1998, 883.

275 AEAO Nr. 12, 13 zu § 55 Abs. 1 Nr. 1 AO.

276 Siehe auch *Orth*, DStJG 26 (2003), 224; *Schulz*, DStR 1999, 354, 356; Tipke/Kruse/*Seer*, § 58 AO Rn 13.

170 Für die **Höhe der höchstens zulässigen Zuwendungen** ist nach der Systematik des EStG grundsätzlich das Einkommen des betreffenden Veranlagungszeitraums maßgebend. Bei schwankenden Jahreseinkommen können sich deshalb Probleme für den Leistungsempfänger ergeben. Die Finanzverwaltung wird daher i.d.R. die Einkommensentwicklung über einen gewissen Zeitraum berücksichtigen. *Buchna* schlägt vor, dass man sich an den Grundsätzen zur Verlustproblematik in steuerpflichtigen wirtschaftlichen Geschäftsbetrieben von steuerbefreiten Körperschaften[277] orientieren solle.[278] Einmalige Überschreitungen der Ein-Drittel-Grenze etwa zur Beseitigung von Unwetterschäden am Haus des Stifters sollen ausnahmsweise zulässig sein. Das entspricht Sinn und Zweck der Vorschrift.

171 Im **typisierten Fall 1** ergibt sich demnach eine Obergrenze von 15.000 EUR für Zahlungen an den Stifter. Dieser Betrag wird i.d.R. eine willkommene Zuzahlung für den Stifter zum Inflationsverlust sein, um seinen Lebensstandard zu erhalten.

Im dem **typisierten Fall 3** ergibt sich aus dem Gesamteinkommen der Stiftung eine mögliche jährliche Zahlung an den Stifter von 50.000 EUR. *Buchna* sieht hingegen nur eine mögliche Zahlung von 10.000 EUR aus dem tatsächlich vom Stifter übertragenen Vermögen, da anderenfalls unter Verstoß gegen den Grundsatz der Vermögensbindung (§ 55 Abs. 1 Nr. 4 AO) unzulässig Stiftungsvermögen an den Stifter übertragen werde. Dem ist nicht zu folgen, denn die Zahlung erfolgt hier nur aus dem Einkommen der Stiftung, so dass das Stiftungsvermögen erhalten bleibt. Das Gesetz stellt in § 58 Nr. 6 AO ohne weitere Einschränkungen nur auf das Einkommen der Stiftung ab und gerade nicht auf das der Stiftung vom Stifter übertragene Vermögen. § 58 Nr. 6 AO geht als Ausnahmevorschrift dem § 55 Abs. 1 Nr. 4 AO vor.

5. Der Streit um die Angemessenheit

172 In AEAO Nr. 13 zu § 58 Nr. 6 AO schreiben die Verfasser des Anwendungserlasses die vorschnelle Sicht fort, dass die Unterhaltsleistungen für den Stifter und die nächsten Angehörigen „angemessen" sein müssen. Im Gesetz ist aber nicht von einem „angemessenen Unterhalt" die Rede, sondern davon, dass **„in angemessener Weise"**[279] der betreffende Personenkreis steuerunschädlich **„unterhalten"** werden könne. Darin liegt ein wesentlicher Unterschied.[280]

173 Um die Angemessenheit des Unterhaltes wird beinahe schon traditionell gestritten.[281] **Maßstab für die Angemessenheit ist aus Sicht der Finanzverwaltung**

277 AEAO Nr. 3 ff. zu § 55 Abs. 1 Nr. 1 AO.

278 So *Buchna*, Stiftung & Sponsoring 4/2003, 18, 19.

279 Siehe dazu etwa auch *Bettenburg/Hunnius*, ZStV 2012, 187 f., die in ihrer Darstellung allerdings an der Oberfläche bleiben.

280 Siehe schon *Schiffer*, DStR 2003, 12.

281 Siehe nur *Schiffer*, Der Fachanwalt für Erbrecht, ZErb-Beilage 2006, 5, 54 f. m.w.N; *Trenkner*, npoR 2025, 142, 143 ff.

der Lebensstandard des Zuwendungsempfängers.[282] Nach anderer Auffassung ist der Lebensstandard des Stifters maßgebend,[283] wobei auf den Zeitpunkt der Dotation der Stiftung abgestellt werden soll.[284] Soweit diese Ansichten im Ergebnis überhaupt wirklich gegenläufig sind, ist die Lösung aus dem Sinn und Zweck des Gesetzes zu finden. Da das Gesetz im Sinne der vermehrten Errichtung von Stiftungen ein **etwaiges Versorgungsrisiko** des Stifters und seiner nächsten Angehörigen **abfedern** will, ist entscheidend, wie die betreffenden Personen ihr Leben finanziell hätten führen können, wenn das betreffende Vermögen nicht auf die Stiftung übertragen worden, sondern bei ihnen verblieben bzw. auf sie übergegangen wäre.[285] Maßgebend sind damit im Einzelfall etwa die Art des auf die Stiftung übergegangenen Vermögens (ggf. Unternehmen/wirtschaftliche Geschäftsbetriebe und dessen Entwicklung), dessen Ertragskraft[286] einschließlich der etwaigen Inflation, die Entwicklung der Familie das Stifters (Eheschließung, Kinder, deren Ausbildung etc.) und die weiteren im vorangegangenen Absatz angesprochenen Punkte. Kleinlichkeit ist hier nicht im Sinne des Gesetzes.[287] Wird etwa ein sich positiv entwickelndes Unternehmen auf eine gemeinnützige Stiftung übertragen, können sich im Einzelfall nach dem Gesetz starke Schwankungen[288] und aus den steigenden „Erträgen“ des Unternehmens ganz erhebliche Unterhaltsleistungen ergeben.

In dem **typisierten Fall 4** beträgt die Obergrenze für Zahlungen an die Kinder 174
150.000 EUR. Sie können indessen hier keine Zahlung erhalten, da sie ihren Lebensunterhalt in angemessener Weise selbst bestreiten können. Solange das so ist, darf die Stiftung keine Zahlungen an sie leisten.

Ohnehin bleibt festzuhalten, dass die Unterhaltsleistungen nach hier skizzierten Vorgaben anhand des jeweiligen Sachverhaltes jährlich neu zu betrachten, von den Stiftungsorganen zu entscheiden und darzulegen sind. Eine entsprechende Dokumentation ist dabei hilfreich. In einer etwaigen Betriebsprüfung wird erfahrungsgemäß wegen der Sonderregelung nachgefragt werden!

6. Fazit und Steuerhinweis

Stellt man, wie vorstehend skizziert, konsequent auf den Sinn und Zweck des 175
§ 58 Nr. 6 AO ab, lassen sich alle Streitfragen im Sinne des Stiftungswesens und (potenzieller) Stifter lösen. Die Finanzverwaltung sollte sich der Rechtsprechung

282 AEAO Nr. 13 zu § 58 Nr. 6 AO.
283 Tipke/Kruse/*Seer*, § 58 AO Rn 13.
284 *Buchna*, Stiftung & Sponsoring 4/2003, 18, 19.
285 In dieser Richtung auch *Buchna*, Stiftung & Sponsoring 4/2003, 18, 19, der aber sodann inkonsequent wohl auf den Zeitpunkt der Vermögensübertragung abstellen will.
286 So dann auch wieder *Buchna*, Stiftung & Sponsoring 4/2003, 18, 19.
287 Tipke/Kruse/*Seer*, § 58 AO Rn 13.
288 *Trenker*, npoR 2025, 142, 143.

des BFH folgend endlich auch dazu entschließen. Solange sie das nicht tut, bleibt in der praktischen Anwendung der Norm ein erhebliches **Risiko für Stifter und deren nächste Angehörige**, so dass die Intention des Gesetzgebers, das Stiftungswesen zu fördern, sich allenfalls bedingt erfüllen wird. Das gilt umso mehr, als es durchaus „Anbieter" gibt, die aus meiner Sicht bei der Anwendung der Vorschrift überziehen, was dann wieder zu entsprechenden Reaktionen der Finanzverwaltung führt, die ggf. auch die anderen Anwender treffen.

176 Bei der **Besteuerung** der Leistungen nach § 58 Nr. 6 AO darf man sich im Übrigen nicht verwirren lassen. Es handelt sich hier **nicht** um echte Familienstiftungen (zu der Besteuerung der dortigen Destinatäre siehe § 8 Rdn 63 ff.). Bei der steuerbefreiten „gemeinnützigen Familienstiftung" hingegen haben die Leistungsempfänger Steuern nach § 22 Nr. 1 S. 2 lit. a EStG zu zahlen,[289] und zwar ohne die 40 %-ige Freistellung nach § 3 Nr. 40 lit. i EStG und § 20 Abs. 1 Nr. 9 EStG, denn diese Vorschrift greift nach dem ausdrücklichen Wortlaut des Gesetzes nur für nicht steuerbefreite Körperschaften.[290]

7. Ausblick: Ersatzerbschaftsteuerpflicht?

177 In der wissenschaftlichen Diskussion wird die Frage aufgeworfen, ob in gewissen Fällen eine gemeinnützige Stiftung nach § 58 Nr. 6 AO auch gleichzeitig als privatnützige Familienstiftung i.S.v. § 1 Nr. 4 ErbStG zu bewerten ist und damit der Ersatzerbschaftsteuer (siehe § 8 Rdn 80 ff.) unterfällt.[291]

178 Da eine erbschaftsteuerliche Familienstiftung nach der Ansicht der Finanzverwaltung jedenfalls dann vorliegt (siehe § 8 Rdn 94), wenn der Stifter, seine Angehörigen und Abkömmlinge zu mehr als einem Viertel bezugs- oder anfallsberechtigt sind und sie einen Einfluss auf die Geschäftsführung haben, könnte man auf den ersten Blick tatsächlich zu einem solchen Ergebnis kommen. So etwa dann, wenn die Familie über eine entsprechende Gestaltung der Stiftungssatzung die Möglichkeit hat, die Kontrolle über die Stiftung auszuüben und außerdem die Anwendung des § 58 Nr. 6 AO in der Satzung zugelassen – oder jedenfalls nicht ausgeschlossen – ist.

Eine solche Sicht ginge aber fehl, denn die mit ihr einhergehenden Ergebnisse sind systematisch unstimmig und würden die Steuerbefreiung der gemeinnützigen Stiftung gem. § 13 Abs. 1 Nr. 16 lit. b ErbStG ad absurdum führen und damit

289 Siehe *Buchna/Leichinger/Seeger/Brox*, S. 256. Zu der Möglichkeit der Steuerfreiheit beim Empfänger im Fall der einer gemeinnützigen Stiftung auferlegten Rentenverpflichtung siehe *Reich*, DStR 2011, 1742 ff. Zu einem „extremen" Rechenbeispiel betreffend vorbelastete, d.h. steuerpflichtige Einkünfte bei der gemeinnützigen Stiftung siehe *Theuffel-Werhahn*, StiftungsBrief 2012, 108, 111 f.

290 Siehe Schmidt/*Weber-Grellet*, EStG, § 22 Rn 68.

291 So wohl *Jülicher*, in: Troll/Gebel//Jülicher/Gottschalk, ErbStG, § 1 Rn 51. Zur Problematik ausf. *v. Oertzen*, in: FS Spiegelberger, 2009, S. 1390, 1393 ff. m.w.N.

deren Zweck konterkarieren. Zu Recht weist *v. Oertzen* deshalb darauf hin, dass die Steuerbefreiung nach § 13 Abs. 1 Nr. 16 lit. b ErbStG auch bei Ablauf der dreißigjährigen Frist nach § 1 Abs. 4 ErbStG zumindest entsprechende Anwendung findet. Da § 1 Abs. 4 ErbStG einen Erbfall fingiert, muss dieser fingierte Erbfall konsequenterweise als Zuwendung betrachtet werden, die unter § 13 Abs. 1 Nr. 16 lit. b ErbStG fällt.[292]

G. Sponsoring gemeinnütziger Stiftungen

I. Grundlagen

1. Allgemeines

Der gemeinnützige Sektor in Deutschland zeichnet sich bereits seit Jahren durch eine hohe Dynamik aus. Zur Finanzierung dieses Sektors werden zunehmend neue Wege beschritten, wobei das Sponsoring zu einem festen Bestandteil geworden ist.[293] Dabei birgt die Zusammenarbeit von gemeinnützigen Einrichtungen mit privatwirtschaftlichen Unternehmen allerdings erhebliche ertragsteuerliche und umsatzsteuerliche Risiken, insbesondere bei der Erbringung von Werbeleistungen. Das gilt umso mehr, als der noch immer grundlegende, sog. Sponsoringerlass[294] mit seinen einigermaßen greifbaren Regelungen „nur" die Ertragsteuer betrifft und eben nicht die Umsatzsteuer. Die Rechtsprechung des BFH[295] verschärft die Situation zusätzlich, da bereits die bloße Duldung von Werbung Gegenstand eines steuerpflichtigen wirtschaftlichen Geschäftsbetriebs sein kann. 179

Hinzu kommt, dass der Sponsor und die gesponserte gemeinnützige Stiftung mit einem Sponsoring typischerweise unterschiedliche steuerliche Ziele verfolgen: 180

Dem Sponsor ist aus steuerlicher Sicht zumeist daran gelegen, seine Sponsoringaufwendungen steuermindernd geltend machen zu können.

Im Gegensatz dazu verfolgt die gesponserte gemeinnützige Stiftung typischerweise das Ziel, die Leistung des Sponsors möglichst ungeschmälert für die geförderten Zwecke einsetzen zu können.[296]

---

292 Siehe *v. Oertzen*, in: FS Spiegelberger, 2009, S. 1390, 1395.

293 Zum Sponsoring speziell des Bereichs Sport siehe z.B. *Ritter*, Rote Seiten zu Stiftung & Sponsoring 4/2009, 13 ff. und allg. zum Sponsoring *Röcken*, StiftungsBrief 2025, 23; *Ehlers/Schmidt/Korfmann/Melzer/Klöck/Brixius*, Rote Seiten zu Stiftung & Sponsoring 6/2013.

294 BMF v. 18.2.1998, BStBl I 1998, 212 f.

295 BFH, Urt. v. 7.11.2007 – I R 42/06, DStR 2008, 505; BFH, Urt. v. 2.8.2012 – IV R 25/09, DStR 2012, 1911, siehe dazu *Wallenhorst*, DStR 2012, 2212.

296 Siehe dazu etwa *Poser/Backes*, Sponsoringvertrag, S. 12 ff.

Ausgehend davon werden nachfolgend die Problemkreise aufgezeigt und Praxishinweise zur Vermeidung drohender Steuerrisiken gegeben.[297]

2. Sponsoring: Definition

181 Unter Sponsoring[298] versteht man in steuerlicher Hinsicht die Gewährung von Geld und/oder geldwerten Vorteilen durch ein Unternehmen zur Förderung von Personen, Gruppen und/oder Organisationen in sportlichen, kulturellen, kirchlichen, wissenschaftlichen, sozialen, ökologischen oder ähnlich bedeutsamen gesellschaftspolitischen Bereichen. Hierbei werden durch den Sponsor auch eigene unternehmerische Ziele der Werbung und der Öffentlichkeitsarbeit verfolgt.[299]

Leistungen eines Sponsors, die durchaus auch in der Gewährung von Zeit, Kontakten, Know-how und Erfahrungen bestehen können, beruhen typischerweise auf einer vertraglichen Vereinbarung zwischen dem Sponsor und dem Empfänger der Leistungen (Sponsoringvertrag), in dem Art und Umfang der Leistungen des Sponsors und des Empfängers geregelt sind.

3. Der Sponsoringvertrag

182 Der Sponsoringvertrag ist als Vertragstyp **nicht gesetzlich geregelt**. Die Pflichtenkonstellation des Sponsoringvertrags macht jedoch deutlich, dass es sich um einen atypischen gegenseitigen Austauschvertrag handelt, der Elemente mehrerer geregelter Vertragstypen beinhaltet.[300] Nach dem in § 125 BGB normierten Prinzip der Formfreiheit unterliegt der Sponsoringvertrag keiner vorgeschriebenen Form.[301] Darüber hinaus hat sich bislang im Rechtsverkehr kein Vertragsmuster durchgesetzt, das sich als Grundlage für alle Sponsoring-Aktivitäten eignet. Es bedarf somit einer genauen Betrachtung des Einzelfalls durch den juristischen Berater und einer individuellen Vertragsgestaltung. Sinnvollerweise wird angesichts der nachfolgend noch anzusprechenden Punkte der sorgfältig zu verhandelnde und zu formulierende Vertrag aber in jedem Fall schriftlich abgeschlossen.

---

297 Siehe schon *Schiffer/Sommer*, BBEV 2008, 261 und 292. Siehe auch *Röthel/Konolt*, DStR 2009, 15; *Fries*, StiftungsBrief 2011, 203 f.

298 BMF v. 18.2.1998, BStBl I 1998, 212 f. (Sponsoringerlass betreffend Ertragsteuer!), siehe im Zweifel auch dort zu den nachfolgenden Ausführungen.

299 Sponsoringerlass Rn 1: „*Unter Sponsoring wird üblicherweise die Gewährung von Geld oder geldwerten Vorteilen durch Unternehmen zur Förderung von Personen, Gruppen und/ oder Organisationen in sportlichen, kulturellen, kirchlichen, wissenschaftlichen, sozialen, ökologischen oder ähnlich bedeutsamen gesellschaftspolitischen Bereichen verstanden, mit der regelmäßig auch eigene unternehmensbezogene Ziele der Werbung oder Öffentlichkeitsarbeit verfolgt werden.*"

300 Vgl. Grüneberg/*Grüneberg*, vor § 311 Rn 14.

301 Vgl. Grüneberg/*Ellenberger*, § 125 Rn 1.

Das gilt auch aus Gründen der Nachweisbarkeit gegenüber der Finanzverwaltung.

Allen Sponsoringverträgen eigen ist eine Vereinbarung über die Leistung des Sponsors und die Gegenleistung des Gesponserten: 183
- Der Sponsor verpflichtet sich, dem Gesponserten zur Förderung von dessen Aktivitäten Geld, Sachmittel oder Dienstleistungen zur Verfügung zu stellen.
- Im Gegensatz dazu verpflichtet sich der Gesponserte dazu, dem Sponsor über die gesponserte Aktivität bei der Erreichung von dessen werbenden Zielen behilflich zu sein.[302]
- Außerdem finden sich im Sponsoringvertrag oftmals Vereinbarungen zur Zielsetzung, Gefahrtragung sowie zu Leistungsstörungen, Urheberrechten und Wettbewerbsverboten zulasten des Gesponserten.
- Die wesentlichen Unterschiede beim Sponsoring einer gemeinnützigen Stiftung im Gegensatz zum Sponsoring einer nicht steuerbegünstigten Stiftung bestehen im Steuerrecht.

Fallbeispiel: „Forschung hat ihren Preis“ 184

Eine bundesweit tätige gemeinnützige Stiftung möchte ein medizintechnisches Forschungsprojekt in Deutschland durchführen. Da es der Einrichtung an ausreichenden finanziellen Mitteln fehlt, konnte ein großes deutsches Unternehmen aus der Lebensmittelindustrie als Finanzier gewonnen werden. Dieses Unternehmen ist bereit, der gemeinnützigen Einrichtung über einen Zeitraum von fünf Jahren insgesamt 20 Mio. EUR zur Finanzierung des Forschungsvorhabens zur Verfügung zu stellen. Das Forschungsprojekt wird in der Rechtsform einer gemeinnützigen GmbH verwirklicht.

Das sponsernde Unternehmen drängt darauf, dass die gemeinnützige GmbH das gesponserte Projekt in der Öffentlichkeit umfassend kommuniziert und dabei die Förderung durch den Sponsor besonders hervorhebt. Die Mittelvergabe und -verwendung soll im Rahmen eines Sponsoringvertrags zwischen der zu gründenden gemeinnützigen GmbH und dem Lebensmittelunternehmen geregelt werden.

II. Ertragsteuer und Sponsoring

1. Der Sponsoringerlass

Es ist, wie bereits angedeutet, zwischen der **ertragsteuerrechtlichen** und der **umsatzsteuerrechtlichen Behandlung des Sponsorings** zu unterschieden. Der sog. „Sponsoringerlass“ gilt streng genommen nur für die Ertragsteuer.[303] 185

302 Vgl. auch *Poser/Backes*, Sponsoringvertrag, S. 4 f.

303 Sponsoringerlass: BMF v. 18.2.1998, BStBl I 1998, 212 f.; *Buchna/Leichinger/Seeger/Brox*, S. 344 ff.

186 Der sog. **Sponsoringerlass**, der die Auffassung der Finanzverwaltung wiedergibt, stammt zwar schon aus dem Jahr 1998; seit damals wurde der einschlägige Anwendungserlass zur Abgabenordnung (AEAO) in den betreffenden Punkten jedoch nicht angepasst. Deshalb kann davon ausgegangen werden, dass die in AEAO Nr. 10 zu § 64 Abs. 1 AO und im ausführlicheren Sponsoringerlass aufgeführten sog. **Duldungsleistungen** der gesponserten Körperschaft (hier: Stiftung) auch künftig von der Finanzverwaltung so gesehen werden wie bisher.[304] Im **Zweifelsfall** ist dennoch natürlich vorsorglich eine argumentativ untermauerte **Abstimmung** mit dem zuständigen Finanzamt vorzunehmen.

187 Der entscheidende Text aus dem AEAO sei zur größeren Klarheit zitiert:

- **AEAO Nr. 10 zu § 64 Abs. 1 AO**
  „Danach liegt kein wirtschaftlicher Geschäftsbetrieb vor, wenn die steuerbegünstigte Körperschaft dem Sponsor nur die Nutzung ihres Namens zu Werbezwecken in der Weise gestattet, dass der Sponsor selbst zu Werbezwecken oder zur Imagepflege auf seine Leistungen an die Körperschaft hinweist.
  Ein wirtschaftlicher Geschäftsbetrieb liegt auch dann nicht vor, wenn der Empfänger der Leistungen z.B. auf Plakaten, Veranstaltungshinweisen, in Ausstellungskatalogen oder in anderer Weise auf die Unterstützung durch einen Sponsor lediglich hinweist. Dieser Hinweis kann unter Verwendung des Namens, Emblems oder Logos des Sponsors, jedoch ohne besondere Hervorhebung, erfolgen. Entsprechende Sponsoringeinnahmen sind nicht als Einnahmen aus der Vermögensverwaltung anzusehen. Eine Zuführung zur freien Rücklage nach § 62 Abs. 1 Nr. 3 AO ist daher lediglich i.H.v. 10 % der Einnahmen, nicht aber i.H.v. einem Drittel des daraus erzielten Überschusses möglich."
- **AEAO Nr. 11 zu § 64 Abs. 1 AO:**
  „Ein wirtschaftlicher Geschäftsbetrieb liegt dagegen vor, wenn die Körperschaft an den Werbemaßnahmen mitwirkt. Dies ist z.B. der Fall, wenn die Körperschaft dem Sponsor das Recht einräumt, in einem von ihr herausgegebenen Publikationsorgan Werbeanzeigen zu schalten, einschlägige Sponsor-bezogene Themen darzustellen und bei Veranstaltungen der Körperschaft deren Mitglieder über diese Themen zu informieren und dafür zu werben (vgl. BFH-Urteil vom 7.11.2007, I R 42/06, BStBl 2008 II S. 949). Der wirtschaftliche Geschäftsbetrieb kann kein Zweckbetrieb (§§ 65 bis 68 AO) sein. Soweit Sponsoringeinnahmen unmittelbar in einem aus anderen Gründen steuerpflichtigen wirtschaftlichen Geschäftsbetrieb anfallen, sind sie diesem zuzurechnen."

---

304 So *Buchna/Leichinger/Seeger/Brox*, S. 347.

2. Unterschiedliche steuerliche Behandlung beim Sponsor und bei der gemeinnützigen Körperschaft

Steuerlich ist beim Sponsoring zu unterscheiden zwischen der Behandlung der Sponsoringleistungen beim Sponsor und der Behandlung bei dem steuerbegünstigten Empfänger (hier: Stiftung).[305] 188

a) Möglichkeiten der steuerlichen Einordnung beim Sponsor

Aufwendungen für das Sponsoring können beim Sponsor sein:[306] 189
- **Betriebsausgaben** (von „Unternehmen") i.S.d. § 4 Abs. 4 EStG (Betriebsausgaben sind die Ausgaben, die durch den Betrieb veranlasst sind);
- **Spenden**, die unter den genannten Voraussetzungen bei Privatpersonen wie bei „Unternehmen" steuerlich berücksichtigt werden dürfen;
- steuerlich nicht abziehbare **Kosten der privaten Lebensführung** (§ 12 Nr. 1 EStG bei Privatpersonen und bei (Mit-)Unternehmern/Gesellschaftern von Personengesellschaften);
- bei Kapitalgesellschaften **verdeckte Gewinnausschüttungen** (vGA, § 8 Abs. 3 S. 2 KStG).

Betrachten wir die Möglichkeiten im Einzelnen!

b) Sponsoringleistungen als Betriebsausgaben des Sponsors

Aufwendungen des Sponsors sind Betriebsausgaben,[307] wenn er 190
- **wirtschaftliche Vorteile**, die insbesondere in der Sicherung oder Erhöhung seines unternehmerischen Ansehens liegen können,[308] für sein Unternehmen erstrebt
  oder
- für Produkte seines Unternehmens **werben** (lassen) will.

Es kommt dabei nach dem Sponsoringerlass ausdrücklich nicht darauf an, ob die Leistungen des Sponsors notwendig, üblich oder zweckmäßig sind. Die Geld- oder Sachleistungen des Sponsors und die erstrebten Werbeziele für das Unternehmen müssen nach dem Sponsoringerlass auch **nicht** gleichwertig sein. Nur bei einem krassen Missverhältnis zwischen den Leistungen des Sponsors und dem erstrebten wirtschaftlichen Vorteil wird nach dem Sponsoringerlass der Betriebsausgabenabzug versagt.

---

305 Sponsoringerlass: BMF v. 18.2.1998, BStBl I 1998, 212 f.

306 Sponsoringerlass Rn 1.

307 Sponsoringerlass Rn 3–6. Siehe auch FG Hamburg, Urt. v. 13.11.2025 – 2 K 67/23.

308 Siehe BFH, Urt. v. 3.2.1993 – I R 37/91, BStBl II 1993, 441, 445.

191 **Praxisbeispiele: Betriebsausgaben beim Sponsor**

Betrachten wie einige Praxisbeispiele:[309]

Werbung der Stiftung für Produkte des Sponsor-Unternehmens durch

- Werbung auf Plakaten,
- Werbung in Veranstaltungshinweisen,
- Werbung auf den vom Empfänger der Leistungen benutzten Fahrzeugen oder anderen Gegenständen durch werbewirksame Hinweise (Aufdrucke).

Die **Berichterstattung in Zeitungen, Rundfunk oder Fernsehen** kann einen vom Sponsor angestrebten wirtschaftlichen Vorteil darstellen, insbesondere wenn sie in seine Öffentlichkeitsarbeit eingebunden ist oder der Sponsor an **Pressekonferenzen** oder anderen öffentlichen Veranstaltungen des Empfängers mitwirken und **eigene Erklärungen über sein Unternehmen oder seine Produkte abgeben** kann.

Ein wirtschaftlicher Vorteil liegt natürlich auch dann vor, wenn die gesponserte Stiftung in sonstiger Weise entsprechende Leistungen für den Sponsor erbringt und z.B. seine **Pressearbeit unterstützt** (Argument aus AEAO Nr. 11 zu § 64 Abs. 1 AO). Das wäre eine Dienstleistung der Stiftung für den Sponsor, die mit der Sponsoringleistung steuerpflichtig vergütet würde.

Wirtschaftliche Vorteile für das Unternehmen des Sponsors können auch dadurch erreicht werden, dass der Sponsor ohne weiteres Zutun der Stiftung (!) durch **Verwendung des Namens, von Emblemen oder Logos des Empfängers** (hier: Stiftung) oder in anderer Weise öffentlichkeitswirksam auf seine Leistungen aufmerksam macht.[310]

c) Sponsoringleistungen als Spenden des Sponsors

192 Zuwendungen des Sponsors, die keine Betriebsausgaben sind, sind als Spenden zu berücksichtigen,[311] soweit sie

- zur Förderung steuerbegünstigter Zwecke freiwillig oder aufgrund einer freiwillig eingegangenen Rechtspflicht erbracht werden
- und kein Entgelt für eine bestimmte Gegenleitung oder Vorteilsgewährung des Empfängers darstellen (uneigennützig[312])
- und nicht in einem wirtschaftlichen Zusammenhang mit einer Leistung des Empfängers (hier: Stiftung) stehen.

309 Das sind nachfolgend ausdrücklich Beispiele aus dem Sponsoringerlass, d.h. Beispiele, die aus Sicht der Finanzverwaltung nach wie vor eindeutig sein dürften.

310 Siehe auch AEAO Nr. 10 zu § 64 Abs. 1 AO.

311 Sponsoringerlass Rn 7.

312 Siehe BFH, Urt. v. 2.8.2006 – XI R 6/03, DStR 2006, 1975.

Das entspricht dem, was wir bereits oben zu den Spenden ausgeführt haben (siehe Rdn 48 ff.).

d) Sponsoringleistungen als nicht abziehbare Kosten des Sponsors

Sponsoringaufwendungen, die weder Betriebsausgaben noch Spenden sind, stellen steuerlich nicht abziehbare Kosten der privaten Lebensführung für einen privaten „Spender“ oder den (Mit-)Unternehmer/Gesellschafter einer sponsernden Personengesellschaft dar.[313] 193

Bei einer Kapitalgesellschaft als Sponsor kann eine verdeckte Gewinnausschüttung an einen ihrer Gesellschafter vorliegen.[314] **Beispiel**: Dem Gesellschafter werden eigene Aufwendungen als Mäzen erspart.

e) Steuerliche Behandlung der Sponsoringleistungen bei einer gemeinnützigen Stiftung

Besonders wesentlich ist aus Sicht der gemeinnützigen Stiftung, wie die Leistungen des Sponsors steuerlich bei ihr behandelt werden.[315] Ist der Empfänger eine gemeinnützige Stiftung, können die Leistungen bei ihr 194
- steuerfreie Einnahmen im ideellen Bereich der Stiftung,
- steuerfreie Einnahmen aus der Vermögensverwaltung der Stiftung (§ 14 AO) oder
- **steuerpflichtige** Einnahmen im Rahmen eines wirtschaftlichen Geschäftsbetriebes der Stiftung sein.

Es gilt hier **kein Korrespondenzprinzip** zwischen der steuerlichen Einstufung der Sponsoringleistung bei dem Sponsor und bei der gesponserten Stiftung. Die steuerliche Behandlung der Leistung beim Empfänger hängt grundsätzlich nicht davon ab, wie die entsprechenden Aufwendungen beim leistenden Unternehmer behandelt werden.[316] Es kann also **beispielsweise** in ein und derselben „Sponsoringzahlung“ eine Betriebsausgabe beim Sponsor vorliegen und dennoch eine steuerfreie Vermögensverwaltungs- oder sonstige Einnahme[317] und damit eben kein steuerpflichtiger wirtschaftlicher Geschäftsbetrieb bei der Stiftung. **Beispiel nach AEAO**: Hinweise auf die Unterstützung des Sponsors auf Plakaten, Eintrittskarten, Veranstaltungshinweise.[318] 195

---

313 Sponsoringerlass Rn 8.

314 Zu Abgrenzungsfragen zur Betriebsausgabe siehe FG Hamburg, Urt. v. 13.11.2025 – 2 K 67/23.

315 Siehe etwa *Riehm*, npoR 2022, 13 (Bandenwerbung beim DFB); *von Maydell*, npoR 2019, 250.

316 Sponsoringerlass Rn 9, 1. Abs., letzter Satz.

317 Argument aus AEAO Nr. 10 zu § 64 Abs. 1 AO a.E.

318 Siehe AEAO Nr. 10 zu § 64 Abs. 1 AO a.E.

196 Soweit die steuerbegünstigte Körperschaft gegenüber dem Sponsor keine Gegenleistung zu erbringen hat, liegt grundsätzlich eine steuerfreie **Spende** vor (siehe dazu Rdn 48 ff.). Zum ertragsteuerpflichtigen **wirtschaftlichen Geschäftsbetrieb der gemeinnützigen Stiftung** zählt im Zusammenhang mit Sponsoringleistungen vor allem die **aktiv**[319] betriebene Werbung der Stiftung für den Sponsor und sonstige aktive Unterstützungen des Sponsors durch die Stiftung. Hierzu gehören z.B. folgende Fallgestaltungen:

- Nach der herrschenden Meinung das **Logo und/oder der Name des Sponsors** auf der Internetseite der gemeinnützigen Körperschaft, nur **wenn** mittels **Link** („Klick") auf die Homepage des Sponsors umgeschaltet werden kann.[320] Dabei kommt es nicht darauf an, ob durch die Verlinkung für Produkte des Unternehmens geworben oder allgemein in irgendeiner Form die Sicherung oder Erhöhung des unternehmerischen Ansehens betrieben wird.
- Aktive Werbetätigkeit der steuerbegünstigten Stiftung für den Sponsor (Argument aus AEAO Nr. 11 zu § 64 Abs. 1 AO), z.B. durch laufendes Inseratengeschäft in der **Vereinszeitschrift**[321] oder durch die Möglichkeit, Beiträge/Artikel in der Vereinszeitung zu schreiben.[322]
- Die Stiftung räumt dem Sponsor das Recht ein, in einer ihrer **Veranstaltungen** die Besucher über Themen oder Produkte des Sponsors zu informieren und dafür zu werben.[323] **Achtung**: Dabei kann auch schon das **Dulden** (!) von Werbung auf Sportveranstaltungen nach Ansicht des BFH ein steuerpflichtiger wirtschaftlicher Geschäftsbetrieb sein.[324] Die Finanzverwaltung sieht das noch nicht so streng.[325] Es bleibt abzuwarten, ob besagte BFH-Entscheidungen über den jeweiligen Einzelfall hinaus wirken. Selbst bei überwiegend steuerpflichtigen Sponsoring-Einkünften ist der Gemeinnützigkeitsstatus der Stiftung gesichert, wenn sie sich trotz ihrer steuerpflichtigen Einnahmen auf die Förderung ihrer gemeinnützigen Zwecke konzentriert.[326]
- Anders wäre es nach besagter Rechtsprechung ggf., wenn unabhängig von der Veranstaltung eine bestimmte abgegrenzte Fläche zur Nutzung überlassen worden wäre.[327] Die Abgrenzung im konkreten Fall ist schwierig.

---

319 Abgrenzung zur „Duldungsleistung".

320 Fin. Min.v. 11.2.2000 – 33 – S 0183- 12/14 – 59238, DB 2000, 548, Ziffer 2; Klein/*Gersch*, AO, § 14 Rn 16 jew. m.w.N., u.a. mit Hinweis auf BFH BStBl II 1983, 27; *Buchna/Leichinger/Seeger/Brox*, S. 346; a.A. FG München – 7 K 4052/03, EFG 2006, 1362.

321 *Buchna/Leichinger/Seeger/Brox*, S. 345; siehe auch BFH, Urt. v. 7.11.2007 – I R 42/06, BStBl II 2008, 949.

322 BFH BStBl II 2008, 949.

323 BFH BStBl II 2008, 949; AEAO Nr. 10 zu § 64 Abs. 1 AO.

324 BFH BStBl II 2008, 949; BFH BStBl II 1992, 101.

325 *Buchna/Leichinger/Seeger/Brox*, S. 345.

326 So FG Berlin-Brandenburg, Urt. v. 11.6.2012 – 2 K 2091/09, ZStV 2013, 111 m. Anm. *Winheller*.

327 BFH BStBl II 2008, 949.

– Werbung auf den vom Empfänger der Leistungen benutzten **Fahrzeugen** oder anderen Gegenständen des Unternehmens durch werbewirksame Hinweise (Aufdrucke), **wenn** die Stiftung die Werbefläche aktiv vermarktet, z.B. vertraglich vereinbarte Werbefahrten durchführt oder auch das „bedruckte" Fahrzeug werbewirksam im ruhenden Straßenverkehr (an öffentlichen Plätzen, vor Stadien etc.) vereinbarungsgemäß abstellt.[328] **Umsatzsteuerlich** liegt hier wie auch sonst bei reinen Sachleistungen ohne die aktiven Werbefahrten etc. aus Sicht der Finanzverwaltung ein tauschähnlicher Umsatz (§ 3 Abs. 12 S. 2 UStG) mit einer „Duldung" der Anbringung der Werbung vor.[329] Es fällt dann also (ermäßigte)[330] Umsatzsteuer an und ansonsten der normale Umsatzsteuersatz.

Praxishinweise: Einzelfälle aus Sicht der Stiftung 197

Nachfolgend werden einige in der Praxis immer wieder auftauchende Einzelfälle aus der Sicht einer gemeinnützigen Stiftung betrachtet:

1. Danksagung unter Verwendung des Logos des Sponsors

Wie kann und darf die Danksagung an einen Sponsor aussehen?

Der Sponsoringerlass ist dazu recht eindeutig:[331] Es ist zu unterscheiden zwischen dem, was der Sponsor darf, ohne dass das steuerschädlich für die Stiftung ist, und dem, was die Stiftung steuerunschädlich darf.

a) Der Sponsor darf steuerunschädlich, ohne dass es zu einem steuerpflichtigen wirtschaftlichen Geschäftsbetrieb der Stiftung führt, nach entsprechender Gestattung durch die Stiftung den Namen der Stiftung zu Werbezwecken in der Weise nutzen, dass er, d.h. der **Sponsor selbst** zu Werbezwecken oder zur Imagepflege auf seine Leistungen an die Stiftung hinweist.

b) Die Stiftung als Empfänger der Sponsoringleistung darf steuerunschädlich, ohne dass es zu einem steuerpflichtigen wirtschaftlichen Geschäftsbetrieb der Stiftung führt, auf die Unterstützung durch den Sponsor (lediglich) hinweisen – z.B. auf Plakaten, Veranstaltungshinweisen, in Ausstellungskatalogen oder in anderer Weise. Dieser Dankeshinweis, den die Finanzverwaltung als Billigkeitsmaßnahme und damit als steuerunschädlich bewertet,[332] darf unter Verwendung des Namens, Emblems **oder Logos des Sponsors,**[333] jedoch nur ohne besondere Hervorhebung, erfolgen.

328 So etwa auch *Seeger*, Wohlfahrt Intern 4/09, 21.

329 *Buchna/Leichinger/Seeger/Brox*, S. 683.

330 Vgl. *Buchna/Leichinger/Seeger/Brox*, S. 939 ff.

331 Sponsoringerlass Rn 9; siehe auch AEAO Nr. 10 zu § 64 Abs. 1 AO.

332 *Buchna/Leichinger/Seeger/Brox*, S. 346 m.w.N.

333 So **ausdrücklich** Sponsoringerlass Rn 9 und auch AEAO Nr. 10 zu § 64 Abs. 1 AO. So auch *Buchna/Leichinger/Seeger/Brox*, S. 345 f.

Ein **steuerpflichtiger wirtschaftlicher Geschäftsbetrieb der Stiftung** liegt dagegen vor, wenn die Stiftung an den Werbemaßnahmen des Sponsors mitwirkt (siehe Rdn 196).[334] Das ist dann auch kein Fall eines ausnahmsweise als Zweckbetrieb (siehe Rdn 124 ff.) doch steuerfreien Geschäftsbetriebes.

2. „Sponsoren-Links"

In der Praxis finden sich immer wieder Sponsoren-Links auf den Internetseiten der gesponserten Körperschaft, wo dann z.B. in der vorstehend behandelten Danksagung an den Sponsor sein Name oder Logo angeklickt werden kann, damit man blitzschnell auf die Seite des Sponsors gelangt. Solche Links werden mitunter einfach vergeben, aber auch von potenziellen Sponsoren gerne nachgefragt. Die steuerliche Rechtslage dazu ist aus Sicht der Stiftung leider nicht positiv.

Wenn durch den Link auf die Seiten des Sponsors umgeschaltet/weitergeleitet werden kann,[335] liegt ein steuerpflichtiger wirtschaftlicher Geschäftsbetrieb bei der Stiftung vor. Die Stiftung ist dann Werbeträger für den Sponsor. Dabei kommt es nicht darauf an, ob durch die Verlinkung für Produkte des Unternehmens geworben oder allgemein in irgendeiner Form die Sicherung oder Erhöhung des unternehmerischen Ansehens betrieben wird. Entscheidend ist die Verlinkung auf die Homepage des Sponsors.[336]

Das Finanzgericht München hatte mit Urteil vom 15.5.2006[337] entgegen der traditionell herrschenden Meinung entschieden, dass steuerbegünstigte Körperschaften, die auf ihrer Homepage einen Link zu einem Sponsor setzen, die Einnahmen dem steuerfreien Bereich der Vermögensverwaltung zuordnen können. Das FG vertrat die allerdings vereinzelt gebliebene Ansicht, dass die Verlinkung auf das Sponsoren-Logo kein wirtschaftlicher Geschäftsbetrieb, sondern der ertragsteuerfreien Vermögensverwaltung zuzuordnen sei.

In der Revisionsinstanz hat der **BFH** seine bisherige kritische Rechtsprechung gegenüber der abweichenden liberalen Auffassung des FG München, was „Werbeleistungen" für den Sponsor angeht, allerdings bestätigt und ist dem FG München nicht gefolgt. Dabei hat der BFH aufgrund von Besonderheiten des Sachverhaltes ausdrücklich **offen gelassen**, ob die steuerbegünstigte Körperschaft in besagtem Fall, wie das FG München gemeint hat, dadurch, dass sie auf ihrer Internetseite einen Link zu dem Sponsor geschaltet hatte, keine

334 AEAO Nr. 10 zu § 64 Abs. 1 AO.

335 Fin. Min.v. 11.2.2000 – 33 – S 0183 – 12/14 – 59238, DB 2000, 548, Ziffer 2; Klein/*Gersch*, AO, § 14 Rn 16 jew. m.w.N., u.a. mit Hinweis auf BFH BStBl II 1983, 27; *Buchna/Leichinger/Seeger/Brox*, S. 346.

336 Klein/*Gersch*, AO, § 14 Rn 16: „Homepage".

337 FG München EFG 2006, 1362.

steuerpflichtigen Werbeleistungen für den Sponsor erbracht hat.[338] Man wird also auch künftig mit der schon „traditionellen" herrschenden Ansicht entgegen der Auffassung des FG München davon ausgehen müssen, dass eine Verlinkung auf den Sponsor wie bisher eine steuerpflichtige Werbeleistung bei der gesponserten Körperschaft darstellt.

3. Der Fall des „BMW-Saales"

Nach Auffassung der Finanzverwaltung liegt z.B. etwa auch dann kein steuerpflichtiger Geschäftsbetrieb der Stiftung vor, wenn sie (etwa in einem Museum) einen Saal nach dem Sponsor benennt.[339] Die Finanzverwaltung gibt in ihrer betreffenden Verfügung leider keine Begründung für ihre Auffassung. Es können jedoch die Überlegungen aus der vorhergehenden Ziffer angeführt werden.

4. Fazit:

Der kaum nachvollziehbare Begriff der „Duldungsleistung" im Zusammenhang mit (AEAO Nr. 10 zu § 64 Abs. 1 AO) zeigt es schon. Letztlich darf die gesponserte Stiftung für den Sponsor kaum eine Leistung erbringen, wenn sie nicht in den (ertrag-)steuerpflichtigen Geschäftsbetrieb geraten will: Sie darf zurückhaltend Dank sagen, aber den Sponsor nicht aktiv unterstützen.

III. Umsatzsteuer beim Sponsoring

Insbesondere aus Sicht der steuerbegünstigten Stiftung (als sonstige Körperschaft) kann die Umsatzsteuer ein erhebliches Steuerrisiko darstellen. Werden die seitens der gesponserten gemeinnützigen Körperschaft für den Sponsor erbrachten Leistungen etwa hinsichtlich ihrer Beurteilung als aktive Werbe- oder bloße Duldungsleistungen falsch eingeschätzt und damit der falsche Umsatzsteuersatz angesetzt oder wird im Extremfall, etwa aus Unkenntnis der Sachlage, gar keine Umsatzsteuer berücksichtigt, sind zumindest Umsatzsteuernachzahlungen die Folge. 198

338 BFH BStBl II 2008, 949.

339 Fin. Min.v. 11.2.2000 – 33 – S 0183 – 12/14 – 59238, DB 2000, 548, Ziffer 1 („BMW-Saal").

1. Geldleistungen des Sponsors und Duldungsleistung des Gesponserten

199 Tatsächlich sind Sponsoringleistungen in den meisten Fällen umsatzsteuerpflichtig.[340] Es sind eben keine Spenden, die freiwillig und ohne Gegenleistung erfolgen, denn es gibt zumindest eine „Duldungsleistung“ als „Gegenleistung“, d.h. es liegt der für die Umsatzsteuer typische Leistungsaustausch vor, der noch nicht zwingend einen wirtschaftlichen Geschäftsbetrieb bedeutet, da ein solcher bei einer Duldungsleistung eben noch nicht zwingend gegeben ist.[341] Gestritten wird i.d.R. in der Praxis nur über den Steuersatz der Umsatzsteuer (7 % oder 19 %).

200 Bei **Zahlungen** im Rahmen des Sponsorings handelt es sich grundsätzlich um das **Entgelt** für steuerpflichtige Leistungen der steuerbegünstigten Einrichtung an den Sponsor (§ 1 Abs. 1 Nr. 1 UStG). Entweder liegen nach dem jeweiligen Sponsoringvertrag **konkrete Werbeleistungen** (z.B. Banden- oder Trikotwerbung, Anzeigen, Vorhalten von Werbedrucken, Lautsprecherdurchsagen usw.) **oder Duldungsleistungen** (z.B. durch Aufnahme des Emblems oder Logos des Sponsors in Verbandsnachrichten, Rechenschaftsberichte, Veranstaltungshinweise oder Ausstellungskataloge) vor.[342]

Wenn die Stiftung die **Umsatzsteuerpflicht** rechtzeitig erkannt hat, ist diese in der Praxis regelmäßig kein Problem. Die Stiftung rechnet entsprechend gegenüber dem Sponsor mit Mehrwertsteuerausweis ab. Unternehmen als Sponsoren können dann nach entsprechender Rechnungsstellung der Stiftung i.d.R. die **Vorsteuer** geltend machen.[343] Die Umsatzsteuerfrage sollte deshalb im Vorfeld klar kommuniziert und in der Sponsoringvereinbarung klar festgehalten werden.

---

340 *Buchna/Leichinger/Seeger/Brox*, S. 345; siehe auch OFD Münster v. 2.1.2012 – S 2706 – 54 – St 13 – 33 („Gewinnermittlung bei Betrieben gewerblicher Art „Sponsoring“ der Kommunen“); BMF-Schreiben v. 2.1.2012 – IV D 2 – S 7300/11/10002 („Vorsteuerabzug nach § 15 UStG und Berichtigung des Vorsteuerabzugs nach § 15a UStG unter Berücksichtigung der BFH-Urteile v. 9.12.2010 – V R 17/10, v. 12.1.2011 – XI R 9/08, v. 13.1.2011 – V R 12/08, v. 27.1.2011 – V R 38/09 und v. 3.3.2011 – V R 23/10“).

341 *Buchna/Leichinger/Seeger/Brox*, S. 345 f. (ertragsteuerlicher wirtschaftlicher Geschäftsbetrieb und Duldungsleistung, siehe dort auch zur z.T. von der Auffassung der Finanzverwaltung abweichenden BFH-Rspr.).

342 Siehe dazu auch Wallenhorst/Halaczinsky/*Halaczinsky*, Kap. L Rn 35.

343 *Buchna/Leichinger/Seeger/Brox*, S. 952 f.

Praxishinweis: 19 % oder 7 %? 201

1. Sponsoringeinnahmen im Bereich der ertragsteuerfreien **Vermögensverwaltung** (siehe Rdn 194 ff.) kann die Stiftung, was im Einzelfall sehr genau zu prüfen ist,[344] beispielsweise erzielen durch:

- Überlassung von Werberechten (Lizenzgebühren), Verpachtung eines Anzeigengeschäfts (z.B. in der Vereinszeitung) oder sonstiger Werberechte an eine Werbeagentur[345]
- (langfristige und simple) Überlassung/Verpachtung von Werbeflächen[346]
- Verpachtung sonstiger wirtschaftlicher Geschäftsbetriebe.[347]

Solche Sponsoring-Einnahmen sind im Rahmen der ertragsteuerfreien Vermögensverwaltung (Duldungsleistung) i.d.R. umsatzsteuerpflichtig mit dem ermäßigten Steuersatz von **7 % (§ 12 Abs. 2 Nr. 8a UStG)**.[348] Es sind entsprechende Rechnungen zu stellen.

2. Zum ertragsteuerpflichtigen **wirtschaftlichen Geschäftsbetrieb** der gemeinnützigen Stiftung zählt im Zusammenhang mit Sponsoringleistungen vor allem die **aktiv** (Abgrenzung zur „Duldungsleistung“, siehe Rdn 199 ff.) betriebene Werbung der Stiftung für den Sponsor und die sonstige aktive Unterstützung des Sponsors durch die Stiftung. Solche Sponsoring-Einnahmen sind im Rahmen eines wirtschaftlichen Geschäftsbetriebes umsatzsteuerpflichtig mit dem „normalen“ Steuersatz von **19 %**.[349] Es sind entsprechende Rechnungen zu stellen.

Ob und wann (noch) eine Duldungsleistung vorliegt, die ertragsteuerlich noch nicht zu einem wirtschaftlichen Geschäftsbetrieb, aber umsatzsteuerlich zur ermäßigten Umsatzsteuer führt, ist eine Frage des konkreten Sachverhaltes im Einzelfall. Aus umsatzsteuerlicher Sicht ist jedenfalls wesentlich, ob ein Leistungsaustausch (Gegenseitigkeitsverhältnis) zwischen Sponsor und Stiftung vorliegt.[350]

Nach der **strengen Rechtsprechung des BFH**[351] genügt für die Begründung einer steuerschädlichen wirtschaftlichen Betätigung einer gemeinnützigen Organisation bereits, dass sie dem Sponsor die Vorstellung seiner Produkte und die Werbung für sie auf ihren Veranstaltungen lediglich ermöglicht. Dem soll nicht 202

344 Siehe *Buchna/Leichinger/Seeger/Brox*, S. 344 ff. zu der hier im Einzelfall besonders schwierigen Abgrenzung von steuerfreier Vermögensverwaltung und steuerpflichtigem wirtschaftlichen Geschäftsbetrieb.

345 BFH BStBl II 2008, 949.

346 AEAO Nr. 9 zu § 67a AO; siehe auch BFH BStBl II 2008, 949.

347 BFH BStBl II 2008, 949.

348 *Buchna/Leichinger/Seeger/Brox*, S. 950.

349 *Buchna/Leichinger/Seeger/Brox*, S. 952.

350 *Buchna/Leichinger/Seeger/Brox*, S. 950.

351 BFH BB 2008, 879.

entgegenstehen, dass die gemeinnützige Organisation z.B. über die Überlassung eines Informationsstands bei ihren Veranstaltungen hinaus keine weiteren Tätigkeiten für den Sponsor erbringt. Der BFH kommt ausdrücklich zu dem Ergebnis, dass auch ein Dulden von Werbung Gegenstand eines steuerpflichtigen wirtschaftlichen Geschäftsbetriebs sein kann. Sponsorengelder, die ein gemeinnütziger Sportverein auf die dargestellte Art und Weise erhält, sind dementsprechend körperschaftsteuerpflichtig. Zugleich sind die Gegenleistungen mit dem regulären (19 %) und nicht dem ermäßigten Umsatzsteuersatz von nur 7 % zu versteuern.

203 **Praxishinweis: Duldung von Werbeleistungen**

Die bloße Duldung von Werbeleistungen durch eine gemeinnützige Organisation kann im Einzelfall bereits zur Begründung eines steuerpflichtigen wirtschaftlichen Geschäftsbetriebes führen, mit der Folge, dass dann der Regelsatz der Umsatzsteuer von 19 % anfällt.

Die Entscheidung des BFH aus 2007 zeigt deutlich, dass die Erbringung von Werbeleistungen im Rahmen des Sponsorings einer gemeinnützigen Organisation steuerlich ausgesprochen problembehaftet ist. Der Spielraum für die Vereinbarung von Duldungsleistungen im Rahmen von Sponsoring-Aktivitäten wird damit erheblich verkleinert und birgt für gemeinnützige Organisationen erhebliche umsatz- und ertragsteuerliche Risiken.

204 Mit dem Ziel, für mehr Klarheit hinsichtlich der Einordnung bloßer Hinweise auf den Sponsor i.S.d. AEAO Nr. 10 zu § 64 Abs. 1 AO zu sorgen, hat das BMF unter dem 13.11.2012 ein Schreiben zur **umsatzsteuerrechtlichen Behandlung des Sponsorings aus der Sicht des Zuwendungsempfängers** verfasst.[352] Danach gilt für den Empfänger der vom Sponsor gewährten Zuwendung in Geld oder in geldwerten Vorteilen Folgendes:

Die Besteuerung einer Lieferung oder sonstigen Leistung als Umsatz gegen Entgelt nach § 1 Abs. 1 Nr. 1 S. 1 UStG setzt das Bestehen eines unmittelbaren Zusammenhangs zwischen der erbrachten Leistung und dem empfangenen Gegenwert voraus. Der Leistungsempfänger muss identifizierbar sein; er muss einen Vorteil erhalten, der einen Kostenfaktor in seiner Tätigkeit bilden könnte und damit zu einem Verbrauch im Sinne des gemeinsamen Mehrwertsteuerrechts führt.[353] Mit der bloßen Nennung des Sponsors – ohne besondere Hervorhebung – wird diesem vom Zuwendungsempfänger weder ein verbrauchsfähiger Vorteil gewährt, noch werden ihm Kosten erspart, die er sonst hätte aufwenden müssen.

---

352 BMF-Schreiben v. 13.11.2012 – IV D 2 – S 7100/08/10007:003, DStR 2012, 2339 = BStBl I 2012, 1169; näher dazu *Weisheit*, StiftungsBrief 2013, 7.

353 Vgl. BFH, Urt. v. 21.4.2005 – V R 11/03, BStBl II 2007, 63; BFH, Urt. v. 27.2.2008 – XI R 50/07, BStBl II 2009, 426; BFH, Urt. v. 18.12.2008 – V R 38/06, BStBl II 2009, 749.

Ausgehend davon ist nach dem BMF-Schreiben der Umsatzsteuer-Anwendungserlass unter Bezugnahme auf das Ergebnis der Erörterungen mit den obersten Finanzbehörden der Länder im Abschnitt 1.1 des Erlasses wie folgt durch Anfügung eines Abs. 23 geändert worden:

„Weist der Empfänger von Zuwendungen aus einem Sponsoringvertrag auf Plakaten, in Veranstaltungshinweisen, in Ausstellungskatalogen, auf seiner Internetseite oder in anderer Weise auf die Unterstützung durch den Sponsor lediglich hin, erbringt er insoweit keine Leistung im Rahmen eines Leistungsaustausches. Dieser Hinweis kann unter Verwendung des Namens, Emblems oder Logos des Sponsors, jedoch ohne besondere Hervorhebung oder Verlinkung zu dessen Internetseiten, erfolgen."

Zur **umsatzsteuerrechtlichen Behandlung des Sponsorings aus der Sicht des Sponsors** gilt nach dem entsprechenden BMF-Schreiben vom 25.7.2014[354] ergänzend Folgendes: 205

„Weist umgekehrt der Sponsor auf Plakaten, in Veranstaltungshinweisen, auf seiner Internetseite oder in anderer Weise auf seine Unterstützung ohne besondere Hervorhebung lediglich hin, liegt ebenfalls kein Leistungsaustauschverhältnis vor. Von einem zu vernachlässigenden Hinweis i.d.S. kann jedoch nicht ausgegangen werden, sofern dem Sponsor das ausdrückliche Recht eingeräumt wird, die Sponsoringmaßnahme im Rahmen eigener Werbung zu vermarkten."

Unter Bezugnahme auf das Ergebnis der Erörterungen mit den obersten Finanzbehörden der Länder wurden im Umsatzsteuer-Anwendungserlass in Abschnitt 1.1 Abs. 23 nach Satz 2 die folgenden Sätze 3 und 4 angefügt:

„Dies gilt auch, wenn der Sponsor auf seine Unterstützung in gleicher Art und Weise lediglich hinweist. Dagegen ist von einer Leistung des Zuwendungsempfängers an den Sponsor auszugehen, wenn dem Sponsor das ausdrückliche Recht eingeräumt wird, die Sponsoringmaßnahme im Rahmen eigener Werbung zu vermarkten."

2. Vorsteuerabzug?

Nach § 1 Abs. 1 Nr. 1 UStG unterliegen Lieferungen und sonstige Leistungen, die ein Unternehmer im Inland gegen Entgelt im Rahmen seines Unternehmens ausführt, der Umsatzsteuer. Unternehmer ist nach § 2 Abs. 1 S. 1 UStG, wer eine gewerbliche oder berufliche Tätigkeit selbstständig ausübt. Gewerblich oder beruflich ist jede nachhaltige Tätigkeit zur Erzielung von Einnahmen (§ 2 Abs. 1 206

354 BMF-Schreiben v. 25.7.2014 – IV D 2 – S 7100/08/10007:003, ZStV 2014, 187; näher dazu *Werner*, ZStV 2014, 188. Siehe auch *Fritz*, Stiftung & Sponsoring 5/2014, 32, zu den dennoch verbliebenen Fragen.

S. 3 UStG). Nach § 15 Abs. 1 Nr. 1 S. 1 UStG kann der Unternehmer die in Rechnungen i.S.d. § 14 UStG gesondert ausgewiesene (geschuldete) Steuer für Lieferungen und sonstige Leistungen, die von anderen Unternehmern für sein Unternehmen ausgeführt worden sind, als **Vorsteuer** abziehen. Das ist beim Sponsoring im ideellen Bereich jedoch grundsätzlich nicht der Fall, wie ein gut begründetes Urteil des FG Baden-Württemberg aus 2010 zeigt.

207 **Praxisrelevante Rechtsprechung: FG Baden-Württemberg, Urt. v. 29.3.2010 – 9 K 115/06: Kein Vorsteuerabzug für Fahrzeuge im ideellen Bereich**

In einem „Sponsoring-Vertrag" hatte sich in dem vom FG Baden-Württemberg zu entscheidenden Fall[355] ein gemeinnütziger Verein verpflichtet, auf Sport- und Freizeitkleidung den Schriftzug eines Unternehmens anzubringen. Die Sportler des Vereins mussten bei Siegerehrungen und bei weiteren Terminen diese Kleidung tragen. Der Sponsoring-Partner erhielt das Recht, mit den Sportlern PR-Termine zu veranstalten. Er durfte an der Wettkampfstätte mit Werbebande für sein Unternehmen werben. Er wurde in Publikationen als Hauptsponsor genannt. Als Sponsoringleistung stellte der betreffende Automobilproduzent dem Verein 30 Kfz völlig kostenlos zur Verfügung, die der für den Spielbetrieb nutzte.

Nach Ansicht des FG handelt es sich bei den „Werbeleistungen" um einen tauschähnlichen Umsatz. Es liege nur dann kein wirtschaftlicher Geschäftsbetrieb vor, wenn die steuerbegünstigte Körperschaft für Zuwendungen zur Unterstützung ihrer Tätigkeit allein die Nutzung ihres Namens dulde oder sich darauf beschränke, ohne besondere Hervorhebung auf die Unterstützung durch einen Unternehmer auf Plakaten, in Veranstaltungen, Bekanntmachungen oder Katalogen hinzuweisen. Eine darüber hinausgehende aktive Tätigkeit begründe einen wirtschaftlichen Geschäftsbetrieb (siehe Rdn 105 ff.). Der Verein habe sich u.a. verpflichtet, „einen bunten Strauß von Einzelmaßnahmen" durchzuführen (Tragen bedruckter Trainings-/Freizeitkleidung, Verkaufsunterstützung bei Verkaufsförderaktionen, Anbringung von Werbeanlagen, Platzierung von Werbespots, Gestellung von Ehrenkarten usw.). Damit scheide für diesen wirtschaftlichen Geschäftsbetrieb die Einstufung als Zweckbetrieb aus. Folglich greife nicht der Umsatzsteuersatz von 7 % nach § 12 Abs. 2 Nr. 8 lit. a UStG, sondern der allgemeine Steuersatz von 19 %.

Die Vorsteuer aus Rechnungen des Unternehmens konnte der Verein nach Ansicht des FG aber gleichwohl ziehen, da die erhaltenen Sach- und Dienstleistungen im ideellen Bereich des Vereins genutzt werden. Dabei spiele es keine Rolle, dass an den Fahrzeugen die Werbung des Automobilherstellers angebracht war, denn die Kfz wurden für Fahrten zum Training, zum Wettkampf, zum Arbeitsplatz oder zum Schul- bzw. Studienort usw. genutzt. Den

355 FG Baden-Württemberg, Urt. v. 29.3.2010 – 9 K 115/06, ZStV 2010, 226.

Nachweis, dass die Kfz tatsächlich nur als Werbeträger eingesetzt wurden, konnte der Verein nicht erbringen.

Da aus seiner Sicht keiner der in § 115 Abs. 2 FGO normierten Revisionszulassungsgründe ersichtlich gewesen ist, hat das Gericht gegen das Urteil die Revision zum BFH nicht zugelassen. Der BFH habe sich insbesondere in seinen Urteilen vom 15.7.1993[356] und vom 4.9.2008[357] dazu geäußert, inwieweit ein Vorsteuerabzug bei der Erzielung von Werbeeinnahmen mit Fahrzeugen möglich ist.

IV. Hinweise zur Gestaltung eines Sponsoringvertrages

Aus der steuerlichen Sicht des Gesponserten ist regelmäßig eine Ausgestaltung 208
des Vertrags vorzuziehen, der zufolge er die kommunikativen Maßnahmen des Sponsors lediglich duldet oder allenfalls in diese einwilligt, nicht aber aktiv an der Erreichung der kommunikativen Ziele des Sponsors mitwirkt.[358] Dabei ist allerdings in der Praxis bedauerlicherweise nach wie vor nicht wirklich klar geworden, was unter „aktivem Mitwirken" zu verstehen ist.[359] Außerdem ist aufgrund der oben angesprochenen neueren Rechtsprechung des BFH **auch bei der Vereinbarung von bloßen Duldungsleistungen** äußerste Vorsicht geboten. Das und die unterschiedliche Interessenlage von Sponsor und Gesponserten stellen die beratende Praxis vor nicht unerhebliche Schwierigkeiten.

Für die umsatzsteuerliche Einordnung von Werbeleistungen beim Sponsoring 209
gibt es keine **Standardlösung.**[360] Die Parteien des Sponsoringvertrags sollten sich der grundsätzlichen steuerlichen Problematik des Sponsorings bewusst sein und den Vertrag – auch aus steuerlicher Sicht – den Umständen des Einzelfalls anpassen.

Im Fallbeispiel (siehe Rdn 184) drängt das sponsernde Unternehmen darauf, 210
dass die gemeinnützige GmbH das gesponserte Projekt in der Öffentlichkeit umfassend kommuniziert und dabei die Förderung durch den Sponsor besonders hervorhebt. Mit einer solchen weitgehenden Verpflichtung der gemeinnützigen GmbH zur Durchführung von Werbeleistungen zugunsten des Sponsors wäre die Grenze zwischen einer bloßen Duldungsleistung hin zur aktiven Werbeleistung (= aktives Mitwirken bei der Werbung) wohl überschritten. Die von der gemeinnützigen GmbH zu erbringenden Werbeleistungen würden zu Umsätzen

356 BFH, Urt. v. 15.7.1993 – V R 61/89, BStBl II 1993, 810 ff.

357 BFH, Urt. v. 4.9.2008 – V R 10/06, BFH/NV 2009, 230 ff.

358 Dazu ausführlich *Poser/Backes*, Sponsoringvertrag, S. 78.

359 Siehe *Hegemann/Klinkertz*, Steuerfallen beim Kultursponsoring, Handelsblatt v. 28.3.2008, S. K 1.

360 Praxisbeispiele und „Musterformulierungen" bringen z.B. *Ehlers/Schmidt/Korfmann/Melzer/Klöck/Brixius*, Rote Seiten zu Stiftung & Sponsoring 6/2013, 13 ff.

im Rahmen eines steuerschädlichen wirtschaftlichen Geschäftsbetriebs führen, die dem allgemeinen Steuersatz von derzeit 19 % unterliegen.

211 Der insoweit bestehende steuerliche Interessenkonflikt zwischen Sponsor und Gesponsertem lässt sich am ehesten vermeiden, wenn sich der Sponsor das Recht einräumen lässt, mit dem Namen der gesponserten Körperschaft zu werben und die Werbung selbst betreibt.[361]

212 Darüber hinaus bestand, wie dargelegt, früher die Möglichkeit, dass der Gesponserte eine bloße Duldungsleistung erbringt, die ohne besondere Hervorhebung des Sponsors oder Nennung von Werbebotschaften lediglich zur Belastung mit dem ermäßigten Steuersatz von derzeit 7 % führen würde. Dabei war jedoch schon damals, ebenso wie beim Begriff des „aktiven Mitwirkens“, letztlich unklar, was unter einem „deutlichen Hervorheben“ zu verstehen ist.[362] Aufgrund der oben dargelegten Rechtsprechung des BFH aus dem Jahr 2007 ist der Weg des Sponsorings über Duldungsleistungen nunmehr aber mit dem erheblichen Risiko verbunden, dass der niedrigere Umsatzsteuersatz auch durch Duldungsleistungen insoweit verloren geht.

213 Nach wie vor kommen wir leider zu der **Bewertung**, dass die umsatzsteuerliche Einordnung von Werbeleistungen beim Sponsoring einer Nonprofit-Organisation in der Praxis nach wie vor problemträchtig ist und vorerst auch bleibt. Unsicherheiten ergeben sich nicht zuletzt daraus, dass bisher nicht klar geworden ist, was im Einzelnen unter „aktivem Mitwirken“ bei Werbemaßnahmen oder der „deutlichen Hervorhebung“ im Rahmen von Duldungsleistungen zu verstehen ist. Hinzu kommt die Rechtsprechung des BFH aus dem Jahr 2007, die den Spielraum für die Vereinbarung von Duldungsleistungen im Rahmen von Sponsoring-Aktivitäten nochmals erheblich einschränkt. Vor diesem Hintergrund bleibt zu fordern, dass Finanzverwaltung und Rechtsprechung alsbald zu einer präzisen und deutlichen Formulierung der Begriffe und einer einheitlichen Anwendung in der Praxis finden.

H. Das Erfordernis der Unmittelbarkeit und wesentliche Ausnahmen

I. Das Gebot der Unmittelbarkeit

214 Nach § 51 Abs. 1 S. 1 AO ist Voraussetzung für eine Steuervergünstigung wegen Gemeinnützigkeit, dass die betreffende Körperschaft ausschließlich und unmittelbar gemeinnützige, mildtätige oder kirchliche Zwecke (steuerbegünstigte Zwecke) verfolgt. § 57 Abs. 1 AO normiert das gemeinnützigkeitsrechtliche Erforder-

361 Siehe dazu *Thiel*, DB 1998, 842, 846.

362 Siehe *Hegemann/Klinkertz*, Steuerfallen beim Kultursponsoring, Handelsblatt v. 28.3.2008, S. K 1.

nis der Unmittelbarkeit:[363] Eine Körperschaft verfolgt unmittelbar ihre steuerbegünstigten satzungsmäßigen Zwecke, wenn sie selbst diese Zwecke verwirklicht. § 57 Abs. 1 AO postuliert also das Erfordernis der Selbstverwirklichung der Zwecke durch die Körperschaft (hier: Stiftung). § 57 AO regelt jedoch auch eine Reihe von Ausnahmetatbeständen, die das strenge Gebot der Unmittelbarkeit im Hinblick auf entsprechende Praxiserfordernisse lockern. Dazu zählen insbesondere der Einsatz von Hilfspersonen (§ 57 Abs. 1 S. 2 AO), Kooperationen (§ 57 Abs. 3 AO) und Konzernstrukturen (§ 57 Abs. 4 AO). Zudem betreffen auch die Nrn. 1, 3, 4 und 5 der in der „Sammelvorschrift" des § 58 AO zu steuerlich unschädlichen Betätigungen geregelten Tatbestände Ausnahmen vom Unmittelbarkeitsgrundsatz,[364] wobei insbesondere die Mittelzuwendung nach § 58 Nr. 1 AO von hoher praktischer Relevanz ist.

II. Hilfspersonen (§ 57 Abs. 1 S. 2 AO)

Das **Gebot der Unmittelbarkeit** gem. § 57 Abs. 1 S. 2 AO ist auch dann erfüllt, 215
wenn sich die steuerbegünstigte Körperschaft einer gemeinnützigen oder auch nicht gemeinnützigen **Hilfsperson** bedient.[365] Dafür ist dann erforderlich, dass nach den Umständen des Falles, insbesondere nach den rechtlichen und tatsächlichen Beziehungen, die zwischen der steuerbegünstigten Körperschaft und der Hilfsperson bestehen, das Wirken der Hilfsperson wie eigenes Wirken der Körperschaft anzusehen ist, d.h. die Hilfsperson nach den Weisungen der Körperschaft einen konkreten **entgeltlichen** Auftrag ausführt. Hilfspersonen können natürliche Personen, Personenvereinigungen oder juristische Personen sein, wie der AEAO betont. Im Innenverhältnis muss die Hilfsperson an die Weisungen der Körperschaft gebunden sein.[366] Die steuerbegünstigte Körperschaft hat durch Vorlage entsprechender Vereinbarungen nachzuweisen, dass sie den **Inhalt und den Umfang der Tätigkeit der Hilfsperson bestimmen** kann.[367] Als Vertragsformen kommen z.B. Arbeits-, Dienst- oder Werkverträge in Betracht, aber Vorsicht: Der Teufel steckt hier einmal mehr im Detail. Die Tätigkeit der Hilfsperson muss zudem den Satzungsbestimmungen der Körperschaft entsprechen, die nachzuweisen hat, dass sie die Hilfsperson überwacht. Die Körperschaft hat die weisungsgemäße Verwendung der Mittel sicherzustellen.

Die eingeschaltete Hilfsperson kann – muss aber nicht – selbst steuerbegünstigt 216
sein. Aus Sicht einer steuerbegünstigten Hilfsperson wird deren eigene Steuerbegünstigung durch die Hilfspersonentätigkeit nicht ausgeschlossen, wenn sie mit

363 Ausf. zum Unmittelbarkeitsgebot etwa: *Schunk*, Kooperationen zwischen gemeinnützigen Körperschaften und das Unmittelbarkeitsgebot nach § 57 AO, Diss. 2014, S. 18 ff.

364 *Hüttemann*, Gemeinnützigkeitsrecht und Spendenrecht, Rn 4.95.

365 Siehe nur *Buchna/Leichinger/Seeger/Brox*, S. 220 ff.

366 Siehe etwa *Hüttemann*, Gemeinnützigkeitsrecht und Spendenrecht, Rn 4.50 ff. m.w.N.

367 AEAO Nr. 2 zu § 57 Abs. 1 AO.

ihrer Hilfspersonentätigkeit nicht nur die steuerbegünstigte Tätigkeit einer anderen Körperschaft unterstützt, sondern zugleich eigene steuerbegünstigte Satzungszwecke verfolgt und ihren Beitrag im Außenverhältnis selbstständig und eigenverantwortlich erbringt.[368] Eine bloße finanzielle, sachliche oder organisatorische Unterstützung, die in der Praxis insbesondere bei der Zusammenarbeit von steuerbegünstigten Einrichtungen mit gleichen oder ähnlichen Zwecksetzungen häufiger vorkommt, soll für deren Einschaltung als Hilfsperson i.d.R. nicht ausreichen.[369]

217 Zur **Beweissicherung** schlägt beispielsweise die OFD Frankfurt/M. vor,[370] im Vorhinein eine schriftliche Vereinbarung mit der Hilfsperson zu treffen und darin genau festzulegen,

- welche Erfolge und/oder Tätigkeiten die Hilfsperson zu bewirken und/oder auszuführen hat.
  Die steuerbegünstigte Körperschaft muss jederzeit rechtlich und tatsächlich auf die Tätigkeiten der Hilfsperson einwirken können. Dieses Erfordernis ist beispielsweise erfüllt, wenn die Hilfsperson zur Durchführung bestimmter Maßnahmen nur im Namen und für Rechnung des steuerbegünstigten „Auftraggebers" tätig werden kann;
- wie über die Verwendung der hierfür vorgesehenen Mittel (turnusmäßig) Rechnung zu legen ist.
  Der Hilfsperson sind in der Praxis klare und eindeutige Auflagen hinsichtlich der Durchführung der entsprechenden Maßnahmen und der dabei zu verwendenden Mittel zu machen;
- und wie über die entfalteten Tätigkeiten Bericht zu erstatten ist.
  Die Hilfsperson ist zumindest zu verpflichten, zu bestimmten Zeiten Rechenschaft über die Aktivitäten und die verwendeten Mittel abzulegen.[371]

218 Die Hilfspersonen brauchen nicht Organe, Angestellte oder sonstige Hilfskräfte der steuerbegünstigten Körperschaft zu sein. Die steuerbegünstigte Körperschaft muss aber jederzeit rechtlich und tatsächlich auf die Tätigkeiten der Hilfsperson einwirken können. Dieses Erfordernis ist beispielsweise erfüllt, wenn die Hilfsperson zur Durchführung bestimmter Maßnahmen nur im Namen und für Rechnung des steuerbegünstigten „Auftraggebers" tätig werden kann. Der Hilfsperson sind in der Praxis **klare und eindeutige Auflagen** hinsichtlich der Durchführung der entsprechenden Maßnahmen und der dabei zu verwendenden Mittel zu machen. Außerdem ist eine Hilfsperson zu verpflichten, zu bestimmten Zeiten **Rechenschaft** über die Aktivitäten und die verwendeten Mittel abzulegen.

---

368 AEAO Nr. 2 zu § 57 Abs. 1 AO a.E.

369 *Hüttemann*, Gemeinnützigkeitsrecht und Spendenrecht, Rn 4.53 ff.

370 OFD Frankfurt DB 1997, 1745; ein Formulierungsbeispiel für einen ausdrücklichen „Hilfspersonenvertrag" findet sich bei *Berg*, FuS 2013, 227, 229.

371 Siehe schon BFH BStBl III 1958, 170.

Beispiel für die Tätigkeit als Hilfsperson: (entgeltliches) Führen einer Krankenanstalt durch eine „fremde“ Person, wenn eine unmittelbare Einwirkung auf diese durch die übertragende Körperschaft besteht.[372]

Will die steuerbegünstigte Stiftung oder sonstige Körperschaft ihre Zwecke (auch) durch Hilfspersonen i.S.d. § 57 Abs. 1 S. 2 AO verwirklichen, sollte sie das in ihrer Satzung deutlich zum Ausdruck bringen: 219

> **Formulierungsbeispiel: Stiftungssatzungsklausel zum Hilfspersoneneinsatz**
>
> „Die Stiftung darf sich zur Erfüllung ihrer Aufgaben Hilfspersonen i.S.d. § 57 Abs. 1 S. 2 AO bedienen, soweit sie die Aufgaben nicht selbst wahrnimmt. Die rechtlichen und tatsächlichen Beziehungen zu solchen Hilfspersonen wird die Stiftung jeweils so ausgestalten, dass das Wirken der Hilfspersonen auch steuerlich wie eigenes Wirken der Stiftung anzusehen ist.“

III. Kooperationen und Konzernstrukturen (§ 57 Abs. 3, Abs. 4 AO)

Die Tatbestände des § 57 Abs. 3 und Abs. 4 AO wurden als zusätzliche Ausnahmen von dem Gebot der Unmittelbarkeit erst mit dem Jahressteuergesetz 2020 eingeführt. Hintergrund war die Absicht, für die Praxis Erleichterungen bei der arbeitsteiligen Zusammenarbeit von Körperschaften zur gemeinsamen (steuerbegünstigten) Zweckverwirklichung zu schaffen, die nach der bestehenden Hilfspersonenregelung (siehe Rdn 215 ff.) nicht oder nur eingeschränkt erfasst werden konnten.[373] 220

Nach **§ 57 Abs. 3 AO** verfolgt eine Körperschaft ihre steuerbegünstigten Zwecke auch dann unmittelbar i.S.d. § 57 Abs. 1 S. 1 AO, wenn sie satzungsgemäß durch planmäßiges Zusammenwirken mit mindestens einer weiteren Körperschaft, die im Übrigen die Voraussetzungen der §§ 51 bis 68 AO erfüllt, einen steuerbegünstigten Zweck verwirklicht. Die §§ 14 sowie 65 bis 68 AO sind dann mit der Maßgabe anzuwenden, dass für das Vorliegen der Eigenschaft als Zweckbetrieb bei der jeweiligen Körperschaft die Tätigkeiten der so zusammenwirkenden Körperschaften zusammenzufassen sind. 221

Der Anwendungsbereich der Vorschrift erfasst grundsätzlich eine Vielzahl denkbarer Kooperationen gemeinnütziger Körperschaften. Vom Anwendungsbereich des § 57 Abs. 3 AO nicht erfasst sind allerdings – anders als bei der Mittelweitergabe nach § 58 Nr. 1 AO – juristische Personen des öffentlichen Rechts, die im hoheitlichen Bereich steuerbegünstigte Zwecke verwirklichen.[374] Auf die mitun-

372 BFH BStBl III 1958, 170.

373 Näher dazu *Seeger/Kurz/Grummann/Roller/Imberg*, Die Reform des Gemeinnützigkeitsrechts, 2. Aufl. 2022, S. 19 ff.

374 BFH, Urt. v. 20.11.2025 – V R 23/23.

ter noch nicht abschließend geklärten und komplexen Details kann an dieser Stelle nicht im Einzelnen eingegangen werden.[375]

Ein Hauptaugenmerk liegt auf der gemeinnützigkeitsrechtlichen Behandlung sog. „Servicekörperschaften". Die Gesetzesbegründung zum Jahressteuergesetz 2020[376] nennt hier als Beispiel die ausgegliederte Wäscherei-GmbH, die ihre Leistungen für eine steuerbegünstigte Körperschaft erbringt, die ein Krankenhaus i.S.d. § 67 AO betreibt. Nach vorheriger Rechtslage war wegen des Unmittelbarkeitsgrundsatzes eine eigene Steuerbegünstigung der Wäscherei-GmbH ausgeschlossen. Liegen nunmehr die Voraussetzungen des § 57 Abs. 3 AO vor, ermöglicht dies auch die Steuerbegünstigung der Wäscherei-(g)GmbH.

222 Für Schwierigkeiten in der Praxis sorgt im Zusammenhang mit § 57 Abs. 3 AO allerdings das aus dem Wortlaut der Vorschrift („*... wenn sie satzungsgemäß ...*") hergeleitete Satzungserfordernis.[377] Nach dem AEAO Nr. 8 Abs. 1 zu § 57 Abs. 3 AO muss nicht nur das Zusammenwirken mit anderen Körperschaften abstrakt als Art der Zweckverwirklichung in der Satzung festgehalten sein, sondern es müssen auch die Körperschaften, mit denen kooperiert wird, und die Art und Weise der Kooperation „in den Satzungen der Beteiligten bezeichnet werden".

Das in dem AEAO formulierte „doppelte Satzungserfordernis", also auch eine Benennung des Kooperationspartners in der leistungsempfangenden Körperschaft, findet tatsächlich keine Stütze im Gesetz, was bereits durch erste finanzgerichtliche Rechtsprechung bestätigt wurde.[378]

Aber auch die in der Satzung der leistungserbringenden Körperschaft geforderte Bezeichnung der Körperschaften, mit denen kooperiert wird, erschwert ersichtlich unnötig die Kooperationen mit wechselnden Partnern.[379] Gerade bei Stiftungen führt dies zu erheblichen praktischen Schwierigkeiten, da sich eben eine Stiftungssatzung, schon aufgrund des Genehmigungserfordernisses durch die Stiftungsbehörde, nicht so einfach und zeitnah ändern lässt (siehe § 4 Rdn 53 ff.). Zwar sieht der AEAO Nr. 8 zu § 57 Abs. 3 AO in Abs. 2 eine gewisse Einschränkung vor, wonach es bei mehreren Kooperationspartnern genügen soll, wenn diese anhand der Satzung konkret nachvollziehbar sind, beispielsweise bei einer

---

375 Siehe ausf. etwa *Seeger/Kurz/Grummann/Roller/Imberg*, Die Reform des Gemeinnützigkeitsrechts, 2. Aufl. 2022, S. 30 ff.; *Hüttemann*, Gemeinnützigkeitsrecht und Spendenrecht, Rn 4.70 ff.; *Jakobs*, StiftungsBrief 2023, 60; *dies.*, StiftungsBrief 2023, 73; *Uhl*, StiftungsBrief 2021, 54.

376 BT-Drucks 19/25160, 202.

377 *Hüttemann*, Gemeinnützigkeitsrecht und Spendenrecht, Rn 4.72 ff.

378 FG Hamburg, Urt. v. 26.9.2023 – 5 K 11/23 (Rev., Az BFH: V R 22/23); siehe auch *Hüttemann*, Gemeinnützigkeitsrecht und Spendenrecht, Rn 4.72 m.w.N; *Pfeffer*, StiftungsBrief 2023, 235.

379 Siehe auch *Hüttemann/Schauhoff*, DB 2021, 2580.

Kooperation innerhalb eines Konzern- oder Unternehmensverbundes durch Bezeichnung des Konzerns oder des Unternehmensverbundes. Eine namentliche Benennung der einzelnen Kooperationspartner muss sich dann aus einer Aufstellung ergeben, die der Finanzverwaltung bei Beginn der Kooperation und bei Änderung der Kooperationspartner zusätzlich zur Satzung vorzulegen ist. Diese in erster Linie auf Kooperationspartner innerhalb eines Verbundes von Körperschaften zielende Regelung dürfte allerdings nicht in allen Fällen die gewünschte Erleichterung schaffen,[380] zumal die Finanzverwaltung nach bisherigen Erfahrungen (noch) zu einer engen Auslegung der Vorgaben neigt.

Zu beachten ist, dass die Regelung des § 57 Abs. 3 AO nach einem Vorlagebeschluss des BFH an den EuGH vom 22.5.2025[381] noch auf dem europarechtlichen Prüfstand steht. Es geht dabei um die Frage, ob die nach der Vorschrift möglichen steuerlichen Vergünstigungen von Servicekörperschaften eine gegenüber dem bisherigen Recht neue Beihilferegelung i.S.d. Art. 108 Abs. 3 AEUV darstellen. Das Ergebnis ist abzuwarten. 223

Mit der Zielsetzung einer Vereinfachung für die Praxis verfolgt schließlich nach **§ 57 Abs. 4 AO** eine Körperschaft ihre steuerbegünstigten Zwecke auch dann unmittelbar i.S.d. § 57 Abs. 1 S. 1 AO, wenn sie ausschließlich Anteile an steuerbegünstigten Kapitalgesellschaften hält und verwaltet.[382] 224

Die ebenfalls mit dem Jahressteuergesetz 2020 neu eingeführte Vorschrift ermöglicht damit im Gegensatz zur vorherigen Rechtslage in weitem Umfang die gemeinnützigkeitsrechtliche Anerkennung von reinen Holdingkörperschaften.[383]

IV. Mittelzuwendung nach § 58 Nr. 1 AO (Förderkörperschaften)

Nach § 58 Nr. 1 AO wird die Steuerbegünstigung nicht dadurch ausgeschlossen, dass eine Körperschaft einer anderen (steuerbegünstigten) Körperschaft oder einer juristischen Person des öffentlichen Rechts Mittel für die Verwirklichung steuerbegünstigter Zwecke zuwendet.[384] 225

Die Vorschrift betrifft damit Fälle, in denen eine steuerbegünstigte Körperschaft ihre Zwecke nicht durch eigene Projekte und Maßnahmen, sondern ganz oder teilweise durch die Weitergabe von Mitteln (meistens: „Geld") für die Verwirklichung steuerbegünstigter Zwecke anderer Organisationen verwirklicht. Die Vorschrift hat ganz erhebliche praktische Relevanz, sind doch viele Stiftungen und

380 Vgl. NK-GemnR/*Hakert*, 3. Aufl. 2024, § 57 AO Rn 105.

381 Az: V R 22/23.

382 Ausf. *Seeger/Kurz/Grummann/Roller/Imberg*, Die Reform des Gemeinnützigkeitsrechts, 2. Aufl. 2022, S. 64 ff.; *Uhl*, StiftungsBrief 2021, 68. Zur Überführung gemeinnütziger Körperschaften in neue Trägerschaften *Werner/Weber*, BB 2025, 2504.

383 Siehe auch *Hüttemann*, Gemeinnützigkeitsrecht und Spendenrecht, Rn 4.85 ff.

384 Siehe dazu etwa *Kraus/Görmar*, StiftungsBrief 2024, 183.

andere steuerbegünstigte Körperschaften mindestens teilweise in diesem Sinne fördernd für andere tätig.

226 Nach dem Jahressteuergesetz 2020 wurden dazu die bisherigen Nrn. 1 und 2 des § 58 AO zu einem einheitlichen Tatbestand der Mittelzuwendung in § 58 Nr. 1 AO zusammengefasst.[385] § 58 Nr. 2 AO wurde aufgehoben. Damit sind die bisherigen Abgrenzungsschwierigkeiten im Hinblick auf eine vollständige (§ 58 Nr. 1 AO a.F.) oder nur teilweise Mittelweitergabe (§ 58 Nr. 2 AO a.F.) glücklicherweise entfallen, was für erheblich mehr Klarheit in der Praxis sorgt.

227 Geklärt wurde damit auch der frühere Meinungsstreit, ob es sich bei der Mittelweitergabe um einen eigenständigen steuerbegünstigten Zweck handelt.[386] Nach § 58 Nr. 1 S. 4 AO ist klargestellt, dass es sich bei der Mittelweitergabe um eine Art der Zweckverwirklichung handelt. Nach der Vorschrift ist diese Art der Zweckverwirklichung nur dann zwingend in der Satzung anzugeben, wenn die Körperschaft die Mittelweitergabe als **einzige Art der Zweckverwirklichung** beabsichtigt (reine „Förderkörperschaft"). In der Praxis empfiehlt es sich aber dennoch häufig, auch bei nur teilweise geplanten Förderaktivitäten eine ausdrückliche Satzungsregelung zu treffen.

228 Nach AEAO Nr. 2 zu § 58 Nr. 1 AO kommen als Mittelempfänger in Betracht:
- inländische steuerbegünstigte Körperschaften,
- in § 5 Abs. 2 Nr. 2 KStG aufgeführte Körperschaften (beschränkt steuerpflichtige Körperschaften aus EU-/EWR-Staaten),
- inländische und ausländische juristische Personen des öffentlichen Rechts,
- ausländische Körperschaften, die nicht beschränkt steuerpflichtig sind, bei denen die spätere Verwendung der Mittel für steuerbegünstigte Zwecke ausreichend nachgewiesen wird, und
- beschränkt steuerpflichtige Körperschaften aus Nicht-EU-/EWR-Staaten, bei denen die spätere Verwendung der Mittel für steuerbegünstigte Zwecke ausreichend nachgewiesen wird.

229 Nach der steuerrechtlichen Vorschrift des § 58 Nr. 1 AO müssen die Zwecke der hingebenden und der empfangenden Körperschaft nicht zwingend identisch sein. So kann beispielsweise eine gemeinnützige Stiftung, die nach ihrer Satzung allein den Sport fördert, auch Mittel an eine steuerbegünstigte Körperschaft mit dem Zweck der Kulturförderung weitergeben.[387] Das betrifft allerdings **allein die steuerrechtliche Sichtweise**! Diese entbindet die Stiftungsorgane nicht von den zivilrechtlichen Bindungen durch die Stiftungssatzung und den dort niedergelegten Stifterwillen. Wenn sich aus der Satzung nicht ausnahmsweise etwas anderes ergibt, wird nämlich regelmäßig der Satzungszweck der Sportförderung die Mit-

385 *Seeger/Kurz/Grummann/Roller/Imberg*, Die Reform des Gemeinnützigkeitsrechts, 2. Aufl. 2022, S. 70 ff.

386 Vgl. *Hüttemann*, Gemeinnützigkeitsrecht und Spendenrecht, Rn 4.97.

387 AEAO Nr. 3 zu § 58 Nr. 1 AO.

telverwendung insoweit vorgeben und eben keine Mittelverwendung für die Kulturförderung zulassen. Mit anderen Worten: Das steuerrechtliche „Können“ und das zivilrechtliche „Dürfen“ fallen in diesem Fall auseinander.[388] Setzen sich Stiftungsorganmitglieder darüber hinweg, stehen neben Schadensersatzansprüchen auch strafrechtliche Folgen (Untreue, § 266 StGB) im Raum.

V. Weitere Ausnahmetatbestände

Die Steuervergünstigung wird neben den an anderer Stelle in diesem Kapitel anzusprechenden Ausnahmen auch nicht dadurch ausgeschlossen, dass 230

- eine Körperschaft ihre Arbeitskräfte anderen Personen, Unternehmen, Einrichtungen oder einer juristischen Person des öffentlichen Rechts für steuerbegünstigte Zwecke zur Verfügung stellt (§ 58 Nr. 4 AO),[389]
- eine Körperschaft ihr gehörende Räume einer anderen, ebenfalls steuerbegünstigten Körperschaft oder einer juristischen Person des öffentlichen Rechts zur Nutzung zu steuerbegünstigten Zwecken überlässt (§ 58 Nr. 5 AO),
- eine von einer Gebietskörperschaft errichtete Stiftung zur Erfüllung ihrer steuerbegünstigten Zwecke Zuschüsse an Wirtschaftsunternehmen vergibt (§ 58 Nr. 9 AO).

Praxishinweis: Überlassung von Arbeitskräften und Räumen 231

§ 58 Nr. 4 AO eröffnet der steuerbegünstigten Körperschaft die Möglichkeit zur Überlassung von Arbeitskräften bei gleichzeitigem Erhalt der Steuerbegünstigung. Über diese gesetzliche Ausnahme vom Erfordernis der unmittelbaren Zweckerfüllung[390] darf eine gemeinnützige Körperschaft (teilweise, d.h. die Arbeitskräfteüberlassung darf nicht ihr einziger Zweck sein) Arbeitskräfte unentgeltlich anderen Personen, Unternehmen oder Einrichtungen oder einer Körperschaft öffentlichen Rechts unentgeltlich überlassen, ohne ihre Steuerbegünstigung zu verlieren. Voraussetzung ist aber, dass die Arbeitskräfte nur „steuerbegünstigte Tätigkeiten“ ausüben; erfolgt die Überlassung der Arbeitskräfte gegen Entgelt, handelt es sich typischerweise um einen steuerschädlichen wirtschaftlichen Geschäftsbetrieb.[391]

Neben Arbeitskräften können auch Räume unentgeltlich zur Verfügung gestellt werden (§ 58 Nr. 5 AO).

388 Siehe auch *Hüttemann*, Gemeinnützigkeitsrecht und Spendenrecht, Rn 4.102 f.
389 *Pfeffer*, StiftungsBrief 2021, 227.
390 *Buchna/Leichinger/Seeger/Brox*, S. 247; siehe auch *Meyn*, npoR 2011, 109 ff.
391 *Buchna/Leichinger/Seeger/Brox*, S. 248.

I. Weitere Praxishinweise zur Satzung einer steuerbefreiten Stiftung

232 § 60 AO nennt die **formellen Anforderungen** an die **Satzung** einer gemeinnützigen Stiftung.[392] Es sind einige Besonderheiten im Vergleich zu der Satzung einer nicht steuerbefreiten Stiftung (siehe allgemein § 3 Rdn 39 ff.) zu beachten, insbesondere:[393]

- Es genügt nicht die allgemeine Zweckangabe, dass gemeinnützige Zwecke verfolgt werden. Die Satzung muss vielmehr so präzise gefasst sein, dass sie klar und eindeutig die Voraussetzungen für die Steuerbegünstigung aufzeigt.
- Es reicht auch nicht aus, in der Satzung festzulegen, einer oder mehrere der in §§ 52, 53 oder 54 AO genannten Zwecke werde verfolgt. Aus der Satzung muss vielmehr klar hervorgehen, auf **welche Art und Weise** die gemeinnützigen Zwecke verfolgt werden sollen.[394]
- Die Satzung muss eine hinreichend bestimmte Vermögensbindungsklausel (auch Anfallklausel genannt) enthalten, wonach bei Auflösung oder Aufhebung der Stiftung oder bei Wegfall ihres bisherigen Zwecks das Vermögen der Stiftung nur für steuerbegünstigte Zwecke verwendet werden darf (§§ 55 Abs. 1 Nr. 4, 61 Abs. 1 AO).[395]
- Die Einhaltung dieser satzungsmäßigen Voraussetzungen wird nach § 60a AO von der Finanzverwaltung bindend festgestellt (siehe dazu Rdn 93 ff.).

233 Zudem wird von der Finanzverwaltung zunehmend verlangt, dass die **Mustersatzung nach Anlage 1 zu § 60 AO** für Stiftungsneugründungen ab dem 1.1.2009 und bei der Änderung der Satzung bereits bestehender Stiftungen nicht nur inhaltlich, sondern grundsätzlich **wörtlich übernommen** wird.[396] Das ergibt sich zwar gerade nicht aus dem Gesetzeswortlaut (§ 60 Abs. 1 S. 2 AO: *„Die Satzung muss die in der Anlage 1* ***bezeichneten Festlegungen*** *enthalten."*), weshalb eine wörtliche Übernahme nicht erforderlich ist, sondern nur eine inhaltliche Übernahme.[397] Um die steuerlichen Vorgaben sicher zu erfüllen, ist im Zweifel aber zu empfehlen, sich schon vorab mit dem zuständigen Finanzamt abzustimmen. Die Forderung nach einer wörtlichen Textübernahme hat ersichtlich auch erhebliche Folgen für bestehende Stiftungen.

---

392 Siehe auch die Mustersatzung, Anlage 1 zu § 60 AO.

393 Ausf. dazu Schauhoff/Kirchhain/*Kraus*, § 6 Rn 95 ff.

394 Siehe etwa BFH, Urt. v. 20.11.2025 – V R 23/23. Näher dazu bereits *Osterkorn*, DStR 2002, 16.

395 Siehe dazu etwa *Röcken*, StiftungsBrief 2025, 228; BFH, Urt. v. 20.11.2025 – V R 10/24.

396 Dazu BFH, Urt. v. 26.8.2021 – V R 11/20; *Uhl*, StiftungsBrief 2022, 77.

397 Wie hier etwa Klein/*Gersch*, AO, § 61 Rn 2; *Ullrich*, DStR 2009, 2471 ff. m.w.N.; *Pauls/Eismann*, ZStV 2010, 120 ff.

Martin Franke, Rechtsanwalt, Frankfurt/M: **Zwingender Wortlaut bei Formulierung einer Satzung!?** 234
Aufgrund des durch Art. 10 JStG 09 geänderten § 60 AO ist die sich in der Anlage zu § 60 AO befindende Mustersatzung ab dem 1.1.2009 zwingend anzuwenden. Dies ist durch den neu hinzugefügten S. 2 in Abs. 1 geregelt.
Danach ist der in der Anlage 1 zu § 60 AO vorgegebene Inhalt bei der Errichtung einer Körperschaft, aber auch bei bereits bestehenden Körperschaften zu verwenden. Es wird insoweit aber vom Gesetzgeber zugestanden, dass eine notwendige Anpassung jeweils erst bei der nächsten Änderung der Satzung miterfolgen soll. Dies kann aber bei Satzungen einer Stiftung bedeuten, dass sie noch in 100 Jahren vom Wortlaut abweichen. Eine Änderung der Satzung allein aus dem Grunde der Anpassung an den Wortlaut kann jedenfalls derzeit nicht verlangt werden.
Wichtiger Hinweis: Diese an sich positive Übergangsregelung hatte im letzten Jahr wiederholt zur Aberkennung des Status der Gemeinnützigkeit geführt, und zwar in Fällen, in denen Satzungen ausschließlich im zivilrechtlichen Bereich geändert wurden. Die betroffenen Entscheider hatten deshalb keinerlei Veranlassung gesehen, die Finanzverwaltung einzuschalten. Als diese davon erfuhr, stellte sie bei Überprüfung der neuen Satzung fest, dass der Wortlaut nicht eingehalten wurde und hat dies zum Anlass genommen, die Gemeinnützigkeitsvoraussetzungen als nicht mehr gegeben anzusehen. Es sollte daher unbedingt in jedem Fall der Satzungsänderung von dem Recht auf kostenlose **Vor**prüfung durch die Finanzverwaltung Gebrauch gemacht werden. Sollte es dennoch zu einer Versagung kommen, ist dringend geraten, eine entsprechende kompetente Beratung in Anspruch zu nehmen.
Bei Errichtung einer neuen Stiftung oder aber, wenn eine Änderung der Satzung ansteht, stellt sich die Frage, ob der Text der sog. „Mustersatzung" **Wort für Wort** und in der vorgegebenen Struktur übernommen werden muss, oder ob es nicht ausreicht, diesen nur **sinngemäß** zu übernehmen.
Nachdem sich die Finanzverwaltung der an dieser Stelle in den Vorauflagen noch geäußerten Kritik im Wesentlichen angeschlossen hat (siehe die aktuellen Hinweise in dem Anwendungserlass zur Abgabenordnung), kann zusammenfassend empfohlen werden:

Soweit wie möglich, den Wortlaut übernehmen,
soweit notwendig und sachlich begründet hiervon abweichen.

So braucht die Struktur natürlich nicht übernommen werden. Aber die Erfahrung zeigt, dass viele Finanzämter im Rahmen ihrer gesetzlichen Pflicht, die satzungsgemäßen Voraussetzungen zu prüfen und zu bescheinigen, dazu neigen, den exakten Wortlaut zu erwarten. Es ist daher zu empfehlen, wenn im Einzelfall aus guten Gründen von diesem abgewichen wird, dies vorab mit Ihrem zuständigen Sachbearbeiter zu besprechen. Dies führt regelmäßig zu sinnvollen Ergebnissen für alle Beteiligten.

Auch hier gilt, dass für den Fall, dass kein Einsehen auf Seiten der Finanzverwaltung besteht, es hilfreich sein kann, einen erfahrenen Berater einzuschalten, der regelmäßig im Gespräch doch noch zielführend eine sinnvolle Formulierung erwirken kann.

235 Zur **wörtlichen Verwendung der Mustersatzung** (Anlage 1 zu § 60 AO) nimmt auch der Anwendungserlass ergänzend Stellung (AEAO Nr. 2 und 3 zu § 60 AO). Zwar sollen von der Reihenfolge und vom Aufbau der Mustersatzung Abweichungen zulässig sein, der Wortlaut ist jedoch nach Ansicht der Finanzverwaltung, wie sie sich im AEAO niedergeschlagen hat, in aller Regel exakt in die Satzung der steuerbegünstigten Körperschaft zu übernehmen. Nur wenn die Mustersatzung Formulierungen enthält, die aufgrund der Rechtsform der Körperschaft oder aus anderen Gründen vom Wortlaut her nicht passen, sollen nun Abweichungen zulässig sein. Der AEAO zählt dafür einige Beispiele auf, die jedoch nicht abschließend sind. Im Einzelfall empfiehlt sich die vorsorgliche Abklärung mit dem zuständigen Finanzamt, wenn bestimmte Formulierungen verwendet werden sollen.

236 **Praxishinweis: Satzungsänderungen und Mustersatzung**

Nach AEAO Nr. 3 zu § 60 AO muss die Satzung einer Körperschaft, die bereits vor dem 1.1.2009 bestanden hat, nicht allein zur Anpassung an die Mustersatzung geändert werden. Die strenge Einhaltung der Mustersatzung gilt nur für Körperschaften, die nach dem 31.12.2008 gegründet werden oder ihre Satzung mit Wirkung nach diesem Zeitraum ändern.

237 Neben den steuerlichen Anforderungen sind natürlich die **sonstigen rechtlichen Anforderungen** an die Satzung zu beachten.

J. Steuerliche Folgen bei Wegfall der Voraussetzungen für die Steuerbefreiung

238 Abschließend stellt sich in diesem Kapitel die Frage, welche steuerlichen Folgen sich ergeben, wenn die Voraussetzungen der Gemeinnützigkeit einer Stiftung wegfallen, ohne dass die Stiftung aufgelöst wird.[398]

I. Mittelfehlverwendung – verbotene Mittelverwendung

239 Eine steuerbefreite Stiftung darf ihr Einkommen (ihre Mittel) nur für gemeinnützige und mildtätige sowie kirchliche Zwecke verwenden. Zum Schutz des Wett-

398 Zur Fortsetzung der Stiftung nach Wegfall der Gemeinnützigkeit *Werner*, ZStV 2023, 115. Siehe auch die besonders lesenswerte Bestandsaufnahme von *Becker*, DStR 2010, 953 ff.

bewerbs darf sie ihr Einkommen überdies grundsätzlich nur aus Vermögensverwaltung erzielen. – Auf die Folgen eines wirtschaftlichen Geschäftsbetriebes wurde oben näher eingegangen (siehe Rdn 105 ff.). – Die **Satzung** der Stiftung muss diesen gesetzlichen Anforderungen entsprechen, und die **tatsächliche Geschäftsführung** der Stiftung muss auf die ausschließliche und unmittelbare Erfüllung der steuerbegünstigten Zwecke gerichtet sein und den Bestimmungen der Satzung über die Voraussetzungen der Steuervergünstigung entsprechen (§ 60 Abs. 2 AO). Sie muss nach § 55 Abs. 1 Nr. 5 AO ihre **Mittel** grundsätzlich **zeitnah für ihre steuerbegünstigten satzungsmäßigen Zwecke verwenden** (siehe Rdn 71 ff.).

Die genannten Voraussetzungen für die Steuerbefreiungen müssen zum **Zeitpunkt der Entstehung der jeweiligen Steuer** gegeben sein, d.h. 240
- zum Beginn des Kalenderjahres bei der (früheren) Vermögensteuer und der Grundsteuer,
- zum Ende des Voranmeldungszeitraumes bei der Umsatzsteuer und
- zum Zeitpunkt des Erwerbs bei der Erbschaft- und Schenkungsteuer.

Liegen die Voraussetzungen zu den betreffenden Zeitpunkten nicht vor, so fällt die jeweilige Steuer an.

Hat die Stiftung Mittel angesammelt, ohne dass die Voraussetzungen für die 241
Ausnahmen nach § 62 AO vorliegen (siehe Rdn 79 ff.), kann das Finanzamt ihr nach **§ 63 Abs. 4 AO** eine **Frist für die Verwendung der Mittel setzen**. Die tatsächliche Geschäftsführung gilt in diesem Fall der vorübergehenden Mittelfehlverwendung als ordnungsgemäß im Sinne der Abgabenordnung, wenn die Körperschaft die Mittel dann innerhalb der von der Finanzverwaltung festgesetzten Frist für steuerbegünstigte Zwecke verwendet. Die Frist wird i.d.R. maximal zwei bis drei Jahre betragen.[399]

Praxishinweis: Wegfall der Steuerbefreiung – Körperschaft- und Gewerbesteuer 242

Bei der Körperschaft- und Gewerbesteuer entfällt die Steuerbefreiung für den **gesamten Veranlagungs- bzw. Bemessungszeitraum**, wenn die Voraussetzungen für die Steuerbefreiung auch nur zu irgendeinem Zeitpunkt des Zeitraumes nicht erfüllt sind, d.h. die Steuerbefreiung entfällt mit Wirkung zu Beginn des Veranlagungs- bzw. Bemessungszeitraumes. Davon unberührt bleiben die allgemeinen Vorschriften der Abgabenordnung über die Verjährung von Steuerforderungen und die Bestandskraft von Steuerbescheiden.

399 Wie hier Schauhoff/Kirchhain/*Bott*, § 10 Rn 108 m.w.N.

In einem Beschluss vom 12.10.2010 hat der BFH[400] hier zu folgendem Leitsatz gefunden:

Ist die tatsächliche Geschäftsführung einer gemeinnützigen GmbH nicht während des gesamten Besteuerungszeitraums auf die ausschließliche und unmittelbare Erfüllung der steuerbegünstigten Zwecke gerichtet, führt dies grundsätzlich nur zu einer Versagung der Steuerbefreiung für diesen Besteuerungszeitraum. Schüttet eine gemeinnützige GmbH jedoch die aus der gemeinnützigen Tätigkeit erzielten Gewinne überwiegend verdeckt an ihre steuerpflichtigen Gesellschafter aus, liegt ein schwerwiegender Verstoß gegen § 55 Abs. 1 Nr. 1 bis 3 AO vor, der die Anwendung des § 61 Abs. 3 AO ermöglicht.

243 Eine **dauerhafte Mittelfehlverwendung** wird i.d.R. zum Verlust der Gemeinnützigkeit führen.[401] Daneben kann eine Mittelfehlverwendung auch strafrechtliche Folgen haben. Man denke nur an § 266 StGB (Untreue, siehe auch § 5 Rdn 23).

II. Verstoß gegen den Vermögensbindungsgrundsatz

244 Noch schärfere Anforderungen stellen die Steuergesetze an die **Einhaltung des Grundsatzes der Vermögensbindung**, d.h. die Pflicht, das Vermögen im Sinne des Stiftungszwecks zu verwenden. Eine Verletzung des Grundsatzes der Vermögensbindung[402] führt dazu, dass die Steuerbefreiung rückwirkend für alle Steuern von Anfang an entfällt. Steuerbescheide können geändert oder aufgehoben werden, es können neue Steuerbescheide erlassen werden für sämtliche Steuern, die **innerhalb der letzten zehn Kalenderjahre** vor der steuerschädlichen Satzungsänderung oder Geschäftsführungsmaßnahme entstanden sind (§ 61 Abs. 3 AO). Wirtschaftlich betrachtet tritt also eine ganz erhebliche Rückwirkung ein.

245 Die Rückwirkung der Verletzung der Vermögensbindung **durchbricht** also die **Bestandskraft von einschlägigen Steuerbescheiden**, nicht jedoch die Verjährungsvorschriften. Ein Änderungs- oder anderer Steuerbescheid wegen der Verletzung der Vermögensbindung kann also zwar für die zehn Jahre vor dieser Verletzung ergehen, aber nur innerhalb der Festsetzungsfrist von vier Jahren nach Ende des Kalenderjahres, in dem die Verletzung erfolgt ist. Eine ähnliche, besondere Vorschrift zur Sanktion einer Verletzung der Vermögensbindung lässt die Erbschaftsteuerfreiheit von Zuwendungen ebenfalls rückwirkend über zehn Jahre entfallen (§ 13 Abs. 1 Nr. 16 lit. b S. 2 ErbStG).

---

400 BFH, Beschl. v. 12.10.2010 – I R 59/09, DStR 2011, 20; siehe dazu *Müller-Stüler*, StiftungsBrief 2012, 27 ff.

401 Ausf. Schauhoff/Kirchhain/*Bott*, § 10 Rn 100 ff. Zu einem Fall betrügerischer Mittelfehlverwendung durch den Vorstand siehe FG Düsseldorf, Urt. v. 15.4.2024 – 6 K 2425/21 und *Pfeffer*, StiftungsBrief 2025, 37.

402 Siehe Schauhoff/Kirchhain/*Bott*, § 10 Rn 137 ff.

Für die genannten Folgen der Verletzung der Vermögensbindung gilt der **Verhältnismäßigkeitsgrundsatz. Faustregel** (!) ist hier, dass eine Verwendung des ganzen Vermögens für satzungsfremde Zwecke vorliegen muss.[403] Wegen der besonderen Schwere der Folge genügt eine bloß nicht rechtzeitige Mittelverwendung,[404] die einmalige (irrtümliche) Mittelfehlverwendung für nicht begünstigte Zwecke,[405] eine steuerschädliche Begünstigung durch Ausgaben oder Vergütungen oder auch eine steuerschädliche Abfindung an Organmitglieder der Stiftung allenfalls in **besonderen Missbrauchsfällen**, um die Steuerfreiheit rückwirkend entfallen zu lassen. Anders ist das bei **dauerhafter Fehlverwendung**, dann droht i.d.R. der Verlust der Gemeinnützigkeit.[406] Besondere Vorsicht ist allerdings bei der satzungsmäßigen Vermögensbindung (Anfallklausel) geboten: Wird etwa im Zuge einer Satzungsänderung eine ursprünglich vorhandene Anfallklausel versehentlich entfernt und durch eine spätere erneute Satzungsänderung wieder eingefügt, droht auch dann ein rückwirkender Entzug der Gemeinnützigkeit, wenn in der Zwischenzeit tatsächlich gar keine Mittelfehlverwendung erfolgt war.[407] 246

Praxishinweise zu einigen Fragen betreffend die Gefährdung und Aberkennung der Gemeinnützigkeit 247

Die Gefährdung der Gemeinnützigkeit kann etwa mit Blick auf **§ 266 StGB (Untreue)** auch ein Fall für die Staatsanwaltschaft werden.[408]

Mit Blick auf eine BFH-Entscheidung vom 23.2.2012[409] zu einem **Zweckbetrieb** im Zusammenhang mit einem **Integrationsbetrieb** stellt sich die Frage, ob (ausnahmsweise) auch das bloße Nützen eines gesetzlich gewährten Steuervorteils gemeinnützigkeitsschädlich sein kann.[410]

Eine Versagung der Gemeinnützigkeit wegen **verspäteter Abgabe der Steuererklärung** scheidet grundsätzlich aus.[411]

Die Aberkennung der Gemeinnützigkeit wegen **extremistischer Bestrebungen** ist grundsätzlich möglich. Der BFH hat dazu am 11.4.2012 zu folgendem Leitsatz gefunden:[412] „Die (widerlegbare) Vermutung des § 51 Abs. 3 S. 2 AO i.d.F. des JStG 2009 setzt voraus, dass die betreffende Körperschaft (hier: ein

403 BFH, Beschl. v. 12.10.2010 – I R 59/09, DStR 2011, 30 ff. (vGA als Mittelfehlverwendung); siehe auch Schauhoff//Kirchhain/*Bott*, § 10 Rn 137 ff.

404 Normale Folge: Fristsetzung gem. § 63 Abs. 4 AO.

405 Siehe Schauhoff/Kirchhain/*Bott*, § 10 Rn 106.

406 Siehe Schauhoff/Kirchhain/*Bott*, § 10 Rn 103.

407 FG Sachsen-Anhalt, Urt. v. 19.4.2023 – 3 K 475/16; *Pfeffer*, StiftungsBrief 2023, 175.

408 Siehe etwa *Lassmann*, ZStV 2010, 141 ff.

409 BFH, Urt. v. 23.2.2012 – V R 59/09, DStR 2012, 1134 ff.

410 Siehe dazu und zu dem BFH-Urteil: *Leisner*, DStR 2012, 1123 f.

411 FG Münster, Urt. v. 30.6.2011 – 9 K 2469/10 K, DStRE 2012, 802 f.

412 BFH, Urt. v. 11.4.2012 – I R 11/11, DStR 2012, 1222 ff.

islamisch-salafistischer Verein) im Verfassungsschutzbericht des Bundes oder eines Landes für den zu beurteilenden Veranlagungszeitraum ausdrücklich als extremistisch eingestuft wird."

III. Exkurs: Grenzwertige Gestaltungen

248 In der Wirtschaftspresse und andernorts wird die Stiftung teilweise auch unter Hinweis auf prominente Beispiele aus der Showbranche und der Wirtschaft sehr positiv gewürdigt, allerdings wird nach wie vor oft einseitig der **Aspekt des „Steuersparens"** betont.[413] Nicht ganz selten führt das zu grenzwertigen Gestaltungen oder gar zu solchen, die die Grenzen der Legalität verlassen und dann durchaus auch einmal bei einer Außenprüfung „auffliegen".

249 Grenzwertige Gestaltungsvorschläge führen nach unseren Erfahrungen oft zu überzogenen Gegenreaktionen der Aufsichtsbehörden und der Finanzverwaltung. Die vielfach kritisierte Verfügung der OFD Frankfurt/M. vom 30.8.2011 scheint uns dafür ein Beispiel zu sein (siehe § 12 Rdn 175 f.).

250 Was überzogene Gestaltungsphantasien angeht, müssen wir Berater uns vor allem an die eigene Nase packen. Ich meine damit nicht nur die oft beschworenen Steuerkniffe, sondern grenzwertige Gestaltungen, die im Bereich der Stiftungen ganz besonders wenig passen (Stichwort: **Stiftungsreife**, siehe § 14 Rdn 15 ff.). Nur beispielhaft sei etwa ein vor einiger Zeit veröffentlichter Gestaltungshinweis genannt, der empfiehlt, gemeinnützige Stiftungen als „Zwischenlösung" zur Erlangung der (bekanntlich verfassungsrechtlich umstrittenen) erbschaftsteuerrechtlichen Betriebsvermögensbegünstigung zu nutzen.[414] Nur zur Erinnerung: Es gilt eben auch hier § 42 AO (Missbrauch rechtlicher Gestaltungsmöglichkeiten).[415] Das sich bereits daraus ergebende generelle Gestaltungsrisiko liegt auf der Hand. Die entscheidende vorbeugende Frage ist immer:

Wo sollen bei der vorgeschlagenen Gestaltung die erforderlichen außersteuerlichen Gründe liegen?

251 Generell ist zu beachten, dass einschlägige grenzwertige Gestaltungen dem Bild des gesamten Stiftungswesens schaden und eben leicht Überreaktionen der zuständigen Behörden bewirken, unter denen alle leiden und nicht nur der Provokateur.[416] Treten wir Berater doch entsprechenden Gestaltungsvorschlägen ebenso entgegen wie überzogenen Behördenreaktionen! Das bedeutet z.B., dass wir den steuerlichen **Fremdvergleich** einhalten, und das nicht nur bei Familienunterneh-

413 Exemplarisch WiWo 28/1996, 102 („Absolut Legal"); WiWo 17/2001, 190, und etwa: Wirtschaft – Das IHK-Magazin für München und Oberbayern – 2/2011: „Gutes Tun und Steuern sparen" (auf: www.muenchen.ihk.de).

414 *Blusz*, Deutscher Anwaltspiegel-Spezial „Private Client", Ausgabe 3, 2012, S. 18 f.

415 Ausf. zum Anwendungsbereich des § 42 AO siehe *Schmidt/Sediqi*, DStR 2025, 2286.

416 Siehe dazu *Schiffer*, StiftungsBrief 2012, 142; *Schiffer/Pruns*, StiftungsBrief 2012, 182.

men und den dort schon sprichwörtlichen „Verträgen mit nahen Angehörigen",[417] sondern eben auch bei steuerbefreiten Stiftungen. So haben beispielsweise bei der **Darlehensgewährung durch eine gemeinnützige Stiftung** nicht nur die Regelungen zur Zinszahlung dem Fremdvergleich zu entsprechen,[418] sondern auch die Regelungen über die Rückzahlung und die Absicherung der Darlehensrückzahlung.[419] Unter diesen Voraussetzungen kann nach der Rechtsprechung des BFH auch für die Spende an eine Stiftung mit anschließender Rückgewähr des Betrages als Darlehen an den Spender der Spendenabzug nach § 10b EStG gewährt werden.[420]

Hiervon zu unterscheiden sind die sog. „**Stifterdarlehen**", die typischerweise von einem (Zu-)Stifter einer gemeinnützigen Stiftung zur Zweckerfüllung gewährt werden.[421]

Finanzgericht Berlin-Brandenburg: Kein Sonderausgabenabzug bei Darlehensgewährung an den Stifter für Kapitalanlage

Die Beteiligten stritten in dem vom FG Berlin-Brandenburg entschiedenen Fall[422] um die Frage, ob bei der Einkommensteuerveranlagung der Kläger Sonderausgaben nach § 10b EStG wegen Zuwendungen in einen Vermögensstock steuermindernd zu berücksichtigen sind. Der Kläger gründete „seine eigene" Stiftung. Das Stiftungsvermögen betrug 30.000 EUR. Stiftungsträger dieser treuhänderischen (nichtrechtsfähigen) Stiftung war eine GmbH. Sitz der GmbH war der Wohnsitz ihres Alleingeschäftsführers. Am Tag der Stiftungsgründung verfügte der Kläger/Stifter, dass das Stiftungskapital zu 90 % als Darlehen an ihn selbst ausgegeben wurde. Mit diesem Geld sollten unter Zwischenschaltung eines „Anlagehauses" Kapitalanlagen erworben werden, die als Darlehenssicherheit wiederum an die Stiftung übertragen wurden.

Solche Anlagemodelle werden zunehmend nicht nur im Hinblick auf § 42 AO kritisch gesehen. Kritisch betrachtet wird vor allem, ob die Modelle in jeder Hinsicht einem **Fremdvergleich** standhalten und ob der Spendenabzug zulässigerweise gewährt wurde. Bei Letzterem ist regelmäßig Thema, ob tatsächlich eine echte Spende vorgelegen hat, d.h. insbesondere ob wirklich keine Gegenleistung vom Spendenempfänger gegeben worden ist.

Aus Sicht des Finanzamts jedenfalls entsprach die Auszahlung von nahezu 90 % des Stiftungsvermögens an den Stifter und die Verwendung des Geldes

417 Zur steuerlichen Anerkennung von Verträgen zwischen nahen Angehörigen (Fremdvergleich) siehe etwa *Gemeinhardt*, BB 2012, 739 ff.

418 AEAO Nr. 16 zu § 55 AO. Siehe auch BFH, Urt. v. 26.4.2023 – X R 4/22.

419 So auch *Gemeinhardt*, BB 2012, 739, 742.

420 BFH, Urt. v. 26.4.2023 – X R 4/22; *Gummels*, StiftungsBrief 2023, 217.

421 Siehe dazu etwa *Kern/Regierer/Mühling*, Stiftung & Sponsoring 5/2013, 36.

422 FG Berlin-Brandenburg, Urt. v. 19.11.2013 – 9 K 9151/13, DStRE 2014, 840; siehe dazu *Weidmann/Kohlhepp*, DStR 2015, 1273, 1278.

als Geldanlage nicht den Anforderungen an die Verwendung des Stiftungsvermögens für steuerbegünstigte gemeinnützige Zwecke. Vielmehr handele es sich um eine **Kapitalanlage unter Zwischenschaltung eines Konstrukts (Stiftung)**.[423] Das sei dem Kläger bei Errichtung der Stiftung auch bewusst gewesen, zumindest habe er das erkennen können. Denn er habe parallel zum Stiftungsvertrag diverse weitere Vereinbarungen unterzeichnet, die dazu geführt hätten, dass ihm das eingezahlte Stiftungsvermögen umgehend wieder zur Verfügung gestanden habe. Mit dem bei der Stiftung nur „durchgeflossenen" Geld sei die eigentlich angestrebte Geldanlage erfolgt.

Das FG ist der Auffassung des Finanzamts gefolgt. Durch die einkommensteuermindernde Berücksichtigung der Spende nach § 10b EStG solle zu privatem uneigennützigem Handeln angeregt werden und zur Entlastung der öffentlichen Haushalte sollen Mittel für gemeinwohlrelevante Zwecke beschafft werden. Als Spenden i.S.d. § 10b Abs. 1 S. 1 EStG kommen nur solche Aufwendungen in Betracht, die der Steuerpflichtige freiwillig und unentgeltlich im Sinne von fremdnützig geleistet habe.

Ein Spendenabzug sei daher schon dann ausgeschlossen, wenn die Zuwendungen an den Empfänger unmittelbar und ursächlich mit einem von diesem oder einem Dritten gewährten Vorteil zusammenhängen, ohne dass der Vorteil unmittelbar wirtschaftlicher Natur sein müsse.

Also: Es ist hier ganz deutlich zu warnen! Das führt uns beinahe zwanglos zu dem nächsten Abschnitt.

IV. Steuerprüfungen bei gemeinnützigen Stiftungen

252 Das Thema Außenprüfung und Steuerprüfung und damit auch das Thema „Steuerstrafrecht an der Schnittstelle zum Steuerrecht"[424] wird, wie die Praxis leider zeigt, i.d.R. bei gemeinnützigen Stiftungen auf die leichte Schulter genommen.[425] Mancher Stifter und nicht wenige Ehrenamtler scheinen dennoch zu denken, dass sie mit „ihrer" Stiftung auf einer Insel der Seligen leben, auf der so etwas wie eine steuerliche Außenprüfung nicht denkbar ist. Das ist ein Fehler: Auch gemeinnützige Stiftungen stehen „im Fokus der Finanzverwaltung"[426] und auch der Sozialversicherungsträger. Es reicht nicht, in gemeinnützigen Stiftungen ehren- oder hauptamtlich Gutes zu tun. Ich wiederhole es auch hier gerne: Das

423 In dem Zusammenhang sei auch an die Regulierung des grauen Kapitalmarktes durch das **Kleinanlegerschutzgesetz** erinnert, siehe dazu *Heisterhagen/Conreder*, DStR 2015, 1929.

424 Ganz ausf. dazu der Bd. 38 der Deutschen Steuerjuristischen Gesellschaft, herausgegeben von *Mellinghoff*, 2015, mit zahlreichen Beiträgen ausgewiesener Autoren zu dem Thema.

425 Allg.: *Schiffer*, Steuerprüfung und Betriebsprüfung, 2014; praktische Hinweise zur Vorbereitung auf Steuerprüfungen: *Schiffer*, BB 2015, 34.

426 So *Ritter*, StiftungsBrief 2014, 234, generell zu NPOs; siehe auch schon *Schiffer*, Steuerprüfung und Betriebsprüfung, 2014, S. 117 (gemeinnützige Stiftungen).

Gute muss auch gut (sprich: professionell) getan werden. Ein besonderer Anreiz, so zu verfahren, sollte sich auch aus den erheblichen potenziellen **Folgen bei Verstößen** gegen steuerliche Vorschriften und insbesondere gegen solche des Gemeinnützigkeitsrechts ergeben.[427] Es drohen:
- die Haftung involvierter Organmitglieder (siehe § 5 Rdn 1 ff.) und sonstiger für die Stiftung im betreffenden Zusammenhang tätig gewordener Personen
- die Einleitung eines Ordnungswidrigkeiten- oder sogar eines Strafverfahrens (siehe § 5 Rdn 23)
- eine negative TV-, Radio-, Presse- und/oder Internetberichterstattung[428] – etwa über die Einleitung eines strafrechtlichen Ermittlungsverfahrens
- der Verlust der Gemeinnützigkeit (siehe Rdn 238 ff.)
- sozialversicherungsrechtliche[429] Konsequenzen.

Auch bei Stiftungen und insbesondere bei gemeinnützigen Stiftungen finden in der Praxis vor diesem Hintergrund Außenprüfungen (§ 193 Abs. 2 Nr. 2 AO) statt.[430] Bei gemeinnützigen Stiftungen wird vor allem überprüft, ob die tatsächliche Geschäftsführung den steuerrechtlich relevanten Vorschriften der Stiftungssatzung und den gesetzlichen Gemeinnützigkeitsvorschriften entspricht. Wie die Praxis leider zeigt, ist es durchaus möglich, dass bei echten oder vermeintlichen erheblichen Verstößen die Gemeinnützigkeit kurzfristig entzogen wird. Die Stiftungsorgane sollten generell vor allem folgende Punkte bedenken und beachten: 253
- Die Finanzverwaltung verfügt über moderne, EDV-gestützte Prüfungsmethoden etwa auch zur Barkassenprüfung und zur elektronischen Betriebsprüfung.
- Der Steuerpflichtige hat umfangreiche Mitwirkungs- und Aufklärungspflichten, die bei Auslandssachverhalten noch gesteigert sind.
- Kooperationsbereitschaft hat sich in vielen Fällen bewährt. Verzögern der Steuerpflichtige oder von ihm benannte Auskunftspersonen wiederholt den Ablauf der Prüfung, ist auch die Anwendung von Zwangsmitteln (§ 328 AO) – vor allem Zwangsgeld – oder die Vornahme einer Schätzung zulässig, wenn andere Bemühungen keine Abhilfe geschaffen haben.

Reiffs hat schon 1991 anschaulich über die Prüfungsthemen von Außenprüfungen bei gemeinnützigen Vereinen berichtet.[431] Bei gemeinnützigen Stiftungen sind es 254

---

427 Siehe dazu die Übersicht bei *Ritter*, StiftungsBrief 2014, 234, 235.

428 Als spektakuläres Beispiel einer solchen vielfachen Berichterstattung ist der ADAC zu nennen.

429 BSG, Urt. v. 23.2.2021 – B 12 R 15/19 R.

430 Ausf. zur Außenprüfung und zu Prüfungsmethoden *Schiffer*, Steuerprüfung und Betriebsprüfung, 2014; siehe auch *Gummels*, StiftungsBrief 2025, 115; *ders.*, StiftungsBrief 2025, 129; *Vogelsang/Stahl*, BP-Handbuch: Vor der Betriebsprüfung. In der Betriebsprüfung. Nach der Betriebsprüfung, 2008.

431 *Reiffs*, Die steuerliche Betriebsprüfung, 1991, S. 205 ff.; siehe auch die ähnliche Auflistung von *Ritter*, StiftungsBrief 2014, 234 f. Zu **Prüfungsschwerpunkten** siehe *Boedicker*, Stiftung & Sponsoring 3/2007, 24. Zur Prüfung der Gemeinnützigkeit am Beispiel gemeinnütziger Vereine siehe „*KTK*“, FR 1985, 612.

keine anderen Themen. Die OFD Rheinland hat am 5.12.2008 eine Verfügung dazu herausgegeben.[432] Zu vermerken sind vor allem folgende **Prüfungsthemen**, die ich aufgrund meiner Erfahrung ausdrücklich bestätigen kann und die ich hier für gemeinnützige Stiftungen in Stichworten kurz zusammenfassen möchte:

I. Satzungsgestaltung gemäß AO

Ist die Satzung der gemeinnützigen Stiftung formal korrekt (siehe auch Rdn 232 ff.)?

II. Tatsächliche Geschäftsführung

Entspricht die tatsächliche Geschäftsführung den Vorgaben in der Stiftungssatzung?

Diese Prüfung betrifft vor allem folgende Punkte:

1. Satzungsmäßige Mittelansammlung und Mittelverwendung.

Es wird insbesondere die etwaige Mittelfehlverwendung für nicht in der Satzung genannte Zwecke geprüft. Das ist an sich eine absolute Selbstverständlichkeit, führt aber vor allem ehrenamtlich Tätige oftmals an die Grenzen ihres Rechtsverständnisses. Hier droht bei Fehlern nicht nur eine Schadensersatzhaftung, es drohen auch strafrechtliche Folgen insbesondere wegen Untreue (§ 266 StGB).

2. Abgrenzung des steuerfreien ideellen Bereichs von einem etwaigen (steuerpflichtigen) wirtschaftlichen Geschäftsbetrieb der gStiftung.

3. Kein Verlustausgleich aus dem ideellen Bereich der gStiftung für den etwaigen wirtschaftlichen Geschäftsbetrieb der Stiftung.

4. Spendenpraxis: Spende = freiwillig und ohne Gegenleistung! Fraglich ist mitunter auch die Bewertung von Sachspenden. Daneben sind typischerweise die „**Aufwandsspenden**" und die korrekte Ausstellung von Zuwendungsbestätigungen im Fokus einer Außenprüfung.

5. Sponsoring: Dieser Rechtsbereich ist wegen seiner Kompliziertheit ausgesprochen fehleranfällig (siehe Rdn 179 ff.).[433]

6. Kooperationen (siehe Rdn 220 ff.)

7. Korrekte Handhabung der Umsatzsteuer: Vorsteueraufteilung, 7 %/19 % MwSt., unentgeltliche Leistungen etc.

8. Vertragsgestaltungen

Vor allem: Halten die Verträge der gStiftung einem Drittvergleich/Fremdvergleich („Verträge wie zwischen fremden Dritten") stand?

---

432 OFD Rheinland, Verf. v. 5.12.2008 – S 2720-St 154–1/2008.

433 Siehe etwa *Schiffer/Sommer*, BBEV 2008, 261 ff. und 292 ff.

9. Umsatzsteuerfragen

Das ist ein besonders kompliziertes Feld (siehe Rdn 34 f.)

10. … (Die Aufzählung ist natürlich nicht abschließend, denn das Leben ist so bunt, dass wir alle uns gar nicht alle möglichen Steuerfehler vorstellen können.)

III. Schließlich werden die **steuerlichen Aufzeichnungs- und Buchführungspflichten** geprüft.[434] Hier, wie auch sonst etwa bei Organsitzungen,[435] ist die Vorbereitung das A und O für ein erfolgreiches Überstehen der Steuerprüfung.[436]

Auch ein Besuch der Steuerfahndung ist nicht ausgeschlossen. 255

Praxishinweis: Sieben grundlegende Punkte, falls die Steuerfahndung kommt

1. Freundlichkeit und Verbindlichkeit bewahren! „Klima" erhalten und nach Kräften verbessern: Keine Aggressionen!
2. Rechtsanwalt anrufen: Hierauf besteht grundsätzlich ein Rechtsanspruch.
3. Die Steuerfahnder bitten, mit ihren Maßnahmen zu warten, bis der Rechtsanwalt erscheint. Das wird nicht selten gewährt. Auch die Steuerfahndung will keine unnötige Konfrontation.
4. Schweigen zum Sachverhalt! Keine Spontanauskünfte!
5. Der Beschuldigte sollte auf jeden Fall vor irgendeiner Äußerung zur Sache einen Rechtsanwalt konsultieren. Hierauf hat er einen Rechtsanspruch.
6. Gedächtnisprotokoll zur Durchsuchung anfertigen.
7. Alles Weitere nur über den Rechtsanwalt erledigen, der je nach Lage des Falls weitere Fachleute beiziehen wird.

434 Dazu betreffend privatrechtliche Stiftungen siehe *Pauls*, ZSt 2009, 107 ff. Siehe auch § 4 Rdn 23 ff.

435 Siehe dazu *Schiffer*, StiftungsBrief 2013, 201.

436 Siehe dazu *Schiffer*, Steuerprüfung und Betriebsprüfung, 2014; siehe auch *Kaponig*, Fahrplan zur Aufbereitung der Unterlagen für den Abschlussprüfer, BC 2014, 184 ff.; *Zwirner/Boecker*, Was darf der Abschlussprüfer?, BC 2014, 189 ff.

Teil IV: Spezialthemen

§ 10 Stiftungen als Erben

Was bietet dieses Kapitel?
Stiftungen und Erbrecht, insbesondere auch die Testamentsvollstreckung, sind in der Praxis eng miteinander verbundene Themenbereiche. Im allgemeinen Verständnis der Bevölkerung wird die Stiftung mit Blick auf die historische Entwicklung sehr oft noch mit der Errichtung von Todes wegen verbunden. Heutzutage werden aber wohl zunehmend weniger Stiftungen letztwillig, sondern vermehrt zu Lebzeiten errichtet („angestiftet"). Gleichwohl bleibt jedenfalls die weitere Vermögensausstattung der Stiftung durch letztwillige Zuwendungen ein wesentlicher Bestandteil der Beratungspraxis.
Nachfolgend findet sich ein Überblick über die wichtigsten Schnittstellen von Erb- und Stiftungsrecht sowie die Wechselwirkungen von Stiftung und Testamentsvollstreckung. Außerdem betrachten wir beispielhaft u.a. den Spezialfall eines Künstlernachlasses. Die Gestaltung der Unternehmensnachfolge mit Stiftungen ist ein Sonderfall, dem das nächste Kapitel gewidmet ist.

In zweifelhaften Fällen entscheide man sich für das Richtige.

Karl Kraus (1874–1936)

Übersicht: Rdn

A. Grundlagen

I. Stiftungen und Erbrecht

1 Stiftungen sind ein besonders Beratungsthema in der Erbfolgegestaltung. Sie kommen dort zur Gestaltung einer vorweggenommenen Erbfolge vor, als Erben/Vermächtnisnehmer in Form der lebzeitig vorher errichteten Stiftung – ggf. sogar als ausdrücklich dafür geschaffene Stiftung – oder als letztwillig errichtete Stiftung, und das vor allem als Familienstiftungen, gemeinnützige Stiftungen oder mildtätige Stiftungen in Betracht.[1] Das Modell der lebzeitigen „Anstiftung" wurde schon an anderer Stelle ausführlich behandelt (siehe § 3 Rdn 24 ff.).

Angesichts der anhaltenden Erbschaftswelle in Deutschland hat die Stiftung als „künstliche Erbin" weiterhin erhebliche praktische Bedeutung. Der gemeine Staatsbürger vererbt, falls er keine natürliche Person als Erben hat, lieber einer Stiftung als letztlich dem Staat. Hier besteht offensichtlich noch zusätzlicher Beratungsbedarf für die Beraterzunft.

2 Die Masse der Stiftungen ist bekanntlich steuerbefreit und damit zumindest tendenziell auf der Suche nach Zuwendungen. Eine Tendenz, die sich angesichts der Kapitalmarktsituation mit anhaltend niedrigen Zinsen noch verstärkt haben dürfte. Mit dem Blick speziell auf die Suche nach letztwilligen Zuwendungen (Zustiftungen) hören wir vermehrt von **„Erbschaftsmarketing"** oder von **„Erbschaftsfundraising"**.[2] Man versteht darunter ein umfassendes Marketingkonzept, etwa für Stiftungen, bei dem gezielte Maßnahmen zur effizienten Beschaffung von Mitteln aus Verfügungen von Todes wegen und/oder auch über lebzeitige oder letztwillige Schenkungen eingesetzt werden.[3] Solche Konzepte haben in den letzten Jahren zunehmend Verbreitung gefunden. Wird der naturgemäß schwierige Bereich eines solchen „Erbschaftsmarketings" sensibel und verantwortungsvoll gehandhabt, erscheint das als eine sinnvolle Weise der Mittelbeschaffung. Ein zu technisches und gar aggressives Marketing, welches nicht ausreichend Rücksicht auf eine individuelle Beratung und Betreuung der potenziellen Erblasser nimmt, sollte aber auch mit Blick auf das Bild der betreffenden Stiftung in der Öffentlichkeit unbedingt vermieden werden. Eine gewisse Spitze der Bewegung

---

1 Ausf. dazu etwa *Feick* (Hrsg.), Stiftung als Nachfolgeinstrument, 2. Aufl. 2024; *Feitsch*, in: Hölscher/Becker/Bonefeld, Familienunternehmen, 2025, § 3 Rn 493 ff. Zur modifizierten Gestaltung eines sog. Behindertentestaments unter Einbeziehung einer Treuhandstiftung siehe ausf. *Schönenberg-Wessel*, Letztwillige Verfügung zu Gunsten von Menschen mit Behinderung – Die stiftungsrechtliche Lösung, 2025.

2 Siehe etwa dazu und allg. *Urselmann*, Fundraising, 8. Aufl. 2023; *Beder/Kreuzer/Mecking*, Stiftung & Sponsoring 06.25, 35.

3 So die allg. Definition; siehe etwa schon *Förster*, Deutsche Stiftungen 1/2003, 129.

dürfte das Buch „Großspendenfundraising“ darstellen,[4] das immerhin sehr klar eine ambitionierte Zielsetzung vorgibt.

Es gibt kein Sondererbrecht für Stiftungen.[5] Auch für letztwillige Verfügungen zugunsten von Stiftungen gilt die durch Art. 14 Abs. 1 S. 1 GG gewährleistete **Testierfreiheit,** eingeschränkt durch das **Pflichtteilsrecht** (siehe Rdn 23 ff.) und (wirtschaftlich betrachtet) zusätzlich durch das **Erbschaftsteuerrecht** (siehe § 8 Rdn 14 ff.), wobei **ggf.** wegen **Steuerfreiheit** die Erbschaft- und/oder Schenkungsteuer entfällt (siehe § 9 Rdn 30 ff.). 3

Der Erblasser kann im Rahmen der Testierfreiheit Verfügungen zugunsten einer bereits **bestehenden Stiftung** treffen oder eine neue Stiftung **von Todes wegen** (§ 81 Abs. 3 und 4 BGB) errichten. Letztere gilt im Rahmen der gesetzlichen Fiktion des **§ 80 Abs. 2 S. 2 BGB** für Zuwendungen des Stifters rückwirkend als schon vor dessen Tod entstanden und kann daher ebenfalls letztwillig bedacht werden.

Die Vermögenszuwendung an die Stiftung kann von Todes wegen in erster Linie durch **Erbeinsetzung,** Anordnung eines **Vermächtnisses**[6] oder die Begünstigung durch eine **Auflage** erfolgen.[7]

Die Stiftungserrichtung von Todes wegen ist heute unbestritten möglich.[8] Das ist keine Selbstverständlichkeit, wie ein Blick auf einen berühmten Streit zeigt: Der Kaufmann Johann Friedrich Städel aus Frankfurt war unverheiratet und kinderlos. Im Jahr 1793 plante er erstmals eine Kunststiftung. Es gab einen langen Rechtsstreit um sein Testament. Nach seinem Tode hatten von ihm beauftragte Administratoren bei der Stadt Frankfurt die Genehmigung einer Stiftung beantragt, die er als seine Erbin eingesetzt hatte, und nahmen zugleich in deren Namen die Erbschaft an. Zwei Verwandte fochten das Testament an und klagten auf Herausgabe des Nachlasses, weil niemand Erbe sein könne, der zum Todeszeitpunkt juristisch noch nicht existiert hatte. Der juristische Streit ging über mehrere Instanzen, dauerte von 1817 bis 1828 und endete dann mit einem Vergleich, wonach die Kläger ein Viertel des Nachlasses erhielten. 4

Die Grundlagen der Stiftungserrichtung von Todes wegen wurden bereits in § 3 Rdn 24 ff. angesprochen. Das Stiftungsgeschäft muss nach § 81 Abs. 3 BGB a.E. in einer Verfügung von Todes wegen enthalten sein, es gelten also die allgemeinen 5

4 *Haibach/Uekermann*, Großspendenfundraising, 2. Aufl. 2021.

5 Hier wird schon aus Platzgründen auf eine grundsätzliche Darstellung des Erbrechts verzichtet, nachfolgend werden „nur“ für die Stiftung wesentliche Einzelaspekte angesprochen. Es wird auf die einschlägige Standard-Literatur verwiesen.

6 Die Stiftung kann natürlich als Erbin auch mit einem Vermächtnis beschwert sein; siehe dazu etwa schon *Werner*, ZStV 2014, 86.

7 Siehe auch Kössinger/Najdecki/Zintl/*R. Kössinger/Zintl*, Handbuch der Testamentsgestaltung, 7. Aufl. 2024, § 15 Rn 265 ff.

8 Siehe etwa, auch zum Folgenden, *Schiffer*, npoR 2018, 105.

erbrechtlichen **Formvorschriften** für Testament oder Erbvertrag (§§ 2231, 2232, 2247, 2267, 2276 BGB).[9]

In der letztwilligen Verfügung müssen mindestens der Stiftungszweck und die verbindliche Vermögenszusage formwirksam bestimmt sein. Die Ergänzungsbefugnis der Stiftungsbehörde nach § 81 Abs. 4 BGB kann diese elementaren Mängel nicht heilen.[10] Im Übrigen kann nach dieser Vorschrift, wenn der Stifter verstorben ist, die nach Landesrecht zuständige Behörde (Stiftungsbehörde) das Stiftungsgeschäft um die Satzung oder um fehlende, nach § 81 Abs. 1 und 2 BGB erforderliche Satzungsbestimmungen ergänzen. Dabei soll die Behörde den wirklichen, hilfsweise den mutmaßlichen Willen des Stifters beachten.

6 Diese gesetzliche „Reparaturregelung" in § 81 Abs. 4 BGB ist bei genauer Betrachtung konsequent,[11] gilt doch für letztwillige Verfügungen die vom BGH entwickelte sog. **Andeutungstheorie,**[12] wonach dem letzten Willen auch bei einer nur geringen Andeutung in der Verfügung mit Blick auf die Unwiederholbarkeit der Erklärung des Erblassers wenn eben möglich zur Geltung verholfen wird. Eine solche Satzungsergänzung wird indessen dennoch nur in Betracht kommen, wenn im Stiftungsgeschäft/in der letztwilligen Verfügung der Stifter/Erblasser den Stiftungszweck eindeutig angibt und zugleich eine verbindliche Vermögenszusage macht. Zumindest diese beiden **Grundelemente** sind **unverzichtbar.**[13] Sie lassen sich schon rein tatsächlich nicht nur andeuten und dann ergänzen. Es reicht beispielsweise auch nicht aus, diese beiden zentralen Elemente einfach nur und ohne weiteres in einer maschinenschriftlich abgefassten Satzung als Anlage zu dem handschriftlichen Testament festzulegen. Der einfache Hinweis auf die Anlage in dem formgerechten Testament ist noch keine Andeutung.

7 Es ist deshalb dringend dazu zu raten, dass der Erblasser in seinem Testament unmittelbar selbst seinen Stifterwillen formgültig mit den wesentlichen Merkmalen festlegt.[14] Soll das gesamte Stiftungsgeschäft einschließlich einer vom Erblasser formulierten Satzung verbindlich sein, so muss nach h.M. auch die vollständige Satzung die Formerfordernisse der letztwilligen Verfügung erfüllen, wäh-

9 Burgard/*Burgard*, Stiftungsrecht, § 81 Rn 114.

10 NK-BGB/*Schewe*, Anhang zu § 1923 Rn 53; *Wachter*, ZEV 2010, 201, 202.

11 *Schiffer*, npoR 2018, 105, 107; MüKo-BGB/*Weitemeyer*, § 81 Rn 85 ff.; siehe auch LG Berlin FamRZ 2001, 450.

12 BGHZ 286, 41; BGHZ 94, 36; siehe schon *Schiffer/Scherf*, ZErb 2006, 335 zur wohlwollenden Auslegung letztwilliger Verfügungen.

13 MüKo-BGB/*Weitemeyer*, § 81 Rn 90; *Schwarz*, DStR 2002, 1723. Zur erforderlichen Bestimmtheit des Stiftungszwecks siehe etwa VG Ansbach, Urt. v. 16.03.2021 – AN 10 K 19.766; *Uhl*, StiftungsBrief 2021, 115.

14 Siehe bereits LG Berlin FamRZ 2001, 450.

rend eine z.B. maschinenschriftlich abgefasste Satzung nur als Auslegungshilfe für das formgültige Stiftungsgeschäft dienen kann.[15]

Besteht ein Ergänzungsbedürfnis i.S.d. § 81 Abs. 4 BGB, ergeben sich in der Praxis immer wieder Grenzfälle, die auch die Rechtsprechung beschäftigen. Nach einer älteren Entscheidung des OLG Stuttgart[16] ist jedenfalls eine letztwillige Stiftungserrichtung nicht allein deshalb formunwirksam, weil das Testament keine vollständige Stiftungssatzung in der testamentarischen Form enthält. Auch das KG Berlin hat in einer Entscheidung aus dem Jahr 2015 bestätigt, dass es im Hinblick auf die gesetzliche Ergänzungsmöglichkeit der Stiftungsbehörde unschädlich ist, wenn in der letztwilligen Verfügung zur Errichtung einer Stiftung von Todes wegen nicht alle erforderlichen Elemente der Satzung enthalten sind.[17] Bereits nach altem Recht gelte der Grundsatz, dass es für die wirksame Stiftungserrichtung entscheidend darauf ankommt, welchem Zweck der Stifter sein Vermögen widmen will. Die übrigen Elemente, insbesondere zur Organisation der Stiftung, haben nur eine dem Zweck dienende Funktion.[18]

Zu einem spezifischen Sachverhalt der letztwilligen Stiftungserrichtung ging das OLG München in 2017[19] schließlich noch einen Schritt weiter und befand, dass es der wirksamen Einsetzung einer noch zu errichtenden rechtsfähigen Stiftung als Erbin nicht entgegenstehe, dass weder die Stiftung als solche noch die Stiftungssatzung in der Testamentsurkunde selbst wörtlich niedergelegt wurden. Für die Feststellung der bedachten Stiftung wie auch des Zwecks der Stiftung finden, so das Gericht, die allgemeinen Grundsätze der erläuternden Auslegung Anwendung. Entgegen der Ansicht des KG Berlin in der vorgenannten Entscheidung soll nach dem OLG München dabei auch die Formulierung „wohltätige Stiftung" als Zweckbestimmung ausreichen.[20]

Gleichwohl ist immer zu beachten, dass es sich um Entscheidungen in speziellen Einzelfällen handelte, die sich nicht unbesehen verallgemeinern lassen. Nach seinem Tod kann der Stifter seine Stiftungserrichtung jedenfalls nicht mehr reparieren. Er sollte nicht einfach darauf vertrauen, dass ein Dritter (hier die Stiftungsbehörde oder ggf. ein Gericht) das in seinem Sinne tut. Die Behörde kann seinen Stifterwillen nur umsetzen, soweit er ihr vorliegt. Der Stifter sollte also ausreichend klar im dargestellten Sinne letztwillig verfügen, wenn er die Stiftung nicht, was grundsätzlich vorzuziehen ist (siehe § 3 Rdn 30 ff.), schon lebzeitig errichtet.

---

15 OLG Schleswig, Beschl. v. 13.6.2025 – 3 Wx 54/23; MüKo-BGB/*Weitemeyer*, § 81 Rn 67; *Lange*, ZStV 2019, 85.

16 OLG Stuttgart ZEV 2010, 200 m. krit. Anm. *Wachter*.

17 KG Berlin, Beschl. v. 30.12.2015 – 6 W 45/15.

18 KG Berlin, Beschl. v. 30.12.2015 – 6 W 45/15, Rn 57.

19 OLG München, Beschl. v. 4.7.2017 – 31 Wx 211/15.

20 Näher zu der Entscheidung auch *Schiffer*, npoR 2018, 105.

8 Nach § 356 Abs. 3 FamFG „*hat das Nachlassgericht der zuständigen Behörde des Landes den sie betreffenden Inhalt der Verfügung von Todes wegen zur Anerkennung der Stiftung bekannt zu geben, es sei denn, dem Nachlassgericht ist bekannt, dass die Anerkennung der Stiftung schon von einem Erben oder Testamentsvollstrecker beantragt wurde*“. Ist kein Testamentsvollstrecker bestellt, die Stiftung aber zur Erbin bestimmt worden, wird vom Nachlassgericht nach Eröffnung des Testaments ein Nachlasspfleger als gesetzlicher Vertreter der zu errichtenden Stiftung bestimmt (§ 1960 BGB).

9 **Praxishinweis: Stiftung und Absicherung der Familie**

Abgesehen von den Fällen, dass eine in aller Regel dann nicht gemeinnützige Stiftung als Familienstiftung (siehe § 2 Rdn 23 ff.) oder eben einfach „nur“ als Ansatz zur Vermögenssicherung („**asset protection**“; siehe § 2 Rdn 25) zur Absicherung der Familie eingesetzt wird, können auch bei einer gemeinnützigen Stiftung die Familie und/oder andere nahestehende Personen abgesichert werden. Dazu ist wie folgt zu unterscheiden:

- Möglich ist nach der Abgabenordnung die „steuerbefreite Familienstiftung“ nach § 58 Nr. 6 AO (ausführlich dazu siehe § 9 Rdn 143 ff.).
- Möglich ist es auch, die Stiftung, sei sie gemeinnützig oder nicht, bei ihrer Errichtung mit einer Nießbrauchsverpflichtung bezogen auf einen (nicht wesentlichen) Teil des Stiftungsvermögens zugunsten bestimmter Personen zu belasten.
- Möglich ist es zudem, die Stiftung mit einer Rentenverpflichtung zu belasten.
- Ist die Stiftung Erbin, kann sie entsprechend mit einem Vermächtnis belastet werden. Betreffende Personen können natürlich neben der Stiftung auch Miterben sein.
- Die Betreffenden können schließlich auch durch eine (erbrechtliche) Auflage begünstigt sein.

10 Eine letztwillige Zuwendung an eine bereits bestehende Stiftung ist eine **Zustiftung**, soweit der Erblasser nichts anderes verfügt.[21] In der Stiftungssatzung sollte für diesen Fall vorgesehen sein, dass die Stiftung Zustiftungen (etwa auch in der Form von **Stiftungsfonds**[22]) annehmen darf.

11 Bei seiner Nachlassregelung und seinem zugehörigen Stiftungsprojekt sollte der Stifter sein Augenmerk auch auf die **Nachfolgeregelung für die Stiftungsorgane** „seiner“ Stiftung lenken. Oft macht sich der Stifter nicht genügend Gedanken, wie die Stiftung mit engagiertem Personal ausgestattet wird, wenn er nicht mehr selbst zur Verfügung steht („Nach mir die Sintflut“) oder die ihm nahestehenden Personen, die er für eine Mitgliedschaft in den Stiftungsorganen ausersehen hat,

21 Siehe auch § 62 Abs. 3 Nr. 1 AO für die steuerbefreite Stiftung.
22 Hierzu Richter/*Godron*, § 17 Rn 34.

verstorben sind und seine und deren Nachkommen die Ämter in den Stiftungen nicht übernehmen können und/oder wollen. Hier sollten die Kriterien und die Vorgehensweise möglichst klar und passend in der Stiftungssatzung geregelt werden (ausführlich hierzu siehe § 3 Rdn 39 ff.).

II. Alternative Gestaltungen

Die Möglichkeit der Stiftungserrichtung durch ein **Schenkungsversprechen von Todes wegen** (§ 2301 BGB) wird überwiegend mit unterschiedlicher Begründung abgelehnt.[23] In der Praxis spielt sie allerdings auch so gut wie keine Rolle. 12

Durch **Vertrag zugunsten Dritter auf den Todesfall** hingegen kann eine Stiftung errichtet werden.[24] Dabei ist allerdings umstritten, ob § 80 Abs. 2 S. 2 BGB oder § 331 Abs. 2 BGB oder auch beide Vorschriften anzuwenden sind.[25]

III. Unselbstständige Stiftungen

Unselbstständige Stiftungen können **nicht selbst Erbe oder Vermächtnisnehmer** sein, da sie keine juristischen Personen mit eigener Rechtspersönlichkeit sind (siehe § 12 Rdn 1 ff.). Erbe oder Vermächtnisnehmer wird dagegen in ihrem Fall der **Treuhänder**, der dann erbrechtlich per Auflage und/oder aufgrund des Treuhandvertrages verpflichtet wird oder ist, den zugewendeten Vermögenswert „für“ die Stiftung zu verwenden.[26] Eine Stellung der unselbstständigen Stiftung als „Erbe“ oder „Vermächtnisnehmer“ ist damit nicht formal, sondern allein bei wirtschaftlicher Betrachtung gegeben. 13

Im Rahmen der erbrechtlichen Gestaltungsmöglichkeiten ist auch die **Errichtung einer treuhänderischen Stiftung von Todes wegen** möglich (ausführlich dazu § 12 Rdn 90 ff.).[27] 14

B. Erbrecht

I. Erbenstellung

Eine Stiftung als juristische Person tritt wie eine natürliche Person, entweder als **Alleinerbin** oder als **Miterbin** (Erbengemeinschaft), die **Gesamtrechtsnachfolge** 15

---

23 Ausf. und differenzierend NK-BGB/*Schewe*, Anhang zu § 1923 Rn 39 ff. m.w.N.

24 *Muscheler*, DNotZ 2003, 661, 675 ff.

25 Siehe (noch zu § 84 BGB a.F.) NK-BGB/*Schewe*, Anhang zu § 1923 Rn 43, 47 ff.

26 Zur Treuhandstiftung von Todes wegen siehe etwa NK-BGB/*Schewe*, Anhang zu § 1923 Rn 121 ff.; *Muscheler*, ZEV 2014, 573; *Schauer*, npoR 2013, 120; *Lange*, ZErb 2013, 324.

27 Sieh dazu auch *Gemmer*, StiftungsBrief 2024, 29.

nach dem Erblasser an und haftet damit auch für etwaige Verbindlichkeiten.[28] Als Mitglied einer Erbengemeinschaft kann die Stiftung deren Auseinandersetzung fordern und ggf. auch im Wege der Zwangsversteigerung betreiben (§§ 2042 Abs. 2, 753 BGB). Um unsinnige Auseinandersetzungen zu vermeiden, sollte der Erblasser grundsätzlich im Wege einer **Teilungsanordnung** (§ 2048 BGB) bestimmen, wer welche Nachlassgegenstände erhält.

16 Eine Stiftung kann auch als **Nacherbin** (§§ 2100 ff. BGB) eingesetzt werden. Die grundsätzliche Unwirksamkeit einer Nacherbeneinsetzung nach Ablauf von 30 Jahren nach dem Erbfall (§ 2109 Abs. 1 S. 1 BGB) kann zugunsten der Stiftung als Nacherbin verlängert werden, wenn der Erblasser etwa nach § 2109 Abs. 1 Nr. 1 BGB die Nacherbfolge für den Fall anordnet, dass in der Person des Vorerben ein bestimmtes Ereignis (insbesondere: Tod des Vorerben) eintritt.

17 Probleme bei einer Nacherbengestaltung in Verbindung mit einer Stiftungserrichtung von Todes wegen können sich bei der Frage ergeben, ob die als Nacherbin eingesetzte Stiftung, die als Vermögen „nur" die Nacherbschaft erhält, bereits vor Eintritt des Nacherbfalls **anerkennungsfähig** ist. Die wohl herrschende Meinung geht von einer Anerkennungsfähigkeit nur für den Fall aus, dass der Vorerbe nicht von den Beschränkungen der §§ 2111 ff. BGB befreit ist.[29] Andernfalls könne der befreite Vorerbe den Nachlassbestand relativ frei verbrauchen, so dass der tatsächliche Vermögensbestand der Stiftung noch nicht absehbar sei.

Diese pauschale Sichtweise wird von *Schewe* zu Recht kritisiert,[30] da die konkrete Befreiung des Vorerben je nach Gestaltung sehr unterschiedlich ausfallen kann. Eine Anerkennung der Stiftung vor Eintritt des Nacherbfalls erscheint auch deshalb sinnvoll, damit sie die dem Nacherben zustehenden Kontrollrechte (z.B. Auskunftsrecht, § 2227 BGB) ausüben kann. Andererseits kann die zunächst vermögenslose Stiftung in dieser Zeit keine Erträge erwirtschaften und mithin noch nicht einmal ihre Verwaltungskosten tragen, was einer Anerkennung als gewichtiges Argument entgegensteht. In der Praxis wird daher wegen der bestehenden Unwägbarkeiten der Nacherbenstellung die Anerkennung durch die Stiftungsbehörde meistens erst nach Eintritt des Nacherbfalls erteilt.[31]

Ein sinnvoller **Gestaltungsansatz** kann es vor diesem Hintergrund sein, die Stiftung letztwillig oder sogar vorweg jedenfalls mit einem gewissen „anerkennungsfähigen" Vermögen auszustatten oder zu bedenken, also „anzustiften" und diese damit existierende oder eben letztwillig entstehende Stiftung zur Nacherbin einzusetzen.

---

28 Zur Stiftung als Erbin einer Immobilie *Gemmer*, StiftungsBrief 2024, 215.

29 Siehe etwa Staudinger/*Hüttemann/Rawert*, § 83 Rn 11; *Schewe*, ZStV 2003, 302; *Wachter*, Stiftungen, Kap. B Rn. 34.

30 NK-BGB/*Schewe*, Anhang zu § 1923 Rn 70 ff.

31 So auch *Wachter*, Stiftungen, Kap, B Rn. 34.

Eine Stiftung als **Vorerbin** einzusetzen wird regelmäßig keinen Sinn machen, ist aber nicht etwa per se ausgeschlossen.[32] Eine bereits errichtete Stiftung kann jedenfalls (zusätzliches) Vermögen sehr wohl „nur" als Vorerbin nutzen. Voraussetzung ist, dass sie in ihrer Zweckerfüllung nicht davon abhängig ist, d.h. ohne die Vorerbschaft über ein Vermögen verfügt, das die nachhaltige Erfüllung des Stiftungszwecks sicherstellt. Anders kann das im Einzelfall ggf. bei einer Verbrauchsstiftung (siehe § 2 Rdn 15 ff.) sein, die ihre „Erträge" aus der Vorerbschaft verbraucht. Es wird aber im konkreten Fall sehr genau zu prüfen sein, ob die Stiftung dann die Voraussetzungen des § 80 Abs. 1 S. 2 BGB erfüllt. 18

Eine Stiftung bei ihrer Errichtung von Todes wegen nur als Vorerbin mit einem „Vorerben-Vermögen" auszustatten wird wegen der dann nur vorübergehenden Vermögensausstattung regelmäßig nicht ausreichen, erscheint aber in Einzelfällen, etwa bei einem entsprechend zeitlich begrenzten Stiftungszweck oder einem erst nach längerer Zeit eintretenden Nacherbfall, nicht ausgeschlossen.[33] Dieser Gedanke ist nicht mit dem der Verbrauchsstiftung zu verwechseln, denn hier geht es ersichtlich nicht um den Verbrauch des Vermögens, da insoweit eine Stiftung als Vorerbin nach § 2112 BGB eingeschränkt ist. Sie kann davon auch nicht vollständig befreit werden (§ 2136 BGB). Aufgrund dieser Verfügungsbeschränkungen kam im Zuge der letzten Stiftungsrechtsreform die Frage auf, ob die Errichtung einer Stiftung durch die Einsetzung als Vorerbin wegen des neuen § 81 Abs. 1 Nr. 2 BGB endgültig unzulässig sei, da die Vorschrift ein gewidmetes Vermögen zur eigenen Verfügung der Stiftung vorschreibt. Da es sich hier aber nicht um eine umfassende Verfügungsbeschränkung wie bei der Anordnung einer Dauertestamentsvollstreckung, sondern um die Einschränkung bestimmter Verfügungsrechte handelt, die im Übrigen auch vom Stifter wirksam in der Satzung festgelegt werden könnten, soll § 81 Abs. 1 Nr. 2 BGB die Zulässigkeit der Vermögensausstattung durch eine Vorerbschaft nicht grundsätzlich ausschließen.[34]

Unter Beachtung dieser Zusammenhänge kann eine bestehende Stiftung auch als **Ersatzerbin** eingesetzt werden. Die Anerkennung einer nur als Ersatzerbin eingesetzten Stiftung vor dem tatsächlichen Eintritt des Ersatzerbfalls ist aufgrund der Unsicherheit des Ereignisses ersichtlich ausgeschlossen, wenn ihr nicht hinreichend anderweitiges Vermögen zugewandt ist.[35] 19

II. Vermächtnis

Eine Stiftung kann als **Vermächtnisnehmerin** eingesetzt werden. Sie wird dann zwar nicht Rechtsnachfolgerin des Erblassers, erwirbt aber mit dem Erbfall einen Anspruch gegen den oder die Erben auf Herausgabe des vermachten Gegenstan- 20

32 A.A. noch *Wachter*, Stiftungen, Kap. B Rn. 33.

33 MüKo-BGB/*Weitemeyer*, § 81 Rn 76; *Ponath/Tolksdorf*, ZEV 2021, 605, 608.

34 *Ponath/Tolksdorf*, ZEV 2021, 605, 608; *Pruns/Vaysberg*, AnwZert ErbR 8/2024 Anm. 2.

35 MüKo-BGB/*Weitemeyer*, § 81 Rn 76.

des (§ 2174 BGB). Durch das Vermächtnis kann der Erblasser der Stiftung einen ganz bestimmten Gegenstand zuwenden, aber bei einem Wahlvermächtnis (§ 2154 BGB) und einem Gattungsvermächtnis (§ 2155 BGB) die „Auswahl" des Gegenstandes auch einem Dritten oder dem Bedachten übertragen. Das mag es in problematischen Einzelfällen der Familie des Erblassers/Stifters erleichtern, die Vermögensübertragung auf die Stiftung innerlich zu akzeptieren.

Es ist auch möglich, eine **Stiftung letztwillig zu errichten** und mit einem ausreichenden **Vermächtnis** auszustatten.

Wenn der Erblasser den Zweck der Zuwendung hinreichend bestimmt hat, kann er sogar die Bestimmung der konkreten Leistung an die Stiftung ebenfalls dem Beschwerten oder einem Dritten überlassen (Zweckvermächtnis, § 2156 BGB).

Ist ein Grundstück Gegenstand des Vermächtnisses, haftet der Beschwerte im Zweifel nicht für die Lastenfreiheit des Grundstücks (§ 2182 Abs. 3 BGB).

III. Begünstigung durch eine Auflage

21 Der Erblasser kann eine bereits existierende Stiftung letztwillig auch mit einer Auflage (§§ 1940 ff. BGB) bedenken; die Stiftung hat dann allerdings **kein Recht, die Leistung zu fordern** (§§ 1940, 2192 ff. BGB). Dennoch ist die Auflage für den Erben oder Vermächtnisnehmer bindend. Die Vollziehung einer Auflage (§ 2194 S. 1 BGB) können Erben, Miterben und diejenigen verlangen, denen der Wegfall des mit der Auflage Bedachten unmittelbar zustattenkommen würde (z.B. der Nacherbe oder Ersatzerbe). Außerdem kann auch der in einem solchen Fall sinnvollerweise einzusetzende **Testamentsvollstrecker** die Vollziehung der Auflage verlangen (§ 2208 Abs. 2 BGB).

22 Liegt die Vollziehung einer Auflage im **öffentlichen Interesse**, was bei einer Auflage zugunsten einer gemeinnützigen Stiftung regelmäßig der Fall sein dürfte,[36] kann auch die zuständige Behörde die Vollziehung der Auflage verlangen (§ 2194 S. 2 BGB). Die Behörde ist nicht etwa mit der Stiftungsbehörde identisch, sondern nach Landesrecht zu bestimmen.[37]

IV. Pflichtteil

23 Pflichtteilsrechte werden im Zusammenhang mit dem Vererben bei Stiftungen nicht selten „übersehen". Ansprüche pflichtteilsberechtigter Angehöriger des Erblassers können für die (letztwillig oder auch lebzeitig) bedachte Stiftung oftmals eine erhebliche Belastung darstellen. Das **Pflichtteilsrecht**[38] (§§ 2303 ff.

36 Wie hier *Wachter*, Stiftungen, Kap. B Rn. 37.
37 MüKo-BGB/*Rudy*, § 2194 Rn 8.
38 Für eine umfassende Darstellung des Pflichtteilsrechts muss auf die einschlägige aktuelle Literatur verwiesen werden.

BGB) gewährt den Abkömmlingen, den Eltern und dem Ehegatten des Erblassers eine gesetzlich garantierte und zwingende Mindestteilhabe am Nachlass. Die Testierfreiheit des Erblassers wird insoweit gesetzlich beschränkt.[39] Nur unter äußerst engen Voraussetzungen kann in Einzelfällen die Entziehung des Pflichtteils (§ 2333 BGB), die Pflichtteilsunwürdigkeit (§ 2345 Abs. 2 BGB) oder die Pflichtteilsbeschränkung in guter Absicht (§ 2338 BGB) möglich sein.[40]

Ein zuverlässiger Ausschluss des Pflichtteilsanspruchs wird i.d.R. nur einvernehmlich über einen vertraglichen Pflichtteils- oder Erbverzicht des Berechtigten (§§ 2346 ff. BGB) erreicht.

Die Höhe des Pflichtteils richtet sich nach dem Wert und Bestand des Nachlasses 24
zum Zeitpunkt des Erbfalls.[41] Folglich können lebzeitige Schenkungen des Erblassers an Dritte diesen Nachlasswert, und damit auch den Pflichtteilsanspruch, empfindlich verringern – etwa auch bei einer beschenkten Stiftung. Zum Schutz der Pflichtteilsberechtigten vor einer „lebzeitigen Aushöhlung“ ihres Pflichtteilsanspruches steht ihnen für diese Fälle ein **Pflichtteilsergänzungsanspruch** (§§ 2325 ff. BGB) zu.[42] Dabei wird der Wert des verschenkten Gegenstands dem Nachlass für die Berechnung des Pflichtteils wieder hinzugerechnet. Dies gilt allerdings nur für Schenkungen, die **innerhalb von zehn Jahren** vor dem Tod des Erblassers erfolgt sind, wobei sich die Höhe der Anrechnung für jedes verstrichene Jahr um 1/10 reduziert (§ 2325 Abs. 3 S. 1 und 2 BGB). Bei Schenkungen an Ehegatten beginnt diese Frist allerdings nicht vor Auflösung der Ehe zu laufen (§ 2325 Abs. 3 S. 3 BGB). Schuldner des Pflichtteilsergänzungsanspruchs sind der oder die **Erben**, in Ausnahmefällen (§ 2329 BGB) aber auch der oder die **beschenkten Stiftungen** selbst.[43] Der Pflichtteilsergänzungsanspruch ist nach einem Urteil des BGH vom 23.5.2012[44] im Übrigen nicht mehr davon abhängig, dass der Pflichtteilsberechtigte zur Zeit der Schenkung schon pflichtteilsberechtigt war, d.h. schon geboren war. Diskutiert wird in der Literatur, ob Destinatärsleistungen einer Familienstiftung an einen Pflichtteilsberechtigten in analoger Anwendung des § 2327 BGB auf dessen Pflichtteilsergänzungsanspruch nach dem Stifter anrechenbar sind.[45]

Da gerade Stiftungen oft beträchtliche Zuwendungen zu Lebzeiten des Erblassers erhalten, ist vor diesem Hintergrund immer auch auf etwaige Pflichtteilsergänzungsansprüche zu achten. Der Pflichtteilsergänzungsanspruch und der (eigentliche) Pflichtteilsanspruch ergänzen sich ersichtlich und sind deshalb grundsätzlich

39 Grüneberg/*Weidlich*, § 2303 Rn 1.
40 Im Einzelnen siehe etwa *Muscheler*, Erbrecht, Rn 4257 ff.
41 Damrau/Tanck/*Riedel*, § 2303 Rn 33.
42 Ausf. etwa Mayer/Süß/Riedel/Bittler/*Pawlytta*, § 7 Rn 1 ff.; *Beyer*, ZStV 2023, 126; *Schauer*, npoR 2018, 49.
43 Damrau/Tanck/*Riedel*, § 2325 Rn 106.
44 BGH v. 23.5.2012 – IV ZR 250/11, ErbR 2012, 259 ff. m. Anm. *Krüger* (253 f.).
45 Ausf. dazu *Löhmer*, ErbR 2024, 837 m.w.N; MüKo-BGB/*Weitemeyer*, § 82a Rn 10 f.

gemeinsam zu betrachten, was in der Praxis nicht jeder durchgehend im Blick hat.

25 Das Pflichtteilsrecht bei Stiftungen ist in der Praxis generell ein besonderes Thema. Nicht eben selten wird nach unseren Erfahrungen der Berater zu Stiftungen danach gefragt, ob durch eine Stiftung **Pflichtteilsansprüche** (Pflichtteils- und Pflichtteilsergänzungsansprüche) **vermieden werden können**, etwa indem man eine Stiftung als Alleinerbin einsetzt.[46]

26 Die Antwort auf diese Frage war ursprünglich umstritten. So wurde etwa angenommen, bei **Familienstiftungen** stünde den enterbten gesetzlichen Erben kein Pflichtteilsrecht zu, wenn sie durch die Stiftung begünstigt seien („Destinatäre") und die zu erwartenden Zahlungen der Stiftung in angemessener Zeit die Summe des Pflichtteils erreichten.[47] Dem kann jedoch ersichtlich nicht gefolgt werden, hängen doch die Leistungen der Stiftung erst noch von einer Entscheidung des Stiftungsvorstandes ab. Diese Leistungen sind deshalb grundsätzlich zunächst nur als Erwartung einzustufen und eben nicht als ein (Pflichtteils-)**Anspruch**. Zudem erscheint das geforderte Merkmal „angemessener Zeitraum" als zu unkonkret, um eine praktikable Abgrenzung zu ermöglichen. Die völlig herrschende Meinung bejaht denn auch in solchen Fällen **Pflichtteils- und Pflichtteilsergänzungsansprüche** der enterbten gesetzlichen Erben.[48] Zur Pflichtteilsvermeidung bleibt damit in solchen Fällen nur der Weg über **Erb- oder Pflichtteilsverzichtsverträge.**[49]

27 Gleichwohl hatte im Jahr 2002 das **OLG Dresden**[50] in einem besonderen und viel beachteten Fall (**Dresdner Frauenkirche**) einen Anspruch aus Pflichtteilsrecht gegen eine gemeinnützige Stiftung verneint und angenommen, der Erblasser habe der Stiftung nichts i.S.d. §§ 2325, 2329 BGB geschenkt, sondern ihr nur Durchgangsvermögen treuhänderisch gebunden zugewandt, welches die Stiftung wirtschaftlich nicht habe bereichern können.

28 Dem (und der damit kurzzeitig entstandenen Verwirrung) ist der **BGH**, der h.M. folgend, in einer besonders lesenswerten Entscheidung unter ausdrücklichem Hinweis insbesondere auf den Zweck der Pflichtteils(ergänzungs)bestimmungen entgegengetreten.[51] Die §§ 2325, 2329 BGB sollen eine Aushöhlung des Pflichtteilsrechts durch lebzeitige Rechtsgeschäfte des Erblassers verhindern. Auch wenn der Erblasser mit seiner lebzeitigen Verfügung gemeinnützige ideelle Zwe-

---

46 Näher dazu *Schiffer*, ZSt 2005, 199.

47 *Steffek*, Die Anforderung an das Stiftungsgeschäft von Todes wegen, 1996, S. 39.

48 Siehe BGHZ 157, 178 = NJW 2004, 1382 m. Anm. *Schiffer*, NJW 2004, 1565. Siehe zuvor bereits *Asche*, Stiftung & Sponsoring 3/2001, 23; *Rawert/Katschinski*, ZEV 1996, 161.

49 Siehe dazu etwa Werner/Saenger/Fischer/*Hörmann*, § 21 Rn 106. Zur Problematik missbräuchlicher Pflichtteilsumgehung: *Röthel*, NJW 2012, 337.

50 OLG Dresden NJW 2002, 3181; dazu kritisch *Schiffer*, DStR 2003, 14, 15 m.w.N.

51 BGH NJW 2004, 1598 ff.; näher zu dem Urteil *Schiffer*, NJW 2004, 1565.

cke verfolgt, kann dies keine andere Beurteilung rechtfertigen. Aus Sicht des Pflichtteilsberechtigten ist der Erfolg einer Schenkung und einer Spende zu Stiftungszwecken identisch.[52] Beides ist im Ergebnis nichts anderes als der Versuch, auf diese Weise einen erheblichen Teil des Nachlassvermögens zum Nachteil des Pflichtteilsberechtigten an einen anderen weiterzuleiten. Dass im Einzelfall die Motive durchaus anerkennenswert sein mögen, ist für die damit einhergehende Pflichtteilsverkürzung ohne Belang.

Praxishinweis: Rücklagenbildung bei der Stiftung? 29

Potenzielle Spender (§ 2325 BGB) sowie auch potenzielle Spendenempfänger (§ 2329 BGB) und deren Berater müssen auch zukünftig zumindest bei größeren Spenden das etwaige Pflichtteilsproblem vorweg klären. Bei pflichtteilsanspruchsbelasteten Schenkungen sollten Stiftungen eine entsprechende Rücklage bilden. Die Gemeinnützigkeit der Stiftung schließt Pflichtteilsansprüche nicht aus. Dies gilt grundsätzlich selbst dann, wenn diese die Existenz der Stiftung bedrohen oder sogar vernichten können![53]

Zur Pflichtteilsvermeidung bleibt auch in solchen Fällen nur der Weg über Erb- oder Pflichtteilsverzichtsverträge nach §§ 2346 ff. BGB, die ggf. mit entsprechenden Abfindungen verbunden werden, oder über eine ausreichende (letztwillige) Begünstigung der Pflichtteilsberechtigten.

Die Stiftung als Erbin kann zumindest nach § 2331a BGB die Stundung verlangen, 30
wenn die sofortige Erfüllung des Pflichtteilsanspruchs „wegen der Art der Nachlassgegenstände eine unbillige Härte wäre“ (§ 2331a Abs. 1 S. 1 BGB). Die Vorschrift ist allerdings eine Ausnahmeregelung mit hohen Anforderungen. Erhebliche wirtschaftliche Schwierigkeiten sollen für sich genommen nicht ausreichend sein.[54] Außerdem gilt § 2331a BGB von vornherein nicht für den Pflichtteilsergänzungsanspruch gegen den Beschenkten nach § 2329 BGB.[55]

Der Pflichtteilsanspruch und der Pflichtteilsergänzungsanspruch gegen den Er- 31
ben gem. § 2325 BGB **verjähren** nach den allgemeinen Regeln einheitlich in drei Jahren, wobei die Verjährung mit dem Schluss des Jahres beginnt, in dem der Anspruch entstanden ist und der Pflichtteilsberechtigte hiervon Kenntnis erlangt hat (§§ 195, 199 BGB).

Eine Sonderregelung gilt hingegen für die Verjährung des Anspruchs gegen den Beschenkten nach § 2329 BGB. Der Lauf der dreijährigen Verjährung beginnt hier nach **§ 2332 Abs. 1 BGB** bereits kenntnisunabhängig mit dem Erbfall. Zieht sich das stiftungsrechtliche Anerkennungsverfahren nach dem Tod des Stifters

52 Siehe auch schon *Rawert*, NJW 2002, 3151, 3153.
53 Siehe auch Hannes/*Müller*, C. 3.01 Rn 10; *Röthel*, ZEV 2008, 112, 113.
54 Damrau//Tanck/*Lenz-Brendel*, § 2331a Rn 7.
55 MüKo-BGB/*Lange*, § 2331a Rn 4.

(vgl. § 356 Abs. 3 FamFG) über mehr als drei Jahre nach dem Erbfall hin, so kann dies daher zur Verjährung des Anspruchs aus § 2329 BGB führen.[56]

V. Widerruf, Ausschlagung und Anfechtung

32 Das Stiftungsgeschäft von Todes wegen kann, ebenso wie die Erbeinsetzung einer Stiftung, nur unter den erbrechtlichen Voraussetzungen vom Erblasser selbst **widerrufen** werden (§§ 2253 ff., 2270 ff., 2290 ff. BGB).[57] Ein Widerruf durch die Erben ist ausgeschlossen, denn § 81a S. 2 BGB, der den Widerruf durch Erben nur unter bestimmten Voraussetzungen ausschließt, gilt nur für das Stiftungsgeschäft unter Lebenden.[58]

33 Bei einer Stiftungserrichtung von Todes wegen hat die Stiftung selbst in Bezug auf die letztwillige Zuwendung des Stifters kein **Ausschlagungsrecht**,[59] denn das Stiftungsgeschäft steht nicht zur Disposition der Stiftungsorgane. Sie sind an den Stifterwillen gebunden (siehe auch § 3 Rdn 44 ff.) und erst durch das Stiftungsgeschäft in ihr Amt gelangt.

Die bereits bestehende und als Erbin eingesetzte Stiftung kann hingegen die Erbschaft grundsätzlich nach den allgemeinen Regeln (§§ 1942 ff. BGB) ausschlagen, sofern sie damit nicht gegen ihre Satzung und/oder den Stifterwillen verstößt.

34 Für das Stiftungsgeschäft von Todes wegen gelten die allgemeinen Bestimmungen zur **Anfechtbarkeit** von Verfügungen von Todes wegen (§§ 2078 ff. BGB).[60]

VI. Auskunftsansprüche

35 Auskunftsansprüche spielen im Erbrecht eine wichtige Rolle und kommen in unterschiedlichen Konstellationen vor. Sie können, je nach Ausgangslage, sowohl zugunsten als auch zu Lasten der Stiftung eingreifen.

Ist die Stiftung als **Erbin** eingesetzt, kommen etwa Auskunftsansprüche gegen den Erbschaftsbesitzer (§ 2027 BGB), den Hausgenossen (§ 2028 BGB), den Scheinerben (§ 2362 Abs. 2 BGB) und insbesondere auch gegen den Testamentsvollstrecker (§§ 2215, 2218 i.V.m. §§ 666 ff. BGB) in Betracht. Ist die Stiftung **Nacherbin**, so stehen ihr – sofern sie bereits existiert – diverse Informationsrechte gegenüber dem Vorerben zu (insbesondere §§ 2121 ff., 2127 BGB).

---

56 Näher hierzu *Damrau*, ZEV 2010, 12, 15 ff.

57 BGHZ 70, 313; Burgard/*Burgard*, Stiftungsrecht, § 81a Rn 2 m.w.N.; allgemein zum Widerruf von Testamenten siehe etwa *Muscheler*, Erbrecht, Rn 1792 ff.

58 Burgard/*Burgard*, Stiftungsrecht, § 81a Rn 2.

59 NK-BGB/*Schewe*, Anhang zu § 1923 Rn 106.

60 Richter/*Stumpf*, § 4 Rn 49.

Besondere Probleme bereiten in der Praxis immer wieder Auskunftsverlangen von am Nachlass Beteiligten gegenüber **Banken**. Auskunftsansprüche ergeben sich für diesen Fall nicht aus speziellen erbrechtlichen Vorschriften, sondern aus der schuldrechtlichen Beziehung zwischen Erblasser und Geldinstitut.[61] 36

Äußerst belastend für die Stiftung als Erbin kann der häufig geltend gemachte **Auskunftsanspruch des Pflichtteilsberechtigten** nach § 2314 BGB sein. Dies insbesondere deshalb, da der Pflichtteilsberechtigte nach dieser Vorschrift nicht nur die Erstellung eines Nachlassverzeichnisses, sondern auch die Wertermittlung der Nachlassgegenstände fordern kann.[62] Bei größerem Grundbesitz zieht dies unter Umständen erhebliche Kosten für Sachverständige nach sich, welche dem Nachlass zur Last fallen (§ 2314 Abs. 2 BGB). Sind Ansprüche von Pflichtteilsberechtigten absehbar, so sind die Stiftungsorgane gut beraten, auch diese möglichen Kosten bei der Finanzplanung zu berücksichtigen (siehe Rdn 23 ff.). 37

Praxisrelevante Rechtsprechung: Pflichtteil und Auskunft 38

Die einmal errichtete Stiftung mit ihren jeweiligen spezifischen Stiftungszwecken genießt staatlichen Bestandsschutz auch gegenüber ihrem Stifter. Vor allem der Stifter muss deshalb gewillt sein, diesen Bestandsschutz und auch die weiteren Besonderheiten der Rechtsform Stiftung zu akzeptieren („Stiftungsreife“, siehe § 14 Rdn 15 ff.). Dazu gehört auch, dass ein Stifter sinnvollerweise Vermögen auf eine Stiftung nicht ohne Einbindung seiner engeren Familie oder gar hinter deren Rücken überträgt. Vor allem die Pflichtteilsberechtigten sollte der Stifter einbinden, wie nicht nur eine Entscheidung des **OLG Karlsruhe** zeigt:

Nach §§ 2314, 2325 BGB analog kann ein Pflichtteilsberechtigter, wie das OLG Karlsruhe betont hat, seine Ansprüche auf Auskunftserteilung und Wertermittlung im Zusammenhang mit der Pflichtteilsergänzung auch gegenüber einer Stiftung geltend machen, die der Erblasser lebzeitig mit Vermögen ausgestattet hat.[63]

Der in § 2325 BGB geregelte Sachverhalt sei, so das OLG Karlsruhe, mit dem Stiftungsgeschäft als einer freigiebigen Transferleistung ohne weiteres vergleichbar. Für die entsprechende Anwendung der Vorschrift des § 2325 BGB auf die Errichtung von Stiftungen unter Lebenden spreche zudem, dass der Gesetzgeber dem Pflichtteilsrecht einen hohen Stellenwert eingeräumt hat. Um eine Aushöhlung des Pflichtteilsrechts zu verhindern, sei § 2325 BGB weit auszulegen. Von dem Auskunftsanspruch erfasst seien auch sonstige Zuwendungen des Erblassers an die Stiftung, die keine Schenkungen, An-

61 Zu Einzelheiten siehe *Linnartz/Linnartz/Maibach/Becker*, Bankauskunft im Erbfall, 2008; *Sarres*, Erbrechtliche Auskunftsansprüche, 3. Aufl. 2017, Rn 620 ff.

62 Siehe Damrau/Tanck/*Riedel*, § 2314 Rn 47 ff.

63 OLG Karlsruhe ZEV 2004, 470.

standsschenkungen oder Stiftungsausstattungen sind, wie z.B. Spenden oder Zustiftungen.

Diese Entscheidung ist nur konsequent, da, wie zwischenzeitlich unumstritten ist, eine Stiftung nicht der Pflichtteilsvermeidung dienen kann (siehe auch schon Rdn 23 ff.).

VII. Erbfälle mit Auslandsberührung

39 Wie alle grenzüberschreitenden Rechtsfälle bereitet auch der internationale Erbfall diverse Schwierigkeiten, auf die hier nur kurz hingewiesen werden kann.[64] Im Hinblick auf die Erbeinsetzung oder die Errichtung einer Stiftung von Todes wegen kann eine Auslandsberührung beispielsweise in folgenden Fällen relevant werden:

- der Erblasser besitzt nicht die deutsche Staatsangehörigkeit,
- der Stiftung wird Vermögen (z.B. Immobilien) hinterlassen, das sich im Ausland befindet,
- der Erblasser setzt eine ausländische Stiftung als Erbin ein bzw. errichtet eine solche von Todes wegen (zu Stiftungen im Ausland siehe § 13).

Im letztgenannten Fall ist **§ 80 Abs. 2 S. 2 BGB** entsprechend auch auf Stiftungen anwendbar, die im Ausland errichtet worden sind.[65] Die Rechtsfähigkeit im Sinne der Vorschrift beurteilt sich dann nach den einschlägigen Vorschriften der ausländischen Rechtsordnung, eine Anerkennung nach § 82 BGB ist nicht erforderlich.

40 Bei Erbfällen im EU-Ausland wird die angestrebte Rechtsvereinheitlichung auch im Bereich des Erbrechts in Zukunft eine größere Rolle spielen. Für alle Erbfälle ab dem 17.8.2015 gilt die **Europäische Erbrechtsverordnung** (**EuErbVO**),[66] zu der der deutsche Gesetzgeber das „**Gesetz zum Internationalen Erbrecht und zur Änderung von Vorschriften zum Erbschein**" beschlossen hat.[67] Das EU-Recht sieht u.a. eine einheitliche Anknüpfung des Erbstatuts an den letzten „gewöhnlichen Aufenthalt" des Erblassers vor (Art. 21 Abs. 1 EuErbVO – Beispiel: Altersruhesitz des Stifters auf einer Mittelmeerinsel). Das kann angesichts der zunehmend internationalen Vermögen und der Mobilität der Erblasser leicht auch Stiftungen treffen. Es bleibt dem Erblasser nach wie vor die Möglichkeit

64 Ausf. zur Thematik siehe etwa *Flick/Piltz*, Der internationale Erbfall, 2. Aufl. 2008.

65 BayObLG NJW 1965, 1428; OLG München ZSt 2009, 169; Grüneberg/*Ellenberger*, § 80 Rn 4.

66 Verordnung (EU) Nr. 650/2012, abrufbar unter http://eur-lex.europa.eu. Ausf. zur EuErbVO siehe etwa *Simon/Buschbaum*, NJW 2012, 2393; *Vollmer*, ZErb 2012, 227; *Lehmann*, DStR 2012, 2085; *Hinden/Müller*, ErbStB 2013, 97; *Dutta*, FamRZ 2013, 4; *Herzog*, ErbR 2013, 2; *Dorsel*, ZErb 2014, 212; *Süß*, ZErb 2014, 34; *Wachter*, ZNotP 2014, 2.

67 Siehe dazu *Döbereiner*, NJW 2015, 2449.

zur Rechtswahl seines Heimatrechts.[68] Dem deutschen Erblasser bleibt es also unbenommen, deutsches Recht ausdrücklich zu wählen. Entsprechende **Rechtswahlklauseln** sind deshalb in entsprechenden Fällen der Testamentsgestaltung immer zu prüfen.

Ist eine Stiftung Erbin, ergeben sich für sie ggf. auch **steuerliche Pflichten aus „schwarzem" Nachlassvermögen**, das sich erfahrungsgemäß vorzugsweise im Ausland befindet. 41

C. Ein Spezialfall: Der Nachlass eines Künstlers und eine Stiftung

Stiftungen finden sich oft auch im Bereich von **Sammlungen** verschiedenster Art und von Kunst. Sammler und Künstler haben das Bedürfnis, ihre Sammlung, ihre „Kunst" der Nachwelt zu erhalten. Diesen Bereich wollen wir hier beispielhaft am typisierten Fall eines Künstlers betrachten. 42

Der Künstler kann mittels Stiftung eine seinen Vorstellungen entsprechende **posthume Pflege seines Werks** durch die Stiftungsorgane und eine entsprechende Satzung sicherstellen. Mögliche Probleme, die durch mangelndes Interesse und/ oder Erfahrung der Erben im Umgang mit dem künstlerischen Nachlass entstehen, können so vermieden werden. Die Stiftung ist in diesem Fall auch eine sinnvolle Alternative zur Einsetzung eines Testamentsvollstreckers.[69]

Zu bedenken ist dabei aber, dass das alles auch einiges kostet. Zudem muss sich jemand als Stiftungsvorstand oder als Treuhänder im Fall einer unselbstständigen (treuhänderischen) Stiftung finden, der im Sinne des Künstlers tätig wird und das i.d.R. ehrenamtlich. Das wird typischerweise nicht ganz leicht sein.

Wegen der besonderen Art des künstlerischen Nachlasses sind hier zudem **spezielle Rechtsfragen** zu berücksichtigen.[70] Hierzu zählen insbesondere der Bereich des vererblichen Urheberrechts (§ 28 UrhG) und der Verwertungsrechte. Auch ist – etwa durch Auflagen – festzulegen, wie mit Kunstgegenständen verfahren werden soll, ob diese zwingend im Stiftungsvermögen verbleiben müssen oder ob der Stiftung eine Möglichkeit zum Verkauf eröffnet wird. 43

Praxisbeispiel: Die (unselbstständige) Künstlerstiftung 44

Ein zeitgenössischer Maler und Bildhauer möchte nach seinem Tod sein künstlerisches Werk erhalten und bekannt machen.

Er verfügt testamentarisch die Errichtung einer unselbstständigen Stiftung, die seinen Namen trägt. Zweck der Stiftung ist die Förderung von Kunst und

68 Art. 22 EuErbVO. Siehe im Einzelnen auch *Lorenz*, ErbR 2012, 39; *Simon/Buschbaum*, NJW 2012, 2393.

69 Siehe auch Dreier/Schulze/*Mantz*, § 28 UrhG Rn 6 u. 8.

70 Vgl. *Fromm/Nordemann*, § 28 UrhG Rn 7.

Kultur sowie die Förderung von Wissenschaft und Forschung, insbesondere im Zusammenhang mit dem Lebenswerk des Künstlers. Die Stiftungszwecke werden satzungsgemäß insbesondere verwirklicht durch:

- Erhalt, Katalogisierung und Archivierung des künstlerischen Werkes,
- Maßnahmen, die den Künstler und sein Werk in der Öffentlichkeit bekannt und erlebbar machen (z.B. Ausstellungen und wissenschaftliche Erforschung),
- allgemeine Maßnahmen zur Förderung der vom Stifter vertretenen Kunstrichtung.

Die Stiftung erhält einen internen Vorstand, dessen erste Besetzung der Künstler testamentarisch festlegt. Für diese Rolle hat er einen guten Freund begeistern können, der zugleich einen geeigneten Raum zur Lagerung der Kunstwerke vorhält. Der Freund entscheidet unter anderem über die Mittelverwendung und betreibt aktive Öffentlichkeitsarbeit.

Als Stiftungsvermögen stattet der Künstler die unselbstständige Stiftung zum einen bei lebzeitiger Errichtung mit einem Geldvermögen in Höhe von 100.000 EUR aus. Zum anderen vermacht er der Stiftung seine Kunstwerke, von welchen ein begrenzter Teil als „Kernbestand" katalogisiert ist. Dieser Kernbestand von Kunstwerken soll nach der Satzung in seinem Bestand möglichst erhalten und Kunstinteressierten zugänglich gemacht werden. Die anderen Kunstwerke können nach dem Willen des Stifters ohne weiteres veräußert werden, um das Grundstockvermögen der Stiftung zu erhöhen. Eine Veräußerung von Kunstwerken aus dem Kernbestand ist hingegen nur im Sinne des Künstlers und nach einstimmigem Vorstandsbeschluss möglich. Den oben erwähnten Freund setzt der Künstler zu seinem Erben ein.

D. Stiftung und Testamentsvollstreckung

I. Grundlegendes zur Testamentsvollstreckung

1. Der Testamentsvollstrecker

45 Ein Testamentsvollstrecker soll i.d.R. die Umsetzung des Erblasserwillens absichern.[71] Der Erblasser kann einen oder in komplexeren Fällen auch mehrere Testamentsvollstrecker ernennen. Der Erblasser darf die Auswahl der Person des Testamentsvollstreckers einem Dritten zuweisen (§ 2198 BGB, Beispiele: Präsi-

71 Zur Kombination von Stiftung und Testamentsvollstreckung *Reimann*, ZEV 2025, 773. Siehe zu den nachfolgenden Ausführungen auch *Rott/Schiffer*, in: Pruns (Hrsg.), Tagungsband 3. Deutscher Testamentsvollstreckertag 2009, S. 105 ff.; *Schiffer/Rott*, in: Schiffer/Rott/Pruns (Hrsg.), Die Vergütung des Testamentsvollstreckers, 2. Aufl. 2022, § 1.

dent des örtlichen OLG oder Testamentsvollstrecker bestimmt seinen Nachfolger). Für den Fall, dass ein ernannter Testamentsvollstrecker wegfällt, sollte der Erblasser Vorsorge treffen und zugleich einen **Ersatztestamentsvollstrecker** bestimmen.

Der vom Erblasser in seiner letztwilligen Verfügung bestimmte Testamentsvollstrecker (§§ 2197 ff. BGB) hat dessen Anordnungen zur Ausführung zu bringen (§ 2203 BGB). Testamentsvollstrecker kann gem. § 2201 BGB jede natürliche Person werden, die bei Amtsantritt nicht geschäftsunfähig oder in der Geschäftsfähigkeit beschränkt ist oder die nach § 1814 BGB einen Betreuer zur Besorgung ihrer Vermögensangelegenheiten erhalten hat. Auch juristische Personen können, unabhängig von ihrer Rechtsform, Testamentsvollstrecker werden. 46

Das Testamentsvollstreckeramt **beginnt**, wenn der Ernannte das Amt durch – regelmäßig privatschriftliche – Erklärung gegenüber dem Nachlassgericht angenommen hat (§ 2202 BGB; §§ 342, 343 FamFG). Da das Amt mit dem Tod des Testamentsvollstreckers, bei juristischen Personen mit deren Liquidation oder Verschmelzung (§§ 36 Abs. 1 S. 1, 20 Abs. 1 Nr. 2 S. 1 UmwG), erlischt, ist die Bestimmung eines Ersatztestamentsvollstreckers so überaus wichtig. Im Übrigen **endet** das Amt mit der Erfüllung der Aufgaben bzw. zu dem vom Erblasser bestimmten Termin oder Ereigniseintritt. Bei der sog. **Auseinandersetzungsvollstreckung** (§ 2204 BGB) hat der Testamentsvollstrecker die Auseinandersetzung des Nachlasses und die Verteilung an die Miterben zu bewirken. Bei der **Dauertestamentsvollstreckung** (§§ 2205 und 2209 BGB) gilt es, den Nachlass nach der Inbesitznahme entsprechend den Anordnungen des Erblassers auf längere Zeit zu verwalten (§ 2216 BGB). 47

Praxishinweis: Testamentsvollstreckerzeugnis 48

Das Testamentsvollstreckerzeugnis dient dem Testamentsvollstrecker zum Nachweis seiner Rechte gegenüber Dritten. Außerdem dürfen gutgläubige Dritter auf die Richtigkeit des Testamentsvollstreckerzeugnisses vertrauen (§§ 2368 Abs. 3, 2365, 2267 BGB), und zwar dahin, dass die in dem Zeugnis als Testamentsvollstrecker genannte Person rechtsgültig Testamentsvollstrecker wurde, ihm das Amt in seinem regelmäßigen gesetzlichen Umfang zusteht und er mit keinen anderen als den im Zeugnis genannten Anordnungen beschwert ist.

Soweit es für die ordnungsgemäße Verwaltung des Nachlasses erforderlich ist, ist der Testamentsvollstrecker berechtigt, **Verbindlichkeiten für den Nachlass** einzugehen (§ 2206 BGB). Auch **einzelkaufmännische Unternehmen und Gesellschaftsbeteiligungen** können grundsätzlich der Testamentsvollstreckung unterliegen. Allerdings sind hier die Einzelheiten für die Verwaltungsvollstreckung kompliziert und je nach Gesellschaftsform zum Teil umstritten. 49

Testamentsvollstreckung ist eine sehr anspruchsvolle Dienstleistung. Sie ist, wie soeben angesprochen, ein ganz besonderes Tätigkeitsfeld und erfordert vor allem 50

Verantwortungsbewusstsein, Durchsetzungsvermögen sowie wirtschaftlichen und rechtlichen Sachverstand. Es steht daher außer Frage, dass eine derart verantwortungsvolle Tätigkeit grundsätzlich zu vergüten ist. Die gesetzliche Regelung ist kurz und einfach gehalten. § 2221 BGB bestimmt: *„Der Testamentsvollstrecker kann für die Führung seines Amtes eine angemessene Vergütung verlangen, sofern nicht der Erblasser ein anderes bestimmt hat."*

51 Der Ausgangspunkt der gesetzlichen Regelung erscheint zunächst sehr einfach. Der Erblasser bestimmt, ob und ggf. welche Vergütung ein Testamentsvollstrecker erhält. Trifft der Erblasser in seinem Testament keine Aussagen, erhält der Testamentsvollstrecker nach § 2221 BGB eben eine angemessene Vergütung. Wohl gerade weil die gesetzliche Regelung so kurz ist, führt sie in der Praxis immer wieder zu vehementen Streitigkeiten über die **Testamentsvollstreckervergütung**. Der Testamentsvollstrecker fühlt sich für seine Tätigkeit häufig nicht ausreichend vergütet, die Erben hingegen meinen, der Nachlass werde über Gebühr belastet. Eine passende Regelung trifft der Erblasser selten. Oft wird bei dem Entwurf der letztwilligen Verfügung gar nicht über den Punkt Testamentsvollstreckerhonorar gesprochen. Dabei muss der Erblasser die Vergütung nicht im Einzelnen letztwillig regeln; möglich und in der Praxis häufig ist auch der Verweis auf eine bestehende Vergütungstabelle, wie etwa die Empfehlungen des Deutschen Notarvereins für die Vergütung des Testamentsvollstreckers 2025.[72]

52 Die sich im Zusammenhang mit der Vergütung stellenden Fragen offen mit dem künftigen Erblasser zu erörtern, setzt vor allem viel Detailkenntnis des Testamentsgestalters von den Aufgaben eines Testamentsvollstreckers, von der sich daraus ergebenden angemessenen Vergütung und gerade auch von den bestehenden, auch modernen Vergütungsmöglichkeiten voraus.[73] Die Praxis zeigt uns, dass es daran ganz oft fehlt. Nur wer Bescheid weiß, kann sich hier im Einzelfall passend entscheiden.

2. Wesentliche Erfolgsparameter bei der Testamentsvollstreckung

53 Neben den rechtlichen und steuerlichen Fachkenntnissen zur Testamentsvollstreckung sind nach unseren Erfahrungen einige „weiche" Erfolgsfaktoren für das

72 Abrufbar unter www.dnotv.de; näher zu den neuen Empfehlungen des Deutschen Notarvereins für die Vergütung des Testamentsvollstreckers 2025, die durch ein Vergütungsprojekt der AGT, Bonn, angeregt worden sind, siehe etwa *Schürmann*, AnwZert ErbR 24/2024 Anm. 1; *Rott*, ZErb 2025, 161.

73 Ausf. *Schiffer/Rott/Pruns* (Hrsg.), Die Vergütung des Testamentsvollstreckers, 2. Aufl. 2022. Siehe auch zu dem AGT-Vergütungsprojekt und der Neufassung der bisherigen „Rheinischen Tabelle" aus 2025 *Schürmann*, AnwZert ErbR 24/2024 Anm. 1; *Reimann*, ZEV 2024, 795; *Lange*, DStR 2025, 218; *Rott*, ErbR 2025, 374; *Rott*, ZErb 2025, 161; *Bonefeld/Klinger*, ZEV 2025, 155.

Gelingen einer Testamentsvollstreckung im Sinne des Erblassers von entscheidender Bedeutung:
- fachliche Fähigkeiten und Zertifizierung,
- allseitiges Vertrauen,
- Durchsetzungsfähigkeit,
- ein passender Blick auf die allfälligen menschlichen Aspekte,
- Unabhängigkeit,
- Bonität,
- eine professionelle Infrastruktur.

3. Gerne übersehen: Haftungsgefahren für Testamentsvollstrecker

Wer die Testamentsvollstreckung betrachtet, muss auch einen Blick auf die Haftungsgefahren bei der Ausübung eines Testamentsvollstreckeramtes werfen. Das ist vor allem deshalb erforderlich, weil nach unseren Erfahrungen diese Haftungsgefahren noch immer gerne übersehen werden. 54

Auch als Testamentsvollstrecker gilt es, zahlreiche Haftungsfallen zu vermeiden.[74] Mit den folgenden praktischen Handlungsoptionen kann er einem Haftungsrisiko entgegenwirken:
- Einen bestimmten, aber vertrauensvollen Umgang mit den Erben pflegen.
- Durch permanente Fortbildung auf dem aktuellen Stand bleiben.
- Rechtsprechung und Gesetzesentwicklung fortlaufend beobachten.
- Nach Beendigung der Vollstreckung eine Entlastungsvereinbarung mit den Erben herbeiführen.
- Ausreichende Haftpflichtversicherung bereithalten.
- Unterlagen (einschließlich der Versicherungsunterlagen) mindestens 30 Jahre aufbewahren.

II. Wechselwirkung und Gestaltungsmöglichkeiten

1. Testamentsvollstrecker als Gehilfe und Organ

Stifter und Erblasser sind gleichermaßen von dem Wunsch nach der **Perpetuierung** des eigenen Vermögens und des eigenen Willens getragen. Hierin liegt die Wechselwirkung zwischen den beiden Rechtsinstituten.[75] In der Praxis kann der Testamentsvollstrecker[76] insbesondere als Gehilfe und/oder als Organ der Stif- 55

74 Näher dazu auch *Schiffer/Rott*, in: Schiffer/Rott/Pruns (Hrsg.), Die Vergütung des Testamentsvollstreckers, 2. Aufl. 2022, S. 31 ff.

75 Bengel/Reimann/Holtz/Röhl/*Pauli*, Handbuch der Testamentsvollstreckung, § 5 Rn 295 ff.

76 Davon zu unterscheiden ist der Nachlasspfleger (§§ 1960 ff. BGB). Die vom Nachlassgericht angeordnete Nachlasspflegschaft dient der Sicherung des Nachlasses – etwa bis zur Annahme der Erbschaft oder bis zur Ermittlung eines unbekannten Erben.

tung eingesetzt werden.[77] Auch eine Kontrollfunktion des Testamentsvollstreckers gegenüber den Stiftungsorganen ist möglich. In welcher **Funktion** der Testamentsvollstrecker dabei konkret eingesetzt wird, bedarf sorgfältiger Abwägung, bei welcher i.d.R. Sinn und Zweck der Stiftung den Ausschlag geben werden.[78]

56 **Praxishinweise: Testamentsvollstrecker und Stiftung**

Ein Testamentsvollstrecker kann im Zusammenhang mit Stiftungen beispielsweise wie folgt tätig werden:

- Er errichtet die Stiftung für den Erblasser.
- Er „schützt" eine bereits errichtete Stiftung – etwa indem er sie gegen Pflichtteilsansprüche der Erben „verteidigt".
- Er stattet eine bereits errichtete Stiftung mit Nachlassvermögen aus (Erbeinsetzung, Vermächtnis).
- Er wird Mitglied eines Stiftungsorgans.

2. Errichtung einer Stiftung durch den Testamentsvollstrecker

57 Die Errichtung einer Stiftung von Todes wegen kann in der Weise erfolgen, dass der Erblasser in der letztwilligen Verfügung seinen Stifterwillen, die Errichtung der Stiftung und die Vermögenszuwendung ohne alle Einzelheiten festlegt. Unter Umständen kann der Erblasser dies aufgrund seines Gesundheitszustandes gar nicht mehr, so dass die Zeit nur noch für ein „Nottestament" reicht. In diesem Fall ist die Einsetzung eines Testamentsvollstreckers, der den **Willen des Stifters umsetzt,** dringend zu empfehlen.[79] Der Testamentsvollstrecker hat insbesondere für die Einholung der Anerkennung der Stiftung Sorge zu tragen (siehe auch § 356 Abs. 3 FamFG).

Dabei ist es grundsätzlich sinnvoll, die **Satzung** der Stiftung in ihrer endgültigen Fassung dem Testament beizufügen. Dazu gehört eine entsprechend klare und formgültige letztwillige Verfügung (siehe Rdn 3 ff.).

3. Stiftung und Dauertestamentsvollstreckung

58 Die Dauertestamentsvollstreckung (§ 2209 BGB) ist, anders als die reine Abwicklungsvollstreckung, auf eine langfristige Verwaltung des Nachlasses durch den Testamentsvollstrecker angelegt. In der Vergangenheit war allerdings **umstritten,**

---

77 Siehe ausf. *Arnhold*, Die selbstständige Stiftung und der Testamentsvollstrecker, 2010; siehe auch schon *Pauli*, ZEV 2012, 461 ff.; *Bergfeld*, Stiftung aktuell 1/2012, 5 f.

78 Siehe auch schon *Werner*, NWB-EV 2015, 238, der die Testamentsvollstreckung der Familienstiftung als Möglichkeit zur Gestaltung einer langfristigen Bindung von Familienvermögen gegenüberstellt.

79 Siehe auch *Lange*, ZStV 2019, 85; *Rott/Kornau*, NWB-EV 2010, 386, 389.

ob die Anordnung der Dauertestamentsvollstreckung mit der Einsetzung einer Stiftung als Erbin vereinbar ist.[80] Jedenfalls nach Inkrafttreten der Stiftungsrechtsreform 2023 dürfte die Dauertestamentsvollstreckung über das der Stiftung von Todes wegen zugewandte Vermögen grundsätzlich unzulässig sein, da das gewidmete Vermögen nach § 81 Abs. 1 Nr. 2 BGB der Stiftung *„zu deren eigener Verfügung zu überlassen ist"*.[81]

Die Regelung in § 81 Abs. 1 Nr. 2 BGB geht im Kern zurück auf eine Entscheidung des OLG Frankfurt, das entschieden hatte, mit der Errichtung einer Stiftung von Todes wegen sei eine Dauertestamentsvollstreckung für die Verwaltung des Nachlasses grundsätzlich nicht vereinbar. Die Dauertestamentsvollstreckung, so das Gericht, stehe mit der Aufgabe des Vorstandes, das Stiftungsvermögen in Eigenverantwortung zu verwalten, und der staatlichen Aufsicht über diese Verwaltung durch den Vorstand in Widerspruch. Ein Testamentsvollstrecker, dessen Aufgabe die Errichtung einer Stiftung von Todes wegen ist, sei darum nach der Anerkennung der Rechtsfähigkeit der Stiftung dazu verpflichtet, die Verfügungsbefugnis über den als Stiftungsvermögen zugewendeten Teil des Nachlasses zugunsten der Stiftung freizugeben.[82] 59

Unklar ist allerdings, welche Rechtsfolgen tatsächlich mit der gesetzlichen Neuregelung verbunden sind. Kurz gesagt geht es um die Frage, ob die Anordnung einer Dauertestamentsvollstreckung ein **Anerkennungshindernis** darstellt[83] oder ob eine solche Anordnung ggf. eingeschränkt **als Abwicklungsvollstreckung auszulegen** ist.[84] Unseres Erachtens ist diese Frage nicht pauschal zu beantworten und ein genauerer Blick erforderlich.[85] So muss man sich vor Augen führen, dass Verfügungsbeschränkungen auch in anderer Form als in Form einer Dauertestamentsvollstreckung vorkommen können. Angesichts des Wortlauts, der sich gerade nicht ausdrücklich auf die Dauertestamentsvollstreckung und auch nicht auf die Stiftungserrichtung von Todes wegen beschränkt, stellt sich die grundlegende Frage, ab wann ein Vermögensgegenstand der Stiftung nicht mehr „zu deren eigener Verfügung" überlassen worden ist. Die Frage stellt sich etwa dann, wenn Dritten Rechte, Aufsichts- oder Zustimmungsbefugnisse verliehen worden sind. 60

80 Siehe m.w.N. *Reimann*, ZEV 2011, 609; *Ponath/Jestaedt*, ZErb 2012, 2253; *Schewe*, ZEV 2012, 236 ff.; *Peiker*, ZStV 2012, 179 ff.; *Neuhoff*, ZErb 2013, 81 (Erwiderung auf *Ponath/Jestaedt*); *Ponath/Fink*, KSzW 2014, 182.

81 *Schiffer/Pruns/Schürmann*, Die Reform des Stiftungsrechts, 2022, § 3 Rn 13 ff.

82 Vgl. Leitsatz des OLG Frankfurt, Urt. v. 15.10.2010 – 4 U 134/10; kritisch dazu *Schewe*, ZEV 2012, 236.

83 So wohl *Burgard*, npoR 2021, 1, 2; *Gollan/Richter*, npoR 2021, 29, 30.

84 In diesem Sinne *Hüttemann/Rawert*, Beilage zu ZIP 33/2021, 8.

85 Ausf., auch zu Gestaltungsüberlegungen: *Pruns/Vaysberg*, AnwZert ErbR 24/2023 Anm. 2, AnwZert ErbR 2/2024 Anm. 1, AnwZert ErbR 4/2024 Anm. 2, AnwZert ErbR 8/2024 Anm. 2.

61 Auch im Fall der Beschränkung durch eine Dauertestamentsvollstreckung kann der Sachverhalt zudem sehr unterschiedlich ausgestaltet sein. So kann der Stiftung ein Teil des Vermögens unbelastet und damit zur eigenen Verfügung und ein weiterer Teil des Vermögens belastet mit einer Dauertestamentsvollstreckung zugedacht sein. Kommt die Stiftungsbehörde bei der Prognose nach § 82 BGB zu dem Ergebnis, dass der belastungsfreie Teil des zugedachten Vermögens zur dauernden und nachhaltigen Zweckerfüllung ausreicht, kann die Dauertestamentsvollstreckung über den anderen Vermögensteil kein Anerkennungshindernis darstellen.

62 Auch bei anderen Sachverhaltskonstellationen als der Stiftungserrichtung von Todes wegen kann eine Dauertestamentsvollstreckung neben der Einsetzung einer Stiftung als Erbin sehr wohl zulässig sein.

Beispiele

- Etwa um die Durchsetzung ausnahmsweise bestehender **Destinatäransprüche** gegen eine Stiftung, die der Erblasser etwa als Auflage für die Stiftung als Erbin verfügt hat, sicherzustellen.[86]
- Oder im Fall einer letztwilligen Zustiftung auf eine bereits bestehende Stiftung. Dieser Fall unterscheidet sich nicht von dem einer anderen (natürlichen juristischen) Person als Erbin unter Dauertestamentsvollstreckung. Anders als bei dem oben angesprochenen Fall der Errichtung einer Stiftung von Todes wegen durch den Testamentsvollstrecker behält hier der Stiftungsvorstand seine Verfügungsmacht über sein bisheriges Vermögen.

4. Testamentsvollstrecker als Vollzugsgehilfe der Stiftung

63 Viele, gerade kleinere Stiftungen verfügen nicht über ausreichende Rechtskenntnisse, um **schwierige Nachlassfälle abzuwickeln**. Hier kann der Erblasser durch Einsetzung eines entsprechend versierten Testamentsvollstreckers der Stiftung helfen,[87] den Nachlass möglichst ungeschmälert in das Stiftungsvermögen zu übernehmen.[88]

Werden etwa **Pflichtteilsansprüche** gegen die Stiftung geltend gemacht, verhilft eine richtig gestaltete Testamentsvollstreckung der Stiftung dazu, mit dem Nachlass professionell umzugehen. Der Testamentsvollstrecker erhält eine sog. „Pflichtteilsvollmacht“, die es ihm ermöglicht, die eigentlich nicht in seinen Zuständigkeitsbereich fallenden Pflichtteils- und Pflichtteilsergänzungsansprüche (arg. § 2213 Abs. 1 S. 3 BGB) zu regulieren. Reicht der Nachlass nicht aus, ist es

86 *Reimann*, ZEV 2011 609.

87 Zu häufigen Praxisproblemen, Gestaltungsansätzen und zur Haftungsvermeidung bei der Testamentsvollstreckung siehe etwa *Schiffer/Rott*, in: Schiffer/Rott/Pruns (Hrsg.), Die Vergütung des Testamentsvollstreckers, 2. Aufl. 2022, S. 31 ff.

88 Siehe auch *Rott/Kornau*, NWB-EV 2010, 386, 387 ff.

die Aufgabe des Testamentsvollstreckers, durch geeignete Maßnahmen (insbesondere Stellung eines Antrages auf Nachlassverwaltung oder Nachlassinsolvenz) dafür Sorge zu tragen, dass das Stiftungsvermögen nicht für diese Verbindlichkeiten aufzukommen hat.

Setzt der Erblasser die Stiftung nicht zum Erben ein, sondern wendet ihr ein **Vermächtnis** zu, besteht die Gefahr, dass der Erbe überschuldet ist und das Nachlassvermögen bereits vor Erfüllung des Vermächtnisanspruches von Gläubigern des Alleinerben gepfändet wird. Auch hier hilft die Anordnung von Testamentsvollstreckung, da diese gem. §§ 2205, 2211, 2214 BGB zu einer Trennung von Eigenvermögen und Nachlassvermögen des Erben führt. Solange die Verwaltung durch den Testamentsvollstrecker andauert, ist den Eigengläubigern des Erben der Zugriff auf das Nachlassvermögen verwehrt. Der Testamentsvollstrecker kann der Stiftung das Vermächtnis auskehren und den verbleibenden Rest sodann an die Erben herausgeben. 64

5. Testamentsvollstrecker als Organ der Stiftung

Oft ist ein Wunsch des Erblassers und Stifters, dass der von ihm eingesetzte Testamentsvollstrecker als besondere Vertrauensperson auch direkten Einfluss auf das Wirken der Stiftung nimmt. Der Erblasser kann hierzu grundsätzlich testamentarisch anordnen, dass der Testamentsvollstrecker Mitglied eines Stiftungsorgans – i.d.R. des Vorstands – wird. 65

Dabei ist jedoch zu beachten, dass die Wahrnehmung von Vorstandsaufgaben nach überwiegender Ansicht **keine Ausübung der Testamentsvollstreckung** ist.[89] Organstellung und Ausübung des Testamentsvollstreckeramtes müssen stets voneinander getrennt beurteilt werden. Die Befugnisse des Testamentsvollstreckers erstrecken sich lediglich auf den Nachlass, wohingegen die Stiftung gerade nicht Teil des Nachlasses, sondern dessen Inhaberin ist. Wegen der Aufgabentrennung wirkt sich auch eine etwaige Entlassung des Testamentsvollstreckers nach § 2227 BGB nicht unmittelbar auf dessen Organstellung bei der Stiftung aus.[90] 66

Letztlich wird also der als Stiftungsorgan berufene Testamentsvollstrecker in dieser Organfunktion als „Privatperson" und nicht als Testamentsvollstrecker tätig. Entsprechendes kann der Stifter natürlich sehr wohl in die Stiftungssatzung schreiben. Ob das aber sinnvoll ist, sollte schon wegen etwaiger, nicht wirklich fern liegender Interessenkonflikte in der Person des Organmitglieds und Testamentsvollstreckers im Einzelfall sehr genau geprüft werden.

89 *Hof*, in: Münchener Vertragshandbuch Bd. 1, 8. Aufl. 2018, VIII. 2. Anm. 10; *Arnhold*, Die selbstständige Stiftung und der Testamentsvollstrecker, 2010, S. 148; Bengel/Reimann/Holtz/Röhl/*Pauli*, Handbuch der Testamentsvollstreckung, § 5 Rn. 327 (Auseinanderfallen von Testamentsvollstreckeramt und Organfunktion).

90 Ausf. Darstellung bei *Arnhold*, Die selbstständige Stiftung und der Testamentsvollstrecker, 2010, S. 147 ff.

67 Leider finden sich, wie die Praxis zeigt, auch Fälle, in denen sich der Testamentsvollstrecker über den Erblasser- und Stifterwillen hinwegsetzt.[91] Der Testamentsvollstrecker bleibt etwa nach der Stiftungserrichtung unbeabsichtigt lange Stiftungsorganmitglied und entscheidet ggf. auch noch über Satzungsänderungen, die seine Position festigen.

Dem kann vor allem dadurch entgegengewirkt werden, dass der Erblasser/Stifter für die besagte Stiftung neben dem Vorstand einen kompetent besetzten Stiftungsrat als Kontrollorgan (siehe dazu § 3 Rdn 66 ff.) vorsieht und der Stiftung zugleich die Kontrolle des Testamentsvollstreckers zugewiesen ist, soweit er mit Wirkung für die Stiftung tätig wird.

III. Kontrolle des Testamentsvollstreckers durch die Stiftung

68 Abgesehen von den vorgenannten Fällen, bei denen der Testamentsvollstrecker für die Stiftung tätig wird, kann es auch sonst angebracht sein, dass die Stiftung Kontrollbefugnisse gegenüber dem Testamentsvollstrecker ausübt.[92]

Das deutsche Recht weist dem Testamentsvollstrecker eine starke Stellung zu. Gleichwohl ist es nicht wirklich gerechtfertigt, von „ohnmächtigen" Erben zu sprechen.[93] Der Testamentsvollstrecker unterliegt zwar keiner gerichtlichen Kontrolle und keinem Genehmigungsvorbehalt. Die Kontrolle erfolgt aber durch die Erben, also i.d.R. die Stiftung, die ihre Möglichkeiten jedoch oft nur in unzureichendem Maße nutzen. Hier bleiben in der Praxis aus Unkenntnis heraus viele Chancen ungenutzt oder es wird erst viel zu spät eingegriffen.

Bedauerlicherweise finden sich hier in der Praxis auch **Missbrauchsfälle.**[94] *Rott* und *Hendricks* beschreiben anhand dreier Beispielsfälle anschaulich, wie gerade bei der Stiftung von Todes wegen Testamentsvollstreckung und Stiftungserrichtung ggf. nicht passend zusammenwirken, so dass der Erblasserwille und der Stifterwille nicht wirklich zur Geltung kommen. Die Autoren scheuen sich nicht, deutlich von Konflikt- und Missbrauchsrisiken sowie Gier zu schreiben, und das ausgehend von ihren drei Beispielsfällen bezogen auf einen Rechtsanwalt, einen rechtlichen Berater und einen Anwaltsnotar. Stiftungsreife und Beraterreife scheinen hier einmal mehr wesentliche Stichworte zu sein. Die beiden Autoren erweitern das Thema und sprechen sogar von **„Erbschleicherei"**.[95] Das Thema werden wir in der Praxis im Auge behalten müssen. Wir werden sensibel für entsprechend problematische Sachverhalte sein müssen sowie für entsprechende Sensibilität

91 Zur Problematik des „Kaperns" einer Stiftung durch den Testamentsvollstrecker siehe etwa eindrücklich *Rott*, ZStV 2025, 219.

92 Siehe z.B. schon *Berkel*, Stiftung & Sponsoring 5/2011, 32, 33.

93 So aber das ManagerMagazin 3/2009, 74 ff.

94 *Rott/Hendricks*, ZStV 2025, 219.

95 *Rott/Hendricks*, ZStV 2025, 219, 225.

ganz generell zu werben haben.[96] Es gibt hier noch keinen wirklichen Schutz durch den Gesetzgeber. § 138 BGB kann im Einzelfall ein Ansatz sein.

Praxishinweise: Kontrolle des Testamentsvollstreckers 69

Die Stiftung sollte beispielsweise folgende Kontrollmöglichkeiten berücksichtigen:[97]

- Der Testamentsvollstrecker muss umgehend ein – bei länger dauernder Verwaltung jährlich aktualisiertes – Nachlassverzeichnis erstellen.
- Die jederzeit möglichen Auskunfts- und Berichtspflichten sind einzufordern.
- Schenkungen des Testamentsvollstreckers sind grundsätzlich verboten.
- Nicht (mehr) für die Testamentsvollstreckung benötigte Vermögensgegenstände sind herauszufordern.
- Bei Pflichtverletzungen des Testamentsvollstreckers: Haftungsansprüche sorgfältig vorbereiten und Entlassungsantrag stellen; ggf. auch Strafantrag wegen Veruntreuung prüfen.
- Wichtig: Spezialisierte Anwälte[98] sollten rechtzeitig eingeschaltet werden.

96 Siehe auch *Schiffer*, AnwZert ErbR 9/2024 Anm. 1; *Schiffer/Seebohm*, AnwZert ErbR 12/2024 Anm. 1; *Schiffer/Seebohm*, AnwZert ErbR 14/2024 Anm. 1; *Dietrich*, ZEV 2026, 1.

97 Nach *Rott*, Wer kontrolliert den Testamentsvollstrecker? Instrumentarien zur Kontrolle des Testamentsvollstreckers, NWB-EV 2009, 389.

98 Sehr instruktiv hierzu OLG Koblenz, Urt. v. 29.5.2008 – 2 U 1620/06, wonach in einem Rechtsstreit gegen einen Testamentsvollstrecker auch eine die gesetzliche Vergütung überschreitende Honorierung des Rechtsanwalts erstattungsfähig sein kann.

§ 11 Unternehmensnachfolge mit Stiftungen

Was bietet dieses Kapitel?
Eine Stiftung im Unternehmensbereich ist, auch wenn sie (zu) oft relativ unbefangen und undifferenziert als eine Art Superlösung von der Stange, die angeblich nicht viel Aufwand erfordern soll, propagiert wird, eine ganz besondere Materie und eine ganz spezielle Möglichkeit der Nachfolgegestaltung. Sie bietet spezifische Vor-, aber auch ganz spezifische Nachteile, die wir im Folgenden vorstellen.
Neben den grundlegenden Gestaltungsmöglichkeiten der unternehmensverbundenen Stiftung betrachten wir insbesondere die Stiftung als Führungsinstrument in einem Unternehmen (Beispiel Stiftung & Co. KG), Doppelstiftungsmodelle und beispielhaft spezielle Einsatzmöglichkeiten gemeinnütziger Stiftungen im Unternehmensbereich.

Nicht jeder Unternehmer, der stiften geht, ist ein Mäzen.

Werner Mitsch, deutscher Schriftsetzer und Aphoristiker (1936–2009)

Übersicht:

A. Stiftungen zur Sicherung von Vermögen und Unternehmen

I. Unternehmensnachfolge

1 Da hat *Mitsch* durchaus recht, aber doch nicht so ganz. Die Regelung der Unternehmensnachfolge entspringt keinem Mäzenatentum, sie ist nicht uneigennützig. Sie betrifft natürlich in erster Linie die Unternehmerfamilie, aber eben auch das Unternehmen, die Mitarbeiter und deren Familien, die Zulieferer, die Kunden, die Kooperationspartner und daneben z.B. aber auch die Gemeinde, in der das Unternehmen seinen Sitz hat, und deren Gewerbesteuereinnahmen. Die Aufzählung und damit der Blick darauf, dass eine solche Stiftung auch dem Wohle der Allgemeinheit dient, ließe sich noch fortsetzen. Von Inhabern geführte Unternehmen sind anerkanntermaßen die **Säulen unserer Volkswirtschaft.**[1] Führt man sich die wirtschaftliche Bedeutung dieser Unternehmen vor Augen, wird deutlich, wie wesentlich die Antwort auf die Frage nach einer möglichst optimalen Erb- und Nachfolgegestaltung einschließlich der Nutzung der Möglichkeiten einer vorweggenommenen Erbfolge[2] zur Unternehmensnachfolgegestaltung[3] sogar für die gesamte Volkswirtschaft ist.

Eine erfolgreiche Regelung der Unternehmensnachfolge ist anerkanntermaßen die Krönung eines Unternehmerlebens. Die Facetten dieses Themas sind äußerst vielfältig. Einen wichtigen Teilaspekt, nämlich die Möglichkeit der Gestaltung unter Einbeziehung von Stiftungen, behandeln wir in dem vorliegenden Kapitel.[4] Sehr gelungen ist unserer Ansicht nach in diesem Zusammenhang der Unternehmensnachfolge mit Stiftungen die Formulierung „Unternehmensfortführung bei familienlosen Gesellschaften“.[5]

1 Manche sprechen auch vom „Rückgrat der Gesellschaft“; siehe schon *Graf Lambsdorff*, in: Schlecht & Partner/Taylor Wessing (Hrsg.), Unternehmensnachfolge, 2. Aufl. 2010, S. 7. Bekannt ist, dass die Mehrzahl aller Unternehmen in Deutschland Familienunternehmen sind.

2 Ausf. dazu etwa *Hannes* (Hrsg.), Formularbuch Vermögens- und Unternehmensnachfolge, 2. Aufl. 2017, S. 1 ff.; siehe auch schon Hennerkes/*Schiffer*, Unternehmenshandbuch Familiengesellschaften, 1995, S. 495.

3 Ausf. und generell zur Unternehmensnachfolge etwa *Spiegelberger* (Hrsg.), Unternehmensnachfolge, 3. Aufl. 2022; *Riedel* (Hrsg.), Praxishandbuch Unternehmensnachfolge, 3. Aufl. 2021; *Wiesehahn* (Hrsg.), Unternehmensnachfolge, 2. Aufl. 2020.

4 Ausf. zum Ganzen bereits Wiesehahn/*Schiffer*, Unternehmensnachfolge, S. 167 ff. und Interview S. 287 ff.; *Schiffer/Pruns*, Rote Seiten zu Stiftung & Sponsoring 5/2011; *Schiffer/Pruns*, NWB 2012, 910 ff.; *Schiffer/Pruns*, StiftungsBrief 2012, 3 f.; *Schiffer/Pruns*, BB 2013, 2755 ff.; *Schiffer*, in: FS Binz, 2014, S. 596 ff.; *Schiffer*, ZErb 2014, 337; *Schiffer*, Der Aufsichtsrat 2015, 5; *Hennerkes/Schiffer*, BB 1992, 1940 ff. In monographischer Form aus jüngerer Zeit bspw. *Schumann*, Familienstiftungen als Instrument der Unternehmensnachfolge, 2023; *Weinmann*, Die unternehmensverbundene Stiftung, 2024.

5 So hat *Geck*, ZEV 2015, 401, schlagwortartig seine einschlägige „Fallstudie“ überschrieben.

Stiftungen stehen mit Unternehmen ersichtlich nicht nur wegen der Regelung der Unternehmensnachfolge in einer Beziehung. Stiftungen können als „Unternehmensstiftungen", wie in den einzelnen Kapiteln dieses Buches immer wieder gezeigt wird, vielfach im Zusammenhang mit Unternehmen stehen.

II. Stiftungsgestaltungen für eine erfolgreiche Unternehmensnachfolge

1. Stiftungen als Gestaltungsansatz

Über die besondere Möglichkeit einer unternehmensverbundenen Stiftung denken Unternehmer vor allem dann nach, wenn im Kreise der Familie niemand bereit oder in der Lage ist, das Familienunternehmen fortzuführen oder wenn gar keine Abkömmlinge vorhanden sind.[6] Lieber stiften, anstatt zu verkaufen – lieber erhalten, anstatt zu zerschlagen, ist das Motto. Da ist die Stiftung dann ein besonderer Ansatz der „asset protection" (siehe Rdn 15 ff.), denn sie soll vor der Zerschlagung durch die Familie schützen. Unternehmerfamilien wünschen in aller Regel, dass das bestehende Familienunternehmen als solches möglichst erhalten bleibt.[7] Sie befürchten oft, dass Interessenkonflikte unter den Erben und/oder das Fehlen geeigneter Unternehmerpersönlichkeiten in der Familie den künftigen Bestand des Familienunternehmens gefährden. Diese Befürchtung ist berechtigt.[8] Da wundert es nicht, dass sich auch die Wirtschaftspresse des Themas immer wieder annimmt.[9] Den Gefahren eines Erbenstreits kann mit einer Stiftungsgestaltung entgegengewirkt werden. Wegen des gewünschten Fortbestehens des Unternehmens und der möglichen Nachhaltigkeit der Stiftungsgestaltung für die Unternehmensnachfolgeregelung kommen Stiftungen dabei i.d.R. nur in Form der rechtsfähigen Stiftung nach §§ 80 ff. BGB in Frage. Treuhänderische, nicht rechtsfähige Stiftungen sind hier grundsätzlich ungeeignet, denn die treuhänderische Stiftung ist anders als die der staatlichen Stiftungsaufsicht unterliegende rechtsfähige Stiftung eine fragile Rechtsfigur, die stark von der Person des Treuhänders abhängt. Sie steht und fällt i.d.R. mit dem Treuhänder (§ 12 Rdn 104 ff.). 2

2. „... dann kommt eben keiner an die Spitze"

... befand Anfang der 70er Jahre ganz resolut im Stile eines klassischen Patriarchen **„Ferry" Porsche**, der Vater des 911, als er feststellte, dass sich die nächste 3

6 Ausf. dazu etwa schon *Hennerkes/Schiffer*, BB 1992, 1940; *Schiffer*, in: FS Binz, 2014, S. 596 ff.; *Feick* (Hrsg.), Stiftung als Nachfolgeinstrument, 2. Aufl. 2024.

7 So statt ganz vieler etwa auch Riedel/*Riedel*, Praxishandbuch Unternehmensnachfolge, S. 1; *Weinmann*, Die unternehmensverbundene Stiftung, 2024, S. 10 f.

8 Siehe nur *Eglau*, Erbe Macht & Liebe – Unternehmerfamilien zwischen Interessen und Emotionen, 2001.

9 Man google nur. Es finden sich unendlich viele Artikel.

Generation der Familie Porsche (Porsche und Piëch) in der bekannten Sportwagenschmiede nicht in einer Form engagieren wollte, bei der nicht jeder Einzelne glaubte, er allein sei der Chef.[10] Da hätte der Gedanke an eine Stiftung durchaus nahe gelegen. Die Porsche-Familie wählte damals, anders als andere bekannte Unternehmerfamilien,[11] keine Stiftungsgestaltung zur Regelung der Unternehmensnachfolge, sondern zog sich, wie wir heute wissen, mit wechselndem Erfolg für den Hersteller der Kultfahrzeuge, auf Gesellschafterpositionen zurück.

4 In der Folgezeit Zeit hat dann *Ferdinand Piëch*, der damals auch nicht Nachfolger wurde, „seine" Unternehmensnachfolge mit Stiftungen geregelt. Er soll laut Presseberichten[12] u.a. seine unternehmerischen Beteiligungen auf zwei **österreichische Privatstiftungen** übertragen haben.

3. Prominente Beispiele

5 Stiftungen als Mittel zur Unternehmensnachfolge sind Gegenstand zahlreicher mehr oder auch weniger fundierter Abhandlungen.[13] Die nackten Zahlen der Praxis sind im Vergleich dazu fast bescheiden. Allerdings sollen Stand 2021 12,7 % aller Stiftungen Beteiligungen an Unternehmen gehalten haben.[14]

Über seinen eigenen, auch aus heutiger Sicht noch durchaus typischen Beispielsfall zur Regelung der Unternehmensnachfolge hat der Unternehmer **Reinhold Würth**, damaliger geschäftsführender Gesellschafter der Adolf Würth GmbH & Co. KG, einem aus einer Schraubengroßhandlung hervorgegangenen Großhandelsunternehmen, schon im September 1993 in der FAZ berichtet.[15] Beginnend mit der Grundidee im Jahre 1985 hat der Unternehmer mit seinen Beratern bis Sommer 1993 „an dem umfangreichen Vertragswerk für die Sicherung des Familienunternehmens gefeilt". Dieser relativ lange Zeitraum mag auf den ersten Blick erschrecken. Uns sind allerdings durchaus Fälle bekannt, in denen die Regelung der Unternehmensnachfolge weit über zehn Jahre gedauert hat. Ent-

---

10 *Porsche/Molter*, Ferry Porsche – Mein Leben, 6. Aufl. 2004, S. 271. Ausf. zu der Entwicklung der Unternehmerfamilie Porsche seit Anfang des 20. Jahrhunderts: *Aust/Ammann*, Die Porsche Saga – Eine Familiengeschichte des Automobils, 2012.

11 Hinweis: Wie im gesamten Buch werden in diesem Kapitel aus Gründen anwaltlicher Verschwiegenheit nur Fälle und Beispiele genannt und dargestellt, soweit sie entsprechend aus öffentlichen Quellen zugänglich sind.

12 Siehe etwa https://www.manager-magazin.de/unternehmen/artikel/a-718334.html (abgerufen am 31.3.2026).

13 Man siehe nur die in diesem Kapitel zitierten Belege und die Nachweise in der Vorauflage.

14 Bundesverband Deutscher Stiftungen, Zahlen, Daten, Fakten 2021 zum deutschen Stiftungswesen, abrufbar hier: https://cms-cdn.lmu.de/media/lmu/downloads/stiftungen/zahlen-daten-fakten-zum-deutschen-stiftungswesen.pdf (abgerufen am 27.3.2026).

15 Siehe dazu schon *Hennerkes/Schiffer*, Stiftungsrecht, S. 22 f.; ferner *Venohr*, Wachsen wie Würth, 2006, S. 30 ff.

scheidend ist nicht die Dauer, sondern das Ergebnis, das allerdings auch „rechtzeitig“ vorliegen muss.

Die Einzelheiten der Stiftungsgestaltung von Reinhold Würth sind nicht allgemein bekannt. Sie dürften auch nicht ganz unkompliziert sein. Jedenfalls gehören, wie schon in der FAZ berichtet wurde, die Anteile an dem deutschen Würth-Teilkonzern fünf deutschen Familienstiftungen. Ein gemeinsamer Aufsichtsrat, der in allen Stiftungen mit denselben Personen besetzt ist, bildet das „Machtzentrum“ der Unternehmung. Die Familienstiftungen im Beispiel Würth dienen nicht nur dem Erhalt des Unternehmens über die Generationen, sondern zugleich als Versorgungsstiftungen der materiellen Absicherung der Familienmitglieder. Die Kinder des Unternehmers haben, um die von langer Hand vorbereitete vorweggenommene Nachfolgeregelung zu ermöglichen, gegen Entschädigung Erb- und Pflichtteilsverzichte erklärt.

Weitere bekannte gegenwärtige und vormalige **Beispiele** von Stiftungen und Stif- 6
tungskonstruktionen im Unternehmensbereich sind etwa[16] die Breuninger Stiftung, die Hertie-Stiftung, die Peter Klöckner-Stiftung, die Alfried Krupp von Bohlen und Halbach-Stiftung, die Robert Krups-Stiftung, die Gert Moeller-Stiftung, die Sedus Stiftung, die Peter Eckes KG mit beschränkter Haftung, Nieder-olm, die mit der Ludwig-Eckes Familienstiftung und der Peter-Eckes-Familienstiftung sogar über zwei Stiftungskomplementäre verfügt, die Lidl und Schwarz Stiftung & Co. KG, Neckarsulm, und die Vorwerk Elektrowerke Stiftung & Co. KG. Zu nennen sind außerdem, wie aus der Presse bekannt,[17] Mohn/Bertelsmann, Schickedanz, Bosch, „Aldi“, „Lidl“, „Haribo“ und „dm“ sowie auch Peter Pohlmann (Möbeldiscounter Poco-Domäne), Günther Fielmann mit der Fielmann-Familienstiftung oder auch Heinz Gries („Griesson – De Beukelaer“).

III. Vor- und Nachteile einer Stiftungsgestaltung

1. Erhaltung des Unternehmens

Im unternehmerischen Bereich kann die selbstständige Stiftung in der Tat erhebli- 7
che **Vorteile** gegenüber den klassischen erbrechtlichen Instrumenten zur Regelung der Unternehmensnachfolge und Vermögenssicherung haben: Dem Stifter ist im Idealfall durch eine spezifische Stiftungsgestaltung die Möglichkeit gegeben, das Familienunternehmen zu erhalten, die Zerschlagung des Unternehmens durch die Erben zu vermeiden sowie die Fortführung des Unternehmens in der Familie zu sichern, der Unternehmerfamilie als solcher weiterhin Sinn zu geben und damit die Grundlage der Familie zu sichern. Das ist möglich, weil die Organe

16 S. auch die Aufzählung von Beispielen bei *Weinmann*, Die unternehmensverbundene Stiftung, 2024, S. 8 f.

17 Siehe auch die Nachweise in der Vorauflage.

der Stiftung an den in der **Stiftungssatzung festgeschriebenen Willen** des Stifters **gebunden** sind (siehe § 3 Rdn 45 ff.).

8 Das „garantiert" die Stiftungsaufsichtsbehörde, denn
- die Aufhebung der Stiftung sowie
- Satzungsänderungen bei der Stiftung nach den §§ 85 ff. BGB

bedürfen der Zustimmung der Stiftungsaufsichtsbehörde (§ 4 Rdn 29 ff., 53 ff.). Diese wird die Zustimmung nur dann erteilen, wenn die gesetzlichen Voraussetzungen vorliegen und wenn zudem die geforderte Satzungsänderung dem tatsächlichen oder mutmaßlichen Willen des Stifters entspricht. Wenn ein Unternehmer – wie es einmal *Hans L. Merkle* gesagt hat – die *„Nutzung des von ihm erwirtschafteten Produktionskapitals als Treuhandaufgabe sieht"*,[18] dann perpetuiert ein Unternehmer mit einer unternehmensverbundenen Stiftung tatsächlich nichts anderes als diese Treuhandaufgabe zum Wohle auch der Allgemeinheit.[19]

9 Der Stifter kann durch eine Stiftung **sehr lange über seinen Tod hinaus** auf die Unternehmensfortführung Einfluss nehmen, was die besondere Attraktivität der unternehmensverbundenen Stiftung ausmacht. Darin liegt aber gleichzeitig auch das sogleich näher zu behandelnde grundsätzliche Problem entsprechender Stiftungsgestaltungen, denn es kann die erforderliche **Flexibilität** der Gestaltung leicht verloren gehen.[20] Jedenfalls aber lässt sich der Wille des Erblassers/Stifters durch traditionelle erbrechtliche Auflagen oder die Anordnung einer Testamentsvollstreckung auf Dauer nur bedingt durchsetzen. Die **Testamentsvollstreckung** z.B. endet grundsätzlich spätestens nach 30 Jahren (§ 2210 BGB, siehe auch § 10 Rdn 45 ff.). Auflagen des Erblassers kann sich der leibliche Erbe zudem dadurch entziehen, dass er die Erbschaft ausschlägt und den Pflichtteil verlangt. Auch bei der **Unternehmensnachfolge** ist natürlich die **Pflichtteilsproblematik** zu regeln (siehe auch § 10 Rdn 23 ff.).

10 Die hier zu betrachtenden Themen sind grundsätzlich wohlbekannt und nicht neu. Betrachten wir die wohl wesentlichsten Motive für die Wahl einer Stiftungsgestaltung im Unternehmensbereich genauer!

---

18 Zitiert nach *Flämig*, DB-Beilage 22/1978, 12.

19 So ausdrücklich *Flämig*, DB-Beilage 22/1978, 12.

20 Siehe etwa schon die Zusammenfassung zu den bekannten betriebswirtschaftlichen Grenzen von Stiftungsgestaltungen bei *Verstl*, DStR 1997, 674; ferner das Fazit bei *Feick*, BB-Special 6/2006, 13, 18. In Zusammenfassung jüngst *Weinmann*, Die unternehmensverbundene Stiftung, 2024, S. 335 ff., der zur Auflösung des potentiellen Konflikts zwischen Verstetigung einerseits und Flexibilität andererseits für ein Sonderrecht der unternehmensverbundenen Stiftung plädiert und insbesondere für eine Abschaffung der Stiftungsaufsicht für solche Stiftungen, was durch Zustimmungsvorbehalte eines Aufsichtsrats kompensiert werden soll (S. 337 ff.).

2. Den Erb(en)streit vermeiden

Viele Unternehmensinhaber befürchten, dass Interessenkonflikte unter ihren Erben oder das generelle Fehlen geeigneter Unternehmerpersönlichkeiten in den Folgegenerationen den Bestand des Familienunternehmens gefährden. In der Presse kann man immer wieder über solche Streitigkeiten lesen.[21] 11

In etwa der Hälfte aller Fälle, so wird geschätzt, ist in der Praxis schon kein Familienmitglied bereit, die Unternehmensnachfolge anzutreten. Damit steht dann, wenn nicht Vorsorge getroffen wird, der Verkauf des Unternehmens im Raum, falls er sich denn überhaupt bewerkstelligen lässt. Trifft der Unternehmer keine tragfähigen Regelungen, so ist ein Erbstreit, über Wege und Werte i.d.R. unvermeidlich. Bei einem **Streit der Erben in einer Unternehmerfamilie** drohen vor allem 12

- persönliche „Kränkungen und Wunden“,
- die Lähmung des Unternehmens,
- ein von dem Unternehmen nicht zu verkraftender kurzfristiger Liquiditätsentzug,
- ein für das Unternehmen nicht tragbarer Kapitalverlust.

Oft steht dann die Existenz des Unternehmens auf dem Spiel.

Patentlösungen und allgemein gültige Musterlösungen gibt es in solchen Fällen auch für den Einsatz von Stiftungen nicht! Die Erfahrung zeigt, dass hier jeder einzelne Fall eine ganz spezifische Lösung erfordert. Eine Unternehmensnachfolge durch eine Stiftungsgestaltung kann ein gangbarer Weg sein, wenn er zu dem speziellen Lebenssachverhalt passt. Ein Allheilmittel stellt sie aber nicht dar. 13

Der Unternehmer Würth nennt in dem oben erwähnten Artikel die typischen Hauptrisiken bei der Unternehmensnachfolge:

- den (nicht im Einzelnen steuerbaren) Erbgang nach dem Tod des Unternehmers, der typischerweise mit Liquiditätsentzug auch für privaten Konsum einhergeht, und
- die nicht klar geregelte Management-Nachfolge.

Ebenfalls typisch ist seine Klage, dass gesunde und blühende Familienunternehmen häufig in der dritten oder vierten Generation veräußert werden müssen, nur weil ein Teil der Erben dem Unternehmen über die Maßen Liquidität entzieht oder „Kasse machen wolle“. Er habe das Unternehmen deshalb komplett von der Familie abgeschottet. „Geeigneten“ Familienmitgliedern solle zwar die Mitwirkung im Management ermöglicht werden, sofern „guter Wille, Einsatzfreude, gesunde Strebsamkeit und Lernbereitschaft“ erkennbar seien. Von einer familieninternen Nachfolgeregelung halte er allerdings wenig. 14

---

21 Ausf. und anschaulich mit zahlreichen Praxisbeispielen: *Eglau*, Erbe Macht & Liebe – Unternehmerfamilien zwischen Interessen und Emotionen, 2001.

3. Der Zusammenhalt – asset protection

15 Stiftungen dienen auch der „asset protection“:[22] Den Gefahren eines Erbstreits kann mit einer Stiftungsgestaltung entgegengewirkt werden. Besonders wesentlich ist für Unternehmer typischerweise, dass das von ihnen selbst aufgebaute oder ererbte und ausgebaute Unternehmen, das zudem regelmäßig den Hauptteil des Familienvermögens ausmacht, über ihren Tod hinaus zusammengehalten wird. Das **Unternehmen soll nicht zersplittern** (siehe auch Rdn 1 ff.) und eine hohe Steuerbelastung soll möglichst vermieden werden, um vor allem den Liquiditätsabzug aus dem Unternehmen zu begrenzen. Die Stiftung mit ihrer Ewigkeitstendenz ist hier vor allem wegen ihrer Nachhaltigkeit attraktiv.

16 Eine Stiftungskonstruktion im Unternehmensbereich bietet dem Unternehmer, seinem Nachfolger und dem Unternehmen als sozialer Einheit vor allem den Vorteil der **Sicherung der Unternehmenskontinuität**. Damit kann im objektivierten Interesse aller Beteiligten auch den Gefahren wirkungsvoll begegnet werden, die sich für Familienunternehmen bei einer Mehrzahl von Erben ergeben. Dieser besondere Vorteil der Kontinuität kann jedoch im negativen Fall mit mangelnder Flexibilität einhergehen, worauf noch näher einzugehen sein wird (siehe Rdn 36 ff.).

17 Die Praxis zeigt allerdings, dass eine Stiftung, ebenso wenig wie sie ein Steuersparmodell ist (siehe schon § 8 Rdn 3 ff.), keine Allzweckwaffe zur Regelung der Unternehmensnachfolge ist. Es gibt durchaus auch Stiftungen, die im Zuge einer Unternehmensnachfolgeregelung errichtet wurden und ihre Beteiligungen wieder veräußern mussten, weil sich die Rahmenbedingungen geändert hatten.

4. Der Neuanfang

18 Vermögen zusammenhalten, Nachhaltigkeit, Sich-selbst-Verewigen, Erfolgsrezepte festhalten, der Sache und dem Unternehmen dienen, … – alle diese Punkte spielen typischerweise eine wesentliche Rolle bei den Überlegungen eines Unternehmers, wenn er auf die Möglichkeit des Einsatzes von Stiftungen zur Regelung seiner Unternehmensnachfolge blickt.[23] Ein zusätzliches wichtiges Motiv wird in dem von *Joachim Fest* herausgegebenen Buch „Die großen Stifter“ angesprochen. Dort schreibt *Klaus v. Dohnanyi* auf S. 474 f. über den Stifter Reinhard Mohn:

> *„Als Reinhard Mohn sich entschied, die Bertelsmann Stiftung zu gründen und ihr seine Anteile an der Bertelsmann AG schrittweise zu übertragen, hatte er nicht die Absicht, sein unternehmerisches Lebenswerk zu beenden. Er wollte sein Kapital nicht an die Gemeinschaft ‚zurückgeben‘: Es hatte ja immer ihm gehört! Mohn wollte mit der Stiftung vielmehr seine Arbeit auf einer anderen*

---

22 Siehe ausf. *v. Oertzen/Ponath*, Asset Protection im deutschen Recht, 3. Aufl. 2019.

23 Zur Psychologie des Vererbens aufschlussreich *Muscheler*, Erbrecht, Band I, Rn 32 ff.

Ebene und mit weiterreichenden Zielen fortsetzen oder sogar noch einmal beginnen.“

Stimmt absolut! Während die Regelung der Unternehmensnachfolge grundsätzlich viel mit Beenden und Abschied zu tun hat, bedeutet eine Stiftungsgründung „Neuanfang“ und eben kein Ende. Stiftungen können bekanntlich sogar in die „Ewigkeit“ reichen.

B. Die grundlegenden Gestaltungsmöglichkeiten

Welche Möglichkeiten und welche Einschränkungen bietet uns das Recht zur Gestaltung der Unternehmensnachfolge mit Stiftungen? 19

I. Stiftungsarten

Wegen der gewünschten Nachhaltigkeit und Stabilität der Stiftungsgestaltung für die Unternehmensnachfolgeregelung kommen Stiftungen hier nur in Form der rechtsfähigen Stiftung nach §§ 80 ff. BGB in Frage. Treuhandstiftungen bieten nicht die Rechtssicherheit, die Nachhaltigkeit und die Stabilität einer rechtsfähigen Stiftung. Diese Kernwerte sucht der Unternehmer aber eben typischerweise gerade für die Regelung seiner Unternehmensnachfolge. Allenfalls als eine Übergangslösung würden wir die treuhänderische Stiftung im vorliegenden Zusammenhang in Erwägung ziehen (zur „Umwandlung“ einer treuhänderischen in eine rechtsfähige Stiftung siehe § 12 Rdn 141 ff.). 20

1. Die schlicht privatnützige Stiftung

Das Stiftungszivilrecht ist, wie wir gesehen haben (siehe § 2 Rdn 31 ff.), zweckneutral, denn eine Stiftung kann mit jedem beliebigen Zweck errichtet werden, also auch für schlicht privatnützige Zwecke, wenn der Zweck nicht das Gemeinwohl gefährdet. Ob eine Stiftung gemeinnützige oder mildtätige Zwecke verfolgt, ist allein für die Frage der Steuerbefreiung relevant. 21

Praxisbeispiel: Schlicht privatnützige Stiftung mit Bezug zu einem Unternehmen 22

Man könnte beispielsweise eine Beteiligungsträgerstiftung errichten, die Anteile an einem Unternehmen in der Rechtsform der GmbH hält. Sie könnte ausschließlich die Fortbildung der Mitarbeiter des Unternehmens fördern. Das wäre wegen § 52 Abs. 1 S. 1 AO nicht gemeinnützig und wegen des Einkommens der Mitarbeiter typischerweise auch nicht mildtätig. Die Förderung einer Familie läge auch nicht vor, gefördert würden Einzelpersonen. Das wäre eine nicht steuerbefreite, schlicht privatnützige und unternehmensverbundene Stiftung.

2. Unternehmensverbundene Stiftungen

23 Eine rechtsfähige Stiftung kann bekanntlich zu jedem beliebigen Zweck errichtet werden, wenn der Zweck nicht das Gemeinwohl gefährdet (siehe § 3 Rdn 55). Stiftungen können dementsprechend verschiedene unternehmensbezogene Zwecke verfolgen (siehe schon § 2 Rdn 31 ff.).

a) Verbot der Unternehmensselbstzweckstiftung?

24 In der Fachliteratur werden nach wie vor von maßgeblichen Autoren dennoch ganz grundlegende Einschränkungen der Zulässigkeit unternehmensbezogener Zwecke behauptet.[24] Zulässig soll zwar eine unternehmensverbundene Stiftung sein, in der das Unternehmen als Dotationsquelle für einen anderen Zweck dient. Unzulässig soll dagegen eine unternehmensverbundene Stiftung sein, deren alleiniger Zweck im Erhalt des Unternehmens selbst besteht. Man beruft sich auf ein **angebliches Verbot der Unternehmensselbstzweckstiftung.**[25] Eine Stiftung, deren einziger Zweck im Erhalt und in der Mehrung ihres Vermögens besteht, soll stiftungsrechtlich unzulässig sein, weil es an einem nach außen gerichteten Stiftungszweck fehle.

Dazu ist bereits an anderer Stelle grundsätzlich näher Stellung genommen worden.[26] Hier sei deshalb nur noch einmal Folgendes hervorgehoben: Wenn es beispielsweise unbestritten zulässig ist, eine Stiftung mit dem Zweck der „Erhaltung eines historischen Gebäudes“ zu errichten, und zwar selbst dann, wenn die Stiftung Eigentümerin dieses Gebäudes ist (Erhalt des Vermögens der Stiftung und dennoch keine Selbstzweckstiftung!),[27] dann kann es auch keinen sachlich tragfähigen Grund gegen eine Stiftung zur Erhaltung eines bestimmten Unternehmens geben. Die herrschende Meinung bejahte bisher schon vor allem die Zulässigkeit der unternehmensverbundenen Beteiligungsträgerstiftung.[28] Es ist auch nicht wirklich zu befürchten, dass dadurch „Geist und Gestalt des Stiftungsrechts“ Schaden nehmen.[29]

---

24 Siehe insb. Staudinger/*Hüttemann/Rawert*, Vorbem. zu §§ 80 ff. Rn 208 ff., 224 ff.; *Muscheler*, Stiftungsrecht, 2005, S. 354 ff., 360 ff.

25 Grundsätzlich kritisch zur „Selbstzweckstiftung“ etwa schon *Binz/Sorg*, Unternehmermagazin 10/2004, 32, 33; aus jüngerer Zeit *Beuthien*, ZStV 2025, 231.

26 *Schiffer/Pruns*, ZStV 2012, 1.

27 Siehe auch § 52 Abs. 2 Nr. 6 AO: „Förderung des Denkmalschutzes und der Denkmalpflege“.

28 Siehe etwa die jeweilige Kommentierung in den Vorauflagen des *Grüneberg*.

29 So aber wohl *K. Schmidt*, ZHR 166 (2002), 149; ihm antwortend *Schiffer*, BB 42/2002, Die erste Seite (Kommentar).

b) Unternehmensträgerstiftung und Beteiligungsträgerstiftung

Wenn im Sinne der Unternehmensnachfolge mit Stiftungen von einer unternehmensverbundenen Stiftung die Rede ist, dann sind insbesondere Unternehmensträgerstiftungen und Beteiligungsträgerstiftungen gemeint. Eine **Unternehmensträgerstiftung** trägt und betreibt das Unternehmen selbst. Dieses Modell ist im Bereich der Unternehmensnachfolge mangels Flexibilität nur bedingt sinnvoll und einsatzfähig. Es gibt aber in der Praxis durchaus Beispiele für solche Stiftungen, wie etwa die (frühere) „Hans-Soldan-Stiftung", die „Dr. Arthur Pfungst-Stiftung" und die (frühere) „Carl-Zeiss-Stiftung", um nur einige zu nennen. 25

Die Unternehmensträgerstiftung als solche ist wegen des Grundsatzes der gemeinwohlkonformen Allzweckstiftung ohne weiteres zulässig (siehe schon § 2 Rdn 31 ff.).

Bei der **Beteiligungsträgerstiftung** betreibt die Stiftung dagegen nicht das Unternehmen selbst. Sie ist vielmehr Allein- oder Mitgesellschafterin einer Personen- oder Kapitalgesellschaft. Eine Stiftung kann sich **an jeder Art von Gesellschaft**, d.h. etwa auch an einer Gesellschaft bürgerlichen Rechts, **beteiligen**. Sie kann persönlich haftende Gesellschafterin einer offenen Handelsgesellschaft oder Kommanditgesellschaft (Stiftung & Co. KG) werden, aber auch Kommanditistin einer Kommanditgesellschaft.[30] Als **Praxisbeispiele** seien hier die Schickedanz Holding Stiftung & Co. KG, Fürth, und die Vorwerk Elektrowerke Stiftung & Co. KG, Wuppertal, genannt. 26

Da das Unternehmen selbst als Personen- oder Kapitalgesellschaft betrieben wird, also den Vorschriften für die jeweilige Unternehmensrechtsformen unterfällt, bleibt die erforderliche Flexibilität des Unternehmens grundsätzlich erhalten. Eine Beteiligungsträgerstiftung kann für eine Nachfolgegestaltung deshalb unter verschiedenen Aspekten interessant sein. Sie kann etwa

- als Dotationsquelle für durchaus verschiedene Zwecke,
- als Familientreuhänder oder auch
- als Führungsinstrument für das Unternehmen dienen.

Die genannten Aufgaben werden in der Praxis oftmals miteinander kombiniert werden.

Wird eine Stiftung als **Familientreuhänder** eingesetzt, trägt sie vorrangig dafür Sorge, dass bei einer Unternehmensbeteiligung die Beteiligungsrechte im Sinne des Stifters/der Familie ausgeübt werden und dass die Beteiligung der Familie 27

30 Siehe *Heuel*, Die Entwicklung der Unternehmensträgerstiftung in Deutschland, 2000 (insb. zur historischen Entwicklung dieser Art von Stiftung); *Hennerkes/Schiffer*, BB 1992, 1940 ff.; Wiesehahn/*Schiffer*, Unternehmensnachfolge, S. 167 ff.; *Schiffer/Pruns*, Rote Seiten zu Stiftung & Sponsoring 5/2011; *Schiffer/Pruns*, NWB 2012, 910 ff.; *Schiffer/Pruns*, BB 2013, 2755 ff.; *Schiffer*, in: FS Binz, 2014, S. 596 ff.; *Schiffer*, ZErb 2014, 337; *Schiffer*, Der Aufsichtsrat 2015, 5.

erhalten bleibt. Die Familienmitglieder erhalten dabei regelmäßig keinen Zugriff auf die in der Beteiligung enthaltene Unternehmenssubstanz. Als Destinatäre der Stiftung kommen sie aber in den Genuss der Unternehmenserträge, wobei sie typischerweise keinen Zahlungsanspruch haben.[31]

c) Trennung von Stiftungsvermögen und Unternehmensvermögen?

28 Von *Klinger* wird in Anlehnung an *Brandmüller* behauptet, es existiere für unternehmensverbundene Stiftungen ein Rechtssatz der „Trennung von Stiftungsvermögen und Unternehmensvermögen".[32] *Klinger* gibt hierzu indes keine Nachweise. Er verweist allein auf Regelungen in verschiedenen Landesstiftungsgesetzen, die so oder zumindest ganz ähnlich lauten wie „Das Stiftungsvermögen ist von anderem Vermögen getrennt zu halten." Aber was bedeuten diese Regelungen? Haben sie die von *Klinger* behauptete Bedeutung?

Die Beteiligungsträgerstiftung hält Anteile an dem Unternehmen, d.h. an der Gesellschaft. Damit gehört ihr die betreffende Gesellschaft. Die Gesellschaft, z.B. eine GmbH, ist Eigentümerin insbesondere der Betriebsmittel. Über diese verfügt die Gesellschaft, da sie eine selbstständige Trägerin von Rechten und Pflichten ist, eben selbst. Die Stiftung verfügt darüber als Eigentümerin der Gesellschaft nur indirekt. Das Stiftungsvermögen (Anteile an der Gesellschaft) und das Unternehmensvermögen (Eigentum der Gesellschaft) sind getrennten Eigentümern zugeordnet und damit selbstverständlich voneinander getrennt. Dazu bedarf es der besagten Regelungen aus den Landesstiftungsgesetzen aber nicht. Das folgt bereits aus den jeweiligen gesellschaftsrechtlichen Regelungen. Diese haben, wie sogleich zu zeigen sein wird, tatsächlich auch eine andere Bedeutung.

Bei der Unternehmensträgerstiftung verfügt die Stiftung, die hier selbst das Unternehmen direkt trägt und eben nicht nur indirekt über eine, wenn man so will, „dazwischen geschaltete Gesellschaft", selbst über das Unternehmensvermögen. Das Unternehmensvermögen ist hier das Stiftungsvermögen, da es in dem Fall ja gerade keine Trennung zwischen beidem gibt. Es gibt hier eben mit der Stiftung nur einen Vermögensträger, nämlich die Stiftung. Die Stiftung ist das Unternehmen, sie ist mit diesem identisch.[33]

3. Familienstiftungen

29 Von einer Familienstiftung spricht man, wenn die Stiftung in erster Linie oder jedenfalls wesentlich den Interessen einer oder mehrerer Familien dient (§ 2

31 Siehe nur BFH/NV 2001, 1457, 1460, 1461; BFH BStBl II 1988, 344.

32 *Brandmüller/Klinger*, Unternehmensverbundene Stiftungen, 4. Aufl. 2014, S. 30 ff.; siehe dazu schon kritisch *Schiffer*, ZErb 2014, 337.

33 Das sieht an sich auch *Klinger* in seiner sehr knappen Darstellung bei *Brandmüller/Klinger* auf S. 8 so; auf S. 30 ff. übersieht er das dann.

Rdn 23 ff.).[34] Das macht sie für Unternehmensnachfolge- und Erbfolgegestaltungen besonders interessant. Sie dient typischerweise dazu, größere Vermögen zusammenzuhalten und die Familie zu versorgen. In der Praxis finden sich hier in Verbindung mit Unternehmen oft Mischzwecke (unternehmensverbundene Familienstiftung als Beteiligungsträgerstiftung). Der Umfang der Versorgung der Familie reicht von regelmäßigen Zahlungen an die betreffenden Familienmitglieder bis zur Unterstützung „nur" bei der Ausbildung und in Notlagen. Eine Familienstiftung hat Erbersatzsteuer zu zahlen (ausführlich dazu siehe § 8 Rdn 80 ff.).

Auch eine steuerbefreite Stiftung kann *„einen Teil, jedoch höchstens ein Drittel ihres Einkommens dazu verwende[n], um in angemessener Weise den Stifter und seine nächsten Angehörigen zu unterhalten, ihre Gräber zu pflegen und ihr Andenken zu ehren"* (§ 58 Nr. 6 AO). Auf diese steuerrechtliche Besonderheit wird in diesem Buch an anderer Stelle ausführlich eingegangen (siehe § 9 Rdn 143 ff.).

4. Steuerbefreite Stiftungen

Auch im Zusammenhang mit Unternehmen kann eine gemeinnützige Stiftung 30 (siehe § 9) eine sinnvolle Rolle für das Unternehmen wahrnehmen und zugleich der Allgemeinheit dienen. Unternehmenseinkünfte können z.B., wenn das dem Wunsch des Unternehmers entspricht, ganz oder teilweise gemeinnützigen Zwecken zugeführt werden, was als positiver Marketingeffekt für das Unternehmen genutzt werden kann. Unter anderem „Bertelsmann" gibt dafür immer wieder interessante, aber auch teilweise sehr kontrovers diskutierte Beispiele.[35]

5. Alternative Rechtsformen

In der Praxis finden sich neben der „eigentlichen" Stiftung nach dem BGB auch 31 andere Rechtsformen, namentlich Verein und GmbH, die sich als Stiftung bezeichnen (siehe § 2 Rdn 74 ff.). Für den Einsatz zur Unternehmensnachfolge kann vor allem eine Stiftungs-GmbH in Betracht kommen. Ein bekanntes Beispiel dafür ist die „Robert Bosch Stiftung" GmbH. Sie ist Gesellschafterin der Robert Bosch GmbH.[36]

Attraktiv mag eine Stiftungs-GmbH im Vergleich zu einer rechtsfähigen Stiftung 32 im Einzelfall vor allem unter dem Aspekt der Staatsfreiheit (keine Aufsichtsbehörde!) erscheinen. Dabei darf aber nicht verkannt werden, dass es sich nur um

34 Staudinger/*Hüttemann/Rawert*, Vorbem. zu §§ 80 ff. Rn 178, 257 bezeichnen sie als den Prototyp der privatnützigen Stiftung.

35 Siehe etwa *Schuler*, Bertelsmann Republik Deutschland, 2010.

36 Siehe http://www.bosch-stiftung.de/content/language1/html/389.asp (zuletzt eingesehen am 5.6.2025).

eine Lösung „zweiter Klasse“ handelt (siehe § 2 Rdn 76), wenn im Sinne einer Vermögensverselbstständigung unter eigenständiger Organisation die auf Dauer angelegte Verwirklichung eines bestimmten Zwecks angestrebt wird.

6. Zustiftungen zur Regelung der Unternehmensnachfolge?

33 Auch die Zustiftung wird mitunter als Ansatz zur Gestaltung der Unternehmensnachfolge angedacht. Die Zustiftung zu einer bereits **bestehenden steuerpflichtigen Stiftung** macht tatsächlich regelmäßig nur dann Sinn, wenn es sich um eine von dem Zustiftenden selbst errichtete Stiftung handelt (Fall der „lebzeitigen Anstiftung“, siehe § 3 Rdn 30). Andernfalls hat der Stifter grundsätzlich keine Möglichkeit, gestaltend auf die Stiftung einzuwirken und gibt mit der Zustiftung zu einer bestehenden Stiftung jede Kontrolle über das Unternehmen aus der Hand. Er unterwirft es letztlich dem Willen des Stifters der bereits bestehenden Stiftung.

34 Eine Zustiftung zu einer bereits **bestehenden steuerbefreiten Stiftung** mag zwar steuerliche Vorteile bieten, doch gilt zum einen dasselbe wie schon zu dem Fall der Zustiftung zu einer steuerpflichtigen Stiftung. Zum anderen ist zu zusätzlich bedenken, dass gerade steuerbefreite Stiftungen in aller Regel nicht über eine für den Betrieb eines Unternehmens erforderliche Organisation oder das entsprechende „Personal“ verfügen. Das mag ausnahmsweise anders sein. Jedenfalls ist im Fall der Zustiftung zu einer bereits bestehenden steuerbefreiten Stiftung zu beachten, dass durch die zugestiftete Beteiligung an einer Gesellschaft die gemeinnützige Stiftung nicht den Bereich der Vermögensverwaltung verlässt, d.h. es muss sich bei den Gesellschaftsanteilen regelmäßig um GmbH-Anteile handeln.

Zudem muss die betreffende gemeinnützige Stiftung bereit sein, sich und ihre Organe so einzurichten und zu besetzen, dass ihr die Wahrnehmung der Gesellschafterstellung überhaupt sinnvoll möglich ist. Die Organmitglieder sollten dementsprechend in wirtschaftlichen Sachverhalten bewandert und nicht etwa „nur“ erfahrene Sozialarbeiter sein.

Bereits diese wenigen Erwägungen zeigen, dass die Zustiftung zu einer „fremden“ gemeinnützigen Stiftung ein ganz besonderer Ausnahmefall zur Regelung der Unternehmensnachfolge ist, der in der Praxis kaum einmal in Betracht kommen wird.

II. Besondere Anforderungen an die Gestaltung

35 Bei der Gestaltung der Unternehmensnachfolge stellen sich einige besondere Anforderungen, die ein Berater zu berücksichtigen hat.

1. Die erforderliche Flexibilität erhalten

Eine Stiftung als Mittel zur Unternehmensnachfolge ist, wie vorstehend bereits mehrfach betont wurde, aufgrund ihrer **Kontinuität** und wegen der Möglichkeit, Streit unter Erben zu vermeiden, besonders attraktiv. Gefährlich für das Unternehmen kann aber genau diese Stetigkeit der Stiftung werden. Kann doch die Stiftungssatzung nur in dem durch den tatsächlich geäußerten oder mutmaßlichen Willen des Stifters gesetzten engen Rahmen geändert wenden. Für die Satzungsänderung ist außerdem grundsätzlich die Zustimmung der Stiftungsaufsicht erforderlich. Folglich können auch Unternehmen, die in Form von Stiftungskonstruktionen gestaltet sind, auf Änderungen ihres Marktes und der wirtschaftlichen Rahmenbedingungen durch eine Änderung der Unternehmensstruktur nur bedingt reagieren – jedenfalls solange die Stiftungskonstruktion beibehalten werden soll. Das ist besonders gravierend bei einer Unternehmensträgerstiftung. Auch deshalb ist eine solche Stiftung als Ansatz zur Gestaltung einer Unternehmensnachfolge kaum geeignet. 36

Der Stifter/Unternehmer muss, wenn er eine Stiftungsgestaltung im Interesse des Unternehmens wählt, gemeinsam mit seinem Berater besonders darauf achten, dass die Stiftungsgestaltung die **für das Unternehmen und die Zukunft erforderliche Flexibilität** gewährt. Das ist durch eine sorgfältige Gestaltung der Stiftungskonstruktion und eine überlegte Formulierung der Stiftungsverfassung bei der Beteiligungsträgerstiftung durchaus möglich, denn auf der Ebene der Gesellschaft, an der die Stiftung beteiligt ist, ist qua Rechtsform die erforderliche Flexibilität gegeben. Gewollt „unflexibler" ist die Stiftung als Gesellschafter. Aber auch auf der Ebene der Stiftung lässt sich eine gewisse Flexibilität erreichen: 37

- So kann den Stiftungsorganen in der Stiftungsverfassung beispielsweise ausdrücklich die Möglichkeit eingeräumt werden, Anpassungen an veränderte wirtschaftliche Verhältnisse im Bereich der Stiftung durchzuführen. Die Stiftungsaufsichtsbehörde darf, da sie den in der Satzung dokumentierten Stifterwillen zu beachten hat, die Zustimmung zu einem geänderten, den neuen wirtschaftlichen Rahmenbedingungen entsprechenden Verhalten der Stiftung grundsätzlich nicht verweigern.
- Denkbar ist außerdem z.B. eine Ermächtigung in der Stiftungssatzung zu einem Wechsel der Rechtsform des Unternehmens in besonderen Fällen. Hinzuweisen ist auch auf die Möglichkeit, in dem Gesellschaftsvertrag einer Stiftung & Co. (KG) den Ausschluss der Komplementär-Stiftung im Wege eines Mehrheitsbeschlusses der Kommanditisten vorzusehen. Ersichtlich ergibt sich in diesen Fällen als Preis für die erhöhte Flexibilität aber die Konsequenz, dass die möglicherweise vom Stifter gewünschte „ewige" Verbindung zwischen Unternehmen und Stiftung in letzter Konsequenz gelöst werden kann.

Mit einer durchdachten Gestaltung der Stiftungskonstruktion lässt sich also im Einzelfall grundsätzlich die erforderliche Flexibilität erreichen. Das darf jedoch nicht darüber hinwegtäuschen, dass die Flexibilität von Personen- und Kapitalge- 38 sellschaften bei einer Stiftungskonstruktion auf Ebene der Stiftung nicht erreicht werden kann.

2. Die Besetzung der Stiftungsorgane

39 Die Gestaltungsfreiheit ist groß und mit fachkundiger Unterstützung lassen sich auf den Einzelfall angepasste Lösungen finden. Nicht vergessen darf der stiftungswillige Unternehmer darüber, dass er auch für die „richtige" Besetzung der Stiftungsorgane Sorge tragen muss (siehe auch § 3 Rdn 70 ff.).

Die Besetzung der Organe eines Unternehmens ist eine Frage, die sich für Unternehmen in jeder Rechtsform stellt. Gleiches gilt für die Art und Weise der Zusammenarbeit zwischen Geschäftsleitung und Kontrollorgan. Werden hier die richtigen kompetenten Persönlichkeiten gefunden, so dürften sich – abgesehen von der geringeren Flexibilität einer Stiftungskonstruktion – im Falle einer unternehmensverbundenen Stiftung keine zusätzlichen Probleme ergeben.

40 In der Praxis trifft man mitunter aber auf die Ansicht, dass Stiftungsvorstände bei ihrer Tätigkeit schlechter motiviert seien als sonstige Führer von Wirtschaftsunternehmen. Begründet wird das vor allem mit der genannten geringeren Flexibilität von Stiftungskonstruktionen und der damit einhergehenden, in gewisser Weise statischen Haltung des Unternehmens.

41 Außerdem wird darauf verwiesen, dass gelegentlich der regelmäßig bestehende Stiftungsrat die unternehmerische Tätigkeit des Stiftungsvorstandes unnötig einschränke, wobei mitunter die (ehrenamtlichen) Mitglieder des Stiftungsrates nicht die erforderliche unternehmerische Kompetenz hätten. Es erscheint fraglich, ob diese Einwände tatsächlich begründet sind. Die möglichst optimale Besetzung der Organe und deren „Zusammenarbeit" ist jedenfalls kein Problem, das spezifisch für Stiftungskonstruktionen ist. Letztlich ist die Frage nach der richtigen Motivation der Mitglieder der Führungsorgane einer unternehmensverbundenen Stiftung eine Frage nach den für die Aufgabe geeigneten Persönlichkeiten.

42 Die **nachhaltige Besetzung der Stiftungsorgane mit geeigneten Persönlichkeiten** ist für unternehmensverbundene Stiftungen, wenn diese in der Lage sind, passende Vergütungen zu zahlen, i.d.R. ein lösbares Problem. Da ist die ehrenamtliche Besetzung, wie sie für steuerbefreite Stiftungen typisch ist, deutlich schwieriger. Tatsächlich ist die nachhaltig passende Besetzung der Organe mit menschlich wie persönlich geeigneten Persönlichkeiten ein Problem, das vielfach leider noch deutlich unterschätzt wird.

43 **Praxishinweise: Besetzung der Stiftungsorgane**

Es wird von einem Familienmitglied, das in der Leitung einer unternehmensverbundenen Stiftung tätig ist, die wiederum Mehrheitsgesellschafterin und Komplementärin einer Kommanditgesellschaft ist (Stiftung & Co. KG), beklagt, es fehle die rechte Motivation für die Familie zur Mitarbeit im Unternehmen und den Organen der Stiftung, da das Unternehmen ganz überwiegend nicht der Familie, sondern der Stiftung gehöre. Hier zeigt sich, dass nicht nur der Unternehmer, sondern ggf. auch seine Familie die nötige „Stiftungsreife“ (siehe § 14 Rdn 15 ff.) mitbringen muss, um die Vorteile der Stiftungsgestaltung für das Unternehmen zu „begrüßen“. Unabhängig davon kann die nachhaltige Organbesetzung in der Praxis zu einem Problem werden.

Anders als die Rechtsform der GmbH & Co. KG, die sehr häufig zu finden ist, ist die Stiftung & Co. KG (siehe Rdn 51 ff.) nach wie vor relativ selten. Anders als die Stellung eines GmbH-Geschäftsführers bei einer GmbH & Co. KG ist daher die Position als Vorstand einer Stiftung, die Komplementärin einer Stiftung & Co. KG ist, in der Öffentlichkeit mit einem wesentlich größeren Sozialprestige verbunden. Ähnlich wie für eine Aktiengesellschaft im Vergleich zur GmbH lassen sich für eine Stiftung & Co. KG im Vergleich zur GmbH & Co. KG deshalb nach Erfahrungen aus der Praxis **eher geeignete Führungskräfte** finden.

3. Enteignung der „Stifterfamilie"?

a) Mögliche negative Sicht der Stifterfamilie

Eine (Familien-)Stiftung mit ihrer Ewigkeitstendenz ist zur Gestaltung der Unternehmensnachfolge für eine Unternehmerfamilie, wie oben angesprochen, vor allem wegen ihrer Nachhaltigkeit attraktiv. Das ist die eine Seite. Auf der anderen Seite fühlen sich die Abkömmlinge des Unternehmers und Stifters wegen der Übertragung auf eine Stiftung statt auf sie als natürliche Personen ggf. „enteignet“, und eine Unternehmerfamilie schreckt aus diesem Grunde u.U. davor zurück, das Familienunternehmen auf eine Familienstiftung zu übertragen.[37] Dieser Einwand ist über die Jahre in der Praxis immer wieder zu hören.[38] Bereits vor über 20 Jahren beklagte etwa ein Unternehmer, der Vorstand einer solchen Stiftung war, er sei als Familienmitglied von seinen Altvorderen durch die Errichtung der Stiftung enteignet worden. Die Stiftung halte nun die Anteilsmehrheit am Unternehmen, während er nur eine Minderheitsbeteiligung geerbt habe. Ist, wenn man einmal davon absieht, dass das deutsche Recht keinen Erbanspruch, sondern „nur“ Pflichtteilsrechte kennt, ein solcher Enteignungseinwand begründet? 44

Für die Antwort ist eine genauere Betrachtung erforderlich: Überzeugt es, wenn eine Unternehmensnachfolgegestaltung mit einer Familienstiftung als „Enteignung“ der Familie gewertet und der Entzug des zivilrechtlichen Eigentums am Unternehmen in den Vordergrund der Betrachtung gestellt wird?

---

37 Siehe dazu schon *Schiffer*, in: FS Binz, 2014, S. 596, 599 ff.

38 So ist es offensichtlich auch *Binz* gegangen, siehe *Binz*, Steuerberater-Jahrbuch 1987/1988, 147.

b) Keine entscheidenden Besonderheiten bei der Familienstiftung

45 Führen wir uns noch einmal vor Augen: Bei den unternehmensverbundenen Stiftungen unterscheiden wir vor allem Unternehmensträgerstiftungen und Beteiligungsträgerstiftungen. Eine Familienstiftung dient als unternehmensverbundene Familienstiftung typischerweise dazu, die Familie zu versorgen (Stichwort: „Unternehmensertrag" für die Familiendestinatäre) und den Einfluss der Familie auf das Unternehmen zu erhalten (Stichwort: „Macht" im Unternehmen und/oder in der Stiftung, insbesondere durch Besetzung der Organe mit Familienmitgliedern oder Vertrauten).[39] Die Familienmitglieder erhalten dabei regelmäßig keinen Zugriff auf die in der Beteiligung enthaltene Unternehmenssubstanz. Die von der Stiftung gehaltenen Anteile sind grundsätzlich auch nicht veräußerbar.[40] Sie sollen über die Familienstiftung ja gerade nachhaltig zusammengehalten werden.

Die Destinatäre kommen über die Gesellschafterstellung der Familienstiftung in den Genuss der Unternehmenserträge, wobei sie typischerweise keinen Zahlungsanspruch haben.[41]

46 Was bedeutet „Eigentum" an einem Unternehmen in letzter Konsequenz? Es bedeutet Gewinnbezüge (Erträge für die Familie), Stimmrechte (Macht), Zusammenwirken als Unternehmerfamilie, was hier als Schlagwort für verschiedene emotionale, volkswirtschaftliche und betriebswirtschaftliche Aspekte verstanden werden soll, und es bedeutet die grundsätzliche Möglichkeit der Veräußerung der Anteile.

Von den genannten Punkten lässt sich, wie sich aus dem Vorstehenden ergibt, lediglich die Veräußerung der Anteile nach deren Übertragung auf eine Familienstiftung typischerweise nicht mehr durchführen. Das aber ist gerade gewollt. Über die rechtsfähige Stiftung sollen das Unternehmen und die Anteile daran zusammengehalten werden, es soll der Zugriff auf das Unternehmen im Sinne von Erträgen und Macht auch für die Folgegenerationen der Unternehmerfamilie und im Interesse auch der Unternehmung als sozialer Einheit (möglichst) erhalten bleiben. *Binz* titulierte den Sachverhalt einmal ganz plastisch als einen gewollten (!) **„goldenen Käfig"**.[42]

---

39 Siehe auch schon *Schiffer/Pruns*, BB 2013, 2755, 2761.

40 Presseberichte zu der **Breuninger Stiftung** zeigen, dass es in Ausnahmefällen bei besonderen Konstellationen nachträglich faktisch und wirtschaftlich doch zur Veräußerung von Anteilen der von einer Stiftung gehaltenen Unternehmensanteile durch die Familie kommen kann; siehe etwa Stuttgarter Zeitung v. 25.6.2012 („Streit um Anteile am Kaufhaus Breuninger", http://www.stuttgarter-zeitung.de/inhalt.landgericht-stuttgart-streit-um-anteile-am-kaufhaus-breuninger.acc033f1-51c8-4f71-96b4-27e983471ade.html.

41 Siehe nur BFH/NV 2001, 1457, 1460, 1461; BFH BStBl II 1988, 344.

42 *Binz*, Steuerberater-Jahrbuch 1987/1988, 157.

Die Familienstiftung als Verbrauchsstiftung, wie sie zwischenzeitlich auch propagiert wurde,[43] ist ersichtlich ungeeignet zur nachhaltigen (!) Regelung der Unternehmensnachfolge.[44]

Es scheint einfach nichts zu geben, was nicht von der Beraterschaft mehr oder weniger begründet vorgeschlagen wird. Ein fundierter Beratungsansatz für den konkreten Einzelfall ergibt sich daraus oftmals nicht.

c) Unternehmensverbundene Familienstiftung als „goldener Käfig"?

Blickt man auf die Praxis, so fällt auf, dass die **Gesellschaftsverträge von Familienunternehmen**, nicht nur bei Familien mit vielen Anteilseignern,[45] ganz **unabhängig von der Rechtsform** ähnlich wie im Fall der Einbindung einer Stiftung auch auf Langfristigkeit des Unternehmens und Zusammenhalt der Anteile in der Familie ausgelegt sind. So wenig wie das mit Blick auf die für das Unternehmen gewünschte Nachhaltigkeit überrascht, so wenig kann das hier wirklich vertieft werden. Festhalten lassen sich hier aber je nach Rechtsform, in der das Familienunternehmen geführt wird, etwa folgende Stichworte zur „Unternehmensübertragung":[46] 47

- Die Fortsetzung soll/darf im Erbfall nur mit Familienangehörigen erfolgen.
- Die Veräußerung von Anteilen an Dritte wird insbesondere durch einstimmige Zustimmungserfordernisse, ggf. verbunden mit Poolverträgen, Gesellschafterausschüssen gegen die Zersplitterung von Stimmen und auch mit Vorkaufsrechten der anderen Gesellschafter, erschwert bis faktisch ausgeschlossen.
- Abfindungsreduzierungen, etwa durch Buchwertklauseln oder Regelungen zu Auszahlungsmodalitäten, sollen den die Liquidität des Unternehmens belastenden Ausstieg von Mitgesellschaftern zusätzlich unattraktiv machen.
- Mit familienfremden Fachleuten besetzte Beiräte[47] sollen, ähnlich den Stiftungsräten bei einer Stiftung, zu einer fachlich effizienten Kontrolle der Unternehmensleitung unabhängig von etwaigen familiären Streitigkeiten führen.

Das entspricht bei genauer Betrachtung dem von *Binz* angesprochenen „goldenen Käfig" bei der Familienstiftung. Ein solcher kann also rechtsgestalterisch ähnlich auch ohne den Einsatz einer (Familien-)Stiftung erreicht werden.

---

43 *Tielmann*, NJW 2013, 2934.

44 Kritisch zu dem Vorschlag von *Tielmann* bereits *Schiffer/Pruns*, BB 2013, 2755, 2761.

45 Siehe etwa die Unternehmung Freudenberg mit rund 320 Gesellschaftern, http://de.wikipedia.org/wiki/Freudenberg_Gruppe (zuletzt eingesehen am 18.3.2026).

46 Siehe etwa *Spiegelberger*, Unternehmensnachfolge, 3. Aufl. 2022, S. 485 ff., zu entsprechenden Vertragsgestaltungen bei der Familienpersonengesellschaft; Riedel/*Riedel*, Praxishandbuch Unternehmensnachfolge, 3. Aufl. 2021, § 4 Rn 223 ff.

47 Zum freiwilligen Unternehmensbeirat siehe etwa schon ausf. Arens/Tepper/*Schiffer*, Praxisformularbuch Gesellschaftsrecht, 4. Aufl. 2013, S. 1063 ff.

48 Auch bei Stiftungsgestaltungen kann es durchaus besondere Konstellationen und Gestaltungen geben, bei denen der „goldene Käfig" später wieder aufgesperrt wird. Verwiesen sei beispielhaft auf aus der Presse bekannten und bereits oben angesprochenen Fall Breuninger. Dazu heißt es in der Presseerklärung des LG Stuttgart im Verfahren 22 O 582/11 vom 22.1.2014 u.a. wörtlich und durchaus beispielhaft:[48]

> *„Die von dem Kaufmann Heinz Breuninger im Jahr 1969 gegründete Heinz Breuninger Stiftung war Alleingesellschafterin der gemeinnützigen Breuninger Stiftung GmbH. Diese hielt sämtliche Anteile an der BSG Beteiligungs-GmbH, einer Obergesellschaft der Breuninger Unternehmensgruppe. … Im Juli 2004 wurde die Heinz Breuninger Stiftung durch einstimmigen Beschluss des Stiftungsvorstands aufgehoben. Hierdurch fiel das Stiftungsvermögen an Dr. Helga Breuninger als Alleinerbin des Stiftungsgründers. Sie veräußerte den Beteiligungsbesitz der Breuninger Stiftung GmbH …"*

Dieses aktuelle Praxisbeispiel zeigt plastisch, dass eine Stiftungssatzung z.B. sehr wohl eine „Anfallklausel" enthalten kann, die unter bestimmten Umständen tatsächlich den Rückfall des Stiftungsvermögens in den Verfügungsbereich der Stifterfamilie ermöglicht. Die Einzelheiten des „Breuningerfalles" können und sollen hier nicht erörtert werden, da der Fall in der Fachwelt nur aus der Presse bekannt ist. So ist etwa auch nicht bekannt, wie im Einzelnen die Stiftungsaufsichtsbehörde damals gem. § 87 Abs. 1 BGB die „Unmöglichkeit der Erfüllung des Stiftungszwecks" als enge Voraussetzung für die Aufhebung der Stiftung geprüft hat und wie dazu der Sachverhalt im Einzelnen gewesen ist.

Jedenfalls lässt sich unabhängig davon anlässlich des Praxisbeispiels festhalten, dass auch bei der Einbindung von Stiftungen als Nachhaltigkeitselement in die Unternehmensnachfolge gestalterisch eine Annäherung an die gerade angesprochenen Gestaltungen ohne Einbindung einer Stiftung erfolgen kann und im Ergebnis der „goldene Käfig" mehr oder weniger vermieden werden kann – je nachdem, was der Stifter bindend in der Satzung festgelegt hat und je nachdem, woran sich die später involvierten Personen halten oder ggf. eben auch nicht halten.

Beide Gestaltungsansätze (mit oder ohne Stiftung) liegen mithin, je nachdem, was im konkreten Fall gewollt ist und festgelegt wird, was den angeblichen „Enteignungsaspekt" angeht, nicht zwingend wirklich weit auseinander. Es besteht jeweils erheblicher Gestaltungsspielraum.

---

48 Siehe Presseerklärung des Landgerichts Stuttgart in dem Verfahren: http://www.landgericht-stuttgart.de/pb/,Lde/Startseite/PRESSE+und+VERANSTALTUNGEN/Klaeger+gewinnt+im+Breuninger+Beteiligungsprozess/?LISTPAGE=1195716 (abgerufen am 18.3.2026).

d) Fazit

Der generelle Einwand der Enteignung der Unternehmerfamilie bei einer Anteilsübertragung auf eine Familienstiftung greift also bei genauer Betrachtung nicht.[49] Dennoch findet man diesen Einwand in der Praxis gerade bei den betroffenen Familienmitgliedern. Es ist deshalb Aufgabe des erfahrenen Beraters, auf die notwendige „Stiftungsreife" (siehe § 14 Rdn 15 ff.) bei dem Stifter und seiner Familie hinzuwirken und eventuellen Missverständnissen zur Rechtsform der Stiftung rechtzeitig vor Errichtung der Stiftung zu begegnen. 49

C. Typische speziell unternehmensbezogene Gestaltungen

Bei den speziell auf ein Unternehmen ausgerichteten Stiftungsgestaltungen rückt einerseits der Gedanke der Führung der Unternehmung in den Fokus und andererseits die Gestaltung mit steuerbefreiten Stiftungen. 50

I. Führungsstiftung – insb. die Stiftung & Co. KG

Bei der GmbH & Co. KG, der wohl beliebtesten Rechtsform für von Familien getragene Unternehmen,[50] ist einer der Grundgedanken, dass hier Macht und Kapital sinnvoll getrennt werden können. Die Macht wird über die Komplementär-GmbH ausgeübt. Das Kapital wird durch die Kommanditisten gestellt. Das Zusammenwirken der Gesellschafter lässt sich im KG-Vertrag relativ frei gestalten – vor allem über festgelegte Mehrheiten bei Gesellschafterbeschlüssen, Vetorechte der Komplementärin und durch Einschränkung der Rechte der Kommanditisten. 51

Die Stiftung & Co. KG[51] ähnelt der GmbH & Co. KG. Die **Stiftung** ist die einzige persönlich haftende Gesellschafterin (**Komplementärin**). Ihr steht gem. §§ 164, 170 HGB die Geschäftsführung zu. Die nachhaltige Trennung von Macht und Kapital lässt sich hier im Sinne der Unternehmenskontinuität noch besser verwirklichen. Über ihre Führungsrolle als Komplementärin ist die Stiftung in der Lage, nach dem Tod des Stifters eine Art Garantie für die Durchsetzung seines Willens zu übernehmen. 52

---

49 So im Ergebnis auch schon *Binz*, Steuerberater-Jahrbuch 1987/1988, 147, 157.

50 Zu ihr ausf. *Binz/Sorg*, Die GmbH & Co. KG, 12. Aufl. 2018.

51 Ausf. auch: *Binz/Sorg*, Die GmbH & Co. KG, § 23; *Delp*, Die Stiftung & Co. KG, 1991; *Hävelmann*, Die Stiftung & Co. KG als Unternehmensnachfolge, 2006; *Theuffel-Werhahn*, StiftungsBrief 2015, 114, 133 und 152.

Die Stiftung & Co. KG war schon immer eine vieldiskutierte Rechtsform und ist es auch noch; kritische Stimmen verstummen nicht (§ 2 Rdn 37).[52]

53 Ebenso wie die GmbH & Co. KG genießt die Stiftung & Co. KG die Vorteile einer Personengesellschaft bei gleichzeitiger Vermeidung des Haftungsnachteils. Bei der Komplementärstiftung als rechtsfähigem Sondervermögen ohne Gesellschafter ist eine Durchgriffshaftung ausgeschlossen, während eine solche Haftung für die hinter einer Komplementär-GmbH stehenden Gesellschafter durchaus möglich ist.

Auch die Stiftung & Co. KG fällt allerdings unter die sog. GmbH & Co.-Richtlinie zur Publizität.[53] Da es keine natürliche Person als persönlich haftenden Gesellschafter gibt, ist zu publizieren (vgl. § 264a HGB).

54 **Praxishinweis: Publizität bei der Stiftung & Co. KG und der gGmbH**

„Publizität" wird in modernen Unternehmcn sinnvollerweise als Marketinginstrument genutzt. Ähnlich wie bei einem Börsengang dieser Aspekt im Zusammenhang mit der Frage nach der sog. Börsenreife behandelt wird, ist es eine Frage der an anderer Stelle behandelten „Stiftungsreife" (siehe § 14 Rdn 15 ff.) des Stifters und des Nachfolgegründers, ob die Publizität der Stiftung & Co. KG positiv verstanden und aufgegriffen wird.

Auch eine gemeinnützige GmbH ist im Übrigen publizitätspflichtig. Man mag das bedauern und kritisieren, der Gesetzgeber hat hier aber keine Ausnahmevorschrift erlassen.

55 Wählt der Stifter zur angemessenen Verstetigung seines Willens die Gestaltung einer Stiftung & Co. KG, so ist der Stiftung im Gesellschaftsvertrag der Kommanditgesellschaft eine entsprechend starke Stellung einzuräumen. Es sollte insbesondere bestimmt werden, dass Änderungen des KG-Vertrages jedenfalls in wichtigen Fällen der Zustimmung der Stiftung bedürfen.

56 Soll die Stiftungsaufsicht vermieden oder jedenfalls reduziert werden, kann die Stiftung als **Familienstiftung** (siehe § 2 Rdn 23 ff.) ausgestaltet werden, wozu allerdings die unterschiedlichen Bedingungen und Auflagen in den einzelnen Bundesländern im Einzelfall sehr genau zu prüfen sind.

57 Im gegenteiligen Fall dient die Stiftung in Zusammenwirkung mit der Stiftungsaufsicht – wenn die Stiftung eben nicht als von der Stiftungsaufsicht teilweise „befreite" Familienstiftung ausgestattet ist – als **verlängerter Arm des Stifters weit über dessen Tod hinaus**. Die Aufhebung der Stiftung und auch jede Satzungsänderung bedürfen der Genehmigung der Stiftungsbehörde, die nur erteilt wird, wenn sie dem erklärten oder mutmaßlichen Willen des Stifters entspricht.

52 Siehe etwa auch bei Burgard/*Burgard*, Stiftungsrecht, § 80 Rn 52; *Theuffel-Werhahn*, ZStV 2022, 43.

53 Siehe schon *Ernst*, DStR 1999, 903, 904.

Die Position des Komplementärs wird bei der Stiftung & Co. KG in aller Regel von einer nicht steuerbefreiten Stiftung eingenommen – und, wie gesehen, häufig von einer Familienstiftung. 58

Für eine gemeinnützige Stiftung hätte diese Position regelmäßig zur Folge, dass sie insoweit einen steuerpflichtigen wirtschaftlichen Geschäftsbetrieb unterhielte (siehe § 9 Rdn 105 ff.).

Eine gemeinnützige Stiftung kann sich nur dann steuerunschädlich an einer Personengesellschaft beteiligen, wenn die Beteiligung ausnahmsweise nicht zu einem wirtschaftlichen Geschäftsbetrieb führt. Das ist etwa bei einer gewerblich geprägten vermögensverwaltenden Personengesellschaft der Fall.[54] Ein entsprechendes steuerliches Ergebnis erzielt man, indem man die etwaige Kommanditistenstellung der gemeinnützigen Stiftung so ausgestaltet, dass steuerlich keine Mitunternehmerschaft mehr vorliegt.[55]

II. Doppelstiftungsmodelle

In der Praxis findet sich die Kombination einer Familienstiftung mit einer gemeinnützigen Stiftung (sog. Doppelstiftung).[56] 59

1. Grundlagen

Dieses Modell lässt sich in zwei Schritten kennzeichnen:[57] 60

1. Schritt:

Der Familienunternehmer überträgt alle seine Gesellschaftsanteile, die nicht benötigt werden, um den Unterhalt der Familie nachhaltig zu sichern, auf eine steuerbefreite, gemeinnützige Stiftung.

---

54 So BFH – I R 60/10 (zu finden auf www.bundesfinanzhof.de), der damit die Vorinstanz FG Hessen EFG 2011, 23 bestätigt.

55 Die Mitunternehmerstellung liegt vor, wenn Mitunternehmerinitiative und -risiko übernommen werden, BFH BStBl II 1984, 751; BFH BStBl II 2001, 449; siehe auch *Buchna/Leichinger/Seeger/Brox*, S. 342 f.

56 Ja, solche Modelle finden sich durchaus auch in der Praxis, allerdings scheint uns deren Zahl deutlich geringer als die Anzahl der Publikationen dazu.

57 Siehe Feick/*Godron/Thress*, Stiftung als Nachfolgeinstrument, 2. Aufl. 2024, § 30; ausf. schon *Schiffer*, Doppelstiftungen und Unternehmensnachfolge – Eine Skizze aus deutscher Sicht, in: Eiselsberg (Hrsg.), Stiftungsrecht. Jahrbuch 2007 (Österreich), Wien/Graz 2007, S. 175 ff.; *Schiffer*, BBV 2007, 214 ff.; siehe auch *Werner*, ZEV 2012, 244 ff.; *Schuck*, Die Doppelstiftung, 2009; *Auwera*, Die Doppelstiftung – eine Möglichkeit der Unternehmensnachfolge für Familienunternehmen, 2008.

2. Schritt:

Die restlichen Anteile überträgt er auf eine Familienstiftung, die die unternehmerische Verantwortung dadurch trägt, dass das Stimmrecht für die von der gemeinnützigen Stiftung gehaltenen Anteile ausgeschlossen wird. Dabei wird die gemeinnützige Stiftung gerade nicht mitunternehmerisch an einer Personengesellschaft beteiligt. Sie führt keinen wirtschaftlichen Geschäftsbetrieb.

61 Das Modell der Doppelstiftung kombiniert die Vorteile einer unternehmensverbundenen Stiftung mit den Steuervorteilen einer gemeinnützigen Stiftung. Die Unternehmensführung liegt, um die Steuerbefreiung zu erhalten (Stichwort: wirtschaftlicher Geschäftsbetrieb, siehe § 9 Rdn 105 ff.), nicht bei der gemeinnützigen Stiftung, sondern bei der Familienstiftung. Der gemeinnützige Bereich stellt also steuerfrei das Betriebskapital bereit, mit dem der Unternehmensvorstand arbeitet.

62 Mit ihrer gegenseitigen Funktionsbezogenheit arbeiten im Fall der Doppelstiftung beide Stiftungen in Verantwortung für das Unternehmen zur Erhaltung und Vermehrung der Vermögenssubstanz zusammen. Dabei besteht i.d.R. eine weitgehende organisatorische und personelle Übereinstimmung zwischen den beiden Stiftungen. Gleichzeitig wird nachhaltig ein gemeinnütziger Zweck gefördert. Die Doppelstiftung kombiniert damit auch im besten Sinne des Wortes die „Sinn-Stiftung" in der Form der gemeinnützigen Stiftung mit der Unternehmenssicherung in Form der gesamten Stiftungsgestaltung. Sie ist damit Ausdruck eines verantwortungsbewussten und eigenverantwortlichen Unternehmertums.

2. Gesellschaftsrecht

63 Gesellschaftsrechtlich lässt sich die für Doppelstiftungsgestaltungen typische **Disproportionalität von Gesellschaftsanteilen und Stimmrechten** grundsätzlich problemlos realisieren; das gilt vor allem für Beteiligungen an einer GmbH.

64 Die **Gewinnverteilung** in der GmbH erfolgt grundsätzlich nach dem Verhältnis der Gesellschaftsanteile, soweit im Gesellschaftsvertrag kein anderer Maßstab festgesetzt worden ist. In einer disproportionalen (inkongruenten) Gewinnverteilung[58] liegt grundsätzlich kein Verstoß gegen den Gleichbehandlungsgrundsatz, denn die ursprüngliche Satzung mit der betreffenden Regelung wird vom Einverständnis aller Gesellschafter getragen. Bei einer späteren entsprechenden Satzungsänderung ist wegen des Gleichbehandlungsgrundsatzes dementsprechend die Zustimmung aller betroffenen Gesellschafter erforderlich. Steuerrechtlich kann eine solche spätere Änderung problematisch sein.

---

58 Zu dieser umstrittenen Thematik siehe etwa: *Birnbaum/Escher*, DStR 2014, 1413 („Fremdvergleich"); BMF-Schreiben v. 4.9.2024, https://www.bundesfinanzministerium.de/Content/DE/Downloads/BMF_Schreiben/Steuerarten/Einkommensteuer/2024-09-04-inkongruente-gewinnausschuettungen.pdf?__blob=publicationFile&v=4 (zuletzt eingesehen am 5.6.2025).

Es ist angeraten, bei solchen Gestaltungen immer das aktuelle Gesellschaftsrecht und vor allem das aktuelle Steuerrecht im Einzelfall zu prüfen.

Gerade im Bereich von **langfristig über mehrere Generationen angelegten Stiftungen** sind Gestaltungen, die an rechtliche und/oder an steuerliche jeweils aktuell bestehende Grenzen gehen, schon angesichts des im Steuerrecht besonders stetigen Wandels mit Vorsicht zu genießen. Die Erfahrung zeigt, dass solche an Grenzen gehenden Gestaltungen i.d.R. auch gar nicht erforderlich sind, um die gewünschten langfristigen Effekte zu erzielen. Sie entspringen i.d.R. nur einem einseitigen und vor allem auch kurzsichtigen Blick auf das Steuerrecht, der auf Mitnahmeeffekte bei echten oder vermeintlichen Steuervorteilen setzt (siehe auch § 8 Rdn 4 ff.). 65

Praxishinweis: Beispiele von Doppelstiftungsmodellen 66

Das Modell der Doppelstiftung findet sich in der Praxis z.B. bei großen Familienunternehmen, wie Presseberichte und ggf. deren Homepages zeigen:

Die bekannte „**Robert Bosch Stiftung GmbH**" ist mit über 90 % an der Unternehmung Robert Bosch GmbH, Stuttgart beteiligt. Geleitet wird die Unternehmung Robert Bosch GmbH aber nicht etwa durch die Stiftung GmbH, sondern durch die an der Robert Bosch GmbH mit einem „Zwerganteil" beteiligte Robert Bosch Industrie Treuhand KG, die auch das Stimmrecht aus den Anteilen der Robert Bosch Stiftung GmbH erhalten hat. Diese juristische Konstruktion, die ebenso bei Einsatz einer Stiftung anstelle einer GmbH möglich wäre, dient der deutlichen Trennung zwischen dem Unternehmen einerseits und der gemeinnützigen Aufgabenstellung andererseits. Die Unternehmensführung liegt, um die Steuerbefreiung zu erhalten, nicht bei der gemeinnützigen Stiftung GmbH, sondern bei der Kommanditgesellschaft. Der gemeinnützige Bereich stellt also steuerfrei das Betriebskapital bereit, mit dem der Unternehmensvorstand arbeitet.

Karl Albrecht (**Aldi Süd**) ist 2014 gestorben. Sein großes Milliardenvermögen hat er schon in den 1970er Jahren über eine „Stiftungskonstruktion" geordnet, die er ähnlich gestaltet hat wie sein 2010 verstorbener Bruder Theo Albrecht (Aldi Nord). Albrecht hat sich für das bekannte „Doppelstiftungsmodell" entschieden, d.h. das unternehmerische Vermögen auf eine Familienstiftung und auf gemeinnützige Stiftungen übertragen. Kernpunkt der Gestaltung ist die **Siepmann-Stiftung**. Der Zweck dieser Familienstiftung ist es, „die gemeinsamen Interessen der Angehörigen der Familie Albrecht zu wahren und zu fördern". Karl Albrecht, „dessen" Vermögen Forbes auf knapp 20 Milliarden EUR schätzt, hat die Siepmann-Stiftung in 1973 errichtet und ihr den Mädchennamen seiner Mutter gegeben. Er war bis 2002 Vorstand der Stiftung, die fast 75 % der Anteile an Aldi Süd und das Markenrecht an Aldi Süd hält. Bei Aldi Süd bestehen neben der Familienstiftung die jeweils gemeinnützigen und damit steuerbefreiten Oertl- und Elisen-Stiftung, die der medizinischen

Forschung und der Kultur dienen. Die Einzelheiten sind nicht veröffentlicht. Die Quellenlage ist hier unklar. Die gemeinnützigen Stiftungen sollen anfallberechtigt sein, falls keine Abkömmlinge von Karl Albrecht mehr leben.

Zunehmend trifft man in der Praxis auf den Hinweis, die **Bertelsmann Stiftung** sei eine solche Doppelstiftung. Das trifft nicht ganz zu. Genau betrachtet ist die dortige Gestaltung zwar ähnlich, aber eben doch viel komplexer. Die Kapitalanteile an der nicht börsennotierten **„Bertelsmann SE & CO. KGaA“**, d.h. an einer Kommanditgesellschaft auf Aktien (= eine Aktiengesellschaft, die wie die KG als „Vorstand“ über zumindest einen persönlich haftenden Gesellschafter, einen oder mehrere Komplementäre, verfügt) mit einer Societas Europaea (SE) als geschäftsführender Gesellschafterin sind, soweit ersichtlich, wie folgt verteilt:

- die Bertelsmann Stiftung mit 77,6 %,
- die Familie Mohn mit 19,1 % sowie
- mit insgesamt 3,3 % die Reinhard Mohn Stiftung und die BVG-Stiftung.

Sämtliche Stimmrechte werden wie schon in der Vergangenheit schon von der Bertelsmann Verwaltungsgesellschaft (BVG) ausgeübt/kontrolliert.

> *„Die Familie Mohn nimmt ihre Interessen in den Gremien von Bertelsmann wahr. [...] Zur Sicherung der Unternehmenskontinuität hat Reinhard Mohn Kapitalanteile und Stimmrechte voneinander getrennt. Das ist rechtlich einwandfrei und durchaus üblich. Die Bertelsmann Stiftung hält 77,4 Prozent der Anteile an dem Bertelsmann Konzern. Diese Anteile sind stimmrechtslos. Alle Stimmrechte werden dagegen von der Bertelsmann Verwaltungsgesellschaft (BVG) kontrolliert. Reinhard Mohn hielt ein Gremium erfahrener Unternehmer unter Einbeziehung der Familie in Form der BVG für besonders geeignet, über Unternehmensangelegenheiten zu entschieden. So entstand eine klare Aufgabenteilung zwischen der gemeinnützigen Arbeit der Bertelsmann Stiftung und den Entscheidungen auf Aktionärsebene der BVG. Gesellschafter der BVG sind Liz Mohn, Dr. Brigitte Mohn, Christoph Mohn, Prof. Werner Bauer, Prof. Jürgen Strube und Prof. Dieter Vogel sowie die BVG-Stiftung. In der BVG werden alle Entscheidungen im Lenkungsausschuss getroffen. Diesem Lenkungsausschuss gehören nur die sechs Personen, nicht aber die BVG-Stiftung an. Alle Mitglieder haben das gleiche Stimmrecht. Reinhard Mohn hat seiner Frau Liz Mohn allerdings sein Vetorecht übertragen.“*

Die Bertelsmann-Gestaltung macht sich demnach Überlegungen zunutze, die auch dem Doppelstiftungsmodell zugrunde liegen. Die Bertelsmann-Gestaltung ist aber ersichtlich deutlich komplexer als eine „simple“ Doppelstiftung. Das zeigt, was ggf. alles möglich ist. Ob so eine Gestaltung sinnvoll und auch nachhaltig ist, kann nur in jedem Einzelfall bewertet werden. Eine generelle Beraterempfehlung gibt es (auch) hier nicht.

III. Der Einsatz gemeinnütziger und mildtätiger Stiftungen

Im Unternehmensbereich kann eine gemeinnützige Stiftung auch über die Möglichkeit der Doppelstiftung hinaus eine sinnvolle Rolle spielen und gleichzeitig der Allgemeinheit dienen. Unternehmenseinkünfte können z.B. dem eventuellen Wunsch der Familie entsprechend ganz oder teilweise gemeinnützigen Zwecken zugeführt werden, was durchaus als positiver Marketingeffekt für das Unternehmen genutzt werden kann. Ohne eine gemeinnützige Stiftung könnte das über steuerbegünstigte Spenden nur in begrenztem Umfang geschehen. 67

Daneben bietet sich auch der Einsatz einer (gemeinnützigen) **Stiftung als Familienbank** an.[59] Als Stichwort sind hier Basel II und III zu nennen: Danach soll die Eigenkapitalunterlegung der Banken bei Kreditvergaben stärker nach dem individuellen Kreditrisiko erfolgen, das vorrangig durch ein Bankrating festgestellt wird Das führt zu der Frage der Finanzierung der deutschen mittelständischen Wirtschaft. Die neuen Regeln zur Kreditvergabe sind für deutsche Unternehmen besonders wesentlich, denn in Deutschland sind anders als im angloamerikanischen Raum die Unternehmen weniger über die Börse finanziert, als vielmehr über Bankkredite. Angesichts der bekannt schlechten Eigenkapitalausstattung deutscher Unternehmen drohen deshalb höhere und sogar teilweise existenzgefährdende Kapitalkosten. Hier besteht eine sinnvolle und steuergünstige Reaktionsmöglichkeit durch einen geschickten Einsatz von Stiftungen. 68

Eine gemeinnützige Stiftung kann, auch wenn sie nicht unmittelbar an dem Unternehmen beteiligt ist, als Kreditgeber für das Unternehmen fungieren. Sie erwirtschaftet dann entsprechend ihrem Satzungszweck ihr Einkommen durch zinspflichtige Darlehensgewährung an das Unternehmen. Dabei müssen die Bedingungen des Darlehens (Verzinsung, Sicherung etc.) zur steuerrechtlichen Anerkennung grundsätzlich dem Vergleich mit einem von dritter Seite gewährten Darlehen standhalten.

Die Stiftung wird damit zur „Familienbank“. Dadurch wird erstens die Eigenkapitalquote verbessert. Zweitens sinkt damit automatisch der Kreditbedarf. Drittens steigt dadurch die Kreditwürdigkeit.

Zusammenfassen kann man den Ansatz der Stiftung als Gesellschafterin zur Regelung der Unternehmensnachfolge und der gemeinnützigen Stiftung als „Bank“ auch durch das oben dargestellte Modell der Doppelstiftung. Im konkreten Fall lassen sich hier sinnvolle Gestaltungen finden, die gleichzeitig der Allgemeinheit über die gemeinnützige Tätigkeit der Stiftung erheblichen Nutzen bieten. Es ergibt sich eine fruchtbare Verbindung erfolgreichen Unternehmertums mit sehr begrüßenswertem bürgerschaftlichem Engagement.

59 Dazu schon *Schiffer*, DStR 2002, 1206, 1208; *Döring*, Die Stiftung als Finanzierungsinstrument für Unternehmen, 2010, S. 253 ff.

IV. Stiftungen und Mitarbeiterbeteiligung

69 Die Stiftung ist keine Kapitalgesellschaft. Sie gehört nicht zu den im Mitbestimmungsgesetz abschließend aufgezählten Gesellschaften. Sie ist daher ebenso wie die Stiftung & Co. von der Mitbestimmung nach dem Mitbestimmungsgesetz befreit. Möglich bleibt jedoch die Mitbestimmung nach dem Betriebsverfassungsgesetz.

Zu bedenken ist auch, wie sehr Unternehmen, die von Stiftungen dauerhaft mitgetragen werden, sich für eine Mitarbeiterbeteiligung eignen. Gerade in von Stiftungen getragenen Unternehmen lässt sich über eine Mitarbeiterbeteiligung der (vermeintliche) Gegensatz zwischen Arbeitnehmer- und Kapitalgeberinteressen elegant aufheben, stehen doch auf der Kapitalgeberseite, der Stiftung, keine wirklichen Kapitalgeber, die versuchen könnten, einseitig ihre Interessen durchzusetzen. Die Stiftung ist vielmehr eine von Einzelpersonen, Mitgliedern oder Gesellschaftern unabhängige juristische Person. Erinnert sei auch daran, dass gerade der Erhalt eines Unternehmens zwecks Bewahrung einer bestimmten Unternehmenskultur zulässiger Stiftungszweck sein kann.[60]

70 Bei der Integration einer Beteiligungsträgerstiftung in ein Mitarbeiterbeteiligungsmodell (MAB) beherrscht die Stiftung entweder die Gesellschaft (Modell 1) oder sie ist das „Zünglein an der Waage" (Modell 2)

MAB-Modell 1: GmbH-Beteiligungsstruktur – Stiftung beherrscht Gesellschaft

Stiftung	Unternehmer	MAB
51 %	25 %	24 %

MAB-Modell 2: GmbH-Beteiligungsstruktur – Stiftung als „Zünglein an der Waage"

Stiftung	Unternehmer	MAB
2 %	49 %	49 %

71 Gerade über solche Fallkonstellationen kann eine Stiftung ggf. ein geeignetes Gestaltungsinstrument zur Lösung eines Unternehmensnachfolgeproblems sein, wenn ein geeigneter Nachfolger nicht vorhanden ist. Im Zusammenhang mit der Aktivierung des enormen Mitarbeiterbeteiligungspotenzials vermeidet eine Stiftung klassischerweise überholte Interessengegensätze, da über die Stiftung eine nicht personenorientierte, sondern eine sachorientierte Entscheidungsfindung sichergestellt wird. Die Stiftung sorgt hier für die Neutralität und Sachorientierung, die auch von Unternehmerseite für die Unternehmensfortführung und -erhaltung typischerweise gewünscht wird.

60 Siehe *Muscheler*, Stiftungsrecht, S. 355, 360 ff.

V. Eine Stiftung als Kommanditistin

Eine Stiftung kann Kommanditistin einer Kommanditgesellschaft sein. Wird sie nur als Kommanditistin an einer Kommanditgesellschaft beteiligt, kann sie als solche allerdings nur dann der **Unternehmenssicherung** dienen, wenn besondere gesellschaftsrechtliche Vorkehrungen getroffen sind, so dass 72

- sie über die **Stimmenmehrheit** in der Gesellschafterversammlung verfügt und
- die Übertragung/Kündigung anderer Gesellschaftsanteile ihrer **vorherigen Zustimmung** bedarf.

Eine solche Gestaltung lässt sich grundsätzlich nur mit einer nicht steuerbefreiten Stiftung durchführen.

Beteiligt sich eine **gemeinnützige Stiftung** als Kommanditistin, so begründet das i.d.R. einen **steuerpflichtigen wirtschaftlichen Geschäftsbetrieb.** Anders ist es aber etwa dann, wenn die Personengesellschaft selbst vor allem vermögensverwaltend tätig ist (näher siehe § 9 Rdn 116 ff.).[61] Auch in anderen Fällen kann nach unserer Auffassung ggf. durch geeignete Maßnahmen in dem KG-Gesellschaftsvertrag die Steuerfreiheit der gemeinnützigen Stiftung hinsichtlich der Beteiligung beibehalten werden. Die Beteiligung wird dann nur im Rahmen der **Vermögensverwaltung** gehalten. Will man dieses Ergebnis erzielen, müssen die Mitunternehmerinitiative (= Einfluss auf die Geschäftsleitung) und das Mitunternehmerrisiko der gemeinnützigen Stiftung bei der Kommanditbeteiligung ausgeschlossen werden, so dass steuerlich keine Mitunternehmerschaft mehr vorliegt. 73

VI. Eine Stiftung als Konzernspitze

Eine selbstständige Stiftung kann auch als Holding und Konzernspitze[62] dienen, wobei allerdings, wenn sich ihr Zweck darin erschöpft, wenig überraschend Zweifel unter dem Aspekt der nach h.M. unzulässigen Selbstzweckstiftung[63] geäußert werden.[64] Der Ausgleich/die Harmonisierung zwischen Stiftungsrecht und Konzernrecht lässt sich gestalterisch lösen.[65] 74

D. Vermögenserhaltung als Problem

Die aktuelle schlechte Situation auf den Finanzmärkten trifft auch Stiftungen jetzt nun schon seit einigen Jahren ganz nachhaltig. Sie haben Probleme, ausreichende 75

---

61 BFH, Urt. v. 25.5.2011 – I R 60/10, Rn 10 ff.

62 Zu unterscheiden davon ist die gemeinnützige Stiftung in konzernähnlichen Gestaltungen, siehe § 9 Rdn 220 ff.

63 Näher NK-BGB/*Schiffer/Pruns*, § 80 Rn 27 ff., 53 ff. m.w.N.

64 Etwa *Schwintowski*, NJW 1991, 2736.

65 Grundlegend dazu *Schwintowski*, NJW 1991, 2736, 2740; *Kohl*, NJW 1992, 1922 (mit auch kritischen Hinweisen).

Erträge aus dem Stiftungsvermögen zu erwirtschaften. Die Forderung nach professioneller Stiftungsverwaltung rückt damit auch für die vielen ehrenamtlich Tätigen noch mehr als bisher in den Vordergrund (siehe auch § 3 Rdn 75 f.). Gerade für unternehmensverbundene Stiftungen gilt diese Forderung ganz besonders.

76 Ertragsschwankungen sind bei einer unternehmensverbundenen Stiftung zwangsläufig; sie sind durch das spezifische Stiftungsvermögen vorgegeben.

Einem Stiftungsvorstand bleiben in der Praxis folgende grundsätzliche Ansätze, um auf die Ertragsschwankungen im Sinne des Stiftungszwecks zu reagieren:
- Eine Stiftung sollte möglichst keine festen langfristigen Verpflichtungen bindend eingehen, soweit sie Gefahr läuft, sie bei geringem Ertrag (vorübergehend) nicht erfüllen zu können. Da ist z.B. eine langfristige Projektförderung problematisch.
- Es sind im gesetzlich möglichen Umfang Rücklagen zu bilden, um Ertragsschwankungen ausgleichen zu können. Mit § 62 AO hat der Gesetzgeber hier diverse Möglichkeiten geschaffen (siehe § 9 Rdn 79 ff.). Diese Rücklagenbildung wird der Vorstand sinnvollerweise mit einer Förderpolitik verbinden, die langfristige Zusagen auf ein für die Stiftung in ihrer spezifischen Situation wirklich tragfähiges Maß reduziert.

Diese Zusammenhänge sind unter den Stiftungsfachleuten lange bekannt, werden in der Praxis von **Stiftungsorganen** bei ihrer Förderpolitik aber **oftmals verkannt**. Es ist Aufgabe des Beraters einer Stiftung, gerade auch im Unternehmensbereich, auf die vorstehend angesprochenen Punkte immer wieder hinzuweisen und so auf eine langfristig sichere und positive Arbeit entsprechender Stiftungen hinzuwirken.

E. Sieben Schlüsselfragen

77 Stiftungen sind im Unternehmensbereich in der Tat vielseitig einsetzbar.[66] Und es stimmt ja: Stiftungen wirken langfristig, theoretisch sogar ewig. Das ist eine Binsenweisheit, auch wenn die Verbrauchsstiftung gegenwärtig auf dem Vormarsch ist. Das ist die eine Seite der Medaille!

Die andere Seite ist, dass wir Berater uns mit kreativen Mandanten nicht selten steuerlich motiviert[67] auch an die Grenzen einer solchen Gestaltung und ggf. sogar darüber hinaus bewegen können – etwa bei einem besonders „ausgefuchsten“ Doppelstiftungsmodell, wenn die eine oder die andere Stiftung gemessen an

---

66 Siehe zu diesem Abschnitt auch schon *Schiffer/Pruns*, BB 2013, 2755, 2762 f.

67 Für eine steuerlich und betriebswirtschaftliche Betrachtung der Familienstiftung vgl. *Schumann*, Familienstiftungen als Instrument der Unternehmensnachfolge, 2023.

der Höhe ihrer Unternehmensbeteiligung ausgesprochen viele Stimmrechte, aber nur ganz wenige Gewinnanteile erhält.

Mitunter entsteht auch eine wahre Modell- und Modellierfreude der Berater, die sich in komplexen und langen Ausarbeitungen niederschlägt. Die schließlich gewählte Variante wird dann typischerweise vorsorglich mit einer verbindlichen Auskunft der Finanzverwaltung unterfüttert. Die Finanzverwaltung bestätigt dann die Zulässigkeit der Gestaltung ausgehend von einem ganz konkreten Sachverhalt (vgl. insbesondere § 8 Rdn 22 ff., 124 ff.). 78

Aber ist das wirklich der Weisheit letzter Schluss? Muss man nicht vielmehr darüber hinaus noch ganz andere Fragen stellen? Wir haben hier sieben in solchen Fällen immer wieder auftauchende Schlüsselfragen zusammengestellt: 79

1. Wie wird die Macht der Führungsstiftung effektiv kontrolliert (echtes Vieraugenprinzip, unabhängiges Kontrollorgan etc.), ohne dass ein Funktionärsmanagement entsteht? Es soll doch vielmehr Erfolg versprechendes Unternehmertum gefördert werden. Ganz davon zu schweigen, dass der Mensch bisweilen der Versuchung erliegt, sich selbst zu beglücken, beispielsweise indem er ungebührlich hohe Vergütungen für sich beschließt, wenn er dazu etwa als Stiftungsvorstand die freie Befugnis hat.
2. Wie werden die Organe der Führungsstiftung nachhaltig mit kompetenten und engagierten Persönlichkeiten besetzt? Allein das sich mit den Jahren wiederholende Erfordernis, zwei bis drei Stiftungsvorstände sowie drei bis fünf kontrollierende Stiftungsräte zu berufen, zeigt den hohen Schwierigkeitsgrad dieser Aufgabe.
3. Lohnt sich der dauerhafte Mehraufwand wirklich? Es sind typischerweise zwei Stiftungen und die verschiedenen Gesellschaften des Unternehmens zu verwalten. Auch dazu braucht es die geeigneten Personen und Steuerberater und Wirtschaftsprüfer etc. All das und vieles mehr kostet bekanntlich Geld. Das Ehrenamt ist hier nicht auf dem Vormarsch!
4. Passt die Gestaltung überhaupt zum Unternehmen und ggf. zur Unternehmerfamilie? Niemand darf sich enteignet fühlen und sich aufgefordert sehen, nach Gegenstrategien zu suchen. Solange die Familie, was ja Sinn der Sache ist, irgendwie mit dem Konstrukt verbunden ist und bleibt, behalten die Mitglieder der Familie zumindest faktischen Einfluss. Die Fachwelt kennt diese Zusammenhänge in negativer Ausprägung unter dem Schlagwort „Lästiger Gesellschafter“.
5. Hält die verbindliche Auskunft der Finanzverwaltung in dem für die Stiftung angedachten langen Zeitraum überhaupt? Wurde ausreichend bedacht, dass sich die „verbindliche“ Auskunft nur auf einen ganz bestimmten Sachverhalt bezieht, dass sich Sachverhalte aber erfahrungsgemäß im Laufe von Jahrzehnten einmal mehr oder auch einmal weniger ändern, so dass neue Sachverhalte entstehen? Zur Erinnerung: Vor 100 Jahren regierte noch der deutsche Kaiser.
6. Haben die Unternehmensführung und die Unternehmerfamilie die erforderliche Stiftungsreife? Ist den Beteiligten vor allem klar, dass es sich bei dem Weg

in die Stiftung faktisch um eine Einbahnstraße handelt und dass sie sich dauerhaft den Regeln der Stiftung unterwerfen? Die Stiftung gehört ja eben nicht dem Unternehmen oder der Familie, sondern sich selbst.

7. Hat das Konstrukt die für den Unternehmensbereich und letztlich auch die für die Familie gebotene Flexibilität?

§ 12 Die Treuhandstiftung

Was bietet dieses Kapitel?
In Deutschland gibt es aller Wahrscheinlichkeit nach deutlich mehr Treuhandstiftungen als rechtsfähige Stiftungen. Allerdings fehlen dazu verlässliche Zahlen. Jedenfalls sind Treuhandstiftungen aufgrund der im Vergleich zur rechtsfähigen Stiftung niedrigeren Einstiegsschwellen „im Trend". Dieser Trend wird durch die Reform des Stiftungsrechts noch verstärkt. Gleichzeitig zeigt die Praxis aber auch, dass viele Fragen, die sich im Zusammenhang mit *Treuhandstiftungen* stellen, noch nicht abschließend geklärt sind. Zudem existieren Graubereiche, in denen sich manch fragwürdiger Anbieter tummelt. In diesem Kapitel werden wir die für die Beratungspraxis wesentlichen und neuralgischen Punkte bei der Errichtung und Verwaltung einer Treuhandstiftung näher betrachten und erläutern.

Übersicht:

A. Einführung und Überblick

I. Grund- und Urform der Stiftung

1 Die **Treuhandstiftung,**[1] auch **unselbstständige Stiftung** oder **fiduziarische Stiftung** genannt,[2] erfreut sich in der Praxis seit jeher großer Beliebtheit. Jedenfalls historisch dürfte es sich bei ihr sogar um die **Grund- und Urform der Stiftung** handeln.[3] Insbesondere Kirchen und Kommunen verwalten seit Jahrhunderten, wenn nicht sogar seit Jahrtausenden, ihnen treuhänderisch zur dauernden Verwirklichung bestimmter Zwecke übertragenes Vermögen.[4]

2 Es gibt zwar keine belastbaren Zahlen zu ihrer Verbreitung, doch schätzte etwa der Bundesverband Deutscher Stiftungen bereits vor mehr als zehn Jahren, dass in Deutschland deutlich mehr als 20.000 Treuhandstiftungen existieren. Es dürfte sich schon damals um eine eher konservative Schätzung gehandelt haben und die Zahl der Treuhandstiftungen wird inzwischen noch einmal deutlich angewachsen sein. Jedenfalls ist es sehr wahrscheinlich, dass die Zahl der Treuhandstiftungen diejenige der selbstständigen Stiftungen des Privatrechts in Deutschland übersteigt – ggf. sogar deutlich.

II. Keine gesetzliche Definition

3 Eine **gesetzliche Definition der Treuhandstiftung** existiert **weder im Zivil- noch im Steuerrecht.**[5] Der BGB-Gesetzgeber hat von Beginn an bewusst auf eigenständige Regelungen zur Treuhandstiftung verzichtet.[6] Der **BGH** hat zu folgender Definition gefunden, wobei er von einer unselbstständigen Stiftung

1 Ausf. *Wallenhorst/Wallenhorst*, Die Treuhandstiftung, 2023; BoKo-StiftR/*Stolte*, Teil I 2.1 Rn 1 ff.; Werner/Saenger/Fischer/*A. Werner*, Die Stiftung, 2. Aufl. 2019.

2 Die Bezeichnung „Treuhandstiftung“ hat sich als Schlagwort für die unselbstständigen Stiftungen eingebürgert. Rechtliche Schlüsse sind hieraus nicht abzuleiten.

3 Staudinger/*Hüttemann/Rawert*, Vorbem. zu §§ 80 ff. Rn 324 m.w.N.

4 Zur geschichtlichen Perspektive siehe *v. Campenhausen*, in: Deutsches Stiftungszentrum (Hrsg.), Die Treuhandstiftung, S. 9 ff.

5 BFH, Urt. v. 16.11.2011 – I R 31/10, Rn 32.

6 Staudinger/*Hüttemann/Rawert*, Vorbem. zu §§ 80 ff. Rn 324 m.w.N.

und nicht von einer Treuhandstiftung spricht, was aber nur ein Unterschied in der Bezeichnung und nicht in der Sache ist:[7]

> *„Unter einer unselbstständigen Stiftung versteht man die Übertragung von Vermögenswerten auf eine natürliche oder juristische Person mit der Maßgabe, diese als ein vom übrigen Vermögen des Empfängers getrenntes wirtschaftliches Sondervermögen zu verwalten und dauerhaft zur Verfolgung der vom Stifter gesetzten Zwecke zu verwenden […]. Maßgebend sind, je nachdem, ob es sich um ein Rechtsgeschäft unter Lebenden oder um eine Verfügung von Todes wegen handelt, die allgemeinen schuldrechtlichen oder erbrechtlichen Bestimmungen.“*

Damit sind tatsächlich alle **wesentlichen Elemente** genannt, um die Treuhandstiftung aus **zivilrechtlicher Sicht** zu beschreiben: 4
- Die stiftende Person überträgt Vermögenswerte auf einen **rechtsfähigen Träger**, bei dem es sich um eine natürliche oder um eine juristische Person handeln kann.
- Diese Übertragung erfolgt zum einen mit der Maßgabe, dass das **Vermögen wirtschaftlich getrennt vom sonstigen Vermögen des Trägers** verwaltet wird.
- Zum anderen erfolgt die Übertragung mit der Maßgabe, dass das Vermögen von dem Empfänger als Stiftungsträger für den von der stiftenden Person vorgegebenen **Zweck** verwendet wird.
- Bei der Errichtung zu Lebzeiten (Rdn 42 ff.) kommt es auf die konkrete **schuldrechtliche Gestaltung** des Rechtsverhältnisses zwischen der stiftenden Person und dem Träger an, bei der Errichtung von Todes wegen (Rdn 90 ff.) auf die konkrete **erbrechtliche Gestaltung.**[8]

Beschreiben lässt sich eine Treuhandstiftung aus zivilrechtlicher Perspektive[9] mithin auch als der Versuch, mit schuldrechtlichen oder erbrechtlichen Gestaltungsmitteln eine **rechtsfähige Stiftung nachzuahmen.**[10] Welche rechtlichen Mittel dafür am besten geeignet sind, ist in der Fachliteratur, soweit es um die Errichtung zu Lebzeiten geht, allerdings seit Jahren umstritten. Darauf werden wir weiter unten ausführlich eingehen (Rdn 50 ff.).

---

7 BGH, Urt. v. 12.3.2009 – III ZR 142/08, Rn 14; BGH, Urt. v. 22.1.2015 – III ZR 434/13, Rn 32, MDR 2015, 286; jew. m.w.N.

8 Zu diversen dogmatischen Erklärungsansätzen aus der Wissenschaft BoKo-StiftR/*Stolte*, Teil I 2.1 Rn 16 ff.; Staudinger/*Hüttemann/Rawert*, Vorbem. zu §§ 80 ff. Rn 320 ff.; jew. m.w.N.

9 Historisch ist es genau andersherum: Treuhandstiftungen sind die Urform der Stiftung, die rechtliche Verselbstständigung erfolgte erst später, vgl. *v. Campenhausen*, in: Deutsches Stiftungszentrum (Hrsg.), Die Treuhandstiftung, S. 9 f. und passim.

10 *Pruns*, StiftungsBrief 2011, 83, 84.

5 Aus **steuerrechtlicher Sicht** ist die zivilrechtliche Definition des BGH noch dahingehend zu ergänzen, dass die Treuhandstiftung, weil sie bei ihrem Träger getrennt von dessen sonstigem Vermögen verwaltet wird, ein **wirtschaftliches Sondervermögen** bildet und somit als **„Zweckvermögen des Privatrechts"** nach § 1 Abs. 1 Nr. 5 KStG **Körperschaftsteuersubjekt** ist. Sie kann insbesondere auch nach den §§ 51 ff. AO **steuerbegünstigt** sein (siehe Rdn 169 ff.) und ist dann auch in das **Zuwendungsempfängerregister** nach § 60b AO einzutragen. Wie bei der rechtsfähigen Stiftung auch (siehe § 1 Rdn 12, 27 f.) ist die Steuerbegünstigung allerdings kein Automatismus und setzt voraus, dass die Treuhandstiftung alle Voraussetzungen der §§ 51 ff. AO erfüllt.

6 In den Regelungen der §§ 51 ff. AO zur Steuerbegünstigung wird nicht zwischen rechtsfähigen Stiftungen und Treuhandstiftungen unterschieden.[11] Von einem steuerlichen Gleichlauf des Treuhandstiftungsbegriffs kann allerdings nicht die Rede sein. Nicht einmal innerhalb desselben Steuergesetzes wird der Begriff „Stiftung" immer einheitlich verstanden. So ist nach dem BFH beispielsweise eine **Treuhandstiftung keine „Familienstiftung"** i.S.d. § 1 Abs. 1 Nr. 4 ErbStG,[12] nach der Auffassung der Finanzverwaltung soll sie **aber eine Stiftung i.S.d. § 29 Abs. 1 Nr. 4 ErbStG** sein können (siehe Rdn 170);[13] auch wenn in beiden genannten Regelungen des ErbStG jeweils nur von „Stiftung" die Rede ist. Inwieweit eine Treuhandstiftung Steuersubjekt ist, kann mithin immer nur nach dem jeweiligen Steuergesetz und dem jeweiligen Steuertatbestand beurteilt werden (siehe näher Rdn 157 ff.).

7 **Praxishinweise: Transparenzregister**

Für Treuhandstiftungen kann die Pflicht zur Eintragung ins Transparenzregister bestehen, und zwar nach § 21 Abs. 2 GwG, *„wenn der Stiftungszweck aus Sicht des Stifters eigennützig ist"*. Allerdings ist bis heute nicht geklärt, was genau unter „Eigennützigkeit" zu verstehen ist. Bei steuerbegünstigten Stiftungen ist eine Uneigennützigkeit zwar „Grundvoraussetzung", aber bereits die Regelung des § 58 Nr. 6 AO (Drittelprivileg, vgl. § 9 Rdn 168 ff.) zeigt, wie unsicher diese Wertung ist. Zudem ist das GwG grundsätzlich steuerneutral.[14] Im Zweifel sollte also eine Eintragung betrieben werden, um beispielsweise die Verwirkung eines Bußgelds nach § 56 Abs. 1 Nr. 61 GwG zu verhindern.

---

11 Vgl. § 51 S. 2 AO und § 1 Abs. 1 Nr. 4 und 5 sowie § 5 Abs. 1 Nr. 9 KStG; vgl. ferner BayLfSt, Vfg. v. 9.1.2019 – S-3840 1.1 – 3/5 St34; *Seer*, in: Tipke/Kruse, AO/FGO, § 51 AO Rn 3.

12 BFH, Urt. v. 25.1.2017 – II R 26/16, Rn 10 ff.

13 BayLfSt, Vfg. v. 9.1.2019 – S-3840 1.1 – 3/5 St34.

14 Ausf. dazu *Schwalm*, npoR 2024, 50, 56.

III. Stiftungsrechtsreform

Die **Stiftungsrechtsreform** hat **keine unmittelbaren Auswirkungen auf das Recht der Treuhandstiftungen**. Die §§ 80 ff. BGB und auch die Landesstiftungsgesetze sind auf Treuhandstiftungen weder direkt noch analog anwendbar, wie wir noch im Einzelnen sehen werden,[15] so dass sie auch nicht in das ab dem 1.1.2028 eingerichtete Stiftungsregister eingetragen werden. In der zivilrechtlichen Gestaltung haben Treuhandstiftungen nichts mit rechtsfähigen Stiftungen gemein (siehe Rdn 21 ff.). Vielmehr wird versucht, durch schuld- oder erbrechtliche Gestaltungen die stiftungstypische dauernde und zweckgerichtete Vermögensbindung zu erreichen. 8

Ein wesentlicher Grund für die hohe Anzahl an Treuhandstiftungen liegt mithin auch darin, dass **Treuhandstiftungen nicht der staatlichen Aufsicht durch die Stiftungsbehörden unterliegen** und die Anforderungen, die bei der Errichtung einer Treuhandstiftung zu erfüllen sind, deutlich geringer sind als die für eine rechtsfähige Stiftung nach dem BGB und den Landesstiftungsgesetzen. Eine Treuhandstiftung kann zu Lebzeiten durch Vertragsschluss im sprichwörtlichen „Handumdrehen" errichtet werden, und auch bei der Errichtung von Todes wegen durch Erbeinsetzung entsteht die unselbstständige Stiftung in der Regel sofort mit dem Erbfall als eigenständiges Körperschaftsteuersubjekt.[16] 9

Im Rahmen der Diskussion um die **Stiftungsrechtsreform** blieb die Treuhandstiftung allerdings nicht unerwähnt. Aus dem Kreis der Mitglieder der Bund-Länder-Arbeitsgruppe Stiftungsrecht heraus wurde ausdrücklich die Auffassung geäußert, zum „Üben" mit einer Stiftung seien ausschließlich Treuhandstiftungen geeignet. Eine rechtsfähige Stiftung solle dagegen nur dann errichtet werden, wenn der Stifterwille bereits gefestigt sei.[17] Hinter diesen Äußerungen steht erkennbar noch der Gedanke einer Satzungsstrenge bei rechtsfähigen Stiftungen, der sich zwar im Referentenentwurf fand, im Regierungsentwurf dann aber gestrichen wurde,[18] so dass diese Äußerungen mit einer gewissen Zurückhaltung betrachtet werden sollten. 10

Der Grundgedanke ist indes nicht falsch. Treuhandstiftungen sind gleich aus mehreren Gründen sehr viel **flexibler** als rechtsfähige Stiftungen (vgl. auch Rdn 20 ff.). Wegen des Fehlens gesetzlicher Vorgaben und auch wegen des Feh- 11

---

15 Vgl. an dieser Stelle statt vieler BoKo-StiftR/*Stolte*, Teil I 2.1 Rn 10 f.

16 Zum letztgenannten Fall vgl. BFH, Urt. v. 16.11.2011 – I R 31/10, Rn 33 ff.

17 Vgl. insb. die Stellungnahme von *Winkler* im Gesetzgebungsverfahren: https://www.bundestag.de/resource/blob/839522/12a6f7f2d08f6c3f29f3b9f3eec5cfa1/stellungnahme-winkler.pdf (abgerufen am 18.3.2026), dort S. 13: „*Ein Stifter, der bei Stiftungserrichtung unsicher ist über Einzelheiten der Zweckverwirklichung, sollte zunächst eine unselbstständige (= nichtrechtsfähige) Stiftung errichten mit der Option der späteren Umgestaltung in eine rechtsfähige Stiftung.*"

18 Vgl. dazu *Burgard*, ZStV 2021, 45.

lens der staatlichen Aufsicht kann eine Treuhandstiftung sehr individuell ausgestaltet werden, und auch nach der Errichtung ist der Wille der stiftenden Person bei weitem nicht so verstetigt wie bei einer rechtsfähigen Stiftung. Je nach Ausgestaltung der Satzung sind bei einer Treuhandstiftung auch noch nach Jahren weitreichende Änderungen möglich. Treuhandstiftungen sollten deshalb durchaus anstelle der Errichtung einer rechtsfähigen Stiftung in Betracht gezogen werden, wenn die stiftende Person ihre Überlegungen und ihre Vorstellungen erst noch in der Praxis erproben möchte (zur Stiftungsreife siehe insbesondere § 14 Rdn 14 ff.). Es sollte bei der Errichtung der Treuhandstiftung zudem darauf geachtet werden, dass die Option zur späteren „Umwandlung“ in eine rechtsfähige Stiftung (Rdn 141 ff.) ausdrücklich in der Satzung der Treuhandstiftung geregelt wird. Die höhere Flexibilität und das Fehlen der staatlichen Stiftungsaufsicht geht aber auch einher mit einer größeren Abhängigkeit von den handelnden Personen und insbesondere von der (natürlichen oder juristischen) Person den Treuhänders (Rdn 104 ff.).

IV. Praktische Aspekte und neuralgische Punkte

12 Fassen wir zusammen: Die Gründe für die Beliebtheit der Treuhandstiftung sind vor allem ihre leichte und **ohne Genehmigung durch die Stiftungsbehörde** mögliche Errichtung (Rdn 41 ff.) bei gleichzeitiger **Möglichkeit der Steuerbefreiung**, wenn die entsprechenden Vorgaben des Steuerrechts erfüllt sind (Rdn 169 ff. und § 9). Außerdem ist eine **Mindestkapitalausstattung nicht erforderlich** (siehe aber auch Rdn 172 ff.). Das macht die Errichtung einer Treuhandstiftung für so manchen Stifter besonders attraktiv.[19] Das Recht der Treuhandstiftung gehört damit heute zum essentiellen Beratungs-Know-how im Bereich der Vermögensnachfolge.

13 Da eine staatliche Anerkennung für die Errichtung einer Treuhandstiftung nicht erforderlich ist, weil sie keiner Stiftungsaufsicht unterliegt und weil die Verwaltung vollständig dem Treuhänder übertragen werden kann, kommt sie manchem Stifter entgegen, der aus dem Fehlen der Stiftungsaufsicht auf eine größere Freiheit schließt.[20] Das ist indessen bei genauer Betrachtung „nur“ die B-Seite der oftmals gewünschten A-Seite der stärkeren Gebundenheit der rechtsfähigen Stiftung, d.h. das ist das Spannungsfeld von **Nachhaltigkeit** und **Gebundenheit** auf der einen Seite und (dennoch) gewünschter **Flexibilität** auf der anderen Seite.[21] Jedenfalls ist die treuhänderische Stiftung vor allem für Fälle geeignet, in denen

19 Näher zu den Vor- und Nachteilen der Treuhandstiftung *Wallenhorst/Wallenhorst*, Die Treuhandstiftung, Rn A 55 ff.; zu praktischen Überlegungen eines Stifters bei der Errichtung einer Treuhandstiftung *Küstermann*, ZStV 2012, 67.

20 In dieser Richtung argumentiert etwa auch *Meyn*, ZStV 2012, 113 f.

21 Zu diesem Spannungsfeld siehe auch *Seyfarth*, Der Schutz der unselbstständigen Stiftung, 2009.

kleinere Vermögen gestiftet werden sollen und/oder in denen **schnell** – z.B. noch vor Jahresende zur Ausnutzung der Steuervorteile für gemeinnützige Stiftungen (siehe § 9) – gestiftet werden soll.

Erich Steinsdörfer, Rechtsanwalt, Essen: **Der leichte Einstieg – Die Treuhandstiftung** 14
„Wer sich zum ersten Mal mit dem Thema Stiftungen beschäftigt, sieht sich bereits aufgrund der relevanten Rechtsvorschriften des Stiftungs- und Steuerrechts sehr schnell einer komplexen Materie gegenüber; dies bevor überhaupt vertiefende Gedanken über die Zwecksetzung, Organisation und Administration möglich sind. Viele Stifter wollen sich jedoch nicht mit bürokratischen Detailfragen, insbesondere nicht mit rechtlichen und steuerlichen Besonderheiten aufhalten, sondern sich auf die Ziele und Inhalte konzentrieren – ich finde zu Recht! Hier bietet sich mit der Treuhandstiftung eine wahre Alternative zum großen Bruder, der rechtlich selbstständigen Stiftung, an. Die folgenden Aspekte geben häufig den Ausschlag pro Treuhandstiftung:
So entfällt bei der Treuhandstiftung das behördliche Anerkennungsverfahren, das durchaus langwierig und aufwändig sein kann. Ebenso unterliegt die Treuhandstiftung im Gegensatz zur rechtsfähigen Stiftung nicht der ständigen Rechtsaufsicht durch die Stiftungsbehörde. Sie ist – was von vielen Stiftern besonders geschätzt wird – flexibler bei notwendigen späteren Anpassungen sowohl in der Zwecksetzung als auch in der Stiftungsorganisation. Schließlich wird das interne Entscheidungsgremium einer Treuhandstiftung von den administrativen Aufgaben entlastet und kann sich voll und ganz auf die Zweckverwirklichung konzentrieren. Nicht zuletzt ergeben sich unter dem Dach des Treuhänders, der als Rechtsträger fungiert und für die Treuhandstiftung unter dem Namen der Stiftung im Rechts- und Geschäftsverkehr tätig wird, regelmäßig Synergieeffekte sowohl hinsichtlich der Verwaltungskosten als auch im Hinblick auf die Zweckverwirklichung, ohne dass die Stiftung ihre Identität damit verliert. Ein verantwortungsvoller Treuhänder trägt dafür Sorge, dass ausschließlich die Stiftung und nicht er selbst in der Öffentlichkeit als Förderer wahrgenommen wird.
Eine wesentliche Aufgabe kann den Stiftern einer Treuhandstiftung jedoch nicht abgenommen werden: die Auswahl des richtigen Treuhänders. Kriterien für diese Entscheidung sind in der Regel: Erfahrung und Kompetenz in der stiftungsspezifischen Beratung und Administration sowie in einschlägigen rechtlichen, steuerlichen sowie ggf. programmatischen Angelegenheiten, Unabhängigkeit und Neutralität, Transparenz, Einbindung in die für die Stiftung wichtigen Netzwerke sowie absolute Seriosität.
Eine wertvolle Hilfestellung bietet bei der Auswahl des geeigneten Treuhänders das im Jahre 2014 auf Initiative des Bundesverbandes Deutscher Stiftungen eingeführte und erstmalig von einem unabhängigen Gremium vergebene ‚Qualitätssiegel für gute Treuhandstiftungsverwaltung'. Das Qualitätssiegel

zeichnet Treuhänder aus, die die strengen Vergabekriterien erfüllen und ihre Kompetenz bereits in der Praxis unter Beweis gestellt haben."

15 Trotz ihrer Beliebtheit sind, wie wir noch sehen werden (Rdn 47 ff.), gerade die **rechtlichen Grundlagen** der Treuhandstiftung **in vielen Punkten noch nicht wirklich geklärt.**[22] Das führt in der Praxis zu einigen Verwirrungen. Zudem ist, auch wenn die Treuhandstiftung eine attraktive Alternative zur selbstständigen Stiftung des Privatrechts ist, Vorsicht geboten. Für die Errichtung einer Treuhandstiftung verbieten sich „Lösungen von der Stange"[23] genauso wie für die Errichtung einer selbstständigen Stiftung. Der gestalterische Aufwand ist, soll das Stiftungsprojekt erfolgreich sein, nicht notwendigerweise geringer als bei selbstständigen Stiftungen.

16 Zudem wird gerade im Bereich der Treuhandstiftungen bereits seit längerem vor den Umtrieben dubioser Finanzberater gewarnt, die gemeinnützige Treuhandstiftungen ähnlich wie Finanzprodukte vertreiben.[24] Vor diesem Hintergrund sind **verschiedene Verhaltenskodizes** und ein (inzwischen wieder eingestelltes)[25] **Gütesiegel** für die Verwaltung von Treuhandstiftungen geschaffen worden.[26] Solche „Vorschläge" dienen jedenfalls insoweit einem guten Zweck, als sie vor den erwähnten dubiosen Angeboten warnen (siehe auch § 14 Rdn 4 ff., 51). Sie befreien den Berater im Einzelfall allerdings nicht von der Pflicht, sich eigene Gedanken zu machen und selbst zu entscheiden, was aus seiner Sicht und in seiner jeweiligen Verantwortung für den jeweiligen Einzelfall „richtig" ist.

17 Auch wenn treuhänderische Stiftungen nicht der Stiftungsaufsicht unterstehen, sind sie **nicht „staatsfern"**, wenn sie steuerbefreite Zwecke verfolgen. Um die begehrte Steuerbefreiung zu erlangen, muss die Satzung der treuhänderischen Stiftung schließlich ebenso wie die einer rechtsfähigen Stiftung die Voraussetzungen der Gemeinnützigkeit erfüllen (§ 60 Abs. 1 AO; siehe § 9 Rdn 232 ff.). Es genügt zudem nicht, nur die Satzung „richtig" zu gestalten, denn wie § 63 Abs. 1

22 Siehe etwa *Schiffer*, StiftungsBrief 2011, 81 f.

23 Zu solchen kritisch *Schiffer/Pruns*, Die Stiftung 4/2012, 18; siehe auch schon *Winheller*, npoR 2011, 48.

24 *Winheller*, StiftungsBrief 2011, 110; *Winheller*, Stiftung & Sponsoring 4/2012, 22; *Schiffer/Pruns*, Die Stiftung 4/2012, 18.

25 Vgl. die entsprechende Mitteilung des Bundesverbandes Deutscher Stiftungen: https://www.stiftungen.org/stiftungen/stiftungsgruendung/treuhaender/qualitaetssiegel-fuer-gute-treuhandstiftungsverwaltung.html (abgerufen am 8.3.2026).

26 Etwa durch das Deutsche Stiftungszentrum in Essen im Stifterverband für die Deutsche Wissenschaft (www.stifterverband.de) und den Bundesverband Deutscher Stiftungen (www.stiftungen.org); siehe auch *Schindler*, in: Deutsches Stiftungszentrum (Hrsg.), Die Treuhandstiftung, S. 65 ff. Speziell zu dem 2022 wieder eingestellten „Qualitätssiegel für gute Treuhandstiftungsverwaltung" des Bundesverbandes Deutscher Stiftungen siehe die Kommentare von *Mohr* (2.6.2014) und *Schiffer* (5.7.2014) auf www.stiftungsrecht-plus.de/kommentare-und-mehr.

AO anordnet, muss die „**tatsächliche Geschäftsführung** der Körperschaft“, hier also der Treuhandstiftung, „auf die ausschließliche und unmittelbare Erfüllung der steuerbegünstigten Zwecke gerichtet sein und den Bestimmungen entsprechen, die die Satzung über die Voraussetzungen für Steuervergünstigungen enthält“. Die tatsächliche Geschäftsführung wird also auch hier **von der Finanzverwaltung überwacht.**

Erlaubnispflicht nach KWG? 18

Für Aufregung sorgte in der Vergangenheit die Befürchtung einiger Fachautoren, für die Tätigkeit als Träger einer oder mehrerer Treuhandstiftungen sei eine **Zulassung der Bundesanstalt für Finanzdienstleistungsaufsicht** (**BaFin**) erforderlich.[27] So war am 2.5.2011 in den FUCHS-Briefen auf der ersten Seite folgende Überschrift zu lesen: „*Stiftungen – Straffällig, ohne es zu wissen*“. Träger unselbstständiger Stiftungen, so hieß es in dem Artikel, betreiben „*das klassische Geschäft der Vermögensverwaltung*“, wofür aber eine „*Zulassung der Bundesanstalt für Finanzdienstleistungsaufsicht (BaFin)*“ notwendig ist. Ohne diese Zulassung mache sich der Träger einer unselbstständigen Stiftung strafbar. Betroffen seien davon viele „*Städte, Universitäten, Diözesen, Landeskirchenämter und Verbände, die oft als Treuhänder nicht rechtsfähiger Stiftungen fungieren*“. Der Artikel führte, wohl auch wegen seines durchaus alarmistischen Tonfalls, zu erheblicher Verunsicherung in der Praxis. Das hat den Autor *Schiffer* damals veranlasst, bei der BaFin nachzufragen – übrigens, wie wir vorsorglich klarstellen möchten, aus rein fachlichen Gründen und ohne jeden Auftrag von irgendeiner Seite.[28]

Die Antwort der BaFin[29] trug zur Beruhigung aller Beteiligten bei. Wir zitieren:

- „*Eine umfassende Sorge der Treuhänder, eine nach dem KWG erlaubnispflichtige Geschäftstätigkeit ohne die erforderliche Erlaubnis auszuüben, ist nicht begründet. Eine Erlaubnispflicht wird sich nur in atypisch gelagerten Fällen ergeben.*“
- „*Bei einer entsprechenden Ausgestaltung einer nichtrechtsfähigen Stiftung, die die endgültige Aussonderung des Stiftungsvermögens aus dem Vermögen des Stifters im Rahmen der ‚Zweckbindung des Vermögens auf Dauer‘ vorsieht, lässt sich eine Erlaubnispflicht vermeiden, …*“

27 Ausf. zu dem Thema *Schiffer/Pruns*, npoR 2011, 78.

28 Insoweit ist der Darstellung von *Wallenhorst/Wallenhorst*, Die Treuhandstiftung, Rn C 51, dort Fn 41 zu widersprechen: Das Schreiben wurde nicht „für einen Einzelfall angefordert“, wie es dort heißt. Es handelte sich um eine allgemeine briefliche Anfrage und die Antwort ist, wie sich aus ihrem Wortlaut ergibt, auch allgemein gehalten.

29 Stellungnahme der BaFin v. 9.6.2011, einsehbar unter https://archiv.stiftungsrecht-plus.de/fileadmin/Schreiben_Bafin-pdf.pdf (abgerufen am 8.3.2026). Später gab es auch noch eine entsprechende Stellungnahme gegenüber dem Bundesverband Deutscher Stiftungen.

Damit ist dieses Thema jedenfalls für die in der Praxis üblichen Gestaltungen von Treuhandstiftungen erledigt.[30]

Grund für die **Erlaubnisfreiheit** in diesem sowie auch in anderen aufsichtsrechtlichen Zusammenhängen ist der Umstand, dass die Träger von Treuhandstiftungen das ihnen zugewandte Vermögen nicht für „fremde Rechnung" oder „für andere" verwalten, sondern auf eigene Rechnung und für sich. Sie sind als Eigentümer des treuhänderisch übereigneten Vermögens unmittelbar selbst berechtigt und verpflichtet.[31]

Ein anderes Thema, das allerdings nichts mit Treuhandstiftungen zu tun hat, ist die Erlaubnispflicht bei der Erbringung von bestimmten stiftungsbezogenen Verwaltungsdienstleistungen für rechtsfähige Stiftungen, wie sie beispielsweise von großen Stiftungen für kleinere Stiftungen angeboten werden. Hier muss eine leistungserbringende Stiftung darauf achten, dass sie bspw. die Vorgaben des KWG, des StBerG oder auch des Datenschutzrechtes einhält.

B. Rechtliche Grundlagen

19 Wie bereits eingangs angesprochen (Rdn 3), hatte der BGH im Jahr 2009 das erste Mal Anlass dazu, sich näher zur Rechtsnatur der Treuhandstiftung zu äußern.[32] Anfang 2015 formulierte der BGH seine damals getroffenen Aussagen noch einmal wie folgt:[33]

> *„Unter einer unselbstständigen Stiftung versteht man die Übertragung von Vermögenswerten auf eine natürliche oder juristische Person mit der Maßgabe, dass diese als ein vom übrigen Vermögen des Empfängers getrenntes wirtschaftliches Sondervermögen zu verwalten und zur Verfolgung der vom Stifter gesetzten Zwecke zu verwenden sind. […] Maßgebend sind die allgemeinen schuldrechtlichen und erbrechtlichen Bestimmungen. Der Vertrag über die Errichtung einer unselbstständigen Stiftung kann als Schenkung unter Auflage oder in Gestalt eines fiduziarischen Rechtsgeschäfts als Auftrag beziehungsweise bei Entgeltlichkeit als Geschäftsbesorgungsvertrag geschlossen werden. Entscheidend ist, welche Rechtsform die Parteien gewählt haben […].“*

---

30 Die weiteren der damaligen Befürchtungen *Fischers*, npoR 2012, 7, sind, wie zu erwarten war, theoretischer Natur geblieben.

31 *Schiffer/Pruns*, npoR 2011, 78; *Wallenhorst/Wallenhorst*, Die Treuhandstiftung, Rn C 52.

32 BGH, Urt. v. 12.3.2009 – III ZR 142/08, Rn 14 m.w.N.; vgl. auch Richter/*Godron*, § 17 Rn 10 ff.; *Muscheler*, Die Stiftung. Jahreshefte zum Stiftungswesen. 1. Jahrgang 2007, S. 59.

33 BGH, Urt. v. 22.1.2015 – III ZR 434/13, Rn 32, MDR 2015, 286.

I. Abgrenzungen

Insbesondere in der Abgrenzung zur rechtsfähigen Stiftung und zu anderen Gestaltungen lassen sich die rechtlichen Grundlagen der Treuhandstiftung veranschaulichen. 20

1. Unterschiede zur rechtsfähigen Stiftung

Der Blick auf die oben zitierte Definition des BGH macht deutlich, dass eine Treuhandstiftung aus rechtlicher Sicht betrachtet nur den Namen mit der selbstständigen Stiftung des Privatrechts nach den §§ 80 ff. BGB gemein hat. Eine **Treuhandstiftung** ist rechtlich aber gerade **keine Stiftung** im Sinne des BGB, sondern ein **wirtschaftliches Sondervermögen**. Die grundsätzliche Zielrichtung der zweckgebundenen Vermögenswidmung mag übereinstimmen, aber hier enden die Gemeinsamkeiten dann auch. Die **zivilrechtliche Ausgestaltung** ist völlig **unterschiedlich** (siehe Rdn 41 ff.). Das Steuerrecht spricht von den „Zweckvermögen des privaten Rechts" (§ 1 Abs. 1 Nr. 5 KStG), unter die eben auch Treuhandstiftungen fallen.[34] 21

Eine Treuhandstiftung ist insbesondere auch **keine Vorform der rechtsfähigen Stiftung**, wie etwa der Vor-Verein eine Vorform des eingetragenen Vereins ist (zur angeblichen Vorstiftung siehe § 3 Rdn 107 ff.).[35] Zwar kann das Vermögen einer Treuhandstiftung in eine rechtsfähige Stiftung überführt werden (Rdn 141 ff.), aber es handelt sich dabei nicht um eine Umwandlung im rechtlichen Sinne. 22

Für das Verständnis der Treuhandstiftung ist es mithin nicht förderlich, sich zu sehr an dem Begriff „(rechtsfähige) Stiftung" zu orientieren. Auch die Rede von der Treuhandstiftung als „Stiftung im funktionalen Sinne"[36] trägt unseres Erachtens wenig bis nichts zum Erkenntnisgewinn bei. 23

Eine Treuhandstiftung ist somit ein zwar wirtschaftlich, nicht aber auch rechtlich verselbstständigtes Vermögen. Sie ist gerade **keine juristische Person**,[37] wie das BVerwG 2014 bestätigte. Das Gericht stellte damals insbesondere fest, dass[38] 24

---

34 Brandis/Heuermann/*Rengers*, § 1 KStG Rn 110 m.w.N.

35 BFH, Urt. v. 11.2.2015 – X R 36/11, Rn 47.

36 So BoKo-StiftR/*Stolte*, Teil I 2.1 Rn 2; Staudinger/*Hüttemann/Rawert*, Vorbem. zu §§ 80 ff. Rn 319.

37 So die Rspr. und die ganz h.M. Siehe BVerwG, Urt. v. 9.4.2014 – 8 C 23.12, Rn 18 ff., npoR 2014, 243 m. Anm. *Rawert*; siehe zu dem Urteil ferner *Schiffer*, ZStV 2015, 61 ff. Siehe im Übrigen nur Richter/*Godron*, § 17 Rn 1 m.w.N.; Staudinger/*Hüttemann/Rawert*, Vorbem. zu §§ 80 ff. Rn 319 ff. m. zahlreichen w.N. Die Gegenansicht von *Bruns*, JZ 2009, 840 ff. (ähnlich *Elicker*, ZStV 2012, 135 und 169) dürfte spätestens mit dem genannten Urteil des BVerwG überholt sein.

38 BVerwG, Urt. v. 9.4.2014 – 8 C 23.12, Rn 18 ff. (abrufbar unter www.bverwg.de/entscheidungen und bei juris.de).

- eine analoge Anwendung der §§ 80 f. BGB auf Treuhandstiftungen mit der Folge, sie einer rechtsfähigen Stiftung gleichzustellen, vom Gesetzgeber nicht gewollt war;
- Treuhandstiftungen nicht teilrechtsfähig sind, wie etwa nicht rechtsfähige Vereine oder Personengesellschaften, die von Gesetzes wegen Träger von Rechten und Pflichten sein können – eine derartige Gleichstellung ist vom Gesetz nicht vorgesehen und auch nicht gewohnheitsrechtlich anerkannt;
- auch aus der Steuerpflicht der Treuhandstiftung gem. § 1 Abs. 1 Nr. 5 KStG nichts anderes folgt;
- eine Rechtsfähigkeit auch nicht aus den Grundrechten folgt, da sich aus diesen insbesondere kein Anspruch des Einzelnen auf die Anerkennung bestimmter Rechtsformen ableiten lässt.

Vielmehr handelt es sich, wenn von „Treuhandstiftung", „unselbstständiger Stiftung" oder „fiduziarischer Stiftung" die Rede ist, jeweils um **Oberbegriffe**, unter die **schuld- und erbrechtliche Gestaltungen** zusammengefasst werden, mit denen die wirtschaftliche Verselbstständigung einer Vermögensmasse erreicht wird. Es handelt sich nicht um eigenständige rechtliche Begriffe mit Gesetzesautorität. An die Stelle der Formenstrenge des Rechts der juristischen Personen bei der selbstständigen Stiftung tritt bei der Treuhandstiftung, wie auch vom BGH in seinem oben zitierten Urteil betont,[39] die vertragliche oder erbrechtliche **Gestaltungsfreiheit**. Es hilft deshalb auch nicht oder allenfalls wenig weiter, wenn die Treuhandstiftung als Stiftung „im funktionalen Sinn"[40] beschrieben wird oder wenn der Versuch unternommen wird, die rechtsfähige Stiftung und die Treuhandstiftung unter einen gemeinsamen „Stiftungsbegriff"[41] zu fassen.[42]

25 Gemeinsam ist den verschiedenen Gestaltungen das Ziel, eine selbstständige **Stiftung** des Privatrechts nach den §§ 80 ff. BGB **nachzuahmen**, zu „simulieren".[43] Zu diesem Zweck überträgt der Stifter einer natürlichen oder einer bereits bestehenden juristischen Person als Treuhänder Vermögenswerte mit der **Maßgabe**, die Vermögenswerte einzusetzen, um den oder die vom Stifter verfolgten Zwecke dauerhaft zu verfolgen.[44] Der **Treuhänder/Stiftungsträger** wird (treuhände-

---

39 BGH, Urt. v. 22.1.2015 – III ZR 434/13, Rn 32; BGH, Urt. v. 12.3.2009 – III ZR 142/08, Rn 14.

40 *Wallenhorst/Wallenhorst*, Die Treuhandstiftung, Rn A 10.

41 Staudinger/*Hüttemann/Rawert*, Vorbem. zu §§ 80 ff. Rn 1 ff.,16 ff.

42 Kritisch zu solchen Versuchen ganz allgemein auch Hüttemann/Richter/Weitemeyer/*Reuter*, Rn 4.2 ff.

43 Vgl. Staudinger/*Hüttemann/Rawert*, Vorbem. zu §§ 80 ff. Rn 319, 320; *K. Schmidt*, in: Hopt/Reuter (Hrsg.), Stiftungsrecht in Europa, S. 175, 180 ff. spricht von einer „virtuellen Stiftung".

44 Vgl. die bereits zitierten BGH-Urt. v. 22.1.2015 – III ZR 434/13, Rn 32 und v. 12.3.2009 – III ZR 142/08, Rn 14. Vgl. ferner *Herzog*, Die unselbstständige Stiftung, 2006, S. 26; *Wallenhorst/Wallenhorst*, Die Treuhandstiftung, Rn A 9.

risch) Eigentümer der Vermögenswerte. Die Treuhandstiftung kann selbst mangels Rechtspersönlichkeit nicht Eigentümerin des übertragenen Vermögens sein.

Da sich die Ausgestaltung der Treuhandstiftung nach schuld- oder erbrechtlichen Regeln richtet, sind **weder die Stiftungsvorschriften des BGB noch die Landesstiftungsgesetze anwendbar**, und zwar auch nicht analog.[45] 26

Die Errichtung einer Treuhandstiftung erfordert deshalb auch **kein staatliches Anerkennungsverfahren** und sie **unterliegt keiner staatlichen Aufsicht**.[46] Im Fall der Steuerbefreiung wacht aber natürlich die Finanzverwaltung über die Einhaltung der einschlägigen Steuervorschriften (insbesondere §§ 51 ff. AO). Sie führt insbesondere das Feststellungsverfahren nach § 60a AO durch (siehe § 9 Rdn 93 ff.). Die unselbstständigen kommunalen oder örtlichen Stiftungen des öffentlichen Rechts sind im Kommunalrecht des jeweiligen Bundeslandes geregelt. 27

2. Unterschiede zum Stiftungsfonds

Wie wir sogleich sehen werden, können als Träger einer Treuhandstiftung alle Arten juristischer Personen fungieren und somit insbesondere auch rechtsfähige Stiftungen. Beispielsweise sind Bürgerstiftungen als Träger von Treuhandstiftungen in der Praxis sehr beliebt (§ 2 Rdn 45 ff.). Im Einzelfall kann sich dann ggf. die Frage stellen, ob eine Zuwendung als **Stiftungsfonds** oder als **Treuhandstiftung** aufzufassen ist. Die Abgrenzung ist im Grunde aber recht einfach durchzuführen:[47] 28

- Ein **Stiftungsfonds** ist eine **Zuwendung** unter Auflage **in das Grundstockvermögen** der aufnehmenden Stiftung. Er ist **Bestandteil** des Grundstockvermögens und wird nur buchhalterisch gesondert ausgewiesen.
- Das für die Errichtung einer **Treuhandstiftung** übertragene Vermögen hingegen ist tatsächlich getrennt von dem „eigenen“ Vermögen der aufnehmenden rechtsfähigen Stiftung zu verwalten, also **getrennt** sowohl **von** ihrem **Grundstockvermögen** als auch ihrem **sonstigen Vermögen**.

---

45 *Schindler/Steinsdörfer*, Treuhänderische Stiftungen, S. 6; Staudinger/*Hüttemann/Rawert*, Vorbem. zu §§ 80 ff. Rn 333 ff.; Richter/*Godron*, § 17 Rn 32 m.w.N.

46 Richter/*Godron*, § 17 Rn 32; Staudinger/*Hüttemann/Rawert*, Vorbem. zu §§ 80 ff. Rn 325; *Wallenhorst/Wallenhorst*, Die Treuhandstiftung, Rn A 39.

47 Vgl. etwa BoKo-StiftR/*Stolte*, Teil I 2.1 Rn 26 ff.

3. Erforderlichkeit einer „Zweckdivergenz" oder eines Entscheidungsgremiums?

29 Für die Annahme eines wirtschaftlich selbstständigen Sondervermögens wird von einigen Stimmen in der Fachliteratur[48] und der Finanzverwaltung teilweise mehr verlangt als die Übertragung auf einen Stiftungsträger und die dortige getrennte Verwaltung des gewidmeten Vermögens von dem sonstigen Vermögen des Trägers. **Entweder** müsse der **Stiftungsträger**, so diese Stimmen, selbst **andere Zwecke verfolgen** als die Treuhandstiftung („Zweckdivergenz") **oder**, wenn die Zwecke ganz oder im Wesentlichen **übereinstimmen**, müsse die Treuhandstiftung zumindest über ein **eigenes internes Entscheidungs- oder Kontrollgremium** verfügen (eingehend dazu Rdn 175 ff.). Nur unter diesen Voraussetzungen sei die für die Annahme einer Treuhandstiftung notwendige Verselbstständigung des Vermögens garantiert, so das Fazit der angeführten Stimmen.

30 Diesen Forderungen scheint die Annahme zugrunde zu liegen, ohne diese Zweckdivergenz oder ohne ein eigenes Entscheidungsgremium sei nicht zu unterscheiden, ob der Träger in einer eigenen Angelegenheit handelt oder für die Treuhandstiftung. Dem kann aus unserer Sicht nicht gefolgt werden. Solche Forderungen sind, so scheint es uns, der Ausdruck eines wie auch immer begründeten Misstrauens. **Aus gesetzlichen Vorgaben** lassen sie sich jedenfalls **nicht ableiten**. Weder aus dem BGB noch aus der vom BGH gefundenen Definition folgen strengere Anforderungen an die Annahme einer Treuhandstiftung als die getrennte Verwaltung vom eigenen Vermögen des Stiftungsträgers, und auch aus steuerlichen Regelungen lassen sich keine strengeren Vorgaben ableiten.

31 In der **Praxis** finden sich viele Treuhandstiftungen, die seit Jahren erfolgreich tätig sind und von der Finanzverwaltung als eigenständige Körperschaftsteuersubjekte anerkannt werden, ohne dass sie die postulierten Abgrenzungskriterien erfüllen. Insbesondere bei Treuhandstiftungen in der Trägerschaft von Bürgerstiftungen kommt es regelmäßig vor, dass die Zwecke von Treuhandstiftung und Bürgerstiftung übereinstimmen, ohne dass die Treuhandstiftung über ein eigenständiges Entscheidungsgremium verfügt.

II. Treuhänder/Stiftungsträger

32 Als Träger einer Treuhandstiftung kommen grundsätzlich alle natürlichen oder juristischen Personen in Betracht (zu den Kosten einer Treuhandverwaltung siehe Rdn 113 ff.). Mithin kann auch eine rechtsfähige Stiftung als Treuhänderin tätig sein, was in der Praxis ein durchaus weit verbreitetes Phänomen ist („**Dachstiftung**").

---

48 *Wallenhorst/Wallenhorst*, Die Treuhandstiftung, Rn D 4 ff.; allerdings wieder relativierend in Rn D 9 mit Blick auf die in der Praxis tatsächlich häufig anzutreffenden anders gelagerten Gestaltungen. Vgl. ferner Staudinger/*Hüttemann/Rawert*, Vorbem. zu §§ 80 ff. Rn 344. Eingehend zur Thematik *A. Werner*, ZStV 2012, 129.

Praxishinweise: „Dachstiftung" 33

Damit eine Stiftung als Treuhänderin tätig werden darf („Dachstiftung"[49]), sollte die Satzung der Stiftung eine entsprechende ausdrückliche Erlaubnis enthalten. Sollte der Stifter dagegen nicht wollen, dass die von ihm errichtete Stiftung eine solche Treuhandtätigkeit ausübt, so sollte er das ebenfalls ausdrücklich in der Satzung festhalten. Damit werden dann später Auslegungsprobleme im Zusammenhang mit der Satzung vermieden.

Fehlen entsprechende Regelungen oder bestehen Unklarheiten, ist die Stiftungssatzung ggf. entsprechend zu ändern, was aber natürlich nur in dem konkreten Rahmen, den der Stifter den Stiftungsorganen in der Satzung vorgegeben hat, möglich ist.

Gerade im Zusammenhang mit der Verwendung des Schlagwortes „Dachstiftung" (manche sagen auch „**Oberstiftung**") werden treuhänderische Stiftungen, deren Treuhänderin eine Stiftung ist, auch „**Unterstiftungen**" genannt, was dem gesellschaftsrechtlichen Begriff „**Untergesellschaft**" ähnelt. Manche sprechen, ebenfalls in Anlehnung an das Gesellschaftsrecht, auch von „**Tochterstiftungen**". Lassen wir uns von solchen Begriffen aber nicht verwirren, denn es geht hier gerade nicht um Gesellschaften und Gesellschafter. Stiftungen haben, wie wir bereits gesehen haben, weder Gesellschafter noch Mitglieder (§ 1 Rdn 12).

Während die rechtsfähige Stiftung also durch eine einseitige Willenserklärung, das Stiftungsgeschäft gem. § 81 BGB, errichtet wird, bedarf es zur Errichtung einer unselbstständigen Stiftung **immer der Mitwirkung durch die als Träger vorgesehene natürliche oder juristische Person**:[50] 34

- Bei Errichtung der unselbstständigen Stiftung zu Lebzeiten des Stifters (siehe Rdn 42 ff.) schließt dieser einen **Vertrag** (Kausalgeschäft) mit dem späteren Stiftungsträger ab und überträgt (Erfüllungsgeschäft) aufgrund dieses Vertrages die Vermögensgegenstände, die später das Stiftungsvermögen bilden. Der Stiftungsträger muss die Annahme des Vertragsangebots sowie die Annahme des Angebots auf Übereignung der Vermögensgegenstände erklären.
- Bei der Errichtung von Todes wegen (siehe Rdn 90 ff.) muss der spätere Stiftungsträger das ihm im Wege der Erbeinsetzung oder das im Wege eines mit einer Auflage beschwerten Vermächtnisses Zugedachte **annehmen**, nämlich durch Annahme der Erbschaft (§§ 1943 ff. BGB, ggf. auch durch Verstreichenlassen der Sechswochenfrist) oder Annahme des Vermächtnisses (§ 2180 BGB).

Ein Anspruch des Stifters auf Errichtung der Stiftung, wie wir ihn aus § 80 BGB kennen, existiert bei der unselbstständigen Stiftung also nicht.

49 Ausf. zur Dachstiftung: *Studen*, Die Dachstiftung: Das Tragen und Verwalten von Unterstiftungen unter dem Dach einer selbstständigen Stiftung, 2011.
50 Vgl. Staudinger/*Hüttemann*/*Rawert*, Vorbem. zu §§ 80 ff. Rn 329.

III. Verwirrender Sprachgebrauch

35 Die bis hierhin skizzierten **Unterschiede** zwischen der Treuhandstiftung und der „echten", d.h. selbstständigen Stiftung i.S.d. §§ 80 ff. BGB, werden durch den üblichen Sprachgebrauch verschleiert. Man spricht, wenn eine Treuhandstiftung gemeint ist, wohl aus Gewohnheit oder ggf. auch ganz bewusst, um sich an das positive Image der „großen Schwester" anzuhängen, ebenfalls von einer „Stiftung", von einem „Stifter", von einem „Stiftungsgeschäft" und etwa auch von einem „Stiftungsvermögen".

36 **Zivilrechtlich korrekt ist dieser Sprachgebrauch nicht**. Streng genommen kann nur in den Fällen der §§ 80 ff. BGB von einem „Stifter", einer „Stiftung" etc. die Rede sein. Nur in diesen Fällen haben diese Begriffe gesetzliche Autorität. Auch von der „Errichtung" einer Treuhandstiftung kann deshalb nur im übertragenen Sinne die Rede sein. Richtiger ist es, je nach Fallkonstellation, von dem Zustandekommen eines Vertrages oder von der Annahme einer Erbschaft oder eines Vermächtnisses zu sprechen. Wenn im Folgenden dennoch der überkommene Sprachgebrauch verwendet wird, ist das der allgemeinen Gewohnheit und damit der Einfachheit geschuldet.

Wir müssen uns aber dessen bewusst sein, dass wir nur unter Vorbehalt von der selbstständigen Stiftung aus denken dürfen und vor allem die schuld- und erbrechtlichen Vorgaben heranziehen müssen, die im Fall der Treuhandstiftung dazu verwendet werden, eine der selbstständigen Stiftung möglichst nahekommende Gestaltung zu erzielen.

37 Wie irritierend dieser **missverständliche Sprachgebrauch** jedenfalls für den juristischen Laien sein kann, wird im Übrigen demjenigen Berater schnell bewusst, der einem Mandanten erklären muss, dass er „die Stiftung XY" **nicht als Erbin einsetzen kann**, weil es sich um eine Treuhandstiftung handelt. Erbe kann rechtlich nur der Träger einer Treuhandstiftung sein.[51] Der **Stiftungsträger** und **nicht die Treuhandstiftung** ist deshalb auch im **Grundbuch**[52] oder im **Handelsregister**[53] einzutragen, wenn zu dem übertragenen Vermögen Immobilien oder Unternehmensanteile gehören.

38 Mehr als nur irritierend ist es, wenn Treuhandstiftungen im **Rechtsverkehr** als „Stiftung" auftreten, ohne dabei einschränkend darauf hinzuweisen, dass es sich bei ihnen eben nicht um eine rechtsfähige Stiftung handelt. Für die Stiftungs-GmbH als Alternative zur Stiftung ist es etwa anerkannt, dass sie in ihrer Firma den Begriff „Stiftung" führen darf, wenn sie als Treuhänderin ein der Erfüllung eines bestimmten Zweckes gewidmetes Vermögen für gemeinnützige Zwecke verwaltet und durch einen Zusatz ihre Rechtsform (GmbH) eindeutig kennzeich-

---

51 Siehe MüKo-BGB/*Weitemeyer*, § 80 Rn 263.

52 OLG Düsseldorf, Beschl. v. 28.8.2019 – 3 Wx 110/19.

53 OLG Düsseldorf, Beschl. v. 12.8.2019 – 3 Wx 231/17.

net, so dass die Gefahr einer Verwechslung mit einer rechtsfähigen selbstständigen Stiftung ausgeschlossen ist.[54]

Nichts anderes sollte für den Namen[55]/die Bezeichnung einer treuhänderischen Stiftung gelten. Auch hier muss eine Verwechslung mit einer rechtsfähigen, selbstständigen Stiftung ausgeschlossen sein. Da sollte es keine Zweifel geben – auch weil solche Zweifel auf Dauer dem Stiftungswesen schaden. 39

Das gilt insbesondere auch mit Blick auf die anstehende **Einführung des Namenszusatzes „eingetragene Stiftung" (e. S.) für rechtsfähige Stiftungen** zum 1.1.2028 durch den dann in Kraft tretenden § 82c BGB (siehe § 3 Rdn 52, § 4 Rdn 90 ff.). Die Bedeutung der **Namensklarheit** wird durch diese Regelung noch einmal hervorgehoben und enthebt unselbstständige Stiftungen und ihre Träger sowie andere stiftungsähnliche Konstrukte nicht von der Pflicht, im Rechtsverkehr auf die jeweiligen rechtlichen Gegebenheiten hinzuweisen und alles zu unterlassen, was die Gefahr der Irreführung und der Verwechslung mit rechtsfähigen Stiftungen begründen könnte. Im Einzelfall kann geprüft werden, ob hier Missbräuche **abzumahnen** sind. 40

C. Die Errichtung einer Treuhandstiftung

Der Stifter kann eine Treuhandstiftung zu Lebzeiten oder von Todes wegen errichten. Auch bei der Treuhandstiftung empfiehlt sich grundsätzlich die Errichtung zu Lebzeiten mit der Option einer späteren Zustiftung (siehe schon § 3 Rdn 24 ff.). 41

I. Errichtung zu Lebzeiten des Stifters

1. Privatautonomie

Um durch eine lebzeitige vertragliche Gestaltung eine selbstständige Stiftung nachzuahmen, kommen in der Praxis insbesondere zwei schuldrechtliche Gestaltungen in Betracht, und zwar 42
- eine **Schenkung unter Auflage** gem. §§ 516, 525 BGB oder
- der Abschluss eines **Treuhandvertrages** nach den §§ 662 ff., 675 BGB, also entweder auf Basis eines **unentgeltlichen Auftrags** oder einer **entgeltlichen Geschäftsbesorgung**.

54 So etwa schon *Wochner*, DStR 1998, 1835 m.w.N.
55 Zum Namensrecht einer Treuhandstiftung vgl. *Heuel*, Rote Seiten zu Stiftung & Sponsoring 4/2012, 10; MüKo-BGB/*Weitemeyer*, § 80 Rn 223m.w.N.

43 Der **BGH**[56] und die herrschende Meinung im Schrifttum[57] gehen davon aus, dass **beide Vertragstypen** zur Errichtung einer unselbstständigen Stiftung zu Lebzeiten **geeignet** sind. In der Praxis kommen auch beide Gestaltungen vor und beide Gestaltungen werden von der Finanzverwaltung ohne weitere Unterscheidung als Körperschaftsteuersubjekte nach § 1 Abs. 5 KStG anerkannt, die bei Erfüllung der Voraussetzungen der §§ 51 ff. AO zudem steuerbegünstigt sind.

44 Allerdings unterscheiden sich beide Gestaltungsansätze in den rechtlichen Details erheblich voneinander, zumindest in ihrer jeweiligen Grundform. Das führt insbesondere dazu, dass in der **Fachliteratur** seit langem darüber gestritten wird, **welche schuldrechtliche Gestaltung am besten geeignet ist**, eine der rechtsfähigen Stiftung vergleichbare langfristige und den gemeinnützigkeitsrechtlichen Vorgaben genügende Vermögensbindung zu erreichen.

45 Es kommt erschwerend hinzu, dass die **in der Praxis vorzufindenden Vereinbarungen häufig uneindeutig** sind und sich aus ihnen nicht ohne weiteres ablesen lässt, welche schuldrechtliche Gestaltung die Vertragsparteien gewählt haben, etwa weil sie sich dazu keine näheren Gedanken gemacht haben. Aber selbst bei am Markt seit langem etablierten Stiftungsträgern finden sich Vertragsgestaltungen, die an Eindeutigkeit zu wünschen lassen.

46 Tatsächlich entschärft sich der Streit der Meinungen in der Praxis aber dadurch, dass beide Gestaltungsansätze auch nebeneinander und sich gegenseitig ergänzend auftreten können. So soll neben einer Schenkung unter Auflage ein eigenständiger entgeltlicher Geschäftsbesorgungsvertrag geschlossen werden können.[58] Das vorausgeschickt betrachten wir die rechtlichen Unterschiede zwischen dem Treuhandvertrag nach Auftrags- oder Geschäftsbesorgungsrecht und der Schenkung unter Auflage im Folgenden näher!

2. Treuhandvertrag nach Auftrags- oder Geschäftsbesorgungsrecht

47 Eine **eigenständige Regelung des Treuhandvertrages kennt das BGB nicht**. Es existiert auch kein allgemein anerkannter Begriff der Treuhand.[59] Typisch für ein

56 BGH, Urt. v. 22.1.2015 – III ZR 434/13, Rn 32; BGH, Urt. v. 12.3.2009 – III ZR 142/08, Rn 14.

57 Richter/*Godron*, § 17 Rn 28 ff.; Werner/Saenger/Fischer/*A. Werner*, § 13 Rn. 94 ff. jew. m.w.N. Unter Aufgabe ihrer zuvor (Vorauflage von 2011) vertretenen Meinung auch Staudinger/*Hüttemann*/*Rawert*, Vorbem. zu §§ 80 ff. Rn 346. Vgl. ferner MüKo-BGB/*Weitemeyer*, § 80 Rn 209 f., die entgegen der früher im MüKo-BGB von *Reuter* vertretenen Ansicht (5. Aufl. 2006, Rn 92: Schenkung unter Auflage) zutreffend die Vertragsfreiheit der Parteien betont. Zumindest missverständlich ist deshalb die Darstellung des aktuellen Meinungsbilds bei *Wallenhorst*/*Wallenhorst*, Die Treuhandstiftung, Rn A 21 ff.

58 BFH, Urt. v. 5.12.2024 – V R 13/22, dort Rn 24 unter Verweis auf Staudinger/*Hüttemann*/*Rawert* (2017) BGB Vorbem. zu §§ 80 bis 88 Rn 341.

59 Grüneberg/*Ellenberger*, Überblick vor § 104 Rn 25 m.w.N.

Treuhandverhältnis ist, dass der Treugeber dem Treuhänder Vermögensgegenstände oder zumindest die Verfügungsmacht über einzelne Vermögensgegenstände überträgt, beide aber schuldrechtlich vereinbaren, dass der Treuhänder die so gewonnene Verfügungsmacht nur eingeschränkt nach der Maßgabe des schuldrechtlichen Treuhandverhältnisses ausüben darf.[60]

a) Grundlagen

Verdeutlichen wir uns, was das für die Treuhandstiftung bedeutet: Die in der Praxis üblichen, aber hier durchaus verwirrenden Begriffe „Stiftungsgeschäft“ und „Stiftungssatzung“ sind genau betrachtet falsch. Ihre Inhalte sind Bestandteil des schuldrechtlichen Treuhandverhältnisses, anders ausgedrückt: Es handelt sich um **Vertragsbedingungen**, auf die sich Stifter und Treuhänder einigen, und nicht wie bei der rechtsfähigen Stiftung um einseitige Willenserklärungen des Stifters (§ 3 Rdn 4 ff.). Welchem **Vertragstypus** der schuldrechtliche Teil des Treuhandverhältnisses unterfällt, hängt von dessen **Ausgestaltung** ab. 48

In der Praxis wird bei der Wahl der Treuhandlösung zwecks Nachahmung einer selbstständigen Stiftung meistens wie folgt vorgegangen: Der **Treugeber** („Stifter“) überträgt dem Treuhänder („Stiftungsträger“) das zur Erfüllung des „Stiftungszwecks“ vorgesehene Vermögen, **entäußert** sich also wie bei der Stiftung **des Eigentums**. Der Treuhänder wird neuer Eigentümer. Er bindet sich aber gegenüber dem Treuhänder durch Abschluss eines Vertrages, in dem er verspricht, das ihm übertragene Vermögen nach den Maßgaben des Treugebers so zu verwalten, dass es der Erfüllung des im Treuhandvertrag bezeichneten Zwecks dient. Der Treuhänder besorgt damit ein Geschäft des Treugebers. 49
- Handelt es sich um eine unentgeltliche Geschäftsbesorgung, haben wir es mit einem **Auftrag nach § 662 BGB** zu tun. Der Treuhänder kann von dem Treugeber Ersatz für solche Aufwendungen verlangen, die er zum Zweck der Ausführung des Auftrags macht und die er nach den Umständen für erforderlich halten darf (§ 672 BGB).
- Wird der Treuhänder entgeltlich tätig, handelt es sich um einen Dienstvertrag, auf den das Auftragsrecht jedenfalls teilweise Anwendung findet (**entgeltliche Geschäftsbesorgung, § 675 BGB**).

In der Praxis handelt es sich **typischerweise um eine entgeltliche Leistung**, für die sich zahlreiche Anbieter am Markt finden (siehe Rdn 104 ff., 113 ff.).

b) Eignung zur Errichtung einer Treuhandstiftung?

Wie bereits oben angesprochen, ist die Eignung eines Treuhandvertrages nach Auftrags- oder Geschäftsbesorgungsrecht zur Errichtung einer Treuhandstiftung nicht unumstritten. Ein **Teil des Schrifttums** sprach und spricht sich dafür aus, 50

60 Grüneberg/*Herrler*, § 903 Rn 33.

allein die Schenkung unter Auflage werde wegen ihrer „stärkeren Endgültigkeit" dem „Begriff der Stiftung" gerecht und nur sie sei mit ihm vereinbar oder komme dem Stiftungsbegriff zumindest näher als eine Gestaltung nach Auftrags- oder Geschäftsbesorgungsrecht. Worum geht es im Einzelnen?[61]

aa) Potenzielle Endlichkeit von Auftrag und Geschäftsbesorgung

51 Bei einem unentgeltlichen Auftrag **kann der Stifter den Auftrag jederzeit widerrufen** und der **Stiftungsträger kann jederzeit die Kündigung erklären** (§ 671 BGB). Es besteht also für beide Seiten die Möglichkeit, sich jederzeit von der geschlossenen Vereinbarung wieder zu lösen.

52 Ein unentgeltlicher Auftrag wird bei einer Treuhandstiftung zwar eher selten vorliegen. Bei einer **entgeltlichen Geschäftsbesorgung** besteht aber ebenfalls ein **Kündigungsrecht**, und zwar nach **Dienstvertragsrecht**. Es gelten dann die Beendigungs-/Kündigungsfristen der §§ 620, 621 BGB und ergänzend § 626 BGB (Recht zur Kündigung aus wichtigem Grund) sowie ggf. je nach Ausgestaltung auch § 627 BGB (fristloses Kündigungsrecht bei Diensten höherer Art).

53 Widerruf und Kündigung haben nach dem Gesetz zur **Folge**, dass der Stiftungsträger die ihm übertragenen **Vermögensgegenstände herausgeben** muss (**§ 667 BGB**). Es besteht mithin ggf. die **Gefahr**, dass das **Stiftungsvermögen nicht auf Dauer dem Stiftungszweck erhalten** bleibt, weil der Vertrag zwischen dem Stifter und dem Treuhänder beendet werden kann und der Treuhänder bei Vertragsende das Stiftungsvermögen herauszugeben hat.[62]

54 Um sich hier der prinzipiellen zeitlichen Unbegrenztheit der rechtsfähigen Stiftung zumindest anzunähern, kommt ein beiderseitiger **Verzicht** auf die bestehenden Widerrufs- oder Kündigungsrechte in Betracht. Der **unentgeltlich** tätige **Treuhänder** kann, wie sich aus dem Umkehrschluss zu § 671 Abs. 3 BGB ergibt, auf sein **Kündigungsrecht verzichten**. Bei einer **entgeltlichen** Geschäftsbesorgung gilt für die **Kündigung des Treuhänders** § 621 BGB, der ebenfalls vertraglich **abdingbar** ist.[63]

55 Ein solcher Verzicht ist allerdings nicht unbeschränkt möglich: In allen Fällen kann auf das **Recht zum Widerruf** oder zur **Kündigung aus wichtigem Grund nicht verzichtet** werden, weder seitens des Stiftungsträgers noch seitens des

61 Zur Diskussion im Überblick auch *Geibel*, in: Deutsches Stiftungszentrum (Hrsg.), Die Treuhandstiftung, S. 33 ff. mit eigenem Lösungsansatz.

62 Staudinger/*Hüttemann/Rawert*, Vorbem. zu §§ 80 ff. Rn 333 ff.; MüKo-BGB/*Reuter*, 6. Aufl. 2012, vor § 80 Rn 98 ff.; jew. m.w.N. Weiterhin kritisch MüKo-BGB/*Weitemeyer*, § 80 Rn 200 ff., vgl. aber auch Rn 209 f., wo *Weitemeyer* mit der Rechtsprechung auf die Privatautonomie der Beteiligten verweist, denen letztlich die Wahl der geeigneten Rechtsform zu überlassen sei.

63 Vgl. Grüneberg/*Weidenkaff*, § 621 Rn 2.

Stifters.[64] Nach dem Tod des Stifters treten zudem dessen Erben in den Vertrag ein, und auch sie haben ein Recht zur Kündigung aus wichtigem Grund.

bb) Kritik an Gestaltungen nach Auftrags- oder Geschäftsbesorgungsrecht

Die Kritiker der Errichtung einer Treuhandstiftung mittels eines Treuhandverhältnisses nach Auftragsrecht setzen an diesem Punkt an: Aufgrund des nicht abdingbaren Rechts zur außerordentlichen Kündigung aus wichtigem Grund sei die **Vermögensübertragung** durch den Stifter bei einem Treuhandvertrag **niemals ganz endgültig**, so ihre **Warnung**. Da eine Kündigung zur Folge habe, dass der Stiftungsträger das Stiftungsvermögen nach § 667 BGB an den Stifter herauszugeben habe, sei die Treuhandstiftung in ihrem Bestand latent gefährdet. Eine Stiftung, auch eine treuhänderische, setze aber eine dauerhafte Vermögensübertragung voraus. Eine treuhänderische Stiftung sei deshalb nur als Schenkung unter Auflage denkbar[65] oder zumindest sei eine solche Gestaltung vorzugswürdig, da das Recht des Auftrags und der Geschäftsbesorgung Regelungen enthalte, *„die mit den Grundannahmen dessen, was eine Stiftung ausmacht, kaum zu vereinbaren sind“*, wie *Wallenhorst/Wallenhorst* es jüngst behauptet haben.[66] 56

Insbesondere, so diese kritische Meinung weiter, komme es aufgrund der oben skizzierten Zusammenhänge bei der steuerbefreiten treuhänderischen Stiftung zu dem folgenden Problem:[67] Aufgrund der **Verpflichtung zur satzungsmäßigen Vermögensbindung** im Fall der **Steuerbefreiung** (§§ 55 Abs. 1 Nr. 4, 61 AO) darf auch bei einem Treuhandvertrag über die Errichtung einer steuerbefreiten Treuhandstiftung die Kündigung oder der Widerruf nicht zum Rückfall des Stiftungsvermögens auf den Stifter oder seine Erben führen, da sonst die Steuerbefreiung gefährdet ist. Ein Stifter darf sich zwar nach § 55 Abs. 3 i.V.m. Abs. 1 Nr. 2 AO das Recht vorbehalten, das ursprüngliche Stiftungsvermögen zurückzuverlangen, kann dann aber nicht den Sonderausgabenabzug nach § 10b Abs. 1a EStG geltend machen. Alle Erträge des Stiftungsvermögens unterliegen zudem zwingend der steuerlichen Vermögensbindung (§ 55 Abs. 3 i.V.m. Abs. 1 Nr. 4 AO). Der Herausgabeanspruch nach § 667 BGB umfasst aber nicht nur das, was der Stiftungsträger zur Ausführung des Auftrags erhalten hat (das ursprüngliche Stiftungsvermögen), sondern auch, *„was er aus der Geschäftsbesorgung erlangt“*, also die Erträge des Stiftungsvermögens. Jedenfalls wenn diese bei dem Stifter oder seinen Erben anfallen oder anfallen können, ist das **schädlich für die Gemeinnützigkeit**. 57

64 Siehe § 671 Abs. 3 BGB für den unentgeltlichen Auftrag und vgl. Grüneberg/*Weidenkaff*, § 626 Rn 2 für den entgeltlichen Auftrag in Form des Dienstvertrags.

65 So seinerzeit MüKo-BGB/*Reuter*, 5. Aufl. 2007, vor § 80 Rn 87 ff. und ihm zustimmend Staudinger/*Hüttemann/Rawert* (2011), Vorbem. zu §§ 80 ff. Rn 242 ff.

66 *Wallenhorst/Wallenhorst*, Die Treuhandstiftung, Rn A 21.

67 *Wallenhorst/Wallenhorst*, Die Treuhandstiftung, Rn A 21; BoKo-StiftR/*Stolte*, Teil 1 2.1 Rn 30; Staudinger/*Hüttemann/Rawert*, Vorbem. zu §§ 80 ff. Rn 335.

58 Diese rechtlichen Gegebenheiten sollen zur Folge haben, so das Fazit der zitierten Kritiker, dass mit den Mitteln des Auftragsrechts oder auf der Basis einer entgeltlichen Geschäftsbesorgung eine gemeinnützige unselbstständige Stiftung eigentlich nicht errichtet werden könne. Wurde daraus früher die Konsequenz gezogen, eine unselbstständige Stiftung solle stets Schenkung unter Auflage sein,[68] haben zumindest *Hüttemann* und *Rawert* in der Folgezeit ihre **strikte Haltung teilweise revidiert**. Sie betonen zwar weiterhin die aus ihrer Sicht bestehenden rechtlichen Schwachstellen einer Gestaltung nach Auftrags- oder Geschäftsbesorgungsrecht, stellen aber zutreffend fest, dass in der **Praxis** Treuhandstiftungen zu Lebzeiten auf Basis dieser Vertragsformen errichtet und insbesondere von der Finanzverwaltung auch **akzeptiert** werden.[69]

cc) Kritik übersieht grundlegende Punkte

59 Die hier ausführlich wiedergegebene Kritik an der Treuhandlösung kann nicht überzeugen. Das liegt vor allem daran, dass die Kritik einen grundlegenden Punkt übersieht: Die Regelung der Herausgabe gem. **§ 667 BGB ist dispositives Recht.**[70] Die Rechtsfolge des § 667 BGB, die Herausgabe des Stiftungsvermögens, kann von den Vertragsparteien geändert und sogar ganz ausgeschlossen werden.[71] Durch Vertrag **ausgeschlossen** werden kann sogar die **Vererblichkeit des Anspruchs auf Herausgabe.**[72]

60 Das sind rechtliche Gegebenheiten, auf die zwar seit längerem hingewiesen wird, die von der oben skizzierten Kritik bisher aber nicht oder jedenfalls nicht offen anerkannt werden. Die von den Kritikern befürchteten Folgen lassen sich aber jedenfalls durch entsprechende Vertragsgestaltungen abwenden, und insbesondere eine Gestaltung im Einklang mit den Vorgaben der AO ist ohne weiteres möglich. Tatsächlich sind die **rechtlichen Gestaltungsmöglichkeiten** sehr **vielfältig**.

61 Zum einen **müssen Widerruf und Kündigung nicht das Ende der Treuhandstiftung selbst bedeuten**. Zu denken ist etwa an den Fall, dass der Stifter die Kündigung aus wichtigem Grund aufgrund eines Fehlverhaltens des Treuhänders erklärt. Interessengerecht und von Seiten des Stifters gewollt ist dann regelmäßig nicht die „Auflösung“ der Treuhandstiftung, sondern deren **„Übertragung“ auf einen neuen Stiftungsträger**. Eine entsprechende vertragliche Gestaltung kann beispielsweise darin bestehen, dass der Stifter selbst oder ein von ihm bestimmtes

68 MüKo-BGB/*Reuter*, 6. Aufl. 2012, vor § 80 Rn 103; Staudinger/*Hüttemann/Rawert* (2011), Vorbem. zu §§ 80 ff. Rn 242 ff. **A.A.** bereits MüKo-BGB/*Weitemeyer*, 7. Aufl. 2015, § 80 Rn 205.

69 Staudinger/*Hüttemann/Rawert*, Vorbem. zu §§ 80 ff. Rn 342 ff.

70 MüKo-BGB/*F. Schäfer*, § 667 BGB Rn 4 m.w.N.

71 BGH NJW-RR 1997, 778; MüKo-BGB/*F. Schäfer*, § 667 BGB Rn 4 m.w.N.; Grüneberg/*Grüneberg*, § 667 Rn 6.

72 BGH WM 1989, 1813.

internes Gremium (siehe Rdn 99 ff.) das Recht erhält, das Vertragsverhältnis zu beenden und den bisherigen Stiftungsträger anzuweisen, das Stiftungsvermögen unverändert auf einen vom Stifter bestimmten anderen Stiftungsträger zu übertragen, mit dem der Stifter dann einen neuen Vertrag abschließt oder bereits abgeschlossen hat. Auch ein Eintritt des neuen Trägers in das bestehende Vertragsverhältnis ist als Folge von Widerruf und Kündigung denkbar.

Das Stiftungsvermögen bleibt so auch nach der Kündigung als wirtschaftliches Sondervermögen im Eigentum des neuen Treuhänders erhalten und die negativen steuerlichen Folgen eines Vermögensrückfalls werden vermieden. **Die Treuhandstiftung bleibt unter Wahrung ihrer steuerlichen Identität bestehen**. 62

Zum anderen können der Stifter und der Stiftungsträger auch für den Fall der Beendigung der Treuhandstiftung mittels einer entsprechenden vertraglichen Regelung den **Rückfall des Vermögens an den Stifter oder seine Erben** abweichend von § 667 BGB vollständig **ausschließen** und den **Vermögensanfall entsprechend den steuerrechtlichen Vorgaben regeln**, beispielsweise den Vermögensanfall bei einer anderen steuerbegünstigten Körperschaft anordnen. 63

Ein weiterer Ansatzpunkt für die Absicherung der Existenz der Treuhandstiftung ist der „**wichtige Grund**" für die **Kündigung**. Der Begriff des wichtigen Grundes muss als abstrakter Rechtsbegriff mit Leben gefüllt werden, wobei alle Umstände des Einzelfalls zu berücksichtigen sind und insbesondere die umfassende Abwägung der Interessen der Vertragsparteien entscheidend ist.[73] 64

Ein **Treuhandstifter** wird regelmäßig in zwei Fällen ein **berechtigtes Interesse an einer Kündigung** haben: zum einen dann, wenn der Stiftungsträger nicht mehr die Gewähr für den Fortbestand der Stiftung und die Erfüllung des Stiftungszwecks bietet, zum anderen dann, wenn die Erfüllung des Stiftungszwecks objektiv unmöglich wird und eine Änderung des verfolgten Zwecks aus welchem Grund auch immer nicht in Frage kommt. Der **Stiftungsträger** seinerseits wird insbesondere dann ein berechtigtes Interesse an der Kündigung haben, wenn ihm die Fortführung der Stiftungsträgerschaft nicht mehr zugemutet werden kann. Das kann etwa finanzielle Gründe (Honorarausfall) haben oder auch durch einen erheblichen Vertrauensbruch zwischen dem Stiftungsträger und dem Stifter, dessen Erben oder den Mitgliedern des internen Stiftungsgremiums begründet sein. 65

In dem Vertrag über die Errichtung der Stiftung und ihre Organisation können der Stifter und der Stiftungsträger mit Blick auf diese Interessenlagen **beispielhaft wichtige Gründe für eine Kündigung aufzählen** und so eine Auslegungshilfe für zukünftige Streitfälle bieten. Zudem können sie wegen der Disponibilität des § 667 BGB im Einzelnen regeln, **wie im Falle einer Kündigung aus wichtigem Grund zu verfahren ist**, damit die jeweiligen Interessen gewahrt sind. Das erfordert eine **genaue Vertragsgestaltung** und im Fall der steuerbegünstigten 66

73 Siehe nur Grüneberg/*Weidenkaff*, § 626 Rn 37 ff. m.w.N.

Treuhandstiftung bei der Übertragung auf einen neuen Stiftungsträger und bei der Auflösung der Treuhandstiftung zusätzlich eine genaue **Abstimmung mit der Finanzverwaltung.**

67 Auch der Umstand, dass auf Verträge zur Errichtung einer Treuhandstiftung die Regelungen der §§ 305 ff. BGB für **Allgemeine Geschäftsbedingungen (AGB)** Anwendung finden können, wie der BGH in einer vielbeachteten Entscheidung aus dem Jahr 2009 zutreffend festgestellt hat,[74] führt nicht zu einem anderen Ergebnis. In dem vom BGH entschiedenen Fall war durch einen **Formularvertrag** eine Grabpflege in Form einer Treuhandstiftung nach Geschäftsbesorgungsrecht für einen Zeitraum von mindestens 30 Jahren unter Ausschluss des ordentlichen Kündigungsrechts vereinbart worden. Diese kurze Sachverhaltsübersicht macht bereits deutlich, wo in der Praxis die Probleme liegen und wie sie vermieden werden können: Zum einen sollte eine **Stiftungserrichtung stets individuell gestaltet** werden, gerade auch bei einer Treuhandstiftung, und nicht auf Basis formularmäßiger Vorgaben erfolgen, so dass bereits der Anwendungsbereich der §§ 305 ff. BGB nicht eröffnet ist. Zum anderen sollten Regelungen zur Vertragslaufzeit nicht einseitig an den Interessen einer Vertragspartei orientiert ausgestaltet werden, sondern möglichst **objektiviert an dem Stiftungszweck und den Vorgaben des Gemeinnützigkeitsrechts**. Wird beides beachtet, so steht auch AGB-Recht der Errichtung einer Treuhandstiftung auf Basis einer entgeltlichen Geschäftsbesorgung nicht entgegen.

68 **Praxishinweis: AGB-Kontrolle auch bei Treuhandstiftungen!**

„Allgemeine Geschäftsbedingungen sind alle für eine Vielzahl von Verträgen vorformulierten Vertragsbedingungen, die eine Vertragspartei (Verwender) der anderen Vertragspartei bei Abschluss eines Vertrags stellt“ (§ 305 Abs. 1 S. 1 BGB).

Auch alle Verträge zur Errichtung einer Treuhandstiftung, die unter die oben wiedergegebene gesetzliche Definition fallen, unterliegen der AGB-Kontrolle.[75] Das gilt nicht nur für den Treuhandvertrag, sondern auch für die Schenkung unter Auflage, denn § 305 BGB spricht allgemein von Verträgen[76] und auch die Schenkung ist ein Vertrag.[77]

Für Treuhandverträge hat die AGB-Kontrolle z.B. zur Folge, dass eine Vertragslaufzeit von mehr als zwei Jahren nicht formularmäßig vereinbart werden kann (siehe § 309 Nr. 9 lit. a BGB).[78]

---

74 BGH, Urt. v.12.3.2009 – III ZR 142/08, NJW 2009, 1738.

75 Für einen Treuhandvertrag: BGH, Urt. v. 12.3.2009 – III ZR 142/08, NJW 2009, 1738.

76 Alle gegenseitigen Schuldverträge, siehe Grüneberg/*Grüneberg*, § 305 Rn 3.

77 MüKo-BGB/*Koch*, § 516 Rn 2; Grüneberg/*Weidenkaff*, § 516 Rn 1.

78 BGH, Urt. v. 12.3.2009 – III ZR 142/08, NJW 2009, 1738.

Die **Einwände** gegen die Tauglichkeit eines Auftrags oder einer entgeltlichen Geschäftsbesorgung als Basis für eine Treuhandstiftung erweisen sich mithin als **unberechtigt**, da die Voraussetzungen der Vertragsbeendigung den Interessen der Vertragsparteien und den Vorgaben der AO entsprechend gestaltet und insbesondere auch die Folgen einer Beendigung nach § 667 BGB durch entsprechende Vereinbarung der Vertragsparteien eingeschränkt oder sogar ganz ausgeschlossen werden können.[79] 69

Auch der BGH hat in seinen beiden Urteilen aus den Jahren 2009 und 2015 auf den oben dargestellten Unterschied der Meinungen hingewiesen. Er hat aber ganz im Sinne der soeben (siehe Rdn 59 ff.) dargestellten Zusammenhänge zur **Vertragsautonomie** klargestellt:[80] 70

> *„Der Vertrag über die Errichtung einer unselbstständigen Stiftung kann als Schenkung unter Auflage oder in Gestalt eines fiduziarischen Rechtsgeschäfts als Auftrag beziehungsweise bei Entgeltlichkeit als Geschäftsbesorgungsvertrag geschlossen werden. Entscheidend ist, welche Rechtsform die Parteien gewählt haben …"*

Anders ausgedrückt: Die an dem Vertrag zur Errichtung einer unselbstständigen Stiftung unter Lebenden beteiligten Parteien sind aufgrund der **Vertragsautonomie** frei in der Wahl der Gestaltung. Eine davon zu unterscheidende Frage ist die, wie erfolgreich sie dabei sind und welche Vertragsgestaltung sie wählen können und müssen, um eine selbstständige Stiftung zu simulieren.

c) Weitere praxisrelevante Punkte

In der Praxis spielt die bereits oben angesprochene Frage, ob und wie ein Treuhänder ausgetauscht werden kann, immer wieder eine zwischen den Vertragsparteien durchaus kontrovers diskutierte Rolle. Fehlt es in der getroffenen Vereinbarung an konkreten Regelungen (siehe Rdn 60 ff.), so kommt die **steueridentitätswahrende Fortführung** der Treuhandstiftung mit einem anderen Träger insbesondere auch durch die Vereinbarung einer **Vertragsübernahme** in Betracht, was aber erkennbar die Bereitschaft aller Beteiligten voraussetzt, sich entsprechend gütlich zu einigen. 71

Die stiftende Person ist, wie sich aus § 665 BGB ergibt, grundsätzlich zur Erteilung von **Weisungen** befugt, die dann vom Treuhänder auch **befolgt** werden müssen. Sofern **mehrere Personen** gestiftet haben und Vertragspartei des Treu- 72

79 Siehe nur MüKo-BGB/*F. Schäfer*, § 667 Rn 4.

80 BGH, Urt. v. 22.1.2015 – III ZR 434/13, MDR 2015, 286; BGH, Urt. v. 12.3.2009 – III ZR 142/08, NJW 2009, 1738. Die Vertragsautonomie betonend auch MüKo-BGB/*Weitemeyer*, § 80 Rn 209 ff., auch wenn sie übersieht, wie weit diese bei der Gestaltung des Treuhandverhältnisses reicht.

händers sind, so sind sie, soweit vertraglich nichts anderes bestimmt ist, nur **gemeinsam** zur Erteilung von Weisungen befugt.[81]

73 Ebenfalls oben wurde bereits angesprochen, dass auf Verträge zur Errichtung einer Treuhandstiftung auch **AGB-Recht Anwendung** finden kann. Voraussetzung dafür ist, dass der Stiftungsträger für eine Vielzahl von Verträgen vorformulierte Vertragsbedingungen verwendet (§ 305 Abs. 1 BGB), was gerade bei institutionellen Stiftungsträgern und Bürgerstiftungen regelmäßig vorkommen dürfte, auch wenn ein solches Vorgehen im Einzelnen durchaus kritisch zu sehen ist. Neben **Klauseln zur überlangen Vertragsbindung** kommt eine Vielzahl anderer Regelungsbereiche in Betracht, an deren standardisierter Ausgestaltung ein Stiftungstreuhänder ein Interesse haben kann. Denkbar sind beispielsweise Klauseln zu Regelung der **Entgeltzahlung**, zu **Haftungsausschlüssen**, zu **Überprüfungs- und Abnahmepflichten** durch die stiftende Person oder **Erklärungsfiktionen** (Beispiel: „automatische Genehmigung des Jahresabschlusses zwei Wochen nach Vorlage"). Der Fantasie sind hier erkennbar kaum Grenzen gesetzt und das AGB-Recht gewährt hier den stiftenden Personen einen gewissen Mindestschutz.

74 **Praxisrelevante Rechtsprechung: Unbewusst errichtete treuhänderische Stiftung**

Nach Auffassung des **OLG Oldenburg** kann eine treuhänderische Stiftung auch unbewusst errichtet werden.[82] Worum ging es in dem Fall?

Das Urteil des OLG Oldenburg, in dem es um die Übereignung von Pferden für eine Pferdezucht und zur Förderung des Reitsports ging, womit ein Pferdeliebhaber sein „Lebenswerk" bewahren wollte und wogegen seine Erbin klagte, mag auf den ersten Blick überraschen. Bei genauerer Betrachtung entspricht es jedoch den von der herrschenden Meinung anerkannten Grundlagen des Rechts der Treuhandstiftung.[83]

Das OLG betont insbesondere, dass es Zweck der Zuwendung war, die Pferde aus dem Nachlass zu entnehmen und damit dem Zugriff der Erbin zu entziehen. Mit der Eigentumsübertragung auf die Beklagte für eine Pferdezucht und zur Förderung des Reitsports sei es aufgrund der Umstände des konkreten Falles zur Gründung einer Treuhandstiftung gekommen. Die Tatsache, dass die Beteiligten selbst nicht an die Gründung einer Stiftung gedacht hätten, sei rechtlich ohne Belang. Maßgebend sei alleine, wie sich das Rechtsgeschäft nach außen objektiv darstelle.

81 BGH, Urt. v. 22.1.2015 – III ZR 434/13, MDR 2015, 286.

82 OLG Oldenburg, Urt. v. 18.11.2003 – 12 U 60/03; der BGH hat die Nichtzulassungsbeschwerde gegen dieses Urteil zurückgewiesen: BGH, Beschl. v. 26.1.2006 – III ZR 388/03.

83 Siehe dazu die ausf. Urteilsanmerkung mit Wiedergabe des OLG-Urteils von *Plodeck*, ZSt 2007, 38.

Insbesondere dem letztgenannten grundlegenden Argument ist mit *Plodeck* zu folgen.[84] Man könnte auch sagen: Sie wissen oft nicht, was sie (rechtlich) tun! Wie viele GbRs werden z.B. unabsichtlich gegründet oder werden absichtlich gegründet und werden „unversehens“ zur OHG. Eine Gesellschaft ist OHG, wenn objektiv die Voraussetzungen für eine OHG vorliegen, mögen die Gesellschafter auch in anderer Verbindung stehen wollen.[85] Verwiesen sei hier schließlich nur noch auf den alten Rechtsgrundsatz „falsa demonstratio non nocet.“ Betrachten wir den Fall einmal näher!
Dem Stifter/Schenker kam es in dem Fall des OLG Oldenburg auf die Dauerhaftigkeit der o.g. Zwecksetzung an, wodurch auf Dauer ein wirtschaftlich eigenständiges Vermögen gebildet wurde. Das war der Beschenkten (Beklagten) alles bekannt und bewusst. Eine reine Auflagenschenkung ohne Stiftungscharakter schied damit aus. Mithin ist in dem Fall eine Treuhandstiftung errichtet worden. Genau betrachtet, fehlte es nicht an einem entsprechenden Stifterwillen und einem entsprechendem Willen bei der Treuhänderin, es fehlte „nur“ das konkrete Stiftungsbewusstsein.[86] Die Beteiligten wussten nicht, wie die rechtliche Gestaltung, die sie „gewählt“ hatten, üblicherweise bezeichnet wird. Das aber ist, wie OLG und BGH aufgrund der oben skizzierten Rechtsgrundlagen zu Recht angenommen haben, für die eingetretenen Rechtsfolgen unerheblich. Damit überraschen beide Entscheidungen letztlich nicht.

In der Praxis kommt es häufig vor, dass der Stifter und der Stiftungsträger nicht 75
näher bestimmen, welchen Vertragstyp sie wählen. Es ist dann durch **Auslegung** der einzelnen Regelungen zu ermitteln, was die Vertragsparteien gewollt haben. Klare Regelungen helfen, spätere Streitfälle zu vermeiden. Das setzt allerdings die Kenntnis der unterschiedlichen rechtlichen Grundlagen voraus.

3. Schenkung unter Auflage

Die Schenkung unter Auflage wird, wie wir oben bei der Auseinandersetzung mit 76
Treuhandgestaltungen nach Auftrags- oder Geschäftsbesorgungsrecht gesehen haben, von vielen als schuldrechtliche Basis für Treuhandstiftungen präferiert. Ins Feld geführt wird hierbei vor allem die (vermeintliche, vgl. Rdn 59 ff.) größere „Dauerhaftigkeit“ einer Schenkung unter Auflage. Allerdings geht dieser Vorteil auch mit einer sehr viel geringeren Flexibilität einher, was in der Praxis zu erheblichen Problemen führen kann, wenn bei Vornahme der Schenkung keine entsprechenden gestalterischen Vorkehrungen getroffen werden. Betrachten wir auch hier die rechtlichen Grundlagen näher!

84 *Plodeck*, ZSt 2007, 38.
85 Siehe nur Hopt/*Roth*, § 105 Rn 7 m.w.N.
86 So auch schon *Plodeck*, ZSt 2007, 38, 42.

a) Rechtliche Grundlagen

77 Bei der Schenkung unter Auflage überträgt der Schenker (= „Stifter") der von ihm gewählten Person seines Vertrauens die von ihm der Erfüllung des Stiftungszwecks gewidmeten Vermögensgegenstände unentgeltlich unter der Auflage, sie entsprechend seinen Vorgaben zu verwenden (Schenkung unter Auflage, § 525 BGB). Im Falle der durch eine Schenkung unter Auflage errichteten Treuhandstiftung sind „Stiftungsgeschäft" und „Stiftungssatzung" mithin Teil dieser Auflage und nicht von der Schenkung unabhängige Dokumente (vgl. auch Rdn 35 ff. und Rdn 95 ff.).

78 Der Beschenkte ist zum Vollzug der Auflage verpflichtet, sobald der Schenker die Vermögensgegenstände auf ihn übertragen hat (§ 525 Abs. 1 BGB). Er muss sich also insbesondere an die Vorgaben des Stiftungsgeschäfts und an die Stiftungssatzung halten. Der Schenker und nach seinem Tod seine Rechtsnachfolger können **von dem Beschenkten die Erfüllung der Auflage verlangen.**[87] Neben den Erben kann nach dem Tod des Stifters, wenn die Erfüllung des Stiftungszwecks im öffentlichen Interesse liegt, auch die **zuständige Behörde** die Vollziehung der Auflage verlangen. Zuständig ist bei Schenkungen unter Auflage nicht die Stiftungsbehörde, sondern eine vom jeweiligen **Landesrecht** bestimmte Behörde.[88]

79 Der Schenker kann das Recht, die Vollziehung der Auflage zu verlangen, auch auf einen **Dritten** übertragen.[89] Insoweit kann es sinnvoll sein, ein **internes Gremium** der Treuhandstiftung (siehe Rdn 99 ff.) zu schaffen und dieses u.a. **mit diesem Recht auszustatten** oder, beispielsweise dann, wenn ein internes Gremium nicht oder nicht auf Dauer eingerichtet werden kann, eine andere Person oder Institution entsprechend zu ermächtigen.

80 Auch wenn die Vermögensübertragung selbst unentgeltlich erfolgt, verwaltet der Träger die Treuhandstiftung in diesen Fällen typischerweise gegen eine **Verwaltungspauschale** aus den Erträgen des Stiftungsvermögens.

81 Zwar wird der Treuhänder im Fall der Schenkung nicht wirtschaftlicher Eigentümer der Vermögenswerte, dennoch stellt bereits die formale Rechtstellung als Eigentümer eine Bereicherung dar. Auch die Vertrauensstellung als Treuhänder an sich kann schon als Vorteil angesehen werden.[90]

82 Ein Schenkungsversprechen und mit ihm die Auflage bedürfen der **notariellen Beurkundung** (§ 518 Abs. 1 BGB). In der Praxis wird diese Form allerdings oftmals nicht eingehalten. Der **Mangel der Form** wird aber jedenfalls durch die

87 MüKo-BGB/*Koch*, § 525 Rn 14.
88 Siehe etwa Art. 4 AGBGB Baden-Württemberg.
89 MüKo-BGB/*Koch*, § 525 Rn 14.
90 Ausf. Erörterung der Problematik und weitere Argumente sowie Nachw. bei MüKo-BGB/*Weitemeyer*, § 80 Rn 213 ff.; Staudinger/*Hüttemann*/*Rawert*, Vorbem. zu §§ 80 ff. Rn 339 f.

Bewirkung der Leistung (sprich: die Übertragung) **geheilt** (§ 518 Abs. 2 BGB). Die Heilung geht aber nur so weit, wie die Leistung bewirkt wird.[91] Werden also beispielsweise mündlich oder schriftlich eine Errichtungsdotation in Höhe von 500.000 EUR und nach drei Jahren noch eine Zustiftung in derselben Höhe versprochen, wird durch die Überweisung der Errichtungsdotation an den Treuhänder noch nicht der Formmangel mit Blick auf die versprochene spätere Zustiftung geheilt. Der Treuhänder kann somit, sobald die drei Jahre vergangen sind, vom Stifter nicht die Überweisung weiterer 500.000 EUR verlangen.

b) Endgültigkeit der Schenkung unter Auflage?

Wie oben (Rdn 50 ff.) eingehend dargestellt, wird in der Fachliteratur die Errichtung einer Treuhandstiftung durch eine Schenkung unter Auflage im Vergleich zu Gestaltungen nach Auftrags- und Geschäftsbesorgungsrecht wegen der angeblich stärkeren Endgültigkeit von einigen als vorzugswürdige Gestaltung betrachtet. 83

Das BGB sieht in § 527 Abs. 1 BGB ein **Rückforderungsrecht des Schenkers** vor, wenn die Vollziehung der Auflage unterbleibt. Allerdings ist dieser Anspruch gem. § 527 Abs. 2 BGB **ausgeschlossen**, wenn ein Dritter die Vollziehung der Auflage verlangen kann. Letzteres bei einer Treuhandstiftung zu bestimmen ist regelmäßig angeraten, so dass dieses Rückforderungsrecht in der Regel ausgeschlossen ist. Im Übrigen ist auch die Behörde nach § 525 Abs. 2 BGB Dritter im Sinne dieser Regelung,[92] so dass bei steuerbegünstigten Stiftungen das Rückforderungsrecht nach § 527 Abs. 1 BGB grundsätzlich ausgeschlossen sein dürfte. 84

Ferner existieren das **Rückforderungsrecht des Schenkers wegen Verarmung** nach **§ 528 BGB**, das eher selten eingreifen dürfte, sowie das Recht zum **Widerruf** der Schenkung nach **§ 530 BGB wegen groben Undanks**. Letzteres ist insbesondere bei schwerwiegenden Verfehlungen des Treuhänders ein möglicher Ansatz, um die Treuhandstiftung nach Schenkungsrecht zu beenden. Ein Widerruf ist gem. § 530 Abs. 2 BGB nach dem Tod der schenkenden Person durch die Erben indes nur noch dann möglich, wenn die beschenkte Person *„vorsätzlich und widerrechtlich den Schenker getötet oder am Widerruf gehindert hat"*. 85

Die Ausübung der hier skizzierten Rechte hat jeweils zur Folge, dass das Vermögen der Treuhandstiftung zurück an den Stifter oder seine Rechtsnachfolger fällt. Im Falle der Steuerbegünstigung nach den §§ 51 ff. AO muss aber dieser **Rückfall** ausgeschlossen werden (Anfallsklausel nach § 61 Abs. 1 AO, vgl. auch schon oben Rdn 57 ff. und § 9 Rdn 244 ff.). 86

91 Grüneberg/*Weidenkaff*, § 518 Rn 9.
92 *Muscheler*, ZEV 2016, 358, 366.

c) Insbesondere: Austausch des Treuhänders?

87 Die vorstehenden Ausführungen zeigen, dass die grundsätzliche „Festigkeit“ einer Schenkung unter Auflage einhergeht mit dem Problem, dass die **Übertragung** einer durch Schenkung unter Auflage errichteten Treuhandstiftung **auf einen anderen Treuhänder nicht ohne weiteres möglich** ist. Sind bei Errichtung der Treuhandstiftung keine Regelungen zum Austausch des Treuhänders getroffen worden, kann der Stiftungsträger ein entsprechendes Ansinnen der stiftenden Person oder ihrer Rechtsnachfolger ablehnen und diese auf die sehr eingeschränkten und für das Fortbestehen der ggf. vorliegenden Steuerbegünstigung zudem auch sehr gefährlichen Möglichkeiten nach dem Schenkungsrecht des BGB verweisen.

88 Auch hier empfiehlt es sich mithin, bereits bei Errichtung der Treuhandstiftung die Verpflichtung zur Übertragung der Treuhandstiftung auf einen anderen Träger und die Voraussetzungen, unter denen diese Verpflichtung entsteht, ausdrücklich als Bestandteil der Auflagen, unter denen das Vermögen schenkweise übertragen wird, zu definieren. Rechtstechnisch handelt es sich hierbei um eine Auflage, die eine **Pflicht zur Weiterschenkung** begründet, was als Auflage zulässig ist.[93]

89 Schließlich ist auch bei der Schenkung unter Auflage der Eintritt des neuen Trägers in das bestehende Vertragsverhältnis und das Ausscheiden des bisherigen Stiftungsträgers aus dem Vertragsverhältnis denkbar. Das ist durch einen entsprechenden dreiseitigen Vertrag umsetzbar, den die stiftende Person (oder ihre Erben) mit dem bisherigen und dem neuen Stiftungsträger abschließt. Auch hier **bleibt die Treuhandstiftung unter Wahrung ihrer steuerlichen Identität bestehen**.

II. Errichtung von Todes wegen

90 Die Errichtung einer Treuhandstiftung von Todes wegen ist auf zwei Arten möglich, mittelbar und unmittelbar.[94]

91 Mittelbar ist die Errichtung möglich durch die **Beschwerung von Erbe(n) oder Vermächtnisnehmer(n)** mit der letztwillig verfügten **Auflage**, eine treuhänderische Stiftung nach den Vorgaben des Erblassers „zu errichten“.[95]

92 Unmittelbar erfolgt die Errichtung einer Treuhandstiftung von Todes wegen durch die **Einsetzung des Treuhänders** als auflagenbeschwerter **Erbe** oder **Vermächtnisnehmer**. Ein typischer Praxisfall ist etwa die Einsetzung einer Universität als Erbin unter Auflage.

---

93 BGH, Urt. v. 28.11.2023 – X ZR 11/21.

94 Vgl. NK-BGB/*Schewe*, Anhang zu § 1923 Rn 121.

95 Ausf. OLG München NJW 2014, 2448; vgl. ferner NK-BGB/*Schewe*, Anhang zu § 1923 Rn 121; *Muscheler*, ZEV 2014, 573.

Die Einhaltung der Auflage ist zweckmäßig durch die Einsetzung eines **Testamentsvollstreckers** zu sichern. Maßgebend und ausreichend für die Wirksamkeit einer solchen Auflage ist, dass dabei die „Zweckbestimmung“ i.S.d. § 2193 BGB hinreichend bestimmt ist, woran von der Rechtsprechung keine allzu hohen Anforderungen gestellt werden.[96] Hinreichend bestimmt soll z.B. bereits die Formulierung sein, eine festgelegte Summe für „wohltätige Zwecke“ zu verwenden.[97] 93

Nähere letztwillige Vorgaben zu Satzung und/oder Treuhandvertrag sind mithin zwar nicht erforderlich. Gleichwohl gilt aber auch hier, dass eine **sorgfältige und auf den Einzelfall abgestimmte Satzungsgestaltung** dringend zu empfehlen ist. So kann der Erblasser zwar beispielsweise einem Dritten (in der Regel dem Testamentsvollstrecker) auch die Auswahl des Stiftungsträgers und/oder die inhaltliche Fassung von Satzung und Treuhandvertrag nach „billigem Ermessen“ überlassen.[98] Allerdings ist damit eben auch die Gefahr von **Streitigkeiten und Kompetenzüberschreitungen** verbunden. Die Praxis zeigt, dass hier eine sehr genaue **Abgrenzung der Aufgaben- und Zuständigkeitsbereiche** notwendig ist. Auch sollte bereits zu Lebzeiten der Kontakt mit dem späteren Stiftungsträger gesucht werden. So manche gut gemeinte Zuwendung hat sich für die Empfänger als wahres Danaergeschenk erwiesen. 94

III. „Stiftungsgeschäft" und „Stiftungssatzung" bei der Treuhandstiftung?

Für die Errichtung einer rechtsfähigen Stiftung muss der Stifter das Stiftungsgeschäft vornehmen und darin der Stiftung eine Satzung geben. Aufgrund des bereits oben (siehe Rdn 48 f.) angesprochenen unbefangenen Sprachgebrauchs werden die Begriffe „Stiftungsgeschäft“ und „Stiftungssatzung“ in der Praxis auch bei der Errichtung von Treuhandstiftungen verwendet, obwohl sie hier eigentlich nicht passen. 95

In der „Stiftungssatzung“ werden die Einzelheiten der Zweckerfüllung und der Verwaltung des Vermögens mit dem Stiftungsträger ausgehandelt und festgehalten. Die Bezeichnung als Stiftungssatzung trifft, wie wir gesehen haben (siehe Rdn 35 ff.), die rechtlichen Gegebenheiten aber nicht. Tatsächlich handelt es sich entweder um die Ausgestaltung des Treuhandvertrages, also des Auftrags oder der entgeltlichen Geschäftsbesorgung, oder um die Ausgestaltung der Auflage im Fall der Schenkung oder der Errichtung von Todes wegen. Ähnliches gilt für 96

---

96 OLG München NJW 2014, 2448. A.A. *Muscheler*, ZEV 2014, 573, der hier nicht § 2193 BGB, sondern nur § 2065 Abs. 2 BGB für anwendbar und nach diesem Maßstab die Auflage für unwirksam hält.

97 Vgl. etwa MüKo-BGB/*Rudy*, § 2193 Rn 2; NK-BGB/*Mayer*, § 2193 Rn 2; OLGE Köln 18, 319: „Verwendung zu römisch-katholisch-kirchlichen Zwecken“.

98 OLG München NJW 2014, 2448; *Werner*, ZStV 2014, 144. A.A. *Muscheler*, ZEV 2014, 573.

das „Stiftungsgeschäft“, das etwa die Vermögensübertragung (z.B. Abtretung von Vermögensansprüchen) oder weitere Auflagen enthält. Durch den Gebrauch dieser Begriffe wird die Gefahr von Missverständnissen erhöht. Sie sollten deshalb, wenn überhaupt, nur mit Vorsicht und in dem Bewusstsein und mit der Klarstellung gebraucht werden, welche rechtlichen Sachverhalte (Treuhandvertrag oder Schenkung? Vertragsbedingung oder Auflage?) ihnen zugrunde liegen.

97 Da die „Satzung“ der treuhänderischen Stiftung keine Satzung im Rechtssinne ist, sondern eben nur ein schuldrechtlicher Vertrag zwischen zwei Personen (Schenkung unter Auflage/Auftrag oder Geschäftsbesorgung) oder eine erbrechtliche Auflage, kann sie, wenn sich etwa Fehlentwicklungen herausstellen sollten, durch den Stifter (Treugeber) und den Treuhänder zu Lebzeiten des Stifters ggf. **leichter geändert** werden als die einer staatlich anerkannten Stiftung.

98 **Praxishinweis: Ermächtigungen**

Für die Zeit nach seinem Tod kann der Stifter in der Satzung entsprechende Ermächtigungsregelungen zur Satzungsänderung für das interne Gremium (zu diesem sogleich Rdn 99 ff.) der Treuhandstiftung vorsehen.

IV. Das Stiftungsgremium (internes „Organ")

99 Der Stiftungsträger vertritt die Treuhandstiftung im Rechtsverkehr und trifft alle Maßnahmen zur Erfüllung des Stiftungszwecks, etwa Ausschüttungen an die Destinatäre. Eine Treuhandstiftung benötigt dazu keinen Vorstand. Dennoch wird es sich insbesondere bei größeren Vermögen anbieten, ein internes Gremium der Treuhandstiftung zu schaffen, das den **Stiftungsträger berät und kontrolliert** (siehe auch Rdn 61 und 79). Insbesondere die Finanzverwaltung ist der Auffassung, dass in bestimmten Konstellationen ein solches Gremium vorhanden sein muss, damit eine Treuhandstiftung steuerbegünstigt sein kann, wobei diese Forderung tatsächlich aber keine Stütze im Gesetz findet (siehe Rdn 175 ff.).

100 In der stiftungsrechtlichen Fachliteratur ist man sich einig, dass eine Treuhandstiftung mit einem internen beratenden und kontrollierenden Gremium ausgestattet werden kann.[99] Wenig Beachtung findet dabei aber die **rechtliche Begründung**, weshalb der Stifter den Stiftungsträger unter die Aufsicht eines solchen internen Gremium stellen kann.[100] Ausgangspunkt ist auch hier die jeweilige rechtliche Ausgestaltung.

101 Bei einer Stiftungserrichtung durch Schenkung unter Auflage oder durch eine erbrechtliche Auflage ergibt sich die rechtliche Begründung aus dem Umstand, dass der Schenker oder Erblasser das Recht, die Vollziehung der Auflage verlan-

---

99 Siehe nur *Heuel*, Rote Seiten zu Stiftung & Sponsoring 2012, 12 f.; BoKo-StiftR/*Stolte*, Teil I 2.1 Rn 53.

100 Positive Ausnahme etwa die Begründung bei NK-BGB/*Schewe*, Anhang zu § 1923 Rn 125.

gen zu können, auf Dritte übertragen kann.[101] Gegenstand der Kontrolle des internen Gremiums ist die Beachtung der gesamten „Satzung“ der Treuhandstiftung, denn diese Satzung ist nichts anderes als eben die Auflage, unter der die Zuwendung erfolgt ist.[102]

Bei der Ausgestaltung der Treuhandstiftung als Auftrag oder Geschäftsbesorgung 102 greift zunächst der Auslegungsgrundsatz des § 664 Abs. 2 BGB oder derjenige des § 675 i.V.m. § 613 S. 2 BGB, wonach der Anspruch auf die Ausführung des Auftrags oder des entgeltlichen Dienstes „im Zweifel nicht übertragbar“ ist. Da es sich aber jeweils eben nur um Auslegungsregeln („im Zweifel“) handelt,[103] folgt daraus, dass der Stifter durch eine ausdrückliche Regelung seinen Anspruch auf Dritte und somit auch auf ein internes Stiftungsgremium übertragen kann. Dasselbe gilt für das Recht, Weisungen zu erteilen (vgl. § 665 BGB) und Auskunft zu verlangen (vgl. § 666 BGB).

Eine weitere grundlegende Frage in diesen Zusammenhang ist die der Reichweite 103 der Kompetenzen dieses internen Gremiums: Ist es etwa dazu befugt, die Treuhandstiftung aufzulösen, sie umzuwandeln oder sogar den Treuhänder auszuwechseln (siehe näher Rdn 60 ff., 71)? Führt man sich die gestalterischen Möglichkeiten und die diversen bis hierhin ausführlich dargestellten oder jedenfalls skizzierten Konstellationen vor Augen, sollte es eine Selbstverständlichkeit sein, den möglichen Gestaltungsspielraum auch zu nutzen.

V. Die Auswahl des Treuhänders

1. Auswahl bedarf besonderer Sorgfalt

Bei der Auswahl des Treuhänders ist ganz besondere **Sorgfalt** anzuwenden. Der 104 Erfolg des Projekts Treuhandstiftung steht und fällt mit dessen Träger: Ist dieser **erfahren** und verfügt er über die notwendige **Infrastruktur**? Arbeitet er professionell und zu fairen Konditionen? Sind dort Personen vorhanden, die sich um die Treuhandstiftung und die Verwirklichung ihrer Zwecke kümmern werden? Die Fragen und Themen sind erkennbar vielfältig und die **Risiken** können ganz erheblich sein, wenn man sich in die falschen Hände begibt.

Verwiesen sei auf die vom Bundesverband Deutscher Stiftungen veröffentlichten 105 **„Grundsätze guter Verwaltung von Treuhandstiftungen“**,[104] die in der Praxis durchaus zur Orientierung für die Suche und die Gespräche mit in Frage kommenden Treuhändern dienen können. Wie schwierig es in der Praxis indes ist,

---

101 MüKo-BGB/*Koch*, § 525 Rn 14; NK-BGB/*Schewe*, Anhang zu § 1923 Rn 125.
102 NK-BGB/*Schewe*, Anhang zu § 1923 Rn 125.
103 Siehe MüKo-BGB/*Müller-Glöge*, § 613 Rn 20; MüKo-BGB/*F. Schäfer*, § 664 Rn 24.
104 Abrufbar unter https://www.stiftungen.org/stiftungen/stiftungsgruendung/treuhaender/qualitaetssiegel-fuer-gute-treuhandstiftungsverwaltung.html (abgerufen am 18.3.2026).

solche Grundsätze zu etablieren, zeigt etwa der Umstand, dass der **Bundesverband** die **Vergabe** des von ihm eingeführten „**Qualitätssiegels für gute Treuhandstiftungsverwaltung**“ inzwischen wieder **eingestellt** hat.[105]

106 *Marcus Buschka*, Estate planner (ebs), Geschäftsführer einer Stiftung in Hamburg und Leiter des Teams Stiftungen bei einer dortigen Sparkasse: **Die Treuhandstiftung als alternative Organisationsform**
„Die Treuhandstiftung hat sich fest in der Stiftungslandschaft als die alternative Organisationsform zur selbstständigen Stiftung etabliert. Sie ermöglicht es dem Stifter einfach und unkompliziert – mit einem für ihn geringen Zeit- und Verwaltungsaufwand – das geplante gemeinnützige Wirken nachhaltig zu fördern. Gerade auch vor dem Hintergrund der zunehmenden Dynamik von Entwicklungen in unserer Gesellschaft ist es wichtig, flexibel und möglichst zeitnah auch in der Stiftungslandschaft agieren und reagieren zu können. Im Rahmen des Stifterwillens kann die Satzung der Treuhandstiftung einfacher an diese Entwicklungen angepasst werden. Auch aufgrund dieser Anpassungsfähigkeit kommt der Auswahl des Treuhänders eine große Bedeutung zu. Der Treuhänder entwickelt mit dem Stifter gemeinsam die Satzung nach den Wünschen und Vorgaben des Stifters, „kümmert“ sich um die Verwaltungstätigkeit (Buchhaltung, Spendenmanagement, Marketing etc.) und um die satzungskonforme Erfüllung des Stiftungszwecks. Der Treuhänder muss der vertrauenswürdige Partner des Stifters sein. Nach seinem Ableben ist der Treuhänder hauptverantwortlich für die Fortsetzung und Umsetzung des Stifterwillens. Hier geht es insbesondere um die Betreuung der Stiftung im Sinne des Stifters und nicht um die Interessen des Treuhänders. Dieser großen Verantwortung sollten wir uns als Treuhänder sehr bewusst sein und in der Zukunft verstärkt darauf achten, dass die Seriosität der sich dieser Verantwortung bewussten Treuhänder nicht durch zweifelhafte Anbieter verloren geht. Es droht sonst ein dauerhafter Schaden für eine sehr wichtige Alternative im gemeinnützigen Sektor.“

2. Natürliche und juristische Personen als Treuhänder

107 Als Träger kommen alle **rechtsfähigen** natürlichen und juristischen Personen in Frage.[106] Sich selbst als Träger einer Treuhandstiftung einzusetzen, soll als „**Eigenstiftung**“ mangels rechtlicher Absicherung der Zweckbindung unzulässig sein.[107] Dagegen soll es aber möglich sein, den **Träger selbst zu schaffen**, bei-

105 Nachricht abrufbar unter https://www.stiftungen.org/stiftungen/stiftungsgruendung/treuhaender/qualitaetssiegel-fuer-gute-treuhandstiftungsverwaltung.html (abgerufen am 18.3.2024).

106 Werner/Saenger/Fischer/*A. Werner*, § 13 Rn 68 ff.

107 Dazu Werner/Saenger/Fischer/*A. Werner*, § 13 Rn 66 m.w.N. in Fn 101.

spielsweise eine GmbH[108] oder eine UG. Erkennbar stellen sich aber auch dann Fragen der Abgrenzung und der Zweckbindung, denn die so stiftende Person kann als alleinige Gesellschafterin eines so selbst erschaffenen Trägersubjekts grundsätzlich ebenfalls frei über die Geschicke der Treuhandstiftung bestimmen.

Die Auswahl einer juristischen Person, insbesondere auch einer solchen des öffentlichen Rechts, hat den Vorteil, dass diese zumindest potenziell „unsterblich" ist. In der Regel werden daher als Stiftungsträger bereits bestehende selbstständige Stiftungen oder Gesellschaften, Vereine oder auch Universitäten oder Gemeinden gewählt (zur Frage der Nachfolge bei Tod oder Auflösung des Treuhänders siehe Rdn 119 ff.). 108

3. Professionelle Organisation

Stifter können für den Treuhänder einer unselbstständigen Stiftung auf die bereits vorhandene Organisation etablierter Stiftungsträger zurückgreifen – etwa auf die des **Stifterverbandes für die Deutsche Wissenschaft** in Essen,[109] der u.a. mit einer jährlichen Publikation die von ihm verwalteten Stiftungen vorstellt. Unter dem Dach des Treuhänders kann z.B. eine treuhänderische Förderstiftung zugunsten des **Deutschen Krebshilfe e.V.**[110] oder zugunsten der **Deutsche Stiftung Denkmalschutz**[111] errichtet werden. Oder der Stifter wird sich zur Schaffung der internen Organisation „seiner" treuhänderischen Stiftung im Rahmen des Stiftungsträgers an den für die privatrechtliche selbstständige Stiftung entwickelten Modellen orientieren (siehe § 3 Rdn 58 ff.). Dabei kann und sollte der unselbstständigen Stiftung durchaus ein **eigener Name** – etwa zur Erinnerung an den Stifter – gegeben werden. 109

Der Stifter sollte besonderen Wert darauf legen, dass der Stiftungsträger über eine Organisation verfügt, deren Kontrollmechanismen (insbesondere Aufsichtsorgane, z.B. Beirat) die Verwendung der treuhänderisch übertragenen Mittel für den gewählten Stiftungszweck sicherstellen. 110

Es gibt ganz unterschiedliche Typen von Stiftern. Die einen wollen sich selbst kümmern, die anderen wollen lieber **delegieren**. Wer delegieren will, wird sich eher für eine treuhänderische Stiftung entscheiden und auf eine bestehende professionelle Organisation zurückgreifen.[112] Hier kann der Stifter, der das wünscht, die komplette Stiftungsarbeit beispielsweise von der Auswahl des Preisträgers bis zur Ausrichtung der Übergabefeier dem Treuhänder überlassen. 111

108 Werner/Saenger/Fischer/*A. Werner*, § 13 Rn 68.
109 Vgl. www.stifterverband.de. Näher zu dem Verband auch *Schindler/Steinsdörfer*, Treuhänderische Stiftungen, S. 20 ff.
110 Siehe www.krebshilfe.de.
111 Siehe www.denkmalschutz.de.
112 So auch *Martin*, Vermögen & Steuern 6/2002, 21, 22.

112 *Michael Rudolf*, Rechtsanwalt, Angelbachtal: **Treuhandstiftung – eine Stiftung für alle?**
„Bei der gemeinnützigen treuhänderischen oder nicht rechtsfähigen Stiftung ist – im Gegensatz zur rechtsfähigen – weder ein behördliches Anerkennungsverfahren noch regelmäßig eine bestimmte Höhe des Stiftungskapitals vorgeschrieben. Bei der Treuhandstiftung liegen die Verwaltung des Stiftungsvermögens sowie die praktische Stiftungsarbeit beim Treuhänder. Der Stifter muss sich also nicht persönlich um die Anlage des Stiftungskapitals, den Verkehr mit dem Finanzamt und den Destinatären der Stiftung kümmern. Sofern der Stifter dies wünscht, kann er selbstverständlich über seine Mitgliedschaft im Stiftungsvorstand jederzeit und umfassend Einfluss auf die Verwaltung seiner Stiftung nehmen: Auswahl der Destinatäre, Anlage des Stiftungskapitals, Einwerbung von Zustiftungen und Spenden etc.
Die Treuhandstiftung passt sich somit den individuellen Wünschen und Möglichkeiten des Stifters an und kann dementsprechend als die flexiblere Stiftungsform bezeichnet werden. Ein erfahrener und versierter Stiftungstreuhänder wird den Stifter, insbesondere was den Verkehr mit dem Finanzamt und allen das Gemeinnützigkeitsrecht tangierenden Problemen (Gemeinnützigkeitsprofil der Stiftung) anbelangt, beraten und ihn im Einzelfall vor falschen Entscheidungen bewahren.
Der Treuhänder hat somit nicht nur eine unterstützende, sondern auch zusätzlich eine Kontrollfunktion. Der richtige Treuhänder wird dem Stifter im Übrigen auch bei der Fortentwicklung und bei dem Marketing seiner Stiftung mit Rat und Tat zur Seite stehen. Da der Treuhänder regelmäßig eine Vielzahl von Stiftungen verwaltet, kann er zudem deutlich bessere Kapitalanlageergebnisse erzielen, da er insgesamt höhere Summen anlegt, ein weiterer Vorteil der Treuhandstiftung. Die rechtsfähige Stiftung dürfte daher nur für sehr große Vermögen mit firmenähnlicher Verwaltungsstruktur sowie für Familienstiftungen geeignet sein."

4. Honorar- und Kostensätze

113 Professionelle Treuhänder arbeiten in aller Regel mit ihrer bestehenden Organisationsstruktur gegen **feste und transparente Honorar- und Kostensätze**. Das hat für den Stifter einer treuhänderischen Stiftung den Vorteil der Vorhersehbarkeit der Verwaltungskosten für seine Stiftung. Zudem dürften die Verwaltungskosten, wenn der Stifter nicht ehrenamtliche „Mitstreiter" gewinnt, bei einem professionellen Treuhänder wegen der Synergieeffekte durch die Verwaltung einer Vielzahl treuhänderischer Stiftungen oftmals niedriger sein als bei einer individuell geschaffenen Struktur.

114 Nachteilig kann im Einzelfall allerdings sein, dass ein professioneller Treuhänder nur nach dem sprichwörtlichen „Schema F" verwaltet und sich, oftmals entgegen anderslautenden Äußerungen in der Öffentlichkeit (beispielsweise Prospektwer-

bung) oder im Anwerbe- und Gründungsprozess, tatsächlich nicht in der Lage sieht, auf die spezifischen Wünsche des Stifters/Treugebers einzugehen.

Praxishinweis: Kostenlose Treuhandverwaltung? 115

Die Verwaltung von Treuhandstiftungen wurde und wird verstärkt auch als Markt begriffen. Angesprochen werden sollen dabei auch wir Berater. Aufhorchen ließ uns da vor geraumer Zeit die Werbebeilage zu einer Fachzeitschrift. Eine größere gemeinnützige Stiftung bewarb sich bei den Fachleuten und Lesern der Zeitschrift darum, „kostenfrei" als Treuhänderin treuhänderische Stiftungen aus dem Mandantenkreis der Fachleute betreuen zu dürfen. Wir dürfen zitieren (Hervorhebungen durch uns):

„Die persönliche Treuhandstiftung unter dem Dach der ... Stiftung. ...

Die Gründung einer Stiftung erfolgt nach deutschem Recht. Dabei begleiten wir Sie und Ihre Mandanten Schritt für Schritt. *Anschließend übernehmen wir kostenfrei sämtliche administrativen Aufgaben der Stiftungsverwaltung...*

Vor der Gründung entscheiden Ihre Mandanten über Zweck, Name und Startkapital der Stiftung. Wir *verfügen über Musterverträge, bereiten die Gründungsurkunde vor, wickeln das Genehmigungsverfahren ab und sorgen für die Anerkennung der Gemeinnützigkeit.* ... Den Stiftungszweck gibt allein Ihr Mandant vor ..."

Das ist eine Ansage! Es stellen sich aber auch Fragen. Wir wollen hier nur drei nennen:

1. Wer zahlt die Verwaltung der treuhänderischen Stiftungen? Ohne personellen und finanziellen Aufwand ist das nicht möglich und irgendwo muss das Geld ja herkommen. Aus dem Topf der „Dachstiftung"? Wäre der überhaupt frei für eine solche Verwendung, die einem Zweck nach dem Gusto des Treuhandstifters dient? Ggf. würden die betreffenden Mittel dann der Dachstiftung bei der Mittelverwendung fehlen, was einen Verstoß gegen die Vorgaben des Gemeinnützigkeitsrechts darstellen dürfte.
2. Was gibt es bei der treuhänderischen Stiftung für ein Genehmigungsverfahren? Uns ist keines bekannt. Die „Gründungsurkunde" ist zu Lebzeiten entweder ein Schenkungsvertrag oder ein Treuhandauftrag (siehe Rdn 115 ff.).
3. Sind nicht das Rechtsdienstleistungsgesetz und/oder das Steuerberatungsgesetz zu beachten? Geschieht das?

Ein weiterführender Hinweis:

Es ist durchaus denkbar, dass Träger aus dem nicht steuerbegünstigten Bereich, etwa eine Bank oder Sparkasse, sich im Rahmen der für sie geltenden Regelungen dazu entscheiden, die Verwaltung von Treuhandstiftungen kostenlos anzubieten. Ob das nach den für diesen konkreten Träger geltenden

Regelungswerken aber auch tatsächlich zulässig ist, bedarf der genauen Prüfung.

5. Pflicht zur Rechnungslegung

116 In der Praxis kommt es leider immer wieder vor, dass Treuhänder den Stiftern nur auf entsprechende Aufforderung und/oder nur in einem begrenzten Umfang Auskunft über ihre Tätigkeit geben. Das sollte bereits im Vorhinein durch die vertragliche Verankerung entsprechender Berichts- und Rechnungslegungspflichten verhindert werden.

117 Grundsätzlich gilt, dass eine Treuhandstiftung, da sie Körperschaftsteuersubjekt ist, gem. § 8 Abs. 1 KStG nach den Vorschriften des EStG zur Ermittlung ihres Einkommens verpflichtet ist. Ist eine Treuhandstiftung wegen der Verfolgung steuerbegünstigter Zwecke nach den §§ 51 ff. AO als steuerbegünstigt anerkannt, greift die Pflicht zur Buchführung und Aufzeichnung aus den Absätzen 1 und 3 des § 63 AO.[113]

118 Daraus folgen aber noch keine Berichts- und Rechnungslegungspflichten gegenüber der stiftenden Person. Fehlt es an entsprechenden vertraglichen Vereinbarungen, stellt sich die Frage, ob entsprechende Pflichten aus den gesetzlichen Regelungen hergeleitet werden können. Für den Auftrag und die entgeltliche Geschäftsbesorgung kann auf § 666 BGB zurückgegriffen werden. Eine entsprechende Vorschrift fehlt allerdings in den gesetzlichen Bestimmungen zur Auflagenschenkung. Ableiten lässt sich eine entsprechende Pflicht aber ggf. aus den §§ 525 Abs. 1, 527 Abs. 1 BGB. Ob die mit einer Treuhandstiftung verbundene Auflage auch tatsächlich vollzogen wurde, lässt sich praktisch nur dann überprüfen, wenn man als Stifter entsprechend informiert wird.

6. Nachfolge bei Tod einer natürlichen Person als Treuhänder

119 Entscheidet sich der Stifter für eine **natürliche Person** als Treuhänder, so stellt sich irgendwann das Problem der **Nachfolge**, denn der Träger wird eines Tages versterben.[114] Bereits vorher kann er aber schon beispielsweise krankheits- oder altersbedingt nicht mehr in der Lage oder auch nicht mehr willens sein, die eingegangenen Verpflichtungen zu erfüllen. Im letztgenannten Fall gelten die weiter oben (Rdn 60 ff., 71) dargelegten Grundsätze und Überlegungen zum Austausch eines Stiftungsträgers.

120 Ist für den Fall des Todes des Stiftungsträgers nichts Näheres geregelt, so ist erneut danach zu differenzieren, auf welcher rechtlichen Basis die Treuhandstif-

113 *Wallenhorst/Wallenhorst*, Die Treuhandstiftung, Rn C 91.
114 Dazu *Hindahl*, ZStV 2022, 145.

tung errichtet wurde.[115] Handelt es sich um eine Schenkung unter Auflage, so geht das zugewendete Vermögen zusammen mit allen Auflagen grundsätzlich auf den oder die Rechtsnachfolger des Trägers über.[116] Gleichwohl wird sich die Frage stellen, ob die Vertragsparteien tatsächlich gewollt haben, dass die Erben des Trägers zur Ausführung der Auflage verpflichtet sein sollen. Denkbar ist beispielsweise eine ausdrückliche Regelung im Rahmen der Auflage mit dem Inhalt, dass die Erben das zugewendete Vermögen unter Beibehaltung der Auflage an einen neuen Träger weiterzuleiten haben („Weiterschenkung"). Ferner kann der Tod des Trägers auch als Grund für das Ende der Treuhandstiftung definiert werden mit der Folge, dass ihr Vermögen an den Anfallsberechtigten geht. Fehlt es an einer ausdrücklichen Regelung, ist die Schenkungsvereinbarung ggf. ergänzend auszulegen.

Im Falle des unentgeltlichen Auftrags oder der entgeltlichen Geschäftsbesorgung 121
greift § 673 BGB, nach dessen Satz 1 der *„Auftrag […] im Zweifel durch den Tod des Beauftragten"* erlischt. Diese Regelung wird so verstanden, dass, wenn weder ausdrücklich noch stillschweigend eine von der gesetzlichen Vermutung abweichende vertragliche Absprache getroffen wurde, die Treuhandstiftung mit dem Tod des Stiftungsträgers endet.[117]

Das ist allerdings nicht richtig. In Satz 2 des § 673 BGB findet sich für diesen Fall nämlich folgende ergänzende Regelung: *„Erlischt der Auftrag, so hat der Erbe des Beauftragten den Tod dem Auftraggeber unverzüglich anzuzeigen und, wenn mit dem Aufschub Gefahr verbunden ist, die Besorgung des übertragenen Geschäfts fortzusetzen, bis der Auftraggeber anderweit Fürsorge treffen kann; der Auftrag gilt insoweit als fortbestehend."* Es findet mithin eine Interessenabwägung statt und insbesondere wird dem Auftraggeber die Gelegenheit gegeben, *„anderweit Fürsorge"* zu treffen, wenn ansonsten Gefahr droht. Mit der Beendigung des Vertragsverhältnisses und der Treuhandstiftung verbunden ist aber die Gefahr des Rückfalls der Stiftungsvermögens an den Stifter und damit der Verlust der Steuerbegünstigung (siehe Rdn 57, 61 f.). Deshalb hat der Auftraggeber ein berechtigtes Interesse daran, eine solche anderweitige Fürsorge treffen zu können, nämlich einen neuen Stiftungsträger zu finden. Bis ihm das gelungen ist, gilt der Auftrag *„insoweit als fortbestehend"*, wie es im Gesetz heißt, so dass auch die Treuhandstiftung fortbesteht.

Mitunter wird zur Lösung dieses Problems vorgeschlagen, der Stifter solle die 122
Treuhandschaft an ein von besagter Person bekleidetes Amt (z.B. Bürgermeister, Universitätsrektor) knüpfen, der Nachfolger im Amt werde dann Treuhänder.[118]

115 *Hindahl*, ZStV 2022, 145, 146 f.

116 *Hindahl*, ZStV 2022, 145, 146, allerdings ohne die hier im Text folgende weitere Differenzierung.

117 *Hindahl*, ZStV 2022, 145, 146.

118 Werner/Saenger/Fischer/*A. Werner*, § 13 Rn 70.

Das überzeugt nicht. Eine solche Regelung in einem Treuhand- oder Schenkungsvertrag ist ein unzulässiger Vertrag zu Lasten Dritter. Man führe sich nur vor Augen, dass besagter Amtsträger die Treuhandschaft gar nicht übernehmen will. Mit jedem Treuhänder ist ein gesonderter Vertrag zu schließen.

7. Juristische Person als Träger vorzugswürdig

123 Aus diesem Grund bietet es sich besonders an, den Treuhandvertrag mit einer **juristischen Person** abzuschließen. Diese ist in ihrer Existenz unabhängig vom Wechsel ihres Vorstandes. Im Übrigen ist aber auch bei einer juristischen Person als Stiftungsträger für den Fall ihrer Auflösung vorzusorgen, da ansonsten durch die Auflösung des Trägers die Treuhandstiftung ggf. aufhört zu existieren. Gleiches gilt ferner für den Fall, dass der Stiftungsträger aus welchem Grund auch immer die Kündigung erklärt. Hier muss bei steuerbegünstigten Treuhandstiftungen insbesondere der Rückfall an den Stifter oder dessen Erben verhindert werden (siehe schon Rdn 60 ff., 71). Das geschieht mit Hilfe einer Regelung der Fortsetzung der Stiftung mit einem anderen Träger sowie mit der Aufnahme einer Anfallsregelung für den Fall der Auflösung der Stiftung.

124 Bei der Errichtung einer **Treuhandstiftung von Todes wegen** gilt nichts anderes. Bei der Erbeinsetzung unter Auflage z.B. könnte man die Bestimmung einer ggf. noch gar nicht geborenen natürlichen Person als Nachfolger in die Position des Stiftungsträgers evtl. als eine Nacherbeneinsetzung interpretieren. Diese kann der Nacherbe aber ausschlagen.[119]

D. Die Beendigung einer Treuhandstiftung

125 Die treuhänderische Stiftung ist nicht zwingend endgültig, wie wir bereits oben gesehen haben.

I. Treuhandverhältnis nach Auftrags- oder Geschäftsbesorgungsrecht

126 Besonderes Augenmerk ist bei der Wahl der Treuhandlösung auf die **Sicherstellung der dauernden Zweckerfüllung** zu legen (Rdn 47 ff.). Ein Auftrag kann nämlich grundsätzlich von dem Auftraggeber jederzeit widerrufen und von dem Beauftragten jederzeit gekündigt werden (§ 671 BGB). Für die entgeltliche Geschäftsbesorgung nach Dienstvertragsrecht gelten die Kündigungsfristen der §§ 620, 621 BGB. Widerruf und Kündigung haben zur Folge, dass der Treuhänder die übertragenen Vermögensgegenstände herausgeben muss (§ 667 BGB).

---

119 Grüneberg/*Weidlich*, § 2142 Rn 1.

Um sich hier der prinzipiellen zeitlichen Unbegrenztheit der rechtsfähigen Stiftung zumindest anzunähern, kommen ein Verzicht auf das Kündigungsrecht durch den Treuhänder und ein Verzicht auf das Widerrufsrecht durch den Treugeber in Betracht. 127

Der unentgeltlich tätige **Treuhänder** kann, wie sich aus dem Umkehrschluss zu § 671 Abs. 3 BGB ergibt, auf sein **Kündigungsrecht** verzichten. Bei einer entgeltlichen Geschäftsbesorgung gilt für die Kündigung des Treuhänders § 621 BGB, der aber auch vertraglich abdingbar ist.[120] Der Verzicht ist aber nicht unbeschränkt möglich. Auf das Recht zur Kündigung aus wichtigem Grund kann nicht vorab verzichtet werden.[121] Als wichtiger Grund in diesem Sinne kommt insbesondere die dauerhafte Unmöglichkeit der Zweckerreichung in Betracht. Insoweit sollte in dem Treuhandvertrag eine Regelung aufgenommen werden, die inhaltlich der des § 87 Abs. 1 BGB entspricht. 128

Ob der Auftraggeber des unentgeltlichen Auftrags auf sein **Widerrufsrecht** nach § 671 Abs. 1 BGB verzichten kann, ist umstritten.[122] Einigkeit besteht jedenfalls darüber, dass ein Widerruf aus wichtigem Grund immer, also auch bei der vorherigen Erklärung eines Verzichts, möglich bleibt. Die h.M. hält im Übrigen einen Verzicht auf das Widerrufsrecht zumindest dann für möglich, wenn das beauftragte Geschäft nicht nur den Interessen des Auftraggebers, sondern auch dem Interesse des Beauftragten entspricht,[123] was im Falle einer unselbstständigen Stiftung regelmäßig der Fall sein dürfte. 129

Durch den **Tod des Auftraggebers** endet der Auftrag, auch der entgeltliche, „im Zweifel nicht" (vgl. § 672 BGB, auf den auch § 675 Abs. 1 BGB verweist). Es empfiehlt sich, durch eine entsprechende Klarstellung in dem Organisationsvertrag, solche Zweifel von vornherein auszuschalten. Nach dem Tod des Treugebers haben dessen Erben weiterhin die Möglichkeit, den Auftrag zumindest aus wichtigem Grund zu kündigen. Allerdings kann über die vertragliche Regelung sowohl beeinflusst werden, unter welchen Voraussetzungen ein wichtiger Grund anzunehmen ist, als auch, welche Folgen eine Kündigung hat. 130

Bereits oben (siehe Rdn 60, 71 ff.) wurde angesprochen, dass, um im Falle der Kündigung die Existenz der Stiftung nicht zu gefährden, dafür Vorsorge getroffen werden muss, das Stiftungsvermögen auf einen anderen Treuhänder zu übertragen, so dass die Stiftung fortgesetzt werden kann. Für den Fall, dass die Kündigung zur Auflösung der Treuhandstiftung führt und diese steuerbegünstigt ist, 131

120 Vgl. Grüneberg/*Weidenkaff*, § 621 Rn 2.

121 Siehe § 671 Abs. 3 BGB für den unentgeltlichen Auftrag und vgl. Grüneberg/*Weidenkaff*, § 626 Rn 2 für den entgeltlichen Auftrag in Form des Dienstvertrags.

122 Ausf. zur Treuhandstiftung m.w.N. *Muscheler*, Die Stiftung. Jahreshefte zum Stiftungswesen. 1. Jahrgang 2007, S. 59, 74 ff. Zum Auftragsrecht allgemein MüKo-BGB/*F. Schäfer*, § 671 Rn. 13 ff.

123 MüKo-BGB/*F. Schäfer*, § 671 Rn. 13.

muss zudem dafür Sorge getragen werden, dass das Vermögen entsprechend § 61 AO weiterhin für steuerbegünstigte Zwecke verwendet wird (Vermögensanfall, Anfallsklausel). Beides ist durch entsprechende vertragliche Gestaltung möglich, da die gesetzlich vorgesehene Rechtsfolge der Herausgabe des übertragenen Vermögens (vgl. § 667 BGB) abgeändert oder abbedungen werden kann. Das führt ggf. auch dazu, dass die Erben kein wirtschaftliches Interesse an einer Kündigung haben.

132 Für die Errichtung einer steuerbegünstigten Stiftung wird die Finanzverwaltung darüber wachen, dass eine entsprechende Anfallsklausel in die „Satzung“ der Stiftung aufgenommen wird. Im Übrigen ist an eine spätere Vertragsanpassung zu denken. Sollte eine solche nicht möglich sein, kann man etwa daran denken, dass der Stifter seinen Herausgabeanspruch aus § 667 BGB an den von ihm gewählten neuen Treuhänder abtritt, bevor er die Kündigung erklärt.

II. Schenkung unter Auflage und Errichtung einer Stiftung von Todes wegen

133 Bei der Errichtung durch eine Schenkung unter Auflage und bei der Errichtung der Stiftung von Todes wegen kommen Kündigung und Widerruf nicht in Betracht, da sie nicht gesetzlich vorgesehen sind.

Im Fall der Schenkung unter Auflage kann die Übertragung der Vermögenswerte allerdings wegen Notbedarfs verweigert werden (§ 519 BGB). Zudem können die treuhänderisch geschenkten Vermögenswerte unter den jeweiligen gesetzlichen Voraussetzungen wegen Nichtvollziehung der Auflage (§ 527 BGB), wegen Verarmung des Schenkers (§ 528 f. BGB) oder wegen groben Undanks (§ 530 BGB) zurückgefordert werden. Diese Fälle dürften tatsächlich eher selten vorkommen, weshalb diese Gestaltung ebenso wie die Errichtung der Stiftung von Todes wegen grundsätzlich endgültiger ist als diejenige in Form des Treuhandvertrages. Gleichwohl besteht Einigkeit darüber, dass mit den Mitteln des Auflagenrechts Regelungen für die Fälle der Zweckänderung, der Auflösung oder für Satzungsänderung getroffen werden können.[124]

E. Was tun bei Fehlverhalten des Stiftungsträgers?

134 In der Praxis kommt es mitunter vor, dass der Treuhänder nicht so arbeitet, wie der Stifter oder die Mitglieder im internen Stiftungsgremium (Beirat, Kuratorium etc.) es für richtig halten.

135 In den Fällen der **Schenkung unter Auflage** können der Stifter und nach ihm seine Rechtsnachfolger die Vollziehung der Auflage verlangen (§ 525 Abs. 1 BGB). Der Anspruch kann aber durch entsprechende Ausgestaltung des Schen-

124 Staudinger/*Hüttemann*/*Rawert*, Vorbem. zu §§ 80 ff. Rn 362 ff.

kungsvertrages auch auf das interne Stiftungsgremium übertragen werden.[125] Ein Recht, die Vollziehung der Auflage zu verlangen, hat nach dem Tod des Stifters zudem die zuständige Landesbehörde, wenn der Vollzug der Auflage im öffentlichen Interesse liegt (§ 525 Abs. 2 BGB), was regelmäßig bei steuerbefreiten Stiftungen der Fall sein wird.[126] Eine vergleichbare Reglung trifft § 2194 BGB für die erbrechtliche Auflage.

Bei dauerhaftem Fehlverhalten des Treuhänders oder wenn sein Fehlverhalten 136
nicht die Erfüllung des Stiftungszwecks betrifft, stellt sich die Frage, ob der bisherige Treuhänder durch einen neuen Treuhänder ausgetauscht werden kann. Die Einzelheiten hierzu sind, soweit ersichtlich, nicht untersucht. Es sind zudem die unterschiedlichen Arten der Errichtung der treuhänderischen Stiftung (siehe Rdn 42 ff., 90 ff.) und insbesondere folgende Konstellationen zu unterscheiden.

Hat sich der Stifter in dem Fall des Treuhandvertrags das **Kündigungsrecht** 137
vorbehalten oder übt er berechtigt sein immer bestehendes Recht zur außerordentlichen Kündigung wegen Unzumutbarkeit der Fortsetzung des Vertragsverhältnisses aus, wird der Treuhandvertrag beendet. Damit wird aber gleichzeitig die Treuhandstiftung also solche beendet, denn der Stiftungsträger hat das Stiftungsvermögen nach § 667 BGB an den Stifter oder nach Maßgabe der Regelungen in dem Treuhandvertrag. Liegt eine steuerbefreite Treuhandstiftung vor, so ist das Stiftungsvermögen entsprechend der vertraglichen Anfallsklausel (§ 61 AO) zu verwenden.

Will der Stifter die Treuhandstiftung aber nicht auflösen, so muss der neue Treu- 138
händer den Treuhandvertrag übernehmen. Das kann er aber nur mit Zustimmung aller Vertragsparteien, also auch des bisherigen Treuhänders.[127] Dass der bisherige Treuhänder seinem Ausscheiden zustimmt, ist aber in der Regel eher unwahrscheinlich. Der Stifter sollte sich deshalb von vornherein das **Recht zur Ernennung eines neuen Treuhänders** im Falle der Kündigung des alten Treuhänders ausdrücklich vorbehalten. Diese Vereinbarung kann dann als bereits im Voraus abgegebene Zustimmung des bisherigen Treuhänders in die Vertragsübernahme durch den neuen Treuhänder gedeutet werden. Eine solche vorherige Zustimmung in eine Vertragsübernahme ist zulässig.[128] Fehlt in dem Treuhandvertrag das Recht zur Ernennung eines neuen Treuhänders, so ist vorbeugend an die **Abtretung** des Herausgabeanspruchs an den vorgesehenen neuen Stiftungsträger zu denken. Ist der Stifter verstorben, so gelten die vorstehenden Ausführungen für ein Kündigungsrecht seiner Rechtsnachfolger entsprechend.

Wollen die Mitglieder des internen Stiftungsgremiums (siehe Rdn 99 ff.) dem 139
Treuhänder kündigen, ergibt sich das Problem, dass dieses Gremium die Stiftung

125 Staudinger/*Hüttemann/Rawert*, Vorbem. zu §§ 80 ff. Rn 338 ff. m.w.N.
126 Staudinger/*Hüttemann/Rawert*, Vorbem. zu §§ 80 ff. Rn 338 ff. m.w.N.
127 Zu den Voraussetzungen eines Vertragsbeitritts Grüneberg/*Grüneberg*, § 398 Rn 41 ff.
128 Siehe Grüneberg/*Grüneberg*, § 398 Rn 42.

grundsätzlich nicht nach außen vertritt, denn die Vertretung erfolgt gerade durch den Treuhänder. Man wird jedoch typischerweise annehmen müssen, dass nach dem (zumindest hypothetischen) Willen des Stifters dem internen Gremium ausnahmsweise das Recht zusteht, die Stiftung gegenüber dem Treuhänder zu vertreten – ähnlich dem Fall der Vertretung der GmbH durch die Gesellschafter gegenüber dem GmbH-Geschäftsführer. Vorsorglich sollte der Stifter das auch ausdrücklich in die „Satzung“ (Treuhandvertrag, Auflage) schreiben, d.h. entsprechend vereinbaren.

140 Sehr viel schwieriger gestaltet sich die Lage, wenn kein Treuhandvertrag geschlossen wurde, sondern die Treuhandstiftung durch eine **Schenkung unter Auflage oder mit Auflage von Todes wegen** errichtet wurde. In beiden Fällen gibt es kein Recht zur Kündigung. Es stellt sich die Frage, ob der Stiftungsträger aufgrund der entsprechenden Auflagen bei einem Verstoß gegen die Auflagen des Stifters durch die Erben des Stifters oder das interne Gremium „gezwungen“ werden kann, das Stiftungsvermögen auf einen neuen Treuhänder zu übertragen, und das unter Beibehaltung der steuerlichen „Identität“ der Stiftung. Da der Stiftungsträger die Schenkung, die Erbschaft oder das Vermächtnis inklusive der betreffenden Auflage „angenommen“ hat, ist die Frage aus unserer Sicht bei entsprechender Vereinbarung im Rahmen der Auflage zu bejahen (siehe Rdn 83 ff., 87 ff.).

F. „Umwandlung" der Treuhandstiftung in eine rechtsfähige Stiftung

141 Oft werden Treuhandstiftungen mit dem Ziel errichtet, sie später in eine rechtsfähige Stiftung „umzuwandeln“, etwa bei **Erreichen eines bestimmten Vermögens** oder bei **Eintritt eines bestimmten Ereignisses**. Teilweise wird der Entschluss zur Umwandlung aber auch erst später gefasst.

142 Auch hier sollte nach Möglichkeit bereits **bei der Errichtung der Treuhandstiftung** zwischen den Vertragsparteien **geregelt** werden, **ob und unter welchen Voraussetzungen** eine solche Umwandlung stattzufinden hat oder stattfinden kann. Fehlt es an solchen Regelungen, so muss die **Errichtungsvereinbarung entsprechend ausgelegt** werden. Insbesondere bei einem nach Auftrags- oder Geschäftsbesorgungsrecht geschlossenen Vertrag ist auch an eine spätere **einvernehmliche Vertragsänderung** oder, wenn sich die stiftende Person entsprechende Rechte vorbehalten hat, an eine Ergänzung der Satzung zu denken, was in der Sache nichts anderes als eine Vertragsänderung ist.

143 Wichtig für das rechtliche Verständnis ist, dass es sich **nicht um einen Umwandlungsakt im rechtlichen Sinne** handelt, insbesondere nicht um einen Umwandlungsakt nach dem UmwG.

144 Vielmehr erfolgt eine solche Umwandlung durch die **Errichtung einer rechtsfähigen Stiftung**, die anschließende **Auflösung der Treuhandstiftung** und den **Anfall des Vermögens** der Treuhandstiftung bei der neu errichteten rechtsfähigen

Stiftung. Wer die aufnehmende rechtsfähige Stiftung errichtet, ist letztendlich nicht entscheidend. In der Praxis handelt es sich in der Regel entweder um den Träger der Treuhandstiftung oder diejenige Person, die die umzuwandelnde Treuhandstiftung errichtet hatte.

Es findet demnach keine „isolierte Neugründung“ einer rechtsfähigen Stiftung statt, sondern die Errichtung einer rechtsfähigen Stiftung durch den Treuhänder der unselbstständigen Stiftung als formellen Stifter oder durch eine andere Person, die mit der Auflösung der unselbstständigen Stiftung und dem Anfall ihres Stiftungsvermögen auf die rechtsfähige Stiftung verbunden ist. 145

Um etwaige Unstimmigkeiten mit zuständigen Verwaltungsbehörden gar nicht erst aufkommen zu lassen, ist der Gesamtvorgang sinnvollerweise vorweg mit der Stiftungsbehörde und dem zuständigen Finanzamt abzustimmen, um möglichst wenig Reibungsverluste zu haben. 146

Praxisrelevante Rechtsprechung: Umwandlung einer Treuhandstiftung bei mehreren Stiftern 147

Wie der BGH[129] zutreffend entschieden hat, können mehrere „Stifter“ einer Treuhandstiftung ihre Rechte gegenüber den Treuhändern, insbesondere ihr Weisungsrecht, in der Regel nur gemeinschaftlich ausüben, so dass einer von ihnen allein dem Treuhänder nicht wirksam die Anweisung zur Umwandlung der Treuhandstiftung geben kann.

Die im Einzelnen für eine Umwandlung vorzunehmenden Schritte lassen sich im Folgenden zusammenfassen: 148

1. Schritt: Vorbereitung der treuhänderischen Stiftung auf die Umwandlung 149

Zunächst muss grundsätzlich die Anfallsklausel der Treuhandstiftung so geändert werden, dass bei ihrer Auflösung die neu zu errichtende rechtsfähige Stiftung anfallsberechtigt wird. Die Änderung der Anfallsklausel kann dabei zweckmäßig durch eine Bedingung mit der Errichtung der rechtsfähigen Stiftung verzahnt werden, so dass im Falle des Ausbleibens der Errichtung der rechtsfähigen Stiftung die Stellung des bisherigen Anfallsberechtigten erhalten bleibt.

Daraus ergibt sich dann im Falle einer steuerbefreiten Treuhandstiftung das folgende weitere Vorgehen:

- Anzeige beim zuständigen Finanzamt, dass die Anfallsklausel der Treuhandstiftung gemäß der Satzung in Abstimmung mit dem Treuhänder dahingehend geändert wird, dass die rechtsfähige Stiftung (im Falle eines „Umwandlungsbeschlusses“) nach Anerkennung der Rechtsfähigkeit und Zuerkennung der Gemeinnützigkeit Anfallsberechtigte ist.

129 BGH, Urt. v. 22.1.2015 – III ZR 434/13.

– Entsprechende Änderung der Satzung nach Zustimmung des zuständigen Finanzamts.

150 **2. Schritt: Errichtung der rechtsfähigen Stiftung**

Sodann ist die rechtsfähige Stiftung zu errichten (siehe § 3). Es sind also insbesondere die Stiftungssatzung und das Stiftungsgeschäft zu entwerfen und mit der Stiftungsaufsichtsbehörde und ggf. mit dem Finanzamt abzustimmen. Im Anschluss wird die rechtsfähige Stiftung errichtet, beispielsweise durch den Träger der unselbstständigen Stiftung als „formellen Stifter" im Auftrag des Stifters der Treuhandstiftung. Zugesichert wird dabei die Ausstattung der rechtsfähigen Stiftung mit einem Stiftungsvermögen, und zwar durch die Übertragung des Gesamtvermögens der treuhänderischen Stiftung, möglichst unter Beibehaltung der gegebenen Aufteilung in Grundstockvermögen, freie Rücklagen und Stiftungsmittel, auf die neu zu errichtende rechtsfähige Stiftung.

151 **Praxishinweise: Zweckidentität bei „Umwandlung?"**

Zum Teil wird die **Ansicht vertreten**, die Zwecke der unselbstständigen Stiftung und die Zwecke der ihr Vermögen aufnehmenden rechtsfähigen Stiftung müssten identisch sein („**Zweckidentität**") und **Entsprechendes** gelte für die **Anfallsklauseln** der unselbstständigen Stiftung und der rechtsfähigen Stiftung.[130] Das folge, so die Vertreter dieser Ansicht, aus dem Grundsatz der Vermögensbindung nach § 55 Abs. 1 Nr. 4 S. 2 AO.[131]

Beides ist allerdings **nicht richtig**. Der Grundsatz der Vermögensbindung schreibt nur vor, dass die aufnehmende Körperschaft ihrerseits steuerbegünstigte Zwecke verfolgt, nicht aber, dass sie auch identische steuerbegünstigte Zwecke verfolgt.[132] Entsprechende Bindungen bei der Ausgestaltung des Zwecks und der Anfallsklausel der aufnehmenden rechtsfähigen Stiftung können sich daher allenfalls aus dem der aufzulösenden unselbstständigen Stiftung zugrunde liegenden Rechtsverhältnis und dem darin zum Ausdruck kommenden Stifterwillen ergeben. Das ist aber eine Frage des Einzelfalls. So ist es z.B. durchaus denkbar, dass eine Treuhandstiftung mit einer Vielzahl von Zwecken errichtet wurde, im Zuge der Stiftungsarbeit aber erkannt wurde, dass nicht alle diese Zwecke verwirklicht werden können oder eine solche Vielzahl von Zwecken nicht zweckmäßig ist. Im Zuge der Umwandlung kann dann eine Fokussierung auf die wesentlichen Zwecke erfolgen. Ebenso ist auch der umgekehrte Fall denkbar, dass eine Zweckerweiterung stattfinden soll, weil sich das Stiftungsvermögen besser als erwartet entwickelt hat.

---

130 BoKo-StiftR/*Stolte*, Teil I 2.1 Rn 64 unter Verweis auf *Möller*, ZEV 2007, 565, 568. Ebenso Richter/*Godron*, § 17 Rn 159, 162.

131 BoKo-StiftR/*Stolte*, Teil I 2.1 Rn 64; *Möller*, ZEV 2007, 565, 568.

132 Vgl. NK-GemnR/*Geibel*, Anhang zu § 51 AO Gemeinnützige Rechtsformen Rn 167.

3. Schritt: „Umwandlung“ 152

Gemäß der Satzung der Treuhandstiftung wird die „Umwandlung“ der treuhänderischen in eine rechtsfähige Stiftung beschlossen, also die Auflösung der treuhänderischen Stiftung und die Übertragung des Gesamtvermögens auf die rechtsfähige Stiftung. Dieser Beschluss wird ggf. beim zuständigen Finanzamt angezeigt, wenn die Satzung der Treuhandstiftung das vorsieht. Sodann überträgt der Treuhänder das Vermögen auf der Grundlage des „Umwandlungs“-Beschlusses auf die rechtsfähige Stiftung.

Der bestehende Treuhandvertrag endet sodann. Das geschieht entweder aufgrund einer entsprechenden Vereinbarung, aufgrund der Kündigung des Treuhandvertrages oder alternativ durch eine einvernehmliche Aufhebung des Treuhandvertrages (schriftlicher Aufhebungsvertrag). Zu denken ist insbesondere auch an die Reglung etwaiger **nachvertraglicher Pflichten des Treuhänders** (Herausgabe von Unterlagen, Informationspflichten etc.).

G. Die Treuhandstiftung im Fall der Insolvenz

Der Unterschied zwischen den verschiedenen Gestaltungsmöglichkeiten für Treuhandstiftungen (siehe Rdn 41 ff.) zeigt sich auch im Fall einer Insolvenz des Stiftungsträgers oder des Stifters. 153

Im Falle eines auf Geschäftsbesorgungs- oder Auftragsrecht basierenden Treuhandverhältnisses hat eine **Insolvenz des Treuhänders** (Stiftungsträgers) zur Folge, dass der Stifter (Treugeber) die Aussonderung der übertragenen Vermögensgegenstände gem. § 47 InsO verlangen kann. Gegen eine Vollstreckung durch Gläubiger des Treuhänders können der Treugeber oder seine Erben im Wege der Drittwiderspruchsklage (§ 771 ZPO) vorgehen. 154

Die **Insolvenz des Stifters** (Treugebers) führt im Fall einer vertraglichen Treuhand grundsätzlich zur **Beendigung des Auftrags oder der entgeltlichen Geschäftsbesorgung** (§§ 115, 116 InsO). Der Insolvenzverwalter kann von dem Treuhänder deshalb nach § 667 BGB die Herausgabe der übertragenen Vermögensgegenstände verlangen, weil mit der Insolvenz des Stifters dessen Verwaltungs- und Verfügungsbefugnisse auf den Insolvenzverwalter übergehen (§ 80 InsO).[133] Da § 667 BGB aber abbedungen oder inhaltlich anders ausgestaltet werden kann, etwa in Form einer Anfallsklausel bei einer steuerbefreiten Stiftung (siehe Rdn 59), ist es nur konsequent, wenn der Insolvenzverwalter im Fall der Insolvenz des Stifters ebenfalls keinen Herausgabeanspruch hat. Dieses Ergebnis lässt sich anhand des Wortlauts der §§ 115, 116 InsO insbesondere dadurch begründen, dass das Stiftungsvermögen in diesen Fällen nicht mehr zur Insol- 155

133 Siehe etwa Braun/*Kroth*, InsO, § 115 Rn 6.

venzmasse gehört, da der Stifter gerade keinen Anspruch auf Rückübertragung mehr hat. Es kommt dann allenfalls noch eine insolvenzrechtliche Anfechtung der Vermögensübertragung durch die Stiftungserrichtung nach Maßgabe der §§ 1 ff. AnfG und §§ 129 ff. InsO in Betracht.[134] Die wohl herrschende Meinung sieht das anders,[135] allerdings ohne die hier vorgetragenen Argumente in Betracht zu ziehen.

156 Ist die Treuhandstiftung als **Schenkung unter Auflage oder als erbrechtliche Auflage** ausgestaltet, können Gläubiger des **Stifters** ggf. nur durch Anfechtung gem. §§ 1 ff. AnfG auf die übertragenen Vermögensgegenstände zugreifen. Der Insolvenzverwalter kann unter den Voraussetzungen der §§ 129 ff. InsO anfechten. Die §§ 115, 116 InsO finden keine Anwendung. Dagegen können die Gläubiger des **Treuhänders** auf das Geschenkte grundsätzlich unbegrenzt zugreifen.[136] Einschränkungen dieser Zugriffsrechte durch vertragliche Gestaltungen werden zumindest diskutiert.[137]

H. Die Treuhandstiftung im Steuerrecht

157 Die **Treuhandstiftung** ist zwar nicht rechtsfähig, aber als verselbstständigtes Zweckvermögen des Privatrechts gleichwohl **Körperschaftsteuersubjekt** und somit mit ihren Einkünften steuerpflichtig (§ 1 Abs. 1 Nr. 5 und Abs. 2 KStG).[138] Als Körperschaftsteuersubjekt ist sie selbst Adressatin von Steuerbescheiden und Partei im finanzgerichtlichen Verfahren.[139]

I. Beginn und Ende der Körperschaftsteuerpflicht

158 Die **Steuerpflicht entsteht** in dem Moment, in dem sich die unselbstständige Stiftung als „Zweckvermögen des privaten Rechts" gebildet hat. Wann das konkret der Fall ist, ist im Gesetz nicht näher geregelt. Es kommt somit auf eine Bewertung der Umstände im Einzelfall an.[140] Regelmäßig ist von einer Verselbständigung auszugehen, sobald das Vermögen aus der Verfügungsmacht des Stif-

134 So *Löhnig*, Treuhand, 2006, S. 327 ff.

135 Vgl. etwa MüKo-BGB/*Weitemeyer*, § 80 BGB Rn 205 mwN.

136 Werner/Saenger/Fischer/*A. Werner*, § 13 Rn 145; Staudinger/*Hüttemann/Rawert*, Vorbem. zu §§ 80 ff. Rn 355 f. m.w.N.

137 Staudinger/*Hüttemann/Rawert*, Vorbem. zu §§ 80 ff. Rn 356 m.w.N.

138 Ausf. zum Steuerrecht der Treuhandstiftung *Wallenhorst/Wallenhorst*, Die Treuhandstiftung, Kap. D. Zuständig ist das Finanzamt am Sitz des Stiftungsträgers, vgl. Richter/*Godron*, § 17 Rn 74 Fn 135.

139 BFH, Urt. v. 29.1.2003 – I R 106/00, ZEV 2003, 258 = BB 2003, 993; BFH, Urt. v. 16.11.2011 – I R 31/10, BFH/NV 2012, 786.

140 BFH, Urt. v. 16.11.2011 – I R 31/10, BFH/NV 2012, 786 (Rn 33 m.w.N.).

ters ausscheidet und der Zweckbindung unterliegt.[141] Letzteres setzt wiederum voraus, dass eine entsprechend „Satzung“ oder zumindest eine entsprechende Zweckbestimmung vorliegt.

Bei der **Errichtung unter Lebenden** sind diese Voraussetzungen spätestens mit der Übertragung des Stiftungsvermögens auf den Stiftungsträger erfüllt, wenn der Stiftungszweck zu diesem Zeitpunkt durch Vereinbarung mit dem Stiftungsträger feststeht und den Stiftungsträger verpflichtet.[142] 159

Bei der **Errichtung von Todes wegen durch Erbeinsetzung unter Auflage** entsteht die Steuerpflicht, wie der BFH für den Fall der Einsetzung eines Vereins als Nacherben dargelegt hat, in der Regel bereits mit dem Eintritt des Erbfalls. Durch den Erbfall fällt das Vermögen bei dem Träger an, ohne dass es weiterer Erwerbsakte bedarf. Auf die tatsächliche Mittelzuführung kommt es dann nicht an, und auch die Anordnung einer Testamentsvollstreckung oder der Umstand, dass noch formale Akte erfüllt werden müssen, hindern das Entstehen der Körperschaftsteuerpflicht nicht.[143] 160

Wird eine unselbstständige **Stiftung von Todes** wegen nicht durch Erbeinsetzung unter Auflage, sondern durch ein **Vermächtnis unter Auflage** errichtet, so findet die notwendige Verselbstständigung erst nach Erfüllung des Vermächtnisanspruchs statt. Insoweit ist die Situation vergleichbar mit der einer Errichtung zu Lebzeiten durch Vertrag (Rdn 159). Nach unserer Auffassung kann deshalb auf die Erfüllung des Übertragungsanspruchs des Stiftungsträgers abgestellt werden. 161

Als **eigenständiges Körperschaftssubjekt hört die Treuhandstiftung auf zu existieren**, sobald die Verselbstständigung des Vermögens endet. So ist es beispielsweise bei Rückfall des Vermögens auf den Stifter oder seine Erben (vgl. Rdn 53) oder bei der Übertragung des Vermögens auf einen neuen Träger, bei der das bisher selbstständige Vermögen Teil des Vermögens des neuen Trägers selbst wird. Letzteres ist der Regelfall bei Auflösung einer steuerbegünstigten Treuhandstiftung. Allerdings kann auch bei dem bisherigen Träger der Treuhandstiftung eine Vermischung mit dessen Vermögen stattfinden, etwa wenn dieser Träger (pflichtwidrig) aufhört, bei der Kontoführung und Rechnungslegung das eigene Vermögen von dem verwalteten Vermögen zu trennen.[144] 162

---

141 Vgl. etwa Brandis/Heuermann/*Rengers* (164. EL Nov. 2022), § 1 KStG Rn 186 m.w.N. BFH, Urt. v. 16.11.2011 – I R 31/10, BFH/NV 2012, 786, dort Rn 33.

142 BFH, Urt. v. 24.3.1993 – I R 27/92, BStBl II 1993, 637.

143 BFH, Urt. v. 16.11.2011 – I R 31/10, BFH/NV 2012, 786.

144 Vgl. zu dieser Pflicht auch Ziffer III. 3.2 der „Grundsätze guter Verwaltung von Treuhandstiftungen“ des Bundesverbandes Deutscher Stiftungen, abrufbar unter https://www.stiftungen.org/fileadmin/stiftungen_org/Stiftungen/Stiftungsgruendung/Grundsaetze-guter-Verwaltung-von-Treuhandstiftungen.pdf (abgerufen am 18.3.2026).

II. Umsatzsteuerpflicht?

163 Ob **Treuhandstiftungen Beteiligte an Leistungsverhältnissen** im Sinne des **Umsatzsteuerrechts** sein können, also Leistende und Unternehmer oder Leistungsempfänger im Sinne des Umsatzsteuerrechts, war lange Zeit ungeklärt. In der Praxis relevant wird diese Frage insbesondere überall dort, wo der Stiftungsträger für die Verwaltung einer Treuhandstiftung ein Entgelt erhält. Es stellt sich dann die **Frage**, ob diese **Verwaltungsleistung** und das für sie gezahlte Entgelt **umsatzsteuerpflichtig** sind oder nicht. Die Finanzverwaltung hatte eine Umsatzsteuerpflicht in der Praxis bislang bejaht.

164 Das **FG Münster**[145] hingegen hat in einer Entscheidung aus dem Jahr 2022 darauf hingewiesen, dass zwar die Körperschaftsteuerpflicht der Zweckvermögen des Privatrechts nach § 1 Abs. 1 Nr. 5 KStG für eine Verselbstständigung auch mit Blick auf das Umsatzsteuerrecht spricht, die Treuhandstiftung aber mangels Rechtspersönlichkeit letztlich keine eigenen Rechte und Pflichten begründen und damit auch nicht Beteiligte eines Leistungsaustauschverhältnisses sein kann. Aus unserer Sicht ist dieser **am Zivilrecht anknüpfenden Sicht zuzustimmen**, denn sie trägt dem Umstand Rechnung, dass der Stiftungsträger im Rechtsverkehr für die Stiftung auftritt und in eigener Person Rechte und Pflichten begründet, die zwar wirtschaftlich die Treuhandstiftung treffen, rechtlich aber unmittelbar ihn.

165 Zugestimmt hat dem FG zumindest in diesem Punkt auch der **BFH als Revisionsinstanz** in seiner Entscheidung aus dem Jahr 2025, allerdings auch nur in diesem Punkt.[146]

Das Gericht hat allerdings, anders als noch das FG, darauf hingewiesen, dass eine **umsatzsteuerbare Leistungsbeziehung zwischen dem Stiftungsträger und der stiftenden Person** bestehen kann, und zwar auch dann, wenn die Treuhandstiftung durch eine Schenkung unter Auflage errichtet wurde. Neben eine solche Schenkung unter Auflage könne, so der BFH, auch ein eigenständiger entgeltlicher Geschäftsbesorgungsvertrag nach § 675 BGB geschlossen werden, aus dem sich eine Leistungsbeziehung ergebe. Im konkret von ihm entschiedenen Sachverhalt folge das insbesondere aus der Entgeltlichkeit der Tätigkeit des Trägers und dem Kündigungsrecht des Stifters. Mit Blick auf die Gegenleistung fand der BFH zu dem Leitsatz, dass es für eine steuerbare Verwaltungsleistung ausreicht, „*dass diese sich auf ein Sondervermögen bezieht, ohne dass es für die Bejahung eines verbrauchsfähigen Vorteils beim Leistungsempfänger darauf ankommt, ob dieser entgeltlich eigene Vermögensinteressen oder die Vermögensinteressen Dritter – wie etwa gemeinnützige Interessen – verfolgt.*“

145 FG Münster, Urt. v. 5.5.2022 – 5 K 1753/20 U.

146 BFH, Urt. v. 5.12.2025 – V R 13/22 = ZStV 2025, 138 m. krit. Anm. *Stolte*.

Die so gefundene rechtliche Wertung des BFH hat Auswirkungen auf mehreren Ebenen.[147] Ähnlich wie bei der Organschaft sind in Zukunft nicht mehr für jede einzelne Treuhandstiftung Umsatzsteuerveranlagungen vorzunehmen. Vielmehr muss die Trägerkörperschaft **konsolidierte Umsatzsteuererklärungen und -voranmeldungen** abgeben. Geklärt werden muss auch, welche Freibeträge gelten und welche Vorsteuerabzugsberechtigungen. 166

Zudem betrifft die Entscheidung nicht nur die Fälle, in denen die Treuhandstiftung bisher als Leistungsempfängerin eingeordnet wurde, sondern auch diejenigen, in denen die Treuhandstiftung selbst als leistendes Subjekt in Frage kam. Zu denken ist beispielsweise an den Fall der Vermietung von zum Stiftungsvermögen gehörenden Gewerbeimmobilien an Unternehmer. Hier kommt die Ausübung der Option nach § 9 UStG in Betracht, und es ist nun geklärt, dass die Treuhandstiftung nicht an der Leistungsbeziehung teilnimmt, sondern ihr Träger als Vermieter. 167

Das BMF hat insoweit auf die Entscheidung des BFH reagiert und für diese Fälle angeordnet, dass Treuhandstiftungen, die bisher als Unternehmerinnen behandelt wurden, z.B. hinsichtlich Verwaltungsleistungen oder Vermietungsleistungen an fremde Dritte, für Zwecke der Umsatzsteuer bis zum Ablauf des 31.12.2026 weiterhin als Unternehmerinnen behandelt werden.[148] 168

III. Steuervergünstigung nach den §§ 51 ff. AO

Die Treuhandstiftung kann als eigenständiges Körperschaftsteuersubjekt (siehe Rdn 157) wegen der Verfolgung steuerbegünstigter Zwecke **steuerbefreit** sein. Dabei ist die Steuerbegünstigung des Trägers der Treuhandstiftung nicht erforderlich. Allerdings ist in Stiftungsgeschäft und Satzung der unselbstständigen Stiftung die Steuerbegünstigung festzulegen und festzuhalten, dass die Mittel nur für die vom Stifter festgelegten steuerbegünstigten Zwecke verwendet werden dürfen – so wie bei jeder anderen steuerbegünstigten Körperschaft auch (siehe § 9). Hier wird in der Regel eine sehr genaue Abstimmung des Stiftungszwecks mit dem Aufgabenbereich des vorgesehenen Trägers/Treuhänders erforderlich sein. Das spricht dafür, eine unselbstständige Stiftung bereits zu Lebzeiten zu errichten. 169

Im Falle der Steuerbefreiung genießen der Stifter und die Treuhandstiftung dieselben steuerlichen Vorteile wie die selbstständige Stiftung. Der Stifter kann also insbesondere für die **Errichtungsdotation** und etwaige **Zustiftungen** den **Sonderausgabenabzug** nach § 10b Abs. 1a EStG geltend machen (siehe § 9 170

147 Vgl. dazu und zum folgenden Text *Wallenhorst/Wallenhorst*, Die Treuhandstiftung, Rn D 11 a.E. sowie weiterführend Rn D 12 f.

148 BMF-Schreiben vom 8.12.2025, GZ: III C 2 – S 7100/00097/037/064 DOK: COO.7005.100.3.13620164.

Rdn 48 ff.). Das setzt, wie bei der rechtsfähigen Stiftung auch, allerdings voraus, dass der Stifter von der Option nach § 55 Abs. 3 AO, das ursprünglich zugewendete Stiftungsvermögen im Fall der Auflösung wieder herauszuverlangen, keinen Gebrauch gemacht hat.[149] Im Falle der Zuwendung einer **Schenkung** oder **Erbschaft** an eine steuerbegünstigte Treuhandstiftung innerhalb von 24 Monaten nach Entstehung der Steuer nach dem ErbStG kann alternativ auch die Begünstigung des § 29 Abs. 1 Nr. 4 ErbStG in Anspruch genommen werden.[150] Die entstandene Steuer erlischt mit Wirkung für die Vergangenheit. Auch hier gelten die sonstigen Einschränkungen des § 29 Abs. 1 Nr. 4 ErbStG: Die Steuer erlischt nicht, soweit die Treuhandstiftung dem Zweck des § 52 Abs. 2 Nr. 23 AO dient, wenn die Satzung Leistungen nach § 58 Nr. 6 AO vorsieht oder soweit für die Zuwendung eine Vergünstigung nach § 10b EStG, § 9 Abs. 1 Nr. 2 KStG oder § 9 Nr. 5 GwStG in Anspruch genommen wird.

171 Wie bereits oben (Rdn 57 ff.) erörtert, muss außerdem darauf geachtet werden, dass das Stiftungsvermögen nicht „aus Versehen", etwa aufgrund einer Kündigung, an den Stifter oder dessen Erben zurückfällt. Auch bei der Treuhandstiftung gilt der Grundsatz der Vermögensbindung, so dass die Satzung eine Anfallklausel enthalten muss (siehe auch § 9 Rdn 244 ff.).

IV. Mindestvermögensausstattung?

172 Bei gemeinnützigen oder mildtätigen treuhänderischen Stiftungen entscheidet die Finanzverwaltung darüber, ob die entsprechende Steuerbefreiung gewährt wird, weil die gesetzlichen Voraussetzungen (insbesondere §§ 51 ff. AO) vorliegen. Die Finanzverwaltung ist also hier die einzige staatliche Behörde, die eine „Aufsicht" über die treuhänderische Stiftung wahrnimmt. Diese Aufsicht ist an sich auf die Auswirkungen der Vorschriften des Steuerrechts zu beschränken. Gleichwohl kam es in der Vergangenheit dazu, dass die damals noch bestehende Oberfinanzdirektion Rheinland (Köln/Düsseldorf, inzwischen OFD Nordrhein-Westfalen) über ihre steuerrechtlichen Aufgaben hinaus forderte, einer treuhänderischen Stiftung müsse zum Zeitpunkt der Errichtung ein Vermögen von mindestens 25.000 EUR zur Verfügung stehen, wofür ein entsprechender Nachweis erbracht werden müsse.[151] Mündlich begründet wurde die Auffassung damit, das Vermögen der Stiftung müsse ausreichen, damit die treuhänderische Stiftung ihren jeweiligen Zweck erfüllen könne. Das wohne nicht nur dem Zivilrecht, sondern auch dem Gemeinnützigkeitsrecht als Anforderung inne.

149 AEAO Nr. 31 zu § 55 Abs. 3 AO.
150 Bayerisches Landesamt für Steuern v. 9.1.2019 – S 3840.1.1 – 3/5 St 34.
151 Diese OFD hat ihren Standpunkt, soweit ersichtlich, niemals veröffentlicht. Siehe zur Kritik auch schon *Schiffer*, NJW 2006, 2528.

Das Stiftungszivilrecht geht hier dem Steuerrecht vor, denn die Errichtung der Stiftung, an die dann das Gemeinnützigkeitsrecht mit den steuerlichen Rechtsfolgen (Steuerbefreiung: ja oder nein?) anknüpft, erfolgt nach Zivilrecht.[152] Im Stiftungszivilrecht findet die geschilderte Rechtsauffassung keine Grundlage. Das gilt erst recht für die generelle Forderung nach einem bestimmten Mindestvermögen. Die §§ 80 ff. BGB, die in § 82 S. 1 BGB eine generelle Regelung zum Stiftungsvermögen nur für rechtsfähige Stiftungen enthalten, sind auf die treuhänderische Stiftung gerade nicht anwendbar.[153] Auch im sonstigen Stiftungszivilrecht findet sich keine Vorschrift, aus der sich die Auffassung herleiten ließe. Die Bestimmung der Höhe des Stiftungsvermögens bei einer treuhänderischen Stiftung unterliegt damit der Privatautonomie des Stifters. 173

Im Gemeinnützigkeitsrecht ist eine entsprechende Rechtsgrundlage ebenfalls nicht zu finden. Eine Mindestvermögensanforderung findet sich im weitgehend rechtsformneutralen Gemeinnützigkeitsrecht an keiner Stelle. Man hört deshalb etwa auch nicht, dass eine solche Forderung für gemeinnützige Vereine erhoben wird. Sollten seitens der Finanzverwaltung entsprechende Ansinnen noch heute geäußert werden, sollte ihnen in der Beratungspraxis deutlich entgegengetreten werden. 174

V. Internes Gremium als Voraussetzung der Steuerbefreiung?

Ebenso kritisch zu sehen ist die, soweit ersichtlich, noch immer nicht zurückgenommene Verfügung der OFD Frankfurt a.M. vom 30.8.2011,[154] die bei Erlass für Verwirrung in steuerrechtlicher Hinsicht sorgte. 175

Ausgehend von der (richtigen) Anforderung, dass treuhänderische Stiftungen für die Inanspruchnahme einer Befreiung von der Körperschaftsteuer wegen der Förderung gemeinnütziger Zwecke (§ 51 ff. AO; § 5 Abs. 1 Nr. 9 i.V.m. § 1 Abs. 1 Nr. 5 KStG) **wirtschaftlich selbstständig** sein müssen (Argument § 3 Abs. 1 KStG), stellt die OFD Frankfurt a.M. in der besagten Verfügung **ohne nähere Begründung** auf **weitere Tatbestandsmerkmale** für die steuerliche Anerkennung einer treuhänderischen Stiftung als eigenständiges Körperschaftsteuersubjekt ab. 176

- Nach Ansicht der OFD ist das Treuhandvermögen dem Treuhänder nicht zuzurechnen (und damit wirtschaftlich selbstständig), wenn die treuhänderische Stiftung und der Treuhänder **unterschiedliche Zwecke** verfolgen.

152 Ausf. zu diesem grundsätzlichen Anknüpfungsprinzip *Tipke*, Die Steuerrechtsordnung, Band I, 1992, S. 90 f.

153 NK-BGB/*Schiffer*/*Pruns*, Vorbem. zu §§ 80 ff. Rn 22; Grüneberg/*Ellenberger*, Vorbem. zu § 80 Rn 10.

154 Az.: S 0170 A-41-St 53; positiv äußert sich dazu etwa *Werz*, Die Stiftung 1/2012, 16 f.; kritisch dagegen z.B. *A. Werner*, ZStV 2012, 129, 134.

– Werden dagegen von der treuhänderischen Stiftung und dem Treuhänder (*vollständig oder teilweise)* **identische Zwecke** verfolgt, soll eine Zurechnung nur unterbleiben, wenn die Treuhandstiftung über eigene Stiftungsgremien verfügt, die unabhängig vom Treuhänder des Stiftungsvermögens über die Verwendung der Mittel entscheiden können.

177 Damit soll also im zweiten Fall die Einrichtung eines vom Treuhänder unabhängigen internen Gremiums für die steuerliche Anerkennung – und damit für die Erlangung des Gemeinnützigkeitsstatus – zwingend notwendig sein.[155] Der erstgenannte Fall der Verfolgung unterschiedlicher Zwecke durch Treuhänder und Treuhandstiftung dürfte gerade bei rechtsfähigen Stiftungen als Stiftungsträgerinnen eher selten anzutreffen sein. Es stellt sich bei ihnen nämlich regelmäßig die Frage, ob es mit dem konkreten Stifterwillen überhaupt vereinbar wäre, Treuhandstiftungen zu verwalten, deren Zwecke nichts mit denen der Stiftung zu tun haben. Satzungsregelungen, die diesen Fall ausdrücklich regeln, werden jedenfalls in den meisten Fällen nicht vorhanden sein.

178 Der zweitgenannte Fall dürfte somit der in der Praxis am häufigsten anzutreffende sein. Wie bereits oben angedeutet, lässt sich die Forderung nach einem internen Gremium der Treuhandstiftung als Voraussetzung für die steuerliche Eigenständigkeit aber nicht aus dem Gesetz herleiten. In ihrer Verfügung führt die OFD Frankfurt a.M. bezeichnenderweise insoweit auch nur aus, dass aus § 3 Abs. 1 KStG das Erfordernis der getrennten Verwaltung des treuhänderischen Stiftungsvermögens vom sonstigen Vermögen des Treuhänders folgt. Die sodann von der OFD erhobenen weiteren Forderungen erfolgen rein apodiktisch und ohne jeden Versuch einer Begründung. Das kann nicht überzeugen.

179 Mit diesen erhöhten Anforderungen hat die OFD Frankfurt a.M., ohne dies jemals überzeugend begründet zu haben, Anforderungen aufgestellt, die über die bestehende Rechtslage hinausgehen und sich aus dieser nicht herleiten lassen. Es bleibt nur die Vermutung, dass seinerzeit im Zuständigkeitsbereich der OFD Frankfurt a.M. einige Gestalter über echte oder vermeintliche Gestaltungsgrenzen hinausgegangen sind und so die besagte Reaktion der OFD „provoziert" haben.[156]

180 In unserer **Praxis** sind uns bisher keine Fälle begegnet, in denen die Finanzverwaltung im konkreten Stiftungsfall dann einmal tatsächlich derart hohe Anforderungen gestellt hat. Die Verfügung der OFD hat somit in gewisser Weise den Charakter eines historischen Artefakts angenommen: Sie wird zitiert, aber nicht praktiziert. Gleichwohl ist es bedauerlich, dass in der Fachliteratur die Verfügung der OFD Frankfurt a.M. vor allem unkritisch und ohne jede Hinterfragung ihrer Berechtigung und Sinnhaftigkeit zitiert wird. Für Personen, die planen, eine

155 Zu möglichen Ausgestaltungen BoKo-StiftR/*Stolte*, Teil I 2.1 Rn 70.

156 Siehe zu solchen Zusammenhängen schon *Schiffer/Noel*, StiftungsBrief 2012, 142 und § 9 Rdn 248 ff.

treuhänderische Stiftung zu errichten, bleibt gleichwohl weiterhin der Rat, sich **im Vorfeld der Errichtung** umfassend **mit der Finanzverwaltung und dem Stiftungsträger abzustimmen**, damit eine mögliche Steuerbefreiung nicht scheitert.

§ 13 Stiftungen im Ausland und Trusts

Was bietet dieses Kapitel?
Entgegen dem Eindruck, der in Fach- und Wirtschaftspresse erweckt werden mag, kommt es in der Praxis nicht wirklich häufig zur Errichtung ausländischer Stiftungen und zur Gründung von Trusts. Zu beiden Gestaltungsansätzen wird aber wohl deshalb umfangreich fachlich publiziert, weil dazu in der Beratung immer wieder nachgefragt wird.
Entgegen manchem Vorurteil lassen sich ausländische Stiftungen und auch Trusts sehr wohl seriös und legal nutzen. Beide Ansätze bergen allerdings auch erhebliche Gefahren. Vor allem für diese will dieses Kapitel im Überblick sensibilisieren, ohne dass hier auf alle Details eingegangen werden kann.

Übersicht:

A. Typische Fragestellungen – drei Praxisfälle

Im Zusammenhang mit der Beratung von Stiftungsprojekten fallen auch nach den ganzen negativen Berichten zu Stiftungen in Liechtenstein nach wie vor immer wieder die Stichworte **„Trust"** und **„ausländische Stiftungen"**, und das nicht nur im Zusammenhang mit Steuerstrafverfahren gegen mehr oder weniger prominente Zeitgenossen. Mithin sollte der Berater hier zumindest über ein Grundwissen über die betreffenden Zusammenhänge verfügen. Ausländische Stiftungen und auch Trusts lassen sich sehr wohl seriös und legal nutzen.[1] Beide 1

1 Allgemein zur Internationalisierung des Stiftungsrechts *Schwalm/Schwind*, ZStV 2026, 47.Unterscheide davon die Tätigkeit ausländischer gemeinnütziger Stiftungen in Deutschland, siehe auch § 9 Rdn 36 ff.; generell zur Gemeinnützigkeit als Schlüssel zur Steuerbefreiung ausländischer Körperschaften in Deutschland siehe schon *Weiten/Feldner*, ZErb 2013, 88.

Ansätze sind aber ggf. auch mit **erheblichen Gefahren**[2] verbunden, für die der Berater sensibilisiert sein sollte.

2 Eine Alternative zur Stiftungs- oder Trusterrichtung im Ausland kann der **Wegzug des Steuerpflichtigen aus Deutschland** sein.[3] Der aber ist nicht nur steuerlich besonders genau zu prüfen. Ein Wegzug (nur) aus steuerlichen Gründen sollte eigentlich ausscheiden, denn in der Praxis sind, wie manche Rückkehr nach Deutschland zeigt, oftmals persönliche Wohlfühlgründe letztlich dann doch entscheidend(er). Wer sich in seiner Steueroase aus welchen persönlichen Gründen auch immer nicht wohlfühlt, wird seine Steuerersparnis nicht genießen. Sie wird ihn i.d.R. nicht in der Steueroase halten, wenn, „platt“ gesagt, das Heimweh ausbricht.

3 Die folgenden drei (hier verdichtet und typisiert wiedergegebenen) Fälle stammen aus der Beratungspraxis und geben nach unseren Erfahrungen einen guten Überblick über typische Fragestellungen aus der Praxis.

4 **Praxisfall 1: „Trust als Wundermittel?“**

Eine Unternehmerfamilie möchte Vorkehrungen zur Zukunftsabsicherung im unternehmerischen und im privaten Bereich treffen. In einem „exklusiven“ Wirtschaftsinformationsdienst hat das Familienoberhaupt dazu den „Tipp“ gelesen, dass Trusts besonders vorteilhaft seien. Der steuerliche Berater der Familie wird dazu um eine Bewertung gebeten.

5 **Praxisfall 2: „Ausländische Stiftung I“**

Ein in Deutschland lebender vermögender Unternehmer will seinen zwei Enkeln jeweils hohe Beträge zukommen lassen. Um Steuern zu sparen, will er das über eine liechtensteinische Stiftung abwickeln, die sich recht unproblematisch errichten lässt. Aus dieser Stiftung sollen die Enkel unwiderruflich begünstigt sein.

6 **Praxisfall 3: „Ausländische Stiftung II“ (Typisierter Fall)**

Das „Büro“ einer liechtensteinischen Stiftung wird bei einem Treuhänder in Liechtenstein unterhalten, der zugleich Mitglied des Stiftungsrates (= ausführendes Organ der Stiftung) ist. Der aktive Stifter, der ebenfalls Mitglied im Stiftungsrat ist, führt von Deutschland aus wesentliche Korrespondenz der Stiftung. Natürlich benötigt man deshalb auch in Deutschland zumindest die wesentlichen Geschäftsunterlagen. Um den Aufwand zu minimieren, erledigt

---

2 Siehe schon *Schiffer/v. Schubert*, ErbBstg 2003, 10. Siehe auch das jeweils durchaus zurückhaltende Fazit der Beiträge von *Jorde/Götz* und *Mutter*, in: FS Spiegelberg, 2009, S. 1301, 1319 f. und S. 1330, 1340; *Adam*, ZStV 2018, 126 zum „Mythos vom Stifterparadies USA“.

3 Grundlegend *Deininger* (Hrsg.), Wegzug aus steuerlichen Gründen, 3. Aufl. 2023; *Haag*, ZErb 2018, 262.

man mit der Zeit auch die Buchführung in Deutschland. Einige Jahre nach der Errichtung der Stiftung tagt schließlich auch der Stiftungsrat in Deutschland. Das Stiftungsratsmitglied aus Liechtenstein reist an. Die deutschen Stiftungsratsmitglieder „sparen" sich das Reisen nach Liechtenstein.

B. Trusts

I. Vielfältige Trust-Gestaltungen

Dem deutschen Recht ist die Rechtsfigur des Trusts **fremd**. Trust-Rechtsverhält- 7
nisse sind äußerst **vielschichtig** und zudem in den einzelnen Ländern entsprechend deren Rechtstradition **unterschiedlich** geregelt und gestaltbar.[4]

Trusts findet man vorwiegend im angelsächsischen Rechtsraum.[5] Sie werden vor 8
allem in der Wirtschaftspresse zur langfristigen Vermögens-, Erbschafts- und Steuerplanung empfohlen.[6] Es würde den Rahmen dieses Abschnitts sprengen, auf die komplizierten Fragen des (internationalen) Privatrechts[7] und Steuerrechts im Zusammenhang mit Trust-Gestaltungen ausführlich einzugehen. Die Darstellung ist auf einige wesentliche Grundzüge zu beschränken. Wegen der Einzelheiten sei auf die angegebene Literatur verwiesen.

Beliebt für die Trust-Gründung sind vor dem Hintergrund steuerlicher Privile- 9
gien die britischen Kanalinseln Guernsey und Jersey,[8] empfohlen werden aber auch Gibraltar, Zypern, die Bahamas oder die Cayman-Islands. Auch das liechtensteinische Recht kennt Trust-Gestaltungen. Auf den britischen Kanalinseln **Guernsey** und **Jersey** wird etwa nach wie vor keine Erbschaft- oder Kapitalertragsteuer erhoben. Auch Umsatz-, Unternehmens- und Einkommensteuer fällt allenfalls in vergleichsweise geringer Höhe an. Davon profitieren dann auch auf den Inseln verwaltete Trusts. Naturgemäß dauert aus Sicht der EU-Mitgliedstaaten die Diskussion um Möglichkeiten zur „Austrocknung" solcher Steueroasen an.

---

4 Für einen Überblick siehe etwa Richter/*Jakob*, § 30 Rn 94 ff.; Ausf. schon *Häusler*, in: Richter/Wachter, Handbuch des internationalen Stiftungsrechts, 2007, § 12 m.w.N. Siehe ferner *Deininger/Götzenberger*, Internationale Vermögensnachfolgeplanung mit Auslandsstiftungen und Trusts, 2006, Rn 70 ff.; *Schiffer*, BBV 2006, 343; *Böckli*, Der angelsächsische Trust, 2007; *Remde*, Der Trust als Gestaltungsmittel der Vermögensverselbständigung und der Vermögensschutzes, 2012.

5 Zur rechtlichen Ausgestaltung und Anwendungsbereichen des Trusts in Liechtenstein: *Schurr*, ZStV 2017, 12. In Liechtenstein wurde der Trust bereits im Jahr 1926 innerhalb der Art. 897–932 PGR (Personen- und Gesellschaftsrecht) kodifiziert.

6 Zu angloamerikanischen Trusts in der Nachfolgeplanung *Schienke-Ohletz*, IWB 2025, 952.

7 Zum Trust im deutschen internationalen Privatrecht siehe etwa *Hoffman*, in: Richter/Wachter, Handbuch des internationalen Stiftungsrechts, 2007, § 11.

8 Zu Vermögenstrusts auf den Kanalinseln siehe etwa *Götzenberger*, IWB 2023, 724.

II. Testamentary-trusts und intervivos-trusts

10 Unterschieden werden Trusts vor allem in solche, die in letztwilligen Verfügungen angeordnet werden (**testamentary-trusts**), und in solche, die durch Rechtsgeschäft unter Lebenden errichtet werden (**intervivos-trusts**). Zur Errichtung eines Trusts genügt im Wesentlichen ein **schuldrechtlicher „Treuhandvertrag"** einer natürlichen oder juristischen Person als Errichter des Trusts (**settlor**) mit einem „Treuhänder" (**trustee**), i.d.R. einem Rechtsanwalt vor Ort oder auch einer dort ansässigen, entsprechend spezialisierten Bank. Der trustee wird rechtlicher Eigentümer (legal owner) des betreffenden Vermögens, ist aber verpflichtet, dieses nach den vom settlor vorgegebenen Regelungen für einen oder mehrere Begünstigte (**beneficiaries**) zu verwalten.[9] Hier wird die Abhängigkeit des Trusts von bestimmten Personen deutlich, die in ähnlicher Weise bei der unselbstständigen Stiftung besteht (siehe § 12 Rdn 1 ff.)

11 Ein Trust und dessen Errichter sind letztlich von der Vertrauensperson, dem trustee, abhängig. Das gilt auch dann, wenn **zusätzlich** ein **„protector"** eingesetzt wird. Dann gilt zwar das Vier-Augen-Prinzip, die grundsätzliche Abhängigkeit von i.d.R. „weit entfernten" Personen aber bleibt. Der trustee ist für das Trust-Vermögen und die „Ausschüttungen" an die Begünstigten (**beneficiaries**) aufgrund des Vertrages mit dem Errichter verantwortlich. Das betreffende Vermögen wird ihm zu Eigentum übertragen.

12 Anders als eine Stiftung ist ein Trust also keine juristische Person.[10] Ein Trust kann „vor Ort" dennoch auch gemeinnützig sein.[11] Die Errichtung eines Trusts dauert i.d.R. nicht länger als etwa vier Wochen. Dabei kann der Errichter für Dritte **anonym** bleiben. Pauschale Aussagen zu den **Kosten** lassen sich nicht machen. Die Kosten sind sehr individuell, je nach Gestaltung, Ort und Vertragspartner.

III. Fragen der zivilrechtlichen Wirksamkeit

13 Bei der Beantwortung der Frage nach der **zivilrechtlichen Wirksamkeit** eines Trusts ist nach deutschem Recht zu unterscheiden:[12]
- Die **Errichtung** eines **Trusts von Todes wegen** ist aufgrund der Unbekanntheit dieses Instituts im deutschen Recht problematisch. Daran hat sich auch

---

9 Richter/*Jakob*, § 30 Rn 94.

10 Zur Teilnahme eines Trusts am allgemeinen Rechtsverkehr und zu der Ultra Vires-Doktrin siehe *Schlüter*, in: Deutsches Stiftungszentrum GmbH (Hrsg.), Die Treuhandstiftung, S. 25 f.

11 Siehe etwa Richter/*Jakob*, § 30 Rn 95; *Cutbill/Sturm*, in: Richter/Wachter, Handbuch des internationalen Stiftungsrechts, 2007, Länderbericht England Rn 69 ff.

12 Ausf. Deininger/Götzenberger/*Götzenberger*, Internationale Vermögensnachfolgeplanung mit Auslandsstiftungen und Trusts, Rn 94 ff.; *Thonemann-Micker/Böhmert*, ErbR 2023, 112; siehe dort jeweils auch zu den folgenden Ausführungen.

nach Einführung der EU-Erbrechtsverordnung nichts geändert. Nach Art. 1 Abs. 2 lit. j EuErbVO sind „die Errichtung, Funktionsweise und Auflösung eines Trusts" von dem Anwendungsbereich der Verordnung ausgenommen. Wie in Erwägungsgrund 13 der EuErbVO näher erläutert, sind allerdings Trusts nicht generell vom Anwendungsbereich ausgeschlossen, soweit es deren letztwillige Errichtung betrifft. Wird ein Trust testamentarisch errichtet, gilt im Hinblick auf den Übergang der Vermögenswerte und die Bestimmung der Berechtigten das nach der EuErbVO auf die Rechtsnachfolge von Todes wegen anzuwendende Recht.[13] Gilt danach deutsches Erbrecht, bleibt die Umsetzungsproblematik bestehen, weshalb die dem deutschen Recht unbekannte Anordnung eines Trusts nach § 2084 BGB ausgelegt werden kann und muss, etwa als Einsetzung eines Treuhänders oder eines Dauertestamentsvollstreckers, als Vor- und Nacherbschaft oder auch als Errichtung einer ausländischen Familienstiftung.[14] Die Errichtung eines Trusts durch letztwillige Verfügung ist und bleibt damit nach deutschem Erbrecht tatsächlich nicht möglich.[15] Sie wird vielmehr in die dem deutschen Recht zur Verfügung stehenden Rechtsfiguren „übersetzt".

– Die **Errichtung** eines **Trusts zu Lebzeiten** ist unproblematischer. Sie richtet sich nach dem Schuldvertragsstatut, d.h. es gilt der Grundsatz der Parteiautonomie.[16] Der Errichter und der Verwalter des Trusts können also bestimmen, welche Rechtsordnung Anwendung finden soll, wenn ein ausreichender internationaler Bezug besteht. Hat der Trust – wie üblich – seinen Verwaltungssitz im Ausland, ist dieses Erfordernis erfüllt. So kann der Trust unproblematisch errichtet werden. Es gilt das deutsche Pflichtteilsergänzungsrecht mit der bekannten Zehnjahresfrist und Abschichtungsregelung (§ 2325 BGB), so dass sinnvollerweise entsprechende Verzichtserklärungen eingeholt werden sollten, damit sich hier nach dem Tod des Trust-Errichters keine Probleme ergeben können.

Bei der **Übertragung von Vermögen auf einen bestehenden Trust** setzt sich die vorstehend im Zusammenhang mit der Errichtung beschriebene Problematik der Unbekanntheit des Instituts im deutschen Recht fort. 14

13 Erwägungsgrund 13 EuErbVO; *Müller-Lukoschek*, Die neue EU-Erbrechtsverordnung, 2. Aufl. 2015, § 2 Rn 106.

14 Siehe etwa BayObLGZ 2003, 69; KG Berlin ZEV 2012, 593; *Jülicher*, PIStB 2021, 114; *Wienbracke*, ZEV 2007, 413.

15 *v. Oertzen/Stein/Reich*, ZEV 2013, 109, 112; zustimmend *Thonemann-Micker/Böhmert*, ErbR 2023, 112.

16 Vormals Art. 27 Abs. 1 EGBGB. Die bisherigen international-privatrechtlichen Vorschriften des EGBGB über vertragliche Schuldverhältnisse (Art. 27–37) sind allerdings mit Wirkung zum 17.12.2009 außer Kraft getreten und durch die Verordnung (EG) Nr. 593/2008 des Europäischen Parlaments und des Rates v. 17.6.2008 über das auf vertragliche Schuldverhältnisse anzuwendende Recht (Rom I = „Rom I-Verordnung") ersetzt worden. Nunmehr Art. 3 Rom I („Freie Rechtswahl").

Da ein Trust in Deutschland rechtlich nicht als solcher existiert, lässt das deutsche Zivilrecht grundsätzlich keinen Eigentumserwerb von Trusts zu.[17] Als Behelfslösung ist die Umdeutung in eine nach deutschem Recht bekannte zivilrechtliche Kategorie erforderlich, bei Erwerben von Todes wegen oft in eine Vor- und Nacherbschaft mit Testamentsvollstreckung.

Vor Inkrafttreten der EuErbVO war bei Vermögensübertragungen auf einen Trust von Todes wegen ggf. einmal der Fall einer Nachlassspaltung nach § 3a EGBGB a.F. „hilfreich", wenn z.B. für im Ausland befindliche Immobilien das dortige, den Trust anerkennende Sachrecht anwendbar war und insofern den Vermögenserwerb des Trusts ermöglichte.

Unter Geltung der EuErbVO, die mit der einheitlichen Anknüpfung für die gesamte Rechtsnachfolge von Todes wegen (Art. 21 EuErbVO) Nachlassspaltungen nach Möglichkeit verhindern soll, sind diese Fälle aus deutscher Sicht weitgehend obsolet.[18] In besonderen Ausnahmefällen bleibt, etwa über Art. 34 Abs. 1 EuErbVO, gleichwohl auch nach Geltung der EuErbVO eine Nachlassspaltung möglich.[19]

Bei lebzeitigen Zuwendungen an einen Trust kann die zivilrechtliche Problematik ggf. durch eine Übertragung von Finanzmitteln, die sich unproblematisch in einem ersten Schritt in das Sitzland des Trusts transferieren lassen, und die anschließende Übereignung an den Trust nach dortigem Recht gelöst werden.

IV. Zu den steuerlichen Folgen eines Trusts

15 Die steuerrechtlichen Konsequenzen einer Trust-Gestaltung variieren naturgemäß mit der Vielfalt der Gestaltungsmöglichkeiten. Sie sind zudem im Einzelnen unter den Fachleuten teilweise umstritten.[20] Jedenfalls die nachfolgenden **allgemeinen Aussagen** lassen sich treffen:

16 **1.** Ein Trust mit Sitz und Geschäftsleitung im Ausland **kann** in Deutschland beschränkt **körperschaftsteuerpflichtig** sein. Der BFH hat in einem Grundlagenurteil aus dem Jahre 1992[21] zur **Rechtsnatur von Trusts** entschieden, dass ein Trust eine körperschaftsteuerpflichtige Vermögensmasse sein **kann**, wobei die Vermögensmasse als „selbstständiges, einem bestimmten Zweck dienendes Sondervermögen, das aus dem Vermögen des Widmenden ausgeschieden ist und

---

17 BGH NJW 1984, 2762; KG Berlin ZEV 2012, 593.

18 Siehe etwa schon *Müller-Lukoschek*, Die neue EU-Erbrechtsverordnung, 2. Aufl. 2015, § 3 Rn 52 ff. mit zahlreichen Fallbeispielen.

19 Ein Überblick findet sich etwa bei MüKo-BGB/*Dutta*, vor Art. 20 EuErbVO Rn 7 ff.

20 Vgl. *Jorde/Götz*, in: FS Spiegelberger, 2009, 1301, 1312 ff. m.w.N.; *Shurety/Klöpping*, IStR 2025, 83; *Grewe*, ErbBstg 2025, 188; *Viskorf/Wegener*, ZEV 2025, 485; *Tischendorf*, IStR 2022, 445 und 489; *Weiss*, IStR 2020, 124; *Habammer*, DStR 2002, 425.

21 BFH, Urt. v. 5.11.1992 – I R 39/92.

dem eigene Einkünfte zufließen" definiert wird. Die Vermögensmasse ist also schon dann körperschaftsteuerpflichtig, wenn sie „wirtschaftliche" Selbstständigkeit besitzt, auch wenn sie nicht rechtsfähig ist. Damit ähnelt ein Trust tatsächlich der Stiftung, ohne allerdings beispielsweise deren Grad an Unabhängigkeit von bestimmten Personen zu erlangen.

2. Ein Trust mit Sitz und Geschäftsleitung im Ausland **kann** in Deutschland im Hinblick auf das besagte BFH-Urteil steuerrechtlich als nach 15 Abs. 4 AStG einer (ausländischen) **Familienstiftung** im Sinne des deutschen Außensteuerrechts gleichgestellter Rechtsträger mit den entsprechenden Steuerfolgen einzustufen sein (siehe auch Rdn 34 ff.), wenn die Verfügungs- und Einflussmacht des Gründers (settlor) des Trusts beschränkt ist.[22] Zur Einstufung als „Familienstiftung" i.S.d. § 15 Abs. 2 AStG reicht schon aus, wenn der settlor, seine Angehörigen und/oder deren Abkömmlinge zu mehr als der Hälfte bezugs- oder anfallsberechtigt sind.[23] Damit verlieren Trust-Gestaltungen zur Absicherung des settlors und seiner Familie ersichtlich viel von ihrem steuerlichen Reiz. 17

3. Vermögensübertragungen auf „Trusts" werden von der **Erbschaft-/Schenkungsteuer** erfasst (§§ 3 Abs. 2 Nr. 1, 7 Abs. 1 Nr. 8 und 9 ErbStG).[24] Dabei kommt es nicht darauf an, wo sich Sitz oder Geschäftsleitung befindet. 18

- Nicht nur die Errichtung, sondern auch die spätere zusätzliche Ausstattung des Trusts gilt als steuerbarer Erwerb (§ 3 Abs. 2 Nr. 1 ErbStG).[25]
- Die Auflösung und die erfolgende Auskehrung sowie der Erwerb von Zwischennutzungsrechten gelten als Erwerb unter Lebenden (§ 7 Abs. 1 Nr. 8, 9 ErbStG).[26]

Mit der Übertragung eines Vermögens auf einen ausländischen Trust lassen sich insoweit also keine Steuern vermeiden.[27]

Zu beachten ist, dass ein Trust auch „transparent" ausgestaltet sein kann, wenn sich der Errichter solche umfassenden Herrschaftsbefugnisse über das Vermögen vorbehält, dass die Vermögensmasse ihm gegenüber darüber nicht tatsächlich frei verfügen kann (näher dazu bei dem Parallelfall der liechtensteinischen Stiftung 19

22 *Kraft*, AStG, 2. Aufl. 2019, § 15 Rn 360 ff.; BFH, Urt. v. 2.2.1994 – I R 66/92.

23 BFH, Urt. v. 5.11.1992 – I R 39/92.

24 Näher *Meincke/Hannes/Holtz*, ErbStG, 19. Aufl. 2025, § 3 Rn 108 und § 7 Rn 122; *Schürmann*, AnwZert ErbR 13/2022 Anm. 1; *Götz*, StiftungsBrief 2011, 17; siehe auch BFH, Urt. v. 27.9.2012 – II R 45/10, DStRE 2013, 209.

25 *Stein*, ErbBstg 2021, 141.

26 Siehe etwa BFH, Urt. v. 25.6.2021 – II R 40/18; BFH BStBl II 2013, 84; *Jülicher*, PIStB 2021, 114; zur Behandlung von Auszahlungen aus Trusts *Lorz/Metz*, FUS Sonderausgabe 2023, 6; ausf. zu den steuerlichen Folgen bei einem Ausscheiden aus Truststrukturen: *Schienke-Ohletz/Kühn*, ZEV 2015, 150; zu Problemen bei der Bestimmung des Trust-Begünstigten siehe *Weiss*, IStR 2020, 124.

27 Zu den Details siehe *Jülicher*, in: Troll/Gebel/Jülicher/Gottschalk, ErbStG, EL. 59 Mai 2020, § 2 Rn 116 ff. m.w.N.

Rdn 47 ff.). In diesem Fall bleibt das betreffende Vermögen solches des Errichters und fällt insbesondere bei dessen Tod in den Nachlass, verbunden mit den entsprechenden steuerlichen Folgen.[28]

20 **4. Ersatzerbschaftsteuer** (siehe dazu § 8 Rdn 80 ff. m.w.N.) fällt in aller Regel nicht an, da die diesbezügliche Ausnahmevorschrift für Familienstiftungen nach den allgemeinen Rechtsgrundsätzen eng auszulegen, d.h. nicht auf Trusts auszudehnen ist. So wird etwa auch die Treuhandstiftung nach deutschem Recht von der Ersatzerbschaftsteuer nach § 1 Abs. 1 Nr. 4 ErbStG nicht erfasst.[29]

21 Ein Trust ist nach alledem **grundsätzlich kein Steuergestaltungsinstrument** für deutsche Steuerpflichtige. In dem eingangs geschilderten **„Praxisfall 1"** wäre demnach grundsätzlich von einem Trust abzuraten.

22 Nicht unterschätzt werden sollte zudem die Streitanfälligkeit einer Trust-Gestaltung, wird sich doch ein Familienmitglied, das entgegen seinen Erwartungen nicht bedacht worden ist, weil das Familienvermögen in einen Trust gesteckt wurde, nicht unbedingt immer mit dieser „Enteignung" zufriedengeben.[30] Ein anschauliches Beispiel für einen **Familienstreit** vor dem Hintergrund einer Trust-Gestaltung schilderte die WirtschaftsWoche in Heft 48/1998.[31]

23 Ganz unabhängig davon sei allen, die für **verschwiegene Vermögen** auf einen Trust setzen wollen, gesagt, dass mancher Trust gegenüber der Familie auch schon so verschwiegen gewesen ist, dass das Vermögen schließlich faktisch für manche Familienmitglieder weg war, weil es von ihnen gar nicht mehr nachgewiesen werden konnte. Sie hatten schlicht den falschen Familienmitgliedern getraut. Da hilft dann auch der Anwalt nicht mehr.

C. Ausländische Stiftungen

I. Beliebte Stiftungsländer

24 Auch ausländische Stiftungen sind **alternative Ansätze** zu der Wahl einer Stiftung nach deutschem Recht, und das auch für die **Nachfolgegestaltung**.[32] Das gilt unabhängig davon, dass auch die Gemeinnützigkeit deutscher Stiftungen

28 BFH, Urt. v. 25.6.2021 – II R 13/19; FG Schleswig-Holstein IStR 2025, 324; *Thonemann-Micker/Böhmert*, ErbR 2023, 112; *Jülicher*, PIStB 2021, 114; *Kraft*, ZEV 2020, 608.

29 *Meincke/Hannes/Holtz*, ErbStG, 19. Aufl. 2025, § 1 Rn 17; BFH, Urt. v. 25.1.2017 – II R 26/16.

30 Siehe dazu entsprechende Gedanken im Zusammenhang mit Stiftungen.

31 WiWo 48/1998, 74 („Vater und Sohn Thyssen-Bornemisza kämpfen um die Kontrolle des Familienkonzerns").

32 Zur „Nachfolgeplanung unter Einsatz ausländischer Stiftungen" siehe *Lange/Sabel*, ZStV 2014, 201 (Bestimmung des Stiftungsstatuts, Probleme bei der Anerkennung ausländischer Stiftungen durch deutsche Gerichte, Gestaltungshinweise).

nicht an der Staatsgrenze endet,[33] weshalb mit einer inländischen Stiftung auch gemeinnützige Zwecke im Ausland verwirklicht werden können (siehe auch § 9 Rdn 36 ff.).[34]

Die Motive für die Errichtung einer Stiftung im Ausland sind vielfältig. Es geht in der Praxis nicht nur um Steuervorteile und Steuerhinterziehung oder um die Vermeidung der Ersatzerbschaftsteuer.[35] Häufig wird sich der potenzielle Stifter von der Erwägung leiten lassen, die Errichtung im Ausland sei weniger bürokratisch, er könne hierdurch die Destinatäre aus seiner Familie besser absichern[36] oder er könne dadurch sein Vermögen vor einer interessierten Öffentlichkeit verbergen. Zudem mag auch die Annahme eine Rolle spielen, durch eine ausländische Stiftung ließen sich in wesentlichem Umfang Steuern sparen.[37] 25

Praxishinweise: Steueroasen 26

„Beliebt" sind (waren?) in der Praxis die sehr einfach zu errichtenden und grundsätzlich (!) verschwiegenen[38] Stiftungen in **Liechtenstein,**[39] die allerdings zunehmend bei Steuerhinterziehungsfällen genannt wurden, obwohl es natürlich schwarze Schafe überall gibt. Das Thema der „Steueroase Liechtenstein" wird jedenfalls nicht nur in der Tages- und Wirtschaftspresse diskutiert (siehe Rdn 47 ff.). Bereits in **2009** ist in Liechtenstein ein **neues Stiftungsrecht**

---

33 Siehe nur BFH DStR 2007, 438 (ausdrücklich gegen BMF-Schreiben v. 20.9.2005 – IV C 4 – S 0181 – 9/05, BStBl I 2005, 902) im Anschluss an das „Stauffer-Urteil" des EuGH v. 14.9.2006 – C-386/04. Siehe ferner *Buchna/Leichinger/Seeger/Brox*, Gemeinnützigkeit im Steuerecht, S. 32 ff. und S. 507 ff.; *Schlüter*, in: Richter/Wachter, Handbuch des internationalen Stiftungsrechts, 2007, § 15 Rn 13 ff.

34 Siehe auch *Weiten/Feldner*, ZErb 2013, 88.

35 Siehe etwa die Darstellung der Motivationen für die Einschaltung ausländischer Stiftungen von *Stein*, StiftungsBrief 2013, 93, 94; *Müller*, Die Besteuerung von Stiftungen im nationalen und grenzüberschreitenden Sachverhalt, 2011.

36 Zu den Informations- und Auskunftsrechten von Begünstigten (Destinatäre) nach dem liechtensteinischen und nach österreichischem Recht siehe *Lins*, in: Eiselsberg (Hrsg.), Stiftungsrecht. Jahrbuch 2009, Wien/Graz 2009, S. 367 ff.

37 So vermutet schon *Götz*, NWB 2000, F. 2, 7379, 7387 a.E., 7388.

38 Die von manchen erhoffte Verschwiegenheit ist tatsächlich zweifelhaft, wie in der Vergangenheit verschiedene CD-Transfers gezeigt haben, über die wir alle in der Presse lesen konnten.

39 Zur liechtensteinischen Stiftung siehe etwa *Schienke-Ohletz*, ZStV 2022, 51; *Meinecke*, ZStV 2022, 136; *ders.*, ZStV 2022, 172; *ders.*, ZStV 2022, 212; *Werz*, PISTB 2005, 286; *Götzenberger*, DSWR 2005, 48. Siehe auch die Beiträge in dem betreffenden Themenheft von Stiftung & Sponsoring, Sonderausgabe 2015, sowie die zugehörige Sonderausgabe 2015 der Roten Seiten: *Schurr*, Gemeinnützige Stiftungen in Liechtenstein. Zur vorherigen Rechtslage und zu grundsätzlichen Fragen betreffend die liechtensteinische Stiftung: Deininger/Götzenberger/*Götzenberger*, Internationale Vermögensnachfolgeplanung mit Auslandsstiftungen und Trusts, Rn 201 ff.; *Schiffer*, Stiftung & Sponsoring 2/2008, 40.

in Kraft getreten,[40] denn die Stiftungen sind dort ersichtlich ein ganz wesentlicher Wirtschaftsfaktor, d.h. sie müssen (wieder) funktionieren. Zu wünschen wäre es, steht doch die liechtensteinische Stiftung keineswegs generell für den Missbrauch unzulässiger „Steueroptimierung". In 2013 ist ein DBA zwischen Deutschland und Liechtenstein in Kraft getreten.[41]

Die Verurteilung des Erben zur Auskunftserteilung an den Pflichtteilsberechtigten über Schenkungen i.S.d. § 2325 Abs. 1 BGB kann sich auch auf Vermögensgegenstände erstrecken, die der Erblasser in eine Anstalt oder Stiftung liechtensteinischen Rechts eingebracht hat.[42] Die Entscheidung hat für das Pflichtteilsrecht nicht nur theoretische Bedeutung. Auf das ausländische Vermögen solcher Stiftungen lässt sich i.d.R. nur schwer zugreifen, anders ist das aber für in Deutschland belegenes Vermögen entsprechender Stiftungen.[43] Zudem dürfte die Entscheidung bei Verhandlungen mit den Stiftungsorganen im Ausland helfen. Erste Erfahrungen für Liechtenstein haben diese Erwartung bestätigt.

Seit 2009 haben verschiedene vorgebliche oder echte **Steueroasen** ihr „Bankgeheimnis" gelockert und sich zu den OECD-Standards für Transparenz und Informationsaustausch bekannt. Damit beginnt sich zu bewahrheiten, was in realistisch eingestellten Expertenkreisen[44] schon seit längerem erwartet wird: Zumindest in Europa hat die Zeit der Steueroasen eine Ende gefunden. Schon 2008 haben sich beispielsweise die Bundesregierung und sowohl **Jersey** als auch **Guernsey** zu einer engeren Zusammenarbeit bekannt, wonach beide Länder in dem jeweils anderen Land Auskünfte zu steuerlichen Belangen erhalten.[45] Dieser Trend dauert an.

---

40 Siehe dazu etwa *Meier*, NZZ v. 4.8.2011, S. 31; *Werner*, IStR 2010, 589 („Die liechtensteinische Familienstiftung"); siehe *Hosp/Langer*, BB 2011, 1948, 1953 („Die liechtensteinische Familienstiftung: Nischenprodukt oder ernstzunehmende Alternative für den deutschen Investor?"); *Schurr*, Stiftung & Sponsoring 5/2010, 26 f.

41 Ausf. dazu *Gierhake*, ZErb 2013, 189.

42 BGH, Beschl. v. 3.12.2014 – IV ZB 9/14, ErbR 2015, 139.

43 Das hebt etwa auch *Dutta*, ErbR 2015, 345 in seiner Kommentierung des vorgenannten BGH-Beschlusses hervor.

44 Bei manchen Vorträgen von Fachleuten aus den betreffenden Ländern konnte (kann?) man dagegen den Eindruck gewinnen, man höre tatsächlich über Oasen, die völlig unabhängig von ihrer Umwelt und Umgebung sind – trotz aller Globalisierung oder sogar wegen aller Globalisierung.

45 Siehe Newsletter BMF v. 17.12.2008 („*Kabinett beschließt Gesetze zum Steuerabkommen mit der Insel Jersey: Abkommen im Kampf gegen Steuerhinterziehung durch Nutzung von Niedrigsteuergebieten wird Gesetz*") sowie Pressemitteilung Nr. 14/2009 des BMF v. 26.3.2009 („*Abkommen über Auskunftsaustausch in Steuersachen auf Basis der OECD-Standards mit Guernsey unterzeichnet*").

Zunehmend wichtig in der Beratungspraxis sind das **schweizerische Stiftungsrecht**,[46] das **luxemburgische Stiftungsrecht**[47] und das **österreichische Stiftungsrecht** geworden.[48] Von manchem wurde die österreichische Privatstiftung als Gestaltungsmittel zur Regelung der Nachfolge wegen seiner, im Gegensatz zu der früher angeblich restriktiven Praxis der deutschen Stiftungsaufsichtsbehörden, recht liberalen Regelungen empfohlen.[49] Dieser Vorteil dürfte sich aber bereits durch die letzte große Reform des deutschen Stiftungszivilrechts in 2001 wenn nicht erledigt, so doch relativiert haben. Betont wurde zudem auch schon damals, dass die österreichische Privatstiftung wegen der Hinzurechnungssteuer nach § 15 AStG (siehe dazu Rdn 34 ff.) kaum steuerliche Anreize bietet,[50] wenn man seinen Wohnsitz nicht endgültig nach Österreich verlegen[51] und sich steuerlich aus Deutschland verabschieden will. 27

Zu beachten ist zur **österreichischen Familienstiftung** auch, dass sie nur über eine eingeschränkte Ewigkeitstendenz verfügt. Nach § 35 Abs. 2 Ziffer 3. öst. Privatstiftungsgesetz hat der Stiftungsvorstand einen einstimmigen Auflösungsbeschluss zu fassen, *„sobald eine nicht gemeinnützige Privatstiftung, deren überwiegender Zweck die Versorgung von natürlichen Personen ist, 100 Jahre gedauert hat, es sei denn, dass alle Letztbegünstigten einstimmig beschließen, die Privatstiftung für einen weiteren Zeitraum, längstens jedoch jeweils für 100 Jahre, fortzusetzen"*. Kommt ein Beschluss nach diesem Abs. 2 trotz Vorliegens eines Auflösungsgrundes nicht zustande, so kann nach Abs. 3 der Vorschrift jedes Mitglied eines Stiftungsorgans, jeder Begünstigte oder Letztbegünstigte, jeder Stifter und jede in der Stiftungserklärung dazu ermächtigte Person die Auflösung der „Familienstiftung" durch das Gericht beantragen. Die Ewigkeitsplanung einer Unternehmerfamilie hängt also hier nicht nur von dem oder den Stiftern ab.[52] Weitere

46 Siehe dazu etwa *Jakob/Uhl*, Non Profit Law Yearbook 2010/2011, 199 ff.

47 Siehe dazu etwa *Ritter/Gutsche*, StiftungsBrief 2014, 189.

48 Einen Überblick aus Anlass des 15-jährigen Bestehens des Privatstiftungsgesetzes in Österreich gibt *Eiselsberg*, Stiftung & Sponsoring 4/2008, 38. Näher: *Kalss*, ZStV 2025, 83; *Althuber/Kirchmayr/Toifl*, in: Richter/Wachter, Handbuch des internationalen Stiftungsrechts, 2007, Länderbericht Österreich (S. 1231 ff.); Deininger/Götzenberger/*Götzenberger*, Internationale Vermögensnachfolgeplanung mit Auslandsstiftungen und Trusts, Rn 237 ff.; *Eiselsberg/Haslwanter/Moritz*, Rote Seiten zu Stiftung & Sponsoring 5/2012; zu den steuerlichen Aspekten der österreichischen Privatstiftung aus deutscher Sicht siehe *Busch/Heuer*, Rote Seiten zu Stiftung & Sponsoring 1/2003; *v. Löwe*, in: Richter/Wachter, Handbuch des internationalen Stiftungsrechts, 2007, § 24; *Kalss/Zollner*, Non Profit Law Yearbook 2010/2011, 211 ff.; *Müller/Melzer*, Journal für Erbrecht und Vermögensnachfolge 2012, 91 („Erfolgsfaktoren für den Generationenwechsel in der Privatstiftung").

49 *Wachter*, DStR 2000, 474, 480.

50 *Wachter*, DStR 2000, 474, 480 sowie *Wachter*, DStR 2000, 1037, 1046 f. Vgl. auch *v. Löwe*, in: Richter/Wachter, Handbuch des internationalen Stiftungsrechts, 2007, § 24 Rn 55.

51 Zur Wohnsitzverlegung aus steuerlichen Gründen siehe *Ettinger*, Wohnsitzverlegung ins Ausland, 3. Aufl. 2009.

52 Das übergehen *Gierhake/Gierhake*, FuS 2015, 79.

Details zum österreichischen Stiftungsrecht können hier nicht dargestellt werden.[53]

28 *Dr. Gerhard Wildmoser*, Rechtsanwalt, Linz/Wien: **Die österreichische Privatstiftung**

„Per 31.12.2012 gab es in Österreich ca. 3.400 Privatstiftungen (nach 3.105 zum Ende des ersten Halbjahres 2008). 650 Privatstiftungen sind gemeinnützig. Das in den Privatstiftungen liegende Vermögen wird per Ende 2011 auf etwa 70 Milliarden EUR geschätzt (nach ca. 60 Milliarden EUR in 2008). Rund 64 % des Vermögens sind Unternehmensbeteiligungen. Die Beschäftigtenanzahl beträgt etwa 400.000. 24 % des besagten Vermögens sind Immobilienvermögen, die restlichen 12 % sind Geldvermögen. Dass allein aufgrund dieses Volumens die Privatstiftungen in Österreich eine enorme Bedeutung haben, steht außer Diskussion.

Ein nicht unbeachtlicher Teil der Privatstiftungen wurde eingerichtet, um im Erbfall bestimmte Regelungen treffen zu können, wenn auch die freie Gestaltung hier relativ enge gesetzliche Grenzen durch die erbrechtlichen Regelungen zum Pflichtteilsrecht hat. Darüber hinaus war es ohne jeden Zweifel typischerweise ein besonderes Motiv, durch die gegebenen steuerlichen Begünstigungen Erbschafts- und Schenkungssteuer zu vermeiden. Dieses Motiv ist zwischenzeitig weggefallen, da Schenkungs- und Erbschaftssteuer in Österreich abgeschafft wurden, sodass nicht zuletzt dadurch eine gewisse Verunsicherung bei manchen Stiftern dahingehend entstanden ist, ob ein Widerruf der Stiftungen nicht Sinn machen könnte.

Das lenkt den Blick der Stifter sowie jener, die sich beruflich mit dem Stiftungsrecht beschäftigen, verstärkt auf den Kern der Stiftungsidee, nämlich darauf, nachhaltig Vermögen in bestimmter Form gestaltet zusammenzuhalten und eine zukünftige von Familienstreitigkeiten unbeeinflusste Entwicklung des Vermögens zu ermöglichen und es für die Begünstigten über den Tod des Stifters hinaus über Generationen zu erhalten. Das wiederum bedingt eine präzise Ausgestaltung der Stiftungsurkunden und eine klare Definition des Stiftungszweckes; insbesondere in älteren Stiftungsurkunden ist das vielfach nicht der Fall, da Stiftungskonstruktionen, wie ausgeführt, oftmals im Wesentlichen ‚nur' der Vermeidung von Schenkungs- und Erbschaftssteuer dienten.

Ausblick: Die Existenz von Privatstiftungen in Österreich ist nach wie vor aus vielen Gründen unbestritten erforderlich. Der Wegfall der Schenkungs- und Erbschaftssteuer wird nicht dazu führen, dass Stiftungen in Österreich ihre angestammte Bedeutung verlieren. Es wird aber wohl dazu kommen, dass man sich bei Stiftungserrichtungen vermehrt mit dem eigentlichen Zweck,

53 Näher z.B. neben den bereits Genannten auch Deininger/Götzenberger/*Götzenberger*, Internationale Vermögensnachfolgeplanung mit Auslandsstiftungen und Trusts, Rn 237 ff.; *v. Löwe*, in: Richter/Wachter, Handbuch des internationalen Stiftungsrechts, 2007, § 24.

nämlich nachhaltiger Erhaltung und Wahrung von Vermögen und den jeweils zugrunde liegenden Zielsetzungen und konkreten Stiftungszwecken zuwendet."

Anders als zur liechtensteinischen Stiftung sind zur österreichischen Privatstiftung keine Gerichtsurteile zu einem „Durchgriff" (vgl. Rdn 53 ff.) bekannt geworden. Im Zusammenhang mit der internationalen Bekämpfung der Geldwäsche ist aber auch das Recht der österreichischen Privatstiftung novelliert worden, was uns *Katharina Wildmoser-Manhart* sogleich beleuchtet. 29

Mag. *Katharina Wildmoser-Manhart*, Rechtsanwältin, Linz/Wien, **zur Novelle des Privatstiftungsgesetzes in Österreich** 30

„Im Rahmen des Budgetbegleitgesetzes 2011 wurde das Privatstiftungsgesetz (PSG) in einigen Punkten geändert (PSG-Novelle 2010). Dies geschah als Reaktion auf die von der Financial Action Task Force on Money Laundering (FATF) geforderten Maßnahmen im Zusammenhang mit der Bekämpfung von Geldwäsche. Zudem gingen dieser Novelle zwei OGH-Urteile voraus, welche aufgrund ihrer Formulierung eine nicht unerhebliche Rechtsunsicherheit verursachten. Die PSG-Novelle ist seit 31.12.2010 in Kraft. Im Folgenden werden die wesentlichen Punkte der Novelle kurz dargestellt:

1. Verpflichtung zur Offenlegung der Begünstigten

Die Stiftungsurkunde sowie die Stiftungszusatzurkunde waren auch schon vor der Novelle in der jeweils geltenden Fassung dem zuständigen Finanzamt vorzulegen, um in den Genuss der steuerlichen Vorteile zu kommen. Dennoch wurde dem österreichischen PSG mangelnde Transparenz in jenen Fällen vorgeworfen, in welchen die Begünstigten weder in der Stiftungsurkunde noch in der Stiftungszusatzurkunde genannt sind, sondern vom Stiftungsvorstand oder einer vom Stifter dazu berufenen Stelle festgestellt werden.

Gem. Art XI. Abs. 1b PSG sind alle zum 31.3.2011 „bestehenden" (d.h. in der Stiftungsurkunde oder Stiftungszusatzurkunde genannten) oder nach § 5 PSG (von einer vom Stifter dazu berufenen Stelle [z.B. Beirat] oder vom Stiftungsvorstand) „festgestellten" Begünstigten dem für die Erhebung der Körperschaftsteuer der Privatstiftung zuständigen Finanzamt bis zum 30.6.2011 elektronisch mitzuteilen. Für nach dem 31.3.2011 festgestellte Begünstigte besteht eine unverzügliche Meldepflicht.

Eine nicht oder nicht vollständige Erfüllung der Mitteilungspflicht bedeutet eine Verwaltungsübertretung, die eine Geldstrafe bis zu 20.000 EUR je verschwiegenem oder nicht vollständig mitgeteiltem Begünstigten nach sich zieht.

2. Ausdehnung der Unvereinbarkeitsbestimmung auch auf Berater

Vom Amt des Stiftungsvorstandes sind schon bisher der Begünstigte und seine nahen Angehörigen ausgeschlossen. Der Kreis der ausgeschlossenen Personen wurde nun auch auf jene Personen erweitert, die „mit der Wahrung ihrer Interessen im Stiftungsvorstand beauftragt wurden" (§ 15 Abs. 3a PSG). Damit soll der Einfluss der Begünstigten über von ihnen gesteuerte Personen im Stiftungsvorstand weiter zurückgedrängt werden. Wenngleich nach dem Gesetzeswortlaut sonstige – nicht die Wahrnehmung der Interessen im Stiftungsvorstand zum Gegenstand habende – Mandatsverhältnisse für eine Funktion im Stiftungsvorstand grundsätzlich unschädlich sind, wird abzuwarten sein, wie die Rechtsprechung diese neue Bestimmung künftig handhaben wird.

3. „Begünstigtenbeirat“

Nach § 23 Abs. 2 S. 2 PSG dürfen Begünstigte oder deren Angehörige nicht die Mehrheit der Aufsichtsratsmitglieder stellen. Mit seiner „Beiratsentscheidung“ nahm der OGH allerdings eine analoge Anwendung des § 23 Abs. 2 S. 2 PSG auf einen aufsichtsratsähnlichen Beirat an, demnach dieser nicht mehrheitlich mit Begünstigten besetzt sein darf.

Die Neufassung des § 14 PSG bringt insofern eine Klarstellung, als sie keine Festlegung für die Besetzung des Beirates vorsieht. Demnach darf der Beirat auch ausschließlich oder mehrheitlich mit Begünstigten besetzt werden. Einzig bei der Abberufung von Vorstandsmitgliedern ergeben sich Einschränkungen: Erfolgt die Abberufung – die in jedem Fall zwingend einer Mehrheit von mindestens ¾ der abgegebenen Stimmen bedarf – ohne wichtigen Grund i.S.d. § 27 Abs. 2 Z. 1 bis 3 PSG, darf den Begünstigten nicht die Mehrheit der Stimmen zustehen.“

Wegen einzelner weiterer Stiftungsländer wird beispielhaft auf die nachgewiesenen Fundstellen verwiesen.[54]

54 *Richter/Wachter* (Hrsg.), Handbuch des internationalen Stiftungsrechts, 2007, mit Beiträgen zu Stiftungen in Belgien, China, Dänemark, England, Frankreich, Griechenland, Israel, Italien, Kanada, Liechtenstein, Luxemburg, Niederlande, Österreich, Portugal, Schweden, Schweiz, Spanien, Türkei, USA. Siehe auch Stiftung & Sponsoring 5/2006 (Themenheft Ausland); Frankreich: *Fleischer/Chatard*, RIW 2023, 397; *Schlüter*, Stiftung & Sponsoring 2/2004, 39; Italien: *Schurr*, Non Profit Law Year Book 2012/2013, 269; *Hüttemann*, Stiftung & Sponsoring 2/2000, 29; Liechtenstein: *Meinecke*, ZStV 2022, 136; *ders.* ZStV 2022, 172; *ders.* ZStV 2022, 212 (siehe auch weitere Nachweise in FN 39); Luxemburg: *Molitor*, in: Eiselsberg (Hrsg.), Stiftungsrecht. Jahrbuch 2009, Wien/Graz 2009, S. 289 ff.; Niederlande: *van Ween*, Stiftung & Sponsoring 6/2004, 34; Österreich: *Kalss*, ZStV 2025, 83; Polen: *Shurety/Gliniecki*, IWB 2026, 12; Schweden: *Surmatz*, Stiftung & Sponsoring 1/2000, 30; Schweiz: *Jakob*, npoR 2020, 239; *Studen*, npoR 2013, 61; *Jakob/Uhl*, Non Profit Law Yearbook 2012/2013, 287; Stiftung & Sponsoring 4/2008 (Themenheft Schweiz); *Degen*, Stiftung & Sponsoring 2/2006, 37; *Richter*, Stiftung & Sponsoring 1/2003, 39 und 2/2003, 39; Spanien: *Hellwege*, ZErb 2007, 175; *Grabau/Castello/Hundt*, ZSt 2004, 306; USA: *Winheller*, ZStV 2010, 41; *Keller*, Stiftung & Sponsoring 4/2005, 36; *Schlüter*, ZSt 2005, 3.

II. Steuerliche Problempunkte

In der Praxis unterschätzen Mandanten regelmäßig die steuerlichen Problempunkte im Zusammenhang mit ausländischen (Familien-)Stiftungen, auf die das Vermögen zur Nachfolge übertragen wird.[55] 31

Schenkung- und erbschaftsteuerlich ist die Übertragung von Vermögen auf die im Ausland befindliche (Familien-)Stiftung aus deutscher Sicht eine steuerpflichtige unentgeltliche Vermögensübertragung, wobei die Besteuerung des Vermögensübergangs für in- und ausländische Stiftungen gleich erfolgt, die steuerliche Besonderheit liegt in ggf. unterschiedlichen Steuerklassen.[56] 32

- **Unbeschränkte Steuerpflicht** tritt hinsichtlich der übertragenen Vermögenswerte ein, wenn der Stifter Inländer ist (§ 2 Abs. 1 Nr. 1 ErbStG).
- Ist der Stifter (steuerlich) kein Inländer, kommt **beschränkte Steuerpflicht** in Betracht (§ 2 Abs. 1 Nr. 3 ErbStG), soweit Inlandsvermögen (§ 121 BewG) auf die ausländische Stiftung übertragen wird.
- Ist ein Stifter mit deutscher Staatsangehörigkeit seit dem Wegzug aus Deutschland noch keine fünf Jahre im Ausland ansässig, fällt die Errichtung der Stiftung unter die sog. **erweiterte unbeschränkte Steuerpflicht** (§ 2 Abs. 1 S. 1 Nr. 1 lit. b ErbStG). Der deutsche Staatsangehörige wird steuerlich noch für fünf Jahre als Inländer fingiert.[57]
- Für den **Erwerb** durch die ausländische Stiftung gilt **Steuerklasse III**. § 15 Abs. 2 ErbStG gilt nur für inländische Stiftungen. Auf das „Verwandtschaftsverhältnis des nach der Stiftungsurkunde entferntest Berechtigten zu dem Erblasser oder Schenker" kommt es nicht an. Allerdings wird die Unionsrechtswidrigkeit des Ausschlusses von Stiftungen im EU-/EWR-Ausland aus dem Steuerklassenprivileg des § 15 Abs. 2 ErbStG diskutiert.[58] Der EuGH hat allerdings mit Urteil vom 13.11.2025 entschieden, dass die Benachteiligung ausländischer Stiftungen in diesem Zusammenhang grundsätzlich EU-rechtskonform ist.[59]
- Die Steuerbegünstigung für die Übertragung von **Produktivvermögen** gem. § 13a ErbStG kann zwar in Anspruch genommen werden, ist aber mit der zwangsweisen Aufdeckung der stillen Reserven gem. § 16 EStG verbunden.

---

55 Siehe schon *Schiffer*, in: Frieser/Sarres/Stückemann/Tschichoflos, Handbuch des Fachanwalts Erbrecht, Kap. 4 Rn 431 ff. m.w.N.

56 Siehe dazu schon und zu weiteren Einzelheiten etwa *Stein*, StiftungsBrief 2013, 93, 95 ff.

57 *Meincke/Hannes/Holtz*, ErbStG, 19. Aufl. 2025, § 2 Rn 14. Zur Verfassungs- und Unionsrechtskonformität der Regelung BFH, Urt. v. 12.10.2022 – II R 5/20; *Schaz*, ErbR 2023, 283. Siehe auch schon Deininger/Götzenberger/*Deininger*, Internationale Vermögensnachfolgeplanung mit Auslandsstiftungen und Trusts, Rn 7, der unter Verweis auf *Jülicher*, ZErb 2003, 204, 207 vor sog. „Heimwehphasen" warnt.

58 Siehe dazu *Oppel/Arzner*, ZEV 2020, 209.

59 EuGH, Urt. v. 13.11.2025 – C-142/24 = RFamU 2026, 76 m. Anm. *Staake*.

– Es besteht dann **ausnahmsweise keine Schenkungsteuerpflicht**, weil gar keine Schenkung vorliegt, wenn der Stifter der im Ausland errichteten (transparenten) Stiftung sich umfassende Sonderrechte zur Weisungserteilung an die Stiftungsorgane vorbehalten hat.[60]

33 Bei **Auflösung der Stiftung** fällt das dem Erwerber zufallende Vermögen der Familienstiftung ebenfalls unter das **ErbStG**,[61] falls er einen Wohnsitz in Deutschland hat (§ 2 Abs. 1 Nr. 1 ErbStG) oder Inlandsvermögen i.S.v. § 121 BewG erwirbt. Auch der Rückerwerb durch den Stifter wird stets nach der Steuerklasse III besteuert.[62]

34 **§ 15 AStG** soll die Steuer- und Kapitalflucht aus Deutschland verhindern; es soll der Verlagerung auf ausländische Stiftungen entgegengewirkt werden.[63] Die Besteuerung soll so erfolgen, als wäre die Stiftung in Deutschland steuerpflichtig gewesen.[64] Bei der Vorschrift[65] ist seit dem 26.6.2013 ein Systemwechsel[66] vorgenommen[67] und § 15 AStG der Systematik der Hinzurechnungsbesteuerung (§§ 7–14 AStG) noch stärker angenähert worden:[68]

§ 15 Abs. 1 AStG
Vermögen und Einkünfte einer Familienstiftung, die Geschäftsleitung und Sitz außerhalb des Geltungsbereichs dieses Gesetzes hat (ausländische Familienstiftung), werden dem Stifter, wenn er unbeschränkt steuerpflichtig ist, sonst

60 Vgl. BFH, Urt. v. 25.6.2021 – II R 13/19; *Schürmann*, AnwZert ErbR 13/2022 Anm. 1; *Götz*, StiftungsBrief 2011, 17, 18; zu der einschlägigen BFH-Entscheidung v. 28.6.2007 siehe Rdn 55 ff.

61 Es gilt als Schenkung unter Lebenden, „was bei Aufhebung einer Stiftung erworben wird" (§ 7 Abs. 1 Nr. 9 ErbStG).

62 BFH BStBl II 1990, 221; siehe auch § 8 Rdn 116.

63 Brandis/Heuermann/*Vogt*, Ertragsteuerrecht, 174. EL November 2024, § 15 AStG Rn 1 f. *Jorde/Sarburg*, DStR 2019, 2111. Siehe auch den Anwendungserlass des BMF zum AStG (AEAStG), BMF-Schreiben v. 22.12.2023, Az. IV B 5 – S 1340/23/10001:001), dazu *Gummels*, StiftungsBrief 2024, 109.

64 *Winter/Heppe*, BB 2013, 2775.

65 Ausf. zur bisherigen Rechtslage *Kirchhain*, Die Familienstiftung im Außensteuerrecht – Zurechnungsbesteuerung bei ausländischen Familienstiftungen und Trusts nach § 15 AStG, 2010. Siehe auch *Jorde/Neudecker*, in: Eiselsberg (Hrsg.), Stiftungsrecht. Jahrbuch 2009, Wien/Graz 2009, S. 403 ff. und *Putzer*, taxlex 2009, 323 („Verbesserung für deutsche Stifter in Österreich").

66 Siehe beispielhaft zur Kritik an der bisherigen Fassung *Wassermeyer*, IStR 2009, 195 („eines Rechtsstaates unwürdig").

67 Brandis/Heuermann/*Vogt*, Ertragsteuerrecht, 174. EL November 2024, § 15 AStG Rn 3.

68 Ausf. zur bisherigen ertragsteuerlichen Behandlung von Auslandsstiftungen siehe *Götz*, StiftungsBrief 2010, 235; zur derzeitigen Rechtslage siehe die Kommentierung von Brandis/Heuermann/*Vogt*; siehe auch *Blumers*, DStR 2013, 1009 (zu FG Hessen v. 14.11.2012 – 10 K 625/08, DStR 2013, 1011); *Blumers*, DStR 2013, 171 und *Kraft/Moser/Gebhardt*, DStR 2012, 1773 ff.

den unbeschränkt steuerpflichtigen Personen, die bezugsberechtigt oder anfallsberechtigt sind, entsprechend ihrem Anteil zugerechnet. Dies gilt nicht für die Erbschaftsteuer.

Die durch die ausländische Stiftung gewollte **steuerliche Abschottungswirkung** gegenüber der deutschen Finanzverwaltung wird durch diese steuerliche Zurechnung also durchbrochen. Auch **erbrechtlich** ist eine Abschottungswirkung i.d.R. zu verneinen. Die Verurteilung zur Auskunftserteilung an einen Pflichtteilsberechtigten betreffend Schenkungen i.S.d. § 2325 Abs. 1 BGB kann sich auch auf solche Vermögensgegenstände beziehen, die der Erblasser in eine Anstalt oder Stiftung nach liechtensteinischem Recht eingebracht hat.[69]

In einem aus unserer Sicht nach wie vor gültigen Urteil vom 22.12.2010 hat der 35
BFH[70] seine Rechtsauffassung bestätigt, wonach § 39 AO gegenüber § 15 AStG Anwendungsvorrang genießt,[71] und im Übrigen damals zu folgenden Leitsätzen gefunden.[72]

- Die Zurechnung des Einkommens nach § 15 Abs. 1 S. 1 AStG a.F. setzt voraus, dass die ausländische Stiftung eigene Einkünfte erzielt. Dies ist nicht der Fall, wenn die betreffenden Einkünfte unmittelbar dem Stifter zuzurechnen sind.
- Gegen eine Zurechnung des Einkommens einer liechtensteinischen Stiftung nach § 15 Abs. 1 S. 1 AStG a.F. bestehen keine unionsrechtlichen Bedenken. Entscheidend ist mithin auch, ob es sich um eine transparente oder eine intransparente liechtensteinische Stiftung handelt.[73]

Die EU-Rechtswidrigkeit von § 15 AStG wurde bereits früher diskutiert.[74] Durch 36
das Jahressteuergesetz 2009 wurden dem § 15 AStG damals die Abs. 6 und 7 hinzugefügt. Abs. 6 wurde hinzugefügt, um europarechtliche Bedenken gegen Art. 15 AStG zu berücksichtigen. Diese hatten sich einerseits aufgrund der Entwicklung der EuGH-Rechtsprechung ergeben. Zum anderen betrafen sie die Vereinbarkeit der Vorschrift mit Art. 56 und 18 EG-Vertrag und, soweit Island

69 BGH, Beschl. v. 3.12.2014 – IV ZB 9/14, ZEV 2015, 163, ErbR 2015, 139; *Dutta*, ErbR 2015, 345; siehe auch Rdn 47 ff.

70 BFH, Urt. v. 22.12.2010 – I R 84/09, NJW-RR 2011, 771 = IStR 2011, 391 m. Anm. *Kirchhain* (siehe auch das inhaltsgleiche BFH-Urteil vom selben Tag (I R 85/09); siehe zur „Zurechnung des Einkommens" auch FG Hessen v. 14.11.2012 – 10 K 625/08, ZEV 2013, 573.

71 *Kirchhain*, IStR 2011, 393; BFH, Urt. v. 2.2.1994 – I R 66/92, BStBl II 1994, 727, 729.

72 Die „andauernde" Entwicklung vor allem von § 15 AStG bleibt zu beobachten. Zu aktuellen Reformbestrebungen *Kühn/Linseisen/Muras*, ZStV 2026, 60. Siehe auch schon *Ditz/Quilitzsch*, DStR 2015, 1917, die von einer „gesetzlichen Dauerbaustelle" schreiben.

73 Siehe *Hosp/Langer*, BB 2011, 1948, 1953.

74 Siehe etwa *Kraft/Hause*, DB 2006, 414.

und Norwegen betroffen sind, mit Art. 40 EWR-Vertrag.[75] Der damals neu eingefügte Abs. 6 („Europarechtliche Rettungsklausel“)[76] lautet in der (noch) aktuellen Fassung:

> *Hat eine Familienstiftung Geschäftsleitung oder Sitz in einem Mitgliedsstaat der Europäischen Union oder einem Vertragsstaat des EWR-Abkommens, ist Absatz 1 nicht anzuwenden, wenn*
> 1. *nachgewiesen wird, dass das Stiftungsvermögen der Verfügungsmacht der in den Absätzen 2 und 3 genannten Personen rechtlich und tatsächlich entzogen ist und*
> 2. *zwischen der Bundesrepublik Deutschland und dem Staat, in dem die Familienstiftung Geschäftsleitung oder Sitz hat, aufgrund der Amtshilferichtlinie gemäß § 2 Absatz 11 des EU-Amtshilfegesetzes oder einer vergleichbaren zwei- oder mehrseitigen Vereinbarung, Auskünfte erteilt werden, die erforderlich sind, um die Besteuerung durchzuführen.*

Im Regelfall der Praxis ist es allerdings gerade nicht so, dass das Stiftungsvermögen der Verfügungsmacht der betroffenen Personen wirklich rechtlich und tatsächlich entzogen ist. Typischer Sinn und Zweck einer Familienstiftung ist ja gerade die Versorgung der Familie, was bedeutet, dass die Familie die Verfügungsmacht nicht wirklich aus den Händen geben kann, denn dann wäre sie ja auf die „Gnade“ dritter Personen in den Stiftungsorganen angewiesen. Gibt die Familie die Macht nur rechtlich formal aus den Händen, behält sie sie aber faktisch (tatsächlich), so greift die Ausnahmeregelung nach § 15 Abs. 6 Nr. 1 AStG nicht.[77] Im Übrigen gilt die Ausnahme auch nur dann, wenn die Voraussetzungen der Nr. 2 vorliegen, also entsprechende Auskünfte durch die Finanzverwaltung erlangt werden können. Letztlich dient die Vorschrift also dazu, Steuerhinterziehungen zu verhindern. Damit hat sie für den Normalfall der Praxis keine Bedeutung. Zudem stehen wohl in näherer Zukunft wieder umfassende Gesetzesänderungen an. Das BMF hat am 18.11.2025 einen ersten Diskussionsentwurf zur Neufassung des § 15 AStG vorgelegt.[78] Ziel ist eine Vereinheitlichung und Vereinfachung sowie insbesondere auch die Anpassung des Entlastungsnachweises nach

---

75 Vgl. ferner Regierungsentwurf Jahressteuergesetz 2009 v. 2.9.2008, BT-Drucks 16/10189, 78. Zu den europarechtlichen Bedenken siehe schon BMF-Schreiben v. 14.5.2008 – IV B 4 – S 1361/07/0001, DStR 2008, 1094; *Kellersmann/Schnitger*, in: Richter/Wachter, Handbuch des internationalen Stiftungsrechts, 2007, § 23 Rn 70 ff. m.w.N. – dort (Rn 61 ff.) auch zu den verfassungsrechtlichen Bedenken. Ausf. zu § 15 Abs. 6 AStG: *Kraft/Schulz*, ZSt 2009, 122.

76 Ausf. zu Problematiken und Unschärfen des § 15 Abs. 6 AStG: *Reich/Herrmann-Schneider*, ZEV 2025, 503; *Klinkner/Janzen*, DStR 2023, 905. Zur Frage der Anwendung bei Drittstaaten *Gummels*, StiftungsBrief 2023, 113.

77 Siehe auch AEAStG Ziffer 15.6.1.2 Rn. 823 f.

78 BMF v. 18.11.2025 – IV B 5 – S 1361/00010/001/047, ausf. dazu *Kühn/Linseisen/Muras*, ZStV 2026, 60.

dem derzeitigen § 15 Abs. 6 AStG an die neuere BFH- und EuGH-Rechtsprechung.[79]

Familienstiftungen im Sinne des Außensteuerrechts sind solche, bei denen der Stifter, seine Angehörigen und/oder seine Abkömmlinge zu mehr als der Hälfte bezugs- oder anfallsberechtigt sind (§ 15 Abs. 2 AStG). Unter bestimmten Voraussetzungen gelten auch unternehmensverbundene Stiftungen als solche Familienstiftungen (siehe § 15 Abs. 3 AStG). 37

- Zugerechnet werden den Betreffenden nach dem Gesetzestext lediglich Vermögen und Einkommen der Familienstiftung. Auswirkungen hat das Außensteuergesetz damit nach dem Auslaufen der Vermögensteuer bis zu deren etwaiger Wiedereinführung (!) zunächst nur noch auf die Besteuerung des Einkommens (Einkommen- und Körperschaftsteuer). Die Errichtung einer Familienstiftung im Ausland ist also demnach kein Steuersparmodell für die Besteuerung des Einkommens eines („inländischen") Stifters und seiner Familie.
- Es sind in jedem Einzelfall die Steuergesetze am Sitz der Stiftung zu beachten. § 15 AStG kann auch zu einer **Doppelbesteuerung** führen, da die Familienstiftung in dem Staat, in dem sie ihren Sitz hat, selbst unbeschränkt steuerpflichtig ist. Die hier möglicherweise anfallenden Steuern sind jedoch z.B. bei der Errichtung in der „Steueroase" Liechtenstein so gering, dass sie zu vernachlässigen sind. Sieht das einschlägige DBA vor, dass die Besteuerung nach der Belegenheit der Stiftung der Bundesrepublik Deutschland zusteht, ist das auch problemlos, weil die Besteuerung nach § 15 AStG und auch nach dem DBA übereinstimmend der Bundesrepublik Deutschland zugewiesen ist. Steht aber nach dem DBA die außer in Liechtenstein ggf. nicht unerhebliche Besteuerung dem ausländischen Staat zu, kann eine Besteuerung in der Bundesrepublik Deutschland zwar an sich nicht stattfinden, weil das DBA insoweit dem AStG vorgeht, das sieht die Finanzverwaltung allerdings anders, wie *Götz* berichtete.[80] Die Doppelbesteuerung ist dadurch zu vermeiden, dass die von der Stiftung im Ausland zu zahlende ausländische Steuer bei dem deutschen Steuerpflichtigen angerechnet wird.[81] In den Jahren 1999 bis 2008 war eine Anrechnung der Erbschaft-/Schenkungsteuer auf die Einkommensteuer nicht möglich, da § 35 EStG a.F. aufgehoben worden war, was eine definitive Doppelbelastung zur Folge hatte.[82] Inzwischen wurde aber § 35b EStG (**Steuerermäßigung bei Belastung mit Erbschaftsteuer**), der dem damaligen § 35 EStG

79 BFH, Urt. v. 3.12.2024 – IX R 32/22, siehe dazu auch *Lorz/Metz*, FUS 2025, 187; EuGH, Urt. v. 26.2.2019 – C-135/17.

80 *Götz*, NWB 2000, F. 2, 7379, 7388.

81 So schlägt es *Götz*, NWB 2000, F. 2, 7379, 7388 vor.

82 *Götz*, StiftungsBrief 2011, 17, 19; Deininger/Götzenberger/*Götzenberger*, Internationale Vermögensnachfolgeplanung mit Auslandsstiftungen und Trusts, Rn 159.

a.F. ähnelt, eingeführt, so dass ab dem 1.1.2009 die Doppelbelastung jedenfalls für Erwerbe von Todes wegen gesetzlich korrigiert ist.[83]

- Unabhängig davon ist umstritten, ob es eine **Doppelbesteuerung der Leistungen ausländischer Familienstiftungen** gibt.[84] Einige Finanzämter vertreten die Auffassung, dass solche Leistungen sowohl der Schenkungsteuer (§ 7 Abs. 1 Nr. 9 S. 2 ErbStG) als auch der Ertragsteuer (§ 20 Abs. 1 Nr. 9 EStG) unterliegen.[85]

38 Welche Steuersparmöglichkeiten bleiben danach noch, wenn der Wohnsitz in Deutschland beibehalten werden soll? Jenseits der Einkommensbesteuerung bietet eine „ausländische“ Stiftung für einen „inländischen“ Stifter und seine Familie insbesondere folgende **Möglichkeiten zur Steuerersparnis**:

- Weil die gesetzliche Zurechnungsregelung nach ihrem Wortlaut allein die Vermögens- und Einkommensbesteuerung betrifft, hat sie (bei einer unternehmensverbundenen Familienstiftung) keinen Einfluss auf Gewerbeertrag und Betriebsvermögen und ist mithin für die **Gewerbesteuer** bedeutungslos. In der Praxis wird die Ersparnis der Gewerbesteuer aber nur selten im Mittelpunkt der Gestaltungsüberlegungen stehen, da sich ausländische Familienstiftungen nur ausnahmsweise gewerblich betätigen.
- Eine Auswirkung auf die Erbschaft- und Schenkungsteuer ist nach dem ausdrücklichen Wortlaut des Gesetzes ebenfalls ausgenommen (§ 15 Abs. 1 S. 2 AStG). Da die deutsche Erbschaft- und Schenkungsteuer regelmäßig auch bei einer Stiftung im Ausland, wie oben schon angesprochen, anfällt, bleibt dadurch grundsätzlich „nur“ die Möglichkeit, die **Ersatzerbschaftsteuer** einzusparen. Das können im Einzelfall allerdings ganz erhebliche Beträge sein (siehe § 8 Rdn 80 ff.).

39 Für Unruhe hat hier zwischenzeitlich ein Urteil des FG Niedersachsen vom 29.6.2022[86] gesorgt, wonach eine schweizerische Familienstiftung der Ersatzerbschaftsteuer nach § 1 Abs. 1 Nr. 4 ErbStG unterliegen soll. Das Gericht hebt in der Urteilsbegründung hervor, dass die besagte Vorschrift grundsätzlich alle Stiftungen weltweit erfasse. Maßgeblich für das Eingreifen der Ersatzerbschaftsteuerpflicht sei nicht der schweizerische Stiftungssitz, sondern die Geschäftsleitung der Stiftung im Inland. In dem zu entscheidenden Fall wurde die Geschäftsleitung von einem Stiftungsrat ausgeübt, dessen sämtliche Mitglieder sich in Deutschland befanden, von Deutschland aus handelten und ausschließlich das in

---

83 *Götz*, StiftungsBrief 2011, 17, 19.

84 Ausf. *Birnbaum*, ZEV 2014, 482; *Weisheit*, StiftungsBrief 2015, 27.

85 Siehe die Hinweise von *Weisheit*, StiftungsBrief 2015, 27; zweifelnd BFH, Beschl. v. 21.7.2014 – II B 40/14. Zum Verhältnis der Besteuerung über § 15 AStG und der Festsetzung von Schenkungsteuer auf Ausschüttungen eines Trusts siehe BFH, Urt. v. 25.6.2021 – II R 31/19 sowie die Vorinstanz FG München, Urt. v. 15.5.2019 – 4 K 2033/16; *Schienke-Ohletz/Kühn*, DStR 2022, 1413.

86 FG Niedersachsen, Urt. v. 29.6.2022 – 3 K 87/21.

Deutschland belegene Vermögen verwalteten. In der Revisionsinstanz wurde das Urteil vom BFH mit der Begründung aufgehoben, dass die betreffende Stiftung als nichtrechtsfähige Stiftung keine Familienstiftung i.S.d. § 1 Abs. 1 Nr. 4 ErbStG sei und daher nicht der Ersatzerbschaftsteuer unterliege.[87] Jedenfalls verdeutlichen die Entscheidungen erneut die Problematik eines (irrtümlichen) Stiftungssitzes in Deutschland (siehe dazu Rdn 41 ff.).

In dem obigen „**Praxisfall 2**“ kann eine ausländische Stiftung also ein sinnvoller Ansatz sein, um insbesondere die Ersatzerbschaftsteuer zu vermeiden, sofern sich eben die Geschäftsleitung der Stiftung auch tatsächlich nicht in Deutschland befindet. 40

III. Verkannte Gefahr: Irrtümlicher Stiftungssitz in Deutschland

Unabdingbare Voraussetzung für die gewünschte Steuerersparnis ist, wie auch das vorgenannte Urteil des FG Niedersachsen eindrücklich belegt, dass die Familienstiftung oder ein als solcher einzustufender Trust **weder den Sitz noch die Geschäftsleitung in Deutschland** hat. Hier wird in der Praxis häufig übersehen[88] und auch in einschlägigen Darstellungen ärgerlicherweise gar nicht erwähnt,[89] dass aufgrund einer „ungeschickten“ Handhabung der Leitung der ausländischen (Familien-)Stiftung sich deren Geschäftsleitung, d.h. auch deren Steuersitz (Ort der Geschäftsleitung, § 10 AO) sehr leicht unabsichtlich nach Deutschland verlagern kann. So wird die Stiftung dann steuerlich zu einer inländischen Stiftung mit den entsprechenden Steuerpflichten. Was ist zu beachten? 41

Der **Ort der Geschäftsleitung** ist gem. § 10 AO der Mittelpunkt der tatsächlichen geschäftlichen Oberleitung der Stiftung. Er befindet sich dort, wo der für die Geschäftsführung maßgebende Wille gebildet wird, d.h. wo alle für die Geschäftsführung nötigen Maßnahmen von einiger Wichtigkeit angeordnet werden, was sich nach dem **Gesamtbild der tatsächlichen Verhältnisse des Einzelfalles** bestimmt.[90] Die Bewertung der Angelegenheit durch Finanzbehörden und Finanzgerichte erfolgt also nicht abstrakt, sondern konkret für den jeweiligen Einzelfall aufgrund der diesem zugrunde liegenden Sachverhaltseinzelheiten. Dabei kann sich die tatsächliche geschäftliche Oberleitung der Stiftung auch in den Händen anderer als der offiziellen Stiftungsorgane befinden, etwa auch bei einem 42

87 BFH, Urt. v. 4.6.2025 – II R 30/22.

88 Siehe schon *Schiffer*, Stiftung & Sponsoring 5/1998, 22.

89 Bspw. von *Olaf Gierhake/Anja Gierhake*, FuS 2015, 79 („Einsatzszenarien österreichischer und liechtensteinischer Stiftungen für Unternehmer und vermögende Privatpersonen in Deutschland“). In seiner Promotionsschrift (Rechtliche Fragen der Vermögensnachfolge für deutsche Unternehmer mit deutschen und liechtensteinischen Stiftungen, 2013, S. 134) erwähnt *Olaf Gierhake* den Problempunkt sehr wohl noch.

90 Klein/*Gersch*, AO, 16. Aufl. 2022, § 10 Rn 2.

aktiven Stifter, der keine Organstellung innehat. Entscheidend ist jeweils, wo die maßgebenden Personen tätig sind.

43 In der **Rechtsprechung** sind hierfür **verschiedene Anhaltspunkte** herausgearbeitet worden. So hat der BFH vor allem als maßgeblich betont,[91]

- ob sich ein Büro zur Geschäftsleitung am Sitz der Stiftung befindet,
- wo die Geschäftsunterlagen aufbewahrt werden,
- wo die Korrespondenz geführt wird,
- wo sonstige Kontorarbeiten erledigt werden.

44 Besonders leicht **schleichen sich Fehler** bei den drei letztgenannten Punkten ein, so dass eine unabsichtliche Verlegung des Stiftungssitzes nach Deutschland schnell die Folge ist. Dennoch erleben wir immer noch Vorträge zu der Thematik, in denen das Problem der „irrtümlichen Sitzverlegung" nicht auch nur mit einem Wort Erwähnung findet. Auch in einem 2011 erschienenen, an sich gründlichen Aufsatz zum Thema liechtensteinische Familienstiftung nach neuem Recht von *Hosp* und *Langer*, die beide in Liechtenstein tätig sind, taucht das Thema leider nicht auf.[92]

45 Tatsächlich werden die Fehler in der Praxis selten so gehäuft auftreten wie in dem oben typisiert skizzierten **„Praxisfall 3"**. Die Beratungspraxis des Verfassers zeigt aber, dass sie sich mit der Zeit doch leicht einschleichen. Um hier keinen Fehler zu machen, der nicht gewollte und an sich auch unnötige Steuerzahlungen zur Folge hat, ist die Geschäftsleitung einer **ausländischen Familienstiftung** im Einzelfall fortlaufend sorgfältig mit einem einschlägig spezialisierten Berater fachkundig abzustimmen.

46 **Praxishinweis: Sitztheorie = überholt (EuGH)**

Geht man davon aus, dass z.B. bei einer liechtensteinischen Stiftung die Geschäftsführung von Deutschland aus ausgeübt wird, hätte das zur Folge, dass sich dann der statuarische Sitz im Ausland und, wie oben angesprochen, der Verwaltungssitz (Ort der Geschäftsleitung) in Deutschland befindet. Bei dieser Konstellation nahm die frühere Rechtsprechung nach der **„Sitztheorie"** auch an, dass sich die **Rechtsfähigkeit** nach der deutschen Rechtsordnung bestimmt,[93] was ggf. der liechtensteinischen Stiftung die Rechtsfähigkeit nähme. Diese Rechtsprechung ist inzwischen **überholt**. Der **Europäische Gerichtshof** hat entschieden, dass es gegen Art. 43 (Abbau der Beschränkungen des Niederlassungsrechts) und Art. 48 EG-Vertrag (Gleichstellung der Gesellschaften) verstößt, wenn einer Gesellschaft, die nach dem Recht des Mitglied-

91 BFH BStBl II 1991, 154. Siehe auch BFH BStBl II 1998, 86; BFH BStBl II 1970, 759; BFH BStBl II 1968, 695. Vgl. auch FG Niedersachsen EFG 1970, 316; FG München EFG 1965, 253.

92 *Hosp/Langer*, BB 2011, 1948.

93 Siehe z.B. BFH BStBl II 1992, 972.

staats, in dessen Hoheitsgebiet sie ihren satzungsgemäßen Sitz hat, gegründet worden ist, und von der nach dem Recht des anderen Mitgliedstaates angenommen wird, dass sie ihren tatsächlichen Verwaltungssitz dorthin verlegt hat, in diesem Mitgliedstaat die Rechtsfähigkeit abgesprochen wird.[94] Das gilt entsprechend auch für eine Stiftung. Die vormals (rein) liechtensteinische Stiftung bleibt damit auch in Deutschland rechtsfähig, wenn sich ihr Verwaltungssitz in Deutschland befindet.[95]

IV. Beispiel Liechtenstein: Echte Stiftung oder nur „Bankguthaben"?

1. Sonderfall Liechtenstein

Die Errichtung von Stiftungen in Liechtenstein ist offensichtlich nicht ganz selten. Nicht ganz selten dienen sie auch, wie nicht nur Zeitungsberichte zeigen, steuerunehrlichen Zielen. Auf einige Aspekte in diesem Zusammenhang wollen wir hier beispielhaft eingehen. 47

Bei Stiftungserrichtungen deutscher Staatsbürger in Liechtenstein handelt es sich häufig um Familienstiftungen.[96] Ausländische Familienstiftungen[97] führen jedenfalls wegen der deutschen Hinzurechnungssteuer nach § 15 AStG grundsätzlich zu keiner Ersparnis deutscher Steuern (siehe auch Rdn 34 ff.).[98] 48

2. Grundlagen und Besonderheiten der liechtensteinischen Stiftung

Eine liechtensteinische Stiftung lässt sich i.d.R. leicht und in relativ kurzer Zeit errichten. Die **Errichtung** erfolgt durch eine schriftliche Stiftungserklärung (Art. 552 § 14 Abs. 1 des liechtensteinischen Personen- und Gesellschaftsrechts – PGR). Das Mindestkapital beträgt 30.000 CHF (alternativ 30.000 EUR oder USD, Art. 552 § 13 PGR). Die liechtensteinische Stiftung erschien zudem lange Zeit recht verschwiegen. Vor allem der letztgenannte Punkt wurde in der Praxis 49

---

94 EuGH v. 5.11.2002 – C-208/00, NJW 2002, 3614. Zu diesem Urteil und seinen steuerrechtlichen Folgen siehe *Meilicke*, GmbHR 2003, 793; *Omlor*, DStR 2021, 2644 zur europäischen Stiftungsmobilität.

95 So auch FG München, Urt. v. 13.8.2025 – 4 K 2055/23, siehe dazu auch *Butterstein/Lettenbichler*, JdS 2026, 2 Rn. 1 ff.

96 Zur liechtensteinischen Familienstiftung ausf. etwa *Falkenhagen*, ZErb 2025, 367; *Meinecke*, ZStV 2022, 136; *ders.*, ZStV 2022, 172; *ders.*, ZStV 2022, 212; *Werner*, IStR 2020, 30; *Klinkner/Janzen*, RFamU 2023, 169; *Schienke-Ohletz/Mehren*, ZStV 2022, 51; *Kutac*, IStR 2021, 409 (Besteuerungsvergleich Deutschland-Liechtenstein).

97 Siehe dazu auch *Piltz*, ZEV 2011, 236 ff. und auch generell zur Familienstiftung; *Linn/Schmitz*, DStR 2014, 2541 zu „offenen Fragen bei der steuerlichen Behandlung liechtensteinischer Familienstiftungen".

98 Siehe schon *Schiffer*, Stiftung & Sponsoring 5/1998, 22; *Milatz/Herbst*, BB 2011, 1500 ff., zur Besteuerung der Destinatäre einer ausländischen Familienstiftung.

immer wieder betont. Die Motive für die Errichtung einer liechtensteinischen Stiftung können sehr wohl auch im außersteuerlichen Bereich, d.h. etwa in der Familie des originären Stifters, liegen; auch hier ist keine pauschale, sondern eine differenzierte Betrachtung dringend angeraten. Allerdings weist die liechtensteinische Stiftung einige markante Unterschiede zur rechtsfähigen Stiftung nach deutschem Recht auf, die ggf. nicht unerhebliche zivil- und steuerrechtliche Probleme in Deutschland nach sich ziehen können.[99]

50 Die liechtensteinische Stiftung wird auf Grundlage von Art. 552 § 1 bis 41 PGR als rechtlich und wirtschaftlich verselbstständigtes Zweckvermögen durch einseitige Willenserklärung des Stifters errichtet.[100] Als Stiftungszwecke kommen gemeinnützige oder privatnützige Zwecke in Betracht (Art. 552 § 2 PGR). Grundlegende Stiftungsdokumente sind das „Statut" (Art. 552 § 16 PGR) sowie ggf. ergänzende „Beistatuten" (Art. 552 § 17 PGR). Zusätzlich können sog. „Reglemente" (Art. 552 § 18 PGR) zur konkreten Ausführung der Statuten, d.h. häufig zur Bestimmung der Begünstigten, erlassen werden. Oberstes Organ der Stiftung, vergleichbar mit dem deutschen Stiftungsvorstand, ist in Liechtenstein der „Stiftungsrat" (Art. 552 § 24 PGR); weitere fakultative Organe sind möglich. Außerdem muss grundsätzlich ein „Repräsentant" als inländischer Zustellungsbevollmächtigter der Stiftung bestellt werden (Art. 239 PGR).

51 Grundsätzlich gilt für die liechtensteinische Stiftung wie auch für die deutsche Stiftung das **Trennungsprinzip** zwischen den Stiftern und Destinatären auf der einen und der Stiftung auf der anderen Seite.[101] Danach ist eine Körperschaft wie die Stiftung rechtlich strikt von den „hinter ihr stehenden" oder von ihr begünstigten Personen zu trennen. Im Gegensatz dazu steht das Transparenzprinzip, das etwa bei der steuerlichen Behandlung von Personengesellschaften (OHG, KG etc.) zur Anwendung kommt, wonach die Gewinne der Gesellschaft unmittelbar den Gesellschaftern als Einkommensteuersubjekt zugerechnet werden.[102]

52 Anders als bei der deutschen Stiftung kann aber bei der liechtensteinischen Stiftung das Trennungsprinzip teilweise oder sogar gänzlich aufgehoben werden, ohne dass dies die Existenz der Stiftung als eigenständige Körperschaft nach liechtensteinischem Recht berührt. Das liechtensteinische Recht lässt Stiftungsge-

99 Siehe auch *Butterstein*, ZStV 2018, 45; *Linn/Schmitz*, DStR 2014, 2541; *Schürmann*, AnwZert ErbR 18/2013 Anm. 1, 19/2013 Anm. 2, 20/2013 Anm. 2, 22/2013 Anm. 2, 24/2013 Anm. 2 und 2/2014 Anm. 2.

100 Ausf. zu den Grundzügen liechtensteinischer Stiftungen unter besonderer Berücksichtigung der Familienstiftung *Meinecke*, ZStV 2022, 136 und 172; *Müller/Bösch*, in: Richter/Wachter, Handbuch des internationalen Stiftungsrechts, 2007, Länderbericht Liechtenstein (S. 1063 ff.).

101 Siehe nur *Müller/Bösch*, in: Richter/Wachter, Handbuch des internationalen Stiftungsrechts, 2007, Länderbericht Liechtenstein Rn 13.

102 Vgl. etwa Schmidt/*Wacker*, EStG, § 15 Rn 163.

staltungen zu, bei denen der Stifter sich das **Zugriffsrecht auf das gesamte Vermögen** vorbehalten kann.[103]

Dem Sprachgebrauch der Praxis folgend, wird demnach bei der liechtensteinischen Stiftung zwischen der **„transparenten“** und der **„intransparenten“ Stiftung** unterschieden. Eine transparente Stiftung liegt vor, wenn sich der Stifter zu seinen Lebzeiten umfassende Herrschaftsbefugnisse über das Stiftungsvermögen vorbehalten und sich deshalb faktisch nicht von seinem Vermögen getrennt hat. Bei einer intransparenten Stiftung sind solche Sonderrechte (wie bei der deutschen Stiftung) hingegen nicht vorbehalten, so dass es rechtlich und tatsächlich zu einer Übertragung des Vermögens auf die Stiftung gekommen ist.[104] Diese grundlegende Differenzierung ist entscheidend für das Verständnis der zur liechtensteinischen Stiftung ergangenen Rechtsprechung deutscher Gerichte. Probleme bereitet dabei aus deutscher Sicht vor allem die transparente Stiftungsgestaltung.[105]

3. Die Rechtsprechung zur transparenten Stiftung

Der BFH hat sich in einer grundlegenden Entscheidung aus dem Jahr 2007[106] mit 53
der Handhabung einer transparenten liechtensteinischen Stiftung aus Sicht des deutschen Rechts befasst. Dabei ging es um die Rechtsfrage, ob eine lebzeitige Übertragung von Vermögen auf eine solche liechtensteinische Stiftung gem. § 7 Abs. 1 Nr. 8 ErbStG (bzgl. des „Grundstockvermögens“) oder § 7 Abs. 1 Nr. 1 ErbStG (bzgl. nachträglicher „Zustiftungen“) der deutschen Schenkungsteuer unterliegt.

Der Fall: Eine nur angebliche Stiftung? 54

Das in der Vorinstanz mit dem Rechtsstreit befasste FG Rheinland-Pfalz[107] schildert den **Sachverhalt des Falles** im Wesentlichen wie folgt:

Der Stifter (Kläger) mit Wohnsitz im Inland erteilte am 6.8.1991 dem Rechtsanwalt B (Vaduz/Liechtenstein) als Treuhänder den Auftrag, *„im eigenen Namen, jedoch für Rechnung und demnach im Innenverhältnis auch zu Eigentum des Treugebers, eine liechtensteinische Stiftung“* unter dem Firmennamen „B Stiftung“ mit Sitz in Vaduz zu gründen. Zu diesem Zweck stellte er als

103 Siehe nur *Müller/Bösch*, in: Richter/Wachter, Handbuch des internationalen Stiftungsrechts, 2007, Länderbericht Liechtenstein Rn 17 ff. Zu der im Vergleich zum deutschen Recht allenfalls sehr eingeschränkten Kapitalerhaltungspflicht bei liechtensteinischen Stiftungen *Glaser*, Kapitalerhaltungspflicht bei Stiftungen im Rechtsvergleich, 1. Aufl. 2025, S. 145 ff.

104 Vgl. etwa *Hosp/Langer*, BB 2011, 1948, 1952; *Söffing*, Steueranwaltsmagazin 5/2010, 177.

105 Siehe auch *Jülicher*, PIStB 2021, 80.

106 BFH, Urt. v. 28.6.2007 – II R 21/05, DStRE 2007, 1170.

107 FG Rheinland-Pfalz EFG 2005, 981.

Stiftungskapital einen Betrag von 30.000 Sfr zur Verfügung. In dem schriftlichen Gründungsauftrag versprach er zudem, *„der Stiftung folgende Vermögen als Zuwendung zu übertragen: ca. DM 1.000.000, derzeit bei D Bank, Filiale N …“*.

Laut Errichtungsurkunde wurde die B Stiftung am 15.9.1989 *„… mit sofortiger Rechtswirksamkeit im Sinne der Art. 552 – 571 des Liechtensteinischen Personen- und Gesellschaftsrechtes …“* gegründet. Nach Art. 1 des Reglements vom 23.8.1991 standen dem Stifter *„… zu seinen Lebenszeiten alle Rechte aus dem gesamten Stiftungsvermögen und dessen Ertrag allein zu“*. Art. 4 Absatz 1 des Reglements sah darüber hinaus vor, dass der Stifter *„… jederzeit das Recht [hat], dem Stiftungsrat Abänderungen dieses Reglements aufzutragen“*. Der Stiftungsrat wiederum wurde zunächst von der „P-Anstalt“ im Rahmen des am 6.8.1991 geschlossen „Mandatsvertrags“ gestellt; er unterlag der Verpflichtung, *„… das Mandat ausschließlich nach den Instruktionen des Auftraggebers auszuüben …“* (Ziffer III. Absatz 1 des Mandatsvertrages) und *„… auf Verlangen des Auftraggebers oder einer von diesem ermächtigten Drittperson [das] Mandat jederzeit niederzulegen …“* (Ziffer IV. Absatz 1 des Mandatsvertrages). Mit Vertrag vom 4.4.1997 ging das Mandat des Stiftungsrates auf die C Treuhand AG über. Auch sie verpflichtete sich unter der Ziffer II., *„… die Verwaltung der Gesellschaft gemäß den Weisungen des Mandanten auszuüben …“*.

55 Dieser Sachverhalt, über den der BFH im Jahre 2007 zu entscheiden hatte, zeigt einen typischen und in der Praxis häufig auftretenden Fall der Errichtung einer transparenten liechtensteinischen Stiftung (vgl. Rdn 52). Das FG Rheinland-Pfalz[108] hatte in der Vorinstanz noch eine steuerbare „Schenkung“ (freigiebige Zuwendung) und Übertragung auf die Stiftung in Liechtenstein, entgegen der schon damals wohl herrschenden Literaturauffassung,[109] bejaht. Nach Auffassung des FG sei das Vermögen trotz der umfassenden Herrschaftsbefugnisse des Stifters nach dem Zivilrecht endgültig auf die liechtensteinische Stiftung zur freien Verfügung übertragen worden. Die Stiftung sei, so betonte das FG, damit objektiv im Sinne des Schenkungsteuerrechts bereichert.

56 Im Gegensatz zum FG hat der BFH[110] in dem fraglichen Sachverhalt eine umfassende Herrschaftsbefugnis des Stifters über das Stiftungsvermögen gesehen, die einer Schenkung entgegenstehe. Er findet ausgehend davon zu folgendem **Leitsatz:**

„Die Übertragung von Vermögen auf eine liechtensteinische Stiftung unterliegt nicht der Schenkungsteuer, wenn die Stiftung nach den getroffenen Ver-

108 FG Rheinland-Pfalz EFG 2005, 981; ausf. zu dieser Entscheidung siehe noch § 12 Rn 50 ff. in der Vorauflage.

109 Siehe nur *Jülicher*, DStR 2001, 2177.

110 BFH, Urt. v. 28.6.2007 – II R 21/05, DStRE 2007, 1170.

einbarungen und Regelungen über das Vermögen im Verhältnis zum Stifter nicht tatsächlich und rechtlich frei verfügen kann."

Für die Beurteilung, ob der Empfänger über das Zugewendete im Verhältnis zum Leistenden tatsächlich und rechtlich frei verfügen könne, komme es, so der BFH, ausschließlich auf die Zivilrechtslage und nicht darauf an, wem bei wirtschaftlicher Betrachtungsweise das übertragene Vermögen nach § 39 Abs. 2 AO zuzurechnen ist.[111] 57

Die typische transparente liechtensteinische Stiftung ist damit nach der Rechtsprechung des BFH aus deutscher Sicht als „Stiftung" rechtlich nicht existent. Das „Stiftungsvermögen" ist, wie bei einem Bankkonto, weiterhin dem Stifter (mit den entsprechenden steuerlichen Folgen) zuzuordnen. Zu dem faktisch gleichen Ergebnis einer Durchbrechung der rechtlichen Selbstständigkeit der (transparenten) liechtensteinischen Stiftung mit der Folge, dass das Stiftungsvermögen weiterhin dem wirtschaftlichen Stifter zuzurechnen ist, kam auch das **OLG Stuttgart** in einem Urteil aus dem Jahr 2009.[112] In der Begründung ging das OLG in dem zu entscheidenden Fall allerdings weiter als der BFH, indem es schon die Wirksamkeit der Stiftungserrichtung nach liechtensteinischem Recht wegen eines nichtigen **Scheingeschäfts** verneinte. Die Entscheidung ist allerdings, auch wegen der dortigen Bezugnahme auf eine bereits überholte Rechtsprechung des Liechtensteinischen Staatsgerichtshofes, in der Fachwelt deutlich kritisiert worden.[113] 58

4. Keine Anerkennung der Stiftung bei „Steuerhinterziehungsfällen"?

Eine weitere rechtliche Begründung für die Durchbrechung des Trennungsprinzips bei einer transparenten liechtensteinischen Stiftung lieferte das **OLG Düsseldorf**, allerdings zu einem speziellen Fall, in einer Entscheidung aus dem Jahr 2010.[114] Nach dem der Entscheidung zugrunde liegenden Sachverhalt ging es um eine transparente liechtensteinische Stiftungsgestaltung, deren wesentlicher Zweck die **Steuerhinterziehung** war. Aus einem noch zu Lebzeiten des verstorbenen Stifters eröffneten Steuerstrafverfahren ergab sich, dass er die Stiftung vor allem deshalb gegründet hatte, um die bereits zuvor erfolgte Hinterziehung von Einkommensteuer auf Kapitaleinkünfte weiter fortzusetzen und zu verschleiern. 59

Das OLG Düsseldorf stützte sich in seiner Begründung, anders als das OLG Stuttgart (siehe Rdn 58), nicht vorrangig auf die etwaige Unwirksamkeit der Stiftungserrichtung nach liechtensteinischem Recht. Darauf komme es letztlich 60

111 Dazu verweist der BFH auf BFH/NV 2001, 908.

112 OLG Stuttgart, Urt. v. 29.6.2009 – 5 U 40/09, ZEV 2010, 265.

113 Siehe etwa *Daragan*, ZErb 2010, 4.

114 OLG Düsseldorf, Urt. v. 29.6.2009 – I-22 U 126/06, ZEV 2010, 528; siehe auch FG Düsseldorf, Urt. v. 2.4.2014 – 4 K 3718/12 Erb, ZStV 2014, 188.

nicht an, da die mit einer liechtensteinischen Familienstiftung verbundene Abschirmwirkung nicht eingreife, wenn sie hauptsächlich der Steuerhinterziehung diene. In diesem Fall sei der liechtensteinischen Stiftung nämlich schon wegen eines **Verstoßes gegen den „ordre public"** (Art. 6 EGBGB) die Anerkennung zu versagen. Das OLG verweist dazu auf ein Urteil des BGH von 1979,[115] wonach Rechtsgeschäfte, nach deren Inhalt Steuerpflichten unmittelbar umgangen werden, ausnahmsweise dann nichtig seien, wenn die **Steuerhinterziehung Hauptzweck des Rechtsgeschäfts** ist.

5. Sonderproblem: Die liechtensteinische Stiftung im Erbfall

61 Schwierige und noch nicht abschließend geklärte Fragen wirft zudem die Handhabung der transparenten liechtensteinischen Stiftung aus Sicht des deutschen Rechts **nach dem Tod des Stifters** auf, was an dieser Stelle nur kurz umrissen werden kann. Das Ausgangsproblem besteht dabei in der rechtlichen Einordnung der transparenten Stiftung in den Kontext des deutschen Erb- und Erbschaftsteuerrechts, das eine solche Konstruktion nicht kennt und folglich auch nicht unmittelbar regelt.

62 Setzt sich die umfassende Verfügungsmacht über das Stiftungsvermögen nach den Grundsätzen der oben genannten BFH-Entscheidung (siehe Rdn 56 ff.) bei den Erben des Stifters fort, fällt das „Stiftungsvermögen" folgerichtig in den Nachlass und ist den Erben so wie „normales" Geld- und Anlagevermögen mit den entsprechenden Rechtsfolgen zuzurechnen.[116] Gleiches gilt im Ergebnis, wenn die Stiftungserrichtung wegen des Hauptzwecks der Steuerhinterziehung in Deutschland nicht anerkannt würde (siehe Rdn 60).

63 In der Vielzahl der Fälle ist die Situation allerdings nicht so einfach wie eben beschrieben. Oft ist nämlich in den Statuten und Reglements einer transparenten liechtensteinischen Stiftung vorgesehen, dass die Sonderrechte des Stifters mit dessen Tod weitgehend erlöschen. So wird häufig der Mandatsvertrag, der dem Stifter zu Lebzeiten fast uneingeschränkte Weisungsbefugnisse über den Stiftungsrat garantierte, mit dem Tod des Stifters enden. Üblich sind auch Regelungen des Stiftungsreglements, dass dieses nach dem Tod des Stifters durch die Nachbegünstigten nicht mehr oder nur noch unter engen Voraussetzungen abgeändert werden kann. Schließlich kann auch vorgesehen werden, dass der Stiftungsgenuss den Nachbegünstigten nicht mehr uneingeschränkt, sondern nur noch in Form von der Höhe nach begrenzten Ausschüttungen zusteht.

64 In solchen Fällen wird man wegen des **Wegfalls der Herrschaftsbefugnisse des Stifters** nach dessen Tod nicht mehr von einer transparenten Stiftung im Sinne

---

115 BGH, Urt. v. 23.3.1979 – V ZR 81/77, WM 1979, 692.

116 Vgl. *Linn/Schmitz*, DStR 2014, 2541, 2543 f.; siehe etwa auch FG Münster, Urt. v. 11.12.2014 – 3 K 764/12 Erb, ErbBstg 2015, 67.

der BFH-Rechtsprechung ausgehen können, was zu der Frage führt, welche Konsequenzen sich aus diesen Änderungen für die Beurteilung nach deutschem Recht ergeben. Dem liechtensteinischen Stiftungsrecht ist jedenfalls auch eine „Umwandlung" der ursprünglich transparenten Stiftung in eine intransparente Stiftung nicht fremd. Gehen die nicht übertragbaren oder vererbbaren Sonderrechte des Stifters mit dessen Tod unter, verfestigt sich nach liechtensteinischem Recht spätestens zu diesem Zeitpunkt der Stifterwille definitiv und das sog. **„Erstarrungsprinzip"** kommt zur vollen Geltung. Damit liegt das wirtschaftliche Eigentum an dem Stiftungsvermögen ab diesem Zeitpunkt bei der Stiftung.[117]

Zusammenfassend können sich so bei einer liechtensteinischen Stiftung nach dem Tod des Stifters aus deutscher Sicht die folgenden **Grundkonstellationen** ergeben:[118] 65

(1) Die Stiftung wurde bereits zu Lebzeiten des Stifters als **intransparente Stiftung** errichtet. Die Beurteilung nach deutschem Recht folgt dann regelmäßig den Grundsätzen einer „echten" ausländischen Stiftung ohne Durchbrechung des Trennungsprinzips, so dass die Vermögenswerte der Stiftung zum Zeitpunkt des Erbfalls nicht mehr zum Vermögen des Erblassers gehören.[119] Das FG Düsseldorf hat dazu klargestellt, dass in diesem Fall Leistungen der Stiftung an die Nachbegünstigten (entsprechend den Leistungen einer deutschen Stiftung an ihre Destinatäre) nicht aufgrund eines Vertrages zugunsten Dritter auf den Todesfall erfolgen und somit auch nicht nach § 3 Abs. 1 Nr. 4 ErbStG zu versteuern sind.[120]

(2) Die **Transparenz** der Stiftung setzt sich durch Übergang der umfassenden Herrschaftsbefugnisse auf die Erben **auch nach dem Tod des Stifters** fort, wenn die Herrschaftsbefugnisse des Stifters vererblich sind. In diesem Fall fällt das Stiftungsvermögen in den Nachlass und ist als Erwerb von Todes wegen zu besteuern.[121] Zu beachten ist hier allerdings, dass dies i.d.R. nur bei vor dem 1.4.2009 gegründeten liechtensteinischen Stiftungen relevant wird. Nach der zu diesem Datum in Kraft getretenen neuen Fassung des Art. 552 § 30 Abs. 1 S. 2 PGR können Rechte des Stifters zum Widerruf der Stiftung oder zur Änderung der Stiftungserklärung nicht mehr vererbt werden.

(3) Die **ursprünglich transparente Stiftung „erstarrt" mit dem Tod des Stifters zu einer intransparenten Stiftung**. Dabei dürfte es sich um die mit

117 Vgl. etwa *Müller/Bösch*, in: Richter/Wachter, Handbuch des internationalen Stiftungsrechts, 2007, Länderbericht Liechtenstein Rn 12; *Söffing*, Steueranwaltsmagazin 5/2010, 177, 182.

118 Siehe etwa auch *Linn/Schmitz*, DStR 2014, 2541.

119 Siehe auch BFH, Urt. v. 5.12.2018 – II R 9/15, Rn 21.

120 FG Düsseldorf, Urt. v. 2.4.2014 – 4 K 3718/12, EFG 2014, 855; a.A. noch FG Bremen, Urt. v. 16.6.2010 – 1 K 18/10 (5). Siehe auch *Theuffel-Werhahn*, StiftungsBrief 2014, 146, dort auch zur Kritik an der Entscheidung des FG Bremen.

121 BFH, Urt. v. 5.12.2018 – II R 9/15.

den meisten Schwierigkeiten behaftete Fallgestaltung handeln. Die wohl überwiegende Auffassung in der Literatur nimmt hier aus Sicht des deutschen Rechts eine Schenkung auf den Todesfall des Stifters an die Stiftung mit den entsprechenden erbschaftsteuerlichen Folgen (§ 3 Abs. 1 Nr. 2 ErbStG) an.[122]

(4) Sonderfall: **Unwirksamkeit/Nichtanerkennung** der liechtensteinischen Stiftungserrichtung nach deutschem Recht, wenn diese dem **Hauptzweck der Steuerhinterziehung** dient (siehe Rdn 60 ff.). Auch in diesem Fall verbleibt es bei der Zurechnung des Stiftungsvermögens bei dem Stifter und seinen Erben. Die Rechtsfolgen entsprechen so im Wesentlichen dem oben genannten zweiten Fall (Fortsetzung der Transparenz).

66 Die umfassenden rechtlichen Folgen der einzelnen Konstellationen und möglicher „Variationen“ im Einzelfall können hier nicht weiter vertieft werden. Abseits von den oft vorrangig betrachteten steuerlichen Fragen kann die Einordnung der Stiftung in die oben genannten Kategorien z.B. auch Auswirkungen auf das deutsche **Pflichtteilsrecht** haben.[123] So wäre für einen pflichtteilsberechtigten Abkömmling des Stifters im Fall (2) wegen der Zugehörigkeit des Stiftungsvermögens zum Nachlass der Pflichtteilsanspruch nach § 2303 BGB einschlägig, während im Fall (3) die Schenkung auf den Todesfall einen Pflichtteilsergänzungsanspruch nach § 2325 BGB auslöst. Die Einordnung ist daher ggf. schon wegen der unterschiedlichen Verjährungsregelung der beiden Ansprüche für den Pflichtteilsberechtigten von essentieller Bedeutung.[124]

67 Die Diskussion befindet sich insgesamt ersichtlich noch im Fluss. Ein potenzieller deutscher Stifter in Liechtenstein und sein verantwortungsvoller Berater werden sich mit den angesprochenen Problemkreisen jedenfalls vorab auseinandersetzen müssen. Zusätzliche Komplikationen können sich in der Praxis auch aus einer möglicherweise von der deutschen Rechtsprechung abweichenden Beurteilung nach liechtensteinischem Recht ergeben.[125]

---

122 *Linn/Schmitz*, DStR 2014, 2541, 2542; *Schürmann*, AnwZert ErbR 2/2014 Anm. 2; *Söffing*, Steueranwaltsmagazin 5/2010, 177, 182.

123 Zu Pflichtteilsansprüchen gegen die liechtensteinische Stiftung *Löhmer*, ErbR 2025, 354. Siehe auch *Scherer/Bregulla-Weber*, NJW 2016, 382.

124 Siehe auch BGH NJW 2015, 623; OLG Koblenz, Urt. v. 5.3.2014 – 2 W 415/12 zum Auskunftsanspruch des Pflichtteilsberechtigten bzgl. liechtensteinischer Stiftungen.

125 Zu möglichen Konflikten der Rechtsordnungen und Wertungswidersprüchen siehe etwa *Söffing*, Steueranwaltsmagazin 5/2010, 177, 182 f.

Teil V: Praxishinweise

§ 14 Praxishinweise zur Beratung bei Stiftungsgestaltungen

Was bietet dieses Kapitel?
Hier finden sich Erfahrungen, Beobachtungen und Überlegungen zum Stiftungswesen als Beratungsfeld sowie Hinweise und Tipps zur Beratungspraxis sowohl bei der Stiftungserrichtung als auch bei der laufenden Beratung bereits bestehender Stiftungen. Die folgende Darstellung geht dabei von einem umfassenden und objektivierten Beratungsansatz aus. Sie richtet sich nicht nur an die Berater, sondern auch an die zu Beratenden selbst, seien sie potenzielle Stifter oder Mitglieder der Stiftungsorgane einer bereits bestehenden Stiftung.

Man kann nicht jeden Denkprozess gewinnen.
Klaus Klage

… versuchen sollte man es aber schon.
K. Jan Schiffer

Übersicht: Rdn

A. Das Stiftungswesen als Beratungsfeld

I. Zukunftsweisendes Beratungsfeld

1 Das Stiftungswesen ist – und das mit zunehmender Tendenz – ein **modernes und zukunftsweisendes Beratungsfeld.** Stiftungen sind offensichtlich keine Modeerscheinung, sondern begleiten die Beraterzunft schon seit Jahrhunderten. Allerdings erfreuen sie sich in der jüngeren Vergangenheit und aktuell eines nochmals gesteigerten Interesses. Das Thema Stiftung wird von vielen Seiten aufgegriffen und behandelt: In Fachbeiträgen, in der Presse, aber auch vermehrt in den sozialen Medien.

2 Unternehmensverbundene Stiftungen beispielsweise (siehe § 11) sind schon traditionell ein Thema für den Mittelstand, etwa als Weg zur Unternehmenssicherung sowie als Instrumente dauerhafter Vermögensbindung.[1] Ihnen wird „eine Vielzahl von Vorzügen" attestiert.[2] Das ist nicht falsch, aber **kritische Reflektion** der potenziellen Schwachstellen und vor allem der konkrete Blick im Einzelfall sind angeraten, wie die Ausführungen in den vorstehenden Kapiteln immer wieder belegt haben. Wer hier seriös und nachhaltig berät, wird sich auf Dauer seinen guten Ruf schaffen und kann dann getrost auch auf „unsachliche Werbung" verzichten (Rdn 4 ff.).

3 Außerhalb des unternehmerischen Bereichs hat die Stiftung als Ansatz zwischen **Altruismus** und Mittel der **lebzeitigen und letztwilligen Vermögensnachfolgeplanung** in den vergangenen mehr als zwei Jahrzehnten ohnehin erheblich an Bedeutung gewonnen. Stiftungen spielen etwa als „selbst geschaffene Erben oder Nachfolger" spätestens seit der Jahrtausendwende eine immer größere Rolle in

1 Aus jüngerer Zeit vgl. etwa die Aufsätze von *Werkmüller*, ZEV 2018, 446; *Dahlmanns*, RNotZ 2020, 417; *Eiling/Meyer*, RFamU 2025, 532; *Theuffel-Werhahn*, RFamU 2025, 12; *Roth/Laskow*, RFamU 2025, 66 sowie die Dissertation von *Weinmann*, Die unternehmensverbundene Stiftung – Bestandsaufnahme und Vorschlag für ein Sonderrecht, 2024.

2 Siehe schon *Jahn*, GmbH-Steuerpraxis 2010, 102; *Blumers*, DStR 2012, 1 hat „sieben Vorzüge" gefunden; *Dahlmanns*, RNotZ 2020, 417 sieht als mit einer Stiftung erreichbare Ziele den Erhalt des Unternehmens und die dauerhafte Versorgung der Familie.

der Nachfolgeberatungspraxis.[3] Das zeigt sich zum einen an der großen Anzahl einschlägiger Publikationen,[4] zum anderen aber auch daran, dass die Stiftungspraxis,[5] die Stiftungsbehörden, die Stiftungsverbände und schließlich die Gesetzgebung die Notwendigkeit für eine umfassende Modernisierung des Stiftungsrechts gesehen haben, das insbesondere den Bedürfnissen der stetig wachsenden Stiftungslandschaft gerecht wird. Wie gut die Umsetzung gelungen ist, ist eine andere Frage. Das Stiftungswesen ist ein nachhaltiges und nachhaltig wachsendes Beratungsfeld, das aber auch besondere Herausforderungen für die beratenden Personen, die Stifter sowie die in Stiftungen verantwortlich handelnden Personen mit sich bringt.

II. Beratung ist kein Vertrieb

Die Beratung und Begleitung in Stiftungsangelegenheiten hat sich vor diesem 4
Hintergrund inzwischen zu einem veritablen und von verschiedenen „Playern" (Rechtsanwälte, Steuerberater, Banken, Sparkassen, „Stiftungspäpste"[6] und sonstige Fachleute) **umkämpften Markt** ausgewachsen. Dabei kann man in jüngerer Zeit den Eindruck gewinnen, als meinten manche „Berater", KI (§ 1 Rdn 3) werde es auch in diesem ganz speziellen Beratungsfeld schon ermöglichen und richten. Das kann man, wie wir kritisieren, mögen oder auch nicht, jedenfalls ist es ein Faktum, mit dem sachgerecht umzugehen ist.[7] Für alle von diesem Buch angesprochenen beratenden Berufsgruppen und potenziellen Berater ist dieser „Markt", wie die vorhergehenden Kapitel zeigen, ein ganz weites und komplexes Feld, das viele Kenntnisse und Erfahrungen erfordert. Dabei ist immer wieder zu betonen, dass **echte Beratung** in einem Stiftungsprojekt **von dem Vertrieb von Stiftungsmodellen zu unterscheiden** ist (siehe auch § 1 Rdn 7). Es ist bedauerlicherweise zunehmend zu beobachten, dass bestimmte Stiftungsgestaltungen (Modelle), wie z.B. standardisierte treuhänderische Stiftungen, aber auch Familienstiftungen regelrecht „verkauft" werden – und das nicht selten sogar durch im Stiftungswesen nur kurz „angelernte" Vertriebler. Merke: Ein Kurs macht noch keinen Fachmenschen!

---

3 Die Zahl der rechtsfähigen Stiftungen ist in Deutschland von knapp unter 10.000 im Jahr 2000 auf deutlich über 25.000 im Jahr 2023 gestiegen, also um gut 150 %; vgl. *Bundesverband Deutscher Stiftungen*, Entwicklung des Stiftungssektors in Deutschland 2000 – 2023, 2024.

4 Siehe das Literaturverzeichnis, welches nur einen kleinen Teil der beinahe unüberschaubaren Literatur nennt.

5 Zu aktuellen Fragen aus der Stiftungspraxis siehe Schiffer fortlaufend in jedem Heft der Fachzeitschrift StiftungsBrief: Editorial, vormals: Zwischenrufe.

6 *Pruns*, Standpunkt Stiftung: Germany's next Stiftungspapst!, abrufbar unter https://www.stiftungsakademie.de/deutsche-stiftungsakademie/aktuelles/standpunkt-stiftung-germanys-next-stiftungspapst (abgerufen am 18.3.2026).

7 Zu berufsrechtlichen Fragen *Kilian*, DStR 2026, 680.

5 So gab es etwa den Fall, dass sich ein Vertriebsnetzwerk einen Steuerberater/Wirtschaftsprüfer/Rechtsanwalt „eingekauft“ hatte und diesen in einer Art Schnellkurs auf das Stiftungswesen hatte trimmen lassen, um ihn dann im Netzwerk als „den“ Stiftungsfachmann zu bewerben. Später zerstritt man sich und suchte einen echten, erfahrenen Fachmann. Man sprach auch kurz mit einem solchen. Dessen Bedingungen für eine objektivierende Beratung wurden allerdings nicht akzeptiert.

Richtig ärgerlich fanden wir auch das Angebot einer solchen Vertriebseinheit, im Anschluss an eine Vortragsveranstaltung eine „fundierte Beratung“ zur Errichtung einer rechtsfähigen oder treuhänderischen Stiftung „in ein bis zwei Stunden“ auf Basis eines kurzen Beratungsgesprächs und im Anschluss auszufüllender **Formulare** durchzuführen.

So etwas ist grundsätzlich und gerade im Stiftungswesen schon wegen der Ewigkeitstendenz der Stiftung **kein geeigneter Beratungsansatz**. Ein bis zwei Stunden lang dauert aus unserer Sicht schon das Sondierungsgespräch für eine erste Abklärung der Wünsche des potenziellen Stifters und der Konkretisierung seiner Fragen, und diesem Beratungsgespräch schließt sich in der Regel ein Monate und bisweilen Jahre dauernder Beratungs- und Errichtungsprozess an. Das kann auch nicht überraschen, denn der potentielle Stifter ist in aller Regel unerfahren im Stiftungswesen. Eine Stiftung wird er grundsätzlich nur einmal im Leben errichten und das tendenziell auf Dauer sowie mit erheblichen finanziellen Mitteln. Mithin ist und bleibt hier Gründlichkeit unerlässlich. Was das bedeutet, wird in diesem Kapitel näher betrachtet.

6 Bei solchen Vorgehensweisen wie den hier kritisierten ist es kein Wunder, dass manch ein Stifter dann gar nicht versteht, was und wozu man ihm da „geraten“ hat, und sich letztlich **falsch beraten fühlt**. Nicht selten wollte er genau betrachtet keine Stiftung und wundert sich später, dass er aus der Sache nicht mehr herauskommt. Der potenzielle Stifter wird in einem solchen Fall entgegen dem Eindruck, den der „Berater“ typischerweise zu erwecken versucht, zu seinen Fragen und Problemstellungen ja auch gar nicht beraten, ihm wird vielmehr ein **„Rechtsprodukt“** „aufgedrückt“. Jedem Branchenkenner sind solche **Auswüchse** schon begegnet. Sie werden im Einzelfall vielleicht sogar von gutem Willen getragen und beruhen dann „nur“ auf fehlendem Sachverstand und fehlender Erfahrung. Das ändert am mangelhaften Beratungsergebnis allerdings nichts.

III. Fachliche Spezialisierung als Gegenentwurf?

7 Vor diesem Hintergrund scheint es grundsätzlich begrüßenswert, dass die Stiftungsberatung durch entsprechende **Bildungs- und Fortbildungsangebot**e zunehmend professionalisiert wird und sich passende Spezialisierungen herausbilden. Aber bei genauerer Betrachtung kann auch das zu einer Verstärkung des oben kritisierten „Vertriebstrends“ führen.

Betrachten wir beispielhaft die **Rechtsanwälte** in diesem Zusammenhang einmal näher: Wir Rechtsanwälte sind ja nicht nur „Organ der Rechtspflege", sondern vor allem Dienstleister.[8] Anwalt zu sein ist kein Allerweltsberuf. Manche sprechen sogar von **„Anwaltskunst"**.[9] Das mag man überzogen finden, jedenfalls aber haben sich die Anforderungen an erfolgreiche Berater seit Beginn meiner Berufstätigkeit deutlich erhöht. Das liegt aus meiner Sicht vor allem an folgenden Faktoren: 8

- Nationale und internationale **Großzusammenschlüsse von Beratungs- und Anwaltskanzleien** sind zunehmend „normal". Mancher alteingesessene Berater erlebt als nun „nur noch" „local partner" eines Megazusammenschlusses, dass jemand aus der Kanzleiführung in London/New York darüber entscheidet, ob er ein bestimmtes Mandat überhaupt noch annehmen darf, wie sehr er sich spezialisieren kann oder muss und wie sehr er sich überhaupt noch individuell einer bestimmten Angelegenheit konkret widmen darf und wann er aus der Kanzlei als Partner auszuscheiden hat.
- Einzelne Beraterpersönlichkeiten, aber auch ganze Abteilungen und Bereiche großer Beratungseinheiten gehen als Reaktion darauf den Weg solcher Megazusammenschlüsse nicht mit, sondern schließen sich zu kleineren, zum Teil hochspezialisierten Einheiten („**Boutiquen**") zusammen.
- **Steuerberater** und **Unternehmensberater** beraten zunehmend erfolgreich dort, wo an sich Anwälte (auch) gefragt wären. Auch **Bankmitarbeitende** beraten in vielen Bereichen. Der „Geschäftsbereich" Stiftung steht neben solchen für „Estate Planning", „Testamentsvollstreckung" etc. auch mit Blick auf eine mögliche „Kundenbindung" gerade bei Banken und Sparkassen hoch im Kurs.
- Die herkömmlichen „Zuständigkeiten" einzelner Berufsgruppen in der Beraterzunft verschmelzen. „Randbereiche" und Spezialitäten wie eben das Stiftungsrecht werden vielfach mit Blick auf echte oder vermeintliche Bedürfnisse des „Marktes" aufgegriffen. Dabei erliegt mancher dem Gedanken, bereits ein einschlägiger Kurs oder auch nur ein längeres Praktikum würden ihn zu einem kompetenten Berater im Stiftungswesen machen. Das ist in aller Regel ein Irrtum – auch wenn in der Beratungszunft auch immer wieder Sonderbegabungen zu begegnen ist.
- Unabhängig davon steigt die **Flut komplizierter Gesetze**. Das Steuerrecht z.B. versteht kaum noch ein Berater in seiner Gänze. Erfahrene und angesehene Steuerrechtler sprechen schon seit Jahrzehnten ganz deutlich und plastisch vom „Steuerchaos".[10] Bei der Rechtsanwendung geht es hier fast immer um nicht einfache **Bewertungsvorgänge**, d.h. um „schöpferische geistige Akte",

8 Siehe dazu etwa schon *Streck*, AnwBl 2012, 388 ff. („Der Anwalt: Organ der Rechtspflege oder Unternehmer?").

9 *Franzen*, Anwaltskunst, 3. Aufl. 2001.

10 Grundlegend dazu *Tipke*, StuW 1971, 2.

die im Einzelfall konkret zu begründen sind, damit sie im Ergebnis überzeugen können.

- Äußerst fraglich ist deshalb auch, in welchen Bereichen die sog. **Künstliche Intelligenz** (**KI**) eine wirklich einmal nützliche Anwendung finden wird. Die Idee vom zuverlässigen **Rechtsanwendungsautomaten**, der von der Notwendigkeit befreit ist, zu diskutieren und Verantwortung zu übernehmen, mag dem einen oder anderen gefallen. Sie ist aber auch im elektronischen und vernetzten Zeitalter, in dem viele Vorgänge durchaus über Software und KI automatisierbar sein mögen, zumindest in einem hohen Beratungslevel nach aktuellem Stand nicht haltbar.

Auch das Spezialisierungs- und Zertifizierungskarussell dreht sich unaufhörlich schneller.[11] Auf der Hand liegt dabei allerdings, was derjenige einem Stiftungsinteressenten raten wird, der eben „nur" auf Stiftungen oder gar nur auf bestimmte Stiftungsgestaltungen wie treuhänderische Stiftungen spezialisiert ist. Als unabhängige Beratung sehen wir das nicht wirklich.

IV. Spezialisierung auf den „Lebenssachverhalt Stiftung"

9 Die Spezialisierung eines Beraters sollte aber auch aus weiteren Gründen hinterfragt werden: Eine Spezialisierung nur auf bestimmte Rechtsgebiete geht schon deshalb regelmäßig in die falsche Richtung, weil sich das Leben nicht nach bestimmten Rechtsgebieten richtet. Anstelle, aber jedenfalls neben die Spezialisierung auf rechtliche Fachgebiete sollte aus meiner Sicht eine **Spezialisierung des Beraters auf Lebenssachverhalte** treten,[12] die eine **Gesamtbetrachtung** der wirtschaftlichen, rechtlichen, steuerlichen und menschlichen Aspekte eines zu lösenden Problems oder Problembereichs fördert. Eine Spezialisierung etwa auf „Erben und Vererben" oder auch auf „Unternehmensnachfolge" z.B. führt eben nicht nur zu Erbrechtsfragen und auch nicht nur zu den in Deutschland so beliebten Steuerfragen. Nein, es sind sehr viel mehr Aspekte betroffen: ganz viel Menschliches, Familienrecht, Gesellschaftsrecht, finanzielle Fragen und Betriebswirtschaft etc.

10 Die Fragen sind in den jeweiligen Lebenssachverhalten oftmals ähnlich, so dass eine entsprechende Spezialisierung (auch ohne entsprechenden Titel), die zu einem einschlägigen Erfahrungsschatz führt, sinnvoll ist. Ein solcher **Lebenssachverhalt** ist auch derjenige der **Stiftungen** mit seinen vielfältigen, in den vorangegangenen Kapiteln angesprochenen Facetten. Hier treffen insbesondere Wirtschaftsrecht, Erbrecht, Steuerrecht, Betriebswirtschaft und grundlegende menschliche Aspekte aufeinander. Die Kenntnis der Möglichkeiten einer Stiftungsgestaltung erscheint heute für jegliche Erb- und Nachfolgeberatung nicht

11 Siehe etwa *Dahms*, NJW-Spezial 2015, 126 unter Hinweis auf BGH-Rspr.

12 Siehe schon *Schiffer*, Der Unternehmensanwalt, 1997, S. 176, 178.

nur im Unternehmensbereich unverzichtbar, sobald etwas größere Vermögen betroffen sind. Letzteres aber ist, wie wir alle wissen, zunehmend der Fall, da gegenwärtig die Vermögen der Nachkriegs- und Aufbaugeneration übertragen und vererbt werden.

Die herrschende Meinung in der Praxis sieht das gleichwohl oftmals anders. So 11
finden wir im Stiftungswesen etwa die Spezialisten für Fundraising und dort „Unterspezialisten" für Fundraising bezogen auf bestimmte Lebenssachverhalte – beispielsweise im Hochschulbereich. Auf den ersten Blick mag das sinnvoll erscheinen, aber ist das nicht zu eng? Fehlt da nicht der Überblick? Wäre nicht ein **Blick über den Tellerrand** sinnvoll – auch um zu lernen? Das sind nur einige der Fragen, die sich hier stellen.

Praxishinweis: Stiftungsberater als Spezialisten oder Generalisten? 12

Seien wir doch problembewusst und trauen wir uns mit gesundem Menschenverstand, über den Tellerrand zu schauen! Auch eine gewisse **Randahnung** zu einem Thema kann weiterhelfen. Wenn es wirklich erforderlich ist, wird man dann einen (größeren) Spezialisten hinzuziehen. Seien wir doch auf bestimmte Lebenssachverhalte (z.B. Stiftungen, Familienunternehmen etc.) **spezialisierte Generalisten**[13] mit dem Mut zur Randahnung! Ein gutes Methodenwissen wird uns dabei in der Praxis erfahrungsgemäß mehr helfen als die etwa tausendste, morgen wieder überholte Einzelkenntnis zu einem steuerlichen Spezialproblem. Bei aller Gestaltungsfreude im Einzelfall sollte gerade bei der nachhaltig wirkenden Errichtung einer Stiftung der **Blick auf die Wirkung des Ganzen**[14] nicht verloren gehen. Manches, was nach einer formalen Einzelbetrachtung (noch) möglich erscheint, geht mit Blick auf das Ganze eben doch nicht![15] Als kickende Kinder hatten wir eine ganz einfache Regel: *Drei Ecken = ein Elfmeter!* „Genau" erwiderte einmal eine Betriebsprüferin im Rahmen eines Prüfungsfalls.

Gefragt ist noch immer und immer wieder die fachlich kompetente und **enga-** 13
gierte Beraterpersönlichkeit, die sich in bestimmten Lebenssachverhalten nicht nur juristisch oder steuerlich auskennt, sondern die Sachverhalte aufgrund von Fachwissen und Erfahrung in ihrer Gänze erfasst. Die eingangs bereits kurz angesprochenen „Angebote" zur Beratung eines potenziellen Stifters in „ein bis zwei Stunden" mit anschließendem Stiftungskonzept für „seinen" Fall muten vor diesem Hintergrund besonders absurd an (siehe Rdn 5). **Lösungen von der Stange**, die sich allenfalls in einer solch kurzen Zeitspanne erläutern lassen,

13 Siehe schon *Schiffer*, Der Unternehmensanwalt, 1997, S. 176, 178.

14 Siehe dazu auch schon *Schiffer*, StiftungsBrief 2014, 41.

15 Das Ergebnis vieler Beratungen zum Thema „cum ex" ist hier ein anschauliches Beispiel. Siehe dazu *Brorhilker*, Cum/Ex, Milliarden und Moral – Warum sich der Kampf gegen Wirtschaftskriminalität lohnt, 2025; Interview mit Kai-Uwe Steck, DER SPIEGEL, 48/2025, 84 ff.

passen eben oftmals nicht wirklich zu dem konkreten Lebenssachverhalt des Stifters.[16] Man kann es kaum oft genug betonen. Das Mindeste an Beratung wird sein müssen, dass der Berater genau prüft und begründet, ob und ggf. warum ein Standardstiftungsmodell im konkreten Fall zu den Stiftern, zu deren Vorstellungen und zu deren Situation passt oder auch nicht. Er wird ggf. weiter prüfen müssen, ob im Einzelfall etwas für die stiftende Person anzupassen ist. Letztlich wird zu prüfen sein, ob die angedachte Stiftung in der aktuellen und in den für die Zukunft wahrscheinlichen und vorstellbaren Situationen die richtige Wahl ist. Selbst wenn der Berater so gründlich vorgeht, ist nicht auszuschließen, dass sich dann in der Zukunft herausstellt, dass die Stiftung wegen geänderter Verhältnisse nicht mehr die geeignete Lösung ist. Verwiesen sei dazu nur auf die vergangenen 20, 30 und 40 Jahre, in denen sich nicht nur die Situation am Kapitalmarkt, sondern die Weltlage als Ganzes immer wieder dramatisch geändert hat.

B. Stifterberatung: Errichtungsberatung

14 Ausgehend von jahrelangen Praxiserfahrungen möchten wir hier zusammenfassend einen Blick auf die fachliche Beratung und Begleitung von Stiftern im Errichtungsprozess aus Sicht von Rechtsanwälten werfen. Für andere Stiftungsberater gelten diese Hinweise entsprechend. Die Beratung bereits existierender Stiftungen ist Thema des darauffolgenden Abschnitts C. (Rdn 49 ff.).

I. Beratung und Stiftungsreife

1. Stiftungsreife allgemein

15 Kurz in einem Satz zusammengefasst, ist es das Ziel der Beratung, festzustellen, ob der Stifter und das Stiftungsprojekt die erforderliche **Stiftungsreife**[17] bereits mitbringen oder im Laufe des Beratungsprozesses erlangen können. Was ist mit dem Begriff „Stiftungsreife" gemeint? In Anlehnung an den Begriff der Börsenreife bei der Aktiengesellschaft können unter dem Begriff der Stiftungsreife all jene objektiven und subjektiven Faktoren und Qualifikationen zusammengefasst werden, die darüber entscheiden, ob ein Stiftungsprojekt umsetzbar ist und auch umgesetzt werden sollte. Unterscheiden lässt sich dabei zwischen der **persönlichen Stiftungsreife** der zu beratenden Person („Stifterreife") und der **sachlichen Stiftungsreife**, also der Frage, ob die Voraussetzungen für eine erfolgreiche Stif-

---

16 Siehe etwa schon *Schiffer*, StiftungsBrief 2015, 121.

17 Siehe NK-BGB/*Schiffer/Pruns*, § 80 Rn 90 ff.; ausf. schon *Schiffer/Bach*, Stiftung & Sponsoring 4/1999, 16 und 5/1999, 21; *Schiffer/v. Schubert*, DB 2000, 437. Dem dort entwickelten Ansatz bereits früh und ausdrücklich folgend *Wachter*, Stiftungen, Kap. B Rn 59; *Otto*, Handbuch der Stiftungspraxis, S. 399; folgend auch *Mecking*, 4. Aufl., § 14 Rd 10.

tungserrichtung vorliegen oder nicht („Stiftungsreife" im engeren Sinne). Ergänzend ist eine entsprechende **Beraterreife** desjenigen zu fordern, der im Stiftungswesen berät (siehe sogleich und Rdn 81 ff.).

2. Persönliche Stiftungsreife

Der ambitionierte Berater wird sich bei der rechtsfähigen Stiftung davon überzeugen, dass der Stifter die notwendige Stiftungsreife mitbringt. Es ist inzwischen allgemein anerkannt, dass es Aufgabe des Beraters ist, im Zusammenhang mit der Errichtung einer rechtsfähigen Stiftung bei dem Stifter auf diese Stiftungsreife hinzuwirken und eventuellen **Missverständnissen zur Rechtsform der Stiftung klarstellend zu begegnen**. Es klingt banal, kann aber nach unseren Erfahrungen gar nicht oft genug betont werden: Ein potenzieller Stifter muss sich **über die konkreten Ziele im Klaren** sein, die er mit der Stiftungserrichtung erreichen will, und bereit sein, die mit einer Stiftungserrichtung einhergehenden Besonderheiten zu akzeptieren. 16

Die Errichtung einer Stiftung ist auch **psychologisch** für den Stifter **nicht ganz einfach**. Schließlich entäußert er sich eines Gutteils seines Vermögens,[18] um einen bestimmten Zweck zu verfolgen. Die Stiftung „besteht" aus diesem Vermögen; sie hat keine Mitglieder, sondern nur Organe (Vorstand und ggf. Stiftungsrat etc.). Es ist zuvorderst im eigenen Interesse des Stifters, dass die Stiftung ihr satzungsmäßiges Ziel erreicht. Dazu muss der Stifter aber gewisse persönliche Qualifikationen erfüllen, also die notwendige Stiftungsreife mitbringen oder im Beratungsprozess mit Hilfe des Beraters erlangen. 17

Praxishinweis: KI als Hilfe oder als trügerische Autorität?

Beobachten können wir in jüngerer Zeit auch hier, dass KI eine immer größere Rolle spielt. Stiftungsinteressierte Personen wollen sich informieren und fragen die KI. Das ist erst einmal nachvollziehbar. Problematisch wird es aber dann, wenn die Zuwendung zur KI mit einer Abwendung von den eigentlichen Themen einhergeht, die zuvor mit Hilfe des Beraters erarbeitet wurden. Hat sich bspw. herausgestellt, dass eine bestimmte Vorstellung nicht wie gewünscht umgesetzt werden kann oder gibt es bspw. familiäre Themen, vor denen aus emotionalen Gründen zurückgescheut wird? Es ist dann schon vorgekommen, dass die KI so lange befragt wird, bis sie die gewünschten Antworten gibt oder vermeintliche Schlupflöcher gefunden werden. Die diversen KI-Angebote sind nicht ohne Grund oft so gestaltet, dass sie nicht widersprechen und auch emotional vorhandene Tendenzen eher verstärken als kritisch hinterfragen.

18 Nur zur Erinnerung: Er könnte das Vermögen auch einfach verschwenden, verprassen, sinnlos ausgeben, beliebig verschenken, etc. und den Rest vergeuden.

18 Stiftungsreife bedeutet vor allem, dass der Stifter akzeptieren muss, mit einer Stiftung eine juristische Person zu schaffen, die **von seinem künftigen Willen unabhängig** ist, soweit er sich nicht konkrete Rechte in der Stiftungssatzung vorbehalten hat. Das der Stiftung übertragene Vermögen gehört, anders als etwa bei einer Ein-Personen-GmbH, auch wirtschaftlich nicht mehr ihm. Die Klage eines bekannten Unternehmers *„Ich kann ja mit ‚meiner' Stiftung gar nicht mehr machen, was ich will"* ist im Ergebnis richtig. Es ist nämlich **nicht „seine" Stiftung.** Die Stiftung gehört sich selbst. Sie dient der Erfüllung seines Stifterwillens, den er bei der Errichtung für die Zukunft und auch für sich selbst unabänderlich vor allem in der Satzung festgelegt hat. Eine Stiftung hat eben keine Gesellschafter, sondern „nur" einen Zweck, ein dem Zweck dienendes Vermögen und Organe zur Geschäftsführung sowie Vertretung. Der Stifter muss auch die Regeln des Stiftungsrechts und vor allem die des von manchen als chaotisch bezeichneten Steuerrechts für Stiftungen akzeptieren.

19 **Beratungsresistenz** ist ein nicht ganz selten gehörtes Schlagwort. Tatsächlich sind nach unseren Erfahrungen aber die meisten Stifter nach entsprechender Aufklärung und Beratung bereit, das Erfordernis der Stiftungsreife mit seinen vielfältigen Anforderungen zu akzeptieren. Es ist letztlich die Aufgabe der Stiftungsberater, den Stiftern das hierzu erforderliche Wissen und die entsprechende Haltung nahezubringen. Ein Ausdruck von Stiftungsreife kann dann insbesondere auch die Entscheidung sein, eine Stiftung nicht errichten zu wollen.

20 Vor allem folgende **Kriterien** für eine entsprechende „Stiftungsreife" des Stifters lassen sich festhalten:

- Der Stifter muss gewillt sein zu akzeptieren, dass er mit der Stiftung eine eigenständige, von seinem Willen zukünftig unabhängige juristische Person ins Leben ruft, mit der Folge, dass
  - er nach der Stiftungserrichtung nicht mehr frei über das gestiftete Vermögen verfügen kann und dass
  - er in seinem Handeln ebenso an die Stiftungssatzung gebunden ist wie die Stiftungsorganmitglieder und dass
  - er nur noch die Rechte hat, die er sich wirksam in der Stiftungssatzung „vorbehalten" hat – etwa als Mitglied eines Stiftungsorgans (siehe auch § 3 Rdn 70).
- Bei einer gemeinnützigen Stiftung sollte der Stifter zudem erkennen, dass
  - ihm mit der Stiftung ein wirkungsvolles, staatlich geschütztes Instrument zur Verwirklichung seiner individuellen Ziele zur Verfügung gestellt wird, das weit mehr darstellt als ein bloßes Steuersparmodell, und dass
  - die nicht eben ganz einfachen Regeln des Gemeinnützigkeitsrechts einzuhalten sind.

21 Die allermeisten Stifter sind erfahrungsgemäß bereit, diese Kriterien zu erfüllen. Es ist letztlich die Aufgabe der **Stiftungsberater**, den Stiftern das hierzu erforderliche Wissen und Problembewusstsein zu vermitteln. Ein Stiftungsberater sollte

- seinen Mandanten umfassend über die möglichen Folgen der Stiftungserrichtung aufklären, damit keine falschen Erwartungen entstehen, die später enttäuscht werden und die zu einer Missachtung der Stiftungssatzung führen können,
- im Gespräch mit dem Stiftungswilligen dessen teilweise recht vage und oft nicht näher definierte Vorstellungen möglichst umfassend in den Stiftungszweck einfließen lassen.

Darüber hinaus treffen den Stiftungsberater besondere **Hinweispflichten.** Er genießt das Vertrauen des Stifters und ist ihm gegenüber zur Objektivität und Unabhängigkeit verpflichtet. Der verbreiteten Vorstellung von der Stiftung als reinem Steuersparmodell hat er entgegenzuwirken. Zudem sollte er auf eine **Entmystifizierung der Stiftung** hinwirken und den Stifter auf die besondere Verantwortung, die mit der Stiftungserrichtung einhergeht, umfassend vorbereiten. 22

3. Sachliche Stiftungsreife

Die Anerkennung einer Stiftung setzt nach § 82 S. 1 BGB insbesondere voraus, dass *„die dauernde und nachhaltige Erfüllung des Stiftungszwecks gesichert erscheint"*. Aus dieser gesetzlichen und in diesem Buch an verschiedensten Stellen ausführlich näher beleuchteten Vorgabe zu **Zweck-Mittel-Relation** (siehe etwa § 3 Rdn 81 ff.) ergeben sich spezielle **Anforderungen an die sachliche Beratung** in Stiftungsangelegenheiten, die wir im Folgenden näher betrachten. 23

a) „Businessplan"

Aufgabe des Beraters ist es, in Zusammenarbeit mit der stiftungsinteressierten Person, zu beurteilen, ob sich für das **Anliegen** eine Stiftungsgründung eignet und ob sie realistisch durchführbar ist. Erfahrungsgemäß ist es dafür sinnvoll, das **Stiftungsprojekt ähnlich wie eine Unternehmensgründung** zu betrachten und dementsprechend ähnliche Fragen zu stellen, beispielsweise: 24
- Was ist der Zweck des „Unternehmens" Stiftung?
- Welcher „Markt" mit welchen „Playern" oder „Stakeholdern" soll erschlossen werden?
- Ist für diesen Zweck ausreichend Kapital vorhanden?
- Wie sieht mit Blick auf die gewünschte Zweckverwirklichung der **„Businessplan"** der Stiftung aus?

Gerade der Ansatz, einen Businessplan für die Stiftungserrichtung zu erarbeiten, sollte in seiner Bedeutung für den Beratungs- und Gestaltungsprozess nicht unterschätzt werden. Die Stiftungsrechtsreform hat noch einmal mehr das Bewusstsein dafür gestärkt, dass eine Stiftung auf Dauer lebensfähig sein muss. Die Stiftungsbehörden sind deshalb dazu angehalten, vor der Stiftungserrichtung eine **„Lebensfähigkeitsprognose"** durchzuführen (§ 82 BGB, vgl. dazu § 3 25

Rdn 105 f.). Diese hat die Frage zum Gegenstand, ob die Stiftung mit den ihr in Aussicht gestellten Mitteln, vor allem mit dem ihr nach Anerkennung zur Verfügung stehenden Grundstockvermögen, ihren Stiftungszweck dauernd und nachhaltig wird erfüllen können. Die Antwort auf diese Frage muss dementsprechend auch grundlegender Gegenstand des Businessplans für eine Stiftung sein. Neben den **finanziellen Mitteln** sind dabei aber, soll die Beratung die notwendige Tiefe haben, auch alle anderen Mittel der Stiftung in die Betrachtung mit einzubeziehen, insbesondere ihre voraussichtlichen **personellen „Mittel"**.

b) Orientierung an den wesentlichen Elementen einer Stiftung

26 Es empfiehlt sich deshalb für den Berater, dass er vor Beginn des Beratungsprozesses die **wesentlichen Elemente einer Stiftungssatzung** vor Augen hat und die persönlichen Umstände und Vorstellungen des Stifters darauf „abklopft", ob diese so gelagert sind, dass diese Elemente nicht nur auf dem Papier, sondern auch in der Praxis entsprechend umgesetzt werden können. Auf dieser Basis kann der Stifter mit Unterstützung des Beraters einen Businessplan entwerfen und immer weiter verfeinern. Zu klären sind deshalb insbesondere

- der **Zweck** der Stiftung und die **Art und Weise der Zweckverwirklichung,**
- der für die Zweckverwirklichung notwendige **finanzielle** und **personelle Aufwand,**
- darauf aufbauend die notendige **Vermögensausstattung** und die Klärung der Frage nach der passenden **Vermögensverwaltung** und schließlich auch
- die interne **Organisation** der Stiftung, also insbesondere die Frage nach der Einrichtung eines Vorstands, eines Stiftungsrats, einer Geschäftsführung etc.

27 Zu einer umfassenden Beratung gehören zudem Aspekte der steuerlichen Optimierung sowie Hilfestellung bei begleitenden Fragestellungen, etwa erbrechtlichen Fragen oder auch arbeits- und sozialrechtlichen Themen, Letzteres insbesondere bei operativ tätigen Stiftungen. Im Laufe der Beratung müssen nun Antworten auf diese Fragen gefunden werden.

c) Hauptpunkte: Zwecke und Zweckverwirklichung

28 Vertiefen wir die Ausgangsfrage nach den zu verfolgenden (steuerbegünstigten oder privaten) Zwecken und der konkreten Art und Weise der Zweckverwirklichung einmal exemplarisch anhand einiger Beispiele:

- Nach welchen Kriterien soll beispielsweise eine gemeinnützige Stiftung zur Förderung der Musikbildung die vorgesehenen Stipendien vergeben und passt das zu den Vorstellungen und Bedürfnissen der potenziellen Destinatäre und ggf. involvierten Einrichtungen (z.B. Musikhochschule)?
- Oder: Welche Voraussetzungen, Abläufe etc. sind zu beachten für die gewünschte Einrichtung einer „Stiftungsprofessur" an einer Universität? Man mag es vielleicht nicht glauben, aber so manche Universität wurde von entsprechenden Zuwendungen von Todes wegen bereits völlig überrascht und die

beratenden Rechtsanwälte und Steuerberater oder auch die beurkundenden Notare hielten es anscheinend nicht für notwendig, dem Stifter zu empfehlen, vorab mit den zuständigen Gremien der zu „beglückenden" Universität zu sprechen.

- Das gleiche Phänomen begegnet uns auch im Bereich der privatnützigen Stiftungen: Ist die Familie wirklich umfassend über die Pläne des Stifters informiert und trägt sie diese mit? Fühlt sie sich vielleicht benachteiligt oder ist sie überfordert?
- Und was ist mit dem Geschäftsführer des Unternehmens, das in eine Stiftung eingebracht werden soll? Ist er sich darüber im Klaren, welche besonderen Folgen es hat, wenn zukünftig eine gemeinnützige Stiftung seine Gesellschafterin ist?

Zusammengefasst: Die Vorstellungen der an der Stiftungserrichtung interessierten Person und der zu fördernden Einrichtungen oder Personen sowie der sonstigen Beteiligten können durchaus voneinander abweichen. Ihre Einbindung und eine umfassende Information über das Thema der Stiftung sollten deshalb so selbstverständlich sein, wie es bei der Unternehmensgründung die **Analyse des Marktes** ist, auf dem das Unternehmen tätig werden soll (zum Thema Kommunikation siehe auch Rdn 94 ff.).

d) Stiftungsform und Organisation

Bereits bei den Überlegungen zur konkreten Umsetzung des Stiftungszwecks kommt zudem meist die Frage auf, ob es sich um eine **rechtsfähige oder nicht rechtsfähige Stiftung** handeln soll. Diese Frage wird spätestens dann relevant, wenn es – damit einhergehend – um den für die Zweckerreichung erforderlichen (oder auch nicht erforderlichen) **Organisationsapparat** geht oder um die Frage, ob die Stiftung eher fördernd oder eher operativ tätig werden soll. 29

Die Organisation der Stiftung sollte zum **Umfang** ihrer späteren **Tätigkeit** passen. Grundsätzlich ist es ratsam, die Organisation so schlank wie möglich zu halten, um Verwaltungskosten und -aufwand so weit wie möglich zu reduzieren. Hinzu kommt, dass **zu viele oder zu große Organe und Gremien** die Entscheidungsfähigkeit einer Stiftung einschränken können. Es ist daher zu prüfen, ob für eine effektive Stiftungsarbeit beispielsweise tatsächlich durchgehend ein Gremium beratender Fachleute erforderlich ist. Ein rein beratendes Gremium kann beispielsweise auch bei Bedarf einberufen werden. Auch ist danach zu fragen, wer nach dem Tod des Stifters neue Organmitglieder benennen soll. Oder erfordert beispielsweise die Größe oder die Komplexität des Stiftungsvermögens ein eigenes Aufsichtsorgan? Zudem darf bei aller berechtigten **Sparsamkeit** nicht der **Fehler** begangen werden, alles **„auf Kante"** zu nähen.[19] Auch die Einplanung von 30

19 Siehe schon *Schiffer*, StiftungsBrief 2019, 21 ff.

Redundanzen und Puffern gehört zu einer nachhaltigen, auf Dauer angelegten Stiftungstätigkeit.

31 Die Organisation sollte sorgfältig geplant werden und zusammen mit der Stiftung wachsen. Es ist schwieriger, ein installiertes Gremium wieder abzuschaffen als ein neues zu implementieren, welches in der Satzung für den Bedarfsfall vorgesehen ist. Allerdings darf ein Gremium nicht mit den ihm übertragenen Aufgaben überfordert sein. Je vermögender eine Stiftung ist, desto **professioneller** müssen die für die Stiftungsverwaltung verantwortlichen Personen agieren. Die **Vergütung** von **Organ- und Gremienmitgliedern** ist die gesetzliche Ausnahme (vgl. § 84a Abs. 1 S. 2 BGB; § 3 Rdn 77); die Regel ist ein **Ersatz der Auslagen**. Die Übernahme von Verantwortung sollte aber im Einzelfall durchaus auch angemessen entgolten werden. Auch diese Überlegungen gehören zu einem tragfähigen Businessplan.

e) Vermögensausstattung

32 Ausgehend von diesen Überlegungen wird sich nach und nach herausstellen, welche finanziellen Mittel für die Erfüllung der Stiftungszwecke und für die geplante Art und Weise ihrer Verwirklichung sowie für die Verwaltung der Stiftung benötigt werden. Auf dieser Basis ist dann der voraussichtliche wiederkehrende finanzielle Bedarf für die Stiftungsarbeit zu ermitteln, was uns zur **zentralen Frage** der angemessenen **Vermögensausstattung** führt.

33 Auf Basis der bis hierhin angestellten Überlegungen können insbesondere folgende Fragen beim weiteren Beratungsprozess helfen:
- Eignen sich die vorgesehenen Vermögensgegenstände überhaupt zur Übertragung auf eine Stiftung?
- Kann aus ihnen ein Ertrag erwirtschaftet werden (z.B. Barvermögen) oder können sie unmittelbar zur Zweckverwirklichung eingesetzt werden (z.B. Museumsgebäude)?
- Verursachen die Vermögensgegenstände selbst weitere Kosten im Unterhalt (z.B. Oldtimer-Sammlung)?
- Kann der Satzungszweck aus den Erträgen oder mit den Vermögensgegenständen tatsächlich dauerhaft und nachhaltig verwirklicht werden (Mittel-Zweck-Adäquanz)?
- Können oder müssen Sachwerte ggf. liquidiert werden?
- Besteht Renovierungsstau und müssen ggf. entsprechende Rücklagen gebildet werden?
- Sollen oder müssen bestimmte Vermögensgegenstände dauerhaft im Eigentum der Stiftung verbleiben (Substanz- statt Werterhalt) und ist das tatsächlich sinnvoll und umsetzbar?
- Welches Vermögen soll in den zu erhaltenden Grundstock fließen, welches in das verbrauchbare sonstige Vermögen?

f) Verfügbares Vermögen

Schließlich muss auch die Frage gestellt werden, ob die an einer Stiftungserrichtung interessierte Person das für die Stiftung **vorgesehene Vermögen** jetzt oder in Zukunft (spätere Zustiftungen) **tatsächlich entbehren** kann. Diese Frage könnte ebenso gut am Anfang des Beratungsprozesses stehen und sollte ohnehin von Anfang an „mitgedacht" werden. Oft zeigt sich aber erst im Laufe des Beratungsprozesses und bei der Konkretisierung der Stiftungsidee, welche Hindernisse hier ggf. bestehen. Auch hierzu einige beispielhafte Fragen und Überlegungen: 34

- Bleibt z.B. dem stiftenden Ehepaar nach Weggabe des für die Stiftung vorgesehenen Vermögens noch genug, um für **Krankheit**, **Alter**, **Pflege** und ggf. auch für die Erhaltung des Eigenheims **vorgesorgt** zu haben?
- Welche finanziellen Verpflichtungen folgen aus den **familiären Verhältnissen**? Bestehen Unterhaltspflichten und ist beispielsweise für die Ausbildung der Kinder vorgesorgt?
- In diesem Zusammenhang stellt sich auch die Frage nach der Nachfolgeregelung im Ganzen: Lösen Vermögensübertragungen auf die geplante Stiftung bei Errichtung oder bei etwaigen Zustiftungen **Pflichtteilsergänzungsansprüche** aus? Existiert ein Pflichtteilsverzicht oder wird er erforderlich sein, um die Stiftung zu schützen?
- Bestehen **Verfügungsbeschränkungen** aus gemeinsamem Eigentum, aus letztwilligen Verfügungen oder aus gesellschaftsrechtlichen Vereinbarungen und wie ist die Situation der Nachfolge im Ganzen bisher geregelt?
- Welche **steuerlichen Verpflichtungen** bestehen oder werden entstehen?

Auch das ist erkennbar nur eine Auswahl an möglichen Situationen und Fragen.

II. Der Einstieg in die Beratung: Blick auf die stiftende Person

Die Beratung im Zusammenhang mit der Errichtung von Stiftungen ist, wie auch die vorangegangenen Ausführungen gezeigt haben, nicht profan. Sie umfasst das (neue) Stiftungsrecht, das Erbrecht (u.a. das Pflichtteilsrecht), Fragen des Erbschaft- und Schenkungsteuerrechts, das Einkommen- und Körperschaftsteuerrecht, in den meisten Fällen auch das Gemeinnützigkeitsrecht sowie ggf. das Gesellschaftsrecht und vieles mehr. Die Beratung muss dabei auch und vor allem die vielen **menschlichen Aspekte und Facetten** erfassen und berücksichtigen. Das alles macht die Beratung hier so interessant und auch so anspruchsvoll. 35

Eine rein an den rechtlichen Zusammenhängen orientierte Betrachtung wird diesen Ansprüchen in der Regel nicht gerecht, denn sie verstellt nicht selten den Blick auf eine sinnvolle Lösung, die zu den Wünschen des Auftraggebers (Stifters) passt. Erfasst werden müssen nicht nur die juristischen oder steuerlichen Zusammenhänge, sondern der konkrete **Beratungssachverhalt in seiner Gänze**, und zwar gerade auf Basis des Fachwissens und der gesammelten Beratungserfahrun- 36

gen. Es sind gerade bei Stiftungsprojekten individuelle Lösungen für den spezifischen Fall gefragt. Führen wir uns noch einmal einige der vielen möglichen Fragestellungen vor Augen!
- Soll es eine rechtsfähige oder eine treuhänderische Stiftung sein?
- Soll es eine Zustiftung oder ein Stiftungsfonds oder nur eine Spende sein?
- Welche Stiftungszwecke sind zu erfüllen?
- Welches Grundstockvermögen ist möglich und erforderlich?
- Welche Organe soll die Stiftung haben? Wie sollen diese besetzt werden?
- Ist der Stifter ausreichend vernetzt?
- Kann er sich genau betrachtet eine Stiftung überhaupt leisten?
- Was sagt die Familie dazu? Fühlt sie sich enteignet?

Das sind nur einige Praxisbeispiele für typische Fragen, die sich stellen. Jedes Stiftungsprojekt ist individuell zu betrachten.

37 Der Stifter ist regelmäßig in rechtlichen Dingen eher unerfahren und wird daher leicht durch eine Beratung „überfahren", deren Schwerpunkt von Anfang an auf den nicht gerade leichten zivil- und steuerrechtlichen Fragen eines Stiftungsprojektes liegt. Die detaillierte Erörterung der anstehenden Rechtsfragen mit einem potenziellen Stifter führt (jedenfalls zu Beginn der Beratung) eher dazu, dass der Mandant mehr verwirrt als **in die Lage versetzt wird, seinen gedanklichen Ansatz zu konkretisieren**. Der erfahrene Berater weiß: Die juristische Technik ist Sache des spezialisierten Rechtsberaters. Der Rechtsanwalt sollte hier seinen Mandanten **nicht überfordern**, sondern ihn vielmehr **dazu befähigen**, die rechtlichen Rahmenbedingungen in ihrer Bedeutung zu erfassen und dadurch seine Vorstellungen im Rahmen des Errichtungsprozesses umzusetzen.

38 Die Kunst der Beratung bei Stiftungserrichtungen und sonstigen Stiftungsberatungen sollte deshalb auch darin bestehen, die unerlässlichen und wesentlichen juristischen Fragen dem Stifter in verständlicher Art und Weise nahezubringen oder, soweit die eigene Kompetenz überschritten ist (beispielsweise ist auch das Rechtsdienstleistungsgesetz zu beachten), über einen versierten Netzwerkpartner nahebringen zu lassen. Sodann sollte gemeinsam nach einer **Lösung** gesucht werden, die **überschaubar** und für den Stifter auch tatsächlich **nachvollziehbar**, aber vor allem (auch in Zukunft) durch die Beteiligten – etwa die Abkömmlinge des Stifters – **praktisch handhabbar** ist. Komplizierte Gestaltungen mögen einen Berater reizen, erfahrungsgemäß sind sie für die Praxis aber oftmals nicht dauerhaft tauglich.

39 Schon ab dem ersten Gespräch mit dem Stifter sollte der Berater die **Motive** (siehe § 1 Rdn 36 ff.), **Vorstellungen**, **Wünsche** und **Absichten** des Stifters gemeinsam mit dem Stifter erarbeiten.[20] Nur dann wird er überhaupt und zudem möglichst frühzeitig (kritisch) bewerten können, ob die Stiftung oder doch eine andere Rechtsform zu den Erwartungen und Vorstellungen des Stifters passt

20 Ausf. *Schiffer*, StiftungsBrief 2015, 121.

(Stiftungsreife, siehe Rdn 15 ff.). Eine Stiftungsidee reift oft erst über einen langen Zeitraum. Da ist dann nicht selten erhebliche **Geduld** gefragt, und zwar bei allen Beteiligten. Mit zunehmendem Alter werden Stifter, wie wir alle, nicht unbedingt entscheidungsfreudiger. Dabei erscheint es mir als eine Selbstverständlichkeit, dass der Berater den vom Stifter gewünschten Stiftungszweck nicht beeinflusst – und das schon gar nicht aus Eigeninteresse.

Zudem sollte der Berater die **Familienverhältnisse** des Stifters, die Haltung der Familie zu dem Stiftungsprojekt sowie die **Einkommens- und Vermögensverhältnisse** des Stifters sowie ggf. auch der Familie kennen. Insbesondere ist zu ermitteln, **welche Mittel tatsächlich** frei für die Errichtung einer Stiftung **zur Verfügung stehen** und nicht für den aktuellen **Lebensunterhalt** sowie die **Vorsorge** für Krankheit und Alter sowie für den Erbfall benötigt werden. Dazu befragt der Berater den Stifter und im besten Fall auch die Familie. Zudem bittet er um einschlägige Unterlagen (Steuererklärungen, Jahresabschlüsse etc.). Das ist mitunter heikel. Es ist deshalb empfehlenswert, frühzeitig den Steuerberater des Stifters einzubinden. Bei alledem ist immer wieder die **Sozialkompetenz** oder altmodisch gesagt das „Fingerspitzengefühl“ des Beraters gefragt. 40

III. Realisierung des Stiftungsprojekts

Jedes Stiftungsprojekt ist, wie wir gesehen haben, einmalig. Eine gewisse Strukturierung kann gleichwohl hilfreich sein. Für die Systematisierung des Errichtungsprozesses schlagen wir die Einteilung in die folgenden sieben Schritte vor.[21] 41

1. Die erste Idee zu einer Stiftung

Der Beginn jeder Stiftung ist stets die erste Idee des zukünftigen Stifters. Die Gedanken sind typischerweise noch unstrukturiert und ggf. auch noch gar nicht spezifisch auf eine Stiftung ausgerichtet. In der Regel geht es dabei um einen bestimmten Zweck oder auch mehrere Zwecke, die der potenzielle Stifter möglichst nachhaltig und dauerhaft unter Einsatz seines Vermögens verwirklichen möchte. 42

In der überwiegenden Zahl der Fälle wird der Stifter einfach nur „Gutes tun“ wollen, also gemeinnützige Zwecke verfolgen. Es kann sich aber auch um den Wunsch nach der Fortführung eines Familienunternehmens über die nachfolgenden Generationen hinaus und/oder nach einer dauerhaften Versorgung der Stifterfamilie handeln. Früher oder später kommt bei solchen Ideen meist der Gedanke an eine Stiftung auf – sei es durch Lektüre einschlägiger Informationsquellen oder nach Hinweisen aus dem Bekannten- oder Beraterkreis.

21 Vgl. schon *Schiffer/Pruns/Schürmann*, Die Stiftung 4/2014, 74, aktualisierte Fassung abrufbar hier: https://www.bonner-stiftungen.de/stiftung-errichten (abgerufen am 18.3.2026).

2. Verdichtung des Stiftungsgedankens

43 Nun gilt es, die Ideen und Ziele zu strukturieren und zu prüfen, ob eine Stiftungserrichtung tatsächlich in Frage kommt. Hierzu ist es unumgänglich, dass der Stifter das Gespräch mit einem im Stiftungsrecht versierten Berater sucht, um die Möglichkeiten und die Erfordernisse eines solchen Schrittes ausführlich zu sondieren.

Aufgabe des verantwortungsvollen Beraters ist es dabei auch, die „Stiftungsreife" zu prüfen. Das umfasst zum einen die Prüfung der persönlichen Qualifikation des potenziellen Stifters und seine Aufklärung über die möglichen Folgen einer Stiftungserrichtung, damit keine falschen Erwartungen entstehen. Der künftige Stifter muss insbesondere akzeptieren, dass er nach der Stiftungserrichtung nicht mehr frei über das gestiftete Vermögen verfügen kann und dass er in seinem Handeln ebenso an die Stiftungssatzung gebunden sein wird wie jedes andere Mitglied der Stiftungsorgane. Unter Umständen muss auch das immer noch häufige Missverständnis ausgeräumt werden, bei der Stiftung handele es sich um ein „Steuersparmodell". Einzubeziehen haben der potenzielle Stifter und sein Berater zudem die Familie des Stifters. Auch diese muss die Stiftungsgestaltung akzeptieren und mittragen.

Zum anderen muss neben der personenbezogenen auch die sachliche Stiftungsreife geprüft werden. Dabei muss insbesondere geklärt werden, ob überhaupt eine ausreichende Vermögensausstattung für eine rechtsfähige Stiftung vorhanden ist. Unter einem Anfangsvermögen von derzeit wohl 100.000 EUR ist eine Anerkennung der Stiftung von vornherein ausgeschlossen. Je nachdem, welche Zwecke verwirklicht werden sollen und wie sich der Personalaufwand der Stiftung gestaltet, wird aber durchaus ein deutlich höheres Stiftungsvermögen erforderlich sein, um sinnvoll zu stiften. In der Praxis erweist es sich zudem immer wieder als zweckmäßig, wenn der Stifter zu Lebzeiten mit einem kleineren Betrag „anstiftet" und der Stiftung den Großteil seines Vermögens im Wege der letztwilligen Verfügung zuwendet. Anders als bei einer durch letztwillige Verfügung errichteten Stiftung kann der Stifter in einem solchen Fall mit der Stiftung „üben", die Stiftungstätigkeit selbst vorbildhaft prägen und die Stiftung „feinjustieren".

3. Entwurf von Satzung und Stiftungsgeschäft

44 Sind diese wichtigen Punkte vorab geklärt und ist der künftige Stifter von der Stiftungserrichtung überzeugt, geht es an die Ausarbeitung der Stiftungssatzung. Da es sich hierbei um die entscheidende Grundlage der künftigen Stiftungsarbeit handelt, muss die Satzung präzise formuliert werden. Für diesen Prozess sollte sich der Stifter ausreichend Zeit nehmen.

In der Regel wird er seine Wünsche über die Organisation und die Zweckverwirklichung zunächst im Dialog mit seinem Berater erarbeiten. Es liegt dann an diesem, die gefundenen Ergebnisse in einer passenden Satzung niederzulegen.

Mit der Verwendung eines Musters ist es dabei nicht getan. Die Erfahrung zeigt, dass häufig mehrere Entwürfe zwischen dem Stifter und seinem Berater hin und her gehen, bis schließlich die passende Endfassung gefunden ist.

Bei der Arbeit an der Satzung stellt sich zwangsläufig die Frage, wie der Stiftungsvorstand und ggf. weitere Stiftungsorgane besetzt werden sollen. Spätestens in diesem Stadium muss der potenzielle Stifter aktiv Mitstreitende finden, die bereit und geeignet sind, diese (ehren- oder hauptamtlichen) Aufgaben zu übernehmen.

Entweder beruft der Stifter die Organmitglieder selbst oder die Organmitglieder werden von den in der Satzung festgelegten Instanzen oder Personen berufen. Spätere Neu- oder Wiederbestellungen von Organmitgliedern kann der Stifter sich ebenfalls vorbehalten. Nicht vergessen darf der Stifter dabei, dass auch, soweit möglich, für die Nachfolge in die Stiftungsorgane in den kommenden Jahren gesorgt sein muss. Denn die Stiftung existiert grundsätzlich auf unbestimmte Zeit und benötigt für ihre erfolgreiche Arbeit immer wieder „frisches Blut". Hier heißt es: vorausschauen und planen (Kandidatenliste), geeignete Kandidaten über längere Zeit beobachten, miteinander sprechen, sich kennen lernen, testen (Gaststatus im Stiftungsorgan) etc.

Bewährt haben sich hier klare, aber auch nicht zu starre Satzungsregelungen („Soll-Vorschriften"). Festgelegt werden kann etwa das Verfahren zur Suche nach geeigneten Personen (Auswahlgremien) und zu deren Wahl. Da aber die Zukunft bekanntlich unbekannt ist und bleibt, sollte der Stifter auch Änderungsmöglichkeiten in der Satzung schaffen.

Wenn die (Erst-)Besetzung der Stiftungsorgane und die Vermögensausstattung geklärt sind, kann abschließend auch der Entwurf des Stiftungsgeschäfts erfolgen.

4. Vorprüfung von Satzung und Stiftungsgeschäft

Es ist zwar nicht gesetzlich vorgeschrieben, aber dringend zu empfehlen, die 45
finalen Entwürfe von Satzung und Stiftungsgeschäft an die Stiftungsbehörde zur Vorprüfung zu übersenden. Soll eine gemeinnützige Stiftung errichtet werden, sollten die Dokumente auch vorab dem zuständigen Finanzamt zugeleitet werden, das ohnehin von der Stiftungsbehörde in das Verfahren der Anerkennung der Stiftung eingebunden werden wird. Auf diese Weise können in einem konstruktiven Dialog mit den Behörden etwaige Hindernisse, Bedenken oder auch Formulierungswünsche vorab „informell" geklärt werden.

Die Erfahrung zeigt leider, dass diese Zusammenarbeit mit den Behörden nicht immer ganz reibungslos verläuft. Aktuell sind insbesondere die Stiftungsbehörden personell unterbesetzt und nicht zuletzt aufgrund der Stiftungsrechtsreform häufen sich die Anfragen. Die deshalb einzuplanende Bearbeitungsdauer stellt für den erwartungsvollen Stifter eine gewisse Geduldsprobe dar. Sollte es hier zu unzumutbaren und auch mit der Behördenleitung ausnahmsweise nicht zu klärenden Hindernissen kommen, bleibt die Option, durch die Wahl eines anderen Sitzes für die künftige Stiftung die Zuständigkeit anderer Behörden zu erreichen.

Bei außergewöhnlichen Stiftungsgestaltungen hat es sich bewährt, schon vor der Erstellung des Satzungsentwurfes in den Dialog mit den Behörden zu treten und „kniffelige“ Fragen vorab mit diesen zu erörtern und zu klären.

5. Fertigstellung von Satzung und Stiftungsgeschäft

46 Liegen die behördlichen Stellungnahmen zu den Entwürfen vor, sind deren etwaige Kritikpunkte und Änderungswünsche zu prüfen und die Satzung sowie das Stiftungsgeschäft ggf. entsprechend anzupassen oder mit den Behörden zu klären, dass es doch bei den ursprünglichen Satzungsformulierungen bleibt. Naturgemäß ist die Kooperationsbereitschaft der verschiedenen Behörden dabei durchaus unterschiedlich ausgeprägt. In aller Regel ist aber ein ergebnisorientierter Dialog möglich.

Nachdem alle offenen Fragen geklärt sind, können die Satzung und das Stiftungsgeschäft abschließend fertiggestellt werden.

6. Einreichung der Dokumente zur Anerkennung

47 Die fertige Satzung und das Stiftungsgeschäft können nun zur Anerkennung bei der Stiftungsbehörde eingereicht werden. Je nach Verwaltungspraxis wird diese ggf. noch einige zusätzliche Dokumente anfordern. Dazu zählen etwa schriftliche Bestätigungen der ersten Vorstandsmitglieder zur Bereitschaft der Amtsübernahme, ein Nachweis über die Verfügbarkeit des zu übertragenden Anfangsvermögens, beispielsweise eine Bankbestätigung, oder auch eine aktuelle steuerliche Freistellungsbescheinigung der für den Fall der Stiftungsauflösung bedachten Institution (§ 61 Abs. 1 AO).

Wenn, wie hier angeregt, die Anerkennungsfähigkeit der Stiftung durch die Behörde bereits im Wege der Vorprüfung geklärt worden ist, handelt es sich bei der abschließenden Anerkennung nur noch um den formellen Akt. Trotzdem sind noch einige Wochen bis zur Ausfertigung der Anerkennungsurkunde einzurechnen.

7. Abschließende Maßnahmen und Beginn der Stiftungsarbeit

48 Sobald die Anerkennungsurkunde dem Stifter zugestellt worden ist, ist die Stiftung als juristische Person entstanden. Es ist dann unverzüglich das im Stiftungsgeschäft zugesicherte Anfangsvermögen auf die Stiftung zu übertragen.

Anschließend beginnt die Stiftungsarbeit mit der Konstituierung der Stiftungsorgane entsprechend den satzungsgemäßen Vorgaben. Sofern es sich um eine gemeinnützige Stiftung handelt, ist es eine der ersten Aufgaben des Vorstandes, die

„Feststellung der Satzungsmäßigkeit" nach § 60a AO beim zuständigen Finanzamt zu beantragen. Damit bescheinigt die Behörde verbindlich, dass die Satzung den Vorgaben der Abgabenordnung für eine Steuervergünstigung entspricht. Dies schafft nicht nur Rechtssicherheit, sondern ermöglicht der Stiftung auch die Ausstellung von Spendenbescheinigungen. Außerdem sind die Eintragungen in den einschlägigen Registern zu veranlassen, insbesondere ab 1.1.2028 im Stiftungsregister (siehe § 4 Rdn 80 ff.) sowie dem Transparenzregister.[22]

Damit sind vorerst die notwendigen organisatorischen und behördlichen Schritte abgeschlossen. Die Stiftung ist nun bereit, ihre satzungsmäßigen Zwecke erfolgreich zu verwirklichen.

C. Beratung einer Stiftung

I. Beratungszeitraum – Dauerberatung

Mit der Errichtung einer Stiftung endet der Bedarf an Beratungsleistungen in 49
aller Regel nicht. Der Beratungszeitraum dauert länger. Die Beratung kann zu einer Dauerberatung werden. Die **Stiftung selbst** und damit vor allem die mit ihrer Leitung betrauten **Organe** bedürfen nicht selten der **Unterstützung**, und das nicht nur zu Beginn der Stiftungstätigkeit. Projekte müssen umgesetzt und dabei beispielsweise die Vorgaben des Gemeinnützigkeitsrechts eingehalten werden. Oder es stellen sich mit Blick auf die Mitarbeitenden der Stiftung Fragen des Arbeits- und Sozialrechts. Auch Fragen der Satzungsauslegung können auftreten, etwa weil die Mitglieder der Stiftungsorgane unterschiedlicher Auffassung über die Reichweite ihrer jeweiligen Kompetenzen sind. Satzungsänderungen können notwendig werden, die Stiftung kann ihre Tätigkeiten ausweiten wollen oder Krisensituationen stellen sich ein.

Auch hier existiert mithin ein weites Feld an Themen, die Gegenstand der fortlau- 50
fenden Stiftungsberatung sein können. Unter einen Oberbegriff gefasst geht es um Stiftungs-**Compliance**. Berater, die in Stiftungsangelegenheiten tätig sind, und auch die Stiftungsaufsichtsbehörden stehen nicht selten vor dem Problem des **Auseinanderfallens von Stiftungssatzung und Stiftungswirklichkeit**. Bei gemeinnützigen Stiftungen droht bei einer von der Satzung abweichenden tatsächlichen Geschäftsführung der Verlust der Gemeinnützigkeit (siehe § 9 Rdn 238 ff.). Es ist für die handelnden Personen auch nicht leicht, in dieser Spezialmaterie fehlerfrei tätig zu sein, und dementsprechend auch für die beraten-

22 Siehe dazu etwa *Fassin/Lorenz*, DB 2025, 993; *Lorenz/Fassin*, BB 2025, 2061; *Schwalm*, npoR 2024, 50; *Bieniek*, StiftungsBrief 2021, 12; *Böttcher*, npoR 2021, 292; *Kotzenberg/Lorenz*, ZStV 2020, 29; *Theuffel-Werhahn*, StiftungsBrief 2020, 18; *Schwalm*, ZStV 2020, 146; *Uhl*, StiftungsBrief 2020, 177; *Lorenz*, DStR 2020, 2547; *Schürmann*, StiftungsBrief 2018, 8; *Schiffer/Schürmann*, BB 2017, 2626.

den Personen, hier fehlerfrei zu beraten. Will man an den Begriff der Stiftungsreife (Rdn 15 ff.) anknüpfen, so geht es hier um eine **Stiftungsorganreife. Corporate Governance** ist das englische Stichwort, ohne dass wir diesen Themenbereich in aller „wissenschaftlicher Breite" erschöpfen können und wollen.

51 **Nachgefragt: Private setzen verbindliche Regeln?**

Nicht verkennen sollten wir dabei, dass in Deutschland **Stifter- und Stiftungsfreiheit** herrscht (siehe § 3 Rdn 5 ff.) Natürlich sind dabei die rechtlichen Rahmenbedingungen vor allem des Stiftungsrechts und des Stiftungssteuerrechts zu beachten. Davon handelt dieses Buch. Auch von Verbänden geschaffene Regeln können als Maßstäbe zu beachten sein (siehe etwa § 4 Rdn 24 ff., „IDW-Grundsätze"). Entsprechende Gütesiegel, Zertifizierungen und sonstige „Regeln guter Stiftungspraxis" dürfen wir aber nicht als zwingend bindende „Ersatzgesetze" begreifen.[23] Solche Vorgaben und Regelwerke sind von privaten Institutionen und damit aus Sicht des Stifters von dritter Seite geschaffen worden, d.h. sie sind eben gerade nicht entweder vom demokratisch legitimierten Gesetzgeber und/oder eben auch nicht privatautonom vom Stifter oder den Stiftungsorganmitgliedern gesetzt worden. Die betreffenden Regeln finden dennoch etwa als Haftungsmaßstab[24] der (angeblich?) herrschenden Meinung Eingang in die Rechtsprechung. Oder sie werden vom Stifter oder später von den Stiftungsorganen in das privatautonom geschaffene Regelwerk oder in Anstellungsverträge[25] implementiert und erhalten so ihre Anwendungsberechtigung. Diese Zusammenhänge sollten uns Anlass geben, immer sehr genau zu prüfen, ob die betreffenden privaten Regelwerke tatsächlich Geltung beanspruchen dürfen.

II. Kontrolle der Stiftung

52 Steuerbegünstigte gemeinnützige Stiftungen und auch nicht steuerbegünstigte Stiftungen werden, wie in diesem Buch an verschiedenen Stellen erläutert, aus den verschiedensten Gründen errichtet. Neben **philanthropischem Engagement** stehen hinter dem Wunsch zur Errichtung einer Stiftung nicht selten zugleich (**legitime!**) **Eigeninteressen**, wie etwa die Hoffnung auf eine dauerhafte Nachfolgeregelung für das Familienunternehmen, finanzielle Interessen, die langfristige Sicherung des Familienvermögens, das Wachhalten der Erinnerung der zukünftigen Generationen an die Person des Stifters oder eine sonstige bedeutende Person, deren Namen die Stiftung trägt. Zunehmend findet man auch das Zusatzmotiv

---

23 So aber wohl *Burgard*, in: Nietsch/Weller/Kiesel (Hrsg.), Kulturstiftungen, S. 104 („Verbandsaufgabe").

24 Hier ist zu beachten, dass neben die „Compliance-Haftung" auch eine Haftung aus anderen Gründen treten kann – etwa eine Haftung aus wettbewerbsrechtlichen Gründen; siehe generell dazu etwa *Hohmuth*, GmbHR 2014, 1249.

25 Näher dazu etwa *Hohmuth*, BB 2014, 3061.

der steuergünstigen Öffentlichkeitsarbeit bei unternehmensnahen gemeinnützigen Stiftungen.

Die **Ziele einer Stiftung** werden in der Stiftungssatzung und dort insbesondere in den Regelungen zum Stiftungszweck, aber nicht zwingend nur dort, ausdrücklich festgelegt. Die Stiftungszwecke bestimmen sich ausschließlich **nach dem Willen des Stifters** (siehe insbesondere § 3 Rdn 5 ff. und 54 ff.). Nach der Anerkennung durch die Aufsichtsbehörden ist der Stiftungszweck grundsätzlich der Disposition des Stifters und der von ihm gewählten Stiftungsorgane entzogen. Maßstab ist die Regelung in der Stiftungssatzung. Daran haben sich alle Beteiligten durchgehend zu halten. Da mag beispielsweise das Gemeinnützigkeitsrecht vor allem in der Auslegung durch die Finanzverwaltung als noch so „hinderlich" erscheinen. Es ist zu beachten! Zweifelsfragen sind mit den Behörden, wenn eben möglich, vorher zu klären, damit sich die Stiftungsorganmitglieder und auch die Stiftungsberater nicht hinterher Vorwürfen und (Schadensersatz-)Forderungen ausgesetzt sehen. Manches funktioniert eben bei einer gemeinnützigen Stiftung nicht so wie in der freien Wirtschaft. 53

Wir erinnern hier beispielsweise an **§ 55 AO** (Grundsatz der **Selbstlosigkeit**, siehe § 9 Rdn 254 ff.): Bei Auflösung oder Aufhebung der gemeinnützigen Stiftung oder bei Wegfall ihres bisherigen Zwecks darf das Vermögen der gemeinnützigen Stiftung wie das jeder anderen gemeinnützigen Körperschaft, soweit es die eingezahlten „Kapitalanteile" übersteigt, nur für steuerbegünstigte Zwecke verwendet werden (Grundsatz der **Vermögensbindung**, § 55 Abs. 1 Nr. 4 i.V.m. Abs. 3 AO). Die (Zu-)Stifter und deren Erben dürfen bei Auflösung oder Aufhebung der Stiftung nicht mehr als ihre „eingezahlten Kapitalanteile" (= gestiftetes Vermögen) zurückerhalten (§ 55 Abs. 1 Nr. 2 i.V.m. Abs. 3 AO). Ganz generell darf die Stiftung oder eine sonstige Körperschaft keine Person (auch nicht den Stifter und/oder Organmitglieder) durch Ausgaben, die dem Zweck der Stiftung fremd sind, oder durch unverhältnismäßig hohe Vergütungen begünstigen (§ 55 Abs. 1 Nr. 3 AO). 54

Schon von daher sind gewinnorientierte Investitions- und Exitstrategien, wie wir sie aus der Wirtschaftswelt kennen, für „**Social Entrepreneure**" grundsätzlich zum Scheitern verurteilt. Verkaufen kann man eine Stiftung ohnehin nicht, weil sie bekanntlich keine Gesellschafter/Eigentümer hat. Das zu erkennen und zu akzeptieren, gehört also auch zur **Stiftungsreife** bei gemeinnützigen Stiftungen. Eine entsprechende Erkenntnis ist gerade bei erfolgsverwöhnten Unternehmern, die es gewohnt sind, nach ihrem Willen zu gestalten und erfolgreich Grenzen auszuloten, nicht ganz leicht zu erwirken. Da hört man als „Ermöglichungsanwalt" dann auch einmal den Vorwurf, ein „Verhinderungsanwalt" zu sein. Hier gilt es, einen kühlen Kopf zu bewahren und dem Mandanten (Stifter, Stiftung, Stiftungsorganmitglied etc.) den aktuell sichersten Weg aufzuzeigen sowie über die Risiken deutlich und belegbar **aufzuklären**, damit der Mandant eine fundierte Entscheidung treffen kann. 55

56 Vor allem die Formulierung und Ausgestaltung des Stiftungszwecks, aber auch die Satzung insgesamt bedürfen, wie bereits in den vorangehenden Darstellungen immer wieder ausführlich ausgeführt wurde, ganz besonderer Sorgfalt. Die **Erfüllung des Stiftungszwecks** nach den Vorgaben der Satzung (tatsächliche Geschäftsführung) obliegt dann den vom Stifter bestimmten Stiftungsorganen, deren Arbeit durch die staatlichen Stiftungsaufsichtsbehörden überwacht wird (siehe § 4 Rdn 29 ff.). Bei der steuerbefreiten gemeinnützigen Stiftung kommt wegen der Einhaltung der Vorschriften des Gemeinnützigkeitsrechts die Kontrolle durch die Finanzverwaltung hinzu. Auch die Finanzverwaltung professionalisiert sich noch stärker als bisher und achtet auf die Einhaltung der §§ 51 ff. AO. Da gebe man sich keinen Illusionen hin. Von den Finanzbehörden wird vor allem geprüft, ob die **tatsächliche Geschäftsführung** einer gemeinnützigen Stiftung auf die ausschließliche und unmittelbare Erfüllung der steuerbegünstigten Zwecke gerichtet ist und den Bestimmungen entspricht, die die Stiftungssatzung über die Steuervergünstigungen enthält (§§ 63, 59 AO). Außerdem werden insbesondere die satzungsmäßige Vermögensbindung der Stiftung (§ 61 AO) und – wie die aktuelle Praxis zeigt – die zeitnahe Verwendung der Mittel der Stiftung geprüft, ggf. im Wege der Außenprüfung (siehe § 9 Rdn 252 ff.).

57 Eine **interne Kontrolle**, wie sie ein Verein durch seine Mitglieder und eine Gesellschaft durch ihre Gesellschafter erfährt, fehlt bei der Stiftung grundsätzlich. Die Stiftung hat weder Mitglieder noch Eigentümer, die diese Funktion übernehmen könnten. Eine gewisse Kontrolle außer der durch einen etwaig installierten **Stiftungsrat**, der aber eben auch selbst Organ der Stiftung ist, wird durch die **Destinatäre** der Stiftung und den **Stifter** ausgeübt, die in der Regel ein materielles oder ideelles Interesse an einer satzungsgemäßen Zweckerfüllung der Stiftung haben, aber eben keine eigenen Ansprüche, etwa auf Auskunft, gegenüber den Stiftungsorganen haben. Regelmäßig ist in der Stiftungssatzung ausdrücklich auch ein Anspruch der Destinatäre auf Leistung (Förderung) durch die Stiftung ausgeschlossen.

58 Die **Aufsichtsbehörden** sind für ein (schnelles Eingreifen) in der Regel auf „stiftungsinterne“ Hinweise angewiesen. Die Rolle, die die Destinatäre dabei spielen, ist praktisch zu vernachlässigen. Sie sind weder an der Stiftungsführung beteiligt, noch haben sie einen konkreten Einblick in die Geschäfte der Stiftung. Familienstiftungen und unternehmensverbundene Stiftungen bilden insoweit eine Ausnahme, als die Familienmitglieder oder die Unternehmensangehörigen häufig in einer besonderen Nähebeziehung zur Stiftung stehen, die ihnen zumindest einen begrenzten Einblick in die interne Stiftungstätigkeit ermöglicht.

59 Die Einrichtung einer wirksamen (inneren) **Kontrolle** der Stiftungstätigkeit, d.h. **eines internen Kontrollsystems,**[26] obliegt folglich im Wesentlichen dem **Stifter.**[27]

26 Ausf. dazu *Koss*, ZStV 2014, 171.
27 Folgend etwa *Burgard*, in: Nietsch/Weller/Kiesel (Hrsg.), Kulturstiftungen, S. 101.

Er kann durch eine besonnene Ausgestaltung der Stiftungssatzung und die kluge Regelung zur Besetzung der Stiftungsorgane späteren Unregelmäßigkeiten in der Stiftungsführung frühzeitig begegnen – auch für die Zeit nach seinem Tod. Ist er Mitglied eines Stiftungsorgans (Stiftungsvorstand oder Stiftungsratsmitglied), kann er zusätzlich einwirken. Dies setzt jedoch voraus, dass sich der Stifter selbst an die Stiftungssatzung gebunden fühlt.

Aufgabe des Beraters ist es, zum einen im **Errichtungsprozess** auf die Einrichtung eines solchen Kontrollsystems hinzuwirken und den Stifter bei dessen Ausarbeitung und Implementierung unterstützend zu begleiten. Zum anderen kann zu seinen Aufgaben die **laufende Beratung der Stiftungsorgane** bei der Ausübung ihrer Ämter und Erfüllung ihrer Aufgaben gehören und somit auch die Sicherstellung der Wirksamkeit des Kontrollsystems. Schließlich kann ihm auch beispielsweise als Mitglied eines Organs eine Rolle als Teil des Kontrollsystems zugedacht sein. Hier zeigen sich dann aber auch Grenzen eines solchen Systems, denn auf Seiten des Beraters können Interessenkonflikte ebenfalls nicht ausgeschlossen werden. 60

III. Praxisbeispiel: Verstoß gegen den Stiftungszweck

Wie die Praxis zeigt, treten vor allem Probleme auf, wenn der Stifter selbst unmittelbar oder mittelbar durch die von ihm (faktisch) kontrollierten Stiftungsorgane gegen den Stiftungszweck verstößt oder wenn eben diese Stiftungsorgane – nach dem Tod des Stifters – autonom gegen den Stiftungszweck und den rechtlichen Rahmen der Stiftung verstoßen. Ein solcher **Verstoß** kann verschiedene Gründe haben. 61

Mitunter sind Verstöße auf **schlecht formulierte Stiftungssatzungen** zurückzuführen, in denen der ursprüngliche Stifterwille nur unzureichend zum Ausdruck kommt. Die Stiftungswirklichkeit hat sich in solchen Fällen oft schleichend von der Stiftungssatzung und dem Stiftungszweck entfernt. Es werden beispielsweise bei einer unternehmensverbundenen Familienstiftung, die einst zur Erhaltung des Familienunternehmens und zur finanziellen Absicherung der Familie des Stifters errichtet worden ist, mit der Zeit die Ausschüttungen an die Destinatäre als nicht mehr so „wesentlich" empfunden. Die **„Ausschüttungspolitik"** der Stiftung wird vorrangig von den Interessen des Unternehmens bestimmt. Oder es gerät umgekehrt das kurzfristige Familieninteresse einseitig zulasten des Unternehmens in den Vordergrund. Diese Interessen widersprechen zunehmend denen der Familiendestinatäre. Oder es werden bei einer unternehmensnahen gemeinnützigen Stiftung die Mittel der Stiftung verspätet ausgezahlt und „vorübergehend" dem Unternehmen zugeführt, um dieses in Krisenzeiten zu unterstützen. 62

Teilweise werden an die Gründung der Stiftung auch **falsche Vorstellungen und Erwartungen** geknüpft, die vom Stiftungszweck grundsätzlich nicht gedeckt 63 sind und/oder vom Stiftungsrecht nicht gedeckt werden können. So bieten Stiftungsgestaltungen – etwa die Stiftung & Co. KG – gerade im Unternehmensbereich regelmäßig eine geringere Flexibilität als andere Rechtsformen für Unternehmen, was durchaus nicht jedem Stifter bewusst (geworden) ist. Das kann an ihm selbst liegen, wenn er sich etwa mit der Angelegenheit nicht wirklich näher beschäftigt hat, oder auch an dem Berater, der nicht ausführlich genug beraten hat.

64 Der in der Praxis häufigste Fall ist aber wohl der, dass sich ein Stifter trotz eingehender Beratung im Errichtungsprozess oder wegen des Fehlens einer passenden Beratung letztlich der vollen **Tragweite „seiner" Stiftungserrichtung** nicht wirklich bewusst war und auch nach Errichtung (noch) nicht bewusst geworden ist. Der Stifter erkennt nicht wirklich, dass die Stiftung ein sehr langlebiges, von ihm unabhängiges Gebilde ist, dessen Wirkung sich auf die Ewigkeit richtet. Die Stiftung eignet sich eben nicht zur Verfolgung kurzfristiger oder gar kurzsichtiger Ziele. Stiftern ist mitunter nur schwer zu vermitteln, dass sie mit der wirksamen Stiftungserrichtung das Eigentum an dem Stiftungsvermögen verlieren. Dieses geht auf die Stiftung über, ohne dass der Stifter dadurch Eigentum an der Stiftung erlangt. Die Stiftung ist ausschließlich sich selbst und ihrer Satzung verpflichtet.

65 Letztlich ist es wohl nicht selten eine **Mischung** aus **enttäuschten Erwartungen** und **Unkenntnis der Grundprinzipien des Stiftens**, die in der Praxis zu Verstößen gegen die Stiftungssatzung führen. So scheuen Stifter mitunter auch den vermeintlich mühsamen Weg über die behördlich genehmigte Satzungsänderung. Sie sehen hierin einen unnötigen Formalismus und betrachten die Stiftung als weiterhin nach ihrem Willen formbar und das Vermögen der Stiftung nach wie vor als ihr eigenes. Sie akzeptieren nicht, dass Stiftungszweck und Stiftungsvermögen ihrer freien Disposition entzogen sind und verfahren mit der Stiftung so, wie sie es für angemessen halten und vielleicht auch aus anderen Zusammenhängen, etwa aus ihrem Unternehmen, gewohnt sind. Die Kontrolle durch die Stiftungsorgane versagt in diesen Fällen mitunter, weil die Organe durch den Stifter kontrolliert werden.

66 Bei den nicht steuerbefreiten Familienstiftungen spielen ggf. auch persönliche und familiär bedingte **Vorlieben und Abneigungen** zwischen Stifter, Stiftungsorganen und Destinatären eine besondere Rolle. Sie können die jeweilige Stiftungspolitik im Einzelfall stark beeinflussen. Der materielle Schaden, der für Stiftung und Gesellschaft aus solchen Verstößen entsteht, ist jedoch meist gering, wenn die Stiftung die Erträge weiterhin ausschüttet.

67 Viel größer als der etwaige materielle Schaden ist dagegen der Vertrauensschaden, den die vorstehend angesprochenen „Verstöße" bei den Stiftungsorganen, den Destinatären und schlimmstenfalls auch in der Öffentlichkeit hinterlassen. In der Praxis sind Verstöße oft auch nur schwer feststellbar. Die Aufsichtsbehörden sind auf Hinweise Dritter angewiesen, die sich etwa durch das Vorgehen des

Stifters benachteiligt fühlen. Es kommt deshalb nicht ganz selten vor, dass entsprechende Verstöße jahrelang „unbeachtet“ bleiben.

Mitunter wird ein einschlägiges Problem erst mit oder nach dem Tod des Stifters bekannt. Es bleibt den Hinterbliebenen nur übrig, mit Hilfe von Aufsichtsbehörden und Stiftungsanwälten eine vertretbare Lösung zu erarbeiten. Dies wird dadurch erschwert, dass etwa bei ggf. notwendigen Satzungsanpassungen der Wille des Stifters stets zu berücksichtigen ist. Ist aber beispielsweise der Stiftungszweck von Anfang an nur vorgeschoben gewesen, um ein ganz extremes Beispiel zu nennen, lassen sich kaum für die Zukunft brauchbare Lösungen herleiten. 68

Praxishinweis: Untreue (§ 266 StGB)? 69

Untreue ist in der Praxis ein Thema auch bei Stiftungen. Bei jeder Mittelfehlverwendung stellt sich automatisch die Frage, ob zugleich ein Verstoß gegen diese Strafrechtsnorm vorliegt.[28] Leider ist der Untreuetatbestand recht unscharf.

Das Bundesverfassungsgericht hat durch Beschluss vom 23.6.2010 in drei miteinander verbundenen Verfahren[29] über die Anwendung und Auslegung des Tatbestandes der Untreue (§ 266 Abs. 1 StGB) unter dem Gesichtspunkt des Bestimmtheitsgebotes des Art. 103 Abs. 2 GG entschieden. Einerseits hat das BVerfG wenig überraschend die im juristischen Schrifttum zum Teil bezweifelte[30] Verfassungsmäßigkeit des Untreue-Tatbestandes als gegeben angesehen. Andererseits hat es in einem Fall die Bewährungsstrafe, die wegen Untreue ergangen war, wegen Verletzung des Rechts der Beschwerdeführer aus Art. 103 Abs. 2 GG aufgehoben und diese Sache an das Landgericht Berlin zurückverwiesen. Der Untreuetatbestand lasse eine konkretisierende Auslegung zu, die die Rechtsprechung in langjähriger Praxis umgesetzt und die sich in ihrer tatbestandsbegrenzenden Funktion grundsätzlich als tragfähig erwiesen habe.

In dem BVerfG-Beschluss (dort Rn 6 ff.) findet sich folgende interessante „historische“ Ausführung, die die Relevanz des Themas für Stiftungen hervorhebt:

„Das Strafgesetzbuch des Norddeutschen Bundes vom 31.5.1870 erweiterte diesen Tatbestand in mehrfacher Hinsicht; diese Fassung des Untreuetatbestands wurde unverändert als § 266 in das Reichsstrafgesetzbuch vom 15.5.1871 (RGBl S. 127) übernommen. Sie lautete:

---

28 Siehe etwa auch *Altenburger*, BB 2015, 323 („Unternehmerische (Fehl-)Entscheidungen als Untreue? Eine gefährliche (Fehl-)Entwicklung“).

29 BVerfG, Beschl. v. 23.6.2010 – 2 BvR 2559/08, 2 BvR 105/09, 2 BvR 491/09, NJW 2010, 3209.

30 Siehe etwa *Fischer*, Strafgesetzbuch, § 266 Rn 5 m.w.N.

Wegen Untreue werden mit Gefängnis, neben welchem auf Verlust der bürgerlichen Ehrenrechte erkannt werden kann, bestraft:

1) Vormünder, Kuratoren, Güterpfleger, Sequester, Massenverwalter, Vollstrecker letztwilliger Verfügungen und ***Verwalter von Stiftungen****, wenn sie absichtlich zum Nachteile der ihrer Aufsicht anvertrauten Personen oder Sachen handeln; …“*

IV. Compliance bei Stiftungen

70 Compliance[31] bedeutet nichts anderes als Regeltreue und Regelkonformität. Es ist nicht nur so, dass ein Stiftungsberater diese Themen kennen sollte. Nein, sie bieten ihm sogar eine große **Beratungschance**. Deshalb sollen hier die wesentlichen Punkte dazu festgehalten werden. Aktuell haben Corporate Governance und Compliance die größte praktische Bedeutung bei börsennotierten Unternehmen, aber auch für mittelständische Unternehmen und Familienunternehmen sowie für die rechtsfähige Stiftung gewinnen sie zunehmend an Bedeutung.[32] So wird auch für Stiftungen und sonstige NPO vermehrt die Frage nach der Einführung von Corporate Governance-Regeln und -Systemen für eine ordnungsgemäße Tätigkeit der Stiftungsorgane und der sonstigen Mitwirkenden gestellt. Die Regeln müssen dann auch nachhaltig umgesetzt werden. Es ist eine **Compliance-Organisation**[33] zu schaffen.

71 Teil einer Compliance-Organisation können, wie einzelne uns bekannte Praxisbeispiele belegen, auch **Ombudsfrauen und Ombudsmänner** sein. Dabei sind verschiedene Ansätze zu unterscheiden.[34] Der Ombudsmann kann als externe und unabhängige Person tätig werden, die aus der Stiftung heraus bei dem Verdacht eines Regelverstoßes in der Stiftung angesprochen werden kann. Solche Ombudsleute für interne Angelegenheiten kennen wir bereits aus der Wirtschaft. In der Stiftungswelt sind sie noch ganz vereinzelt, wobei einzuräumen ist, dass die dortige Verschwiegenheit keine wirklich verlässliche statistische Einschätzung zulässt. Neben diesen Ombudsleuten für interne Angelegenheiten kennen wir

31 Siehe *Schiffer*, StiftungsBrief 2019, 121 und 183 f.; siehe allgemein *Moosmayer/Lösler*, Corporate Compliance – Handbuch der Haftungsvermeidung im Unternehmen, 4. Aufl., 2024; *Kremer/Bachmann/Favoccia/v. Werder*, Deutscher Corporate Governance Kodex (Kommentar), 9. Aufl. 2023; *Schiffer/Rödl/Rott* (Hrsg.), Haftungsgefahren im Unternehmen, 2004; *Schiffer*, ZCG 2006, 143; *Gräwe*, ZStV 2013, 81; ausf. zur Corporate Governance bei Kulturstiftungen („Foundation Governance“) *Burgard*, in: Nietsch/Weller/Kiesel (Hrsg.), Kulturstiftungen, S. 87; *Ritter*, StiftungsBrief 2014, 17; *von der Linden*, DStR 2022, 1765 ff.

32 Siehe schon *Schiffer*, StiftungsBrief 2019, 223 f.

33 Siehe etwa *Schulz*, BB 2019, 579 ff. („Daueraufgabe“); siehe auch schon *Schiffer*, ZCG 2006, 143 und die zahlreiche aktuelle Compliance-Literatur.

34 Ein Überblick zu der Vielfalt der Ombudsleute findet sich bei de.wikipedia.org/wiki/Ombudsmann. Zu den einzelnen, nachfolgend genannten Ombudsleuten befrage man das Netz mit einer gängigen Suchmaschine.

solche aus der Wirtschaft, die sich um Kundenbeschwerden kümmern (Beispiele: Banken und Versicherungen). Solche Ombudsleute für externe Angelegenheiten finden sich vereinzelt auch in der Stiftungswelt.

Beispiele für Maßstäbe im Sinne von Corporate Governance-Regeln für Stiftungen 72

Handlungsprinzipien und -maßstäbe für Stiftungen hat nicht nur der Bundesverband Deutscher Stiftungen mit seinen Grundsätzen guter Stiftungspraxis, sondern etwa auch der Deutsche Sparkassen- und Giroverband entwickelt.[35] Nachdem das Deutsche Stiftungszentrum in Essen im Stifterverband für die Deutsche Wissenschaft schon vor längerer Zeit „Grundsätze guter Stiftungsverwaltung" vorgestellt hat, ist der Bundesverband Deutscher Stiftungen, Berlin, mit seinen „Grundsätzen Guter Verwaltung von Treuhandstiftungen" („Treuhandverwaltungs-Grundsätze") gefolgt (siehe § 12 Rdn 105).[36]

Obwohl wir ab und an durchaus Zweifel an der umfassenden deutschen „Regelfreude" haben, finden wir es doch absolut richtig, dass mit solchen Ausarbeitungen die Professionalisierung in der Stiftungswelt weiter vorangetrieben wird. Die zunehmende Begeisterung, die der Rechtsform Stiftung entgegenschlägt, hält noch keinesfalls ausreichend mit den für eine erfolgreiche Stiftungsarbeit erforderlichen fachlichen Kenntnissen Schritt. Die besagten Regeln und Grundsätze sind, was mitunter verkannt wird, nicht ohne weiteres rechtlich bindend (siehe auch Rdn 51). Sie können aber wertvolle Hilfen und Anregungen für die Praxis geben.

Das Thema **Corporate Governance** und Compliance ist ersichtlich ein ausgesprochen weites Feld. Der Begriff ist, was mancher in der Praxis verkennt, letztlich „nur" ein Schlagwort für ein bekanntes Thema.[37] Der Begriff stammt aus dem anglo-amerikanischen Rechtsraum.[38] Eine Begriffsfindungsdiskussion kann hier jedoch dahinstehen, denn jedenfalls beschäftigt man sich hier unter dem neudeutschen Schlagwort „Corporate Governance" mit dem Setzen und Einhalten von **Regeln, die für Mitarbeiter und insbesondere für die Organe von Unternehmen gelten.**[39] Diese Regeln können mit unterschiedlich weit reichendem Regelungscharakter[40] (etwa obligatorisch, freiwillig, unverbindlich; Gesetz, 73

35 Man befrage über eine gängige Suchmaschine das Netz zu den aktuellen Fassungen.

36 Abrufbar hier: https://www.stiftungen.org/fileadmin/stiftungen_org/Stiftungen/Stiftungsgruendung/Grundsaetze-guter-Verwaltung-von-Treuhandstiftungen.pdf (abgerufen am 18.3.2026).

37 Siehe nur *Schiffer/Rödl/Rott* (Hrsg.), Haftungsgefahren im Unternehmen, 2004.

38 Siehe etwa schon *Berndt*, ZCG 2006, 1 (enge und weite Auslegung des Begriffs); *Burgard*, in: Nietsch/Weller/Kiesel (Hrsg.), Kulturstiftungen, S. 89.

39 Siehe zu dem Stichwort etwa fortlaufend auch unter www.wikipedia.org;

40 Die nur begrenzten Möglichkeiten der Regulierung einer effektiven Corporate Governance betont etwa schon *Berndt*, ZCG 2006, 1.

Richtlinie, Absichtserklärung) von unterschiedlichen Interessengruppen gesetzt werden, etwa durch den Gesetzgeber, die Inhaber, die Mitarbeiter, das Unternehmensaufsichtsorgan (Beirat, Aufsichtsrat), die Geschäftspartner und die menschliche Gesellschaft an sich. Corporate Governance ist letztlich weniger ein starres System von Regelungen, sondern eher ein Prozess, der sich nach den jeweils aktuellen Anforderungen weiterentwickelnder Grundsätze und Normen bestimmt, d.h. fortlaufend in der praktischen Erprobung ist. Die EU-Kommission hat ein Europäisches Corporate Governance-Forum eingerichtet, das die Konvergenz der nationalen Corporate Governance-Kodizes fördern sowie die Kommission beraten soll.[41] In Deutschland sind Corporate Governance-Grundsätze im Corporate Governance-Kodex fixiert.[42] Zusätzlich wird Corporate Governance als „Best-Practice-Modell“ diskutiert und empfohlen.[43] Klar sollte sein, dass sich aus den „Regeln“ bei Verstößen immer wieder auch Haftungsgefahren ergeben.[44]

74 „Gute“ Corporate Governance soll vor allem aber für verantwortliche, qualifizierte, transparente und auf den langfristigen Erfolg ausgerichtete Unternehmensführung sorgen. Wesentliche Stichworte dazu sind: Unternehmensstrategie, Organbesetzung, Organkompetenz, Organkontrolle, Berichtswesen, Risiko- und Chancenmanagement, Vergütungsstrukturen, Rechnungslegung, Abschlussprüfung und Publizität. Corporate Governance soll so aktuell vor allem das Vertrauen von Aktionären und Investoren in den Kapitalmarkt stärken. Dabei soll sie aber nicht stehen bleiben. Zusätzlich wird diskutiert, die Idee der Corporate Governance für weitere Bereiche nutzbar zu machen, wie für KMU,[45] aber eben auch für Stiftungen.

75 Die (gemeinnützige) Stiftungsarbeit wird zunehmend professioneller. Das ist nicht neu, aber nachhaltig zu begrüßen. Zur Corporate Governance werden schon länger Fragen nach der Kontrolle der Stiftungsorgane,[46] nach den Grundsätzen einer ordnungsgemäßen Stiftungsverwaltung[47] oder nach den Grundsätzen guter Stiftungspraxis (siehe Rdn 51) gestellt und es werden Vorschläge dazu entwickelt. Die Welt der Wirtschaft liefert dabei viele Vorbilder. So wird uns in der

41 Siehe zu den EU-Ansätzen auch *Gebhardt*, ZCG 2006, 13.

42 www.corporate-governance-code.de.

43 So etwa schon *Wolf*, AWR 2004, 167; *Steuber*, DStR 2006, 1182.

44 Siehe schon ausf. *Schiffer/Rödl/Rott* (Hrsg.), Haftungsgefahren in Unternehmen – Ein Handbuch für Unternehmer, Führungskräfte und deren Berater, 2004.

45 *Winkeljohann/Kellersmann*, ZCG 2006, 8.

46 Plastisch etwa schon *Steuber*, DStR 2006, 1182 („Kontrolle oder Moral“).

47 Siehe z.B. schon *Neuhoff*, Rote Seiten zu Stiftung & Sponsoring 2/2003 („Versuch einer Stiftungsethik“).

Stiftungswelt künftig vermehrt auch das Thema „Tax-Compliance“[48] treffen, was angesichts des deutschen, kaum überschaubaren Steuerrechts eine erhebliche Belastung ist.

Ein modernes, betriebswirtschaftlich orientiertes[49] **Stiftungsmanagement** (siehe § 4 Rdn 6 ff.) und eine angemessene Kostenrechnung mit einem praxistauglichen Berichtswesen zur Planung und Kontrolle der „Unternehmung“ Stiftung (Rdn 24 ff.) werden zunehmend als Basis einer erfolgreichen Stiftungsarbeit erkannt und gefordert. Der konkreten Evaluation und der Qualitätssicherung in der Stiftungspraxis wird vermehrt Aufmerksamkeit gewidmet.[50] Um eine langfristig erfolgreiche Stiftungstätigkeit sicherzustellen, reicht es in der Tat nicht aus, nur die Mittelverwendung zu dokumentieren und zu kontrollieren. Es sind auch für Stiftungen in der Tat ggf. Nützlichkeitsstandards, Durchführungsstandards (einschließlich Fairnessstandards) und Genauigkeitsstandards im Sinne von Best-Practice-Regelungen zu erarbeiten. Darin sollte sich die aktuelle Diskussion zur Corporate Governance bei Stiftungen aber nicht erschöpfen. Nicht vergessen werden darf, dass das Haftungsrecht für Mitglieder von Stiftungsorganen einerseits natürlicher Ausgangspunkt für eine „Best-Practice“ ist, andererseits aber von den beteiligten Kreisen noch immer unterschätzt wird. 76

Praxishinweis: Stärkung des individuellen Vertrauens 77

Verdeutlichen sich die Mitglieder eines Stiftungsorgans die in diesem Buch dargestellten **Haftungsregeln** (siehe § 5 Rdn 1 ff.), ist auch schon viel im Sinne einer Corporate Governance für Stiftungen getan. Die Haftungsregeln werden von den bereits vorgelegten oder derzeit noch diskutierten Best-Practice-Regelungen für die Tätigkeit von Stiftungsorganen beeinflusst. Entscheidend für die „ordnungsgemäße und gewissenhafte Geschäftsführung einer Stiftung“ erscheint in erster Linie weniger ein (genereller) Corporate Governance-Kodex für Stiftungen als vielmehr die Stärkung des individuellen Vertrauens in die persönlichen Fähigkeiten und die Integrität der jeweiligen Mitglieder der Stiftungsorgane für deren jeweiliges Umfeld.[51] Persönliches Vertrauen aber wird bekanntlich immer wieder individuell auf vielfältige Art und Weise erarbeitet und nicht etwa vorrangig durch Rechtsregeln. Hier sind und bleiben **Moral und Ethik** entscheidende Stichworte.

---

48 Siehe generell zu diesem Thema *Aichberger/Schwartz*, DStR 2015, 1691 und 1758 („Tax Compliance – der Vorstand im Fokus?“) mit Hinweisen zur Errichtung eines Tax-Risk-Managements.

49 Siehe etwa die empirische Studie zur betriebswirtschaftlichen Orientierung von Stiftungen, die *Sandberg* vorgelegt hat: Stiftung & Sponsoring 1/2006, 39; www.stiftungsmanagement-projekt.de.

50 Ausf. *Beywl/Henze/Mäder/Speer*, Rote Seiten zu Stiftung & Sponsoring 2/2002.

51 In dieser Richtung für eine „Unternehmensführung“ auch *Berndt*, ZCG 2006, 1, 7.

78 Je nach Stiftungstypus wird man zudem unterscheiden:

- Best-Practice-Regeln werden beispielsweise bei einer **Familienstiftung** typischerweise zunächst der Stifter bei der Gründung in der Satzung oder etwa einem „Stiftertestament“ und künftig die Familie bezogen auf ihren konkreten Fall, etwa über einen Familienrat als in der Satzung festgelegtes freiwilliges Überwachungsorgan der Stiftung, festlegen. Die Allgemeinheit ist hier insoweit nicht betroffen.
- Auch bei einer **unternehmensverbundenen Stiftung** stellt sich je nach Zweck die Frage nach der Corporate Governance aus Sicht der betroffenen Personenkreise (Stifter, Familie, Unternehmen). Die Allgemeinheit ist auch hier insoweit nicht betroffen.
- Bei **gemeinnützigen Stiftungen** kommt aufgrund der gewährten Steuerfreiheit das Interesse der Allgemeinheit als Ansatzpunkt für Corporate Governance-Regelungen zu den bereits genannten Hauptinteressengruppen Stifter und Destinatäre hinzu.[52]

79 **Hinweis: Zehn Empfehlungen für gemeinnützige Unternehmensstiftungen**

Der Arbeitskreis Unternehmensstiftungen des Bundesverbandes Deutscher Stiftungen hat sich eines besonderen Themas angenommen – der gemeinnützigen Unternehmensstiftung. Der Arbeitskreis unter der Leitung von *Ekkehard Winter* hat zehn Empfehlungen[53] für diese besondere „Art“ von Stiftungen verabschiedet, die künftig weiter bearbeitet werden sollen.

Diese Empfehlungen möchten wir hiermit ausdrücklich zur Lektüre empfehlen.

D. Beratungsreife und Beratungs-Know-how

80 Die Herausforderungen der Stifter- und Stiftungsberatung sind, wie wir bis hierhin gesehen haben, mannigfaltig und die Anforderungen an die Person des Beraters entsprechend groß und vielschichtig. Im Folgenden versuchen wir deshalb einige über die Jahrzehnte gewonnene Erfahrungswerte zumindest zu skizzieren.

I. Beraterreife

81 Der Stifter ist regelmäßig in rechtlichen Dingen eher unerfahren und wird daher leicht durch eine Beratung „überfahren“, deren Schwerpunkt von Anfang an auf

52 Siehe etwa *Steuber*, DStR 2006, 1182, 1185 f.; *Wolf*, AWR 2004, 167, 171; jew. m.w.N.

53 Abrufbar unter https://www.stiftungen.org/fileadmin/stiftungen_org/Verband/Was_wir_tun/Veranstaltungen/AK-Unternehmensstiftungen/Zehn-Empfehlungen-Unternehmensstiftungen.pdf (abgerufen am 18.3.2026).

den nicht leichten rechtlichen und steuerrechtlichen Fragen eines Stiftungsprojektes liegt. Die detaillierte Erörterung der anstehenden Rechtsfragen mit einem Stifter führt (jedenfalls zu Beginn der Beratung) eher dazu, dass dieser mehr verwirrt als in die Lage versetzt wird, seinen gedanklichen Ansatz zu konkretisieren. Die **juristische Technik** ist Sache des spezialisierten Rechtsberaters. Der Rechtsanwalt sollte hier seinen **Mandanten nicht überfordern**.

Das Stiftungsrecht und das Stiftungssteuerrecht sind, wie bereits angesprochen, 82
zu **kompliziert** und zu **komplex**, als dass der Laie und/oder der nicht informierte Berater sich allein zurechtfinden könnte. Besonders wesentlich ist es z.B. für unternehmensbezogen stiftende Unternehmer – aber nicht nur für diese – typischerweise, dass ihr (Familien-)Vermögen über ihren Tod hinaus zusammengehalten wird. Das Vermögen soll nicht zersplittern und eine hohe Steuerbelastung soll möglichst vermieden werden, um vor allem den Liquiditätsabzug aus dem Unternehmen zu begrenzen. Daneben wird häufig über die Hingabe größerer Geldbeträge für gemeinnützige Zwecke nachgedacht. Wesentlich konkreter sind die gedanklichen Ansätze potenzieller Stifter zumindest in der ersten Phase ihrer Überlegungen häufig nicht. Dem gilt es, durch eine behutsame Beratung abzuhelfen, die den potenziellen Stifter zunächst dabei unterstützt, seine Vorstellungen zu konkretisieren. Patentlösungen gibt es dazu nicht. Die Erfahrung zeigt, dass beinahe jeder einzelne Fall, wie oben angesprochen, eine ganz spezifische Lösung erfordert. Die **Beratungspflichten** des einzelnen Beraters richten sich nach den Gegebenheiten des jeweiligen Einzelfalles. Vor allem wenn sich die Beratung zu einem Dauermandat auswächst, können sich daraus zusätzliche Beratungspflichten ergeben.[54] Auf den Punkt gebracht: Auch der Stiftungsberater sollte folglich die erforderliche Stiftungsreife als spezielle **Beraterreife** mitbringen.

Vor diesem Hintergrund besonders irritierend erscheint da der stolze Bericht des 83
Mitarbeiters einer Stiftungsaufsichtsbehörde irgendwo in Deutschland über eine Stiftungserrichtung, die man in nur vier Tagen durchgezogen habe, denn der Stifter habe die „übliche Mustersatzung“ der Behörde verwendet; so sei man ganz schnell fertig gewesen. Es erscheint ausgesprochen **zweifelhaft**, ob für den Stifter das bei der Behörde **Übliche** wirklich **nachhaltig passend** ist. Typischerweise ist ein Stifter mit seinem konkreten Stiftungswunsch gerade nicht „üblich“. Vielmehr hat er in aller Regel spezifische Wünsche und Vorstellungen zu „seiner“ Stiftung, die im Laufe der Beratung weiterzuentwickeln und zu konkretisieren sind. Eine ihm schnell übergestülpte Mustersatzung dürfte dem Stifter einen Bärendienst erweisen. Er wird die Mustersatzung auch kaum wirklich durchdacht und verstanden haben. Sie wird ihm mit etwaigen Alternativen zur Abfassung der Satzung oder sogar zu alternativ denkbaren Rechtsformen nicht in der erforderlichen Deutlichkeit und Tiefe erläutert worden sein. Die Stiftungsreife (siehe

54 Siehe dazu etwa OLG Koblenz, Urt. v. 15.4.2014 – 3 U 633/13, DStRE 2015, 955 (Aufgaben eines Steuerberaters); siehe dazu die Urteilsanmerkung von *Hömig/Matz*, DStR 2015, 966.

Rdn 15 ff.) ist als Gedanke bei einer solchen Stiftungserrichtung sicherlich nicht wirklich ein Thema. Es kommt erschwerend hinzu, dass Mitarbeitende einer Stiftungsbehörde ja auch gar nicht (passende) Berater des Stifters sein können. Sie sind diejenigen, die im Namen der Behörde eine Stiftung nach § 80 Abs. 2 BGB „anerkennen" und später zudem die Geschäftsführung der Organe überprüfen. Dabei haben sie allein zu prüfen, ob die Stiftung und die Geschäftsführung der Stiftung den gesetzlichen Vorschriften entsprechen. Sie sind von Gesetzes wegen aber gerade nicht dazu berufen, zu prüfen, was für das Vorhaben des Stifters am besten passt und welche Zweckverwirklichungs- und Vermögensverwaltungsmaßnahmen ergriffen werden sollten. Den dazu erforderlichen ausführlichen Dialog mit dem Stifter oder mit den Stiftungsorganen führen Mitarbeitende der Stiftungsbehörde schon aus Zeitgründen nicht.

84 Schließlich hat ein Kollege unter dem Pseudonym „Zerberus" „aus dem Tagebuch eines Erbrechtsanwalts" nach einem Bericht über zwei an diesem Tag abgelehnte Mandatsanfragen wegen Testamentsanfechtung wörtlich Folgendes über eine letzte Beratung an diesem Tag geschrieben:[55]

> *„Letzter Termin abends: Termin zu einer Stiftungsgründung. Ein älteres Ehepaar ist mit seinen drei erwachsenen Kindern mitgekommen. Die Kinder sind nicht wie die Eltern auf Rosen gebettet. Zu meiner großen Überraschung erklären diese, selbstverständlich den Willen der Eltern zu akzeptieren und auch den notwendigen Pflichtteilsverzicht zu unterzeichnen. Was für ein Kontrastprogramm. Gibt es das wirklich noch, oder habe ich mich verhört? In aller Ruhe Stiftungszweck und Begünstigte besprochen, Notartermine wurden gleich vereinbart. …"*

Irren wir uns oder erinnert das nicht stark an die hier immer wieder kritisch betrachtete Schnellberatungspraxis und an den schnellen Stiftungsbehördenmitarbeiter? Aber eine Stiftungsberatung braucht Zeit. Der Stiftungswille ist gründlich zu hinterfragen. Die Stiftungsreife ist zu prüfen, denn gestiftet wird in den meisten Fällen für die Ewigkeit.

85 **Praxishinweise zu einer objektivierenden Beratung**

Mein (*Schiffer*) Doktorvater, Prof. Dr. *Karl-Heinz Böckstiegel*, Köln, hat als erfahrener Schiedsrichter mir mehrfach den Rat gegeben: *„Die Lösung liegt im konkreten Fall!"*, was ich in jungen Jahren gar nicht recht verstanden habe, weil ich Sicherheit im Gesetz und im Recht gesucht habe. Mit den Jahren habe ich mehr und mehr verstanden: Das ist in der Tat ein guter Lösungsansatz. Wie wir gesehen haben, ist vor Lösungen von der Stange gerade bei Stiftungen nachdrücklich zu warnen. Eine solche pauschale Lösung basiert in aller Regel auf einer „unpassenden" Beratung – man könnte auch sagen „auf gar keiner echten Beratung". Häufig handelt es sich um ein Modell, das sich jemand im

55 ZErb 11/2016, S. I.

stillen Kämmerlein ausgedacht hat, um es an die Frau und den Mann zu bringen, ohne dabei deren Wünsche und Bedürfnisse objektivierend zu betrachten und in den Lösungsvorschlag einzubringen.

II. Die Gefahren einseitig steuerlicher Betrachtungen

Bei der Beratung in Stiftungsprojekten spielen steuerliche Aspekte typischerweise 86
eine wesentliche Rolle (siehe dazu §§ 8 und 9). Wer die Ausführungen in diesem Buch aufmerksam gelesen hat, weiß jedoch, dass für den Bereich des Stiftungsrechts (wie auch sonst) mit Nachdruck davor zu warnen ist, eine rechtlich zulässige Gestaltung allein aus steuerrechtlichen Erwägungen zu wählen. Dafür ist der **Atem des Steuergesetzgebers viel zu kurz**, während **Stiftungen auf Nachhaltigkeit ausgerichtet** sind (§ 80 Abs. 1 S. 1 BGB). Kein Rechtsgebiet ist so stetigen Änderungen und Verkomplizierungen unterworfen wie das Steuerrecht (man denke nur an das andauernde Reformwerk „Unternehmensbesteuerung").

Zu fordern ist bei einer Stiftungs- und Nachfolgegestaltung allerdings in jedem 87
Fall eine **steuerliche Optimierung der gewählten Konstruktion**. Auch die steuerbefreite Stiftung ist aber eben kein Steuersparmodell. Leider wird das in der Praxis nicht immer beherzigt, was zur Folge hat, dass die Stiftung manchmal ungewollt in ein unverdient schlechtes Licht gerückt wird. Wenn vor diesem Hintergrund, wie es in der Fachliteratur immer wieder zu beobachten ist, eine (über-)betont steuerliche Betrachtung verschiedener rechtlicher Gestaltungsmöglichkeiten vorgenommen wird, ist das zu einseitig.[56] Einseitige Auslegungen führen aber nur in die Irre. Bei solchen **„Spar-Dich-reich-Ansätzen"** fallen viele zielführende Fragen unter den sprichwörtlichen Teppich. Um nicht falsch verstanden zu werden: Natürlich sind wesentliche steuerliche Hinweise unverzichtbar. Es gilt aber eben auch hier der alte Beratergrundsatz: *„In Steuern denken, aber nicht wegen Steuern lenken."*

Das alles kann gegenwärtig bei der Beratung in Stiftungsprojekten gar nicht 88
deutlich genug betont werden, denn eine ganz **neue Generation von Beratern** hat das Thema Stiftung für sich entdeckt und nutzt insbesondere **die sozialen Medien** für Anpreisungen der vermeintlichen steuerlichen Vorteile von Stiftungen. Da gibt es dann den *„kostenfreien Kalkulator, der Ihnen in nur 2 Min. empfiehlt, ob sich die Gründung einer Stiftung für Sie lohnt (inkl. Begründung)"*.[57] Das Ergebnis erhält man dann aber leider nur gegen Angabe der persönlichen Daten. Schade eigentlich! Aber bei solchen mit Ja oder Nein zu beantwortenden Fragen wie *„Ist Ihnen wichtig, dass Sie Ihr Vermögen vor Insolvenz, Scheidung*

56 Beispiel: *Kraft*, DStR 2016, 2825. Mitunter ist aber nicht einmal die steuerliche Betrachtung vollständig. So fehlt etwa bei *Kraft* die, wie nicht nur der Praktiker weiß, „nicht ganz unwichtige" Frage nach der Erbersatzsteuer (§ 1 Abs. 1 Nr. 4 ErbStG).

57 So die Aussage hier: https://lp.rettig-partner.com/macht-eine-stiftung-fuer-mich-sinn/ (abgerufen am 03.03.2026).

und Rechtsstreitigkeiten schützen?" dürfte eindeutig sein, wie der Rat ausfällt. Wenn dann aber in Videos beispielsweise davon die Rede ist, der Freibetrag der Schenkungsteuer bei der Übertragung von Vermögen auf eine Stiftung betrage 400.000 EUR, wenn man denn den Kreis der Begünstigten nur richtig wählt, so zeigt sich schnell, wie verkürzt hier aus unserer fachlichen Einschätzung die Betrachtungen sind: Sollen etwa nur die Kinder des Stifters begünstigt und die Stiftung nach deren Tod wieder aufgelöst werden? Oder soll dann durch Satzungsänderung der Kreis der begünstigten Personen erweitert werden? Und welche steuerlichen Folgen wird das dann wiederum haben (vgl. zu diesen Fragen § 8 Rdn 51).[58]

89 Auch die **Angst vor dem Staat**, der sich angeblich „alles holt, was er kann", und vor dem das Vermögen geschützt werden muss, ist gerne einmal Protagonist solcher mit dramatischer Musik unterlegter Videos. Dieser Schutz vor dem Staat oder anderen „Langfingern" soll dann mit Stiftungen und Stiftungs-Holding-Strukturen möglich sein, so wie etwa auch die **Wegzugsbesteuerung** durch Stiftungen im Inland zu vermeiden sein soll. Der Umstand, dass die Stiftung der staatlichen Aufsicht unterliegt oder dass das Vermögen der Stiftung ab Errichtung ausschließlich der Stiftung gehört, ferner die Frage nach dem faktischen Ort der Verwaltung der Stiftung, all das findet bei solchen Betrachtungen allenfalls in schnell zur Seite gewischten Nebenbetrachtungen statt.

90 Solche **(über-)betont steuerlichen Betrachtungen** verschiedener rechtlicher Gestaltungsmöglichkeiten finden sich aber nicht nur in den sozialen Medien, sondern **auch** in der **Fachliteratur**. Natürlich müssen auch Berater ihre Leistungen anbieten und „vermarkten". Fachaufsätze zu schreiben ist da eine vielfach probate Marketing-Möglichkeit, wobei alles rund um „Steuern sparen" offenbar besonders gut funktioniert. Wohl deshalb begegnen uns immer mehr Ausführungen über die angebliche und/oder echte Vorteilhaftigkeit gewisser Gestaltungen. Mitunter scheint es sogar, als lebten manche Publikationen nur noch davon. Die „cash-GmbH", die dank bestimmter Vorteile für unternehmerisches Vermögen helfen sollte, Erbschaftsteuer zu sparen, war so ein Fall.[59] Aber es werden auch eben solche Randerscheinungen wie die Familienstiftung und die Doppelstiftung weiterhin geradezu angepriesen. Es finden sich fast mehr Verlautbarungen über solche ja letztlich Rechtsformexoten, als es überhaupt praktische Beispiele gibt. Problematisch erscheint uns auch hier der ausschließliche Blick auf das bekannt-

58 Nicht angesprochen wird bei solchen Beispielen, dass sich in Zukunft der Destinatärkreis der Stiftung ändern muss, soll diese nicht aufgelöst werden, was Erbschaft- und Schenkungsteuer auslösen kann, vgl. *Brechmann*, ZEV 2025, 84.

59 Man lese nur, was das BVerfG in seiner Erbschaftsteuerentscheidung v. 17.12.2014 Deutliches zu der von so vielen Beratungseinheiten unter Ausblendung von § 42 AO bis zuletzt propagierten „cash-GmbH" gesagt hat; siehe dazu auch die Besprechung des Urteils von *Schiffer*, npoR 2015, 4 mit zahlreichen Nachweisen.

lich immer wieder recht vergängliche Steuerrecht und die vermeintlichen oder echten Steuervorteile.[60]

Zielführende Fragen: 91

Es kann doch nicht sein, dass bei einer tendenziell auf die Ewigkeit ausgerichteten Stiftung nur oder überwiegend das heutige Steuerrecht interessieren soll. Haben wir gerade das Steuerrecht doch als Chaos[61] im beschleunigten Änderungsmodus kennen und fürchten gelernt. Einseitige Auslegungen führen hier nur in die Irre. Bei solchen **„Spar-Dich-reich-Ansätzen“** fallen viele zielführende Fragen unter den sprichwörtlichen Teppich. Wir wollen hier einige zum Thema „Unternehmensnachfolge durch Stiftungen“ nennen, die sich uns über die Jahre erschlossen haben:[62]

1. Was ist mit den Menschen, die von der Unternehmernachfolge durch Stiftungen betroffen sind?
2. Wie geht man etwa mit den Abkömmlingen um, die sich nicht ganz selten enteignet fühlen und die für das Vorhaben einer „Familienstiftung“ oder einer unternehmensverbundenen Stiftung erst gewonnen werden müssen?
3. Passt diese oder jene Form der Stiftungsgestaltung oder eine Stiftung überhaupt zum Unternehmen und zu den Mitgliedern der Unternehmerfamilie?
4. Wie findet man die richtigen Protagonisten, die das Unternehmen für die Stiftung und durch die Stiftung steuern sollen?
5. Wie beantwortet man die nicht eben profane Frage der nachhaltigen Erst- und Neubesetzung der Stiftungsorgane?
6. Welche Auswirkungen hat die inzwischen geklärte Verfassungswidrigkeit des aktuellen Erbschaftsteuerrechts im Zusammenhang mit der Unternehmernachfolge?
7. Wie wirkt sich die Mitwirkung der Stiftungsaufsicht auf die Stiftung und das mit ihr verbundene Unternehmen aus?
8. Wie stattet man eine Stiftung mit der erforderlichen Flexibilität für das Unternehmen aus?
9. Ergeben spezielle Gestaltungen auch betriebswirtschaftlich Sinn?
10. Wie geht man mit den tendenziellen Nachteilen, etwa der prinzipiellen Starrheit und Unumkehrbarkeit von Stiftungsgestaltungen (Ewigkeitstendenz), um?

60 Sehr speziell, aber auch sehr interessant und erfreulicherweise auch durchaus mit kritischen Tönen etwa *Theuffel-Werhahn*, RFamU 2025, 12 („Die Familienverbrauchsstiftung zur steueroptimierten Unternehmensnachfolge?“).

61 Siehe etwa schon deutlich *Tipke*, StuW 1971, 2; siehe auch *Wachter*, GmbHR 2013, R113; *Schiffer*, Steuerprüfung und Betriebsprüfung, 2014, S. 13 ff.

62 Zu all diesen Fragen finden sich Antwortvorschläge in den vorhergehenden Kapiteln.

92 All das wird gerne übersehen, wenn das Thema Steuern bei dem Berater einseitig im Vordergrund steht. Aktuelles Steuerrecht darf aber nie der entscheidende Maßstab für langfristige unternehmerische Entscheidungen sein. Vor allem dann nicht, wenn es um so langfristige Festlegungen wie die Gestaltung einer Unternehmernachfolge geht, und schon gar nicht im Hinblick auf Stiftungsgestaltungen, die ja grundsätzlich eine Einbahnstraße sind und deshalb in sämtlichen wichtigen Punkten zur Unternehmerfamilie passen müssen.

93 Es bleibt aus unserer Sicht in der Praxis nichts anderes übrig, als offen zu sein und zu bleiben für die **Vor- und auch die Nachteile** einer angepriesenen Möglichkeit! Gemeint ist einmal mehr die „gute alte“ **Gesamtbetrachtung**, bezogen auf den konkreten Einzelfall. Bei einer Stiftung gilt das für einen außerordentlich langen Zeitraum. Sie ist, wie etwa die Fuggerei in Augsburg zeigt, grundsätzlich auf immer angelegt. Das übersteigt die sonst üblichen Planungshorizonte von drei bis fünf Jahren doch sehr. Alle Aspekte wirklich adäquat zu würdigen, mag also im Zuge des Tempos und der Tendenz zur Überspezialisierung unserer Tage schwer sein. Es bleibt trotzdem unerlässlich, es zu versuchen – ganz besonders, wenn es um die viele Menschen betreffende Zukunft eines Unternehmens bei einer unternehmensverbundenen Stiftung als Denkansatz geht. Leider werden diese Punkte in der Praxis nicht oder jedenfalls nicht durchgehend beherzigt, was ggf. zur Folge hat, dass die Stiftung ungewollt in ein unverdient schlechtes Licht gerückt wird.[63]

III. Ein Muss: Die verständliche Sprache

94 Rechtliche und gerade auch steuerrechtliche Zusammenhänge sind nicht immer einfach zu verstehen. Gerade das Stiftungswesen ist keine einfache Materie. Es verwundert deshalb nicht, dass es immer wieder zu **Kommunikationsmissverständnissen** kommt, etwa dann, wenn Laien als Stifter oder Organmitglieder unreflektiert auch zu wissen meinen, wie es z.B. geht, gemeinnützig Gutes zu tun. Solche Missverständnisse bei der Einschätzung der eigenen Kompetenzen und der Schwierigkeit der Materie müssen wir als Beratende möglichst verhindern. Tatsächlich ist das aber leichter gesagt als getan.

95 Wir kennen das alle: Zu viel unverständliches Deutsch, verschrobene Formulierungen, Fachausdrücke, „Juristendeutsch“, Schachtelsätze etc. Wir denken, dass gerade eine unklare oder auch unnötig komplizierte Sprache mit ein Grund für manch ein Rechtsproblem ist. Dieses Buch wird trotz aller Sorgfalt, die wir versucht haben an den Tag zu legen, leider auch negative Beispiele dafür liefern. Arbeiten wir daran! Die Sprache ist unser Hauptwerkzeug. Jedenfalls fassen wir uns als Anwälte an unsere eigenen Nasen und verstehen diese Ausführungen

63 So sind wir z.B. bei der Lektüre eines Newsletters auf folgende Überschrift gestoßen: „Unternehmensstiftung: Steuerersparnis und Nachfolgeregelung für Unternehmer – Die legale gemeinnützige Stiftung ‚Made in Germany'“.

auch als Aufforderungen an uns selbst, im Bemühen um eine klare Sprache nicht nachzulassen. Die Kunst der Beratung bei Stiftungserrichtungen und sonstigen Stiftungsangelegenheiten sollte also auch darin bestehen, die unerlässlichen und wesentlichen juristischen Fragen den stiftungsinteressierten Personen und den Mitgliedern der Stiftungsorgane in verständlicher Art und Weise nahezubringen. Dabei hängt die Ausdrucksweise natürlich immer von dem Adressaten ab, mit dem man kommuniziert. Stichwort: Empfängerhorizont!

Praxishinweis: Beratung in Stiftungsprojekten – Bitte im Gespräch bleiben 96

Am Anfang der Gestaltung eines Stiftungsprojektes steht typischerweise eine **vage Grundidee** des Stifters, die dieser zusammen mit seinem Berater entwickelt und/oder **konkretisiert**. Der Berater wird dabei immer die juristischen und steuerrechtlichen Möglichkeiten im Auge behalten und seinem Mandanten eine angemessene Lösung vorschlagen. Ein Stifter wird vor einer zu komplexen Gestaltung, die er letztlich nicht durchschaut, in der Regel (zu Recht) zurückscheuen. Er wird sein Stiftungsprojekt auf die lange Bank schieben oder es direkt aufgeben.

Stiftungsrecht und Stiftungssteuerrecht sind ja auch nicht wirklich einfache Materien! Auch dieses Buch zeugt davon. Jeder Stiftungsberater oder sogar ein jeder in der Stiftungswelt weiß es: Da helfen nach meiner Erfahrung nur persönliche Gespräche – mit dem Stifter und ggf. mit den beteiligten Behörden. Bleiben wir also bitte hartnäckig und drängen darauf – auch wenn ein (weiteres) Gespräch zunächst verweigert wird. Die Gründe für eine etwaige Gesprächsverweigerung können vielfältig sein: Arbeitsbelastung, Unerfahrenheit, Unsicherheit etc. Aber wir wissen es doch eigentlich alle: Wer sich in die Augen schaut und seine Gedanken im Dialog erläutert, kann besser klarmachen, was er meint. Und er versteht in aller Regel auch sein Gegenüber viel besser.

Das haben wir nicht nur einmal erfahren: Nach einem Briefwechsel stockte ein Stiftungsprojekt. Ein Gespräch war zunächst nicht möglich. Nach einigem wohldosierten Drängeln kam es doch zustande. Im Gespräch vor Ort kam es dann innerhalb weniger als 30 Minuten zu einer Erledigung der Angelegenheit.

Bei der Bundesfinanzakademie habe ich (*Schiffer*) zum Abschluss eines vor Finanzbeamten aus ganz Deutschland zum Thema Stiftungen gehaltenen Vortrages gefragt, was die Beamten sich von der Beratungszunft wünschen. Heraus kam vor allem ein Punkt: In Problemfällen bitte persönlichen Kontakt über Telefon oder ein Gespräch. Das überrascht nicht wirklich, ist aber doch schön zu hören. Bleiben wir also im Gespräch! Es dient der (gemeinsamen) Sache, wenn alle Seiten das so sehen! – Umso bedauerlicher ist es, dass manche Stiftungsbehörde aktuell wegen Überlastung telefonisch nicht mehr erreichbar ist. Wir hoffen, das ändert sich wieder.

Eine gute Gesprächsvorbereitung, die durchaus auch mit der anderen Seite im Sinne einer Tagesordnung abgestimmt werden sollte, ist unerlässlich. Sie ist eine wesentliche Grundlage für den Gesprächserfolg. Tun wir das nicht als Allerweltsweisheit und Selbstverständlichkeit ab, sondern besinnen uns im oftmals hektischen Berufsalltag immer wieder darauf. Der Gesprächspartner wird ein solches professionelles Vorgehen in aller Regel begrüßen. Und nach meiner Erfahrung spart es im Ergebnis sogar Zeit. Also: Im Gespräch bleiben.

IV. Zurückschreckende Stifter

97 Zu beobachten ist auch, dass Stifter nicht selten kurz vor Abschluss des Stiftungsprojektes vor dessen tatsächlicher Umsetzung zurückschrecken. Sie zögern, den letzten Schritt zu vollziehen und das für die Stiftung vorgesehene Vermögen tatsächlich auf diese zu übertragen. Um eine endgültige Entscheidung zu vermeiden, wird dann nicht selten der Weg der Errichtung einer Stiftung von Todes wegen gewählt. Gerade die Errichtung einer Stiftung von Todes wegen birgt aber die Gefahr, dass das Stiftungsprojekt nicht im Sinne des Stifters umgesetzt wird. Nach seinem Tod kann der Stifter auf etwaige Fehlentwicklungen in der Anfangsphase der Stiftung oder auf geänderte Umstände keinen Einfluss mehr nehmen. Er muss sich absolut auf den entsprechend beauftragten Testamentsvollstrecker und/oder die von ihm eingesetzten Stiftungsorgane verlassen. Die Errichtung einer Stiftung von Todes wegen ist daher häufig nur die zweitbeste Lösung (siehe § 3 Rdn 24 ff.). Es ist immer sinnvoll, darüber nachzudenken, zu Lebzeiten mit wirklich freien Mitteln, die in keinem Fall mehr für den eigenen Lebensunterhalt benötigt werden, eine **Stiftung anzustiften**, die dann später Erbin wird.

V. Netzwerke

98 Bei Spezialproblemen und für Spezialfragen ist grundsätzlich auch **Spezialwissen** erforderlich, das der Berater sich erst einmal aneignen muss. Ein Erfolg versprechender Ansatz gerade für kleinere Beratungseinheiten ist hier die Zusammenarbeit in unterstützenden **interdisziplinären Netzwerken** aus Steuerberatern, Rechtsanwälten, Wirtschaftsprüfern und sonstigen Beratern. Diese Netzwerke können mehr oder weniger eng geknüpft sein bis hin zu einer durchsetzungsstarken Dachmarke. Der erhebliche Kostendruck durch den Verwaltungsaufwand einer Großkanzlei entfällt bei diesem Ansatz. Die Flexibilität sowie die Mandantennähe kleinerer Einheiten bleiben erhalten. Pure Größe ist nicht der Maßstab! Der Markt arbeitet für die kleineren, flexiblen Einheiten. Das gilt für den Bereich der Stiftungen ganz besonders.

99 Wohl kein Mandant erwartet von seinem Berater fachliche Omnipotenz und vollständiges präsentes Wissen. Die meisten **Mandanten erwarten** aber dennoch vor allem, dass sich ihr Berater aus echtem Interesse für sie engagiert, ein offenes Ohr hat, professionell arbeitet und das dem Mandanten verdeutlicht. Ein echtes

Interesse für die Stiftungswelt und das Stiftungswesen dürfte demnach für eine erfolgreiche Beratung ausgesprochen hilfreich sein. Zudem sind Stifter oft ältere Menschen. Wie auch immer man die Abgrenzung zum Älterwerden definiert,[64] so sollte man nicht verkennen, dass die Beratung älterer Menschen mitunter eine besondere Aufgabe und Herausforderung ist.[65]

VI. Stiftungsberatung als Projektmanagement

Der Berater einer Stiftung wird vielfach Manager der von ihm für seine Mandanten bearbeiteten Probleme sein – als eine Art Projektmanager. Als bewusster **Beratungsansatz** wird das Projektmanagement von Beratern, die sich eher als Fachspezialisten denn als Manager begreifen, aber wohl noch immer eher selten gesehen. Projektmanagement[66] wird in der Wirtschaft bei einmaligen, komplexen und zeitlich begrenzten Vorhaben (Projekten) eingesetzt. Ziel ist eine bessere und schnellere Lösung, als sie innerhalb der „normalen" Unternehmensstruktur zu erwarten ist. Ein Projektmanagement mobilisiert und koordiniert die Fach- und Managementkompetenz der Mitarbeiter des Unternehmens organisationsübergreifend, fachübergreifend und unabhängig von der bestehenden Struktur ergänzt durch Fachkräfte von außen. Hier liegt z.B. der konkrete Ansatzpunkt für den Estate Planner. Struktur und Verfahren eines Projektmanagements unterscheiden sich naturgemäß stark je nach Größe und Komplexität der Projekte, nach innovativem Gehalt und Risikostruktur der Projekte, nach Integrationsbedarf unternehmensfremder Elemente, nach Informations- und Steuerungsbedarf. 100

Ein wesentlicher Faktor für ein erfolgreiches Projektmanagement ist das **Projektteam.** In einem Team ergänzen sich im Idealfall Fähigkeiten und Persönlichkeiten. Die Verantwortung dafür liegt häufig ausdrücklich oder auch nur faktisch bei dem Stiftungsberater. Dieses Einsatzfeld und diese Möglichkeiten müssen wir nutzen! Generell tun wir das noch viel zu wenig. In jedem Fall muss klar sein, wer das Projekt führt, sonst steigt die Versuchung, die Verantwortung hin und her zu schieben. Das führt nicht nur unweigerlich zu Verzögerungen, sondern kann ein Projekt auch vollständig scheitern lassen. Erforderlich sind klare Projektmanagementregeln. 101

---

64 Mit zunehmendem Alter schieben wir die Grenze immer weiter nach oben. Schon lange finden wir den dem Beatles-Senior *Paul McCartney* zugeschriebenen Satz „Trau keinem über 30!" nicht mehr richtig.

65 *Wiedemann* hat das bereits 2014 grundsätzlich untersucht (NJW 2014, 3419). Er betont richtigerweise den „Schutz älterer Menschen" und die mannigfaltigen Herausforderungen in der Beratungspraxis. Das Seniorenrecht ist inzwischen als eigenes Beratungsfeld anerkannt, vgl. etwa *Wagner*, Das Mandat im Seniorenrecht – und wie Kanzleien davon profitieren, AnwBl 2024, abrufbar unter https://anwaltsblatt.anwaltverein.de/de/themen/kanzlei-praxis/seniorenrecht (abgerufen am 18.3.2026).

66 Es wird auf die einschlägige Managementliteratur verwiesen. Siehe auch *Schiffer*, Der Unternehmensanwalt, S. 221 f.

102 In Stiftungsprojekten ist es durchaus üblich, dass z.B. der erstberatende „Hausanwalt“ für ein Stiftungsprojekt einen in der Spezialmaterie erfahrenen und ausgewiesenen Kollegen als **Zweitberater** hinzuzieht. Der Berater eines Stifters und/oder einer Stiftung wird vielfach tatsächlich **Projektmanager** der von ihm für seine Mandanten bearbeiteten Probleme im Zusammenhang mit der Stiftungserrichtung sein.

VII. Checklisten und moderne Beratung?

103 Vor einiger Zeit erzählte mir (*Schiffer*) jemand, er habe eine ganz tolle Beraterin. Die habe hervorragende Checklisten und so alles im Griff. Heute höre wir ergänzend, wie gut die KI doch Themen durchleuchte (siehe auch § 1 Rdn 3) und dass eine Beratungs-App für eine Beratung reichen soll.[67]

Da waren und sind wir doch ein wenig erstaunt. Natürlich muss der Berater viel von seinem Fach verstehen und einiges dazu wissen, aber ob sich das in Checklisten manifestieren lässt? Oder durch KI abarbeiten? Checklisten sind wertvoll. Sie helfen uns, zu einer bestimmten Angelegenheit möglichst nichts zu vergessen. Auch wir haben schon viele Checklisten geschrieben – zum Stiftungsrecht, zum Unternehmenskauf, zum Ehevertrag, zum Vererben etc. Auch KI kann ein nützliches Werkzeug sein. Wir sind keine Gegner von Checklisten und KI. Aber ein **Maßstab** oder **Ausweis einer guten Beratung sind Checklisten ebenso wenig wie die Nutzung von KI**.

104 Wir kennen sie, die mehr oder weniger guten Beraterwitze. Z.B. den von den Anwälten auf dem Meeresgrund, die ein guter Anfang sein sollen. (Für was eigentlich?) Oder den von dem theoretisch sehr versierten Berater, der praktisch ohne jede Erfahrung ist und deshalb zwar ein Ergebnis theoretisch blendend hergeleitet hat – ggf. über KI, das nur leider für die Praxis total daneben liegt. Warum erwähnen wir das hier? Weil da nicht nur ein Kern Wahrheit darin liegt. Beratung will erfahren sein und das Lernen hört da niemals auf. Beratung bedeutet vor allem auch, den **„Fall zu lesen“**, seine Eigen- und Besonderheiten zu verstehen und z.B. auch Schwer- und Kernpunkte zu erarbeiten, Lösungskorridore zu identifizieren. Das ist deutlich mehr, als in Checklisten zu schauen oder in einem Fachbuch nachzulesen. Noch viele weitere Aspekte scheinen mir hier erheblich.

105 Wer etwa gelernt hat, sich durchzuboxen und sich einseitig durchzusetzen, wird als Berater und Begleiter für gemeinsame Lösungen zweier oder mehrerer Seiten kaum erfolgreich sein können. Wer nur (s)eine Seite sieht, auch nicht. Wer einmal Familienunternehmer und Familienunternehmen längerfristig begleitet hat oder bei der Errichtung von Familienstiftungen geholfen hat, kann ein Lied davon singen. Etwa davon, dass es nicht immer ganz einfach ist, bei „seinem“ Mandan-

67 Kritisch schon *Schiffer*, StiftungsBrief 2019, 163 ff.

ten dafür zu werben, auch die Sicht der anderen Seite und der weiteren aktuellen und gar der künftigen, noch ungeborenen Familienmitglieder wahrzunehmen und deren Gedanken in den Lösungsansatz mit einfließen zu lassen. Das gilt wohl ganz besonders bei der Stiftungsberatung, die oftmals die ganze Stifterfamilie betrifft. Diese „Weisheit“ gilt nach meiner Erfahrung in jedem Beratungsprojekt. So liegt denn auch das wahre Wissen, das eine Checkliste ggf. beinhaltet, zwischen den Zeilen. Halten wir die Checkliste in Ehren, aber „ein wenig mehr“ darf und muss es schon sein!

VIII. Eine methodische Lösungshilfe auch zur Stiftungsberatung

Wir möchten abschließend auch hier[68] eine grundsätzliche methodische Lösungshilfe kurz beschreiben. Schon vor einiger Zeit habe ich (*Schiffer*) von einem Vorsitzenden Richter zu einer steuerrechtlichen Spezialfrage den Satz gehört: *„Ich würde ja gerne helfen, aber ich bin an Recht und Gesetz gebunden.“* Drückt sich da jemand um seine Verantwortung? Da haben wir ganz wenig Zweifel. Die Anwendung von Recht und Gesetz heißt doch letztlich nichts anderes, als ausgehend von der betreffenden Rechtsregel (rechtliche) **Wertungen** oder Abwägungen im konkreten Einzelfall vorzunehmen, wonach der spezifische Sachverhalt unter die Regel passt oder eben nicht.[69] Wir Juristen nennen das **Subsumtion.** Aus dem zu beurteilenden Sachverhalt ist eine Schlussfolgerung bezogen auf die in Frage stehende Rechtsregel zu ziehen (oder umgekehrt). Mithin steht die Entscheidung eben nicht von vorneherein wirklich fest. („Helfen zu wollen“ ist dabei übrigens kein Kriterium! Es geht um die Subsumtion als (Be-)Wertungsvorgang.) Wer, wie der oben zitierte Richter, suggeriert, einen solchen Wertungsvorgang gebe es nicht, weil er als Richter an die Entscheidung des Gesetzgebers gebunden sei, die für den konkreten Fall ohne weiteres feststehe, erweckt zumindest den Eindruck, er wolle sich vor der ihm obliegenden Wertungsentscheidung drücken. Er legt damit zugleich den Gedanken nahe, er wolle keine **Verantwortung** für Subsumtion übernehmen. 106

Um es ganz deutlich zu sagen: Der Gedanke an einen mechanisch/automatisch funktionierenden **„Gesetzanwendungsautomaten“** mag den einen oder anderen, der meint, sich so vor der Entscheidungsverantwortung drücken zu können, faszinieren. Der Gedanke ist aber eigentlich längst überholt[70] und sollte selbst in unserer von der EDV beherrschten Zeit nicht mehr ernsthaft vertreten werden. Manche mit dem aktuellen KI-Boom verbundenen Anpreisungen lassen diese Assoziation aber leider wieder aufleben. 107

68 Siehe dazu auch schon den Kommentar von *Schiffer* v. 7.4.2014 auf www.stiftungsrecht-plus.de und *Schiffer*, StiftungsBrief 2014, 102.

69 Siehe dazu sehr deutlich etwa *Engisch*, Einführung in das juristische Denken, 2005, S. 164 ff.

70 *Engisch*, Einführung in das juristische Denken, 2005, S. 137, 164.

108 Aber wie wird denn nun entschieden? Wie vollzieht sich der Wertungsvorgang, der uns vom Gesetzanwendungsautomaten unterscheidet? Da hat uns *Fritjof Haft*, ein bekannter Rechtslehrer, eine wichtige Hilfe an die Hand gegeben. Er hat in seiner „Einführung in das juristische Lernen“ die sog. **Normalfallmethode zur Lösung von Problemfällen** dargestellt. (Man lese das einmal in einer der vielen Auflagen des Buches nach!) Die Methode bietet jenseits der klassischen rechtswissenschaftlichen Methodenlehre eine **praktische Denkhilfe.** Sie führt im Idealfall zu Fall-Lösungen, zu überzeugenden Argumentationen und **Begründungen** sowie auch zu Ansätzen für Gestaltungen von Verträgen und Satzungen.

109 Die Methode geht in ihrer Reinform, die wir hier etwas abwandeln, von dem Normalfall aus: Man macht sich diesen und dessen Lösung bewusst, d.h. man blickt auf den Standardfall der jeweiligen juristischen Norm (Beispiel §§ 81, 84 BGB: Vorstand einer Stiftung = mindestens eine Person). Ausgehend davon lassen sich dann **Lösungsansätze für Sonderfälle und Problemfälle** entwickeln. So kann man etwa auch den gerichtlich entschiedenen „Normalfall“ und dessen Lösung mit dem zu entscheidenden Fall, dem Problemfall, vergleichen, um durch den Blick auf die Abweichungen im Sachverhalt Lösungshinweise auch für den Problemfall zu erlangen.

110 Versuchen wir das einmal ausgehend von unserem obigen, simplen **Beispiel** zum Stiftungsvorstand zu durchdenken. Dazu stellen wir uns vor, wir wüssten ganz wenig zur Stiftung und deren Gestaltung. (Natürlich hinkt auch dieses Beispiel, aber versuchen wir es.) Was ist der Normalfall einer Stiftung nach dem Gesetz? Schwer zu sagen, aber möglicherweise ist es der Fall eines vermögenden Stifters, der eine Summe für den Stiftungszweck stiftet. Er wählt eine Person seines Vertrauens als Stiftungsvorstand aus, die ihren Nachfolger dann selbst bestimmt. Das ist nach dem Gesetz unproblematisch.

111 Stellen wir uns nun vor, in unserem Problemfall gäbe es nicht nur einen Stifter, sondern fünf Stifter, die jeweils eine erhebliche Summe für die Stiftung zur Verfügung stellen und deshalb bei der Gestaltung natürlich auch mitreden wollen. Passt da noch der Ein-Personenvorstand nach dem Gesetz? Wohl eher nicht: Fünf Stifter ähneln eher einem Personenkreis, der eine Gesellschaft errichten möchte. Die Gesellschaft wäre also ein vergleichbarer Normalfall. Die fünf Stifter werden sich eher nicht auf nur eine Vertrauensperson einigen. Sie wollen sich ggf. jeder in der Stiftung vertreten wissen. Sie werden typischerweise auch eher eine Kontrolle wünschen als nur ein Stifter, d.h. etwa einen Mehrpersonenvorstand und ein Kontrollorgan (Vieraugenprinzip, Kontrollprinzip etc.) wollen.

112 Das alles sind vergleichsweise einfache Überlegungen, die unseren Blick rasch auf die entsprechenden Regelungen in Gesellschaftsverträgen lenken, z.B. bei einer Aktiengesellschaft. Mithin werden wir den fünf Stiftern von vorneherein eine entsprechende Organstruktur vorschlagen, d.h. Zwei- bis Drei-Personenvorstand und ein aus drei Personen bestehender Stiftungsrat als Kontrollorgan. (Kontrollüberlegung: Ganz so einfach ist es in der Praxis dann ggf. doch nicht:

Wo kriege ich beispielsweise dauerhaft/nachhaltig alle die Personen zur Besetzung der Organe her?)

113 Man kann das auch zur **„Extremfallmethode“** nach *Haft* fortschreiben und versuchen, einen Extremfall zu bilden. Für einen Extremfall liegt eine Lösung nicht selten deutlicher auf der Hand als für den Normalfall. Was wäre im Rahmen unseres Stiftungsbeispiels ein solcher Extremfall? Eine Stiftungserrichtung mit über 1.000 Stiftern, die jeweils eine kleine Summe stiften und die sich alle in der Stiftung wiederfinden wollen. Führen diese extremen Sachverhaltsdetails zu neuen, zusätzlichen Lösungsansätzen für die Organstruktur der Stiftung? Das dürfte angesichts dieser engagierten Menschenmasse tatsächlich so sein. Man könnte in einem ersten Schritt wie folgt überlegen: Die 1.000 Menschen können ersichtlich weder alle in den Vorstand noch in den Stiftungsrat. Welche Rechtsform ist als vergleichbarer „Normalfall“ für 1.000 Personen geeignet und welchen Lösungsansatz bietet diese Rechtsform? Ein Verein oder eine Aktiengesellschaft wären geeignet. Dort finden sich die Mitgliederversammlung und die Aktionärsversammlung. Ein ähnlicher Gedanke wäre eine „Stifterversammlung“. Diesen Gedanken könnten wir auch für unsere fünf Stifter nutzen, die ggf. ihre fünf Familien in der Stifterversammlung dauerhaft vertreten sehen wollen. In einem zweiten Schritt wäre zu überlegen, welche Rechte die Stifterversammlung haben könnte. Sie könnte beispielsweise die drei Stiftungsratsmitglieder wählen, die dann ihrerseits die Vorstandsmitglieder bestimmen.

114 Wir hoffen, dieses kleine methodische Gedankenspiel nach *Haft* hilft dem geneigten Leser weiter. Da mögen die universitären juristischen Methodiker zu dieser kleinen „unwissenschaftlichen“ Skizze ggf. die Nase rümpfen. Das halten wir aber gerne aus.

E. Honorarfragen

115 Eine wesentliche Besonderheit der beratenden Tätigkeit ist, dass der Rechtsanwalt oder sonstige Stiftungsberater häufig im Rahmen von **Dauermandaten** tätig ist, d.h. er betreut für diese Mandanten mehr oder weniger intensiv gleichzeitig verschiedene Angelegenheiten. Dabei ist der Tätigkeitsumfang für eine konkrete Angelegenheit häufig nur schwer abzugrenzen. Wie soll z.B. ein Besprechungstermin zwischen Unternehmer/Stiftungsvorstand und Anwalt, bei dem zahlreiche Angelegenheiten einer Unternehmensstiftung unterschiedlich intensiv angesprochen werden, honorartechnisch auf die einzelnen Angelegenheiten aufgeteilt werden?

116 **Pauschalhonorare**, die auch in diesem Zusammenhang mitunter angeboten werden, haben aus unserer Sicht immer auch etwas von einer Wette oder einem Glücksspiel. Wir halten sie deshalb in der Regel nicht für wirklich fair und angemessen. Von der Sache her bieten sich deshalb aus unserer Sicht eher **Stun-**

den- und/oder **Tageshonorare** an. So wird dann auch in der Praxis regelmäßig bei Dauermandaten verfahren. Diesen Themenbereich betrachten wir hier beispielhaft aus unserer Sicht als beratende Rechtsanwälte, denn ersichtlich können wir nur das aus unserer eigenen Erfahrung beurteilen. Die Betrachtung soll Anhaltspunkte für andere Stiftungsberater geben. Nicht vergessen wollen wir bei alledem aber, dass gerade die Tätigkeit als Rechtsanwalt („Organ der Rechtspflege") eine soziale Verpflichtung mit sich bringt.

117 Zur **Höhe** von echten und angeblichen Rechtsanwalts- und Beraterstundenhonoraren hört man die verschiedensten Angaben. Die Höhe der angegebenen Stundensätze ist, das liegt auf der Hand, tatsächlich auch ein Marketinginstrument. Lange Zeit war der höchste Stundensatz, von dem wir je gehört hatten, ein solcher von 800 EUR. Die Tageshonorare von McKinsey, der bekannten Unternehmensberatung, beispielsweise sollen für Herrn *Henzler*, den damaligen McKinsey-Chef in Deutschland, oder für einen sonstigen Direktor dieses Beratungsunternehmens schon 1996 bei umgerechnet über 5.000 EUR gelegen haben und für einen „normalen" Consultant immer noch bei 1.600 bis 2.000 EUR.[71] Das ergibt schon für die damalige Zeit bei einem Zehnstundentag ein Stundenhonorar von jedenfalls 160 bis 500 EUR. Die Stundenhonorare für Unternehmensanwälte sind nach wie vor ähnlich. Kürzlich haben wir von einem Tagessatz für einen betriebswirtschaftlichen Berater aus der Anwaltswelt in Höhe von 15.000 EUR gehört. Inwieweit diese Geschichte eine Marketingstory ist, wissen wir nicht wirklich. Es dürfte sich aber jedenfalls um einen nur schwer zu vermittelnden „Ausreißer" handeln. Tatsächlich bleibt als gesichert festzuhalten: 650 EUR und mehr pro Stunde für erfahrene Wirtschaftsanwälte sind in 2026 nicht mehr selten.

118 **Praxishinweis: Bestimmung des Stundensatzes**

Bei der Bestimmung des Stundensatzes in einer Stiftungsangelegenheit wird der Anwalt oder sonstige Berater vor allem folgende Aspekte in seine Überlegungen mit einbeziehen:[72]

- die Kostenstruktur seiner Kanzlei/seines Unternehmens (kostenorientierte Preisbestimmung),
- den Gegenstandswert der Angelegenheit (z.B. Höhe der Steuerzahlung, Höhe einer Schadensersatzforderung, gemeinnützige Stiftung, unternehmensverbundene Stiftung),
- die Bedeutung der Angelegenheit (z.B. Unternehmensnachfolgeberatung),
- den für die Mandantschaft zu schaffenden Mehrwert,
- die fachlichen Schwierigkeiten der Angelegenheit (Stiftungsrecht ist ein Spezialgebiet; schwieriger Sachverhalt; festgefahrene Angelegenheit),

71 WiWo 22/1996, 12.

72 Siehe etwa schon *Krämer/Kohn-Lehnhof*, AnwBl 1997, 306.

- die Situation des auftraggebenden Mandanten (Beispiele: ein junges Unternehmen in der Aufbauphase, das eine Perspektive als langjähriger Mandant bietet, dessen aktuelle Liquidität naturgemäß jedoch „eng“ ist; gemeinnützige Stiftung oder unternehmensverbundene Stiftung),
- den Umstand, dass es sich um ein Dauerberatungsmandat mit einem insgesamt hohen Auftragsvolumen handelt,
- seinen konkreten Einsatz (z.B. auch am Wochenende),
- seine Verantwortung im konkreten Fall,
- sein Haftungsrisiko,
- aber natürlich auch seine aktuelle Auslastung (Wertprinzip, nachfrageorientierte Preisbestimmung),
- die Honorarsätze der Konkurrenz (branchenorientierte Preisbestimmung) und
- bei größeren Kanzleien/Unternehmen: Marktanteilgewinnungsüberlegungen.

Honorare und Konditionen der Beratung sind heute auch Marketinginstrumente des Anwalts und des sonstigen Beraters. Der Anwalt oder Berater wird die Honorarfrage im Gespräch mit seinem Mandanten jedenfalls sinnvollerweise zu einem frühen Zeitpunkt offensiv und mit größter Selbstverständlichkeit sowie **Offenheit** angehen und eine **schriftliche Honorarvereinbarung** treffen, und das auch ganz unabhängig von rechtlichen Vorgaben dazu.[73] Beide Seiten sollten frühzeitig wissen, woran sie sind. Das schließt unangenehme Missverständnisse aus. 119

Für Stiftungsangelegenheiten dürfte ein Stundenhonorar auch bei gemeinnützigen Stiftungen aktuell jedenfalls für spezialisierte Rechtsanwälte wohl **nicht unter 280 EUR** liegen, was im Einzelfall natürlich zu verhandeln ist und in Spezialfällen (Unternehmensnachfolge, Familienstiftung etc.) auch deutlich höher liegen kann. Auch 500 EUR pro Beratungsstunde sind jedenfalls keine echte Obergrenze, wie wir aus der Praxis wissen. Alle genannten Beträge verstehen sich übrigens als „netto“, d.h. ohne Auslagen und Spesen sowie ohne Umsatzsteuer. 120

Der Anwalt oder sonstige Berater sollte, um nicht zu hohe Honorarsummen auflaufen zu lassen, sein Honorar **spätestens vierteljährlich** abrechnen. Eine **monatliche Abrechnung** ist natürlich grundsätzlich noch **sinnvoller**. 121

Unerlässlich für ein Erfolg versprechendes Gebührenmanagement ist, dass der Berater das Honorar für die von ihm erbrachte Tätigkeit seinem Mandanten nachvollziehbar verdeutlicht. „Leistungstransparenz“ heißt das Stichwort. Der 122

73 Siehe insb. § 4 RVG und https://www.brak.de/newsroom/newsletter/nachrichten-aus-berlin/2024/ausgabe-20-2024-v-2102024/anwaltsgebuehren-bgh-setzt-leitplanken-fuer-stundenhonorar-klauseln/ (abgerufen am 18.3.2026).

Berater wird also auch unabhängig von rechtlichen Vorgaben[74] für erbrachte Stunden **zeitnah** einen nachvollziehbaren **Tätigkeitsnachweis** („time-sheet") vorlegen, in dem insbesondere die konkrete Tätigkeit beschrieben und der konkrete Zeitaufwand genannt werden. In jedem Fall ist dazu zu raten, intern einen Stundennachweis zu führen, schon um Nachfragen des Mandanten zum Aufwand des Beraters beantworten zu können, auch wenn der Auftraggeber im Einzelfall ausdrücklich keinen Stundennachweis wünschen sollte.

123 Anstelle von Stundenhonoraren wird in der Praxis mitunter ein **Pauschalhonorar** (siehe auch Rdn 116) nachgefragt – etwa weil der Auftraggeber (Stifter, Stiftung) nur einen bestimmten Betrag aufwenden kann oder will. Pauschalhonorare bergen ersichtlich das ggf. nicht unerhebliche Risiko, dass der Anwalt es naturgemäß nicht in den Händen hat, wie zeitaufwendig z.B. eine Unternehmensnachfolgelösung über eine Stiftung beispielsweise wegen der nicht einzuschätzenden Uneinigkeit innerhalb der Familie sein wird. Damit ist grundsätzlich keiner Seite gedient. Vorsorglich sollte der Berater ein etwaiges Pauschalhonorar jedenfalls mit einer bestimmten Höchststundenzahl verbinden, um sein Risiko zu begrenzen. Wird diese Stundenzahl überschritten, so wird erneut verhandelt oder es gilt automatisch ein vorher schriftlich vereinbarter Stundensatz („Mischhonorarsystem").

F. Ein Blick in die Zukunft

I. Rechtssicherheit und rechtliche Bewertungen

124 Dieses Buch ist voller aktueller rechtlicher und steuerlicher Fragen im Zusammenhang mit Stiftungen. Das mag als riesiger Berg erscheinen. Und dann soll man es auch noch für die Zukunft bestmöglich „rechtssicher" gestalten. „Rechtssicher" erscheint da als ein ebenso beliebtes wie unsinniges „Reklamewort" aus der Zunft der Fortbildungsanbieter.

125 Die hier vorzunehmenden rechtlichen Bewertungen sind einfach viel zu vielfältig und individuell, als dass sie sich per KI lösen ließen oder dass man vereinfachend für jetzt und für die Zukunft von „Rechtssicherheit" sprechen könnte. Beispielsfragen:

Was ist noch steuerfreie Vermögensverwaltung und was ist schon ein steuerpflichtiger wirtschaftlicher Geschäftsbetrieb? Was ist eine i.S.d. § 55 AO angemessene Vorstandsvergütung? Was ist eine sinnvolle Organstruktur für eine bestimmte Stiftung – auch mit Blick auf typischerweise schwer zu findende Nachfolger für aktuelle Organmitglieder? Unter welchen Voraussetzungen fällt die Erbersatz-

74 Stichwort: Darlegungs- und Beweislast, siehe etwa OLG Düsseldorf, Beschl. v. 6.10.2011 – 24 U 47/11, NJW 2012, 621.

steuer bei einer Stiftung an? Das kann alles ausgesprochen verwirrend wirken. Alle diese hier beispielhaft genannten Fragen „verführen" uns Berater zum genauen Blick auf die (Rechts-)Lage in der Gegenwart, damit wir eine Antwort geben können.

II. Zukunftsorientierte Satzungsgestaltung

Aus unserer Sicht ist ein solcher Blick unumgänglich. Satzungsregelungen etwa, 126
die ausgehend von der aktuellen Rechtslage falsch sind, treffen die Stiftung sofort. Bei der Betrachtung der Gegenwart dürfen wir aber gerade bei der Stiftungserrichtung nicht stehen bleiben. Wir müssen hier wirklich den Blick in die künftigen Jahrhunderte wagen – und das mit unseren notwendigerweise durch die Vergangenheit geprägten aktuellen Erkenntnissen. Die sind aus der Sicht künftiger Generationen natürlich beschränkt und unvollständig. Der Inhalt „unserer" Stiftungssatzung wird dann allerdings ggf. erst Jahrzehnte oder auch Jahrhunderte später beurteilt. Wir hatten z.B. einmal eine Satzung aus den 1880er Jahren zur Beurteilung des Inhaltes vorliegen. Das Beispiel mag hier das Problem der Betrachtung verdeutlichen.

Das ist das **Dilemma der Stiftungsberater**: Sie gestalten auf Jahrhunderte in die 127
Zukunft – und das mit dem zukünftig natürlich überholten Wissen von heute. In einem Streitfall urteilen Behörden oder Gerichte dann aufgrund ihrer aktuellen dann bestehenden Sicht und ihrer bis dahin gemachten zusätzlichen Erfahrungen. Die Erfahrungen aus den Folgejahren finden sie ja in den Akten und in Schriftsätzen, und das in der Regel auch ganz prima aufbereitet. So können sie leicht zurückblicken und „klug" urteilen. Wir Berater können das aus der ex ante-Perspektive ersichtlich nicht. Wir müssen in eine unbekannte weite Zukunft blicken. Bei kaum einer anderen rechtlichen Gestaltung muss der Blick so weit in die Zukunft reichen wie bei einer „ewigen" Stiftung. Wir müss(t)en bei der Gestaltung einer Stiftungssatzung folglich versuchen, die nachträgliche Betrachtung unserer Nachkommen im Kopf vorwegzunehmen. Das ist de facto ausgeschlossen. Dennoch oder gerade deshalb müssen wir natürlich mit Aussagen leben wie mit derjenigen, die mir (*Schiffer*) im Jahre 2009 ein BFH-Richter persönlich in einer mündlichen Verhandlung unterbreitete, als er ganz unbefangen rückblickend meinte: *„Das hätte der Stifter 1968 anders machen müssen."* Und das übrigens bezogen auf eine Steuer, die erst deutlich nach 1968 eingeführt wurde. Dazu mag sich jeder seinen Teil denken. Wir kommentieren das hier nicht. Bleiben wir dennoch wohlgemut und mutig, aber auch bedacht – nicht nur bei der Gestaltung von Stiftungssatzungen! Geben wir uns Mühe und vertrauen wir auf die Vernunft sowie Weitsicht der uns folgenden Generationen! Etwas anderes bleibt uns ohnehin nicht übrig.

Für die Zukunft können wir vor allem mit dem Inhalt einer aus heutiger Sicht 128
gut durchdachten Stiftungssatzung durchaus die nachfolgenden Generationen anregen und ihnen etwa in der Präambel oder mit einem zusätzlichen „Stiftertes-

tament" (siehe § 3 Rdn 47) zum besseren Verständnis vom Stifter selbst erklären lassen („Stifterwille"), aus welchem Beweggrund was wie in der Satzung geregelt worden ist. Umsetzen müssen es künftig die Nachkommenden. Wir können allerdings für die hier skizzierte Sichtweise werben und so im besten Fall die Sichtweise und das Problembewusstsein der künftigen Beurteiler schärfen, damit sie nicht ganz so „unbefangen" wie der oben zitierte Richter in die Vergangenheit schauen und an die Angelegenheit herangehen.

129 Vor allem *Burgard* hat vor diesem Hintergrund ausgesprochen pointiert und sehr klar wesentliche Folgen aus der Reform des Stiftungszivilrechts zusammengefasst.[75] Für grundsätzlich wichtig halten wir insbesondere die folgenden vier Punkte, die auch er anspricht:

- Wie aus den vorstehenden Erläuterungen und Anmerkungen unschwer abzuleiten ist, wird es vermehrt zu Diskussionen mit den Stiftungsbehörden zur Zulässigkeit von Satzungsbestimmungen kommen. Es ist dazu mit diesem, so *Burgard*, „Gesetz von Beamten für Beamte" leider zu befürchten, dass der Grundsatz „Es ist alles verboten, was nicht ausdrücklich erlaubt ist" vermehrt der hemmende, furchtsame und defensive Denkansatz sein wird. Die Beraterschaft wird sich also im Einzelfall mit guten Argumenten zu wappnen haben, um bestimmte Punkte durchsetzen zu können, und das auch, um einer bisher leider schon zu beobachtenden eher formalen Betrachtungsweise begegnen zu können.
- Die Verbrauchsstiftung wird wohl noch schwerer zu errichten sein als bisher. Das wird aus unserer Sicht nicht für die Teilverbrauchsstiftung gelten. Eine Umwandlung in eine Verbrauchsstiftung wird in Zukunft wohl leichter möglich sein.
- Nebenordnungen und Geschäftsordnungen werden besonders sorgfältig zu behandeln sein.
- Zu befürchten ist, dass sich entgegen der Absicht des Gesetzgebers Haftungsfragen für Organmitglieder häufig schärfer stellen als bisher. Dem sollte mit klaren und praxisnahen Satzungsbestimmungen vorsorgend entgegengewirkt werden.

Wie es genau und konkret in der Praxis sein wird und ob es so heiß gegessen wird, wie vor allem *Burgard* meint, werden wir noch sehen. Es kommt jedenfalls eine Menge Arbeit auf die Beraterzunft zu.

III. Zusammengefasst zur Stiftungsberatung

130 Ausgangspunkt einer jeden Beratung, eines jeden Lösungsvorschlages ist der **konkrete Sachverhalt**. Er ist mit dem potentiellen Stifter zu erarbeiten und erfordert in einem ersten Schritt unsere ganz besondere Aufmerksamkeit. Wir als

75 *Burgard*, GmbHR 2021, R244, siehe dort auch zu den nachfolgenden Zitaten.

Berater müssen ihn wirklich durchblicken und verstehen, um überhaupt konkret beraten zu können. Kennen wir den Sachverhalt nicht hinreichend, können wir letztlich nicht gut beraten, sondern allenfalls eine nicht passende Lösung „verkaufen". Diese Binsenweisheit findet sich auch in einem bekannten Satz aus der EDV-Welt: *„Garbage in, garbage out!"*

Damit heißt der erste Schritt, gründlich den Sachverhalt zu recherchieren, Wünsche und Gedanken des Stifters sowie der Stifterfamilie im Dialog zu erfragen und zu konkretisieren. Das alles ist dann, ebenfalls im Dialog, kritisch zu hinterfragen und fachlich zu überprüfen.

In den Dialog treten müssen dabei die Beteiligten selbst, auch wenn diese das 131
bisher nicht gewöhnt sein mögen und auf rasche Ergebnisse drängeln. „Schnell statt gründlich" heißt es hier ganz oft automatisch falsch. Zugleich bedeutet das, dass hier Beratermoden und Standardmodelle eben nicht wirklich weiterhelfen. (*„Die Familienstiftung ist die Lösung!"*; *„Eine Doppelstiftung ist zu empfehlen!"*; *„Am besten ist eine Treuhandstiftung!"*; *„Zu Lebzeiten geben Sie gar nichts in die Stiftung!"*) Daraus ergeben sich allenfalls Einstiegsgedanken für die fundierte Beratung. Eine Stiftung ist eine typische „einmal im Leben"-Situation, deren Bedeutung für den Stifter und seine Familie kaum überschätzt werden kann. Dieser Gedanke ist ersichtlich noch ausschlaggebender, wenn die Stiftung als Teil einer Unternehmensnachfolgegestaltung gewünscht ist. Da sollte es keine Zweifel geben. Die Beratung dient der konkreten Aufgabe und nicht dem Vertrieb eines noch so schönen Modells.

In einem zweiten Schritt sind dann konkrete und spezifische Lösungsvorschläge 132
gefragt. Dabei kann KI jedenfalls Stand heute nur bedingt helfen. Denn dazu sind neben dem entsprechenden Fachwissen und entsprechender Erfahrung entgegen manchem Vorurteil in der Praxis (*„Sie haben da doch sicher Formulare."*; *„Machen wir es doch wie bei B."*) auch Kreativität und Fantasie erforderlich, denn die „Lösung liegt im Fall" (siehe oben Rdn 85). Das erfordert oft ganz neue fantasievolle Überlegungen und Innovationen. Dafür sind tragfähige Begründungen zu suchen und festzuhalten, und das nicht nur zur Argumentation gegenüber dem Finanzamt in späteren Jahren. Auch und gerade für die eigene Überzeugung und die Überzeugung der Stifter- und Unternehmerfamilie sind tragfähige Begründungen unerlässlich. Die Beteiligten müssen nachhaltig überzeugt werden und sein. Das erfordert von dem eingeschalteten Berater auch ein (rechtsmethodisch) gründliches Arbeiten. Eine bejahende Nachfrage beim Finanzamt zu einer Steuerfrage[76] ist durchaus hilfreich, reicht aber eben zur Argumentation vor dem BFH Jahre später nicht aus. Ein bloßes Überreden zu einer bestimmten Gestaltung wäre hier absolut fehl am Platze.

76 Verbindliche Auskunft zu spezifischen (Teil-)Fragen bedenken.

Natürlich wissen auch wir, dass mitunter auch schnell entschieden werden muss, ab und an sogar ganz schnell oder sofort. Die Kunst ist allerdings, zu merken, wann das wirklich notwendig ist.

133 Die Zukunft für die Beraterzunft, vor allem für Rechtsanwälte und Notare, liegt nach wie vor eher nicht in Modellen und Trends wie Beratungsauslagerung auf KI, sondern in der gründlichen Bearbeitung des einzelnen Falles, der einzelnen herausgefilterten Fragestellung, so „altmodisch“ das klingen mag. Darin müssen wir fortlaufend immer besser werden und uns entwickeln. Das kostet natürlich Zeit und damit auch Geld. Wer das nicht einsieht und wer den „Billigheimer“ will, dem sei gesagt: *„You only get what you pay for.“* Die Wertigkeit der Dienstleitung, der Beratung in Stiftungsangelegenheiten muss klar werden und sein. Langfristig entlarvt sich ein „Beratungs-Schnellschuss“ in aller Regel von selbst als nicht tragfähig.

Stichwortverzeichnis

Fette Zahlen = §§, magere Zahlen = Randnummern